초판 1쇄 인쇄 | 2025년 9월 15일
초판 1쇄 발행 | 2025년 10월 1일

지은이 | 이정기, 타블라라사 편집팀
펴낸곳 | (주)타블라라사
컨텐츠 담당 | 홍경진, 윤선영, 김수경, 엄연희, 김아름, 문아현, 고민지, 허유리, 김지영, 변계숙
편집디자인 | 홍경진
표지디자인 | KUSH

출판등록 | 2016년 8월 10일(제 2019-000011호)
이메일 | quiz94@naver.com
홈페이지 | http://aidenmapstore.com

Copyright 2025 Tabularasa, inc.
이 책의 저작권은 저자와 출판사에 있습니다.
서면에 의한 저자와 출판사의 허락없이 책의 전부 또는 일부 내용을 사용할 수 없습니다.
일부 사진을 제공해주신 JNTO, 픽사베이, 언스플래시, 픽셀스, 인스타그램 제공자(사진에 출처표시)님 들께 감사드립니다. 사진제공자의 인스타그램 아이디는 사진마다 표기해드렸습니다.

*값과 ISBN은 뒤표지에 있습니다.
*잘못된 책은 구입한 서점에서 바꾸어 드립니다.
*본 도서에 대한 문의사항은 이메일을 통해 받고 있습니다.
*책날개 뒷면에 PDF 맵북 다운로드 신청 QR이 있습니다.

가이드북을 펴내며...

에이든이 첫 해외 가이드북을 출간했습니다.
많은 분들이 아시다시피, 에이든은 한 명의 외부 저자에게 모든 제작과 책임을 맡기지 않습니다. 저를 포함한 내부 여행콘텐츠 전문 인력들이 총동원되었고, 외부 전문가들의 의견도 충분히 수용했습니다. 그래서, 보다 객관적이고 편향되지 않은 콘텐츠를 만들기 위해 노력했습니다.

에이든은 여행 지도 전문 브랜드로서, 이번 오사카·간사이 가이드북에도 150장이 넘는 정밀하고 상세한 지도를 담았습니다. 여행을 준비할 때 지도보다 유용한 도구는 없다고 믿기 때문입니다. 최대한 여행하려는 지역을 이해할 수 있도록 정성스럽게 만들었으니, 이 지도들을 중심으로 여행 계획을 세워보시길 추천드립니다. 이러한 방식의 여행지도는 전 세계 어느 출판사에도 없습니다. 오직 에이든만이 만들어내는 독특한 지도입니다.

혹시 이렇게 말씀하시는 분도 계실지 모르겠습니다.
"요즘 누가 이렇게 두꺼운 가이드북을 만들어요? 휴대성이 있어야지!"

저는 오히려 그 반대로 생각했습니다. 가이드북을 구매하는 본질적인 이유가 여행에 대한 '불안감 해소' 때문이라면, 몇 장 안 되는 얇은 가이드북의 정보로는 그 불안감을 덜어줄 수 없습니다. 많은 여행자분들을 대상으로 한 조사 결과, 스마트폰이 발달하지 않았던 시기와는 달리 이동 중에는 가이드북을 휴대하지 않고, 여행 전이나 숙소에서 책을 펼쳐 다음 날 방문할 곳을 살펴보며 계획을 짜는 경우가 많았습니다.

그렇다면 책의 두께를 억지로 줄일 이유가 있을까요?
페이지 수가 400쪽 늘어난다고 해서 무게가 크게 늘어나는 것도 아닙니다.
물론 들고 다니면 묵직할 수는 있지만, 대부분 캐리어에 넣고 이동하시니까요.
그래서 우리는 결심했습니다. "정보를 충분히, 아낌없이 담자!"

결국, 10명의 에디터가 1년간 각각 1천시간씩, 총 1만 시간 이상을 쏟아 만들었습니다.
직접 발로 뛴 취재, 무수한 검색과 자료 수집, 수백 번의 팩트 체크와 사진 선별까지. 모든 정보를 하나로 모아 '믿을 수 있는 콘텐츠'로 정제했습니다. 사실 출판사의 입장에서 이렇게 만들면 부담이 큽니다. 처음엔 제작비가 너무 많이 들어 "1년 내내 베스트셀러가 되더라도 본전이 될까?" 싶었습니다.
그래도 우리는 먼 미래를 위해 수익보다 '의미'와 '완성도'를 우선하자고 결정했고, 출시 후 첫 1년간은 수익을 보지 않기로 했습니다.

더 큰 장점은, 이 책이 외부 저자가 아닌 내부 제작이기에 저작권이 온전히 확보되어 있다는 점입니다. 출판사가 지속되는 한, 책도 계속 업데이트될 예정입니다. 매해 바뀌는 트렌드, 새로 생기고 사라지는 명소들을 반영하여 개정판이 나올 것이고, 갈수록 콘텐츠는 더 풍부해지고 완성도도 깊어질 것입니다. "콘텐츠는 시간이 지날수록 익는다." 그 철학을 믿습니다.

앞으로 에이든은 일본 가이드북 시리즈를 중심으로, 도쿄 편을 비롯해 다양한 일본 도시들을 이어서 소개할 예정입니다. 또한 유럽, 아시아, 아메리카의 도시와 국가들도 하나하나 지도로, 가이드북으로 엮어갈 계획입니다.

타블라라사는 출판사이지만, 출판사에만 머물지 않는 혁신을 기반으로하는 콘텐츠 스타트업입니다. 충분한 콘텐츠와 지도를 확보하면, 종이책에만 머무르지 않고 디지털 콘텐츠 시장에도 진출할 것입니다. 과거 론리플래닛이 전 세계를 여행 콘텐츠로 묶어냈듯, 우리는 'aiden' 브랜드와 한국식 콘텐츠 스타일을 무기로 세계 시장에 도전하겠습니다. 여행자들이 한눈에 '쏙' 이해하고 바로 사용할 수 있는 조각난 콘텐츠, 사진과 정보 그리고 지도와 팁이 김밥처럼 정갈하게 배열된, 한국 스타일의 콘텐츠를 전략으로 삼아 나아가겠습니다. 마케팅에 의존해 브랜드를 키우지 않을 것이며, 오로지 콘텐츠만으로 여행자들에게 작은 빛이 될 것입니다.

'타블라라사'는 라틴어로 '빈 서판'을 뜻합니다.
아무것도 없는 백지에 그림을 그려가듯,
에이든은 아직 세상에 없는 여행 콘텐츠를 한 줄 한 줄, 하나씩 그려가고자 합니다.

'에이든(aiden)'은 고대 아일랜드어로 '작은 불빛'이라는 뜻을 지녔습니다.
여러분의 여행 준비가 막막할 때, 그 여정을 환히 비춰주는 작은 빛이 되겠습니다.

이 가이드북이 그 빛이 되어줄 수 있기를 진심으로 바랍니다.
에이든의 시작을 함께해주셔서 진심으로 감사드립니다.

2025년 8월 19일 이정기 *JK.Lee*

가이드북 사용법

01 지도로 지역 이해하기

1) 전체가 나온 지도로 구역을 이해해 보세요. 구역별로 특징을 살피고 이 도시가 어떤 여행 구역으로 이루어졌는지 살펴보는 것이 첫째입니다.

2) 그다음 도시의 랜드마크를 살펴보세요. 대표 랜드마크를 보며 꼭 봐야 할 것들을 체크해 둡니다.

3) 그다음에 테마지도를 살펴보세요. 벚꽃, 단풍, 축제 등의 테마에 따라 여행지를 시기에 따라 고를 수 있어요

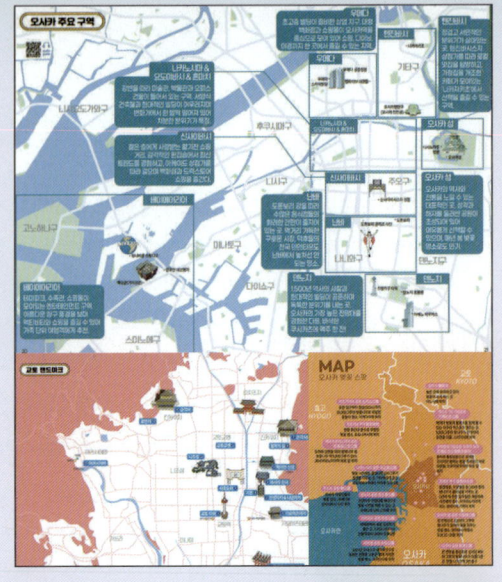

02 테마페이지에서 컨셉잡기

1) 테마 페이지를 보면서 내가 박물관을 좋아하는지, 아이와의 여행인지, 쇼핑이 제일 중요한 지, 어떤 음식을 좋아하는지, 어떤 분위기를 좋아하는지 테마 페이지를 보면서 콘셉을 잡아 파악하고 체크해두세요

2) 그다음 특별하게 추천되는 여행지들과 먹을 것 살 것들을 메모하거나 얇은 포스트잇으로 붙여놓으세요.

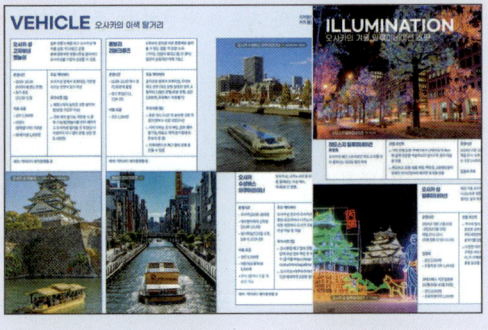

03 본격적으로 가볼 곳 고르기

1) 테마 페이지를 지나면 여행지 목록이 구역별로 나뉘어서 나옵니다. 구역별로 살펴보면서 사진과 본문 그리고 형광펜 칠한 부분 중심으로 훑으면서 가고싶은 곳에 체크해 둡니다.

2) 모든 여행지(스팟)에는 맵 번호 라는게 있어요, "우메다 스카이빌딩"은 (p272 A:2)로 표시되어 있으니 해당 지도로 가서 그 지도위 "우메다 스카이 빌딩에" 표시해두세요

3) 지도 근처에는 가이드북에 있는 여행지를 포함하여 더 많은 여행지가 있습니다. 스카이빌딩 근처의 다른 여행지나 맛집들도 체크해 두세요.

4) 📍 이 마커는 구글 지도 검색 키워드를 의미합니다. 더 상세한 정보나 위치 실시간 정보를 확인하시려면 이 키워드로 구글 지도에서 검색하세요.

04 지도위 표시로 동선 짜기

1) 지도위에 선정한 여행지를 표시해 두시고, 이후에 지도 위에만 있는 다른 맛집이나 여행지도 지도위에서 골라 표시해 둡니다. 기본적으로 이 가이드북에는 1,500개가량의 스팟이 소개되지만, 지도위에는 이 스팟 이외에도 1,000개 가량의 스팟들이 추가로 포함되어 있습니다.

2) 이후 이동 동선에 맞게 본인의 여행 루트를 설계합니다. 에이든에서 만든 구글 내지도를 활용해도 좋습니다.

※ 에이든 오사카,간사이 가이드북말고도 큰사이즈(A1사이즈)의 방수종이로 만든 지도를 서점 또는 스마트스토어에서 판매하고 있습니다. 한눈에 크게 보시길 원하시면 이 지도를 구매후 활용하시면 루트 설계에 큰 도움이 됩니다.

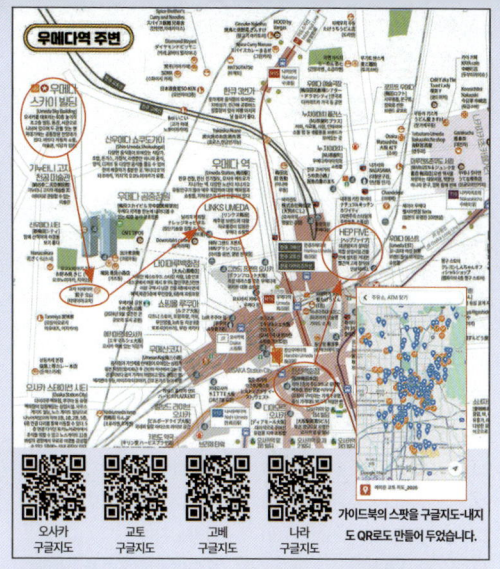

05 교통 가는법, 패스활용 익히기

1) 간사이공항에서 직접 가는 여러 가지 방법 선택하기, 보통 비싸고 빠른 교통, 느리지만 저렴한 교통으로 나뉘지만 본인이 가고자 하는 곳에 따라 다를 수 있으니, 최적의 교통을 고르는 것이 중요합니다.

2) 예를 들어 오사카 내에서 각 세부 지역으로 이동하는 방법에 대해 미리 숙지해 놓습니다. 그렇지만 여행지에서 특정 목적지로 이동하는 방법은 구글맵으로 반드시 확인하셔서 최종결정 하셔야 합니다.

3) 주유 패스 vs E 패스와 같은 비교표를 보고 앞에서 선정한 가고자 하는 여행지와 어떤 패스가 맞는지 결정합니다.

06 audio guide 활용하기

1) 본 도서의 12-13페이지를 보시면 audio 목록이 나와 있습니다. 구체적인 설명이 있으면 좋겠다 싶은 페이지들을 AI에게 학습을 시켜 오디오가이드로 만들어 두었습니다. 해당 페이지에 QR을 스캔하면 오디오가이드로 이동합니다. 특히 지도를 이해하실 때 이용하면 유용합니다.

2) 구글드라이브에 올려져 있음으로 wifi가 되는 곳에서 미리 다운로드 하고 가시기 바랍니다.

3) 1시간이 넘는 통합본도 있으니, 항공기에서 듣고 있으셔도 여행지가 눈에 들어올 수 있도록 제작되었습니다.

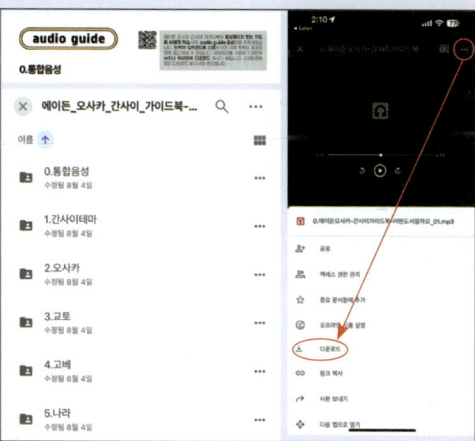

목차

14 지도모음

16	간사이 전체지도	18	간사이 확대지도

12 오사카 지도

20	오사카 주요구역	24	우메다역
22	우메다역 주변	26	우메다역 도보지도
28	텐진바시	30	나카노시마
32	오사카성		요도야바시·혼마치
34	신사이바시	36	도톤보리
38	난바	40	난바역&난바워크
42	난바시티·츠텐카쿠	44	덴노지
46	츠루하시역 주변	48	베이에어리어
50	유니버셜스튜디오재팬		

52 교토 지도

52	교토 주요 구역	54	교토 랜드마크
56	교토 근교	58	교토 중심부
60	교토역	62	기온
64	기온 중심부	66	기요미즈데라
68	기요미즈데라 상세	70	산넨자카·니넨자카
72	후시미이나리	74	은각사 주변
76	금각사 주변	78	금각사·아라시야마
80	니조성·교토교엔	82	니조성 상세지도
84	아라시야마	86	이치조지·기타야마
88	우지	90	오하라
92	비와코		

94 고베 지도

94	고베 주요 구역		
96	산노미야	98	모토마치
100	하버랜드·메리켄파크	102	하버랜드 전체
104	하버랜드 상세지도	106	포트·롯코아일랜드
108	기타노	110	기타노이진칸
112	마야산·롯코산	114	롯코산
116	히메지성	118	아리마온센

120 나라 지도

120	나라 주요 구역	122	나라 중심부
124	나라마치	126	나라공원
128	도다이지(동대사)	130	헤이조궁

132 간사이

142 일반정보

142	간사이/일본 기본정보
146	간사이 국제공항 안내
148	간사이 국제공항에서 오사카 가는 법
152	간사이 국제공항에서 고베 가는 법
154	간사이 국제공항에서 교토 가는 법
155	간사이 국제공항에서 나라 가는 법
156	간사이 도시간 이동 방법
157	교통패스
165	교통카드
166	애플페이로 IC카드 신규발급 방법

167 간사이 테마

168	간사이 한눈에 보기
170	MAP 간사이 벚꽃&단풍스팟
172	간사이 대표 마츠리
174	간사이 여행 필수 쇼핑리스트
176	일본에서 사면 더 저렴한 브랜드
179	일본의 대표 패션 브랜드
184	힙한 편집샵 체인
186	생활용품 브랜드 잡화쇼핑
188	간사이 드럭스토어 추천템 정복
190	아이도 어른도 좋아하는 캐릭터 굿즈샵 총정리
194	간사이 대표 먹거리
197	알고 먹자! 초밥의 종류
200	간사이의 라멘
202	일본 3대 편의점 브랜드별 한정 간식
206	일본 마트 쇼핑 필수품
208	일본의 술 즐기기

210
오사카

216 오사카 지도
216 오사카 주요 구역

218 일반정보
218 오사카 시내 대중교통　222 오사카 지하철 노선도
224 오사카 내부에서 이동하는 법

225 오사카 테마
226 오사카에서 꼭 가야 할 대표 랜드마크
228 MAP 오사카 벚꽃 스팟
230 오사카의 겨울 일루미네이션 스팟
234 주유패스와 E패스로 갈 수 있는 오사카 스팟 총정리
236 오사카의 박물관 & 미술관 탐방
238 오사카의 이색 탈거리
241 오사카에서 인생샷 찍을 수 있는 SNS 핫스팟
244 야경을 즐길 수 있는 오사카 전망대
246 아이와 가기 좋은 오사카 스팟
248 오사카의 주요 쇼핑몰&백화점
252 오사카 쇼핑의 핵심, '아케이드 상점가'
256 오사카 먹거리별 대표 맛집
258 오사카의 밤을 즐기기 좋은 이자카야&바
260 이색 컨셉의 오사카 카페
262 오사카의 대표 간식
264 꼭 먹어야 할 디저트는? 오사카 빵지순례

267 우메다
270 MAP 우메다역　272 MAP 우메다역 주변
274 MAP 우메다역 도보지도
276 우메다스카이빌딩 주변　277 자야마치 주변
279 오사카스테이션시티주변　282 한큐·한신백화점주변
285 헵파이브 주변　289 니시우메다역 주변
290 기타신치역 주변　292 후쿠시마역 주변

293 텐진바시
296 MAP 텐진바시
298 아기자기한 카페거리 나카자키초
299 텐진바시 주변 여행지

307 나카노시마·요도야바시·혼마치
310 MAP 나카노시마·요도야바시·혼마치
312 나카노시마·요도야바시·혼마치 주변 여행지

325 오사카성 주변
328 MAP 오사카성
330 오사카성 한눈에 보기
332 오사카성 주변 여행지

341 신사이바시
344 MAP 신사이바시
346 오사카의 힙한 로컬 편집샵
348 난바신사 주변 여행지
350 오렌지스트리트 주변 여행지
353 아메리카무라 주변 여행지
355 다이마루·파르코 주변 여행지
358 신사이바시스지상점가 주변 여행지

361 도톤보리
364 MAP 도톤보리
366 도톤보리 주변 여행지

373 난바
376 MAP 난바　378 MAP 구로몬 시장
380 MAP난바역&난바워크 382 난바워크
385 에비스바시스지상점가 390 센니치마에상점가주변
393 구로몬시장 주변　395 난바워크 주변
397 난카이난바역 주변　398 덴덴타운 주변
400 난바주변

401 덴노지
404 MAP 덴노지
406 덴노지 주변 여행지
410 오사카의 명물, 쿠시카츠 거리

417 베이에어리어
420 MAP 베이에어리어
422 베이에어리어에서 보내는 하루
424 유니버설 스튜디오 재팬 완전 정복
428 베이에어리어 주변 여행지

437 오사카 외곽

440
교토

446 교토 지도
446 교토 주요 구역　　　448 교토 중심부

450 일반정보
450 교토 시내 대중교통　　454 교토 지하철 노선도
456 교토 내부에서 이동하는 법
458 교토에서 우지로 이동하는 법
460 교토에서 오하라로 이동하는 법
462 교토에서 비와코로 이동하는 법

465 교토 테마
466 교토에서 꼭 가야 할 대표 랜드마크
469 구석구석 걷는 재미, 교토 골목 들여다보기
470 교토에서 자연을 만끽하는 벚꽃 단풍 스팟
472 교토의 박물관 & 미술관 탐방
474 교토에서 인생샷 찍을 수 있는 SNS 핫스팟
478 고즈넉한 힐링 스팟, 교토의 모래정원
480 옛스러운 매력, 교토 료칸 여행
482 교토 주요 쇼핑몰 스팟
486 교토 대표 시장과 상점가
490 교토 로컬 라이프스타일샵
494 교토 먹거리별 대표 맛집
500 교토를 대표하는 3대 커피숍
502 전통과 현대가 조화된 교토 감성 카페
503 말차 천국 교토
504 꼭 먹어야 할 디저트는? 교토 빵지순례

507 교토역 주변
510 MAP 교토역　　　512 MAP 교토역 상세
513 교토역 주변 여행지

525 기온
528 MAP 기온　　　530 MAP 기온 주변
532 선술집 거리 폰토초　　535 산조도리 주변
536 니시키시장 주변　　538 시조역 주변
539 데라마치상점가 주변　540 신교고쿠상점가 주변
541 가와라마치역 주변　　543 폰토초 주변
546 기온신바시 주변

549 기요미즈데라
552 MAP 기요미즈데라
554 MAP 기요미즈데라 세부지도
556 MAP 산넨자카·니넨자카
558 기요미즈데라 기모노 체험
560 기요미즈데라 주변 여행지

573 후시미이나리
576 MAP 후시미이나리
578 후시미이나리 주변 여행지

581 은각사 주변
584 MAP 은각사 주변　　586 은각사 주변 여행지

595 금각사 주변
598 MAP 금각사 주변　　600 금각사 주변 여행지

605 니조성·교토교엔 주변
608 MAP 니조성·교토교엔
610 MAP 니조성 상세지도
612 니조성·교토교엔 주변 여행지

621 아라시야마
624 MAP 아라시야마
626 아라시야마 주변 여행지

639 이치조지·기타야마
640 MAP 이치조지·기타야마
642 이치조지·기타야마 주변 여행지

647 우지
648 MAP 우지　　　650 우지 주변 여행지

651 오하라
652 MAP 오하라　　654 오하라 주변 여행지

655 비와코
656 MAP 비와코　　658 비와코 주변 여행지

660
고베

666 고베 지도
666 고베 주요 구역

668 일반정보
668 고베 시내 대중교통 669 고베 루프버스 노선도
672 고베 전철 노선도 674 마야산&롯코산 가는 법
676 히메지성 가는 법 668 아리마온센 가는 법
680 고베에서 이동하는 법

681 고베 테마
682 고베에서 꼭 가야 할 대표 랜드마크
684 고베의 사계절 추천 스팟
686 고베에서 뭐하고 놀까? 고베 즐길거리
690 항구도시 고베의 전망 & 야경 스팟
692 고베에서 인생샷 찍을 수 있는 SNS 핫스팟
694 고베의 박물관 & 미술관 기행
696 아이와 가기 좋은 고베 스팟
697 고베 주요 쇼핑몰 스팟
700 고베규 스테이크 맛집 BEST 7
702 오래된 전통의 독특한 매력, 고베 카페
704 꼭 먹어야 할 디저트는? 고베 빵지순례

707 산노미야
710 MAP 산노미야 712 산노미야 주변 여행지

721 모토마치
724 MAP 모토마치 726 대표 상점가 '모토마치'
727 모토마치 주변 여행지

737 하버랜드·메리켄파크
740 MAP 하버랜드·메리켄파크
742 하버랜드 전체지도 744 하버랜드 상세지도
746 하버랜드·메리켄파크 주변 여행지

753 포트아일랜드·롯코아일랜드
756 MAP 포트아일랜드·롯코아일랜드
758 포트아일랜드·롯코아일랜드 주변 여행지

761 기타노
764 MAP 기타노 766 MAP 기타노이진칸
768 일본에서 느끼는 유럽 감성, 기타노이진칸 산책
770 기타노 주변 여행지

777 마야산·롯코산
780 MAP 롯코산 782 숨은 재미, 롯코산
784 마야산·롯코산 주변 여행지

789 히메지성
790 MAP 히메지성 792 히메지성 주변 여행지

793 아리마온센
794 MAP 아리마온센 796 아리마온센 주변

798
나라

804 나라 지도
804 나라 주요 구역 806 나라 중심부

808 일반정보
808 나라 시내 대중교통 809 나라 버스 노선도
810 나라에서 이동하는 법

811 나라 테마
812 나라에서 꼭 가야 할 대표 랜드마크
813 나라 대표맛집 BEST6
814 나라에서 꼭 맛봐야 할 디저트&카페

817 나라마치
820 MAP 나라마치 지도 822 나라마치 걷기
824 나라마치 주변 여행지

833 나라공원 주변
836 MAP 나라공원 838 나라공원
842 MAP 도다이지 지도 844 도다이지
846 나라공원 주변 여행지

855 헤이조궁 주변
856 MAP 헤이조궁 858 헤이조궁 주변 여행지

audio guide

에이든 오사카-간사이 가이드북의 정보페이지 또는 지도를 AI에게 학습시켜, audio guide 음성으로 제작하였습니다. 좌측의 QR코드를 스캔하시면 아래 목록의 음성파일에 접근하실 수 있습니다. 네트워크를 사용하기 때문에 wifi나 국내에서 다운로드 하시기 바랍니다. 스마트폰에 미리 다운로드 받으시면 편리합니다.

0. 통합음성

0. 에이든오사카-간사이가이드북-어떤도서일까요_01.mp3	2.3MB | 6:40
1. 여행자를위한-간사이여행설명-audio-ai.mp3	2.5MB | 7:17
2. 간사이테마통합_에이든오사카간사이가이드북-audio-ai.mp3	96.1MB | 1:09:57
3. 오사카통합-에이든오사카간사이가이드북-audio-ai.mp3	145.5MB | 1:45:05
4. 교토통합-에이든오사카간사이가이드북-audio-ai.mp3	125.9MB | 1:31:39
5. 고베통합-에이든오사카간사이가이드북-audio-ai.mp3	66.6MB | 48:29
6. 나라통합-에이든오사카간사이가이드북-audio-ai.mp3	30.6MB | 22:18

1. 간사이 테마

0. 간사이테마통합_에이든오사카간사이가이드북-audio-ai.mp3   96.1MB \| 1:09:57

142-144-간사이기본정보-audio-ai.mp3	2.9MB | 6:27
148-149-간사이공항에서오사카가는법-audio-ai.mp3	2.5MB | 5:26
157-159-간사이교통패스-audio-ai.mp3	3.9MB | 8:31
160-163-오사카,교토,고베내부교통패스-audio-ai.mp3	4.1MB | 8:52
168-169-간사이한눈에보기(도시소개)-audio-ai.mp3	2.8MB | 6:01
172-173-간사이대표마츠리-audio-ai.mp3	2.5MB | 5:25
194-196-간사이대표먹거리-audio-ai.mp3	3.9MB | 8:31
197-199-알고먹자초밥의종류-audio-ai.mp3	3.2MB | 7:02
200-201-간사이라멘-audio-ai.mp3	2.5MB | 5:29
208-209-일본의술즐기기-audio-ai.mp3	3.8MB | 8:15

2. 오사카

0. 오사카통합-에이든오사카간사이가이드북-audio-ai.mp3   145.5MB \| 1:45:56

216-217-오사카주요구역_01-audio-ai.mp3	3MB | 8:50
226-227-오사카랜드마크-audio-ai.mp3	2.9MB | 6:26
234-235-주유패스 vs E패스-audio-ai.mp3	2.9MB | 6:22
262-263-오사카의대표간식-audio-ai.mp	3.5MB | 7:44
410-쿠시카츠거리-audio-ai.mp3	2.5MB | 5:32
424-427-유니버설스튜디오재팬-audio-ai.mp3	3.1MB | 6:49

지도로보는 오사카 주요구역 지역설명

24-25-우메다역주변지도-audio-ai.mp3	2.8MB | 6:10
30-31-나카노시마-요도야바시-혼마치지도_01-audio-ai.mp3	2.4MB | 7:05
32-33-오사카성세부지도_01-audio-ai.mp3	2.1MB | 5:58
34-35-신사이바시지도_01-audio-ai.mp3	2.7MB | 7:48
36-37-도톤보리지도_01-audio-ai.mp3	2.2MB | 6:20
38-39-난바지도_01-audio-ai.mp3	1.9MB | 5:23
42-43-난바시티-츠텐카쿠주변지도_01-audio-ai.mp3	2.3MB | 6:34
44-45-덴노지역지도_01-audio-ai.mp3	2.2MB | 6:25

48-49-베이에어리어지도_01-audio-ai.mp3　　　　　　　　　　　　2.3MB | 6:38
50-51-유니버설스튜디오재팬_01-audio-ai.mp3　　　　　　　　　　2MB | 5:44

3.교토　　　　　　　　　　0. 교토통합-에이든오사카가이드북-audio-ai.mp3　　125.9MB | 1:31:39

446-447-교토주요구역_01-audio-ai.mp3　　　　　　　　　　　　2.7MB | 7:51
466-468-교토랜드마크-audio-ai.mp3　　　　　　　　　　　　　3MB | 6:31
558-559-기요미즈데라_기모노체험-audio-ai.mp　　　　　　　　　3.3MB | 7:16

지도로보는 교토 주요구역 지역설명

56-57-교토근교지도_01-audio-ai.mp3　　　　　　　　　　　　1.9MB | 5:34
58-59-교토중심부지도_01-audio-ai.mp3　　　　　　　　　　　2.5MB | 7:20
62-63-기온지도_01-audio-ai.mp3　　　　　　　　　　　　　　2.4MB | 6:58
66-67-기요미즈데라근처지도_01-audio-ai.mp3　　　　　　　　　2.2MB | 6:16
74-75-은각사주변지도_01-audio-ai.mp3　　　　　　　　　　　2.7MB | 7:46
76-77-금각사주변지도_01-audio-ai.mp3　　　　　　　　　　　2.4MB | 6:52
80-81-니조성-교토교엔지도_01-audio-ai.mp3　　　　　　　　　2.5MB | 7:14
84-85-아라시야마지도-audio-ai.mp3　　　　　　　　　　　　　2.3MB | 6:47
86-87-이치죠니-기타지역지도_01-audio-ai.mp3　　　　　　　　2.5MB | 7:09
90-91-오하라지도_01-audio-ai.mp3　　　　　　　　　　　　　2.7MB | 7:54

4.고베　　　　　　　　　　0. 고베통합-에이든오사카가이드북-audio-ai.mp3　　66.6MB | 48:29

666-667-고베주요구역_01-audio-ai.mp3　　　　　　　　　　　2.1MB | 6:04
682-683-고베랜드마크-audio-ai.mp3　　　　　　　　　　　　3.2MB | 7:05

지도로보는 고베 주요구역 지역설명

96-97-산노미야지도_01-audio-ai.mp3　　　　　　　　　　　　1.8MB | 5:06
100-101-하버랜드-메리켄파크지도_01-audio-ai.mp3　　　　　　2.5MB | 7:16
110-111-기타노이진칸지도_01-audio-ai.mp3　　　　　　　　　2.1MB | 5:59
112-113-마야산-롯코산지도_01-audio-ai.mp3　　　　　　　　1.7MB | 5:01
114-115-롯코산지도_01-audio-ai.mp3　　　　　　　　　　　2.2MB | 6:25
116-117-히메지성지도_01-audio-ai.mp3　　　　　　　　　　　1.9MB | 5:27

5.나라　　　　　　　　　　0. 나라통합-에이든오사카가이드북-audio-ai.mp3　　30.6MB | 22:18

804-805-나라주요구역_01-audio-ai.mp3　　　　　　　　　　　1.7MB | 5:00
812-나라랜드마크-audio-ai.mp3　　　　　　　　　　　　　　3.3MB | 7:16

지도로보는 나라 주요구역 지역설명

124-125-나라마치지도_01-audio-ai.mp3　　　　　　　　　　　2.3MB | 6:49
126-127-나라공원지도_01-audio-ai.mp3　　　　　　　　　　　2.4MB | 6:52

MAPS
오사카.간사이 지도 모음

지도로 알아보기

간사이 여행, 이제 헤매지 마세요!

여행 계획의 핵심은 동선 짜기죠! 여행 지도 전문 회사답게 100페이지 이상을 지도에 할애 했어요. 그 어떤 가이드북에서도 해낼 수 없는, 오로지 에이든 만의 차별점이죠. 에이든 지도와 함께 오사카는 물론, 간사이의 숨은 명소들과 지금 가장 핫한 인기 지역들을 한눈에 쏙쏙 확인해 봐요!

간사이

간사이 전체 지도

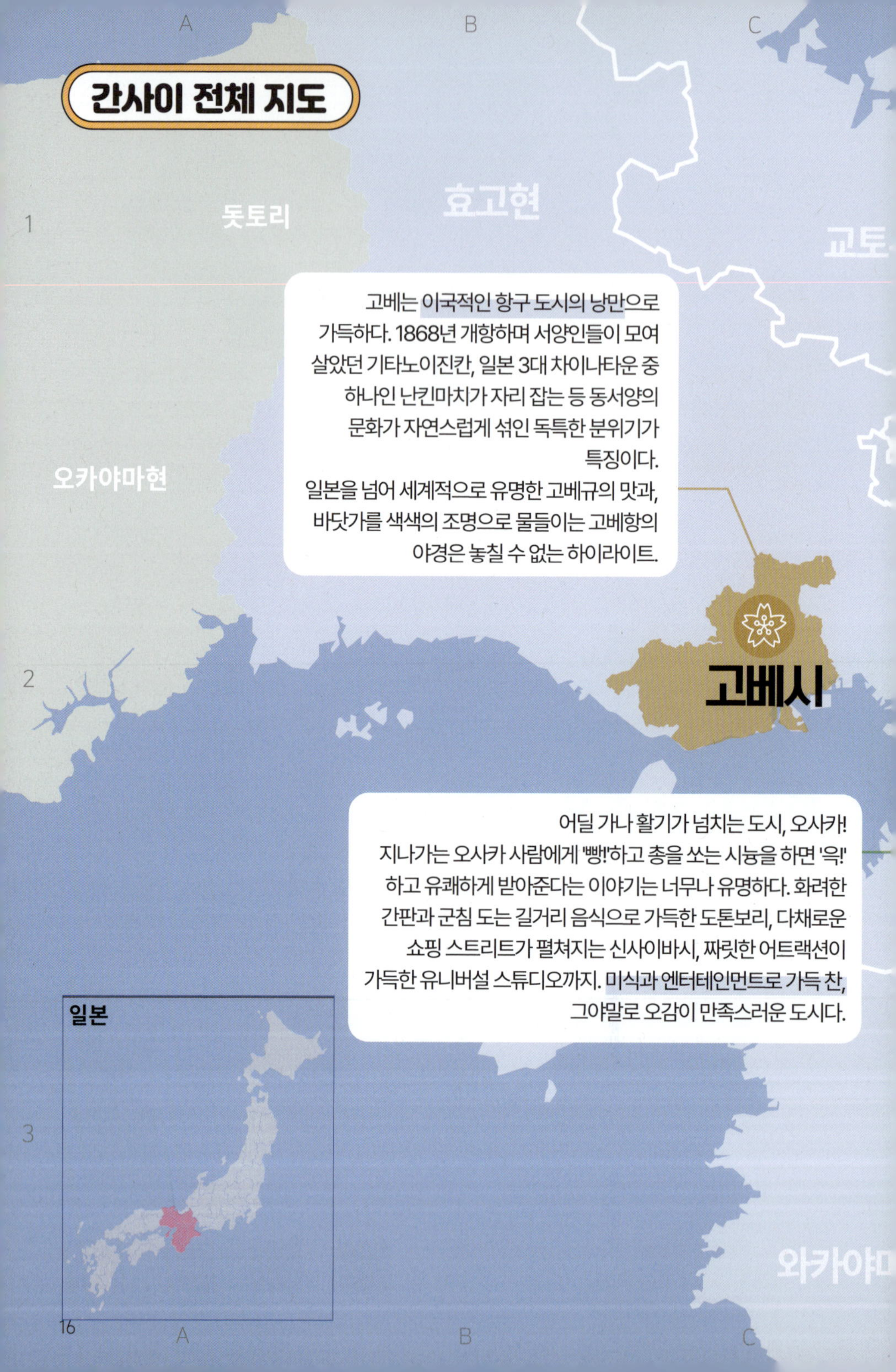

돗토리

효고현

교토

오카야마현

고베는 이국적인 항구 도시의 낭만으로 가득하다. 1868년 개항하며 서양인들이 모여 살았던 기타노이진칸, 일본 3대 차이나타운 중 하나인 난킨마치가 자리 잡는 등 동서양의 문화가 자연스럽게 섞인 독특한 분위기가 특징이다.
일본을 넘어 세계적으로 유명한 고베규의 맛과, 바닷가를 색색의 조명으로 물들이는 고베항의 야경은 놓칠 수 없는 하이라이트.

고베시

어딜 가나 활기가 넘치는 도시, 오사카! 지나가는 오사카 사람에게 '빵'하고 총을 쏘는 시늉을 하면 '윽!' 하고 유쾌하게 받아준다는 이야기는 너무나 유명하다. 화려한 간판과 군침 도는 길거리 음식으로 가득한 도톤보리, 다채로운 쇼핑 스트리트가 펼쳐지는 신사이바시, 짜릿한 어트랙션이 가득한 유니버설 스튜디오까지. 미식과 엔터테인먼트로 가득 찬, 그야말로 오감이 만족스러운 도시다.

일본

와카야마

우아하고 고즈넉한 천년고도, 교토. 천 년이 넘는 시간 동안 일본의 수도였던 교토는 지금까지 전통을 지켜오며 고풍스러운 매력을 품고 있다.
일본의 불교문화가 짙게 남은 청수사, 금각사 등의 사찰부터 섬세한 차 문화, 정갈한 교토 요리까지. 잘 보존된 전통 가옥 사이를 거닐며 시간 여행을 떠난 듯한 느낌을 받을 수 있다.

교토시

시가현

자연과 역사가 조화를 이루는 평화롭고 신비로운 매력의 고대 수도 나라. 고대 일본의 정치·종교적 중심부 역할을 했던 만큼 도다이지, 가스가타이샤 신사 등 일본에서도 손꼽히는 역사와 규모를 지닌 사찰이 자리 잡고 있다. 또한 광활한 공원을 자유롭게 뛰노는 사슴에게 먹이를 주는 경험은 나라에서만 가능한 특별한 추억이 된다.

오사카부

나라시

오사카시

미에현

간사이 역사

일본의 중서부에 위치한 간사이(關西) 지방은 일본의 문화적 수도라 불릴 정도로 역사의 숨결이 살아 숨 쉬는 곳이다. 실제로 약 710년부터 784년까지는 나라(奈良)가, 794년부터 1868년까지는 교토(京都)가 오랜 기간 일본의 수도였다는 사실.
이때 꽃 피운 찬란한 문화는 수많은 사찰과 전원으로 남아 오늘날까지 그 아름다움을 간직하고 있다. 1868년 메이지 유신 이후 수도가 도쿄로 이전되었지만 이후에도 간사이는 경제, 문화의 중심지 역할을 유지했다.
특히 오사카는 상업 도시로 크게 발전하며 '천하의 부엌'이라 불릴 정도로 번성했으며, 고베는 근대 서일본의 대표적인 개항지로서 서양 문물을 빠르게 받아들이며 무역 도시로 성장했다.

나라현

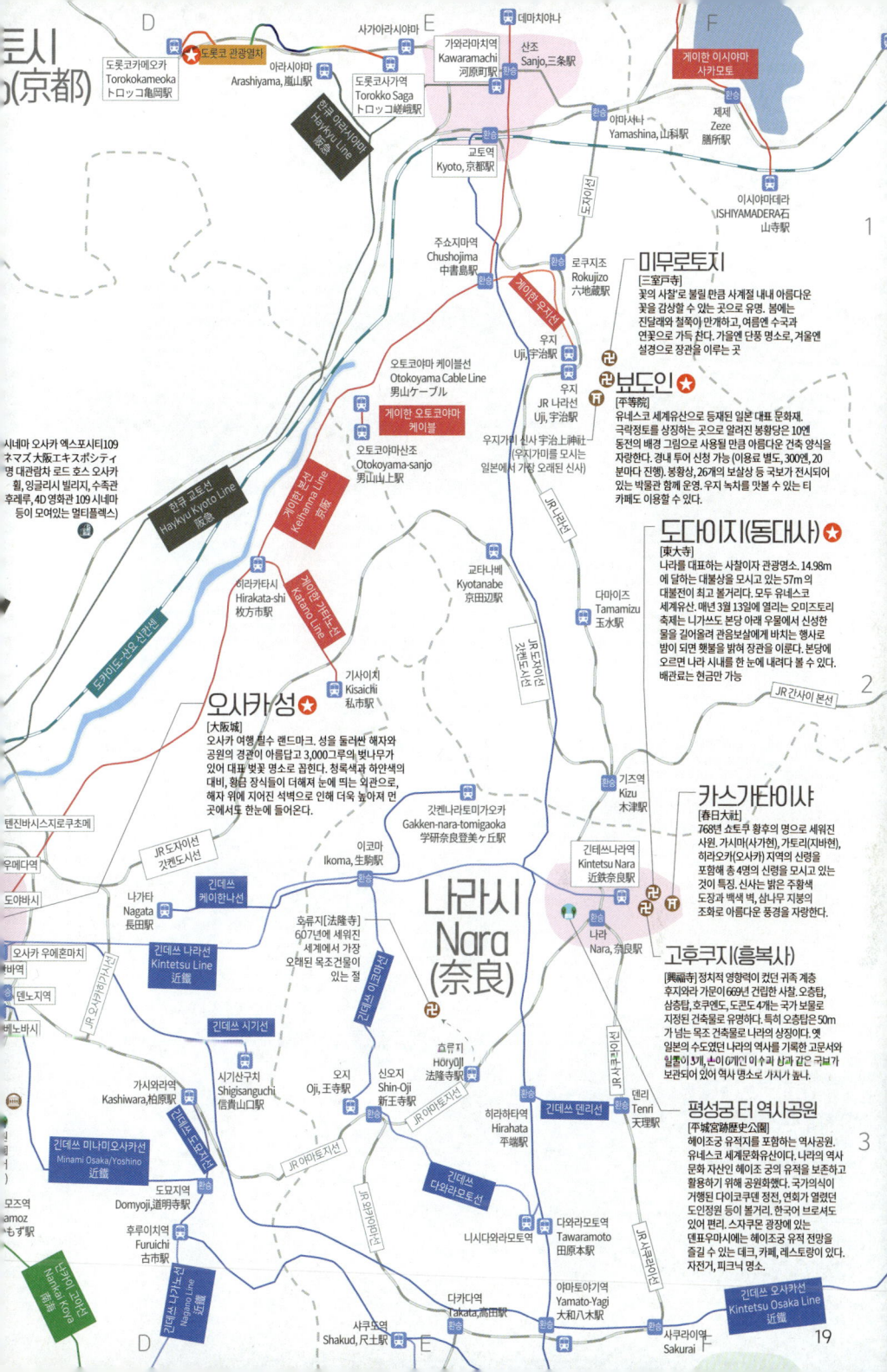

오사카 주요 구역

나카노시마 & 요도야바시 & 혼마치

강변을 따라 미술관, 박물관과 오피스 건물이 들어서 있는 구역. 서양식 건축물과 현대적인 빌딩이 어우러지며 번화가에서 한 발짝 떨어져 있어 차분한 분위기가 특징.

신사이바시

젊은 층에게 사랑받는 활기찬 쇼핑 거리. 감각적인 편집숍에서 최신 트렌드를 경험하고, 아케이드 상점가를 따라 걸으며 백화점과 드럭스토어 쇼핑을 즐긴다.

베이에어리어

소라니와온천空庭温泉・
OSAKA BAY TOWER (유카타 체험을 할 수 있는 간사이 최대의 온천 테마파크)

• 유니버셜 스튜디오

• 덴포잔 대관람차

해유관(가이유칸) •

베이에어리어

테마파크, 수족관, 쇼핑몰이 모여있는 엔터테인먼트 구역. 아름다운 항구 풍경을 보며 액티비티와 쇼핑을 즐길 수 있어 가족 단위 여행객에게 추천.

오사카 OSAKA

우메다
초고층 빌딩이 즐비한 상업 지구. 대형 백화점과 쇼핑몰이 오사카역을 중심으로 모여 있어 쇼핑, 다이닝, 야경까지 한 곳에서 즐길 수 있는 지역.

우메다
- 우메다 스카이빌딩
- 우메다 공중정원
- 헵파이브 대관람

텐진바시
정겹고 서민적인 분위기가 살아있는 곳. 텐진바시스지 상점가를 따라 로컬 맛집을 탐방하고, 가정집을 개조한 카페가 모여있는 '나카자키초'에서 산책을 즐길 수 있는 구역.

텐진바시
- 나카자키초

기타구

- 오사카텐만구 (오사카 천만궁)

나카노시마 & 요도야바시 & 혼마치

쿠시마구

오사카 성
오사카의 역사와 전통을 느낄 수 있는 대표적인 곳. 성곽과 해자를 둘러싼 공원이 조성되어 있어 여유롭게 산책할 수 있으며, 매년 봄 벚꽃 명소로도 인기.

오사카 성
- 니시노마루 정원
- 오사카성

니시구

신사이바시

주오구

- 신사이바시스지 상점

난바
도톤보리 강을 따라 수많은 음식점들의 화려한 간판이 줄지어 있는 곳. 먹거리 가득한 구로몬 시장, 덕후들의 천국 덴덴타운도 난바에서 놓쳐선 안 되는 명소.

난바
- 도톤보리 글리코 사인
- 도톤보리

나니와구

덴노지구

덴노지
1,500년 역사의 사찰과 현대적인 빌딩이 공존하며 독특한 분위기를 내는 곳. 오사카의 가장 높은 전망대를 경험한 다음, 바삭한 쿠시카츠에 맥주 한 잔!

덴노지
- 츠텐카쿠 타워
- 덴노지 동물원
- 아베노 하루카스

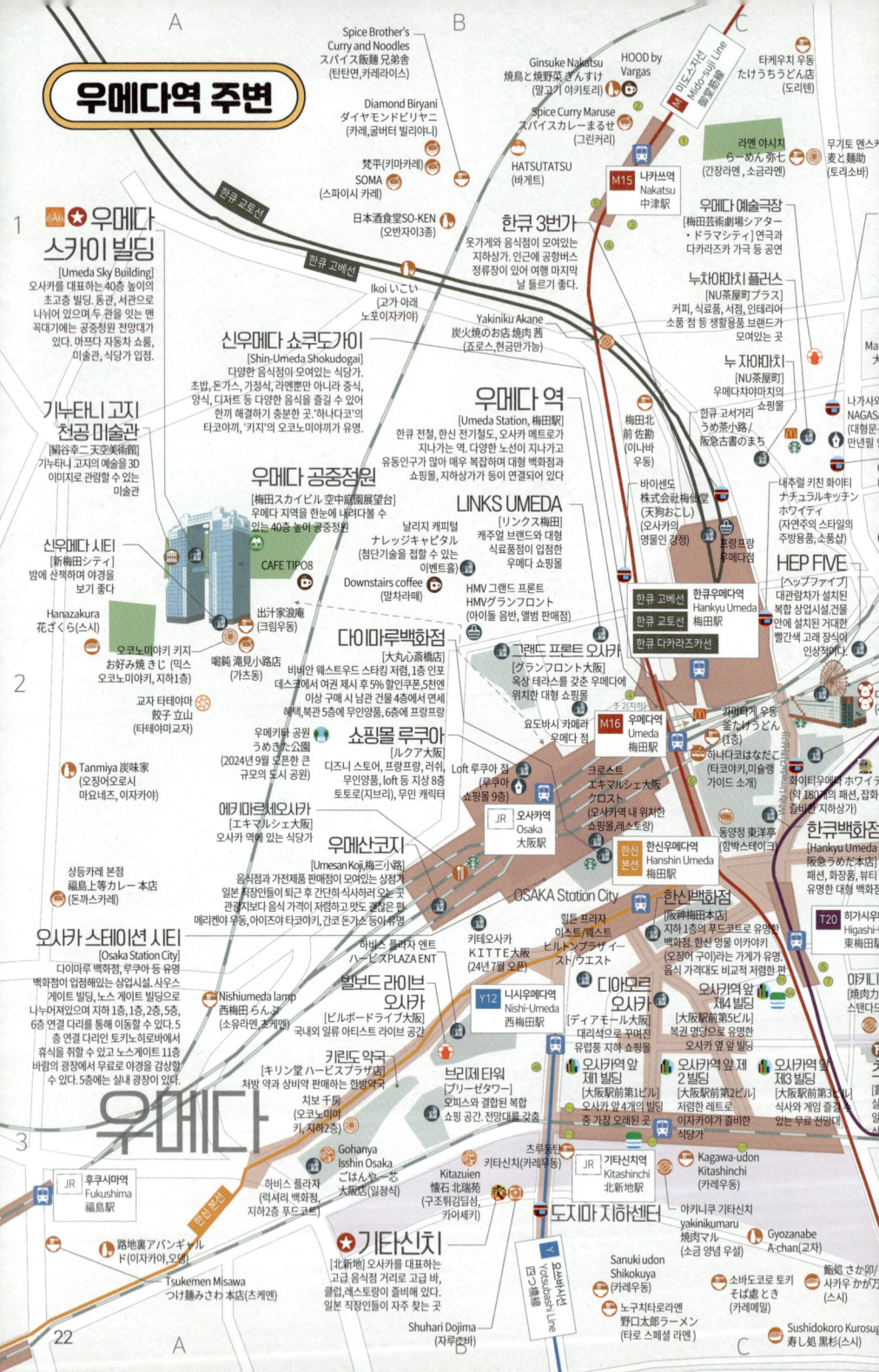

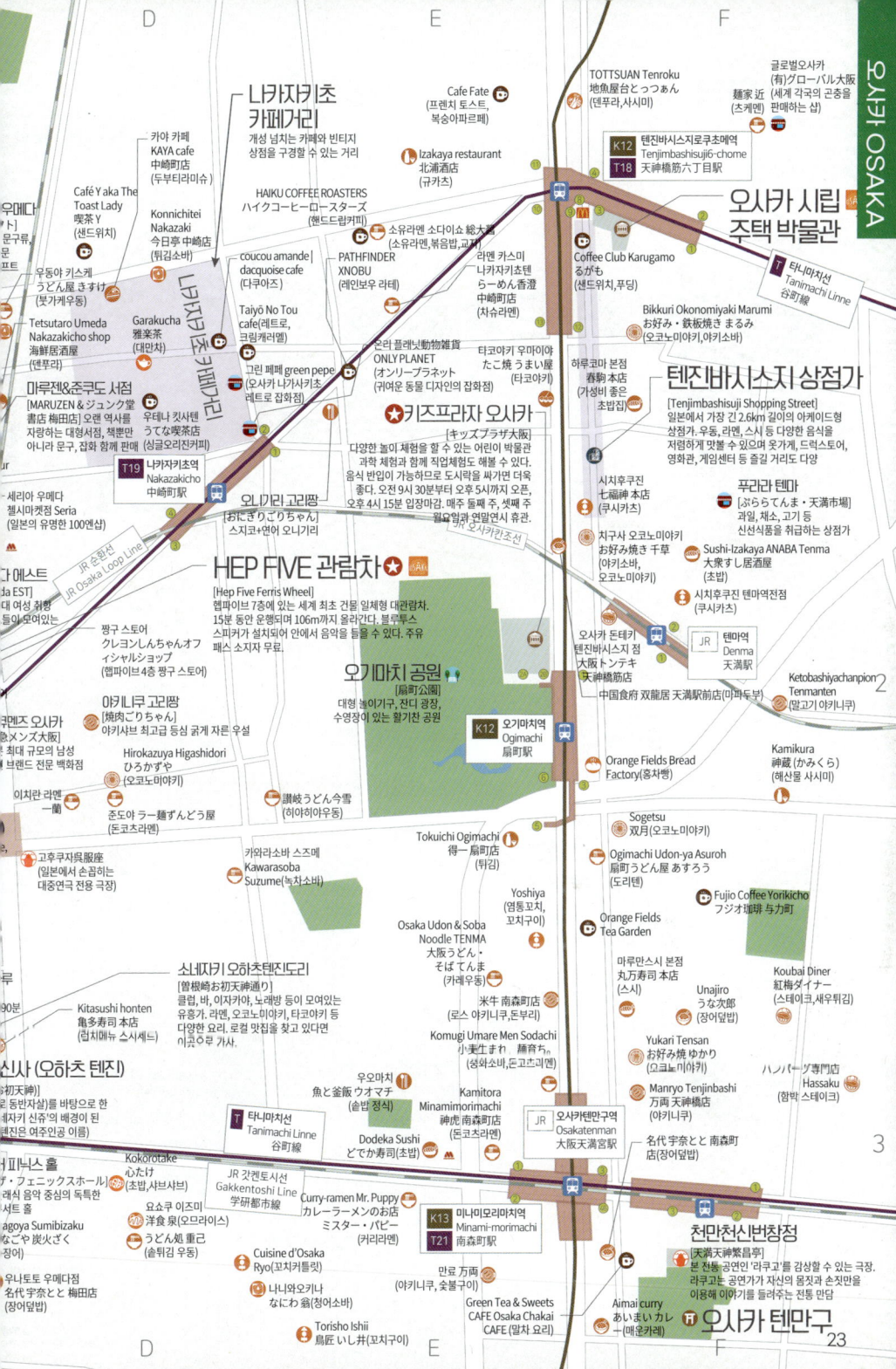

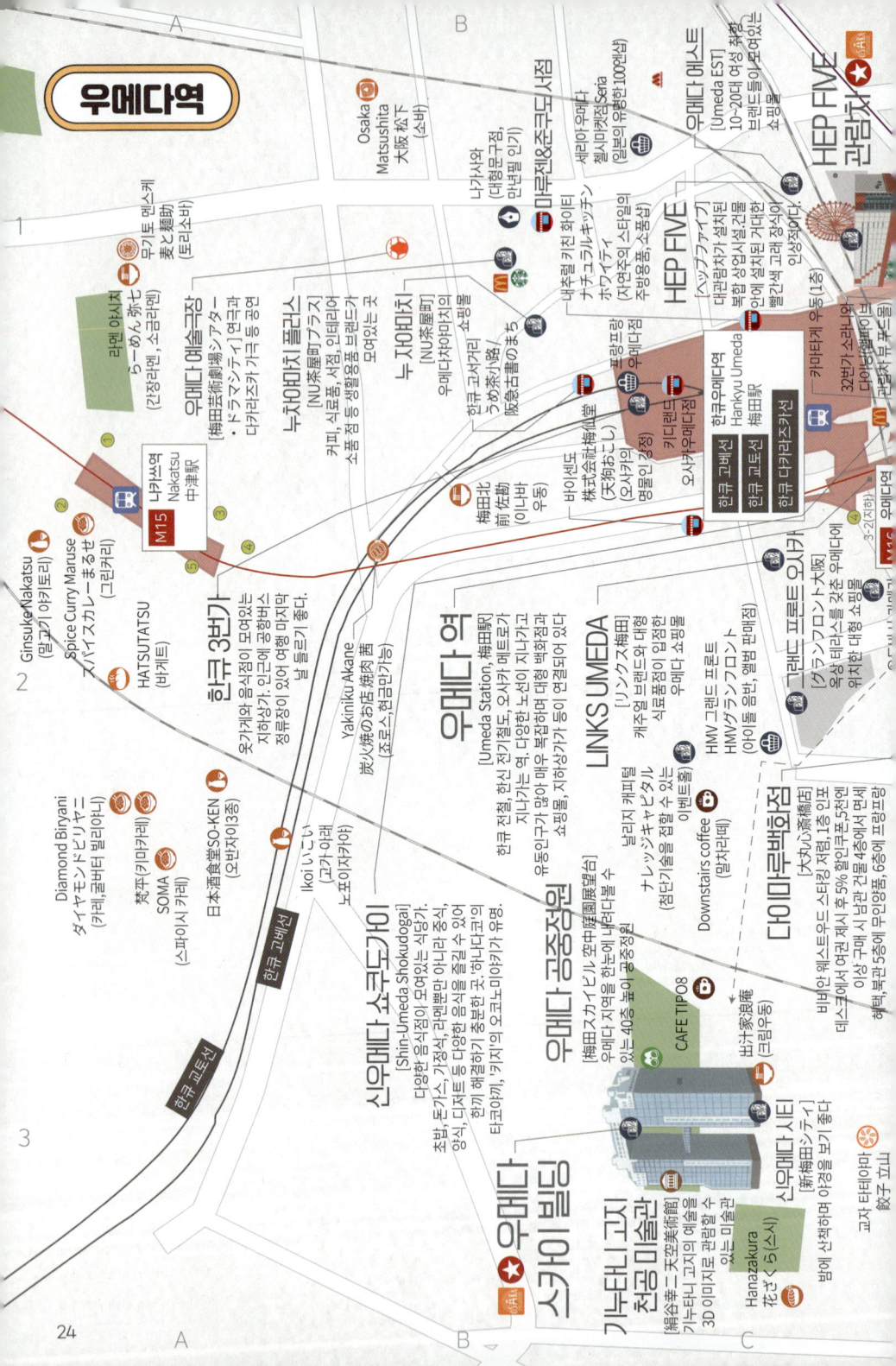

오사카 OSAKA

우메다

오사카 스테이션 시티
[Osaka Station City]
일본에서 가장 큰 역 중 하나로, 다이마루 백화점 루쿠아 등 쇼핑몰과 사우스 게이트 빌딩, 노스 게이트 빌딩으로 나누어져 있으며 지하 1층, 1층, 2층, 5층, 6층 연결 다리를 통해 이동할 수 있다. 5층 연결 다리인 토키노히로바에서 휴식을 취할 수 있고 노스게이트 빌딩 11층 바람의 광장에서 무료로 야경을 감상할 수 있다. 5층에도 실내 공원이 있다.

에키마르셰오사카
[エキマルシェ大阪]
오사카 역 안에 위치한 식당가
(2024년 9월 오픈한 큐모쿠 포함)

우메산코지
[Umeesan Koji, 梅小路]
음식점과 7곳 첫 게임시장 판매점이 모여있는 상점가
관광지보다 싼 가격에 저렴하고 맛 좋은 우동과 라멘, 아이스하이볼, 긴조 등 토리를 즐길 수 있다.

빌보드 라이브 오사카
[ビルボードライブ大阪]
국내외 일류 아티스트 라이브 공간

기리노 약국
키린도 하비스프라자점
차량 약과 생필품 판매하는 현명약국

오사카역 앞 제4 빌딩
[大阪駅前第4ビル]
복합 쇼핑 지하 쇼핑몰
오사카 역 앞에서 제일 큰 빌딩

오사카역 앞 제3 빌딩
[大阪駅前第3ビル]
사시와 게임 즐길 수 있는 무료 전망대

오사카역 앞 제2 빌딩
[大阪駅前第2ビル]
오사카역 앞 4개의 빌딩 중 저렴한 레트로 식당가

오사카역 앞 제1 빌딩
[大阪駅前第1ビル]
지하 1층에 후쿠오카에 유명한 팁부첸 한신 우에다 매장 있으며, 음식 가게대도 비교적 저렴한 편

한신백화점
[阪神梅田本店]
지하 1층이 푸드코트로 유명한 백화점. 한신 우에다 이카야키, 오징어구이라는 오사카 간식이 유명, 음식 꼭 구매해 볼 것

한큐백화점 (본점)
[Hankyu Umeda Main Store, 阪急うめだ本店]
패션, 화장품, 뷰티 상품으로 유명한 대형 백화점 (6층)

헵파이브
(삼바스테이션 엔트)

루쿠아오사카
[ルクア大阪]
디즈니 스토어, 프랑프랑, 러쉬, Loft 루쿠아 1호점, 무인양품, loft 등 지상 8층, 토토로(지브리), 무민 캐릭터

KITTE 오사카
KITTE 大阪
(2024년 7월 오픈)

니시우메다
Nishi-Umeda
西梅田駅

다이아모르 오사카
[ディアモール大阪]
대표적으로 구매대행 유명 잡화 지하 쇼핑몰

브리제타워
[ブリーゼタワー]
오피스와 겸한 쇼핑 공간, 전망대도 갖춘 복합 공간

기타신치
Kitashinchi
北新地駅

기타신치 (카레이우동)
야간이나 기타신치 (카레이우동)

기타자이언
Kitazuien
懐石 北新地苑
(구조 김임당, 카이세키)

기타신지
[北新地] 오사카를 대표하는 고급 음식점 거리로 고급 바, 클럽 음식점들이 즐비한 음식 거리로 일본 직장인들이 자주 찾는 곳

슈하리 도지마
Shuhari Dojima
手打蕎麦 守破離
堂島店(지부 우동)

오사카 OSAKA

히가시우메다
Higashi-Umeda
東梅田駅

야키니쿠 라가미
[焼肉力大梅田]
스텐다드 무한리필 90분

소시지키 쿠로스기
Sushidokoro Kurosugi
寿し処 黒杉(스시)

우나토로 우메다점
(장어덮밥)

카가와우동 키타신쿠마루
Kagawa-udon Kitashinkumaru
(카레우동)

야키니쿠마루
yakinikumaru
(소급 양념 우동)

사누키우동 시코쿠야
Sanukiudon Shikokuya
讃岐うどん 四国屋
(우동)

노구치타로라멘
野口太郎ラーメン
(타로 스페셜 라멘)

소바도코로 토키 そば處 とき
(카레메밀)

도지마 아반자
(두개운 삭사자 모양이 특징이라는 빌딩)

요쓰바시선
Yotsubashi Line
四つ橋線

후쿠시마 1초메
福島壱丁目
(시오라멘)

로지우라 아판가르도
路地裏アバンギャルド
(이지카야, 오뎅)

고한야 잇신 오사카
Gohanya
Isshin Osaka
ごはんや
一心
太阪店(일정식)

치보 우메다
チボ 千房
키, 지하2층

하비스 플라자 엔트
ハービスPLAZA ENT

하비스 플라자 (엑세시 백화점)
スてら2층 푸드코트

audio guide

25

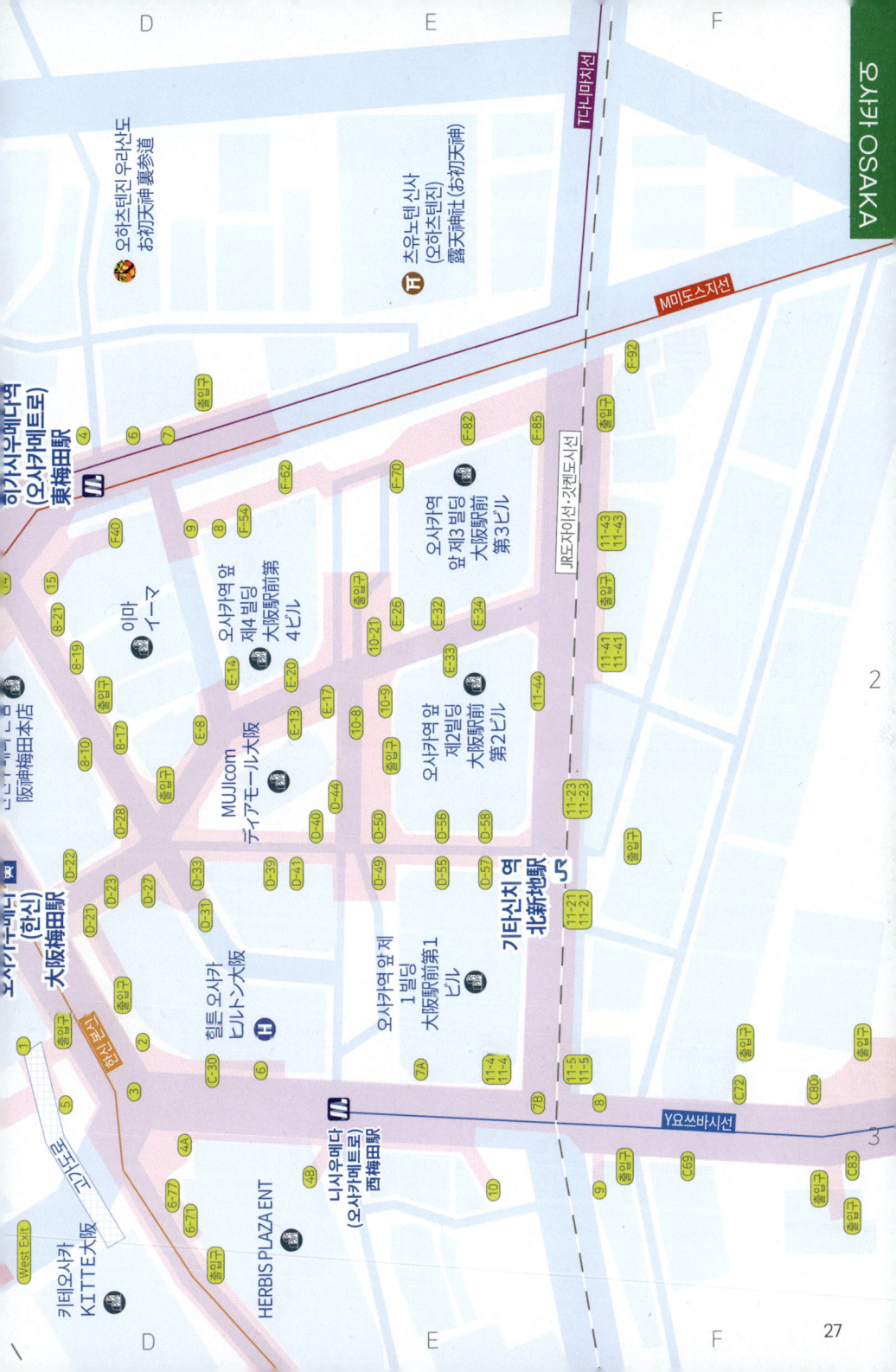

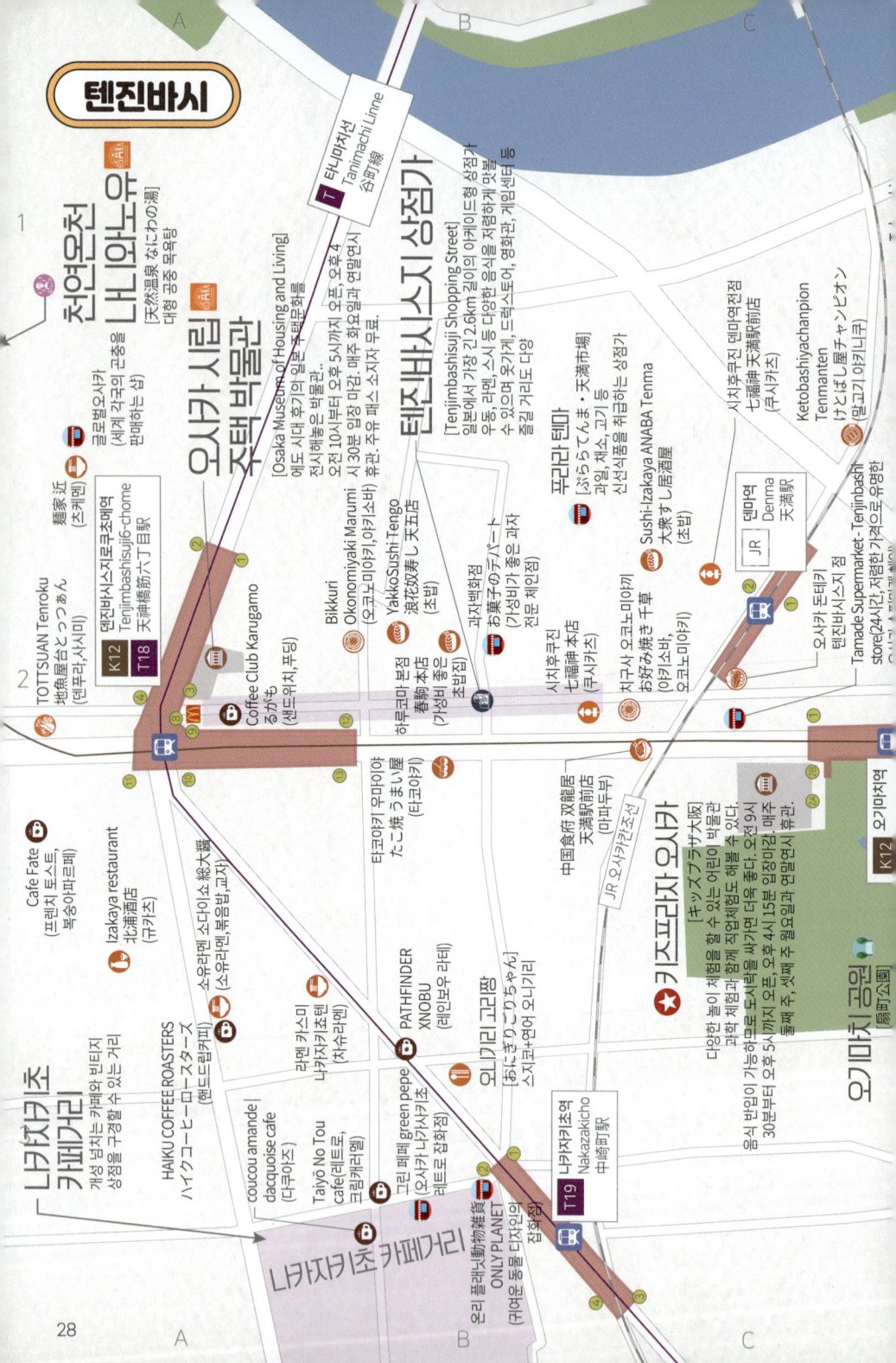

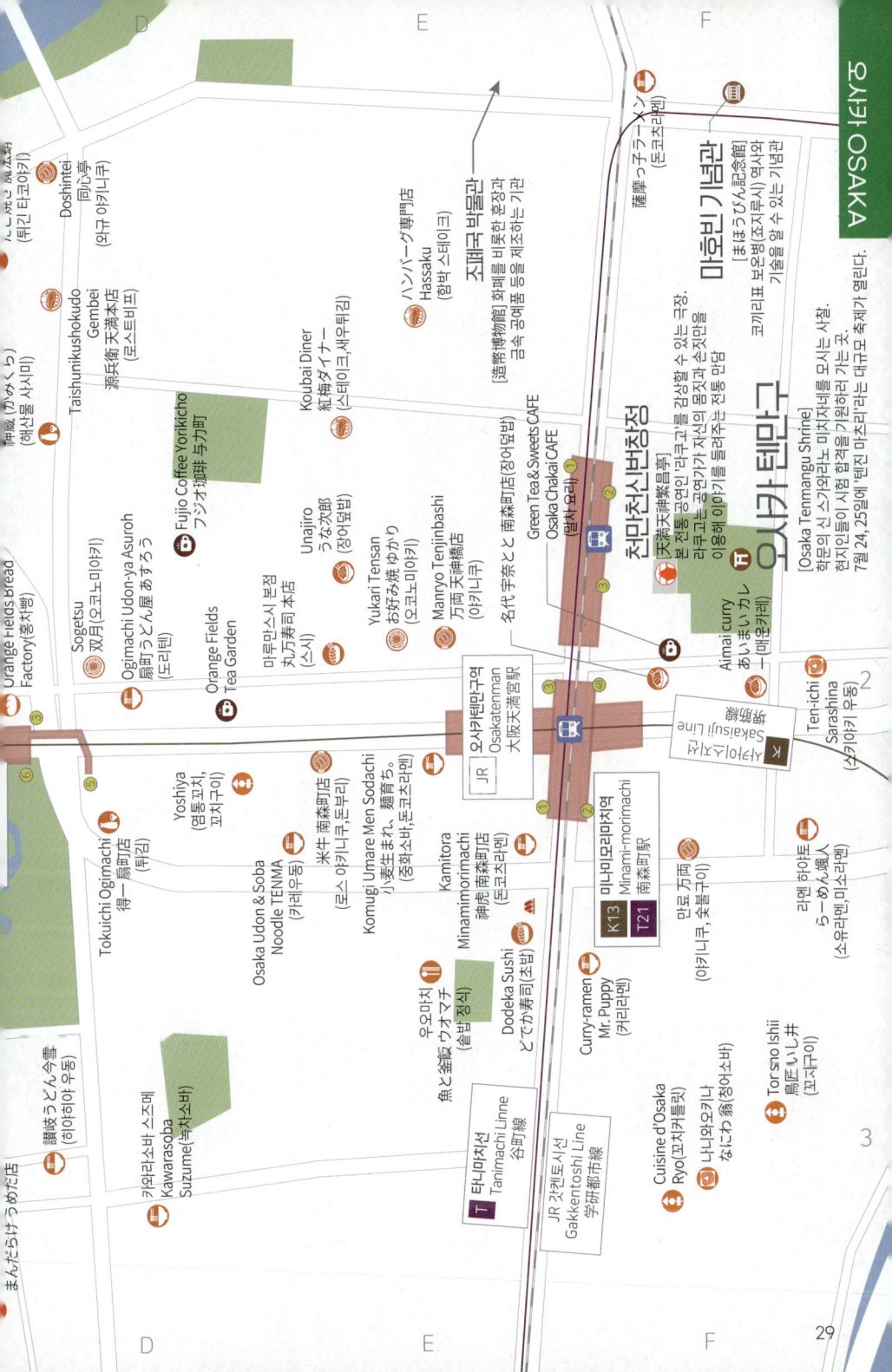

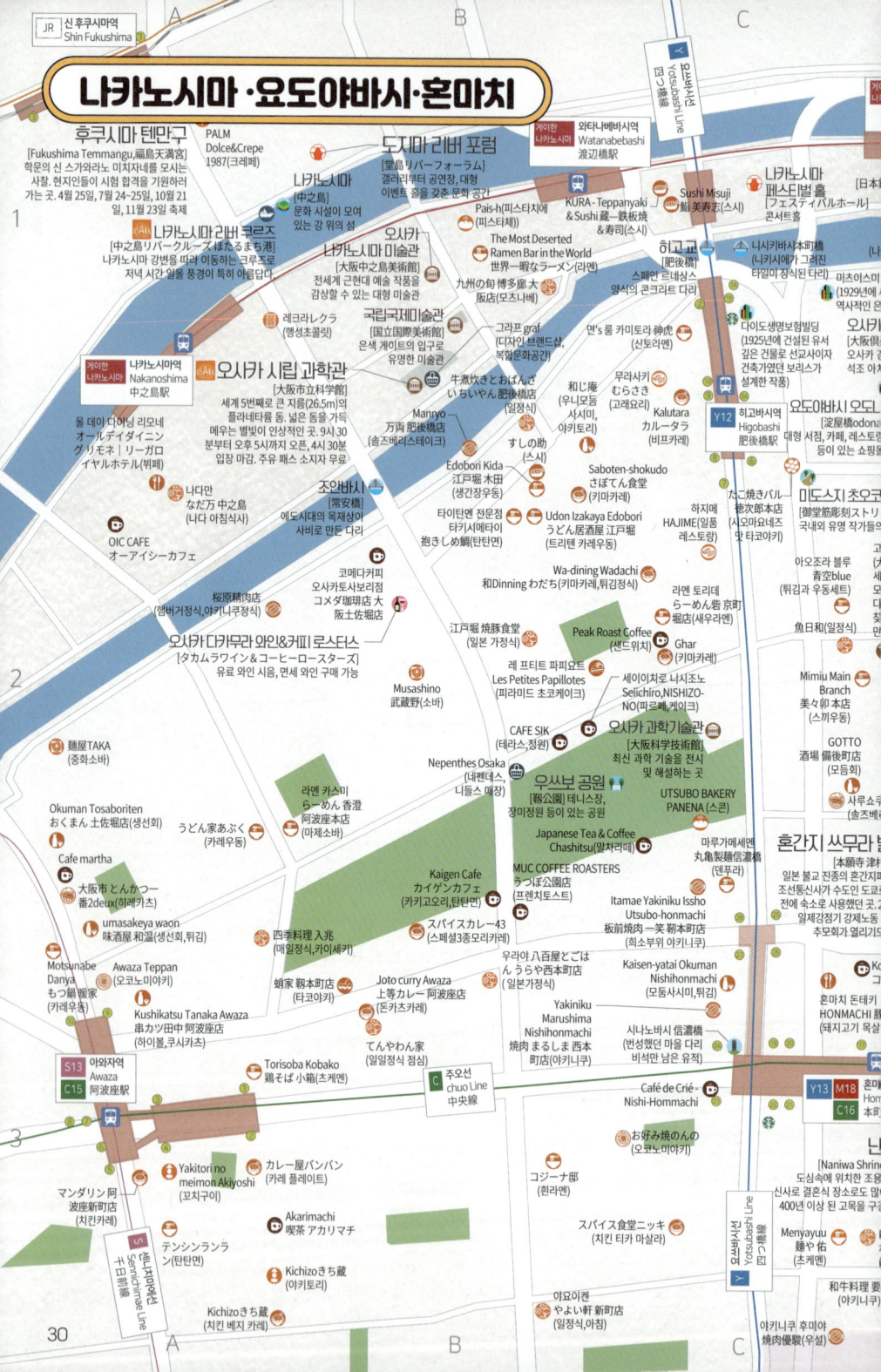

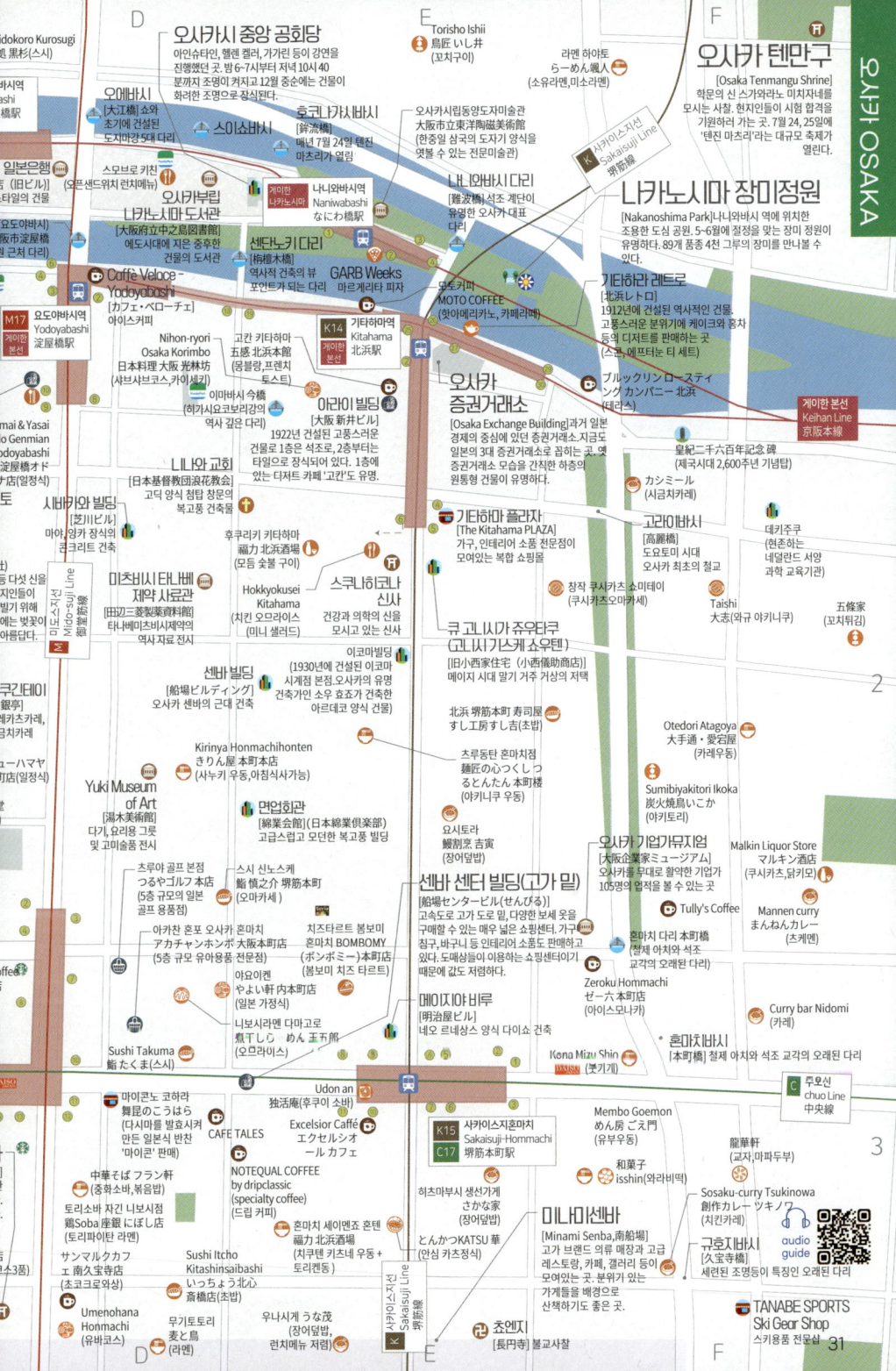

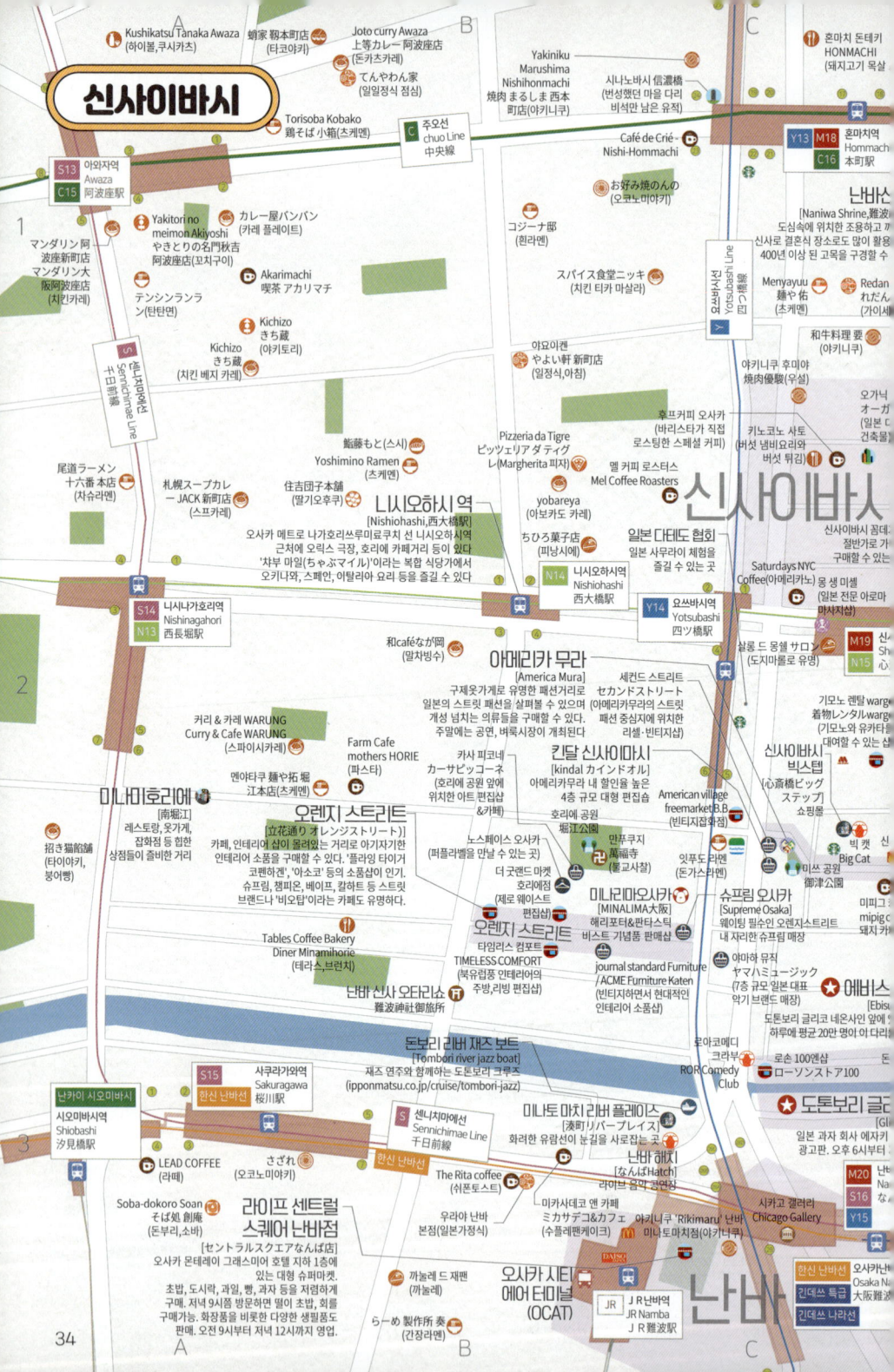

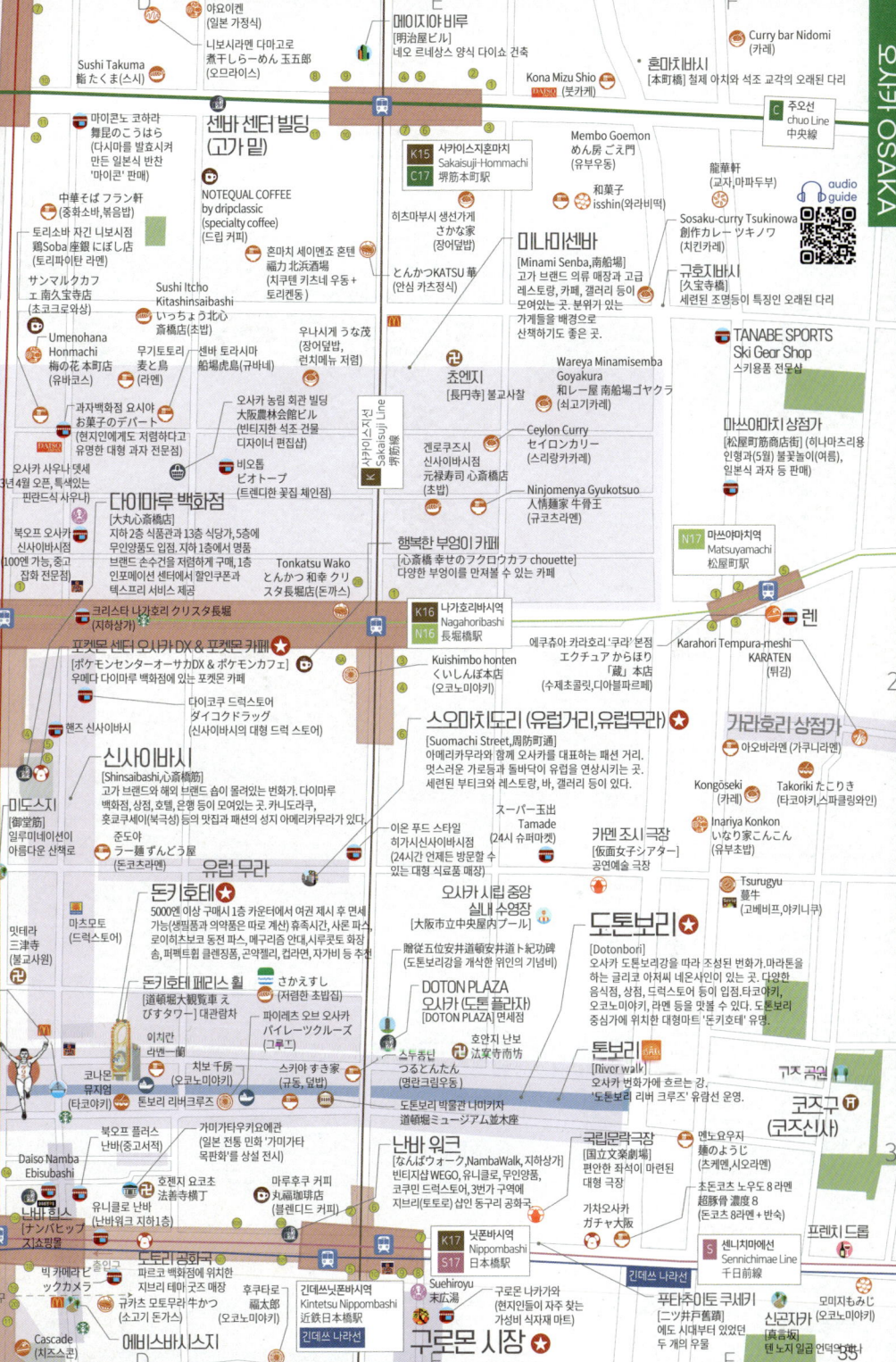

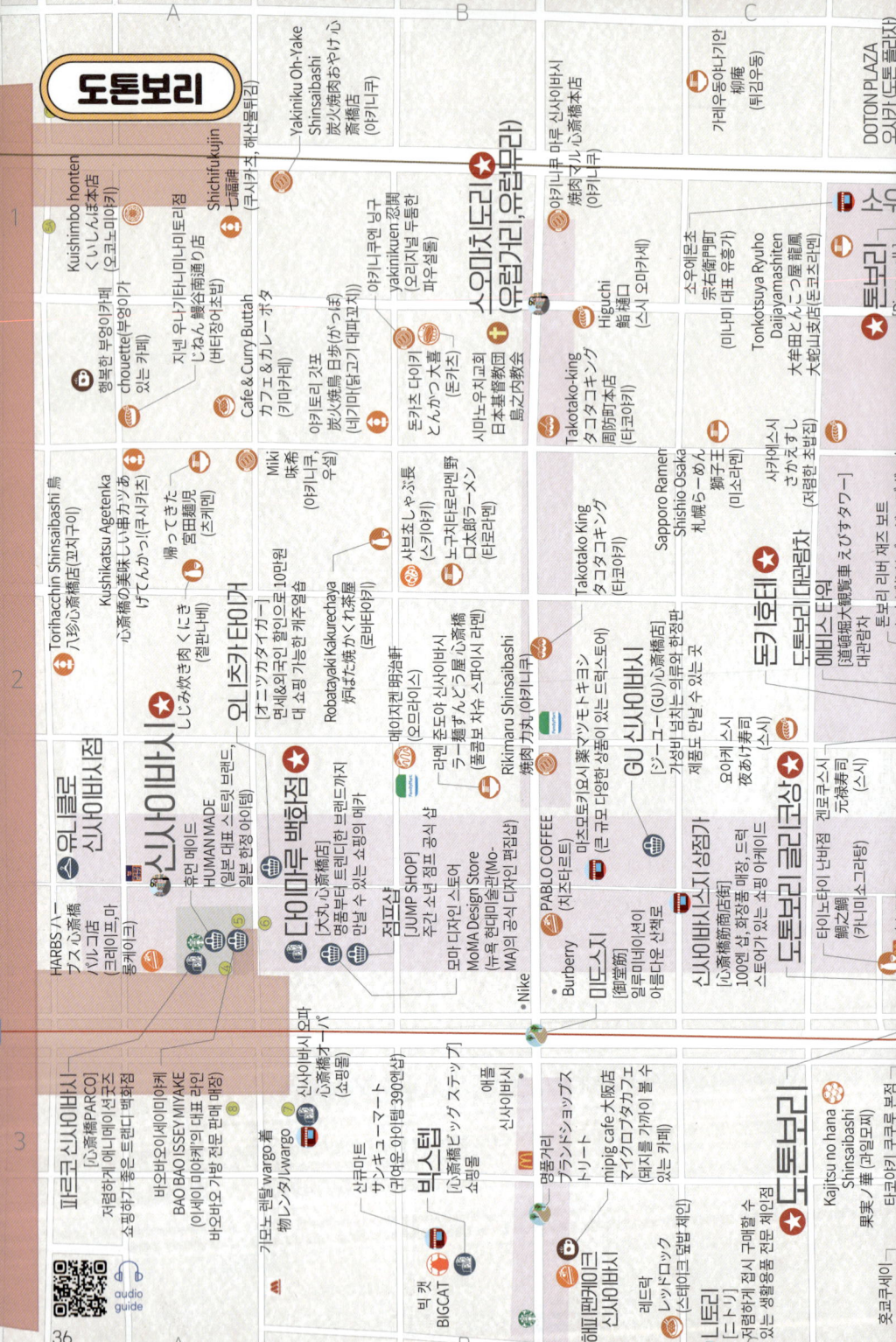

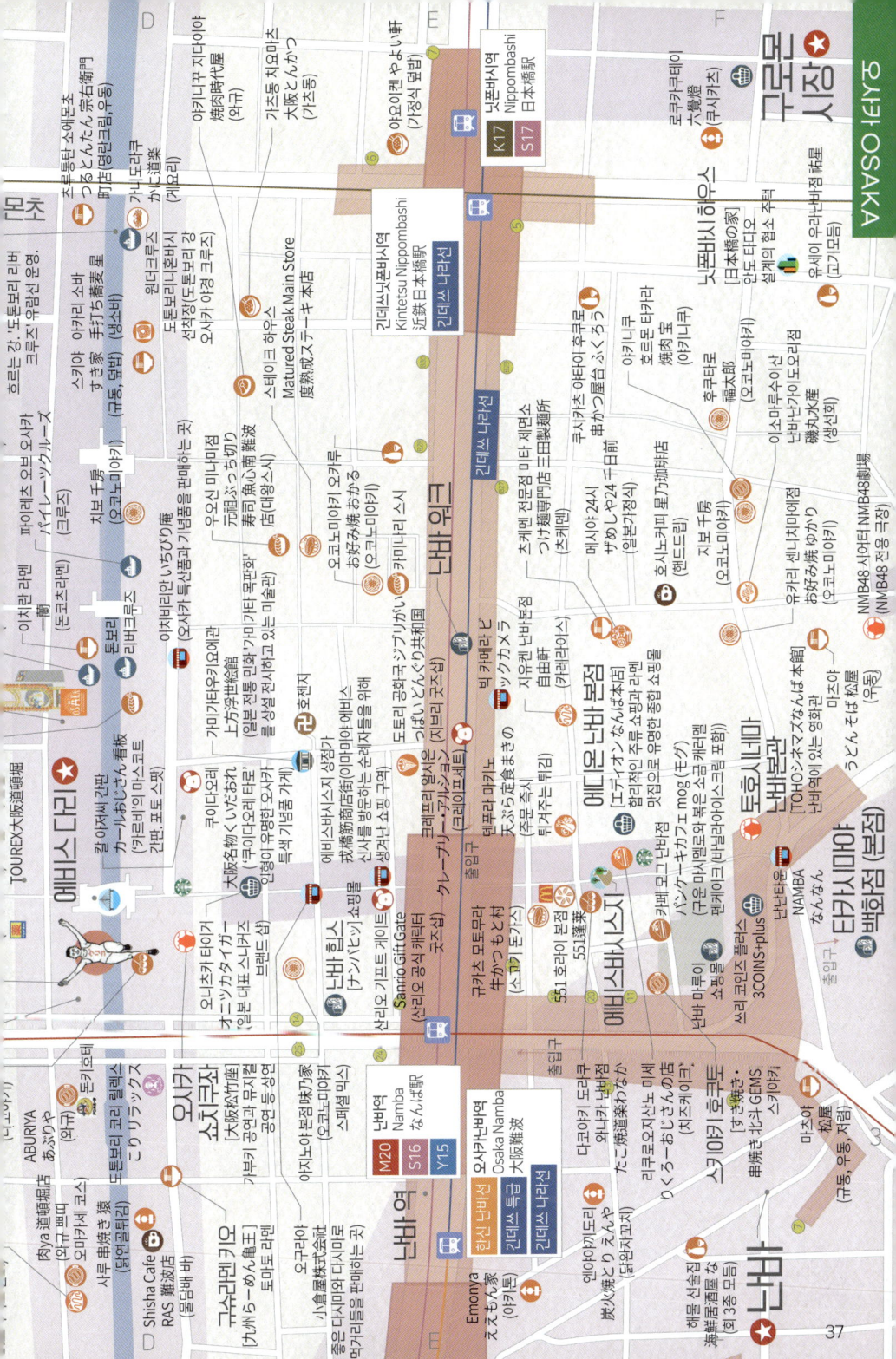

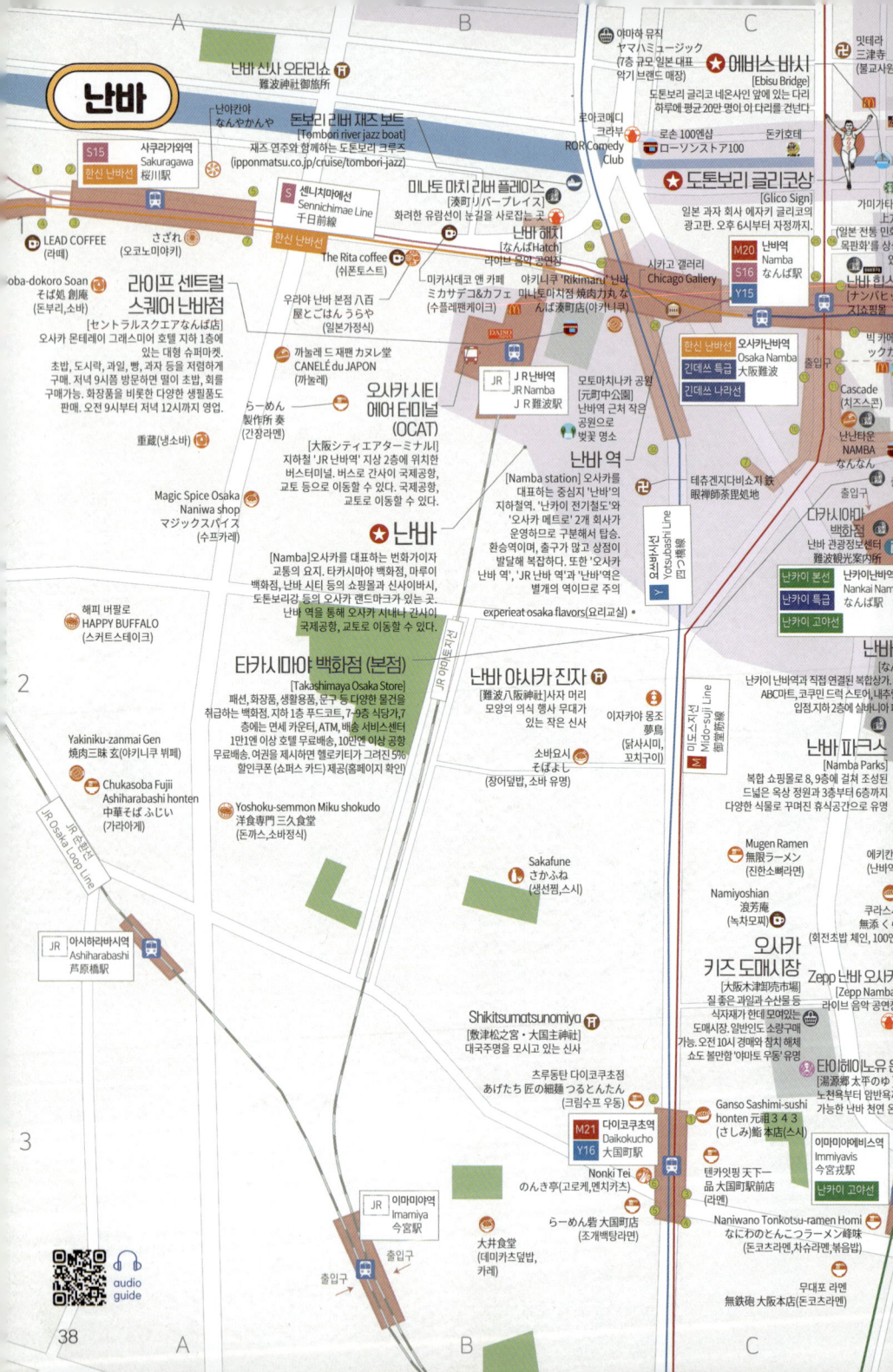

오사카 OSAKA

돈키호테
돈키호테 페리스 휠

사카에스시
[저렴한 초밥집]

이치란 라멘-蘭

치쿠 千房
(오코노미야키)

파이리츠 오브 오사카 바이레츠 크루즈
パイレーツ オブ オオサカ (크루즈)

스키야 すき家
(규동, 덮밥)

츠루동탄 つるとんたん
[명란크림우동]

호젠지 요코쵸
法善寺横丁

톤보리 리버크루즈

도톤보리 박물관 나미키자
道頓堀ミュージアム並木座

마루후쿠 커피
丸福珈琲店
[블렌디드 커피]

DOTON PLAZA
오사카 (도톤 플라자)

호안지 난보
法案寺南坊

도톤보리
[Dotonbori]
오사카 도톤보리강을 따라 조성된 번화가. 마라톤을 하는 글리코 아저씨 네온사인이 있는 곳

톤보리
[River walk]
오사카 번화가에 흐르는 강. '도톤보리 리버 크루즈' 유람선 운영

코즈 공원
[高津公園]

코즈구
[코즈신사]

에코닌지
江園寺

묀묘사
[円妙寺]

구성사
[久成寺]
삼국 탑이 있는 니치렌 종 사원
불교사찰

도토리 공화국
[지브리가 가득 どんぐり공화국]
파르코 백화점에 위치한 지브리 테마 굿즈 매장

난바 워크
[NambaWalk, 지하상가]
빈티지샵 WEGO, 유니클로, 무인양품, 코쿠민 드럭스토어, 3번가 구역에 지브리(토토로) 샵인 동구리 공화국

국립문악극장
[国立文楽劇場]
편안한 좌석이 마련된 대형 극장

멘노우지
麺のようじ
(츠케멘, 시오라멘)

가차오사카
ガチャ大阪

초돈코츠 노우도 8 라멘
超豚骨 濃度 8
[돈코츠 8라멘 + 반숙]

T25 다니마치9초메역
Tanimachi9-chome
S18 谷町九丁目駅

킨데쓰 나라선

K17 닛폰바시역
Nippombashi
S17 日本橋駅

Suehiroyu
末広湯

구로몬 시장
[Kuromon Market]
신선한 해산물로 유명한 로컬 시장. 참치회, 참치 덮밥, 성게, 장어 덮밥, 초밥, 가리비 등이 유명. 소고기, 제철 과일, 타코야키 등도 맛볼 수 있다

푸타츠이토 쿠세키
[二ツ井戸津熊]
에도 시대부터 있었던 두 개의 우물

신곤자카
[真言坂]
텐노지 일곱 언덕의 하나

지묘인
持明院

규카츠 모토무라 牛かつ
소고기 가스)

후쿠타로
福太郎
(오코노미야키)

킨테쓰 닛폰바시역
Kintetsu Nippombashi
近鉄日本橋駅

킨테쓰 나라선

로쿠카쿠테
六覺燈
[쿠시카츠]

조코쿠지
淨國寺

이쿠타마 공원
생명혼 신사에 인접한 공원

에비스바시스지
에비스바시 다리부터 난바역까지 하루 8만명이 방문하는 상점거리

요시모토 난바그랜드 카게츠 극장

니시무라
にしむら

닛폰바시 하우스
日本橋の家
안도 타다오 설계의 협소 주택

겐쇼지
[源聖寺]
텐노지 일곱 언덕 겐쇼지 언덕' 이름의 유래가 된 사원

이쿠타마 신사
[生國魂神社]
오사카에서 가장 오래된 신사. 나쁜 인연은 끊어주고, 좋은 인연을 이어주는 수호신 신가노신 덕분에 여성 참배객이 끊이지 않는 곳

츠키게쇼
月化粧
[우유 달 화장]

돈키호테 닛폰바시미마이점
A-프라이스 A-プライス
[요식업 종사자 대량 식재료 전문마트]

텐지인 天地人
(부타동, 돈코츠라멘)

교무슈퍼 코즈점
業務スーパー 高津店
(현지 대형 할인 마트)

만푸쿠지
萬福寺
(불교사찰)

레온지 齡延寺
(불교사찰)

난바 시티

오사카 칠기大阪漆器
[일본 전통 칠기, 젓가락 전문점]

규케츠 토미타
牛かつ 富田

사키모토 베이커리 카페 ベーカリーカフェ
[일크버터 식빵 토스트]

다카시마야 박물관
[高島屋史料館]
다카시마야의 역사를 느끼게 하는 자료관

덴덴타운
[덴덴타운 닛폰바시전기가]
[でんでんタウン 日本橋筋商店街]
세계에서 두 번째로 큰 오타쿠 거리. 게임, 애니메이션, 만화 관련 상품을 구매할 수 있다. 정품, 건담샵, 애니메이트, 멜론북스, 보크스 등이 입점해 있다. 상태가 좋은 중고 피규어도 싸값에 판매한다. 전자 상가와 주변 맛집으로도 유명한 곳

긴잔지 銀山寺
(불교사찰)

후루사토 谷ふる里
(우동, 튀김)

곤다이지
金臺寺(金台寺)

다이안지
[大安寺]
일본의 고대 불교 사원

고토부키닛폰바시 コトブキヤ 日本橋
[취미용품]

켄가쿠 렌탈쇼점
VOLKS
[중고 피규어, 구체관절인형]

죠운지 浄運寺 불교사찰

다이호지 [大寶寺] 불교사찰

K-Books 난바 일본어
[2층 규모 애니 굿즈 전문점]

구영사 불교사찰

애니메이트 오사카 닛폰바시점
[アニメイト]
만화책과 DVD, 캐릭터 상품을 판매. 피규어, 코스프레 의상, 열쇠고리, 문구류, 타월 등 다양한 제품이 있다

슈퍼키즈랜드 본점
スーパーキッズランド
[장난감 가게]

아키바 카트 오사카
[중고 피규어, 구체관절인형]

다케다 이즈모의 무덤 - 세이렌 사원
[竹田出雲の墓(青蓮寺)]
다케다 이즈모 묘지

월강사 月江寺

조슌지 浄春寺 불교사찰

사이쇼지
[西照寺] 불교사찰

만다라케 우메다점
[まんだらけうめだ店]
레트로 장난감과 희귀 피규어를 발견 가능한 오타쿠 상점

죠신 닛폰바시 스토어
[ジョーシン 日本橋店]
가전제품, 컴퓨터용품, 게임, 프라모델 및 장난감을 판매하는 복합 전자상가

구치나와자카
[口縄坂(大阪市天王寺区)]
오사카의 자연 명소 '텐노지 일곱 언덕' 중 하나. (옛카리는 언덕길) '쿠치나와'는 오사카 옛말로 '뱀'이라는 뜻인데, 아래에서 바라본 언덕길이 뱀을 닮아 지어진 이름

엔조인
[円成院] 불교사찰

오에 신사
大江神社

료운인
[良運院] 정토종 사원으로 4m정도의 큰 석상이 있다

진원원 真光院
[불교사찰]

호린지
[불교사찰]

텐주지

아이젠도 쇼만인 愛染堂勝鬘院
좋은 인연을 맺어주는 신 아이젠을 모시는 신사. 가을에 단풍 구경을 하러 가기에 괜찮은 곳

아이젠자카 언덕
[愛染坂]

T26 시텐노지마에유히가오카역
Shitennoji-mae Yuhigaoka
四天王寺前夕陽ヶ丘駅

히로타진자

H本舗 まる米
[장어덮밥]

이마미야에비스 신사
[今宮戎神社]
사업을 번창하게 해주는 상업의 신 '에비스'를 모시는 신사

요시노야 吉野家恵美寿 町店
[규동 정식]

야스이 신사
[Yasui Shrine, 安居天満宮]
악연을 끊어주는 '절연의 신'을 모시는 신사. 절연 바위에 부적을 붙이고 돌구멍을 통과하면 악연이 끊어진다고 한다

타야쇼지 泰聖寺

기요미즈자카 언덕
[清水坂]

도에비스축제
[十日戎] 에비스 신의 축제. 대규모 퍼레이드, 부적. 매년 1월 9일~11일

에비스초역
K18 Ebisucho
恵美須町駅

코젠지 興禅寺

텐노지 나나사카
[天王寺七坂] 텐노지 일곱 언덕. 언덕 중 가장 남쪽의 비탈길

츠텐카쿠 혼도리 상점가
[通天閣本通商店街]
60, 70년대 분위기와 요란한 장식이 매력적인 상점가. 쿠시카츠(꼬치구이)와 디저트로 유명한 곳. 복고풍 오락실과 문구점도 발견할 수 있다

사나다 유키무라상
(산코 신사의 경내에 있는 동상)

텐요지
[天暁院] 불교사찰

Ten'no-den
(정원이 있는 가이세키전문점)

시텐노지

타니마치선
Tanimachi Line

묘카쿠지
妙覚寺 (불교사찰)

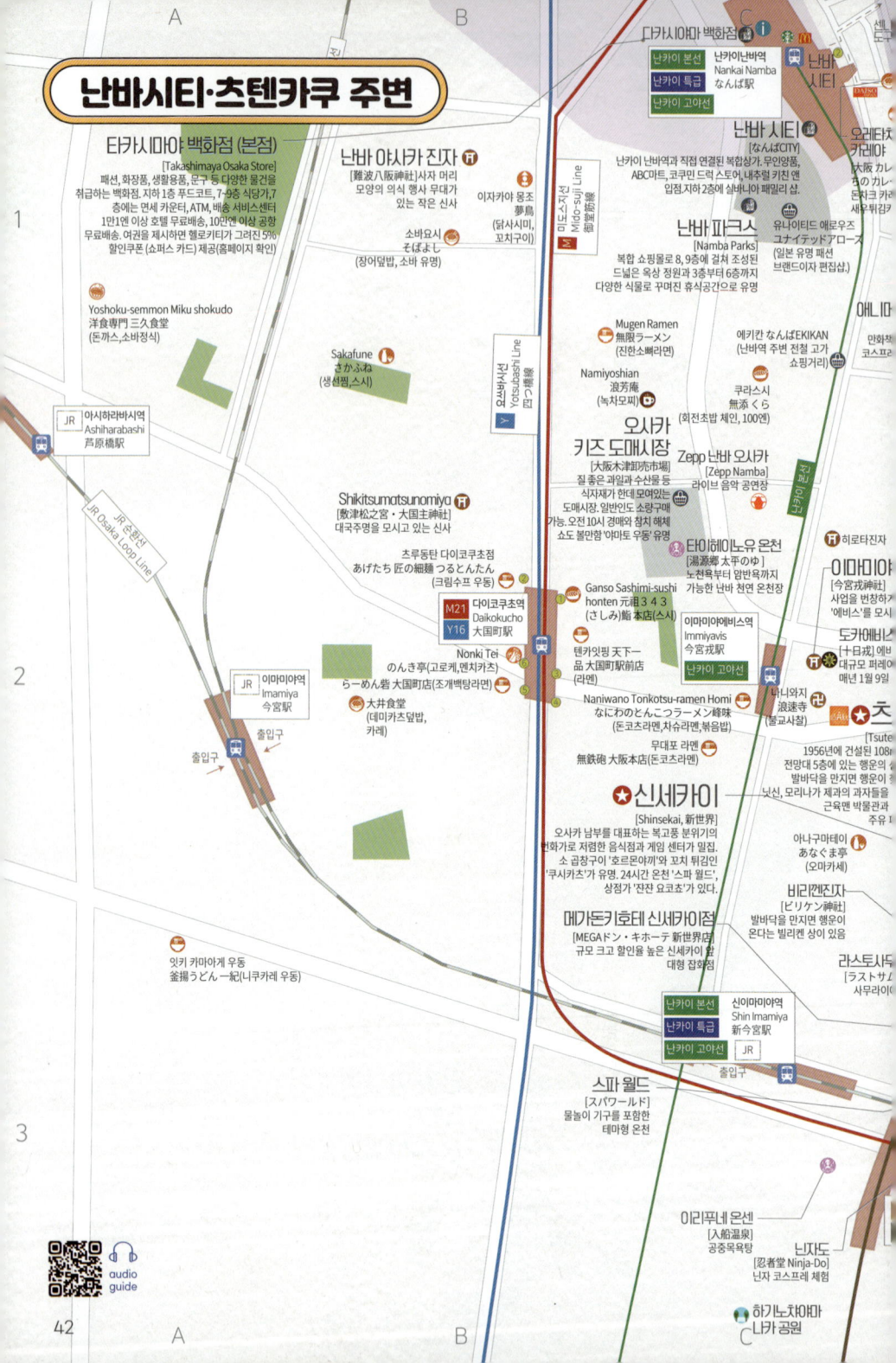

오사카 OSAKA

센니치마에 도구야스지 상점가
[千日前道具屋筋商店街]
주방용품 도구를 취급하는 로컬 시장.
일본식 나무젓가락, 주방 칼, 그릇을 구매할 수 있다. '사카이 이키모지'라는 가게에서 명품 식칼을 판매함. 10월 9일에는 '도구야스지 축제' 할인 행사.

덴덴타운
[덴덴타운 닛폰바시전기가]
[でんでんタウン 日本橋商店街]
오사카의 두 번째로 큰 오타쿠 거리.
게임, 애니메이션, 만화 관련 상품을 구매할 수 있다.
정글, 건담샵, 애니메이트, 멜론북스, 보크스 등이 입점해 있다.
상태가 좋은 중고 피규어를 싼값에 판매하는 가게도 있다.
전자 상가와 주변 맛집으로도 유명한 곳.

규카츠 토미타
牛かつ 冨田

사키모토 베이커리 카페
(밀크버터 노릇한 토스트)

코토부키야닛폰바시
コトブキヤ 日本橋店
(취미용품점)

다카시마야 박물관
[高島屋史料館]다카시마야의 역사를 느껴보는 자료관

정글 오사카 쟝글
(희귀 피규어를 다양히 보유하고 있는 덴덴타운 굿즈샵)

VOLKS
(중고 피규어, 구체관절인형)

K-Books 난바 일반관
K-BOOKS なんば壱番館
(2층 규모 애니 굿즈 전문점)

스튜디오
에스케이프혼텐
Studio Escape 본점
(방탈출 게임)

다이안지
[大安寺]
일본의 고대 불교 사원
조쿠후지 增福寺
(불교사찰)

다이호지
[大寶寺] 불교사찰

조시닛폰바시 스토어
[ジョーシン日本橋店]
가전제품, 컴퓨터용품, 게임, 프라모델 및 장난감을 판매하는 복합 전자상가

구치나와자카
[口縄坂 (大阪市天王寺区)]
오사카의 자연 명소 '텐노지 일곱 언덕' 중 하나. (운치있는 언덕길) '구치나와'는 오사카 옛날 말로 '뱀'이라는 뜻인데, 아래에서 바라본 언덕길이 뱀을 닮아 지어진 이름.

만푸쿠지
萬福寺

레엔지 齡延寺
(불교사찰)

간잔지 銀山寺
(불교사찰)

후루사토
谷九 ふる里
(우동,튀김)

오사카국제교류센터
[大阪国際交流センター]
국제 교류 장소, 호텔, 콘서트로도 이름 알려짐

조운지
[浄運寺] 불교사찰

구응사
[九應寺] 게이초 18년
정예짱 엄상인이 창건한 정토종의 사원

월강사 月江寺

호린지
[鳳林寺] 도쿠가와 이에야스 연고의 사원

텐쥬지
[天鷲寺] 불교사찰

텐노지나나사카 天王寺
七坂(돌바닥으로 된 정취있는 언덕길)

조쇼지 浄養寺
(불교사찰)

사이쇼지
[西照寺]인형 공양 사찰

사이큐지 西急寺
(불교사찰)

드럭스토어 울트라마켓
ウルトラマーケット
(드럭스토어이자 위스키 시음 명소)

엔죠인
[円成院] 불교사찰

료온인
[良雲院] 정토종 사원으로 4m정도의 큰 석상이 있음

오에 신사
大江神社

시텐노지마에유히가오카역
Shitennoji-mae Yuhigaoka
四天王寺前夕陽ヶ丘駅

Boulangerie parigot
ブーランジュリー パリゴ
(바게트, 카레빵)

츠텐카쿠 혼도리 상점가
[通天閣本通商店街]
60, 70년대 분위기가 요란한 장식이 매력적인 상점가. 쿠시카츠(꼬치구이)와 디저트로 유명한 곳. 복고풍 오락실과 문구점도 발견할 수 있다.

니혼바시 마루에이
日本橋 まる栄
(장어덮밥)

요시노야
吉野家惠美須
町店(규동정식)

상업의 신

K18 에비스초역
Ebisucho
恵美須町駅

아이젠도 쇼반인[愛染堂勝鬘院]
좋은 인연을 맺어주는 신 아이젠을 모시는 신사. 가을에 단풍 구경을 가기에 괜찮은 곳

진광원 真光院
(불교사찰)

야스이 신사
[Yasui Shrine,安居天満宮]
악연을 끊어주는 '절연의 신'을 모시는 신사.절연 부위에 부적을 붙이고 돌구멍을 통과하면 악연이 끊어진다고 한다.

타이죠지 泰聖寺

기요미즈자카 언덕
清水坂

텐노지나나사카
[天王寺七坂] 텐노지 일곱 언덕 중 가장 남쪽의 언덕길

묘카쿠지
妙覺寺
(불교사찰)

시텐노지
[Shitennoji Temple,四天王寺] 593년에 쇼토쿠 태자가 건설한 일본 최초의 불교 사찰. 웅장한 건물들과 연못을 바라보며 산책하기 좋다. 매달 21,22일 대규모 벼룩시장이 개최된다. 주유 패스 소지자 중심가람, 혼보정원 입장료 무료.

츠텐카쿠 타워 슬라이더
タワースライダー
(스릴 있는 슬라이드를 즐길 수 있는 전망대)

코젠 절
興善寺
텐진사카 옆에 있는 작은 절

사이호지 西方寺
(불교사찰)

사나다 유키무라의 真田幸村之像(산코 신사의 경내에 있는 동상)

갤러리 재회
[ギャラリー再会]
쓰텐카쿠 근처에 있는 서양식 갤러리

신세계 라지움
新世界ラジウム温泉(공중목욕탕)

Tower Knives Osaka
(식칼전문점)

신세계 마치나카 안내소
新世界まちなか案内所

잇신지
[一心寺]
일본식 정원과 현대 불교 문화를 엿볼 수 있는 현대식 사찰. 유골로 만든 불상 '코츠보토케'(뼈부처)가 유명

텐교지
[天暁寺]
불교사찰

챠우스야마카쿠산
[Chausuyama,
府指定史跡 茶臼山古墳]
높이 26m의 언덕에 가까운 나지막한 산. 오사카 여름 전투 '챠우스야마 전투'의 결전지. 위 전투에서 승리한 도쿠가와가 결국 일본을 지배하게 되었다.

아카네마루 혼포
[茜丸本舗 本店]
도라에몽이 좋아하는 일본식 단팥빵 '도라야키' 전문점.5가지 콩을 사용해서 만든 오색 도라야키

호리코시 신사
[Horikoshi Shrine, 堀越神社]
백 년 된 고목이 있는 작고 조용한 신사. 이곳에서 모시는 신은 평생에 걸쳐 단 하나의 소원을 들어준다고 한다.

잇신지 시어터 구라
[一心寺シアター倶楽]
문화, 예술을 목적으로 지어진 극장

오사카 시립 미술관
[大阪市立美術館]
동양의 미술품, 공예품 등을 감상할 수 있는 미술관.(주유 패스 무료)

아사히 극장
朝日劇場
공연예술 극장

쿠시카츠 다루마
신세카이총본점
だるま(쿠시카츠)

야마토야 혼텐
やまと屋本店
(스시, 튀김꼬치)

텐노지 동물원
[Tennoji Zoo] 100년의 역사를 자랑하는 동물원으로 사자, 침팬지, 코알라 등 200종 1000여 마리의 동물이 있다. 키위새, 드릴, 시베리아 호랑이, 코뿔소 등 세계적으로 희귀한 동물들을 구경할 수 있는 곳. 주유 패스 소지자 무료입장

아베노 텐노지 일루미네이션
[あべの天王寺イルミナージュ]
텐노지 공원에서 개최되는
일루미네이션

천왕사 (텐노지) 공원
[王寺公園]
꽃놀이 하러 오는
도시공원

도코쿠지 統福寺

가와조코 연못
[Kawazokoike,河底池]
텐노지 공원에서 챠우스산으로 가는 연못

케이타쿠엔
[Keitaku-en Garden,慶沢園]
텐노지 공원 안에 있는 일본식 정원. 월요일은 휴관
주유 패스 소지자 무료

야에카츠
八重勝(튀김꼬치)

타이코우 스시 미나미점 大興寿司 南店(초밥)

잔잔요코쵸 상점가
[ジャンジャン横丁(南陽通商店街)]
세카이에서 대표적인 쿠시카츠(튀김) 상점가,
쿠시카츠(꼬치 튀김) 맛집이 모여있는 역사 깊은 곳으로 유명

산쿠 이치바 요테 텐노지 산권시장은 싸고 맛있기로 유명한 덴덴 산권市場とって てんしば는 농산물 직거래 장터

아베노Hoop

아베톤
元祖モダン焼ねぎ焼あべとん
(오코노미야키)

텐노지 공원 (텐시바)
[Tennoji Park] 오사카의 동식물을 만날 수 있는 시립공원으로 텐노지 동물원, 시립 미술관, 게이타쿠엔(정원) 운영. 온실 정원과 수상 무대도 설치되어 있으며 근처에 편의점, 식당, 카페가 운영되고 있다.

세텐노지 코신도
[四天王寺庚申堂]
일본 최초의 암신존을 모시는 사원

쓰엔마에역
butsuen-mae
物園前駅

도모노엔마이지방가이
벼룩시장, 재래시장

치토세
ちとせ
(오코노미야키)

산노 미도리 공원

M 미도스지선
Mido-suji Line
御堂筋線

JR 순환선
JR Osaka Loop Line

아베치카Hoop

(개방형 유리 돔 구조로 설계된 자연채광이 쏟아지는 지하상가)입구

M23 T27 텐노지역
JR Tennoji
天王寺駅

텐노지미오
天王寺ミオ
텐노지역과 연결되어 있는 대형쇼핑몰

★ **하루카스 300 전망대**

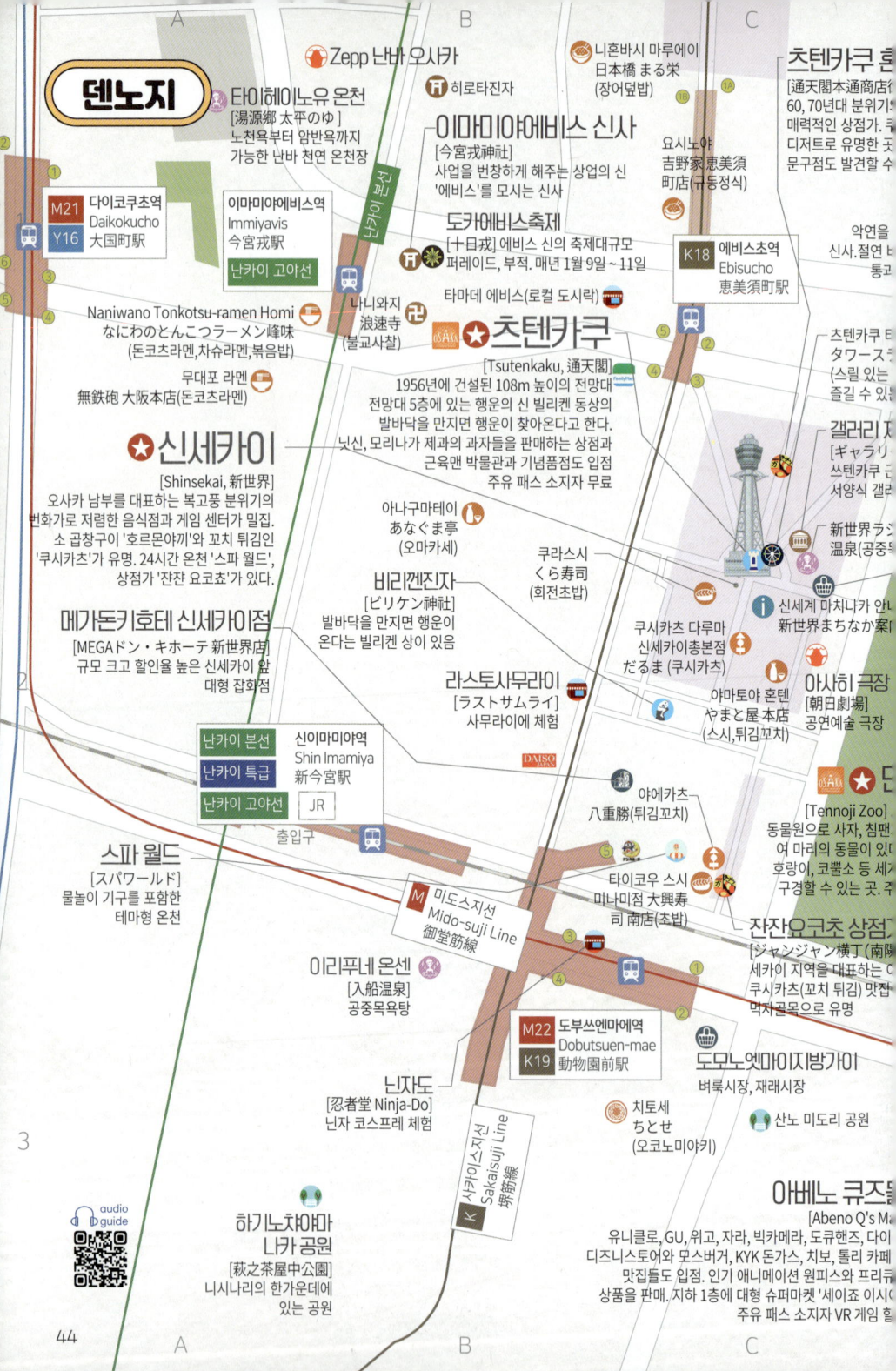

오사카 OSAKA

상점가
장식이
꼬치구이)와
오락실 등

아이젠도 쇼만인 [愛染堂勝鬘院]
좋은 인연을 맺어주는 신 아이젠을
모시는 신사. 가을에 단풍 구경을 하러
가기에 괜찮은 곳

진광원 真光院
(불교사찰)

묘가쿠지
妙覚寺
(불교사찰)

야스이 신사
Shrine, 安居天満宮
'절연의 신'을 모시는
적을 붙이고 돌구멍을
격이 끊어진다고 한다.

아이젠자카 언덕
(愛染坂)

타이쇼지
泰聖寺

기요미즈자카 언덕
(清水坂)

시텐노지
[Shitennoji Temple, 四天王寺] 593년에
쇼토쿠 태자가 건설한 일본 최초의 불교 사찰.
웅장한 건물들과 연못을 바라보며 산책하기
좋다. 매달 21, 22일 대규모 벼룩시장이
개최된다. 주유 패스 소지자 중심가람,
혼보정원 입장 무료.

겐젠 절
興禅寺
텐진자카 옆에
있는 작은 절

덴노지 나나사카
[天王寺七坂] 덴노지 일곱
언덕 중 가장 남쪽의 비탈길

잇신지
[一心寺]
일본식 정원과 현대 불교
문화를 엿볼 수 있는 현대식
사찰. 유골로 만든 불상
'코츠보토케'(뼈부처)가 유명

사이호지 西方寺
(불교사찰)

사다타 유키무라 상
真田幸村公之像
(산코 신사의 경내에
있는 동상)

Ten'no-den
天王殿
(정원이 있는
카이세키전문점)

텐요지
[天暁院]
불교사찰

챠우스야마(차구산)
[Chausuyama,
府指定史跡 茶臼山古墳]
높이 26m로 언덕에 가까운
나지막한 산. 오사카 여름
전투 '챠우스야마 전투'의
결전지이, 이 전투에서 승리한
도쿠가 가문이 일본을
지배하게 되었다.

아카네마루 혼포
茜丸本舗 本店
도라에몽이 좋아하는 일본식 단팥빵
'도라야키' 전문점. 5가지 콩을
사용해서 만든 오색 도라야키

Tower Knives
Osaka
(식칼전문점)

잇신지 시어터 구라
[一心寺シアター倶楽]
문화, 예술을 목적으로
지어진 극장

호리코시 신사
[Horikoshi Shrine, 堀越神社]
백 년 된 고목이 있는 작고 조용한 신사.
이곳에서 모시는 신은 평생에 걸친 한가지
소원을 들어준다고 한다.

카 시립 미술관
[大阪市立美術館]
미술품, 공예품 등을 감상할
는 미술관(주유패스 무료)

아베노 덴노지 일루미네이션
[あべの 天王寺イルミナージュ]
덴노지 공원에서 개최되는
일루미네이션

가와조코 연못
[Kawazokoike, 河底池]
덴노지 공원에서 차우스산으로 가는 연못

세덴노지코신도
[四天王寺庚申堂]
일본 최초의 암신존을
모시는 사원

동물원
역사를 자랑하는
등 200종 1000
드릴, 시베리아
희귀한 동물들을
소지자 무료입장

천왕사 (덴노지) 공원
[天王寺公園]
조경이 잘 되어
있는 도시공원

도코쿠지
統国寺

케이타쿠엔
[Keitaku-en Garden, 慶沢園]
덴노지 공원 안에 있는 일본식 정원. 월요일은 휴관
주유 패스 소지자 무료

아베톤
元祖 モダン焼 ねぎ焼 あべとん
(오코노미야키)

산초쿠 이치바 요테
텐시바
(농산물 직거래 장터)

덴노지 공원 (텐시바)
[Tennoji Park] 오사카의 동식물을 만날 수 있는
시립공원으로 덴노지 동물원, 시립 미술관,
게이타쿠엔(정원) 운영.
온실 정원과 수상 무대도 설치되어 있으며 근처에
편의점, 식당, 카페 등이 운영되고 있다.

아베치카Hoop
(개방형 유리 돔 구조로
설계돼 지연광이
쏟아지는 지하상가)

JR 순환선
JR Osaka Loop Line

M23 T27   덴노지역
JR   Tennoji
           天王寺駅

애니메이트

덴노지 미오
[天王寺ミオ]
덴노지역과 연결되어
있는 대형 쇼핑몰

아베노 로프트
あべのロフト
(3층 규모의 잡화점,
문구 카테고리 인기)

폴로 빌딩きんえいア
(아베노 루시어스와
된 멀티플렉스 쇼핑몰)

Abeno LUCIAS (쇼핑몰)

하루카스 300 전망대
[Harukas 300 Observation Deck]
포토존과 유리 바닥이 설치되어 있으며 카페도 운영. 아침 9
시부터 저녁 10시까지 오픈(주유 패스 소지자 할인)

ABC craft 덴노지
(바느질용품점)

긴테쓰백화점 아베노 하루카스
[あべのハルカス近鉄本店]
전망대와 쇼핑을 즐기실 수 있는 곳

신주쿠고시스비루

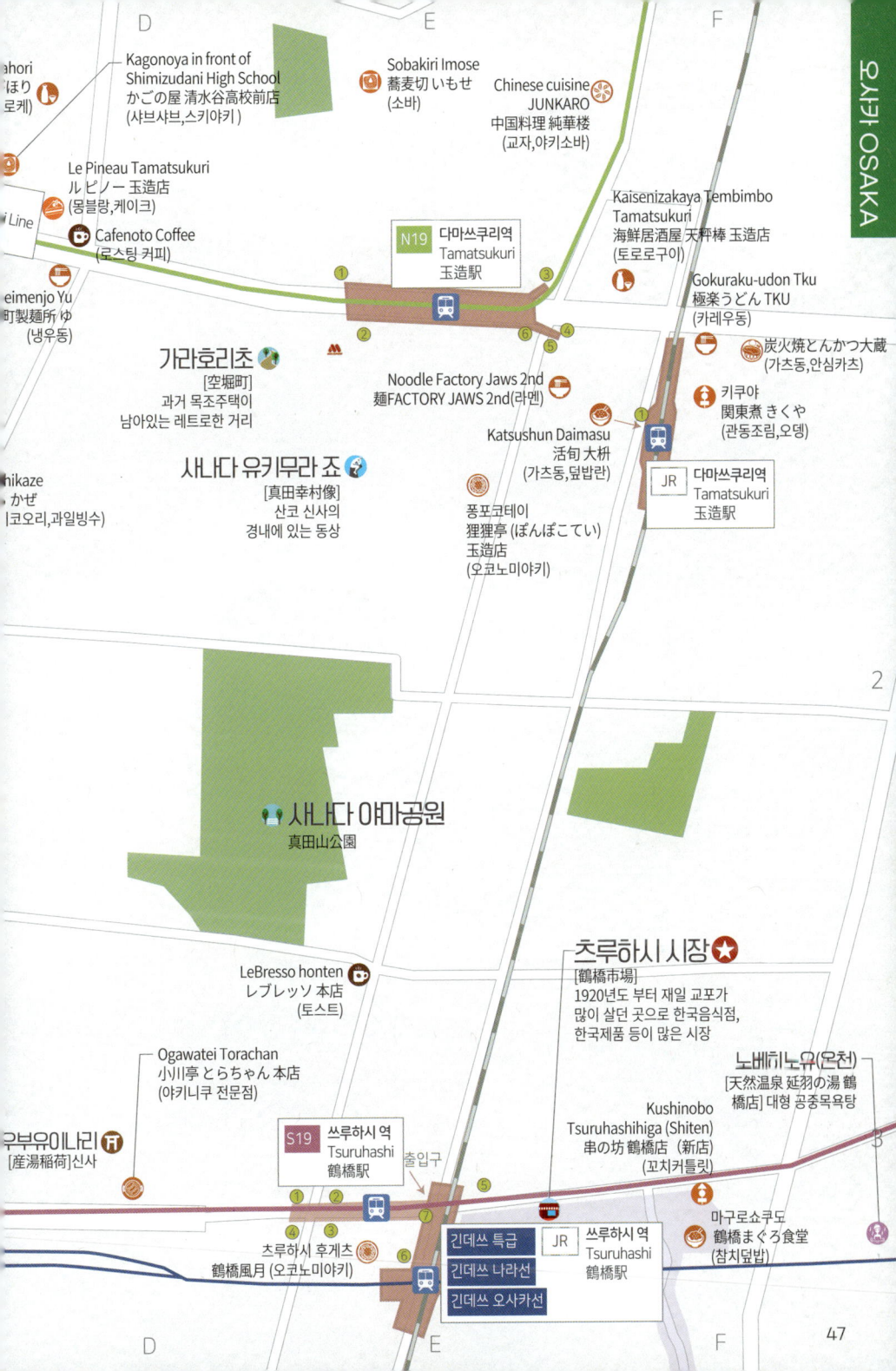

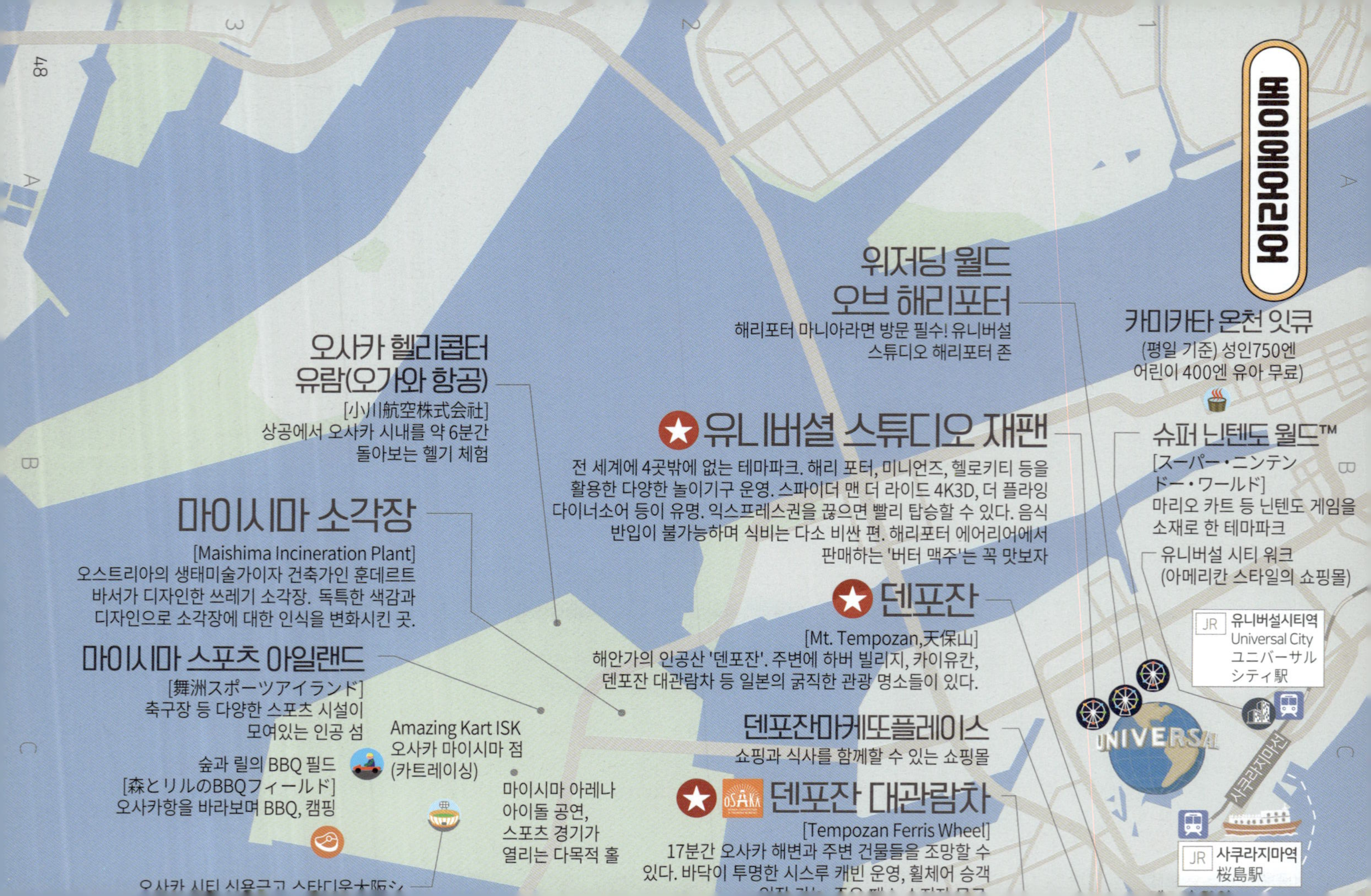

베이에어리어

카마카타 온천 있큐
(평일 기준) 성인 750엔
어린이 400엔 유아 무료

슈퍼 닌텐도 월드™
[スーパー・ニンテンドー・ワールド]
마리오 카트 등 닌텐도 게임을
소재로 한 테마파크

유니버설 시티 워크
(아메리카 스타일의 쇼핑몰)

JR 유니버설시티역
Universal City
ユニバーサルシティ駅

JR 사쿠라지마역
桜島駅

유니버설 스튜디오 재팬

전 세계에 4곳밖에 없는 테마파크. 해리포터, 미니언즈, 헬로키티 등을
활용한 다양한 놀이기구 운영. 스파이더맨이 뛰어 다니는 4K3D, 더 빨라진
다이너소어 등이 유명. 익스프레스권을 끊으면 빨리 탑승할 수 있다. 음식
반입이 불가능하며 식비는 다소 비싼 편. 해리포터 에어리어에서
판매하는 '버터 맥주'는 꼭 맛보자

위자딩 월드 오브 해리포터
해리포터 마니아라면 방문 필수. 유니버설
스튜디오 해리포터 존

덴포잔
[Mt. Tempozan,天保山]
해안가의 인공산 '덴포잔'. 주변에 하베 빌리지, 카이유칸,
덴포잔 대관람차 등 일본의 굴지의 관광 명소들이 있다.

덴포잔마켓플레이스
쇼핑과 식사를 함께할 수 있는 쇼핑몰

덴포잔 대관람차
[Tempozan Ferris Wheel]
17분간 오사카 해변과 주변 건물들을 조망할 수
있다. 바닥이 투명한 시스루 캐빈 운영. 휠체어 승객
열리는 다목적홀

마이시마 아레나
아이돌 공연,
스포츠 경기가
열리는 다목적홀

Amazing Kart ISK
오사카 마이시마 점
(카트레이싱)

오사카 헬리콥터 유람(오사카항공)
[JAL航空株式会社]
상공에서 오사카 시내를 약 6분간
둘러보는 헬기 체험

마이시마 소각장
[Maishima Incineration Plant]
오스트리아 건축가이자 예술가인 훈데르트
바서가 디자인한 쓰레기 소각장. 독특한 샘물과
디자인으로 소각장에 대한 인식을 변화시킨 곳.

마이시마 스포츠 아일랜드
[舞洲スポーツアイランド]
축구장 등 다양한 스포츠 시설이
모여있는 인공 섬

舞洲のBBQフィールド
숲과 릴의 BBQ 필드
오사카항을 바라보며 BBQ, 캠핑

오사카 OSAKA

오사카코역
Osakako
大阪港駅
C11

지라이온 뮤지엄
전차이스 멘텀2, 포르쉐 스파이더 등의 명차 전시, 매주 일요일 휴관 (주유패스 소지자 무료)

난코포트타운선
Nankang Port Tower Line
南港ポートタウン線
New Tram

인텍스 오사카
[インデックス大阪]컨벤션 센터

포트타운 니시역
P12

나카후토역
P11

오사카 국제 페리
터미널(부산, 상하이)

산타마리아 베이 크루즈
[キャプテンライン]
캡틴 라인 유람선을 타고 유니버셜 스튜디오로 이동 (주유패스 무료)

Chuo Line
중앙선

ATC 홀
[ATC홀에 다양한 박람회, 전시회 등이 열리는 홀]

레고랜드 디스커버리센터 오사카
[Legoland Discovery Center 大阪]
실내형 엔터테인먼트 시설

씨사이드 코스모 공원
(낮시 명당, 야경 명당)

코스모스퀘어역
Kosmoskuea
コスモスクエア駅
C10 P09
P10

트레이드센터마에역
국제 박람회와 이벤트가 개최되는 대형 복합 쇼핑몰

오사카 난코
야생조류공원

카이유칸 아쿠아리움
[Osaka Aquarium Kaiyukan]
일본에서 2번째로 큰 8층 규모의 수족관 8층까지 엘리베이터로 이동하여 내려오면서 관람 어류 중에서 가장 크다는 고래상어를 볼 수 있는 곳 해양 동물들의 식사시간에 방문하면 생동감 들어볼 수 있다. 주유패스 소지자 관내요금 할인

2025 오사카간사이 세계엑스포

★ **오사카부 사키시마청사 전망대**
코스모타워 빌딩 최상층 55층에 있는 252m 높이의 전망대 360도 간사이 국제공항과 오사카항을 조망할 수 있다. ~22시까지 운영 (주유패스 소지자 무료)

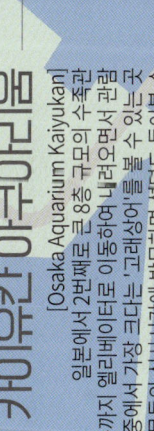

audio guide

USJ 입장권 및 패스 비교표

항목	스튜디오 패스 (입장권)	익스프레스 패스 4	익스프레스 패스 7
기본 기능	파크 입장 및 모든 어트랙션 이용 가능	인기 어트랙션 4개 우선 탑승	인기 어트랙션 7개 우선 탑승
가격	성인: 약 8,600엔부터 어린이: 약 5,600엔부터	약 9,800엔~ 12,800엔	약 17,800엔
포함 어트랙션 예시	모든 어트랙션 이용 가능 (대기시간 있음)	예시: 해리포터와 금지된 여행, 마리오 카트, 죠스 등	예시: 마리오 카트, 요시 어드벤처, 미니언 메이헴 등
타임드 엔트리 포함 여부	별도 신청 필요	일부 패스에 포함	일부 패스에 포함
주의사항	입장만 가능하며, 대기시간이 길 수 있음	각 어트랙션 1회 우선 탑승 가능	각 어트랙션 1회 우선 탑승 가능
구매방법	공식 웹사이트, Klook 등	공식 웹사이트, Klook 등	공식 웹사이트, Klook 등

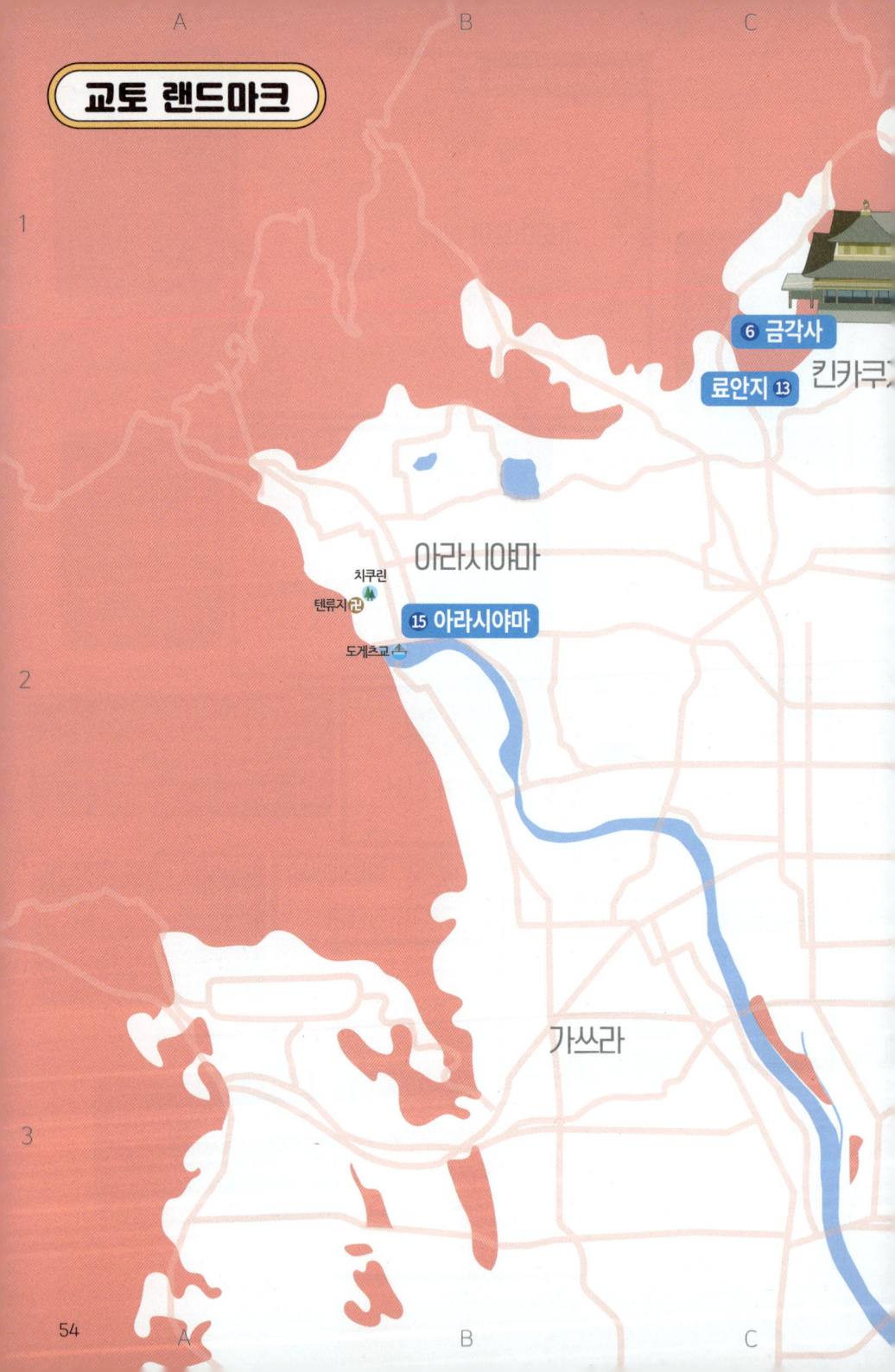

교토 근교

시가 Shiga 志賀駅

JR 고세이선

Biwako Valley Ropeway

Biwako Valley

Ogoto Onsen おごと温泉駅

오고토온센

오고토 온천
[Spa Resort Ogoto Agaryanse]
1200년의 역사를 자랑하는 유서 깊은 온천단지. 거대한 호수 비와코를 바라보며 온천욕. 카모나베 (오리 전골), 오마쿠스교기 요리도 유명

사카모토 Sakamoto 坂本比叡山口駅

★ 비와코 밸리
[びわ湖バレイ, Biwako Valley]
비와코 호수의 절경을 감상할 수 있는 케이블카가 설치된 곳으로 원래는 스키장이지만 비와코 감상 명소로 더욱 유명(시가역에서 로프웨이까지 버스이동)

★ 오하라 마을
[大原, Ohara]
사방이 산으로 둘러싸인 고즈넉한 오하라 마을. 역자 정원으로 유명한 호센인 사찰과 이끼 정원으로 유명한 산젠인 사찰이 있다. 호센인 입장 시 녹차와 떡을 제공한다. 온천을 즐길 수 있는 료칸으로도 유명한 곳. (JR 교토역에서 버스 60분)

★ 엔랴쿠지
[延曆寺, Hieizan Enryaku-ji]
유네스코 세계 문화유산으로 선정된 일본 천태종 총본산 사찰. 본존추도 (근본중당)에 1200년간 까지지 않은 법등이 있다. 엔도 스님을 도왔던 장부고와 신라대왕을 기리는 장보고비. 케이한 사카모토역에서 내려 케이블카를 타고 중점에 하차. 사찰로 가는 도중 비와코 호수의 전망도 볼만하다.

★ 도롯코 관광열차
아름다운 자연 풍경을 가장 가까이서 만끽할 수 있는 낭만적인 관광 열차입니다. 천천히 달리는 기차의 창밖으로 펼쳐지는 계곡과 강물의 풍경이 일품. 특히 창문이 없는 개방형 객차는 시원한 바람을 맞으며 온몸으로 자연을 느낄 수 있어 인기. 특히 가을 단풍시기 추천

audio guide

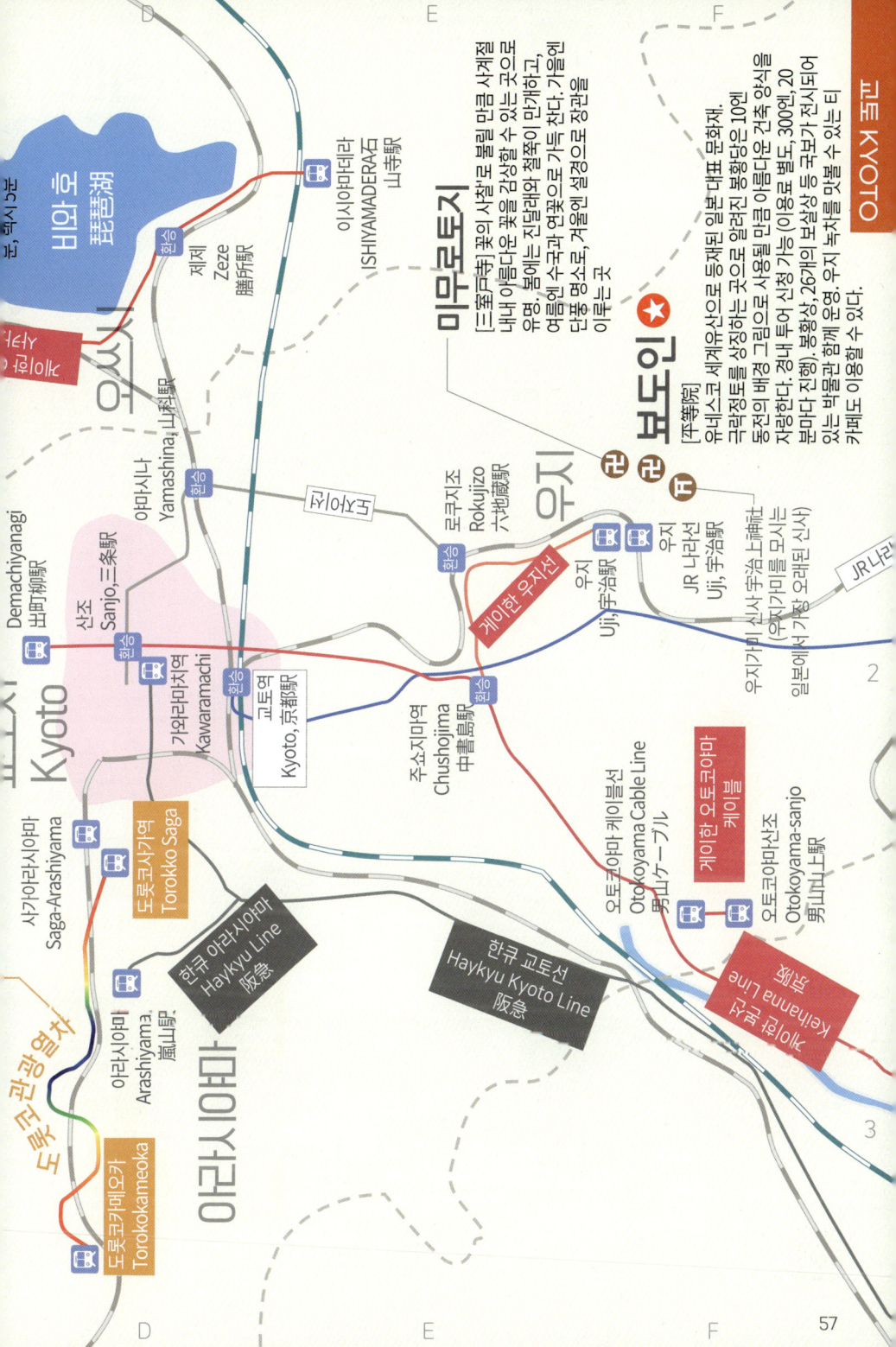

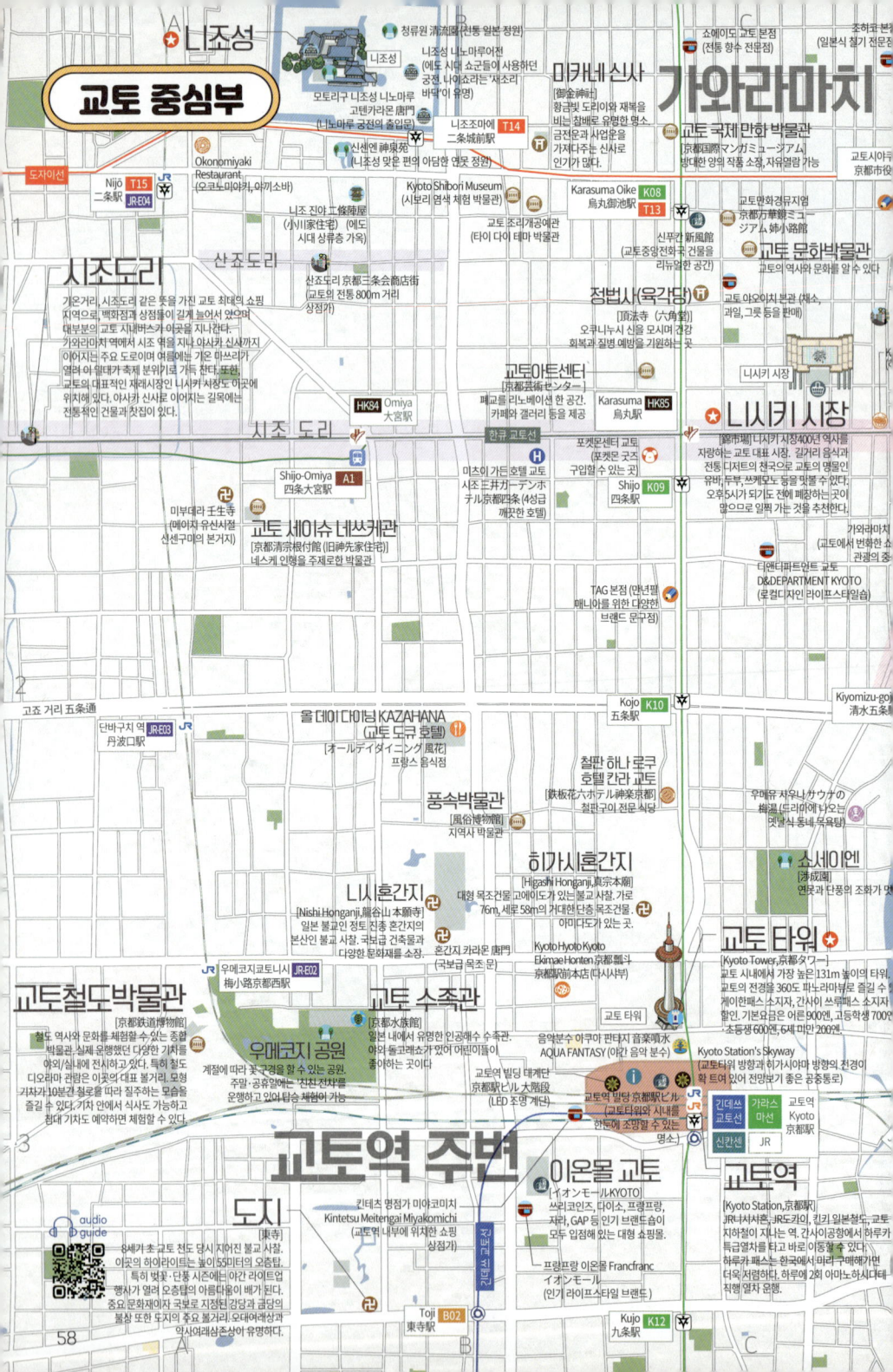

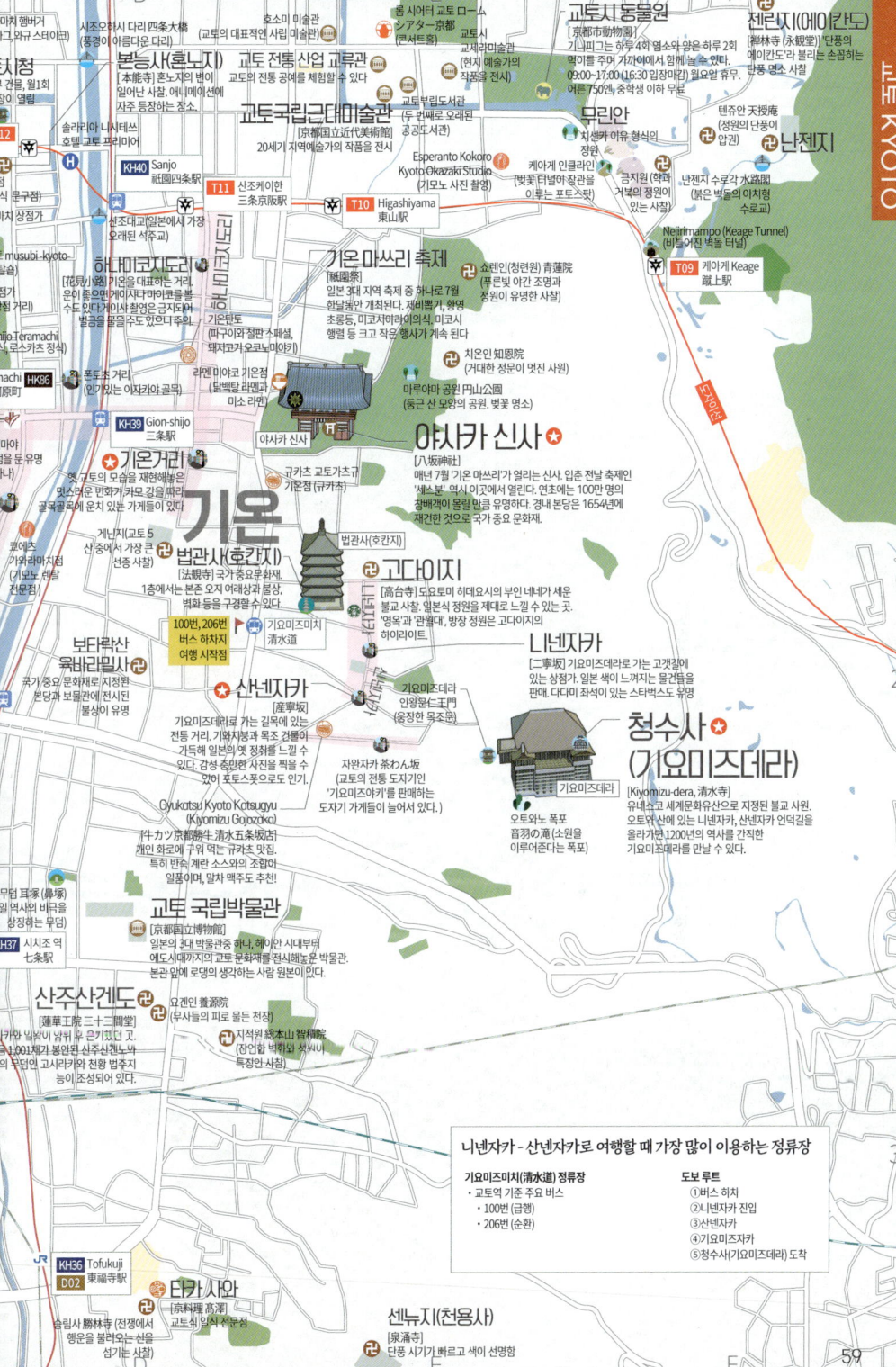

교토 KYOTO

교토 타워 ★
교토 시내에서 가장 높은 131m 높이의 타워. 교토의 전경을 360도 파노라마뷰로 즐길 수 있다. 게이한패스 소지자, 간사이 쓰루패스 소지자 할인.

우메유 사우나
(드라마에 나오는 옛날식 동네 목욕탕)

도요쿠니 신사
(도요토미 히데요시를 기리는 신사)

교토타워 산도
교토 타워 빌딩에 있는 식도락 공간. 여행자들은 주로 지하 1층 푸드홀과 1층 마켓을 이용한다.

쇼세이엔
[涉成園] 연못과 단풍의 조화가 멋지다

교토 국립박물관
일본의 3대 박물관중 하나, 헤이안 시대부터 에도시대까지의 교토 문화재를 전시해놓은 박물관. '로댕의 생각하는 사람' 원본이 있다.

KH37 시치조 역
七条駅

온야도 노노 교토 시치조 내추럴 핫 스프링
(렌게노유 온천 호텔)

바사라 기모노
기모노 대여 서비스를 제공하는 프랜차이즈숍.

교토 데님 京都デニム
(세계에서 단 하나뿐인 상품을 파는곳)

요겐인
(무사들의 피로 물든 천장)

연화왕원
(산주산겐도)
1,001개의 천수관음상을 모신 사찰. 사진촬영은 금지. 현지인들에게는 두통을 낫게 해주는 절로 유명하며 두통을 막는 부적도 구할 수 있어 인기.

음악분수 아쿠아 판타지
(야간 음악 분수)

교토 포르타
지하 쇼핑 상가. 지하 음식 거리로 인기가 많다. 중저가 의류와 악세사리, 잡화점으로 꾸며져 있다.

긴데쓰 교토선 | 가라스마선 | 교토역 Kyoto 京都駅
긴데쓰 특급 | 도카이도 산요 본선 | 나라선

아스티 로드
하치쵸 거리
식당·쇼핑 구역. 아기자기한 선물용 먹거리가 다양해 눈길을 끈다.

교토 아반티
교토역 남쪽에 위치한 대형 쇼핑센터. 지하 1층부터 6층까지 있다. 저렴한 가격을 자랑하는 잡화점을 한꺼번에 둘러 볼 수 있어 편리. 면세 할인은 단일.

KH36 Tofukuji
D02 東福寺駅

타카 사와
[京料理 高澤]
교토식 일식 전문점

교토역 ★
JR니시니혼, JR도카이, 킨키 일본철도, 교토 지하철이 지나는 역. 간사이공항에서 히루카 특급열차를 타고 바로 이동할 수 있다. 하루카 패스는 한국에서 미리 구매해가면 더욱 저렴하다. 하루에 2회 아마노하시다테 직행 열차 운행.

승림사 勝林寺
(전쟁에서 행운을 불러오는 신을 섬기는 사찰)

구죠 거리

가모 강
산책로와 자전거 도로가 잘 조성되어 있어 여유로운 시간을 보내기 좋다. 주변에는 카페, 전통식당, 이자카야가 즐비하다.

후다노츠지 거리

토후쿠지 (동복사)
[東福寺] 쓰텐교 주변의 단풍이 멋지다.

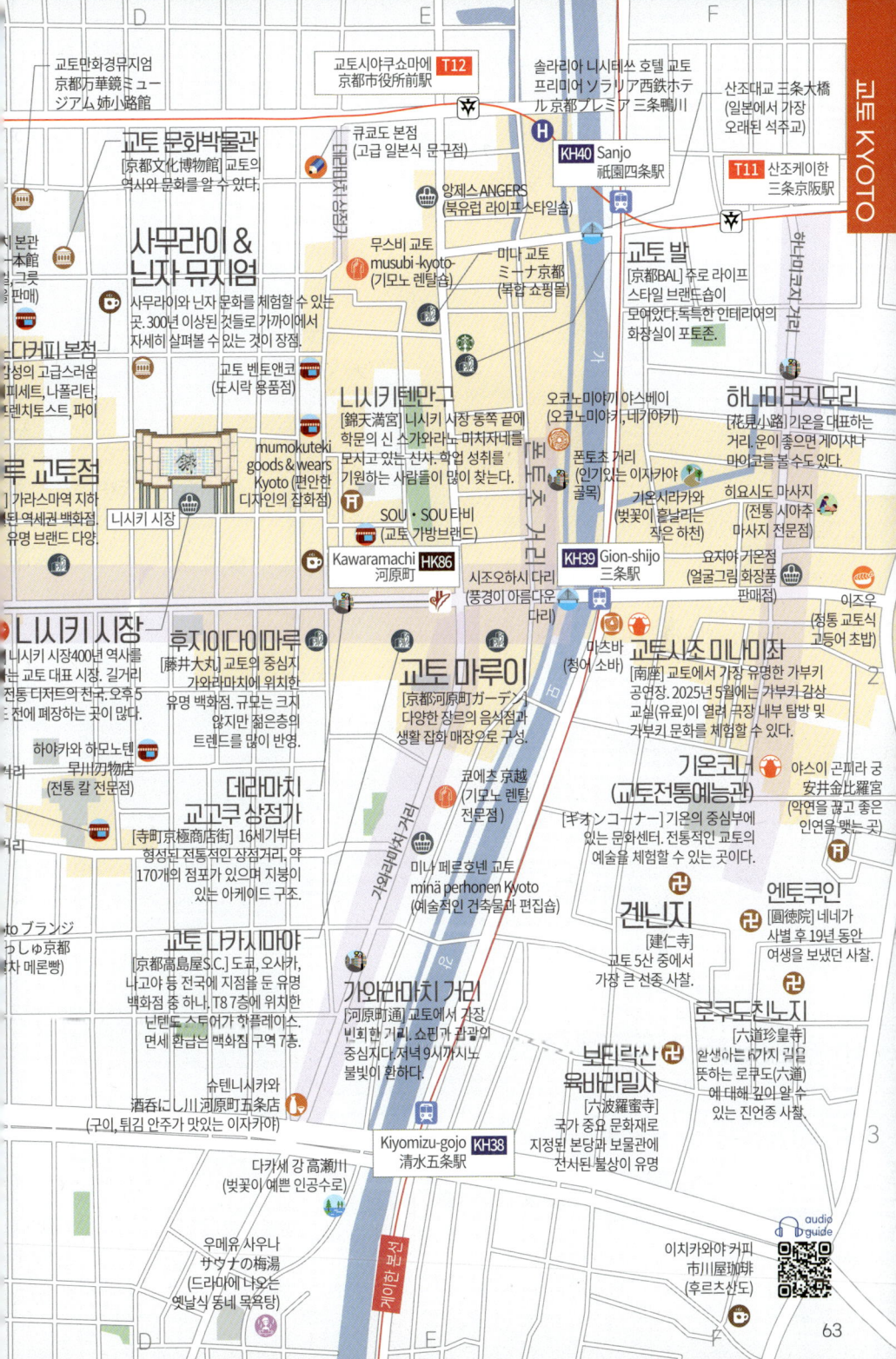

교토 KYOTO

사료 호우센 茶寮 宝泉
(와라비모찌)

기타오지 거리 北大路通

라멘 이케다야 교토 이치조지
ラーメン池田屋 京都一乗寺店
(지로계 라멘)

에니쿠 에쿠보 (츠케멘)

라멘 토우젠 豆禅
ラーメン専門店「豆禅」
(기본 무사시 라멘과 스파이시한 대두 마트 탄탄멘)

케이분샤 이치조지점
惠文社 一乗寺店

Pan nochi Hare
ぱんのちはれ
(통밀빵, 사타압다끼)

Ramen Jiro - Kyoto
ラーメン二郎 京都店
(지로 라멘)

E04 Ichijoji
一乗寺駅

이치조지 나카타니
一乗寺中谷
(쿠리무시 몽블랑)

🍁 **시센도 조잔지**
[詩仙堂丈山寺]
흰 모래가 깔린 일본식 정원이 유명

🍁 **원광사 (엔코지)**
[圓光寺] 단풍을 감상할 수 있는 액자 정원이 인기

가모미오야 신사 (시모가모 신사)
[賀茂御祖神社(下鴨神社)]다다스노 모리에 에워싸여 있어 단풍이 멋짐. 일본에서 5번째로 세계문화유산으로 등록되었다. 여름에 '미타라시 축제'가 열린다.

리키의 숲
에 형성된
원시림

가이 신사 河合神社
아름다움을 기원

🍁 **텐카잇핀 총본점**
[天下一品総本店]
텐카잇핀의 본점. 대표 메뉴는 코떼리 라멘, 걸쭉하고 진한 육수가 특징이며, 토핑으로는 차슈, 파, 죽순 등이 올라간다. 돼지고기 덮밥 정식으로 먹으면 더욱 맛있게 먹을 수 있다.

E03 Chayama 茶山駅

윤동주, 정지용 시비 尹東柱詩碑
(도시샤 대학교 캠퍼스의 시비)

이가 그 별채
계3층에 전망할 수 있다

E02 Mototanaka 元田中駅

미카게 거리 御影通り

⭐ 🍁 **은각사 (긴카쿠지)**
[Ginkaku-ji, 東山慈照寺]
아름다운 관음전으로 유명한 불교사원. 정식 명칭은 지쇼지이며, 긴카쿠라 불리는 관음전이 유명. 잘 가꾸어진 일본식 이끼정원 경치도 아름다운 곳

은각사 주변

만게츠 본점
(1856년 창업한 전통 화과자 전문점. 오미야게 인기)

KH41 Demachiyanagi 出町柳駅
E01

이마데가와 거리 今出川通

하쿠만벤 지온사 百萬遍知
恩寺 (매월 15일
플리마켓이 열리는 사찰)

32번, 100번 버스 정류장
지쇼지 - 철학의 길
도보 코스 출발지

하쿠사손소 하시모토 간세쓰 기념관
[白沙村荘 橋本関雪記念館]일본에서 하시모토 칸세쓰가 디자인한 일본식 정원

긴카쿠지마에(은각사)
銀閣寺前

스밋코구라시 은각사 (스밋코구라시 캐릭터 샵)

🍁 **긴카쿠지**

요시다 신사 吉田神社
(교토 대학교와 가까운 859년에 세워진 신사)

🍁 **오멘 긴카쿠지 본점**
[名代おめん 銀閣寺本店]
쫄깃한 수타 면발의 오멘 우동 전문점 육수에 깨, 야채 넣어 찍어 먹는 독특한 스타일

🍁 **은각사 관음전**
(은각사의 중심 전각)

요시다 산장
[吉田山荘 료칸,
교토 요리 전문점]

호호호자 ホホホ座 浄土寺점 (유쾌한 독립 서점)

🍁 **호넨인 (법연원)**
[法然院] 철학자의 길에 위치한 절. 단풍이 유명

리버사이드 카페 그린 테라스 (오믈라이스와 바스크 치즈케이크)

⭐ **헤이안 신궁**
[Heian Shrine, 平安神宮]
1895년에 헤이안 천도 1100년을 기념해 세워졌다. 푸른 기와지붕과 붉은 기둥색의 대비가 인상적인 신사. 신엔은 1만 평 규모의 드넓은 일본식 정원

진정극락사 (진여당)
[真如堂] 벚꽃과 단풍이 유명한 오래된 불교사원

안라쿠지 (안락사)
[安楽寺] 벚꽃, 연산홍, 단풍이 멋진 사찰

and bull coffee and bull coffee (마르게리타 피자)

🍁 **레이칸지**
[霊鑑寺]동백꽃과 단풍이 유명한 사찰

곤카이 코묘지
[金戒光明寺]
11월 중순부터 단풍이 절경인 불교사원

🍁 **철학의 길**
[哲学の道] 난젠지부터 은각사(긴카쿠지)(은각사)까지 이어지는 1.5km 길이의 산책길

🍁 **선림사 (병안당)**
永観堂(禅林寺)
단풍으로 유명한 사찰

KH41 Jingu-marutamachi
神宮丸太町駅

지다이마쓰리 축제
[時代祭]10월 중순에 축제가 열린다. 큰 이벤트로는 2000명에 달하는 사람, 행렬이 있다. 전통 의상, 역사 속 주요 인물을 볼 수 있는 축제

오카자키 신사 岡崎神社
(다산, 안산 상징하는 토끼를 수호신으로 모시는 신사)

🍁 **젠린지 (에이칸도)**
[禅林寺 永観堂] '단풍의 에이칸도'라 불리는 손꼽히는 단풍 명소 사찰

호소미 미술관
(교토의 대표적인 사립 미술관)

시어터 교토 룸
(콘서트홀)

교토시 동물원
[京都市動物園]
기니피그는 하루 4회 염소와 양은 하루 2회 먹이를 주며 가까이에서 함께 놀 수 있다.
09:00~17:00 (16:30 입장마감) 월요일 휴무
어른 750엔, 중학생 이하 무료

본능사 (혼노지)
[本能寺] 혼노지의 변이 일어난 사찰. 애니메이션에 자주 등장하는 장소.

교토 전통 산업 교류관
(교토의 전통 공예를 체험하는 시설)

교토시교세라미술관
(현지 예술가의 작품이
  포함)

교토부립도서관
(두 번째로 오래된 공공 도서관)

🍁 **뮤린안**
치센인 이유 형식의 정원

텐쥬안 天授庵
(정원의 단풍이 압권)

🍁 **난젠지**
[禅林寺 永観堂] 단풍의 에이칸도
단풍 명소 사찰

교토국립근대미술관
[京都国立近代美術館]
20세기 지역예술가의 작품을 전시

Esperanto Kokoro Kyoto Okazaki Studio
(기모노 사진 촬영)

케아 인쿠라인
(벚꽃 남년 포토스팟)

금림원(학과 거북이 정원이 있는 정원)

단젠지 수로각

KH40 Sanjo 祇園四条駅

라미야 니시테츠 호텔 교토 프레미아

시조오하시 다리 四条大橋
(풍경이 아름다운 다리)

65

⑪ 성취원(죠주인)
[成就院]
고요한 정원이 아름다운 별당. 특별 공개 기간에만 개방

천체석불군(센타이석불군)
[千体石仏群]
다양한 형태의 작은 석불들이 모여 있는 독특한 공간
⑫

사랑점의 돌 (恋占いの石)
지슈신사 경내에는 약 10m 간격으로 두 개의 돌. 사랑점의 돌이라고 불리는데, 눈을 감고 한쪽 돌에서 다른 쪽 돌까지 무사히 걸어가면 진실한 사랑이 이루어진다는 전설이 있다.

지슈 신사
[地主神社]
사랑과 인연을 맺어주는 신으로 아주 유명하며, 특히 젊은 사람들에게 인기가 많다.

경당
[経堂]
불경을 보관하고 낭송하던 곳으로, 조용한 분위기가 인상적

아미타당 (아미다도)
阿弥陀堂
⑧

본당
本堂
⑦

본당 사진 포인트

오쿠노인
[奥の院]
본당 뒤쪽의 조용한 공간. 본당과 마주 보며 기도하는 장소
⑨

다키노야
滝の家
(두부 우동, 소바)

오토와노타키
[音羽の滝]
건강·지혜·연애운을 비는 세 줄기 물줄기. 컵으로 떠서 마실 수 있다.
⑩

교토 KYOTO

산넨자카
[産寧坂(三年坂)]
기야자빌과 목조 건물이 가득해 일본에서 옛 정취를 느낄 수 있다. 포토스폿으로도 인기. 산넨자카는 신묘한 기운을 받으면 장수한다는 뜻과 여기서 구르면 3년 안에 죽는다는 전설을 동시에 가지고 있다.

- おみやげ処魚桑 (기념품 상점)
- ニシン清水産寧坂店 (삼페, 기념중이)
- 青龍苑 (청룡원 (일어 연무아 벚꽃 나무가 반기는 향수 사명소))
- 伊藤久右衛門 清水産寧坂店 (말차 파르페)
- 京の味処 うえむら (교토 이지로 쿄로 우에무라 (덴푸라 정식, 정어, 소바))
- Kiyo-Sanpo きよさんぽ (말차 당고)
- 가이코 리라쿠사 클리 기요미즈데라점 (오전 9시 ~ 오후 6시 / 최종 반납 시간: 오후 5시 30분 기본 3,500엔부터, 예약 필수)
- 쿠모노차카페 기요미즈 산네자카점 雲ノ茶カフェ 清水三年坂店 (말차라테, 인스타 카페)
- 시카 사쿠라 (매일 오전 9시부터 오후 5시까지, 기본 플랜 4,000엔~)
- 마이코체험 스튜디오 사계 舞妓体験スタジオ四季
- LIBERTÉ PÂTISSERIE BOULANGERIE Kyoto Kiyomizu (페이스트리, 말차라테)
- 시치미야혼포 기요미즈 七味家本舖 (향신료 전문점)
- 食堂エンドウ 엔도 (참치아보카도덮밥, 마구로동)
- Ganso Yatsuhashi Nishio Tametada Kiyomizu Store (야츠하시)
- 기요미즈조호점 오카베야 (두부정식, 유도후)
- 도토리 공화국 기요미즈 どんぐり共和国 清水坂 (지브리 공식 매장)
- 기요미즈자카 (키타리 상점)
- めん蔵人 清水店 (덴푸라, 소바 튀김세트)
- 清水坂 (메인 전통상점거리)
- Snoopy Chocolat (스누피 초코릿, 스누피 전문 굿즈샵)
- Fumon-an & Fumon Chaya 普門庵 & 普門茶屋 (와라비 모찌, 말차)
- Kiyomizu Kyoami 清水京あみ (오챠와사쿠, 호로로 구키)
- 오토와사료 (정어덮밥, 튀김우동)
- 普羽茶寮
- 아사히도 본점 朝日堂 (도자기 전문점)
- Koyori 古啓 (새우 초밥)
- Gyukatsu Kyoto Katsugyu (Kiyomizu Gojozaka) 仲カツ京都勝牛 清水五条坂店 (바삭한 겉과 부드러운 속의 규카츠 맛집으로, 바삭한 겉과 부드러운 속의 카츠를 개인 화로에 구워 먹는 스타일이 특징. 특히 반숙 계란 소스와의 조합이 궁금이며, 기요미즈데라점 한정 맛집 매주도 인기!)
- ナゾ 馬鈴(ばず) (인절미 빙수, 당고)
- 오카모토 기모노 본점 レンタル着物岡本 本店 (운영 시간: 오전 9:00 ~ 오후 6:00 반납은 오후 5시 30분 연중무휴, 기본 플랜은 2,980엔~)

도보 루트
① 버스 하차
② 니넨자카 진입
③ 산넨자카
④ 기요미즈자카
⑤ 청수사(기요미즈데라) 도착

- 100번 (급행)
- 206번 (순환)

교토 KYOTO

후시미이나리
미쓰쓰지
[三ツ辻]
길이 양 갈래로
갈라지는 지점

마이니치이나리 대신
每日稲荷大神

후시미토요카와이나리 본궁
伏見豊川稲荷本宮

아라키 신사 荒木神社
(인연을 맺어주는 신사)

'천 개의 도리이'. 포토스팟 1순위!
압도적인 붉은 기둥들이 이어진 길.

포토 스팟
센본토리이 ★
[千本鳥居]
수천 개의 붉은 도리이. 신성한
세계에 들어간다는 의미

구마타카 사
熊鷹社
(산신을 모시는 신사, 이후
정상까지 40분 이상 걸림)

후시미이나리 대사 납찰소
納札所 (오래된 부적이나
오마모리를 반납하는 곳)

후시미 이나리 신사
[伏見稲荷大社]
수천 개의 붉은 도리이가 인상적인
곳. 여우 신사로 불린다

포토스팟: 돌여우상과 붉은
도리이가 어우러진 인기 장소

포토 스팟
후시미이나리 대사 오사봉배소
伏見稲荷大社 奥社奉拝所
(본전보다 깊숙이 있는 참배소.
이곳부터 본격적인 산행 시작.)

오모카루이시 お
もかる石
(소원을 비는 돌)

후시미칸다카라 신사
伏見神宝神社
(제물의 신을 모시는 곳)

야시마노타키
八嶋の瀧

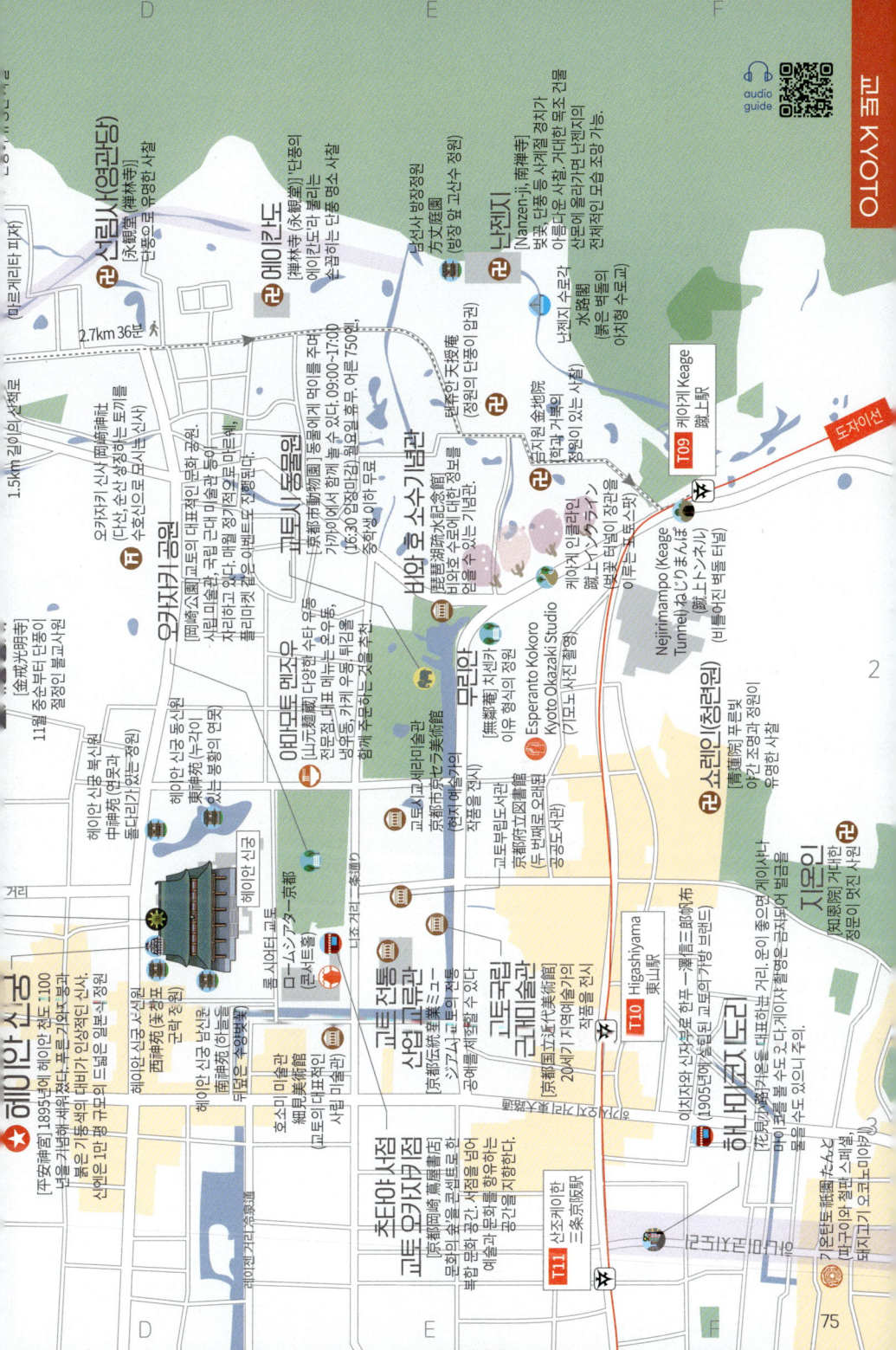

금각사 주변

하라다니원
[原谷苑]
벚나무가 가득해서 벚꽃 정글이라 불리는 개인 소유의 정원. 09:00~17:00 (16:30 입장마감) 벚꽃 만개 정도에 따라 입장료 변동 1,000~1,800엔

 금각사

[金閣寺]
사찰
대표적인
층
09:00~1

⭐ 료안지 卍
[Ryoanji Temple, 龍安寺]
중요문재이자 유네스코 세계문화유산으로 지정된 사찰. 가산스레이 정원의 백미로 손꼽힌다. 3월~11월 08:00~17:00, 12월~2월 08:30~16:30, 어른 600엔, 고등학생 500엔, 초·중등생 300엔

토우지인(등
(사찰

⭐ 닌나지 卍
[仁和寺] 유네스코 세계문화유산. 이곳은 '오무로 벚꽃'이라는 특별한 벚꽃이 유명하다. 특히 오층탑은 야간 라이트업의 대표적인 포토존. 운영시간 09:00~17:00, 정원 입장권 어른 800엔. 영보관 축제 특별기간어른 500엔, 초중고생 모두 무료

B7

 audio guide

 B4 Utano 宇多野

 B5 Omuro Ninnaji 御室仁和寺駅

 B6 묘신지 妙心寺駅

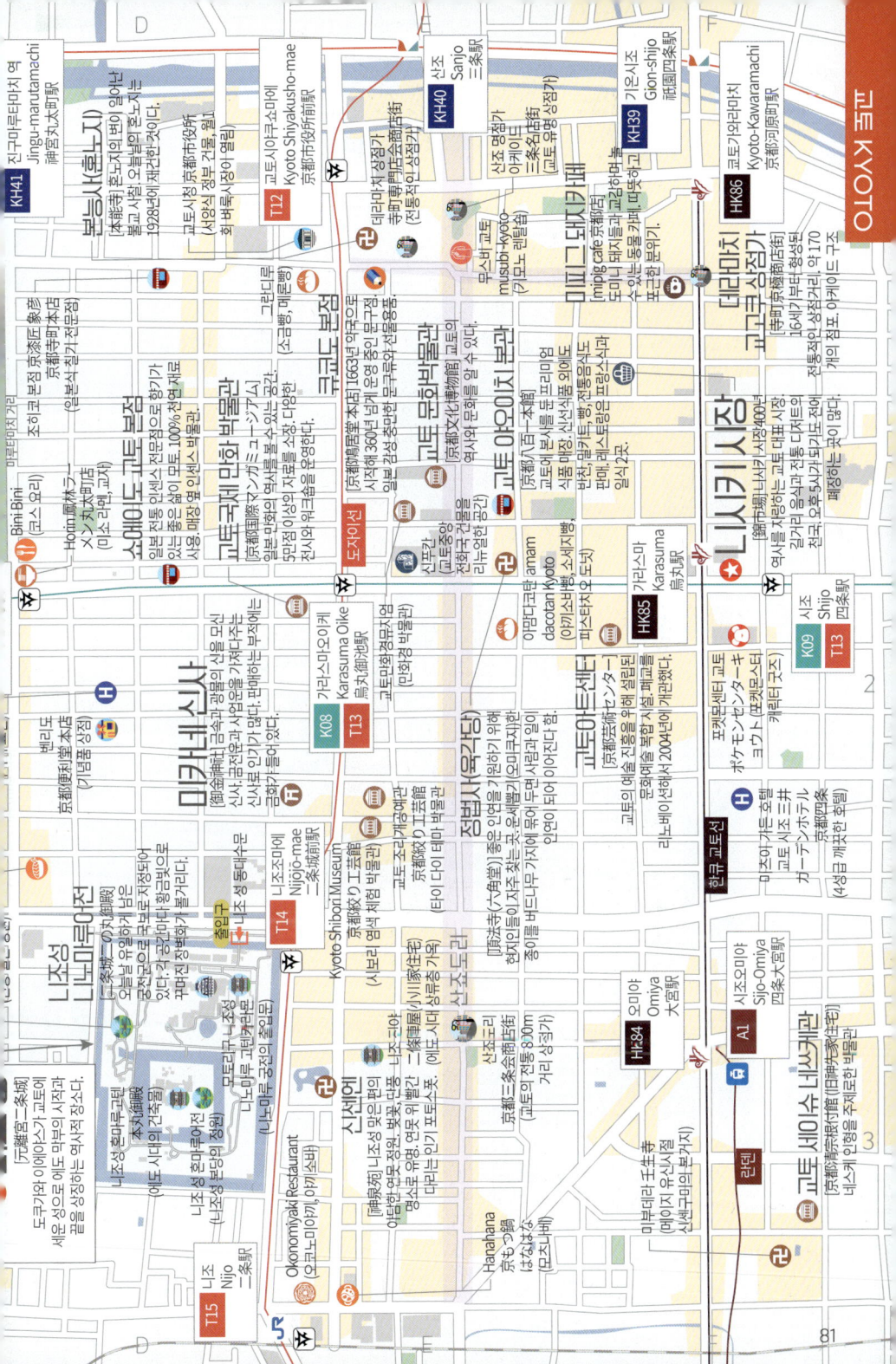

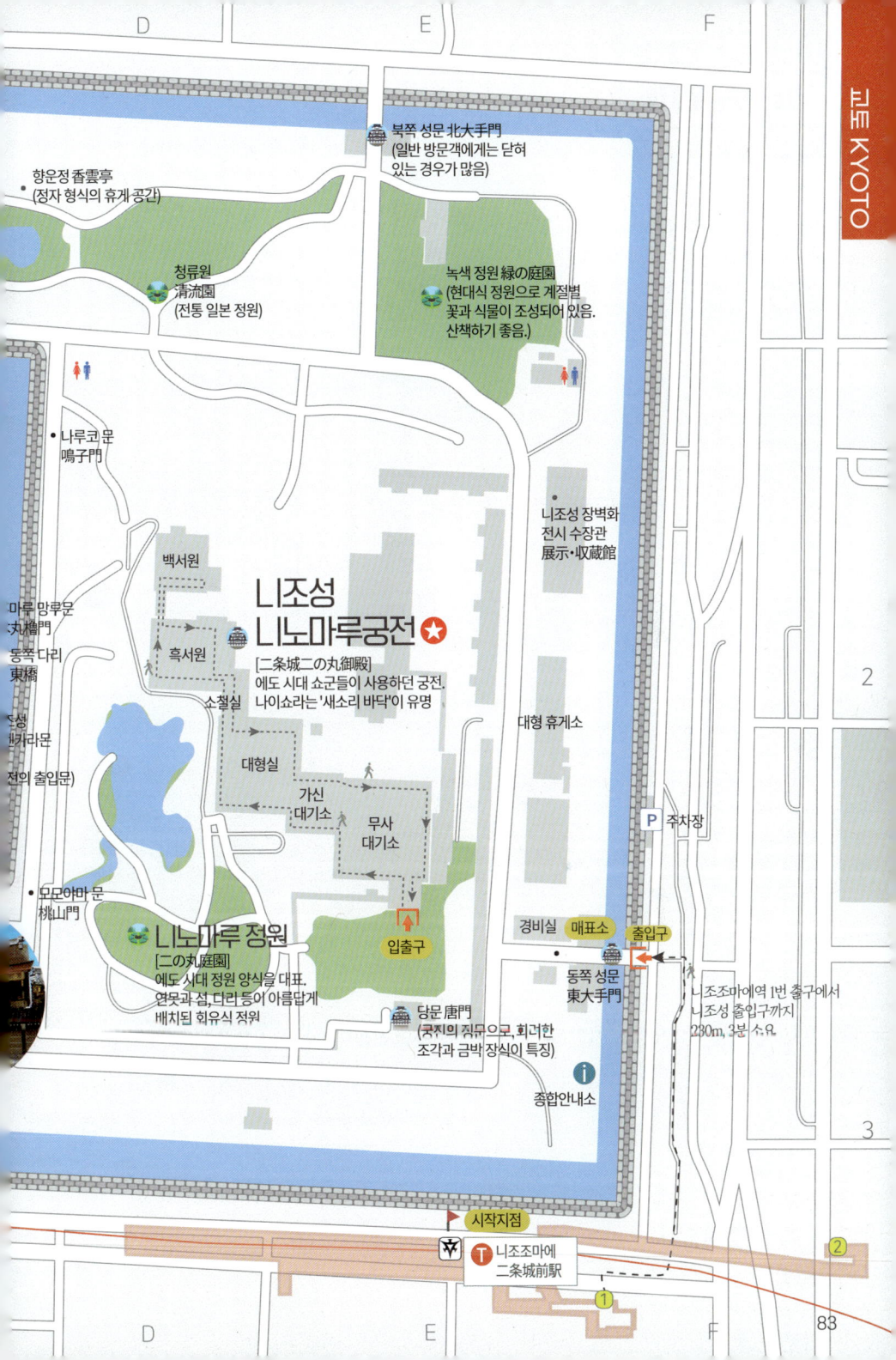

교토 KYOTO

아라시야마 공원 나카노시마지구
[嵐山公園中之島地区]
아라시야마 공원 내 3지구 중 하나. 가쓰라강 강 기슭에 모래톱을 이루는 섬이다. 봄에는 수양벚꽃, 가을에는 단풍이 아름답다. 벚꽃 시즌에는 라이트업 진행.

구루마자키 신사
매년 1월 1일 유명 연예인과 팬들이 많이 찾는다. 팬들은 응원하는 연예인 이름이 설치 작품 공간 본인에는 조명이 켜져 현성적인 분위기를 연출.

교토 텐잔노유
당일치기로 대욕장이 좋은 온천. 지하 1,200m에서 솟아나는 천연수를 사용한다.

Katsura River

우메노미야타이샤
[梅宮大社] 자식을 점지하는 신을 모시는 신사. 사케 양의 신을 모시는 이곳에서 기도하고 황자를 출산했다는 이야기가 전해진다.

HK97 마쓰오타이샤 Matsuo Taisha

한큐 아라시야마선

아라시야마
A13 Arashiyama

A12 란덴사가 Randen-Saga

A09 아리스가와 Arisugawa

Sagano-yu 嵯峨湯 유 쿠myo, 전한 일자 라테와 호지차 라테

기모노 숲
기모노 원단을 600개의 기둥 안에 넣어 장식한 설치 작품 공간. 밤에는 조명이 켜져 환상적인 분위기를 연출.

아라시야마 요시무라
대표 메뉴는 덴자루 소바 세트. 카모 난반 소바도 독특한 풍미.

아라시야마 쇼류엔
(기념품 상점)

미피 사쿠라 기전 (미피 캐릭터 테마 상점)

도게쓰테이 해리센카이

渡月亭 碧岩閣 (유서깊은 온천 료칸)

교토 아라시야마 온센 카데노쇼 (온천 료칸)

HK98 아라시야마 Arashiyama

후후노유
[風風の湯] 규모는 크지 않지만 실내탕 2개, 노천탕 2개로 구분되어 있고 사우나와 휴게실도 갖추고 있다.

이츠키차야
교토식 닭탕 5종을 한 번에 맛볼 수 있는 세트.

마쓰오 대사
[松尾大社] 교토의 하타 씨족이 701년에 세운 신사. 술의 신을 모신다. 수직 사케와 술을 지게에 발효한 반잔을 판매하는 것도 재미있다. 매년 4-5월에는 야마부키 축제가 열린다.

오쿠치소 정원
[大河内山荘庭園]
오쿠치 덴지로가 30년간 조성한 산장과 정원. 임장권에 포함된 말차와 다과를 가지고 주위를 한참 수 있다.

텐류지
[龍寺, Tennyuji Temple]
유네스코 등재 세계문화유산. 일본의 성지 중 그림과 정원이 뛰어난 절. 옛 일본 귀족들이 별장으로 사용한 곳이라 운치도 있다. 운류도의 그림이 어느 각도에서 바도 감상자를 노려보는 듯하다.

보엄원
[宝厳院] 현관문 앞 단풍나무 터널로 인기가 많은 유명 사찰. 작은 독포로 루보마루가 사진 명소다. 봄 가을에는 야간 라이트업 행사 진행. 특별 배관 기간에만 개방.

호린지
[法輪寺] 쇼토쿠 타자(의 아들이 부처님 채관을 기원하며 세운 사찰. 중요 문화재를 조심하는 감단과 웅장한 3층탑이 주요 볼거리. 안전, 무사고를 기원하는 전기의 신을 모시는 곳으로도 유명.

도게쓰교
[渡月橋] 아라시야마를 상징하는 다리. 가쓰라강을 가로지르는 155m 길이의 다리. 시대 영화 촬영지로도 유명하며, 여름에는 가마우지 낚시도 할 수 있다.

교토 KYOTO

E06 다카라가이케
Takaragaike
宝ヶ池駅

적산 선원
赤山禅院
(단풍과 벚꽃이
동시에 피는 사찰)

슈가쿠인 리큐
[修学院離宮] 에도시대 초기 고미즈노오상황이 지은 별장. 상,중,하 3구역으로 나뉜 정원이 아름답다. 특히 상 구역에 있는 요쿠류치 연못의 하이라이트. 관람은 사전 예약을 통해 투어로만 가능.

E05 슈가쿠인
Shugakuin
修学院駅

멘야 곳케이
屋 極鶏] 걸쭉하고 진한 육수로 유명한
의 라멘 전문점이다. 일반적인 돈코츠
보다 훨씬 더 농후한 국물이 특징. 대표
메뉴는 곳케이 다우이, 아카다우이.

라멘 토우히치
らぁ麺とうひち
(닭 간장 츠케멘)

만수원(만슈인)
[曼殊院門跡] 일왕과 황족이 머물렀던 사찰.
에도시대 건축 양식을 잘 보여주는
사찰로 중요 문화재다.

비시야 비시 屋
(돼지고기 간장 라멘)

이치조지

에나쿠 恵那く
(츠케멘)

원광사(엔코지)
[圓光寺] 이치조지에 위치한 선종 사찰로 스이킨쿠쓰가 상징이다. 그밖에도 대나무숲, 주규노테이 연못 정원, 혼류테이 건식 조경 등이 볼만하다.

E04 이치조지
Ichijoji
一乗寺駅

Ramen Jiro-Kyoto
ラーメン二郎 京都
店 (지로 라멘)

이치조지 나카타니
一乗寺中谷
(쿠리무시 몽블랑)

지점
社一乗寺店]
서점 Top 10
트와 잡화도
나가면 직접
로 연결된다.

Pan nochi Hare
ぱんのちはれ (통밀빵,
사타안다기, 두툼한 식빵)

시선당(시센도)
[詩仙堂(丈山寺)]
도쿠가와 이에야스의 무장이자
문인이었던 이시카와 조잔이 살았던
개인집. 다다미방에서 바라보는 정원은
붉은 선원의 백미 ㅜ 꼽힌다.

텐카잇핀 총본점
텐카잇핀의 본점. 대표 메뉴는 코떼리
라멘, 걸쭉하고 진한 육수가 특징이며,
토핑으로는 차슈, 파, 죽순 등이
올라간다. 돼지고기 덮밥 정식으로
먹으면 더욱 맛있게 먹을 수 있다.

E03 자야마・
교토게이주쓰다이가쿠
Chayama-Kyoto
University of Arts

윤동주, 정지용 시비
尹東柱詩碑
(도시샤 대학
캠퍼스의 시비)

이치조지
[一乗寺] 교토 시내에서 버스로 30분 떨어진 조용한 동네. 세계에서 가장 아름다운 서점 중 하나로 손꼽히는 케이분샤가 있는 곳이다. 라멘집 20곳이 모여 있는 라멘 거리도 여행자들에게 인기.

모토타나카
Mototanaka
元田中駅

미카게 거리 御影通

audio guide

87

교토에서 우지로 이동하는 법

출발역/정류장	환승역/정류장	도착역/정류장	전철/버스	비용	소요 시간	사용 가능한 패스
교토역 → 우지	교토역	-	우지역	JR나라선	240엔	22분	JR간사이 패스, JR간사이 미니 패스
기온 → 우지	기온시조역	주쇼지마역	우지역	게이한 본선→게이한 우지선	320엔	27분	간사이 레일웨이 패스, JR 간사이 패스, 게이한 교토 1일 관광 승차권, 게이한 교토 오사카 관광 승차권

TIP.
- 교토역이 출발지점일 경우 JR, 기온과 가와라마치 등 교토 시내가 출발지점인 경우는 게이한을 탑승하는 것이 편하다.
- JR을 타면 JR우지역, 게이한을 타면 게이한우지역에 하차하며 두 역은 '우지바시' 다리를 사이에 두고 약 800m 떨어져 있다.
- 우지의 중심지는 JR우지역이 더 가깝다. JR우지역 남쪽출구로 나오면 뵤도인으로 가는 길까지 쭉 상점가가 펼쳐진다. 우지의 대표 찻집 '나카무라 토키치' 본점을 비롯해 카페와 식당이 모여있다.
- 게이한우지역에 하차하면 우지바시를 건너야 우지의 대표 관광지 '뵤도인'에 갈 수 있다. (게이한우지역에서 뵤도인까지 도보로 약 8분)

말차 디저트 즐기기

우지에는 오랜 역사를 자랑하는 전통 찻집들이 많다. 이곳에서 진한 말차와 함께 말차 파르페, 말차 빙수, 말차 찹쌀떡 등 다양한 말차 디저트를 맛보는 것이 필수 코스!

필수코스 추천 베스트 4

1. 츠지리 우지 본점
150년이 넘는 역사를 자랑하는 유명 찻집으로, 정교한 디저트와 진한 말차를 맛볼 수 있다.

2. 이토큐에몬 (이토큐에몬 JR 우지역 앞점):
독특한 말차 커리 등 다양한 말차 메뉴가 있다.

3. 나카무라 토키치 본점:
전통적인 분위기에서 고품질 말차와 디저트를 즐길 수 있다.

4. 말차 관련 기념품 쇼핑:
우지 지역의 찻집이나 상점에서는 고품질의 우지 말차 잎, 말차 가루, 말차를 활용한 과자나 차 도구 등을 구매!

차와 우지마을 교류관 차즈나
[お茶と宇治のまち交流館 茶づな]
차 만들기, 차 따기 체험 등 차 문화 체험

차와 우지마을 역사공원
[お茶と宇治のまち 歴史公園]
도심 속 싱그러운 차밭이 있는 공원

우지 KH
宇治駅
Uji Station

우지바시 거리
JR우지역에서 우지다리까지 이어지는 거리로, 전통 찻집부터 트렌디한 찻집

우즈노사토 우지점
おうすの里 宇治店
(매실 건조 전문점)

오사카야마켓
(전통 시장)

matcha roastery
抹茶ロースタリー
(말차 케이크, 말차 빙수)

뵤도인 정원
[平等院庭園]
봉황당 맞은편 10엔 동전 인증 포토존

아가타 신사
[縣神社 本殿]
매년 6월 어둠 속에서 행해지는 아가타 축제

우지
宇治駅
Uji Station

시작지점

Matcha Republic
抹茶共和国宇治本店
(말차 티라미슈, 잉크병 말차)

Tsujiri Uji Main Store
辻利宇治本店
(호지차 라떼, 말차 빙수)

츠지리헤이혼텐
辻利兵衛本店
(말차, 말차 파르페)

Itoh Kyuemon - JR Uji Station
(니신소바, 파르페)

나카무라토키치 혼텐
中村藤吉本店
(말차 소바, 마루토 파르페)

혼마치 거리

미무로도
三室戸駅
Mimurodo Station

교토 근교 - 우지

교토 KYOTO

미무로토지
[三室戸寺]
사찰 전체에 화려하게
피어 있는 수국이 아름다운 곳

이토큐에몬 우지 본점
伊藤久右衛門 宇治本店・茶房
(말차 당고 세트, 말차 파르페)

시작지점

츠엔혼텐
通圓本店
(659년된 찻집, 당고,
말차아이스크림)

우지시 겐지모노가타리 뮤지엄
[宇治市源氏物語ミュージアム]
일본에서 가장 오래된 소설인
겐지이야기 박물관

Shubaku
しゅばく酒蕎麦
(히야시타누키소바, 자루소바)

우지바시
[宇治橋]
일본에서 가장 오래된
본 3대 교량

야사기리도리
'겐지 이야기'의 주된 배경이 되었던
곳으로, 문학적인 의미와 아름다운
자연 경관이 어우러진 산책로.

다이키치 산 전망대
[大吉山展望台]
애니메이션 '목소리의 형태'의
배경이 된 야경 명소

인 오모테산도 거리
院表参道]
가장 유명한 녹차 상점 거리

나카무라토키치 뵤도인점
中村藤吉平等院店
(말차 파르페, 말차 라떼)

우지가미 신사
[宇治上神社]
우지가미를 모시는 일본에서
가장 오래된 신사

자카 와무우
Izakka 和夢兎
차와 기념품 상점)

우지 신사
[宇治神社]
토끼 신사로 불리며
토끼 오미쿠지가 유명

쿠미코 벤치 久美子ベンチ
(애니의 배경이 된 벤치)

고쇼지
[興聖寺]
가을의 단풍 터널이 장관이며
벚꽃시즌도 인기 있다

조무교 朝霧橋
(아침 안개와 다리)

다치바나지마 橘島
(모래섬)

우지 공원
[宇治公園]
일몰이 아름다운 모래섬 위의 공원

뵤도인
[平等院]
세계문화유산에 등재된
연못 한가운데에 있는 사찰

도노지마 塔の島
(모래섬 공원)

우지가와노 우카이
宇治川の鵜飼
(가마우치 낚시)

우키시마 십삼중석탑
浮島十三重塔
(13층의 석탑)

잣코인 ⭐
[寂光院]
천년 송과 단풍, 이끼 정원이
아름다운 비구니 사찰

유모토 온천
오하라산소우
(오하라산장)
[大原山莊]
아름다운 정원과 자연 속 노천온천

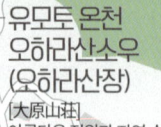
오하라 산소우 족욕 카페
大原山荘足湯カフェ
(족욕 카페)

왓파도 わっぱ堂
(일본가정식 코스요리)

오하라 버스정류장에서 잣코인까지
1.1km, 도보 약 15분

KULM
(런치 플레이트,
프로슈토 피자)

la bûc
(사슴 스테이

오하라 기린 来隣(きりん)
(된장 피망, 마리네이드 토마토)

시작5
오하라
大原

Somushi Kochaya
(순두부 정식, 비빔밥)

Ohara Sightseeing
Hoshokai
(관광안내소)

오하라 여행 리스트

1. 산젠인(三千院) 방문
– 오하라 여행의 핵심. 이끼 정원, 조용한 길, 오조조(와라베 지조) 불상이 유명
– 사진 포인트도 많고 사계절 풍경이 아름다움

2. 죠코인·랴쿠리키인 등 작은 절 탐방
– 산젠인 근처에 있는 절들로, 입장료가 저렴하고 조용히 산책하기 좋음. 각각 정원이 독특해서 비교하며 보는 재미가 있음.

3. 온천 체험 (오하라노사토 온천 등)
– 걷고 난 뒤 족욕 또는 온천욕으로 피로를 푸는 일정. 일일 온천 이용 가능.

4. 전통 채식 정식 (쇼진요리) 맛보기
– 사찰 요리나 유바(두유 껍질 요리)를 제공하는 식당에서 조용히 식사하며 휴식. 오하라 식물의 고유한 맛 느껴보기.

5. 농산물 직판장 및 시골카페
– 오하라 야채(오하라산 노겐), 무공해 간식, 말차 디저트를 판매하는 가게들에서 쉬어가기.
– 직접 재배한 채소나 잼, 된장 등을 기념품 구매.

6. 계절별 자연 감상
– 봄에는 벚꽃, 여름은 푸른 이끼, 가을은 단풍, 겨울은 설경.
– 특히 단풍철(10월 말~11월 중순)이 인기 높음.

교토에서 오하라로 이동하는 법

	출발역/정류장	환승역/정류장	도착역/정류장	비용	소요 시간	사용 가능한 패스
교토역 → 오하라	교토에키마에 정류장	-	오하라 정류장	630엔	1시간 7분	교토 지하철 버스 1일권
기온 → 오하라	시조역	고쿠사이카이칸역 → 고쿠사이카이칸 에키마에	오하라 정류장	690엔	45분 (지하철 16분+ 하차 후 도보 5분 + 버스 22분)	교토 지하철 버스 1일권, 교토시영 지하철 1일 이용권

교토 근교 - 오하라

교토 KYOTO

국도 367호선 Nat'l Rte 367

시노쇼몬
志野松門
가라아게 정식)

토시로
もとしろ
집화점)

오하라 버스정류장에서
호센인을 지나서 산젠인까지
850m, 도보 약 15분

이치요샤 베이스 카페
(야채찜 닭구이 정식,
유자생강차)

京都大原コーヒー
スタンド聖
(카페오레, 아카시소
젤라또 샌드)

오하라 마을 전망대
見渡す限り大原の里展望所
(탁 트인 풍경이 이쁜 곳)

염불사
念佛寺

슛세이나리 신사
出世稲荷神社

호센인 ★
[宝泉院]
액자식 정원에 앉아 단풍을 감상하며
다과를 즐길 수 있는 곳

짓코인 (실광원)
[実光院]
단풍이 물든 연못정원과 차 한 잔

쇼린인
[勝林院]
장엄하게 큰 지붕 아래 아미타여래 좌상

산젠인 ★
[三千院]
융단처럼 펼쳐진 이끼, 고요하고
평화로운 풍경의 사찰

도이 시바즈케 혼포
산젠인마에점
(시바즈케, 누카즈케 등의
쓰케모노 전문점)

슈헤키엔
三千院聚碧園
(취경원)

잇푸쿠 차야 一福茶屋
(청어소바 정식, 오야꼬동)

유세이엔 三千院 有淸園
(이끼 연못 정원)

산젠인 수국원
三千院あじさい苑
(수국 정원)

오오조오고쿠라쿠인
三千院 往生極楽院
(아미타 삼존불)

라이고인
[大原来迎院]
귓병을 낫게 앤 가는 귀이
약사여래불을 모신 곳

산젠인

audio guide

고베 KOBE

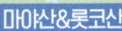

마야산&롯코산
케이블카나 로프웨이를 타고 올라가 고베 시내와 바다를 한눈에 내려다볼 수 있는 곳. 자연 속 휴식을 즐기며 야경을 감상하기에도 제격이다.

산노미야
고베의 중심 번화가. 대형 백화점, 상점가, 식당이 모여있으며 오사카, 교토, 나라로 오가는 다양한 교통편이 연결되는 고베 여행의 거점.

포트아일랜드&롯코아일랜드
고베 앞바다에 조성된 인공섬으로 컨벤션 센터, 호텔, 병원 등이 들어서 있어 현대적인 경관이 특징. 특히 포트아일랜드는 고베 공항과 연결되어 접근성이 좋다.

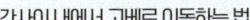

간사이 내에서 고베로 이동하는 법

	출발역	도착역	전철	비용	소요 시간	사용 가능한 패스
교토 ↔ 고베	교토역	산노미야역	JR 교토선 혹은 고베선 신쾌속	1,110엔	51분	JR간사이 패스, JR간사이 미니 패스
	교토가와라마치역	고베산노미야역	한큐 교토선 특급 → 한큐 고베선 특급	640엔	65분	간사이 레일웨이 패스, 한큐 한신1일 패스, 한큐 1일 패스
오사카 ↔ 고베	오사카역	산노미야역	JR 고베선 신쾌속	420엔	27분	JR간사이 패스, JR간사이 미니 패스
	오사카우메다역	고베산노미야역	한큐 고베 본선 특급	330엔	27분	간사이 레일웨이 패스, 한큐 한신1일 패스, 한큐 1일 패스
	오사카 우메다역	고베산노미야역	한신본선 특급	330엔	31분	간사이 레일웨이 패스, 한큐 한신1일 패스, 한큐 1일 패스
	난바	고베산노미야역	한신 본선 쾌속급행	420엔	41분	간사이 레일웨이 패스, 한큐 한신1일 패스, 한큐 1일 패스
고베 ↔ 나라	고베산노미야역	킨테츠나라역	한신본선→한신 난바선→킨테츠 나라선(자동환승)	1,100엔	76분	간사이 레일웨이 패스, 한큐 한신1일 패스, 한큐 1일 패스

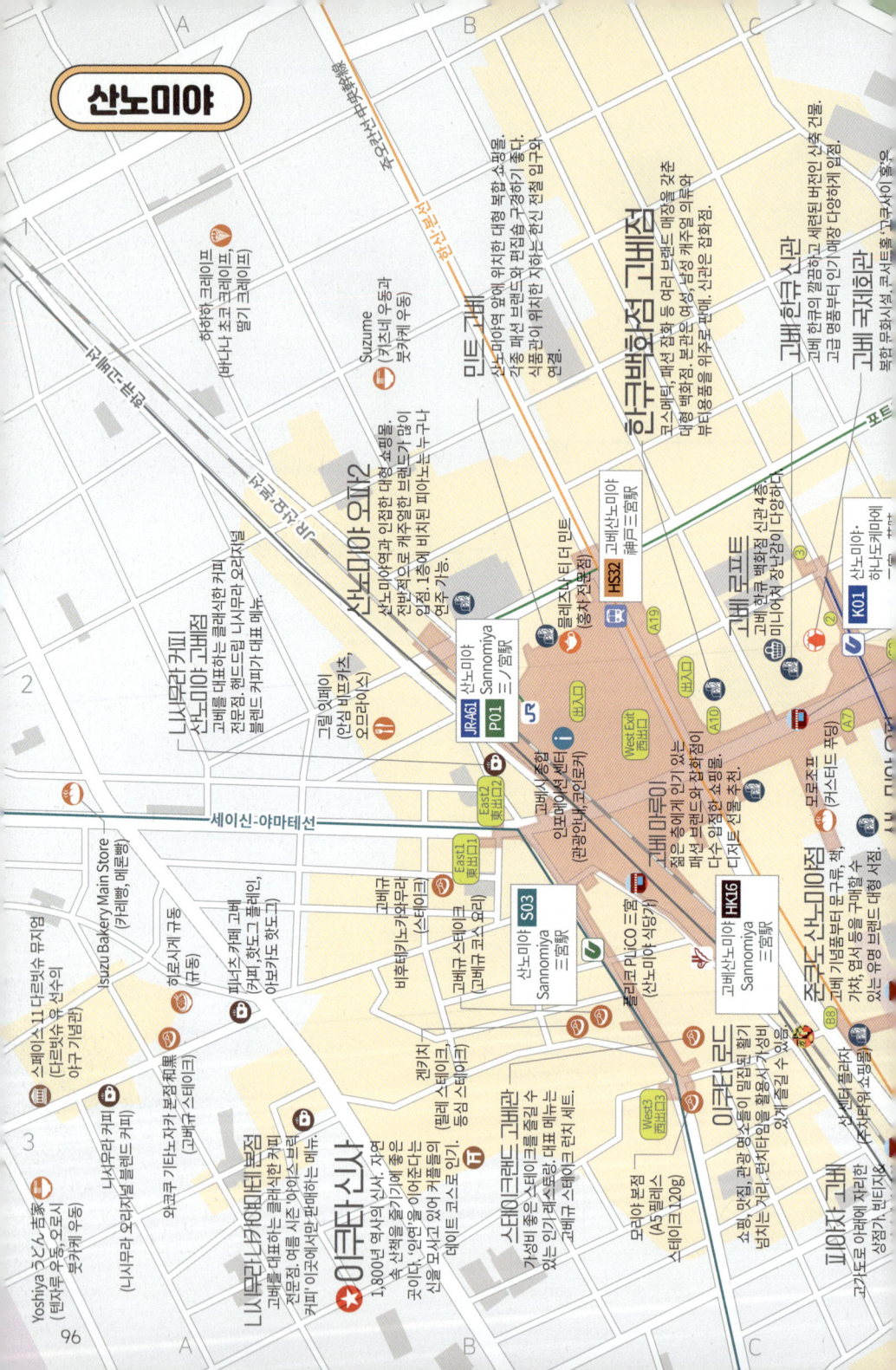

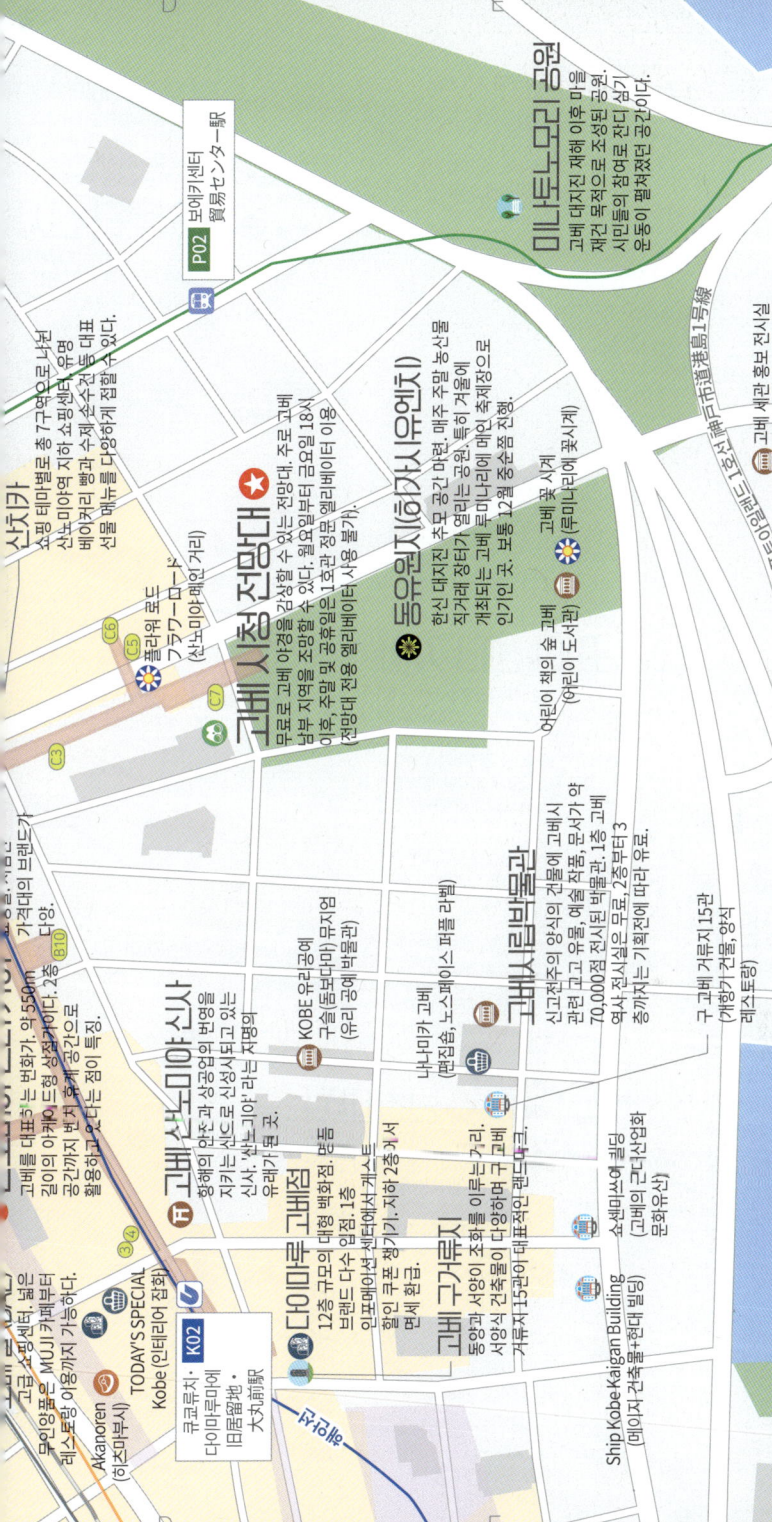

모토마치

비너스 브릿지
[ビーナスブリッジ]
산노미야 지역을 한눈에 볼 수 있는 나선형 모양의 전망대. 고베 대표 야경 명소 중 하나. 저녁에 방문 시 올라가는 길이 어두운 편이므로 역에서 택시 탑승 추천. 주차장 있음. 간혹 야생 멧돼지가 출몰하니 주의.

해외 이주와 문화 교류 센터

Tōtenkaku 東天閣
(베이징덕, 상어지느러미 수프)

Choueke Family Residence
(고베의 고풍스러운 저택)

고베 모스크
(이슬람 사원)

니시무라 나카야마테 본점
[にしむら珈琲 中山手本店]
고베를 대표하는 클래식한 커피 전문점. 여름 시즌 '아이스 브랑 커피' 이곳에서만 판매하는 메뉴.

이쿠타 신사
[生田神社]
1,800년 역사의 신사. 자연 속 산책을 즐기기에 좋은 곳이다. '인연'을 이어준다는 신을 모시고 있어 커플들의 데이트 코스로 인기.

스테이크 아오야마
(고베규)

토어로드
[トアロード]
메이지 시대 유럽풍 건축물과 이국적인 상점들이 많은 거리. 개성 넘치는 편집숍, 수입 잡화점, 고급 레스토랑, 카페 등이 밀집.

스테이크랜드
[ステーキランド]
가성비 좋은 스테이크를 즐길 수 있는 인기 레스토랑. 대표 고베규 스테이크 런

세이신-야마테선
모(A5 필레스 스테

소라쿠엔
[相楽園]
약 2만 제곱미터 규모의 이케즈미 회유식 일본 정원. 원래 고대라 야스지로의 개인 정원으로 사용되던 곳으로 1941년 고베시에 기증되어 일반인에게 공개되었다.

산노미야 센터 가이
[神戸三宮センター街]
고베를 대표하는 번화가. 약 550m 길이의 아케이드형 상점가이다. 일반적인 아케이드 상점가들과 달리 2층 공간까지 활용하고 있다는 점이 특징. 2층에 위치한 벤치 휴게 공간을 찾아보길 추천

피아자 고베
[ピアザkobe] 산노미야역과 모토마치역을 연결하는 철도고가 아래를 활용한 상점가. 약 400m 길이 안에 200여 점포가 줄지어 있다. 이자카야와 빈티지 숍.

겐초마에 S04
Kenchōmae
県庁前駅

효고현 공관
(영빈관과 현의 행정 자료관)

레드 록
(로스트비프 동)

모토마치 상점가
[神戸元町商店街]
1870년대부터 형성되어 고베항 개항과 함께 발전한 이국적인 풍경의 상점가. 300여 개의 다양한 상점이 모여 있는 번화한 쇼핑거리. 디저트 선물 구매하기 좋다. 유리 천장을 지녀 날씨와 상관없이 쇼핑 가능.

모리야쇼텐
[本神戸肉 森谷商店元町本店]
150년 역사를 자랑하는 고베 대표 정육점. 고베규를 사용한 고로케와 멘치카츠로 유명한 맛집. 가성비 좋게 구매할 수 있다.

Akanoren
(히츠마부시)

투데이즈 스페셜 고베(인테리어 잡화)

모토마치 A57
Motomachi HS33
元町駅

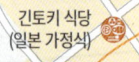
난킨마치
[南京町]
일본 3대 차이나타운. 1868년 고베항 개항 이후 형성. 현재는 100여 개의 중국 음식점, 상점 등이 밀집되어 있다. 춘절, 중추절 행사가 펼쳐짐.

큐쿄 K02
다이
旧居
大丸

긴토키 식당
(일본 가정식)

사카에마치 거리
[栄町通] 고베에서 카페와 잡화점으로 유명한 힙한 동네. 개항 이후로 번성한 거리로서구 문명의 흔적을 찾을 수 있다.

후케츠도 고베
(고베 고페르)

로쇼키
100년 넘는 역사를 자랑하는 부타만
(돼지고기 만두)

난킨마치
KOBE BEEF EiKiChi
(쇠고기 등심, 와규 초밥)

다이마루
12층 규모의 다수 입점. 게스트 할인 면세 환급.

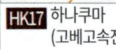
하나쿠마
HK17
(고베고속전철)

KOBE BEEF 5STAR(A5 등급 고베규 스테이크)

포레토코 POLETOKO
(천연 나무로 만든 수제 인기 잡화점)

고베 구
동양과 서양 서양식 건축 거리 15관

돈카츠 타로
(로스카츠 정식, 히레카츠 정식)

로타lotta
(북유럽 스타일의 생활용품 잡화점)

비보 바 ViVO,VA
(생활용품 편집숍)

Ship Kobe Kaigan Building
(메이지 건축물+현대 빌딩)

고베 KOBE

점 和黒
(스테이크)

히로시게 규동
(규동)

피너츠 카페 고베
(커피, 핫도그 플레인, 아보카도 핫도그)

고베시 종합 인포메이션 센터
(안내, 코인로커)

겐키 스테이크
(스테이크)

산노미아 S03
Sannomiya
三宮駅
East2 東出口2

고베규 스테이크
(고베규 코스 요리)

고베산노미아 HK16
Sannomiya HS32
三宮駅

니시무라 커피 산노미야 고베점
[にしむら珈琲店三宮店]
고베를 대표하는 클래식한 커피 전문점. 핸드드립 니시무라 오리지널 블랜드 커피가 대표 메뉴.

그릴 잇페이
(안심 비프카츠, 오므라이스)

산노미야 오파2
[三宮オーパ2]
전반적으로 캐주얼한 브랜드가 많이 입점. 1층에 비치된 피아노는 누구나 연주 가능

하하하 크레페
(바나나 초코 크레페, 딸기 크레페)

Suzume
(키츠네 우동과 붓카케 우동)

JR-A61 산노미야
P01 Sannomiya
三ノ宮駅

민트 고베
[ミント神戸] 산노미야역 앞에 위치한 대형 복합 쇼핑몰. 각종 패션 브랜드와 편집숍 구경하기 좋다. 식품관이 위치한 지하는 한신 전철 입구와 연결.

고베 로프트
[神戸ロフト] 고베 한큐 백화점 신관 4층. 미니어처 장난감이 다양하다. 면세 접수는 폐점 30분 전까지 가능

플리코
(산노미아 식당가)

고베 마루이
[神戸マルイ] 젊은 층에게 인기 있는 패션 브랜드와 잡화점이 다수 입점한 쇼핑몰. 디저트 선물 추천.

산 센터 플라자 주차타워 쇼핑몰

HS32 고베산노미아 神戸三宮駅

Cafe Keshipearl
(크림이 듬뿍 올라간 커피와 홍차)

한큐백화점 고베점
[神戸阪急]
코스메틱, 패션 잡화 등 여러 브랜드 매장을 갖춘 대형 백화점. 본관은 여성, 남성 캐주얼 의류와 뷰티용품을 위주로 판매. 신관은 잡화점.

산노미야 오파
[三宮オーパ] 8층 규모 대형 쇼핑몰. 저렴한 가격대의 브랜드가 다양.

고베 한큐 신관
[神戸阪急新館] 고베 한큐의 깔끔하고 세련된 버전인 신축 건물. 고급 명품부터 인기 매장 다양하게 입점.

K01 산노미야·하나도케마에
三宮·花時計前駅

고베 국제회관
[神戸国際会館] 복합 문화시설. 콘서트홀 '고쿠사이 홀'은 뮤지션들의 라이브 공연장으로 많이 이용. 옥상 정원은 이곳의 숨은 인기 명소.

산치카
[さんちか] 쇼핑 테마별로 총 7구역으로 나뉜 산노미야역 지하 쇼핑센터. 유명 베이커리 빵과 수제 손수건 등 대표 선물 메뉴를 다양하게 접할 수 있다.

발 (BAL)
[BAL] 고급 쇼핑센터. 넓은 품은 MUJI 카페부터 장 이용까지 가능하다.

이쿠타 로드
쇼핑, 맛집, 관광 명소들이 밀집된 활기 넘치는 거리. 런치타임을 활용시 가성비 있게 즐길 수 있음.

C3

C4 C5 C6

플라워 로드
(산노미야 메인 거리)

P02 보에키센터
貿易センター駅

고베 산노미야 신사
[三宮神社] 항해의 안전과 상공업의 번영을 지키는 신으로 신성시되고 있는 신사. '산노미야'라는 지명의 유래가 됨.

고베 시청 전망대
무료로 고베 야경을 감상할 수 있는 전망대. 월요일부터 금요일 18시 이후, 주말 및 공휴일은 1호관 정문 엘리베이터 이용 (전망대 전용 엘리베이터 사용 불가).

점 화점. 명품 브랜드 페이션 센터에서 기기. 지하 2층에서

KOBE 유리공예 구슬(돔보다마) 뮤지엄

구 고베 거류지 15관
(개항기 건물, 양식 레스토랑)

나나미카 고베
Nanamica Kōbe
(편집숍, 노스페이스 퍼플 라벨)

동유원지(히가시유엔치)
매주 주말 농산물 직거래가 열리는 공원. 특히 겨울에 개최되는 고베 루미나리에 메인 축제장으로 인기인 곳. 보통 12월 중순쯤 진행.

미나토노모리 공원
고베 대지진 재해 이후 마을 재건 목적으로 조성된 공원. 시민들의 참여로 잔디 심기 운동이 펼쳐졌던 공간이다. 잔디밭 광장에서 가끔 콘서트가 개최됨.

고베시립박물관
약 7만 점의 유물을 소장한 곳으로, 고베의 역사와 서양과의 교류를 보여주는 상설 및 기획전을 진행한다. 1층 전시실 무료, 2-3층 기획전 유료

고베 꽃 시계
こうべ花時計
(루미나리에 꽃시계)

쇼센미쓰이 빌딩
(고베의 근대산업화 문화유산)

고베 KOBE

지도 상의 주요 지점

키 폭포
滝ヶ一
중하나. 일본 폭포 100
2타카, 메타카, 메오토타키,
개의 폭포로 이루어져 있다.
고 올라갈 길 추천

Ramen Taro Rokko
토마토 라멘

마야 케이블
摩耶ケーブル駅

사쿠라 터널
(벚꽃 터널)

롯코
六甲駅

미카게
御影駅

시센 사카이
(마파두부)

모토스미요시 산사
(해양의 선을 중흥하는 신사)

스미요시
住吉駅

JR산요 본선

구 헌터 하우스
(과거 외국인들의
이민관)

스이도스지 상점가
(전통적인 상점가)

멘도 슈하리
(돈코츠 라멘)

롯코미치
六甲道駅

한신 본선

Nagataen
Sumiyoshi
(정식)

이쇼안
(다니자키 준이치로 저택)

오기
青木駅

**고베시립
오지동물원**

오지코엔
王子公園駅

마야
摩耶駅

신자이케
新在家駅

JR

이사야가
石屋川駅

**나다고고
사케도코로**
(사케 체험장)

우오자키
魚崎駅

Khoa Anh
(쌀국수, 분짜)

**다케나카
루스 박물관**

나다
灘駅

오이시
大石駅

고베 슈신칸
(사케 양조장)

**하쿠쓰루슈조
자료관**
(白鶴酒造資料館)
사케의 역사와 문화를 체험할 수
있는 공간. 시음 후 면세
매장에서 구매 가능. 술지게미로
만든 아이스크림도 추천.

하마후쿠츠루
(사케 양조장)

**사쿠라마사무네
기념관 - 사쿠라엔**
일본 가정식

가스가노미치
春日野道駅

효고현립미술관
안도 다다오가 설계한 미술관.
로댕을 비롯한 19~20세기 조각품을
전시하며, 안도 다다오 갤러리가
인상적이다.

기쿠마사무네기념관

가스가노미치
春日野道駅

한큐백화점 고베점
명품브랜드부터 가성비 잡화점까지
다양한 대형 백화점

사람방재미래센터
995년에 일어난 한신 아와지 대지진(고베 대지진)을
기억하고 대비하자는 취지로 운영하고 있는 방재
센터. 한국어 오디오 가이드 제공.

노미야
산노미야 센터 가이
(약 600미터의 아케이드 상점가)

모토마치 상점가
[神戸元町商店街]
140년의 역사를 가진 거리

난킨마치
일본 3대 차이나타운. 1868년 고베항 개항 이후
형성되었으며, 현재는 100여 개의 중국 음식점, 상점
등이 밀집되어 있다. 춘절, 중추절 행사가 펼쳐짐.

고베시립 고이소기념미술관
(고이소 료헤이 작품)

아일랜드 기타구치
アイランド北口

**가네테스 델리카
푸드 텟팡 공방**
(어묵 제품을 만드는 체험 공방)

아일랜드 센터
アイランドセンター

고베 패션 미술관
(패션 박물관)

마린파크
マリンパーク

데카파토스 (워터파크)

고베 유카리 미술관
(고베 작가 전시회)

포터미널
ポートターミナル駅

고베 포트타워 ★
[Kobe Port Tower, 神戸ポートタワー]
고베항, 시가지를 360도로 조망할 수 있는 파이프 구조 전망대.
전망실 3층 카페는 바닥이 20분간 360도로 회전한다. 전망실 1
층은 유리 바닥으로 되어있어 짜릿함을 느낄 수 있다. 간사이
쓰루패스 소지자 할인. 미나토모토마치역에서 도보 5분

롯코 아일랜드

기타후토
北埠頭駅

롯코 아일랜드
[六甲アイランド]
고베 시 히가시나다 구에 있는
인공섬으로 해양 문화 도시를 콘셉트로
조성되었다. 사계절 꽃과 나무로
컬러풀한 녹지를 이루고 있다. 롯코
라이너를 이용하면 고베 시내까지 연결.

나카후토
中埠頭駅

The Sheep Café
(핸드드립 커피와 크림이
듬뿍 올라간 카푸치노)

미나토지마
みなとじま駅

나카후토
中埠頭駅

포트아일랜드 키타 공원
고베 대교 아래에 위치. 고베항과 시내를 한눈에 볼
수 있는 전망 명소. 강변을 따라 분수 쇼가 펼쳐진다.
애니메이션 '페이트(Fate)' 시리즈의 성지 순례
코스로도 알려져 있다.

시민히로바
市民広場駅

반도 고베 과학관
(플라네타리움 과학관)

포트 아일랜드

미나미코엔
南公園駅

이쿠타
医療センター駅

이케아 고베점 IKEA神戸
(홈 퍼니싱 종합 스토어)

게이신가쿠엔센터
京コンピュータ前駅

월드 기념홀
(고베 포트
아일랜드홀)
최대 8,000명까지 수용할
수 있는 대형 컨벤션 센터.
스포츠 행사와 콘서트,
전시회 등에 최적화되어
있다.

고베 동물왕국
동물을 가깝고 친밀하게 관찰할 수 있는
반나절 코스의 대형 동물원. 실외 공간은 주로
체험학습장으로 이용되고 있다.

포트 아일랜드
[ポートアイランド]
야경 명소로 유명한 인공 섬. 드라이브 데이트
코스로도 인기. 국제 회의장, 박람회장, 박물관,
콘서트장 등이 갖추어져 있다. 섬 북부에서 메리켄
파크의 라이트업과 고베 하버랜드의 불빛이 연출하는
장관을 볼 수 있다. 고베 베이 크루즈 탑승 추천.

고베 공항 전망대
神戸空港屋上展望デッキ

고베 공항
[神戸空港]
인공섬 위에 자리한 국제 공항. 포트라이너로
고베 시내와 연결된다. 터미널 4층을
방문하면 가상 비행 체험을 할 수 있는 비행
시뮬레이터가 비치되어 있다(200엔).

고베 공항
神戸空港駅

103

하버랜드 상세지도

돈카츠 타로
(로스카츠 정식)

Merican メリカン
(스테이크와
비프카츠 세트 메뉴)

K03 미나토모토마치
みなと元町駅

로타lott
(북유럽 스타일의 생활용품 잡화점)

사카에마치 거리
[栄町通] 고베에서 카페와 잡화점으로 유명한 힙한 동네. 개항 이후로 번성한 거리로서구 문명의 흔적을 찾을 수 있다.

오쓰나카도
(800m 길이)

요쇼쿠노 아사히
[洋食の朝日] 햄버거 데미글라스 소스, 비프가스와 크림 고로케.

HS34 니시모토마치
(고베고속전철)

고베 포트타워
[神戸ポートタワー]
고베항, 시가지를 360도로 조망할 수 있는 파이프 구조 전망대. 전망실 3층 카페는 바닥이 20분간 360도로 회전한다. 전망실 1층은 유리 바닥으로 되어있어 짜릿함을 느낄 수 있다. 간사이 쓰루패스 소지자 할인. 미나토모토마치역에서 도보 5분

고베 베이 크루즈
[神戸ベイクルーズ]
고베항~하버랜드~아카시 해협대교 등 주요 명소를 둘러보는 약 45분 코스의 항구 크루즈.

神戸シーバス boh boh KOBE
(한 시간 코스 유람선)

우미에 모자이크
[umie モザイク] 쇼핑, 식사, 엔터테인먼트를 한곳에서 즐길 수 있는 복합 쇼핑몰. 야경을 감상하기 위해 저녁에 방문하는 이가 많은 편. 이국적인 식당이 인기

고베 브랜드
(고베 특산품 판매점)

플리코 고베
プリコ神戸
(JR고베역 연결 쇼핑몰)

동구리 공화국
(지브리 공식 스토어)

듀오 고베
デュオこうべ
(지하쇼핑센터)

키디랜드 고베점
(캐릭터 장난감 숍)

고베 A58 JR

이온 스타일 우미에
[イオンスタイルumie]
대형 슈퍼마켓. 푸드코트도 함께 운영하고 있다. 면세 가능
(단 오후 8시 반까지만 가능)

고베(고베역)

고베하버랜드 umie
[神戸ハーバーランドumie]
캐주얼하고 트렌디한 의류 매장 다양하게 입점. 외국인 전용 500엔 할인 쿠폰 제공. 고베항 야경 명소로 유명.

고베 가스등 거리
[Kobe Gas-Light St]
19세기 말 설치된 가스등과 LED 조명이 어우러져 고풍스러운 분위기를 자아내는 가로수 길. 라이트 업 시간은 매일 일몰부터 저녁 11시 30분까지.

K04 하버랜드 Harborland

하버워크
ハーバーウォーク
(랜드마크 야경 명소)

하버랜드 공원
ハーバーランド公園
(항구 근처 조용한 공원)

고베 호빵맨 어린이 박물관 & 쇼핑몰
[神戸アンパンマンこどもミュージアム&モール]
호빵맨 콘셉트에 맞춘 다양한 놀이시설을 갖췄다. 1층과 2층에서 호빵맨 굿즈 쇼핑 가능. 사진 스튜디오에서 기념사진도 촬영할 수 있다. 호빵맨과 친구들 캐릭터 빵도 인기 만점.

고베 화교 역사박물관
神戸華僑歴史博物館

Ship Kobe Kaigan Building
(메이지 건축물+현대 빌딩)

쇼센미쓰이 빌딩
株式会社コンプラス
(고베의 근대산업화 문화유산)

고베 KOBE

고베 하버랜드
[神戸ハーバーランド]
영화관, 박물관 등의 대형 복합
고베 대표 쇼핑·관광 구역.
콘체르토가 접안하는 항구는
맞으며 산책하기 좋은 곳이다.
JR 고베역과 고베 시영 지하철
인접해 있어 접근성이 뛰어나다.

아토아
[アトア]
수족관을 중심으로 무대 미술과 디지털 아트를 융합한, 8가지 테마의 신개념 몰입형 전시. 초대형 구형 수조가 대표적인 포토존.

Cafe Restaurant Camelia
(애프터눈 티 세트와 런치 뷔페)

가와사키 월드
(기업 박물관)

고베항지진메모리얼파크
[神戸港震災メモリアルパーク]
1995년 1월 17일 발생한 한신·아와지 대지진의 참상을 기억하기 위해 조성된 공원.

투스투스 마트 푸드 홀&나이트 페스
(고베규, 화덕 피자)

고베 해양 박물관
[神戸海洋博物館]
해양 박물관. 파도와 범선의 돛 이미지를 가지고 있는 높이 45m의 외관이 눈에 띄는 곳.

고베 포트 뮤지엄(KPM)
[神戸ポートミュージアム(KPM)]
다각형 외관의 그레이색 외관이 독특한 박물관. 뮤지엄 숍에서 아토아 굿즈 구매 가능.

메리켄 공원
지진 기념관, 해사
이 있는 도심의 해안
고베 루미나리에
하다. (12월
축제는 유료 입장)

Bell of Hortensia
(메리켄파크 랜드마크)

BE KOBE 모뉴먼트
(메리켄파크)
[BE KOBE モニュメント]
메리켄파크 내에 자리한 'BE KOBE' 조형물. 고베항 개항 150주년을 기념하여 설치. 야간 라이트 업 진행.

크루즈 콘체르토
[旅 コンチェルト]
주가 열리는 크루즈를 타고 즐기는
승선 시간 1시간 30분~2시간.

루미너스 고베2
[神戸クルーズ ルミナス神戸2]
프랑스 여객선 SS 노르망디를 모티브로 하여 꾸며진 선상 레스토랑.

테라스 & 다이닝 올 플래그
(신선한 해산물과 고베규 요리)

대관람차

다이크 대관람차 ★
[イク大観覧車]
와 롯코산, 고베 대교까지 한눈에 볼 수 있는
고베 대표 야경 명소로 손꼽히는 곳. 밤에는
개의 LED를 사용한 일루미네이션으로 밝게 빛난다.

포트아일랜드·롯코아일랜드

효고현립미술관

고베산노미아
Sannomiya
三宮駅

보에키센터
貿易センター駅

포트터미널
ポートターミナル駅

해산물 식사 1932
Seafood Dining 1932
(그릴 해산물, 해산물 덮밥)

포트아일랜드 키타 공원
고베 대교 아래에 위치. 고베항과 시내를 한[눈에]
있는 전망 명소. 강변을 따라 분수 쇼가 펼쳐[지며]
애니메이션 '페이트(Fate)' 시리즈의 성지 순[례]
코스로도 알려져 있다.

나카고엔
中公園駅

기타후토
北埠頭駅

미나토지마
みなとじま駅

나카후토
中埠頭駅

The Sheep Café
(핸드드립 커피와 크림이
듬뿍 올라간 카푸치노)

시민히로바
市民広場駅

미나미코엔
南公園駅

반도 고베 과학관
(플라네타리움 과학관)

이료센터
医療センター駅

이케아 고베점 IKEA神戸
(홈 퍼니싱 종합 스토어)

게이산카가쿠센터
京コンピュータ前駅

월드 기념홀
(고베 포트
아일랜드홀)
최대 8,000명까지 수용할 수
있는 대형 컨벤션 센터로
스포츠 행사와 콘서트, 전시회
등에 최적화되어 있다.

포트 아일랜드

고베 동물왕국
동물을 가깝고 친밀하게 관찰할 수 있는
반나절 코스의 대형 동물원. 실외 공간은 주[로]
체험학습장으로 이용되고 있다.

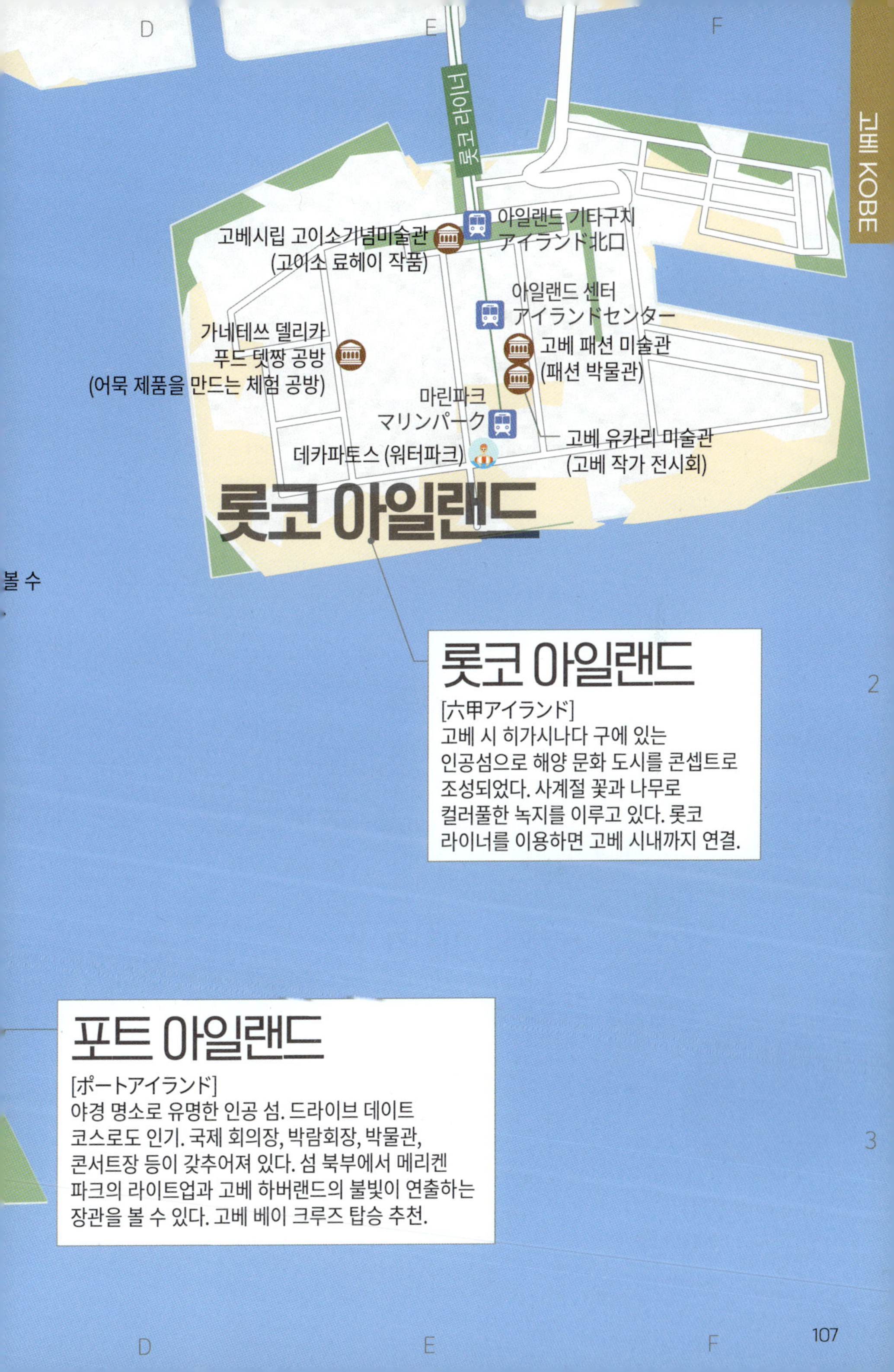

고베 KOBE

고베시립 고이소기념미술관
(고이소 료헤이 작품)

아일랜드 기타구치
アイランド北口

아일랜드 센터
アイランドセンター

가네테쓰 델리카
푸드 뎃짱 공방
(어묵 제품을 만드는 체험 공방)

고베 패션 미술관
(패션 박물관)

마린파크
マリンパーク

데카파토스 (워터파크)

고베 유카리 미술관
(고베 작가 전시회)

롯코 아일랜드

롯코 아일랜드
[六甲アイランド]
고베 시 히가시나다 구에 있는 인공섬으로 해양 문화 도시를 콘셉트로 조성되었다. 사계절 꽃과 나무로 컬러풀한 녹지를 이루고 있다. 롯코 라이너를 이용하면 고베 시내까지 연결.

포트 아일랜드
[ポートアイランド]
야경 명소로 유명한 인공 섬. 드라이브 데이트 코스로도 인기. 국제 회의장, 박람회장, 박물관, 콘서트장 등이 갖추어져 있다. 섬 북부에서 메리켄 파크의 라이트업과 고베 하버랜드의 불빛이 연출하는 장관을 볼 수 있다. 고베 베이 크루즈 탑승 추천.

기타노

빈 오스트리아의 집
오스트리아 궁정문화와 모차르트를 소개하는 곳. 비엔나 박물관 스타일의 원통형 건물. 잘츠부르크 모차르트 박물관에서 기증된 물품 관람 가능.

우로코노이에 전망갤러리
1982년에 개관된 갤러리. 유럽 근현대 회화의 명작을 폭넓게 수집하여 전시.

향기의집 오란다관 (네덜란드)
1918년에 지어져 네덜란드 영사관으로 사용되었던 2층 목조 건물. 네덜란드 민족의상을 체험 가능. 나만의 향수를 만들어주는 코너 인기.

덴마크관
해적, 안데르센 등 덴마크의 역사와 문화를 소개하는 곳.

기타노텐만 신사
학문의 신을 모시는 기타노이진칸 작은 신사. 지대가 높은 곳에 자리하고 있어 산노미야 일대 전망을 감상할 수 있다. 사진찍기 좋음.

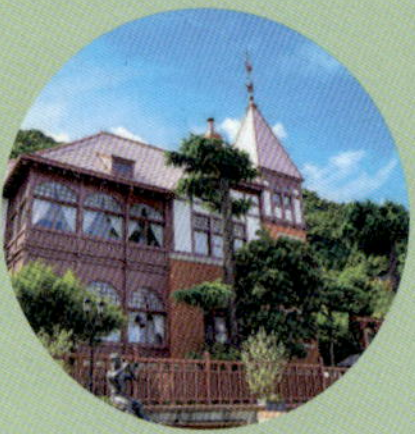

★ 가자미도리노 야카타 (풍향계의 집)
1909년 지어진 독일 무역상 토마스 저택. 아르누보풍 가구와 장식품이 전시. 현재 일본 중요 문화재로 지정. 일본 TV 드라마의 배경으로 등장한 관광 명소.

★ 기타노이진칸
19세기 말~20세기 초에 지어진 서양식 건물이 모여있는 거리. 당시에 세워진 서양식 건축물 34동을 구경할 수 있다. 풍향계의 집과 연두색 집이 유명.

스타벅스커피 고베 기타노이진칸점
고베 개항 당시의 근대풍 건물에 자리. 스타벅스 로고가 달린 포치는 인기 포토존. 기타노점만의 굿즈 판매.

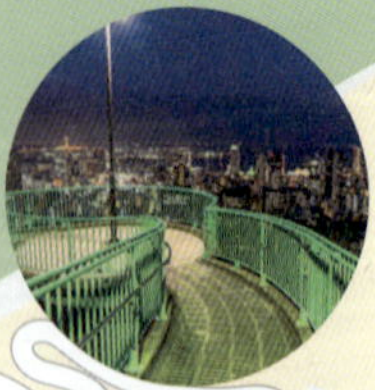

비너스 브릿지
산노미야 지역을 한눈에 볼 수 있는 나선형 모양의 전망대. 고베 대표 야경 명소 중 하나. 저녁에 방문 시 올라가는 길이 어두운 편이므로 역에서 택시 탑승 추천. 주차장 있음. 간혹 야생 멧돼지가 출몰하니 주의.

풍향계의 집

모에기노야카타 (연두색의 외관이 아름다운 고택)

Choueke Family Residence (고베의 고풍스러운 저택)

해외 이주와 문화 교류 센터 (고베의 해외 이주 박물관)

산로쿠 바이패스 도로 山麓バイパス道路

신칸센

기타노 北野

산록선 山麓線

야마모토거리 3 山本通3

고베미노타니센

기타노이진칸

고래 누노비키 허브정원/로프웨이
75,000개의 허브와 꽃이 피어나는 대형 테마 정원.

기타노 외국인 클럽
개항 당시 외국인 사교클럽의 모습을 그대로 재현한 건물. 드레스 체험 가능.

언덕 위의 이진칸 (구 중국 영사관)
기타노이진칸내 유일한 중국풍 건물.

Italian Pavilion - Platon Decorative Arts Museum

부도자카 거리 FUDO-ZAKA ST

Kobe Kitano Sassoon (예당중)

Kitanochohigashi Park

야마테 8번관
메이지 시대 말기에 건축된 독특한 돔 형태의 창이 있는 저택. 소품들이 이루어 주는 '새턴 의자'가 인기.

빈 오스트리아의 집
오스트리아 궁정문화와 모차르트를 소개하는 곳. 비엔나 박물관 스타일의 원통형 건물. 침대부터 모차르트 박물관에서 기증받은 물품 관람 가능.

Hananoyakata Paradikitano Restaurant (스테이크)

향기의집 오란다관 (네델란드)
네델란드 영사관으로 사용되었던 2층 목조 건물. 네델란드 민족의상을 체험 가능. 나만의 향수를 만들어주는 곳이 인기.

神戸北野ハンター迎賓館 (예당중)

우로코노 이에
유영 문화야산과 효고현 주택 100선에 지정된 메이지 시대 양옥. 물고기를 연상시키는 외관.

우로코노 이에 전망갤러리
1982년에 개관된 갤러리. 유럽 근현대 회화의 명작을 폭넓게 수집하여 전시.

데마크관
해초, 안데르센 동화 테마관을 소개하는 곳.

기타노텐만 신사
학문의 신을 모시는 기타노이진칸 작은 신사. 지대가 높은 곳에 자리하고 있어 산보미야 일대 전망을 감상.

기타노텐만 신사로 향하는 벚꽃 언덕 풍향제로 지정을 받경으로 찍기 좋은 곳.

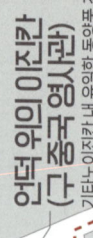

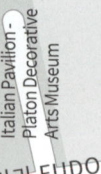

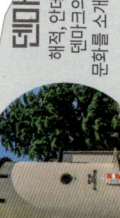

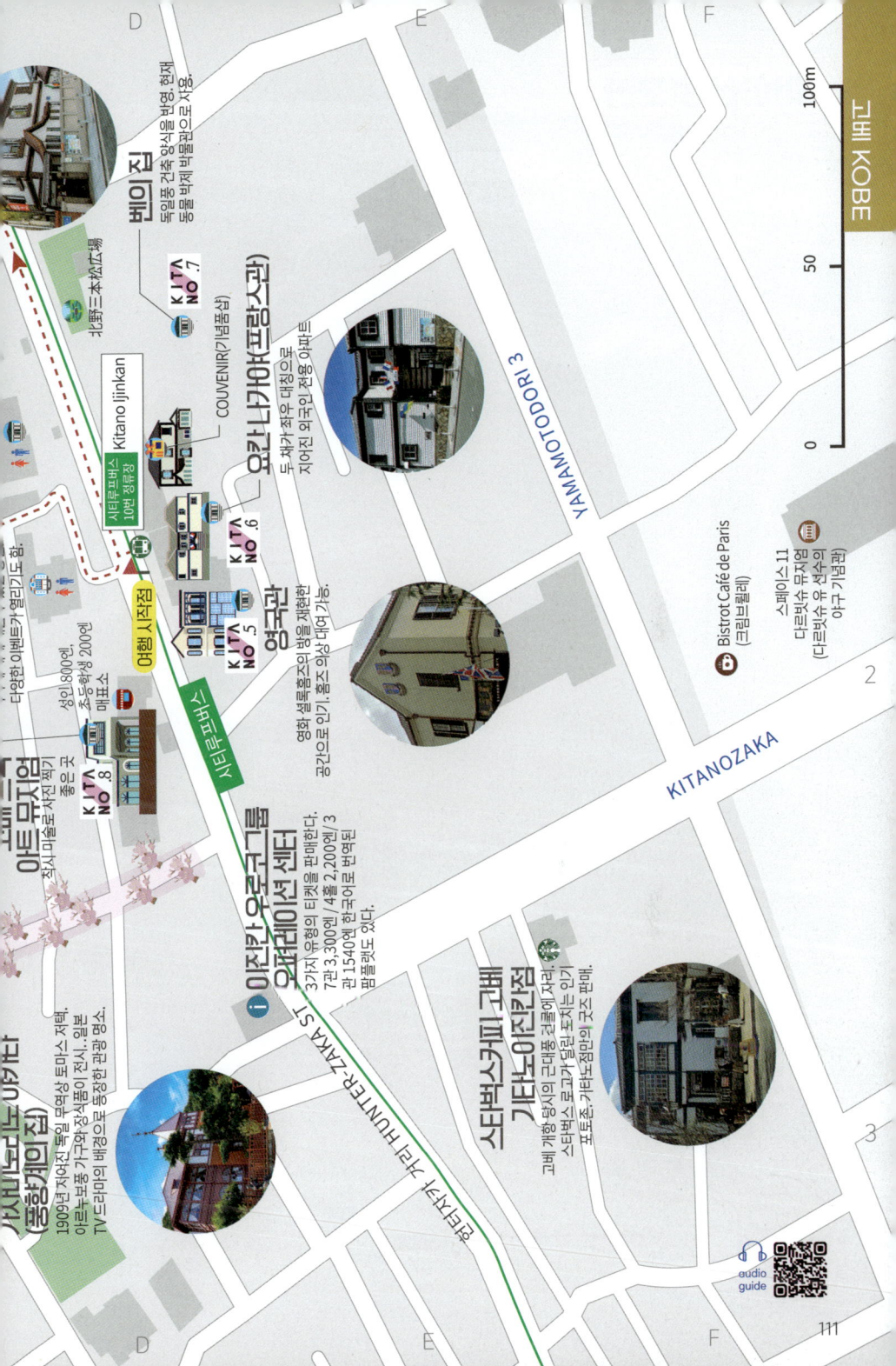

롯코산

아리마구치
有馬口駅

가라토다이
唐櫃台駅

신테쓰롯코
神鉄六甲駅

오이케
大池駅

추천 롯코 고산 식물원
[六甲高山植物園]
해발 865m. 고산 식물들을 관찰할 수 있다. 단풍 명소로 유명. 11시와 14시에 무료 가이드 진행. 겨울철엔 휴무.

추천 ROKKO 숲의 소리 뮤지엄
[六甲森の音ミュージアム]
19세기 말부터 20세기 초까지 제작된 오르골들을 전시한 박물관. 피크닉 정원 마련. 오르골 만들기 체험도 가능하다. 숲속 레스토랑, 오르골 기념품숍도 운영 중.

하나야마
花山駅

다니카미
谷上駅

한신 고속도로 7호 키타칸베선 阪神高速道路7号北神戸線

효고 현립 롯코산 자연보호 센터·롯코산 가이드 하우스
六甲山ガイドハウス
(롯코산 해설 시설)

미노타니
箕谷駅

고베 시립 롯코산 목장
[神戸市立六甲山牧場]
양떼 목장으로 치즈, 송아지 우유주기 체험 등 가능

RokkoSan
Res
[六甲山サイレン
성게 파스타,

마야산
기쿠세
[掬星台] 일본 3대
동쪽부터 오사카
공원. 약 40m 길이
모티브로 조성. 가
케이블카 이용을
주차장이 없음. 주

Kobe Cheese
Restaurant
레스토랑 神戸チーズ
(치즈퐁듀, 치즈케이크)

아리마 가이도온천
스즈란노유
(고베 유명 아리마 온천)

고베 시립
삼림식물원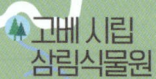
[神戸市立森林植物園]
나라별 수목을 관람할 수 있는 공간. 산림 전시관에서 숲의 생태계에 대해서 학습할 수 있다. 카페 '르 픽' 운영. 주차 요금 500엔

마야산 덴조지
忉利天上寺
(摩耶山天上寺)
(일본식 정원, 사찰)

호시노에키
星の駅

Maya View
Terrace 702
(오므라이스,
바베큐)

마야산 摩耶山
(일본 3대야경 명소)

마야 로프웨이

마야 로프웨이
니지노에키 역

마야 케이블
니지노에키 역

sorakakeru
【アドベンチャースポーツ】
天空×大冒険ソラカケル
(어드벤처 스포츠 체험장)

후타타비 산
再度山
(트레킹하기
아름다운 산)

마야 케이블

마야 케이블
摩耶ケーブル

audio
guide

고베 KOBE

아리마온센
有馬温泉駅

롯코 시다레 ★

[自然体感展望台六甲枝垂れ]
표고 888m 높이 고베의 롯코산 정상에 위치한 전망대. 바람, 빛, 안개 등 자연을 테마로 건축. 체험형 아트 전시관 운영.
저녁 6시 이후(계절별 상이) 라이트업 진행

전망의 탑
見晴らしの塔
(360도 전망, 나선형 계단)

롯코산 컨트리 하우스

[六甲山アスレチックパーク GREENIA(メインエリア)]
어른 아이 모두 즐기기 좋은 애슬레틱 파크. 여름엔 수상 놀이터로 인기. 집라인 등 장갑을 챙겨가길 추천. 어메니티는 없음. 동절기 휴무.

롯코산 애슬레틱 파크 [추천]
六甲山アスレチックパーク
GREENIA(wonder yamamboエリア)
(일본 최대 야외 놀이터)

[추천] 롯코산 스노우 파크

[六甲山スノーパーク]
롯코산 내 스키장. 썰매 등 눈놀이를 즐길 수 있는 스노우랜드 공간도 별도로 마련. 초보자도 부담 없이 이용할 수 있다. 스키복과 스키용품 대여 가능.

롯코 가든 테라스 [추천]

[六甲ガーデンテラス]
롯코산의 전망 테라스. 스테이크 전문 레스토랑, 고베 특산물 기념품 가게를 함께 운영하고 있다. 흙으로 만든 접시를 던지며 행운을 비는 전통놀이를 행하기도 한다. 접시는 롯코 선물관에서 구입 가능 (5장, 100엔).

롯코산

Mountain Cafe
Rokko Edelweiss
(카레라이스, 도리아)

Third Place Rokko
サードプレイスロッコウ
(핫 샌드위치)

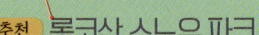

Granite Cafe
[グラニットカフェ]
소고기 카페 세트,
팬케이크

호르티
(기프트샵, 홍차, 소품)

Rokkosan Genghis Khan Palace
六甲山ジンギスカンパレス
(무한리필 고기집, 양고기)

[추천] 롯코산 텐란다이

롯코산조
六甲山上駅

[六甲山天覧台]
멋진 고베 전망대, 롯코산 케이블카 탑승
653cafe
(치즈 버거, 카레)

롯코 케이블

[六甲ケーブル]
롯코산을 오르는 첫 관문. 첫차와 막차를 제외하면 20분 간격으로 운행. 1,900엔 롯코산 투어리스 패스권을 구매하면 시내버스 왕복 + 케이블카 왕복 + 마운틴 버스 1일 무제한.

롯코 케이블 시타
六甲ケーブル下駅

니시무라 커피
(니시무라 블렌드, 카페 오레)

하쿠츠루 미술관
(사케 브랜드 하쿠츠루가 운영하는 미술관)

오카모토
岡本駅

유즈루하 신사
(궁수와 관련된 신을 모시는 신사)

미카게
御影駅

셋쓰모토야마
摂津本山駅

Ramen Taro Rokko
(토마토 라멘)

롯코
六甲駅

시센 四川
(마파두부)

모토스미요시 신사
(해양의 신을 숭배하는 신사)

스미요시
住吉駅

고베 근교 - 히메지성

히메지성 ⭐
[姬路城] 하얀 백로가 전수가이 해산인 일본 대표 건축물. 백로가 날개를 펼친 듯한 우아한 모습 때문에 백로성(白鷺城)이라는 별칭으로도 불리며, 1993년 유네스코 세계문화유산으로 등재되었다. 일출부터 자정까지 야간 조명이 켜지며 외관이 더욱 돋보인다.

이용요금
히메지성 성인 1000엔, 초중/고등학생 300엔 히메지성 & 고코엔 성인 1,050엔, 초중/고등학생 360엔

운영시간
매일 오전 9시부터 오후 4시까지

히메지성 대천수
일본 성곽 건축의 정수를 보여주는 곳. 수백 년 동안의 수많은 위기를 겪었지만, 기적적으로 원형을 유지하며 일본 대표 성곽 건축물로 남았다.

히메지성 니노마루터
당시 생활상을 엿볼 수 있는 전시가 마련되어 있으며, 히메지성이 아름다운 외관을 감상하기 좋은 영소입니다. 특히 '하킨로카(百閒廊下)'라는 긴 복도가 유명 (인도 다다오가 설계한 건물)

코코엔
[好古園] 히메지성 축성 100주년을 기념하여 개원한 정원. 에도 시대의 저택 정원 양식을 바탕으로 조성되었으며, 대나무, 녹차 등 9개의 테마 정원이 연못과 폭포로 연결되고 있다. 성인 310엔

주요 명소
- 효고현립 역사박물관
- 히메지시립미술관
- 산노마루 광장
- 시로토피아 기념공원
- 히메지아트 공원
- 히메지 시립동물원 (녹교 동물원)
- 매표소 / Himeji Castle Souvenir store (기념품)
- Nishinomarutea house (히메지 찻집 시로이 코에비토 과자)
- Kushiyaki Kobe beef
- Kineya (히메지 성빵)
- 히메지성 입출구
- 코코엔 출입구

116

고베 KOBE

히메지 히메지

히메지성을 촬영하기 좋은 장소이자 이벤트가 다수 행해지고 있는 공간. 공원에서 히메지성으로 이어지는 길가에는 노점상이 나란히 줄지어 있다.

메에
(니쿠우동, 오카메우동)

RAMEN Koba & More
(차슈라멘, 나가원탕)

Himeji Bar
姫路バル
(로마피자, 바질피자)

돈카츠 후지노사토
(에비킹크로카트)

피오레 히메지

(紙シリーズ 中심으로, 특히 하메지에서 마쿠부니상과 오래동안 사랑받아온 과자상으로, 특히 간단맛이 매력적이다. 일본식 불황과 같은 곳이서 추천되는 곳.

Hamamoto Coffee
(사이폰 커피, 아몬드 토스트)

Iccyoura
(우나기동, 우나기 스시)

히메지점
(디자인 의류점)

히메지 그랜드 페스타

자하에 자리한 상가 거리. JR자하철과 피오레 백화점, 산요 백화점이 함께 입점하기 편하다.

헨즈 히메지점
(생활 잡화점)

타코야 (히메지 타코피)

히메지야만 맛볼 수 있는 특별한 타코야키. 부드럽고 촉촉한 아카시야키 스타일로, 가쓰오부시 육수에 찍어 먹는 것이 특징.

Cafe Veloce
(토르티 치즈 & 햄 세트, 햄 & 참치세트)

타리리조 히메지

자상 4층 규모의 아담한 쇼핑몰. 1층은 익스벨로 테리소 히메지점에서 갓 구운 빵이나 도시락, 반찬을 종류별로 구매할 수 있다. 단병 7시 이후 방문하면 베이커리 메뉴는 거의 품절이라는 점 참고.

JR 고베선

쿠코모미
(나다노사케)

마네키드 에키소바
(에키소바, 덴카츠에키소바)

피오레 히메지

[비오네 디자인 오픈 다수가 입점해 있으며, 오미아기 용식도 별도로 운영 중이라 일본 전통 용식 선물을 구매할 수 있다. 구조나 귀여운 아이템 구경하기에도 좋다.

Gassai
(오뎅, 히메동)

히메지 Himeji 姫路駅

Bansankan souvenir store 播磨館
(기념품 상점)

이온타운 히메지

[イオンタウン姫路]
복합 쇼핑 공간. 편의시설 1층은 쇼핑몰, 지상 6층은 하메지에 지하 이용하기 위해 방문하는 이기 많은 곳. '에스벨로' 그런데 슈퍼마켓 방 12시까지 영업해 늦은 시간 야식 구매하기 방문하기도 좋다.

산요 백화점

[山陽百貨店] 산요하메지역과 연결돼 있는 지하 1층, 지상 6층 규모의 백화점. 특히 지하 식품관을 방문하기 위해 찾는 이들이 많은 곳. 싱싱하고 다양한 음식이 모인 곳.

Eel restaurant Hiiragi
(우나기동, 우나기 샤시미)

Shinseiken
오랜 역사를 자랑하는 맛집. 대표 메뉴는 윤탄명, 교자단푸.

산요하메지 Sanyo-Himeji 山陽姫路駅

하메지 로프트
(생활 잡화점)

카디즈랜드 피오레하메지점
(캐릭터 잡화점)

시작지점

A
J K

Sushi Ichi
(우나기 스시, 토미 스시)

Gyunagi
(양규, 가린아게)

Inoue
(로스 카츠, 새우튀김)

카도리아 시오마치텐
(단고고, 아부라카나)

117

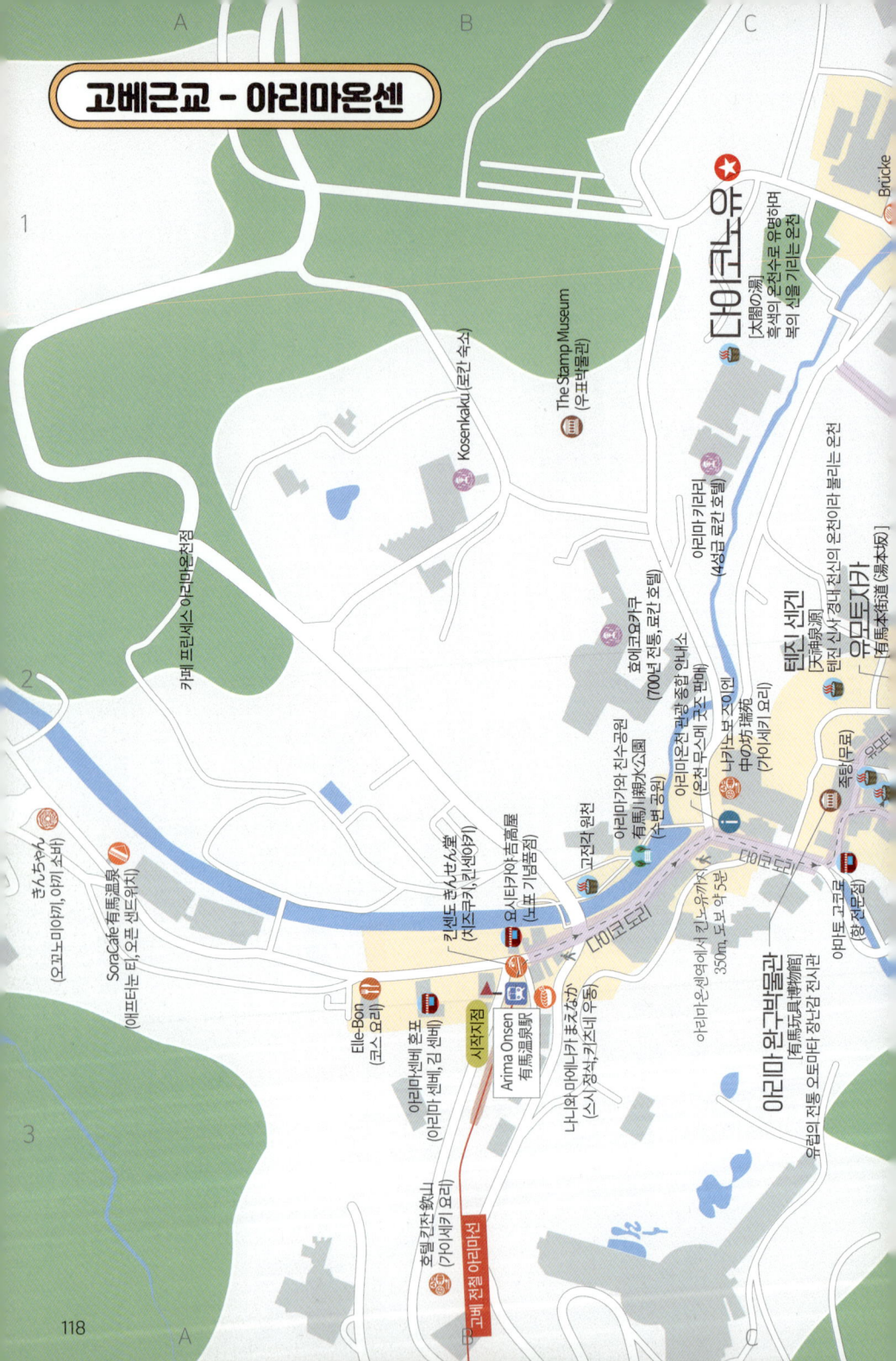

고베 KOBE

아리마 핫소스비유칸 하나노보 彩花抱結び (가이세키요리)

[스디치 소바, 카키(아게)]

아리마 젤라테리아 스타지오네 (스디치 소바, 볏주 세우 투김)

아리마온센 원천

cafe the gilbee (토스트, 와플)

즈이호지 공원 瑞宝寺公園 단풍시즌 붉은 단풍 카펫의 풍경이 절경

탄산센겐 공원 [炭酸泉源公園] 옛사이다의 원료였으며 아리마 온천수의 원천

탄산 원천

아리마 공방馬の湯の工房 (공예품 전시장)

온센지温泉寺 (역사에 대한 보존 사찰)

킨센지温泉泉 (아리마에 본존 사찰)

타이코노유도노칸 (도요토미 히데요시 온천 별장 저시관)

Hacco restaurant enn (유케무리고케이 덴푸)

킷케에코로칸 (가이세키 요리)

도산진 아리마점 (스디치 소바, 볏주 세우 투김)

도큐 하베스트 클럽 (관내 호텔)

킨노유 (은탕)

[有馬温泉 銀の湯] 탄산과 라돈 성분이 포함된 은색의 온천수로 엘레간트 은천

킨노유 (은탕)
신진대사를 촉진하고 혈관 기능을 개선하는 효능이 있다는 무색의 탄산 온천. 금탕보다 비교적 덜 붐비는 편. 사우나실, 온천수 시음장 별도 마련.

이용료: 성인 700엔(평일 한정 550엔), 초중학생 300엔, 유아 무료, 이용시간: 1시간
운영시간: 9:00~21:00 매월 첫째·셋째 주 화요일 휴무

롯코 아리마 로프웨이 (12분 소요)
롯코산과 아리마 온천을 연결하는 로프웨이. 아리마온센에서 롯코산초역까지 운행

이용료:
롯코산조에키가·아리마온센에키가: 편도 어른 1,010엔, 어린이 510엔 / 왕복 어른 1,820엔, 어린이 910엔
운행시간: 오전 9시 30분부터 오후 5시 10분까지 운행

아리마온센역
아리마온센에서 롯코산역까지 운행하며, 약 12분이 소요.
롯코산 정상에는 롯코가든테라스, 롯코 고산식물원, 롯코산 컨트리 하우스 등 다양한 레저시설이 있다.

킨노유 (금탕)

[有馬本温泉 金の湯] 미네랄이 풍부하며 황금빛 온천이 특징인 고에온천

킨노유 (금탕)
1880년대 지어진 건물에서 즐기는 미네랄 온천욕. 온천수가 금빛이라는 점이 특징(점토와 염분 다량 함유). 매뉴를 테마로한 '이치노유' 단층과 테마인 '니노유' 2층 구성. 야외 무료 족욕탕 마련.

이용료: 성인 800엔(평일 한정 650엔), 초중학생 350엔, 유아 무료, 이용시간: 1시간
운영시간: 8:00~22:00 (최종접수 21시 30분까지), 매월 둘째·넷째 주 화요일 휴무

Rokko Arima Ropeway-Arima Onsen 六甲有馬ロープウェイ 有馬温泉駅

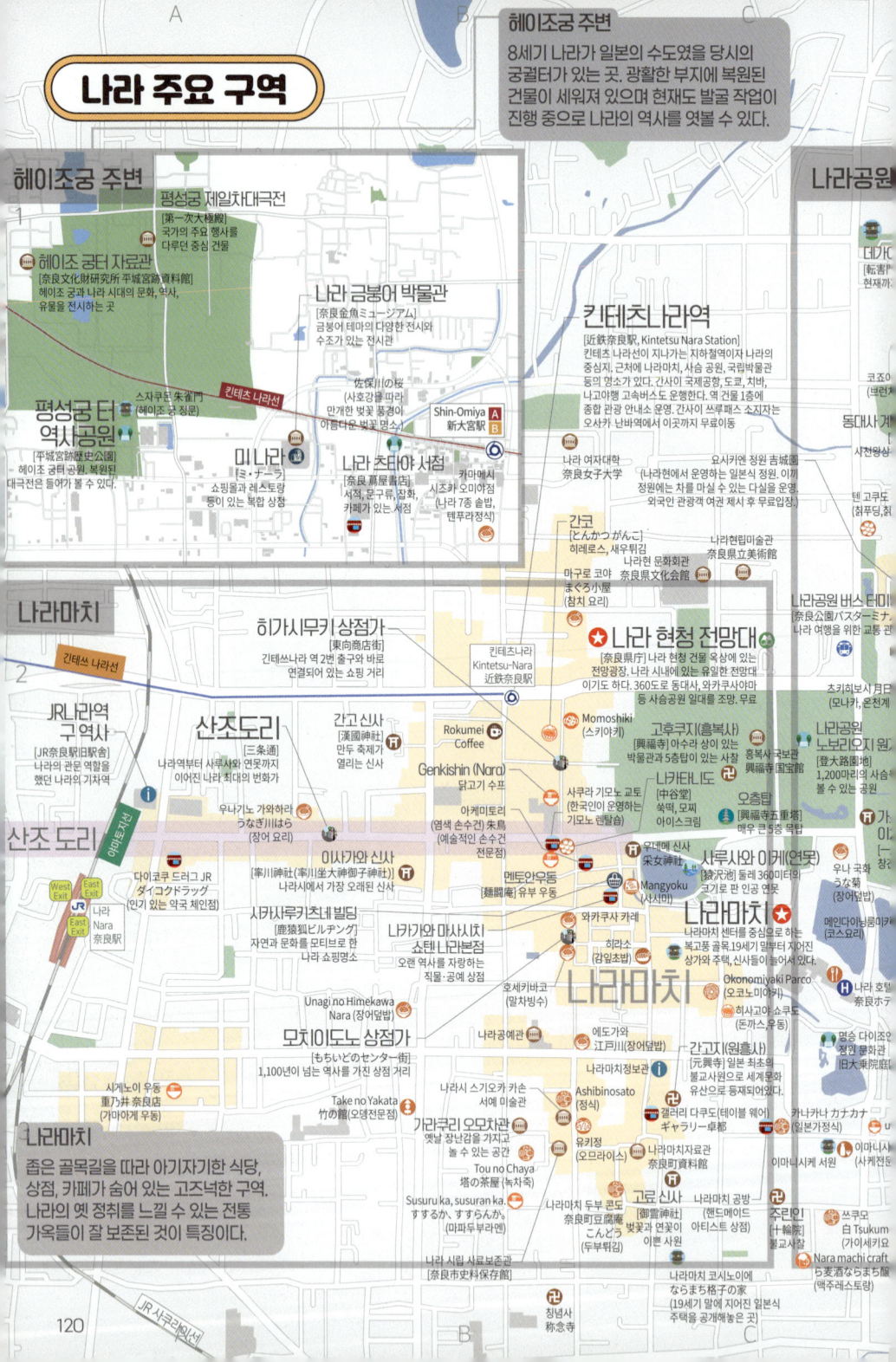

나라 중심부

킨테츠나라역
여행시작 지점

킨테츠나라
Kintetsu-Nara
近鉄奈良駅

히가시무키 상점가
[東向商店街]
긴테쓰나라 역 2번 출구와 바로 연결되어 있는 쇼핑 거리

간고 신사
만두 축제가 열리는 신사

⭐ **산조도리**
나라역부터 사루사와 연못까지 이어진 나라 최대의 번화가

간코돈카츠
がんこ
(히레로스, 새우튀김)

Mon
(스키

Rokumei Coffee

Genkishin (Nara)
닭고기 수프

아케미토리
(예술적인 손수건 전문점)

사쿠
桜き
(한국
기모

우나기노 가와하라
うなぎ川はら
(장어 요리)

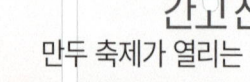
산조 거리

이사가와 신사
나라시에서 가장 오래된 신사

멘토안우동
麵闘庵 (유부 우동)

시카사루키츠네 빌딩
[鹿猿狐ビルヂング]
자연과 문화를 모티브로 한 나라 쇼핑명소

와카쿠사 카레

모치이도노 상점가
[もちいどのセンター街]
1,100년이 넘는 역사를 가진 상점 거리

호세키바코
ほうせき箱
(말차빙수)

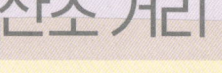

Unagi no Himekawa Nara
(장어덮밥)

나라공예관
なら工藝館

나라시 스기오카 카손
서예 미술관

Take no Yakata
竹の館 (오뎅전문점)

가라쿠리 오모차관
Tou no Chaya
(녹차죽)

As
(장

나라 현청 전망대

[奈良県庁] 나라 현청 건물 옥상에 있는 전망광장. 나라 시내에 있는 유일한 전망대이기도 하다. 360도로 동대사, 쿠사야마 등 사슴공원 일대를 조망. 무료

나라공원 버스 터미널
[奈良公園バスターミナル]
나라 여행을 위한 교통 관문

요시키엔 정원
吉城園

Monsieur Pépé
(갈레트, 크레페)

마구로 코야
(참치 요리)

고후쿠지(흥복사)
[興福寺] 아수라 상이 있는 박물관과 5층탑이 있는 사찰

흥복사 국보관

나라공원 노보리오지 원지
[登大路園地]
1,200마리의 사슴을 볼 수 있는 공원

iki

모노 교토 쿄토
운영하는 탈숍

나카타니도
[中谷堂]
쑥떡, 모찌 아이스크림

고후쿠지

오층탑
[興福寺五重塔]
매우 큰 5층 목탑

가스가 대사 이치노도리이
[一之鳥居] 헤이안 시대에 창건된 오도리이

우네메 신사
采女神社

사루사와 이케(연못)
[猿沢池] 둘레 360미터의 크기로 판 인공 연못

Mangyoku
(사시미)

고후쿠지

나카가와 마사시치 쇼텐 나라본점

나라마치
[ならまちセンター]
나라마치 센터를 중심으로 하는 복고풍 골목. 19세기 말부터 지어진 상가와 주택, 신사들이 늘어서 있다.

메인다이닝룸미카사
メインダイニングルーム 三笠
(코스요리)

Tekisui 滴翠
(야채 튀김 덮밥, 카레)

소 평종 본관
(감잎초밥)

Okonomiyaki Parco
(오코노미야키)

히사고야 쇼쿠도
ヒサゴ屋食堂
(돈까스, 우동)

나라 호텔
奈良ホテル

도가와
에도가와(장어덮밥)

간고지(원흥사)
[元興寺]
일본 최초의 불교사원으로 세계문화유산으로 등재되어있다.

명승 다이조인 정원 문화관
旧大乗院庭園

유가 신사

마치정보관
町情報館

nosato

복지원

갤러리 다쿠도(테이블 웨어)
ギャラリー卓都

카나카나 カナカナ
(일본가정식)

udon & cafe 麺喰
(우동)

키정
오므라이스)

나라마치

 산조 거리

사쿠라 기모노
(한국인이 운영
렌탈숍)

이사가와 신사
[率川神社(率川坐大神御子神社)]
나라시에서 가장 오래된 신사

멘토안우동
麵闘庵 (유부 우동)

시카사루키츠네 빌딩
[鹿猿狐ビルヂング]
자연과 문화를 모티브로 한 나라
쇼핑명소

나카가와 마사시치
쇼텐 나라본점
[中川政七商店]
오랜 역사를 자랑하는 직물·공예
상점

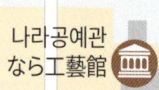
와카쿠사
若草カ

호세키바코
ほうせき箱
(말차빙수)

Unagi no Himekawa
Nara
(장어덮밥)

나라공예관
なら工藝館

에도
江

모치이도노 상점가
[もちいどのセンター街]
1,100년이 넘는 역사를 가진 상점 거리

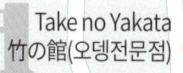

나라시 스기오카 카손 서예
미술관
[奈良市杉岡華邨書道美術
館]

Ashibino
(정식)

Take no Yakata
竹の館 (오뎅전문점)

유키정
(오므라이

가라쿠리 오모차관
[奈良町からくりおもちゃ館]
옛날 장난감을 가지고
놀 수 있는 공간

Tou no Chaya 塔の
茶屋
(녹차죽)

나라마

나라마치 두
奈良町
こ
(두

Susuru ka, susuran ka.
すするか、すすらんか。
(마파두부라멘)

나라 시립 사료보존관
[奈良市史料保存館]

 칭념사
称念寺

audio
guide

나라 NARA

오층탑
[興福寺五重塔]
매우 큰 5층 목탑

나카타니도
[中谷堂]
쑥떡, 모찌
아이스크림

Mangyoku
(사시미)

가스가 대사 이치노도리이
[一之鳥居] 헤이안 시대에 창건된 오도리이

사루사와 이케(연못)
[猿沢池] 둘레 360미터의 크기로 판 인공 연못

고후쿠지

메인다이닝룸미카사
メインダイニングルーム 三笠
(코스요리)

나라마치
[ならまちセンター]
나라마치 센터를 중심으로 하는 복고풍 골목. 19세기 말부터 지어진 상가와 주택, 신사들이 늘어서 있다.

소平宗本館
(감잎초밥)

Tekisui
(야채 튀김 덮밥, 카레)

Okonomiyaki Parco
(오코노미야키)

히사고야 쇼쿠도
ヒサゴ屋食堂
(돈까스, 우동)

나라 호텔
奈良ホテル

어덮밥

간고지(원흥사)
[元興寺]
일본 최초의 불교사원으로 세계문화유산으로 등재되어있다.

명승 다이조인 정원 문화관
旧大乗院庭園

유가 신사
[瑜伽神社]
단풍이 아름다운 신사

치정보관
情報館

갤러리 다쿠도
(테이블 웨어)

카나카나 カナカナ
(일본가정식)

복지원
[福智院]
지장 보살좌상이 있는 절

udon & cafe 麵喰(우동)

나라마치 니기와이노이에(전통가옥 옛생활을 보여주는 곳)

이마니시케 서원
[今西家書院]

Harushika Sake Brewery store
今西清兵衛商店(사케전문점, 사케 체험비 700엔)

고료 신사
[御霊神社]
벚꽃과 연꽃이 이쁜 사원

나라마치 공방
ならまち工房
(핸드메이드 아티스트 상점)

주린인
[十輪院]
불교사찰

 쓰쿠모
白 Tsukumo
(가이세키요리)

나라마치 코시노이에
ならまち格子の家
(19세기 말에 지어진 일본식 주택을 공개해놓은 곳)

Nara machi craft beer なら麦酒ならまち醸造所(맥주레스토랑)

나라 NARA

종루
[東大寺鐘楼]
일본 3대 범종

Todaiji Emado Chaya
(와라비떡, 소바)

Rokumeien
(우동)

아제쿠라야
あぜくらや
(우동, 카레)

도다이지 니가츠도
[東大寺二月堂]
도다이지 불교 사찰의 일부로 나라 시내가 한눈에 보인다.

동대사 법화당
(삼월당)
[東大寺法華堂(三月堂)]
일본에서 처음으로 화엄경이 강의되었던 곳

도다이지 동탑 유적지
東大寺東塔跡園地

나라공원

Todai-ji Temple
本坊

동대사 남대문
[東大寺南大門]
1203년에 완공된 거대 목조 사원 문

산샤 탁선 연못

산샤 연못 휴게소

료 정원 휴게소

우키구모 원지 浮雲園地
(와카쿠사야마 큰 불을 감상하기 좋은 장소)

나라 가스가노 국제 포럼 이라기
[奈良春日野国際フォーラム甍]
다양한 이벤트가 열리는 시설

나라 공원 핵심 코스
긴테쓰 나라역에서 시작하여 고후쿠지, 나라 공원, 도다이지, 가스가타이샤를 거쳐 다시 긴테쓰 나라역으로 돌아오는 경로
약 4km~5km, 도보 약 4시간 코스

사슴출몰지역

가스가 대사 신원 · 만엽식물원
계절별 테마가 있는 식물원
4월말에 피는 등나무 꽃이 가장 유명하다.

사슴 전병 자동판매기

가스가 대사 국보전
카스카타이샤의 국보, 중요문화재를 전시해 놓은 박물관

카스가타이샤 ★
[春日大社]
붉은 신사 안에 수 많은 전등이 매달려 있으며 사슴들을 만나 볼 수 있다.

127

도다이지(동대사)

사시즈도
Sashizu-dō (指図堂)

도다이지 계단당
東大寺戒壇堂
(승려의 계율을
세우는 장소)

간진쇼
勧進所(기부
받는 장소)

도다이지 대불전
東大寺大仏殿

대불전 포인트

1. 사천왕상 찾기
(악을 물리치고 복을 지켜주는 상징,
숨은 그림 찾기 처럼 찾는 재미가 있다.)

2. 기둥구멍 지나가기
(대불전 내부의 큰 나무 기둥 아래에 뚫린
구멍을 통과하는 체험. 통과에 성공하면 건강,
장수, 행운을 얻는다고 한다.)

3. 빈즈루존자 만지기
(자기 몸의 아픈 부위를 만진 다음
빈즈루존자의 같은 부위를 만지면 병이
낫는다고 한다.)

도다이지
팔각등롱
金銅八角燈籠

도다이지
츄몬 (중문)
中門

매표소

입구

출구

도다이지뮤지엄
東大寺ミュージアム

긴테쓰 나라역 Kintetsu Nara Station

도다
東大

주출입구

나라 NARA

사월당 四月堂
(니가츠도 옆에 있는 작은 법당)

도다이지 니가츠도
東大寺二月堂

오미즈토리 행사와 전망 명소로 유명

도다이지 산가츠도
法華堂

종루 Bell Tower
(시간을 알리거나 의식을
시작할때 종을 치는 곳)

도다이지 초기 건물 중 하나

관음원 観音院
(관세음보살을 모신 작은 사원)

도다이지
카가미이케
鏡池

남대문
南大門

카가미이에케 비친 도다이지(동대사) 대불전과 츄몬(중문)

129

평성궁터 자료관 유구전시관
平城宮跡 遺構展示館
(고고학 박물관)

Nara Prefect

평성궁
소자부문 터
小子部門跡

동원 정원
平城宮跡東院庭園
(일본식 정원)

나라 바이패스 도로

헤이조궁 ⭐

유네스코 세계문화유산 등재: 1998년 12월, '고도 나라의 문화재'의 일부로서 도다이지등과 함께 유네스코 세계문화유산에 등록되었다. 고고 유적으로서는 일본 최초의 세계유산.

고대 일본의 수도 중심지: 710년부터 784년까지 약 74년간 일본의 정치, 경제, 문화의 중심지였다.

복원된 주요 건축물: 광활한 유적지 내에 여러 건물이 복원되어 있다.
- 대극전(大極殿): 일왕의 즉위식 등 국가적 의식이 거행되던 궁궐의 정전으로, 가장 큰 규모의 건축물. 내부에는 일왕의 옥좌인 '다카미구라'도 복원되어 있다.
- 스자쿠몬(朱雀門): 헤이조궁의 정문으로, 당시 외국 사절을 영접하고 정월에는 일왕이 새해 축하를 했던 곳. 헤이조쿄의 중심 대로인 주작대로가 이 문에서 남쪽으로 곧게 뻗어 있다.
- 동원정원(東院庭園): 아름다운 연못과 정자가 있는 일본식 정원

나라 금붕어 박물관
[奈良金魚ミュージアム]
금붕어테마의 다양한 전시와 수조가 있는 전시관

미나라
[ミ・ナーラ]
쇼핑몰과 레스토랑 등이 있는 복합 상점

Shin-Omiya
新大宮駅

South Exit
南口

出入口1

신오미야역에서 헤이조궁
출입구까지 도보 26분 1.9km

시자지점

사호가와노 사쿠라
佐保川の桜
(사호강을 따라 만개한 벚꽃
풍경이 아름다운 벚꽃 명소.)

나라 츠타야 서점
[奈良 蔦屋書店]
서적, 문구류, 잡화, 카페가 있는 서점

카마메시 시즈카 오미야점
(나라 7종 솥밥, 텐푸라정식)

KANSAI
간사이

오사카 210p 교토 440p 고베 660p 나라 798p

지루할 틈 없는 천의 얼굴

간사이로 초대합니다!

화려한 네온사인과 맛집이 가득한 오사카에서 식도락을 즐기다가, 전철로 1시간이면 고즈넉한 교토의 옛 골목을 거닐 수 있죠. 세련된 항구도시 고베의 야경과 나라의 순한 사슴들은 여행의 또 다른 즐거움! 매일 다른 도시, 다른 테마로 완벽한 여행을 만들어 보세요.

간사이 TO DO LIST

- ☐ 도톤보리에서 타코야키 먹기
- ☐ 나라에서 사슴과 교감하기
- ☐ 오사카성에서 천수각과 성곽 정원 산책
- ☐ 교토 기온에서 기요미즈데라 방문하기
- ☐ 기모노 입고 아라시야마 숲길 걷기
- ☐ 아리마온천에서 온천욕 즐기기
- ☐ 고베항에서 크루즈 타기

비와호, 시가

아마노하시다테 전망대, 아마노하시다테

히메지성, 히메지

호센인, 오하라

도톤보리, 오사카

츠텐카쿠, 오사카

유니버설스튜디오 재팬, 오사카

모자이크 대관람차, 고베

호텔 후르츠플라워 바데하우스, 고베

기타노이진칸 풍향계의 집, 고베

간사이 전체 지도

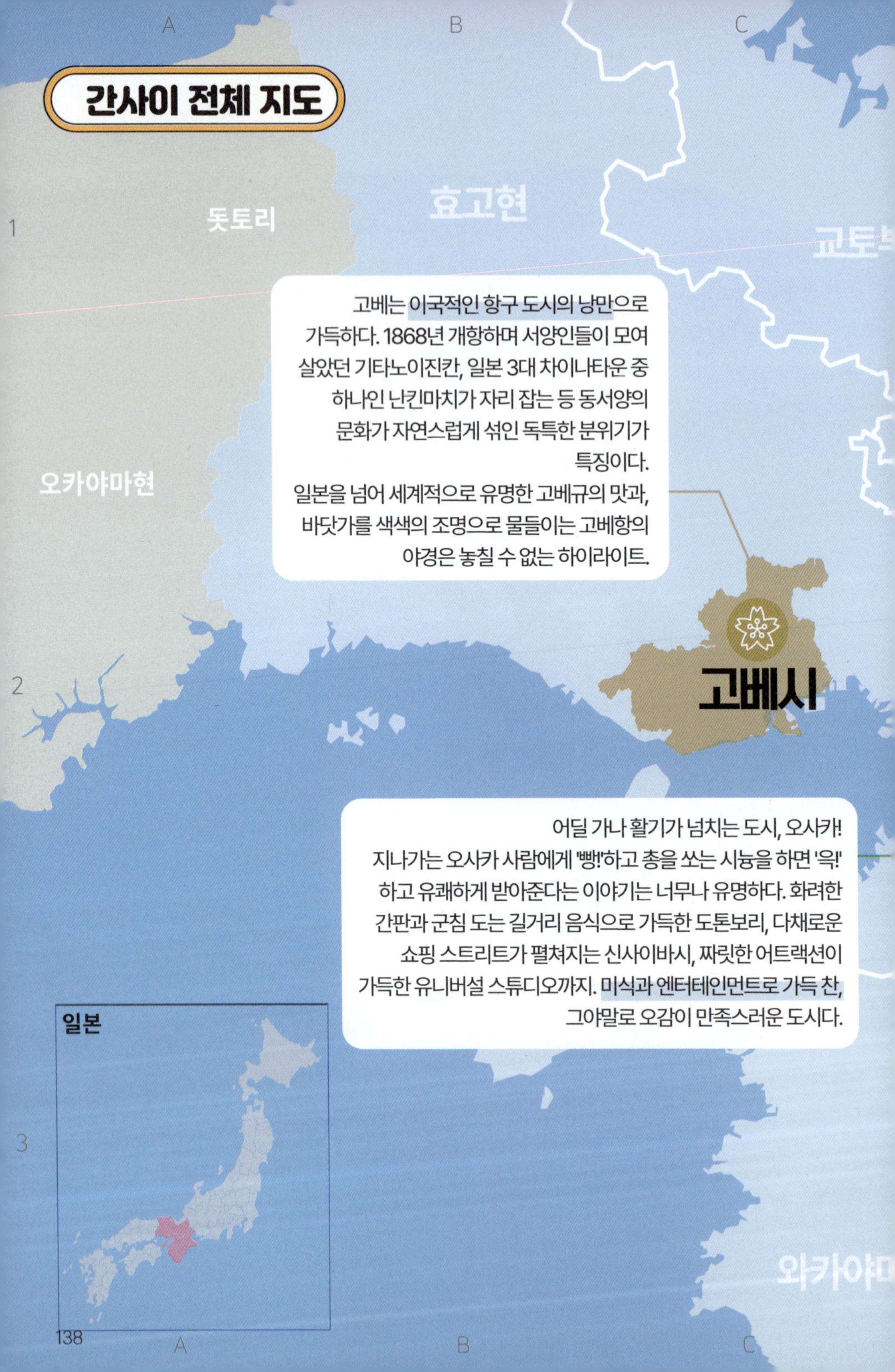

돗토리

효고현

교토

오카야마현

고베는 **이국적인 항구 도시의 낭만으로** 가득하다. 1868년 개항하며 서양인들이 모여 살았던 기타노이진칸, 일본 3대 차이나타운 중 하나인 난킨마치가 자리 잡는 등 동서양의 문화가 자연스럽게 섞인 독특한 분위기가 특징이다.
일본을 넘어 세계적으로 유명한 고베규의 맛과, 바닷가를 색색의 조명으로 물들이는 고베항의 야경은 놓칠 수 없는 하이라이트.

고베시

어딜 가나 활기가 넘치는 도시, 오사카! 지나가는 오사카 사람에게 '빵!'하고 총을 쏘는 시늉을 하면 '윽!' 하고 유쾌하게 받아준다는 이야기는 너무나 유명하다. 화려한 간판과 군침 도는 길거리 음식으로 가득한 도톤보리, 다채로운 쇼핑 스트리트가 펼쳐지는 신사이바시, 짜릿한 어트랙션이 가득한 유니버설 스튜디오까지. 미식과 엔터테인먼트로 가득 찬, 그야말로 오감이 만족스러운 도시다.

일본

와카야마

우아하고 고즈넉한 천년고도, 교토. 천 년이 넘는 시간 동안 일본의 수도였던 교토는 지금까지 전통을 지켜오며 고풍스러운 매력을 품고 있다.
일본의 불교문화가 짙게 남은 청수사, 금각사 등의 사찰부터 섬세한 차 문화, 정갈한 교토 요리까지. 잘 보존된 전통 가옥 사이를 거닐며 시간 여행을 떠난 듯한 느낌을 받을 수 있다.

교토시

시가현

자연과 역사가 조화를 이루는 평화롭고 신비로운 매력의 고대 수도 나라. 고대 일본의 정치·종교적 중심부 역할을 했던 만큼 도다이지, 가스가타이샤 신사 등 일본에서도 손꼽히는 역사와 규모를 지닌 사찰이 자리 잡고 있다. 또한 광활한 공원을 자유롭게 뛰노는 사슴에게 먹이를 주는 경험은 나라에서만 가능한 특별한 추억이 된다.

사카부

나라시

오사카시

미에현

간사이 역사

일본의 중서부에 위치한 간사이(關西) 지방은 일본의 문화적 수도라 불릴 정도로 역사의 숨결이 살아 숨 쉬는 곳이다. 실제로 약 710년부터 784년까지는 나라(奈良)가, 794년부터 1868년까지는 교토(京都)가 오랜 기간 일본의 수도였다는 사실.
이때 꽃 피운 찬란한 문화는 수많은 사찰과 정원으로 남아 오늘날까지 그 아름다움을 간직하고 있다. 1868년 메이지 유신 이후 수도가 도쿄로 이전되었지만 이후에도 간사이는 경제, 문화의 중심지 역할을 유지했다.
특히 오사카는 상업 도시로 크게 발전하며 '천하의 부엌'이라 불릴 정도로 번성했으며, 고베는 근대 서일본의 대표적인 개항지로서 서양 문물을 빠르게 받아들이며 무역 도시로 성장했다.

나라현

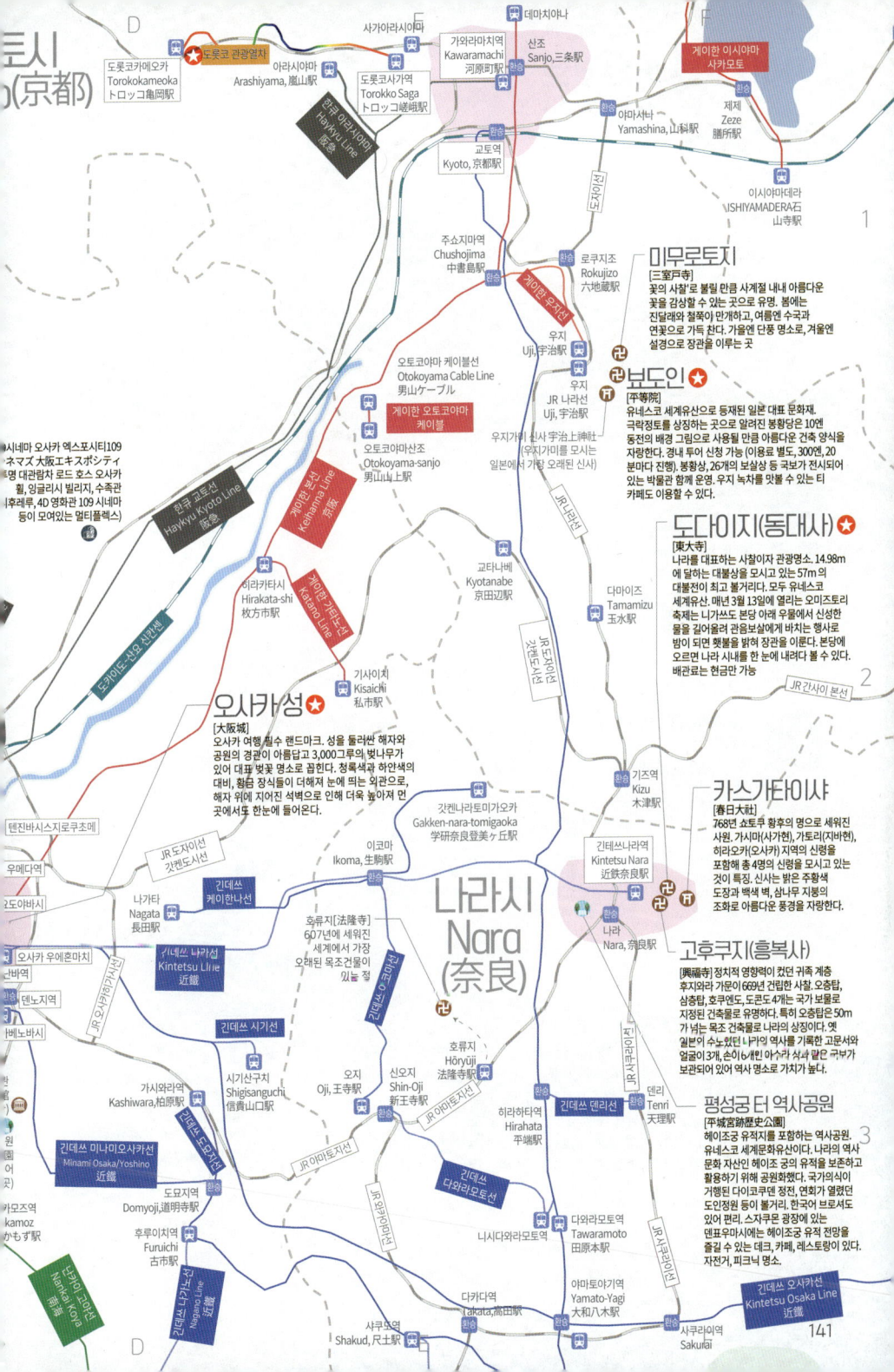

간사이/일본 기본정보

audio guide

간사이를 대표하는 3가지 매력

미식의 천국
'천하의 부엌', '먹다 죽는다'는 말이 있을 정도로 다양하고 맛있는 음식이 가득하다.

활기찬 문화
일본 코미디의 발상지답게 유머를 사랑하고, 낯선 이에게도 스스럼없이 다가가는 활기가 넘친다.

살아있는 역사
일본 최초의 수도 나라와 천년 고도교토가 있어, 도시전체가 거대한 역사 박물관이다.

간사이 (関西)
인간적 · 유머 · 솔직함

전압 및 플러그

전압	100V (한국 220V)
주파수	60Hz (간사이 기준)
플러그	A타입 (11자)

'돼지코' 어댑터는 필수! 헤어드라이어 등은 100V 지원 여부를 꼭 확인.
(스마트폰 충전기는 대부분 프리볼트)

1. 비자 및 입국

무비자 체류 및 여권
대한민국 국적자는 관광 목적으로 최대 90일 무비자 체류 가능. 여권 유효기간은 6개월 이상 남은 것을 권장.

Visit Japan Web (강력 추천)
입국/세관 신고를 미리 등록해 QR코드로 빠르게 통과하는 시스템
1. 사이트 접속 후 계정 생성 → 2. 본인/동반가족 정보 등록 →
3. 입국/세관 정보 입력 → 4. QR코드 저장/캡처

2. 통화 및 환전

사용 화폐: 일본 엔 (JPY, ¥)
환율은 변동되므로 출발 직전 확인.
(참고: 100엔 = 약 900원)

환전 & 결제 팁
환전은 한국에서 미리 하는 것이 가장 유리. 현지에서는 편의점 ATM 이용.

현금 준비
소규모 식당, 시장 등 현금만 받는 곳이 많아 필수!

카드 활용
백화점, 대형 쇼핑몰, 호텔 등에서 편리하게 사용

IC카드 (이코카 등)
교통, 편의점, 자판기 등 소액결제에 최고!

무료 Wi-Fi

공항, 주요 역, 프랜차이즈 카페 등에서 제공되나 연결이 불안정할 수 있다.

수하물 배송(타쿠하이빈)

호텔, 편의점에서 짐을 다음 숙소로 미리 보낼 수 있어 두 손이 가벼워짐.

물품 보관함(코인라커)

거의 모든 역에 있으며 당일치기 여행 시 편리(¥300~¥800)

공중화장실

대부분 매우 깨끗하고 휴지가 비치되어 있으며, 비데(워슈렛)도 많다.

eSIM
QR 스캔으로 가장 간편하게
장점: QR코드 스캔으로 즉시 개통, 기존 유심 교체 불필요
단점: 지원하는 기종이 한정적

이런 분께 추천!
한국 유심을 유지하면서 데이터만 쓰고 싶은 사람

유심카드
가성비와 안정성을 동시에
장점: 저렴하고 안정적인 데이터, 대부분 기종 지원
단점: 기존 유심 분리/보관 필요

이런 분께 추천!
혼자 여행하는 사람, 가성비가 중요한 사람

포켓 Wi-Fi
여럿이서 함께, 넉넉하게
장점: 여러 기기 동시 접속 가능, 노트북 등 사용 시 편리
단점: 기기 소지 및 충전의 번거로움

이런 분께 추천!
2인 이상 단체 여행, 다양한 기기를 사용하는 사람

세금 환급 (Tax-Free)

면세 조건
- 'Tax-Free' 로고가 있는 상점
- 단기 체류 외국인 여행자
- 한 매장에서 하루에 ¥5,000 이상 구매

환급 절차
1. 계산 시 여권 제시 후 면세 요청
2. 소비세(10%)가 할인된 금액으로 결제
3. 소모품은 밀봉 포장(일본 내 개봉 금지)

＊주의! 소모품(화장품, 식품 등)은 출국 전까지 포장을 뜯으면 안된다.

＊2026년 11월부터 공항 출국 시 환급으로 면세 제도 변경 예정이다.

간사이 공항 입국 완전 정복

빠르고 간편한 입국 절차 한눈에 보기

1. 비행기 하차 후 입국 심사장으로 이동
안내 표지판을 따라 이동

2. 입국 심사
- **빠른 입국 (Visit Japan Web 등록자)**: 공동 키오스크에서 여권과 QR코드 스캔, 지문 등록, 얼굴 사진 촬영을 한 번에 진행
- **일반 입국**: 입국 심사대 직원에게 여권과 QR코드(또는 종이 입국 신고서)를 보여준다.

3. 수하물 찾기
탑승했던 항공편 번호를 확인하고 해당 컨베이어 벨트에서 짐을 찾는다.

4. 세관 신고
- **빠른 통관 (키오스크 이용자)**: 별도 신고가 필요 없으면 '전자신고 게이트'로 바로 통과 할 수 있다.
- **일반 입국**: 세관 키오스크에 QR코드를 스캔하거나, 종이 세관신고서를 직원에게 제출

5. 입국장으로!
드디어 간사이 여행 시작!

월별 날씨 & 여행 팁 오사카 기준

월	평균 기온(°C)	평균 강수량(MM)	여행 팁
1월	6.0	45	맑지만 추움, 방한 필수
2월	6.2	62	매화가 피기 시작
3월	9.4	104	벚꽃 시즌 시작, 일교차 주의
4월	15.1	104	여행 최적기, 벚꽃 절정
5월	19.7	146	쾌적한 날씨, 골든위크 주의
6월	23.3	185	장마 시즌, 습도 높음, 우산 필수
7월	27.4	157	본격적인 무더위 시작
8월	28.8	91	가장 더운 달, 열사병 주의
9월	25.0	161	태풍 시즌, 더위 한풀 꺾임
10월	19.0	112	여행 최적기, 쾌적한 날씨
11월	13.6	69	단풍 절정, 일교차 커짐
12월	8.6	41	건조하고 쌀쌀함, 연말 분위기

헬로사이클 이용 방법 5단계 초간단 이용 방법

 → →

1. 앱 다운로드 'Hello Cycle' 앱 설치
2. 회원가입 간단한 정보로 가입 완료
3. 자전거 찾기 지도에서 가까운 스테이션 찾기

 →

4. QR 스캔 자전거의 QR코드를 스캔해 잠금해제!
5. 이용 및 반납 목적지 근처 스테이션에 반납하기

비짓 재팬 웹 (Visit Japan Web)

등록 방법
홈페이지 접속 ▶ 회원가입(이메일 주소) ▶ 이용자 등록(여권 정보) ▶ 입국·귀국 예정 정보 등록(항공편명, 일본 내 체류지, 전화번호 필요) ▶ 검역·세관신고 정보 입력 ▶ QR코드 생성

알아두면 유용한 정보

공동 키오스크란?
2025년 4월 1일부터 간사이 국제공항에 도입된 시스템으로, 입국심사와 세관 신고를 한 번에 처리하여 입국 시간을 단축

반입 금지! 무선 고데기
일본은 배터리가 분리되지 않는 무선 고데기 (발열 제품)의 기내/위탁 수하물 반입을 모두 금지하고 있다. 꼭 확인!

봄 (3월~5월)
온화한 날씨와 함께 벚꽃이 만개하는 가장 아름다운 계절. 여행 최적기
Tip. 벚꽃 시즌과 골든위크에는 관광객이 매우 많으니 미리 준비하기

여름 (6월~8월)
6-7월은 덥고 습한 장마(츠유) 시기. 이후 본격적인 무더위와 함께 기온 마츠리 등 여름 축제가 열림

가을 (9월~11월)
쾌적한 날씨와 아름다운 단풍으로 봄과 함께 최고의 여행 시기
Tip. 9월에는 태풍의 영향을 받을 수 있으니 일기 예보 자주 확인하기

겨울 (12월~2월)
한국보다 온화하지만 교토 등 내륙은 추움. 연말연시의 화려한 일루미네이션을 즐길 수 있다.
Tip. 따뜻한 방한용품을 챙기기

헬로사이클의 주요 특징

유연한 이용
짧은 시간 이용부터 하루 종일 대여까지, 필요에 따라 원하는 만큼만 이용할 수 있다.

간편한 결제
신용카드를 등록해두면 앱에서 자동으로 요금이 결제되어 매우 편리(국내 발급 신용카드 가능)

간사이/일본 기본정보

놓치지 말아야 할 주요 도시

 오사카 (大阪) 화려한 네온사인, 음식, 쇼핑의 중심지

 교토 (京都) 수많은 신사와 사찰이 있는 문화유산의 도시

 나라 (奈良) 사슴과 거대한 불상이 있는 고대 역사의 도시

 고베 (神戸) 이국적인 항구, 아름다운 야경과 고베규

 히메지 (姫路) 일본에서 가장 아름다운 '히메지성'

간략하게 보는 간사이 역사

 나라 시대 (8세기)
일본 최초의 수도 '헤이조쿄(平城京)'가 있던 곳으로, 중국 문물을 받아들여 불교 문화가 꽃피었다.

 헤이안 시대 (794년~)
'헤이안쿄(平安京)' 천도 후 1,000년 이상 일본의 정치, 문화 중심지 역할을 하며 귀족 문화가 발달했다.

 상업의 중심 (16세기~)
도요토미 히데요시의 오사카성 축성 이후, 전국 물류의 중심지 '천하의 부엌'으로 번성했다.

의료 정보

병원 및 약국 이용

병원 몸이 아프면 호텔 프런트에 문의하여 안내받을 수 있다. 의료비가 비싸므로 여행자 보험은 필수.

약국 간단한 약은 '드러그스토어(ドラッグストア)'에서 구매 가능

여행자 보험의 중요성
만일의 사태에 대비해 출국 전 반드시 여행자 보험에 가입해야 한다.

병원 이용 시 진단서와 영수증 꼭 챙기기!

안전 및 비상 연락처

일본은 치안이 매우 안전하지만, 늦은 밤 인적이 드문 곳은 피하고 소지품 관리에 항상 유의해야 한다.

경찰 (사건/사고/분실)	화재 / 구급차
110	**119**

주 오사카 대한민국 총영사관

역할	여권 분실, 사건사고 등 영사 조력
주소	大阪府大阪市中央区久太郎町2-5-13 五味ビル
대표전화	+81-6-4256-2345
긴급연락처	+81-90-5676-5280 (24시간)

재난 대비 행동 요령

지진 발생 시

실내 튼튼한 테이블 밑으로 들어가 머리를 보호하고, 흔들림이 멈추면 밖으로 대피한다.

실외 가방으로 머리를 보호하며 건물, 담벼락에서 떨어져 넓은 공원 등으로 대피한다.

태풍 발생 시
기상 정보를 수시로 확인하고, 되도록 실내에 머무는 것이 좋다. 강풍으로 인한 간판 등 낙하물에 특히 주의해야 한다.

일본 기본 매너

공공장소 매너
- **줄서기**: 계산대, 화장실, 식당 등 어디서든 질서 정연하게 줄을 선다.
- **쓰레기**: 길거리에 쓰레기를 버리지 않고, 쓰레기 통이 없으면 가방에 넣어 숙소에서 처리한다.
- **팁 문화**: 일본에는 팁 문화가 없다. 계산서에 나온 금액만 지불하면 된다.

식사 예절
- **식사 전/후 인사**: "이타다키마스(잘 먹겠습니다)", "고치소사마데시타(잘 먹었습니다)"라고 말해보자.
- **면 요리**: 라면, 우동 등은 '후루룩' 소리를 내며 먹는 것이 맛있게 먹는다는 표현이다.
- **젓가락 금지**: 젓가락을 밥에 꽂는 행위는 절대 금물이다.

보행 & 교통 매너
좌측통행 & 조용한 대중교통
- 도로, 인도, 계단 등에서는 좌측통행이 기본.
- 전철/버스 안에서는 조용히! 통화 삼가기.
- 길거리에서 음식 먹으며 걷는 것은 피하기.

에스컬레이터 매너 (★중요)
간사이와 간토는 줄 서는 방향이 다릅니다.

간사이 (오사카, 교토 등)	간토 (도쿄 등)

급하면 왼쪽, 오른쪽에 서기	급하면 오른쪽, 왼쪽에 서기

온천 이용법
1. 탕에 들어가기 전, 샤워 공간에서 몸을 깨끗이 씻는다.
2. 수영복은 NO! 타월이 탕 물에 닿지 않게 주의한다. (작은 타월은 머리 위로!)
3. 탕 안에서 때밀기, 수영, 잠수 등은 금지.
4. 문신이 있을 경우 입장이 제한될 수 있으니 사전에 확인해야 한다.

흡연 문화
 길거리 흡연은 대부분 금지! 반드시 지정된흡연구역(喫煙所, 키츠엔죠)을 이용해야 한다.
위반 시 과태료가 부과될 수 있다.

여행에서 유용한 일본어

인사	• 오하요 고자이마스 (おはようございます) 안녕하세요 (아침) • 곤니찌와 (こんにちは) 안녕하세요 (오전/오후) • 곤방와 (こんばんは) 안녕하세요 (밤) • 사요나라 (さようなら) 안녕히 계세요
감사/사과/ 요청/거절	• 아리가토 고자이마스 (ありがとうございます) 감사합니다 • 스미마셍 (すみません) 죄송합니다 / 실례합니다 (사과할 때, 길을 물을 때, 주문할 때 등 다양하게 씀) • 오네가이시마스 (お願いします) ~주세요 / 부탁합니다 • 다이조부데스 (大丈夫です) 괜찮습니다
질문	• ~ 아리마스카? (ありますか?) ~ 있나요? (사물) • ~ 이마스카? (いますか?) ~ 있나요? (사람이나 동물) • ~ 도코데스카? (トイレはどこですか?) ~ 어디 있나요?
식당에서	• 인원 수 물었을 때 : 히토리(1명) / 후타리(2명) / 산닌(3명) / 요닌데스(4명) • 주문할 때 : (메뉴 판 가리키며) 코레 히토츠 / 후타츠 / 밋츠 쿠다사이 이거 1개/2개/3개 주세요.
계산할 때	• 오칸죠 오네가이시마스 (お勘定お願いします) 계산해주세요 • 이쿠라데스카? (いくらですか?) 얼마인가요? • 쿠레짓토카도 데키마스카? (クレジットカードできますか?) 신용카드 되나요? • 레시-토 쿠다사이 (レシートください) 영수증 주세요
편의점에서 직원이 많 이 쓰는 말	• 후쿠로니 오이레 시마스카? (袋にお入れしますか?) 봉투에 넣어드릴까요? • 오벤토 아타타메마스카? (お弁当温めますか?) 도시락 데워드릴까요? • 보탄오 오시테 구다사이 (ボタンを押してください) 버튼을 눌러주세요(결제 수단을 선택하거나, 거스름돈을 확인하기 위해 터치 스크린의 버튼을 눌러야 할 때 있다)

기본 단어
- 하이(はい) / 이이에(いいえ) : 네 / 아니요
- 코레(これ) / 소레(それ) / 아레(あれ) : 이것/그것 /저것
- 코코(ここ) / 소코(そこ) / 아소코(あそこ) : 여기/거 /저기
- 도코(どこ) : 어디
- 콘비니(コンビ=) : 편의점
- 사요나라(さようなら) : 안녕히 계세요
- 토이레(トイレ) : 화장실
- 비루(ビール) : 맥주
- 나마비루(生ビール) : 생맥주
- 오미즈(お水) : 물
- 코히(コーヒー) : 커피
- 오카와리(おかわり) : 리필
- 바스(バス) : 버스
- 타쿠시(タクシー) : 택시
- 멘제(免税) : 면세

여행시 유용한 어플리케이션

 구글 지도
필수 앱. 비스와 선실 등 대중교통을 탑승할 경우 운행 시간, 운행 방변, 지연 여부, 탑승 플랫폼, 열차까지!

 파파고
텍스트 번역은 물론 카메라로 사진을 찍어 번역도 가능. 음성 지원도 된다.

 카드 리더
이코카, 스이카, 파스모 등 일본 IC교통카드 잔액을 확인할 수 있는 앱. 설치 후 휴대폰의 NFC 기능을 켜서 태그해서 확인

간사이 국제공항 안내

간사이 지역의 관문 역할을 하는 공항. 오사카, 교토, 고베, 나라까지 1시간~1시간 30분 소요된다.

	제1터미널	제2터미널
주요 항공사	아시아나항공, 대한항공, 에어서울, 에어부산, 진에어, 티웨이항공, 에어로케이	제주항공, 피치항공
층별 시설	4층 국제선 출발 3층 특별 대합실 2층 국내선 출발, 상점, 식당, 간사이공항역 (난카이, JR) 1층 국제선·국내선 도착, 리무진버스, 택시	1층 국제선·국내선 출발/도착, 상점, 식당, 터미널간 셔틀버스, 택시
관광안내소	1층 F출구 맞은편	없음
환전소	1층 국제선 북쪽 도착 게이트 옆, E출구 옆, 관광안내소 옆 등	1층 국제선 도착 에리어 내
유심 카드 구입	1층 C출구 옆, D출구 옆	1층 국제선 도착 에리어 내
공항철도 승차권 판매	2층 간사이공항역 JR 티켓오피스 및 판매기, 난카이 티켓오피스 및 판매기	없음 *2터미널에는 공항철도가 운행하지 않으므로 1터미널로 이동 필수
공항버스 승차권 판매	1층 바깥 버스 안내소 자동발매기	1층 국제선 도착 에리어 내 자동발매기

Tip. 터미널 간 이동 방법

제2터미널에는 공항철도가 없으므로 공항철도를 타려면 셔틀버스를 타고 1터미널로 이동해야 한다. 무료로 탑승 가능.

2 → 1터미널 탑승 위치
2터미널 1층 국제선 게이트 에리어에서 'to T1 무료 셔틀버스' 표지판 따라 1층 바깥 셔틀버스 승차장으로 이동

1 → 2터미널 탑승 위치
1터미널 2층 간사이공항역 연결 통로의 'to T2 Free Shuttle Bus' 표지판 따라 에어로플라자 건물 안으로 들어간 다음 1층 바깥 셔틀버스 승차장으로 이동

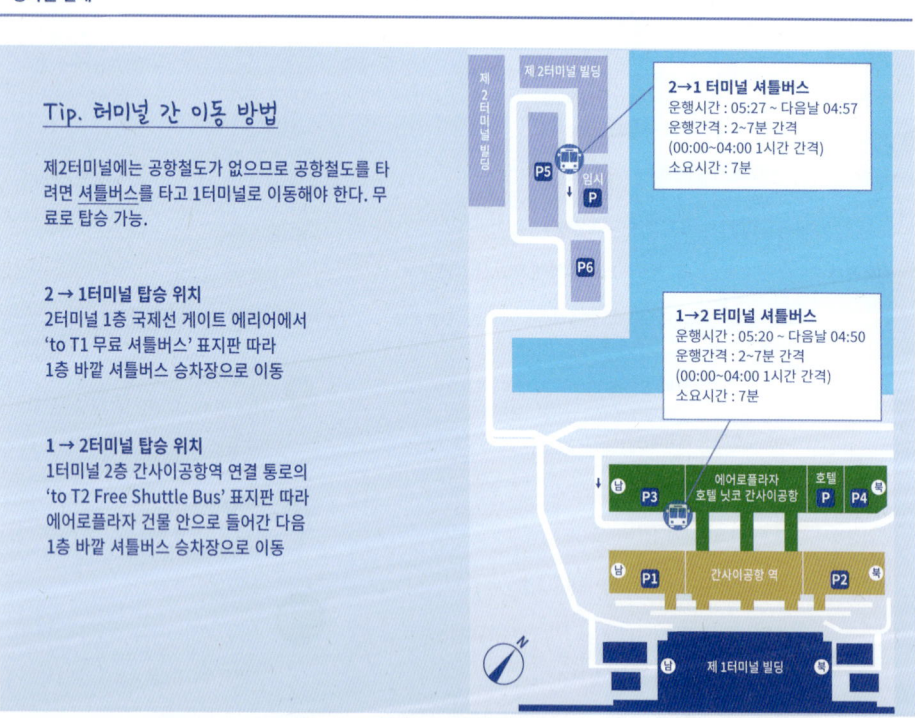

2→1 터미널 셔틀버스
운행시간 : 05:27 ~ 다음날 04:57
운행간격 : 2~7분 간격
(00:00~04:00 1시간 간격)
소요시간 : 7분

1→2 터미널 셔틀버스
운행시간 : 05:20 ~ 다음날 04:50
운행간격 : 2~7분 간격
(00:00~04:00 1시간 간격)
소요시간 : 7분

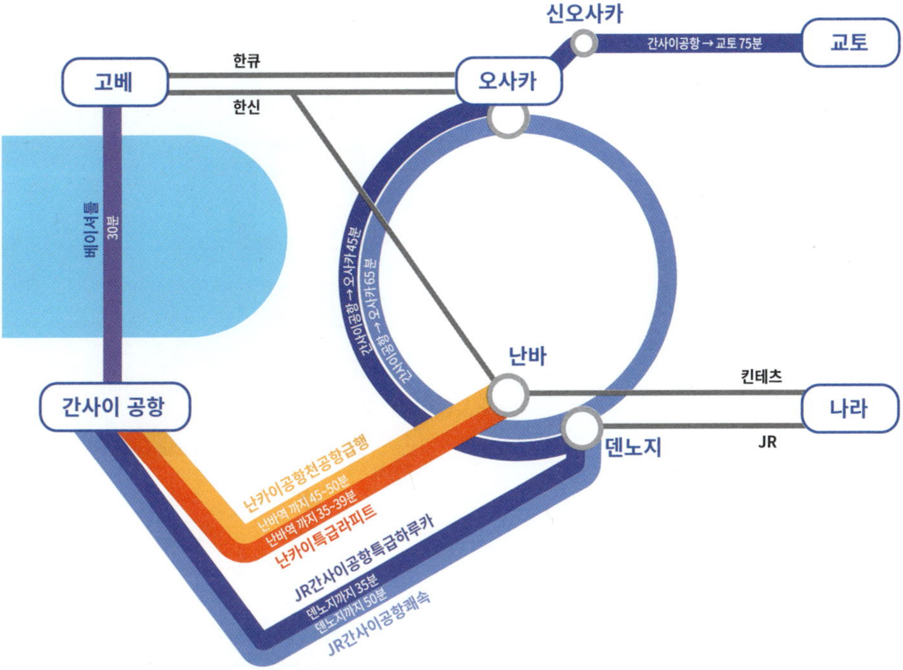

간사이 공항에서 공항철도 타는 법

*2터미널에는 공항철도 운행하지 않으므로 무료 셔틀버스 타고 1터미널로 이동 필수

1. 1터미널 1층에서 에스컬레이터 타고 2층으로 이동

2. '철도' 표지판 따라 2층 출입문 밖 육교 건너서 간사이공항역 도착 (KANSAI AIPORT STATION)

3. 난카이와 JR 중 원하는 곳에 줄을 서서 티켓 교환 및 구매

4. 맞은편 개찰구 통과해 공항철도 탑승 (난카이, JR 개찰구 따로이므로 표시 확인)

간사이 공항에서 리무진 버스 타는 법

* 1,2터미널 동일

1. '버스' 표지판 따라 1층 바깥으로 이동

2. '버스 안내소' 유인창구 혹은 티켓판매기에서 티켓 교환 및 구매

3. 티켓에 적힌 버스 승차장에서 리무진버스 탑승

간사이 국제공항에서 오사카 가는 법

난카이를 타면 난바역에서, JR을 타면 우메다(오사카역)에서 하차. 리무진버스는 난바와 가까운 오사카 시티 에어터미널(OCAT)에서 하차.

난카이 공항선 공항급행

난바까지 약 45분이면 갈 수 있는 공항전철. 라피트보다 저렴하고 배차 간격이 짧은 것은 장점이지만, 내부는 일반 지하철과 똑같기 때문에 짐이 많다면 불편하고, 자유석이기 때문에 사람이 많으면 서서 갈 수도 있다는 단점이 있다.

난카이 공항선 공항급행 열차 외관

난바까지 가는 법 4단계

① 티켓 구매하기
제 1터미널 2층에 있는 **난카이선 자동판매기**에서 티켓을 구매하거나 **IC카드(이코카 등)**를 태그하고 바로 들어갈 수 있어요.

> 꿀팁! 간사이 쓰루 패스 소지 시 무료 탑승 가능!

② 플랫폼에서 탑승하기
개찰구를 통과한 후, 전광판에서 '**공항급행(空港急行)**'과 목적지 '**난바(なんば)**'를 확인하고 탑승하세요.

> 주의! 파란색 특급 '**라피트**'는 추가 요금이 필요해요.

③ 주요 정차역 확인
난바까지 가는 동안 주요 역들을 지나쳐요. 환승이 필요하다면 **덴가차야** 또는 **신이마미야** 역을 기억해두세요.

간사이공항 → 린쿠타운 → 이즈미사노 → 덴가차야 → 신이마미야 → 난바

④ 난바역 도착!
약 45분 후, 오사카의 중심 난바역에 도착합니다. 이제 신나는 오사카 여행을 시작하세요!

소요시간	편도 요금	주요 목적지
약 45분	970엔	난바

👍 장점 (Pros)
- 특급 라피트보다 저렴한 요금
- 배차 간격이 15~20분으로 짧아 오래 기다리지 않음

👎 단점 (Cons)
- 지하철과 같은 좌석이라 지정석이 없음
- 출퇴근 시간에는 사람이 많아 복잡할 수 있음

TIPS

공항 내 승차역
간사이공항역 (1터미널 2층)

주요 하차역
간사이공항역 - 린쿠타운 - 이즈미사노 - 키시와다 - 하루키 - 이즈미오츠 - 하고로모 - 사카이 - 텐가차야 - 신이마미야 - 난바

운영시간
05:45~23:55, 15~20분 간격 (평일, 간사이공항역 출발 기준)

사용 가능한 패스
간사이 레일웨이 패스 (소지시 무료탑승 가능)

난카이 특급 라피트 Rapi:t

간사이 공항 → 오사카 난바, 가장 빠르고 편안한 선택

난카이에서 운영하는 공항철도. 항공기 컨셉의 타원형 창문, 최소 34분으로 간사이공항역과 난카이 난바역 연결. 라피트 알파와 베타로 나뉘며 알파는 베타보다 정차하는 역이 적어 2~4분 정도 빠르다. 어차피 모두 난바행이기 때문에 목적지가 난바라면 알파와 베타 중 아무거나 타도 된다. 전석 지정석이고 짐 보관 공간이 따로 있어 편리.

라피트 탑승 4단계 가이드

 소요시간 **약 38분**   좌석 타입 **전 좌석 지정제**   소요시간 **넓은 좌석&짐칸**

① **티켓 구매 및 교환**
온라인으로 할인 티켓을 구매한 후, 제1터미널 2층 **난카이 티켓 오피스** 또는 전용 교환기에서 실물 티켓으로 교환하세요. 사전 구매가 훨씬 경제적입니다.

② **플랫폼으로 이동**
제1터미널 2층에서 간사이공항역으로 이동, **난카이선 (NANKAI)** 개찰구로 진입 후 전광판에서 '라피트(ラピート)'를 확인하고 탑승하세요.

③ **지정된 좌석에 탑승**
티켓에 명시된 **호차(Car)**와 **좌석 번호(Seat)**를 확인하고 착석하세요. 넓은 수하물 보관 공간이 있어 편리합니다.

④ **난바역 도착!**
약 35분 후, 오사카의 중심 **난카이 난바역**에 도착합니다. 즐거운 여행을 시작하세요!

👍 장점 (Pros)
- **빠른 속도**: 약 38분 만에 난바 도착, 최단 시간을 보장합니다.
- **편안한 좌석**: 전 좌석 지정제로 넓고 쾌적한 이동이 가능합니다.
- **넓은 수하물 공간**: 캐리어 전용 보관 공간이 있어 짐이 많아도 편리합니다.
- **특별한 경험**: 고급스러운 열차 디자인으로 여행의 시작을 특별하게 만듭니다.

👎 단점 (Cons)
- **높은 요금**: 공항급행보다 비싼 요금으로 교통비 부담이 있습니다.
- **긴 배차 간격**: 약 30-40분 간격으로 운행하여 시간 확인이 필수입니다..

레귤러 시트 (Regular Seat)
편안하고 합리적인 가격의 표준 좌석입니다. 기본 운임에 특급 요금이 포함되어 있습니다.
1,300엔

슈퍼 시트 (Super Seat)
더 넓은 좌석 폭과 여유로운 공간을 제공하는 프리미엄 좌석입니다. 최고의 편안함을 원하신다면 추천합니다.
1,490엔

TIPS
- 국내 여행사이트, 혹은 공식 홈페이지(https://www.howto-osaka.com/kr/ticket/rapit/)에서 현장에서 표를 교환하지 않고 QR코드로 승차권(디지털 티켓)을 바로 구매할 수 있음. QR 승차권 선택시 출발 5분 전까지 선용 링크에서 좌서 시설 가능, 캡쳐로는 통과 불가능하고 활성화된 전용 링크에 직접 접속해야하므로, 한 사람이 표 여러 장을 샀다면 일행에게 각각 재분배 필요. ('분배하기' 버튼을 클릭해 URL을 메시지나 카톡으로 공유)

  다만 현지 인터넷 사정으로 오류가 생기는 일이 종종 있다. 꼭 분배하지 않고, 일행의 QR을 먼저 찍어 들여보낸 후 구매자 QR을 마지막에 스캔하면 됨. 잘 안 될 경우 상주하는 직원에게 문의하면 도와준다. 입국 심사가 길어지거나 줄 서는 게 싫다면 별도 대기나 교환 없이 바로 탑승 가능한 이 방법 추천. (구매 당일 이용 불가능. 구매 다음날부터 좌석 지정 및 승차 가능하므로 미리미리 구매하기. 탑승 QR은 탑승 당일에 생성됨.)

- 칸쿠 토쿠와리 라피트 티켓 : 간사이공항역(티켓오피스, 매표기)과 난바(2층 서비스센터, 3층 특급권 발매소, 매표기)에서만 할인 가격으로 판매하는 특급 라피트 편도 할인 승차권. 이용 당일만 유효. 레귤러 시트 성인 1,350엔 슈퍼 시트 성인 1,560엔

간사이 국제공항에서 오사카 가는 법

JR 간사이 공항 특급 하루카

서일본에서 운영하는 공항철도. 간사이 공항역에서 '덴노지역'까지는 35분, 우메다에 위치한 '오사카역'까지는 45분만에 갈 수 있다. 약간의 추가금액을 내고 좌석 지정이 가능하다. 대부분의 열차에 키티가 그려져 있어 '키티 기차'로도 유명.

구매 방법
- 사전구매 : 국내 여행사이트에서 구매 후 받은 QR코드를 간사이 공항역 JR 티켓오피스 혹은 전용 교환 기계(초록색 혹은 흰색)에서 실물티켓 발급
- 현장구매 : 간사이공항역 JR 티켓 자동판매기에서 구매 (한국어 지원)

사용 가능한 패스 JR 간사이 패스, JR 간사이 미니 패스

소요시간
약 45분
(신오사카역 기준)

핵심 장점
JR패스 이용가능
(할인 티켓 별도 판매)

주요 목적지
**덴노지역, 오사카역
신오사카역, 교토역**

① 티켓 구매 및 교환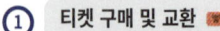
제1터미널 2층 **JR 티켓 오피스(미도리노마도구치)** 또는 **자동발매기**에서 티켓을 구매하세요. JR패스나 하루카 할인 티켓 교환도 이곳에서 가능합니다.

② JR 개찰구로 이동
난카이선 옆에 있는 파란색 **JR선 개찰구**로 들어가세요. 전광판에서 '하루카(はるか)'와 목적지를 확인하고 해당 플랫폼으로 이동합니다.

③ 좌석 확인 및 탑승
하루카는 지정석 칸과 자유석 칸으로 나뉘어 있습니다. 티켓 종류에 맞는 칸에 탑승하세요. 헬로키티 테마 디자인의 귀여운 열차를 만날 수 있다.

④ 주요 목적지 도착!
덴노지역, 오사카역, 신오사카역, 교토역 등 주요 JR역에 환승 없이 도착합니다. 다른 JR 노선으로의 환승이 매우 편리합니다.

👍 장점 (Pros)
- ✅ **주요 JR역 직통**: 오사카, 교토의 주요 JR역까지 환승 없이 한 번에 이동 가능합니다.
- ✅ **JR패스 이용 가능**: JR패스 소지자는 추가 요금 없이 이용할 수 있어 경제적입니다.
- ✅ **편리한 환승**: 목적지 도착 후 다른 JR 노선으로의 환승이 매우 용이합니다.
- ✅ **할인 티켓**: 외국인 전용 '하루카 할인 티켓' 구매 시 저렴하게 이용할 수 있습니다.

👎 단점 (Cons)
- ❌ **높은 정규 요금**: 할인 티켓 없이는 난카이선에 비해 요금이 비싼 편입니다.
- ❌ **난바 미경유**: 오사카의 중심지인 난바역을 지나지 않아, 난바가 목적지일 경우 환승이 필요합니다.

TIPS
- 승차권(일반 JR 전철 이용) 이외에 '특급권'(하루카, 신칸센)이 필요한 구조 (지정석, 자유석 모두). 하지만 국내 사이트에서 구매하면 보통 결합되어 나온다.
- 현장 구매 방법: 열차 선택 → 내릴 역 선택 → 승차일, 승차인원, 승차시간 선택 → 보통칸과 그린칸(일등칸) 선택 → 원하는 좌석 선택 → 현금 및 신용카드 결제 → 티켓을 자동개찰기에 넣기 (승차권과 특급권 2장 나온 경우 겹쳐서 한번에 넣으면 됨)
- 예약 티켓 교환 방법: 예약한 티켓 수령 → 예약 QR 스캔 → 이용일 선택 → 여권 스캔(IC칩 내장 여권만 가능. 없으면 창구에서 수령해야 함) → 티켓 발권 → 자동개찰기에 넣고 통과
- 처음에는 자유석만 나옴. 지정석을 하고 싶으면 같은 기기에서 '할인승차권을 이용하여 지정석 예약/지정석변경' -> '회수권을 이용하여 지정석 예약' -> 발급받은 하루카 티켓을 넣어줌 → 출발역 도착역 날짜 시각 좌석 선택하면 완료
- 1번칸이 그린칸, 2-4, 8-9칸이 지정석칸, 5-7번칸이 자유석. 자유석이면 빈 자리 아무데나 앉으면 됨

주요 목적지별 요금표
여행 스타일에 맞춰 좌석과 목적지를 선택해 보세요. (정규 요금 기준)

목적지	자유석	지정석	그린샤(특실)
덴노지역	1,820엔	2,550엔	3,320엔
오사카역	2,380엔	3110엔	3,880엔
신오사카역	2,540엔	3,270엔	4,40엔
교토역	3,060엔	3,790엔	4,560엔

꿀팁: 하루카 할인 티켓!
외국인 여행객은 '하루카 할인 티켓'을 구매하여 훨씬 저렴하게 이용할 수 있습니다. (예: 신오사카까지 1,800엔, 교토까지 2,200엔) JR 서일본 홈페이지에서 구매 후 역에서 교환하세요.

JR간사이공항쾌속(=JR칸쿠쾌속, JR간공쾌속)

하루카보다 절반 가량의 저렴한 비용으로 우메다 (오사카역)까지 갈 수 있는 공항전철. 내부는 일반 지하철과 기차의 중간 느낌이며, 전좌석 자유석이긴 하지만 쾌적한 편이고 공항이 출발역이기 때문에 앉아서 갈 수 있다.

공항 내 승차역 간사이공항역 (1터미널 2층)

주요 하차역 덴노지역 - 오사카역

소요시간 덴노지역까지 약 50분, 오사카역까지 약 65분

요금 (편도, 성인 기준) 1,180엔

구매 방법 간사이공항역 JR 티켓 자동판매기에서 1회권 구매 혹은 IC교통카드(이코카) 사용

운영시간 05:54~23:09, 약 10~20분 간격 (평일, 간사이공항역 출발 기준)

사용 가능한 패스 JR 간사이 패스, JR 간사이 미니 패스

JR 열차 외관

TIPS
- 자동판매기에서 도착역 선택해 결제
- 한 플랫폼에 여러 열차가 오므로 탑승 전 'Rapid' '공항쾌속' '空港快速' 'osaka loop line' 확인하고 탑승.
- 오사카역 → 공항 방향으로 갈 때는 히네노역에서 열차가 1-4번칸은 간사이공항, 5-8번칸은 와카야마행으로 분리되 공항으로 갈거면 꼭꼭 1~4번칸에 탑승!!! (공항 → 오사카역 방면은 상관없음)
- 공식 홈페이지 https://www.westjr.co.jp/global/kr/travel/shopping/access/train.html

리무진 버스

오사카 주요 시내 및 호텔 바로 앞까지 가는 리무진 버스가 다양하게 운행 중. 난바역 근처인 OCAT(오사카 시티 에어 터미널), 우메다에 위치한 오사카역, 유니버셜 스튜디오 재팬, 아베노 하루카스 등 다양한 목적지가 있다. 교통상황에 따라 시간이 더 오래 걸릴 수도 있지만, 목적지가 가까운 노선이 있다면 바로 앞까지 환승없이 편하게 갈 수 있다. 짐이 많은 경우나, 공항철도가 없는 2터미널에 도착한 경우에 추천.

공항 내 승차 위치
1터미널 1층 바깥 승차장, 2터미널 1층 바깥 승차장 (티켓 구매 후 탑승 정류장 번호 확인 - 1터미널 기준 오사카역행 5번 승차장, 난바OCAT행 11번 승차장)

주요 하차 위치
오사카역(우메다), 오사카성, 난바(OCAT), 유니버셜스튜디오재팬, 아베노하루카스, 킨테츠 우에혼마치(신사이바시) 등

소요시간 (1터미널 출발 기준)
오사카역까지 약 60분~, 난바(OCAT)까지 약 50분~

요금 (성인 기준)

	오사카역행	난바(OCAT)행
편도	1,800엔	1,300엔
왕복(승차일로부터 14일간 유효)	3,300엔	2,300엔

운영시간
난바(OCAT)행, 1터미널 출발 기준 08:55~ 20:25, 30분 간격
공식 홈페이지 https://www.kate.co.jp/kr/

구매 방법
- 사전 예약 : 국내 여행사이트에서 구매 후 지정 장소에서 교환 (1터미널 1층 북쪽 안내데스크, 2터미널 국제선 도착 에리어 안내데스크, 1,2터미널 1층 바깥 버스안내소 유인 매표소 창구) 혹은 QR코드 바우처를 기사에게 보여주고 바로 탑승
- 현장 구매 : 1터미널 1층 바깥 버스 안내소 유인창구 혹은 자동 발매기, 2터미널 1층 국제선 도착 에리어 내 유인창구 혹은 자동 발매기 이용

TIPS
- 1인당 캐리어 2개 보관 가능
- 캐리어별 번호표를 달고 하차시 번호를 확인해 짐을 내려주므로 내릴 때까지 번호표 가지고 있기
- 캐리어는 직원 혹은 기사님이 직접 실어주신다
- 사전에 예약할 경우 날짜와 목적지만 지정. 가장 근접한 시간대 버스 이용하면 됨.
- QR탑승권의 경우 캡쳐화면은 안 됨. 데이터 연결 필요하므로 불안하다면 종이 탑승권으로 교환하는 게 확실.

간사이 국제공항에서 고베 가는 법

베이셔틀

간사이국제공항 부두에서 고베공항 해상 액세스 터미널까지 고속선을 타고 바다를 건너 이동할 수 있는 방법.
다만 1시간에 1번으로 운행간격이 길고, 최종적으로 고베 산노미야 시내까지 들어가기 위해서는 여러 번의 환승이 필요하기에 시간이 안 맞거나 짐이 많다면 리무진버스가 더 편하다.

소요시간 및 승하차 위치
환승시간 포함 약 60~70분
간사이공항→부두까지 무료셔틀버스로 5~10분 이동 + 고속선 탑승 시간 30분 + 고베공항해상액세스터미널→고베공항까지 무료셔틀버스로 5~10분 이동 → 고베공항역→산노미야역까지 포트라이너로 20분 이동)

요금 (편도, 성인 기준)

베이셔틀 정가 1,880엔 (단기 외국인 여행객 500엔, ~26년 3월)
베이셔틀(단기 외국인 여행객 가격 적용) + 포트라이너 = 500+340 = 총 840엔

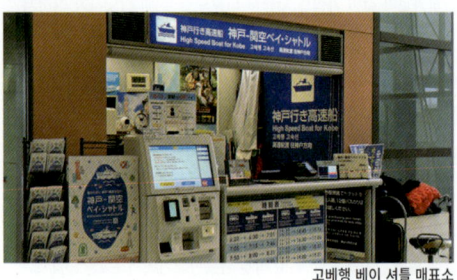
고베행 베이 셔틀 매표소

소요시간	핵심 장점	최종 목적지
약 30분	최단 시간 & 저렴	고베 공항
(해상 이동 시간)	(외국인 할인 적용 시)	(포트라이너 환승 필요)

베이셔틀 탑승 4단계 가이드

① **티켓 구매** 🎫
제1터미널 1층 티켓 카운터 또는 자동판매기에서 티켓을 구매합니다. 온라인 예매 후 할인 코드를 제시하면 더 저렴하게 구매할 수 있습니다.

② **셔틀버스 탑승 (선착장으로)** 🚌
1층 12번 승강장에서 베이셔틀 선착장행 전용 셔틀버스에 탑승합니다. (약 5~10분 소요)

③ **고속선 탑승** ⛴
선착장에 도착하여 고베 공항으로 가는 고속선에 탑승합니다. 바다를 가로질러 약 30분간 이동합니다.

④ **고베 시내로 이동** 🚃
고베 공항 선착장 도착 후, 무료 셔틀버스로 고베 공항역으로 이동합니다. 여기서 포트라이너를 타고 산노미야 등 고베 시내 중심으로 이동할 수 있습니다.

구매 방법
- 사전예매 : 공식 홈페이지 https://www.kobe-access.jp/kor/reserve 에서 예매 (단기 외국인 여행객은 홈페이지 https://www.kobe-access.jp/kor/info_visitors.php 에 안내된 '온라인 예약 할인코드' 기입하면 500엔으로 결제 가능) 신용카드 결제 가능
- 현장구매 : 간사이공항 1터미널 1층 티켓 카운터, 2터미널 티켓 카운터에서 구매 (단기 외국인 여행객은 여권 제시하면 500엔으로 결제 가능) 신용카드, 현금, IC교통카드 모두 가능

👍 장점 (Pros)
- ✅ **가장 빠른 이동 시간**: 해상 이동 시간은 단 30분으로, 고베까지 가장 빠르게 도착합니다.
- ✅ **저렴한 요금**: 외국인 할인 적용 시 리무진 버스보다 훨씬 저렴합니다.
- ✅ **교통 체증 없음**: 바다로 이동하므로 도로 교통 상황에 영향을 받지 않습니다.
- ✅ **특별한 경험**: 배를 타고 이동하는 색다른 경험을 할 수 있습니다.

👎 단점 (Cons)
- ❌ **환승의 번거로움**: 셔틀버스, 고속선, 포트라이너 등 여러 번 갈아타야 합니다.
- ❌ **날씨의 영향**: 기상 악화 시 운행이 중단될 수 있습니다.
- ❌ **긴 배차 간격**: 약 1시간 간격으로 운행하여 시간을 잘 맞춰야 합니다.

TIPS
- 단기 외국인 여행객 전용 할인 : 성인(12세 이상) 편도 500엔, 소인(6~11세) 250엔에 탑승 가능. 티켓 구매시 여권 제시 필수 (~26년 3월 31일까지)

- 간사이공항→간사이공항부두, 고베공항해상액세스터미널→고베공항 모두 무료 셔틀버스와 베이셔틀이 서로 시간을 맞춰서 운행하므로, 만일 셔틀버스가 다소 지연되더라도 배를 놓칠 염려는 없다.

- 간사이공항→고베공항 베이셔틀 마지막 배(00:00출발→00:31도착)는 고베공항역의 포트라이너 운행이 종료된 시각이므로 시내로 이동하려면 택시 등 다른 교통수단을 이용해야 한다. (고베공항역 포트라이너 운행시간 5:20~23:45)

리무진 버스

간사이 공항에서 환승 없이 고베 시내 중심지인 산노미야까지 갈 수 있는 가장 편리한 방법. 하루 3번 (15:52, 18:52, 21:12) 롯코 아일랜드를 경유하며 이 경우 산노미야 직행보다 소요시간 10분 더 걸리니 참고.

공항 내 승차 위치
1터미널 1층 6번 승차장, 2터미널 1층 4번 승차장

주요 하차역 고베산노미야역 (위치 : 34° 41' 36.8628" N 135° 11' 44.8944" E)

소요시간 약 75~85분 (1터미널 출발 기준)

요금 (편도, 성인 기준)
2,200엔 (왕복 3,700엔 / 승차일로부터 30일간 유효)

구매 방법 오사카행과 동일

운영시간 06:20~23:00, 15~20분 간격 (1터미널 출발 기준)

소요시간	핵심 장점	최종 목적지
약 75-85분	환승 없이 한번에	고베 산노미야

👍 장점 (Pros)
- **환승 없는 편리함**: 공항에서 고베 시내 중심(산노미야)까지 갈아탈 필요 없이 한 번에 도착합니다.
- **편안한 좌석**: 모든 좌석이 지정석은 아니지만, 쾌적하고 편안한 좌석을 제공합니다.
- **넓은 수하물 칸**: 버스 아래 별도의 짐칸이 있어 큰 캐리어도 문제없이 실을 수 있습니다.
- **짧은 배차 간격**: 약 15~20분 간격으로 자주 운행하여 오래 기다리지 않아도 됩니다.

👎 단점 (Cons)
- **긴 소요 시간**: 베이셔틀에 비해 이동 시간이 깁니다. (약 75~85분)
- **교통 체증 가능성**: 도로 상황에 따라 소요 시간이 더 길어질 수 있습니다.
- **상대적으로 높은 요금**: 베이셔틀 외국인 할인 요금(500엔)에 비해 비쌉니다.

TIPS
- 공항에서 산노미야, 산노미야에서 공항 모두 좌석 지정 없이 선착순 탑승
- IC교통카드 사용 가능
- 공식 홈페이지 https://www.kate.co.jp/kr/timetable/detail/KB

Tip. 베이셔틀로 간사이공항 → 고베 시내 이동하는 방법

	간사이공항 1터미널에 내린 경우	간사이공항 2터미널에 내린 경우
1	1터미널 1층 '고속선 티켓 카운터' 표지판 따라 이동해 (시계탑 기준 맨 오른쪽 끝까지 이동) '고베행 고속선'이라고 적힌 매표소 직원 혹은 티켓판매기에서 베이셔틀 티켓 구매	2터미널 1층 국제선 게이트 에리어 맞은편 '고베행 고속선'이라고 적힌 매표소 직원 혹은 티켓판매기에서 베이셔틀 티켓 구매
2	티켓 구매 후 매표소 옆으로 나와 바깥의 12번 버스 승차장('포트 터미널행')에서 무료셔틀버스 탑승	티켓 구매 후 매표소 옆 출구로 나와 바깥 왼쪽의 '고속여객선(고베) 선착장행' 버스 승차장에서 무료 셔틀버스 탑승
3	선착장 부두에서 하차 후 고베행 베이셔틀 탑승	
4	고베공항 해상액세스 터미널 부두에서 베이셔틀 하차 후 고베공항행 무료셔틀버스 탑승	
5	고베공항 건물 안으로 들어가 에스컬레이터로 2층 올라가기	
6	'포트라이너 ポートライナー' 표지판 따라 이동하며 2층 '고베공항역' 도착	
7	고베공항역 포트라이너 자동티켓판매기에서 목적지별 요금 선택해 포트라이너 티켓 구매 후 개찰구 통과 (대부분 종착역인 산노미야역에서 하차)	
8	포트라이너 탑승 후 목적지에서 하차 (산노미야역까지 약 20분 소요)	

간사이 국제공항에서 교토 가는 법

JR 간사이 공항 특급 하루카

간사이 공항에서 교토까지 가장 빠르게 갈 수 있는 방법이자 유일한 공항철도. 오사카를 지나 교토역에서 정차한다.

공항 내 승차역 간사이공항역 (1터미널 2층)

주요 하차역 덴노지역 - 오사카역 - 신오사카역 - 교토역

소요시간 교토역까지 약 75분

요금 (편도, 성인 기준)

자유석	지정석	그린(일등석)
3,060엔	3,790엔	4,560엔

구매 방법
- 사전구매: 국내 여행사이트에서 구매 후 받은 QR코드를 간사이 공항역 JR 티켓오피스 혹은 전용 교환 기계(초록색 혹은 흰색)에서 실물티켓 발급 (최근에는 QR코드를 개찰구에 바로 스캔할 수 있는 E-티켓도 판매)
- 현장구매: 간사이공항역 JR 티켓 자동판매기에서 구매 (한국어 지원)

운영시간
06:31~22:10, 약 30분 간격 (평일, 간사이공항역 출발 기준)

소요시간
약 75분

핵심 장점
교토역 직통

추천 대상
JR패스 이용자

👍 장점 (Pros)
- **유일한 직통 열차**: 간사이 공항에서 교토역까지 환승 없이 한 번에 가는 유일한 열차이다.
- **편안한 이동**: 지정석과 그린샤(특실)를 선택하면 편안하게 이동할 수 있다.
- **JR패스 & 할인 티켓**: JR패스 이용이 가능하며, 외국인 전용 할인 티켓 구매 시 매우 저렴

👎 단점 (Cons)
- **높은 정규 요금**: 할인 티켓 없이는 다른 교통 수단에 비해 요금이 비싸다.
- **긴 배차 간격**: 약 30분 간격으로 운행하므로, 시간을 미리 확인하는 것이 좋다.

> **TIPS**
> - JR서일본 홈페이지에서 '하루카 편도 티켓'을 구매하면 교토역까지 편도 2,200엔으로 할인 예약 가능. 교토 -> 간사이도 예약 가능. (일반실 자유석, 지정석 이용 가능. 그린(일등)석은 특급권 별도 구매 필요) / 나머지는 오사카행과 동일한 내용
> - 사용 가능한 패스: JR 간사이 패스, JR 간사이 미니 패스
> - 공식 홈페이지 https://www.westjr.co.jp/global/kr/

리무진 버스

교토역 남쪽 '하치조구치'까지 가는 리무진 버스가 운행 중이다. 무거운 짐도, 복잡한 환승도 걱정 끝! 공항에서 교토 시내까지 가장 편안하고 여유롭게 이동하는 방법

공항 내 승차 위치
1터미널 1층 8번 승차장, 2터미널 1층 2번 승차장

주요 하차역 교토역 하치조구치

요금 (편도, 성인 기준)
2,800엔 (왕복 5,100엔 승차일로부터 14일간 유효)

운영시간 (1터미널 출발 기준) 06:45~23:20, 15~30분 간격

소요시간
약 85-90분

핵심 장점
환승 없이 한번에

주요 목적지
교토역 하치조구치

👍 장점 (Pros)
- **절대적인 편리함**: 공항에서 교토역까지 환승 없이 한 번에 이동하여 가장 편리합니다.
- **편안한 좌석&수화물**: 쾌적한 좌석과 별도의 짐칸이 있어 짐이 많아도 걱정 없습니다.
- **짧은 배차 간격**: 약 15~30분 간격으로 자주 운행하여 스케줄이 유연합니다.

👎 단점 (Cons)
- **긴 소요 시간**: JR 하루카 특급보다 이동시간이 더 길다. (약 85~90분)
- **교통 체증 가능성**: 도로 상황에 따라 도착 시간이 지연될 수 있다.
- **상대적으로 높은 요금**: 하루카 할인 티켓에 비해 요금이 비쌀 수 있다.

> **TIPS**
> - 공항 → 교토역은 지정좌석 없이 줄을 서서 선착순 탑승 / 교토역 → 공항은 선착순이 아닌 시간 지정된 예약순 (좌석은 자동 배정)
> - 공항에서는 자리가 없을 경우 다음 버스 탑승하면 됨. 특히 벚꽃, 단풍 시즌에는 사람이 많아 탑승이 지연될 수 있으므로 입국일 일정에 고려하기
> - 공항에서 왕복권을 구매한 경우 교토 → 공항행은 시간 지정된 상태가 아니므로 미리 지정해야 함! (미리 지정해두지 않았다가 매진되면 비행기 탑승 시간 놓칠 수도) 승차 장소와 가까운 곳에 있는 '게이한 버스 교토역하치조구치 안내소'의 유인 창구 혹은 티켓판매기로 시간 지정 가능. 가능하면 교토역에 도착하자마자 지정해두는 것을 추천. 구글맵: Keihan Bus Kyoto Station Hachijo Exit Information Centre
> - 왕복권을 사지 않았더라도 리무진 버스를 탈 계획이라면 출국일 전에 미리 표를 구매해두는 것을 추천
> - 공식 홈페이지 https://www.kate.co.jp/kr/timetable/detail/KY

간사이 국제공항에서 나라 가는 법

리무진 버스

환승 없이 공항에서 나라 시내까지 갈 수 있는 유일한 방법. 헤이조궁터 근처의 '나라현 컨벤션 센터'를 거쳐 나라공원 근처의 'JR나라역'에 정차한다.

공항 내 승차역 1터미널 1층 9번 승차장, 2터미널 1층 5번 승차장

주요 하차역 나라현 컨벤션 센터, JR나라역

요금 (성인 기준)

편도	2,400엔
왕복	4,500엔 (승차일로부터 14일간 유효)

운영시간 08:45~20:45, 2~3시간 간격 운행 (1터미널 출발 기준)

 소요시간 **약 100분**

 핵심 장점 **환승 없이 한번에**

주요 목적지 **JR 나라역**

👍 **장점 (Pros)**
- **유일한 직통 수단**: 공항에서 나라 시내까지 환승 없이 갈 수 있는 유일한 방법이다.
- **압도적인 편리함**: 무거운 짐을 들고 계단을 오르내릴 필요 없이 편안하게 이동 가능
- **수하물 걱정 끝**: 버스 아래 별도의 짐칸이 있어 큰 캐리어도 문제 없이 실을 수 있다.

👎 **단점 (Cons)**
- **긴 배차 간격**: 운행 횟수가 적고, 배차 간격이 2~3시간으로 매우 긴 편이다.
- **시간 계획 필수**: 버스 시간을 놓치면 다음 버스까지 오래 기다려야 하므로 시간 확인이 필수!
- **교통 체증 가능성**: 도로 상황에 따라 소요 시간이 더 길어질 수 있다.

TIPS
- 간사이공항→JR나라역행은 선착순 자유좌석, JR나라역→간사이공항행은 지정좌석
- IC교통카드 사용 가능
- 공식 홈페이지 https://www.kate.co.jp/kr/timetable/detail/NR

난카이선 또는 JR전철

공항에서 난카이선 혹은 JR 전철을 타고 각각 난바역, 덴노지역에서 환승하는 방법. 모두 약 1시간 30분 정도 걸리며, 환승 과정이 다소 번거롭지만 교통비는 리무진버스보다 저렴하다는 장점이 있다.

공항 내 승차역 간사이공항역 (1터미널 2층)

사용 가능한 패스
간사이 레일웨이 패스(난카이+킨테츠나라), JR 간사이 패스 혹은 JR 간사이 미니 패스 (JR간사이공항쾌속+JR야마토지)

 소요시간 **약 90분**

핵심 특징 **환승 1회 필요**

장점 **저렴한 요금**

TIPS
- **난카이+킨테츠** (난바역에서 환승) : 공항에서 난카이 공항선 공항급행을 타고 난바역에 내린 뒤, 킨테츠나라선으로 갈아타 킨테츠나라역에 하차
- **JR** (덴노지역에서 환승) : 공항에서 JR간사이공항쾌속을 타고 덴노지역에 내린 뒤, JR야마토지선 혹은 JR야마토지쾌속으로 갈아타고 JR나라역에 하차

루트 1. 난카이 + 긴테쓰 (총 1,650엔)

① **난카이 공항급행 탑승**
간사이공항역에서 난바행 공항급행 탑승

② **난바역에서 환승**
난카이 난바역 하차 후, '긴테쓰선' 표지판 따라 이동

③ **긴테쓰 나라선 탑승**
긴테쓰 나라행 열차 탑승 후 긴테쓰나라역 하차

루트 2. JR 노선 (총 1,680엔)

① **JR 간사이공항쾌속 탑승**
간사이공항역에서 덴노지행 쾌속열차 탑승

② **덴노지역에서 환승**
JR 덴노지역 하차 후, '야마토지선' 표지판을 따라 이동

③ **JR 야마토지선 탑승**
나라행 열차 탑승 후 JR나라역 하차

간사이 도시간 이동 방법

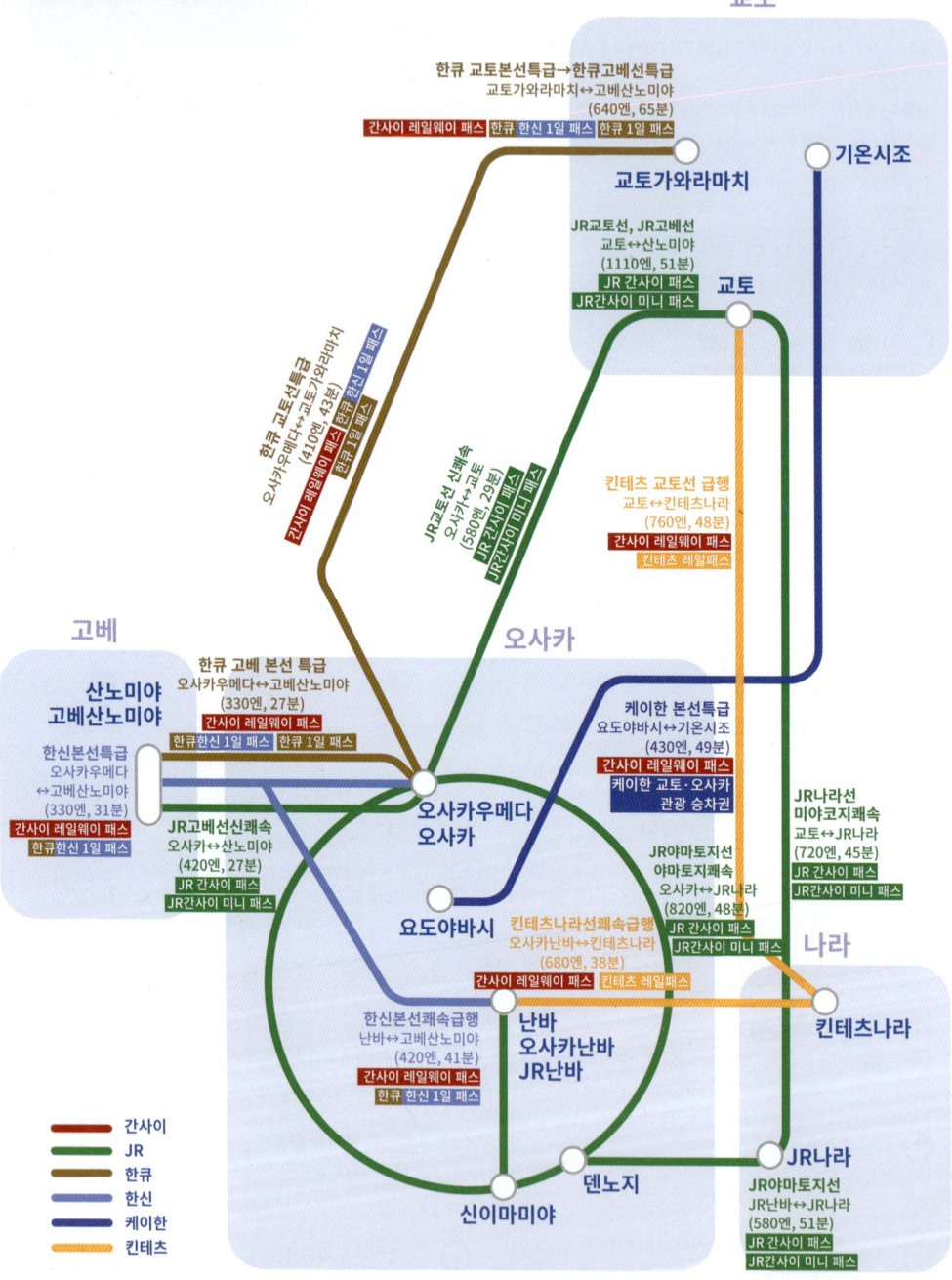

교통패스

외국인 여행자들에게 유용했던 교통·관광패스 중 상당수가 2023~2024년 사이 판매 종료되거나 리뉴얼되면서 효율이 낮아진 경우가 많다. 따라서 먼저 구체적인 일정을 짠 다음 패스를 활용할 수 있는 일정인지 꼭 확인할 것. 그렇지 않다면 교통카드가 편리하다.

1. 간사이 전 지역에서 쓰는 교통패스

🚆 JR 간사이 패스
광역 여행의 절대강자

오사카, 교토, 고베는 물론 히메지, 와카야마까지 간사이 전역을 커버하는 가장 강력한 패스입니다. 공항 특급 하루카를 이용해 빠르고 편안한 이동이 가능합니다.

주요 커버리지:
🏙️ 오사카, ⛩️ 교토, 🦌 고베, 🦌 나라,
🏯 히메지, 🍊 와카야마

👍 **장점:**
- 공항 특급 하루카 탑승 가능
- 교토 지하철, 케이한/한큐 전철 이용
- 가장 넓은 커버리지

🎉 **추천 대상:** 교토와 히메지성 방문, 공항을 편하게 오가고 싶은 여행자

🚆 JR 간사이 미니 패스
가성비 끝판왕

3일에 단돈 3,000엔! 오사카, 교토, 고베, 나라 4대 핵심 도시를 여행하는 가장 경제적인 방법입니다. 숙소가 JR역 근처라면 최고의 선택입니다.

주요 커버리지:
🏙️ 오사카, ⛩️ 교토, 🦌 고베, 🦌 나라

👍 **장점:**
- 압도적인 가격 (3일 / ¥3,000)
- 핵심 4개 도시 집중 공략
- 간쿠 쾌속으로 공항 이동 가능

💰 **추천 대상:** 4대 핵심 도시만 여행하는 알뜰 여행자

🚆 간사이 레일웨이 패스
이제는 추천하기 어려운 선택

24년 리뉴얼 이후 가격 경쟁력을 많이 잃었습니다. 도시 간 이동에 필수적인 JR을 이용할 수 없어 여행 동선이 매우 불편해질 수 있습니다.

주요 커버리지:
JR을 제외한 사철, 지하철

🤔 **단점:**
- 핵심 JR 노선 이용 불가
- 높아진 가격, 낮은 가성비

⚠️ **주의:** 특별한 목적이 없다면 다른 패스를 고려하세요.

사용지역	이름	기간	비용	설명
오사카 교토 고베 나라	JR 간사이 패스 이럴 때 추천 : 교토 여행, 히메지 당일치기	1일권 2일권 3일권 4일권	2,800엔 4,800엔 5,800엔 7,000엔	오사카, 교토, 고베, 히메지, 나라, 와카야마 등의 간사이 주요 도시 내 JR 사용 가능. 더불어 교토 내에서는 한큐, 케이한, 시영지하철, JR버스 등 다양하게 활용 가능해 교토 여행에 유용. 히메지 당일치기를 하는 경우에도 추천. **혜택** • 간사이 지역의 JR선, 교토 내 한큐 전철, 케이한 전철, 교토 시영 지하철, JR서일본버스 • 공항 특급 열차 하루카 (간사이공항-오사카-교토 간 지정석 2회) • 일부 관광시설 할인 **유의사항** JR외의 전철, 사철 이용 불가능 교토 내 한큐 전철, 케이한 전철, 교토 시영 지하철을 탑승할 때는 JR 간사이 패스를 보여주고 별도의 1일 승차권을 수령해야 함 **구매방법** 국내 여행사 홈페이지 혹은 서일본JR 홈페이지에서 구매 후 현지 교환처에서 실물 패스로 교환
	JR 간사이 미니 패스 이럴 때 추천 : 오사카에서 교토/고베/나라로 갈 경우	3일권	3,000엔	JR 간사이 패스보다 좁은 범위에서 사용 가능. 히메지와 와카야마 지역이 제외되며 하루카 혜택이 없는 것이 차이점. 3일권이므로 2박 3일 동안 오사카를 기점으로 교토, 나라, 고베를 여행하는 경우에 추천. **혜택** • 이용 구간 내의 JR선 (보통, 쾌속, 신쾌속) • 간사이공항~오사카 JR간사이공항쾌속(칸쿠쾌속) 이용 가능. 일부 관광시설 할인 **유의사항** 해당 노선 외의 전철, 사철 이용 불가능 하루카 특급열차 타려면 추가요금 필요 **구매방법** 국내 여행사 홈페이지에서 구매 후 현지 교환처에서 실물 패스로 교환

Tip. 판매 종료된 패스들
아래의 패스는 모두 현재 (25년 9월 기준) 판매되지 않으므로 참고.
간사이 스루 패스 | 한신 투어리스트 패스 | 한큐 투어리스트 패스 | 요코소 오사카 킷푸 | 칸쿠 치카토쿠 킷푸 | 교토 액세스 킷푸 | 교토 버스 1일권 | 이코카 & 하루카 패스

사용지역	이름	기간	비용	설명
오사카 교토 고베 나라	간사이 레일웨이 패스 비추천	2일권 3일권	5,600엔 7,000엔	24년 3월 31일 간사이 스루 패스가 종료되고 24년 4월 1일부로 리뉴얼된 패스. 기존보다 가격은 올랐는데 버스 이용이 불가능해지면서 사실상 본전을 찾기 어려워져 크게 추천하지 않는다. **혜택** • 간사이 지역의 사철 (전철, 지하철) • 일부 관광시설 할인 • 유효기간 내 불연속적으로 이용 가능 (3일권 구매시 월,수,금 띄워서 이용 가능) **유의사항** JR, 버스, 란덴은 사용 불가능 **구매방법** 클룩, kkday 등 국내 여행사 홈페이지에서 구매 후 현지 교환처에서 실물 패스로 교환

2. 오사카 ↔ 교토/고베/나라로 이동할 때 쓰는 교통패스

⛩ 게이한 패스
교토 동부 핵심 코스 저격

오사카와 교토를 잇는 게이한 본선을 무제한 이용합니다. 후시미 이나리, 기온, 기요미즈데라 등 교토 동부의 주요 관광지를 환승 없이 편하게 둘러볼 때 최적입니다.

💡 **이런 분께 추천!**
"교토에서 기모노 입고 후시미 이나리랑 기온 거리를 갈 거예요."
JR보다 저렴하고 동선이 효율적입니다.

🦌 킨테츠 레일 패스
나라 사슴공원 완벽 탐방

오사카-나라-교토를 잇는 킨테츠 전철과 함께, 나라 공원 주변을 순환하는 '나라교통 버스'를 무제한 이용할 수 있는 유일한 패스입니다. 넓게 퍼진 나라의 관광지를 편하게 볼 수 있습니다.

💡 **이런 분께 추천!**
"나라에 가서 사슴도 보고, 버스타고 호류지까지 둘러보고 싶어요."
나라 버스 이용이 핵심이라면 대체 불가능한 패스입니다.

사용지역	이름	기간	비용	설명
오사카 ↔ 교토 고베	한큐 한신 1일 패스 비추천	1일권	1,600엔	기존의 한신 투어리스트 패스, 한큐 투어리스트 패스가 종료되고 24년 4월 1일 리뉴얼하며 두 패스가 하나로 합쳐졌다. 그러나 가격이 오르면서 기존처럼 오사카↔교토, 혹은 오사카↔고베 당일치기만으로는 본전을 찾기 어려워졌다. **혜택** 한큐 전 노선, 한신 전 노선, 고베 고속선 전 노선 **유의사항** 시내버스 이용 불가능 **구매방법** 한큐 투어리스트 센터 오사카·우메다, 한큐 교토 관광안내소 (교토 가와라마치역, 가라스마역), 한신전철 서비스센터
	한큐 1일 패스 비추천	1일권	1,300엔	24년 6월 17일부터 판매하기 시작한 e티켓 전용 패스. 기존의 한큐 투어리스트 패스와 기간과 혜택은 동일한데 가격은 올랐기 때문에 사실상 메리트가 없다. **혜택** 한큐 전 노선 **유의사항** 시내버스 이용 불가능 **구매방법** Surutto-QRtto (스룻토QRtto) 공식 홈페이지에서 구매 (가입 필요, 신용카드 결제만 가능)

사용지역	이름	기간	비용	설명
오사카 ↔ 교토	게이한 교토·오사카 관광 승차권 이럴 때 추천: 오사카에서 교토 동부로 갈 때 (우지, 후시미이나리, 도후쿠지)	1일권	1,500엔	일명 '게이한 패스'로 불리는 외국인 전용 게이한 전철 승차권. 오사카 요도야바시나 교바시역에서 출발해 교토의 우지, 후시미이나리, 도후쿠지 등 교토 동부를 여행할 때 유용하다. 1일권의 경우 오사카와 교토를 게이한 전철로 왕복하고, 교토 내에서도 게이한 전철을 2~3회 이상 탈 경우 이득. **혜택** •오사카~교토 간의 게이한 전철 무제한 이용 •2일권의 경우 불연속으로 이용 가능 •일부 관광시설 할인 및 우대 혜택 **유의사항** 일부 게이한 전철역에서만 구매 및 수령 가능하므로 홈페이지에서 지정된 구매처 및 교환처 확인 필수 **구매방법** 국내 여행사 홈페이지에서 구매 후 현지 교환처에서 실물 패스로 교환 혹은 현지 판매처에서 구매 (간사이국제공항, 오사카 요도야바시역, 교토 산조역 등)
	게이한+오사카메트로 교토·오사카 관광 승차권 비추천	1일권	2,160엔	교토·오사카 관광 승차권 1일권의 혜택에 오사카메트로를 결합한 승차권. 하루 동안 오사카와 교토 왕복 + 교토 내에서 게이한 전철 혹은 오사카 내에서 오사카 메트로를 기본요금 기준 총 6회 이상 탑승해야 본전을 찾을 수 있다. **혜택** 오사카~교토 간의 게이한 전철 (오쓰선 제외), 오사카 메트로, 오사카 시티 버스 **유의사항** 일부 게이한 전철역에서만 구매 및 수령 가능하므로 홈페이지에서 지정된 구매처 및 교환처 확인 필수 **구매방법** 국내 여행사 홈페이지에서 구매 후 현지 교환처에서 실물 패스로 교환 혹은 현지 판매처에서 구매 (간사이국제공항, 오사카 요도야바시역, 교토 산조역 등)
오사카 ↔ 나라	킨테츠 레일패스 이럴 때 추천: 오사카에서 나라를 오갈 때	1일권 2일권 5일권	1,900엔 3,700엔 4,900엔	오사카-나라-교토 사이의 킨테츠 노선을 무제한 탑승 가능한 외국인 전용 패스. 다만 교토보다는 오사카-나라를 오갈 때 사용하는 것이 더 실용적이다. 1일권은 오사카와 나라를 왕복하고 나라에서 '나라교통버스(고츠버스)'를 여러 번 탄다면 구매하는 것이 이득. 기간별 사용 가능 범위가 다르므로 확인 필수. **혜택** •1일권 : 오사카난바·킨테츠나라, 교토~쓰쓰이 등의 킨테츠 노선 + 나라공원, 니시노쿄, 호류지 구간의 나라교통버스 •2일권 : 오사카부, 나라현, 교토부 전 지역의 킨테츠 노선 + 니라슈웨, 니시노쿄, 호류지, 아스카, 무로, 야마노베노미치 구간의 나라교통버스 •5일권 : 오사카, 나라, 교토, 이세시마, 나고야의 킨테츠 전 노선과 이가철도 전 노선 •공통 : 일부 관광시설 할인 혜택 (1,2일권은 40여곳, 5일권은 70여곳) •유의사항 승차 개시일로부터 연속으로만 사용 가능 •5일권은 나라교통버스 혜택 없음 (5일권 plus 구매시 나라교통버스 이용 가능) •**구매방법** 킨테츠 공식 홈페이지, 국내 여행사 홈페이지, 현지 판매처 (간사이국제공항, 오사카난바역, 교토역, 킨테츠나라역 등)

3. 오사카/교토/고베 내부에서 쓰는 교통패스

① 오사카 메트로 1일 승차권
주말 여행 & 할인 혜택의 최강자

현지인과 관광객 모두 사용할 수 있는 1일 승차권입니다. 특히 주말/공휴일에는 가격이 매우 저렴해지며, 오사카성, 우메다 공중정원 등 약 30개 주요 관광지 할인 혜택까지 제공합니다.

가격 정보
평일: 820엔   주말/공휴일: **620엔**

👍 **장점:**
- 주말/공휴일 압도적인 가성비
- 주요 관광지 할인 혜택 제공
- 지하철역 자판기에서 간편하게 구매 가능

💡 **핵심 팁:** 주말에 오사카를 여행한다면 이 패스가 무조건 정답입니다!

② 오사카 메트로 1·2day pass
가격 인상으로 메리트가 사라진 패스

외국인 관광객 전용으로 판매되는 패스입니다. 주말 할인은 없지만, 유일하게 '2일권' 옵션이 있어 평일에 이틀 연속으로 오사카 시내를 여행할 때 가장 경제적인 선택이 됩니다.

가격 정보
1일권: 820엔   2일권: **1,500엔 (일 750엔 꼴)**

👍 **장점:**
- 평일 2일 연속 여행 시 최고의 효율
- 미리 온라인으로 구매 후 공항 등에서 교환 가능

✊ **단점:**
- 관광지 할인 혜택 없음
- 주말 가격 혜택 없음

💡 **핵심 팁:** 평일에 이틀간 오사카 시내를 집중 공략할 계획이라면 2일권을 선택하세요.

사용지역	이름	기간	비용	설명
오사카	오사카 메트로 1일 승차권 (엔조이 에코카드) 이럴 때 추천 : 오사카 메트로 하루 4번 이상 탈 때	1일권	평일 820엔 주말, 공휴일 620엔	오사카 메트로 9개 노선과 오사카 시티버스를 1일간 무제한 승차. 평일보다 주말 및 공휴일 가격이 더 저렴하다. 하루 동안 오사카 메트로를 평일 4번 이상, 주말 3번 이상 탈 경우 이득. **혜택** 오사카 메트로 전 노선, 오사카 시티버스 무제한 승차 오사카 시내 약 30개 관광명소 입장료 할인 혜택 **유의사항** 유니버설 스튜디오 재팬행 버스, IKEA행 버스 제외 오사카메트로 이외의 사철 제외 **구매방법** 오사카 메트로 지하철역 자동발매기에서 구입
	오사카 메트로 1·2day pass 비추천	1일권 2일권	1,200엔 1,800엔	단기 체류 외국인 여행자만 구매 가능한 패스. 오사카 메트로 1일 승차권(엔조이 에코카드)와 혜택은 동일하나, 최근 가격이 인상으로 기존의 메리트가 사라져 크게 추천하지 않는다. **혜택** 오사카 메트로 1일 승차권(엔조이 에코카드)와 동일 **유의사항** 현지 구매는 간사이공항 제1터미널 '간사이 투어리스트 인포메이션 센터'에서만 가능 (여권 제시 필수) **구매방법** 국내 여행사 홈페이지에서 구매 후 현지 교환처에서 실물 패스로 교환 혹은 간사이공항 간사이 투어리스트 인포메이션 센터에서 현지 구매

최종 정리 & 주의사항 이것만 기억하세요!

팁1 주말/공휴일 여행은 묻지도 따지지도 말고 '**엔조이 에코 카드**'를 구매하세요.

팁2 평일 하루 여행은 본전치기(지하철 4~5회 탑승)가 애매하다면, 관광지 할인 혜택이 있는 '엔조이 에코 카드'가 조금 더 유리할 수 있습니다.

⚠️ **중요:** 이 패스들은 오사카 메트로(지하철)와 오사카 시티 버스 전용입니다. JR, 난카이, 한큐 등 다른 회사 노선은 이용할 수 없습니다!

① 지하철·버스 1일권
교토 여행의 만능 치트키

교토 시영 지하철과 시영 버스를 하루 동안 무제한으로 이용할 수 있는 가장 포괄적인 패스입니다. 버스와 지하철을 자주 갈아타며 교토 구석구석을 누빌 계획이라면 최고의 선택입니다.

가격: 1,100엔
본전 팁: 버스 3회 + 지하철 2회 이상 탑승 시 이득!

👍 **장점:**
- 지하철+버스 모두 커버
- 관광지 할인 혜택 제공
- 복잡한 동선에 가장 효과적

② 지하철 1일권
지하철 중심의 효율적 이동

교토 시영 지하철 2개 노선(가라스마선, 도자이선)을 무제한 이용할 수 있습니다. 주요 관광지가 지하철역 근처에 있고, 버스의 복잡함과 교통체증을 피하고 싶을 때 유용합니다.

가격: 800엔
본전 팁: 지하철 4회 이상 탑승 시 이득!

👍 **장점:**
- 저렴한 가격
- 빠르고 쾌적한 이동
- 관광지 할인 혜택 포함

③ 게이한 교토 관광 1일권
교토 동부 코스 특화

게이한 전철의 특정 구간을 무제한 이용하는 패스입니다. 후시미 이나리, 기온, 기요미즈데라, 우지 등 교토 동부와 남부의 핵심 관광지를 둘러볼 때 압도적으로 편리하고 저렴합니다.

가격: 800엔
본전 팁: 당일에 도후쿠지, 후시미이나리, 우지를 둘러볼 경우 추천

👍 **장점:**
- 교토 동부 관광에 최적화된 동선
- 매우 저렴한 가격

사용지역	이름	기간	비용	설명
교토	**교토 지하철 버스 1일권** 이럴 때 추천 : 하루 버스 5번 이상, 관광특급버스 3번 이상, 오하라 당일치기 할 때	1일권	1,100엔	기존의 '교토 버스 1일권'이 23년 10월 판매 종료되면서 현재 실질적으로 버스 1일권의 역할을 하는 패스. 하루에 일반 버스 5회 이상 탈 경우, 관광특급버스(EX100, EX101) 3번 이상 탈 경우, 혹은 교토 외곽의 오하라까지 당일치기 왕복하는 경우 구매 추천. **혜택** • 교토시영 지하철(가라스마선, 도자이선), 시버스 전 노선, 교토버스*, 게이한버스*, 서일본JR버스*, 관광특급버스(EX100, EX101번) 무제한 탑승 (*일부 노선 제외) • 약 60곳 관광시설에서 할인 혜택 **유의사항** JR전철, 사철(한큐, 케이한 등) 사용 불가 • 버스 이용시 첫번째 승차시 카드 투입하면 뒷면에 날짜가 인쇄되고, 그 다음 승차부터는 뒷면의 날짜를 버스기사에게 보여주면 된다 • 첫번째 승차가 게이한버스, 서일본JR버스인 경우에는 앞면에 수기로 이용일을 적는다 **구매방법** 교토역 등 시버스·지하철역 안내소 창구 혹은 티켓판매기, 교토 종합관광안내소 등 (홈페이지 확인)
	교토시영 지하철 1일 이용권 이럴 때 추천 : 하루에 교토시영 지하철 4번 이상 탈 경우	1일권	800엔	교토시영 지하철의 두 가지 노선 도자이선, 가라스마선을 하루 4번 이상 탈 경우 이득. 그러나 교토 여행지 대부분이 지하철에서 떨어져 있으므로 활용성이 떨어지는 편. 목적지를 잘 확인한 후 구매 필요. **혜택** • 교토시영 지하철 무제한 탑승 • 약 10곳 관광시설에서 할인 혜택 **유의사항** JR, 한큐, 케이한 이용 불가능 **구매방법** 교토역 등 시버스·지하철역 안내소 창구 혹은 티켓판매기, 각 지하철역 창구 및 티켓판매기
	게이한 교토 1일 관광 승차권 이럴 때 추천 : 당일에 도후쿠지, 후시미이나리, 우지를 둘러볼 경우	1일권	1,000엔	교토 동부의 도후쿠지, 후시미이나리, 우지를 여행할 때 유용한 패스. 산조역 → 도후쿠지역 편도 220엔이므로 게이한 본선 기준 4~5정거장 거리를 하루 5번 이상 탈 경우 이득을 볼 수 있다. 산조역→우지역은 편도 350엔이므로 우지 당일치기 + 게이한 본선 2회 이상 탈 경우에도 유용. **혜택** • 교토 내의 게이한 전철 무제한 승차(게이한 본선, 우지선, 이와시미즈하치만구산조 케이블) **유의사항** 일부 판매처에서만 구매 및 수령 가능하므로 홈페이지에서 지정된 구매처 및 교환처 확인 필수 **구매방법** 국내 여행사 홈페이지에서 구매 후 현지 교환처에서 실물 패스로 교환 혹은 현지 판매처에서 구매 (간사이국제공항, 교토 산조역 등)

교토 교통 최종 꿀팁 & 주의사항 *이것만 기억하세요!*

팁1 교토 버스는 뒷문으로 타고 앞문으로 내립니다. 통합권을 처음 사용할 땐 내릴 때 기계에 넣고, 두 번째부터는 날짜가 찍힌 뒷면을 기사님께 보여주기만 하면 됩니다.

팁2 아라시야마, 금각사 등 외곽 지역은 버스가 필수입니다. 이런 곳을 하루에 몰아서 간다면 **'지하철·버스 1일권'**이 유리합니다.

팁3 교토역, 가라스마오이케역, 니조성 등 남북을 빠르게 관통하고 싶다면 **'지하철 1일권'**의 효율이 매우 높습니다.

⚠ **중요:** 교토 시내 패스는 JR, 한큐, 란덴 등 다른 회사 노선은 이용할 수 없습니다! 아라시야마 치쿠린으로 바로 가려면 JR을 타야 합니다.

고베 핵심 패스 4종 비교

① 고베 루프버스 & 지하철 1일권
관광객 필수 코스인 '시티루프 버스'와 고베 시영 지하철을 함께 이용할 수 있는 패스입니다. 주요 관광지를 편하게 돌고 싶을 때 유용합니다.

1일권 800엔
2일권 1,200엔

루프버스 3~4회 이상 탑승 시 이득!

② 고베마치메구리 1day 쿠폰
고베 시영 지하철 전 노선을 하루 동안 무제한 이용할 수 있습니다.

1일권 1,000엔

지하철 4회 이상 탑승 시 이득!

③ 포트라이너 & 롯코라이너 1일권
고베 공항, 동물왕국이 있는 포트 아일랜드와 롯코 아일랜드를 오가는 모노레일을 무제한 이용합니다. 고베 야경 명소로 갈 때 필수입니다.

포트라이너 710엔
롯코라이너 550엔

포트라이너 4회 이상 탑승 시 이득!

④ 시영버스 & 지하철 1일권
고베 시영 지하철과 시영 버스(시티루프 제외)를 모두 이용할 수 있는 가장 광범위한 패스입니다. 현지인처럼 고베 구석구석을 여행할 때 유용합니다.

1,040엔

버스+지하철 5회 이상 탑승 시 이득!

사용지역	이름	기간	비용	설명
고베	**고베 1·2 day 루프버스 티켓** 이럴 때 추천: 고베 루프버스를 하루 3~4회 이상 탈 경우	1일권 2일권	800엔 1,200엔	고베 내에 운행되는 시티루프(편도 300엔)와 포트루프(편도 230엔)을 하루 3~4회 이상 탑승할 경우 1일권, 이틀 동안 4~6번 이상 탑승할 경우 2일권이 유용하다. **혜택** 고베 시티루프, 포트루프 버스 기간 내 무제한 탑승 29곳 관광시설 할인 혜택 **유의사항** 승차권 뒷면에 사용하려는 날짜를 동전으로 긁은 후 승무원에게 보여주고 탑승 **구매방법** 고베 인포메이션 센터, 신고베역 관광안내소, 신키버스 고베산노미야 버스터미널, (1일권의 경우) 버스 차내에서 기사에게 직접 구매
	고베마치메구리 1day 쿠폰 (엔조이 에코카드) 이럴 때 추천: 시 지하철, 고베 고속선, 포트라이너를 하루 4~5회 이상 탈 경우	1일권	1,000엔	고베 시내에서 운행되는 시 지하철, 고속선, 포트라이너를 1일 4~5회 이상 탑승할 경우 유용 **혜택** 고베 시 지하철, 고베 고속선, 포트라이너 1일간 무제한 탑승 800엔 이하의 관광명소에 1회 1명 무료 입장 (입장 가능 시설은 홈페이지 참고) **유의사항** 금액을 추가할 경우 한큐/한신/킨테츠 등 확대판 구매 가능 **구매방법** 고베 시 지하철, 포트라이너 각 역에서 구매 **홈페이지** https://www.feel-kobe.jp/tickets/machimeguri1day/
	포트라이너·롯코라이너 1일 승차권 이럴 때 추천: 포트라이너를 하루 4회 이상 탈 경우	1일권	포트 710엔 롯코 550엔 공통 1,220	개별권 기준 포트라이너를 하루 4회 이상, 롯코라이너를 하루 3회 이상 탑승할 경우 유용 **혜택** 포트라이너/롯코라이너 1일간 무제한 탑승, 일부 시설 할인 혜택 포함 **구매방법** 포트라이너/롯코라이너 각역 자동발매기 **홈페이지** https://www.knt-liner.co.jp/ko/ticket/one

고베	시버스·지하철 공통 1일 승차권 이럴 때 추천 : 고베 시 지하철, 시 버스를 하루 5회 이상 탈 경우	1일권	1,040엔	고베 시 버스와 시 지하철을 하루 5회 이상 탈 경우, 혹은 시버스로 장거리를 왕복할 경우 유용 **혜택** 고베 시버스, 시 지하철 모든 노선 1일간 무제한 탑승 **구매방법** 지하철 각역 창구, 지하철역 매점, 지하철 정기권 매표소, 고배역 앞 영업소, 고베전철 미나토가와 정기 매표소 **홈페이지** https://www.city.kobe.lg.jp/a89954/kurashi/access/kotsu-kyoku/korean/ticket.html
	지하철 1일 승차권 이럴 때 추천 : 고베 시 지하철을 하루 4회 이상 탈 경우	1일권	830엔	고베 시 지하철을 하루 4번 이상 탈 경우 유용 **혜택** 고베 시 지하철 모든 노선 1일간 무제한 탑승 **구매방법** 지하철 각역 창구, 지하철역 매점, 지하철 정기권 매표소, 고배역 앞 영업소, 고베전철 미나토가와 정기 매표소 **홈페이지** https://www.city.kobe.lg.jp/a89954/kurashi/access/kotsu-kyoku/korean/ticket.htm

고베 교통 최종 꿀팁 & 주의사항 이것만 기억하세요!

팁1 고베의 핵심 관광지는 대부분 '**시티루프 버스**' 노선 위에 있습니다. 관광이 주 목적이라면 루프버스가 포함된 패스가 무조건 편리합니다.

팁2 아리마온센, 롯코산 등 고베 외곽으로 나갈 계획이라면, 이 패스들로는 커버가 안되니 '**한큐 투어리스트 패스**'나 '**간사이 스루 패스**' 등을 추가로 알아보는 것이 좋습니다.

⚠ **중요**: 고베 시내 패스로는 오사카나 교토를 오갈 수 없습니다! 도시 간 이동은 JR, 한큐, 한신 등 별도 노선을 이용해야 합니다.

4. 관광패스

핵심 관광패스 3종 전격 비교

오사카 주유 패스 오사카 시내 교통 + 관광지 올인원	오사카 e-패스 교통은 빼고, 관광지만 쏙쏙!	간사이 조이 패스 간사이 전역의 비싼 관광지 공략
• 오사카 메트로, 버스 등 무제한 탑승 • 약 40개 주요 관광지 무료 입장 • 1일권 / 2일권 선택 가능	교통 기능은 **미포함** • 약 25개 관광지 무료 입장(주유패스보다 적음) • QR코드로 간편하게 이용	교통 기능은 **미포함** • 오사카, 교토, 고베 등 광역 커버 • 지정된 관광지 중 3개 또는 6개 선택 입장
공식 1일권 가격 **3,500엔**	공식 1일권 가격 **2,400엔**	1일권 (3개소 선택) **41,000원**
오사카에 처음 와서 하루 동안 핵심 관광지 2·3곳과 교통을 한번에 해결하고 싶다면 최고의 선택!	JR패스 등 별도 교통권이 있고, 오사카 관광지 입장료만 절약하고 싶을 때 합리적인 선택!	여러 도시에 흩어진 비싼 유료 시설(하루카스300 등)을 집중적으로 방문할 계획이 있는 '선택과 집중' 여행자에게 적합!

최종 꿀팁 & 주의사항

팁1 패스 구매 전, 내가 갈 관광지의 **입장료 총합**을 반드시 계산해 보세요. 패스 가격보다 저렴하다면 그냥 개별 구매하는 것이 이득입니다.

팁2 '오사카 주유 패스'의 뽕을 뽑으려면, 아침 일찍 시작해서 동선을 효율적으로 짜는 것이 관건입니다. 우메다 지역, 난바 지역 등으로 묶어서 계획을 세우세요.

팁3 '간사이 조이 패스'나 '오사카 e-패스'는 교통이 포함되어 있지 않으므로, **JR 간사이 패스나 오사카 메트로 1일권** 등 교통 패스와 조합해서 사용해야 합니다.

⚠ **중요**: 모든 패스는 구매 전 공식 홈페이지에서 최신 가격, 이용 가능 시설, 휴무일 정보를 반드시 재확인해야 합니다!

사용지역	이름	기간	비용	설명
오사카 교토 고베 나라	간사이 조이 패스 이럴 때 추천 : 오사카뿐만 아니라 간사이의 여러 지역을 둘러보고 싶을 때	7일권	3개 약 41,000원 6개 약 64,000원	오사카, 교토, 고베, 나라의 인기 관광지 입장권 및 혜택 중 3개 또는 6개를 선택해 일주일 내에 무료로 이용 가능 **혜택** 츠텐카쿠, 츠텐카쿠 타워슬라이드, 하루카스300 전망대, 오사카 원더 크루즈, 레고랜드 디스커버리 센터, 우메다 스카이빌딩 공중정원 전망대, 고베 누노비키 허브가든&로프웨이, 모자이크 대관람차, 교토 철도 박물관, 교토 도에이 우즈마사 영화촌, 게이한 교토·오사카 관광 승차권 1일권 등. 그외 제휴 상점, 음식점의 할인 혜택 **유의사항** • 첫 사용일로부터 7일 동안 사용 가능 • 패스 사용처마다 사용 가능 기간이 다르므로 구매처 혹은 홈페이지에서 확인 필수 • JR공항특급 하루카 티켓이나 오사카 메트로 패스 등이 함께 구성된 패키지도 판매하고 있으므로 일정에 따라 선택하기 • **구매 방법** 국내 여행사 홈페이지에서 구매 후 현지 교환처 혹은 사용처에서 제시
오사카 시내	오사카 주유 패스 이럴 때 추천 : 오사카 주요 관광지를 둘러보며 교통도 편리하게 이용하고 싶을 때	1일권 2일권	3,500엔 5,000엔	오사카 지하철, 사철, 시티버스 승차권 + 오사카 시내 각종 관광시설 40여곳의 무료 입장권. 1일권 기준 가려는 곳들의 입장료가 총 2,480엔 이상일 경우 (주말은 2,680엔) 구매하는 것이 이득. **혜택** 오사카 지하철(오사카 메트로 9개 노선+이마자토 라이너), 오사카 시티버스 전 노선(일부 노선 제외), 주요 오사카 시내 지역의 한큐 전철·한신 전철·게이한 전철·긴키닛폰철도(킨테츠)·난카이 전철 자유롭게 탑승 오사카 관광시설 40여곳 무료 입장 (우메다 스카이빌딩 공중정원 전망대, 헵파이브 관람차, 오사카 시립 주택박물관, 나카노시마 리버크루즈, 츠텐카쿠, 츠텐카쿠 타워 슬라이드, 오사카성 천수각, 덴포진 대관람차 등) **유의사항** • 2일권의 경우 연속으로만 사용 가능 • 이용 불가능한 노선 : JR선, 오사카 메트로 코스모스퀘어역~유메시마역 구간 (25년 연장 예정), 유니버설 스튜디오 재팬행 버스, IKEA행 버스 • 이용 가능한 관광지가 변경되거나 제한사항이 있기도 하므로 홈페이지에서 확인 필수 • 24년 6월 17일부터 현장판매 및 지류티켓은 종료되고 홈페이지 예약과 디지털 패스로만 판매 (스마트폰 QR코드로 탑승 및 입장) • 국내 여행사 홈페이지에서 1인이 여러 장 구매한 경우 일행에게 티켓 분배가 안 되므로 구매자와 모든 일행이 반드시 동행해야 함. 각자 티켓을 가지려면 개별 결제 필수. (공식 홈페이지에서 구매할 경우에는 분배 가능) • **구매 방법** 공식 홈페이지 혹은 국내 여행사 홈페이지에서 구매 후 발급 받은 QR코드를 사용처에서 제시
	오사카 e-패스 이럴 때 추천 : 주유패스에는 없는 곳을 가고 싶을 때, 교통 패스를 별도로 구매할 때	1일권 2일권	2,400엔 3,000엔	교통권 없이 관광시설 무료 입장 혜택만 있는 패스. **혜택** 오사카 관광시설 25여곳 무료 입장 (우메다 스카이빌딩 공중정원 전망대, 헵파이브 관람차, 나카노시마 리버크루즈, 츠텐카쿠, 츠텐카쿠 타워 슬라이드 등) **유의사항** • 2일권의 경우 연속으로만 사용 가능 • 이용 가능한 관광지가 변경되거나 제한사항이 있기도 하므로 홈페이지에서 확인 필수 **구매 방법** 공식 홈페이지 혹은 국내 여행사 홈페이지에서 구매 후 발급 받은 QR코드를 사용처에서 제시

교통카드

Tip 파스모, 스이카 등 타 지역 교통카드도 간사이에서 사용 가능!
파스모 PASMO / 스이카 Suica / 키타카 Kitaca / 마나카 manaca / 토이카 TOICA / 하야카켄 hayakaken / 니모카 nimoca / 스고카 SUGOCA

이코카 ICOCA

외국인 여행자 전용 오리지널 디자인 이코카

간사이 원패스 KANSAI ONE PASS

	이코카 ICOCA	외국인 여행자 전용 오리지널 디자인 이코카	간사이 원패스 KANSAI ONE PASS
설명	JR 서일본에서 발행하는 교통카드 (IC카드)	단기 체류 외국인 여행자 한정으로 구매할 수 있는 이코카 카드	이코카와 동일한 기능에 일부 관광지 혜택이 포함된 IC카드
사용처	JR, 사철, 지하철, 버스, 노면전차, 택시 등 모든 교통수단 대부분의 편의점 및 일부 음식점, 상점, 자판기, 물품보관함 등에서도 결제 가능		
구매처	• 지하철, 전철 역내 자동발매기 및 유인 창구 • 어린이용 이코카(만 6~12세용)는 티켓 오피스에서만 구매 가능, 방문해 신청서 작성 필요하며 여권 제시 필수	• 간사이공항역 JR 티켓오피스 (자동발매기나 다른 역에서는 판매하지 않음) • 1일 1매 한정 판매, 키티와 풍신뇌신 중에서 선택 • 어린이용은 따로 없음	• 간사이공항역 JR/난카이 티켓오피스, 신오사카역 JR 티켓오피스/오사카메트로 인포메이션 카운터, 교토역 JR 티켓오피스, 신고베관광안내소 등 • 모든 역에서 판매하는 것이 아니므로 홈페이지에서 자세한 판매처 확인 필수
구매 방법	• 발매 가격 2,000엔 (보증금 500엔 + 충전금액 1,500엔) • 500엔 보증금 지불 필수 (사용 금액에 포함되지 않으며, 카드 반환시 환불 가능) • 구매시 현금만 가능		• 발매 가격 3,000엔 (보증금 500엔 + 충전금액 2,500엔) • 구매시 현금만 가능
충전 방법	• ICOCA 마크가 부착된 철도 역내 자동발매기에서 충전 • 편의점에서 충전 (직원에게 '이코카 챠-지 チャージ(충전)' 라고 말하면 된다) • 보통 1,000엔 단위로 충전할 수 있으면 현금만 가능		
사용 기한	• 마지막 사용일로부터 10년까지 유효 (그전에 사용하면 다시 10년 갱신됨) • 어린이용 이코카는 만 12세가 되는 연도의 3월 31일까지		사용기한 없음
카드 반환	• JR 역내 티켓오피스에 방문해 반환 (간사이 원패스의 경우 일부 역에서만 가능) • 카드에 잔액이 있을 경우 수수료 220엔 차감 후 나머지 금액 + 보증금 500엔 환불 • 카드에 잔액이 없을 경우 보증금 500엔만 환불 • 따라서 편의점 등에서 모두 사용해 잔액을 0엔으로 만들고 반환하는 것이 가장 좋음		

애플페이로 IC카드 신규발급 방법

애플페이가 흔히 쓰이는 일본. 처음 한번만 등록해두면 다음 여행에서도 두고두고 사용할 수 있어 편리하다

1) IC카드 신규 발급 및 충전하기 *애플페이에 연결된 결제 카드 있을 때

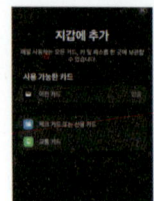  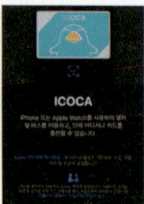 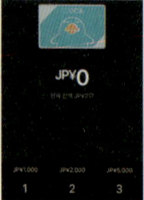  

1. 지갑 앱 실행하고 카드 추가
2. 교통 카드 → 파스모, 스이카, 이코카 중 선택
3. '동의 및 계속'
4. 충전할 금액 입력
5. 애플페이에 연결된 카드로 결제
6. 결제 완료 후 발급된 카드와 충전 금액 확인

2) 충전 없이 IC카드만 신규 발급하기   *애플페이에 연결된 결제 카드 없을 때. PASMO만 발급 가능

  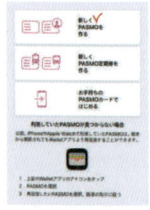  

1. 애플 앱스토어에서 'PASMO' 검색 후 다운
2. 'はじめる' (시작)
3. 新しくPASMOを作る (파스모 신규 생성)
4. '無記名 PASMO' (무기명 파스모)
5. 우측 상단 '次へ' (다음) 누르고 '同意する' (동의)
6. 'チャージしない' (충전 안 함)

카드 추가

'iPhone'의 지갑 앱에서 '無記名PASMO' 카드를 사용할 수 있습니다.

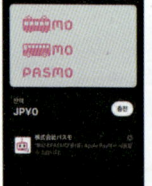 

7. 잠시 기다리면 파스모가 신규 발급되며 자동으로 애플페이에 추가됨
8. 발급된 파스모 확인
9. 일본 현지에서 실물IC카드와 동일한 방식으로 현금 충전해 사용 (IC 마크가 있고 아이폰 기기를 올려놓을 수 있는 자동발매기 혹은 편의점에서 충전)

기존 보유 이코카 실물카드를 애플페이에 등록하는 방법

1. 아이폰에서 '지갑 (Wallet)' 앱 실행
2. 우측 상단 '+' 버튼 클릭
3. '교통 카드' 선택
4. 파스모, 스이카, 이코카 중 선택
5. '동의 및 기존 카드 전송' 선택
6. '기존 카드에서 잔액 이체' 화면에서 실물 카드의 뒷면 하단 번호와 본인 생년월일 입력
7. 화면 안내에 따라 아이폰에 실물카드를 올려두고 금액 이체 진행
8. 추가된 카드와 옮겨진 금액 확인 (보증금 500엔 포함 금액이며 보증금까지 전부 사용 가능. 애플페이에 등록하고나면 기존 실물카드는 더이상 사용할 수 없음)

KANSAI 간사이 한눈에 보기

① 키노사키
② 아마노하시다테
③ 히메지
④ 아리마온센
⑤ 고베
⑥ 오하라
⑦ 교토
⑧ 오쓰
⑨ 우지
⑩ 오사카
⑪ 이카루가
⑫ 나라
⑬ 이세
⑭ 와카야마

audio guide

1
키노사키 城崎

7개의 공공온천이 마을 곳곳에 위치

2
아마노하시다테 天橋立

모래톱 지형 위에 8천 그루 소나무 숲길

3
히메지 姫路

일본 최초 유네스코 문화재 히메지성이 있는 도시

4
아리마온센 有馬温泉

붉은색 온천과 탄산 온천으로 유명한 온천마을

일본의 서쪽 지방 '관서' 간사이. 보통 오사카를 중심으로 교토, 고베, 나라를 여행한다.

교토 京都

한국의 경주같은 도시. 벚꽃· 단풍놀이 명소. 카이세키, 녹차, 유도후 등 미식의 중심지

나라 奈良

꽃사슴 보러 가는 당일치기 여행지.명물 먹거리는 감잎초밥과 나카타니도 모찌

🔟 오사카 大阪

일본 제2의 도시이자 "웃음의 도시" 유쾌한 문화와 맛있는 음식으로 유명

❺ 고베 神戶

간사이의 대표적인 개항 도시. 하버랜드와 롯코산에서 보는 바다 야경

❽ 오쓰 大津

비와호와 접하고 있어 카누, 카약 등 액티비티 천국

⓭ 이세 伊勢

일본 최고 권위를 지닌 이세 신궁의 도시

❻ 오하라 大原

액자정원과 이끼정원 고즈넉한 산 속 마을

⑪ 이카루가 斑鳩

세계에서 가장 오래된 목조 건축물 호큐시

⑭ 와카야마 和歌山

구마노 고도 순례길과 시라라하마 해변. 매실(우메보시)의 본고장

❾ 우지 宇治

말차로 유명한 도시. 10엔 동전에 그려진 보도인도 인기

169

MAP
간사이 벚꽃&단풍스팟

봄과 가을을 더 오래 즐기고 싶다면 간사이 여행이 답. 벚꽃은 3월 중순부터 개화해 한국보다 이르게 피고, 단풍은 12월 초까지 물들어 더 오래 즐길 수 있다. 색색이 물든 명소를 미리 체크해보자.

HYOGO

스마우라 공원, 고베

조폐국, 오사카

KOBE

OS

히라노 신사 平野神社
벚꽃 신사로 불림
입장료 있음

료안지 龍安寺
Ryōan-ji
고요해서 단풍 명상 가능

도게쓰쿄 渡月橋
Togetsukyō Bridge
다리를 건너며 단풍 감상

가쓰오지 (승미사) 勝尾寺
Katsuoji
연못과 사찰의 조화로움

미노오 공원 箕面公園
Minoh National Park
폭포가 멋있는 단풍 명소

핫토리녹지 服部緑地
Hattori Ryokuchi Park
벚꽃 나무가 조성된 피크닉 명소

슈쿠가와 공원 夙川公園
Shukugawa Park
JR 기차와 벚꽃 함께 촬영 가능

오카와 강변 大川沿い
O River
크루즈 타고 벚꽃 감상

우츠보 공원 靭公園
Utsubo Park
관광객이 적어 조용하고 한적.

미도스지 御堂筋
Mido-suji
은행나무 800여 그루. 도심 단풍길

니시노마루 정원 西の丸庭園
Nishinomaru Garden
왕벚나무 중심. 봄마다 야간 행사 개최

스미요시 공원 住吉公園
Sumiyoshi Park
바베큐하며 벚꽃 감상

고베 시립 삼림식물원 神戸市立森林植物園
Kobe Municipal Arboretum
수목원에서 즐기는 단풍

롯코산 六甲山
Mount Rokkō
케이블카로 고베 단풍 한눈에 감상

누노비키 폭포 布引の滝
Nunobiki Falls (Ontaki / Meotodaki)
폭포를 배경으로 한 단풍길

고베시립 오지동물원 神戸市立王子動物園
Kobe Ōji Zoo
판다도 보고 벚꽃도 보고

고베 누노비키 허브정원/로프웨이
神戸布引ハーブ園／ロープウェイ
Kobe Nunobiki Herb Gardens & Ropeway
로프웨이로 공중에서 단풍 감상

소라쿠엔 相楽園
Sorakuen Garden
연못에 비치는 단풍이 압권. 현지인 스폿

스마우라 공원 須磨浦公園
Sumaura Park
벚꽃과 바다를 동시에 구경

엑스포
Expo
(만박)
5,000
매년 단

게마
Kem
오사

조
Ja
나

오사
Osa
3,00
단풍

텐노지 공원
Tsurumi
고층빌딩, 접근 가능

나가이
Nagai
지하철

다이센 공원 일본정
Daisen Park Japan
정원 내에서 야간 조

- 기후네 신사 貴船神社
  Kifune Shrine
  신사 기둥과 단풍나무의 조화

- 교토부립식물원 京都府立植物園
  벚꽃 정원 조성. 벚꽃, 단풍
  야간 조명쇼가 환상적인 곳

- 헤이안 신궁 平安神宮
  Heian Jingu Shrine
  기간 한정 야간 개장 진행

- 하라다니엔 原谷苑
  Haradani Garden
  숲 속 정원 안
  수양벚꽃 유명

- 철학의 길 哲学の道
  Tetsugaku No Michi
  좁은 산책로 벚꽃길, 고즈넉한 단풍 산책로

- 닌나지 仁和寺
  Temple
  벚꽃 명소

- 케아게 인클라인 蹴上インクライン
  Keage Incline
  철길 산책로 벚꽃길

- 아라시야마 공원
  공원 中之島地区
  Arashiyama Park
  Nakanoshima Area
  도게츠교가 사진 명소

- 젠린지(에이칸도) 禅林寺 (永観堂)
  Eikandō Temple
  일본식 정원에서 즐기는 단풍

- 니조성 元離宮二条城
  Nijō Castle
  봄마다 축제와 야간 행사 진행,
  가을철에는 성 벽 배경으로 조명쇼 진행

- 오카자키 운하
  Keiryu Bridge
  좁은 수로 옆으로 난
  벚꽃길

- 비샤몬도 毘沙門堂
  Bishamondō Temple
  단풍이 레드카펫처럼 쫙 깔리는 곳

- 마루야마 공원 円山公園
  Maruyama Park
  거대한 수양 벚나무,
  봄마다 축제

- 기요미즈데라 清水寺
  Kiyomizu-dera
  인왕문 양쪽이 벚꽃 명소
  본당 무대가 단풍 명당.
  야간 조명쇼 진행

- 가모가와 鴨川
  Kamo River
  강변 산책로
  벚꽃길

- 셋쓰쿄 공원 摂津峡公園
  Settsukyo Park
  계곡뷰 단풍 명소

- 다이고지 醍醐寺
  Daigo-ji Temple
  700여 그루 벚꽃
  사찰

- 도후쿠지 東福寺
  Tōfuku-ji Temple
  단풍이 잘 보이는 츠텐교 추천

KYOTO

SHIGA

도게츠교, 교토

- 념공원 万博記念公園
  mmemorative Park
  벚꽃. 불꽃놀이 진행.
  진행

- 메야 공원 毛馬桜之宮公園
  ranomiya Park
  4,800그루의 벚꽃 만개

- 꽃길 造幣局 桜の通り抜け
  nt Head Office
  7일간만 개방. 예약 필수

- 호시다 공원 (호시다 원지) ほしだ園地
  Hoshida Park
  현수교 위에서 보이는 단풍이 압권

- 의수원 依水園
  Isuien Garden
  and Neiraku Museum
  연못 배경 단풍 데칼코마니 명소

- 츠루미 료쿠치 공원
  Tsurumi Ryokuchi Park
  넓은 공원, 봄에는 벚꽃과 음식축제 진행,
  가을에는 단풍 피크닉 장소

- 오사카성공원 大阪城公園
  le Park
  벚꽃. 매년 축제 개최.
  는 천수각 위를 추천

- 사호가와 벚꽃길 佐保川の桜並木
  실개천 따라 이어지는 벚꽃 터널

- 나라공원 奈良公園
  Nara Park
  사슴도 보고 벚꽃도 보고,
  단풍 구경을 한번에

- 하나조노 중앙공원 花園中央公園
  Park
  Hanazono Central Park
  이코마산 뷰, 현지인 스폿

- 고리야마성터 공원 郡山城跡公園
  Koriyamajoseki Park
  봄마다 벚꽃 성 축제 진행

- 쇼랴쿠지 正暦寺
  Shoryaku-ji
  3,000여 그루의 단풍 나무 사찰

MIE

NARA

- 하세데라 長谷寺
  Hasedera Temple
  오층탑과 본당에서 단풍 감상 추천

FESTIVAL
간사이 대표 마츠리

월별 대표 축제

1월
[오사카] 토카 에비스

게이샤 소녀들이 등장하는 '카치-마이리'가 대표적인 행사. 상업의 신 '에비스'신사의 부적 또는 거리에서 '복'과 관련한 소품 구매할 수 있음. 야마미야 신사 근처가 축제 메인 거리.식으로 유명

오사카 이마미야 에비스 신사
1월9일~1월11일

1월
[오사카] 시텐노지 도야도야 마츠리

부적을 차지하기 위해 두 그룹으로 나누어 맨몸으로 부딪히며 겨루는 전통 놀이를 관람할 수 있음(겨루면서 "도야도야" 소리 침, 메인행사). 먹거리 장터가 함께 열려 오사카 음식을 현지에서 맛볼 수 있음.

시텐노지
1월 14일

1월
[나라] 와카쿠사 야마야키

와카쿠사 산에서 치러지는 대규모 산불 축제. 묵은 풀을 태우며 나라의 평안을 기원하는 행사 진행. 우리나라 쥐불놀이와 유사

나라공원
1월 넷째 토요일

2월
[고베] 난킨마치 춘절제

게이샤 소녀들이 등장하는 '카치-마이리'가 대표적인 행사. 상업의 신 '에비스'신사의 부적 또는 거리에서 '복'과 관련한 소품 구매할 수 있음. 야마미야 신사 근처가 축제 메인 거리.식으로 유명

고베 난킨마치
1월 말~2월 초

3월
[나라] 도다이지 슈니에

우물에서 부처님께 공양하는 물을 퍼 올리는 의식 거행. 마츠리 기간 중 오후 7시가 되면 불을 붙이고 불당 주 무대로 향하는데 이때 행렬이 마치 불꽃이 비처럼 내리는 모습을 하여 장관을 이룸.

나라 도다이지
3월 1일~14일

4월
[오사카] 벚꽃축제

오사카성~조폐국 앞까지 이어지는 대형 겹벚꽃 거리가 대표적 (조폐국 벚꽃축제는 일주일간만 개방. 사전 예약 필수. 축제와 함께 포장마차 거리 오픈).

오사카성, 조폐박물관 등
3월 중~4월 초(개화시기에 따름)

5월
[교토] 아오이 마츠리

헤이안 시대의 왕조 복장에 아오이 잎을 장식한 행렬이 펼쳐짐. 약 500여 명이 교토 고쇼부터 시모가모 신사를 거쳐 카미가모 신사로 향함. 사람뿐만 아니라 말, 소, 가마까지 행렬에 가세

교토 시내, 가모 신사
5월 중순 (5월15일)

6월
[오사카] 아이젠 마츠리

12명의 선발된 게이샤를 태운 가마가 행렬하는 호에카고 퍼레이드. 시텐노지 주지 스님의 대법요가 대표적 행사. 마츠리 기간 중엔 2대 비불 개장.

아이젠도 신사
6월 30일~7월 02일

7월
[교토] 기온 마츠리

출정식 '깃푸이리'부터 시작하여 기온마츠리의 꽃이라고도 불리는 '야마보쿠' 가마 순행까지 진행(야마보쿠 행사는 7월 17일 오전 9시부터 교토 거리를 활보하며 행차

교토 시내, 야사카 신사
7월 한달간

7월
[오사카] 텐진 마츠리

나무로 만든 창(가미보코)을 오가와 강을 따라 떠내려가게 하는 '호코나가시신지', 신령을 태운 약 100여 척의 배가 이동하는 '후나토쿄' 행사. 저녁엔 대규모 불꽃놀이가 펼쳐짐

덴만구 신사, 오카와 강
7월 24일~7월 25일

8월
[오사카] 스미요시 마츠리

약 1,200여명의 사람들이 참가하는 수레 행렬이 하이라이트. 누구나 참여 가능한 정화의식을 스미요시 대사가 진행(지름이 3m인 큰 고리를 통과하며 죄와 불운 해소 기원)

스미요시 타이샤
7월 30일~8월 01일

8월
[오사카] 나니와 요도가와 불꽃축제

눈 앞에서 쏟아져 내리는 불꽃놀이의 박진감. (하이라이트는 끝나기 3분 전 피날레). 야키소바를 비롯한 야타이(포장마차) 다양. 음악과 함께 1시간 동안 진행(7:30~20:30). 유료 좌석 별도 판매

우메다역 인근 요도가와 강변
8월 초순

8월
[나라]
나라 등화축제

약 2만 개 이상의 촛불이 나라 일대를 가득 채움(우키구모엔치, 카스가노엔치, 고후쿠지, 도다이지 등). 소원을 담아 촛불을 밝히는 '잇캬큐 잇토' 이벤트 마련(우키구모엔치 회장에서 접수)

나라 공원
8월 초순

10월
[교토]
지다이 마츠리

헤이안 신궁에서 펼쳐지는 일본 헤이안~메이지 시대 복장·인물 퍼레이드. 일본 전통 의상과 헤어스타일을 정교하게 재현해 냄. 교토 황궁에서 출발해 헤이안 신궁까지 약 4.6km 행진

교토 헤이안 신궁
10월 하순 (10월22일)

11월
[오사카]
오사카 일루미네이션

미도스지 거리, 난바파크스, 한큐백화점, 니시노마루 정원, 덴노지파크(크리스마스 마켓 오픈) 등 오사카 전역에서 펼쳐지는 빛 축제. 네온을 활용한 조형물, 크리스마스 트리 등

우메다, 난바 등 오사카 전역
11월 하순~12월 하순

12월
[교토]
아라시야마 하나토로

사가~아라시야마 지역 자연경관을 약 2,500개의 등불로 밝히는 야간 행사(메인 거리는 도게츠교~치쿠린~조잣코지까지). 텐류지, 호코지 등 유명 사찰을 야간에 방문할 수 있음

아라시야마, 도게츠교
12월 중순 (17시 ~ 20시30분)

12월
[고베]
고베 루미나리에

모토마치역에서 산노미야역까지 이어지는 일루미네이션 쇼. 유럽풍 장식물 위에 화려한 디스플레이가 설치되어 밝게 빛남. 푸드트럭으로 가득하는 메리켄파크 회장이 메인

고베 하버랜드
12월 초순

일본 대표축제 기온 마츠리와 텐진 마츠리

[교토] 기온 마츠리

일본의 3대 축제 (도쿄 간다 마츠리, 오사카 텐진 마츠리, 교토 기온 마츠리) 중 하나. 게이샤로 유명한 기온답게 마츠리에서도 게이샤와 마이코(견습 게이샤)를 볼 수 있다.

기온 야사카 신사를 중심으로 7월 한 달 동안 계속되며 크고 작은 다양한 행사로 구성. 신을 모시는 총 23개의 가마가 시내를 행진하는 '야마보코' 순행이 대표 행사로 일본 전통 의상 유카타를 입은 현지인들을 볼 수 있다.

[오사카] 텐진 마츠리

일본의 3대 축제 중 하나 3천여 명이 전통의상을 입고 신을 모시는 가마를 육로로 운반하는 행렬 '리쿠토교'와, 백여 척의 배가 오가와 강을 거슬러 올라가는 '후나토교'가 대표 행사.

후나토교 행사 후 저녁 7시 30분부터 9시까지 강가에서 화려한 불꽃놀이가 펼쳐진다.

7월 24일과 25일에 걸쳐 열리며 텐만구 신사와 오카와 강을 중심으로 행사가 열린다.

SHOPPING
간사이 여행 필수 쇼핑리스트

1 오사카

2 오사카

3 오사카

4 오사카

5 오사카

6 오사카

7 오사카

8 오사카

9 오사카

10 오사카

11 교토

12 교토

1.유니버설 스튜디오 재팬 굿즈
- 캐릭터 머리띠
(구매처 : 유니버설 스튜디오 재팬 내 기념품숍)

2.유니버설 스튜디오 재팬 굿즈
- 해리포터 버터맥주컵
(구매처 : 유니버설 스튜디오 재팬 내 기념품숍)

3.유니버설 스튜디오 재팬 굿즈
- 해리포터 호그와트 기숙사별 망토
(구매처 : 유니버설 스튜디오 재팬 내 기념품숍)

4.유니버설 스튜디오 재팬 굿즈
- 해리포터 마법 지팡이
(구매처 : 유니버설 스튜디오 재팬 내 기념품숍)

5.유니버설 스튜디오 재팬 굿즈
- 미니언즈 팝콘 통
(구매처 : 유니버설 스튜디오 재팬 내 기념품숍

6.센베
- 타코야키 센베
(구매처 : 편의점, 우메다 한큐백화점, 공항 면세점 등).

7.센베
- 오코노미야키센베
(구매처 : 편의점, 우메다 한큐백화점, 공항 면세점 등).

8.타코야키맛 과자
- 에자키 글리코 프리츠 타코야키맛
(구매처 : 편의점, 도톤보리 근처 기념품숍, 공항 면세점 등)

9.타코야키맛 과자
- 자가비 타코야키맛
(구매처 : 편의점, 도톤보리 근처 기념품숍, 공항 면세점 등)

10.타코야키맛 과자
- 프링글스 타코야키맛
(구매처 : 편의점, 도톤보리 근처 기념품숍, 공항 면세점 등)

11.로이스 말차 초콜릿
(구매처 : 교토역 기념품숍, 공항 면세점)

12.요지야 기름종이
(구매처 : 요지야 교토역가라스마점, 요지야 기요미즈산넨자카점, 요지야 기온점, 요지야 다이마루 교토점 등)

OSAKA   KYOTO   KOBE   NARA

여행 만족도는 캐리어 무게와 비례하는 법. 오사카의 식도락부터 나라의 아기자기한 기념품까지 골라 담아보자.

13 교토

14 교토

15 교토

16 교토

17 고베

18 고베

19 고베

20 고베

21 나라

22 나라

13. 요지야 화장품
(구매처 : 요지야 교토역가라스마점, 요지야 기요미즈산넨자카점, 요지야 기온점, 요지야 다이마루 교토점 등)

14. 콘페이토 (별사탕)
(구매처 : 료쿠주안 시미즈 본점, 료쿠주안 시미즈 기온점)

15. SOU SOU 숫자 백
(구매처 : SOU·SOU hotei)

16. 센쥬 센베
(구매치 : JR 교토 이세탄 백화점, 다카시마야 백화점, 다이마루 백화점 등)

17. 토라쿠 고베 푸딩
(구매처 : 신고베역, 산노미야역, 고베 한큐 백화점, 우미에 모자이크, 공항 면세점 등)

18. 치이카와 고베 한정 인형 키링
(구매처 : 산노미야역, 신고베역 주변 드럭스토어 및 기념품숍)

19. 프란츠 항아리 푸딩
(구매처 : 프란츠 우미에 모자이크점, 난킨마치점, 산노미야점 등)

20. 후쿠쥬(福寿) 사케
(구매처 : 고베 슈신칸 양조장, 고베 시내 백화점)

21. 사슴 관련 기념품
(구매처 : 킨테츠나라역, 히가시무키 상점가, 나라공원 주변의 기념품숍)

22. 치이카와 나라 한정 인형 키링
(구매처 : 킨테츠나라역, 히가시무키 상점가, 나라공원 주변의 기념품숍)

BRAND 일본에서 사면 더 저렴한 브랜드

CELINE

셀린느
최근 일본 특산품이라 불릴 정도로 면세, 할인을 잘 활용하면 한국 대비 5-60만원 저렴하게 구매 가능

■ 추천 아이템
트리오백, 러기지백, 클래식 박스 백, 아바 백

■ 대표 매장
오사카
· 오사카 우메다 한큐점
· 다카시마야 오사카점

교토
· JR교토이세탄점
· 교토 다이마루점

고베
· 고베 다이마루점

##

루이비통
스카프나 지갑 제품군이 대체로 한국보다 저렴하다. 온라인으로 재고 미리 확인 후 방문하기.

■ 추천 아이템
네버풀 백, 알마 백, 키 파우치, 방도

■ 대표 매장
오사카 : 우메다, 난바, 덴노지 등에 매장이 있으며 그중 난바 미도스지에 위치한 플래그십 스토어 추천

`추천` 루이비통 메종 오사카 미도스지
· 미도스지 거리에 위치한 2층짜리 단독 매장 플래그십 스토어
· 규모가 커서 제품이 많고, 단독 매장이라 백화점 수수료가 없어 1.5% 가량 저렴. 택스프리 가격으로 판매해서 별도 택스리펀 절차가 없어 편함
· 배의 돛을 형상화한 건축물이 독특하며 루이비통 카페가 있음.

교토
· 교토 다카시마야점
· 다이마루 교토점

고베
· 고베점 : 고베 구거류지에 위치한 단독 매장

NIKE

나이키
한국에 없는 제품, 구하기 어려운 한정판 재고가 많다. 직접 신어보고 구매할 수 있어서 일본 필수 쇼핑코스.

■ 대표 매장
오사카
신사이바시점 Nike Shinsaibashi
· 기존 나이키 오사카 직영매장이 폐업하고 24년 1월에 새로 오픈한 오사카 시내 유일 나이키 플래그십 스토어
· 3층까지 있으며 1층은 러닝 제품, 2층은 여성과 키즈, 3층은 남성

나이키 팩토리 스토어
(나이키 유나이트 린쿠)
· 간사이 국제공항에서 가까운 대형 아울렛 '린쿠 프리미엄 아울렛'에 입점
· 나이키 멤버스 할인 10% 제공
· 간사이 공항과 한 정거장 거리여서 입국 첫날 혹은 출국날 들러 쇼핑하기 좋음

교토
· 교토점 NIKE Kyoto

고베
· 고베점 Nike Well Collective Kobe

미니 클로드
한국 공홈 약 180만원
일본 현지 176,000엔 (약 164만원)
약 16만원 저렴

나노노에 앙프레드
한국 공홈 2,820,000원
일본 현지 276,216엔 (약 257만)
약 25만원 저렴

된장 포스/나이키 에어포스원 로우 플랙스
한국 공홈 169,000원
일본 현지 16,085엔 (약15만원)
약 2만원 저렴

같은 브랜드, 다른 가격. 여기에 엔저까지 더해지면 항공권 가격은 뽑고도 남는다는 '간증'이 자자한 브랜드들을 소개한다.

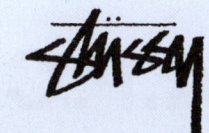

단톤
프랑스 브랜드이지만 일본에서는 한국 대비 반값에 구매할 수 있다. 주로 편집샵인 Bshop과 BEAMS에 입점되어 있고, 단독 매장은 간사이 내에서 유일하게 고베에만 있다.

- **추천 아이템**
  다운 재킷, 패딩 조끼, 워크 재킷, 코튼 반바지와 팬츠, 로고 티셔츠와 후디

- **대표 매장**
  오사카
  · Bshop 그랜드프론트 오사카점
  · BEAMS 스트리트 우메다
  · Bshop 난바 파크스점
  · BEAMS 난바
  교토
  · Bshop 교토점
  고베
  · [추천] 단톤 고베점 : 간사이 지역 내에서 유일한 단독 매장. (일본 내에 단독매장은 도쿄, 고베에만 있다) 편집샵에 입점된 곳들보다 제품군이 다양하다.

비비안웨스트우드
영국 출신 패션 디자이너 브랜드이지만, 일본 내에서 엄청난 인기를 끌며 일본 현지에서 쉽게 만날 수 있다. 특히 '비비안웨스트우드 레드라벨'은 일본에서만 구매 가능.

- **추천 아이템**
  목도리, 가디건, 가방, 모자, 지갑

- **대표 매장 (레드라벨 매장 기준)**
  오사카
  · 루쿠아 오사카점
  · 난바파크스점
  교토
  · 교토 후지이 다이마루점
  · JR 교토 이세탄점
  고베
  · 고베 한큐점

스투시
1980년대 초에 시작된 미국의 스트리트 패션 브랜드로, 서핑과 스케이트보드 문화에서 시작해 현재는 세계적으로 사랑받는 스트리트웨어 브랜드. 일본에서는 대중적인 브랜드로 인식되어 한국보다 저렴한 편이다.

- **대표 매장**
  오사카
  · 휴먼메이드 신사이바시 파르코점
  교토
  · [추천] 미나미점 (Stüssy Osaka Chapter) : 매장이 크고 물건이 다양한 편
  · 우메다점 (Stüssy Umeda Chapter) : 헵파이브에 위치

스탠드 카라 자켓
한국 465,000원
일본 현지 29,700엔(약 27만원)
약 18만원 저렴

싱글 ORB 양면 머플러
한국 공홈 280,000원
일본 현지 28,600엔(약 26만원)
약 2만원 저렴

라스타 리온 피그먼트 후드티
한국 공홈 199,000원
일본 현지 26,000엔(약 23만원)
일본이 재고 구하기가 쉬움

BRAND 일본에서 사면 더 저렴한 브랜드

A.P.C.

A.P.C
1987년 프랑스에서 설립된 미니멀리즘 패션 브랜드로, 깔끔하고 세련된 디자인. 일본에서 인기가 많은 브랜드로 일본 한정 아이템들이 출시되곤 한다.

■ 추천 아이템
　프리미엄 데님 팬츠,
　로고 스웨트 셔츠, 카메라 백

■ 대표 매장
오사카
· 난바점 (A.P.C. Osaka Namba) : 난바 파크스 내 입점
· 우메다점 (A.P.C. UMEDA) : 루쿠아 쇼핑몰 내 입점
교토
· 교토점 (A.P.C. Kyoto)
고베
· 고베점 (A.P.C. KOBE)

VPC Color 티셔츠
한국 공식 169,000원
일본 현지 17,000엔 (약 16만)
가격 유사하나 재고가 많음

LUSH

러쉬
우리나라 매장보다 러쉬 제품 종류가 많고 가격이 3배 이상 저렴하다. 특히 일본에서만 구매할 수 있는 고체치약이 인기.

■ 대표 매장
오사카
· 추천 오사카 우메다점 : 우메다 내에서 가장 큰 2층짜리 매장
· 신사이바시점
· 난바 파크스점
· 루쿠아점
· 화이티 우메다점
교토
· 추천 교토 시조도리점 : 간사이 내의 유일한 LUSH SPA SHOP으로 1층은 매장, 2층에서는 스파 체험 가능
· 교토 포르타점
고베
· 추천 고베 산노미야점 : 간사이 안에서도 손꼽히는 대형 매장

슈렉팩 (125g 기준)
한국 공홈 22,000원
일본 현지 1,880엔 (1만 7천원)
5천원 저렴

Supreme

슈프림
스케이트보드 문화를 바탕으로 한 미국의 스트리트 패션 브랜드로, 전세계 매장이 17곳 뿐이며 간사이 내에는 오사카에만 있다. 매주 토요일마다 새로운 컬렉션이 입고(드롭 drop)되면 오픈런을 할 경우 대기표를 받은 뒤 랜덤으로 입장할 수 있다.

■ 추천 아이템
　슈프림 박스 로고 티셔츠, 후디, 액세서리 등

■ 대표 매장
오사카
· 슈프림 오사카점 (Supreme Osaka)

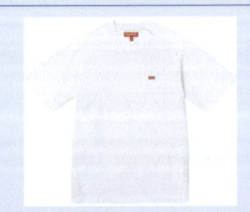

박시스몰로고 티셔츠
한국 공홈 98,000원
일본 현지 9,328엔 (8만 7천원)
약 1만원 저렴

BRAND 일본의 대표 패션 브랜드

COMME des GARÇONS

꼼데가르송 (COMME des GARCONS)
하트 로고와 패턴이 인상적인 'PLAY' 라인의 가디건, 셔츠가 꾸준히 인기. 한국보다 저렴한 가격으로 구매할 수 있다.

- 추천 아이템
  하트 로고 셔츠, 티셔츠, 가디건

- 대표 매장
  오사카
  - [추천] 오사카점 : 2층 규모로 오사카 꼼데가르송 매장 중 가장 크다.
  - [추천] 베이프 스토어 꼼데가르송 오사카 (BAPE STORE® COMME des GARCONS OSAKA) : 두 브랜드의 콜라보 제품 뿐만 아니라 일본 내에서 유일하게 꼼데가르송의 모든 라인이 모여있는 곳.
  - 한큐 우메다점 : 한큐 백화점 본관 3층에는 여성, 한큐맨즈 2층에는 남성 의류
  - 난바파크스점

  교토
  - 교토점
  - 다이마루 교토점

  고베
  - 다이마루 고베점

asics

아식스(asics)
발이 편한 신발로 유명한 일본 스포츠 전문 브랜드. 한국 매장보다 제품군이 훨씬 다양하다

- 추천 아이템
  니들스, 겐조 등 유명 브랜드와의 콜라보 라인

- 대표 매장
  오사카
  - [추천] 오사카점 : 그랜드 프론트 오사카 내에 입점. '풋 아이디 Foot ID' 서비스를 제공. 매장에서 직접 발을 스캔해 분석 후 개인별 최적의 운동화를 추천해 주며, 운동화를 신고 직접 달려볼 수 있는 트레드밀도 구비되어 있음
  - 신사이바시점

  고베
  - [추천] 고베점 : 오사카점과 더불어 풋 아이디 서비스를 제공하는 지점. 아식스가 고베에서 창립된 브랜드인만큼 방문해보는 것 추천.

UNIQLO GU

유니클로 (UNIQLO)&GU
심플한 디자인에 가성비가 좋은 SPA 패션 브랜드. 저렴하게 구입하기 좋으며 보통 유니클로와 GU 매장이 가깝이 있다.

- 추천 아이템
  UT 티셔츠, 커스텀 티셔츠

- 대표 매장
  오사카
  - [추천] 유니클로 신사이바시점 : 오사카에 특화된 독특한 컨셉의 5층 규모 대형 매장
  - [추천] 유니클로 오사카점 : 우메다에 위치한 4층 규모 매장

  교토
  - 유니클로 교토 가와라마치점 : 같은 건물 7층에 GU가 있음

  고베
  - 유니클로 고베 산노미야점
  - GU 하버랜드 우미에점

꼼데가르송 하트로고 가디건
한국 400,000원
일본 26,950엔
약 17만원 저렴

젤난디 (일본 한정판)
7,920엔 (한화 약 7만 3천)

슈퍼논아이론셔츠
한국 39,900원
일본 2,990엔 (약 2만 7천)
약 1만 2천원 저렴

BRAND 일본의 대표 패션 브랜드

오니츠카 타이거 (Onitsuka Tiger)

스트리트 패션을 강조한 패션화 브랜드. 아식스가 투박하게 느껴진다면 오니츠카타이거를 추천. 아티스트와 협업을 통해 한정판 출시 등 특별한 제품을 만날 수 있다.

- 추천 아이템
  멕시코66 모델이 인기

- 대표 매장
  오사카
  - [추천] 신사이바시점 : 2층 규모로 물건이 많고 다양함
  - [추천] 누차야마치점 : 신사이바시, 난바보다 한적해 쇼핑하기 좋음

  교토
  - 교토점

  고베
  - 고베점

베이프(BAPE)

일본 스트리트 패션의 전설이라 불리는 패션 디자이너 NIGO가 런칭한 브랜드. 독창적인 디자인과 한정판 제품으로 유명하며, 일본 스트리트 패션의 대표적으로 2030 타깃의 과감하고 강렬한 디자인의 베이프, 1020 타깃의 캐주얼하고 젊은 감각의 에이프 라인이 있다.

- 추천 아이템
  샤크 후드, 에이프 헤드 로고 티셔츠, 베이프 스타 스니커즈

- 대표 매장
  오사카
  - [추천] 베이프 스토어 오사카점 : 2층 규모의 매장
  - 에이프 스토어 오사카점

  교토
  - [추천] 베이프 스토어 교토점 : 매장이 넓고 쾌적하며 오사카 매장보다 재고가 많은 편

휴먼메이드 (HUMAN MADE)

NIGO가 베이프 다음 두 번째로 런칭한 브랜드. 일본은 물론 최근 국내에서도 핫한 패션 브랜드로 일본에서 저렴하게 구매하기 좋다. 다만 드롭 데이인 토요일이 아니면 대부분의 매장에 재고가 거의 없다보니 타이밍을 잘 맞춰야 한다.

- 추천 아이템
  휴먼메이드 로고 혹은 동물 마스코트가 들어간 티셔츠, 후디, 점퍼

- 대표 매장
  오사카
  - 휴먼메이드 신사이바시 파르코점

  교토
  - [추천] 휴먼메이드 1928 : 오사카보다 매장 규모가 크고 블루보틀과 콜라보한 카페 'HUMAN MADE 1928 Cafe by Blue Bottle Coffee'가 있어 함께 둘러보기 좋다. 휴먼메이드 특유의 하트와 블루보틀의 상징인 파란색이 조합된 파란 하트 로고가 포인트.

크래프트 DRAFT 크로스백
한국 241,500원
일본 22,000엔(약 20만)
약 4만원 저렴

샤크후드
한국 630,000원
일본 38,500엔(약 35만원)
약 28만원 저렴

휴먼메이드 하트 뱃지 니트 스웨터
한국 395,000원
일본 39,600엔 (약 36만원)
약 3만 5천원 저렴

일본의 국민 브랜드 유니클로부터 세계를 사로잡은 디자이너 이세이 미야케까지. 이번 여행은 모든 스타일을 아우르는 패션 성지에서 득템할 기회! 쇼핑 투어 전, 간사이의 추천 매장을 미리 확인하자.

노스페이스 (THE NORTH FACE)

일본에서만 구입할 수 있는 한정 라인 '노스페이스 퍼플 라벨'이 있어 일본 쇼핑 리스트에 빠지지 않는 브랜드. 독특하고 트렌디한 디자인이 특징이며 한정판 제품을 득템할 수 있다.

■ 추천 아이템
   힘다운 파카, 눕시 후드, 퍼플 라벨 시에라 베스트 등

■ 대표 매장
오사카
· 추천 신사이바시 파르코점 : 퍼플라벨 제품이 다양한 편
· 추천 호리에점 : 단독 매장으로 넓어서 쇼핑하기 쾌적
교토
· 교토점
· 노스페이스 스탠다드 교토점

비즈빔 (VISVIM)

일본 디자이너 나카무라 히로키가 설립한 남성복 브랜드로, 일본 전통 패션과 빈티지 미국 패션을 융합해 인기. 가격대는 높은 편이나 한국에서 구하기 힘든 제품을 만날 수 있다. 비즈빔 공식 매장은 F.I.L(Free International Laboratory)라는 이름을 사용하며 간사이 내에서는 교토에 유일하게 공식 오프라인 매장이 있다.

■ 추천 아이템
   토르손 자켓, 피쉬테일 파카, 크리스토 샌들, 스캐그웨이 스니커즈

■ 대표 매장
· F.I.L. 교토 : 교토의 전통 건축 양식을 활용한 갤러리 같은 분위기의 매장 자체가 볼거리. 비즈빔의 다양한 컬렉션을 볼 수 있다.

캐피탈 (KAPITAL)

1960년대부터 시작된 일본 데님 브랜드. 일본산 데님의 본고장인 코지마의 앞글자 K와 수도라는 뜻의 capital이 합쳐진 이름으로, 최근 뉴진스가 착용해서 젊은 층에게도 인기가 많은 브랜드

■ 추천 아이템
   본 니트, 스마일 엘보 패치 맨투맨

■ 대표 매장
오사카
· 캐피탈 오사카 (한큐맨즈 오사카점)
교토
· 캐피탈 교토

어센트패딩 (일본 한정판)
한국(크림 홈페이지) 550,000원
일본 34,329엔 (32만원)
약 23만원 저렴

비즈빔 FOLK 신발
국내 구매 어려움
일본 145,200엔 (약 140만원)

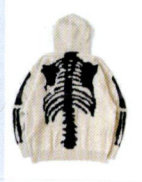 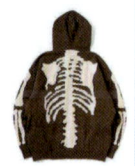

캐피탈 울 본 후드 스웨터
국내 598,850원
일본 52,580엔 (약 49만)
약 10만원 저렴

BRAND 일본의 대표 패션 브랜드

포터(PORTER)

일본의 유명 가방 브랜드. 고급 소재와 정교한 장인 정신으로 제작하며, 일본에서 저렴하게 구입할 수 있고 현지에서만 파는 아이템을 만날 수 있다.

■ 추천 아이템
탱커 백팩, 더블팩, 헬멧백 등

■ 대표 매장
오사카
- [추천] 쿠라 치카 바이 포터 (난바점) : 난바 파크스 내 입점. 오사카 매장 중 물건이 제일 다양하며 쿠라 치카 매장 한정 더블팩 판매
- [추천] 포터 익스체인지 오사카 (신사이바시점) : 파르코 신사이바시 내 입점. 포터의 인기 제품 탱커 전문 매장. PX-(PORTER EXCHANGE) 매장 한정 아이템도 판매
- 포터 오사카 (우메다점)
- 클로크룸 바이 포터 (한큐우메다점)

교토
- [추천] 포터 스탠드 교토 (교토점) : 독특한 매장 분위기. 매장 규모에 비해 물건 종류가 많은 편
- 포터 클래식 교토 : 1층은 샵, 2층은 뮤지엄과 라이브러리. 가방보다 의류 위주.

이세이 미야케(ISSEY MIYAKE)

일본의 세계적인 디자이너 미야케 이세이에 의해 설립된 패션 브랜드. 독특한 실루엣과 편안한 착용감, 기능성을 겸비한 스타일이 특징이며 '바오바오 BAOBAO'와 '플리츠플리즈 PLEATS PLEASE' 라인이 대표적이다.

■ 추천 아이템
바오바오 루센트백, 플리츠 플리즈 가디건

■ 대표 매장
오사카
- [추천] 이세이 미야케 셈바점 : 바오바오, 플리츠 플리즈 등 이세이미야케 브랜드별 제품군이 골고루 다양하게 구비되어 있어 한 곳에서 쇼핑 가능
- [추천] 바오바오 이세이미야케 아베노하루카스 킨테츠 본점 : 바오바오 백을 구매하기 좋음
- 바오바오 이세이미야케 파르코 신사이바시점

교토
- [추천] 이세이 미야케 교토점 : 교토에서 유일하게 바오바오백을 구매할 수 있는 곳. 물량이 많지 않아 오픈런 필수
- [추천] 에이포크 에이블 이세이 미야케 교토 : 이세이 미야케에서 최근 런칭한 새로운 브랜드 A-POC ABLE 매장. 한국에는 아직 들어오지 않은 만큼 방문해보는 것을 추천.
- 플리츠플리즈 이세이미야케 JR교토이세탄점

고베
- 이세이 미야케 고베점

크래프트 DRAFT 크로스백
한국 241,500원
일본 22,000엔 (약 20만)
약 4만원 저렴

바오바오 루센트
한국 426,000원
일본 35,150엔(약 32만)
약 10만원 저렴

니들스(Needles)

일본 패션 디자이너 시미즈 케이조가 만든 아메카지(아메리칸 캐주얼), 빈티지 무드의 패션 브랜드. 시미즈 케이조와 스즈키 다이키가 설립한 편집샵 네펜데스 Nepenthes가 직영 매장이다. 참고로 간사이 내에서 네펜데스 매장은 오사카가 유일.

- 추천 아이템
  트랙팬츠, 가디건

- 대표 매장
  · 네펜데스 오사카

나나미카(nanamica)

노스페이스 퍼플라인을 이끌고 있는 혼마 이에치로의 브랜드. 아웃도어 및 스포츠 의류를 일상화하는 디자인이 특징. 간사이 내에서는 고베 매장이 유일.

- 추천 아이템
  고어텍스 코트

- 대표 매장
  · 나나미카 고베

그라프페이퍼 (Graphpaper)

일본의 현대적인 패션 브랜드로 심플한 디자인이지만 특유의 세련된 색감과 와이드한 핏이 특징. 교토에 매장이 있다.

- 추천 아이템
  오버사이즈 셔츠, 와이드 팬츠

- 대표 매장
  · 그라프페이퍼 교토

니들스 별주 트랙팬츠
'스튜디오스' 콜라보 제품 23,100엔
(희소성 있음)

퍼플라벨 버튼 다운 필드 셔츠
한국 264,300원
일본 24,000엔 (약 22만)
약4만 4천 저렴

브로드 L/S 오버사이즈 레귤러 카라 셔츠
한국 368,000원
일본 25,740엔 (약 23만원)
약 13만원 저렴

SELECT SHOP 힙한 편집샵 체인

빔즈
BEAMS

1976년에 설립된 빔즈는 일본의 대표적인 패션 편집샵으로, 캐주얼하고 트렌디한 아이템을 다양하게 선보인다. 국내외 브랜드와 함께 빔즈만의 독자적인 콜라보레이션 제품도 만나볼 수 있다.

■ 추천 아이템

빔즈라인 셔츠, 재킷, 액세서리
빔즈X해외브랜드 콜라보 제품

■ 대표 매장

오사카 | 빔즈 스트리트 우메다 (헵 파이브) 추천
오사카 | 빔즈 우메다 (루쿠아)
오사카 | 빔즈 난바 (난바시티) 추천
교토 | 빔즈 교토
교토 | 빔즈 재팬 교토 (신푸칸) 추천
고베 | 빔즈 고베

■ 입점 브랜드

빔즈 오리지널
단톤
폴로 랄프로렌
파타고니아
아크테릭스
멘하탄포티지
노스페이스
라코스테

1. 빔즈 플러스 셔츠
2. 빔즈 스트리트 우메다 (헵파이브)

비샵
Bshop

심플하고 미니멀한 디자인을 추구하는 비샵은 프렌치 캐주얼, 북유럽 브랜드 등 고품질의 상품을 주로 취급한다. 일본 내에서 Danton(단톤)과 같은 브랜드를 만나볼 수 있는 매장으로도 유명.

■ 추천 아이템

Danton의 아우터와 가방, 프랑스와 북유럽 스타일의 심플한 의류와 소품

■ 대표 매장

오사카 | 비샵 난바파크스점 추천
오사카 | 비샵 그랜드프론트오사카점
교토 | 비샵 교토점 (후지이 다이마루)
고베 | 비샵 고베 본점 추천

■ 입점 브랜드

단톤
노스페이스
세틴(Setinn)
오닐
세인트제임스
오르치발
짐플렉스
오라리
바버

1. 단톤 반팔 티셔츠
2. 비샵 난바파크스점
3. 단톤 토트백

유나이티드 애로우스
United Arrows

일본 내에서 가장 고급스러운 편집샵 중 하나로, 클래식하고 세련된 스타일의 아이템을 제공한다. 해외 유명 브랜드와 함께 자체 라인을 운영하며, 포멀하고 고급스러운 패션을 추구하는 곳.

■ 추천 아이템

트렌치코트, 슈트, 셔츠 등 포멀웨어와 정교한 디자인의 액세서리. 남성복과 여성복

■ 대표 매장

오사카 | 유나이티드 애로우스 난바점 (난바파크스)
유나이티드 애로우스 신사이바시점 (파르코 신사이바시)
교토 | 유나이티드 애로우스 교토점 (후지이 다이마루)
고베 | 유나이티드 애로우스 고베산노미야점 (민트 고베)

■ 입점 브랜드

유나이티드 애로우스 자체 브랜드
그라미치
SHIPS
나이키
마르니
로쿠(ROKU)

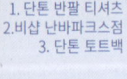

1. 시어 오간자 블라우스
2. 신사이바시점
3. 제리피쉬 드레스

패션 피플이라면 항공권보다 먼저 알아본다는 일본의 편집샵 리스트. 단톤, 파타고니아, 프라이탁 등 이름만 들어도 아는 브랜드부터, 여기서만 구매할 수 있는 오리지널 상품까지! 힙한 아이템을 디깅해보자.

어반 리서치
Urban Research

다양한 라이프스타일과 패션을 제안하는 편집샵으로, 캐주얼에서 포멀까지 폭넓은 아이템을 선보이는 곳이다. 자체 브랜드도 운영하며, 세련된 일상복과 액세서리를 주로 다룬다.

■ 추천 아이템

어반 리서치의 자체 라인, 심플한 디자인의 셔츠와 니트, 데일리 웨어에 적합한 스니커즈와 가방

■ 대표 매장

오사카 | 어반리서치 난바시티점 `추천`
오사카 | 어반리서치 루쿠아 오사카점
교토 | 어반리서치 교토점
고베 | 어반리서치 민트고베점
고베 | 어반리서치 도어즈 고베하버랜드우미에점

■ 입점 브랜드

바버
파타고니아
노스페이스
챔피온
프라이탁
요시다 포터
반스
나이키
뉴발란스
오카바시

쉽스
SHIPS

1975년 설립된 일본의 패션 편집샵으로, 품질 좋은 원단과 꼼꼼한 디테일로 세련된 스타일을 제공한다. 해외 유명 브랜드뿐 아니라 자체 제작 아이템도 다루며, 전통적인 일본의 미학을 느낄 수 있다.

■ 추천 아이템

테일러드 재킷, 클래식한 셔츠, 트렌디한 액세서리와 신발 등. 세련된 디자인의 비즈니스 캐주얼 아이템이 인기

■ 대표 매장

오사카 | 그랜드프론트오사카점 `추천`
오사카 | 난바파크스점
교토 | 교토점
교토 | 교토 포르타점
고베 | 클레피 산노미야점

■ 입점 브랜드

아디다스
볼리올리
City Ambient Products
Southwick
쉽스 프라이머리 네이비 라벨
quaranclel

쉽스 교토점

뷰티 앤 유스 바이 유나이티드 애로우스
Beauty & Youth by United Arrows

유나이티드 애로우스에서 캐주얼하고 트렌디한 아이템을 선보이는 라인이다. 젊고 자유로운 스타일을 추구하며, 다양한 컬래버레이션 제품이 주목받는 중

■ 추천 아이템

캐주얼한 티셔츠, 후디, 데님 팬츠 등 일상적인 아이템. 특히 트렌디한 디자인의 스트리트웨어가 인기

■ 대표 매장

오사카 | 난바점 (난바시티)
오사카 | 그랜드프론트오사카점
교토 | 교토점 (교토 포르타)

■ 입점 브랜드

뷰티앤 유스 자체 브랜드
나이키
뉴발란스
아식스
아웬마토후
잔스포츠
반스

1. 쉬폰레이어드 돌만 슬리브드레스
2. 프론트 리본타이어드 셔츠

SHOPPING 생활용품 브랜드 잡화쇼핑

무인양품(MUJI)
간결한 디자인과 실용성을 강조하는 라이프스타일 브랜드. 의류, 식품, 가구 등 다양한 품목.

프랑프랑(Francfranc)
감각적이고 세련된 인테리어 소품과 가구를 판매하는 브랜드. 다채롭고 화려한 컬러와 디자인으로 유명하며, 가정용품, 디퓨저, 주방용품 등을 다양하게 제공한다.

■ 대표 매장
- 오사카 : 그랜드프론트오사카점, 난바스카이오점, 긴테쓰아베노하루카스점
- 교토 : 이온몰교토점, 교토BAL점
- 고베 : 하버랜드우미에점, 고베BAL점
- 나라 : 이온몰 야마토코리야마점

■ 대표 매장
- 오사카 : 난바파크스점, 우메다점
- 교토 : 이온몰도쿄점, 후지이다이마루점
- 고베 : 하버랜드우미에점

■ 대표 상품

부스터 세럼 발효 도입 미용액
- 가격 1990엔 (일본에만 판매)
- 현지에서도 품절 대란, 쌀겨 발효액으로 만든 미백 화장품

바움쿠헨 (후조로이 바우무)
- 가격 180엔~220엔
- 시즌/지역에 따라 새 메뉴 출시, 바나나, 말차 맛이 대표적.

■ 대표 상품

토끼 주걱
- 가격 900엔, 컬러 (화이트/블랙/핑크),
- 한/일 인기 랭킹 상위권

오우치 카페 세트 2인
가격 (국내 온라인 59,200원 vs 일본 3900엔)
약 2만 3천원 저렴

로프트(LOFT)

문구, 가정용품, 인테리어 소품 등을 다루는 편집샵. 독창적이고 재미있는 상품. 특히 계절별 트렌디한 상품과 다양한 문구류로 유명하다.

■ 대표 매장
- 오사카 : 우메다점, 난바점, 루쿠아오사카점, 아베노점
- 교토 : 교토점
- 고베 : 고베점

핸즈 Hands (구 도큐핸즈)

다양한 생활용품과 DIY 용품을 다루는 브랜드로, 문구, 주방용품, 가정용품 등 다채로운 제품을 한 곳에서 만나볼 수 있다. 특히, 손쉽게 조립 가능한 DIY 제품들이 인기.

■ 대표 매장
- 오사카 : 신사이바시점, 아베노큐즈몰점, 우메다점
- 교토 : 교토점

이토야(Itoya)

고급 문구류 전문점으로, 펜, 노트, 다이어리 등 품질 좋은 문구류와 다양한 디자인 상품을 제공. 일본 내 문구 애호가들이 즐겨 찾는 장소이다.

■ 대표 매장
- 오사카 : 그랜드프론트오사카점
- 교토 : JR교토이세탄점

■ 대표 상품

WPC 양산
- 초경량 우산 겸 양산 (약 150g~200g)
- 자외선 차단지수 80%~90%
- 가격 2,000엔~4,000엔

썬크래프트 양배추칼
- 일본식 양배추 샐러드 만들 수 있는 가느다린 채킬
- 가격 2,858엔, 사이즈 95mm

만년필
- 입문자 추천용 'kakuno'(1,000엔 정도) 부터 약 2,000엔까지 쏭류

어뮤즈 젤 핏 틴트
- 일본 한정컬러 구매 가능 (도쿄체리, 펌킨젤리, 사쿠라 젤리)
- 가격 1,650엔

문구류
- 메모지(300엔~500엔)
- 마스킹테이프 (100엔~400엔)
- 스티커 (200엔~400엔) 등

손수건
- 가격 990엔
- 손수건을 활용한 지갑으로 구매도 가능 (1,200엔)

DRUGSTORE
간사이 드럭스토어 추천템 정복

한 번 들어가면 빈손으로는 나올 수 없다는 '개미지옥' 드럭스토어는 간사이 여행의 묘미. 가장 효과 좋은 아이템만 쏙쏙 골라 담아보자.

1 의료용품
2 의료용품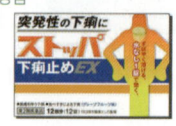
3 의료용품
4 의료용품

5 의료용품
6 의료용품
7 의료용품
8 의료용품

9 헬스케어
10 헬스케어
11 헬스케어
12 헬스케어

1. 로토 리세 콘택트 w
(ロートリセコンタクトw)
렌즈 착용 상태에서 사용 가능한 안약. 눈 피로에 좋은 V 로토 프리미엄, 비타민 함유된 비타 40 알파 등 라인업 다양.

2. 스토파 EX
(ストッパ下痢止めEX)
물 없이 입에서 녹여먹는 간단한 지사제. 돌발성 설사, 과민성 대장염 등에 효과가 빠르다.

3. 다이쇼 퀵 케어
(大正クイックケア)
구내염 완화 패치. 1일 1회 부착으로 효과를 얻을 수 있으며 자극 없이 순한 편

4. 로이히츠보코
(ロイヒツボコ)
쿨&온열 선택 가능한 동전 파스.

어깨 결림, 허리, 관절, 근육 통증에 뛰어난 효과. 끈적임 없음

5. 샤론파스
(シャロンパス)
염증 억제와 통증 완화에 효과. 신축성 뛰어난 '라 샤론파스', 쿨하고 특대형의 '샤론파스Ae' 등

6. 오타이산
(オタイサン)
국민 소화제로 불리는 효과 빠른 소화제. 급체로 인한 더부룩함, 통증 완화. 분말 또는 알약으로 구매 가능.

7. 카베진
(カベジン)
식전 식후 상관없이 속이 불편할 때 부담 없이 복용할 수 있는 일본 판매 1위 위장약. 위점막 보호와 소화 촉진 도움

8. 페어 아크네 크림 W
(ペア・アクネ・クリーム)
여드름, 상처 흉터 치료 연고. 염증을 가라앉히고 여드름의 원인균인 아크네균을 살균해 여드름 치료와 예방에 효과적

9. 라이온 휴족시간 쿨링시트
(ライオン休足時間 クーリングシート)
발바닥, 종아리, 무릎 등에 사용하는 피로완화 시트. 릴렉스 효능의 5종 허브 성분과 함께 냉각 효과의 멘솔 함유

10. 오라투 스테인 클리어 페이스트 내츄럴민트
(オーラツーミー ステインクリア ペースト ナチュラルミント)
천연 민트향으로 상쾌함을 더하는 미백 치약. 치석 제거와 화이트닝 집중 케어

11. 오쿠치 레몬
(オクチレモン)
20초만에 입안 오염을 강력하게 제거할 수 있는 레몬맛 가글. 휴대가 편리한 스틱 타입.

12. 메구리즘 스팀 핫 아이마스크
(めぐりズム 蒸気でホットアイマスク)
약 40도의 부드러운 증기가 20분간 지속되며 눈의 피로를 풀어주는 온열 안대. 라벤더, 장미 향

보조식품　　헬스케어　　화장품

13 헬스케어	14 헬스케어	15 헬스케어	16 헬스케어
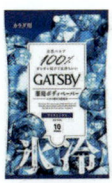			
17 화장품	18 화장품	19 화장품	20 화장품

21 화장품	22 화장품	23 화장품	24 화장품

13. 갸스비 아이스 데오드란트 바디페이퍼
(ギャツビー アイスデオドラント ボディペーパー)
땀과 체취 억제 효과가 있는 100% 천연 펄프 시트. 휴대하기 간편한 사이즈로 운동시, 여행 티슈로 추천

14. 데오나츄레 소프트 스톤W
(デオナチュレ ソフトストーンW)
발냄새 제거, 각질 제거에 효과적인 스틱 타입 제습 데오드란트. 아침에 바르면 밤까지 지속

15. 고바야시 네츠사마 시트
(小林 熱さまシート)
즉각적인 쿨링 효과로 열을 빠르게 내려주고 더운 여름날 온열 질환 방지에 도움. 부드러운 소재

16. 무히 호빵맨 모기패치
(ムヒ アンパンマン 蚊パッチ)
가려움 방지에 탁월하다고 소문 난 호빵맨 캐릭터 모기패치. 메티페놀이 함유되어 있어 가려움을 방지하고 살균 작용에 도움

17. 비오레 사라사라 파우더 시트
(ビオレ サラサラパウダーシート)
땀을 흡수해 장시간 뽀송함을 유지해주는 클리닝 시트. 투명 파우더 성분이 들어있으며 땀 끈적임 제거에 효과적

18. 센카 퍼펙트 휩
(センカ・パーフェクトホイップ)
풍부하고 크리미한 거품이 특징인 클렌징 폼. 천연 실크 에센스와 이중 히알루론산 함유. 유분기 제거와 동시에 보습까지 가능

19. 시세이도 뷰러
(資生堂ビューラー)
손ㆍ눈썹 뿌리부터 깔끔하게 컬링할 수 있는 뷰러. 동양인 눈 곡선에 맞춰 제작되었다는 점이 특징

20. 캔메이크 마시멜로 피니쉬 파우더
(キャンメイク マシュマロ フィニッシュパウダー)
SNS에서 화제인 뽀송한 모공 블러 파우더. 가루날림 적은 프레스드 타입.

21. 케아나 나데시코 모공 쌀팩
(ケアナ なでしこ 毛穴 米パック)
쌀 유래 성분이 들어가 순하며 모공 청소와 노폐물 제거에 효과적. 촉촉하고 탄력있는 피부결 표현 가능

22. 히로인 메이크 SP 롱앤컬 마스카라 어드밴스드 필름
(ヒロインメイクSP ロングアンドカールマスカラ アドバンスドフィルム)
하루종일 컬 유지가 가능한 지속력 좋은 마스카라. 바르자마자 고정되며 긴 속눈썹 연출에 탁월

23. FINO 프리미엄 터치 인텐시브 에센스 헤어 마스크
(FINO プレミアムタッチ インテンシブエッセンス ヘアマスク)
심하게 손상된 머리카락을 위한 트리트먼트. 로열 젤리 추출물이 깊은 보습을 제공.

24. 니베아 복숭아 립밤
(ニベア ピーチ リップバーム)
일본 한정판으로 출시된 복숭아 맛 니베아 립밤. 발림성과 향이 좋아 인기

GOODS
아이도 어른도 좋아하는 캐릭터 굿즈샵 총정리

산리오 기프트 게이트

일본에서 가장 인기 있는 캐릭터 전문 기업. 정식 산리오 캐릭터들을 훨씬 다양하고 저렴하게 구매 가능. 문구용품부터 인형, 생활용품까지 다양하다

- **매장 지점**
- 오사카-우메다
  - 추천 다이마루 우메다점 : 5층 산리오 백화점, 5% 할인쿠폰, 면세 가능. 우메다 매장 중 넓은 편
  - 추천 한큐 백화점 우메다 본점 : 11층 산리오, 백화점 5% 할인쿠폰, 면세 가능.
  - Sanrio now!!! LUCUA1100점
  - sanrio vivitix HEP FIVE점
- 오사카-난바
  - 추천 Sanrio Gift Gate 난바 에비스바시점 : 2층 규모, 면세 불가. 맞은편 시나모롤 카페(식사 가능, 예약필수)
  - 오사카 다카시마야 6층 산리오
  - 긴테쓰 백화점 아베노하루카스 긴테쓰 본점 타워관 8층 산리오
- 교토
  - 추천 산리오 갤러리 교토점 : 2층 규모, 면세 불가능.
  - Sanrio KYOTO Porta
  - 교토 다카시마야 5층 산리오
  - Sanrio Gift Gate 이온몰 교토 가쓰라가와점
- 고베
  - Sanrio 고베 하버랜드점
  - 다이마루 고베점 5층 산리오
  - Sanrio 고베산노미야점

동구리 공화국 (지브리샵)

이웃집 토토로, 센과 치히로의 행방불명, 마녀배달부 키키 등 지브리 애니메이션의 굿즈를 판매. 곳곳에 포토존도 있어 애니메이션 속에 들어가 있는 느낌을 준다.

- **매장 지점**
- 오사카
  - 루쿠아 오사카점 : 루쿠아 8층
  - 키디랜드 우메다점 : 한큐3번가지하1층
  - 난바점 : 난바워크
  - 신사이바시점 : 신사이바시 파르코 6층
  - 덴노지 미오점 : 덴노지 미오 본관 6층
- 교토
  - 키요미즈점
  - 니넨자카점
- 고베
  - 모자이크점 : 하버랜드 모자이크 2층

스누피 타운샵

만화 '피너츠'의 캐릭터인 스누피와 찰리 브라운 등의 아기자기한 굿즈를 판매

- **매장 지점**
- 오사카
  - 우메다점 : 한큐 3번가 북관 지하 1층
  - 파르코점 : 신사이바시 파르코 6층
  - 아베노 큐즈몰점 : 아베노 큐즈몰 3층
- 교토
  - 시조 가와라마치점
  - 가츠라가와점 : 이온몰 가츠라가와 3층
- 고베
  - 산노미야점
  - 고베점 : 하버랜드 우미에 모자이크 2층

귀여움 앞에 나이는 숫자에 불과하다. 지갑과 심장을 단단히 붙들고 캐릭터 굿즈 순례를 떠나보자. 물론 그전에 캐릭터별 매장 위치를 미리 체크하는 것은 덕후의 필수 덕목.

치이카와 랜드

치이카와 양말부터 도시락 케이스, 컵, 슬리퍼 등 다양한 굿즈를 만날 수 있다. 지점마다 스탬프가 있어서 각 지점을 방문하며 스탬프 투어를 하기도 한다.

■ 매장 지점
오사카
· 오사카우메다점 : 한큐3번가 지하1층 (입장하려면 줄 서서 쇼핑권 카드를 받아야 함)
· 신사이바시 파르코점 : 파르코 신사이바시 6층

교토
· 교토 시조가와라마치점

리락쿠마 스토어

일본의 문구팬시 브랜드 SAN-X의 대표 캐릭터. 시즌 한정 상품부터 지점 한정 상품까지 특별한 리락쿠마 제품을 만날 수 있으며, 일부 매장은 SAN-X의 다른 캐릭터 '스미코구라시' 상품도 함께 볼 수 있다.

■ 매장 지점
오사카
· 오사카 우메다점 : 한큐 3번가 북관 1층
· 아베노 큐즈몰점 : 아베노 큐즈몰 3층 (스미코구라시와 함께 있음)
· 신사이바시 파르코점 : 신사이바시 파르코 6층

교토
· 교토 시조가와라바시점
· 리락쿠마 카페 아라시야마

고베
· 고베점 : 하버랜드 우미에 모자이크 2층

@kittyyun55

포켓몬센터 오사카

다양한 포켓몬 인형들부터 굿즈까지 구입 가능하다. 한정판 갓챠, 닌텐도 스위치 부스 등이 자리하고 있다. 일반적인 기본 매장인 '포켓몬 센터'와, 더욱 큰 규모에 카페가 함께 있는 '포켓몬 DX & 포켓몬 카페' 지점으로 나뉜다. 카페는 홈페이지에서 예약 필수.

■ 매장 지점
오사카
· 포켓몬센터 오사카 DX & 포켓몬 카페 : 다이마루 신사이바시 9층
· 포켓몬센터 : 다이마루 우메다 13층

교토
· 포켓몬센터 : SUINA 무로마치 2층

GOODS 아이도 어른도 좋아하는 캐릭터 굿즈샵 총정리

점프샵

일본의 대표적인 만화 잡지인 '주간 소년 점프'에서 연재된 인기 만화들의 공식 굿즈 판매. 원피스, 슬램덩크, 나루토, 은혼, 하이큐, 귀멸의 칼날, 주술회전, 가정교사 히트맨 리본 등.

■ 매장 지점
오사카
· 오사카 우메다점 : 헵파이브 6층
· 신사이바시점 : 다이마루 신사이바시 9층
· 오사카 덴노지점 (기간한정) : 덴노지미오 6층

크레용신짱 오피셜 샵 액션 백화점 (짱구는 못말려 스토어)

짱구는 못말려 극장판 굿즈 등을 만나볼 수 있다. 짱구와 부리부리 대마왕의 대형 피규어가 매장 앞에 위치해 있다.

■ 매장 지점
오사카
· 오사카점 : 헵 파이브 4층
· 신사이바시점 : 신사이바시 파르코 6층

닌텐도 스토어

게임회사 '닌텐도'의 다양한 캐릭터 (마리오, 모여라 동물의 숲, 커비, 젤다의 전설 등)의 굿즈를 판매하는 닌텐도 직영 공식 스토어. 일본을 통틀어 도쿄, 오사카, 교토 딱 세 곳에만 있다.

■ 매장 지점
오사카
· 닌텐도 오사카 : 다이마루 우메다 13층
교토
· 닌텐도 교토 : 교토 다카시마야 S.C. T8 7층

레고 스토어

다양한 레고 제품은 물론 레고 컨셉의 캐리어, 생활용품 굿즈를 판매한다.

■ 매장 지점
오사카
· 우메다점 : 한큐 3번가 북관 1층
· 신사이바시점 : 파르코 신사이바시 6층, 오사카의 상징인 오코노미야키, 타코야키, 도톤보리 네온사인, 츠텐카쿠 등을 레고로 만든 작품이 전시되어 있다

원피스 무기와라 스토어 (원피스 밀짚모자 스토어)

만화 '원피스'의 굿즈를 판매. 다양한 한정판 굿즈가 있다.

■ 매장 지점
오사카
· 우메다점 : 다이마루 우메다 13층
· 아베노점 : 아베노 큐즈몰 3층

디즈니 스토어

곰돌이 푸, 미키마우스, 디즈니 프린세스, 주토피아 등 공식 캐릭터 굿즈 판매

■ 매장 지점
오사카
· 우메다 헵파이브점 : 헵파이브 4층
· 루쿠아 오사카점 : 루쿠아 5층
· 아베노 큐즈몰점 : 아베노 큐즈몰 1층
교토
· 교토 시조카와라마치점 : 코토크로스 한큐 가와라마치 1~2층
고베
· 산노미야 Clefy점 : 클레피 산노미야 5층

GOODS 아이도 어른도 좋아하는 캐릭터 굿즈샵 총정리 쇼핑몰별

[오사카] 다이마루 우메다

- 5층 : 산리오 기프트 게이트
- 13층 : 포켓몬센터 오사카 / 닌텐도 오사카 / 원피스 무기와라 스토어

[오사카] 우메다 루쿠아 & 루쿠아 이레 (루쿠아 1100)

- 루쿠아 이레 1층 : 산리오 나우
- 루쿠아 이레 5층 : 디즈니 스토어
- 루쿠아 8층 : 동구리 공화국 / 무민 샵

추천 **[오사카] 한큐 3번가**

- 북관 지하 1층 : 키디랜드 / 치카와 랜드 / 스누피 타운 샵 / 동구리 공화국
- 북관 1층 : 리락쿠마 스토어 / 레고 스토어

추천 **[오사카] 파르코 신사이바시**

- 5층 : 키디랜드
- 6층 : 치카와 랜드 / 리락쿠마 스토어 / 크레용신짱 / 스누피 타운 샵 / 동구리 공화국 / 레고 스토어

> **tip**
>
> 쇼핑몰별로 여행자에게 지급하는 5% 할인쿠폰이 있으니 확인 (다만 매장별로 적용 안 되는 곳 있을 수 있음)
>
> 같은 쇼핑몰 안에 있더라도 면세 적용 가능/불가능 여부가 다르므로 확인하기
>
> 돈키호테, 다이소에도 일부 캐릭터 제품 판매하며 가격은 동일

[오사카] 아베노 큐즈몰

- 1층 : 디즈니 스토어
- 3층 : 원피스 무기와라 스토어 / 리락쿠마 스토어 & 스미코구라시 / 스누피 타운 샵

[오사카] 다이마루 신사이바시

- 9층 : 포켓몬센터 오사카 DX & 포켓몬 카페 / 점프샵

*Tip. 파르코 신사이바시와 다이마루 신사이바시는 연결 통로가 있어 서로 이동 가능하므로 함께 둘러보는 것을 추천

[교토] 교토 가와라마치 키디랜드

교토 가와라마치역 근처 '닛신 가와라마치 빌딩'의 1~3층까지 모여 있음

- 1층, 3층 : 키디랜드
- 2층 : 리락쿠마 스토어 / 스누피 타운 샵
- 3층 : 치카와 랜드

[고베] 하버랜드 우미에 모자이크

- 2층 : 산리오 기프트 게이트 / 키디랜드 / 리락쿠마 스토어 / 스누피 타운 샵 / 동구리 공화국

FOOD
간사이 대표 먹거리

audio guide

1. 라멘 (ラーメン)

간사이 지방의 특색이 드러나는 라멘은 3가지. 교토 세아부라 라멘 (간장 닭 육수 베이스에 돼지 등뼈 지방이 올라감), 교토 토리파이탄 라멘(닭죽처럼 뽀얗고 진한 맛이 특징), 나라 텐리 라멘 (배추, 마늘, 고추를 넣어 시원하고 매콤한 맛)을 추천!

2. 키츠네우동(きつねうどん)

간사이 지방은 메밀보다 밀이 풍부해 우동 문화가 발달함. 가츠오부시와 진간장 대신 다시마와 연한 간장으로 맑은 육수를 내는 것이 특징. 시원한 국물 위에 달큰한 유부가 올라간 '키츠네 우동'의 원조가 바로 오사카.

3. 소바(そば)

일본식 메밀국수. 오사카보다 교토와 고베의 소바가 독창적. 교토 니신소바(말린 청어를 올려 먹는 온소바), 교토 말차소바(반죽에 말차가루를 섞음), 고베 소바메시(철판에 야키소바와 밥을 함께 볶음)가 대표적.

4. 오코노미야키(お好み焼き)

오코노미는 취향, 야키는 구이라는 뜻. 즉, 밀가루 반죽에 취향껏 재료를 넣고 철판에 구워 먹는 음식. 양배추, 계란, 오징어, 새우, 돼지고기가 주 재료. 여기에 야키소바, 치즈, 관자, 베이컨, 굴 등을 자유롭게 추가하기도 한다. 재료를 모두 섞어서 한번에 굽는 것이 간사이풍.

5. 타코야키(たこ焼き)

계란·밀가루 반죽에 문어를 썰어 넣은 다음 동그랗게 구워내는 길거리 음식. 처음에는 가쓰오부시 장국에 찍어 먹었으나 1948년 우스터 소스가 보급되면서 마요네즈, 가다랑어포, 파래 가루를 얹어 먹음. 파를 잔뜩 올려 먹는 '네기타코'도 오사카풍 타코야키의 한 종류.

6. 쿠시카츠(串カツ)

소고기, 돼지고기, 새우, 관자, 떡, 치즈 등 다양한 식재료를 꼬치에 꽂아 튀겨 먹는 오사카풍 안주 요리. 1929년 '쿠시카츠 다루마'에서 처음 선보인 것이 원조. 츠텐카쿠 앞의 메인 도로부터 잔잔요코초까지는 쿠시카츠 가게가 모여 있는 거리로 유명.

젓가락을 드는 순간 '진짜' 간사이 여행은 시작된다. 미식의 도시 오사카에서 유래된 타코야키와 쿠시카츠, 교토의 담백한 깊이가 느껴지는 오반자이, 일본을 통틀어 최고급 소고기로 불리는 고베규, 나라에 도착하자마자 만날 수 있는 감잎초밥까지. 무엇 하나도 놓칠 수 없다.

7. 스시(すし)

간사이의 전통 초밥은 오시즈시(누름 초밥). 나무상자 틀이나 대나무 발에 밥과 생선을 채워서 누른 다음 잘라 먹음. 교토 사바즈시(고등어초밥), 교토 보우즈시(염장대나무초밥), 나라 카키노하스시(감잎초밥) 모두 오시즈시의 일종.

8. 사시미(刺身)

일본의 생선회. 한국은 흰살 생선 위주의 활어회 문화지만 일본은 참치, 방어 같은 붉은살 생선을 3~4일간 저온 숙성해서 먹는 선어회 문화. 두툼하지만 부드러운 식감이 일품. 이자카야 또는 스시 전문점에서 주문 가능.

9. 오반자이(お番菜)

오반자이는 '평소에 먹는 집 반찬'이라는 뜻으로 교토의 가정식을 의미. 한국의 백반인 셈. 교토는 채소가 유명해서 채소를 찌거나 조려서 만든 반찬이 발달함. 무, 가지, 호박, 토란, 우엉, 두릅, 미나리, 죽순 등 채소의 다양한 맛을 느낄 수 있음.

회전초밥의 발상지, 오사카 — 과거 오사카에서 초밥집을 운영하던 시라이시 요시아키가 아사히 맥주 공장의 컨베이어 벨트를 보고 아이디어를 얻어 1958년 '겐로쿠 스시'에 적용한 것이 최초.

10. 스키야키(すきやき)

얕은 냄비 안에 얇게 저민 고기와 채소를 넣은 다음 굽거나 삶아서 날계란에 찍어 먹는 요리. 간장·설탕 베이스라 달콤한 편. 특별히 간사이 지방에서는 불판 위에 설탕을 뿌려 녹인 다음 고기를 굽고 간장소스를 뿌려 먹음. 채소는 냄비에 남아있는 육즙과 소스에 구워 먹는다고 함.

11. 돈부리(どんぶり)

밥 위에 다양한 식재료를 얹어 먹는 일본식 덮밥. 밥 위에 올라가는 재료에 따라 'ㅇㅇ+동(돈)'으로 이름이 달라짐. 가츠동(돈카츠), 규동(소고기), 부타동(돼지고기), 오야코동(계란·닭고기), 카이센동(회), 텐동(튀김), 우나기동(장어) 등이 대표적.

12. 우나기동(うなどん)

잘 지은 쌀밥 위에 장어구이를 올린 음식. 장어구이는 보통 장어를 쪄서 기름기를 뺀 다음 구워내는데 간사이 지방에서는 찌지 않고 숯불에 천천히 구워낸다고. 그래서 더 바삭하고 고소한 장어의 맛을 느낄 수 있음.

FOOD 간사이 대표 먹거리

13. 고베규(神戸牛)

간사이 효고현에서 생산되는 최고급 소고기. 일본의 3대 와규 중 하나로, 마블링이 섬세하기로 유명. 일반 소고기보다 낮은 온도에서 마블링(지방)이 녹기 때문에 풍미가 좋고 부드러움. 주로 스테이크나 야키니쿠로 먹음.

14. 야키니쿠(焼肉)

'구운 고기'라는 뜻으로 화로 불판 위에서 고기를 구운 다음 소스에 찍어 먹는 음식. 소 갈빗살인 '카루비'를 비롯해 소의 혀인 '규탄', 양의 곱창인 '미노' 등 다양한 부위를 맛보기 좋음. 특히 간사이 지방 특산품인 고베규는 주문 필수!

15. 요쇼쿠(ようしょく)

일본식 양식으로 카레, 돈카츠, 규카츠, 스테키동, 함박스테이크처럼 서양 요리가 일본인 입맛에 맞게 변형된 것을 뜻함. 특히 간사이를 대표하는 요쇼쿠는 단연 '오므라이스'. 1925년 오사카의 '홋쿄쿠세이(북극성)'라는 식당에서 오늘날의 오므라이스 형태를 처음 선보임.

16. 규카츠(牛カツ)

소고기로 만든 일본식 커틀릿 요리. 간사이 지방은 돼지고기 아닌 소고기 문화권이라 규카츠가 발달. 레어로 나오는 소고기를 작은 화로에 올려 자기 취향에 맞게 익혀서 먹음.

17. 가이세키(かいせき)

작은 그릇에 다양한 음식이 조금씩 담겨 순차적으로 나오는 일본식 코스 요리. 밥, 국, 절인 반찬, 회, 삶은 요리, 구운 생선 등으로 구성. 간사이 지방에서는 교토의 가이세키가 유명해서 '교가이세키'라는 말이 따로 있을 정도.

18. 덴푸라(天ぷら)

생선, 고기, 채소 등 다양한 식재료에 밀가루·계란 반죽을 입혀 튀겨내는 일본식 튀김 요리. 튀김옷이 얇고 바삭한 것이 특징. 우동, 텐동 등의 요리에 토핑으로 활용하기도 하지만, 아예 덴푸라만 전문적으로 취급하는 전문 식당도 흔한 편. 주문을 하면 즉석으로 튀겨주며 밥, 장국, 맥주와 단짝.

SUSHI
알고 먹자! 초밥의 종류

일본어 메뉴판 앞에서 멈칫했다면 주목. 초밥 이름만 제대로 알아도 주문이 쉬워진다. 이제는 자신 있게 외쳐보자. 'OO 스시 쿠다사이!'

audio guide

흰살

히라메 스시(광어 초밥) (ひらめ寿司)
- 광어살을 올린 초밥으로 대중적인 메뉴. 담백하고 깔끔한 맛.
- 광어 엔가와 (근육많은 지느러미 주변살)가 올라간 스시는 비싸지만 꼬들꼬들한 식감이 일품.

스즈키 스시(농어 초밥) (すずき寿司)
- 순백색의 얇은 살결에서 감칠맛이 나는 농어살을 올린 초밥
- 농어는 한여름이 제철이라 농어 초밥은 여름에 먹는 영양 초밥이라고 함.

아나고 스시(붕장어 초밥) (穴子 寿司)
- 소금구이, 양념구이, 튀김 형태로 붕장어를 따로 요리해서 올린 초밥
- 장어 특유의 기름지고 고소한 맛이 특징. 느끼함을 줄이려면 레몬즙을 뿌릴 것

붉은살

마구로 스시(참치 초밥) (まぐろ寿司)
- 참치의 다양한 부위를 올려 먹는 초밥. 찰지고 부드러운 식감이 인상적임
- 오도로(뱃살), 아카미(속살), 새도로(등살), 주도로(옆구릿살), 나카오치(갈빗살)이 대표적

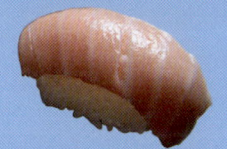

오오토로 스시(참치 대뱃살 초밥) (大トロ寿司)
- 참치 중에서도 가장 기름진 부위인 대뱃살을 올린 초밥. 사르르 녹는 식감이 치명적.
- 고급 부위라 가격이 비싼 편

사몬 스시(연어 초밥) (サーモン寿司)
- 기름진 연어의 풍미를 느낄 수 있는 초밥.
- 촉촉한 연어살이 밥을 완전히 감싸고 있는 비주얼이 매력적. 김, 양파, 케이퍼같은 고명을 올려 먹기도 함.

부리 스시(방어 초밥) (ぶり寿司)
- 두툼하고 단단한 방어살을 올린 초밥으로 제철(겨울)에 먹는 것을 추천
- 특히 지방이 많은 뱃살 부위는 참치 대뱃살 못지않게 살살 녹는 식감을 자랑함.

에비 스시(새우 초밥) (えび寿司)
- 쌀밥 위에 새우를 올린 초밥으로 부드러운 육질과 달콤한 맛이 특징
- 구루마에비(보리새우초밥 クルマエビ)와 아마에비(단새우 초밥 /甘エビ)가 대표적

초밥과 생강, 녹차 가루

녹차/생강의 역할
- 입안 깔끔, 다음 스시의 맛을 잘 느낄 수 있다.
- 느끼함을 해소해 준다.
- 소화를 촉진시켜준다

생강의 역할
- 세균을 억제해 준다

SUSHI 알고 먹자! 초밥의 종류

은빛·하얀빛

사바 스시(고등어 초밥) (鯖寿司)
· 고등어가 들어간 초밥으로 간장이나 와사비가 필요없음
· 식초·간장으로 숙성해서 먹는 시메 사바, 살짝 구워서 먹는 아부리 사바, 김발로 말아 먹는 보우즈시로 구분함

이카 스시(오징어 초밥) (イカ寿司)
· 오징어를 올린 초밥으로 탱탱한 식감과 고소한 맛이 특징. 간장·레몬 소스와 찰떡.
· 종류는 아오리이카(흰 오징어), 야리이카(한치), 켄사키이카(청오징어) 등

초밥 먹는 순서

흰살 생선
▼
붉은살 생선
▼
등푸른 생선
▼
비생선류(조개·알류)
▼
비생선류(기타)

비생선류 (조개·알류)

우니 스시(성게알 초밥) (ウニ寿司)
짭쪼름하면서 달달한 맛이 나는 성게알을 가득 올리고 김으로 감싼 초밥. 크리미한 식감 때문에 가격이 높아도 인기 많음.

아카가이 스시(피조개 초밥) (赤貝寿司)
· 피조개를 반으로 갈라 내장을 걷어내고 넓게 펴서 만드는 초밥.
· 갑각류가 가진 특유의 감칠맛이 있음. 잡내가 적고 깔끔한 맛을 자랑함

이쿠라 스시(연어알 초밥) (いくら寿司)
· 소금에 절인 연어알을 가득 올리고 김으로 감싼 초밥으로 입 안에서 톡톡 터지는 식감이 맛의 포인트.
· 알이 미성숙할수록 탱글탱글하고 부드럽다.

비생선류(기타)

이나리 스시(유부 초밥) (稲荷寿司)
· 달콤짭짤하게 조린 유부 안에 밥을 채워 넣은 초밥
· 도톰한 유부 안에 넣는 밥, 양념, 고명의 종류에 따라서 맛과 가격이 다양함.

노리마끼(김 초밥) (則卷)
-김밥처럼 밥과 재료를 김에 싸서 먹는 초밥. 속재료와 크기가 규격화되어 있음
호소마키(얇고 김), 후토마키(굵고 짧음), 우라마키(밥을 바깥에, 김을 안에)

데마끼(김 초밥) (手卷)
김 안에 여러가지 재료를 넣고 삼각뿔 모양으로 말아내는 초밥. 밥, 야채, 튀김 등 원하는 것을 자유롭게 넣을 수 있어 간식으로 애용.

초밥 메뉴판 읽기

SUSHI 알고 먹자! 초밥의 종류

생선 초밥	일본어 표기	읽는 방법
정어리	いわし	이와시
전어	こはだ	코하다
전갱이	あじ	아지
꽁치	さんま	산마
학꽁치	さより	사요리
고등어	さば	사바
보리멸	きす	키스
벤자리	いさき	이사키
농어	すずき	스즈키
쥐노래미	あいなめ	아이나메
성대	ほうぼう	호우보우
쑤기미 (쏨뱅이)	おこぜ	오코제
쥐치	かわはぎ	카와하기
방어	ぶり	부리
잿방어	かんぱち	칸파치
금눈돔	きんめだい	킨메다이
능성어	はた	하타
참돔	まだい	마다이
돌돔	いしだい	이시다이
감성돔	くろだい	쿠로다이
참치	まぐろ	마구로
참치 살코기(붉은살)	あかみ	아카미
참치 등살	中トロ / ちゅうとろ	츄우토로
참치 대뱃살	大トロ / おおとろ	오오토로
참치 가마살	カマトロ / かまとろ	카마토로
참치 뼈사이살	なかおち	나카오치
광어(넙치)	ひらめ	히라메
광어 지느러미살	えんがわ	엔가와
연어 (자연산 연어)	さけ	사케
연어 (양식 혹은 수입 연어)	サーモン	사몬
노랑가자미	ほしがれい	호시가레이
눈볼대	のどぐろ	노도구로
게르치	むつ	무쓰
뱅어	しらうお	시라우오
날치	とびうお	토비우오
장어	うなぎ	우나기
붕장어	あなご	아나고
갯장어	はも	하모
갈치	たちうお	타치우오
복어	ふぐ	후구

기타 초밥	일본어 표기	읽는 방법
오징어	いか / イカ	이카
빨강오징어	あかいか	아카이카
갑오징어	こういか	코우이카
흰오징어	あおりいか	아오리이카
물문어	みずたこ	미즈타코
한치	やりいか	야리이카
불똥꼴뚜기	ほたるいか	호타루이카
문어	たこ	타코
새우	えび / エビ	에비
흰새우	しろえび	시로에비
단새우	あまえび	아마에비
갯가재	しゃこ	샤코
게	かに	카니
대게	ずわいがに	즈와이가니
꽃새우	しまえび	시마에비
모란새우	ぼたんえび	보탄에비
소라	さざえ	사자에
피조개	あかがい	아카가이
새조개	とりがい	토리가이
대합	はまぐり	하마구리
굴	かき	카키
가리비	ほたて	호타테
함박조개	ほっきがい	홋키가이
왕우럭조개	みるがい	미루가이
고둥	つぶがい	츠부가이
전복	あわび	아와비
말전복	めがいあわび	메가이아와비
까막전복	くろあわび	쿠로아와비
왕전복	まだかあわび	마다카아와비
개량조개	あおやぎ	아오야기
키조개	たいらがい	타이라가이
물레고둥	ばいがい / バイ貝	바이가이
조개귀살	かいばしら	카이바시라
성게알	うに / ウニ	우니
명란	めんたいこ	멘타이코
날치알	トビコ	토비코
대구알	たらこ	타라코
청어알	かずのこ	카즈노코
연어알	イクラ	이쿠라
이리	しらこ	시라코
보라성게	むらさきうに	무라사키우니
말똥성게	ばふんうに	바훈우니
계란	たまご	타마고
유부	いなり	이나리
김초밥	のりまき	노리마키

RAMEN
간사이의 라멘

기본 육수에 간장(쇼유)을 더해 만든 국물을 사용하는 것이 특징. 국물에 간장을 가미해 감칠맛이 강하고, 짭짤하면서도 깔끔한 맛을 내기 때문에 일본 전역에서 인기 있는 라멘 스타일.

소금(시오)을 기본 양념으로 한 국물을 사용하는 라멘. 주로 닭뼈, 돼지뼈, 생선 뼈 또는 다시마와 말린 멸치 등을 끓여 만든 맑은 육수를 사용. 가장 맑고 깔끔한 국물을 자랑하는 라멘으로, 가벼운 맛을 선호하는 사람들에게 인기

쇼유 라멘 醬油　　#맑은 국물 #갈색 #간장

#맑은 국물 #소금 #산뜻한　　**시오 라멘** 塩

미소 라멘 味噌　　#탁한국물 #된장 #묵직한

#탁한국물 #돼지뼈 #고소한　　**돈코츠 라멘** 豚骨

된장(미소)을 국물의 주요 양념으로 사용하는 것이 특징. 된장은 깊고 풍부한 감칠맛을 내어 국물에 진한 맛을 더해주기 때문에, 미소 라멘은 맛이 깊고 묵직한 라멘으로 사랑받고 있음. 일본 북부 홋카이도 지역에서 유래해, 추운 날씨에 잘 어울리는 라멘으로 인기

돼지뼈(돈코츠)를 오랜 시간 동안 강한 불에서 끓여 진하고 뽀얀 국물을 만드는 것이 특징. 국물이 진하고 무겁기 때문에 강한 고기 풍미와 감칠맛이 느껴지며, 고소하고 크리미한 질감이 특징. 후쿠오카 지역의 하카타에서 유래. 그 독특한 국물 맛과 강렬한 풍미로 많은 사랑을 받고 있다.

츠케멘 つけ麺

면과 국물을 따로 제공하여 면을 국물에 찍어 먹는 스타일이 특징. 츠케멘의 국물은 일반 라멘 국물보다 진하고 짠맛이 강하며, 다양한 양념이 첨가되어 농도가 높음. 면이 국물에 담겨 있지 않고 찬물에 헹궈져 탱글탱글한 식감을 유지해 더욱 쫄깃한 식감을 즐길 수 있음

제대로 알면 더욱 깊고 다채로운 라멘의 세계! 간사이의 라멘은 흔한 인스턴트 음식이 아니다. 국물 한 방울, 면발 한 가닥에도 장인 정신이 깃들어 있는 소울푸드에 가깝다는 사실. 지역은 물론 가게마다 개성 있는 국물과 토핑을 선보이니 1일 1라멘은 선택이 아닌 필수.

모야시(もやし, 숙주나물)
아삭한 식감과 신선함을 더해 주며, 특히 된장 라멘에 자주 올림

다마고(たまご)
일본어로 "계란"을 뜻하며, 주로 반숙 계란을 뜻하는 아지타마고(味玉)가 사용됨

키쿠라게(木耳)
얇게 썬 말린 목이버섯을 물에 불려 사용하며, 특히 돈코츠 라멘에 자주 올라감

코시(コーン, 옥수수)
주로 미소 라멘에 추가되며, 달콤하고 부드러운 맛을 더해 줌

멘마(メンマ)
발효된 대나무순으로, 아삭한 식감과 독특한 풍미를 더해 줌

나루토(なると)
흰색과 분홍색의 소용돌이 무늬가 있는 어묵으로, 장식적인 역할과 더불어 씹는 맛을 더함

닌니쿠(にんにく, 마늘)
라멘에 강한 풍미를 더하며, 특히 돈코츠 라멘에 자주 사용

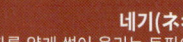

네기(ネギ, 파)
파를 얇게 썰어 올리는 토핑으로, 신선하고 알싸한 맛으로 느끼함을 중화해 줌

노리(のり, 김)
김 조각을 추가하여 바다의 풍미를 더하고, 바삭하게 즐길 수 있음

차슈(チャーシュー)
돼지고기나 닭고기를 양념에 졸인 후 얇게 썬 라멘계 대표고명

베니쇼가(紅しょうが)
얇게 썬 빨간색 생강절임으로, 주로 돈코츠 라멘에 올려 먹음

일부의 라멘가게에서는 면의 상태(단단하게, 보통, 부드럽게), 스프의 농도(진하게, 보통, 연하게), 기름(많이, 보통, 적게)을 조정할 수 있다. 이치란과 같은 라멘가게의 경우 번역된 종이를 전달하기도 한다.

SNACKS
일본 3대 편의점 브랜드별 한정 간식

LAWSON

가라아게쿤
(からあげクン)
한 입 크기의 치킨으로 1985년부터 쭉 출시되고 있는 로손 대표 메뉴. 레귤러맛, 매운맛, 치즈맛 선택 가능

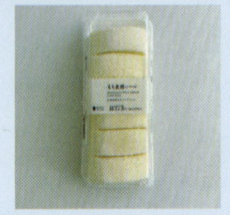

모찌롤
(もちロール)
쫀득한 식감이 매력적인 로손 대표 인기 상품. 입안에서 사르르 녹는 식감의 부드러운 크림이 꽉 차 있는 롤 케이크

프리미엄 스트로베리 롤 케이크
(プレミアムストロベリーロールケーキ)
크림 롤 케이크 안에 생딸기가 콕 박혀 있어 상큼함과 달콤함을 한번에 즐길 수 있음.

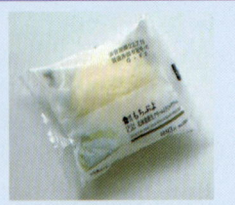

모찌 뿌요
(もちぷよ)
쫄깃한 식감의 빵 안에 홋카이도산 생크림이 가득 들어간 찹쌀빵. 느끼하지 않고 산뜻한 맛의 크림으로 인기

탄치키
(タンチキ)
튀김옷이 없어 낮은 칼로리를 자랑하는 치킨. 마늘과 후추로 간을 한 갈릭페퍼맛이 대표적

홋카이도산 팥 한입 도라야키
(北海道産小豆ひとくちどら焼き)
우유와 찰떡궁합인 미니사이즈 도라야키. 홋카이도산 팥 앙금을 사용했으며 적당한 단맛이라 물리지 않고 먹을 수 있다.

야키사케 하라미
(焼鮭ハラミ)
로손 대표 주먹밥. 안창살(하라미) 모양으로 구워낸 연어가 들어감. 고슬고슬한 밥 맛이 좋다.

커스터드 슈
(カスタード・シュー)
폭신한 식감에 입안 가득 퍼지는 커스터드 크림의 조화. 고소한 우유크림이 더해졌다는 점이 특징

카페라떼
(カフェラテ)
직원이 즉석에서 내려주는 커피. 아메리카노 등 다른 메뉴도 있지만 고소한 우유의 맛이 돋보이는 카페라떼가 특히 인기

로손 VS 세븐일레븐 VS 패밀리마트, 오늘은 어디로 갈까? 높은 퀄리티의 다채로운 한정템을 쏟아내는 편의점들 덕분에 여행자는 행복한 고민에 빠진다. 몰라서 못 사는 일은 없도록 각 편의점의 인기 상품을 모아 소개한다. 품절되기도 하니 부지런히 사수할 것!

초코칩 멜론빵
(チョコチップメロンパン)
기본 멜론빵에 초코칩, 초코크림, 휘핑크림까지 더해져 일반적인 멜론빵보다 훨씬 달콤함

까르보나라
(カルボナーラ)
굵은 생면이 들어간 즉석 까르보나라. 면과 소스 양이 푸짐해서 한 끼 식사 대용으로 먹기 좋음

고디바 더블 쇼콜라 타르트
(ゴディバダブル ショコラタルト)
부드러운 초코 생크림과 꾸덕하고 진한 고디바 초콜릿의 조화. 타르트 반죽을 제외하면 전부 초콜릿으로 이루어져 있음

진한 가토 쇼콜라
(7카페　濃厚ガトーショコラ)
초코 덕후들이 좋아하는 꾸덕한 초코 케이크 디저트. 총 4개, 2개씩 개별포장

랑그드샤 화이트 초코
(7プレミアム
ラングドシャホワイトチョコ)
얇고 바삭한 쿠키 사이에 화이트 초콜릿이 샌딩되어 있는 간식. 쿠크다스보다 조금 더 고급진 맛. 하나씩 낱개 포장. 9개입.

닭똥집
(砂肝の炭火焼)
쫄깃한 식감에 불맛이 살아있는 세븐일레븐 인기 술안주.

즉석 스무디
(세븐일레븐 스무지)
전용 기계에서 직접 갈아먹을 수 있는 스무디. 추성훈이 유튜브에서 즐겨먹는다고 소개해서 인기

카리카리콘 치즈맛
(カリカリコーン チーズ)
바삭한 콘칩에 치즈 시즈닝이 강한 과자. 진한 치즈향과 짭쪼름한 맛이 중독성 있음

미타라시당고
(串団子　合わせ出汁醤油)
꼬치에 꽂아서 구운 경단에 간장 소스를 바른 간식. 말캉하면서 쫀득한 식감에 소스가 잘 어울림

SNACKS 일본 3대 편의점 브랜드별 한정 간식

모코탄멘 나카모토
(蒙古タンメン中本 辛旨味噌)
한국인들 좋아하는 컵라면. 두부, 양배추, 목이버섯 건더기가 풍부. 해장하기 적당한 매콤한 맛.

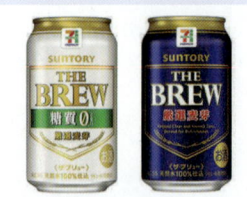

산토리 더 브루
(セブンプレミアム ザ・ブリュー)
세븐일레븐 전용 맥주. 라거, IPA, 페일 에일 등 다양. 맛이 나쁘지 않아 가성비 맥주로 인기.

프리미엄 멜론빵맛 토스트
(7プレミアム おやつトースト メロンパン味)
멜론빵의 맛을 토스트 형태로 즐길 수 있는 간식.

고구마맛탕
(カリッと大学いも)
실온에서 30분 정도 두었다가 먹는 고구마맛탕. 달달하고 촉촉. 아이스크림파는 냉동코너에 있음.

카페라테 레귤러
(セブンカフェ アイスカフェラテR)
일본 직장인들이 즐겨 마신다는 카페라테. 깔끔한 우유와 커피맛으로 사랑받는 메뉴.

유자 레몬 사이다
(7プレミアム ゆずれもんサイダー)
유자와 레몬이 어우러진 사이다. 달콤하면서 새콤한 끝맛이 인상적.

FamilyMart

단호박 몽블랑 푸딩
(北海道かぼちゃのモンブランプリン)
푸딩 위에 휘핑크림과 단호박 크림이 촘촘히 쌓여 있는 디저트. 추성훈이 유튜브에서 극찬.

크림 더블슈
(たっぷりクリームのダブルシュー)
커스타드 크림과 슈크림이 한꺼번에 들어가 있는 크림 퍼프 디저트. 입 안 가득 크림이 퍼지는 느낌.

파미치킨
(ファミチキン)
바삭한 순살 치킨을 간편하게 먹을 수 있는 메뉴. 패밀리마트를 유명하게 만든 일등공신.

크림이 와장창 진한 초코 크레페
(クリームたっぷり！濃厚チョコクレープ)
초콜릿과 휘핑 크림을 크레이프에 넣고 돌돌 말아낸 디저트. 풍미가 진한 고급 디저트.

깊고 부드러운 쇼콜라 케이크
(もちぷよ)
가나, 에콰도르, 코트디부아르의 카카오와 홋카이도 생크림을 이용한 진한 무스 타입의 초콜릿 디저트.

막 만든 것 마냥 부드러운 푸딩
(窯出しとろけるプリン)
홋카이도산 우유와 계란을 쓴 패밀리마트표 푸딩. 계란 맛과 캐러멜 소스의 밸런스가 좋음

더 크레페 대만 고구마
(ザ・クレープ　台湾蜜いも)
꿀,카라멜, 휘핑크림, 고구마가 들어간 크레페. 시즌에 따라 딸기, 팥, 초코 등으로 바뀜.

스팸무스비
(SPAM®むすび　ツナマヨネーズ)
스팸, 계란, 마요네즈를 넣고 김으로 싼 간편식. 일본에서 천만개 이상 판매된 히트상품.

더블 크림 샌드
(ダブルクリームサンド ホイップカスタード)
보드랍고 촉촉한 스폰지 케익 속에 휘핑크림과 커스터드 크림을 넣은 디저트.

수플레 푸딩
(スフレ・プリン)
푸딩 위에 폭신한 치즈 수플레를 올린 디저트. 수플레와 푸딩 사이에는 휘핑 크림이 들어 있어 부드러움.

홋카이도 멜론빵
(もちっと食感の北海道メロンパン)
매끄러운 표면에 노란 멜론 크림이 들어가 있는 빵. 기존 멜론빵보다 더 부드럽고 촉촉함.

UFO 중화소바
(U.F.O.濃い濃い濃厚そばめし)
야키소바 맛이 나는 촉촉한 주먹밥. 패밀리마트와 닛신이 콜라보해서 만든 제품.

MART
일본 마트 쇼핑 필수품

1 생활용품
2 생활용품
3 생활용품
4 생활용품
5 생활용품
6 가공식품
7 가공식품
8 가공식품
9 가공식품
10 가공식품
11 가공식품
12 가공식품

1. 플레어 프래그런스 미스트 플로랄&스위트
(フレアフレグランスミスト フローラル&スイート)
고급스러운 꽃 향기와 달콤한 향이 더해진 섬유탈취제. 냄새 제거와 함께 주름 제거 동시에 해결.

2. P&G 보르도 젤볼 4D
(P&G ボルドージェルボール4D)
강력한 세정력을 지닌 캡슐 세제. 섬유유연제 성분이 있어 부드럽게 빨래 되며 향기가 오랫동안 지속됨

3. 이로카 섬유탈취제
(イロカ繊維脱臭剤)
향수처럼 깊은 향을 뿜어내는 섬유탈취제. 백합, 프리지아 등 향기 다양

4. 란도린 클래식 플로랄 섬유유연제
(ランドリン クラシックフローラル 柔軟剤)
식물 성분을 추출하여 만든 섬유유연제. 순한 성분으로 아이 옷에 사용 가능하며 정전기 방지, 꽃가루 흡착 억제에 효과

5. 라이온 탑 나녹스
(ライオントップ ナノックス)
기름기 제거에 강력한 효과를 자랑하는 얼룩 제거제. 색상이 있는 옷에도 사용 가능. 파란색은 얼룩용, 빨간색은 옷깃 소매용

6. 노리타마 후리카케
(のりたま ふりかけ)
김가루와 참깨, 달걀이 들어간 후레이크. 밥 위에 뿌리면 짭짤하고 고소한 맛을 즐길 수 있음

7. 홋카이도 크림스튜
(北海道クリームシチュー)
100% 홋카이도 우유와 치즈로 만든 크림 스튜. 진한 옥수수향과 함께 고소하고 부드러운 우유의 맛이 어우러짐

8. S&B 골든 카레 중간 매운맛
(エスビー食品 ゴールデンカレー中辛)
대중적인 인스턴트 고형 카레. 일본식 카레 맛으로 많이 맵지 않음. 1팩(198g)기준 5~6인분 정도.

9. 모모야 라유 고추기름
(桃屋 辛そうで辛くない少し 辛いラー油)
바삭하게 튀긴 마늘 후레이크가 들어간 고추기름 양념. 많이 맵지 않고 짭짤해서 밥도둑으로 불림

10. 쿠바라 우마타레 양배추 소스
(くばら キャベツのうまたれ)
달콤하고 부드러운 일본식 드레싱. 양배추 샐러드 위에 뿌리거나 튀김 요리와 곁들여 먹기 좋음

11. S&B 생와사비
(エスビー食品 生ワサビ)
S&B에서 나오는 튜브형 와사비. 패키지가 조금씩 다르지만 맛 차이를 느끼기 어려우니 저렴한 것 선택

12. 테라오카 계란 간장 소스
(寺岡家のたまごにかけるお醤油)
가다랑어포, 다시마, 표고버섯 추출물을 넣고 만든 맛간장. 밥에 계란, 버터 등을 넣고 비벼 먹기 좋음

생활용품　　가공식품　　간식

진짜 기념품 쇼핑 고수는 화려한 관광지가 아닌 소박한 로컬 마트로 향하는 법. 밥도둑 계란 간장부터 매일 쓰고 싶은 섬유유연제까지, 장바구니 하나 들고 마트를 탐험해 보자.

13 가공식품

14 간식

15 간식

16 간식

17 간식

18 간식

19 간식

20 간식

21 간식

22 간식

23 간식

24 간식

13. 야마야 명란 마요네즈
(めんたいマヨネーズ)
고품질의 하카타 명란을 넣어서 만든 마요네즈. 파스타, 감자튀김, 샌드위치에 잘 어울림

14. 오하요 저지 우유 푸딩
(OHAYO ジャージー牛乳プリン)
저지 우유로 만든 디저트. 진한 우유 맛과 크리미한 식감이 특징. 바닐라, 딸기, 카페오레 등 맛이 다양.

15. 가루비 자가리코 감자버터
(カルビー じゃがりこ じゃがバター)
일본 감자 스낵의 대표주자. 바삭하고 고소한 감자 스틱에 풍부한 버터 맛이 더해진 간식

16. 부르봉 알포트 미니 초콜릿
(ブルボン アルフォートミニチョコレート)
통밀 비스킷을 밀크 초콜릿으로 감싼 부드러운 간식. 12개입. 사이즈가 작아 선물용으로 인기

17. 메이지 죽순마을 타케노코노사토 초콜릿
(明治 たけのこの里)
죽순 모양 과자. 비스킷에 밀크 초콜릿을 듬뿍 코팅. 초코송이보다 버터향이 진하고 고급진 맛이 남.

18. 네슬레 킷캣 녹차
(ネスレ日本 キットカット オトナの甘さ 濃い抹茶)
녹차 러버들이 사랑하는 초콜릿. 달지 않고 진한 맛이 특징. 11개입. 개별 포장되어있어 편리

19. AGF 블렌디 포션 커피
(AGF ブレンディ ポーション濃縮コーヒー)
퀄리티 좋은 농축 캡슐 커피. 파란색은 가당, 초록색은 무당. 6개입 개별 포장

20. 오리히로 곤약 젤리 파우치
(オリヒロ ゼリーパウチ)
과일맛 젤리, 기내 반입이 가능한 파우치 형태라 선물용으로 굿. 3가지 맛, 24개입.

21. 오하요 브륄레 아이스크림
(オハヨー乳業 ブリュレ)
크림 브륄레맛 디저트. 홋카이도 밀크 아이스크림 위에 달콤 쌉싸름한 설탕 카라멜 코팅이 올라가 있음

22. UHA 코로로 젤리
(UHA コロロ ブドウゼリー)
입 안에서 터지는 식감이 독특해서 사랑받는 젤리. 돈키호테에서 99엔 이벤트 자주 진행

23. 유키지루시 메그밀크 커피 젤리
(雪印メグミルクCREAM SWEETS コーヒーゼリー)
차갑게 먹는 커피 맛 젤리. 진한 커피 맛과 부드러운 젤리 식감이 좋아 사랑받는 간식

24. 유키미 다이후쿠
(雪見だいふく)
롯데 찰떡 아이스의 원조. '규히'(求肥)라는 찹쌀떡으로 바닐라 아이스크림을 감싼 빙과류.

LIQUORS
일본의 술 즐기기

1 맥주
2 맥주
3 맥주
4 맥주
5 맥주
6 맥주
7 맥주
8 맥주
9 맥주
10 맥주
11 맥주
12 맥주

1. 기린 노도고시 나마
(キリンのどごし生)
맥아 함유율 20% 이하 발포주. 노도고시는 목넘김이라는 뜻. 부드럽고 시원한 맛을 자랑한다. 도수 5%

2. 기린 라거
(キリンラガービール)
편의점 추천 맥주 중 하나. 고소한 몰트향과 강한 탄산이 매력적

3. 산토리 트리플 나마
(サントリートリプル生)
프리미엄 몰츠와 같은 필스너 맥주. 옥수수를 섞어 부드러운 단맛이 특징

4. 삿포로 블랙라벨
(サッポロ生ビール黒ラベル)
저온살균 과정을 거치지 않은 맥주. 일반 삿포로 맥주보다 탄산, 향, 맛이 모두 연하고 가볍다.

5. 삿포로 에비스 맥주
(サッポロヱビスビール)
몰트향이 진하고 홉의 쌉쌀한 맛도 강한 필스너 맥주. 거품이 풍부하고 색깔이 진한 것이 특징

6. 산토리 프리미엄 몰츠
(サントリーザプレミアムモルツ)
유럽산 파인 아로마 홉을 사용해서 맛과 향이 진한 맥주. 쌉싸름하면서도 구수한 풍미를 자랑함.

7. 수요일의 고양이
(水曜日のネコ)
시트러스향과 스파이시한 맛을 가진 벨기에 화이트 에일 맥주. 일본에서 대중적인 크래프트 맥주로 유명

8. 아사히 슈퍼드라이생 머그잔
(アサヒスーパードライ生ジョッキ缶)
낮은 온도에서 거품이 넘쳐 나오도록 설계한 맥주. 살짝 단맛과 쌉싸름한 맛이 밸런스를 이룬다.

9. 오리온 더 드래프트
(オリオンザドラフト)
1957년에 탄생한 오키나와 로컬 맥주 브랜드. 탄산이 약한 부드러운 맛의 라거 맥주

10. 클리어 아사히 맥주
(クリアアサヒ)
홉향이 강하고 목넘김이 깔끔한 맥주. 밀러와 비슷한 맛

11. 요나요나 에일
(よなよなエール)
일본 최초의 '캔' 크래프트 비어. 달콤한 캐러멜 맛과 화사한 시트러스의 밸런스가 좋은 페일 에일 맥주

12. 인도의 아오오니 맥주
(インドの青鬼)
맥아, 홉, 효모만으로 만든 인디아 페일 에일(IPA) 맥주. 아오오니는 파란 도깨비라는 뜻. 도수 7%

audio guide

맥주　　사케　　위스키　　하이볼

한 모금 넘기는 순간 여행의 고단함이 녹아내린다. 하루의 완벽한 마침표를 찍어줄 술 한 잔도 아무렇게나 고를 순 없는 법. 내 취향에 딱 맞는 술을 찾아보자.

13 사케	14 사케	15 사케	16 사케

17 위스키	18 위스키	19 위스키	20 위스키

21 하이볼	22 하이볼	23 하이볼	24 하이볼

13. 쿠보타 센쥬 긴죠
(久保田 千寿 吟醸)
미스터 초밥왕에도 등장하는 사케 브랜드. 정미율 55%, 도수 15도, 주정이 추가된 드라이한 맛

14. 쿠보디 만쥬 쥰마이 다이긴죠
(久保田 萬寿)
프리미엄급 사케. 쌀, 누룩, 물만으로 제조해서 향이 그윽하고 맛이 깊음. 정미율 50%, 도수 15도

15. 닷사이 쥰마이 다이긴죠23
(獺祭 磨き二割三分)
정미율이 23%로 낮은 고품질 사케. 쌀, 누룩, 물만으로 제조. 닷사이는 야마구치의 지명을 의미

16. 키타아키타 다이긴죠
(北秋田 大吟醸)
아키타현의 쌀로 만든 사케로 입문자에게 추천하는 술. 정미율 50%, 도수 15도

17. 산토리 가쿠빈 위스키
(ブレンデッドウイスキー サントリー 角瓶)
가장 대중적인 일본 위스키. 용량 대비 저렴. 하이볼이나 온더락으로도 마시기 좋다. 도수 40도

18. 산토리 월드 위스키 아오
(サントリー ワールドウイスキー 碧Ao)
깔끔하고 순한 위스키. 오크향과 스모키한 향이 매력. 5개국을 의미하는 오각형 병. 도수 43도

19. 기린 위스키 리쿠
(キリンウイスキー 陸)
기린에서 나온 위스키. 오렌지, 바닐라, 플로랄 향기가 풍부. 도수는 50도로 높지만 비교적 가벼운 맛

20. 산토리 수이 진
(ジャパニーズジン翠 SUI)
향긋한 유자향이 나는 일본 대표 진토닉. 입문자에게 추천. 도수 40도

21. 산토리 호로요이 화이트 사워
(ほろよい〈白いサワー〉)
과일향 탄산주 캔. 화이트 사워는 레몬, 라임향 베이스로 상큼하고 청량함. 도수 3도

22. 기린 빙결 시칠리아 레몬 츄하이
(キリン 氷結 シチリア産レモン)
기린 빙결은 소주에 탄산과 과즙을 넣은 츄하이 브랜드 중에서 가장 대중적. 상큼한 레몬맛 강조

23. 산토리 스트롱제로 더블레몬
(－196ストロングゼロ 〈ダブルレモン〉)
레몬이 3%나 들어있는 츄하이. 기존 레몬 버전보다 더 시큼한 맛 낼 차란. 노수노 있노로 높은 편

24. 산토리 가쿠 하이볼 캔
(角ハイボール)
캔에 담긴 산토리 하이볼. 탄산이 강한 은색캔, 위스키맛이 진한 금색캔으로 구분

두 손 번쩍 들게 만드는 미식 도시

먹고 싶은 것 마음껏 먹고 배 터져도 몰라요!

오사카 하면 역시 '쿠이다오레(먹다 쓰러진다는 뜻)' 문화죠! 길거리 음식부터 고급 요리까지, 넘치는 먹거리가 당신의 미각을 깨울 거예요.
활기찬 도톤보리의 불빛 아래에서 맛있는 음식을 즐기고, "빵!" 하면 "꺅!" 하고 호응하는 유쾌한 오사카 사람들과 어울려보세요. 정겹고 생동감 넘치는 오사카의 매력에 푹 빠지게 될 거예요.

오사카 TO DO LIST

- ☐ 길거리 음식으로 한 끼 해결하기
- ☐ 도톤보리에서 인증 사진 찍기
- ☐ 우메다 공중정원에서 야경 감상하기
- ☐ 츠텐카쿠에서 쿠시카츠 먹기
- ☐ 오사카성 벚꽃 구경하기
- ☐ 신사이바시스지 상점가에서 쇼핑하기
- ☐ 일몰 시간에 덴포잔 대관람차 탑승하기

츠텐카쿠 타워, 덴노지

사쿠라몬, 오사카성 주변

고자부네 뱃놀이, 오사카성 주변

하루카스 300 전망대뷰, 텐노지

우메다 공중정원 전망대뷰, 우메다

사키시마청사 전망대뷰, 베이에어리어

오사카 주요 구역

니시요도가와구

나카노시마 & 요도야바시 & 혼마치
강변을 따라 미술관, 박물관과 오피스 건물이 들어서 있는 구역. 서양식 건축물과 현대적인 빌딩이 어우러지며 번화가에서 한 발짝 떨어져 있어 차분한 분위기가 특징.

신사이바시
젊은 층에게 사랑받는 활기찬 쇼핑 거리. 감각적인 편집숍에서 최신 트렌드를 경험하고, 아케이드 상점가를 따라 걸으며 백화점과 드럭스토어 쇼핑을 즐긴다.

베이에어리어

고노하나구

소라니와온천空庭温泉·
OSAKA BAY TOWER (유카타 체험을 할 수 있는 간사이 최대의 온천 테마파크)

미나토구

· 유니버설 스튜디오

· 덴포잔 대관람차

해유관 (가이유칸) ·

베이에어리어
테마파크, 수족관, 쇼핑몰이 모여있는 엔터테인먼트 구역. 아름다운 항구 풍경을 보며 액티비티와 쇼핑을 즐길 수 있어 가족 단위 여행객에게 추천.

스미노에구

우메다
초고층 빌딩이 즐비한 상업 지구. 대형 백화점과 쇼핑몰이 오사카역을 중심으로 모여 있어 쇼핑, 다이닝, 야경까지 한 곳에서 즐길 수 있는 지역.

텐진바시
정겹고 서민적인 분위기가 살아있는 곳. 텐진바시스지 상점가를 따라 로컬 맛집을 탐방하고, 가정집을 개조한 카페가 모여있는 '나카자키초'에서 산책을 즐길 수 있는 구역.

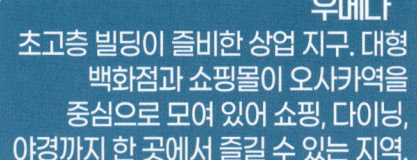
우메다
· 우메다 공중정원
· 우메다 스카이빌딩   · 헵파이브 대관람

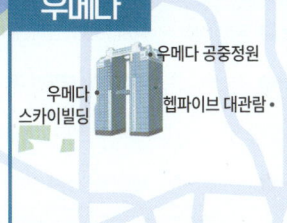
텐진바시
· 나카자키초
기타구
· 오사카텐만구 (오사카 천만궁)

나카노시마 & 요도야바시 & 혼마치

오사카 성
오사카의 역사와 전통을 느낄 수 있는 대표적인 곳. 성곽과 해자를 둘러싼 공원이 조성되어 있어 여유롭게 산책할 수 있으며, 매년 봄 벚꽃 명소로도 인기.

오사카 성
· 니시노마루 정원
· 오사카성

니시구

신사이바시

주오구
· 신사이바시스지 상점

난바
도톤보리 강을 따라 수많은 음식점들의 화려한 간판이 줄지어 있는 곳. 먹거리 가득한 구로몬 시장, 덕후들의 천국 덴덴타운도 난바에서 놓쳐선 안 되는 명소.

난바
· 도톤보리 글리코 사인   · 도톤보리

나니와구

덴노지구

덴노지
1,500년 역사의 사찰과 현대적인 빌딩이 공존하며 독특한 분위기를 내는 곳. 오사카의 가장 높은 전망대를 경험한 다음, 바삭한 쿠시카츠에 맥주 한 잔!

덴노지

· 츠텐카쿠 타워   · 덴노지 동물원
· 아베노 하루카스

217

오사카 시내 대중교통

오사카 메트로

오사카의 지하철. 바둑판처럼 노선이 촘촘해서 오사카 메트로만으로도 오사카 시내 대부분의 관광지를 갈 수 있다.

기본구간 요금	거리별 구간 요금
190엔	**240~390엔**

운영 시간
미도스지선 우메다역 나카모즈방면 기준 05:15~24:08, 2~5분 간격

기본 요금
성인 기준 190엔, 3km 이상부터 거리별로 운임 추가 (240~390엔)

구매 방법
이코카 사용 혹은 오사카 메트로 역내 티켓 자동판매기에서 1회권 종이티켓 발권

공식 홈페이지 https://subway.osakametro.co.jp/ko/

사용 가능 패스 오사카 메트로 1일 승차권 (엔조이 에코카드), 오사카 메트로 1·2day pass, 오사카 주유패스

오사카 주유패스	엔조이 에코 카드	교통카드 (ICOCA)
관광지 하루 3곳 이상 방문 시 교통+입장료로 경제적	교통을 많이 이용할 때 유리한 1일 무제한 승차권(주말620엔)	매번 표를 살 필요 없이 충전해서 사용하는 카드. 편리함

핵심 노선별 주요 목적지

8개 지하철 노선과 베이 지역을 순환하는 지상모노레일 '뉴트램' 1개 노선으로 이루어진 총 9개 노선.

- **M** 미도스지선 — 우메다, 난바
- **T** 다니마치선 — 오사카성, 덴노지, 텐진바시스지
- **Y** 요츠바시선 — 니시우메다, 난바, 혼마치, 히고바시
- **C** 주오선 — 가이유칸, **덴포잔** 대관람차, 코스모스퀘어
- **S** 센니치마에선 — 난바, 닛폰바시, 츠루하시
- **K** 사카이스지선 — 덴덴타운, 신세카이
- **N** 나가호리츠루미료쿠치선 — 신사이바시
- **I** 이마자토스지선 — 야마자토, 이쿠노 코리아타운
- **P** 뉴트램 — 코스모스퀘어, ATC

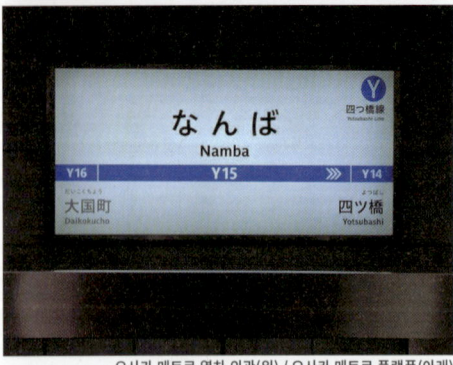

오사카 메트로 열차 외관(위) / 오사카 메트로 플랫폼(아래)

오사카 메트로 역 출입구

JR

오사카 시내를 근교와 이어주는 역할을 하는 전철. 시내 위주로 여행할 때는 이용할 일이 드물다.

기본구간 요금
150엔~

운영 시간
오사카칸죠선 오사카역 교바시 방면 기준
04:55~00:16, 3~5분 간격

구매 방법
이코카 사용 혹은 JR 역내 티켓 자동판매기에서 1회권 종이티켓 발권

사용 가능 패스
JR 간사이 패스, JR 간사이 미니 패스

공식 홈페이지
https://www.westjr.co.jp/global/kr/

JR 여행 TIP

간사이 지역패스
교토, 고베 등 2개 도시 이상 여행 시 JR을 무제한 이용할 수 있어 효율적

쾌속/신쾌속 열차
추가 요금 없이 일반 열차보다 훨씬 빠르게 목적지까지 이동가능

핵심 노선

오사카칸죠선 (오사카순환선)	오사카 시내를 한바퀴 순환하는 노선. 오사카성공원, 츠루하시, 덴노지로 갈 때 이용
유메사키선 (사쿠라지마선)	유니버설 스튜디오 재팬으로 갈 때 이용
교토선	오사카역에서 신오사카역, 교토역으로 연결
고베선	오사카역에서 산노미야역, 모토마치역으로 연결

유니버설스튜디오 재팬가기

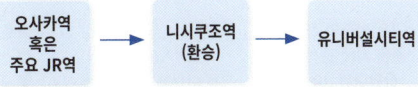

오사카역 기준 12분 소요, 200엔

JR 역 플랫폼(위) / JR역 열차 외관(아래)

오사카 시내 대중교통

오사카 메트로와 JR 이외의 철도 회사에서 운영하는 전철. 오사카에는 다섯 개 사철이 있으며 시내보다는 근교로 이동할 때 탑승한다.

사철

한큐 전철 (阪急)
오사카 ↔ 교토/고베

- 주요 노선: 오사카 우메다에서 교토 가와라마치 (시내 중심), 고베 산노미야로 연결.
- 특징: 교토 시내 최고 번화가인 가와라마치역까지 한 번에 갈 수 있어 편리.

교토 여행의 시작과 끝을 시내 중심으로 잡았다면 JR보다 한큐가 더 효율적!

한신 전철 (阪神)
오사카 ↔ 고베

- 주요 노선: 오사카 우메다/난바에서 고베 산노미야로 연결.
- 특징: 고시엔 구장(야구), 고베 하버랜드 근처 모토마치역 접근성이 좋음.

오사카 난바 근처에 숙소가 있다면 한신을 이용해 고베로 가는 것이 편리.

게이한 전철 (京阪)
오사카 ↔ 교토

- 주요 노선: 오사카 요도야바시에서 교토 데마치야나기 방면으로 운행.
- 특징: 후시미 이나리, 기온 시조, 기요미즈데라 등 교토 동부 관광지 접근성 최강.

교토 동부(기요미즈데라, 기온 등)를 집중 공략할 날이라면 게이한 패스가 필수!

킨테츠 전철 (近鉄)
오사카 ↔ 나라

- 주요 노선: 오사카 난바에서 킨테츠나라역으로 연결.
- 특징: 나라 사슴 공원, 도다이지 등 핵심 관광지와 가장 가까운 역에 도착.

나라 당일치기 여행 시, JR보다 킨테츠를 이용하는 것이 훨씬 편리합니다.

난카이 전철 (南海)
오사카 ↔ 간사이 공항

- 주요 노선: 오사카 난바에서 간사이 국제공항으로 연결.
- 특징: 특급 '라피트'를 이용하면 가장 빠르고 편안하게 공항 이동 가능.

숙소가 난바 근처라면 공항을 오갈 때 JR 하루카보다 난카이 라피트가 정답!

	한큐	한신	케이한	킨테츠	난카이
설명	오사카에서 고베, 교토로 이동할 때	오사카에서 고베로 이동할 때	오사카에서 교토로 이동할 때	오사카에서 나라로 이동할 때	간사이 국제공항에서 오사카로 이동할 때
주요역	오사카우메다역 (오사카) 고베산노미야역 (고베) 교토가와라마치역 (교토) 아라시야마역 (교토)	오사카우메다역 (오사카) 고베산노미야역 (고베) 모토마치역 (고베)	요도야바시역(오사카) 우지역 (교토) 후시미이나리역 (교토) 도후쿠지역 (교토) 기요미즈고조역 (교토) 기온시조역 (교토) 산조역 (교토)	오사카난바역 (오사카) 킨테츠나라역 (나라)	난카이난바역 (오사카) 간사이공항역 (간사이 국제공항)
운영 시간	고베선 오사카우메다역 고베산노미야 방면 05:00~00:10, 1~10분 간격	본선 오사카우메다역 히메지 방면 05:00~00:20, 3~5분 간격	본선 요도야바시역 데마치야나기 방면 05:33~00:02, 3~5분 간격	난바선 오사카난바역 킨테츠나라 방면 05:13~00:05, 1~5분 간격	공항선 공항급행 간사이공항역 난바 방면 기준 05:45~23:55, 15~20분 간격
기본 요금	170엔	160엔	180엔	180엔	공항에서 난바역까지 970엔
사용 가능한 패스	간사이 레일웨이 패스, 한큐 한신 1일 패스, 한큐 1일 패스	간사이 레일웨이 패스, 한큐 한신 1일 패스	간사이 레일웨이 패스, 게이한 교토·오사카 관광 승차권, 게이한+오사카메트로 교토·오사카 관광 승차권	간사이 레일웨이 패스, 킨테츠 레일패스	간사이 레일웨이 패스
공식 홈페이지	https://www.hankyu.co.jp/global/kr/index.html	https://www.hanshin.co.jp/global/korea/	https://www.keihan.co.jp/travel/krtrains/access-guide.html	https://www.kintetsu.co.jp/foreign/korean/	http://www.how-to-osaka.com/kr/traffic/train/routemap.html

*전 사철 오사카 시내 범위에서는 '오사카 주유패스'도 사용 가능
(근교 갈 때는 사용 불가능. 구체적인 범위는 홈페이지 참고 https://osaka-amazing-pass.com/kr/service_about_train.html)

최종 팁 & 주의사항 이것만 기억하세요!

팁1 사철은 '경쟁' 관계입니다. 예를 들어 오사카 우메다에서 고베 산노미야까지는 JR, 한큐, 한신 3개 회사가 모두 운행합니다. 가격과 속도, 도착역의 위치를 비교해 가장 유리한 것을 선택해야 합니다.

팁2 숙소 위치가 가장 중요합니다. 숙소가 우메다 근처라면 한큐/한신, 난바 근처라면 난카이/킨테츠, 요도야바시 근처라면 게이한을 이용하는 것이 동선을 줄이는 지름길입니다.

⚠️ 패스는 호환되지 않습니다. 한큐 패스로 한신을 타거나, 게이한 패스로 JR을 탈 수 없습니다. '간사이 레일웨이 패스' 같은 일부 통합 패스를 제외하면 각 회사 노선은 별개입니다.

버스 (오사카 시티버스)

오사카 시내 구석구석을 다니지만 여행자는 탈 일이 많지 않다. 출퇴근 시간에는 교통체증이 심하므로 참고.

운영 시간 노선별 상이

기본 요금 성인 210엔 (모든 구간 운행요금 균일)

구매 방법 이코카 사용 혹은 현금 지불
(500엔 동전 혹은 1000엔 지폐만 가능)

사용 가능한 패스
오사카 메트로 1일 승차권 (엔조이 에코카드),
오사카 메트로 1·2day pass, 오사카 주유 패스

탑승 방법
- 뒷문으로 승차, 앞문으로 하차
- 요금은 하차할 때 이코카 카드 태그 혹은 현금 지불
- 오사카 주유패스 사용할 때는 탑승 → 차내 QR코드 스캔 → 하차할 때 기사에게 화면을 보여주면 됨
- 승차시 카드 태그하지 않아도 됨
- 내릴 정류장이 다가오면 하차 버튼 누르기

공식 홈페이지 https://citybus-osaka.co.jp/howto-korea/

오사카 시티버스 외관

오사카 시티버스 정류장

택시

기본 요금이 높으므로 짐이 많거나, 3~4인이 짧게 이용할 경우에만 탑승 추천

기본 요금 1km까지 500엔, 이후 260m당 100엔씩 추가 / 야간 (22~05시) 20% 할증

오사카 택시 외부

결제 방법 현금, 신용카드, IC교통카드 모두 가능

탑승 방법
1) 시내 곳곳의 택시 승강장 혹은 길거리에서 손을 들어 탑승 (차량 앞 전광판에 빈차 空車 라고 적혀있으면 탑승 가능. 할증 割增 이라고 적혀 있을 때는 탑승 가능하나 심야, 할증 요금으로 계산된다는 뜻)
2) 뒷문은 자동문이므로 직접 열거나 닫지 않는다. 문이 열리고 닫힐 때까지 차분히 기다리기.
3) 3명 이상이 아니라면 앞자리는 비우는 것이 관례

택시 호출 앱
- 디디 택시 DiDi : 글로벌 택시 호출 앱. 한국 번호로 이용 가능, 한국어 지원.
- 카카오T : 한국에서 사용하던 앱을 그대로 사용. 수수료가 별도로 더 붙어 가격은 높은 편.
- 우버 택시 Uber Taxi : 한국에서 앱을 미리 다운로드해 카드를 등록하면 현지에서 별도 절차 없이 사용 가능.

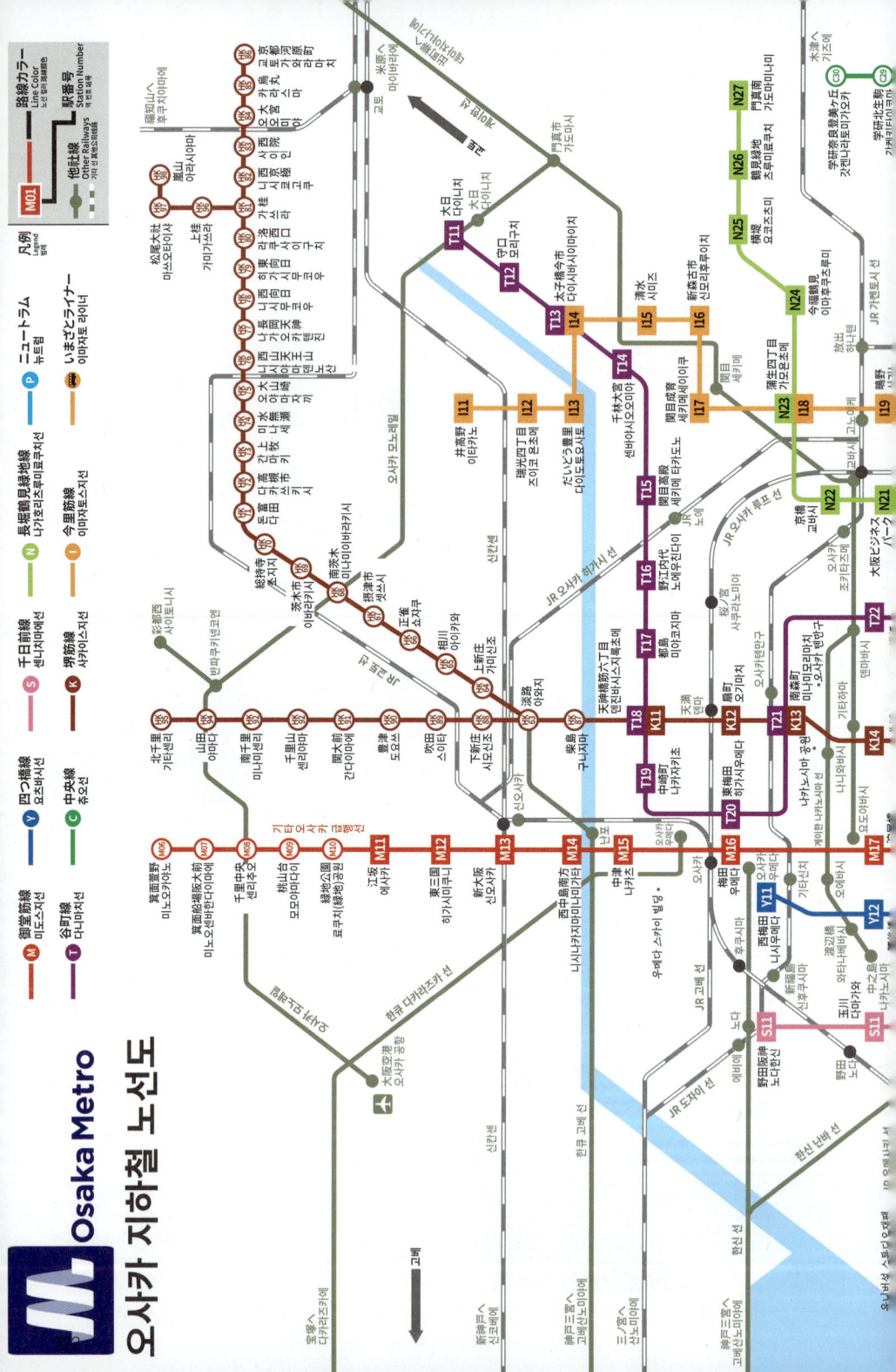

오사카 내부에서 이동하는 법

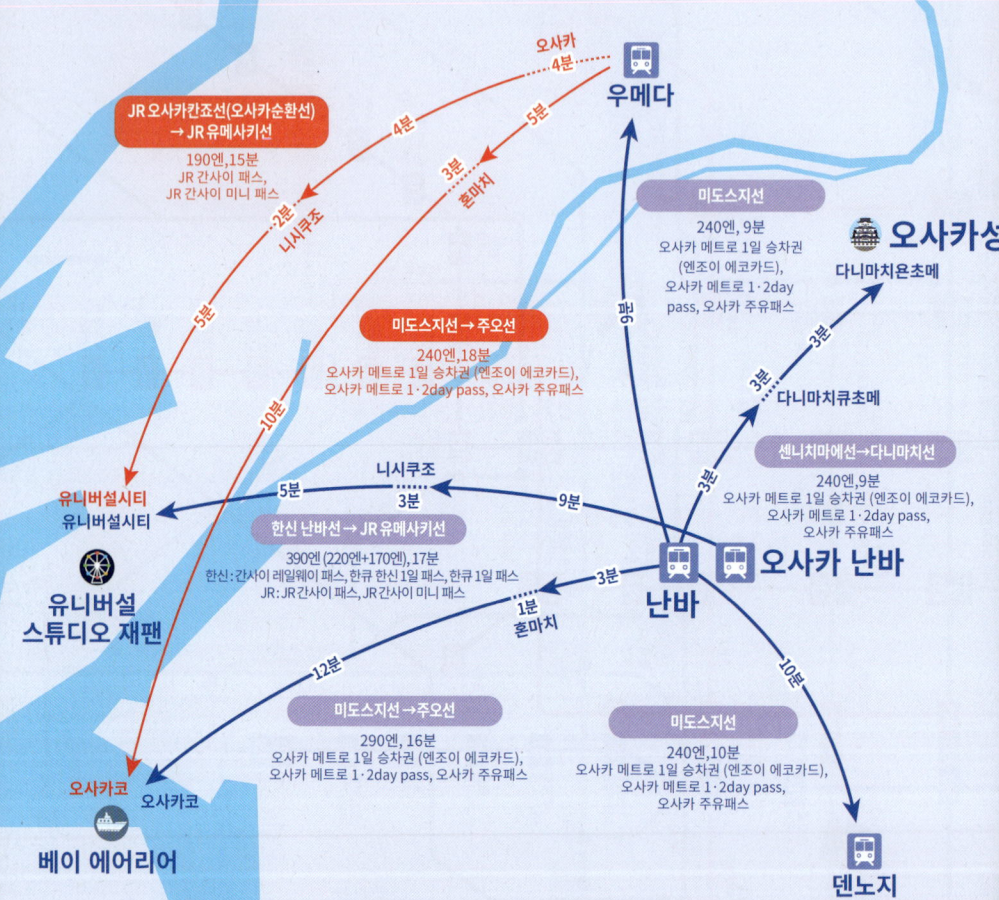

THEME

오사카 테마

OSAKA
오사카에서 꼭 가야할 대표 랜드마크

텐진바시

8 나카자키초

5 헵파이브 대관람차

우메다 스카이빌딩 6
우메다 공중정원 7

우메다

도쿄, 요코하마와 함께 일본의 3대 도시로 불리는 오사카. 간사이 지역에서는 명실상부 최대 도시답게 수많은 여행지와 상점이 모여 있다. 화려한 야경과 쇼핑을 즐길 수 있는 번화가부터 현지인 맛집이 곳곳에 숨겨진 골목까지 한번에 즐길 수 있는 다채로운 곳.

나카노시마

요도야바시

혼마치

1 오사카성

신사이바시

4 신사이바시스지 상점가

미나미호리에

도톤보리 글리코 사인 3   2 도톤보리

난바

닛폰바시

유니버셜 스튜디오 12

덴포잔 대관람차 13

가이유칸 14

츠텐카쿠 타워 10   11 덴노지 동물원

덴노지

아베노 하루카스 9

오사카성

16세기에 지어진 성으로, 높게 솟은 '천수각天守閣' 주변으로 정원과 해자가 조성. 봄 벚꽃 명소로도 인기

도톤보리

도톤보리 강 양 옆으로 유명 맛집과 상점이 밀집되어 있는 골목. 다닥다닥 붙은 간판과 네온사인 덕에 밤이 되면 더욱 활기차다.

도톤보리 글리코 사인

오사카를 대표하는 번화가 '도톤보리'의 얼굴과도 같은 전광판

신사이바시스지 상점가

에도 시대부터 이어져 온 오사카 대표 상점가. 대형 백화점 다이마루를 비롯해 트렌디한 패션, 뷰티 브랜드가 줄지어 있다.

HEP FIVE 대관람차

도시 한복판에서 대관람차를 타는 독특한 경험을 할 수 있는 랜드마크

우메다 스카이빌딩

40층 높이에 공중정원 전망대가 있는 우메다 대표 랜드마크. 오사카의 포토스팟

우메다 공중정원

우메다 스카이빌딩의 명물. 40층 높이에서 360도로 화려한 야경을 볼 수 있는 오사카의 대표적인 전망대

나카자키초 中崎町

최근 떠오르는 곳으로, 오래된 가옥을 리모델링한 감성적인 카페가 많다.

아베노 하루카스

현재 오사카에서 가장 높은 빌딩. 58~60층에 야경 명소 하루카스 300 전망대가 있다.

츠텐카쿠 타워

1912년에 세워져 과거와 현재가 공존하는 듯한 독특한 분위기를 지닌 타워 전망대

덴노지 동물원

100년이 넘는 긴 역사를 가진 동물원. 170종 천 여마리의 동물이 있으며 펭귄 공원, 아프리카 사바나 구역 등의 생태전시로 인기

유니버설 스튜디오

영화사 '유니버설 스튜디오'의 인기 콘텐츠 기반 대형 테마파크. 해리포터, 닌텐도, 미니언즈 등 캐릭터 어트랙션을 즐길 수 있다.

덴포잔 대관람차

112.5m 높이의 관람차에서 바다를 바라보며 풍경을 감상할 수 있다. 바닥이 투명한 시스루 곤돌라가 인기

가이유칸

베이 에어리어의 대표적인 랜드마크. 8층 규모와 15개 이상의 거대한 수족관

MAP
오사카 벚꽃 스팟

교토 KYOTO

효고 HYOGO

오사카만

오사카 OSAKA

와카야마 WAKAYAMA

승미사 勝尾寺
높은 곳에 위치하고 있어 벚꽃이 늦게 피는 곳. 미노시에 위치

사츠키야마 공원 五月山公園
공원 입구부터 정상(315m)까지 35,000그루의 벚꽃나무로 뒤덮인 꽃놀이 명소. 이케다시에 위치

엑스포 '70 기념공원 万博記念公園
해마다 벚꽃과 불꽃쇼를 함께 볼 수 있는 사쿠라 엑스포가 열리는 곳. 5,500그루의 벚나무가 만개하여 장관을 이룸. 스이타시에 위치

핫토리료쿠치 服部緑地
원형 화단과 분수로 유명한 벚꽃 명소. 토요나카시에 위치

게마사쿠라노미야 공원 毛馬桜之宮公園
오카와 강변을 따라 왕벚나무 등 벚꽃나무 약 4,800그루가 있다. JR사쿠라노미야역 바로 앞 위치

꽃박람회기념공원 쓰루미 녹지 花博記念公園鶴見緑地
풍차와 튤립꽃밭으로 유명한 곳이지만 봄에는 벚꽃 축제장이 따로 마련됨. 쓰루미료쿠치역 바로 앞 위치

나카노시마 공원 中之島公園
벚꽃 시즌에는 왕벚나무 100그루가 장관을 이루는 곳. 기타하마역 또는 요도야바시역에서 하차후 도보 1분

조폐국 본국 造幣局本局
왕겹벚꽃, 수양벚꽃 등 140여 종의 벚나무가 꽃터널을 이루는 곳. 1년에 딱 한번 일주일만 개방하며 사전예약 필수. 사쿠라노미야역 또는 쿄바시역 가까이 위치

우쓰보 공원 靭公園
오사카 직장인들의 벚꽃 성지. 우메다와 신사이바시 사이 위치

덴노지 공원 天王寺公園
츠텐카쿠 전망대를 배경으로 벚꽃 사진을 찍을 수 있는 곳. 우메다와 난바 근처에 위치

오사카 성 공원 大阪城公園
성 안팎으로 3,000여 그루의 벚나무가 일제히 꽃을 피우는 벚꽃 명소. 텐마바시역에서 도보 15~20분 위치

스미요시 공원 住吉公園
바베큐하며 벚꽃 감상하기 좋은 곳. 스미요시타이샤 전철역에서 내려서 도보 2분

다이센 공원 大仙公園
2019년 유네스코 세계유산으로 등재된 천황릉 고분군 옆에 자리한 벚꽃 명소. 사카이시에 위치

나가이 공원 長居公園
큰 연못을 중심으로 심어진 400여 그루의 벚꽃나무가 아름다운 곳. 전철 나가이역 3번 출구에서 도보 5분

애니메이션에서 보던 일본의 벚꽃놀이, '하나미(花見)'를 오사카에서 즐기고 싶다면? 3,000그루의 벚꽃나무가 있는 오사카성부터 현지인들만 안다는 찐 로컬 피크닉 명소까지 한 눈에 살펴보자.

ILLUMINATION
오사카의 겨울 일루미네이션 스팟

미도스지 일루미네이션 ⦿ 미도스지

미도스지 일루미네이션
御堂筋

오사카의 메인 스트리트인 '미도스지'를 따라 펼쳐지는 대규모 빛의 축제.

관람 포인트
- 거리 전체 조명: 우메다에서 난바까지 약 4km에 걸쳐 다양한 색상의 LED 장식으로 빛의 터널을 연출
- 랜드마크 조명: 명품 매장, 백화점, 고층빌딩들이 일제히 라이트업하여 화려한 풍경을 연출

운영시간
2024년 기준 11월 3일~12월 31일 매일 17시~오후 23시 (12월 31일에는 오전 1시까지 연장 점등)

입장료 무료

오사카 성 일루미네이션 ⦿ 오사카성

오사카 성 일루미네이션

매년 겨울 오사카 성 안에 있는 니시노마루 정원에서 열리는 빛의 축제.

운영시간
2024년 기준 11월 15일 ~2025년 2월 16일 매일 17시~22시 (조명 점등 17:00~21:30)

입장료
- 성인 2,000엔
- 초등학생 이하 1,000엔

크리스마스 기간 입장료 (12월 21일~12월 25일)
- 성인 3,000엔
- 초등학생이하 1,500엔

관람 포인트
- 역사와 빛의 조화: 오사카 성의 웅장한 성곽과 다양한 테마의 일루미네이션이 어우러져 독특한 분위기를 연출
- 다양한 테마 존: 일루미네이션 구역은 여러 테마로 구성되어 있어, 각 구역마다 색다른 빛의 연출을 감상할 수 있음

한국보다 포근한 오사카의 겨울을 더욱 환하게 비춰주는 건 길거리를 수놓은 불빛들이다. 겨울 오사카 여행을 떠난다면 낮보다 아름다운 밤 산책을 놓치지 말 것.

아베노 하루카스 　아베노 하루카스

아베노 하루카스
Abeno Harukas
あべのハルカス

오사카 랜드마크 빌딩에서 구경할 수 있는 특별한 일루미네이션 쇼. 매일 저녁 19:15~21:15까지 30분 단위로 진행

관람 포인트
- 300 전망대
  실제 야경 위로 디지털 아트가 더해진 라이트 쇼 '시티 라이트 판타지아'는 관람 필수!
- 2층 외주 데크
  겨울 밤하늘을 표현한 120m 천장 장식이 볼거리. 금빛 조명과 눈 결정 장식으로 화려하게 연출
- 16층 로비 : 4m 높이의 3단 탑과 함께 음악에 맞춘 조명쇼 진행

운영시간
- 300 전망대
  18:00~22:00
- 2층 외주 데크
  17:00~24:00
- 16층 로비
  18:30~22:30
  * 운영시간 2025년 기준

입장료
- 성인 2,000엔
- 중·고등학생 1,200엔
- 초등학생 700엔
- 유아(4세 이상) 500엔

* 헬리포트 투어 시 요금 추가
* 주유패스 소지자는 10% 할인

ILLUMINATION 오사카의 겨울 일루미네이션 스팟

유니버설 스튜디오 재팬 Universal Studios Japan	겨울 시즌마다 화려한 일루미네이션 쇼와 다양한 크리스마스 이벤트 개최
시기 11월 중순~1월 초 **입장료** 파크 입장권으로 관람 가능하며 성인 기준 약 8,400엔부터 시작	**관람 포인트** ↳ 미디어 파사드 공연 : 거대한 건축물 위로 디지털 아트 빔을 쏘아 화려한 무대를 연출, 노래와 춤을 더한 공연이 하이라이트 ↳ 초대형 크리스마스 트리 : 약 30미터 높이의 트리로 유니버설 스튜디오를 상징하는 겨울 랜드마크

우메다 스카이 빌딩 공중정원	지상 173m 높이에서 도시 전체를 360도 파노라마 뷰로 감상할 수 있는 곳. 매년 겨울마다 다양한 컨셉의 이벤트를 진행
시기 매년 12월 초~12월 말 점등 시간 일반적으로 17시~22시 **운영시간** 9:30~22:30 (30분 전 입장마감) **입장료** • 성인 2,000엔 • 어린이 500엔 * 주유패스 소지자는 15시 이전까지 무료 / 이후 20% 할인	**관람 포인트** ↳ 공중정원 1층 : 조명이 바뀌는 대형 트리와 함께 크리스마스 마켓이 열림. 뱅쇼나 말차라떼를 마시며 구경하는 재미가 쏠쏠.

유니버설 스튜디오 재팬 📍 USJ

우메다 스카이 빌딩 공중정원 📍 우메다 공중정원

난바 파크스
일루미네이션
Namba Parks
なんばパークス

오사카의 대표적인 쇼핑몰에서 열리는 일루미네이션 쇼.

관람 포인트

└ 빛의 폭포: 길이 18m에 달하는 푸른빛의 '빛의 폭포'가 장관. 2층 그레이시아 코트(Gracia Court)에 위치

└ 반짝이는 초원: 100만 개의 LED 조명을 이용해 파크스 가든 일대를 초원으로 꾸며놓은 곳. 인생사진 촬영 장소로 입소문이 자자

시기

2024년 기준
11월 8일~2월 16일
매일 17시~00시

입장료 무료

그랜드 프론트 오사카
일루미네이션
グランフロント大阪

오사카역 앞 광장에서 열리는 일루미네이션 축제. 약 25만구의 LED로 꾸며지는 겨울 행사로 인기.

관람 포인트

└ 우메키타 광장 주변 및 케야키 가로수길: 샴페인 골드 빛의 조명으로 장식되어 로맨틱한 분위기를 연출

└ 인피니티 위시 트리: 10m 높이의 은빛 트리 위에 재생 에너지로 만든 조명을 쏘아 신비로움을 극대화한 라이팅 쇼가 열림

시기

2024년 기준
11월 7일~2월 28일
매일 17시~00시

입장료 무료

주유패스 vs E패스
주유패스와 E패스로 갈 수 있는 오사카 스팟 총정리

명소 이름	입장료	주유패스	E패스
우메다 스카이 빌딩 공중정원 전망대	어른 2,000엔 (장애인: 1000엔) 4세~초등학생 500엔 (장애인: 250엔)	○	15:00 이전 무료 / 이후 20% 할인
우메다 스카이 빌딩 기누타니 고지 천공 미술관	일반 1,300엔 중·고·대학생 800엔		○
헵파이브 관람차	800엔 *5세 미만 어린이는 무료		○
오사카 시립 주택 박물관	어른 600엔 고교생·대학생 300엔		○ 기모노 체험은 별도 요금
나카노시마 리버 크루즈	어른 2,000엔 학생 1,000엔 *초등학생 이하 무료		○
국립 국제 미술관	컬렉션전 기준 성인 430엔 대학생 130엔 *18세 미만, 65세 이상 무료	○ 기타 전시 별도	○ 기타 전시별도
오사카 기업가 박물관	어른 500엔 중고대학생 200엔 *초등학생 이하 무료 65세 이상과 장애인 300엔		○
톤보리 리버 크루즈	어른 2,000엔 학생 1,000엔, 어린이(초등학생) 500엔 *초등학생 미만은 어른 1명당 1명 무료		○
WONDER CRUISE	13세 이상 성인 2,000엔 6~12세 어린이 800엔, 5세 이하 무료		○
가미가타 우키요에관	700엔		○ 판본 체험은 별도 요금
Shinsekai ZAZA ZAZA comedy yose OWARAI YOSE 개그 라이브	1,000엔		○
츠텐카쿠	성인(15세 이상) 1,200엔 아동(5세 이하) 600엔		○ 특별 옥외 전망대-덴보 파라다이스 별도 요금 300엔
TOWER SLIDER 츠텐카쿠	성인(15세~65세) 1,000엔 아동(7세~14세) 500엔		○ 평일만 무료
츠텐카쿠 다이브앤워크	성인 (15세~65세) 3,000엔 아동(9세~14세) 2,000엔	○	✕
오사카 덴노지 동물원	어른 500엔 초·중학생 200엔		○
시텐노지 절	어른(대학생 포함) 중심가람 500엔, 정원 300엔, 보물관 500엔 고교생 중심가람 300엔, 정원 200엔, 보물관 300엔 초중학생 중심가람/보물관 무료, 정원 200엔 유치원생 무료		○
오사카성 천수각	어른 1,200엔 대학생 및 고교생 600엔 *중학생 이하 무료	○	✕
오사카성 니시노마루 정원	어른 200엔 *중학생 이하 무료	○	✕
중요문화재 오사카성의 망루 YAGURA 특별공개	어른(고등학생 이상) 800엔 어린이(중학생 이하) 300엔 *미취학 아동, 장애인 무료	○	✕
KAIYODO FIGURE MUSEUM MIRAIZA OSAKA-JO	성인(고등학생 이상) 1,000엔 소인(초등학생) 500엔 * 미취학 아동은 보호자 1명당 1명 무료	○	✕
오사카성 고자부네 놀잇배	대인(16세 이상) 1,800엔, 65세 이상 1,200엔, 어린이(6세~15세) 900엔 *6세 미만 무료	○	

명소 이름	입장료	주유패스	E패스
오사카 수상버스 아쿠아 라이너	어른 2,000엔 어린이(초등학생) 1,000엔 유아는 성인 1명당 1명까지 무료	O 벚꽃 시즌 제외	O
YORIMICHI Sunset Cruise	어른 1,600엔 초등학생 800엔	O 하치켄야 선착장에 서만 승선	O
오카와 강 벚꽃 크루즈	어른 1,200엔 어린이 600엔 *어른 1명당 어린이 1명은 무료	O	
오사카 역사박물관	상설 전시 기준 어른 600엔 고교생 및 대학생 400엔 *중학생 이하 무료	O 특별전은 별도 요금	X
피스 오사카	어른 250엔 고교생 150엔 *초중학생, 65세 이상, 장애인 무료	O	
덴포잔 대관람차	900엔 *3세 이상부터는 입장료 부과	O	X
범선형 관광선 산타마리아 데이 크루즈	중학생 이상 1,800엔 초등학생 900엔	O	
범선형 관광선 산타마리아 트와일라이트 크루즈	어른 2,300엔 어린이 1,150엔	O	
캡틴 라인	성인(13세 이상) 1,700엔 어린이(7세~12세) 900엔 미취학 아동(3세~6세) 700엔	O	
레고 랜드	3,300엔(3세이상)	O	
GLION MUSEUM	성인(중학생 이상) 1,300엔~1,900엔 어린이(초등학생 이하) 무료	O	
사카시마 코스모타워 전망대	성인(고등학생 이상) 1,200엔 중학생 및 초등학생 600엔 고령자 (70세 이상) 1,000엔	O	
사쿠야코노하나관	성인(고등학생 이상) 500엔 *중학생 이하 무료	O	X
오사카 시립 자연사 박물관	어른 300엔 고등·대학생 200엔	O 특별전은 별도 요금	X
오사카 시립 나가이 식물원	성인 300엔 고등학생 및 대학생 200엔 *중학생 이하 무료	O	X
사카이 리쇼노모리	어른 300엔, 고등학생 200엔 *중학생 이하 무료	O	X
사카이시 박물관	일반 200엔 고등·대학생 100엔초·중학생 50엔	O	X
NINJA Trick House (에디온 난바 본점)	1,000엔	X	O
도톤보리 뮤지엄 나미키자	체험과짓 대인 1,200엔 초등학생 600엔 65세 이상 1,000엔	X	O
BOAT RACE 스미노에	시설 입장료 100엔 감상 유료석(B시트) 1,500엔	X	O 성수기, 연말연시 제외
천연온천 히나타노유	성인(중학생 이상) 평일 880엔, 주말 및 공휴일 1,000엔 어린이(4세~초등학생 이하) 400엔 *3세 이하 무료	X	O
오사카 휠 (일본 제일의 대관람차)	1,000엔 *0세~3세 어린이는 무료 탑승	X	O 일반 곤돌라만 무료
해양당호비랜드(카이요도 호비랜드)	성인 1,000엔 중학생 및 고등학생 700엔 초등학생 500엔 *미취학 아동 무료	X	O

MUSEUM 오사카의 박물관 & 미술관 탐방

오사카 역사박물관
오사카성 주변

- 1400년의 오사카 역사와 문화를 소개하는 박물관
- 층을 오가는 에스컬레이터 앞에 오사카성이 보이도록 창을 낸 것이 인상적
- 10층 전망대에서 오사카성을 내려다보며 풍경을 감상할 수 있음
- 오사카성 공원과 나니와 궁터 공원에 인접해 있어 자연과 역사를 감상할 수 있음
- 오사카성과 함께 방문하면 좋음
- 박물관에서 박물관+오사카성 티켓을 구입하면 오사카성 방문 시 줄을 서지 않아도 됨

입장료
- 성인 600엔
- 대학생, 고등학생 400엔
- 중학생 이하 무료

운영시간
월, 수, 목, 금, 토, 일
9:30~17:00
(입장 마감 16:30)
화요일 휴무

가이드
- 한국어, 영어 등 다양한 언어 음성 가이드 제공 (400엔)
- 안내 표지판과 일부 해설 패널에는 영어 표기
- 종합 안내 데스크에서 한국어와 영어로 된 팸플릿을 무료로 받을 수 있음

주요 전시품
고대, 중세, 근세, 근대, 현대 오사카의 역사가 실물 크기로 복원된 전시품, 유물, 그림 등으로 전시되어 있음

층별 안내
- 10층 : 고대 오사카 (나니와궁 대극전 재현, 고대 유물 전시)
- 9층 : 중세, 근세 오사카 (미니어처 모형)
- 8층 : 유물 발굴 체험
- 7층 : 근대, 현대 오사카 (신사이바시스지, 도톤보리 거리와 주택 실물 크기로 재현)
- 6층 : 특별 전시
- 1층 : 기념품샵

체험
유물 복원 체험, 기모노 체험, 메이지 지대 게임 체험, 부채 날리기 체험, 역사 속 건축물 모형 만들기, 나만의 도자기 만들기, 역사 워크숍(역사 그림 그리기, 역사 퀴즈 등)

* 프로그램에 따라 추가 비용이 발생할 수 있음

오사카 시립 주택 박물관
텐진바시

- 일본의 전통 주거 생활과 도시 생활을 주제로 한 체험형 박물관
- 미니어처와 같은 장난감을 좋아하는 남자아이라면 특히 더 추천하는 곳
- 밤낮을 표현하는 조명이 인상적
- 텐진바시스지 상점가와 가까워 함께 방문하기 좋음
- 영상을 먼저 보고 구경하면 더욱 많은 것들이 눈에 들어옴

입장료
- 성인 600엔(20인 이상 단체 500엔)
- 고등학생 대학생 300엔 (20인 이상 단체 200엔)
- 중학생 이하 무료

*오사카 주유 패스를 소지한 경우 박물관 입장 무료

운영시간
월, 수, 목, 금, 토, 일
10:00~17:00
(입장 마감 16:30)
화요일 휴무
(휴일일 경우 다음 날)

가이드
- 입구에서 한국어와 영어로 작성된 리플렛을 받아 전시를 관람할 수 있음
- 성 가이드 서비스도 제공

주요 전시품
에도 시대, 메이지, 다이쇼, 쇼와 시대의 주택과 생활용품 등 / 실물 크기의 복원

체험
기모노 체험(키 110cm 이상, 대여 시간 30분, 현금 1000엔)

주의사항
- 평범한 건물 8층에 위치
- 짐이 규격 크기보다 크면 짐 보관 맡겨야 함 (300엔)
- 음식물, 삼각대, 우산 등 반입 금지
- 개인 카메라, 휴대폰 사진 촬영 가능
- 사물함 100엔(반환해 줌)

오사카를 쇼핑과 먹방의 도시로만 기억한다면 오산! 도톤보리의 화려함은 잠시 뒤로 하고 차분히 예술과 영감을 채우고 싶다면 이곳들을 놓치지 말자.

오사카 국립 국제 미술관
나카노시마

- 1945년 이후의 국내외 현대 미술을 중심으로 약 8200점의 작품을 소장하고 있는 일본 최대 규모의 현대 미술 전문 미술관
- 미술관 건물 자체가 하나의 예술 작품처럼 독창적인 디자인 자랑, 외관의 거대한 스테인리스 스틸 구조물은 대나무를 형상화
- 나카노시마 공원과 오사카 시립 과학관이 근처에 있어 함께 둘러보기 좋음

입장료
- 컬렉션전 입장료: 성인 430엔, 대학생 130엔, 18세 미만 무료
- 특별전 입장료: 성인 1200엔, 대학생 700엔, 18세 미만 무료(전시에 따라 상이)
- 매주 토요일 무료 전시 진행

운영시간
- 화, 수, 목, 일 10:00~17:00 (입장 마감 16:30)
- 금, 토 10:00~20:00 (입장 마감 19:30)
- 월요일 휴무(공휴일인 경우 화요일 휴관)

가이드
- 전시 안내 데스크에서 한국어와 영어로 작성된 리플렛을 제공
- 전시 작품 설명 옆에 QR 코드가 부착되어 있으며, 이를 스캔하면 한국어와 영어로 번역된 설명 확인 가능

주요 전시품
회화, 조각, 설치 미술, 영상, 세계 각국의 유명 작품

체험
직접 작품을 만들어 보는 체험 워크숍, 미술사와의 만남 등 교육 프로그램, 가족 특별 프로그램

주의사항
- 동영상, 플래시, 삼각대 사용 금지
- 지하 2층 코인 로커 (100엔 / 대형 타입도 있음)
- 역에서 거리가 조금 있고, 내부에서도 쉴 공간이 없어 참고 필요

@lsjkevin14

오사카 시립 과학관
나카노시마

- 우주와 과학에 대한 체험 프로그램이 있는 일본 최초의 과학관
- 우주, 에너지, 생명, 과학 기술 등 다양한 테마로 구성
- 1박 2일 과학 캠프 가능
- 주말엔 하루 4회에 과학쇼라는 수업 진행. 적극적으로 참여하는 어린이들의 모습이 인상적인데, 노벨 과학상 수상자가 일본에 왜 많은지를 짐작 힉 + 있음
- 나카노시마 공원, 오사카 국립 국제미술관이 가까운 곳에 있음

입장료
- 성인 600엔
- 고등학생 450엔
- 중학생 이하~3세 300엔
* 오사카 주유 패스를 소지한 경우 과학관 입장 무료
* 플라네타리움 입장료 별도(2017년 기준 600엔)

운영시간
- 화, 수, 목, 금, 토, 일 9:30~17:00 (입장 마감 16:30, 플라네타리움 16시)
- 월요일 휴무

가이드
- 과학관 내 전시물에는 한국어와 영어로 된 설명이 제공
- 입구에서 한국어로 된 팸플릿을 제공

주요 전시품
우주, 에너지, 생명, 과학 기술 등 다양한 테마로 구성

체험
- 플라네타리움: 세계 5위 규모의 직경 26.5m 돔 스크린을 통해 밤하늘을 생생하게 재현한 특별한 공간 / 천체 관측, 우주 탐험
- 주제별 워크숍, 실험 및 만들기

VEHICLE 오사카의 이색 탈거리

오사카 성 고자부네 뱃놀이

일본 전통식 배를 타고 오사카성 해자를 순항. 약 20분간 운행. 봄에 방문하면 벚꽃나무로 둘러싸인 오사카성을 가깝게 감상할 수 있음.

운영시간
- 10:00~16:30 (마지막 배 편도 운행)
- 정기 휴일 (12/28~1/3)

이용 요금
- 성인 1,500엔
- 어린이 (중학생 이하) 750엔
- 65세 이상 1,000엔

주요 액티비티
오사카성 앞에서 포토타임, 귀문을 지키는 인면석 찾기 미션

주의사항 (팁)
- 매표소에서 승차권 교환 받아야 함(당일 구입만 가능)
- 전화 예약 불가능, 악천후 시 운휴 가능/(팁)뱃놀이를 먼저 예약하고 오사카성 둘러볼 것 추천(오사카성까지 미니 열차 운행, 성인 편도 400엔)

예약 : 액티비티 예약플랫폼 등

톤보리 리버크루즈

도톤보리 운하를 작은 통통배로 둘러볼 수 있는 경험. 약 20분 소요. (가이드 입담이 좋다고 함. 단 영어/일본어 능통자만 이해 가능.)

운영시간
- 11:00~21:00 매시 정각/30분에 출발
- 정기 휴일(7/13, 7/24~25)

이용 요금
- 성인 1,500엔

주요 액티비티
글리코상 앞에서 포토타임, 라이브 재즈 연주 (재즈 보트 탑승인 경우, 4월부터 11월만 운행, 40분 운행, 성인 2,000엔, 주유패스 사용불가)

주의사항 (팁)
- 운행 개시 1시간 전 승선권 교환 추천(티켓부스 오픈 오전10시)
- 저녁 이후는 조기 매진, 전화 예약 불가능, 매표소 위치 (돈키호테 도톤보리 점 앞)
- 천재지변으로 예고 없이 운행 중단될 수 있음

예약 : 액티비티 예약플랫폼 등

오사카 성 뱃놀이 / 고자부네 뱃놀이 히멘 판매소

톤보리 리버크루즈

지하철만 타다가 오사카를 떠난다면 이 도시의 매력을 절반도 느끼지 못할 것. 오사카의 물길과 도로를 따라 바람을 가로지르며 특별한 순간을 포착해 보자.

오사카 수상버스 아쿠아라이너 / 하치켄야하마 선착장

산타마리아 데이 크루즈

오사카 수상버스 아쿠아라이너

오사카성, 나카노시마 등 관광 명소를 둘러보는 수상 버스. 약 40분 간 운행.

운영시간
- 오사카 (10:00~16:00)
- 하치켄야하마 선착장 (10:30~15:30)
- 정기휴일 (7/25일 오후, 1/8~9, 2/19~20)

이용 요금
- 성인 1,500엔
- 어린이(초등학생) 1,000엔

*유아 1명까지 무릎 위 승선 가능

주요 액티비티
오사카성 천수각-오사카시 중앙공회당-요도야바시-나카노시마 장미원-텐진바시-오사카 조폐국-오사기성 디널 등 지남

주의사항 (팁)
ㄴ 임시휴일 예고 없이 진행될 수 있어 최신 정보 확인 후 예약 필수 (공식홈 https://suijo-bus.osaka/intro/aqualiner/)
ㄴ 오사카성+아쿠아라이너 통합 할인권 예약하면 200엔 절약 가능

예약 : 액티비티 예약플랫폼 등

산타마리아 데이 크루즈

보물선 모양의 유람선에 승선하여 오사카만 관람. 45분간 운행. 덴포잔 마켓 플레이스에 위치. 바다 너머 유니버설 스튜디오를 바라볼 수 있음(살짝 걸친 정도)

운영시간
- 11:00~16:00 (매시 00분에 출항)
- 정기 휴일 (2025/1/8~9, 2025/1/14~2/7) – 매년 다름

이용 요금
- 성인 1,800엔
- 어린이 900엔

주요 액티비티
ㄴ 덴포잔 대교-텐포잔 대관람차-사슈-컨테이너 부두-카이유칸.
ㄴ 매점에서 간단한 먹거리 구매 가능(맥주, 치킨 등. 내부에 테이블 좌석 마련)

주의사항 (팁)
ㄴ 야간 버전의 '산타마리아 트와일라잇 크루즈' 있음, 요금 상이
ㄴ 오사카코역에서 도보 10분

예약 : 액티비티 예약플랫폼 등

VEHICLE 오사카의 이색 탈거리

아키바 카트 오사카 📍

아키바 카트 오사카

코스튬 의상을 입고 도톤보리~덴덴타운~오사카성 등 번화가를 질주. 난바점과 신세카이점 두 곳 운영. 최대 60km 속도 낼 수 있음. 리딩 가이드가 앞뒤에서 함께 동행함.

**운영시간
(신세카이점 기준)**
- 10:00/14:00/16:00 /18:00/18:30
(1시간 또는 2시간으로 선택 가능)

이용 요금
- 약 11만원 (와그 기준)

주요 액티비티

미니언즈, 도라에몽 등 캐릭터 의상 다양. 고프로 촬영(장비 대여 및 매일 전송 가능)

주의사항 (팁)

ㄴ 국제운전면허증/여권 필요 (현장에서 함께 제출)

ㄴ 사전 교육 시간이 있어 예약 시간보다 30분 정도 일찍 도착해야 함.

예약 : 액티비티 예약플랫폼 와그 등

@young_seo__02

HOT SPOT
오사카에서 인생샷 찍을 수 있는 SNS 핫스팟

도톤보리 글리코상 배경 포토존
'포키'로 유명한 제과 브랜드 '글리코'의 캐릭터로,
도톤보리를 넘어 오사카의 상징이 된 곳

@k_taehoony 
@idgaf_ji
@_se_i

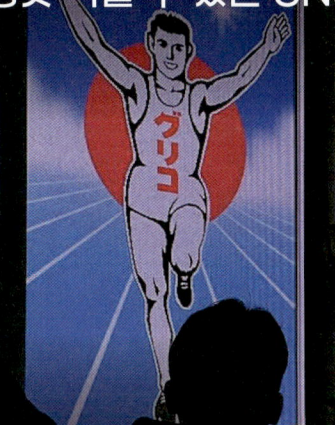

햅파이브 관람차 탑승 인증샷
오사카를 한눈에
담을 수 있는 대관람차

유니버설 닌텐도월드
닌텐도 게임 속 세상에 들어와
있는 듯한 사진을 찍을 수 있는 곳

우메다 공중정원
360도 개방된 루프탑에서
오사카 시내를 조망할 수 있는 곳

팀랩
화려한 빛들로 수놓아지는
야외 식물원에서 예쁜 사진을
찍을 수 있는 곳

하루카스300전망대
오사카에서 가장 높은 전망대에 올라 오사카
시내를 배경으로 야경사진을 찍을 수 있는 장소

VIEW
야경을 즐길 수 있는 오사카 전망대

@freefreekwon

화려한 오사카의 매력을 제대로 즐기고 싶다면 위로 올라가자. 탁 트인 전망대에서 한눈에 내려다보는 풍경은 오사카 여행의 하이라이트.

우메다 공중정원
📍 우메다 공중정원

360도 개방된 루프탑에서 오사카 시내를 조망할 수 있는 곳

운영시간
매일 9:30~22:30
(입장 마감 22:00)

* 방문 추천 시간
(낮, 노을, 야경) : 낮, 야경

입장료
- 대인 1,500엔
- 소인 700엔(4~12세)

* 주유패스 소지자는 09:30~15:00 사이 무료 입장 가능

우메다

관람 포인트
- 40층 높이의 두 개의 타워가 연결되어 있고, 둥근 구멍이 뚫린 플로팅 가든이 있어, 세계적으로도 독특한 디자인으로 평가
- 오사카 도심을 360도로 내려다볼 수 있음
- 오사카성과 아베노 하루카스, 한신 고속도로 등 주요 랜드마크를 한눈에 볼 수 있음
- 낮에는 도심과 산을 배경으로 한 파노라마 뷰를, 밤에는 반짝이는 오사카의 야경을 감상할 수 있으며 조명으로 장식
- 전망대에는 "사랑의 자물쇠" 구역이 있어, 연인들이 자물쇠를 걸며 사랑을 기념하는 장소로도 유명

아베노하루카스 300
📍 하루카스 300

오사카에서 가장 높은 전망대에 올라 오사카 시내를 배경으로 야경사진을 찍을 수 있는 장소

운영시간
매일 09:00~22:00
(입장 마감 21:30)

* 방문 추천 시간
(낮, 노을, 야경) : 야경

입장료
- 성인 2000엔
- 중고생 1200엔
- 초등학생 700엔
- 유아 500엔

덴노지

관람 포인트
- 360도 파노라마로 오사카 시내와 주변 지역의 전경을 감상할 수 있어 인기, 오사카 성과 오사카 만까지도 내려다볼 수 있음
- 58층 탁 트인 야외 공간 스카이 가든은 야자수와 같은 나무가 심어져 있어 이색적인 분위기
- 밤에는 조명이 켜져 더욱 로맨틱한 분위기를 연출
- 엣지 더 하루카스는 건물 외부 난간에 서서 안전 장비를 착용한 채 발밑을 내려다보는 체험 프로그램으로, 짜릿한 경험을 원하는 분들에게 추천
- 카페와 기념품 숍도 있어 오사카를 테마로 한 디저트와 음료를 즐길 수 있음

츠텐카쿠 전망대 [덴노지]

📍 츠텐카쿠

'통천각'이라고도 불리는 높이 약 108m의 타워

시기
매일 10:00~20:00(입장 마감 19:30)

* 방문 추천 시간(낮,노을,야경) : 낮, 야경
  (전망대 뷰로 사진 찍는 야경이 유명)

입장료
- 성인 1000엔
- 어린이 500엔(주유패스 소지자 무료)

관람 포인트
- 신세카이(新世界) 지역에 위치해 오사카 도심과 주변 풍경을 한눈에 내려다볼 수 있음
- 1912년에 처음 세워진 이래 여러 차례 재건된 탑으로, 현대적이면서도 복고풍의 느낌이 어우러진 독특한 분위기
- 전망대 내부에는 행복의 상징으로 불리는 "빌리켄"(Billiken) 상이 있으며, 빌리켄 상의 발을 만지면 소원이 이루어진다는 전통이 있음
- 저녁이 되면 탑 전체에 화려한 조명이 켜짐

오사카부 사키시마 청사 전망대 (코스모타워)

📍 사키시마청사 전망대

코스모타워 55층 전망대에서 아름다운 오사카 만, 오사카 시내를 볼 수 있는 곳   [베이에어리어]

시기
매일 11:00~22:00(월요일 휴무)
* 방문 추천 시간(낮,노을,야경) : 야경

입장료
- 성인 1000엔
- 초중생 600엔

관람 포인트
- 지상 252m 높이의 55층 전망대에서 오사카 도심과 오사카 만을 한눈에 감상할 수 있음
- 1층에서 52층까지 이동하는 외부가 투명하게 보이는 엘리베이터
- 오사카 주유패스를 소지한 경우 무료로 입장 가능

KIDS
아이와 가기 좋은 오사카 스팟

"오늘은 어디 가?"라는 아이의 질문이 두려운 엄마 아빠를 위해 모았다. 다채로운 경험으로 지루할 틈 없이 아이들 혼을 쏙 빼놓을 오사카 스팟 총정리.

우메다
키디랜드 오사카우메다점
다채로운 캐릭터들과 굿즈가 모여있는 곳

가격대
500엔부터~

📍 키디랜드 우메다

텐진바시
오사카 시립 주택 박물관
일본 역사 전반에 걸친 생활상을 엿볼 수 있는 곳

입장료
- 일반 600엔
- 고등·대학생 300엔
- 중학생 이하 무료

📍 오사카 주택 박물관

나카노시마·요도야바시·혼마치
오사카 시립 과학관
세계에서 손꼽히는 크기의 천문관이 있는 곳

플라네타리움 입장료
- 어른 600엔
- 고교·대학생 450엔
- 3세이상 중학생 이하 300엔

전시장
- 어른 400엔
- 고교·대학생 300엔
- 중학생 이하 무료

📍 오사카 시립 과학관

신사이바시
동구리 공화국 신사이바시점
지브리 캐릭터 상품을 전문적으로 판매하는 곳

가격대
기본 1,000엔 이상
(가격대 높은 편)

📍 동구리 공화국 신사이바시

우메다
포켓몬센터 오사카
대형 포토존이 있는 포켓몬스터 오사카 공식 스토어

가격대
인형 기준 2~5,000엔

📍 포켓몬센터 오사카

텐진바시
키즈프라자 오사카
일본 최초의 어린이 교육 전문 박물관

입장료
- 대인(16세 이상) 1,400엔
- 소인(6세~15세) 800엔
- 유아(3세~5세) 500엔
- 3세 미만 무료

@junyoung_6528
📍 키즈프라자 오사카

신사이바시
포켓몬 센터 오사카 DX & 포켓몬 카페
포켓몬 음료와 디저트를 먹을 수 있는 곳 (사전 예약 필수)

이용시간
카페 좌석 90분제. 단, 붐비는 시간엔 2시간 이상 웨이팅

가격대
카페 음료 기준. 약 1,000엔

📍 포켓몬센터 오사카DX

난바
산리오 기프트 게이트
귀여운 산리오 캐릭터를 한곳에서 만날 수 있는 곳

가격대
500엔~2000엔

◉ 산리오기프트게이트 난바

덴노지
덴노지동물원
오랜 역사를 가진 오사카 시내 유일의 동물원

입장료
- 어른 500엔
- 초·중등생 200엔
- 미취학 아동 무료

◉ 덴노지동물원

베이에어리어
해유관(가이유칸)
일본 3대 아쿠아리움 중 하나

입장료
- 어른 2,700엔
- 어린이(초·중학생) 1,400엔
- 유아(3세 이상) 700엔
- 2세 이하 무료

◉ 해유관

오사카 외곽, 이케다
컵라면 박물관 오사카
나만의 라면 만들기 이색 체험을 할 수 있는 곳

입장료
무료 (박물관 내 치킨라면 공장 초등학생 600엔, 성인 1,000엔 요금 부과)

@chefkimbang
◉ 컵라면 박물관 오사카

덴노지
스파월드
여러 테마가 있는 오사카 최대 규모의 온천

입장료(수영장 포함)

평일
- 중학생 이상 2,000엔
- 초등학생 이하 1,200엔

주말/공휴일
- 중학생 이상 2,500엔
- 초등학생 이하 1,500엔

@againhyeok
◉ 스파월드 오사카

베이에어리어
유니버설 스튜디오 재팬
온가족이 함께 즐길 수 있는 테마파크

입장료
(1데이 스튜디오패스 기준)
- 어른(12세 이상) 8,600엔
- 어린이(4세~11세) 5,600엔
- 시니어(65세 이상) 7,700엔

◉ USJ

베이에어리어
레고랜드 디스커버리 센터 오사카
다채로운 레고를 체험할 수 있는 곳

입장료
- 성인/어린이 약 2,800엔~3,200엔
- 만 2세 이하 무료

@narae_1008
◉ 레고랜드 오사카

오사카 외곽, 스이타
더스킨 뮤지엄 (미스터도넛 박물관)
도넛 만들기 체험을 할 수 있는 곳

입장료 무료

@bsh9219
◉ 더스킨 뮤지엄

SHOPPING
오사카의 주요 쇼핑몰&백화점

신사이바시

다이마루 백화점

오사카 신사이바시에 위치한 300년 역사를 가진 백화점. 네오 고딕 양식의 외관으로 고풍스러운 분위기. 외관과 인테리어가 매우 화려하다. 럭셔리 브랜드와 일본 디자이너 브랜드, 화장품 등이 잘 구비되어 있다.

■ **추천** 방문 매장
- 9층 : 포켓몬센터 / 포켓몬 카페
- 지하 2층 푸드코트 : 다양한 일본 및 세계 요리를 저렴한 가격으로 즐길 수 있는 공간. 여행 중 빠르고 간편하게 식사를 해결하고싶은 여행객에게 추천.
- 10층 식당가 : 고급 레스토랑부터 일본 전통 요리까지 다양한 선택지가 있는 공간
- 2층 명품관 : 불가리, 까르띠에, 롤렉스 등 세계적인 명품 브랜드가 입점

■ 면세(Tax Refund)
- 본관 9층, 남관 4층
- 구매 영수증과 여권 지참

■ **추천** 맛집
- 본SALON de thé VORIES : 디저트와 빙수로 입소문난 카페.
- 쿠로후네(QUOLOFUNE) : 촉촉하고 부드러운 스펀지케이크가 인기.
- 리쿠로 오지상 치즈케이크
- 베이크 더 샵 : 치즈 타르트, 버터 샌드 등 디저트 판매.

■ 할인 쿠폰 정보
- 본관 1층 인포메이션 데스크.
- 외국인 여행객 대상 5% 할인 쿠폰제공. 여권 지참.
- 다양한 품목에서 추가 할인을 받을 수 있어 경제적인 쇼핑 가능

층수	카테고리	매장이름	매장특징
10층		레스토랑	
9층		포켓몬센터 & 포켓몬 카페	
		점프샵	
8층	라이프 스타일 (가정용품, 인테리어)	Tunaguya	일본 각지의 유명 식기를 한자리에 모아 놓은 상점. 아기자기하고 구하기 힘든 차기, 식기가 많아 인기.
		KIYA SHOP	장인의 이름이 적힌 식칼.
		HOTEL LIKE INTERIOR 웨지우드, 칠기 야마다 헤이안도, 르쿠르제.	호텔같은 편안함을 추구하는 침구,홈웨어.
7층	휴식공간, 유아동, 카페	HABA	민감성 피부에도 적합한 제품을 만드는 화장품 기업. 스쿠알란 오일, 화이트 레이디, G로션 추천
		플로라 노티스 질 스튜어트 (Flora Notis JILL STUART)	꽃에서 영감을 받은 향기와 제품.향수, 바디케어, 스킨케어,디퓨저. 패키지 디자인이 예쁘고 향기가 좋아 선물로 좋음.
		니혼바시 니시카와	홈웨어
		미키하우스, 스토케 등 유아동 용품	
6층		세이코, 카시오, 시티즌 등 시계 등	
		라이카 카메라	
5층	여성복, 남성복, 잡화, 명품	23구	독특한 디자인의 편집샵. 이곳의 상품은 여기서 밖에 만날수 없다는 컨셉.
		UGG	
		Calvin Klein	
		LADIES SHOES SELECTION	3D 측정기로 발사이즈를 확인후 정확한 정보로 신발을 제안하는곳.
		SALON de thé VORIES	디저트와 빙수로 입소문난 카페. 파르페, 딸기와플, 녹차빙수
4층		룰루레몬	고기능 애슬레틱 웨어 브랜드
		비비안 웨스트우드 레드 라벨 (Vivienne Westwood Red Label)	
		Paul Smith	
		MoMA 디자인 스토어	
2층 -3층	럭셔리 패션 브랜드	루이 비통, 샤넬, 디올, 로렉스, 불가리, 까르띠에,지방시, 펜디 등	
1층	화장품 - 시세이도	시슬리, 질 스튜어트, 샤넬 등 코스메틱	
지하 1 층	식품 / 여성잡화	쿠로후네(QUOLOFUNE)	촉촉하고 부드러운 스펀지케이크가 인기
		리쿠로	오지상 치즈케이크
		베이크 더 샵	치즈 타르트, 버터 샌드.등 디저트 판매.
		Noix	귀여운 패키지의 와인 안주, 디저트
		+moonbat	가볍고 실용적인 우산, 양산, 모자, 숄 등 (기념품으로 양산이 인기있다
		Handkerchief Concierge	오사카 쇼핑 리스트에 꼭 들어가는 품목인 고급 손수건 판매. (비비안 웨스트우드, 폴로, 질스튜어트, 닥스 등)
		BIRTHDAY BAR	기념일을 위한 편집샵.
		쿠로후네(QUOLOFUNE)	촉촉하고 부드러운 스펀지케이크가 인기
		푸드홀	일본 전국에서 엄선된 맛집들이 모여 있다. 중앙에 위치한 바에는 사케와 세계각국의 술도 즐길수 있다.
지하 2 층	식당가	Spice curry osaka	스파이스 카레 포크 커틀렛, 스파이스 카레 고베규 커틀렛
		식품관 프레시 원	신선한 식재료와 스시 초밥, 과일과 야채등 신선식품 판매

럭셔리 명품부터 톡톡 튀는 캐릭터 굿즈까지, 오사카는 백화점과 쇼핑몰만 둘러봐도 하루가 부족하다. 매장마다 면세 카운터 위치와 할인 쿠폰 정보도 놓치지 말 것.

신사이바시

파르코 백화점

도톤보리와 신사이바시에 위치해 있으며, 패션과 디자인에 민감한 젊은 층을 타깃으로 한 브랜드들이 많다. 트렌디한 패션 브랜드와 인기 캐릭터 상품, 라이프스타일 매장이 구성되어 있다. 캐릭터 굿즈가 가득한 곳이여서 캐릭터를 좋아한다면 꼭 방문해보자.

- **추천 매장**
  · 1층 휴먼메이드, 5층 WPC
  · 6층 지브리, 짱구 등 캐릭터샵,
  · 9-11층 핸즈

- **추천 맛집**
  · 지하 1층 진루이 미나 멘루이토 야키메시텐 - 라멘
  · 지하 2층 뉴스시센터 - 스시

- **면세(Tax Refund)**
  · 다이마루 백화점 9층 외국인 손님 서비스 센터
  · 매장별 면세 가능한곳과 불가능한곳이 있으므로 매장별로 문의 필수.
  · 매장에서 바로 면세처리 되는곳도 있음.

층수	카테고리&매장
14층	이벤트 공간
13층	미도스지 다이닝
12층	시어터스 신사이바시
11층	
10층	도큐핸즈
9층	
8층	골프, 아웃도어, 신발 브랜드
7층	무지
6층	캐릭터 상품 매장, 키즈 브랜드 (지브리, 짱구, 울트라맨 월드, 스누피 타운, 리락쿠마, 미니언즈, 고질라 등 6층이 전부 캐릭터샵)
5층	라이프스타일 매장 (홈데코, 문구류)
4층	패션 브랜드 (일본 및 해외 트렌드 브랜드), 남성 패션, 편집샵
3층	
2층	럭셔리 브랜드
1층	화장품, 럭셔리 패션 주얼리
지하 1층	신사이바시 마켓
지하 2층	네온 식당가

우메다

한큐 우메다 본점

우메다에 위치한 대형 백화점으로, 패션과 화장품 브랜드가 매우 다양하게 구비되어 있다. 트렌디한 패션 브랜드부터 고급 브랜드까지 폭넓게 구성되어 있다.

- **추천 매장**
  잇신도 멜론 모찌, 후르츠 산도 몽쉐르 도지마롤

- **면세(Tax Refund)**
  1층 여권 영수증 카드 세금포함
  5500엔 초과 구매시 택스 프리

- **물품 보관소**
  지하 1층

- **할인 쿠폰 정보**
  지하 1층 해외여행고객서비스에서 여권 제시 후 5% 할인 쿠폰 받기(1100엔 초과시 사용 가능)

층수	카테고리&매장
13층	레스토랑/옥상/광장
12층	레스토랑-동양정
11층	유아동복/교육/완구
10층	취미, 문구, 수예용품,잡화
9층	행사장
8층	이벤트 홀/갤러리: 메종 키츠네
7층	리빙 & 라이프스타일
6층	남성복, 신발, 시계 카시오, 세이코
5층	발렌티노, 셀린느, 구찌, 펜디, 프라다, 오니츠카타이거
4층	여성복/양말/슈즈
3층	여성복/화장품/란제리
2층	향수/화장품/가방/란제리
1층	화장품/패션 액세서리,/손수건
지하 1층	식품관

SHOPPING 오사카의 주요 쇼핑몰&백화점

한신 백화점

- 1933년에 '한신 마트'로 시작하여 오사카의 대표적인 쇼핑 명소로 자리매김하였다. 자연 채광이 들어오는 구조로 개방감 있는 공간 구성을 하였으며 외관은 멀리서도 눈에 띠는 독특한 패턴과 조경을 활용해 도시 경관과 조화를 이룬 건축물이 특징이다.
- 일본 내 인기 브랜드와 스포츠 용품, 식품관이 유명하며, 쇼핑 편의성이 높은 백화점이다.

우메다

- ● 추천 매장
  - 오사카 내 식품관으로 유명
  - 지하 식품관(타마루야 와사비 소금 구매)
  - 지하 1층 한신 명물 이카야키 (오징어 크레페)
  - 지하1층 오야츠테라스(센베, 간식)
  - 가토 페스타 하라다 (초콜릿,버터맛 러스크)
  - 지하 1층 피스타치오 마니아 (치즈케이크, 쿠키)

- ● 추천 기념품
  - 지하1층 츠루야 요시노부 양갱&양갱케이크
  - 사케: 닷사이 23, 코쯔즈미, 마네키쓰네

- ● 추천 맛집
  - 9층 하리쥬 그릴(메뉴: 쿠로게와규 스테키동, 함바그 와풍 소스,스키야키 고젠)
  - 지하 2층 르 프티 멕 한신 우메다점(일본 빵집 베스트100- 빵 커피 맛집, 메뉴: 생 햄 바게트, 볼로네제,브리오슈)
  - 4층 카페 하나프루(메뉴: 12색 후르츠 큐빅\1일 5개만 판매)

- ● 면세(Tax Refund)
  2층에 위치. 5000엔 이상 구매시 구매 영수증,여권, 구입 상품,신용카드 (*7층 무인양품은 매장 내에서 별도 면세 신청)

- ● 할인 쿠폰 정보
  여권 확인후 5% 면세 할인 쿠폰을 발급받을 수 있다.

층수	카테고리&매장
9층	RESTAURANT & FOOD HALL 물품보관함.스타벅스
8층	EVENT & CULTURE
7층	리빙 스타일, 키친용품, 가전제품-애프터눈 티리빙, 무인양품, 랄프로렌 홈
6층	패밀리& 남성 패션, 베이비 굿즈
5층	여성 네츄럴 어반패션- 란제리
4층	여성 패션
3층	신발 가방 및 천연 용품
2층	시즌 선물및 화장품
1층	화장품, 패션 액세서리,한신 타이거 샵 클럽하우스.
지하 1층	식품관(현지 특산물, 고급 식재료) 다이닝&바- 식사,와인 사케 고메
지하 2층	존 -키세츠노 와토 오사카 우메 사쿠라

다이마루 우메다

다이마루 우메다점은 오사카의 중심지에 위치한 대형 백화점으로, 지하 2층부터 지상 15층까지 다양한 매장과 시설이 입점해 있다.

■ **추천 매장**
- 1층 : 손수건, 양말 구매
- 10층~12층 : 핸즈
- 13층 : 포켓몬센터, 닌텐도

■ **면세(Tax Refund)**
- 5층 면세 카운터, 당일 20시 까지.
- 구매 영수증과 여권, 카드, 구매상품 지참

■ **추천 맛집**
- 지하 1층 Nakajima Taishodo : 몽블랑 케익
- 6층 하브스 크레페 케익

■ **할인 쿠폰 정보**
- 본관 1층 인포메이션 데스크.
- 외국인 여행객 대상 5% 할인 쿠폰제공. 여권 지참.

우메다

층수	카테고리	매장
15층	다이마루 뮤지엄	
14층	레스토랑 플로어	다양한 일식과 양식 레스토랑, 타츠무라 돈까스
13층	포켓몬 센터(Pokemon Center), 가챠샵, 원피스 스토어, 토미카, 등	닌텐도 오사카(Nintendo Osaka),
12층	리빙 기프트 핸즈	
11층	주얼리, 시계, 핸즈	
10층	베이비 아동복 핸즈	
9층	남성복	캘빈클라인, 폴스미스 등.
8층	남성복 남성 잡화골프, 스포츠 여행용품	아디다스, 콜롬비아, 라코스테 등.
7층	여성복	
6층	여성복	23구
5층	짱구, 산리오, 스누피 등	
4층	구두 /핸드백/란제리	마크제이콥스, 롱샴, 케이트 스페이드 등.
3층	패션 브랜드 매장/ 악세서리	ETE, 지미추, 스와로브스키, 버버리, 프라다, 로에베 등
2층	럭셔리 패션 브랜드	시슬리, 슈에무라, 디올, NARS, HABA 등.
1층	화장품 -시세이도	롤렉스, 오메가 등 시계.
지하 1층	식품/ 생활 잡화 매장	신선한 식재료와 일상용품을 구매 베이크 하우스 이리에, 페스티발로 러블리 (레어 케이크)
지하 2층	식품관	마누카 꿀, PAUL BOCUSE

루쿠아 1100

JR 오사카역에 직결된 쇼핑몰로, 패션과 라이프스타일을 아우르는 트렌디한 브랜드들이 많다. 특히 젊은 층에게 인기가 많으며, 유명 편집샵과 라이프스타일 브랜드가 입점해 있다

■ **추천 매장**
- 7층 Wpc. 가볍고 휴대가 편한 우양산.
- 1층 비비안 웨스트우드, 폴루 손수건
- 5층 디즈니 스토어, 애프터눈 티리빙

■ **면세(Tax Refund)**
- 택스리펀 장소는 따로 없고 매장에서 5,500엔 이상 구입하면 즉시 면세 처리 가능
- 여권 필수. 간사이 조이패스 구매 시, 할인권 1,000엔 쿠폰 수령 가능

■ **추천 맛집**
- 지하2층 이즈모 루쿠아(장어덮밥)
- 10층 모토무라 규카츠

층수	카테고리&매장
10층	레스토랑 플로어. 밤 11시까지 운영히며 맛집이 많다.
8층	라이프스타일 매장, 홈 인테리어- Wpc.Clarks
7층	
6층	남성 패션,스포츠. 스노우피크, 몽벨, 피엘라벤, Keen.
5층	
4층	여성 패션 (자라, 유니클로 등)
3층	
2층	
1층	화장품, 액세서리
지하 2층	식품관, 디저트 매장

텐진바시스지 상점가

📍 텐진바시스지 상점가

일본에서 가장 긴 2.6km 길이의 상점가. 1초메부터 7초메까지 이루어져 있으며, 다른 상점가에 비해 현지인이 많고 물가가 저렴한 편이다. 여행자가 가볼 만한 가게는 5초메에 몰려있으니 참고.

①
1파운드 스테이크 & 햄버그 타케루 텐마점

②
이츠쿠시마 네기야키

③
과자백화점 요시야 텐마 본점

④
고로케 나카무라야

신사이바시스지 상점가

신사이바시스지 상점가

신사이바시역부터 시작해 도톤보리까지 이어지는 상점가. 난바의 번화가인만큼 늘 사람으로 붐비는 곳. 유명 백화점이 몰려 있기도 하다.

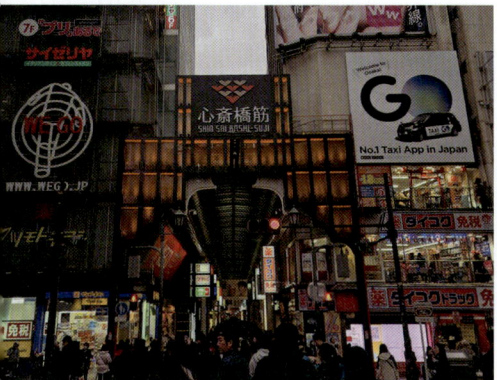

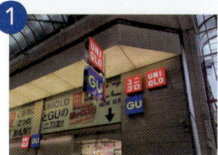

心斎橋筋
SHIN SAI BASHI-SUJI
No.1 Taxi App in Japan
サイゼリヤ
WWW.WEGO.JP

1

UNIQLO
GU

유니클로 신사이바시점

2

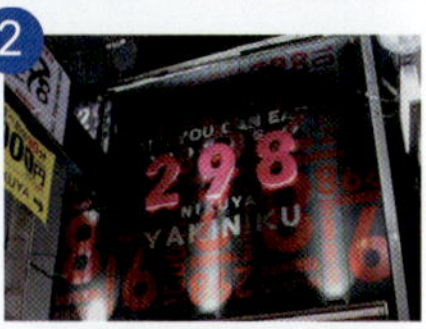

298
YAKINIKU

298(니쿠야)

3

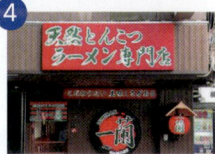

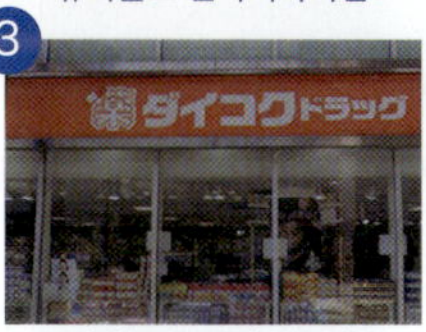

ダイコクドラッグ

다이코쿠 드럭스토어
울트라신사이바시점

4

天然とんこつ
ラーメン専門店
一蘭

이치란 라멘

5

다이마루 백화점 신사이바시

6

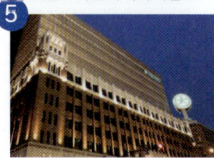

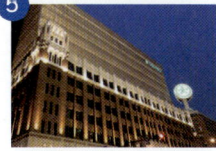

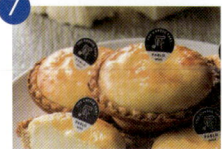

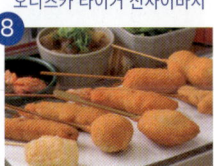

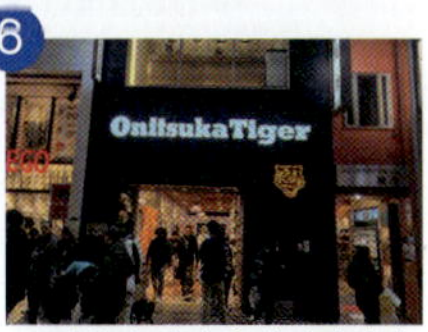

OnitsukaTiger

오니츠카 타이거 신사이바시

7

PABLO

파블로(PABLO)
신사이바시 본점

8

쿠시카츠 다루마 신사이바시점

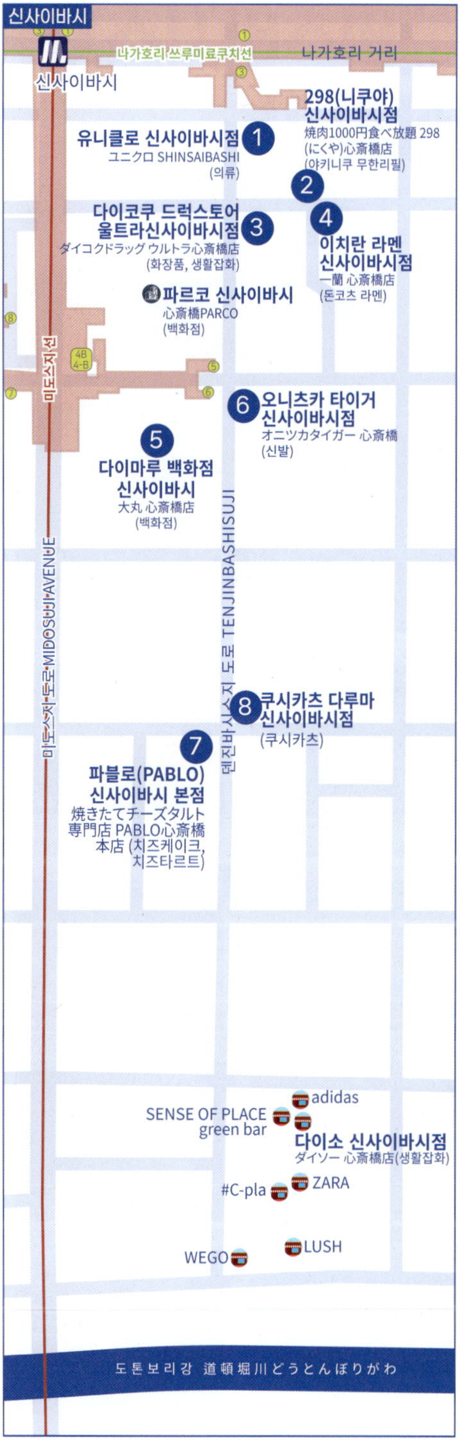

신사이바시
나가호리 쓰루미료쿠치선
나가호리 거리
신사이바시
298(니쿠야) 신사이바시점
焼肉1000円食べ放題 298 (にくや)心斎橋店
(야키니쿠 무한리필)
유니클로 신사이바시점 1
ユニクロ SHINSAIBASHI
(의류)
2
다이코쿠 드럭스토어 울트라신사이바시점 3
ダイコクドラッグ ウルトラ心斎橋店
(화장품, 생활잡화)
4 이치란 라멘 신사이바시점
一蘭 心斎橋店
(돈코츠 라멘)
파르코 신사이바시
心斎橋PARCO
(백화점)
미도스지선
6 오니츠카 타이거 신사이바시점
オニツカタイガー 心斎橋
(신발)
5 다이마루 백화점 신사이바시
大丸 心斎橋店
(백화점)
미도스지 도로 MIDOSUJI AVENUE
텐진바시스지 도로 TENJINBASHISUJI
8 쿠시카츠 다루마 신사이바시점
(쿠시카츠)
7 파블로(PABLO) 신사이바시 본점
焼きたてチーズタルト専門店 PABLO心斎橋本店 (치즈케이크, 치즈타르트)
adidas
SENSE OF PLACE green bar
다이소 신사이바시점
ダイソー 心斎橋店(생활잡화)
ZARA
#C-pla
LUSH
WEGO
도톤보리강 道頓堀川どうとんぼりがわ

에비스바시스지 상점가

Ebisu Bashi-Suji Shopping Street

도톤보리에서 난바역까지 이어지는 상점가. 도톤보리 에비스 다리(에비스바시)를 사이에 두고 신사이바시스지와 직선으로 연결되어 있어 함께 둘러보기 좋다.

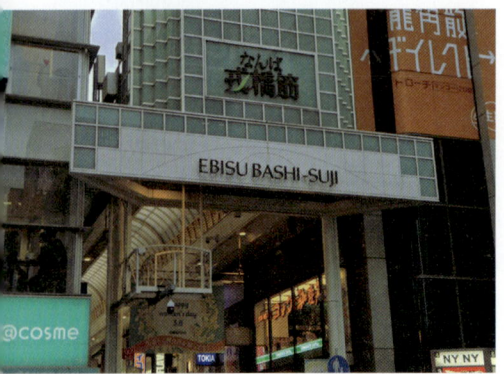

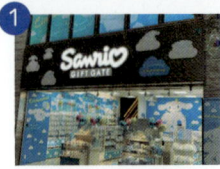

EBISU BASHI-SUJI
@cosme

Sanrio GIFT GATE
1 산리오 기프트 게이트 난바 에비스바시점

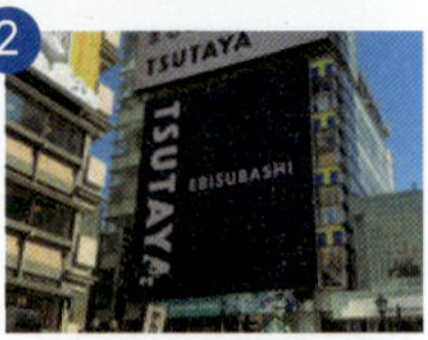
TSUTAYA
2 츠타야 에비스바시

3 551 호라이 본점

4 이치비리안 본점

5 다코야키 도라쿠 와나카

@seoik74
6 북오프 플러스

7 오사카 다카시마야

8 재규어 가방점

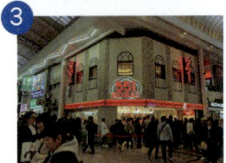

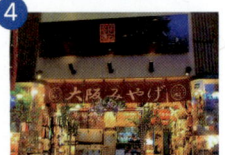

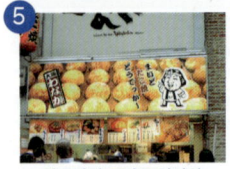

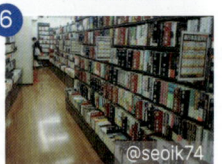

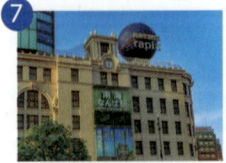

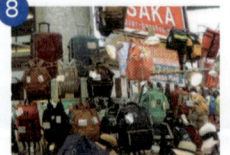

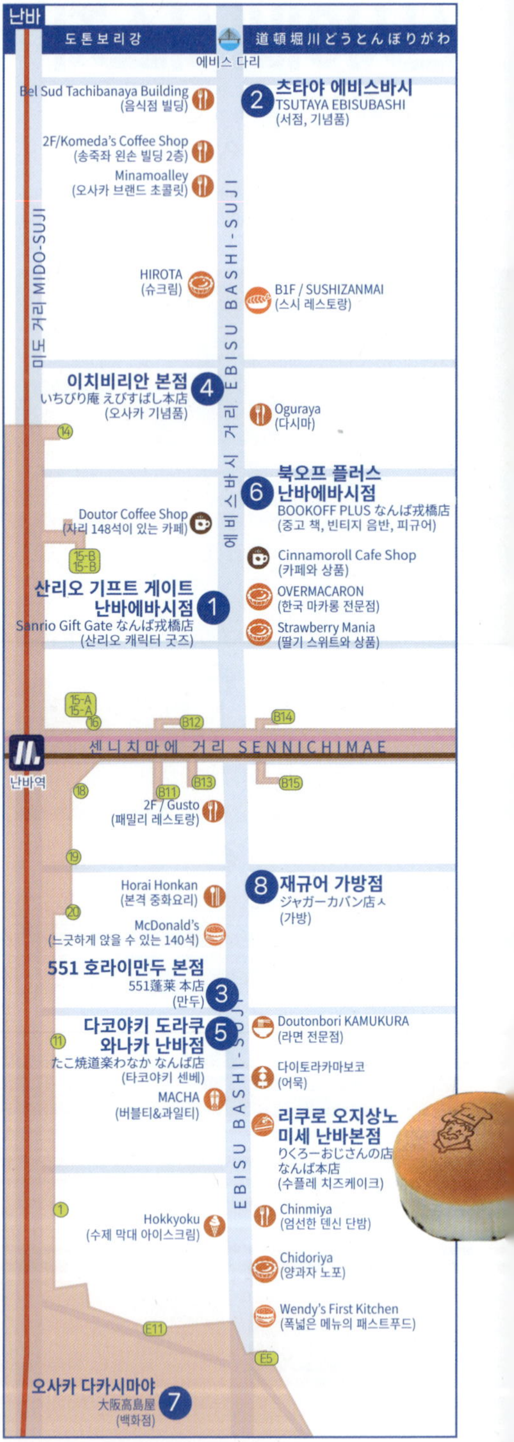
난바
도톤보리강
道頓堀川どうとんぼりがわ
에비스 다리
미도 거리 MIDO-SUJI
에비스바시 거리 EBISU BASHI-SUJI
Bel Sud Tachibanaya Building
(음식점 빌딩)
2 츠타야 에비스바시
TSUTAYA EBISUBASHI
(서점, 기념품)
2F/Komeda's Coffee Shop
(송죽좌 윈손 빌딩 2층)
Minamoalley
(오사카 브랜드 초콜릿)
HIROTA
(슈크림)
B1F / SUSHIZANMAI
(스시 레스토랑)
4 이치비리안 본점
いちびり庵 えびすばし本店
(오사카 기념품)
Oguraya
(다시마)
14
6 북오프 플러스 난바에바시점
BOOKOFF PLUS なんば戎橋店
(중고 책, 빈티지 음반, 피규어)
Doutor Coffee Shop
(자리 148석이 있는 카페)
15-B
Cinnamoroll Cafe Shop
(카페와 상품)
1 산리오 기프트 게이트 난바에바시점
Sanrio Gift Gate なんば戎橋店
(산리오 캐릭터 굿즈)
OVERMACARON
(한국 마카롱 전문점)
Strawberry Mania
(딸기 스위트와 상품)
15-A
16
B12
B14
센니치마에 거리 SENNICHIMAE
난바역
18
B11
B13
B15
2F / Gusto
(패밀리 레스토랑)
19
Horai Honkan
(본격 중화요리)
8 재규어 가방점
ジャガーカバン店
(가방)
20
McDonald's
(느긋하게 앉을 수 있는 140석)
3 551 호라이만두 본점
551蓬莱 本店
(만두)
5 다코야키 도라쿠 와나카 난바점
たこ焼道楽わなか なんば店
(타코야키 센베)
11
Doutonbori KAMUKURA
(라면 전문점)
다이토라카마보코
(어묵)
MACHA
(버블티&과일티)
리쿠로 오지상노 미세 난바본점
りくろーおじさんの店 なんば本店
(수플레 치즈케이크)
1
Hokkyoku
(수제 막대 아이스크림)
Chinmiya
(엄선한 덴신 단밤)
Chidoriya
(양과자 노포)
Wendy's First Kitchen
(폭넓은 메뉴의 패스트푸드)
E11
E5
7 오사카 다카시마야
大阪高島屋
(백화점)

센니치마에 상점가

센니치마에 상점가

도톤보리에서 시작해 남쪽으로 이어지는 아케이드형 상점. 유명 맛집이 몰려있으며, 상점가 끝에는 주방 용품을 판매하는 센니치마에 도구야스지 상점가(千日前道具屋筋商店街)가 이어져 있다.

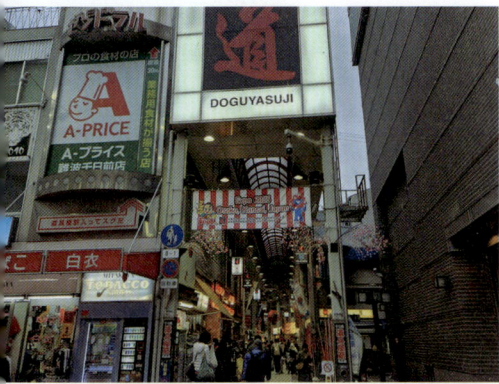

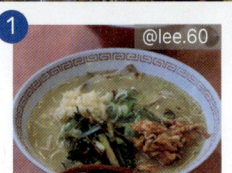

プロの食材の店
A-PRICE
A-プライス
難波千日前店
道
DOGUYASUJI
白衣
TOBACCO

1

@lee.60

킨류라멘 도톤보리점

2

ドン・キホーテ

돈키호테 난바센니치마에점

3

神座

도톤보리 카무쿠라
센니치마에전

4

이치란 도톤보리점 별관

5

Japan Culture & Character Shop
Guf
道頓堀店
DOTONBORI

GUF

6

株式会社
山下金物
Yamashita & Co., Ltd

야마시타 철물

7

라운드원 스타디움
센니치마에점

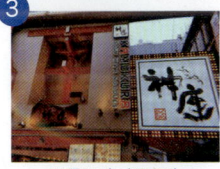

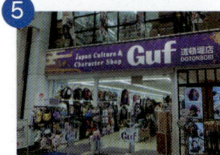

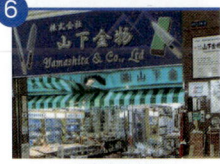

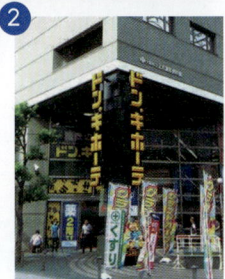

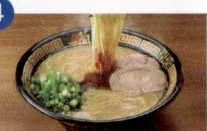

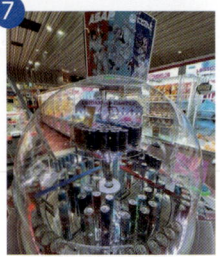

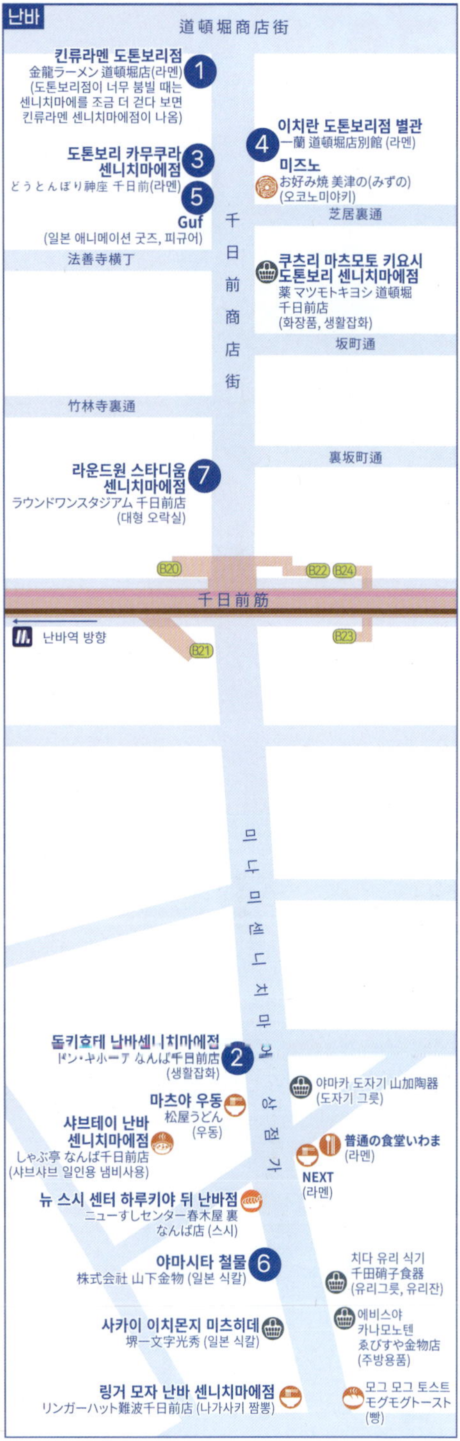

난바
道頓堀商店街
킨류라멘 도톤보리점
金龍ラーメン 道頓堀店(라멘)
(도톤보리점이 너무 붐빌 때는
센니치마에를 조금 더 걷다 보면
킨류라멘 센니치마에점이 나옴)
1
이치란 도톤보리점 별관
一蘭 道頓堀店別館 (라멘)
4
도톤보리 카무쿠라
센니치마에점
どうとんぼり神座 千日前(라멘)
3
5
Guf
(일본 애니메이션 굿즈, 피규어)
미즈노
お好み焼 美津の(みずの)
(오코노미야키)
芝居裏通
法善寺横丁
千日前商店街
쿠스리 마츠모토 키요시
도톤보리 센니치마에점
薬 マツモトキヨシ 道頓堀
千日前店
(화장품, 생활잡화)
坂町通
竹林寺裏通
裏坂町通
라운드원 스타디움
센니치마에점
ラウンドワンスタジアム 千日前店
(대형 오락실)
7
B20
B22
B24
千日前筋
난바역 방향
B21
B23
미나미 센니치마에 상점가
돈키호테 난바센니치마에점
ドン・キホーテ なんば千日前店
(생활잡화)
2
야마카 도자기 山加陶器
(도자기 그릇)
마츠야 우동
松屋うどん
(우동)
샤브테이 난바
센니치마에점
しゃぶ亭 なんば千日前店
(샤브샤브 일인용 냄비사용)
普通の食堂いわま
(라멘)
NEXT
(라멘)
뉴 스시 센터 하루키야 뒤 난바점
ニューすしセンター春木屋 裏
なんば店 (스시)
야마시타 철물
株式会社 山下金物 (일본 식칼)
6
치다 유리 식기
千田硝子食器
(유리그릇, 유리잔)
사카이 이치몬지 미츠히데
堺一文字光秀 (일본 식칼)
에비스야
카나모노텐
ゑびすや金物店
(주방용품)
링거 모자 난바 센니치마에점
リンガーハット難波千日前店 (나가사키 짬뽕)
모그 모그 토스트
モグモグトースト
(빵)

FOOD
오사카 먹거리별 대표 맛집

난바/오코노미야키 미즈노
난바/치보

오코노미야키 맛집 BEST 3
줄 서는 수고로움도 한 입 먹는 순간 잊게 만들고, 한국에 돌아가서도 생각난다는 '오사카 인생 맛집'을 모았다. 오늘 뭐 먹지? 고민될 땐 이곳으로 직진.

1. 미즈노 🔖 오코노미야키 미즈노
1945년에 창업하여 오랜 전통을 자랑하는 곳. 오사카 스타일의 오코노미야키를 제공하며 신선한 재료와 정성 어린 조리로 유명하다.
- 대표 메뉴: 야마토야키(돼지고기, 해산물, 계란 등을 사용한 오코노미야키) 1000엔~
- 운영 시간: 11:00~21:00 / 목요일 휴무

2. 치보 도톤보리빌딩점 🔖 치보 도톤보리빌딩점
오사카에서 시작된 유명한 오코노미야키 전문 레스토랑. 부드럽고 풍부한 맛의 오코노미야키와 다양한 철판 요리로 유명하며, 여러 국가에서 지점을 운영 중이다.
- 대표 메뉴: 도톤보리 오코노미야키 1500엔~
- 운영 시간: 11:00~23:00 / 브레이크타임, 휴무 없음

난바/추루하시 후게추

3. 추루하시 후게추 🔖 추루하시 후게추
쓰루하시 지역에서 시작된 70년 전통의 오코노미야키와 야키소바 전문점. 일본 전역에 약 130개의 매장을 운영. 해외에도 진출하여 한국, 싱가포르, 미국 등지에서 그 맛을 전하고 있다. 테이블마다 철판이 설치되어 있어, 직원이 직접 오코노미야키를 조리해 준다.
- 대표 메뉴: 후게츠야끼 약 1420엔
- 운영 시간: 매일 11시~23시(라스트 오더 22:20)

난바/스시 사카바 사시스 난바
우메다/우오신스시
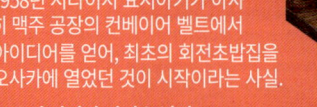
텐진바시/하루코마 본점

스시 맛집 BEST 3
초밥이야 일본 어디서나 흔하지만, '회전초밥'만큼은 오사카가 최초다! 1958년 시라이시 요시아키가 아사히 맥주 공장의 컨베이어 벨트에서 아이디어를 얻어, 최초의 회전초밥집을 오사카에 열었던 것이 시작이라는 사실.

1. 스시 사카바 사시스 난바 🔖 스시 사카바 사시스난바
매일 공수되는 신선한 해산물. 대기줄이 있어도 회전율이 빠르다. 한국으로 치면 지하상가에 있는 매장으로 내부가 크지 않다. 가성비 스시 맛집으로 인기.
- 대표 메뉴: 참치뱃살김말이 980엔
- 영업 시간: 11:00~22:00

2. 우오신스시 🔖 원조 부지 초밥 어신 본점
가성비 좋은 스시집으로 유명. 인근 직장인들에게는 스시 성지로 불린다. 초밥 위에 네타(재료)가 크고 실한 것이 인기비결!
- 대표 메뉴: 스시세트메뉴, 2피스 약 1,100엔
- 영업시간: 11:00~24:00

3. 하루코마 본점 🔖 하루코마 본점
텐진바시스지 상점가에 위치.
- 대표 메뉴: 구이 장어 스시 500엔(2피스), 다랑어 대뱃살 스시 800엔(2피스)
- 운영 시간: 11:00~21:30 / 화요일 휴무

라멘 맛집 BEST 4

오사카는 다른 지역만큼 특정 스타일의 라멘이 발달하진 않았지만, 대도시인 만큼 일본 전국의 다양한 라멘을 맛볼 수 있는 '라멘 격전지'로 통한다. 쇼유 라멘부터 진한 돈코츠 라멘까지, 폭넓은 선택지를 즐겨보자.

1. 이치란 라멘 도톤보리점 🔍 이치란 도톤보리

한국까지 진출한 유명한 라멘 맛집. 돼지 사골을 장시간 고아 만든 진한 육수와 쫄깃한 면발의 조화. 독서실처럼 칸막이가 되어 있어 혼밥에도 최적

- 대표 메뉴: 천연 돈코츠 라멘 980엔
- 운영 시간: 매일 10시~22시 (별관 24시간)

2. 모에요 멘스케 🔍 모에요 멘스케

미슐랭 빕 구르망에 선정된 후쿠시마구 라멘 맛집. 9석의 카운터 좌석으로 구성되어 있고, 현금 결제만 가능하다.

- 대표 메뉴: 기슈카모소바 870엔(와카야마현산 오리와 도쿠시마현산 닭, 해산물을 조합한 트리플 스프에 간장을 더한 라멘), 킨이로카이소바 780엔(조개 육수에 간장을 더한 라멘)
- 운영 시간: 화~토요일 11시~15시, 18시~21시 / 일요일 11시~16시 / 월요일 휴무

3. 하나 마루켄 🔍 하나마루켄

돈코츠 라멘 본연의 맛을 느낄 수 있어 오사카 여행자들에게 사랑받는 맛집. 진한 돼지뼈 육수에 부드러운 연골 차슈가 들어간 라멘이 인기

- 대표 메뉴: 행복 반숙 계란 연골차슈 라멘(반숙 계란 포함) 약 1380엔
- 운영 시간: 24시간

4. 인류 모두 면류 🔍 진루이미나멘루이

두꺼운 돼지 수육과 바지락 육수로 만든 라멘 macro가 유명한 곳. 테이블 위 QR코드로 한국어 메뉴판을 보고 주문하는 방식.

- 대표 메뉴: 라멘 겐텐, 라멘 macro, 라멘, micro (각 902엔)
- 운영시간 : 평일 10:00~03:00 / 주말 09:00~04:00

나카노시마 주변/모에요 멘스케
난바/하나마루켄

나카노시마 주변/인류 모두 면류

난바/다코야키 도라쿠 와나카 난바점
우메디/하니디고

난바/본가 오타쿠 도톤보리 본점

타코야키 BEST 3

1935년 오사카의 한 노점에서 처음 개발된 타코야키. 가장 대표적인 길거리 음식이자 간식으로, 통통한 타코야키 위에 올라가는 토핑과 소스의 종류도 다양하다.

1. 다코야키 도라쿠 와나카 난바점 🔍 타코야키 도라쿠 난바

1986년 개업한 난바 지역의 유명한 타코야키 전문점. 1, 2층에서 앉아서 먹을 수 있다. 문어가 쫄깃하고 통통하고 속은 흘러내리듯 부드러운 스타일. 토핑이 다양하다.

- 대표 메뉴: 타코야키 8개 450엔, 12개 600엔, 15개 700엔
- 운영 시간: 9:30~21:00 / 화요일 휴무

2. 하나다코 🔍 하나다코 우메다

타코야키가 보이지 않을만큼 파와 마요네즈를 듬뿍 올려주는 '네기마요'로 인기. 스탠딩 테이블에서 먹을 수 있으며 좌석은 많지 않다, 현금 결제만 가능

- 대표 메뉴: 네기마요 타코야키 8개 820엔
- 운영 시간: 매일 10시~22시

3. 본가 오타쿠 도톤보리 본점 🔍 본가 오타쿠 도톤보리

140년 전통의 오코노미야키 전문점. 야키소바, 타코야키도 맛집로 유명하다. 문어가 통통하고 큼직하며 일정한 맛과 퀄리티 보유. 좌석이 있어서 편안하게 먹을 수 있다.

- 대표 메뉴: 타코야키 600~800엔, 오코노미야키 1000~1500엔(신선한 재료로 만든 일본식 부침개), 야키소바 800~1200엔(볶음면 요리)
- 운영 시간: 매일 10시 30분~23시

NIGHT
오사카의 밤을 즐기기 좋은 이자카야&바

우라난바 지역

히데죠우
📍 스시 히데조

신선한 해산물과 일본 요리를 제공하는 전통 이자카야. 가격이 상대적으로 저렴하고 아늑한 분위기. 사시미, 복어, 성게, 초밥, 구이, 조림 등 메뉴 선택의 폭이 넓다.

- 추천 이유 : 일본 전통 이자카야 분위기를 느낄 수 있다.
- 대표 메뉴 : 모듬회(연어, 방어, 참치 회를 소량씩 제공) 약 500엔
- 영업 시간 : 월~목 18:00~15:00, 금~토 17:00~03:00, 일 17:00~24:00
- 한국어 메뉴판 제공

나루토야
📍 나루토야 난바

야채, 계란, 과일 등을 삼겹살에 말아 구워주는 꼬치집. 과일을 듬뿍 넣어주는 츄하이(소주, 탄산, 과일 섞은 일본술)를 마시다보면 모르는 사람들과도 금방 친해지는 곳

- 추천 이유 : 큰 바구니에 담겨 있는 꼬치를 직접 보고 고를 수 있어 재미있다.
- 대표 메뉴 : 양상추 꼬치, 계란 반숙 꼬치 (100~300엔), 딸기 츄하이(650~670엔)
- 영업 시간 : 평일 17:00~23:30 / 주말 15:00~23:30
- 1층 카운터석, 2층 다다미석(다다미석은 3명 이상, 예약 필수)
- 한국인 직원 있음, 영어 메뉴판, 자릿세 있음

토리진
📍 오사카 토리진

닭 사시미 전문 이자카야. 닭요리에 진심이 느껴지는 창의적인 메뉴들이 눈길을 끔. 술 종류도 다양해서 칵테일, 와인까지 마실 수 있다.

- 추천 이유 : 한국에서 접하기 힘든 닭 사시미와 닭 내장 요리를 맛볼 수 있다.
- 대표 메뉴 : 닭사시미(1,000~1,500엔), 닭고기 버섯크림 완자(900엔), 오야꼬동(1,200엔)
- 영업 시간 : 17:00~02:00
- 1~3층 규모. 온라인 예약 가능
- 한국어 메뉴판 제공, 자릿세 있음

야키니쿠 호르몬 타카라
📍 야키니쿠 호르몬 타카라 난바

좁은 공간에 옹기종기 모여앉아 가스화로에 소고기를 구워먹는 술집. 사장님이 고기에 대한 자부심이 대단해서 고기 퀄리티 높음. 비싸도 수긍하게 되는 맛!

- 추천 이유 : 양질의 고기를 즉석에서 썰어주는 모습을 구경하며 먹을 수 있다.
- 대표 메뉴 : 꽃등심(2,600엔), 대창·막창 (1,000엔), 생맥주(550엔)
- 영업 시간 : 11:30~23:00
- 전석 카운터 테이블, 흡연석

텐마 지역

아오텐죠
📍 osaka aotenjo

자체 제작한 다시를 활용한 요리로, 일본 전통의 맛을 느낄 수 있으며, 해산물, 꼬치 요리, 일품 요리 등 다양한 메뉴를 제공하여 선택의 폭이 넓다.

- 추천 이유 : 일본 전통의 맛을 느낄 수 있는 다시 육수요리
- 대표 메뉴 : 아오텐 정식(1,000엔)
- 영업 시간 : 월, 화, 목, 금, 토 런치 11:30~14:30(라스트 오더 14:00), 디너 17시~23시(라스트 오더 22:30) / 수, 일 휴무

나카나카
📍 nakanaka osaka

텐마역 근처에서 인기있는 이자카야. 사시미, 육회, 튀김 등의 메뉴를 갖추고 있음. 시즌에 따라 메뉴가 자주 바뀜. 30종 이상의 일본술 보유. 인스타dm으로 예약. 외국어 메뉴판 없음.

- 추천 이유 : 여행자 없는 현지인 술집. 제철 식재료를 이용한 비주얼 예쁜 안주
- 대표 메뉴 : 금태 사시미(1,280엔), 고등어 이소베마키(1,100엔), 죽순 버터 간장 볶음(980엔)
- 영업 시간 : 평일 17:00~04:00 / 주말 15:00~04:00

좁은 카운터석에 현지인들과 다닥다닥 붙어 앉아 술 한 잔에 안주 한 입을 즐길 수 있는 곳들. '심야식당'의 한 장면이 눈앞에서 실시간으로 펼쳐진다.

신세카이 지역

스누프킨
📍 snufkin osaka

밧텐요카토
📍 밧텐요카토

신세카이 지역에 위치한 야키토리(닭꼬치) 전문점. 한국어 메뉴판과 한국인 직원이 있다. 오토오시(자릿세)가 있으며 일반 이자카야에 비해 저렴한 곳.

- 추천 이유 : 금연 식당으로 가족 단위로도 방문할 수 있다.
- 대표 메뉴 : 타키만두(끓인 만두로 국물과 함께 제공) 680엔
- 영업 시간 : 매일 14시~00시
- 한국어 메뉴판 제공

야채, 계란, 과일 등을 삼겹살에 말아 구워주는 꼬치집. 과일을 듬뿍 넣어주는 츄하이(소주, 탄산, 과일 섞은 일본술)를 마시다보면 모르는 사람들과도 금방 친해지는 곳

- 추천 이유 : 큰 바구니에 담겨 있는 꼬치를 직접 보고 고를 수 있어 재미있다.
- 대표 메뉴 : 양상추 꼬치, 계란 반숙 꼬치 (100~300엔), 딸기 츄하이(650~670엔)
- 영업 시간 : 평일 17:00~23:30 / 주말 15:00~23:30
- 1층 카운터석, 2층 다다미석(다다미석은 3명 이상, 예약 필수)
- 한국인 직원, 영어 메뉴판 있음. 자릿세 별도

이자카야 신쿠시야키&나베
📍 izakaya shin kushiyaki

맛있는 식사와 안주를 동시에 즐길 수 있는 이자카야. 가격대가 살짝 높은만큼 맛깔나는 음식을 보장함. 저녁에는 1인 1음료 주문 필수.

- 추천 이유 : 샤브샤브, 덴푸라, 스시 등 기술과 손맛을 요하는 고급진 안주를 맛볼 수 있다.
- 대표 메뉴 : 샤브샤브(3,800엔), 해산물꼬치 튀김(1,250엔), 초밥정식 (1,800~2,200엔)
- 영업 시간 : 05:30~15:00 / 17:30~03:00
- 흡연 가능, 한국어 메뉴판 제공, 자릿세(450엔), 시간제한(90분)

히가시우메다 지역

사카바 야마토
📍 사카바 야마토

빌딩 지하에 위치한 이자카야. 인근 직장인들이 주 손님층. 인기 메뉴인 아카시야키는 문어 대신 낙지를 넣은 타코야키 같은 메뉴다. 달달한 보리새우는 머리만 따로 튀겨준다. 쫄깃한 오징어 다리 역시 안주로 제격

- 추천 이유 : 여행자 없는 현지인 술집. 어떤 안주를 주문해도 평균 이상의 맛을 보장
- 대표 메뉴 : 아카시야키(690엔), 보리새우 (190엔), 오징어다리(엔)
- 영업 시간 : 11:00~21:30
- 금연 좌석, 현금만 가능

호젠지요코초

미즈가케차야
📍 미즈가케차야

로바타야키(炉ばた焼き) 스타일의 이자카야로, 신선한 해산물과 다양한 꼬치 요리를 합리적인 가격에 제공.

- 추천 이유 : 눈앞에서 조리해주는 모습을 구경하는 재미. 맛과 품질이 우수함에도 합리적인 가격
- 대표 메뉴 : 활 가리비 버터구이
- 영업 시간 : 월~금 17시~23시, 토~일 16:30~23:00 / 라스트 오더 22:30
- 대부분의 메뉴가 세금 포함 330엔

호젠지요코초 거리

CAFE 이색 컨셉의 오사카 카페

@hwisa_0

메이드리밍 오사카 난바점

📍 메이드리밍 오사카

`난바`

닛폰바시에 있는 메이드 카페. 깜찍하고 친절한 메이드들이 서빙, 노래, 춤을 선보임.

운영시간
- 평일 11:30~23:00
- 주말 및 공휴일 10:30~23:00

이용료(60분 기준)
- 일반 880엔
- 중고등생 550엔
- 초등생 330엔

가격
- 식사 단품 1,430~1,980엔
- 음료 디저트 2,530~2,790엔 (한글 메뉴판 있음)

이색 포인트
- 오므라이스를 시키면 메이드가 즉석에서 케챱으로 원하는 캐릭터 그림을 그려줌
- 추천메뉴는 아기곰 파르페, 고양이 오믈렛, 병아리 커리

@ninja_cafe_bar

Ninja Experience Cafe Osaka Dotonbori

닌자 체험이 가능한 놀이형 카페

📍 ninja cafe osaka

`난바`

운영시간
10:00~21:00
(19:30 입장 마감 / 온라인 예약 필수)

가격
사, 음료, 코스튬, 트레이닝 조합하여 패키지로 결제
3,500엔~11,600엔

이색 포인트
- 닌자옷과 가면을 착용한 후 다양한 무기(표창, 철검, 독침, 마름쇠, 다트)를 가지고 스텝들과 신나게 놀 수 있음. 특히 어린이들에게 인기
- 마스터와 게임해서 이기면 선물과 미션 수료증도 받을 수 있음

@naeun__rara

mipig cafe OSAKA

📍 mipig osaka

`신사이바시`

귀여운 아기 돼지(기니피그)와 놀 수 있는 프렌차이즈 카페.

운영시간
10:00~20:00 (19:30 입장 마감 / 온라인 예약 필수)

가격(입장료)
- 3세 이하 770엔
- 4세 이상 25분 1,870엔 55분 2,970엔

* 음료 1잔 포함. 공용실과 개인실(550엔 추가)로 구분

이색 포인트
- 손소독 후 주의사항을 숙지하고 입장
- 돼지를 안고 들어올리지 않도록 주의
- 스텝들은 영어로 소통 가능

오사카의 카페는 커피만 팔지 않는다는 사실. 메이드가 서빙하고 포켓몬이 춤추는 이 카페들은 커피 이상의 추억을 쌓을 수 있는 작은 테마파크라고 해도 될 정도!

@kittyyun55

포켓몬 카페 오사카 신사이바시
📍 pokemon osaka

신사이바시

포켓몬 매니아를 위한 테마 카페, 온라인 예약 또는 이벤트에 참여하면 한정 굿즈나 기념품 제공

운영시간
10:00~21:30

가격
• 카레 2,430엔
• 팬케이크 2,090엔
• 파르페 1,870엔
• 라테 935엔

* 한글 메뉴판 있음

이색 포인트
ㄴ 지정된 음료를 주문하면 음료가 담겨 나오는 포켓몬 캐릭터 컵을 기념품으로 가져갈 수 있음
ㄴ 피카츄 공연 잘 보이는 명당 구역은 A존, 예약시 A존 선택하기
ㄴ 사진 잘 나오는 메뉴는 피카츄 카레 플레이트, 수플레 팬케이크, 피카추 라떼

한달 전 사전예약은 선택 아닌 필수!
예약 사이트 www.pokemon-cafe.jp
방문일 기준 1개월 전 오후 6시 정각에 예약창이 활성화 된다.
PC로 예약하는게 성공확률 UP! D-1일 오후 10시까지 취소 가능

@by.min86

부엉이 카페 슈엣토
📍 슈엣토 부엉이카페

부엉이와 교감할 수 있는 이색 카페

신사이바시

이색 포인트
ㄴ 다양한 종류의 부엉이와 올빼미를 만나볼 수 있음
ㄴ 다듬는 정도만 가능하며 먹이를 주거나 몸에 올리고 싶다면 추가 비용 지불

* 실내 음식 섭취 불가. 음료는 자판기 이용.

운영시간
평일 12:00~19:00/
주말 11:00~19:00 (18:00 입장 마감 /
온라인 예약 필수)

가격
• 4~12세 1,400엔
• 13세 이상 2,500엔
• 추가 비용 300엔 (음료 포함)

* 3세 이하 무료

FOOD
오사카의 대표 간식

타코야키 たこ焼き

- 1935년 오사카에서 처음 만들어진 음식
- 밀가루 반죽 가운데 문어를 넣어 철판에서 굽는 둥근 모양의 간식
- 가쓰오부시(가다랑어 포), 아오노리(파래 가루), 마요네즈, 데리야키 소스 등 다양한 토핑을 얹어 먹음
- 도톤보리 주변에 주로 밀집. 신사이바시, 아베노 등 오사카 전지역에서 맛볼 수 있음
- 대표 맛집 : 하나다코(우메다), 오타코(도톤보리)

리쿠로 오지상 치즈 케이크 りくろおじさんのチーズケーキ

- 오사카 대표하는 디저트 중 하나로, 부드럽고 촉촉한 식감으로 유명한 일본식 치즈케이크
- 케이크 바닥에 건포도가 깔려 있어 씹는 재미와 자연스러운 단맛을 더해 줌
- 겉은 노릇노릇하고 속은 촉촉한 수플레 타입
- 한 판의 가격이 약 700~800엔 정도
- 오사카 전역에 걸쳐 지점이 있음
- 대표 지점: 난바, 우메다

호라이 551 만두 HORAI551餃子

- 오사카를 대표하는 만두 브랜드로 부타만이라는 돼지고기 만두로 유명
- 신선한 재료로 만든 촉촉한 반죽과 풍부한 돼지고기 소
- 냉동 보관이 가능해 선물용으로도 좋음
- 1개당 약 200엔 정도
- 시내 곳곳에 매장이 있고, 특히 난바역 근처에 큰 매장이 있음
- 대표 지점: 난바

홉슈크림 ホップシュークリーム

- 바삭바삭한 슈 안에 커스터드크림 또는 초콜릿, 말차, 커피 등 크림을 선택해 넣어 먹는 간식
- 오사카는 주로 오븐에 구워서 겉면이 바삭하고 속은 촉촉한 식감이 특징(다른 지역은 튀기거나 데쳐서 만드는 경우가 많아 겉면이 부드러움)
- 난바역 근처 상점가나 도톤보리 주변에 홉슈크림 가게가 몰려 있음. 난바 지역에 많음

쿠이다오레(食い倒れ), '먹다가 망한다'라는 표현이 있을 정도로 음식에 진심인 오사카는 간식 하나도 허투루 만들지 않는다. 출출한 기분을 달래줄 오사카의 간식 8가지.

audio guide

파블로 치즈 타르트 パブロチーズタルト

- 겉바속촉 치즈 타르트
- 따뜻하게 먹을 때 가운데 치즈가 녹아내리는 게 일품
- 대표 지점: 본점 (일본 〒542-0085 Osaka, Chuo Ward, Shinsaibashisuji, 2 Chome−8−1 心斎橋ゼロワンビル1F)

- 케이크 종류
- 레어(레어베이크): 치즈가 부드럽고 촉촉한 상태로, 숟가락으로 떠먹는 느낌
- 미디엄(미디엄베이크): 치즈가 조금 더 단단하게 구워져 일반 치즈케이크 느낌

도톤보리 크레페 道頓堀クレープ

- 도톤보리는 오사카의 대표적인 번화가로, 다양한 크레페를 맛볼 수 있는 유명 거리
- 얇고 부드러운 크레페 반죽에 과일, 아이스크림 등 다양한 토핑을 넣어 먹는 콘 모양 간식

- 도톤보리 상징인 글리코 사인 근처에서 먹으며 사진을 찍는 것도 인기 있는 활동
- 대표 맛집: 크레프리 알시온 (1 Chome-4-18 Namba, Chuo Ward, Osaka, 542-0076 일본)

당고 団子

- 찹쌀가루나 쌀가루를 이용하여 빚은 둥근 모양의 일본 전통 간식
- 축제나 특별한 날에 자주 먹는 음식으로 화합과 행복을 상징
- 미타라시 당고, 안코 당고, 구운 당고, 사쿠라 당고

- 구로몬 시장, 신세카이 등 시장에서 주로 맛볼 수 있음
- 대표 맛집: 키야스 소혼포 (일본 〒542-0076 Osaka, Chuo Ward, Namba, 5 Chome−1−5 高島屋大阪店 B1F)

과일찹쌀떡 フルーツ大福

- 전통 간식 찹쌀떡에서 변형된 과일 디저트로, 신선한 과일과 단팥을 넣어 만든 인기 디저트
- 오사카에서는 특히 고급 과일과 찹쌀떡을 조합한 과일 다이후쿠가 인기

- 대표 장소: 한큐백화점, 다이마루 백화점 식품관, 구로몬 시장, 도톤보리

BREAD
꼭 먹어야 할 디저트는? 오사카 빵지순례

BOMBOMY 봄보미
📍 Bombomy Honmachi

대표메뉴 : 치즈타르트(チーズタルト) / 약 380엔

- 봄보우라는 41cm 길이의 길 츄러스도 인기 메뉴
- 계절 한정 메뉴도 있으며, 세트로 구입 시 더 저렴함
- 오기마치역 4분 출구 기준 3분 거리 위치

나카노시마

해피팬케이크 신바이바시
📍 시아와세노 팬케이크

대표메뉴 : 해피팬케이크(ハッピーパンケーキ, 수플레) / 1380엔

- 폭신한 식감으로 느끼하지 않으며 초코, 밀크티, 과일 소스가 있음
- 오픈 키친 구조로 팬케이크가 구워지는 모습을 볼 수 있음
- 수플레뿐 아니라 오믈렛으로도 유명함
- 대기 시간 많이 발생할 수 있음, 번호 표 있음

신사이바시

R Bake 오사카성 공원점
📍 R Baker 오사카성

대표메뉴 : 카레빵(カレーパン) / 270엔

- 2022년 '카레빵 그랑프리'에서 금상을 받은 곳으로, 일본산 쌀가루를 사용한 빵을 주로 제공하며 종류가 다양함
- 실내 테이블, 야외 테이블, 평상, 창문석으로 자리가 다양함
- 모리노미야역에서 약 10분 거리

오사카성 주변

나미요시안
📍 나미요시안

대표메뉴 : 미타라시 당고(みたらし団子) (가격은 모두 다르나 당고는 270엔)

- 1858년 창립되어 일본 전통 느낌이 가득한 160년 역사의 화과자 전문점
- 여름철에는 히에토로만이라는 시원한 만주 제공, 화과자도 유명함

난바

코바토 빵공장
📍 코바토빵공장

대표 메뉴 : 코페빵(コッペパン, 핫도그빵) / 270엔

- 빵 사이에 재료를 넣어 입 모양을 만들고 수작업으로 눈을 그린 '표정 코페빵'이 시그니처, 콩

나카노시마 주변

가루를 뿌린 아게코페(튀긴 코페빵)도 인기
- 여름철에는 아이스크림이 들어간 빵이 인기
- 테이크 아웃 가게지만, 맑은 날엔 잠시 앉을 수 있는 테이블도 나옴

캐스케이드 우메다점
📍 cascade 우메다점

대표 메뉴: 소금빵(塩パン) / 140엔

- 한국과 달리 소금이 올라가 있

지 않으며, 자극적이지 않은 은은하게 짭쪼름한 맛
- 모닝 세트와 이트인 공간이 있어 조식과 간단한 식사를 즐기기도 좋음
- 우메다역 한큐 3번가 1층 맥도날드 근처 위치

우메다

⑦ 코코로니 아마이 앙팡야 우메다점
📍 코코로니아마이

대표 메뉴: 단팥빵(あんぱん) / 152엔

- 홋카이도산 팥으로 만들어 고소하고 달콤한 맛이 일품인 앙팡 전문점
- 빵 식감이 쫄깃하며, 단팥을 직접 만들어 달지 않게 맛있음
- 계절 한정으로 고구마 앙팡, 망고 앙팡 등
- 일본 TV와 매거진에도 소개되었으며 하나타코, 고로케 맛집으로도 유명

우메다

⑧ 만후쿠 베이커리
📍 만후쿠 베이커리

대표 메뉴: 가스산도(勝山堂), 돈가스 샌드위치) / 1200~1300엔

- 앞에 키타하마 강이 있어 피크닉하기 좋은 유명 맛집
- 키타하마역에서 도보 2분 거리, 평일 낮에 방문하길 추천

나카노시마

⑨ 파네 포르치니
📍 파네 포르치니 오사카

대표 메뉴: 크림빵(クリームパン) / 200~300엔

- 내부가 꽉 차 있어 양이 많고 고소하고 진한 크림이 특징
- 소금 포카차, 크로와상도 인기

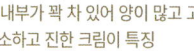

⑩ 우츠보 베이커리 파네나
📍 UTSUBO BAKERY PANENA

대표 메뉴: 소금빵(塩パン)

- 소금빵은 아낌없는 버터에 구워져 향이 좋고, 쫄깃한 식감으로 씹는 맛이 있음
- 혼마치역에서 가깝고 우츠보 공원이 바로 옆에 있어 피크닉하기 좋음

혼마치

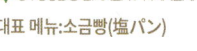

⑪ 르크루아상
📍 르크루아상 오사카

대표 메뉴:크루아상(クロワッサン) 개당 약 160엔

- 크루아상 전문 빵집으로 다양한 크루아상을 만날 수 있음
- 미니 사이즈의 한 입 크루아상도 인기
- 가격대가 저렴한 편으로 가성비 좋음

신사이바시

BREAD 꼭 먹어야 할 디저트는? 오사카 빵지순례

우메다

쇼핑의 대미를 장식하는 황홀한 야경

눈부신 쇼핑 천국 우메다. 세련된 백화점과 트렌디한 상점들이 가득해 하루 종일 둘러봐도 지루할 틈이 없어요. 쇼핑으로 달아오른 마음은 공중정원에서 식혀보세요. 오사카의 화려한 야경이 한눈에 들어오는 특별한 순간이 기다리고 있답니다.

KEY WORD

- 우메다 공중정원
- 쇼핑몰 밀집지역
- 교통 거점

TO DO LIST

- ☐ 스카이빌딩 공중정원 전망대, 야경 감상
- ☐ 헵 파이브 관람차 타기
- ☐ 요도바시 카메라에서 굿즈 쇼핑
- ☐ 한큐 백화점에서 명품 쇼핑
- ☐ 오사카역 앞 빌딩 4개 순회하기
- ☐ 지하철 탈 때 도지마 지하 센터 지나기
- ☐ 기타신치에서 현지인처럼 회식하기

요도바시카메라 · 루쿠아1100 · 기타신치 · 자야마치

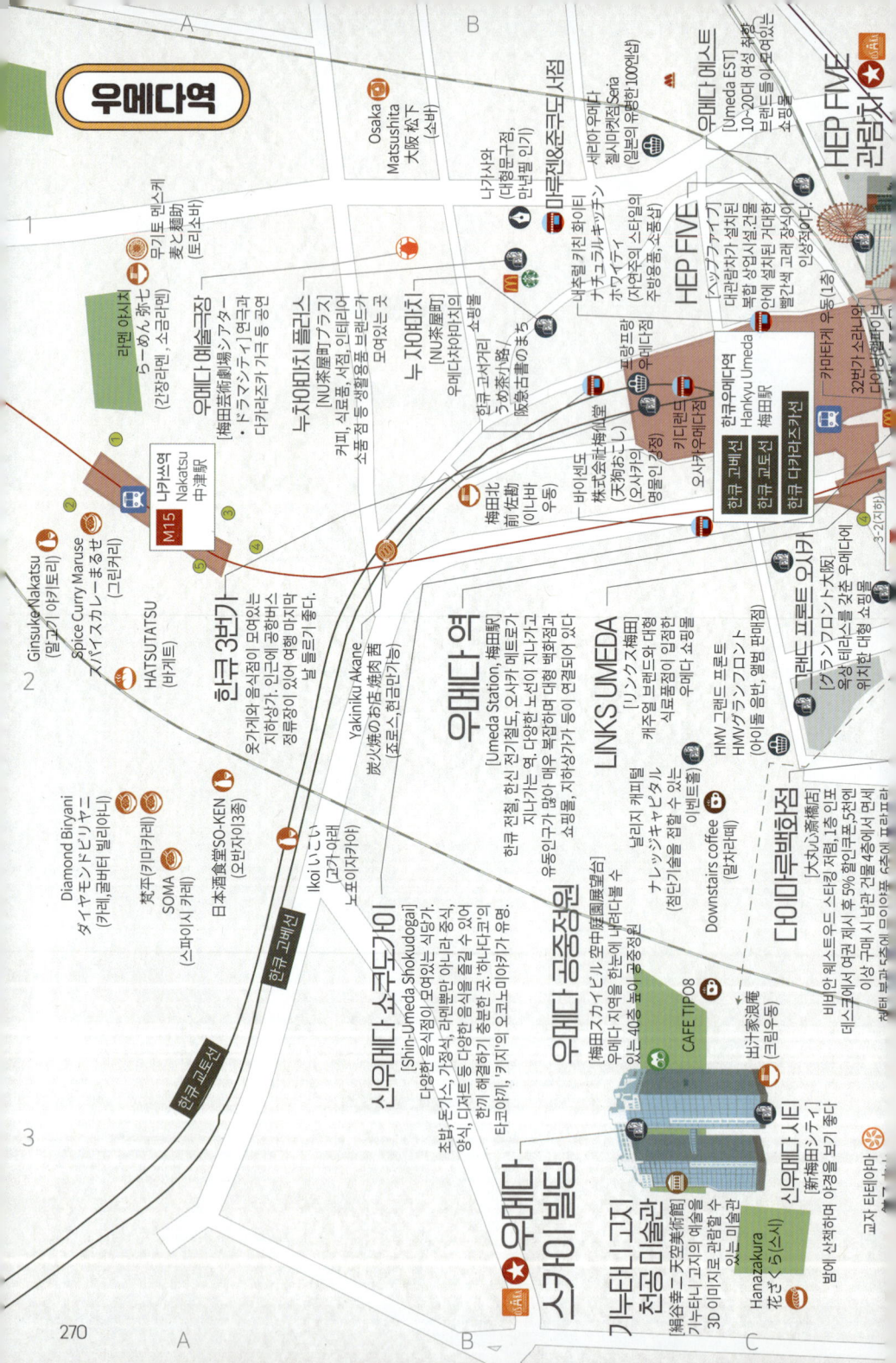

우메다

한큐백화점 (본점)
[Hankyu Umeda Main Store, 阪急うめだ本店]
(약 180개의 패션, 잡화 상점이 총 13층의 지하상가) 패션, 화장품, 뷰티, 식품으로 유명한 대형 백화점.

히가시우메다역
東梅田駅
Higashi-Umeda

야키니쿠 라가미루
[焼肉ラガミル 大梅田]
스테인리스 무한리필 90분

스시지카이 우메다점
우메다 돗탄지 도리 (장어덮밥)

스시도코로 쿠로스기
鮨処 さかい 黒杉 (스시)
Sushidokoro Kurosugi

쥬우텐신사 (오하츠 텐진)
(露天神社(お初天神))
신불습합을 배경으로한 일본소설
[소네자키 신쥬]의 배경이된
신사.(오하츠텐지노 여주인공 이름)

오사카역 앞 제3빌딩
[大阪駅前第3ビル]
식사와 게임 즐길수 있는 무료 전망대

오사카역 앞 제4빌딩
[大阪駅前第4ビル]
복권 당첨으로 유명한 오카가 구매국. 지하 술집 밀집

Kagawa-udon Kitashinchi (카레우동)

오사카역 앞 제2빌딩
[大阪駅前第2ビル]
서점과 레코드

오사카역 앞 제1빌딩
[大阪駅前第1ビル]
이자카야가 즐비한 식당가

yakinikumaru
야키니쿠 기타신치 (소금 양념 우설)

한신우메다역
Hanshin Umeda
한신백화점
阪神梅田駅 [阪神梅田本店]
지하 1층의 푸드코트로 유명한 백화점. 오사카 구이라는 가게가 유명. 오사카 기대비 비교적 저렴한 맛.

Sanukiudon Shikokuya
노구치타로라멘
野口太郎ラーメン (타로 스페셜 라멘)

JR 오사카역
Osaka 大阪駅
루쿠아 쇼핑몰 9층

힐튼 프라자 이스트/웨스트 빌딩/프라자 스트/웨스트

디아모루 오사카
ディアモール大阪
대형역의 구매로 대표적인 지하 쇼핑몰

JR 기타신치역
北新地駅

Osaka Station City

KITTE 오사카 카레라이스 엔드
KITTE大阪
(24시간 오픈)

니시우메다역
Nishi-Umeda 西梅田駅

브리제 타워
오피스와 쇼핑이 복합된 쇼핑 공간. 전문매장 즐비

Kitazuien
懷石 北新地苑 (코스카이세키 요리)

요쓰바시선
Yotsubashi Line
四つ橋線

도지마 지하센터

우메산코지
[Umesan Koji, 梅三小路]
음식점들이 모여있는 상점가

하비스 PLAZA ENT
ハービスPLAZA ENT
국내외 일류 아티스트 라이브 공연

빌보드 라이브 오사카
[ビルボードライブ大阪]
국내외 일류 아티스트 라이브 공연

키린도 약국
[キリン堂 ハービスブラザ店]
차량 약국 생활용품 판매하는 헬스약국

우메다 스카이 빌딩
옥상 공중정원 전망대에 즐길수 있다. 중층의 실내 무료 이용공간 감상해 볼수 있고, 여기조아 탓리야가. 지금 도구모 공원에서 만남이 즐거나. 공원기 실내.

Gohanya
Isshin Osaka
ごはんや 一心
大阪店 (일정식)

치루 千房
키/지하2층
(오코노미야키)

기타신치
[北新地] 오사카를 대표하는 고급 음식점 거리로 고급바, 클럽, 이자카야 들이 즐비해 있다. 일본 직장인들이 자주 찾는 곳

Shuhari Dojima
手打蕎麦守破離
堂島店 (자루소바)

福島壱號
(시오라멘)

路地裏アバンギャル
ド (이자카야, 오뎅)

audio guide

271

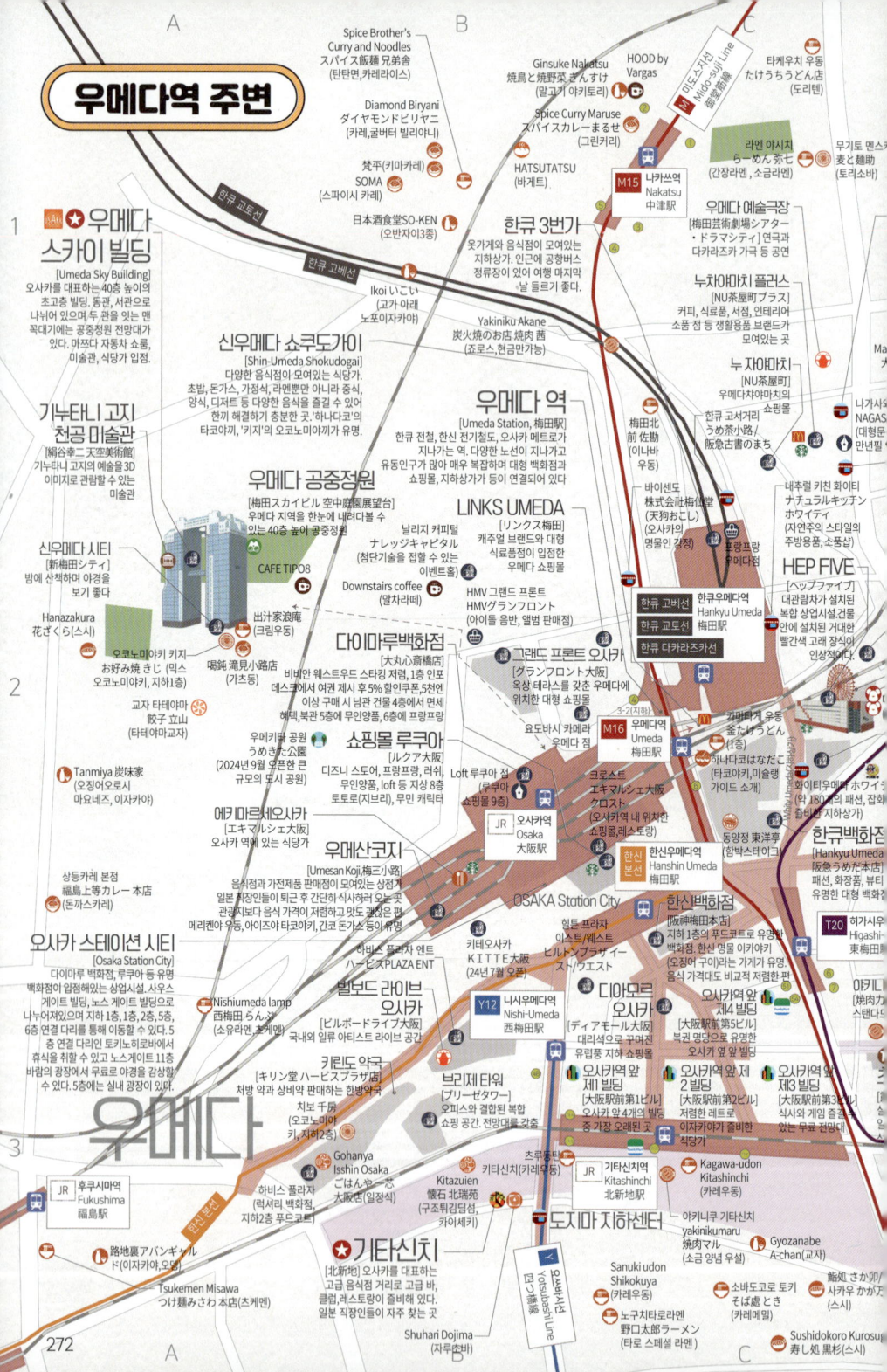

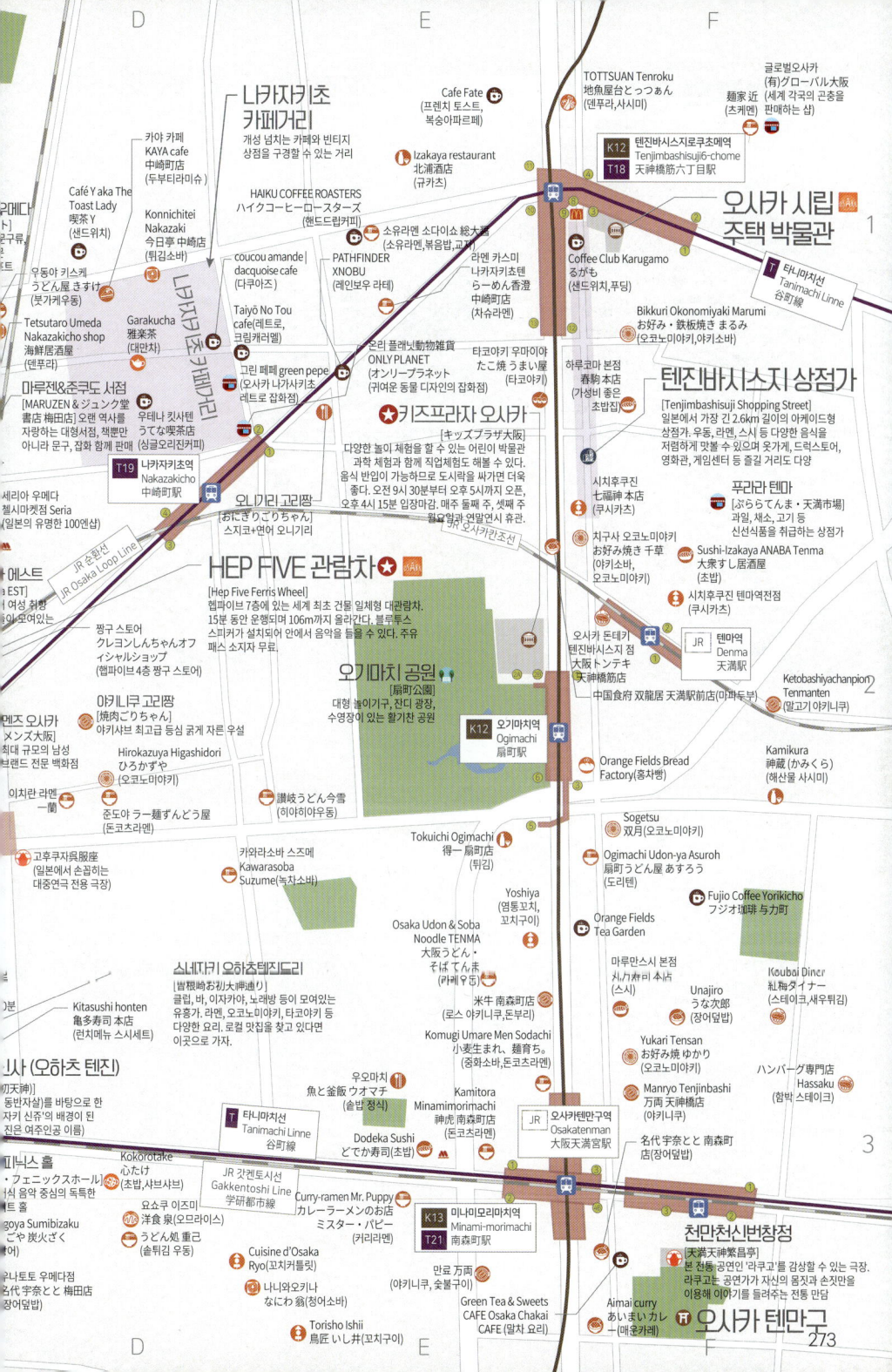

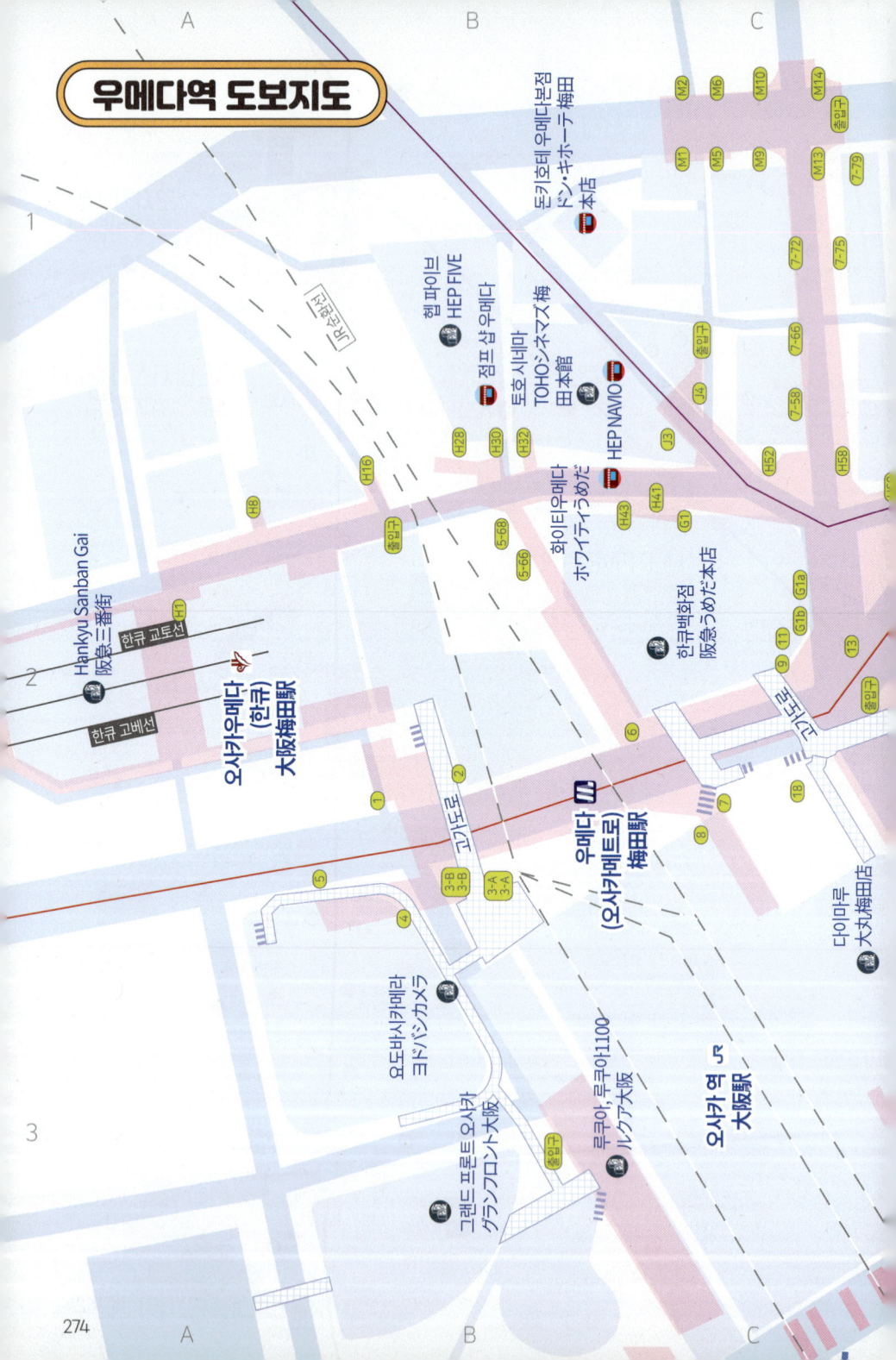

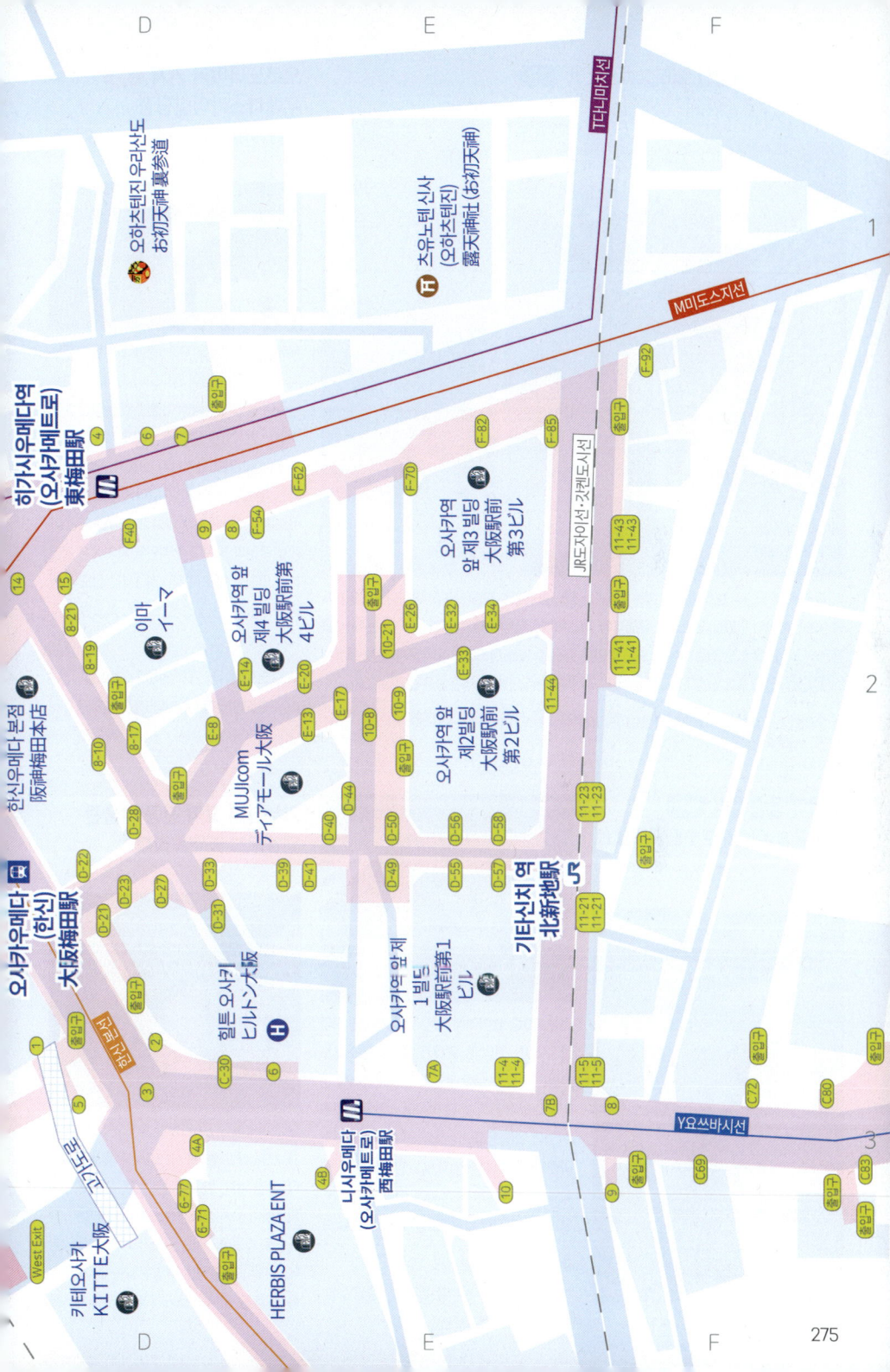

오사카 우메다 - 우메다 스카이빌딩 주변

우메다 스카이빌딩 梅田スカイビル [추천]
"인스타에서 핫한 '투명 에스컬레이터' 전망대"

40층 높이에 공중정원 전망대가 있는 우메다 대표 랜드마크. 빌딩 사이를 연결하는 <u>39층 투명 에스컬레이터</u>가 있는 곳으로도 유명하다. 에스컬레이터부터 루프탑까지 이어지는 터널 공간은 인스타 포토스팟으로 핫하다. 도시 전망을 즐길 수 있는 레스토랑과 라운지 마련. 주유패스를 이용하면 오후 3시까지 무료입장 가능. 조이패스는 입장시간 제한 없음 (270p C:3)

📍 우메다 스카이빌딩   #우메다랜드마크 #40층공중정원 #투명에스컬레이터

오코노미야키 키지 [맛집]
우메다스카이빌딩점
お好み焼 きじ 梅田スカイビル店
"야키소바+오코노미야키=모던야키"

우메다 스카이빌딩 지하 1층에 위치한 오코노미야키 맛집. 손님이 많다보니 음식을 초벌로 만들어 놓았다가 각 테이블에 있는 철판에 옮겨주는 방식으로 운영된다. 대표 메뉴는 믹스 오코노미야키로 돼지고기, 오징어, 새우 등 다양한 재료가 모두 들어가 있다. <u>야키소바와 오코노미야키를 동시에 맛보고 싶다면 모던 야키를 주문하면 된다</u>. 현지인들 사이에서 저렴하고 맛있는 곳으로 알려져 1시간 정도의 웨이팅이 있다. 현금 결제만 가능. 목요일 휴무. (272p A:2)

📍 오코노미야키 키지 우메다스카이빌딩점
#숨은현지인맛집 #웨이팅맛집 #현지인

우메다 공중정원 [추천]
梅田スカイビル 空中庭園展望台
"40층 위에서 오사카 시내 바라보면 얼마나 멋지게요?"

건물 40층 높이에서 오사카의 거리를 조망할 수 있는 전망대. 오사카 인생샷 명소로도 유명한 곳으로 실내 전망대 한편에 카페를 운영하고 있어 <u>커피 한 잔 마시며 전망을 감상할</u> 수 있다. 스릴을 즐기는 자라면 옥외 전망대도 마련되어 있으니 빼놓지 않고 방문해 보자. 단 옥외 전망대 이용 시 음식물 반입 금지. 성인 2000엔. 마지막 입장 22시까지 (270p C:3)

📍 우메다 공중정원
#40층높이 #실내야외전망대 #인생샷명소

기누타니 고지 천공 미술관
絹谷幸二 天空美術館
"3D로 생생하게 표현되는 현대 미술"

현대 미술을 3D로 감상할 수 있는 미술관. 불교, 전통 신앙, 용 등 시즌별로 주제가 달라진다. 고전 벽화, 믹스미디어 아트 작품 외에도 기누타니 고지의 조각품도 전시되어 있다. 단독으로 방문하기에는 규모가 그리 크지 않기에 우메다 공중정원을 방문하는 김에 들리는 걸 추천. 우메다 스카이 빌딩 타워 웨스트

27층에 위치. 주유패스 소지 시 무료. 어른 1,300엔. 10:00~18:00 (270p A:3)

📍 기누타니 미술관
#3D아트 #미술관 #기누타니고지

블루보틀커피 우메다차야마치카페
ブルーボトルコーヒー 〔맛집〕

"우메다역 도보 6분, '블루보틀'"

우메다역에서 도보 6분 거리에 위치한 블루보틀커피의 일본 지점이다. 세련된 인테리어와 여유로운 공간이 특징. 대표 메뉴는 '싱글 오리진 커피(약 712엔)'와 '콜드 브루(약 634엔)'로, 신선한 원두를 사용해 깊고 풍부한 커피 맛을 제공한다. 핸드 드립 커피도 주문 가능. 2층 구조의 넓은 매장은 자연 채광이 잘 들어오며, 조용히 시간을 보내기에 적합하다. QR코드로 주문. 영어 메뉴판 제공

📍 블루보틀커피 우메다차야마치카페
#콜드부르맛집 #싱글오리진커피

우동야 키스케
うどん屋 きすけ 〔맛집〕

"반숙란 고명으로 완성된 붓카케 우동"

현지인도 줄서는 우동 맛집. 도미 어묵 튀김인 치쿠와와 부드러운 반숙 달걀이 올라간 붓카케 우동(약 900엔)이 대표 메뉴다. 면발은 쫄깃하며 국물은 깔끔하고 감칠맛이 뛰어나다. 긴 웨이팅을 감내해도 좋을만큼 맛있다. 현금 결제만 가능. 우메다역에서 도보로 약 10분 거리에 위치. (273p D:1)

📍 우동야 키스케
#어묵튀김우동 #미슐랭 #현지인웨이팅

자야마치 茶屋町
"센스 있게 옷 잘 입는 커플들을 마주칠 수 있는 거리"

세련된 쇼핑몰과 문화 공간이 밀집한 지역. 잡화, 식당, 옷가게 등이 모여있어 젊은이들의 패션 거리로 불린다. '누 차야마치' 쇼핑몰이 대표적인 명소이며, 스타일리시한 분위기의 숍이 많아 트렌디한 쇼핑을 즐기기에 좋다. 밤에는 조명이 켜진 거리 풍경이 아름다워 분위기 있는 데이트 코스로도 추천

📍 자야마치 #패션거리 #누차야마치쇼핑몰 #쇼핑거리

누 자야마치 NU茶屋町
"운동화도, CD도, 굿즈도 살 수 있어"

음식점과 의류 매장은 물론, 악기 상가, 레코드 가게, 굿즈숍이 있어 구경 거리가 풍부한 쇼핑몰. 지하 1층~지상 9층 규모로, 1층 오니츠카 타이거, 3층 애니메이트, 6층 대형 CD 상점 타워 레코드를 방문하는 젊은이들로 북적이는 곳이다. 천연치즈 요리 전문 'BeNe' 이탈리안 레스토랑 '8TH SEA 오이스터 바' 등 맛집도 다양하다. (270p B:1)

📍 누 자야마치 #타워레코드 #애니메이트 #복합쇼핑몰

마루젠&준쿠도 서점 MARUZEN & ジュンク堂書店 梅田店 `추천`
"안도 다다오가 건축한 8층 규모 서점"

지하 1층~7층 규모의 대형 서점. 유명 건축가 안도 다다오가 설계한 곳으로 건물 전체를 서점으로 사용하고 있다. 서적이 매우 다양하고 각 층이 분야별로 구분되어 있어 도서관 같은 분위기. 필요한 책은 직원에게 문의하면 바구니에 담아 준다. 지하 1층은 고전을 포함한 코믹스 전용이며, 2층에는 만년필 매장 '나가사와'가 위치해 있어 문구 쇼핑도 가능하다. **(270p B:1)**

📍 마루젠&준쿠도   #8층규모   #안도다다오건축   #고전만화책

누 자야마치 플러스 NU茶屋町プラス
"일본 디자이너의 개성이 묻어나는 옷 쇼핑"

야마구치 에리코, 플라보아와 같이 유니크한 일본 의류 브랜드가 입점한 쇼핑몰. 3층 규모로, 1층엔 의류 매장과 스타벅스가 위치해 있고, 2층엔 '세리아'와 KALDI(칼디) 등 식품 잡화점이 있다. 3층은 다이닝 공간으로 브런치 카페, 베이커리, 레스토랑이 입점. 웰빙 디저트 카페 '로토레시피'와 하와이안 음식 전문 '무우무우 다이너'가 대표적인 이색 맛집

(270p B:1)

📍 누차야마치 플러스
#일본브랜드의류   #칼디매장   #이색메뉴

오사카 스테이션 시티 大阪ステーションシティ `추천`
"오사카역이 기차만 타는 곳이 아니었어?"

JR 오사카역 일대를 모아 쇼핑 명소로 재구성한 공간. 오사카역을 시작으로 크게 북쪽에 루쿠아 오사카, 루쿠아 일레등이 있는 노스게이트 빌딩과, 남쪽에 다이마루 우메다점, 호텔 그란비아 오사카 등을 중심으로 한 사우스 게이트 빌딩으로 구성되어 있다. 미로처럼 건물 사이사이 총 10가지 테마의 광장이 숨어 있어 하나씩 찾아가 보는 재미도 있다. **(271p D:2)**

📍 오사카 스테이션 시티   #루쿠아   #다이마루   #10가지테마정원

오사카 역 大阪駅
"오사카 교통의 허브이자 쇼핑의 중심"

오사카 교통의 중심이자 JR west의 허브 역이라 철도 여행에 있어 중요한 위치에 있는 역. 주변 역이 지하로 연결되어 있어 하나의 역처럼 오갈 수 있다. 대형 백화점 루쿠아, 다이마루와 붙어있고, 쇼핑센터와 식당가도 커서 식사를 해결하거나 선물 구매 등 구경하기 좋다. 참고로 <mark>도시락 가게나 식재료 마트도 입점해 있으니</mark> 숙소에 가기 전에 사두길 추천 (270p D:2)

📍오사카 역
#교통허브 #대형백화점 #우메다연결

다이마루 백화점 우메다점
大丸梅田店
"여기 굿즈 맛집이 13층에 모여있다는 소문이"

굿즈 쇼핑 성지로 유명한 백화점. 의류, 화장품 등 브랜드 쇼핑도 가능하다. 13층에 올라가면 국내에서 좀처럼 구하기 힘든 포켓몬카드와 굿즈들을 구할 수 있는 포켓몬센터부터, 게임 칩이 다양한 대규모 닌텐도샵을 만날 수 있다. 5층과 13층 공간 대부분이 캐릭터 굿즈 가게로 꾸며져 있으니 애니메이션 덕후라면 꼭 방문해 보자. 오사카역과 직결 (270p C:2)

요도바시카메라 멀티미디어 우메다 `추천`
ヨドバシカメラ マルチメディア梅田
"2,000가지 갸챠 중 내 최애는 어디에?"

2,000여 개의 갸챠를 뽑을 수 있는 쇼핑센터. 10층 규모 건물에 TV, 컴퓨터, 모니터, 게임기, 피규어까지 판매하고 있다. 특히 5층에 위치한 '갸챠갸챠 정글' 숍이 인기 베스트로 정글처럼 수많은 갸챠 기계들이 놓여있다. 가격대는 대략 <mark>300엔~500엔 정도. 국내보다 저렴하고</mark> 엄청난 종류의 갸챠를 뽑을 수 있다는 점이 장점이다. (270p C:2)

📍요도바시카메라 우메다 #초대형갸챠숍 #10층규모전자상가 #저렴한가격대

📍다이마루 우메다
#역연결 #애니메이션굿즈쇼핑 #포켓몬센터

포켓몬센터 오사카
ポケモンセンターオーサカ
"피카츄~라이츄~닌텐도~스티카~"

@eat_nar2

1세대 포켓몬 캐릭터부터 최신 캐릭터까지 다양한 굿즈숍. 대형 피카츄 아트월로 포토존을 꾸며두었다. 캐릭터 인형부터 잡지, 랜덤 갸챠, 스티커 북, 학용품 등 다양한 상품이 비치되어 있다. 미니어처 인형도 변신 단계별로 모여 있어 찾기 편하다. 닌텐도 유저라면 게임팩 구역도 둘러보길. 인기 매장인 만큼 계산하는 줄이 긴 편. <mark>다이마루 백화점 13층에 위치</mark> (270p C:2)

📍포켓몬센터 오사카
#포켓몬스터 #굿즈샵 #피카츄아트월

닌텐도 오사카
Nintendo OSAKA
"대형 피규어링 사진 찍고 힌징핀 굿즈 찾기"

오사카 우메다 - 오사카스테이션시티 주변

마리오, 동물의 숲, 젤다의 전설 등 닌텐도 캐릭터 굿즈를 판매하는 매장. 인형을 비롯한 장난감, 게임칩도 다양하다. 그릇, 스마트폰 케이스, 물품 보관함 등 실용적인 물건들도 다수. 곳곳에 캐릭터 대형 피규어가 놓여 있어 기념사진 촬영하기 좋다. 닌텐도 캐릭터 무사 피규어, 티셔츠 등 오사카와 콜라보한 한정판 굿즈도 판매. 다이마루 백화점 13층에 위치 (270p C-2)

📍 닌텐도 오사카
#닌텐도굿즈 #게임칩 #피규어

Sanrio Gift Gate
大丸 梅田店 5F サンリオ

"다이마루 5층에 자리한 산리오 월드"

헬로키티, 시나모롤, 마이멜로디 등 산리오 캐릭터를 좋아하는 사람이라면 꼭 방문해야 할 굿즈숍. 우메다역과 바로 연결된 다이마루 백화점 5층에 위치해 있으며, 약 30분 정도면 둘러볼 수 있는 규모다. 문구, 가방, 수건부터 키링까지 다양한 상품으로 구성. 크리스마스나 할로윈 등 특별한 기간에 방문하면 시즌 한정 제품을 구할 수 있다. 게스트 할인 쿠폰 + 면세 가능 (270p C-2)

📍 산리오 기프트게이트 우메다
#산리오 #캐릭터인형 #굿즈

츠루하시 야키니쿠 하쿠운다이 그랜드 프론트 오사카점 [맛집]
鶴橋焼肉白雲台 グランフロント大阪店

"한국 스타일 제대로 장착한 야키니쿠"

오사카 그랜드 프론트 남관 7층에 위치한 위

그랜드 프론트 오사카 グランフロント大阪 [추천]

"쇼핑몰만 4개! 어디로 갈지 고민 말고 일단 고!"

총 4개의 빌딩이 연결된 초대형 복합 쇼핑몰로 다양한 편집숍과 식당, 디저트 카페가 모여 있어 여유롭게 반나절을 보낼 수 있다. 버스킹 공연이 열리는 광장 '우메키타 플라자'를 중심으로 호텔, 카페와 행사장이 들어선 '우메키타 쉽 홀' 패션 매장이 입점한 '미나미관' 캐주얼 레스토랑이 있는 '키타관'으로 이루어져 있다. 9층 전망대도 빼놓을 수 없는 공간 (270p C-2)

📍 프론트 오사카
#초대형복합쇼핑몰 #버스킹 #9층전망대

치한 40년 전통의 야키니쿠 전문점. 최고급 와규를 즐길 수 있다. 특히 점심시간에 먹기 좋은 황금 야키니쿠 정식(약 1500~2500엔)은 이곳의 인기 메뉴. 퀄리티 좋은 고기와 콩나물 무침, 김치, 같은 반찬을 함께 즐길 수 있어 가성비가 뛰어나다. 냉면, 제육볶음, 비빔밥 같은 메뉴도 있으며 어린이 메뉴도 따로 준비되어 있다. 한국어 소통 가능

📍 츠루하시 야키니쿠 하쿠운다이 그랜드 프론트 오사카점
#40년전통 #가성비 #일본전통야키니쿠

히츠마부시 빈쵸 그랜드프론트오사카점 [맛집]
ひつまぶし 名古屋 備長 グランフロント大阪店

"총 3단계 변신을 거치면 히츠마부시 정복"

장어, 김, 쪽파 등이 들어가는 나고야식 장어덮밥 전문점. 대표 메뉴는 '히츠마부시(약 3980엔)'다. 먹는 방법도 독특한데 첫번째는 밥 위에 올려진 장어만 먹고, 두번째는 장어에 와사비와 파를 얹혀 먹고, 세번째는 장어랑 밥을 덜어서 오차츠케처럼 먹기. 특히 세번째 방법이 가장 맛있다. 사이트에서 예약 가능. 한국어 메뉴판 제공

📍 히츠마부시 빈쵸 그랜드프론트오사카점
#겉바속촉 #장어덮밥 #나고야식장어덮밥

키르훼봉 [맛집]
キルフェボン グランフロント

"봄에 먹었어도 가을에 또 먹어봐야 해"

일본 전역에서 만나 볼 수 있는 유명한 디저트 맛집. 대표 메뉴는 '제철 과일 타르트(약 1089엔)'로 봄, 여름, 가을, 겨울 사계절 메뉴가 바뀐다. 복숭아, 무화과, 딸기 등 신선한 과일과 풍부한 크림이 조화를 이룬다. 많이 달지 않은 것이 인기비결. 점심시간 전부터 줄을 서야 할 정도로 인기가 많다. 우메다역 그랜드 프론트 지점 오사카 2층에 위치해있다.

📍 키르훼봉 그랜드 프론트 오사카점
#타르트 #일본유명체인 #계절과일타르트

이즈모 루쿠아 `맛집`
うなぎ 串料理 いづも ルクア
"양이 푸짐해서 반반 세트도 충분해요"

루쿠아 쇼핑몰 지하 2층 내에 위치한 장어덮밥 전문점. 밥 위에 두툼한 계란말이가 있고 그 위에 큼직한 장어를 올린 덮밥으로 유명하다. 양도 푸짐하고 비주얼도 독특해서 SNS 맛집이다. 진한 타레소스 맛 덕분에 대기는 필수. 양이 많아서 여자 2인이라면 덮밥 하나에 장어튀김이나 꼬치구이만 주문해도 충분하다. 장어+규동 반반 메뉴도 주문 가능. 대표메뉴 계란장어덮밥 약 1650엔 (271p D:2)

📍 이즈모 루쿠아
#장어덮밥맛집 #계란장어덮밥 #푸짐한

무민숍 오사카
ムーミンショップ オオサカ
"루쿠아 백화점에 숨어있는 무민의 집"

아담하지만 알찬 무민 숍. 무민 테마로 꾸며진 매장 안에서 무민 캐릭터 인형, 문구류, 액세서리까지 다양하게 만날 수 있다. 일본에서만 구할 수 있는 한정판 상품도 판매. 선물용으로 제격인 귀여운 포장 요청도 가능하다. 루쿠아 백화점 8층에 위치. (271p D:2)

📍 Moomin shop level 8
#무민굿즈 #기념품쇼핑 #루쿠아동관

쇼핑몰 루쿠아 ルクア大阪 `추천`
"루쿠아 1100이랑 묶어서 한 번에 쇼핑하기"

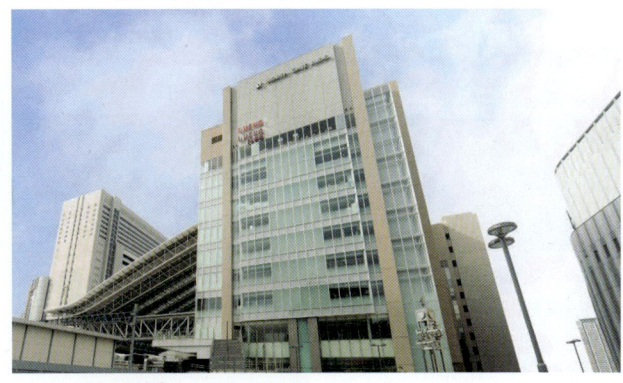

오사카역과 연결된 12층 규모 대형 백화점. 중간 연결다리를 통해 쌍둥이 빌딩 루쿠아 1100도 오갈 수 있다. 비비안 웨스트우드, 빔즈, 리, 살로몬, GU 등 캐주얼하고 젊은 감성의 브랜드가 다수 입점해 있으며 무민숍, 디즈니 스토어 등 캐릭터 매장도 들어가 있다. 휴식이 필요하다면 9층 츠타야 서점 & 스타벅스를 방문해 보길 추천한다. (271p D:2)

📍 루쿠아 몰 #12층규모 #캐주얼브랜드 #츠타야스타벅스

LUCUA 1100
"동쪽으로 가면 루쿠아, 서쪽으로 가면 루쿠아 1100"

오사카역에서 직결되어 있는 B2~9층 규모의 초대형 쇼핑몰. 동관 루쿠아와 서관 루쿠아 1100으로 구분된다. 특히 동관 8층에는 무민 오피셜샵, 지브리공화국, 프랑프랑 같은 인기숍이 모여 있다. 지하에는 아오모리 사과 전문점, 인류모두면류 같은 먹거리숍도 즐비하다. 서관은 이세탄에서 셀렉션한 고급 편집숍, 도시마켓, 츠타야 서점 등이 입점해 있다. 면세는 매장 당 1일 합계 5천엔 이상일때만 가능 (274p B:3)

📍 LUCUA 1100 우메다   #오사카역연결 #우메다쇼핑몰 #캐릭터숍

에키 마르쉐 오사카
エキマルシェ大阪
"기차 타기 전에 혼밥 하기 딱이야"

식당, 도시락 가게 슈퍼마켓이 옹기종기 모여 있어 오사카역 기차 타기 전에 둘러보기 좋은 쇼핑몰. 여행 필수 코스 선물 가게도 즐비하다. 혼밥 하기 좋은 식당, 이자카야, 캐주얼한 바 등 직장인들이 자주 방문하는 맛집이 다양한데, 특히 타코야키, 라멘, 우동, 만두 등 간편식 메뉴가 많은 편. 철도 굿즈 가게에도 있으니 관심이 있다면 둘러보길 추천한다. (271p D:2)

📍 EKI MARCHE OSAKA
#오미야게 #간편식사 #철도굿즈

한큐백화점 우메다 본점
阪急うめだ本店 [추천]
"럭셔리 명품 쇼핑하기 딱이야"

럭셔리 브랜드가 다수 입점한 쇼핑몰. 지방시, 비비안 웨스트우드 등의 해외 유명 브랜드 매장이 많고, 다양한 음식으로 가득한 식품관이 입점해 있다. 특히 고급 손수건을 합리적인 가격으로 구매할 수 있어 인기. 12층에 위치한 돈카츠 전문점 '혼카츠키' 맛집으로 유명한 곳이니 참고하길. 지하 2층, 지상 13층 규모. 오사카 우메다 역 6번 출구와 연결. 10:00~20:00 (271p D:1)

📍 한큐 우메다
#우메다쇼핑명소 #우메다역과연결 #고급손수건저렴하게구매

키테오사카
KITTE大阪
"일본 전국 기념품 다 모인 신상 쇼핑몰"

2024년 7월에 새롭게 오픈한 쇼핑몰. 지하 1층부터 6층까지 카페, 레스토랑, 패션, 잡화 등의 매장이 100곳 이상 입점해 있다. 특히 2층 토산품 코너에서 일본 각지의 기념품을 구매할 수 있어 관광객으로 붐빈다. 후기 좋고 고급스러운 일식 레스토랑도 다양 (271p D:2)

📍 키테오사카
#24년7월오픈 #복합쇼핑몰 #쇼핑코스

한큐멘즈 오사카
阪急メンズ大阪
"한큐에서 남성분들을 위해 준비한 특별한 건물"

한큐백화점 바로 옆 지하 1층부터 지상 5층까지로 구성되어 있는 남성 전용 쇼핑몰. 컨템포러리 패션과 빈티지, 남성 코스메틱, 언더웨어, 패션잡화까지 다양하다. 여성 핸드백이 주류인 바오바오의 남성용 가방도 만날 수 있다. 꼼데가르송, 이세이미야케, 스톤아일랜드, 빔즈, 캐피탈 등 인기 브랜드 다수 입점. 지하 1층에서 게스트 쿠폰 발급. 면세 가능 (270p C:1)

📍 한큐멘즈 오사카
#남성쇼핑몰 #한큐백화점 #브랜드패션

그랑 가루비
グランカルビー
"이건 보통 감자칩이 아니라고-"

럭셔리 감자칩을 판매하는 매장. 일반 감자칩 대비 약 3배 가격의 고급 감자칩을 찾고 있다면 방문해 볼만하다. 훈제 베이컨, 갈릭 솔트, 성게 크림치즈, 트러플 등 이색적인 맛이 다양하다는 점이 특징. 고급 간식이라는 이미지라 선물용으로 구매하기 좋다. 한큐 백화점 식품관 지하 1층에 위치

📍 그랑 가루비
#고급감자칩 #다양한맛 #기념품

돈가스 혼카츠키 [맛집]
豚かつ 本かつ喜

"풍미를 원한다면 '로스' 담백함을 원한다면 '히레'"

우메다 한큐백화점 12층에 위치한 돈카츠 맛집. 대표 메뉴는 로스카츠(약 1800엔)와 히레카츠(약 2000엔)로, 로스카츠는 지방이 적절히 섞여 풍미가 깊고, 히레카츠는 부드럽고 담백하다. 소금과 레몬을 곁들여 먹는 스타일로 돈카츠 본연의 맛을 느낄 수 있다. 큼직하고 새우 튀김도 꼭 먹어봐야 할 메뉴. 밥과 된장국은 리필이 가능. 브레이크타임이 없다.

📍 돈가스 혼카츠키
#한큐백화점 #소금레몬돈카츠 #현지인맛집

잇신도 한큐 우메다점 [맛집]
一心堂 阪急うめだ本店

"제철 과일을 모찌에 싸서 한입에"

제철 과일을 활용한 신선한 과일 모찌 디저트 전문점. 딸기, 멜론, 망고 등 다양한 종류의 과일 떡을 맛볼 수 있다. 특히 인기가 높은 딸기 모찌는 빠르게 품절되는 편. 말차 도라야키와 팥 도라야키도 판매한다. 가격대는 다소 높으나, 개별 포장이라 선물용으로 구매하기에도 좋다. 한큐 백화점 지하 1층 위치

📍 잇신도 한큐 우메다점
#과일모찌 #디저트 #딸기모찌

한큐 히가시도리 阪急東通商店街

"현지인 틈에 둘러싸여 회식 분위기 좀 내볼까?"

오사카 키타 지역 대형 유흥가. 우메다역 출구에서부터 이어지는 아케이드 상가 거리로 야키니쿠, 바, 이자카야 등 다양한 음식점이 이어지는 곳이다. 심야까지 영업하는 곳들이 많아서 현지인들이 2차 회식 장소로 자주 찾는 장소. 가라오케, 파칭코도 있어 일본의 오락문화를 체험할 수 있다. 대부분 저렴한 가격대로 형성되어 있으니 부담 없이 식사를 즐겨보자. 대부분의 가게 11:00 부터 시작

📍 한큐 히가시도리 쇼핑   #이자카야 #아케이드상가 #유흥가

한큐 3번가 阪急三番街 [추천]

"지하철부터 쇼핑까지 '한큐'에 해결!"

한큐선 지하철을 타기 전 들리기 좋은 쇼핑몰. 3층은 한큐 오사카 우메다역, 2층은 지하철 개찰구, 1층에는 한큐 3번가 버스 터미널이 있어 교통이 매우 편리하다. 지상 2층부터 지하 2층까지 쇼핑, 식당 등 약 330개가 넘는 맛집과 잡화점이 가득하게 들어서 있다. 전반적으로 중저가 브랜드들이 입점하여 있어 경제적인 쇼핑이 가능하다. (270p C:1)

📍 한큐 3번가   #한큐우메다역연결 #고속버스터미널 #가성비쇼핑

키디랜드 오사카우메다점
キデイランド 大阪梅田店

"고전 캐릭터부터 최신 인기 캐릭터까지"

인기 캐릭터의 한정판 상품을 구매할 수 있는 굿즈숍. 산리오, 마리오, 코난, 도라에몽, 포켓몬 등 다양한 브랜드의 캐릭터 굿즈 쇼핑을 한 번에 끝낼 수 있다. 텍스프리가 되지 않는 곳이지만 국내 대비 가격대가 훨씬 저렴한 편이라는 점. 세일러문, 캐드캡터체리 등 국내에서 구하기 힘든 고전 굿즈도 있다. 한큐 3번가 북관 지하 1층에 위치 (270p C:1)

📍 키디랜드 우메다
#캐릭터굿즈 #키덜트 #아이와여행

한큐 32번가 소라니와 다이닝
阪急32番街 空庭ダイニング

"헵파이브 관람차 감상하며 즐기는 디너"

헵파이브 관람차가 보이는 푸드 몰. 식당가가 27층부터 31층까지 고층에 자리해있어 어느 곳에서나 시티 뷰를 감상할 수 있다. 건물 꼭대기 31층 옥상정원은 오사카 야경 명소 중 하나로 유명하다. 음식 주문은 바코드를 찍어서 모바일로 요청 가능. 관광객을 위한 서비스가 잘 되어 있는 곳이며, 인포메이션에서 게스트 5% 할인 쿠폰, 관광 가이드를 제공하고 있다. 11:00-23:00

📍 32번가 소라니와 다이닝
#헵파이브뷰 #푸드스트리트 #야경명소

한신백화점 우메다 본점 阪神梅田本店 [추천]

"당 충전하기 좋은 백화점 여긴다!"

디저트와 베이커리에 강점을 보이는 곳으로 식품관 퀄리티가 뛰어나기로 소문난 백화점이다. 특히 오사카 명물 '오징어 크레페'를 판매하는 '이카야키'는 꼭 들려봐야 하는 필수 코스. 디올을 비롯한 명품 화장품부터 캔메이크 등 중저가 브랜드도 입점해 있으며, 5% 할인 게스트 쿠폰이 제공되어 저렴하게 구매할 수 있다. 텍스 리펀은 2층 고객센터에서 진행 (271p D:1)

📍 한신 우메다   #오징어크레페맛집 #퀄리티높은푸드코트 #명품부터중저가까지

키지 본점 [맛집]
お好み焼 きじ 本店

"밀가루 NO 달걀과 닭 육수만 사용해요"

현지인도 줄 서서 먹는 오코노미야키 맛집. 대표 메뉴는 돼지고기, 오징어, 면을 넣고 만드는 모던 야키. 밀가루 없이 달걀과 닭육수를 이용해서 반죽하는 것이 특징이다. 모든 오코노미야키에는 깻잎과 비슷한 향을 가진 차조기 잎 가루가 뿌려져 있어 좋은 향기가 난다. 영어 메뉴판 제공. 예약 불가. 현금 결제만 가능. 오코노미야키 780엔부터

📍 키지 본점
#현지인줄서는맛집 #원조 #오코노미야키

오코노미야키 유카리 소네자키 본점 [맛집]
お好み焼ゆかり 曽根崎本店

"돼지도 좋고 해산물도 좋으면 믹스로!"

소네자키에 위치한 전통 오코노미야키 전문점으로, 60년 이상의 역사를 자랑한다. 대표 메뉴는 스페셜 믹스 오코노미야키(약 1480엔)로 돼지고기와 해산물이 골고루 다 들어간 메뉴다. 치즈를 추가하면 바삭하면서도 부드러운 식감이 배가된다. 반죽을 믹싱해서 구워주는 모습을 직접 볼 수 있어 재미있다. 야키소바도 맛있다. 주로 4인 좌석으로 구성. 메뉴판에는 한국어 설명이 제공된다.

📍 오코노미 야키 유카리 소네자키 본점
#전통 #60년 #야키소바

화이티우메다
ホワイティうめだ
"여기 왔던데 아닌가,,? 아 처음인가?"

미로처럼 이어지는 길을 따라 식당부터 편의점, 화장품 가게, 옷 가게 등 다양하게 만날 수 있는 대형 지하상가. 워낙 넓고 복잡해 길 잃는 일도 부지기수라고 하니 홈페이지에 나와 있는 플로어 가이드를 참고할 걸 추천한다. 주로 음식점이 많아서 우메다 역을 지날 일이 있다면 간단하게 끼니를 해결하기 위해 잠시 들려볼 만하다. **(271p D:1)**

📍 화이티우메다
#우메다역연결 #대규모지하상가 #음식점

LINKS UMEDA リンクス梅田
"캐주얼 옷 하나 사면서 장도 보기!"

유니클로, ABC 마트, 리바이스 등 캐주얼 패션 브랜드와 다이소, 쓰리 코인즈 등 각종 라이프스타일 숍이 다양한 쇼핑몰. 특히 지하 '하브스 마트'는 현지인들 사이에서도 인기인 마트로 큰 규모에 신선한 과일부터 각종 식료품을 판매하고 있다. 일본 식재료에 관심이 있다면 둘러보는 걸 추천. 요도바시 카메라와 연결되어 있어 함께 둘러볼 수 있다. **(270p B:2)**

📍 링크스 우메다
#캐주얼브랜드 #요도바시카메라 #식료품

헵 파이브 HEP FIVE [추천]
"여기 포토스팟은 '레드 컬러'가 포인트"

건물 옥상에 매달린 붉은색 대관람차가 상징적인 복합쇼핑몰. 1층 입구에서 헵파이브 인증샷에서 자주 보이는 20M 크기 빨간색 고래 오브제를 만날 수 있다. 지하 2층부터 지상 9층 규모로 170여 개의 점포가 들어서 있다. 주로 젊은 감성의 힙한 의류 매장이 다수 입점해 있고 산리오 기프트 샵, 디즈니 스토어, 짱구 스토어 등 캐릭터 매장이 많다.**(270p C:1)**

📍 헵 파이브   #붉은색대관람차 #20M대형고래오브제 #캐릭터상품쇼핑

헵파이브 관람차 HEP FIVE観覧車 [추천]
"우메다 도심 위 빨간색 관람차, 나야 나!"

빨간색 관람차로 유명한 오사카 야경 명소. 우메다 한복판을 공중부양하는 듯한 기분을 만끽할 수 있어 인기. 멀리서도 한눈에 들어오는 선명한 빨간색이 특징으로 캐빈마다 블루투스 스피커가 설치되어 있어 좋아하는 음악을 들으며 시간을 보낼 수 있다. 대관람차 탑승은 헵파이브 쇼핑몰 7층에서 이루어지며 주유패스를 소지하고 있다면 무료로 탑승할 수 있다. 약 15분간 운행. 800엔, 5세 이하 무료. 11:00-23:00 (최종탑승 22:45) **(270p C:1)**

📍 헵파이브 관람차   #야경명소 #붉은색외관

크레용신짱 헵파이브
"이건 처음 본 짱구 굿즈인데!? 당장 사야지"

한국에서 구하기 어려운 굿즈를 찾을 수 있는 짱구 스토어. 아동 의류부터 반려동물 굿즈까지 다양한 상품을 갖추고 있다. 부리부리 대마왕과 짱구 상품이 가장 큰 비중을 차지하고 있다. 짱구 포토존에서 인증 사진도 남길 수 있다. 헵파이브 4층에 위치 **(272p C:2)**

📍 짱구 스토어　#짱구굿즈　#캐릭터굿즈　#헵파이브

점프 샵 오사카 우메다점 JUMP SHOP大阪梅田店
"은혼 티셔츠랑 타월 사야겠다."

애니메이션 팬들의 성지로 불리는 굿즈샵. 원피스, 은혼, 귀멸의 칼날, 하이큐 등 '점프'사의 대표 작품 콜라보 상품을 만날 수 있다. 피규어 종류보다는 캐릭터 티셔츠, 타월 등 생활용품 위주로 판매하고 있다. 캐릭터들의 실제 키를 반영한 포토존도 마련되어 있다. 영상 촬영과 음식물 반입은 금지. 헵 파이브 6층에 위치 **(272p C:2)**

📍 점프 샵 우메다　#점프애니굿즈　#캐릭터포토존　#굿즈쇼핑

디즈니 스토어 우메다 헵파이브점
"디즈니랜드 안가도 공식 굿즈 살 수 있어"

디즈니 캐릭터 굿즈를 판매하는 공식 스토어. 곰돌이 푸, 미키마우스, 스티치, 엘사 등 인기 캐릭터 위주로 구성되어 있다. 화장품 파우치, 백팩, 우산, 모자 등 생활용품 콜라보 제품도 판매. 캐릭터 메인 컬러를 사용한 팝콘처럼 독특한 간식도 있다. 커다란 미키마우스 인형과 사진 찍을 수 있는 포토존 마련. 우메다 헵파이브 4층에 위치. 택스프리 가능 **(272p C:2)**

📍 디즈니스토어 헵파이브
#디즈니굿즈　#미키마우스포토존

야키니쿠 호르몬 우치다 오사카
焼肉ホルモンうちだ **맛집**

"우설은 기본 주문, 타다키랑 육사시미도?"

일본 현지인에게 사랑받는 야키니쿠 전문점. 대표 메뉴는 '파 듬뿍 우설(4개 약 1680엔)'로, 우설 사이에 대파가 듬뿍 들어있는 메뉴다. 느끼하지 않으면서 우설 특유의 고소하고 쫄깃한 식감을 즐길 수 있다. 우설 외에도 소고기 타다키, 육사시미 등 다양한 요리를 즐길 수 있다. 1인 1음료 주문 필수. 대기가 길기 때문에 예약을 추천한다. QR 코드로 주문 가능하며 한국어를 지원한다. 구글맵에서 예약 가능

📍 야키니쿠호르몬우치다
#우설　#야키니쿠　#육사시미

헵 나비오 HEP NAVIO
"헵파이브 가기 전 디너는 이곳에서"

선박 모양의 외관이 독특한 헵파이브 야경 사진 스폿. 지상 7층, 지하 2층 규모의 다이닝 전문 건물이다. 한큐맨즈 백화점, 토호 시네마즈와 연결되어 있다는 점도 특징. 다코야끼 전문점 '코가류' 야키니쿠 전문점 '스키야키 준혼텐'이 대표 인기 가게로, 7층에 다양한 레스토랑이 입점해 있어 다채로운 식사를 즐길 수 있다.

📍 헵 나비오
#헵파이브야경 #다이닝레스토랑 #선박모양

만다라케 우메다점
まんだらけ うめだ店
"코스프레한 스태프가 안내하는 만물상"

만화, 캐릭터 피규어, 코스프레, J-POP 등에 관심 있다면 한 번쯤 방문해야 하는 만물상. 희귀하고 오래된 상품을 다수 보유하고 있어

우메다 에스트 Umeda EST
"20~30대 여성이 선호하는 트렌디 옷 구경"

가성비 좋은 브랜드를 다양하게 만날 수 있는 백화점. 다이소 상위 버전으로 불리는 스탠다드 프로덕트부터, 여성 의류 매장이 다수 입점해 있다. 2~30대 젊은 여성을 타겟으로 삼은 쇼핑몰이라 키치하고 요즘 유행하는 트렌드 상품이 많다. 오코노미야키 맛집 '야마모토 네기야키'가 있는 곳으로도 유명하다. (270p C:1)

📍 우메다 에스트   #가성비쇼핑 #여성의류 #오코노미야키

이키나리 스테이크 [맛집]
いきなりステーキ 梅田堂山店
"세트 주문으로 스테이크 한 상 준비 완료!"

가성비 좋은 스테이크 체인점. 일본 전역에 지점을 가지고 있어 기본 맛과 퀄리티는 보장되어 있다. 뜨거운 그릴에 고기가 나오기 때문에 취향에 맞게 익혀 먹을수 있는 것이 장점이다. 고기양도 원하는만큼 조절할 수 있다. 세트로 주문하면 밥, 샐러드, 스프가 포함되어 가성비가 좋은 편. 특히 점심 세트가 맛, 구성, 가격 모두 뛰어나다. 밥은 리필 가능. QR코드로 주문하다, 약 1100엔부터

📍 이키나리 스테이크
#가성비스테이크 #소식좌 #대식가

성지로 통한다. 코믹스부터 동인지, 애니메이션 CD까지 약 150만 점이 전시되어 있으며 코스프레 의상을 입은 스태프가 안내해 준다는 점이 특징. 동굴 분위기의 실내 계단이 꾸며져 있다는 점도 독특하다.

📍 만다라케 우메다
#코스프레의상 #희귀굿즈 #애니메이션

야키니쿠 고리짱 [맛집]
黒毛和牛タンとハラミ焼肉ごりちゃん梅田本店
"구글 평점 4.9! 믿고 먹는다!"

구글 평점 4.9의 우메다 도야마초 아케이드 거리에 위치한 야키니쿠 전문점. 활기차고 친절한 스텝들 덕분에 현지인과 관광객 모두에게 사랑받는 식당이다. 흑모 와규 우설 및 다양한 소고기 부위가 인기 메뉴. 푸짐하게 쌓아올린 파절임은 고기와 꿀맛 조합이다. 파인애플이 들어간 츄하이로 느끼함을 잡아보자. 예약필수. 야키샤브 최고급 등심 1788엔, 굵게 자른 우설 1688엔 (273p D:2)

📍 야키니쿠 고리짱
#구글평점4.9 #우설맛집 #예약필수

야키니쿠 탄과 하라미 우메다점
焼肉 タンとハラミ 梅田店 맛집

"90분 동안 주어지는 야키니쿠 파티"

점심시간 가성비 좋은 야키니쿠 뷔페 맛집. 4,500엔 코스에서는 신선한 우설과 안창살을 포함한 약 150가지 메뉴를, 6,500엔 코스에서는 고급 와규와 디저트를 포함한 약 171가지 메뉴를 즐길 수 있다. 90분 동안 고품질 고기를 마음껏 맛볼 수 있으며, 테이블마다 화로가 있어 직접 구워 먹는 재미를 더한다. QR코드로 주문 가능하다. 실내 흡연 가능.

📍 야키니쿠 탄과 하라미 우메다점
#가성비맛집 #소고기무한리필 #야키니쿠

원조 부치 초밥 어신 본점
元祖ぶっち切り寿司 魚心 本店 맛집

"보통 크기보다 2배 이상인 거 같은데?"

두툼하고 신선한 스시를 먹을 수 있는 곳으로 유명한 스시 맛집. 특히 참치 초밥(약 380~550엔), 와규 성게 초밥, 장어 초밥(1피스 390엔)이 인기 메뉴. 한국의 2배 이상의 사시미 크기가 나온다. 평일 점심에는 8~10피스로 구성된 초밥 정식(800~1,500엔)을 저렴하게 먹을 수 있다. 본점과 지점이 모두 근처에 있어 편리하다. 태블릿 PC로 주문하며 한국어를 제공한다. 우메다역 근처 히가시 거리에 위치

📍 원조 부치 초밥 어신 본점
#우메다역근처 #다양한초밥 #점심정식

돈키호테 우메다본점 ドン・キホーテ 梅田本店 추천

"3층 규모도 에스컬레이터 있으면 편하지~"

24시간 언제든 방문할 수 있는 잡화점. 미용 제품부터, 간식, 약품까지 다양하게 취급하며, 한국어 패치도 잘 되어 있어 편하게 쇼핑을 즐길 수 있다. 에스컬레이터로 1층부터 3층까지 오갈 수 있다는 점도 편리. 다른 지점들에 비해 재고가 많은 편으로 정리도 깔끔하게 되어 있어 한눈에 파악하기 좋다. 유명 인기템은 입구 쪽에 비치해 두어 바로 찾을 수 있다. (274p B:1)

📍 돈키호테 우메다   #인기제품재고많음 #에스컬레이터운행 #대형잡화점

아부리야우메다점 맛집
国産牛焼肉食べ放題 あぶりや 梅田店

"와규 한 점, 냉면 위에 얹어서 한입에 쏙!"

아부리야는 오사카에 여러 지점을 두고 있는 야끼니꾸 전문점. 우메다 지점은 우메다역 근처에 위치하여 접근성이 좋다. 이 곳은 고품질 와규를 합리적인 가격에 무한리필(약 5918엔)로 제공한다. 소고기 뿐만 아니라, 김치나 냉면 등 곁들여 먹을 수 있는 옵션도 다양하다. 또한, 합리적인 가격으로 음료(주류 포함) 무한리필(약 1650엔)도 가능하다. 1인 주문도 가능해 혼밥 가능. 구글맵 연동 페이지에서 예약 가능

📍 아부리야우메다점
#무한리필와규 #우메다역와규맛집 #주류무한리필

빌보드 라이브 오사카
ビルボードライブ大阪

"분위기 좋은 데이트 코스로 어때?"

유명 뮤지션 공연을 가까이서 볼 수 있는 라이브 클럽. 팝, 재즈, R&B 등 다양한 장르의 공연이 생생한 라이브로 펼쳐진다. 테이블 석과 바 석이 있어 취향에 맞게 선택할 수 있다. QR코드 결제 형식으로 식사와 음료를 주문할 수 있고, 피쉬 앤 칩스, 연어 마리네 등 기본 안주부터 특별 메뉴로 아티스트와 콜라보한 오리지널 칵테일이 준비되기도 한다. (271p E:2)

📍 빌보드 오사카
#라이브클럽 #재즈공연 #오리지널칵테일

힐튼 플라자 이스트 ヒルトンプラザイースト
"힐튼'이라는 이름에서 주는 럭셔리함"

럭셔리하고 차분한 분위기의 10층 규모 쇼핑몰. 디자이너 매장과 우아한 레스토랑, 바, 카페가 다양하게 입점해 있다. 지하 1층~3층에는 에르메스와 여성 의류 매장이 위치하며, 1층 로비 아트리움에서는 정기적으로 무료 클래식 콘서트가 열린다. 고급스러운 야키니쿠 식당이 'SAMBOA BAR', 'B BAR' 등 분위기 좋은 바가 인기를 끈다. (271p D:2)

📍힐튼 플라자 이스트   #럭셔리쇼핑몰   #분위기좋은바 #클래식콘서트

디아모르 오사카 ディアモール大阪
"우메다 역 인근 빌딩은 이 길로 통한다"

우메다~기타신지 역 사이를 잇는 지하상가. 유럽풍의 인테리어로 꾸며져 있고 지하이지만 햇빛을 받으며 쇼핑할 수 있다는 점이 특징. 이곳을 통해 우메다역 앞 제1빌딩~4빌딩, 한신 백화점, E-ma 쇼핑몰 등 인근 건물을 모두 오갈 수 있다. 복잡하고 규모가 큰 편이지만 상가 곳곳에 한글 안내와 팸플릿이 준비되어 있으니 차근차근 설명을 따라 찾아가 보자. (271p E:2)

📍디아모르 오사카 #지하상가 #우메다~기타신지 #유럽풍거리

힐튼 플라자 웨스트 ヒルトンプラザ ウエスト
"7층까지는 자유롭게 이동할 수 있어요"

지하 2층부터 지상 7층까지는 백화점으로 브랜드 패션이나 음식점 등이 들어섰고, 8층 이상은 오피스 플로어로 운영되는 복합 빌딩. 식사를 위해선 지하 2층 또는 5-6층을 방문하면 된다. 루이뷔통, 불가리 등 럭셔리 브랜드 다양. 이자카야 '토라렌보' 일식 다이닝 '하나미도리' 등 맛집도 충분하다. 오사카 한신 우메다역과 연결되어 교통 편리. (271p D:2)

📍힐튼플라자웨스트
#우메다역백화점 #맛집다양 #명품쇼핑

하비스 플라자 엔트 ハービスPLAZA ENT
"오르간 연주가 흘러나오는 럭셔리 쇼핑몰"

유럽 오페라 극장을 연상시키는 인테리어로 눈길을 사로잡는 고급 쇼핑몰. 실제로 극단 '시키'의 전용 극장이 8층에 자리 잡고 있다. 구찌, 막스마라 등 고급 브랜드 상점부터 지하 2층엔 셰프의 요리와 함께 라이브 공연을 감상할 수 있는 '빌보드 라이브 오사카'가 입점해 있다. 하루에 5번 광장에서 펼쳐지는 무료 오르간 연주도 빼놓지 않고 감상해 보길 (271p E:3)

📍PLAZA ENT 오사카
#고급쇼핑몰 #유럽극장 #빌보드라이브

하비스 오사카 ハービスPLAZA
"하비스 플라자 엔트와 연결된 쇼핑몰"

유럽 감성 지하도를 통해 하비스 플라자 엔트와 연결된 럭셔리 백화점. 야콥 코헨, 피티토리노 등 남성 의류 브랜드도 입점해 있다. 지하 식당가에 철판구이, 우동, 한식 등 저녁 늦은 시간까지 영업하는 가성비 가게가 다양해서 쇼핑 후 여유롭게 식사할 수 있다. 크와상을 비롯한 프랑스 빵 전문 '블랑제리 브루디가라' 오코노미야키 전문점 '치보' 가 대표적 (271p E:3)

📍 하비스 오사카
#남성캐주얼 #한식당입점 #유럽감성쇼핑몰

기타신치 北新地 [추천]
"2차 회식은 기타신치에서!"

일본 비즈니스맨들이 즐겨 찾는 유흥가. 고급스러운 음식점과 바, 클럽이 모여 있는 지역으로 도쿄의 긴자와 비슷한 분위기다. 미슐랭 레스토랑과 고급 스시집, 와규 전문점 등이 많다. 밤이 되면 네온사인이 켜져 더욱 화려해진다. 전반적으로 가격대가 높은 편이지만 고급스러운 식사를 원한다면 방문해 볼만하다. (271p E:2)

📍 기타신치   #미슐랭레스토랑거리 #일본유흥가 #미식여행

브리제 브리제 BREEZE BREEZE
"33층 전망대와 그릴 하우스에서 즐기는 야경"

33층 전망대로 유명한 쇼핑몰. 로비엔 마스코트 대형 목각 인형이 시간대별로 음악에 맞춰 춤을 춘다. (대략 1시간~1시간 반 간격). 쇼핑은 일본 로컬 캐주얼 브랜드 의류샵으로 구성되어 있으며 식사는 일식부터 인도 요리, 중화요리까지 마련되어 있다. 특히 33층 'THE 33 테라스'는 통 창 시티뷰 그릴 하우스이니 야경 맛집을 찾고 있다면 참고 (271p E:2)

📍 브리제 브리제
#33층전망대 #대형인형 #테라스레스토랑

오사카역 앞 제1 빌딩 大阪駅前第1ビル
"오사카역과 연결된 빌딩 중엔 내가 첫째"

오사카역과 연결된 4개의 빌딩 중 가장 역사가 깊은 건물. 연말과 연초를 기념하여 상가 축제가 열리기도 한다. 지하 2층에 가성비 좋은 이자카야가 다양하며, 지하 1층은 식사류 위주로 판매되고 있다. 2층 규모의 파칭코가 들어섰다는 점도 특징. 쇼와 감성 물씬 풍기는 킷샤텐 '마즈라', 타다키가 일품인 '긴자야' 수제 맥줏집 '셜록홈즈' 방문을 추천한다. (271p E:2)

📍 오사카 제1빌딩   #파칭코 #킷샤텐 #연말연초상가축제

츠유노텐 신사(오하츠텐진) 露天神社(お初天神)
"우리 사랑 영원히 해달라고 빌었지?"

커플들이 사랑을 기원하며 방문하는 곳으로 '사랑의 신사'로도 불린다. 분홍색에 하트 모양을 지닌 에마에 소원을 적어 걸어 둘 수 있다. 운수를 알려주는 개구리 동상도 재미 요소 중 하나. 200엔으로 연애 복권 종이를 구매해서 개구리가 뿜어내는 물에 담그면 점괘를 확인할 수 있다. 비극적 사랑 이야기인 '소네자키 신주'의 주인공들의 동상도 만날 수 있다. (275p E:1)

📍 츠유노텐 #사랑의신사 #연애점괘 #소네자키신주

오사카역 앞 제2 빌딩
大阪駅前第2ビル
"알코올 향 진하게 풍기는 술꾼들의 성지"

술꾼들의 성지. 미로에 가까운 빌딩 내 지하상가에 레트로 감성의 이자카야가 즐비해있다. 오사카에서 손꼽을 정도로 저렴한 가격대를 자랑하여 현지인들도 즐겨 찾는 곳이다. 한식당 '아리랑'을 비롯한 다국적 요리와 '톤톤테이' '테판 쿠시사카바 신야' 등 일본 현지 음식 전문점이 다양하다. JR토자이선의 기타신치역에 직결되어 있어 교통 편리 (271p E:2)

📍 오사카 제2빌딩
#가성비식당가 #레트로이자카야 #다국적요리

도지마 아반자 堂島アバンザ
"마이니치 신문의 현관이 덩그러니"

마이니치 신문 오사카 본사의 건물을 재탄생시킨 복합 문화 시설. 옛 사옥의 기념물인 석조 현관을 건물 입구에서 찾을 수 있다. 오피스 층을 제외한 나머지는 2층 규모 대형 준쿠도 서점 오사카 본점과 카페, 음식점 등으로 이루어져 있다. 빌딩 주변은 연못, 산책로, 나무로 꾸며 도심 공원으로 조성하였다는 점이

우동보우 〔맛집〕
うどん棒 大阪店
"혼밥하기 좋은 시원한 냉우동 맛집"

오사카역 앞 제 3 빌딩 지하에 위치한 우동 맛집. 미슐랭 가이드에도 소개되었다. 대표 메뉴는 냉우동(약 1150엔)이다. 쫀득하고 탱글한 면발과 생강·유자가 들어간 국물맛이 조화롭다. 수란과 바삭한 튀김도 올라가 있다. 뽀얀 국물의 삼선 우동도 인기 메뉴 중 하나. 내부는 1인석 위주의 공간으로 혼밥하는 여행객들에게도 추천할만 하다. 점심시간에는 웨이팅이 길기 때문에 피하는 것이 좋다. 월, 화 휴무

📍 우동보우
#냉우동 #현지인맛집 #미슐랭

스시사카바 사시스 〔맛집〕
すし酒場 さしす
"박명수도 다녀간 핫한 스시 맛집"

오사카 맛집으로 핫한 웨이팅 스시 맛집. 후쿠오카에서도 유명하다. 특히나 연예인 박명수가 유튜브에 오사카 10끼로 소개하여 더욱 인기가 많아졌다. 대표 메뉴는 참치 뱃살김말이(약 1078엔)이다. 참치가 신선하고 퀄리티가 좋아 여행객들에게 사랑받는 메뉴이다. 참치 뿐만 아니라 방어, 굴 같은 다양한 해산물을 선택하여 초밥이나 회로 즐길 수 있다.

📍 스시사카바 사시스 우메다
#참치뱃살김말이 #박명수맛집

개성적. 기타신치 부근에 일이 있다면 방문 추천

📍 도지마 아반자 #마이니치신문건물 #준쿠도서점본점

도지마 지하 센터 ドージマ地下センター `추천`
"비 오는 날엔 '도치카'로 이동하세요"

JR 기타신치역에서부터 오사카 메트로 니시우메다역까지 뻗어있는 지하상가. 현지인 사이에선 통칭 '도치카'로 불린다. 음식점부터 약국, 마사지 숍, 옷 가게 등 46개의 점포가 늘어서 있다. 100엔숍, 다이소 등 대중적인 가게가 많고, 화과자 노포나 벨기에 초콜릿 가게 등 기념품 구매하기 독특한 곳들도 있어 어떤 가게가 있는지 봐 볼 가치가 있다.(271p F:2)

📍 도지마 센터 #니시우메다지하상가 #기념품 #저렴한잡화점

산쿠 `맛집`
烈志笑魚油 麺香房 三く
"멸치 vs 가쓰오, 대결 결과 가쓰오 승!"

멸치와 가쓰오 국물 맛이 매력적인 라멘 전문점. 통밀로 만든 면과 국물의 조화가 돋보인다. 대표 메뉴는 카케 라멘(약 950엔)으로 통멸치가 얹혀진 비주얼로 유명하다. 보기와 달리 멸치 육수 맛보다는 가쓰오 향이 진하고 짠맛이 강하다. 하지만 먹다 보면 짠 맛보다는 감칠맛과 고소한 향에 중독된다. 독특한 로컬 라멘 맛집을 찾는다면 추천. 자판기로 현금 결제만 가능

📍 산쿠
#멸치육수라멘 #해산물라멘 #색다른

이즈모 우나기 `맛집`
うなぎの蒲の穂焼 牛タン 焼鳥 馬刺し いづも 大阪福島
"남은 건 오니기리로 변신!"

계란 장어 덮밥(약 1650엔) 전문점. 밥 위에 커다랗게 계란말이가 올라가고 그 위로 양념 잔뜩 머금은 장어가 올라가 있다. 특히 장어는 즉석에서 정성껏 굽는 모습을 볼 수 있다. 양이 많은 편으로 남으면 오니기리(주먹밥)으로 만들어 준다. 타베로그에서 예약 가능. 우메다 역 및 니시우메다 역에서 도보로 약 15분 거리에 위치. 현금은 안되고 신용카드만 결제 가능

📍 이즈모 우나기
#장어덮밥 #장어오니기리 #계란말이장어

무기토 멘스케 麦と麺助 `맛집`
"중화요리 느낌이 물씬 나는 소바!"

미슐랭 빕구르망 선정 라멘 전문점. 간장 베이스의 중화풍 토리라멘(특제 중화소바, 약 1650엔)이 대표 메뉴다. 간장을 베이스로 한 맑은 국물 라멘으로, 담백하면서

라멘 인생 제트 `맛집`
ラーメン人生JET
"삼삼하게 먹기 좋은 닭백탕 라멘"

후쿠시마구에 위치한 인기 라멘 전문점. 짠맛이 강한 일반적인 라멘과 달리 염도가 낮은 것이 특징이다. 대표 메뉴는 닭백탕 라멘(약 1100엔)으로, 진한 닭 육수와 쫄깃한 면발이 완벽한 조화를 이룬다. 차슈와 반숙 계란도 맛있다. 쇼유라멘(약 1100엔), 츠케멘도 인기 메뉴다. 웨이팅은 기본이지만 회전율이 빨라 대기 시간이 짧다. 현금 결제만 가능

📍 라멘 인생 제트
#타베로그맛집 #인생라멘 #현지인맛집

야키니쿠 리키마루 `맛집`
우메다-오하츠텐진점
焼肉力丸梅田お初天神店本館
"주류 무제한 포함해서 넉넉하게 120분 어때?"

무한리필 야키니쿠 전문점. 스탠다드 코스부터 프리미엄 와규 코스까지 다양한 옵션을 제공한다. 90분(약 3498엔) 또는 120분(약 3828엔) 동안 신선한 고기와 다양한 사이드 메뉴를 마음껏 즐길 수 있는데 양과 질, 구성 면에서 와규 프리미엄이 가장 실속있다. 주류 무제한 코스도 옵션도 있다. 구글맵으로 예약 가능 (271p E:1)

📍 야키니쿠 리키마루 우메다-오하츠텐진점
#가성비 #무한리필 #야키니쿠

도 깊은 감칠맛이 특징. 국물은 짠 맛이 덜하고 쫄깃한 면발과 완벽한 조화를 이룬다. 훈향 가득한 차슈 덮밥과 보드라운 계란까지 추가하면 완벽한 한 끼가 완성된다. 오픈시간에 맞춰가도 웨이팅은 필수. 화요일 휴무 (270p A:1)

📍 무기토 멘스케
#오픈런 #웨이팅필수 #미슐랭라멘

텐진바시

현지인의 삶 속으로 떠나는 가성비 미식 산책

일본에서 가장 긴 2.6km 아케이드 상점가! 화려하진 않지만 활기 넘치는 이곳은 진짜 오사카 사람들의 일상을 엿볼 수 있는 곳. 저렴하고 맛있는 현지 식당과 정겨운 가게들을 구경하며 숨은 맛집을 발견하는 재미는 덤!

KEY WORD

- 텐진바시스지상점가
- 나카자키초 카페거리
- 주택박물관

TO DO LIST

- ☐ 텐진마츠리 구경하기
- ☐ 조폐국 본국 앞 벚꽃길 산책하기
- ☐ 게마사쿠라노미야 공원에서 뱃놀이하기
- ☐ 나카자키초에서 감성 사진 찍기
- ☐ 텐진바시스지 상점가에서 천엔으로 쇼핑하기
- ☐ 기모노 입고 주택 박물관 가기

텐진마츠리

오사카 텐만구

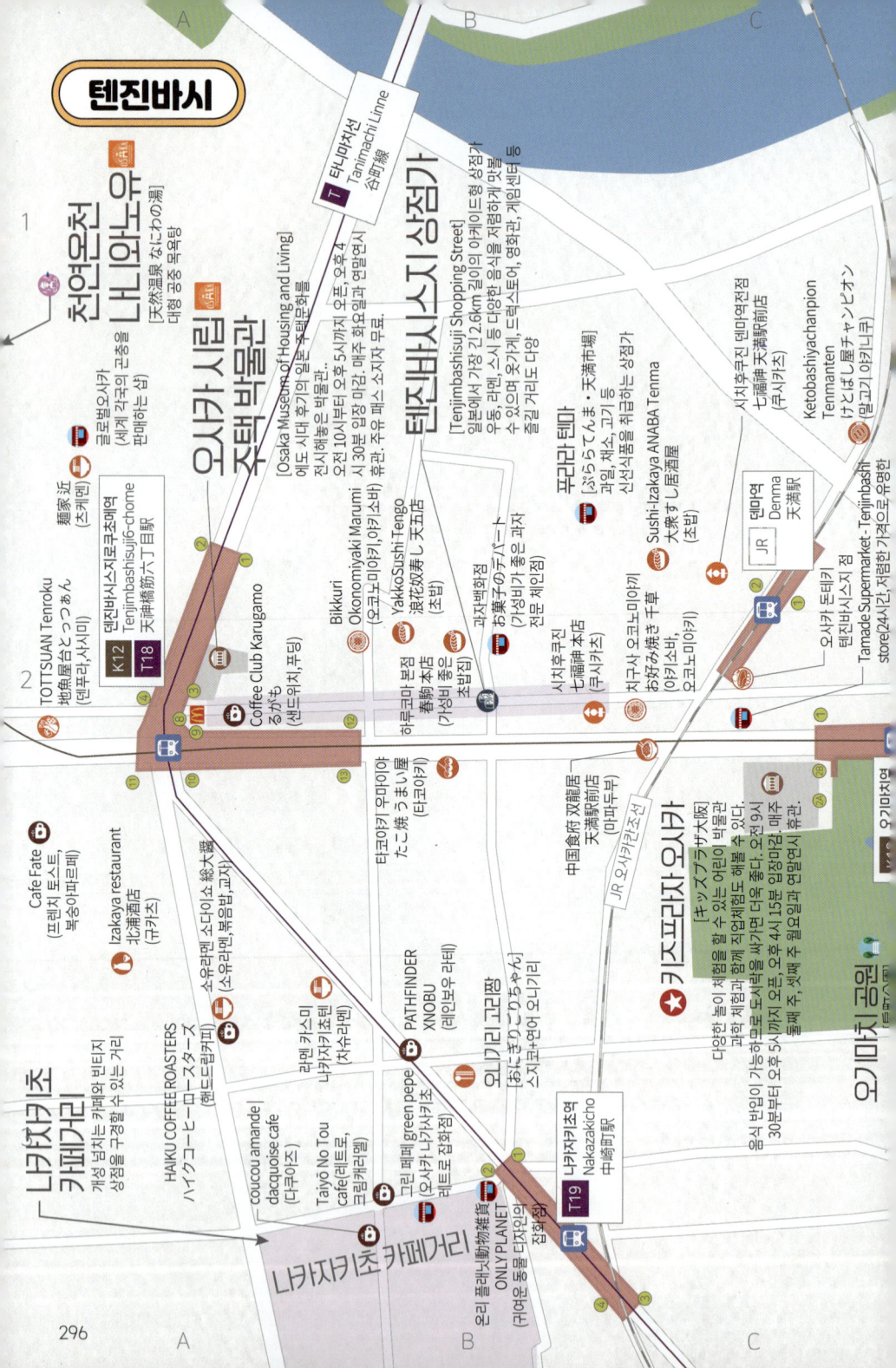

MAP
아기자기한 카페거리 나카자키초

우메다역에서 도보 약 10~15분이면 갈 수 있는 카페 거리. 가정집을 개조한 작은 카페들이 모여 있으며 골목이 아기자기하고 빈티지, 레트로 분위기가 있어 서울의 망원동을 떠올리게 한다. 개성 있는 카페를 찾아 카페 투어를 하거나, 여유롭게 산책하는 것을 추천. 오사카 메트로 다니마치선 나카자키초역에서 내려 2번 출구로 나오면 된다.

나카자키초 추천 카페 12

KAYA cafe

① Ourlog COFFEE
한국인이 운영, 직접 로스팅, 말차 라떼가 시그니처 메뉴, 디저트도 굿

② KAYA cafe
사각 나무뒷박에 서빙되는 두부 티라미수와 말차 티라미수가 인기, 아늑.

③ OSA COFFEE
아이스크림이 올라간 푸딩과 라테 맛집. 공간이 협소해서 대기 필요

④ 닐 카페 나카자키초점
도쿄에서 핫한 버터슈가 크레페와 카츠산도를 오사카에서 맛볼 수 있는 기회

Douceur

⑤ cafe&bar färben
주택가 골목에 위치. 아이스크림 올라간 푸딩과 크로플 추천

⑪ NOON+ CAFE
예술적 감각과 개성이 돋보이는 카페 겸 술집. 라이브 공연 진행

⑦ Salon de AManTo
낡은 구옥을 개조한 카페로 앤티크한 분위기, 커피맛은 연한 편, 음료·식사 모두 저렴

⑧ PATHFINDER XNOBU
호주 멜번 스타일 카페. 플랫화이트, 오렌지 롱블랙, 말차 바스크 케익 주문 필수!

PATHFINDER XNOBU OSAKA TENMANGU

⑨ nichinichi bake
시즌 과일을 이용한 타르트와 무스 케익을 아름답게 플레이팅해주는 카페

⑩ Douceur
프랑스풍 디저트 카페. 에클레어, 몽블랑, 레몬 유자 케이크가 간판 메뉴

⑫ Mikiya
옛날 다방 느낌의 카페, 간단한 식사, 커피, 샌드위치 주문 가능, 실내 흡연 가능한 곳이므로 비흡연자 방문 시 유의

⑥ 우테나 킷사텐
레트로 분위기, 옛날 일본 가옥의 다방 같은 카페, 노부부가 운영하심, 웨이팅 多

OSA COFFEE

나카자키초 카페거리 なかざきちょう 추천
"인스타에서 봤던 그 킷사텐, 여기 있었네!"

좁은 골목마다 아기자기한 카페와 식당, 빈티지 상점이 늘어선 거리. 예쁜 플레이팅이 돋보이는 디저트 가게가 많아서 인스타 핫플로 통한다. '살롱드 아만토' '우테나 킷사텐' '피코 라떼' 가 대표적으로, 개성 있는 인테리어와 시그니처 메뉴가 눈길을 사로잡는다. 특히 플리마켓과 아트 이벤트가 열리는 주말에 방문하면 이곳의 매력을 최대한으로 즐길 수 있다. 가게 대부분 18시까지 운영 (296p B:3)

📍나카자키초카페   #아기자기한카페 #개성있는 #주말플리마켓

살롱 드 아만토 Salon de AManTo 天人 맛집
"그냥 카페라고 하기엔 이벤트가 다양해!"

120년 된 전통 가옥을 개조한 카페. 지브리 만화에 나올 것 같은 분위기로 유명세를 타고 있다. 이곳은 단순한 카페를 넘어서 다양한 문화와 예술이 공존하는 독특한 공간이다. 저녁에는 수업이나 단체 활동도 열린다. 커피부터 맥주, 디저트, 음료까지 다양하게 판매하고 있으며, 빈티지한 내부 인테리어를 배경으로 사진 찍는 재미까지 더할 수 있다. 차이 라떼와 단호박 치즈 케이크가 맛있다. 아만토 커피 300엔

📍살롱 드 아만토   #전통가옥 #특이한 #빈티지느낌

cafe seukon Nakazaki 맛집
"다양한 스콘 중 대표는 '더블 얼그레이'"

오사카 텐진바시

나카자키초에 위치한 스콘 전문 카페. 입구에서부터 크림과 과일로 장식된 다양한 스콘을 만날 수 있다. 대표 메뉴는 더블 얼그레이 스콘이다. 얼그레이 크림을 샌드한 스콘 위에 프레첼과 블루베리를 토핑했다. 비주얼과 맛을 모두 사로잡았다. 무화과나 샤인머스캣이 올라간 스콘도 인기 있다. 따뜻한 원목으로 꾸며진 실내가 멋스럽다. 현금 결제만 가능.

📍cafe seukon Nakazaki
#스콘맛집 #아기자기한카페 #얼그레이스콘

Taiyō No Tou 맛집
"클래식한 맛이 인기 비결인 크림 캬라멜"

나카자키초에 위치한 레트로 분위기의 카페. 디저트 메뉴 중 크림 캬라멜이 특히 유명하다. 크림 캬라멜은 부드럽고 진한 커스터드와 쌉싸름한 캬라멜 소스가 완벽한 조화를 이루며, 클래식한 맛으로 많은 사랑을 받고 있다. 이 외에도 생크림 케이크, 치즈 케이크, 커피, 밀크티 등을 즐길 수 있다. 카레, 샐러드 등 식사 메뉴도 있다. 아늑한 분위기로 현지인과 관광객 모두에게 인기. 푸딩 416엔 (296p B:3)

📍태양의 탑 카페 우메다
#레트로감성 #크림캬라멜푸딩 #옛날푸딩

마크 커피 로스터스 맛집
MARK COFFEE ROASTERS
"오사카 신생 카페, 사이폰 커피의 매력"

2024년 9월에 오픈한 신생 카페. 사이폰으로 내려주는 에디오피아 스페셜티 커피가 맛있는 집이다. 커피의 산미도 적당하고 신선하다. 커피와 잘 어울리는 푸딩도 있다. 커피 외에도 식사 메뉴 주문이 가능하다. 좌석은 5~6개 정도로 규모가 작다. 조용히 커피를 음미하며 쉬고 싶은 여행자에게 추천한다.

📍마크커피 나카자키
#신생카페 #알려지지않은카페 #푸딩맛집

coucou amande|dacquoise cafe 맛집
"입구만 열었는데 고소한 냄새가 진동해!"

나카자키초에 위치한 디저트 카페로, 80년 된 전통 가옥을 리노베이션해 독특한 분위기를 자랑한다. 대표 메뉴는 다쿠아즈다. 입구에서부터 고소한 향기가 솔솔나서 많은 이들의 발걸음을 이끈다. 다쿠아즈는 얼그레이, 오레오, 피스타치오, 티라미슈 등 다양한 맛

오니기리 고리짱 おにぎりごりちゃん 中崎町本店 맛집
"한국어 메뉴판으로 고르는 오니기리 토핑"

나카자키초역에서 1분 거리에 위치한 오니기리 전문점으로, 신선한 재료와 다양한 토핑으로 만든 주먹밥이 인기다. 대표 메뉴는 스지코 연어 조합의 오니기리로, 신선한 연어 알과 연어 살을 오니기리 가득 채워서 제공한다. 주문이 고민된다면 토핑 베스트 10 메뉴판이 한국어로 준비되어 있으니 취향대로 즐기면 된다. 무료로 제공하는 오차즈케마저도 맛있다. 테이크아웃 가능. (296p B:3)

📍오니기리 고리짱   #웨이팅오니기리 #다양한토핑 #현지인맛집

이 있으며 취향에 맞게 골라 먹을 수 있다. 롤케이크와 말차 케이크 같은 메뉴도 있으니 여행 중 당충전이 필요하면 찾아가 보자. 420엔부터 (296p B:3)

📍coucou amande | dacquoise cafe
#다쿠아즈 #디저트맛집 #예쁜인테리어

푸라라 텐마
ぷららてんま・天満市場
"비조리 식품부터 완전식품까지 먹거리라면!"

지하 1층부터 지상 1층까지 식료품 가게가 빼곡하게 들어선 쇼핑센터. 관광객보다는 현지인들이 애용하는 장소로 유명하다. 신선한 해산물, 채소, 고기, 조미료 등 식재료부터 튀김이나 초밥 등 완전히 조리된 식품도 구매할 수 있다. 도매 슈퍼마켓 프로마트 (PROMART)에서는 비교적 다양한 냉동식품과 희귀한 고급 식재료를 찾을 수 있다는 점 참고 (296p B:2)

📍Pulala 오사카
#식재료쇼핑센터 #도매마트 #완전조리식품

천연온천 나니와노유 天然温泉 なにわの湯 `추천`
"오사카 도심에서도 료칸 감성을 느낄 수 있다니!"

료칸 감성의 정원으로 꾸며진 노천탕을 갖춘 도심 속 대욕장. 100% 천연 온천수로 채워진 원천탕을 포함해 실내 목욕탕과 <mark>야외 노천탕</mark>을 갖추고 있어 여유로운 온천욕을 즐기기에 이상적이다. 피부 각질층을 연화시키고 분비물을 유화하는 온천수로 미인탕으로 불리고 있다. 소금 사우나에서 땀까지 흘리면 여행 피로가 한층 풀릴 것이다. 150엔~950엔. 평일 10:00~25:00 (주말 오전 8시부터)

📍 나니와노유   #도심속천연온천 #료칸감성노천탕 #소금사우나

그린 페페 green pepe
"일본 버블 시대 집을 구경하는 듯해"

복고풍 아이템으로 가득한 빈티지 잡화점. 비비드하고 밝은 색감이 특징인 1980년대 아이템을 주로 취급하고 있다. 세이코의 벽시계와 오래된 카세트 테이프 등 과거로 타임슬립 한 듯한 물건이 매장을 가득 채우고 있다. <mark>가구와 의류, 장난감 등 종류가 매우 다양</mark>하고 아기자기한 소품이 많아 구경하는 재미가 있으니 방문해 보길 추천. 화요일 휴무 **(296p B:3)**

📍 green pepe   #레트로 #잡화점 #나가자키초

온리 플래닛
動物雑貨ONLY PLANET(オンリープラネット
"흔히 않은 동물 그림 소품 가지고 싶다면"

오사카 텐진바시

<mark>동물 관련 액세서리와 소품</mark>, 생활용품 등을 전문적으로 판매하는 잡화점. 오사카 현지 공방에서 제작된 상품 중에서 사장님의 안목으로 선택된 물건들이 진열되어 있다. 고양이 나무 의자, 젓가락 받침대, 토끼 동전 지갑 등 귀엽고 창의적인 디자인의 동물 캐릭터 상품들이 다양하게 갖춰져 있다. 목요일 휴무

📍 ONLY PLANET
#잡화점 #귀여운아이템 #동물디자인

사카나토 카마메시 우오마치
魚と釜飯 ウオマチ `맛집`
"솥밥 속에 숨은 원기 회복 해산물"

미나미모리마치에 위치한 <mark>해산물과 솥밥 전문점</mark>이다. 장어, 연어, 연어알, 게 등 신선한 해산물을 올린 솥밥이 대표 메뉴이며, 밥과 생선구이를 내주는 정식도 인기이다. 솥밥이라 밥맛이 좋아 그 자체만으로도 깊은 풍미를 느낄 수 있다. <mark>저녁에는 튀김 요리가 특히 유명</mark>하며 맛조개 <mark>튀김과 닭 튀김</mark>이 인기다. 아늑한 분위기의 이자카야 스타일로 현지인들에게도 사랑받는 곳이다.

📍 34.6988243, 135.5082512
#솥밥전문점 #솥밥정식 #덴푸라맛집

텐진바시 다리 天神橋
"1594년, 임진왜란 시대에 생겨난 다리"

리버크루즈에 탑승하면 지날 수 있는 다리 중 하나. 1594년 건설되어 오랜 역사를 지니고 있으며 지금의 다리는 1934년 재건되어 현재의 모습을 갖추게 되었다고 전해진다. 다리 위에 서면 보이는 나카노시마 분수대를 포함한 빌딩 숲 뷰를 인증 사진으로 남겨볼 추천한다.

📍 Tenjinbashi Bridge #텐진바시다리 #산책코스 #분수대와빌딩숲

오사카텐만구 (오사카 천만궁) 大阪天満宮 [추천]
"이번 시험 꼭 붙게 해주세요~"

매년 7월, 일본 3대 축제 중 하나로 꼽히는 텐진 마츠리 행사가 이 신사에서 개최된다. 텐진바시스지 상점가를 지나면 만날 수 있으며, 학문의 신을 모시는 신사로 유명하다. 봄엔 벚꽃을 감상하러, 보통은 학교 진학이나 시험 합격 기원 참배를 위해 방문하는 이가 많다. 만약 시험을 앞두고 있다면 이곳에 들러 합격 기원 부적 '오마모리'를 구매해 볼 추천 (297p F:2)

📍 오사카텐만구
#학문의신 #텐진마츠리 #합격기원오마모리

오기마치 공원
扇町公園
"대형 미끄럼틀은 어른도 좀 탐나는 걸?"

벚꽃나무 아래에서 피크닉 즐기기에 좋은 공원. 미끄럼틀, 정글짐, 수영장 등 다양한 놀이시설이 있어 아이들이 신나게 뛰어놀 수 있다. 특히 '마운틴 슬라이더'라 불리는 미끄럼틀은 짜릿한 속도감을 자랑하여 인기 만점. 주말이면 푸드트럭, 음악 콘서트 등 다채로운 이벤트가 펼쳐진다. 공원 중앙에는 야구와 축구 경기를 할 수 있는 모래 광장이 마련되어 있다. (296p C:3)

📍 오기마치 공원
#대형미끄럼틀 #잔디공원 #벚꽃피크닉

과자백화점 요시야 텐마 본점
お菓子のデパートよしや天満本店
"100엔으로 과자 사 먹기!"

저렴한 가격에 과자와 초콜릿, 사탕을 구매할 수 있는 매장. 과자가 산더미로 쌓여있는 작은 슈퍼 분위기로 100엔 미만의 가성비 간식도 종종 찾을 수 있다. 모든 상품이 저렴한 것은 아니기 때문에 동일한 제품이라면 돈키호테나 다이소 등 다른 매장들과 비교해 볼 추천 (296p B:2)

📍 Okashinodepato Yoshiya Tenma Honten
#과자전문점 #가성비쇼핑 #기념품

오사카 시립 주택 박물관 [추천]
大阪市立住まいのミュージアム「大阪くらしの今昔館」
"에도 시대 배경인 드라마 여기서 촬영했나?"

1603~1867년 시기를 일컫는 에도시대의 거리와 주택을 실물 크기로 재현한 테마 박물관. 마치 영화 세트장에 있는 것 같은 착각을 일으키는 공간이다. 야간엔 실내 조명이 어두워져 실제 밤거리를 걷는 듯한 분위기를 연출한다. 일본 가옥의 변천사와 주거 생활상을 엿볼 수 있는 전시장도 별도로 마련. 1천 엔으로 빌릴 수 있는 기모노를 입고 체험해 보길 추천한다. 입장료 600엔 10:00~17:00 (입장 마감 16:30) **(296p A:2)**

📍오사카 주택 박물관   #주택테마박물관 #에도시대거리 #기모노체험

구 사쿠라노미야 공회당
旧桜宮公会堂
"이런 곳에서 결혼하면 참 좋겠다~"

웅장한 석재 기둥과 서양식 인테리어가 돋보이는 역사적 건물. 기존 공회당으로 이용되던 곳을 그대로 사용하여 웨딩홀로 운영하고 있다. **프렌치 전문 레스토랑도 입점해 있어 데이트 코스로 방문해 보기 좋다.** 건물 주변을 둘러싼 잔디 공원은 개방되어 있어 편하게 둘러볼 수 있다.

📍Old Sakuranomiya Public Hall
#역사적건축물 #서양식건축양식 #산책코스

텐진바시스지 상점가 天神橋筋商店街 [추천]
"이 상점가 지나가면 텐진바시 2.6km는 둘러본 거"

텐진바시를 시작으로 **텐진바시스지 7초메까지 2.6km 길이를 자랑하는 긴 아케이드 상점가**. 로컬 시장 분위기를 제대로 경험하고 싶다면 추천하는 곳. 800개가 넘는 점포가 있으며 음식, 의류, 잡화, 마사지 등 카테고리도 다양하다. 전반적으로 가격대가 저렴한 편이라는 점도 매력적. 매년 7월 24일, 25일 텐진마츠리 기간엔 상점가 행진을 관람할 수 있다. **(296p B:2)**

📍텐진바시스지 상점가   #2.6km아케이드상점가 #저렴한가격대 #텐진마츠리행진

조폐 박물관 造幣博物館 "일본 벚꽃놀이 명소, 예약 필수" 추천

오사카 텐진바시

일본 화폐의 역사와 제조 과정을 배울 수 있는 박물관. 메이지 44년(1911년)에 지어진 건물로, 일본 역대 동전과 지폐 컬렉션을 전시한다. 진짜 금괴·은괴를 만지는 코너, 화폐봉투 무게 체험 코너 등 다채로운 참여형 공간도 있다. 선물 가게에서는 기념주화와 책갈피, 벚꽃 테마 쿠키와 센베이 판매. 벚꽃놀이 기간에 입장하려면 예약 필수 (예약 3월 중순 오픈) 입장료 무료. 9:00~16:45 매주 수요일 휴무 (296p A:2)

📍일본 조폐박물관 #메이지건축물 #일본화폐박물관 #기념주화구매

Torori Tenshino Warabimochi Tenjinbashi 맛집
"26㎝ 대형 모찌 도전해 봐?"

입에서 살살 녹는 와라비모치(약 650엔)가 유명한 깔끔한 디저트 카페. 떡과 푸딩의 중간 식감으로, 먹고 난 후에도 텁텁함이 없다. 특히 본점 한정 제공하는 26cm 길이의 대형 모찌는 이곳의 명물. 텐진바시스지 상점가 총길이 2.6km에 맞춰 만들어졌다. 남은 경우는 테이크아웃 가능. 한국어 메뉴판 비치

📍Torori Tenshino Tenjinbashi
#디저트카페 #와라비모치 #26cm길이

센푸칸 泉布観
"하얀색 벽과 베란다, 민트색 포인트의 조화"

메이지 시대에 건축된 양옥. 당시 일본의 화폐를 제조하던 조폐국의 응접실로 사용되었다. 장대한 콜로네이드풍 베란다가 인상적으로 하얀색 벽과 민트색 창이 포인트가 되는 외관을 지니고 있다. 건물 주변으로 피어나는 벚꽃이 아름다우니 봄에 방문해 보길 추천. 문화재로 지정되어 있다. (*콜로네이드풍 : 기둥이 늘어선 듯한 건축양식)

📍Sembukan osaka #국가문화재 #서양식건축물 #조폐국의응접실

오사카 어메니티 파크 타워
OAPタワー

"불꽃놀이는 높은 곳에 오를수록 더 잘 보이는 거 알지?"

텐진 마츠리 불꽃놀이를 탁 트인 전망에서 즐길 수 있는 타워. 오피스, 호텔, 레스토랑, 상점 등이 자리한 39층 높이 고층 빌딩이다. 1층에 맥도날드가 입점했으며, 2층에 뷰 좋은 카페가 있다. 식당가는 일본 가정식 레스토랑이 주를 이루고 있다. 평일에는 아침부터 밤까지 셔틀버스 운행. (우메다 또는 혼마치 행, 낮엔 10분 간격, 야간은 15분 간격)

📍오사카 어메니티
#고층빌딩 #우메다무료셔틀 #마츠리명소

타코야키 우마이야 `맛집`
たこ焼 うまい屋

"타코야키 본연의 맛을 최대한 살려서!"

전통 방식을 고수하는 타코야키 전문점. 유명 유튜브에도 나온 맛집으로 쫀득쫀득한 반죽의 식감을 즐기면서 본연의 맛을 제대로 느낄 수 있다. 다양한 소스나 가쓰오부시가 얹어진 스타일이 아니라 심플하게 소스 하나만 발라 준다. 곁들여진 초생강이 묘하게 잘 어울린다. 원한다면 소스 없이, 또는 소스와 함께 반반으로 주문할 수도 있다. 8알 약 520엔. 화요일 휴무 (296p B:2)

📍타코야키 우마이야
#타코야키전문 #심플한스타일 #전통방식

덴푸라 에비노야 미나미모리마치점
天麩羅 えびのや 南森町 `맛집`

"명란이랑 된장국은 무제한으로 드려요~"

푸짐한 양의 텐동을 맛볼 수 있는 곳으로, 매장 관리가 깔끔하게 잘 되어 있어 편하게 식사할 수 있다. 텐동(약 1300엔)과 밥, 특제 소스, 반숙 계란의 조화가 훌륭하며, 가격 대비 넉넉한 양으로 만족도가 높다. 새우튀김, 생선튀김, 호박튀김 등 텐푸라 단품 메뉴도 주문 가능하며, 명란과 장국은 무료로 추가할 수 있다.

📍덴푸라 에비노야 미나미모리마치점
#텐동 #텐푸라 #명란무료리필

게마사쿠라노미야 공원 毛馬桜之宮公園

"4km 강변을 따라 이어지는 분홍빛 터널"

약 4km에 달하는 강을 따라 벚나무가 심어져 있어 벚꽃 터널을 이루는 대형 공원. 오사카를 대표하는 벚꽃 명소 중 하나로, 도심을 가르는 오카와 강변에 마련되어 있다. 매년 7월 24일과 25일에 열리는 오사카의 대표 축제 '텐진마츠리'의 무대이기도 하다. 오카와 강에서 펼쳐지는 '후나토교' 행사와, 저녁 불꽃놀이 명당으로 유명

📍게마사쿠라노미야 공원 #벚꽃명소 #텐진마츠리 #강변공원

O River 大川 `추천`

"벚꽃 크루즈 기간과 7월 7일에 방문해 봐"

봄마다 분홍빛 벚꽃이 만개하는 강. 4km의 산책로는 강을 따라 이어지며 약 4,700그루의 벚꽃나무가 있어 산책하며 벚꽃을 즐길 수 있다. 벚꽃 개화 시즌에 맞춰 크루즈가 운행되고 있으니 이 배를 타고 벚꽃을 구경하는 것도 추천한다. 오사카 어메이징 패스가 있다면 활용할 것. 매년 7월 7일에는 여름축제가 열려 야간 라이트업이 펼쳐진다. 식사가능한 야시장도 있다.

📍O River 오사카 #벚꽃크루즈 #벚꽃산책로 #축제명소

오사카 / 텐진바시

오사카 텐진바시

게마 갑문 (게마 코오몬) 毛馬閘門
"요도가와 사이클링은 이곳에서부터 시작!"

수위가 다른 요도가와와 오오카와를 연결하여 선박이 통행할 수 있도록 한 수문. 홍수 피해를 막으면서 선박이 통과할 수 있도록 설계되었다. 현지인 사이에선 사이클링 도로로 유명한 곳으로 요도가와를 따라 자전거를 타고 싶다면 이곳을 출발점으로 삼아보길 추천한다.

📍Kema Lock Gate   #강산책 #수로시설 #사이클링명소

가와사키바시 川崎橋
"텐진 마츠리가 펼쳐지는 벚꽃 명소"

일본 3대 축제인 오사카 텐진 마츠리의 불꽃놀이와 배를 모두 볼 수 있는 다리. 봄에는 강 양쪽으로 벚꽃이 아름답게 피는 벚꽃 명소이기도 하다. 유람선을 타고 강 위에서 다리와 전경을 감상해 보는 것도 추천하는 방법. 오사카 시내에서 산책하거나, 자전거 타기 좋은 곳을 찾고 있다면 추천한다.

📍Kawasakibashi Bridge
#역사적다리 #텐진마츠리 #벚꽃명소

Tamade Supermarket - Tenjinbashi store
スーパー玉出 天神橋店
"24시간 언제나 열려 있는 야식 쇼핑 명소"

오사카 시내에만 25개 점포를 가지고 있는 슈퍼마켓 체인. 24시간, 연중무휴, 노란 간판이 트레이드마크다. 믿을 수 없을 정도로 물건이 싸다는 것이 장점. 도시락, 반찬류도 괜찮지만 카레, 라면, 라유, 후리카케 같은 인스턴트류를 구입하는 것을 추천한다. 면세가 되지 않기 때문에 위스키, 건강식품 약, 미용 제품은 돈키호테와 비교해보는 것이 좋다.

📍Tamade Supermarket 텐진바시
#체인마트 #24시간무휴 #인스턴트쇼핑

고로케 나카무라야 [맛집]
コロッケ 中村屋
"감자가 듬뿍 들어가 간편 끼니로 딱이야"

고로케로 이름난 현지인 맛집. 겉은 바삭하고 속은 촉촉한 식감을 자랑한다. 간판 메뉴인 고로케는 소고기와 돼지고기 중에서 선택할 수 있으며, 일반적인 고로케와는 달리 감자가 주재료로 사용되어 은은한 단맛과 든든한 포만감을 선사한다. 이 외에도 멘치카츠, 소시지 튀김 등 다양한 튀김 메뉴가 준비되어 있다. 테이크아웃 전문점이라 줄이 금방 줄어든다. 결제는 현금만 가능. 고로케 100엔~. 일요일 휴무

📍고로케 나카무라야
#고로케 #멘치카츠 #테이크아웃전문

1 Pound Steak & Hamburg Takeru Tenma [맛집]
"런치는 1,000엔부터! 안창살을 추천해"

가성비 좋은 스테이크집으로 유명한 곳. 안창, 채끝, 등심 등 다양한 부위 중에서 특히 안창 스테이크가 인기. 런치 메뉴는 1,000엔부터 시작하며, 그램(g)에 따라 다양한 크기를 선택할 수 있다는 점이 큰 장점. 고기와 야채에 곁들여 먹는 소스 종류도 풍부하게 준비되어 있다. 평일 런치가 저녁 5시까지로 넉넉하여 부담 없이 방문해 볼만하다. 텐진바시스지 상점가에 위치

📍1 Pound Steak Takeru Tenma
#스테이크 #가성비 #런치메뉴

나카노시마 요도야바시 혼마치

빌딩 숲에서 발견한 여유로운 휴식 공간

도시의 세련미와 역사의 깊이가 푸른 강변 위에서 만나는 곳 나카노시마, 요도야바시, 혼마치. 도심의 활기 속에서 잠시 숨을 고르고 싶다면 빌딩 숲 사이사이에 숨어 있는 그림 같은 공원과 고풍스러운 미술관을 찾아 떠나볼까요? 지적인 영감과 여유를 동시에 얻을 수 있을 거예요.

KEY WORD
- 도지마강
- 나카노시마 공원
- 중앙공회당

TO DO LIST
- ☐ 나카노시마 장미정원에서 사진 찍기
- ☐ 서양식 레트로 건물 앞에서 인증 사진 찍기
- ☐ 에도시대 다리 찾기
- ☐ 나카노시마 리버 크루즈 탑승하기
- ☐ 미술관&박물관 투어하기
- ☐ 중앙공회당 건물 라이트업 감상하기
- ☐ 우츠보 공원에서 벚꽃 놀이

요도야바시

호코나가시바시

오에바시

히고바시

우츠보 공원

이코마 빌딩

나카노시마 공원

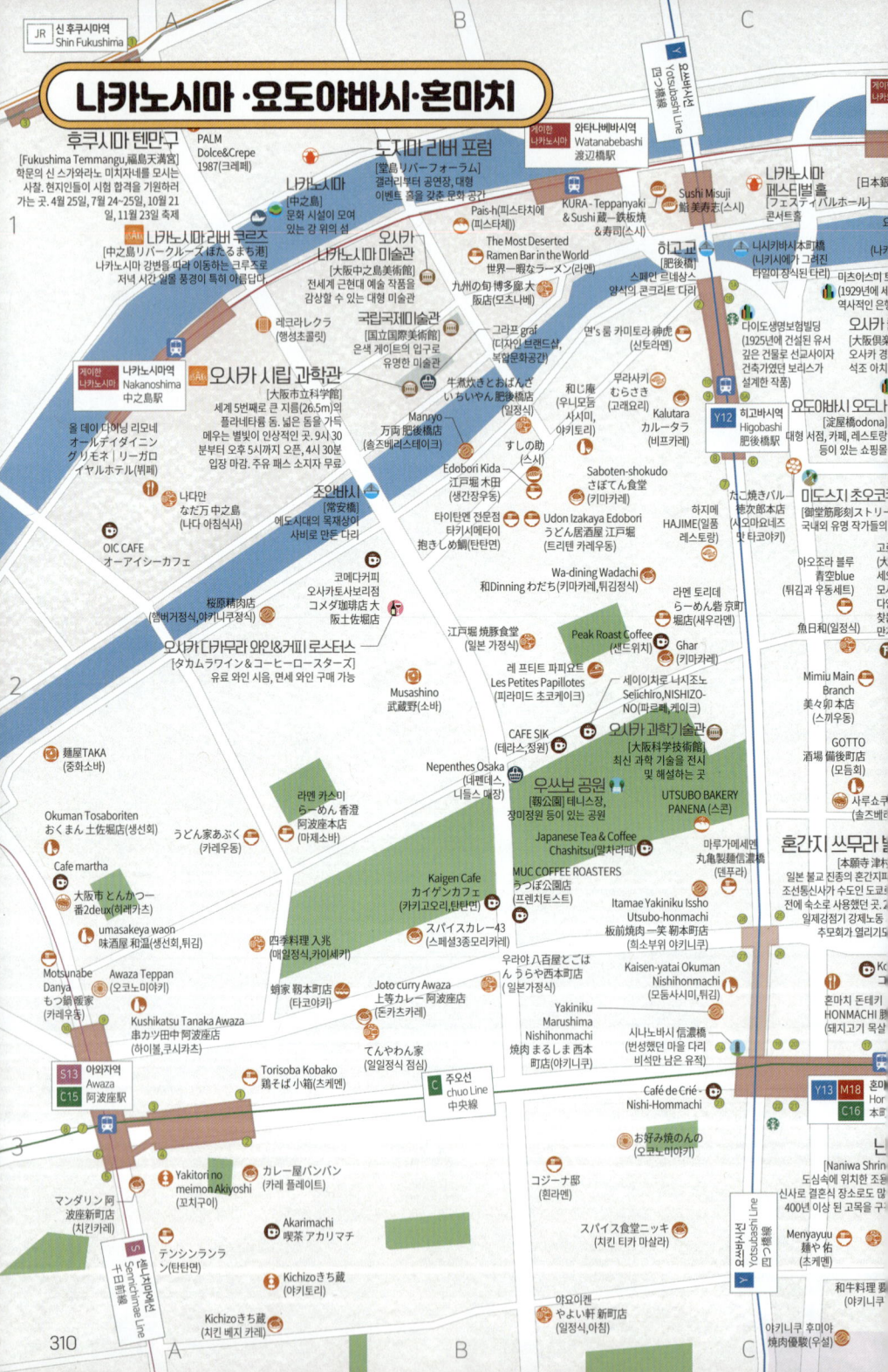

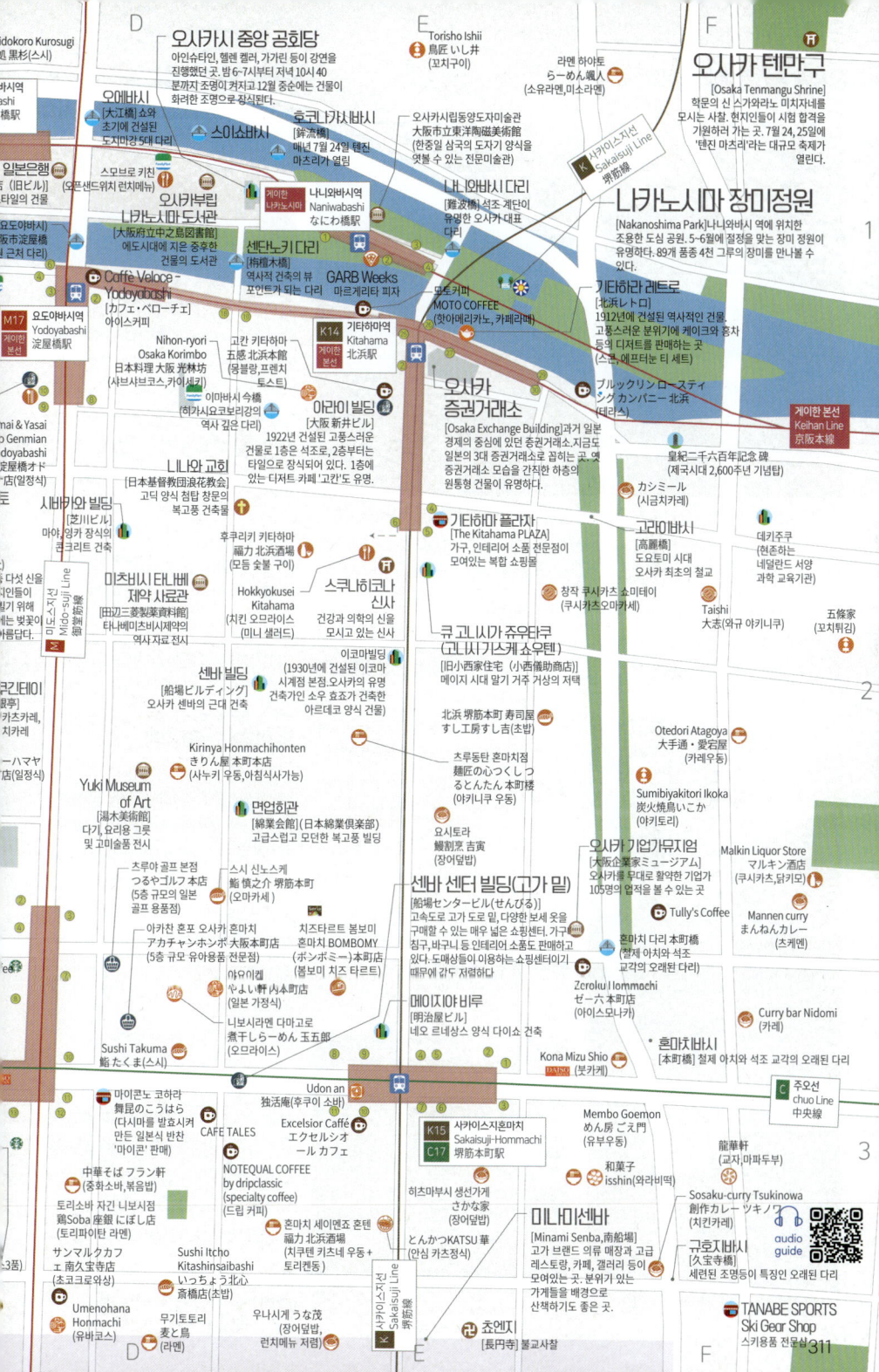

오사카
나카노시마·요도야바시·혼마치

오사카 증권거래소 大阪取引所
"레트로 건물인데, 야간 라이트업을 곁들인"

쇼와 10년(1935년)에 준공된 레트로 건물. 야간 라이트업이 진행되어 외관을 배경으로 사진 남기기 좋다. 구 오사카 증권 빌딩의 원형 외관과, 스테인드글라스의 로비가 그대로 보존되어 있다. 내부에는 금융 관련 전시 진행. 증권 거래에 관심 있다면 방문해 보길. 토, 일 휴무 (311p F:1)

📍오사카 증권거래소   #증권거래소 #경제교육 #야간라이트업

오사카 클럽 大阪倶楽部
"오사카 사교의 장이라 불리던 곳"

1912년에 설립된 사교 클럽. 특정 업종, 업계에 치우치지 않고 교류의 장소로 활용되었던 곳이다. 클래식하고 고급스러운 분위기의 공간으로 평소에는 회원 전용이지만, 특별 행사나 일반 공개 일정이 있을 때 내부를 둘러볼 수 있다. 건축, 역사 애호가라면 방문해 보길 추천. 일요일 휴무 (310p C:1)

📍Osaka Club
#사교클럽 #역사적건축물 #건축애호가

센바 빌딩 船場ビルディング
"외관만 훑고 지나가지 말고 테라스도 둘러보길"

하쿠긴테이 白銀亭 `맛집`
"미슐랭 셰프가 선보이는 카레의 깊은 맛"

미슐랭 빕 구르망에 선정된 매운 카레 전문점. 고급스럽고, 깊은 카레맛으로 유명하며, 특히 돈카츠카레(약 1150엔)와 시금치카레(약 1100엔)가 인기. 점심 시간에는 줄을 서서 기다릴 정도로 현지인들에게 사랑받는 곳이다. 카운터 좌석만 있어 혼밥하기 좋으며, 새우튀김, 치즈 등 다양한 토핑을 원하는대로 선택하여 추가할 수 있다. 합리적인 가격. 현금 결제와 페이페이만 가능. (311p D:2)

📍Hakugintei
#미슐랭카레 #시금치카레 #돈카츠카레

스시 신노스케 `맛집`
鮨 慎之介 堺筋本町
"셰프님, 계절 오마카세로 믿고 맡길게요"

합리적인 가격에 오마카세(약 9900엔)를 경험할 수 있는 스시집. 각 계절마다 셰프가 직접 고른 재료로 만든 스시를 즐길 수 있다. 매일 다른 신선한 재료를 사용한다는 점이 특징. 조용한 분위기에서 식사할 곳을 찾는다면 추천한다. 타베로그 예약 필수. 월요일 휴무 (311p D:2)

📍스시 신노스케
#오마카세 #제철요리 #조용한분위기

1925년에 지어진 복고풍 빌딩. 유럽 건물에서 볼 수 있는 타일 장식 파사드가 특징적이로 각 층에서 안뜰을 내려다 볼 수 있는 테라스 복도로 이루어져 있다. 내부엔 갤러리, 가죽 제품 매장, 서점 등이 입점해 있다. 문화재로 지정된 건물. 토, 일 휴무(311p D:2)

📍Senba Building
#복고풍 #유럽풍빌딩 #사전방문예약

구 고니시가 주택 旧小西家住宅史料館
"에도 시대 사람들이 어떤 집에서 살았는지 궁금해?"

에도 시대 주택의 모습을 잘 간직하고 있는 건축물. 문화재로 지정되어 있으며, 일본 전통 건축의 목조 구조와 일본식 정원이 남아 있어 옛 생활상을 엿볼 수 있다. 내부에는 당시 사용된 생활 도구와 문서 등이 전시되어 있다. 사전 예약제로 운영되므로 방문 전 신청 필수. 화, 금 10:00-12:00, 13:00-17:00 (311p E:2)

📍 고니시가 주택
#주택역사관 #문화재 #일본전통주택

스쿠나히코나 신사 少彦名神社
"우리 가족 건강한 한 해 되게 해주세요."

사루쇼쿠도 サル食堂 〔맛집〕
"콤비 런치 시키면 배가 빵빵해질걸?"

두툼한 돼지고기 스테이크에 폭신한 식감의 오믈렛과 함께 제공되는 '콤비 런치'(돈테키 정식, 약 1350엔)로 유명한 로컬 맛집. 우스타 계열의 단짠 소스가 쌀밥과 잘 어울린다. 저렴한 가격에 푸짐한 양. 일요일, 가끔 월요일 휴무 (310p C:2)

📍 사루쇼쿠도
#돈테키맛집 #콤비런치 #단짠소스

GOTTO오사카 〔맛집〕
GOTTO 酒場 備後町店
"신선한 모둠회 곁들이니 사케가 술술 들어간다."

모둠회 세트(약 1529엔)와 사케를 즐길 수 있는 이자카야. 생선과 고베규를 사용한 창작 요리를 다양하게 맛볼 수 있다는 점이 특징이다. 요리 이외에도 일본술과 크래프트 맥주 종류도 많아 술과 함께 즐기기 좋은 곳. 카운터석, 테이블석, 테라스석(계절 한정)이 있어 취향에 따라 앉을 수 있다. (310p C:2)

📍 GOTTO 오사카
#현지인이카자야 #혼마치 #가성비맛집

의료와 약의 신으로 알려진 '스쿠나히코나' 신을 모시는 곳. 입구에 역병을 퇴치해 준다는 황금색 호랑이 상이 지키고 있다. 건강을 기원하는 사람들의 발걸음이 꾸준히 이어지고 있는 곳으로 특히 인근에 포진된 제약회사 직원들을 자주 포착할 수 있다. 그 증거로 도리이 주변에 참배 흔적인 각종 약품이 놓여있다. 애완동물과 함께 건강 기원 참배도 가능하다. (311p E:2)

📍 스쿠나히코나 오사카
#의료와약의신 #건강기원 #애완동물

오사카 나카노시마·요도야바시·혼마치

이코마 빌딩 生駒ビルヂング
"1930년에 세워진 서양식 빌딩은 이런 느낌이구나"

시바카와 빌딩 芝川ビル
"쇼와 시대 사람처럼 쇼핑하고 디저트 타임"

오사카 나카노시마·요도야바시·혼마치

1930년대에 지어진 서양식 건축물. 시계탑과 고풍스러운 외관이 매력적인 건물로 외벽은 짙은 브라운색의 벽돌을 사용했다. 100년에 가까운 역사를 지닌 건물로 건축 애호가들에게 사랑받는 곳. 스테인드글라스 창문, 붉은 카펫 등 빈티지 소품이 가득한 1층 공간은 견학할 수 있다. 토, 일 휴무 (311p F:2)

📍 Ikoma Building   #1930년대건물 #서양식건축 #견학가능

고풍스러운 내부에 다방과 디저트 카페, 도자기 가게, 기념품 숍 등이 들어선 서양식 건물. 쇼와시대로 타임슬립 한 기분을 만끽할 수 있는 장소라 인기가 높다. 외관부터 이국적이라서 사진 찍는 이가 많다. 역사적 가치를 인정받아 일본 문화재로 등록되어 있다. (311p D:2)

📍 Shibakawa Building
#레트로풍건물 #서양식건축물 #쇼와감성

Osaka Yakiniku NIKUYA 맛집
水七輪炭火 焼肉 北浜 にくや
"둘이서 프라이빗하게 와규 플렉스?"

가성비 좋게 2인 와규 세트를 주문할 수 있는 야키니쿠 전문점. 프라이빗 룸과 4인 테이블을 마련해 두어 여럿이 함께 방문하기 좋다. 대표 메뉴는 로스모듬구이, 우설, 호르몬 구이 등이 있으며, 각 부위를 별개로 주문하여 즐길 수도 있다. 현지인 야키니쿠를 즐기고 싶다면 추천. 야키니쿠 세트 약 4059엔

📍 오사카 NIKUYA
#로스모듬구이 #야키니쿠맛집 #프라이빗

스시 하야타 鮨 はや田 맛집
"점심 특선만? 아니, 온종일 가성비!"

인근 직장인들이 가성비 좋은 스시를 먹고 싶을 때 자주 찾는 곳. 특히 점심시간에 가성비 좋은 가격으로 고품질의 스시를 즐길 수 있다. 가격대별로 스시 정식 메뉴 다양. 깔끔한 매장 분위기와 친절한 서비스도 인기 비결ᄋ하나. 요도바시역과 기타하마역 사이, 회사가 많은 곳에 위치하고 있어 점심은 웨이팅이 있을

수 있다. 런치메뉴 990엔 부터

📍 스시 하야타
#스시맛집 #가성비스시 #현지인맛집

혼마치바시 本町橋
"오사카 상업 발전의 중심지"

오사카 시내에서 역사적으로 오래된 다리 중 하나. 세 개의 아치 모양으로 이루어져 있다. 에도 시대부터 상업 중심지였던 센바 지역을 연결하는 다리로, 오사카의 경제 발전과 밀접한 관계가 있는 역사적 장소다. 나카노시마 공원과 도톤보리강의 경치를 감상할 수 있어 도보 여행 코스로 추천. (311p F:3)

📍 Honmachi Bridge   #오래된다리 #도보여행 #센바지역연결

요도야바시 오도나 淀屋橋odona 추천
"독서 가능한 조용한 쇼핑몰이 여깄네!"

오사카 나카노시마·요도야바시·혼마치

건물 지하층이 요도야바시 메트로와 연결된 복합 쇼핑몰. 지하 1층부터 지상 2층까지 서점, 카페, 레스토랑 등 다양하게 입점했으며 2층에 있는 대형 서점 '문교당'이 대표적이다. 전반적으로 세련되고 조용한 분위기라 쇼핑보다는 식사하며 휴식하기 좋은 곳. 지하 1층에 위치한 '인디언 카레'가 맛집으로 유명한 곳이니 참고 (310p C:1)

📍 odona 오사카　#요도야바시역연결 #세련된복합쇼핑몰 #카

유키 미술관 湯木美術館
"일본 다기 구경 딱 30분만 해볼까?"

일본 전통 다도 문화를 중심으로 한 소규모 개인 미술관. 유키 가문이 수집한 소장품 중 일부인 약 20~30점을 비롯해 다도 도구, 도자기, 서화 등을 전시한다. 30분 내로 관람 가능한 규모. 기획전이 열릴 때 특별한 작품을 볼 수 있으니 방문 전 홈페이지를 확인하자. 성인 700엔. 16:00 입장마감. 월요일 휴무

📍 Yuki Museum of Art
#다도미술관 #유키가문 #개인미술관

이마바시 今橋
"에도시대 모습을 그대로 재현한 다리"

오사카의 금융 중심지와 연결된 다리. 히가시요코보리 강에 자리한 역사 깊은 교통로다. 조명등과 난간은 에도시대의 모습을 바탕으로 디자인되었다. 다리 근처는 에도시대 중기부터 환전상이 모이는 금융의 중심가로 번성하였고, 오늘날 오사카 증권거래소 등 금융 건물이 들어서게 되었다. (311p D:1)

📍 이마바시　#역사적다리 #에도시대풍

혼마치 세이멘죠 혼텐 맛집
本町製麵所 本店
"우동 위 치킨, 냉면? 온면?"

치킨 붓카케 등 닭튀김을 사용한 우동을 다양하게 맛볼 수 있는 곳. 냉면 또는 온면 선택이 가능하고, 합리적인 가격으로 밥이 함께 나오는 우동세트를 즐길 수 있다. 수제 면을 사용하여 쫄깃한 식감이 특징, 육수도 깊고 풍부한 맛으로 유명하다. 우동 외에도 덴푸라, 오니기리 등 다양한 사이드 메뉴도 있다. 현지인도 많이 찾는 곳이라 웨이팅 필수. 우동+텐동 약 980엔. 일요일 휴무 (311p D:3)

📍 세이멘죠 본점
#수제면 #가성비우동튀김 #냉온우동

기타하마 레트로 北浜レトロ
"앤티크한 집에서 즐기는 잉글리쉬 티타임"

오사카 나카노시마·요도야바시·혼마치

런던에 있는 셜록홈즈 집을 연상시키는 영국식 카페. 앤티크한 분위기 속에서 커피나 홍차로 티타임을 가지기 좋은 장소다. 다양한 맛의 스콘과 커피 또는 차와 스콘(약 280엔), 샌드위치가 함께 제공되는 애프터눈 티 세트(약 3400엔)가 인기 메뉴. 1층에는 아기자기한 소품들과 다양한 차, 차 용품, 쿠키를 판매하고 있어 기념품 선물이 고민된다면 방문해보자. (311p E:1)

📍기타하마 레트로   #스콘맛집 #웨이팅애프터눈티 #영국식앤티크

기타하마 플라자 ザ・北浜プラザ
"야식 메뉴와 직장인이 많이 보이는 쇼핑몰"

식품을 구매하거나 식사하기 좋은 쇼핑몰. 지하 1층에는 대형 식료품 마켓 프레스코, 1·2층에는 세련된 레스토랑, 카페, 상점들이 입점해 있다. 인근 직장인들이 애용하는 곳이라 점심에 붐비는 편. 지하 마트에 간식이나 안줏거리가 많다. (311p E:2)

📍기타하마 플라자   #대형마트 #레스토랑 #카페

Caffè Veloce Yodoyabashi
カフェ・ベローチェ
"넓고 여유로운 공간, 오사카 빌딩 숲 뷰 카페"

요도야바시역 1번 출구와 연결된 나카노시마 강 뷰 카페. 커피, 샌드위치, 파스타 등을 강과 빌딩 숲을 감상하며 즐길 수 있다. 2층까지 있으며, 넓은 공간에 총 188개의 좌석을 마련해 여유롭게 이용할 수 있다. 무료 Wi-Fi와 콘센트, usb를 꽂을 수 있는 좌석도 있어 작업이나 공부하기에 적합. 전 좌석 금연으로 쾌적하다. 아이스커피 약 330엔 (311p D:1)

📍Veloce 요도야바시
#강보이는카페 #업무가능한카페 #넓은카페

모토커피 기타하마점
MOTO COFFEE 北浜店
"강변 뷰에 취하고, 티라미수에 또 취해!"

강변에 위치해 전망이 뛰어난 키타하마역 도보 1분 거리 인기카페. 야외 테라스석이 마련되어 있어 사진을 찍으며 커피를 즐길 수 있다. 내부 좌석도 큰 창으로 개방감 있어 경치를 감상하기 좋다. 대표 메뉴는 약간의 알코올이 포함되어 있는 티라미수와 산미가 적은 아이스 아메리카노(약 580엔). 카라멜 맛의 푸딩도 많이 찾는 메뉴 중 하나다. 현금 결제만 가능 (311p E:1)

📍모토커피 키타하마
#리버뷰감성카페 #인생샷카페 #기타하마역카페

센바 센터 빌딩(고가 밑) 船場センタービル(せんびる)
"동대문시장 감성을 좋아한다면 추천"

치즈타르트 봄보미 혼마치
BOMBOMY 本町店 맛집
"입안에서 살살 녹는 진한 치즈의 맛"

오사카 나카노시마·요도야바시·혼마치

서울의 평화시장, 동대문시장과 흡사한 분위기의 상가. 의류 매장과 로컬 식당이 주로 입점해 있으며, 혼마치 역 일대에 자리하고 있다. 지상 2층부터 지하 3층까지 규모로 지하철 역과 직결된 지하 3층은 식당가로 운영되고 있다. 인기 높은 음식점이 많아서 인근 회사원들로 붐비는 곳. 약 800개의 점포가 운영 중이며 도매가로 구매 가능한 의류점도 다수. (311p D:3)

📍 센바 빌딩   #혼마치역일대 #지하상가 #도매가쇼핑

갓 구운 치즈 타르트가 인기인 유명 치즈 타르트 전문점. 특히 오리지널 치즈 타르트(약 350엔)는 이곳에서 꼭 먹어봐야 할 메뉴. 바삭한 타르트 껍질과 진한 치즈 맛이 조화를 이룬다. 오리지널 외에도 레몬, 딸기 맛 등 다양한 종류가 있다. 디저트를 좋아하는 사람들에게 추천. 테이크아웃 전문 (311p E:3)

📍 bombomy honmachi
#치즈타르트 #디저트 #과일맛

우동 큐타로 Udon Kyutaro 맛집
"뻔한 우동은 가라! 새콤한 감칠맛의 등장"

나니와 교회 日本キリスト教団浪花教会
"유럽 건축 감성을 담아낸 교회"

라임이 얹어진 이색 메뉴 '스다치 우동(약 950엔)'을 선보이는 우동 전문점. 라임이 들어가 있어 산미가 느껴지고, 멸치의 감칠맛이 진한 국물이 특징이다. 자가제면으로 만든 쫄깃한 면발도 일품. 아부리 우동으로 주문하는 이도 많다. 혼마치역 도보 5분 거리의 서서 먹는 우동집이라 빠르게 식사를 해결하고 싶은 사람, 이른 아침에 식사가 가능한 곳을 찾는 여행객에게 추천한다.

📍 우동 큐타로
#서서먹는우동맛집 #혼마치역 #아침식사

1878년에 설립된 교회로, 현재 건물은 1930년에 지어졌다. 첨탑, 스테인드글라스 창문 등 유럽 감성의 건축 요소가 곳곳에 묻어 나오는 건물이라 건축에 관심 있는 이들에게 인기. 격월 첫 번째 금요일 12시 15분에는 오르간 연주가 진행되기도 한다. 예배 시간이 아니라면 내부 입장 가능

📍 나니와 교회   #교회 #서양식건축 #오르간연주

아카찬 혼포 오사카 혼마치
アカチャンホンポ 大阪本町店

"아기가 뭘 좋아할지 몰라서 5층 규모로 준비했어"

오사카 나카노시마·요도야바시·혼마치

5층 규모의 대형 유아용품 전문점. 출산 준비부터 분유, 기저귀, 유아 의류, 장난감까지 다양한 육아용품을 구매할 수 있다. 특히 미니언, 스누피 등 캐릭터 육아용품을 구매하는 이가 많다. 면세는 오후 7시까지만 가능. 할인 정보는 공식 홈페이지 참고 (311p D:3)

📍 Akachan Hompo Osaka Hommachi
#유아용품 #임산부쇼핑 #캐릭터육아용품

나카노시마 리버 크루즈 中之島リバークルーズ ほたるまち港

"요도강 야경, 크루즈 위에서 보니까 더 예쁘네"

오사카 빌딩 숲을 가로지르는 요도강을 따라 도심 경관을 감상할 수 있는 크루즈. 탑승 시 주어지는 무선 헤드폰을 통해 나카노시마의 역사와 건축물 설명을 들을 수 있다. 정각 기준 30분마다 출발하며 약 20분 정도 소요된다. 야경이 아름답기로 소문났다. 운휴 공지는 홈페이지로 사전 체크 필수. 성인 1,500엔. 주말 및 공휴일 14:00~20:30 (310p A:1)

📍 나카노시마 크루즈 #리버크루즈 #한국어오디오가이드 #야경명소

나카노시마 공원 中之島公園

"강 한가운데에서 풍기는 장미 향기"

일본식 정원과 장미 정원으로 인기 있는 도심 속 휴식처. 강 한가운데 조성된 인공 공원이라는 점이 특징이다. 산책로와 조깅 코스가 잘 갖춰져 있어 운동 나온 시민들을 쉽게 발견할 수도 있다. 12월 크리스마스 시즌엔 일루미네이션으로, 벚꽃과 장미가 피어나는 3월 후반~5월 중순엔 꽃을 구경하기 위해 방문하는 이가 많다. (311p E:1)

📍 나카노시마 공원 #도심속공원 #장미정원 #일루미네이션

오사카시립동양도자미술관 大阪市立東洋陶磁美術館
"한·중·일 도자기가 한자리에"

일본, 한국, 중국 동양의 도자기를 전문적으로 소개하는 미술관. 각 나라가 서로 주고받은 예술적 영향과 미의 기준 차이를 선명하게 느낄 수 있다. 총 13개의 전시실 중 3개의 전시실이 한국 도자기 관으로 운영되고 있다. 그 예로 이병창 박사로부터 도자기 351점 기증받은 것을 기념해 '이병창 컬렉션 한국도자실'이 있다. 성인 1,800엔. 입장마감 16:30. 일요일 휴관 (311p E:1)

📍 오사카도자미술관 #한중일도자기 #도자기전문미술관 #13개의전시실

센단노키 다리 栴檀木橋
"조용하게 오사카 도심 촬영하고 싶다면"

공회당, 도서관 등 주변 근대 건축물의 뷰 포인트가 되는 다리. 규모가 크진 않지만 오사카의 번잡한 도심과 달리 한적하게 시티뷰를 감상할 수 있어 매력적이다. 나카노시마 공원과 연결되어 있으며 저녁에는 조명이 켜져 운치 있게 야경을 즐기기 좋다. (311p D:1)

📍 센단노키 다리
#나카노시마공원다리 #야경명소 #산책명소

도지마 리버 포럼
堂島リバーフォーラム
"이머시브 뮤지엄 전시 보고, 2층에서 파스타 먹자"

갤러리와 공연장, 대형 이벤트 홀을 갖춘 복합 문화 공간. 유명 전시나 국제 포럼도 자주 열린다. 건물의 1층은 홀, 2층은 이탈리안 레스토랑, 4층은 갤러리와 뮤지엄 숍. 디지털 아트 전시로 유명한 '이머시브 뮤지엄' 등 인기 전시회도 종종 개최되니 방문 전 전시회 정보를 미리 확인하길 추천. (310p A:1)

📍 도지마 리버   #복합문화공간 #디지털아트전시 #공연장

나니와바시 難波橋
"사자상이 양쪽 끝에서 지키고 있는 다리"

트레이드마크 사자상이 유명한 석조 다리. 다리 양쪽 끝에 사자 석상이 세워져 있다. 나카노시마와 기타하마를 연결하며, 석양과 야경이 아름다워 포토 스팟으로 유명. 다리 아래에는 나카노시마 공원이 있으며, 근처에 나카노시마 도서관, 미술관이 있어 같이 둘러보기 좋다. (311p E:1)

📍 Naniwabashi Bridge
#사자의다리 #야경명소 #석조다리

NAKANOSHIMA SOCIAL EAT AWAKE `맛집`
"미슐랭 셰프가 차린 특별한 오므라이스"

미슐랭 스타 셰프가 운영하는 프렌치&이탈리안 레스토랑. 쇠고기 조림 오므라이스가 인기 메뉴이며, 부드러운 소고기와 단맛의 계란, 데미글라스 소스와의 궁합이 매우 좋다. 레트로한 감성의 오사카 중앙공회당 건물 지하 1층에 위치해 있다는 점도 특징. 건물 외관을 배경으로 사진 찍기 좋은 테라스 자리도 있다.

📍 나카노시마 소셜 잇
#오므라이스 #미슐랭 #프렌치&이탈리안

오사카 나카노시마·요도야바시·혼마치

오사카시 중앙공회당 大阪市中央公会堂
"고풍스러운 건물 배경으로 찰칵! 크리스마스 상점도 있네"

붉은 벽돌과 석재, 녹색 지붕까지 독특한 색감을 지닌 역사적 건물. 1918년에 준공되어 네오르네상스의 고풍스러운 건축 양식을 엿볼 수 있다. 지하 1층은 전시관과 레스토랑을 운영. 저녁엔 건물과 주변 경관을 배경으로 라이트업이 진행되어 사진 촬영하기 좋다. 12월에 방문하면 크리스마스 상점 구경과 함께 푸드마켓에서 맛있는 음식도 즐길 수 있다. (311p D:1)

📍오사카시 공회당
#고전건축 #라이트업 #크리스마스마켓

히고바시 肥後橋
"카메라 들고 석양이 지는 순간을 포착해 봐"

1966년에 완공되었으며 오사카 중심 나카노시마 지역과 연결된 다리. 석양이 질 때 빌딩과 함께 반사되는 강의 모습을 촬영하기 위해 많은 이들이 방문한다. 조용하게 산책하거나 나카노시마 페스티벌 홀을 가기 전 들리기 좋다. (310p C:1)

📍히고 교
#산책코스 #석양포토스팟 #나카노시마연결

스모브로 키친 나카노시마 맛집
スモーブローキッチン 中之島
"건강까지 챙기는 미식 경험, 덴마크 브런치 맛볼래?"

아름다운 플레이팅과 독창적인 식재료 조합이 특징인 덴마크 전통 오픈 샌드위치(약 1950엔) 전문점. 해독 주스를 비롯한 야채를 듬뿍 사용한 메뉴가 다양해서 건강식을 선호하는 사람들에게 추천하는 곳. 머랭, 딸기, 피스타치오 등 파르페도 인기. 1900년에 오픈한 오사카 부립 중앙 도서관 2층에 자리하고 있어 도서관 견학 후 방문하기 좋다. (311p D:1)

📍스모브로 키친
#건강식 #오픈샌드위치 #덴마크샌드위치

GARB Weeks 맛집
"강변 테라스에서 즐기는 이탈리안 피자"

장작 화덕에서 구워내는 피자로 인기인 이탈리안 레스토랑. 테라스석에서 강을 바라보며 식사가 가능하며, 나카노시마 공원 내에 위치해 있어 산책 전후로 방문하기 좋다. 테라스 자리를 예약하면 바비큐 파티도 즐길 수 있다. 런치 시간에는 저렴한 가격에 피자(약 1500엔), 파스타, 샐러드, 스테이크가 제공된다. (311p E:1)

📍GARB Weeks
#나카노시마공원 #화덕피자 #테라스

오에바시 大江橋
"산책하면서 오사카 빌딩 야경 촬영하기 좋은 다리"

오사카시 청사 북쪽 도지마강에 설치된 다리. 쇼와 초기에 설계 준공되었다. 근대 서양식 디자인이 특징이며, 야경이 특히 아름다워 사진 촬영 장소로 인기 있다. 가볍게 산책하며 고층 빌딩과 강이 어우러진 풍경 사진을 남겨보고 싶다면 추천. (311p D:1)

📍 오에바시　#야경명소 #산책코스 #쇼와시대준공

요도야 다리 (요도야바시) 大阪市淀屋橋　추천
"오사카 금융의 중심지에 자리한 다리"

오사카 도심을 가로지르는 주요 다리. 서양식 디자인이 특징이며, 강변과 고층 빌딩이 조화를 이루는 풍경이 인상적이다. 특히 조명이 켜지는 밤에 더욱 아름답다. 금융 중심지와 가까워 직장인들의 왕래가 많고, 관광객들도 산책하며 오사카의 도시적 감성을 느낄 수 있다. (311p D:1)

📍 Yodoyabashi Bridge　#서양식디자인 #야경명소다리 #나카노시마공원근처

나카노시마 페스티벌 홀
フェスティバルホール
"소리가 천장에서 쏟아져 내리는 것만 같아!"

오사카 필 하모니의 정기 연주회를 비롯해 클래식 음악, 뮤지컬 등 다양한 공연이 열리는 콘서트 홀. 마치 천장에서 소리가 쏟아져 내리는 듯한 웅장한 음향 효과 연출을 통해 풍부한 음질 선사한다. 총 3층 공간까지 좌석이 놓여있으며 계단식으로 되어 있기 때문에 시야 방해 없이 감상에 집중할 수 있다. (310p C:1)

📍 나카노시마 홀
#클래식연주회 #문화중심지 #풍부한음향

The Most Deserted Ramen Bar in the World　맛집
"마녀의 레드 라멘? 궁금하면 먹어봐~"

조개 육수와 단맛이 있는 간장이 더해진 라멘 'Witch's Red(약 800엔)'가 유명한 맛집. 깊은 국물과 수타면을 사용했다는 점이 특징이다. 일본 가와고에 브루어리에서 생산되는 프리미엄 맥주 'COEDO'도 함께 판매하여 맥주와 곁들여 먹기 좋다. 조용한 분위기로 혼밥러들에게 추천하는 곳. 나카노시마 다이빌 2층에 위치 (310p B:1)

📍 The Most Deserted Ramen Bar
#조개육수라멘 #조용한 #프리미엄맥주

Paris-h 맛집
"일본 랭킹 탑 100의 위엄, 오픈런은 필수"

오사카 나카노시마·요도야바시·혼마치

일본 랭킹사이트에서 '오사카 빵가게 100위' 이내에 여러번 진입한 인기 빵집이라 오픈런 웨이팅이 필수인 곳. 데니쉬, 페스츄리 계열의 프랑스 빵이 다양하며, 건과일이나 견과류를 사용한 빵도 많다. 달콤하면서 버터의 풍미가 잘 느껴지는 퀸아망이 대표 메뉴 중 하나다. 피스타치오가 들어간 식빵(피스타치에 약 486엔)도 인기 메뉴 중 하나이니 참고. 테이크아웃 전문, 현금 결제만 가능. 월, 수, 일 휴무

📍 파리 h 오사카
#퀸아망 #나카노시마빵맛집 #빵지순례

그래프 graf
"우드 감성 인테리어 소품 찾는다면 여기 가봐"

독특한 가구나 소품을 다양하게 찾을 수 있는 생활용품점. 목공예품이 특히 많으며 고급스러운 디자인의 도자기 그릇도 진열되어 있다. 디저트 카페를 함께 운영하고 있어 쇼핑과 함께 휴식도 즐길 수 있다. 일본 감성의 미니멀한 디자인과 라이프스타일을 엿보고 싶다면 방문해 보자. (310p B:1)

📍 graf
#편집샵 #라이프스타일 #카페

국립국제미술관 国立国際美術館 추천
"지하로 내려가면 만날 수 있는 유명 현대미술 작품"

피카소, 달리, 바스키아, 헨리무어 등 세계적인 거장의 현대미술 작품을 전시하는 미술관. 대나무를 형상화한 독특한 외관이 돋보이는 곳으로, 일본 내에서 희귀한 지하 미술관이라는 점에서 특별하다. 다양한 기획전을 수시로 개최하고 있어 다채로운 관람을 즐길 수 있다. 일부 기획전은 온라인 사전 예약이 필수인 경우가 있으므로 꼭 미리 확인하자. 성인 1,200엔. 평일 17:00, 금, 토 18:00까지 (310p B:1)

📍 오사카 국립국제미술관 #국제미술관 #피카소 #현대미술관

오사카시립 과학관 大阪市立科学館 추천
"우주와 에너지 직접 보고 느끼기"

우주와 에너지를 테마로 한 과학 박물관. 밤하늘을 생생하게 재현한 대규모 플라네타리움이 설치된 곳으로 유명하여 '플라네타리움 과학관'으로도 불린다. 직접 보고 즐기면서 배울 수 있는 체험형 전시물이 200여 점으로 지하 1층부터 지상 4층까지 별과 우주, 일상 속 화학, 전기 에너지 등의 테마를 다루고 있다. 플라네타리움(약 300엔~600엔) 이용시 사전 예약 필수 9:30~17:00 (310p B:1)

📍 오사카 과학관   #대형플라네타리움 #우주와에너지테마 #체험형과학관

오사카 나카노시마 미술관 大阪中之島美術館
"19세기-현대까지 6,000여 개의 작품을 선보이는 곳"

약 6,000개 이상의 예술 작품을 보유한 미술관. 19세기 후반부터 현대까지 세계의 대표적인 예술 작품을 전시하고 있다. 검은색 큐브 모양의 외관을 배경으로 고양이 동상 'SHIP'S CAT' 작품 앞에서 주로 인증 사진을 남긴다. 1층에 한국어 지원되는 티켓 발매기가 놓여 있어 간편하게 구매 가능. 특별 전시회 열리니 사전에 홈페이지를 확인하고 방문하길. 화~일 10:00~17:00, 월요일 휴관 (310p B:1)

📍나카노시마 미술관   #미술관 #현대예술 #특별전시

호코나가시바시 鉾流橋
"텐진마츠리 행사를 가까이서 바라볼 수 있는 다리"

📍Hokonagashi Bridge
#텐진축제 #나카노시마공원연결 #야경명소

일본 전통 축제인 텐진 축제와 연관된 다리. 매년 7월 24, 25일 열리는 텐진 축제에서 신에게 바치는 신성한 창을 강에 던지는 의식이 이루어지는 역사적 장소이기도 하다. 나카노시마 공원과 연결되어 꽃이 피는 계절에 방문 추천. 밤에는 다리에 조명이 켜져서 더욱 아름답다. (311p D:1)

타코야키 바루 토쿠지로 본점
たこ焼きバル徳次郎本店 [맛집]
"사장님, 여기 육수 뭐 써요?"

오리지널부터 창작 버전까지 다양한 유명 타코야키 전문점. 가장 인기 있는 메뉴는 시오마요네즈 맛 타코야키로, 신선한 문어와 비밀 레시피의 육수로 만든다. 타코야키와 함께 30종 이상의 다양한 일본 사케와 함께 즐길 수 있다. 카라아게도 인기 메뉴.

📍34.6898 135.4974
#타코야키 #현지인타코야키맛집 #히고바시역타코야키

오사카 다카무라 와인&커피 로스터스 [맛집]
"빈티지 와인과 로스팅 커피, 둘 다 마실 수 있어"

창고형 주류 판매점과 카페가 결합한 와인&커피 전문점. 전 세계에서 엄선한 다양한 와인과 신선하게 로스팅한 커피를 즐길 수 있다. 한국에서 구하기 힘든 빈티지 와인이 많은 곳으로 유명하며 가격 또한 비교적 저렴하여 인기. 나라별로 구역이 나누어져 있고 설명이 꼼꼼하게 적혀 있어 구매하기 편하다. 와인을 구매하면 무료 커피 쿠폰을 증정한다. 커피 드립백 약 3400엔. 수요일 휴무 (310p B:2)

📍타카무라 와인
#와인전문 #직접로스팅 #와인숍과카페

라멘 토리데 [맛집]
らーめん砦 京町堀店
"전날 술 마셨어? 그럼 해장해야지~"

해산물이 들어간 시원한 국물 라멘을 먹고 싶을 때 방문하기 좋은 곳. 조개 백탕 라멘(약 850엔)과 소금 새우라면(약 950엔)이 대표 메뉴로, 직접 면을 뽑아내는 곳이라 면발의 식감이 좋다. 특히 진한 감칠맛과 시원한 끝맛을 지니고 있는 육수로 인기. 면을 다 먹고 난 후 국물에 밥 말아 먹기 좋다. 근처 직장인들도 자주 찾는 맛집으로 소문났다. 현금만 가능한 자판기로 주문. (310p C:2)

📍 라멘 토리데
#해산물라멘 #자가제면 #현지직장인맛집

만후쿠 베이커리 맛집
まん福ベーカリー

"이동하느라 바쁘다면 여기서 식사 빵을 구매해 봐!"

야키소바빵, 샌드위치 등 식사 대용으로 좋은 빵 종류가 다양한 베이커리. 매장 내 섭취는 불가능하지만, 바로 앞에 키타하마 강이 흐르고 있어 빵 구입 후 피크닉 즐기기에 좋다. 밤 10시까지 영업해서 야식 구매하러 가기 좋다. 대표 인기 메뉴는 야키소바빵(약 210엔)과 카레빵(약 303엔). 짭짤하면서도 끼니 대용 빵을 찾고 있다면 추천. 매장은 협소한 편. 카드 결제 가능. 월요일 휴무

📍 만후쿠 베이커리
#식사빵 #야키소바빵 #밤10시까지

우츠보 공원 靭公園

"벚꽃, 조팝, 장미 여기 가면 다 모여있다!"

벚꽃과 조팝나무의 조합이 아름다운 도심 속 공원. 중앙에는 메인인 장미정원이 있고 야외 테니스 코트가 공원 절반가량 넓게 펼쳐져 있다는 점이 특징이다. 건물 5층 높이의 대형 가로수가 그늘을 만들어 주고 있고 공원 내 아이들 물놀이하기 충분한 작은 개울과 분수대가 있어 여름에 가족과 함께 방문하기 좋다. (310p C:2)

📍 우츠보 공원 #벚꽃명소 #대형테니스코트 #아이랑물놀이

오사카 과학 기술관 大阪科学技術館 추천

""어때요, 과학 참~ 쉽죠~?""

우주·과학·물리의 기초 이론을 어린이 눈높이에서 상세하게 다루고 있는 과학 기술관. 어린이들을 타깃으로 설치된 공간이나 어른들이 즐길만한 것도 다양해서 가족과 함께 방문해 보기 좋다. 패널 전시가 기본으로 드라이브 시뮬레이터, 퀴즈 테마 공간 등 체험할 수 있는 전시도 많다. 관람료 무료. 우쓰보 공원 바로 옆. 10:00~17:00 첫째 셋째 수요일 휴무 (310p C:2)

📍 오사카 과학기술관 #아이와 함께 #우주과학 #체험형전시

오사카성 주변

시간을 걷는 오사카성 산책

한 발 한 발 내딛는 순간, 과거와 현재가 맞닿는 특별한 시간이 시작되는 곳. 웅장한 천수각과 성벽, 그리고 푸른 잔디밭이 어우러진 오사카성은 도심 한가운데 펼쳐진 거대한 역사 정원 같아요. 성 주변을 산책하다 보면 마치 오래된 이야기 속을 걷는 듯한 설렘이 스며든답니다.

KEY WORD

- 천수각
- 오사카성 공원
- 벚꽃 명소

TO DO LIST

- 오사카성 고자부네에서 인면석 찾기
- 천수각에 올라 오사카 시내 조망하기
- 해자와 돌담 따라 산책하기
- 미라이자에서 기념품 구매하기
- 오사카성 로드트레인 탑승하기
- 극락교 위에서 오사카성 배경으로 사진 찍기
- 수상버스 아쿠아라이너 탑승하기

오사카성 해자

오사카성 사쿠라몬

오사카성 니시노마루 정원

미라이자 오사카성

수상버스 아쿠아라이너

오사카 비즈니스 파크

MAP
오사카성 한눈에 보기

가는 법 (천수각 기준)
- 모리노미야역에서 도보 18분
- 오사카조코엔역에서 도보 18분
- 모리노미야역 3B출구 앞

운영시간
매일 09:00~17:00 (마지막 입장 16:30)
12월 28일~1월 1일 휴관
벚꽃시즌, 골든위크는 1시간, 여름엔 2시간 연장

입장료
오사카성 공원 무료
천수각 600엔,
니시노마루350엔
중학생 이하 무료
주유패스 소지자 무료

교바시구지 출입구

천하제일의 황금선 '오사카조 고자부네'
오사카성 일대를 둘러보는 황금색 유람선

교바시구치마스가타 거석

각인석 광장 刻印石広場
(영주들의 이름이 새겨진 돌을 모아 전시한 곳.)

이누이야구라

오사카 영빈관 大阪迎賓館

★ 오사카 성
[Nakanoshima Park] 일본의 3대 명성으로 손꼽히는 성. 도요토미 히데요시가 세운 것을 도쿠가와 가문이 재건. 화려한 금장식으로 꾸며진 망루형 천수각으로 유명. 주유 패스 소지자 무료

히츠지사루 망루터

오사카성 니시노마루 정원
[大阪城 西の丸庭園] 오사카성을 가장 잘 볼 수 있는 정원

타임캡슐 EXPO'70
(1970년 오사카 엑스포 개최 기념 5,000개의 타임캡슐)

오사카 성 센간야구라 千貫櫓
(오사카 성내에서 가장 오래된 망루 중 하나)

오오테몬 타몬야구라
(오사카성의 주요 방어시설)

다고 (오사 가장

오사카 성 사쿠라 몬 桜門 (오사카성 정문)

오사카 성 오오테몬
[大手門] 일본 중요 문화재로 지정된 오사카성 정문

슈도칸 (무도관)

다니마치욘초메역 9번 출구에서 오사카 성 오오테몬까지 도보 8분 600m

오사카 성 미나미 소토보리
(오사카성의 남쪽 바깥 해자)

오사카 성 주요 스팟

1. 천수각
오사카성 중심의 거대한 탑이자 망루. 8층은 전망대로 운영

2. 니시노마루 정원
천수각 사진 찍기 좋은 잔디 정원. 봄에는 벚꽃 명소로 인기

3. 사쿠라몬
천수각으로 들어가는 문

4. 외호, 내호
성을 둘러싼 이중 해자. 적의 침입을 막기 위한 인공호수이다.

우치보리
(오사카성 내부 해자)

오사카 성 극락교
(오사카 성 북쪽의
역사적인 다리)

도요토미 히데요리 및
요도도노 자결의 지 석비
(도요토미 히데요리와 그의
어머니 요도도노가 자결한 장소)

오사카 성 홀
[大阪城ホール]
벚꽃이 가득한
오사카성 기념 홀

아오야몬 青屋門

어른1200엔, 대학생 및 고교생 600엔
중학생 이하 무료. 오사카 주유패스
천수각 무료

오사카 성 천수각
[大阪城天守閣] 오사카성의 역사와
경관을 품은 전망대 겸 박물관

오사카 성 공원
[大阪城公園] 오사카의 랜드마크인
오사카 성을 중심으로 조성된 공원

미라이자
[Miraiza Osaka-jo, ミライザ大阪城]
박물관 건물로 사용하다 현재, 식당, 카페, 기념품점
등으로 활용. 1층 전시실에서 오사카성에 관련된
전시를 무료로 감상할 수 있다. 2,3층에는 프렌치,
이탈리아 레스토랑 입점.

시노비야 오사카성점
忍屋 大阪城店
(닌자 테마 기념품 가게)

타마츠쿠리구치
출입구

호코쿠 신사
[大阪城豊國神社] 도요토미
히데요시 위패가 있는 신사

오사키 성 음악당
[大阪城音楽堂] 오사카성
공원에있는 야외 콘서트장

도요토미히데요시와 오사카성

도요토미히데요시는 누구?
낮은 신분에서 시작해 일본의 전국시대를 통일하고 최고 권력자의 자리에 오른 인물. 권력과 부를 과시하기 위해 거대하고 화려한 성, 오사카성을 축조. 통일 후 조선을 침략하여(임진왜란) 명나라까지 정복하려 했고, 이 전쟁으로 수많은 조선 민중이 희생되고 국토가 큰 피해를 입었다. 특히 도공 납치, 문화재 약탈, 인명 피해가 막대해 한국 역사에서 부정적인 인물로 각인되어 있다. 일본에서는 근세 통일의 영웅으로 기려지지만, 한국에서는 침략 전쟁을 일으킨 가해자이자 큰 상처를 남긴 존재로 평가된다.

1583년 오사카성 축조
1592년 임진왜란 발발
1615년 이에야스에 의해 오사카성 함락 소실
1931년 천수각 재건

오사카성에 남은 히데요시의 흔적

천수각
히데요시가 지은 원래의 천수각은 외벽이 황금장식으로 화려하게 꾸며졌었다고 한다. 현재의 천수각은 화재소실 이후 복원된 것

황금 다실
천수각 내부에 복원되어 있는 다실. 벽부터 다기까지 모두 황금으로 만들어져 있다. 히데요시의 부를 보여주는 예

호코쿠 신사
히데요시를 신으로 모시는 신사

사쿠라몬
성의 정문. 문의 거대한 돌은 전국의 다이묘(영주)의 충성을 증명을 위해 받아냈던 것. 당시 히데요시의 절대권력을 볼 수 있다.

5. 오테몬
오사카성의 정문, 고려시대에 전해진 건축양식으로 지어졌다.

6. 고쿠라쿠바시
천수각 북쪽다리로 풍경이 아름다운 인기 포토존

7. 미라이자 오사카성
구 오사카 시립 박물관 건물에 들어선 복합 공간

8. 고자부네 놀잇배
20분간 내호를 구경하는 뱃놀이 체험. 고쿠라쿠바시 옆 매표소에서 티켓팅

오사카 오사카성 주변

오사카 성 오오테몬 大手門
"오사카성을 든든하게 지키는 7m의 정문"

높이 약 7미터의 오사카성 대형 정문. 좌우는 '소토보리'라고 하는 해자가 지나고 있으며, 잘 가꿔진 소나무가 그 앞을 꾸미고 있다. 도쿠가와 막부의 성으로 다시 지어졌음을 나타내는 '접시꽃 문양'과 야간 한정 감상할 수 있는 조명은 꼭 찾아봐야 할 포인트. 오오테몬을 둘러싸고 있는 흙담과 함께 일본 중요 문화재로 지정되어 있다. (328p C:2)

📍 오오테몬
#대형문 #접시꽃문양 #야간조명

오사카 성 大阪城 [추천]
"오사카 하면 떠오르는 '흰색 성'"

성을 둘러싼 해자와 공원의 경관이 아름답기로 유명한 오사카 대표 랜드마크. 약 3,000그루의 벚꽃나무가 있어 벚꽃 명소로 손꼽힌다. 청록색과 하얀색의 대비, 황금 장식들이 더해져 눈에 띄는 외관으로, 해자 위에 지어진 석벽으로 인해 더욱 높아져 먼 곳에서도 한눈에 들어온다. 웅장한 크기의 성 주변으론 부속된 사원, 공원, 카페, 편의점 등이 자리하고 있다. (328p C:2)

📍 오사카 성 #벚꽃명소 #전망대 #역사스팟

오사카 성 사쿠라 몬 桜門
"도요토미가 벚꽃을 심은 문"

천수각으로 들어가는 입구. 전해 내려오는 이야기에 따르면 도요토미 히데요시가 벚꽃을 심은 장소라 하여 '사쿠라몬'이라는 이름이 붙여졌다고 한다. 실제로 문 주변으로 벚꽃길이 조성되어 있어 봄에 더욱 아름답다. 문 양쪽에 자리한 거대한 석벽 앞에서 기념사진 남기는 이가 많다. (328p C:2)

📍 오사카 사쿠라몬
#오사카성정문 #천수각입구 #벚꽃명소

오사카 성 천수각 大阪城天守閣
"도요토미의 시선에서 바라보는 오사카 뷰"

도요토미 가문의 역사와 일본 전국시대에 대한 전시가 진행되는 탑. 16세기 일본의 성곽 건축을 대표하는 유서 깊은 건물이다. 최상층 8층 전망대를 방문하면 오사카 시내와 주변 경관을 감상할 수 있어 인기. 특히 벚꽃이 피는 봄엔 늘 관광객으로 북적인다. 리모델링 이후 건물 5층까지 엘리베이터를 통해 이동할 수 있게 되었다. 성인 600엔. 입장마감 16:30 (329p D:2)

📍 오사카 성 천수각
#16세기건축 #도요토미 #성전망대

오사카 성 극락교 極楽橋
"오사카성+해자+공원까지 파노라마로"

오사카 성 천수각으로 향하는 주요 다리 중 하나. 에도 시대에 존재했던 다리를 복원한 것으로, 당시의 건축 요소를 확인할 수 있다. 특히 오사카 성을 둘러싼 해자와 2만여 평의 공원을 바라볼 수 있는 스팟으로 유명. 다리 위에서 오사카성을 배경으로 사진 촬영하는 이가 많다. 봄에는 벚꽃이, 가을에는 단풍이 어우러져 더욱 운치 있다. (329p D:1)

📍 Gokuraku-bashi
#오사카성 #랜드마크다리 #산책코스

우치보리 内堀
"푸른 물 위로 투영된 벚꽃과 오사카성"

오사카성 내부 해자로, 성의 방어 기능을 담당했던 중요한 구조물. 푸른 물과 함께 웅장한 성벽을 감상할 수 있는 명소다. 특히 해자에 투영된 벚꽃과 오사카성을 촬영할 수 있어 인기. 보트를 타고 가까이에서 감상하거나 성을 둘러싸고 있는 산책로를 따라 걸어보길 추천한다. (329p D:1)

📍 Inner Moat
#오사카성 #산책코스 #해자

오사카 성 센간야구라 千貫櫓
"오사카성을 지켜낸 망루 중에 내가 가장 큰 어른이지요"

오사카 성내에서 가장 오래된 망루로 알려진 곳. 1620년에 건축되었으며 오사카성의 정면(오테구치)를 지키는 전략적 요충지 역할을 했다. 성벽 위에 위치해 있어 규모가 더욱 크고 웅장하게 느껴진다. 내부 개방 시기에는 총구를 통해 오사카 성을 바라보거나 당시 사용되던 총을 들고 겨냥해 볼 수 있다. (328p C:2)

📍 센간야구라
#오사카성요충지 #오래된망루 #내부견학

각인석 광장 刻印石広場
"오사카성 건설에 참여한 다이묘들"

오사카성 천수각 건설 당시, 건설을 담당했던 각 지방의 다이묘(영주)들의 이름을 새긴 돌이 모여있는 광장. 모양과 크기가 각각 다른 돌덩이가 스톤헨지처럼 놓여 있다. 당시 영향력이 강했던 다이묘 가문의 문장을 살펴볼 수 있는 기회. 극락교에서 천수각으로 향하는 길을 따라 자리하고 있다. (328p C:1)

📍 Display of Engraved Stones
#각인석 #다이묘 #성벽돌

다고이시 桜門枡形의 巨石
"돌이 엄청 커,, 무게는 100톤이 넘는대,,"

오사카 성의 성벽을 구성하는 거대한 돌 중 하나. 사쿠라몬을 지나 정면에 자리하고 있으며, '오사카 성에서 가장 큰 돌'로 유명하다. 무게는 약 108톤 이상으로 추정되며, 도요토미 히데요시 시대부터 사용된 것으로 알려져 있다. 거대한 화강암 벽과 같으며 크기에 압도당하는 느낌을 준다. (329p D:2)

📍 다고이시
#역사적명소 #성벽 #거대한돌

호코쿠 신사 豊國神社
"출세 놓칠 수 없다면, 도요토미 위패가 있는 곳"

1800년대 지어진 신사로 오사카성 공원 안 도요토미 히데요시와 그의 아들 도요토미 히데요리의 위패가 있는 곳. 천수각 앞쪽 연녹색 지붕을 찾아가면 된다. 본전 앞엔 출세를 바라는 사람들의 기원문들이 곳곳에 매달려 있다. 신사 입구에 새빨간 목제 토리이가 아닌 하얀색 석재 토리이가 서 있다는 점이 특징으로 마당 한가운데 도요토미 동상이 놓여있다. (329p D:2)

📍 호코쿠 신사 #도요토미위패 #흰색토리이 #출세기원

미라이자 오사카성 ミライザ大阪城 추천
"일왕의 귀빈실에서 만끽하는 만찬"

1930년대 쇼와 초기의 모던한 건축 양식을 엿볼 수 있는 건물. 쇼핑센터로 개조 후 사용하고 있다. 오사카성 천수각을 가까이 감상할 수 있는 루프탑 테라스 레스토랑이 운영되고 있으며, 과거 일왕을 맞이하던 귀빈실을 리노베이션한 이탈리안 레스토랑에서 특별한 식사를 즐길 수도 있다. 표창 던지기 체험, 카이요도 피규어 전시회, 기념품 상점 등 볼거리가 다양하다. 9:00~17:30 (329p D:2)

📍 미라이자 오사카성
#쇼핑센터 #쇼와건축물 #천수각뷰레스토랑

카이요도 피규어 뮤지엄 미라이자 오사카 성
"오사카성 지하 1층엔 장난감이 살고 있어"

피규어 및 각종 모형을 제작하는 일본 회사 카이요도의 피규어를 테마로 한 박물관. 리노베이션한 오사카성의 지하 1층에 위치하고 있다. 40년 이상 제작한 3,000여점의 피규어를 전시하고 있다. 이중에 100종류는 뮤지엄샵에서 구매할 수 있다. 입장 시 캡슐 자판기(가챠폰)용 코인 제공. 오사카 주유 패스 소지 시 무료 입장. 성인 1,000엔. 09:30~17:30 (329p D:2)

📍 카이요도 피규어 뮤지엄 미라이자
#피규어박물관 #피규어 #주유패스무료입장

아오야몬 青屋門
"오사카성 동쪽부터 둘러보려면 이 문을 지나야 해"

오사카성의 동문. 검은색 문을 지니고 있으며 과거 오사카 전투 당시 중요 방어 거점으로 사용되었다고 한다. 건축은 1620년으로 알려져 있으며, 2차 세계대전 시기 공습으로 인해 소실된 후 현재의 모습은 1969년 재건된 것이다. 사쿠라몬보다 방문객이 적어 한적한 분위기. 종종 매와 부엉이가 관찰되기도 한다. 문을 통과하면 오사카성 동쪽 정원과 연결. (329p D:1)

📍 아오야몬
#오사카성동쪽문 #검은색 #정원과연결

오사카 성 공원 大阪城公園
"오사카성 셔틀버스 타고 볼래, 배 타고 볼래?"

오사카 성을 여유롭게 감상하기 좋은 공원. 조깅 코스와 자전거 도로가 잘 정비되어 있어 현지인 운동 장소로도 인기 있다. 모리노미야역 앞에서 300엔 셔틀버스를 타면 편하게 공원을 둘러볼 수 있으며, 좀 더 색다른 경험을 즐기고 싶다면 오사카 성 해자를 순항하는 고자부네(뱃놀이)에 탑승할 걸 추천. 주유패스를 소지했다면 무료로 이용할 수 있다. (329p D:2)

📍 오사카 성 공원
#성관람스폿 #고자부네뱃놀이 #셔틀버스

R Baker 오사카 성 공원점 맛집
"카레빵 금상 수상에 빛나는 브런치 맛집"

2022년 '카레빵 그랑프리'에서 금상을 수상한 베이커리 카페. 일본산 쌀가루를 사용하여 만든 다양한 빵을 선보인다. 베이글, 단팥빵, 크루아상, 멜론빵 등 종류가 다양하며, 그 중에서도 토마토 베이스의 카레와 바삭한 튀김 소보로가 어우러진 카레빵(약 380엔)은 한 끼 식사로도 충분하다. 수프 또는 샐러드와 함께 세트 메뉴로 주문하여 브런치로 즐기기에도 좋다. 오사카성 공원 내 위치

📍 R Baker 오사카 성 공원점
#카레빵그랑프리금상 #쌀가루빵 #토마토카레빵

오사카 성 미나미 소토보리(남측 바깥 해자) 南外濠
"75m 길이의 해자를 배경으로 찰칵!"

니시노마루 정원 西の丸庭園 추천
"오사카성 천수각 엽서 사진 여기서 찍을 수 있을걸?"

오사카 오사카성 주변

오사카 성의 천수각을 정면에서 완벽하게 바라볼 수 있는 공원. 봄에 벚꽃 명소로도 유명한 곳으로, 나무로 둘러싸인 잔디밭과 오사카성의 돌담이 어우러진 벚꽃 사진을 남길 수 있다. 비교적 붐비지 않고 차분한 분위기 속에서 벚꽃놀이할 수 있어 매력적. 벚꽃 시즌엔 야간 라이트업 진행되니 참고. 오사카성 오오테몬을 통과하면 빠르게 도착할 수 있다. 성인 200엔 (벚꽃시즌 350엔). 9:00~17:00 (328p C:2)

📍 니시노마루 정원 #벚꽃명소 #천수각포토스폿 #벚꽃피크닉

오사카성의 남쪽 바깥 해자로, 적군의 침입을 막기 위해 성 주변을 둘러싸도록 설계되었다. 75m의 거대한 해자에 물이 가득 차 있으며, 주변은 벚꽃 산책로로 조성되어 있어 아름다운 경관을 자랑한다. 해자 위를 유유히 떠다니는 오리들과 거대한 성벽을 배경 삼아 함께 사진 촬영하기 좋다. (328p C:3)

📍 오사카 성 미나미 소토
#해자 #방어시설 #벚꽃산책로

오사카성 고자부네 놀잇배
御座船乗り場 추천
"화려한 금빛 놀잇배로 둘러보는 오사카 성"

로드 트레인 모리노미야역
ロードトレイン森ノ宮駅
"칙칙 폭폭~ 오사카성 지나가요~"

전통 놀잇배를 타고 천수각을 다각도로 감상할 수 있는 이색 체험. 오사카성의 귀문을 지키는 인면석 찾기 미션, 오사카성 가까이에서 포토타임을 가지며 약 20분 정도 뱃놀이가 진행된다. 놀잇배 내부는 전부 금박으로 장식되어 있어 석양이 비치면 금빛으로 빛난다. 티켓은 로손 편의점이 위치한 매표소에서 구매할 수 있으며, 선착순으로 매진이 빠르다. 성인 1,500엔. 10:00~16:30 (328p C:1)

📍 고자부네
#전통놀잇배 #금박장식 #천수각감상

오사카 공원 내를 이동하는 미니 기차. 오사카 성 부지가 매우 넓은 편이라 이용하는 걸 추천한다. 공원 곳곳에 정거장이 마련되어 있어서 동선에 따라 편한 곳에서 탑승/하차할 수 있다. 고자부네 뱃놀이 티켓 판매소 앞에도 정차한다. 운행 시간은 계절별로 상이. 티켓 자판기에서 표 구매 후 이용. 현금 결제만 가능. 성인 편도 편도 400엔 (329p E:3)

📍 Road Train Ticket Machine
#미니기차 #오사카성내부기차 #교통수단

시노비아 오사카성점
忍屋 大阪城店
"전생에 닌자였다고 생각되면 손! 수리검 던져보세요~"

닌자 테마의 기념품 가게. 카타나 칼, 닌자 수리검, 게이샤 향수 등 다양한 소품을 판매한

나니와궁 터 공원 難波宮跡
"옛 오사카 궁의 모습 상상하며 걷기"

다. 사케 초콜릿, 말차 롤 등 선물 포장된 디저트도 함께 판매. 오사카성 테마의 기념품도 취급하고 있다. 이색 경험으로 제격인 수리검 던지기 체험도 가능하며 닌자 복장을 입고 있는 직원과 함께 기념사진을 남길 수도 있다. (329p D:2)

📍 시노비야 오사카성점
#닌자 #기념품 #수리검

요시토라 [맛집]
鰻割烹 吉寅
"100년 역사 지닌 전통 장어 요리"

사카이스지혼마치에 위치한 전통 장어 요리 전문점. 100년 이상의 역사를 자랑하는 노포다. 대표 메뉴는 우나쥬 장어 덮밥(약 5940엔). 단맛이 적고 풍미가 깊은 장어 맛이 특징이다. 고급 쌀을 이용해서 밥맛까지 좋다. 가격이 비싸지만 후회없는 맛을 보장한다. 자그마한 정원이 딸린 일본식 가옥에서 정갈한 한 끼를 경험할 수 있다. (311p E:2)

📍 요시토라
#장어덮밥 #100년전통 #일본식정원가옥

고대 오사카 궁을 상상하며 산책하기 좋은 공원. 현재는 대극전 터만 남아있으며, 드넓은 잔디밭에 벚나무가 어우러져 숨은 피크닉 명소로 주목받고 있다. 또한 고대 오사카를 방문했던 한반도 사절단의 행렬을 재현하는 행사 '사천왕사 왔소'의 주무대이기도 함. 축제 기간엔 한국 전통 공연부터 한복 체험, 한식 먹거리 부스 등 다채로운 행사가 펼쳐진다.

📍 나니와궁 터 공원   #궁터 #왔소축제 #벚꽃피크닉

모리노미야 큐즈몰 베이스
もりのみやキューズモールBASE
"옥상에서 계주 경기 가능한 쇼핑몰"

'AIR TRACK'으로 불리는 300m 길이의 옥상 달리기 트랙이 상징적인 복합 쇼핑몰. 기존에 닛산 경기장이었던 곳이라 이 점을 살려 실내 암벽장, 스포츠 클럽 등이 입점해 있다. 쇼핑몰 중앙 잔디광장에서 종종 이벤트가 펼쳐

지고 한식당이 있어 집밥 그리울 때 방문하기 좋다. 비빔밥, 냉면, 삼겹살이 생각난다면 찾아가 볼 것 (329p E:3)

📍 모리노미야 큐즈몰 베이스
#스포츠문화공간 #옥상달리기트랙 #한식당입점

프랜드십 [맛집]
洋食とビール フレンドシップ
"여기는 오므라이스를 꼭 먹어봐야 해!"

오므라이스, 카레, 버거 등 서양식 요리점. 대표 메뉴인 오므라이스는 부드러운 달걀과 감칠맛 나는 데미그라스 소스가 압권이다. 함박스테이크나 튀김을 주문해서 밥과 함께 먹는 정식 메뉴도 다양하다. 특히 흰살 생선 튀김은 바삭하고 고소해서 인기가 많다. 크림 고로케와 새우 튀김도 사이드 메뉴로 추천한다. 점심시간에는 대기 필수. 현금 결제만 가능하다. 메뉴당 1000엔 내외

📍 프랜드십
#오므라이스맛집 #양식 #생선튀김

오므 비루 OMMビル
"옥상을 올라가지 않았다면 핵심을 놓친 것"

옥상 정원에서 오사카성과 야경을 감상할 수 있는 22층 규모 비즈니스 센터. 사쿠라노미야 공원의 벚꽃길과 텐진 축제의 불꽃놀이가 잘 보이는 명소로도 소문났다. 주로 오사카 다과회, 토속주 시음회 등 전시회가 열리는 공간으로 지하 1층과 2층엔 햄버거, 스시, 스테이크 등 가성비 좋은 식당가가 입점해 있다. 단 주말엔 휴무인 곳들도 있다.

📍 OMM
#옥상정원 #전시회 #가성비식당가

오사카 수상버스 아쿠아라이너
大阪水上バス アクアライナー
"오사카성 꽃놀이, 수상버스도 좋은 선택이야"

하치켄야하마 선착장 八軒家浜船着場
"텐마바시 행 수상버스 지금 출발합니다"

오사카 오사카성 주변

약 50분간 오사카 관광지를 순항하는 수상버스. 저상형이라 눈높이에서 수면을 바라볼 수 있다는 점이 특징이다. 오사카성, 오사카 중앙공회당, 오사카 조폐국 등 유명 건축물부터 텐마바시, 요도야바시 등 시내 주요 다리를 지난다. 봄에는 오사카 성 주변 벚꽃길을 둘러보는 꽃놀이 크루즈 한정적으로 운영. (3월 말~4월 초) 오사카 주유패스로 무료 탑승 가능. 성인 2000엔. 10:00~16:00 (329p E:1)

📍 오사카 아쿠아라이너
#수상버스 #벚꽃구경 #주유패스무료

텐마바시에서 출발하는 수상버스를 탑승할 수 있는 선착장. 오사카성을 비롯해 나카노시마 공원, 오사카 시립 중앙공회당 등을 강 위에서 감상할 수 있다. 매년 봄 벚꽃 시즌엔 시즌 한정 벚꽃 크루즈가 운항하며, 약 25분간 벚꽃 명소를 둘러본다. 보통 1~2,000엔 정도의 비용이 발생하나 오사카 주유패스 사용 시 무료 탑승 가능. 10:00-19:00

📍 Osaka Suijyo Bus Temmabashi Best View Cruise
#수상버스선착장 #벚꽃크루즈 #주유패스무료

도쿠마사 得正 森ノ宮店 `맛집`
"집히 기리스 듬뿍 미금은 쫄깃한 우동면"

오사카성 근처에 위치한 카레우동 전문점. 진하고 매콤한 일본식 카레가 특징이다. 대표 메뉴는 '소고기 카레우동(약 900엔)'으로, 부드러운 소고기 토핑에 쫄깃한 우동 면발과 풍부한 카레 소스가 환상적인 조화를 이룬다. 다양한 토핑을 추가할 수 있는 옵션이 있어 취향에 맞게 즐길 수 있다. 일본 현지의 진한 카레 우동을 맛보고 싶다면 추천. 한국어 메뉴판 있음. 현금 결제만 가능. 월요일 휴무

📍 도쿠마사 모이노미야점
#소고기카레우동 #카레우동 #오사카성

오사카 역사박물관 大阪歴史博物館 `추천`
"오사카의 고대 문명부터 메이지 시대까지 한눈에"

오사카의 과거부터 현대까지의 역사를 담은 박물관. 고대 스미요시 시대부터 도요토미 히데요시가 건설한 오사카 성, 메이지 시대의 근대화 과정까지 변화상을 생생하게 보여준다. 특히 세세한 디테일까지 살린 축소 모형 전시가 인상적이다. 근대 시대 거리를 재현한 7층 공간도 포토 스팟으로 인기. 10층부터 시작해 아래층으로 이동하며 전시를 관람하는 방식. 성인 800엔. 9:30-17:00 (328p B:3)

📍 오사카 역사박물관 #역사전시 #근대거리포토스폿 #문화공간

이즈미 홀 住友生命いずみホール
"공연의 근사함을 더해주는 파이프 오르간과 샹들리에"

화이트 파이프 오르간과 커다란 샹들리에가 멋스러운 공연장. 유럽풍의 인테리어가 돋보이는 곳으로 오페라, 현악기의 트리오 공연, 피아노 연주회 등 클래식 음악 공연이 주로 열린다. 1층 비엔나 숍에서 오페라의 오리지널 굿즈부터 스와로브스키를 사용한 악기 액세서리, 오스트리아 직수입 물건을 판매 중. 이곳에서만 구할 수 있는 클래식 CD도 있다. (329p F:1)

📍 이즈미 홀
#파이프오르간 #유럽풍 #클래식음악

타마츠쿠리성당 大阪高松カテドラル聖マリア大聖堂
"한국어 미사가 진행되는 가톨릭 성당"

오사카를 대표하는 가톨릭 성당. 일본 화가 도모토인쇼의 그림으로 장식된 벽과 멋스러운 스테인드글라스 창문이 어우러져 있는 내부 인테리어가 주요 관람 요소. 미사 시간이 아닌 경우에는 내부 관람이 제한될 수 있는 점 참고. 종종 한국어 미사도 진행한다고 하니 공식 홈페이지에서 일정 확인 후 방문해 볼것.

📍 타마츠쿠리성당 #가톨릭 #스테인드글라스 #한국어미사

유람선 가모메 御舟かもめ [추천]
"10인승 미니 보트 타고 누비는 오사카 강"

오사카 성, 사쿠라노미야 공원, 오사카 비즈니스 파크 등 오사카 주요 명소를 지나는 보트 투어. 정원 10명 규모의 아담한 보트를 타고 오사카 강을 따라 이동한다. 자유롭게 맥주나 사케 등 간식을 챙겨 탑승할 수 있으며, 신발을 벗고 갑판에 앉아 무료 녹차를 마실 수도 있다. 이벤트를 위해 통째로 빌리는 것도 가능. 공식 사이트에서 사전 예약 필수. 약 한 시간 코스. 성인 4000엔. 09:00-18:00 (328p A:1)

📍 Ofune Camome   #미니보트투어 #이벤트유람선 #석양코스

슈하리 [맛집]
手打蕎麦 守破離 谷町店
"미슐랭 1스타, 직접 뽑은 메밀면의 쫄깃함"

오사카성에서 도보 10분 거리에 위치한 자가제면 소바 전문점. 미슐랭 원스타 맛집이다. 대표 메뉴는 튀김을 곁들인 온소바와 오리고기 소바로 알려진 카모난반 소바(약 1580엔). 깊은 국물 맛과 함께 직접 뽑은 메밀면의 쫄깃함을 제대로 느낄 수 있다. 소바 면을 직접 만드는 모습을 구경할 수 있다. 웨이팅을 피하려면 오픈런을 추천한다. QR 로 주문하며 한국어 지원이 된다.

📍 슈하리
#오리고기소바 #특이한소바 #웨이팅필수

후지타 미술관 藤田美術館
"돈 많은 수집가가 자랑하는 도자기 컬렉션"

메이지 시대 사업가 후지타 덴자부로와 그의 아들들이 수집한 작품을 전시한 작은 미술관. 1954년 개관하여 70년 역사를 자랑한다. 국보급 도자기와 다도구 컬렉션으로 유명하며 일본 전통 미술품을 위주로 선보이고 있다. 호지차와 당고를 맛보며 잠시 쉬어갈 수 있는 정원 뷰 카페도 함께 운영. 성인 1000엔. 10:00-18:00

📍후지타 미술관　#미술관 #일본전통미술품 #정원뷰카페

후지타 공원 藤田邸跡公園(旧藤田邸庭園) 추천
"조폐국 벚꽃길 구경했으면 여기 정원도 들려봐~"

후지타 가문의 저택이 있던 자리에 조성된 아름다운 일본식 정원. 벚꽃 명소인 조폐국 맞은편에 있는 공원이라 봄에 방문하기 좋다. 공원에 있는 후지타 미술관을 관람하고, 연못을 따라 산책을 즐겨보길 추천. 무료로 개방된 곳이라 부담 없이 방문하기 좋다.

📍후지타 공원　#벚꽃명소 #후지타미술관 #조폐국맞은편

코바토빵 공장 맛집
コバトパン工場
"코페빵, 눈부터 먹어주겠어~"

빵 사이에 다양한 재료를 넣고 입과 눈을 그린 '표정 코페빵'이 시그니처 메뉴인 베이커리. 콩가루를 듬뿍 뿌려 튀긴 '아게코페'도 인기 메뉴다. 같은 맛의 빵이라도 작은 사이즈와 큰 사이즈 두 가지로 판매하여 원하는 양에 따라 선택할 수 있는 것이 특징. 여름에는 시원한 아이스크림이 들어간 빵을 출시한다. 테이크아웃만 가능하나, 날씨가 좋을 땐 야외 테이블을 마련해준다. 코페빵 290엔 부터. 수요일 휴무

📍코바토빵 공장
#코페빵 #아이스크림빵 #테이크아웃

톤타 とんかつ とん太本店 맛집
"대형 새우튀김은 단골들이 찾는 별미라네~"

오사카성 북쪽에 자리한 돈카츠 전문점. 가성비 맛집이라 점심시간에는 현지인들로 북

오사카 오사카성 주변

오사카 오사카성 주변

적인다. 육즙이 풍부한 돼지고기와 바삭한 튀김옷이 조화로운 맛을 낸다. 카레 소스도 진하고 맛있어서 카레 가츠(약 950엔)를 주문하는 것도 추천한다. 큼직한 새우 튀김도 단골들이 즐겨 찾는 별미 중 하나. 밥과 양배추 샐러드는 무제한 제공된다. 실내는 현지 노포 분위기다. 영어 메뉴판 제공. 현금 결제만 가능

📍 **톤타**
#오사카성근처노포 #현지인맛집 #돈카츠

Kyorochan 맛집
キョロちゃん

"평일 저녁도 만석이 일쑤인 야키니쿠 전문점"

모리노미야역에서 도보 5분 거리에 있는 숯불 야키니쿠 전문점. 고품질 고기를 합리적인 가격에 제공한다. 대표 메뉴는 '상 우설 파 듬뿍'과 '갈비살'로, 신선한 고기와 숯불 향이 어우러져 깊은 풍미를 자랑한다. 내부는 아담하지만 따뜻한 분위기. 직원들이 친절해 현지인들에게도 인기가 많다. 평일 저녁에도 만석이 되는 경우가 많다. 타베로그로 예약 가능

📍 **Kyorochan**
#가성비와규 #갈비살맛집 #우설맛집

오츠키 노가쿠도 극장 公益財団法人大槻能楽堂

"1935년부터 쭉 이어온 전통 공연 무대"

전통 노가쿠(일본 전통 연극) 공연을 지속적으로 개최하는 극장. 1935년에 개장하여 오랜 역사를 자랑한다. 옛 목조 건축물의 모습을 유지한 채 무대 장치도 전통 방식을 고수하고 있어 문화적 가치가 높다. 입장료는 공연에 따라 상이. 공식 사이트에서 온라인 예약 필수. 공연 입장료 4000~7000엔

📍 **Otsuki Nogaku Theater** #노가쿠 #일본전통연극 #능악당

토요 居酒屋とよ 맛집

"토요 할아버지, 불 쇼 멋져요!"

오사카 교바시에 있는 이자카야로 넷플릭스 '길 위의 셰프들'에 나왔던 음식점으로 유명하다. 토요 할아버지의 불쇼로 인기가 많은데, 참치 볼살을 주문하면 맨손으로 요리하는 불 쇼를 눈으로 즐길 수 있다. 참치 사시미, 성게 군함, 장어 구이, 메로 구이 등이 인기 메뉴다. 웨이팅 필수이며 간이 테이블만 있어서 서서 먹어야 한다. 현금 결제만 가능. Lean Tuna 약 2400엔. 월,목,일 휴무

📍 **토요**
#길위의셰프들맛집 #참치볼살 #불쇼

신사이바시

명품과 트렌디함이 어우러진 패션 메카

당신이 찾고 있던 그 물건, 어쩌면 신사이바시에서 만날지도 몰라요. 길게 뻗은 아케이드와 독특한 편집숍, 샤넬·루이비통·티파니 같은 명품 브랜드 매장까지 쇼핑의 설렘이 가득한 거리거든요. 오사카의 젊음과 최신 유행을 제대로 느끼고 싶다면 신사이바시로 뛰어들어야겠죠?

KEY WORD

- 미도스지 거리
- 아메리카무라
- 아케이드 상점가

TO DO LIST

☐ 오렌지 스트리트에서 빈티지 희귀템 찾기
☐ 미도스지 일루미네이션 감상하기
☐ 아메리카무라 삼각공원에서 라이브 공연 보기
☐ 파르코 백화점에서 캐릭터 굿즈 쇼핑하기
☐ 미나미호리에서 오코노미야키 먹기
☐ 아케이드 상점가에서 최신 유행 아이템 찾기
☐ 다이마루 백화점에서 명품 쇼핑하기

오렌지스트리트
아메리카무라의 미쓰공원
신사이바시스지 상점가
미나미 호리에

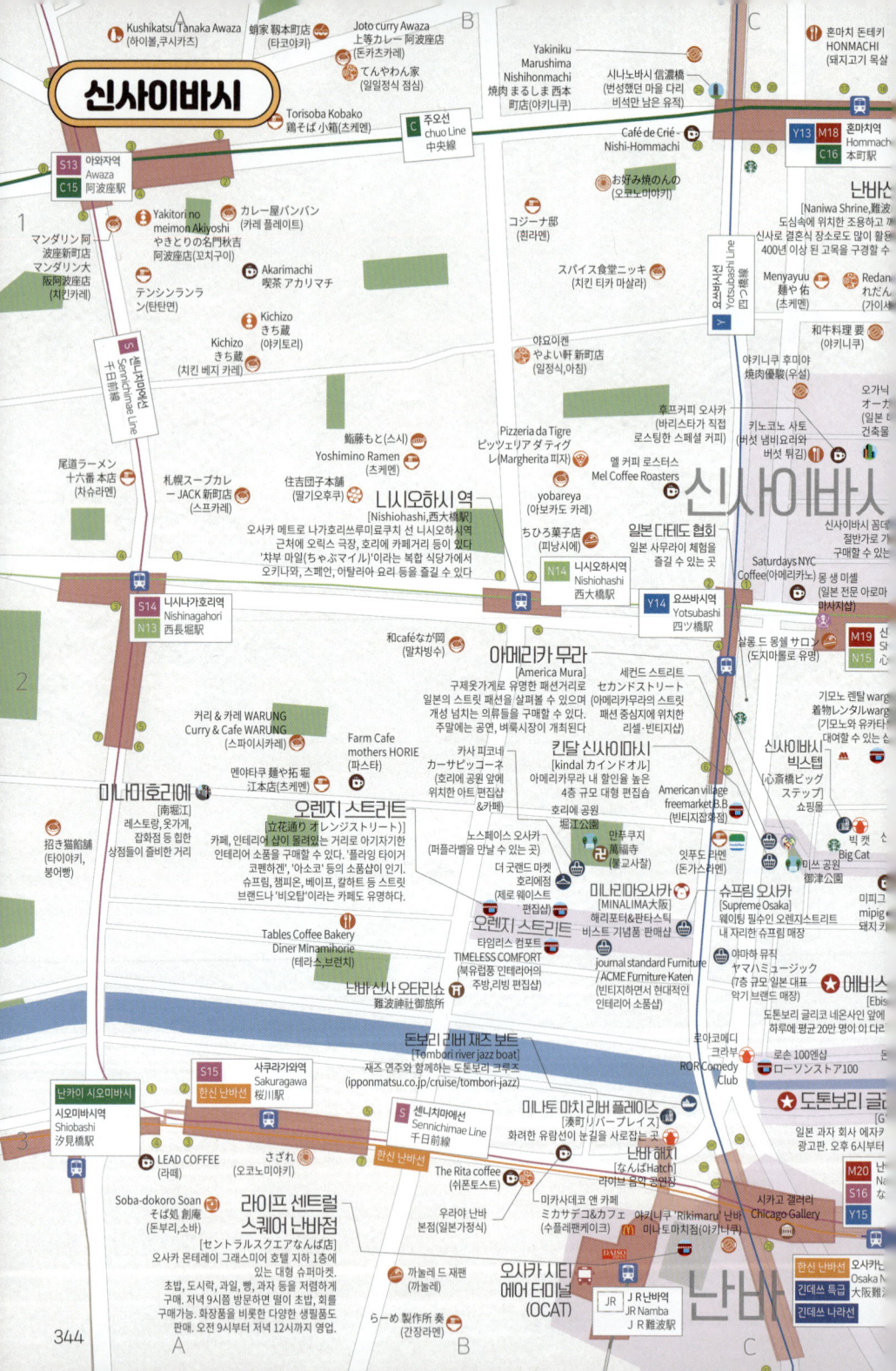

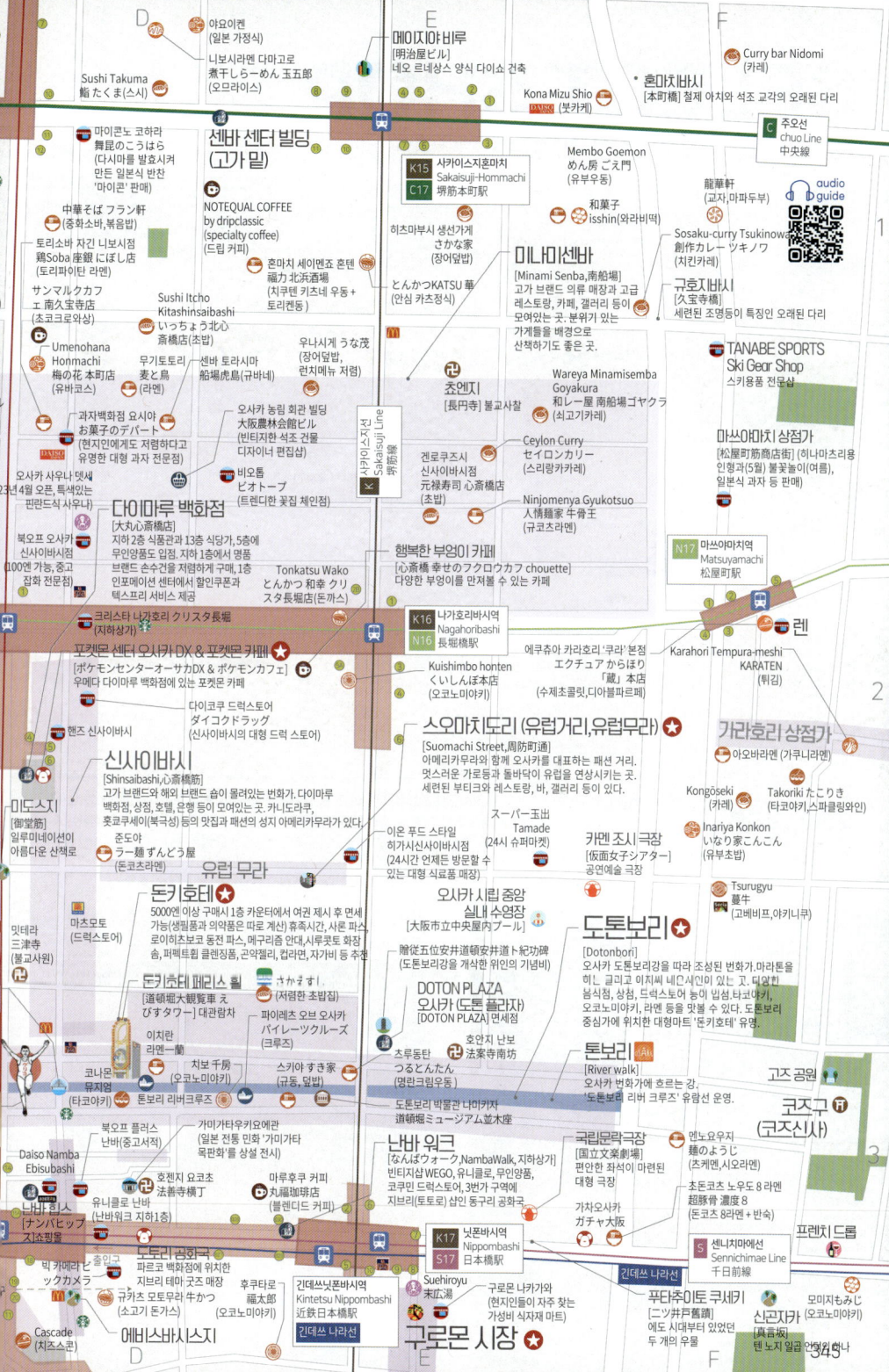

SELECT SHOP
오사카의 힙한 로컬 편집샵

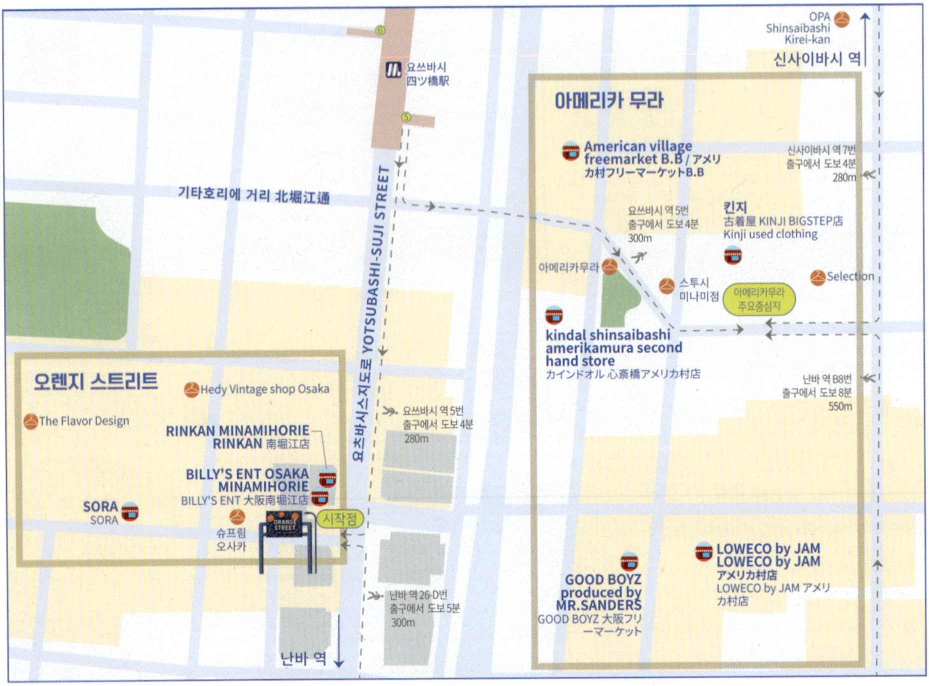

오렌지스트리트
オレンジストリート

일본 현지인 옷 스타일 구경하기 좋은 빈티지샵 성지. 흥정 잘하면 절반값까지 저렴하게 구매할 수 있음. 사진찍기 좋은 포토존 곳곳에 마련 (자유의 여신상 등). 신사이바시역(미도스지선) 7번출구, 요츠바시역(요츠바시선) 5번 출구 근처. '슈프림'을 중심으로 살펴볼 것 추천 (주요 유명 가게 몰려 있음)

TIP! 구글 지도에 '슈프림' 검색 후 이동하는 게 오렌지스트리트를 구경하기 편한 동선이 된다.

SORA 📍 sora minamihorie

아웃도어 전문 편집숍. 한국에 안 들어오는 제품들 있음. grandma mama daughter, 파타고니아 클래식, 그라미치, 아크테릭스 입점. 텍스프리 가능

아메리카무라
アメリカ村

명품 구제 한정템이나 희귀템 득템가능.
가로수길과 홍대 감성이 섞인 분위기

킨지 / 古着屋 KINJI BIGSTEP店 📍 kinji osaka

빅스텝 쇼핑몰 2층에 입점된 저렴한 구제샵. 간혹 1000엔도 안되는 옷을 발견할 수 있음. 피팅룸 마련. 리바이스 501, 아디다스, 퓨마, 나이키, 라코스테 등. 면세불가

American village freemarket B.B 📍

인형, 키링, 사케잔, 카메라, LP 등 빈티지 소품 구경하기 좋음. 디즈니・키티・도라에몽・몬치치 등 캐릭터와 콜라보한 소품도 다양. 고전 소품 좋아하는 사람에게 추천

GOOD BOYZ produced by MR.SANDERS 📍

전품목 1000엔 행사 진행. 1500엔 미만의 제품이 다수. 마치 동묘처럼 가게 앞 프리마켓도 열린다. 미국 대학이나 프로팀 구제 유니폼 판매 (ex. 캐롤라이나 팬더스 스티브 스미스). 랄프로렌, 타미, 라코스테, 노스페이스 등

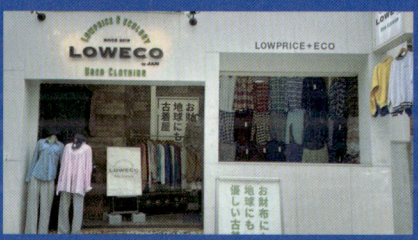

LOWECO by JAM LOWECO by JAM 📍

저렴한 지하 빈티지샵. 매장 규모가 큰편이나 깔끔하게 정리되어 있어 구경하기 편리 (쇼핑마니아는 1~2시간 체류 기본). 1민엔으로 진신 코디를 완성알 수 있나. 카느설세 가능

kindal shinsaibashi amerikamura second hand store 📍

3층짜리 구제 편집숍(구제치고 깔끔한 상품 많음). 빈티지샵 특유의 먼지냄새 없어서 구경하기 편하다고 함. 나이기, 끔데, 조던, 베이프 등. 텍스프리 가능

RINKAN MINAMIHORIE 📍

초고가 스트리트옷 판매(몇 백만원 단위). 이지부스트, 오프화이트, 나이키 등 한정판 운동화 찾을 수 있음. 슈프림 컬렉션 다양. 패션 지식 풍부한 스태프

BILLY'S ENT OSAKA MINAMIHORIE 📍

구제 신발 전문점. 한국어 잘하는 직원 상주. 같은 물건 한국보다 저렴하게 구매 가능. 아디다스, 나이키 등 해외 한정판 발견 가능. 텍스프리 가능

오사카 | 신사이바시 — 난바신사 주변

난바신사 難波神社
"여름 무더위 두렵다면 이곳에서 얼음 먹기"

봄 '세쓰분 축제', 여름 '히무로 축제' 등 계절마다 축제가 열리는 신사. 5세기경에 창건되었으며, 신사와 함께 성장한 대형 녹나무가 경내를 감싸고 있다. 가장 큰 축제 히무로 마츠리는 얼음을 모시는 신사에서 진행되며 참배 후 제공하는 얼음을 먹으면 한 해 동안 여름 더위에 지지 않는다고 믿는다. 야간엔 대형 북 연주를 음악과 함께 축제를 즐길 수 있다. (344p C:1)

📍난바신사
#5세기신사 #계절별축제 #히무로여름마츠리

오가닉 빌딩 オーガニックビル
"친환경 건물인데 외관도 독특해~"

붉은 외벽에 아프리카, 미국 등 세계 각지에서 수집한 132개의 화분이 장식된 빌딩. 건물 내부에 낭비되는 물과 옥상 빗물을 모아 정화를 거친 뒤, 화분에 물 공급을 하는 시스템을 갖추고 있다. 식물들이 도시의 열섬 현상을 낮춰주는 역할을 하여 친환경 건축물로 유명하다. 이탈리아 유명 건축가 '가에타노 페세'의 작품이다. 1층만 내부 관람 가능하다. (344p C:2)

📍오가닉 빌딩
#친환경건축물 #화분빌딩 #일본유명건축

신사이바시 꼼데가르송
Comme des Garçons 大阪店
"꼼데 가디건으로 커플룩 맞추기 좋아"

국내 가격 대비 거의 절반 수준으로 구매할 수 있는 꼼데가르송 매장. 특히 레드, 화이트, 골드 와펜부터 U넥, V넥 등 가디건 종류가 다양하다. 사이즈는 XS부터 XXL까지, 컬러별 디자인별로 있으며 인기 제품 중 하나인 스트라이프 티 재고도 많다. PLAY, BAPE 등 다양한 라인업을 갖추고 있어 꼼데가르송 팬이라면 꼭 방문해 볼만하다.

📍꼼데 신사이바시
#국내대비절반가 #가디건다양 #재고많음

베이프 스토어 꼼데 가르송 오사카
BAPE STORE® コムデギャルソン
"알고 있는 '꼼데' 라인은 다 찾을 수 있는 곳"

일본 스트릿 패션의 아이콘 '베이프'와 아방가르드한 디자인으로 유명한 '꼼데가르송'이 함께 운영하는 매장. 일본 내에서 가장 많은 꼼데가르송 라인을 보유하고 있다. 꼼데 옴므, 꼼데 덱, 꼼데 블랙 등 한국에서 볼 수 없는 라인의 상품을 구매하기 좋은 곳. 가격도 한국보다 저렴하며 텍스프리도 가능하다. (344p C:2)

📍베이프 꼼데가르송
#꼼데가르송 #베이프 #옷쇼핑

오사카 농림 회관 빌딩
大阪農林会館ビル
"앤티크 소품과 레트로 건물의 콜라보"

'스토라토'와 같은 일본 로컬 브랜드 편집샵부터 골동품 문구점, 이탈리안 레스토랑 등이 입점해 있는 쇼핑센터. 앤티크한 느낌의 액세서리나 트랜디한 옷을 구매하기 좋은 곳이다. 오래된 석조 건물을 그대로 사용해 건물 자체에서 묻어나는 세월의 흔적이 돋보인다. 외관과 입구 앞에서 레트로 감성의 사진을 찍어보자. (345p D:2)

📍 오사카 농림 회관
#빈티지건물 #편집샵 #디자이너브랜드

과자백화점 요시야 신사이바시점
お菓子のデパートよしや心斎橋店
"대형 킷캣 간판이 반겨주는 일본 과자 천국"

일본 전역의 과자를 한꺼번에 살 수 있는 대형 과자 전문점. 가격이 저렴해서 현지인들도 많이 찾는 곳이다. 초콜릿, 젤리, 일본 전통 과자부터 맥주 안주로 좋은 주전부리 간식도 많으니 다양하게 골라 보길 추천. 붉은색 바탕에 대형 킷캣이 그려져 있는 간판을 찾아가면 된다. 택시로편은 되지 않는다. (345p D:2)

📍 Okashi Yoshiya Shinsaibashi
#과자쇼핑 #기념품쇼핑 #킷캣초콜릿

우사미테이 마츠바야 맛집
うさみ亭 マツバヤ
"120년 전통, 기쓰네 우동의 원조집"

노포 분위기가 물씬 풍기는 120년 전통의 우동 전문점. 기쓰네 우동이 시작된 원조집으로 알려져 있다. 부드러운 면발이 특징으로 진한 국물 맛을 느낄 수 있다. 기쓰네 우동은 면

북오프 오사카 신사이바시점
BOOKOFF 大阪心斎橋店
"일본어판 만화책 가성비 좋게 구매해볼까?"

4층 규모 중고 서적 전문점. 책 외에도 CD, DVD, 게임기, 의류, 가방, 피규어까지 폭넓은 상품을 취급한다.. 100엔 서적과 200엔대 의류 등 합리적인 가격으로 다양한 물건을 구매할 수 있어 가성비가 뛰어나다. 애니메이션 관련 제품도 다수 판매 중이라 오타쿠들에게도 인기 있는 관광지. 일본어 원서 만화책을 한 권쯤 소장하고 싶다면 방문해 보자.

📍 북오프 신사이바시   #대형중고서점 #100엔책 #상품종류다양

발을 덮는 넓은 튀김이 기본으로 제공되며, 새우튀김을 추가로 주문하여 맛보는 이가 많다. 쫄깃한 면발의 냉우동도 인기 메뉴 중 하나. 오야코동, 텐동 등 덮밥 메뉴도 판매한다. 우동 오야코동 세트 약 800엔. 일요일 휴무

📍 우사미테이 마츠바야
#120년전통 #기쓰네우동원조 #냉우동

토리소바 자긴 니보시점 맛집
鶏Soba 座銀 にぼし店
"바싹 튀긴 우엉 고명이 킥!"

뽀얗고 크리미한 닭 육수(토리파이탄)를 베이스로 한 라멘 전문점. 속이 깊은 그릇 위에 닭고기, 오리고기, 돼지고기로 만든 챠슈를 걸쳐서 내주는 것이 특징이다. 바싹 튀긴 우엉 고명 역시 이 집만의 레시피. 토리 소바에 소고기 초밥을 곁들인 세트가 국룰. 닭고기에 계란 노른자 밥까지 추가하면 완벽한 한끼가 된다. 대기 시간이 길어도 아깝지 않다. 세트 약 1360엔 (345p D:1)

📍 토리소바 자긴 니보시점
#닭육수라멘 #바싹튀긴우엉고명 #소고기초밥세트

오렌지 스트리트 立花通り(オレンジストリート) `추천`
"감각적이고 힙한 빈티지는 다 모였다!"

빈티지와 세컨핸드 상점이 많기로 유명한 쇼핑 거리. 요쓰바시 역에서 호리에까지 이어지는 길이다. 곳곳에 숨어있는 빈티지 가구점들도 거리의 매력을 더하는 중. 베이프, 슈프림, 칼하트 등 인기 있는 스트리트 패션 브랜드 매장이 다수 입점해 있어 젊은 층이 즐겨 찾는다. 일본 한정 판매되는 희귀 아이템들을 만나볼 수 있으니 패션 피플이라면 꼭 방문해보자 (344p B:2)

📍 오렌지 스트리트
#구제거리 #빈티지가구점 #스트리트패션

슈프림 오사카 Supreme Osaka
"힙스터의 거리 오렌지 스트리트 내 슈프림 매장"

스트릿 브랜드 슈프림의 오사카 매장. 오사카 패션의 성지 오렌지 스트리트 내에 위치해 있어 다른 편집숍들과 함께 둘러보기 좋다. 사람도 많고 한정판 제품도 많아서 오픈런은 필수. 평일 오전에는 오픈 시간에 맞춰 도착하면 웨이팅 없이 입장 가능하다. 원하는 상품이 있다면 미리 인스타 등을 통해 확인하고 방문할 걸 추천. 단 택스리펀과 환불이 불가하니 참고 (344p C:3)

📍 슈프림 오사카
#오렌지스트리트 #한정판 #오픈런필수

카오스 스파이스 디너 カオス スパイス ダイナー `맛집`
"향신료와 매운맛에 강한 자라면!"

태국·인도 스타일의 카레 전문점. 향신료가 강하고 상당히 매콤한 것이 특징이다. 닭고기가 들어간 카레가 메인이다. 두 가지 맛의 카레를 골라 한 접시에 먹을 수 있는 콤보 메뉴가 인기다. 대기를 해야 하지만 회전율이 빠른 편. 다찌석이 있으며 혼밥하기에도 적당하다. 스몰사이즈 약 900엔

📍 카오스 스파이스 디너
#태국풍 #인도풍 #닭고기카레

Le Pineau ル・ピノー 北堀江本店 `맛집`
"3년 연속 식을 줄 모르는 케이크의 인기!"

2020년부터 3년 연속으로 타베로그 스위츠 부문 TOP 100에 선정될 정도로 인기 많은 유명 케이크 전문점. 이 곳에서 디저트를 구매한 다음 건물 왼편에 있는 르피노 카페에서 음료를 주문해서 먹는다. 몽블랑, 치즈케이크, 롤케이크는 물론 다양한 과일을 활용한 생크림 케이크도 인기이다. 합리적인 가격에 다양하고 예쁜 디저트를 맛보고 싶다면 추천. 조각 케이크 약 500엔 부터

📍 Le Pineau kitahorie
#타베로그TOP100 #케이크 #예쁜디저트

카사 피코네 カーサピッコーネ
"커피와 함께하는 소품샵 구경"

커피 한잔과 함께 아기자기한 소품 감상하기 좋은 편집숍. 매장 내부는 화이트 톤으로 꾸미며 깔끔하고, 아트 갤러리 컨셉에 맞춰 꾸며져 있다. 전망 좋은 2층 공간에서 카페를 함께 운영하고 있다는 점도 특징으로, 일리(illy) 커피 메뉴를 제공하고 있다. 점포 한정 아이템을 판매하거나 특별 이벤트도 종종 개최 (344p B:2)

📍 카사 피코네
#편집샵 #카페 #한정아이템

타임리스 컴포트 미나미호리에점
TIMELESS COMFORT 南堀江店
"노르딕 디자인 인테리어 소품이 한가득"

북유럽풍 인테리어를 중심으로 주방용품부터 리빙용품까지 판매하는 매장. 식기, 테이블웨어, 주방용품, 조명, 가구 등으로 구성되어 있다. 햄버거, 팬케이크, 애플파이 등을 판매하는 카페와 함께 운영. 편집샵, 스트릿 브랜드 상점이 모여있는 오렌지 스트리트에 위치하여 다른 트렌디 상점들과 같이 구경하기 좋다. (344p B:2)

📍 타임리스 미나미호리에
#편집샵 #주방용품 #리빙용품

노스페이스 오사카
THE NORTH FACE
"나나미카 x 노스페이스 퍼플라벨 컬렉션"

나나미카와 콜라보한 일본 한정 노스페이스 퍼플라벨 제품을 다양하게 선보이는 곳. 퍼플라벨 제품 경우 남성 의류가 특히 다양하게 비치되어 있다. 의류 외에도 잡화, 키링, 미니어처 백팩 등 키치한 액세서리가 많다. 플랜테리어와 결합한 넓고 쾌적한 공간이라 쇼핑하기 답답하지 않다. 아메카지룩과 고프코어룩에 관심이 있다면 방문 추천

📍 노스페이스 오사카
#노스페이스퍼플라벨 #나나미카콜라보 #키치한액세서리

미나미호리에 南堀江 추천
"편하게 한국어 주문 가능한 오코노미야키 집이 가득"

아기자기한 소품이나 오사카 명물 요리를 쉽게 접할 수 있는 거리. 특히 '쿠이신보' '코노무' '퐁포코테이' 등 오코노미야키 맛집이 다양하다. 관광객이 자주 찾는 곳들이라 기본적으로 한국어 메뉴판이 비치되어 있다. 식사 후엔 일본 사찰 콘셉트로 꾸며진 테라 카페 '차니와'에서 말차 한 잔 마시는 건 어떨까. 일본 전통 화과자를 디저트로 곁들일 수도 있다. (344p A:2)

📍 미나미호리에 #오코노미야키맛집 #소품쇼핑 #테마카페

journal standard Furniture / ACME Furniture Katen
"느낌 좋은 빈티지 소품이 많은 매장"

감각적인 디자인 소품이 많은 매장. 빈티지하면서도 현대적인 스타일의 가구와 인테리어 소품을 판매하고 있다. 테이블, 조명, 소파 등 기본 가구부터 러그, 쿠션, 커튼 등 작은 소품까지 다양. 예쁜 아이템이 많아 구경하는 재미가 쏠쏠하다. 가격대는 다소 높은 편이니 참고. (344p B:2)

📍 journal standard Furniture #인테리어소품 #쇼룸구경 #빈티지가구

오사카 신사이바시 — 오렌지스트리트 주변

RINKAN MINAMIHORIE
"한정판 운동화 수집하고 있다면 여기 가봐!"

에르메스, 생로랑, 발렌시아가 등 고가의 럭셔리 브랜드 상품을 다수 취급하는 매장. 의류부터 가방, 주얼리, 신발까지 다양한 상품들이 있다. 명품 쇼핑을 원할 때 방문해 보기 좋으며, 슈프림, 이지부스트, 오프화이트, 나이키 등 캐주얼 브랜드도 입점해 있어, 한정판 운동화를 찾는 이도 많은 곳이다. 특히 슈프림 컬렉션이 다양하다.

📍 RINKAN MINAMIHORIE
#명품쇼핑 #스트릿브랜드 #슈프림

SORA
"한국에서 못 본 건데! 데려가야겠다"

아웃도어 전문 편집숍으로, 국내에 수입되지 않는 제품들을 발견할 수 있는 곳이다. grandma mama daughter, 파타고니아 클래식, 그라미치, 아크테릭스 등 다양한 아웃도어 브랜드를 취급하며, 특히 파타고니아 클래식 모델은 품절이 잦지만 할인율이 높아 브

더 굿랜드 마켓 호리에점 THE GOODLAND MARKET
"제로 웨이스트, 유기농, 환경 생각하는 당신이라면"

제로 웨이스트 소품을 판매하는 편집샵. 의류, 잡화, 화장품, 리빙용품, 유기농 과일 등 다양한 상품을 판매하고 있다. 특히 한국에서 찾기 어려운 프라이탁 제품이 많아서 인기. 스트릿 브랜드 옷도 다양하게 있어서 구경하기 좋다. 택스리펀 가능. 한국어 능숙한 직원의 도움을 받을 수 있다. (344p B:2)

📍 더 굿랜드 마켓 호리에 #제로웨이스트 #프라이탁 #스트릿브랜드

랜드 매장보다 가성비가 뛰어나다. 영어 능통한 직원이 상주하고 있어 외국인 손님도 편리하게 쇼핑할 수 있다. 면세 가능

📍 SORA 미나미호리에 #아웃도어전문 #편집숍 #파타고니아

세컨드 스트리트 호리에점
セカンドストリート堀江店
"상태 좋은 빈티지 명품 쇼핑 가능"

상태 좋은 빈티지 명품이나 한정판 스니커즈를 종종 발견할 수 있는 구제샵. 맨즈, 레이디스, 팬츠 등 특징별로 정리가 잘되어 있으며, 중고 명품이나 빈티지 의류 종류가 다양해서 방문해 보기 좋다. 유리창 안에 진열된 비싼 중고 명품은 직원에게 이야기하면 자세히 볼 수 있다. 오렌지 스트리트 내 위치. 면세 가능 (344p C:2)

📍 2nd Street Horie
#유명구제샵 #빈티지 #중고명품

애플 신사이바시
Apple 心斎橋
"오사카에서는 이곳이 유일!"

오사카에서 단 하나뿐인 애플 스토어. 신사이바시 역 7번 출구에서 도보 4분 거리에 위치해 있다. 아이폰 수리와 함께 최신 애플 제품을 체험하고 구매할 수 있다. 환율이 낮을 때 방문하면 국내 대비 최대 2~30만 원 저렴한 가격에 득템할 수 있어 인기. 게다가 추가 면세 혜택까지 적용되는 곳이라 훨씬 이득이다. (364p B:3)

📍 Apple 신사이바시
#애플스토어 #아이폰수리 #합리적쇼핑

스투시 미나미점
Stüssy Osaka Chapter
"친절한 직원 덕에 찾아 헤매던 티를 찾을 수 있을지도"

오사카 내 스투시 중에서 친절한 서비스로 손꼽히는 매장. 사이즈부터 취향 등 조건을 고려하여 원하는 제품을 추천해 줘서 편하게 쇼핑을 즐길 수 있다. 한국어 가능한 직원의 도움을 받을 수도 있다. 일본 한정 컬렉션도 구매할 수 있다. 가격은 아이템에따라 한국보다 비싼 편이니 참고.

📍 스투시 미나미
#스투시 #스트릿패션 #옷쇼핑

릴로 커피 로스터즈 `맛집`
リロコーヒーロースターズ
"힙한 오사카 카페 찾고 있어?"

오사카의 트렌디한 카페 문화를 경험할 수 있는 곳. 오사카의 젊은 층 사이에서 특히 인기가 많다.직접 로스팅한 원두에 테이스팅 노트가 하나하나 다 느껴질 정도로 잘 추출된 드립 커피를 맛볼 수 있다. 인테리어가 세련되어 사진 찍기에도 좋고, 마그넷, 뱃지 같은 기념품을 사기에도 그만이다. 커피 한 잔당 900~1,000엔으로 가격이 높은 편

📍 릴로 커피 로스터즈
#트렌디카페 #로스팅원두커피 #굿즈쇼핑

American village freemarket B.B
"찾을수록 새로운 게 또 나타나서 나갈 수가 없이,,!"

빈티지 소품으로 가득 찬 만물상 가게를 찾는다면 적극 추천하는 곳. 소품이 워낙 다양해서 꼼꼼히 구경하려면 1시간도 부족할 수 있다. 인형, 키링, 사케잔, 카메라, LP 등 카테고리도 풍부하고, 소품을 자유롭게 만져보며 구경할 수 있다는 점도 좋다. 디즈니, 키티, 도라에몽, 몬치치 등 캐릭터와 콜라보한 소품도 다수 보유하고 있으니 굿즈 마니아라면 꼭 방문해 볼기.

📍 American village freemarket B.B
#빈티지 #레트로소품 #콜라보제품

아메리카무라 アメリカ村 `추천`
"힙합, 빈티지, 스트릿 패션의 성지"

스트리트 패션의 성지. 대형 쇼핑몰 빅스텝을 시작으로 'JAM' 'BB 플리마켓' 등 빈티지 편집숍이 거리에 가득 들어섰다. 마을의 중심지인 '삼각공원'에선 때때로 힙합 라이브 공연이나 클럽 이벤트가 펼쳐지곤 한다. 주로 미국 서부 지역에서 수입한 빈티지 의류를 판매하고 있으며 최신, 중고 가리지 않고 다채로운 장르의 LP 음반을 구경하고 구매할 수 있다. (344p C:2)

📍 아메리카무라
#빈티지쇼핑 #스트릿패션성지 #LP음반

신사이바시 오파 心斎橋オーパ
"신사이바시역 7번 출구와 연결된 트렌디 쇼핑몰"

릴리브라운, 마크 제이콥스, 젤라토 피케 등의 젊은 층이 많이 찾는 브랜드가 입점한 쇼핑몰. 100엔샵 '캔두'와 'ABC마트' 등 가성비 매장도 있다. 특히 한식, 라멘, 스테이크동 등 각종 메뉴를 저렴한 가격에 먹을 수 있는 지하 2층 푸드코트로 인기. B1층부터 11층까지 대규모. 지하 2층은 신사이바시역 7번 출구와 연결되어 있어 편리하다. (364p A:3)

📍 신사이바시 오파   #신사이바시역 #대형쇼핑몰 #지하푸드코트

오사카 신사이바시 — 아메리카무라 주변

미쓰 공원 御津公園
"아메리카무라에 있는 '홍대 놀이터'"

아메리카무라 한 가운데에 있는 만남의 광장. 홍대 놀이터와 흡사한 분위기의 스트릿 공원으로 삼각형 모양이라 '삼각공원'으로도 불린다. 벤치와 돌계단 주변으로 두 개의 큰 나무가 그늘막을 만들어주고 있어 무더위 쉼터로 이용해 보기 좋다. 이곳에 앉아 간편식을 먹는 이도 많다. 광장 공간에선 보드를 타거나 버스킹 공연과 같은 이벤트가 열리곤 한다. (344p C:2)

📍 미쓰 공원　#아메리카무라공원 #삼각형모양 #버스킹공연

해피팬케이크 신사이바시 [맛집]
幸せのパンケーキ 心斎橋店
"계란을 아낌없이 넣었어요"

수플레 팬케이크로 유명한 디저트 카페. 계란이 많이 들어가서 계란빵 풍미가 진한 것이 특징이다. 대표 메뉴인 해피 팬케이크(약 1300엔)는 휘핑 버터와 메이플시럽이 함께 제공되어 부드럽고 달달한 맛을 즐기기에 좋다. 계절 과일, 초콜릿 등 다양한 토핑 옵션이 있다. 한 접시에 두툼한 팬케이크가 3장이나 나오기 때문에 2명이 충분히 먹을 수 있다. 롤케이크도 인기 메뉴 중 하나. (364p B:3)

📍 시아와세노 팬케이크 신사이바시점
#수플레 #현지인웨이팅맛집 #디저트찐맛집

츠케멘 스즈메 [맛집]
つけ麺 雀 アメ村本店
"신라면이 딱 좋은 맵기라면 2단계로!"

오사카에 유명한 츠케멘 전문점. 츠케멘은 면과 육수가 따로 나오는 일본식 라멘으로 면을 육수에 찍어 먹는다. 진한 돼지고기 육수와 쫄깃한 면의 조화가 일품이며 차슈가 쫄깃쫄깃해서 인기가 많다. 가격은 같은데 면량을 200g, 300g으로 선택할 수 있고 매운 맛도 조절 가능하다. 2단계는 신라면 수준이다. 자판기에서 주문하는 방식. 현금으로만 결제 가능. 매운 츠케멘 약 1000엔.

📍 츠케멘 스즈메
#츠케멘전문 #매운라멘 #쫄깃한차슈

코가류 타코야키 본점 [맛집]
甲賀流 アメリカ村本店
"어떤 소스를 뿌리는지가 관건!"

타코야키 전문점. 이곳은 그물 모양으로 뿌려지는 마요네즈의 원조로도 유명하다. 인기 메뉴는 타코야키 위에 파를 듬뿍 얹은 네기 타코야키. 그 밖에도 유자 폰즈 소스를 뿌린 메뉴 등 다양한 맛이 준비되어 있다. 바삭한 겉면에 비해 속은 물컹거릴 정도로 부드러워 오사카 소울푸드의 진수를 느낄 수 있다. 맥주와 하이볼도 함께 주문 가능. 테이크아웃 전문점으로 좌석은 없다. 현금 결제만 가능. 9알 약 500엔

📍 코가류 타코야키 본점
#마요네즈 #네기타코야키 #테이크아웃

킨달 아메리카무라점 kindal カインドオル 心斎橋アメリカ村店
"운이 좋다면 최대 40% 할인가로 득템!"

할인율이 매우 높고 (~40%) 택스프리도 가능해 쇼핑 필수 코스로 인기인 편집숍. 유명 패션 브랜드를 스타일별로 구분해 두어 고르기 편하다. 2층은 스투시, 휴먼메이드, 베이프 등 스트릿 계열, 3층은 크롬하츠, 비비안웨스트우드, 네이버후드 등 빈티지 앤 밀리터리, 4층은 꼼데, 요지, 이세이미야케 등 아방가르드 브랜드로 구성되어 있다. (344p C:2)

📍 kindal 아메리카무라점
#아메리카무라 #4층규모 #할인율높음

다이마루 백화점 신사이바시점 大丸 心斎橋店 추천

"여기 쇼핑몰 엄청 커! 포켓몬센터도 완전 커!"

고딕 양식이 돋보이는 중후한 외관의 역사 깊은 백화점. 지하 2층부터 10층까지로 대형 규모이다. 면세카운터가 위치한 9층에 대형 포켓몬센터와 점프 굿즈숍이 입점해 있고, 지하 2층 푸드코트에서 가성비 넘치는 스시를 맛볼 수 있어 인기. 고층으로 이동하면 고급 레스토랑을 이용할 수 있다. 8층 연결 통로를 통해 파르코를 오갈 수 있다는 점 참고 (364p A:3)

📍 다이마루 신사이바시   #12층규모   #포켓몬센터   #가성비스시

파르코 신사이바시 心斎橋PARCO 추천

"치이카와, 토토로, 짱구 여기 가면 다 살 수 있어"

치이카와, 토토로, 리락쿠마 등 애니메이션 캐릭터를 좋아하는 사람이라면 꼭 다녀와야 할 백화점. 저층엔 럭셔리 브랜드, 중간층엔 패션 브랜드, 고층에 가까워질수록 캐릭터 굿즈숍이 입점해 있다. 특히 젊은 층을 대상으로 한 트렌디한 브랜드와 개성 있는 상품들이 많아 최신 유행하는 스타일을 구경할 수 있다. 택스리펀 가능하며 할인율이 높은 편 (364p A:3)

📍 파르코 신사이바시   #애니메이션굿즈   #트랜디브랜드   #높은할인율

모마 디자인 스토어 신사이바시
MoMA Design Store Shinsaibashi

"뉴욕에서 날아온 감각적인 소품들"

뉴욕 현대미술관(MoMA)의 공식 디자인 편집샵. 감각적인 디자인 제품과 예술적인 소품을 판매한다. 아트 감성이 담긴 문구류, 인테리어 소품, 생활용품 등이 많아 선물용으로 좋다. 모자, 후드티, 선글라스 등 패션 상품도 판매. 다이마루 신사이바시 4층에 위치. (364p B:2)

📍 모마 디자인 신사이바시
#모마편집샵 #예술적소품 #기념품

커비카페 맛집

"예약 성공한 사람만 입장 가능한 커비 세상"

'별의 커비'를 테마로 한 카페. 귀여운 인테리어와 함께 다양한 커비 테마의 음료와 디저트를 제공한다. 예약제로 운영되는데 예약이 어려울만큼 인기. 1시간 30분 이용시간 제한도 있다. 특정 메뉴를 주문하면 컵이나 접시를 기념품으로 가질 수 있다. 오사카 한정 식사 메뉴도 있고 굿즈 매장도 있어 커비 팬들에게는 필수 방문지. 다이마루 신사이바시점 본관 9층에 있다. (364p A:3)

📍 Kirby Cafe Osaka
#별의커비테마카페 #이색카페 #굿즈쇼핑

오사카 신사이바시 ─ 다이마루·파르코 주변

키디랜드 신사이바시 파르코점
キデイランド 心斎橋パルコ店
"오사카 옷 입은 미피와 별의 커비 구경할래?"

산리오, 미피, 짱구, 키티 등 인기 캐릭터 상품을 다양하게 접할 수 있는 애니메이션 굿즈샵. 오사카 특색을 담은 타코야키 미피 인형, 별의 커비 오사카 키링 등 이곳에서만 구매할 수 있는 한정판도 판매한다. 같은 제품이라면 국내보다 저렴하게 구매할 수 있어 매력적. 카드캡터체리 25주년 기념 굿즈처럼 시즌 한정 제품도 있다. 파르코 백화점 5층 (364p A:3)

📍 키디랜드 파르코
#애니메이션굿즈 #한정판 #시즌한정상품

동구리 공화국 신사이바시점
どんぐり共和国 心斎橋店
"센과 치히로 포토존만으로도 방문해 볼만해"

토토로, 하울의 움직이는 성 등 지브리 캐릭터 상품을 전문으로 판매하는 매장. 입구에서 대형 토토로 인형이 반겨주고 있고, 지브리 캐릭터가 들어간 학용품부터 양말, 도시락, 가방 등 여러 상품이 있어 한 시간은 후딱 지나갈 수 있다. 센과 치히로 포토존은 사진 촬영을 위한 인파로 늘 붐비니 인증 사진 남기기 위해 서둘러보자. 파르코 백화점 6층에 위치 (364p A:3)

📍 동구리 공화국 신사이바시
#지브리굿즈 #센과치히로포토존 #대형토토로인형

점프샵 오사카 신사이바시
JUMP SHOP 大阪心斎橋店
"점프사 애니 좀 봤다면 알법한 캐릭터 총출동"

점프사 대표 애니의 굿즈가 한자리에 모인 곳. 하이큐, 귀멸의 칼날, 원피스, 나루토 등 한국

포켓몬 센터 오사카 DX & 카페
"티켓팅부터 경쟁이 치열한 포켓몬 카페"

포켓몬 테마의 카페를 함께 운영하고 있는 대형 굿즈숍. 인형 종류도 다양해서 구경하기 좋다. 카페에서 포켓몬 테마의 음료와 음식을 주문할 수 있으며, 가격대는 약 1,000~2000엔. 자리에 세팅된 포켓몬 캐릭터 종이 매트도 가져갈 수 있으니 꼭 챙겨갈 것. 카페 이용은 사전 예약이 필수로, 저녁 6시 이후 취소표가 풀리니 수시로 확인할 것. 다이마루 신사이바시점에 위치(345p D:2)

📍 포켓몬 센터 오사카 DX
#포켓몬인형 #포켓몬카페 #사전예약제

인에게 유명하고 인기 많은 애니메이션 굿즈들이 가득해서 볼거리가 넘친다. 작품에서 주인공이 착용했던 유니폼부터 파우치, 타월, 에코백 같은 실생활 굿즈가 많다는 점이 특징. 주인공뿐만 아니라 주변 인물 테마까지 있다. 다이마루 신사이바시 9층에 위치 (364p A:3)

📍 점프샵 신사이바시
#점프애니 #오타쿠쇼핑 #실용적인굿즈

바오바오이세이미야케 파르코 신사이바시점
BAO BAO ISSEY MIYAKE
"루센트 토트백 품절되기 전에 고고!"

일본 디자이너 브랜드 '이세이 미야케'의 가방 전문 판매 매장. 독특한 폴리곤 디자인과 유니크한 컬러감이 특징. 일본에서는 해외보다 다양한 색상과 모델을 만나볼 수 있다. 오픈 시간부터 인파로 붐비는 인기 매장으로 메인 컬러나 한정판은 빠르게 품절되니 참고. 신사이바시 파르코 백화점 1층 위치 (364p A:3)

📍 바오바오 파르코
#백화점쇼핑 #바오바오가방 #한정판오픈런

휴먼 메이드 신사이바 파르코
HUMAN MADE 心斎橋PARCO
"신제품 들어오는 토요일 오픈런을 노리자!"

빈티지 아메리칸 스타일과 일본 감성이 조화로운 의류가 다양한 매장. 일본 한정 아이템이 발매되면 오픈런하는 사람들로 북적이는 곳이다. 매주 토요일엔 신제품 입고. 가격대는 높은 편이지만 스트릿 패션 마니아라면 쇼핑하기 좋다. 5,500엔 이상 구매 시 세금 환급. 신사이바시 파르코 백화점 1층에 위치. (364p A:3)

📍 휴먼 메이드 파르코
#스트릿패션 #쇼핑 #휴먼메이드

미도스지 御堂筋 [추천]
"12월에 가장 아름답게 빛나는 거리"

12월 연말에 개최되는 일루미네이션 축제로 유명한 거리. 이르면 11월 초부터 조명 장식을 감상할 수 있다. 가을에는 은행나무 단풍길로도 인기. 신사이바시부터 난바까지 이어지는 길로 명품 매장, 은행 본점, 고급 레스토랑 등이 모여 있다. 오사카 주요 관광지인 도톤보리까지 이어지기 때문에 함께 둘러보기 좋다. (345p D:2)

📍 Mido-suji #은행나무길 #일루미네이션 #중심거리

핸즈 신사이바시점
ハンズ 心斎橋店
"나무젓가락이랑 어울리는 수저받침도 세트로 구매하자!"

취급 상품 수가 약 15만 종에 이르는 대형 생활용품 잡화점. 9층~11층, 3개 층에 걸쳐 다양한 아이템을 구비해 두었다. 주방용품, 화장품, 문구 등 폭넓은 장르의 아이템들이 비치되어 있으며, 특히 나무젓가락은 소재와 디자인이 무척 다양해 선물용으로 고르기 좋다. 귀여운 음식 모형의 수저받침과 세트도 추천. 지브리 3D 팝업북 등 캐릭터 상품도 꽤 있다.

📍 핸즈 신사이바시
#잡화 #선물용젓가락 #생활용품

Robatayaki Kakurechaya
炉ばた焼 かくれ茶屋 [맛집]
"화로 앞에 옹기종기 앉아 구워 먹는 신선한 해산물"

화로를 둘러싸고 앉아 직접 구운 음식을 즐기는 일본의 전통 요리 '로바타야키'를 경험할 수 있는 곳. 가리비, 통오징어, 임연수, 새우, 시샤모 등 신선한 해산물을 비롯해 제철 야채를 주문하면 바로 숯불에 구워 내어준다. 주문은 QR코드로 가능하며 한국어 메뉴판도 제공한다. 아늑한 실내 분위기와 저렴한 가격으로 인기가 높다. 약 300엔부터 (364p B:2)

📍 Robatayaki Kakurechaya
#이자카야 #로바타야키 #가성비최고

신사이바시스지 상점가 心斎橋筋商店街 추천
"신사이바시-에비스다리 쇼핑하면서 지나가요"

신사이바시역에서부터 에비스 다리까지 이어지는 약 600m 길이의 아케이드형 쇼핑 거리. 파르코, 다이마루 백화점부터 시작하여 명품, 가성비 브랜드, 기념품 가게까지 다양한 매장이 밀집해 있어 쇼핑을 즐기기에 최적의 장소. 로컬상점들보다는 프랜차이즈 위주로 입점해 있다. 같은 브랜드의 매장이더라도 가격이 다를 수 있으니 꼼꼼히 비교해 가며 구매하길 추천 (364p C:3)

📍 신사이바시스지 상점가 #브랜드쇼핑 #아케이드상점가 #백화점

카와후쿠 본점 맛집
川福流手打うどん 川福 本店
"매일 새벽에서 만들어진 쫄깃한 수타면"

1950년 6월에 창업한 우동 전문점. 이곳의 가장 큰 매력은 오랜 전통을 이어온 수타면이다. 매일 새벽 일본산 고급 밀가루를 사용해 반죽하고 숙성하여 면을 뽑아낸다. 수타면의 쫄깃한 식감과 오사카 특유의 깊은 국물 맛으로 유명하다. 오사카의 전통있는 수타 우동을 맛보고 싶다면 추천. 사이드 메뉴로 유부초밥과 고로케 등도 함께 즐길 수 있다. 자루우동 약 690엔. 월, 화 휴무

📍 카와후쿠 본점 #75년전통 #수타면 #우동맛집

크리스타 나가호리
クリスタ長堀
"703M 쇼핑 거리에 집결한 3개의 지하철역"

신사이바시 지하에 위치한 703m 길이의 쇼핑몰. 요츠바시역, 신사이바시역, 나가호리바시역과 직결되어 있어 접근성이 뛰어나다. 주로 이자카야, 카페, 레스토랑 등이 입점해 있

으며 무지, 쓰리 코인즈 등 잡화점도 있다. 타이야키 가게 '나루토' 돈카츠 전문점 '돈카츠 와코' 70년이 넘는 역사를 자랑하는 유명 카레집 '인디언 카레' 등 맛집 다양 (345p D:2)

📍 오사카 크리스타 #신사이바시지하상가 #703M #맛집다양

흑모와규야키니쿠 맛집
도톤보리 미츠루 신사이바시 본점
"값어치 하는 최고급 A5 와규"

최고급 A5 흑모 와규를 제공하는 야키니쿠 전문점. 우설, 등심, 안심을 비롯해 다양한 특수 부위를 맛볼 수 있다. 가격이 높은 만큼 고기 퀄리티도 좋은 편. 대표 메뉴는 미츠루 와규 모둠으로 가성비가 좋다. 파 말이 우설, 아부리 초밥, 육회 비빔밥, 겉절이 김치도 인기 메뉴. 자릿세 300엔으로 양배추 샐러드를 무한리필해준다. 대기가 길어 예약 후 방문을 추천. 모둠 약 7000엔

📍 흑모와규야키니쿠 도톤보리 #와규야키니쿠 #특수부위 #최고급A5

유니클로 신사이바시점
ユニクロ SHINSAIBASHI
"티셔츠에 어떤 그림 새겨 넣을까?"

5층 규모의 대형 유니클로 매장. 오사카 현지 명소 및 브랜드와 협업한 상품을 단독으로 만날 수 있어 특별하다. 특히 자신만의 티셔츠와 토트백을 맞춤 제작할 수 있는 'UTme!' 서비스로 인기. 셀프 결제기기가 비치되어 있어 기다리는 시간이 적은 편이다. 커스텀 티셔츠 완료까지는 최대 1시간 정도 걸린다는 점 참고하여 방문하길. 면세 가능 **(364p A:2)**

📍 유니클로 신사이바시점
#5층규모 #테마특별상품 #커스텀티셔츠

GU 신사이바시
ジーユー(GU)心斎橋店
"유니클로 감성이면서 가격은 더 저렴해!"

유니클로 자매 브랜드이면서도 더 저렴한 가격에 구매할 수 있어 인기 있는 의류 매장. 신사이바시점은 유니클로 매장이 옆에 붙어 있기 때문에 비교해 가며 함께 둘러볼 수 있다. 산리오, 오징어 게임 등 다양한 브랜드 및 디자이너와 협업하여 판매되는 한정판 제품도 출시. 착한 가격에 질 좋은 커플 잠옷, 가방, 속옷, 패딩이 특히 인기 상품이다. 면세 카운터 3층. **(364p C:2)**

📍 GU 신사이바시
#유니클로매장옆 #저렴한가격 #한정판제품

오니츠카 타이거 신사이바시 オニツカタイガー 心斎橋
"멕시코 66 최대한 저렴하게 구매하기 도전!"

오니츠카 타이거의 상품을 저렴하게 구매할 수 있는 매장. 기본 15% 이상 저렴해서 한국에서 16만 원대인 모델을 13만 원대에 살 수 있다. 면세(10%)+외국인 할인(5%)까지 적용되면 10만 원 아래로 구매도 가능. 대표상품 멕시코66외에도 멕시코sd, 린칸, 덴티그레 스니커즈 등 라인업이 화려하다. 늘 손님으로 붐비는 곳이라 가능한 오전 방문을 추천한다. **(364p A:2)**

📍 오니츠카 신사이바시 #멕시코라인다양 #15%저렴 #외국인할인

다이코쿠 드럭스토어 울트라 신사이바시점 `추천`
"택스리펀에 추가 할인까지되는 드럭스토어"

신사이바시에 자리한 대형 드럭스토어. 인기 의약품, 건강 보조제, 화장품, 생활용품 등을 저렴하게 구매할 수 있으며, 지하는 식료품으로 구성되어 있다. 점원 명찰에 소통 가능한 외국어가 적혀있다. 3층에서 면세 가능. 계산대에 추가 할인 적용되는 쿠폰이 비치되어 있으니 참고. **(345p D:2)**

📍 다이코쿠 신사이바시
#드럭스토어 #기념품쇼핑 #과자선물

라멘 준도야 신사이바시 `맛집`
ラー麺ずんどう屋 心斎橋
"새벽에 급하게 해장이 필요할 때"

진한 돈코츠 국물이 특징인 라멘집. 24시간 영업하여 늦은 밤이나 이른 아침에도 방문할 수 있다. 신속한 서비스와 저렴한 가격으로 많은 사람들이 찾는다. 주문은 키오스크에서 가능하며 영어가 지원된다. 매운 맛을 추가할 수 있는데 한국인이라면 매운맛 2번을 추천한다. 입맛에 따라 후추, 마늘 다대기, 고추 기름을 추가하면 풍미가 더욱 깊어진다. 신사이바시역에서 도보로 약 5분 거리에 있다. 차슈 스파이시 라멘 약 1780엔

📍 Ramen Zundo-Ya Shinsaibashi
#24시간라멘 #돈코츠라멘 #야식맛집

오사카 신사이바시스지 상점가 주변

파블로(PABLO) 신사이바시 본점 焼きたてチーズタルト専門店PABLO心斎橋本店 [맛집]
"딸기, 말차 등 다양하지만 원조를 이길 순 없지"

오사카 신사이바시스지 상점가 주변

일본 전역에서 사랑받는 치즈 타르트 전문점이다. 딸기, 피스타치오, 말차, 밀크초콜릿 등 다양한 맛을 고를 수 있지만 가장 인기 있는 메뉴는 기본 치즈 타르트와 크림 뷔를레 맛이다. 부드럽고 촉촉한 식감을 제대로 즐길 수 있기 때문. 계절에 따라 한정 메뉴도 출시된다. 줄이 길어서 대기는 필수지만 회전율이 빠르고 갓 구운 신선한 타르트를 사갈 수 있어 기다릴만 하다. 타르트 1개 약 290엔 (364p B:3)

📍파블로 신사이바시 본점
#디저트맛집 #치즈타르트 #다양한맛

카무쿠라 신사이바시점 どうとんぼり神座 心斎橋店
"라멘에서 밀페유 감성이 느껴져"

배추와 부추가 많이 들어가는 닭육수 베이스의 라멘 맛집. 마치 밀푀유 나베를 먹는 것처럼 깔끔하고 개운 맛을 자랑한다. 반숙 계란은 기본이 아니라서 추가가 필요하고 입맛에 따라 숙주를 추가해서 먹기도 한다. 사이드 메뉴로는 가라아게와 볶음밥이 인기. 한국어 메뉴 지원. 세트 약 2070엔

📍카무쿠라 신사이바시점
#깔끔하고개운한 #담백한 #배추듬뿍라멘

마츠모토키요시 신사이바시점 薬マツモトキヨシ 心斎橋店
"대형 드럭스토어로 여기도 유명해~"

메이지켄 明治軒 [맛집]
"향수를 자극하는 레트로 분위기"

일본을 대표하는 드럭스토어 중 하나. 특히 신사이바시점은 규모가 크고 상품이 다양해서 관광객들에게 인기가 많다. 화장품, 건강보조제, 약, 생활용품 등 저렴하게 구입 가능. 킷캣초콜릿, 곤약 젤리 등 간식 선물 쇼핑하기도 좋다. 5,500엔 이상 구매 시 택스리펀 가능. (364p B:2)

📍마츠모토키요시 신사이바시점
#드럭스토어 #기념품쇼핑 #택스리펀

100년 전통의 오사카의 역사가 깊은 양식당. 미슐랭 맛집으로 일본식 오므라이스와 햄버그 스테이크가 대표 메뉴다. 특히 오므라이스는 부드러운 계란과 새콤한 케첩 소스가 조화를 이룬다. 쿠시카츠 3개가 올라가는 세트 메뉴(약 1130엔)도 있다. 햄버그 스테이크(약 1600엔)는 겉바속촉의 정석을 보여준다. 노스텔지어를 자극하는 레트로한 분위기가 특징이다. 현금 결제만 가능. 수요일 휴무 (364p B:2)

📍메이지켄
#미슐랭 #100년전통오므라이스 #레트로

사카에스시 타마야초점 [맛집]
さかえすし 玉屋町店
"100엔 대부터 시작하는 신선한 초밥"

가성비 좋은 초밥 전문점. 100엔대부터 저렴한 가격에 신선한 초밥을 맛볼 수 있어 인기가 높다. 특히 참치, 장어, 전복 초밥이 추천 메뉴다. 웨이팅이 길어서 1시간 정도는 기다려야 한다. 새벽까지 문을 열어 늦은 시간에도 식사할 수 있는 것이 장점. 사진이 있는 한국어 메뉴판이 있으며 종이에 메뉴를 써서 주문하는 방식이다. 실내 흡연이 가능. 자릿세 300엔 초밥 100엔 부터. 화요일 휴무 (364p C:2)

📍사카에스시 타마야초점
#100엔대부터 #심야초밥맛집 #가성비초밥

도톤보리

낮밤의 경계를 허무는 '겐키(げんき)'한 거리

밤이 깊어도 화려한 네온사인과 북적이는 인파로 꺼지지 않는 에너지가 넘치는 곳 난바. 만남의 광장 도톤보리부터 활기찬 쇼핑가, 맛있는 먹거리가 가득한 골목까지! 오사카의 모든 매력이 집결된 이곳에서 두 팔 번쩍 올린 '글리코상' 앞 인증 사진은 필수!

KEY WORD
- 도톤보리
- 맛집 밀집지역
- 네온사인

TO DO LIST
- ☐ 도톤보리 리버크루즈 탑승하기
- ☐ 글리코상 앞에서 인증 사진 찍기
- ☐ 도톤보리 대관람차 탑승하기
- ☐ 상점가에서 '오사카' 아이템 찾기
- ☐ 돈키호테에서 간식과 화장품 구매하기
- ☐ 오코노미야키집 직원과 스몰 토크 도전하기
- ☐ 대형 문어 간판 아래서 타코야키들고 사진 찍기

도톤보리

도톤보리의 간판들

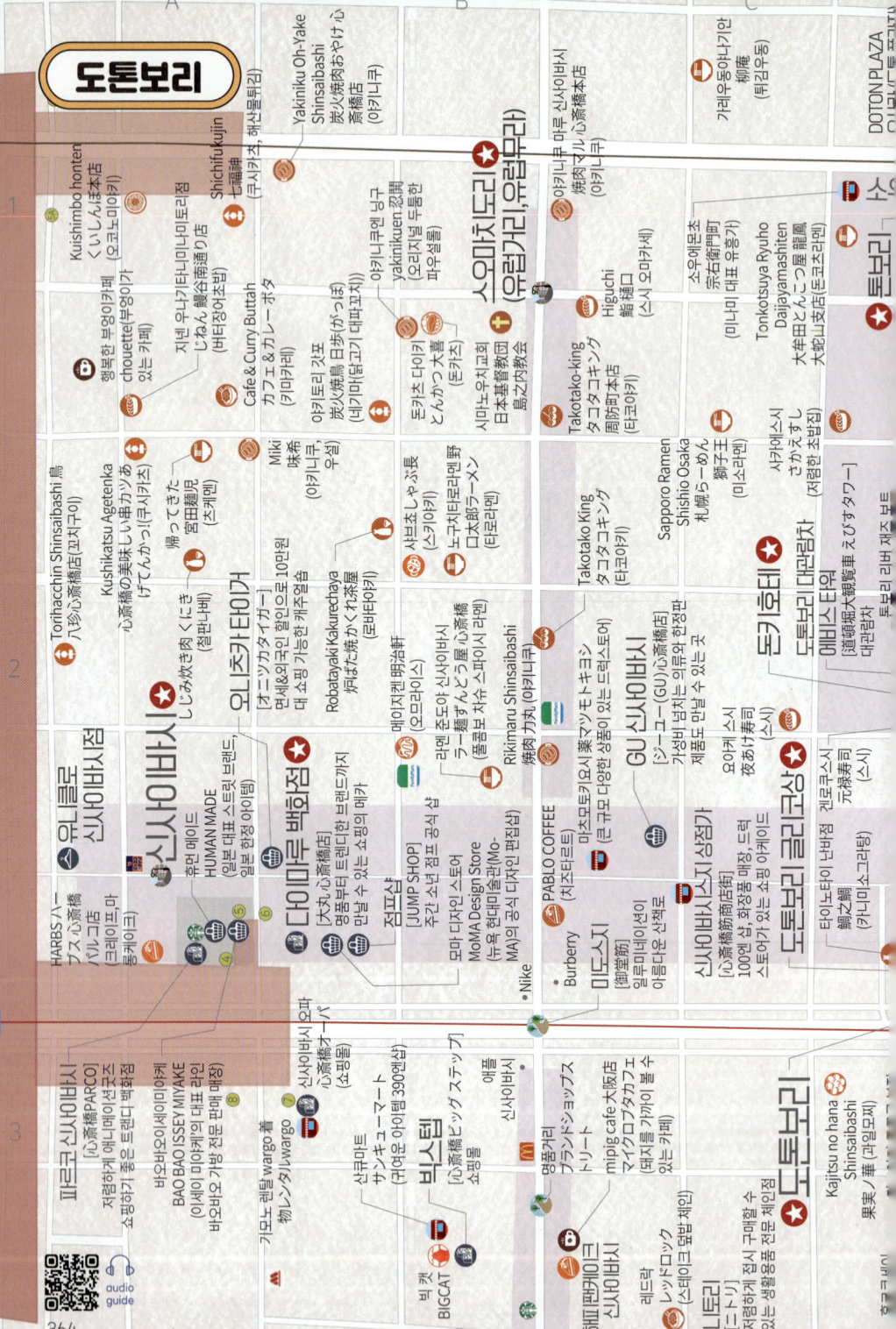

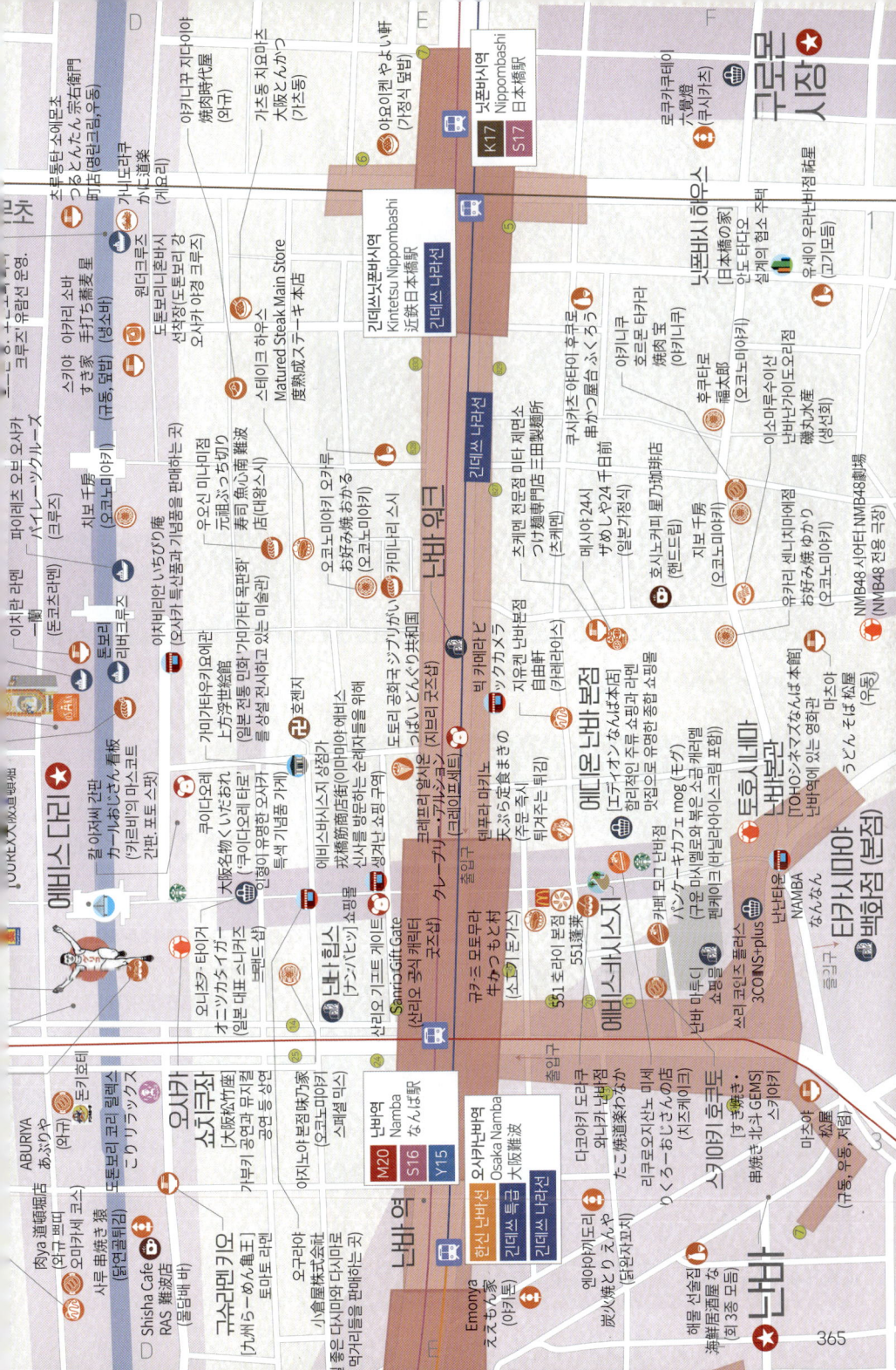

도톤보리 道頓堀 `추천`

"오사카 왔는데 여기는 필수 코스지!"

글리코사인 グリコサイン `추천`

"글리코 상 따라서 두 팔 번쩍 올리기!"

소규모의 가게와 이자카야 선술집으로 가득한 오사카 대표 나이트 라이프 스트리트. 타코야키를 비롯한 길거리 음식을 다양하게 접할 수 있어 꼭 밤이 아니더라도 방문하기 좋다. 도톤보리 강변에서 통통배를 타고 여행지의 정취를 즐길 수 있는 이색 여행 코스도 인기. 특히 글리코 사인과 카니 도라쿠 대게 가게가 유명한 포토 스폿이니 꼭 사진을 남겨보자 (365p D:3)

📍 도톤보리 #도톤보리강투어 #이자카야맛집 #글리코사인

원더크루즈 ワンダークルーズ
"도톤보리강 유람선 타고 즐겨보자"

도톤보리강을 따라 유람선을 타고 오사카의 야경을 감상하는 크루즈 서비스. 약 20~30분 동안 도톤보리 일대를 돌며 유명한 글리코 간판과 주변 명소를 감상할 수 있다. 간사이 조이패스 소지 시 무료 탑승. 오후 4시부터 운행한다. 예약하지 않아도 현장에서 대기하여 탑승 가능한 경우도 있다. 성인 2000엔 (365p D:1)

📍 원더크루즈 도톤보리
#도톤보리유람선 #야경명소 #글리코간판

도톤보리를 방문한다면 꼭 사진으로 남겨야 하는 포토스폿. 두 손을 번쩍 들고 달리는 모습을 한 '글리코상'이 네온사인으로 밝게 빛나고 있다. 늘 관광객으로 붐비기 때문에 비교적 한가롭게 사진 촬영을 할 수 있는 오전 중 방문할 걸 추천. 보통 도톤보리 다리 위에서 촬영하나, 숨겨진 포토존을 찾고 싶다면 글리코 사인과 마주 보는 건물 위를 활용해 볼 것 (365p D:1)

📍 글리코사인
#랜드마크 #대형네온사인 #도톤보리포토존

도톤보리 대관람차 에비스 타워 道頓堀大観覧車 えびすタワー
"도톤보리의 수많은 인파가 점으로 보이는 순간"

도톤보리 돈키호테 건물 위에 자리한 노란색 대관람차. 일반적인 대관람차와 달리 타원형으로 회전한다는 점과 나란히 일렬로 앉아야 한다는 점이 차이. 3세~6세 아동은 부모 동반 시에 탑승할 수 있다. 오사카 주유패스가 있다면 100엔 할인. 평일 저녁 기준 약 30분 정도 대기. 기다리는 동안 행운 뽑기 이벤트를 진행하여 쏠쏠한 재미를 더해준다. 1000엔. 입장 마감21:30 (365p D:2)

📍 에비스타워 대관람차   #도톤보리대관람차 #타원형으로회전 #행운뽑기이벤트

돈키호테 도톤보리점 ドン・キホーテ 道頓堀店 [추천]
"에비스 관람차 탄 후 그냥 지나칠 수 없는 돈키호테 매장"

저렴한 가격에 면세 혜택까지 얻을 수 있어 인기인 돈키호테의 도톤보리 지점. 에비스 대관람차 아래에 위치해 있다. 드럭스토어 제품부터, 간식, 장난감, 화장품 등 물건 품목이 매우 다양하다. 특히 인형이나 굿즈 가격이 저렴한 편. 보통 인기 물건은 1층에 비치되어 있다. 아침부터 늦은 새벽까지 쇼핑이 가능하나 붐비는 게 싫다면 저녁 시간대 피해서 방문하는 것을 추천한다. (365p D:2)

📍 돈키호테 도톤보리점   #대형할인잡화점 #대관람차 #새벽까지운영

치보 도톤보리빌딩점 [맛집]
千房 道頓堀ビル店
"40년 전통의 특제 소스가 차별점"

40년 전통의 오코노미야키 전문점으로 돼지고기, 소 힘줄고기, 새우, 오징어, 치즈 등 다양한 종류의 오코노미야키를 주문할 수 있다. 보다 풍부한 맛으로 즐기고 싶다면 소스와 마요네즈, 가쓰오부시를 듬뿍 얹어 먹는 것을 추천. 특제 소스를 사용하고 있어 독특한 맛을 느낄 수 있다. QR 코드, 한국어 메뉴판 이용 가능. 약 2350엔 (365p D:2)

📍 치보 도톤보리빌딩
#오코노미야키전문점 #40년전통 #다양한토핑가능

테판진자 도톤보리점 [맛집]
鉄板神社 道頓堀店
"숨은 인기 메뉴, 대게 시소 튀김!"

유튜버 마츠다 부장과 연예인 강남이 유튜브에서 소개하여 유명세를 얻게 된 철판 요리집. 철판에서 구워내는 다양한 창작 꼬치와 요리를 맛볼 수 있다. 특히 마요네즈 아스파라거스 돼지말이와 대게 시소(차조기) 튀김이 이색 메뉴로 인기. 육류부터 해산물까지 취향 따라 골라 먹을 수 있다. 주류 메뉴도 풍부. 한국어 메뉴판 보유. 현금 결제만 가능

📍 테판진자 도톤보리
#철판구이 #유튜버소개맛집 #창작꼬치요리

오사카 / 도톤보리

하리주 그릴 도톤보리점 `맛집`
はり重 道頓堀店 グリル(洋食)
"100년간 변함없는 맛, 오사카 전통 스타일"

1919년에 개업한 전통 있는 스키야키 전문점. 100년이 넘는 역사와 함께 변함없는 맛을 유지하고 있어, 오사카 전통의 맛을 느끼고 싶은 이들에게 추천할 만한 곳이다. 점심에 스키야키 코스를 합리적인 가격으로 즐길 수 있다. 코스는 고기의 등급에 따라 구분. 전통 와규와 뜨끈한 육수를 곁들인 쌀밥이 그리울 때 방문하길 추천. 영어메뉴판 있음. 런치 스키야키 코스 6050엔. 화요일 휴무.

📍하리주 도톤보리
#오사카전통 #100년역사 #스키야키코스

에비스바시 戎橋 `추천`
"도톤보리 만남의 광장, 글리코상 앞 다리"

도톤보리 강을 가로지르는 다리. 도톤보리 랜드마크 '글리코상' 포토 스팟으로 유명하다. 현지에서는 '히카케바시'로도 불리며 만남의 광장으로 이용되고 있다. 도톤보리 메인 한복판이라는 점에서 유명한 음식점과 쇼핑몰을 가까운 거리에서 방문할 수 있다. 밤이 되면 다리와 운하 주변으로 조명이 켜지며 더욱 운치 있는 공간으로 재탄생하니 사진으로 남겨보자. (365p D:2)

📍에비스 다리   #만남의광장 #글리코상 #히카케바시

규슈라멘 키오 `맛집`
九州らーめん亀王 道頓堀店
"개운함과 산뜻한 향이 동시에 스며드는 이색 라멘"

이색적인 토마토 라멘으로 유명한 맛집. 일반적인 돈코츠 라멘도 주문할 수 있다. 토마토 라멘은 토마토의 산뜻한 향과 맛이 특징. 맵기조절도 가능해서 해장라멘으로도 적격이다. 취향에 따라 토핑도 추가할 수 있고, 가라아게, 교자 등 다양한 추가메뉴들도 있어 함께 즐길 수 있다. 일본에서 독특한 라멘을 맛보고 싶다면 한번쯤 들러보는 것을 추천. 한국어 메뉴판 있음. 현금만 가능. 토마토라멘 약 890엔. (365p D:3)

📍규슈라멘 키오-토마토라멘
#토마토라멘 #해장라멘 #맵기조절라멘맛집

본가 오타코 도톤보리 본점 本家大たこ 道頓堀本店 `맛집` `추천`
"140년 전통, 통통한 문어로 골라 넣었어요"

도톤보리에 위치한 140년 전통의 오코노미야키 전문점. 오코노미야키 뿐만 아니라 야키소바, 타코야키도 맛있기로 유명하다. 특히 타코야키는 다른 가게의 타코야키보다 문어가 큼직하고 통통해서 인기다. 일정한 맛과 퀄리티를 보유하고 있다는 점, 좌석이 있어서 편안하게 먹을 수 있는 것이 장점이다. 주말이나 저녁 시간대에는 긴 줄을 서야한다. 현금 결제만 가능. 타코야키 약 600~800엔, 오코노미야키 약 1000~1500엔

📍본가 오타코 도톤보리 본점   #오코노미야키전문 #큼지막한문어 #타코야키

츠루톤탄 소에몬쵸점 맛집
麺匠の心つくし つるとんたん 宗右衛門町店
"기본이 세숫대야, 근데 면 3배까지 가능하다고?"

오사카의 명물 '세숫대야 우동'으로 유명한 음식점. 쫄깃한 면발과 깊은 맛의 국물이 일품이다. 큰 그릇에 담겨 나오는 우동의 양은 허기진 배를 든든히 채워준다. 명란크림우동(약 1480엔)이 한국인들에게 가장 인기있는 메뉴이니 참고. 별도의 추가비용 없이 면 3배까지 추가할 수 있어 식사량이 많은 사람들도 부담없이 양껏 즐길 수 있다. 테이블 위 태블릿으로 주문 가능 (377p D:1)

📍 츠루톤탄 소에몬초
#세숫대야우동 #새벽우동 #특대우동

니쿠야 도톤보리점 맛집
肉ya 道頓堀店
"권위 있는 타이틀을 획득히 야기니구"

일본의 블루리본이라고 할 수 있는 '햐쿠메이텐'에 선정된 야키니쿠 전문점. 일본에서 가장 퀄리티 좋은 와규여야 붙는 랭크 A5 등급의 와규를 맛볼 수 있어 특별하다. 전 좌석 금연으로 비흡연자들이 좋아할 만한 곳. 인기가 높아 미리 예약 후 방문하길 추천한다. 구글맵에 예약 링크된 사이트들에서 온라인 예약 가능. 오마카세 코스 10000엔

📍 34.66931, 135.49889
#퀄리티좋은와규맛집 #예약가능 #햐쿠메이텐맛집

톤보리 리버크루즈 とんぼりリバークルーズ(太左衛門橋船着場)
"도톤보리 강을 더욱 유쾌하게 즐길 수 있는 방법"

유쾌한 해설가와 함께하는 도톤보리 강 투어. 작은 배에 탑승해 약 20분간 오사카의 랜드마크를 감상할 수 있는 관광코스다. 총 9개의 다리를 지나며 구경하는 관광객들에게 손 인사를 건네는 이색 규칙이 있다. 포토존 글리코 사인 앞에서는 사진 촬영을 위해 1분간 정지 후 출발. 돈키호테 앞 매표소에서 예약 후 탑승 가능하다. 주유패스가 있다면 무료. 성인 2000엔 (365p D:1)

📍 톤보리 크루즈 #도톤보리강투어 #유쾌한해설 #글리코사인포토타임

톤보리 리버 재즈 보트 とんぼりリバージャズボート
"라이브 재즈 연주가 더해진 도톤보리, 유람선 타고 즐겨요"

배 위에서 라이브 재즈 연주를 들을 수 있는 특별한 유람선. 도톤보리의 네온사인 야경을 감상하면서 올드 재즈 음악을 감상할 수 있다. 네 명의 연주자가 공연을 진행하며 탑승객에게 탬버린을 나눠주어 함께 흥겹게 즐길 수 있다. 운행 시간은 약 40분 정도. 비 오는 날이나 악천후 시 운행이 취소될 수도 있다. 사전 예약 필수. 성인 2000엔 (376p B:1)

📍 도톤보리 재즈 보트 #재즈유람선 #야경명소 #라이브공연

오사카 도톤보리

칼 아저씨 간판 カールおじさん 看板
"칼 아저씨가 모자 벗는 순간을 포착하라!"

일본 과자 브랜드 '카르비' 마스코트인 '칼 아저씨'의 간판. 도톤보리 중심부에서 볼 수 있는 독특한 간판 중 하나로, 특유의 익살스러운 표정이 특징이다. 정각마다 '칼 아저씨'의 모자가 올라가면서 숨어있던 캐릭터가 나타난다. 간판 옆 카메라에서 길거리를 배경으로 한 사진 촬영 가능 (365p D:2)

📍 Uncle Carl Sign #일본과자브랜드 #칼아저씨 #인증샷명소

미나토 마치 리버 플레이스 湊町リバープレイス
"일요일 낮에 방문하는 걸 추천해요"

콘서트가 열리는 라이브 홀과 이벤트 광장을 지닌 복합 문화 공간. 일요일엔 건물 아래에서 작은 플리마켓이 오픈한다. 미나토마치 여객선 터미널 선착장이 바로 앞에 있어 데이트 코스로 인기. 도톤보리강을 향하고 있는 대형 현수교에선 강바람 느끼며 휴식을 즐길 수 있다. 계단 광장에서 때때로 버스킹도 열리니 산책 겸 방문해 보길 추천 (376p B:1)

📍 미나토 마치 리버 #콘서트홀 #일요일플리마켓 #버스킹공연

킨류라멘 도톤보리점 [맛집]
金龍ラーメン 道頓堀店
"돼지국밥같이 든든한 라멘 찾고 있다면"

빨간 포장마차 분위기가 물씬 풍기는 라멘 전문점. 돼지 육수를 베이스로 하며, 김치, 시치미, 부추무침 등의 고명을 직접 원하는 만큼 넣어 먹을 수 있다. 마치 돼지국밥과 비슷한 느낌임. 먼저 기본 국물 맛을 본 후, 취향에 따라 고명을 추가하는 것을 추천. 메뉴는 차슈의 양에 따라 일반과 오오모리 두 가지 중 선택 가능, 자판기에서 식권을 구매한 후 입장. 라멘 약 800엔 부터

📍 킨류라멘 도톤보리점
#돈코츠라멘 #김치고명 #포장마차분위기

이치란 도톤보리점 본관 [맛집]
一蘭 道頓堀店本館
"대기하는 사람 중 한국인 한 명쯤은 꼭 있을걸?"

한국인들에게는 필수 방문 라멘집으로 명성이 자자한 곳. 오사카의 유명한 라멘 체인점으로 돼지뼈를 장시간 고아 만든 진한 육수와 30가지 재료를 혼합해 만든 매운 양념이 인기의 비결. 천연 돈코츠 라멘(약 980엔)이 대표 메뉴이며 차슈, 반숙 계란이 포함된 세트를 많이 주문한다. 독서실처럼 칸막이가 되어 있어 혼밥하기 편하다. 한국어 키오스크와 주문서 제공. (365p D:2)

📍 이치란 도톤보리
#돈코츠라멘 #라멘맛집 #매운특제양념

추루하시 후게추 도톤보리 에비스바시점 맛집
鶴橋風月 道頓堀戎橋店
"일본 전역에 130매장, 난바는 에비스바시에 있어"

70년 전통의 오코노미야키와 야키소바 전문점. 현지인 추천 맛집으로 일본 전역에 약 130개의 매장을 운영할 정도로 인기가 있다. 주유 패스가 있다면 패스 전용 메뉴 선택 가능. 오징어, 새우, 돼지고기 등 다양한 재료가 들어간 후케츠야키(약 1420엔)가 대표 메뉴. 감자구이와 명란 마요네즈 야키소바도 추천. 테이블마다 철판이 설치되어 있어 직원이 직접 조리해 준다. 한국어 메뉴판 제공

📍 추루하시 후게추 도톤보리 에비스바시점
#오코노미야키맛집 #즉석조리 #후케츠야키

홋쿄쿠세이 신사이바시본점
北極星 心斎橋本店 맛집
"오므라이스 성지 순례 중이라면 여기는 꼭 가봐!"

오사카의 오므라이스 발생지로 알려진 레스토랑. 달콤새콤하면서도 녹진하고 깊은 맛의 소스가 얹어진 오므라이스를 맛볼 수 있다. 1922년에 오픈했으며, 1950년에 재건축된 건물을 아직 그대로 사용하고 있다. TV에 소개된 적도 있으며, 일본 유명인들이 많이 다녀간 곳이라 내부 곳곳에 싸인과 사진을 발견할 수 있다. 한국어 메뉴판 있음. 특선 오므라이스 약 2130엔 (365p D:3)

📍 홋쿄쿠세이 신사이바시
#원조오므라이스 #레트로감성 #100년

오사카 쇼치쿠좌 大阪松竹座
"돈카츠 먹으며 기다리는 가부키 공연"

일본 전통 연극 가부키부터 다양한 공연이 펼쳐지는 극장. 2층이 메인 로비로 매점, 화장실, 사물함 등이 있고, 3층부터 극장 1층 석이 시작되는 구조다. 참고로 2층 석이 시야 가림 없이 무대 전체를 바라보기 좋다. 극이 시작되기 전 시간이 남는다면 식사 해결도 할 겸 건물 안에 입점한 돈카츠 맛집 '야바톤 오사카 쇼치쿠좌점' 방문해 볼 것 추천 (365p D:3)

📍 오사카 쇼치쿠좌 #콘서트홀 #일요일플리마켓 #버스킹공연

쿠이다오레 大阪名物くいだおれ
"오사카·감성 듬뿍 들어간 기념품 총출동!"

경쾌한 오사카 스타일의 음악이 흘러나오는 기념품 매장. 센베, 타코야키 과자, 오사카 한정 과자, 타코 인형 등을 판매해서 기념품 구매하기 좋다. 과자 외에도 오사카 사투리가 적힌 재미있는 상품도 많이 찾아볼 것. 매장 앞에 있는 '쿠이다오레 타로' 인형은 포토존으로 유명하다. (365p D:2)

📍 Cuida Ore #쿠이다오레포토존 #오사카기념품 #특산품쇼핑

마쓰야마치 상점가 松屋町商店街 추천
"3월 3일 히나마츠리 준비로 바쁜 상점가"

일본 전통 장난감, 인형, 축제 용품을 파는 오래된 상점가. 히나마츠리용 인형과 불꽃놀이 세트, 일본식 과자 등을 주로 판매하며 장난감 종류도 다양해서 꼭 축제 기간이 아니더라도 방문해 보기 좋다. 일본의 옛 문화를 느끼기 좋은 상점가이니 레트로한 감성이 즐기며 거리를 걸어보자. (345p F:1)

📍 마쓰야마치 상점가   #일본전통인형 #일본불꽃놀이 #레트로감성

로손 100엔샵 니시 신사이바시점 ローソンストア100 西心斎橋店
"로손의 '100엔 샵' 버전"

일본 편의점 브랜드 로손의 100엔샵 버전. 대부분의 상품이 100엔(세금 별도)이라 부담 없이 쇼핑할 수 있다. 식료품, 간식, 생활용품, 잡화 등 다양하며 특히 도시락과 냉동식품 등 식료품 비중이 높아 간단한 식사 거리 구매하기 좋다. PB 상품도 다양하나 빠르게 품절되는 편이니 참고 (344p C:3)

📍 로손 100엔샵   #로손편의점 #100엔샵 #식료품쇼핑

도톤보리 카무쿠라 센니치마에점 どうとんぼり神座 千日前店 맛집
"채수를 사용해 깔끔한 육수가 포인트"

담백한 맛의 맑은 라멘이 생각날 때 방문하기 좋은 곳. 닭 육수를 베이스로 하여 다양한 채소가 듬뿍 들어가 깔끔하고 시원한 맛이 특징이다. 돈코츠 라멘의 깊고 진한 풍미는 없지만, 기존의 일본 라멘이 자극적이라고 생각했던 사람들에게 추천. 특히 아삭한 배추가 라멘의 핵심. 숙주라멘, 파 라멘 등 추천. 결제는 입구 앞 자판기를 이용. 라멘 약 700엔

📍 도톤보리 카무쿠라 센니치마에점
#닭육수 #담백한맛 #배추라멘

앗치치 도톤보리 본점
あっちち本舗 道頓堀店
"아쉽지 않게 큼지막한 것으로 넣었어요~"

커다란 문어가 들어간 타코야키로 인기인 곳. 다양한 소스와 토핑은 취향 것 고르는 재미도 있다. 빠른 회전율로 긴 줄에도 불구하고 기다림이 길지 않으며, 타코야키(약 800엔)와 음료를 세트로 주문하면 100엔 할인이 적용된다. 실내부터 야외까지 좌석이 마련되어 있어 원하는 자리에서 식사도 가능하다. 현금결제만 가능

📍 앗치치 도톤보리
#타코야키맛집 #대왕문어 #실내외좌석

난바

오사카 골목 대장 나야 나!

오사카의 활력 넘치는 중심지 난바. 신선한 해산물과 다양한 먹거리로 가득한 구로몬 시장에서 미식 여행을 즐기고, 넓은 난바워크에서 쇼핑을 만끽할 수 있어요. 독특한 애니메이션 아이템과 피규어 세상에서 눈이 바빠지는 덴덴타운의 생동감 넘치는 거리까지! 걷기만해도 오사카만의 진짜 매력이 듬뿍 느껴지는 곳이랍니다.

KEY WORD

- 난바워크
- 구로몬 시장
- 덴덴타운

TO DO LIST

- ☐ 구로몬 시장에서 해산물 요리로 아침 식사하기
- ☐ 캐릭터 복장 입고 고카트로 신나게 달리기
- ☐ 호젠지 이끼 동상에게 소원 빌기
- ☐ 도구야스지 상점가에서 커트러리 구매하기
- ☐ 난바워크에서 천 엔 미만 가성비 식사 즐기기
- ☐ 덴덴타운에서 코스프레한 사람과 기념사진 찍기
- ☐ 난바 파크스 여름 옥상 비어가든 축제 즐기기

구로몬 시장 복어

덴덴타운

센니치마에 상점가

에비스바시스지 스트로베리마니아

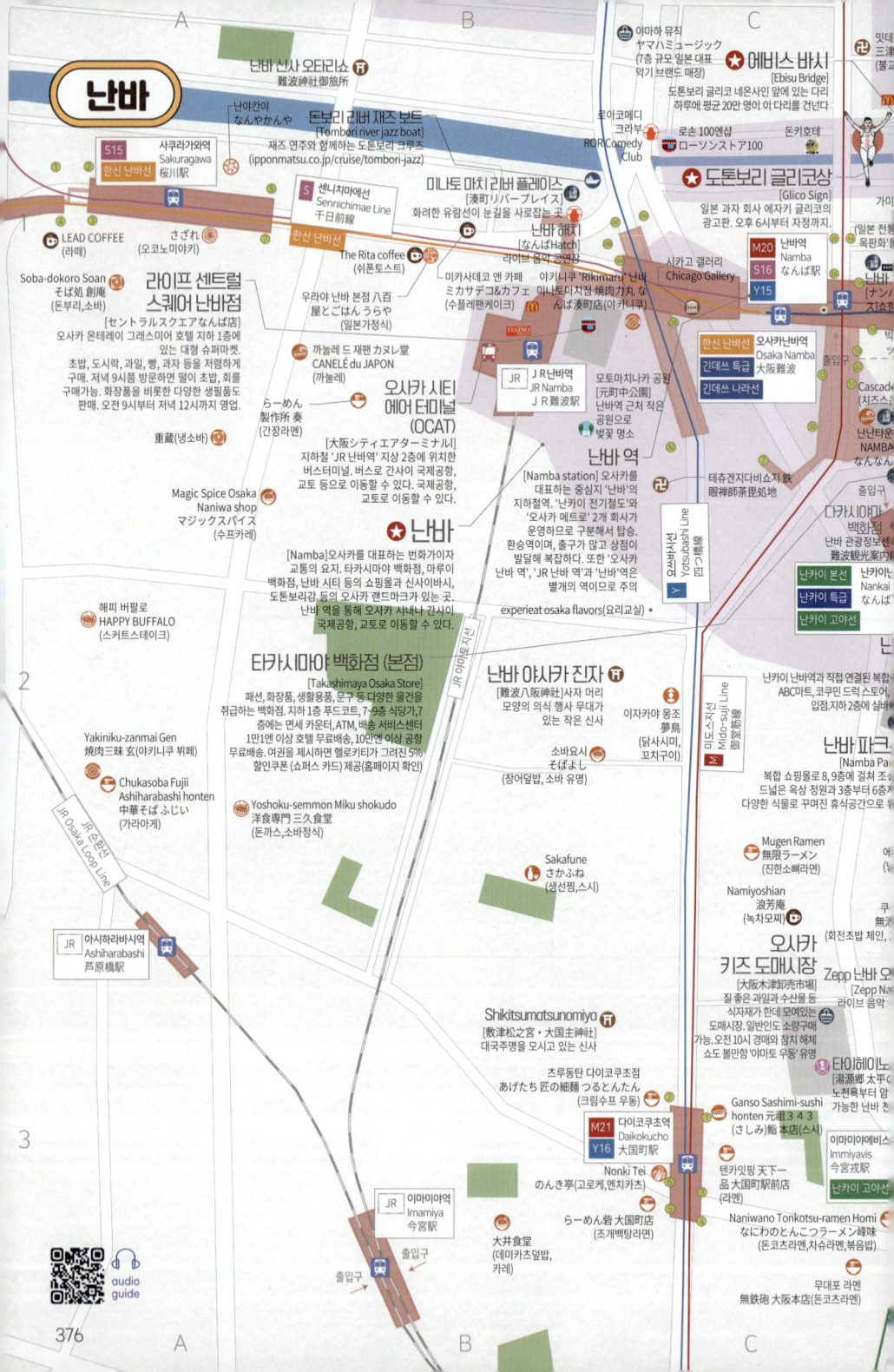

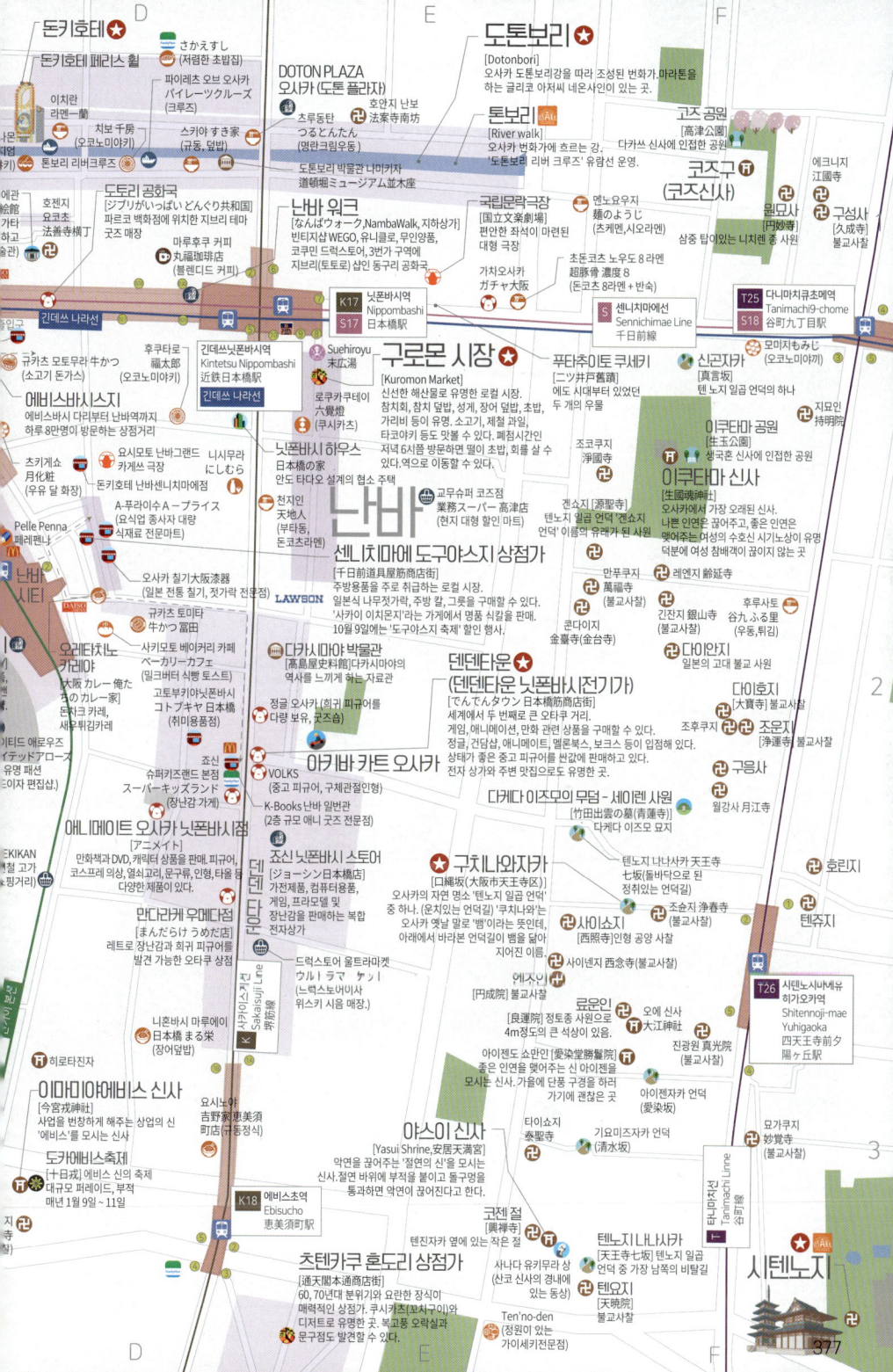

MAP
구로몬 시장

'오사카의 부엌'이라 불려 온 전통 시장. 200년 역사를 자랑하며, 전체 길이 약 580m의 아케이드 아래에는 과일 채소 해산물 등 약 150여 개의 상점이 운영되고 있다. 오사카를 대표하는 다양한 먹거리들이 있어 현지인은 물론 여행자의 발길이 끊이지 않는 곳. 아케이드 천장에 달린 참치, 게, 새우, 문어 등 해산물 모양의 대형 모형들이 눈길을 끄는 요소. 대부분 오전 8~9시부터 오후 4~6시 운영(상점별 운영시간 확인 필수)

Kotobuki
コトブキ
(카페)

하치마루 오뎅
おでんのハチマル
(오뎅)

タイの通り
SEA BREAM STREET
長楽会

와노미야 흑문동점
神戸牛和ノ宮 黒門東店
(철판야이)

이부키 코히텐
伊吹珈琲店
(커피)

사카에스시쿠로몬
SEASON 大阪黒門店
(스시)

와사비
(이자카야)

⑥ 미요시 쿠로몬
[三よ志 黒門]
일본식 철판요리 테판야끼 전문점.
오코노미야키, 모던야키, 야키교자, 야키소바 등 다양한 메뉴.

麺屋7.5Hz
黒門市場店
(라멘)

하치마루킷친
ハチマルキッチン
(이자카야)

수에히로켄
末廣軒
(경양식 돈까스)

와노미야
구로몬미나미
神戸牛 和ノ宮 黒門
南店(KobeBeef
wanomiya
kuromonminami)
(스테이크)

③ 구로몬 스시
[黒門寿し]
웨이팅 없으며 한국어 메뉴가 있어 쾌적하게 식사 가능.

구로몬 산페이
[黒門三平 黒門市場店]
참치를 비롯한 다양한 해산물 판매. 초밥 테이크아웃 및 매장에서 식사 가능.

Niku and...
神戸牛と海鮮丼
にくあんど 黒門
市場店
(일본식품)

9번출구
Exit 9

Senichimae Dori

and 黒門店
(페스추리)

북해도물어
(기념품 상점)

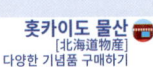

엔 通り
SHRIMP STREET
親栄会

⑦

黒門市場

홋카이도 물산
[北海道物産]
다양한 기념품 구매하기 좋은 곳, 면세 가능.

하나신 스시바
구로몬본점
黒門すし酒場
花神総本店
(해산물)

⑤ 구로몬 나카가와
[大阪市生鮮館 黒門中川]
현지인들의 식료품 마트. 특히 회나 초밥 종류가 다양해 한끼 식사를 구매하기 좋다.

마구로노엔토키
まぐろのエン時
(해산물)

Minato
みなと
(우동)

Yamacho Ku
(이자카야)

구로몬 버거 마
黒門 Burger 酛
(버거)

구로몬시장 우오마루상점
まぐろの魚丸商店

マグロの通り
TUNA STREET

Hananoki
花の木
(오코노미야키)

CRAB STREET
カニの通り

Takagi Suisa
Seafood
Restaurant
うなぎ高木水
(민물장어)

Kuromon Gyoraku
(해산물, 장어덮밥)

우오카즈
海鮮丼専門店 黒門 魚
(해산물 돈부리)

오코노미야키 미츠키 구로몬 시장점
鉄板お好み焼き 美月 黒門市場店

日二会

② 타카하시 쇼쿠힌
[高橋食品]
창업 100년 역사의 두부집.
진한 두유가 인기

로쿠카쿠테이
六覺燈
(꼬치요리)

니보시라멘 타
煮干しらーめ
郎 黒門店
(라멘)

LA Hanoi Deli -
Nipponbashi
ラハノイデリ 日本橋店
(베트남 음식)

Kuromon
Onabeya
黒門 大鍋や
(아침식사)

Iranko
伊蘭香
(중국 면요리)

Singh's Kitchen シンズキッチン
(인도 레스토랑)

맘보
お好みハウス
マンボウ
(오코노미야끼)

Kawasakiya
川崎屋
(주류 판매)

千日前通り

10번출구
Exit 10

sakaisuji

夜のチョットスタンド
(이자카야)

酒肴めし お台所 縁
(이자카야)

香林
(카페)

hi Shokuhin
본식품)

Binozen
箸屋 美の膳
(기념품 상점)

Futaba
釜上げうどん二葉
(우동)

縁-ENISHI Udon
(우동)

黒門市場 万屋
YOROZUYA
(해산물)

ラーメンEBIバチ
라멘 에비 파치
(라멘)

Kobeya
神戸屋
(야키니쿠)

黒銀まぐろや
(스시)

Burger
Revolution Osaka
Kuromon Ichiba
(버거)

구로몬시장
인포메이션 센터

Kuromon Market
Izumo
黒門市場 いづも
(이자카야)

黒門会　フグの通り
PUFFER FISH STREET

南黒門会　タコの通り
OCTOPUS STREET

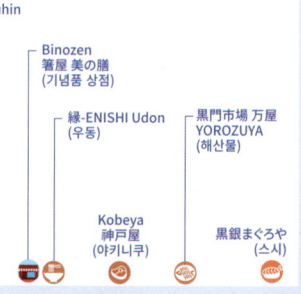

Nishikawa Fresh
Fish Store
市場 西川鮮魚店
(어물전)

후나사다
ふな定
(어물전)

Uofuku
魚福 (해산물)

마구로야 쿠로긴 구로몬 시장점
[まぐろや黒銀 黒門市場店]
즉석에서 썰어주는 신선한 참치를 맛볼 수
있는 곳. 참치의 원하는 부위를 선택해 초밥,
회, 돈부리 중 원하는 방식으로 먹을 수 있다.

해산물 쿠로몬 창은
黒門蔵銀
(스시)

北尾鮮魚店
(어물전)

1 우오토요
[鮮魚 魚豊]
즉석에서 직화로 생선을 구워주는
노포 장어구이집. 장어구이만 구매할
수도 있고 밥 위에 올린 우나기동도
판매한다. 원래는 포장만 가능했지만
최근 인기가 높아지면서 회이시 탁수
있는 간이 좌석도 생겼다.

SHIKI JAPANESE TEA
(카페)

Superjap
スーパージャップ
(이자카야)

야키토리의 명문 아키요시
닛폰바시점
やきとりの名門秋吉 日本橋店
(야키토리)

스미야 코바코
[炭屋 こばこ]
다양한 닭꼬치를 맛볼 수
있는 야키토리 가게.

Kobanya
うどんそば 小判屋
(소바)

타치즈시 고카이
豪快 立ち寿司 新鮮や
(스시)

Cafe Sakae
洋食喫茶さかえ
(경양식 돈까스)

천지인 닛폰바시
[天地人 日本橋店]
마늘 후레이크를 뿌린
부타동이 인기

라멘 카즈야
らーめん 一八
(라멘)

筋　堺

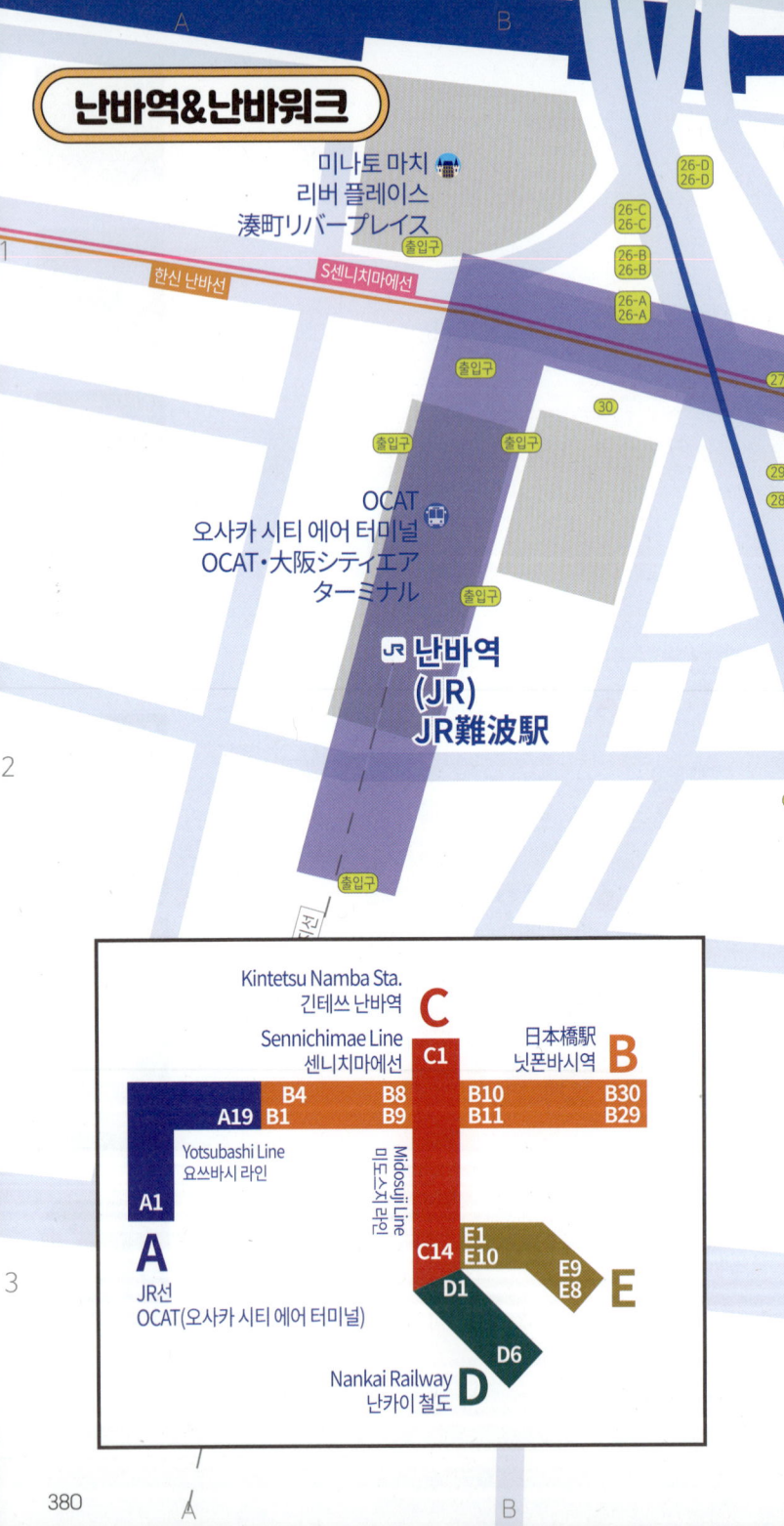

NAMBA WALK

오사카 메트로 난바역을 중심으로 펼쳐지는 지하상가. 패션, 잡화, 맛집 등 약 240개의 상가가 줄지어 있는 쇼핑 천국이자 서쪽으로는 JR난바역, 남쪽으로는 난카이난바역까지 지하 통로로 연결되어 있어 비 오는 날에도 걱정 없이 이동할 수 있다. 도톤보리에서는 한참 줄을 서야 하는 식당들도 난바워크 지점에서는 상대적으로 한적하게 즐길 수 있다.

규카츠 교토가츠규 난바워크 1번가점
공항으로 가는 기차 타기 전 규카츠 먹기 좋은 곳

551호라이 난바 워크점
줄 서서 사먹는 중국식 만두. 본점보다 한산해서 쾌적함

모로조프 난바워크 초콜릿샵
고베 명물 모로조프의 초콜릿과 치즈케이크를 구매할 수 있음

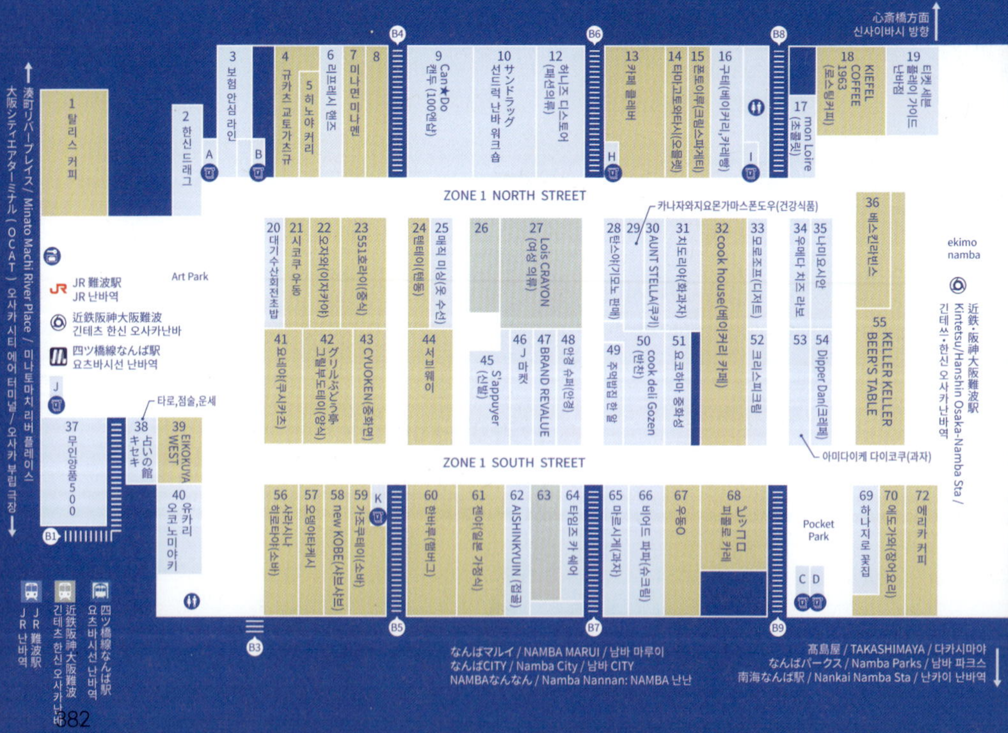

무인양품 500 난바워크 1번가
무인양품의 주요 인기 상품을 진열한 작은 매장. 다른 매장보다 작지만 알차서 들르기 좋은 곳.

말차 하우스 난바워크(91번)
교토에서 인기 있는 말차 전문점의 분점

동구리 공화국 난바점(110번)
오사카에 딱 4곳 있는 지브리 굿즈샵 중 하나

유니클로 난바워크점
이동 중 가볍게 들러 구경하기 좋다. 면세 가능

아식스 워킹 난바 워크점
아식스의 일상화 라인을 구매할 수 있는 곳. 슈 피팅 서비스도 가능

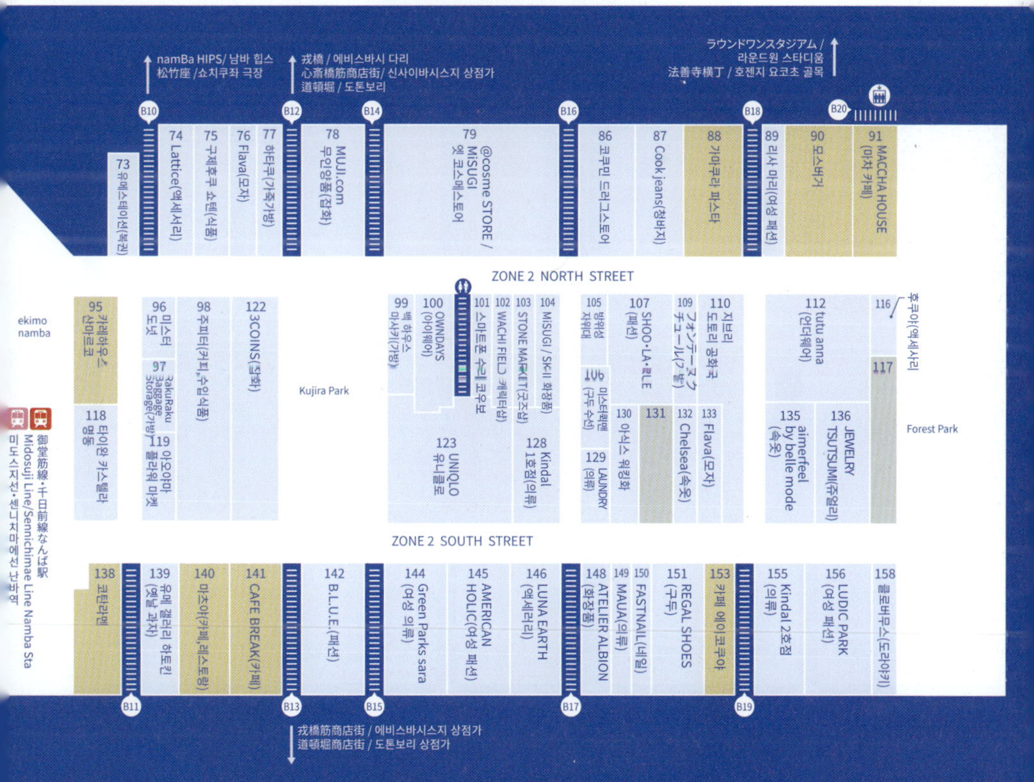

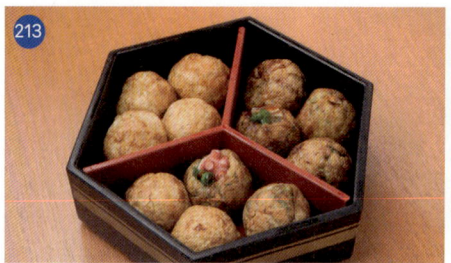

아이즈야 난바워크점
소스 없이 소금으로 간 한 타코야키를 간장과 국물에 찍어 먹는 오리지널 방식의 타코야키 가게

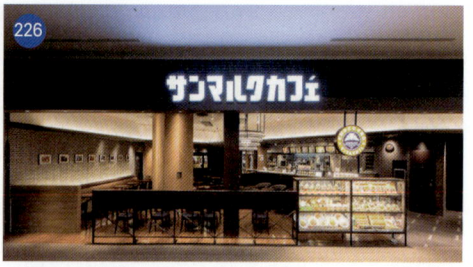

산 마르크 카페 난바워크점
공간이 넓어서 편안하게 쉴 수 있는 카페

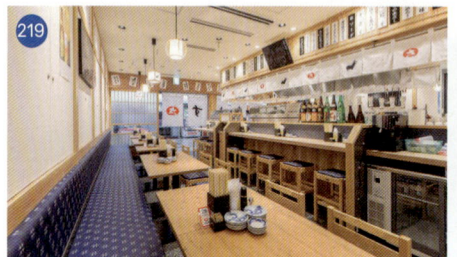

스시 사카바 사시스 난바
늘 웨이팅 있는 인기 초밥집이자 이자카야. 우메다에 본점이 있으며 술과 잘 어울리는 메뉴가 많음

다이키수산 회전초밥 난바워크점
가성비 좋은 회전초밥집

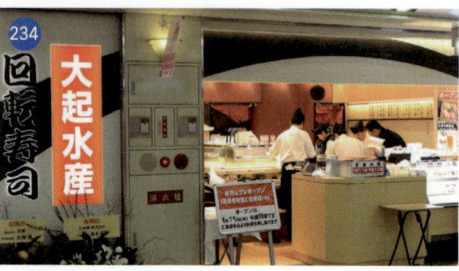

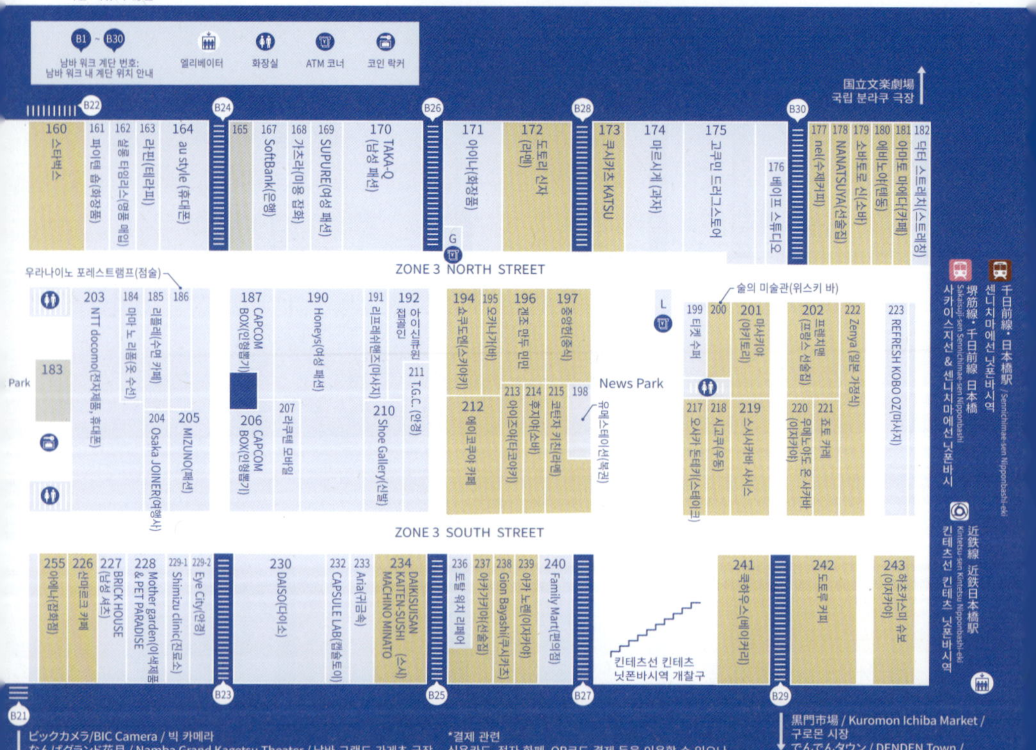

*결제 관련
신용카드, 전자 화폐, QR코드 결제 등을 이용할 수 있으나, 일부 점포에서는 이용이 불가능할 수 있으므로 각 점포에 문의

에비스바시스지 상점가 戎橋筋商店街 추천

"도톤보리를 가로지르는 370m 길이 상점가"

난바에 위치한 대표적인 쇼핑 거리. 도톤보리를 가로지르는 370m 길이의 상점가로 명품 브랜드부터 캐주얼 패션, 기념품 가게, 전자제품점, 약국까지 다양한 상점이 밀집되어 있다. 타코야키, 오코노미야키 같은 오사카 명물 음식도 즐길 수 있다. 이마미야 에비스 신사의 참배길로도 유명하다. (365p E:2)

📍 Ebisu Bashi-Suji Shopping Street   #난바대표쇼핑가 #이마미야에비스신사 #쇼핑거리

호젠지 法善寺

"이끼로 뒤덮인 소원 동상이 마스코트"

태평양 전쟁 화재에도 살아남은 이끼 낀 동상 '부동명왕상'이 있는 곳으로 유명한 불교 사원. 동상에 물을 뿌리며 소원을 비는 독특한 풍습을 지니고 있는데 손을 씻은 후 왼쪽에 한 번, 오른쪽에 한번 가운데에 한 번 물을 뿌린 다음 기도를 올리면 된다. 사원에 살고 있는 귀여운 고양이들이 자주 출몰한다는 점도 매력적이다. (365p D:2)

📍 호젠지   #이끼동상 #독특한풍습 #소원신사

회전초밥 쵸지로 호젠지점 맛집
廻転寿司CHOJIRO 法善寺店

"선택이 고민될 땐 추천 5종으로!"

고급 스시집에 뒤지지 않는 품질 높은 초밥을 제공하는 간사이 지역 스시체인점. 초밥 접시 색상에 따라 130엔부터 시작하며, 전반적으로 합리적인 가격으로 즐길 수 있다. 테이블 위 태블릿을 통해 한국어로 주문할 수 있어 편리. 선택이 어렵다면 '추천 5종 초밥'이 가장 인기있으니 참고하길. 초밥 외에도 우동이나 튀김도 함께 즐길 수 있다. 구글맵으로 예약 가능

📍 쵸지로 호젠지점
#고퀄리티초밥 #가성비 #회전초밥

츠타야 에비스바시
TSUTAYA EBISUBASHI

"만화책부터 CD까지 쭉 둘러볼 수 있는 서점"

도톤보리 근처의 대형 서점. 지하는 일본 서적과 만화책 서점. 1~2층은 스타벅스, 3층은 화장품 매장, 4~6층은 음악 CD, 영화 DVD까지 다양한 상품을 판매한다. 스타벅스에도 책들이 진열되어 있어 북카페 같은 분위기. 매장이 크지만 관광객이 많아 주말에는 붐빌 수 있다.

📍 츠타야 에비스바시
#일본대형서점 #북카페 #도톤보리근처서점

호젠지 요코초 法善寺橫丁 추천
"도톤보리 이자카야 거리인데 한적할 수가 있다고!?"

옛 오사카의 정취를 느낄 수 있는 길이 80m, 폭 3m의 이자카야 골목. 도톤보리의 북적한 변화가 내에서 조용하고 한적함을 느낄 수 있는 공간이라 매력적이다. 골목에는 이끼로 덮인 불상이 자리한 호젠지라는 작은 사원이 있는데, 물을 끼얹어 기도하는 '물부처'로 유명하다. (345p D:3)

📍 Hozenji Yokocho #호젠지 #먹자골목 #조용한골목

다이소 난바 에비스바시
ザ・ダイソーなんば戎橋店
"가격표가 없다면 100엔~! 곤약젤리도 쓸어 담자!"

식품부터 청소용품, 문구 등을 갖춘 도톤보리 근처 다이소. 별도 가격표가 붙지 않은 상품은 모두 100엔으로 구매할 수 있다. 산리오 모양 바스볼, 미키마우스 손수건, 폼폼푸린 볼펜 등 캐릭터 콜라보 제품 다양. 타코야키 믹스, 곤약젤리, 후리가케 등 간편식은 맛과 종류가 많아서 인기 있다. 곤약젤리 경우 이곳에서만 구매할 수 있는 맛도 있으니 참고

📍 Daiso Namba Ebisubashi
#대형잡화점 #100엔숍 #캐릭터콜라보제품

인디안 카레 미나미점 맛집
インデアンカレー 南店
"오사카에서 맛보는 매콤달콤한 인도의 맛"

인도식 향신료를 사용해 매콤한 맛과 달콤한 맛이 함께 나는 카레를 맛볼 수 있는 유명 체인점. 대표 메뉴로는 '인디안 카레(약 880엔)'로 고슬고슬한 흰쌀밥 위에 얹어진 카레를 비벼 먹으면 고소한 맛의 풍미를 느낄 수 있다. 함께 나오는 양배추 피클을 얹어 먹어 보길 추천. 합리적인 가격에 맛있는 카레를 즐기고 싶다면 추천한다. 현금결제만 가능. 수요일 휴무

📍 인디안 카레 미나미
#인도식카레 #합리적인가격 #매콤달콤

크레프리 알시온 맛집
クレープリー・アルション
"프랑스에서 날아온 겉바속쫄 재료"

프랑스식 크레페를 전문으로 하는 디저트 맛집. 프랑스산 밀가루와 버터를 사용해 만들어 겉은 바삭하고 안은 쫄깃한 식감이 특징이다. 인기 메뉴인 '베리 밀푀유 크레페'는 바닐라 젤라또를 샌드한 바삭한 파이와 생크림, 베리 젤라또가 어우러져 풍부한 맛을 선사한다. 깔끔하고 감성적인 분위기로 데이트 장소로 추천. 세트 약 1350엔 (365p E:2)

📍 크레프리 알시온
#프랑스풍카페 #디저트맛집 #크레페

난바 힙스 ナンバヒップス
"파칭코 체험하고 이자카야에서 하이볼 한 잔"

건물 한가운데가 모래시계 모양으로 뻥 뚫린 빌딩. 독특한 외관 앞에서 사진 촬영하는 이가 많다. 쇼핑부터 식사, 엔터테인먼트를 한 곳에서 즐길 수 있는 복합 문화 공간으로, 대형 파칭코부터 다트 바, 노래방 등 오락 시설이 다양하게 입점해있다. 식당가엔 하이볼 맛집으로 소문난 저렴한 이자카야들이 많으니 쇼핑 후 방문해 보길 추천한다. (365p D:3)

📍난바 힙스
#독특한외관 #저렴한이자카야 #파칭코

Okonomiyaki Sakaba O
お好み焼き酒場O 難波店 맛집
"오코노미야키에 맥주 한잔 어때?"

이자카야 스타일의 오코노미야키 전문점. 가장 기본적인 돼지 오코노미야키부터, 해물 소금 야키소바 등 철판 요리가 다양하며, 한국인이 무난하게 즐기기 좋은 돼지김치 오코노미야키도 있다. 도톤보리 번화가에서 조금 떨어져서 조용한 분위기 속에서 식사할 수 있다. 내부가 협소하여, 웨이팅이 긴 편이니 참고. 한국어 메뉴판 비치. 오코노미야키 약 1380엔

📍Sakaba O
#오코노미야키 #이자카야 #야키소바

난바 마루이 なんばマルイ
"요즘 오사카 젊은이들은 뭘 입는지 궁금하다면?"

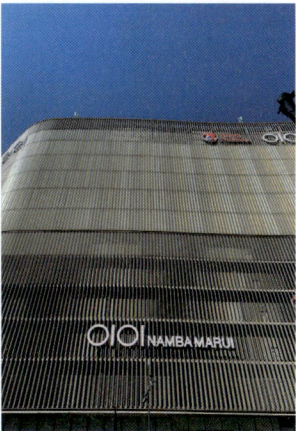

최신 유행을 반영한 상품 구성이 돋보이는 트렌디 쇼핑몰. 다카시마야 백화점 맞은편에 있으며 지하 연결 통로를 통해 서로 오갈 수 있다. 유니클로, GU 등 가성비 좋은 의류 브랜드부터 남성복 전문 브랜드, 화장품, 패션잡화 등 카테고리 다양. 7층 공간에서 종종 애니메이션 팝업 스토어가 열린다. 면세 및 게스트 할인 가능 (365p F:3)

📍난바 마루이
#트렌디쇼핑몰 #다카시마야연결 #팝업

산리오 기프트 게이트 난바 에비스바시점
Sanrio Gift Gate なんば戎橋店
"산리오 굿즈라면 조금 돈을 투자해도 괜찮아"

헬로키티, 마이멜로디, 쿠로미 등 산리오 공식 캐릭터의 굿즈샵. 스티커, 문구류, 생활용품 등 종류도 다양해서 산리오 팬이라면 방문해 보기 좋다. 단 면세가 되지 않아 가격이 다소 비싸게 느껴질 수 있다. 동일한 상품이면 돈키호테에서 구매하는 것이 더 저렴하니 참고 (365p E:3)

📍산리오 게이트
#헬로키티 #쿠로미 #마이멜로디

아지노야 본점 味乃家 本店 맛집
"미슐랭이 선정한 50년 전통의 맛집"

미슐랭 가이드에 소개된 적이 있는 오코노미야키 전문점. 1965년부터 60년 이상의 전통을 자랑하며, 잘게 썬 양배추와 돼지고기, 해산물, 치즈 등 다양한 재료가 들어가 있어 푸짐하게 맛볼 수 있다. 특히 소고기와 해산물이 함께 들어간 오코노미야키가 인기. 볶음국수를 주문하는 이도 많다. 현금 결제만 가능. 오코노미야키 스페셜 믹스 약 2990엔 월요일 휴무 (365p D:3)

📍아지노야 #미슐랭 #오코노미야키 #60년이상의전통

에디온 난바 본점 エディオンなんば本店
"층마다 골라보는 재미가 쏠쏠한 쇼핑몰"

오사카 난바―에비스바시스지 상점가

층마다 컨셉이 다른 종합 쇼핑몰. 대표적으로 6층의 주류코너, 7층의 캐릭터 굿즈숍, **9층의 라멘거리** 가 인기. 택스프리 적용으로 고급 사케를 저렴한 가격에 구매할 수 있다. 층 하나가 통째로 라멘거리인 9층은 오사카에서 손꼽는 맛집으로 유명하다. 오사카뿐만 아니라 교토, 키치조지, 후쿠오카 등 라멘으로 유명한 곳들의 맛을 비교해 가며 즐길 수 있다. (365p E:2)

📍 에디온 난바   #저렴하게사케구매 #라멘 #캐릭터굿즈

다코야키 도라쿠 와나카 난바점
たこ焼道楽わなか なんば店
"반죽 맛으로 승부하는 오사카식 타코야키"

오사카식 타코야키를 경험할 수 있는 웨이팅 하는 맛집. 반죽 자체의 맛이 뛰어나고, 토핑 되는 종류는 취향에 맞게 고를 수 있다. 명란 마요, 야키소스&마요네즈, 다진 파, 가다랑어 4가지 맛이 있고, 다양한 맛을 원한다면 모둠 다코야끼를 추천한다. 타코야키를 전병에 끼워 먹는 타코센도 판매. 포장과 매장 내 취식

모두 가능. 현금 결제만 가능. 8알 약 700엔. 화요일 휴무 (365p E:3)

📍 다코야키 도라쿠 와나카 난바점
#타코야키맛집 #4가지맛 #타코센

북오프 플러스 BOOKOFF PLUS
なんば戎橋店
"빈티지, 중고라면 일단 여기서 찾아봐"

일본의 대표적인 중고 서적 체인점. 만화·도서뿐만 아니라 명품 패션, 악기, 디지털 기기, 게임기 등 방대한 중고 아이템을 판매한다. 2층에는 서적, 닌텐도, DVD, CD가, 3층에는 패션, 시계, 명품 등이 진열되어 있다. 옛날 브랜드 의류, 비디오 게임 콘솔, 폐간 잡지를 찾는 덕후들이 많다. 5,500엔 이상이면 3층에서 면세 환급 가능

📍 북오프 플러스 난바
#중고서적 #중고의류 #면세환급

난바 라멘 이치자 [맛집]
なんばラーメン一座
"에디온 난바 9층, 쇼핑 후 즐기는 라멘 미식거리"

오사카 스타일의 라멘을 종류별로 맛볼 수 있는 푸드코트. 에디온 난바 본점 9층에 자리하고 있어 구경 후에 식사하기 좋은 곳이다. 오사카에서 이름난 유명 라멘집이 모여있다는 점이 장점. 특히 **볶음 참깨 라멘으로 유명한** '요시야마 상점'이 대표적이다. 닭 육수의 깔끔한 라멘부터 돈코츠까지 다양하니 어떤 라멘을 먹을지 고민된다면 방문해 보길 추천

📍 난바 이치자
#라멘집합소 #라멘푸드코트 #현지인맛집

아부리야 센니치마에점 [맛집]
国産牛焼肉食べ放題 あぶりや 千日前店
"질 좋은 와규를 양껏! 취향 맞춤 코스까지"

고품질의 와규를 무한리필로 즐길 수 있는 야키니쿠 전문점. 기본 코스부터 우설이 포함된 프리미엄 코스까지 다양한 옵션이 있어 취향에 맞게 선택할 수 있다. 내부가 상당히 넓어, 테이블마다 칸막이가 설치되어 있어서 프라이빗하게 즐길 수 있다. 테이블에 설치된 태블릿PC로 주문 가능. 한국어 메뉴도 지원 **무제한 코스 (약 5918엔)**

📍 아부리야 센니치마에
#와규무한리필 #우설 #칸막이테이블

스키야키 호쿠토 `맛집`
すき焼き・串焼き 北斗 GEMS

"가성비를 놓칠 수 없다면 낮 2시 반까지 주문하기!"

스키야키를 합리적인 가격으로 먹을 수 있는 샤브샤브와 스키야키 전문 식당. 오전 11시 30분부터 오후 3시 (라스트 오더 14시 30분)에는 1,000엔으로 스키야키를 주문할 수 있어 인기가 있다. 여럿이 가더라도 1인 1버너를 제공하여, 각자 편하게 음식을 즐길 수 있다. (365p F:3)

📍 스키야키 호쿠토 #스키야키 #1000엔런치

덴푸라 마키노 난바센니치마에점
天ぷら定食まきの 難波千日前店

"바삭한 튀김 옷 안엔 꽉 찬 재료!" `맛집`

신선한 제철 재료를 사용한 바삭한 텐푸라를 제공하는 것으로 유명한 텐동 전문점. 튀김옷 속에 재료가 가득하게 차 있어 만족스럽다. 오픈 키친스타일로, 큰 냄비에서 손님 앞에서 즉석에서 튀겨내어 보는 즐거움이 더해진다. 텐푸라 입구와 텐동 입구가 다르니 줄 서기 전 꼭 확인할 것. 세트 1500부터 (365p E:2)

📍 마키노 난바센니치마에
#텐동맛집 #꽉찬속재료 #제철재료

리쿠로 오지상노미세 난바본점
りくろーおじさんの店 なんば本店

"일단 누가 먼저 종 울려봐요~ 궁금하니까!"

갓 구운 따뜻한 치즈케이크를 맛볼 수 있는 베이커리. 중간중간 박혀 있는 건포도는 자칫 느끼할 수 있는 맛을 잡아주는 역할을 한다. 직원들이 종을 울리면 다양한 퍼포먼스를 보여준다. 숨은 인기 메뉴인 파이 역시 바삭한 페이스트리 사이에 필링이 가득 들어있어 많은 마니아층을 형성하고 있으니 구매 추천. 약 965엔 (365p F:3)

📍 리쿠로 오지상 난바
#치즈케이크 #파이 #베이커리

오사카 난바 — 에비스바시스지 상점가

빅카메라 난바점 ビックカメラ なんば店   "장난감이랑 술을 동시에 살 수 있다고?" `추천`

토미카, 피규어 등 장난감부터 최신 전자기기와 가전제품까지 한곳에서 구입할 수 있는 대형 전자상점. 세금 환급이 가능해 외국인 관광객들에게 인기 있는 쇼핑 명소다. 전자제품뿐만 아니라 술, 옷, 가공품 등 다양한 물품 취급. 시중보다 최대 30% 저렴하게 구매할 수 있으며 할인 쿠폰을 사용하면 추가 할인 혜택까지 얻을 수 있다. (365p E:2)

📍 빅카메라 난바   #최대30%할인가 #대형전자상점 #장난감천국

551 호라이 본점 551蓬莱 本店 맛집
"빵처럼 든든한 돼지만두가 대표 메뉴"

오사카에서 유명한 만두 체인점. 대표 메뉴인 부타만두는 일반적인 만두피가 아닌 호빵과 같은 빵피로 만들어져, 만두라기보다는 호빵이라고 생각하는 것이 더 적절할 수 있다. 속은 고기야채 호빵에서 단맛을 더한 맛. 슈마이 역시 인기 메뉴로, 촉촉하고 육즙이 가득하다. 대기 줄이 비교적 빠르게 줄어들고 음식도 주문 즉시 나오므로, 줄을 서 있는 동안 미리 먹을 메뉴를 정해두길 추천. 부타만 2개 약 460엔, 야키교자 10개 약 400엔. 첫째 셋째 화요일 휴무 (365p E:3)

📍 551 호라이 본점   #만두전문 #고기만두 #슈마이

치보 센니치마에본점
千房 千日前本店
"오사카 전통의 맛, 도톤보리야키로 알려줄게"

약간 달달하면서도 뒷맛이 깔끔하고 향긋한 특제 소스를 사용하는 오코노미야키 체인점. '도톤보리야키'로 불리는 오사카 전통의 오코노미야키가 대표적인 메뉴로, 돼지고기, 소힘줄, 새우 등 다양한 고기 토핑을 선택해 맛볼 수 있다. 생맥주와 레몬사와를 곁들여 먹어보길 추천한다. QR 코드 주문, 한국어 메뉴판 제공. 오코노미야키 약 2350엔

📍 치보 센니치마에
#오코노미야키전문점 #향긋한특제소스 #도톤보리야키

센니치마에 도구야스지 상점가 千日前道具屋筋商店街 추천
"애착 냄비와 칼 구매하기 좋은 거리"

주방용품 전문 거리로 식칼, 냄비, 접시, 조리 도구 등 다양한 주방 기구를 저렴한 가격에 판매하고 있다. 요식업 종사자들과 요리 애호가라면 빼놓지 않고 둘러봐야 할 곳. '도쿠조'를 비롯한 일부 가게에서는 이름을 새긴 맞춤 제작 식칼을 주문할 수 있다. 함박스테이크 무한리필집으로 인기인 '무겐함바그'도 입점해 있으니 쇼핑 후 식사까지 즐겨보자. (377p D:2)

📍 센니치마에 도구야스지   #주방용품전문거리 #저렴한가격 #수제칼제작

야마카도자기 山加陶器
"합리적인 가격대에서 도자기 쇼핑하기!"

<mark>일본풍 그릇과 찻잔을 구입하기 좋은</mark> 60년 전통의 도자기 상점. 일본 도자기, 서양 도자기, 유리 식기, 칠기, 멜라민 식기 등 상업용 식기에서 가정용까지 다양한 제품이 있다. 가격도 합리적이고 포장도 꼼꼼하다. 반찬을 담는 작은 접시나 음료용 작은 컵은 500~600엔, 손잡이가 달린 머그잔은 문양에 따라 500~1500엔다. 카드 결제 가능. 면세 불가.

📍 Yamaka Toki 난바
#도자기그릇 #일본풍그릇 #아기자기한선물

국립문락극장 国立文楽劇場
"일본 3대 전통 인형극 '분라쿠'를 가까이서 볼 기회"

일본 3대 전통 인형극으로 불리는 '분라쿠' 공연을 감상할 수 있는 곳. <mark>샤미센 곡조에 맞춰 인형이 연기</mark>를 펼친다. 1층 로비 무료 전시관에서 분라쿠 인형 전시도 관람할 수 있다. 인형의 얼굴부터 장신구, 옷까지 가까이서 살펴볼 기회이니 놓치지 말 것. 온라인으로 티켓 예매 후 공연 당일 현장 수령 가능. 영어 음성 안내 대여도 요청할 수 있다. (377p E:1)

📍 문락극장 #분라쿠인형극 #샤미센연주 #분라쿠인형전시관

가츠동 치요마츠 도톤보리 본점
かつ丼 ちよ松 道頓堀本店 [맛집]
"진짜 5cm? 궁금하면 줄서 챙겨서 방문하기!"

5cm 두께의 돈카츠로 유명해 오픈런은 필수인 인기 맛집. 가츠동(돈카츠 덮밥, 약 850엔)을 전문으로 하며, 두꺼운 돈카츠와 부드러운 달걀, 특제 소스의 조화가 특징이다. 돈카츠는 두툼하면서도 고기가 부드러워 한입 먹어보면 웨이팅이 납득간다. 가격대는 중저가로, 양이 많아 가성비가 좋다. 테이크아웃 가능. 현금 결제만 가능 (365p D:1)

📍 치요마츠 도톤보리 #5cm돈카츠

야키니쿠 호르몬 타카라(구로몬-난바) 焼肉 宝 [맛집]
"사장님의 자부심 고기에서 느껴집니다!"

좁은 공간에 옹기종기 모여앉아 가스 화로에 소고기를 구워 먹는 술집. 사장님이 고기에 대한 자부심이 대단해서 고기의 퀄리티가 무척 좋다. 살치살, 우설, 육사시미는 비싸도 수긍하게 되는 맛을 보장한다. 양질의 고기를 즉석에서 썰어주는 모습을 구경하며 먹을 수 있어 재미있다. 전석 카운터 테이블이고 흡연 가능하다. 친절한 사장님과 <mark>한국어 소통 가능</mark>. 꽃등심 약 2600엔 (365p F:2)

📍 야키니쿠 호르몬 타카라
#야키니쿠맛집 #살치살 #한국어소통가능

우오신 미나미 난바점 元祖ぶっち切り寿司 魚心南 難波店 [맛집]
"남다른 두께의 스시, 얼마나 두꺼운지 확인해 볼까"

일반적인 스시보다 더 두툼한 회를 사용하는 <mark>"원조 부치키리 스시"</mark>로 유명한 스시 전문점. 신선한 해산물의 풍부한 맛과 식감을 즐길 수 있다. 계란과 장어 초밥을 베스트로 뽑은 이가 많다. 합리적인 가격으로 부담 없이 즐길 수 있으며, 밤 늦게까지 운영해서 야식으로 먹어도 좋은 곳. 한국어 메뉴판 있음. 도미초밥 약 800엔 (365p D:2)

📍 Uoshin Minami Namba Branch
#두툼한스시 #신선한해산물 #야식가능

마루후쿠 커피 센니치마에 본점
丸福珈琲店千日前本店 `맛집`

"오사카 시민들의 추억이 깃든 앤티크 카페"

1934년부터 이어져 오사카 시민들에게 90년 넘게 사랑받아 온 역사 깊은 커피숍. 골동품 가구로 장식된 복고풍 분위기가 특징이며, 카페에 들어서면 1930년대로 타임머신을 타고 돌아간 듯한 기분도 느낄 수 있다. 독자적인 로스팅 기술로 볶아낸 커피가 유명하며 팬케이크도 인기가 많다. 이 외에도 파르페, 빙수 등 다양한 디저트를 제공한다. 커피 약 680엔 (377p D:1)

📍 마루후쿠 커피 센니치마에
#90년역사 #레트로카페 #로스팅커피

센다 유리 식기 千田硝子食器
"만수무강 기원하며 구매하는 유리잔"

일본 특유의 기하학적 무늬가 그려진 유리잔을 구입하기 좋은 상점. 특히 벚꽃, 동백, 칠보, 부채 문양이 심플하게 새겨진 자체 제작 아이템들이 인기. 각 무늬에는 장수, 건강, 조화, 번영의 의미를 담고 있어 선물하기에도 좋다. 주석으로 만들어 가볍고 튼튼한 텀블러컵도 인기. 저렴한 기념품용 그릇, 접시도 갖추고 있다. 글래스 아트 체험 수업도 예약 가능. 면세 가능

📍 senda glass 오사카
#일본문양유리잔 #일본감성템 #기념품쇼핑

돈키호테 난바센니치마에점 ドン・キホーテ なんば千日前店
"난바에 있는 3곳 중 딱 한 곳만 방문할 수 있다면"

식료품, 생활용품, 약품까지 다양하게 취급하는 대형 잡화점 체인. 난바 지역에 총 3개 지점이 있는데 이곳이 도톤보리점, 미도스지점보다 사람이 적고 상품 배열이 잘 되어 있어 쇼핑하기 편하다. 1층은 식품, 의약품, 2층은 화장품, 3층은 전자제품이 주를 이룬다. 면세 카운터는 3층에 있다.

📍 돈키호테 난바센니치마에점   #덜붐비는지점 #난바돈키호테 #기념품쇼핑

나루토야 `맛집`
やさい串巻き なるとや

"눈감고 무작위로 하나 골라보는 건 어때?"

야채, 계란, 과일 등을 삼겹살에 말아 구워주는 꼬치 전문점. 큰 대바구니에 담겨져 있는 꼬치를 보고 직접 골라 주문할 수 있어 재미있다. 과일을 듬뿍 넣어주는 츄하이를 마시다 보면 모르는 사람들과도 금방 친해지는 흥거운 분위기다. 1층은 카운터석, 2층은 예약 전용 다다미석으로, 한국인 직원 있으며 영어 메뉴판을 제공한다. 자릿세 있음. 웨이팅이 있어 예약 필수. 꼬치메뉴 100엔 부터

📍 나루토야
#삼겹살꼬치 #츄하이맛집 #분위기좋은술집

하나마루켄 `맛집`
花丸軒 法善寺店

"라멘 국물은 볶음밥이랑 같이 먹어 봐"

소박한 분위기의 라멘, 교자, 볶음밥이 맛있는 식당. 미소 된장, 챠슈, 반숙계란이 들어간 행복 돈코츠 라멘(약 1000엔)이 대표 메뉴다. 라멘 국물과 같이 먹기 좋은 볶음밥도 별미라 세트로 주문하는 것을 추천한다. 간장 양념을 한 갈비가 들어간 폭립 라멘도 인기. 김치 무료 제공. 가격이 저렴하고 양이 많아 가성비가 좋다. 호불호없이 무난하고 대중적인 맛이 특징. 키오스크 한국어 지원. 24시간 운영

📍 하나마루켄
#돈코츠라멘맛집 #볶음밥 #김치무료제공

구로몬 시장 黒門市場 `추천`
"전통시장에서 맛보는 해산물 싱싱하다고~"

에도시대부터 이어져 온 역사 깊은 전통시장. 신선한 해산물과 스시, 바삭한 튀김 등 먹거리가 가득하며 특히 성게알, 참치, 가리비 등 해산물 종류가 메인이다. 신선식품을 구매하면 가게 옆 테이블에서 맥주, 사케 등과 함께 먹고 갈 수 있다. 외국인 관광객에게 인기인 명소라 한국어, 영어 등 외국어 간판을 어렵지 않게 발견할 수 있으니 편하게 주문해 보자. (365p F:1)

📍 구로몬 시장   #해산물전통시장 #한국어간판 #현지음식

구로몬 나카가와
大阪市生鮮館 黒門中川
"현지인들은 구로몬 시장에서 뭘 살까?"

구로몬 시장 내에 있는 식료품점. 현지인들이 장 보는 마트로, 신선한 해산물과 다양한 음식을 저렴한 가격에 구매할 수 있다. 성게알, 참치, 새우 등 각종 회부터 초밥, 장어구이, 꼬치구이 등 식사류까지 다양하다. 특히 초밥의 품질이 뛰어나다. 24시간 운영되어 늦은 밤 방문도 가능하다.

📍 구로몬 나카가와
#식료품점 #구로몬 시장 #가성비좋은초밥

구로몬 산페이 黒門三平 黒門市場店
"저녁 반값 세일을 노려라!"

저렴하게 참치, 우니, 장어 등 다양한 종류의 신선한 해산물을 판매하는 곳. 테이크아웃은 물론 시원한 잔 맥주와 함께 매장 내에서 식사도 가능하다. 진열된 해산물 중 원하는 걸 고르면 즉석에서 구워 주기도 하여 따뜻하게 바로 먹을 수 있다. 저녁 시간에는 절반 가격으로 할인 행사를 진행하기도 하니 방문 시간을 잘 맞추면 좋다. 북적북적한 로컬 분위기를 즐기고 싶다면 추천. 9:30~17:00

📍 쿠로몬 산페이   #해산물 #즉석구이 #저녁할인

천지인 닛폰바시점 天地人 日本橋 `맛집`
"은은한 불맛이 감칠맛의 비결"

구로몬 시장 근처에 위치한 가성비 좋은 노포 덮밥집. 새벽 3시까지 영업하여 늦은 시간에도 식사가 가능하다. 라멘과 덮밥을 함께 주문할 수 있으며, 특히 은은한 불맛이 나는 부타동(약 950엔)이 인기. 마늘 후레이크와, 파, 날달걀을 추가하여 먹는 이가 많다. 소스가 부족하면 더 요청할 수 있으니 참고. 칼칼한 국물을 좋아한다면 매운 라멘도 좋은 선택이다. (377p D:2)

📍천지인 닛폰바시점   #새벽영업 #가성비 #덮밥과라멘

Maguroya Kurogin Kuromon
まぐろや黒銀 黒門市場総本店・黒門市場2号店 `맛집`
"참치 좀 안다면 가장 맛있는 부위로 썰어 먹자"

즉석에서 썰어주는 신선한 참치를 맛볼 수 있는 곳. 참치의 원하는 부위를 골라 초밥, 회, 덮밥 등 원하는 방식으로 요청할 수 있다. 가격은 다소 비싼 편. 가끔씩 자투리 참치를 저렴한 가격에 모둠으로 판매하기도 하는데, 이때 단촛물 밥 한 공기를 함께 제공해 줘서 스시처럼 만들어 먹을 수 있다. 외부 술 반입이 가능한 곳이니 잘 어울리는 사케 하나 구매해 방문하길 추천. 아카미 약 400엔

📍Maguroya Kurogin 구로몬
#신선한회 #참치 #술반입가능

홋카이도 물산 면세점
北海道物産 Tax-free Shop
"기념품 면세 쇼핑, 꼭 공항 갈 필요는 없어"

공항에서 긴 줄을 서서 기다릴 필요 없이 일본 전역의 유명 기념품을 편하게 구매할 수 있는 곳. 세금 환급이 가능한 기념품 상점이다. 공항보다 종류도 훨씬 다양한 편으로, 특히 '시로이 코이비토'와 같이 기념품으로 유명한 간식 종류가 다양하다. 사장님의 영어 실력도 훌륭하여 편안한 소통도 가능하다. 공항 출발하기 전 기념품 쇼핑이 필요하다면 들러 보길 추천한다.

📍34.66641,135.50694
#기념품가게 #택스리펀 #영어로소통

우오토요 鮮魚 魚豊 `맛집`
"갓 들어온 싱싱한 생선을 직화로 구워드려요"

즉석에서 직화로 생선을 구워 주는 노포 장어구이 집. 친절한 할머니 사장님이 운영, 시장 특유의 친숙하고 소박한 분위기가 매력적이다. 갓 들어온 신선한 생선만을 고집하여 장어는 물론 고등어, 임연수 등 다른 생선구이의 퀄리티 또한 뛰어나다. 우나기동(장어덮밥, 약 2500엔)이 인기 메뉴. 짜거나 자극적인 맛이 없어 장어를 처음 접하는 사람도 부담 없이 즐길 수 있다. 결제는 현금만 가능. 일요일 휴무

📍우오토요 #직화구이 #장어구이 #우나기동

난바 워크 なんばウォーク 추천

"715미터 길이 지하 쇼핑몰에서 밥도 먹고 쇼핑도 하고"

난바역~닛폰바시를 잇는 지하 쇼핑몰로 무지개의 거리(니지노쵸)로도 불린다. 약 715M에 이르는 긴 통로를 자랑하며 지하에 자리해 날씨와 상관없이 쾌적한 쇼핑을 즐길 수 있다. 맛집으로 유명한 규카츠 전문점 '교토가스규' 스시집 '사카바 사시스 난바' 중화요리 전문 '551 호라이' 등이 입점해 있으며 유니클로 등 캐주얼 브랜드 숍들도 다수 운영 중이다. (365p E:2) 난바워크 테마정보 382p

📍난바 워크   #쇼핑 #지하쇼핑가 #가성비식사

규카츠 교토가츠규 난바워크1번가점 맛집
"채끝이랑 살치살을 적극 추천해"

미니 화로에 구워 먹는 규카츠 맛집. 교토가 본점이며, 튀김을 다루는 가게 치고 환기가 잘 되어 냄새 걱정 없이 머물 수 있다. 살치살과 채끝살을 반반 섞어 맛볼 수 있는 메뉴가 인기로, 부드러운 식감의 채끝 등심과 식감 좋은 살치살의 조화가 만족스럽다. 우설 카츠 또한 인기 메뉴 중 하나이다. 웨이팅이 적은 편이라 빠른 입장 가능. 한국어 메뉴판 비치. 등심 카츠 정식 약 1749엔

📍규카츠 교토가츠규 난바워크1번가
#교토본점 #규카츠 #반반메뉴

551호라이 난바 워크점 맛집
551蓬莱 なんばウォーク店
"매장 식사 가능하니까 따뜻할 때 먹어봐~"

오사카 대표 중화요리 브랜드. 수제 돼지고기 만두로 명성이 높다. 만두 외에도 마파두부, 해물 팔보채, 교자, 볶음밥 등 다채로운 식사 메뉴를 제공한다. 대부분 테이크아웃 전문점이지만, 난바 워크점은 드물게 매장 내 식사가 가능하여 편리하다. 또한 영업 종료 시간도 늦은 편이라 여행객들이 방문하기에 용이.

스시 사카바 사시스 난바워크점
すし酒場さしす 맛집
"이곳의 시그니처는 '참치 대뱃살 말이'"

참치 대뱃살 말이가 시그니처인 스시 바. 신선한 재료와 독특한 조합으로 입맛을 사로잡는 스시가 다양해서 인기. 육회, 감자샐러드, 김말이도 인기 메뉴. 퀄리티 대비 가격도 합리적이다. 난바역에서 이어지는 지하 아케이드에 위치해 있으며, 현지인 사이에서 유명한 식당이라 항상 웨이팅이 있다. 한글 메뉴가 준비되어 있어 편하게 주문 가능. 참치대뱃살김밥이 약 1078엔

📍사카바 사시스 난바
#참치대뱃살말이 #스시바 #난바지하

함께 제공되는 겨자가 꽤 매콤하다고 하니 참고. 난바역 안에 위치한다. 부타만(2개입) 약 460엔, 야키교자(10개입) 약 400엔. 셋째주 수요일 휴무

📍551호라이 난바워크
#중화요리 #고기만두 #매장내식사가능

Daiki-suisan kaitenzushi Namba-walk 맛집

"회전 초밥집에서 찾기 힘든 복어가 있네?"

가성비 있게 즐길 수 있는 회전초밥 전문점. 청어알이나 복어 등 한국에서는 흔히 맛보기 어려운 특별한 메뉴도 준비되어 있다. 초밥은 컨베이어 벨트를 통해 제공되며, 태블릿으로 원하는 메뉴를 주문할 수도 있다. 회전율이 높아 웨이팅이 길지 않은 편. 도시락도 판매하고 있어 테이크아웃으로 구매하기에도 좋다. 닛폰바시역과 가까워 날씨에 구애받지 않고 방문하기 좋은 지하 매장. 스시 100엔부터

📍 Daiki-suisan kaitenzushi Namba walk
#닛폰바시지하 #회전초밥 #도시락

맛챠 하우스 맛챠칸 난바 워크
MACCHA HOUSE 抹茶館 なんばウォーク 맛집

"말차 디저트로 배 채울 준비됐어?"

깊고 진한 말차 본연의 맛을 살린 다양한 디저트를 판매하는 곳. 특히 아이스크림과 티라미수가 인기 메뉴인데, 아이스크림은 단맛이 적고 깔끔하면서 쌉싸름한 맛이 특징이라 식사 후 입가심으로 좋다. 티라미수는 말차 가루, 말차 빵, 크림치즈의 조화가 훌륭하다. 드링크 세트 메뉴로 주문하면 합리적인 가격으로 즐길 수 있다. 1인 1메뉴 주문 필수. 난바워크 B1층에 위치. 말차 티라미수 약 740엔

📍 Matcha-kan Nanba Walk
#말차디저트 #티라미수 #아이스크림

오사카 다카시마야 大阪高島屋

"공항 가기 전에 밥 먹고 가자, 선물도 사고"

난바역과 연결된 고급 백화점으로 공항 라피트 탑승 전 들리기 좋은 곳이다. 고급 브랜드 매장부터 레스토랑, 정갈한 식품관(데파치카)까지 다양한 층으로 구성되어 있으며 아기자기한 쿠키 세트, 초콜릿, 일본 전통 고급 과자가 특히 많아서 선물 구매하기 좋다. 3,000엔 이상 구매하면 5% 할인 카드 제공 + 7층에서 면세 할인 추가 가능하니 참고 (376p C:2)

📍 오사카 다카시마야 #난바역연결 #백화점 #선물용디저트

유니클로 난바워크점
ユニクロ なんばウォーク店

"지하철 타러 가는 김에 잠깐 들러볼까?"

난바역 지하에 위치한 유니클로. 지하철 탑승 전 잠시 둘러보기 좋다. 남성복, 여성 의류, 양말, 속옷 등 몇 가지 기본 품목을 빠르게 구입하기 편리하다. 히트 상품 위주로 진열되어 있으며, 매장이 아담한 편이라 물건은 다소 적다. 5,500엔 이상 구매 시 택스프리 가능

📍 유니클로 namba
#난바역지하 #미니유니클로 #접근성좋음

하브스 난바파크스점
HARBS なんばパークス店 맛집

"겹겹이 쌓인 달콤함, 미국인 입맛까지 사로잡는다!"

신선한 과일이 듬뿍 올라간 크레페로 유명한 케이크 맛집. 얇은 크레페 위로 생크림과 과일 토핑이 얹어져 있다. 1980년대부터 영업을 시작해 미국까지 진출한 인기 브랜드로, 고급스러운 인테리어와 맛있는 케이크로 인기를 얻고 있다. 오전 11시부터 오후 5시에는 디저트뿐만 아니라 파스타도 주문할 수 있다. 난바파크스 3층. 영어 메뉴판 비치. 약 800~1100엔

📍 하브스 난바파크스
#케이크 #디저트 #생과일크레이프맛집

난바시티 なんばCITY [추천]
"알뜰살뜰한 여행에 제격인 가성비 쇼핑몰"

백엔샵, 유니클로, ABC마트 등 **중저가 브랜드가 다수** 입점해 있어 가성비 쇼핑 가능한 대형 쇼핑몰. 난카이 난바역 앞 다카시마야 백화점 바로 옆이라 같이 묶어서 쇼핑하기 좋다. '덴푸라 다이키치' '모모쥬' 등 저렴하고 평점 높은 일식 전문점이 다양하니 점심 또는 저녁 전후로 방문해 볼 걸 추천한다. 쇼핑 후 택시리펀은 지하 2층 면세카운터에서 한 번에 진행 **(376p C:2)**

📍 난바시티 #난바역과연결 #중저가브랜드다양 #가성비좋은맛집

난바 파크스 なんばパークス [추천]
"낮엔 쇼핑하고 저녁엔 옥상 비어가든 놀러 가자"

이벤트가 펼쳐지는 옥상 정원을 갖춘 복합 쇼핑몰. 다양한 패션 브랜드와 레스토랑, 영화관까지 갖추고 있어 현지인들 사이에서 데이트 명소로 통하는 곳이다. 풍부한 녹지로 이루어진 **옥상은 이곳의 이벤트 존으로 여름엔 비어 가든 축제가, 겨울엔 일루미네이션 축제**가 펼쳐지는 공간이다. 매번 이벤트가 달라지니 일정 확인 후 방문해 보자. 난카이 난바역과 직결 **(376p C:2)**

📍 난바 파크스 #난카이난바역과연결 #옥상정원 #비어가든&일루미네이션

마쓰노야 난산거리점 [맛집]
松のや なんさん通り店
"하루 중 단 한 시간 반 제외하곤 오픈되어 있어요"

브레이크 타임인 새벽 5시~6시 30분을 제외한 모든 시간을 운영하고 있는 돈카츠 전문점. 세트 메뉴는 **돈카츠와 함께 푸짐한 양의 밥**, 미소 미역 된장국, 양배추 샐러드가 제공된다. 가격은 대부분의 메뉴가 1,000엔 미만으로 매우 저렴하다. 회전율이 좋아서 빠르게 식사할 수 있고, **혼밥하기에도 좋은 분위기**다. 키오스크 한국어로 주문 가능. 등심카츠 정식 약 630엔. 24시간 운영

📍 마쓰노야 난산
#새벽오픈 #돈카츠전문점 #가성비

오레타치노카레야 [맛집]
大阪 カレー 俺たちの カレー家
"카레 마니아라면 만족스러울 거야"

카레가 들어간 메뉴를 다양하게 맛볼 수 있는 음식점. 일본식 카레의 매콤한 맛을 경험할 수 있는 곳으로 유명하다. 이색적인 메뉴를 찾

는다면 카레라면을 주문해 보길 추천하며, 돈까스 카레(약 830엔), 카레라이스 등 익숙한 메뉴도 두루 주문할 수 있다. 현지인도 오픈런 해야할 정도로 항시 웨이팅이 있는 편. 전체적인 분위기는 오래된 노포 맛집 분위기며, 다찌석으로만 되어 있다. (377p D:2)

📍 오레타치노카레야
#노포분위기 #카레맛집 #현지인웨이팅

Mugen Ramen 無限ラーメン 難波中本店 [맛집]

"뿌얀 육수에 마라 향 더해져 깊고 진한 맛"

깊은 맛과 뿌얀색이 특징인 소뼈 육수를 사용하는 라멘집. 독특하게 마라맛 라멘이 있어 마라를 좋아한다면 방문해 볼만하다. 라멘에 다양한 토핑을 추가할 수 있으며, 면의 익힘 정도도 선택할 수 있어 개인의 취향에 맞춰 주문할 수 있다. 새로운 라멘 맛집을 도전해보고 싶다면 추천. 한국어 메뉴판 있음. 소뼈라멘 약 950엔 (376p C:2)

📍 Mugen Ramen
#사골맨 #마라라멘 #개인맞춤주문

규카츠 토미타 牛かつ 冨田 [맛집]

"고급이라 그런가 육즙이 풍부하네!"

얇게 썬 소고기를 튀겨 만든 규카츠를 전문으로 하는 식당. 부드럽고 육즙이 풍부한 고기를 맛볼 수 있다. 고급 와규를 사용하고 있어 품질도 높은 편. 개인 화로에 직접 구워 먹는 방식으로, 개인의 취향에 맞게 익혀서 먹을 수 있다. 보리밥에 토로로(마즙)가 함께 나오는 세트로 주문하여 푸짐하게 즐길 수 있다. 한국어 메뉴판 있음. 현금 결제만 가능. 예약 불가. (377p D:2)

📍 규카츠 토미타
#규카츠전문 #토로로 #개인화로

아키바 카트 오사카 Akiba Kart Osaka

"교통 체증도 즐겁게 느껴질걸?"

고카트를 직접 주행하며 오사카 시내를 관광할 수 있는 이색 액티비티. 마리오나 애니메이션 캐릭터 의상을 입는다는 점에서 재미를 더했다. 전문 가이드의 안내 아래 안전하게 진행되며, 글리코상, 아메리카무라 등 주요 관광 명소를 순회하는 코스로 구성되어 있다. 조작법이 어렵게 느껴지면 스태프에게 한국어로 된 영상 가이드를 요청하자. 국제운전면허증 필수. 13000엔부터

📍 아키바 카트 오사카   #고카트 #시내드라이브 #캐릭터의상

애니메이트 오사카 닛폰바시점 アニメイト 大阪日本橋店

"오타쿠의 거리에 자리한 굿즈 성지"

애니메이션과 관련한 만화책, 피규어, 프라모델, 스티커, 키링, 인형까지 다양한 매장 특히 굿즈 종류가 매우 풍부하다는 점이 장점으로 애니메이션마다 전시 코너가 별도로 마련되어 있어서 좋아하는 작품을 찾기 쉽다. 중고 상품도 저렴하게 판매 중. 면세 가능 (377p D:2)

📍 애니메이트 닛폰바시
#애니메이션굿즈성지 #덴덴타운 #중고상품

정글 오사카 닛폰바시점 ジャングル大阪日本橋店

"전대물 영웅을 손안에 넣을 수 있는 기회!"

피규어, 건담 프라모델, 레트로 완구 등 폭넓은 상품을 취급하는 애니메이션 굿즈숍. 덴덴타운 근처로 2층 규모다. 특히 장르가 매우 다양한데 트랜스포머, 가면라이더, 고질라, 울트라맨, 전대 영웅 등 인기 애니메이션과 특촬 캐릭터의 상품을 두루 만날 수 있다. 다른 곳에서 찾기 어려운 희귀템이 있다고 하니 애니메이션 덕후라면 꼭 방문해 보자. (377p D:2)

📍 정글 오사카   #애니메이션굿즈 #희귀피규어 #덴덴타운

덴덴타운 でんでんタウン 日本橋筋商店街 `추천`
"오사카의 오타쿠 천국"하면 떠오르는 대표적인 거리"

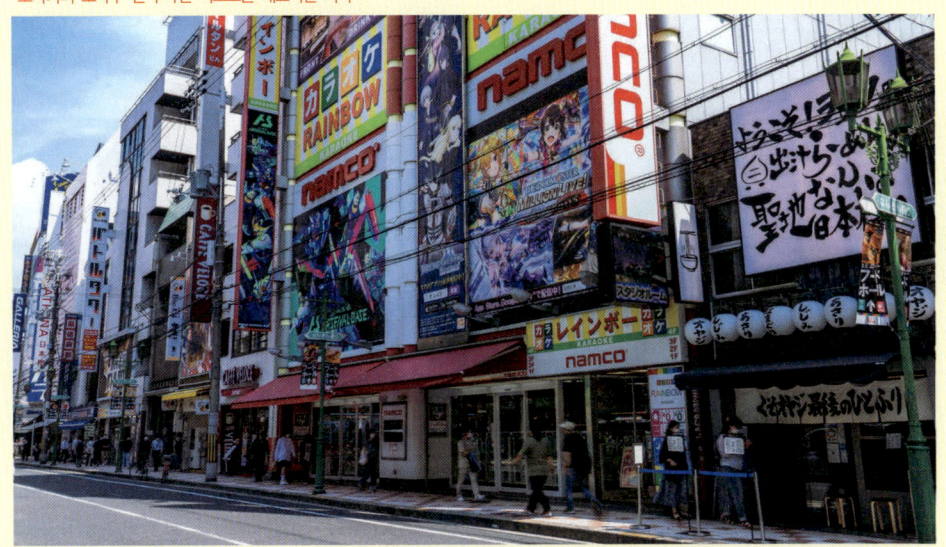

전자제품과 오타쿠 문화를 대표하는 거리. 최신 가전제품, 컴퓨터 부품, 중고 게임기, 피규어, 만화책, 인형뽑기 등 다양한 상품을 구매할 수 있다. 특히 희귀한 전자제품과 한정판 피규어를 찾을 수 있어 인기. 애니메이션 코스프레를 한 사람들도 길거리에서 종종 마주칠 수 있다. '가챠가챠의 숲' '애니메이트' '다이토스테이션'이 대표적인 곳이니 방문 추천 (377p D:2)

📍 덴덴타운 닛폰바시 #전자제품부터굿즈까지 #대형갓챠숍 #애니메이션코스프레

만다라케 그랜드카오스점
まんだらけ グランドカオス
"레트로 장난감 좋아하면 꼭 가봐!"

중고 피규어나 레트로 게임기를 수집한다면 꼭 한 번쯤 가봐야하는 대형 피규어샵. 덴덴타운 거리에 위치해 있으며 6층 규모다. 건담, 완구, 만화책, 아이돌 잡지 등 층별로 테마가 나뉘어져 있다. 가격대는 대부분 시세와 비슷하나 저렴하게 판매하는 제품도 다수. 중고 물품 거래도 가능하다. 운이 좋다면 절판된 장난감이나 희귀판을 구할 수 있다. (377p D:3)

📍 만다라케 그랜드
#레트로완구 #희귀피규어 #오타쿠성지

죠신 닛폰바시 스토어
ジョーシン日本橋店
"오디오와 PC 제품 전문 층이 있어"

플레이스테이션 게임 CD, 닌텐도 게임 칩, 미니어처 장난감 등 전자기기와 게임기 물품을 다양하게 구매할 수 있는 매장. 저렴한 가격으로 내놓은 중고 물품 구매도 가능하다. 다른 지점의 죠신 스토어에서 보기 어려운 오디오와 PC 전문 플로어가 마련되어 있다는 점이 특징. 게임 소프트나 피규어 쇼핑을 위해 방문한다면 1층만 둘러봐도 충분하다. (377p D:2)

📍 Joshin Nipponbashi store
#PC&오디오 #플레이스테이션 #닌텐도칩

우애정 `맛집`
正油ラーメン専門店 友愛亭
"여기 사장님이 복서 출신이셔"

현지 전통의 쇼유라멘을 맛볼 수 있는 라멘 전문점. 오리지널 버전인 '국간장라멘(약 900엔)'이 한국인들에게 인기가 높다. 복서 출신 사장님이 꾸민 격투기 관련 포스터와 장식품들이 곳곳에 놓여있어 독특한 분위기를 자아낸다는 점이 특징. '라이트 스트레이트' '면도날 펀치' 등 메뉴명도 이색적이다. 한국어 메뉴판 있음. 현금만 가능. 월요일 휴무

📍 Yuaitei 오사카
#간장라멘 #복서컨셉 #한국인에게인기

오사카 시티 에어 터미널 (OCAT) 大阪シティエアターミナル
"오사카, 어디든 갈 수 있어."

간사이 국제공항과 오사카 도심을 연결하는 교통 허브. 공항 리무진 버스와 오사카역을 비롯한 주요 철도 노선이 연결되어 여행 시 한 번쯤 이용하게 되는 곳이다. 터미널 내에는 다이소, 레스토랑, 환전소, 편의점 등 있어 본격적으로 이동하기 전 쇼핑과 식사를 할 수 있다. 공항뿐 아니라 오사카 시내버스도 출발하니 여행 거점으로 활용해 볼 것. 셋째주 수요일 휴무 (376p B:1)

📍 오사카 시티 에어
#공항리무진정류장 #복합쇼핑센터 #역연결

난바 야사카 신사 難波八阪神社
"오사카 도심에서 만날 수 있는 왕 머리 사자 신사"

거대한 사자 머리 모양의 본당이 임팩트 있는 오사카 중심부 신사. 한 시간 정도면 충분히 둘러볼 수 있는 규모로 관광객이 많지 않아서 사진찍기에 좋다. 매년 여름 열리는 '야사카 마츠리'라는 축제로 유명. 오미쿠지로 운세를 점치고 소원을 남겨볼 수 있다. 괘가 좋지 않다면 소원 탑 앞에 묶어두고 행운을 가져다준다는 부적을 재미 삼아 구매해 보길 추천 (376p C:2)

📍 난바 야사카
#거대사자상 #야사카마츠리 #오미쿠지운세

모미지 もみじ
"잘지내,,? 다름 아니고 오코노미야키 집 이름 좀,,"

한국인 사이에서 '전남친 오코노미야키'이자, 유튜브를 통해 입소문을 탄 유명 맛집. 오코노미야키와 몬자야키부터 돈페야키, 야키소바 등 철판 요리를 다양하게 제공한다. 친절한 직원이 직접 만들어주어 편하게 즐기면 된다. 다찌석이 있어서 1인 식사도 가능한 곳. 웨이팅이 긴 편이라 예약하고 방문하길 추천한다. (전화 예약만 가능). 약 1848엔. 화요일 휴무 (377p F:1)

📍 모미지
#오코노미야키 #전남친오코노미야키

이쿠타마 신사 生國魂神社
"오사카 3대 여름축제 '이쿠타마 마츠리' 본무대"

매년 7월이면 오사카 3대 여름 축제 중 하나인 '이쿠타마 마츠리'가 열리는 신사. 축제 기간은 화려한 행렬과 전통 공연이 펼쳐지고 신사 안은 야타이로 가득 찬다. 일 년 내내 다양한 축제가 자주 열리는 편. 축제가 없는 평소엔 조용하고 고즈넉한 분위기라 산책하기 좋다. 모시고 있는 신 중에 여우, 금붕어 등 동물 신이 있다는 점도 특징이다. (377p F:1)

📍 이쿠타마 신사
#이쿠타마마츠리 #조용한 #동물신

덴노지

과거와 미래가 한자리에

덴노지는 마치 오사카의 타임머신 같아요. 시텐노지의 고즈넉한 숨결을 느끼다 보면 어느새 츠텐카쿠의 정겨움, 그리고 아베노 하루카스의 눈부신 스카이라인과 마주하게 되죠. 유서 깊은 절부터 초고층 빌딩, 푸른 공원과 신나는 쇼핑까지! 덴노지라면 시간 여행 같은 하루를 보낼 수 있어요.

KEY WORD
- 아베노 하루카스
- 츠텐카쿠
- 신세카이

TO DO LIST
- ☐ 쿠시카츠 맛집 비교하기
- ☐ 레트로 복장으로 신세카이 둘러보기
- ☐ 빌리켄 동상 발바닥 만지기
- ☐ 덴노지 공원에서 피크닉 하기
- ☐ 시텐노지 앞에서 인증사진 찍기
- ☐ 하루카스 전망대 화장실 이용하기
- ☐ 아베노하루카스 옥상 올라가기

하루카스 300에서 본 노을 풍경

쿠시카츠 거리

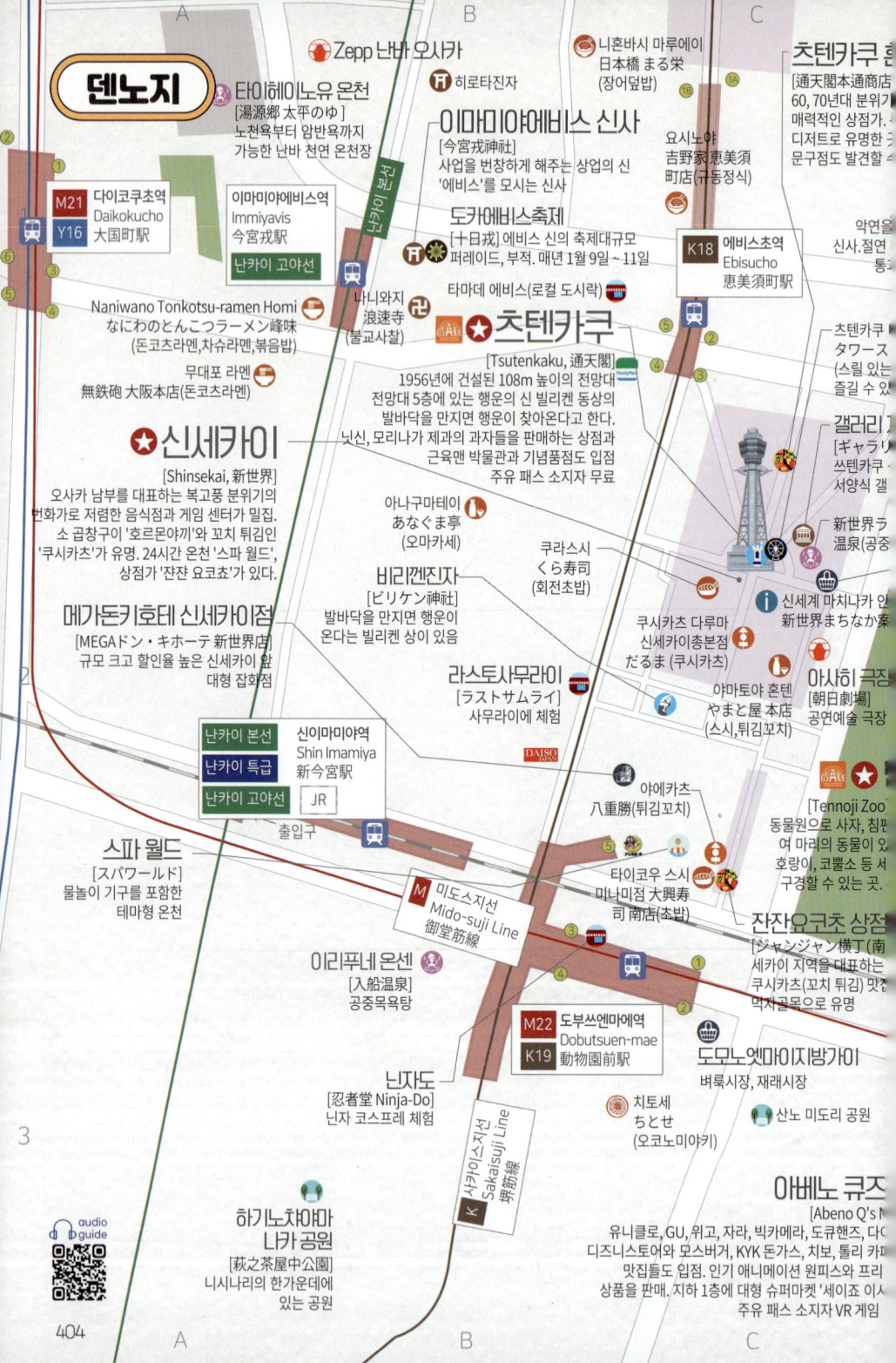

오사카 덴노지 – 아베노 하루카스

아베노하루카스 あべのハルカス
"강심장이라면 이곳의 옥상 헬리포트 존에 도전해 봐" **추천**

오사카 일대를 탁 트인 전망에서 바라볼 수 있는 초고층 빌딩. 내부엔 전망대, 백화점, 미술관, 호텔이 있다. 58층 유명 미식가들이 다녀간 레스토랑은 야경을 감상하며 코스요리를 즐길 수 있어 인기 데이트 코스로 통한다. 옥상 헬리포트 존은 별도 티켓을 구매해야 입장 가능. 현장에서 티켓을 구매하는 것보다 사전 예매하고 가면 더욱 저렴하게 이용할 수 있다. (405p E:3)

📍아베노하루카스
#초고층빌딩 #분위기좋은레스토랑 #전망대

아베노 하루카스 미술관 あべのハルカス美術館
"전망이 때문인가 그림도 더 근사해"

아베노 하루카스 16층에 있는 미술관. 다케시타 유메지, 모네, 고흐 등 유명 화가의 작품을 전시하는 편. 매번 다른 전시회가 개최. 공식 홈페이지에서 확인. 내부 기념품 가게에서 작품과 콜라보한 상품을 구매 가능. 10:00-20:00 (405p E:3)

📍하루카스 미술관 #16층미술관 #굿즈숍

하루카스 300 전망대 ハルカス300展望台
"오사카-교토-고베까지 내 발 아래로" **추천**

360도 전면 유리 벽으로 이루어진 전망대. 60층까지 빠른 속도로 올라가는 전용 엘리베이터에서 내리면 탁 트인 통유리 회랑이 반긴다. 날씨에 따라 오사카는 물론 교토, 고베까지 조망할 수 있다. 58층부터 59층은 카페와 레스토랑, 기념품 가게가 운영되고 있다. 화장실은 이곳의 숨은 포토 스폿이란 말이 있을 정도로 전망이 환상적이니 꼭 이용해 볼 것. 성인 2000엔. 9:00-22:00 (405p E:3)

📍하루카스 300 #아베노하루카스 #초고층전망대 #포토스폿

아베노 앤드 あべのand
"신선한 요리 재료가 필요할 때"

잡화점과 마트 이용을 위해 방문하는 이가 많은 쇼핑몰. 2층 규모의 카인즈(CAINZ)와 마리메코(Marimekko)는 인테리어 소품이 풍부한 곳. 1층 세이시로이시이, 하르치카마르셰에서 신선 제품을 구매할 수 있다. 특히 마트는 다른 지점에서 찾기 어려운 상품과 취급하고 있는 종류가 많다. 면세 불가.

📍Abeno and #카인즈매장 #식재료마트

긴테쓰백화점 아베노 하루카스 あべのハルカス近鉄本店

"300m 높이만큼 알차게 마련한 초고층 백화점"

높이 300m의 초고층 빌딩 '아베노 하루카스' 내 백화점. 지하 2층~지상 14층에 자리하고 있다. 버버리, 구찌 등 해외 유명 브랜드 입점. '모로조프' 같은 인기 카페부터 하루카스 한정 기념품숍 등 다양하다. 때때로 열리는 지역 특산품 축제에서 기간 한정 도시락 판매. 화과자점을 둘러보고 싶다면 지하 1층을, 신선품 구매를 원하면 지하 2층 추천 (405p E:3)

📍 긴테쓰 아베노　#초고층백화점　#명품쇼핑　#선물구매

모리타야 旬菜と海鮮 森田屋 [맛집]

"정갈함과 아름다움 둘 다 갖춘 고급 스키야키"

샤브샤브, 스키야키 전문 체인점. A5 등급의 와규를 고급스러운 분위기에서 즐길 수 있어 높은 가격에도 불구하고 인기가 많다. 모든 음식이 정갈하고 예쁘게 나와서 사진찍기에 좋으며 와규의 퀄리티가 좋아서 맛도 보장된다. 홈페이지에서 예약 가능하며 2층 개인실에서 조용하게 식사할 수 있다. 모리노미야역에서 도보 5분 거리에 위치. 월요일 휴무

📍 Moritaya

#샤브샤브　#스키야키　#A5와규

아베노 로프트 あべのロフト

"귀여운 문구는 3층에서 찾을 수 있어요!"

생활용품부터 문구, 액세서리, 화장품, 애니메이션 인형까지 다양한 잡화점. 총 3층 규모로, 1층은 화장품 및 욕실용품, 2층은 주방용품, 3층은 문구용품으로 구성되어 있다. 특히 귀여운 문구 상품이 많은 곳으로 유명하다. 면세 카운터 2층에 위치 (405p E:3)

📍 아베노 Loft

#문구쇼핑　#생활용품　#택스리펀

오사카 덴노지

킨에이 아폴로 빌딩 きんえいアポロビル

"대형 쇼핑몰인데도 지하 식당가는 한적해서 좋아"

붐비지 않고 여유롭게 식사할 수 있는 지하 식당가로 인기인 대형 쇼핑몰. 지하 2층부터 12층까지의 규모. 대표적으로 아베노 아폴로 시네마 (4F), 키쿠야 서점(2F), 다이코쿠 드럭스토어(1F), 패밀리 마트(1F)가 입점해 있다. 특히 음료 무제한 이자카야 '카나데'가 맛집으로 인기가 많다. (인당 약 3~4,000엔)

📍 Kin'ei Apollo Building

#14층규모쇼핑몰　#영화관　#서점

애니메이트 덴노지점 アニメイト 天王寺店

"3층 통으로 애니메이션 세상"

애니메이션 팝업 만화색부터 CD, 캐릭터 상품 등을 판매하는 굿즈 숍. 종종 점포 한정 특전 상품도 판매한다. 빌딩 3층 공간을 통으로 사용하고 있어 꽤 넓은 편. 구성도 알차서 자주 매진되는 상품을 구할 확률이 높다. 주술회전, 하이큐, 스카이패밀리 등 최신 유행 애니 굿즈부터 고전 명작 상품도 확인할 수 있다. 5천 엔 이상 구매하면 면세 가능 (405p D:3)

📍 애니메이트 덴노지

#애니메이션굿즈　#점포특전상품　#면세가능

오사카 덴노지

아베노 루시어스 あべのルシアスビル
"가벼운 지갑으로 방문해도 식사와 쇼핑까지 해결 가능"

가성비 좋은 매장이 다양하게 입점한 쇼핑몰. 크게 두 개의 동으로 이루어져 있으며, 100엔샵, 서점, 드럭스토어 등 잡화 판매하는 매장이 다양하다. 지하 1층은 스시, 이자카야, 소바 등 가성비 좋은 메뉴들로 인기. 특히 야키니쿠 뷔페 맛집으로 소문난 '아부리야'를 방문하기 위해 찾는 이가 많은 곳이다. 4층엔 영화관 '아베노 아폴로 시네마' 입점

📍 Abeno LUCIAS   #덴노지쇼핑몰 #가성비 #야키니쿠아부리야

*야키니쿠는 일본식 숯불·철판 구이로, 얇게 썬 고기와 채소를 직접 구워 먹는 요리.

아베노 큐즈몰 [추천]
あべのキューズモール
"오사카 MZ는 여기서 쇼핑한다던데?"

10대, 20대 여성들에게 인기인 편집숍이 모여 있는 '시부야 109 아베노'를 시작으로 유니클로, GU, 디즈니 스토어 등 유명 브랜드까지 다수 입점한 대형 쇼핑몰. 오사카 현지인들에게 사랑받는 종합 슈퍼마켓 '이토요카도', 유아용품 전문점 '아카짱혼포' 등도 있어 가족 단위로 방문하기 좋다. 특히 1층에 입점한 대형 디즈니 스토어가 인기가 많다. (405p D:3)

📍 아베노 큐즈
#젊은여성타겟 #이토요카도 #대형디즈니스토어

ABC Craft
"DIY 초보자도 쉽게 따라 할 수 있는 키트"

핸드메이드를 취미로 가지고 있는 이들에게 인기인 대형 공예용품점. 수공예에 필요한 원단, 털실, 비즈, 가죽 등 소품을 판매한다. 초보자도 쉽게 따라 할 수 있는 DIY 키트가 다양해서 선물용으로 구매해 보기에도 좋다. 아베노 큐즈몰 3층에 위치.

📍 ABC craft 덴노지
#DIY키트 #핸드메이드소품 #바느질용품점

디즈니스토어 아베노큐즈몰점
ディズニーストア あべのキューズモール店
"오사카에서 가장 큰 디즈니 스토어일수도,,!"

아베노큐즈몰 1층에 있는 디즈니 공식 스토어. 오사카에 있는 디즈니 스토어 중 큰 편에 속하는 매장이다. 규모가 큰 만큼 다양한 종류의 굿즈를 구경할 수 있고, 상품 구성이 풍부하다. 인기 있는 디즈니 캐릭터 인형, 가방, 키링부터 일본 한정판 상품까지 다양하니 방문해 보길. 면세 불가한 매장인 점 참고

📍 디즈니 아베노큐즈몰
#디즈니스토어 #일본한정판 #기념품쇼핑

라멘 고쿠 [맛집]
らーめん 極 総本店
"진한 국물에 계란 볶음밥 적셔 먹기"

진한 국물의 라멘과 계란 오믈렛을 올려주는 볶음밥 정식 세트가 인기인 라멘 전문점. 라멘은 4종류이고 면 굵기를 선택할 수 있다. 교자도 주문 가능하다. 자판기로 주문하고 먹는 시스템. 양이 많고 간이 쎄지 않아서 현지인들 사이에서도 높은 평가를 받고 있는 맛집이다.
넘버1 라멘정식 약 1400엔

📍 라멘 고쿠
#라멘맛집 #진한국물 #오믈렛과볶음밥세트

Sushi Zushi Darumadojo Tennojiten [맛집]
"한 점당 100엔부터! 부담 없이 즐겨요

오사카 덴노지에 위치한 스시와 텐푸라 전문점으로 메뉴마다 스시를 부담스럽지 않은 가격에 즐길 수 있는 곳이다. 스시는 한 점당 100엔부터 시작하며 고등어, 장어, 연어 등 다양한 종류의 초밥이 있으며, 소고기 튀김이나 생선구이 같은 일품 요리도 제공한다. 덴노지 역에서 도보 1분 거리로 접근성이 뛰어나다. 가성비 좋은 스시집을 찾는다면 추천. 하이볼은 양도 많고 가격도 저렴해서 만족스럽다. QR코드로 주문. 예약 필수. 한국어 메뉴 제공

📍 Sushi Zushi Darumadojo Tennojiten
#100엔스시 #덴노지역도보1분 #가성비

아베치카 あべちか
"지하인데 낮인지, 밤인지 알 수가 없네?"

쇼와 감성의 레트로 음식점부터 낮부터 맥주를 즐길 수 있는 선술집, 다이소, 드럭스토어 등 다양한 편의시설이 밀집된 지하상가. 덴노지 역, 덴노지 공원과 연결되어 있다. 유리 돔형으로 이루어져 있어 자연 빛이 들어온다는 점이 특징. 서민적인 분위기의 가성비 가게가 다양하며 특히 오코노미야키 전문점 '아베톤'과 라멘 전문점 '고탄'은 인기 맛집으로 유명하다. (405p E:3)

📍 아베치카   #덴노지지하상가 #쇼와감성 #가성비맛집

잇신지 一心寺
"부처가 되길 염원하는 마음을 담아 세워진 유골 불상"

신자들의 유골로 만든 불상인 '오코츠 부쓰(お骨仏)'로 유명한 사찰. 10년 주기로 제작되는 유골 불상은 영혼이 부처가 되어 후손들을 지켜준다는 의미를 담고 있다. 사찰 주변에 납골당이 마련되어 있어 장례식과 참배를 위해 방문한 이들로 붐빈다. 입구엔 청동으로 만들어진 사천왕상이 지키며 서 있고, 경내엔 총 14개의 불상이 있는 것으로 전해진다. (405p D:2)

📍 잇신지   #유골불상 #사찰 #납골당

덴노지 나나사카 天王寺七坂
"각각의 매력과 역사를 지닌 일곱 개의 언덕길"

오사카 덴노지 지역에 흩어져 있는 일곱 개의 언덕길을 이르는 말로, 각각의 길마다 오랜 역사와 고유의 분위기를 간직하고 있다. 고즈넉한 절과 돌로 이루어진 깔끔한 거리를 둘러보며 산책하기 좋은 공간. 주택가 골목이라 번화가를 벗어나 조용하게 마을을 구경하고 싶다면 방문해 볼만하다. (405p D:1)

📍 신곤자카
#일곱개의언덕길 #옛정취 #숨은보석같은곳

오사카 덴노지

FOOD
오사카의 명물, 쿠시카츠 거리

쿠시카츠 串カツ 소고기, 돼지고기, 새우, 떡, 치즈 등 다양한 식재료를 꼬치에 꽂아 튀겨 먹는 안주로, 일반 튀김보다 낮은 온도에서 튀기는 것이 포인트

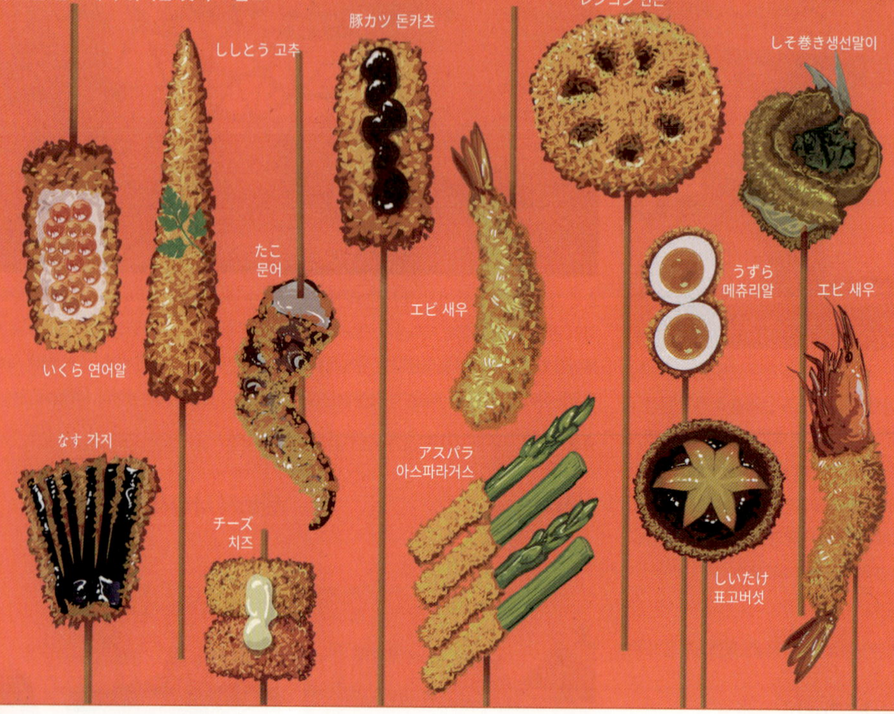

ししとう 고추
豚カツ 돈카츠
レンコン 연근
しそ巻き 생선말이
いくら 연어알
たこ 문어
エビ 새우
うずら 메추리알
エビ 새우
なす 가지
チーズ 치즈
アスパラ 아스파라거스
しいたけ 표고버섯

쿠시카츠 먹는 방법

1. 소스는 공용이므로 한 번만 찍기
스텐통에 든 소스는 한 번에 푹 적셔먹기 한입 먹은 꼬치를 다시 찍는 것은 금물

2. 양배추와 같이 먹기
기름진 쿠시카츠와 잘 어울리고 소스가 더 필요할 경우 스푼처럼 사용

3. 도테야키 주문하기
조리시간이 긴 쿠시카츠를 기다리는 동안 소 힘줄로 만든 술안주 '도테야키'를 시켜서 현지인 느낌 내보기

코로나-19 이후 위생을 위해 개별 소스를 덜어 먹는 방식으로 변경한 식당들도 많이 생겼다

Tip. 실패 없는 쿠시카츠 추천 메뉴

돼지고기 豚肉
소고기 牛肉
닭고기 완자 鶏つくね
메추리알 うずら
치즈 チーズ
떡 もち
새우 エビ
연근 蓮根 れんこん
아스파라거스 アスパラ

쿠시카츠 거리

1929년 이자카야 '다루마'(현재의 '쿠시카츠 다루마')의 성공 이후 주변 이자카야들도 쿠시카츠를 만들어 판매하며 지금의 신세카이 쿠시카츠 거리가 형성되었다. 츠텐카쿠 앞 메인 도로부터 '잔잔요코초' 라는 이름의 아케이드 상점 가까지 수많은 쿠시카츠 가게들이 모여있다.

Tip. 잔잔요코초란?
옛날 이곳에 있던 식당들이 호객을 하기 위해 연주하던 샤미센 소리 '쟝-쟝-' 에서 이름을 따온 아케이드 상점가

쿠시카츠 다루마 だるま
쿠시카츠 원조집. 신세카이에만 본점 포함 4개 지점이 있다. 본점은 좁기 때문에 마에점, 잔잔점 추천

신세카이 쿠시카츠 익토쿠 츠텐카쿠점
주말에만 운영하는 가게
붉은 조명이 매력적인 야장 감성

야에카츠 八重勝
현지인도 웨이팅하는 맛집
참마를 넣은 튀김 반죽이 특징

얏코 名代串かつ やっこ
쇼케이스에서 재료를 고르면 주인장이 바로 튀겨주는 쿠시카츠. 자리는 협소하지만 현지인들에게 인기

기후야 혼케 ぎふや本家
1916년에 문을 연 유서 깊은 가게 고급스러운 분위기, QR코드로 주문

텐구 てんぐ
잔잔요코초 안의 노포
최근 한국어 메뉴판이 생겨 편리

그릴 본 グリル梵 [맛집]
"바삭한 식빵 이불 덮은 두툼한 비프카츠"

츠텐카쿠 (쓰텐카쿠) 通天閣 [추천]
"신세카이 갔으면 전망대 앞에서 사진은 꼭 찍도록"

오사카 - 덴노지 - 쿠시카츠 거리

신세카이에 위치한 양식 레스토랑. 1961년에 개업하여 오랜 역사를 자랑한다. 이곳은 소고기로 만든 카츠산도가 맛있기로 유명하다. 바삭하게 구워진 식빵 사이에 두툼한 비프카츠가 식욕을 자극한다. 카레맛이 독특한 히레카츠와 고슬고슬한 볶음밥도 인기 메뉴다. 식전에는 양파 스프가 나오는데 은은하고 부드럽다. 전반적으로 간이 세지 않고 깔끔한 편. 히레비프카츠산도 약 2100엔. 매월 6일 휴무

오사카 대표 전망대 중 하나로 신세카이 상점가의 심볼로 유명하다. 복(福)의 신 빌리켄 상이 비치된 5층은 덴노지 일대를 시작으로 오사카만, 미나미 에어리어까지 내려다볼 수 있는 전망대로 운영되고 있고, 4층으로 이동하면 과거 신세카이 일대를 보여주는 미니어처들이 전시되어 있다. 개성 있고 레트로한 감성의 굿즈도 판매하고 있으니 기념품 하나 담아 보길 추천. 성인 1200엔. 10:00-19:30 (404p C:2)

📍 그릴 본
#레스토랑 #카츠산도 #양식

📍 츠텐카쿠 #신세카이상점가 #전망대 #레트로굿즈

츠텐카쿠 타워 슬라이더 [추천]
タワースライダー
"60M 높이, 10초면 내려올 수 있어요"

신세카이 시장
新世界市場
"오사카 대표 레트로 시장하면 여기지~!"

레트로 감성의 전통 시장. 오사카하면 떠오르는 대표 포토 스팟 중 하나인 츠텐카쿠 전망대가 있는 곳으로도 유명하다. 오사카 특산물을 사용한 음식이 풍부한데 특히 타코야키, 오코노미야키 식당이 많은 편이다. 사격게임장, 인형 뽑기 등 오락 시설도 곳곳에 숨어있어 식사 후 방문해 보기 좋다. 화려한 간판 거리 아래 라이트업 된 전망대 사진도 꼭 남겨보길 추천한다. (404p C:2)

📍 신세카이 시장 #로컬시장 #오코노미야키

도심이 눈에 들어온다. 탑승 시간은 10~15초 정도 소요. 슬라이드 탑승하는 모습을 무료로 촬영해 주어 기념으로 간직할 수 있다. 평일 한정, 간사이 조이패스를 무료 입장. 성인 1000엔. 10:00-19:30 (404p C:2)

📍 츠텐카쿠 타워 슬라이더 #조이패스

킷사 도레미 喫茶 ドレミ [맛집]
"멜론 맛 탄산음료, 더운 날 즐기기 좋아"

스릴 있는 슬라이드를 즐길 수 있는 전망대. 약 60M 높이에서 시작해 나선형 미끄럼틀을 타고 빠르게 내려오는 놀이기구로 파이프의 일부 구간이 투명하게 이루어져 있어 오사카

쿠시카츠 다루마 신세카이총본점
だるま 本店 `맛집`

"노포 감성 충만한 쿠시카츠 원조집"

쿠시카츠의 원조집이자 노포 감성이 잘 느껴지는 아담한 매장. 단 10개 정도의 카운터 자리만 있지만 소박하고 분위기 좋은 이자카야 느낌이다. 특히 보리소주, 고구마 소주 등 니혼슈 종류가 다양하다는 점이 특징이라 튀김과 곁들여 먹기 좋다. 돼지김치튀김과 같은 이색 메뉴도 있다. 한국어 메뉴판 제공. 현금 결제만 가능. 신세계세트 약 1760엔 (404p C:2)

📍 쿠시카츠 다루마 신세카이총본점
#도테야키맛집 #쿠시카츠맛집 #신세카이

신세카이 칸칸
新世界 かんかん `맛집`

"츠텐카쿠 거리 걷다가 출출해졌을 때!"

신세카이에 위치한 타코야키 전문점. 포장해서 먹기 좋은 간편한 메뉴를 제공한다. 바삭한 겉면과 촉촉한 속이 조화를 이루는 타코야키는 신선한 문어와 특제 소스를 사용해 감칠맛을 자랑한다. 가격이 저렴해서 지나가다 들러서 맛보기 좋다. 츠텐카쿠 타워 근처에 위치해 접근성도 뛰어나다. 자리는 없고 서서 먹어야 하며 한국어 메뉴판은 없다. 현금 결제만 가능

📍 신세카이 칸칸
#타코야키 #겉바속촉 #츠텐카쿠타워근처

오시기 신세기이에 위치한 레트로 감성의 킷사텐. 대표 메뉴인 크림 소다(약 600엔)과 푸딩(약 580엔)이 인기다. 멜론 맛 탄산음료 위에 바닐라 아이스크림을 얹은 크림 소다는 달콤하고 상큼하다. 푸딩은 우유와 달걀, 캐러멜의 조화가 환상적이다. 옛날 느낌 물씬하는 파르페와 과일 산도도 빼놓을 수 없다. 츠텐카쿠 타워 근처라 관광 후 들르기 좋다. 영어 메뉴판 제공. 실내 흡연 가능. 현금 결제만 가능. 월, 화 휴무

📍 킷사 도레미
#레트로감성카페 #푸딩맛집 #크림소다

신세카이 新世界 `추천`

"오사카의 7080 시장 딱 이런 느낌이었다는데?"

오사카 덴노지 쿠시카츠 거리

7·80년대 감수성이 남아있는 복고풍 거리. 오사카의 근현대사가 담겨 있는 로컬 시장 거리로, 레트로한 가게 간판 앞에서 사진 찍기 좋은 곳. 서민적인 분위기의 맛집과 사격장을 비롯한 오락 시설, 츠텐카쿠 전망대까지 볼거리가 많아 인기다. 특히 쿠시카츠 식당의 비율이 압도적으로 높은데 개중엔 원조 맛집으로 알려진 '쿠시카츠다루마'가 유명하다. 24시간 운영 (404p C:2)

📍 신세카이   #복고풍시장거리 #쿠시카츠맛집 #전망대

쿠시카츠 다루마 잔잔점 だるま ジャンジャン店 `맛집`

"메뉴 설명은 요리사에게 맡겨주세요!"

특제 소스로 맛을 낸 다양한 쿠시카츠(튀김꼬치)를 즐길 수 있는 곳. 바삭바삭한 식감이 유명. QR 코드 주문 가능. 한국어 안내도 잘 되어 있다. 특히 음식을 조리해 주는 분이 한국어로 메뉴 하나하나를 친절하게 설명해 주어 어떤 튀김인지 정보를 파악하며 맛볼 수 있다. 깨끗하게 관리된 점 내 환경 또한 호평. 느끼함을 잡아준다는 양배추를 추가하여 함께 먹는 것을 추천한다. 쿠시카츠 단품 약 약 143엔 부터

📍 쿠시카츠 다루마 잔잔점   #튀김꼬치 #한국어안내 #깨끗한좌석

오사카 — 덴노지 — 쿠시카츠 거리

잔잔요코초 (난요도리 상점가) 추천
ジャンジャン横丁(南陽通商店街)

"빌리켄 동상 발바닥 우선 한번 만지고 쇼핑 시작하자"

발바닥을 만지면 행운이 찾아온다는 대형 빌리켄 동상으로 유명한 상점 거리. 츠텐카쿠가 보이는 메인 거리 앞과 더불어 대표 사진 명소다. 잡화점, 킷샤텐 등 복고풍 감성의 노포가 다양한 아케이드 상점가 안에선 과녁 맞히기 게임을 즐길 수 있는 사격장이 특히 인기. 쿠시카츠, 야키니쿠, 스시, 우동 등 서민풍 가게도 즐비하니 식사까지 풀로 즐겨보자 (404p C:2)

📍 난요도리
#복고풍시장거리 #빌리켄동상 #아케이드상점가

야에카츠 맛집
新世界 串かつ 八重勝

"현지인들도 줄 서서 먹는 쿠시카츠"

도부쓰엔마에 역 도보 5분 거리에 위치한 쿠시카츠 전문점. 새우, 돼지고기, 닭고기, 문어, 오징어 등 다양한 종류의 쿠시카츠를 즐길 수 있다. 그 중에서도 소힘줄과 곤약을 미소된장에 푹 졸여내서 만드는 도데야키가 맛있다. 부드럽고 크리미한 소스가 특징. 현지인들도 줄 서서 먹는 맛집으로 로컬 분위기를 선호한다면 추천한다. 한국어 메뉴판 제공. 현금 결제만 가능. 목요일 휴무 (404p C:2)

📍 야에카츠
#쿠시카츠전문점 #로컬분위기 #다양한종류

덴노지동물원 天王寺動物園

"100년 역사 동물원이면 엄청난 거 아냐?"

사케노 아나 맛집
酒の穴

"사케 애호가라면 그냥 지나칠 수 없어~"

신세카이에 위치한 사케 전문점. 사케 애호가들에게 이미 입소문이 자자한 곳이다. 고소한 쿠시카츠를 먹으며 사케를 즐길 수 있는데 추천 메뉴는 붉은 생강 쿠시카츠다. 메뉴판에는 없지만 단골들이 주문하면 즉석에서 만들어 준다. 달달한 소힘줄 요리와 오뎅도 인기 안주다. 술의 가격이 비싸지 않아 합리적으로 즐길 수 있으며, 일찍부터 영업하니 낮술하고 싶다면 방문하는 것을 추천. 한국어 메뉴판도 있다.

📍 사케노 아나
#사케전문점 #생강쿠시카츠 #낮술하기좋은

사자, 침팬지, 북극곰 등 다양한 동물들이 서식하고 있는 도심 속 동물원. 개원 100주년의 긴 역사를 지니고 있으며 뉴질랜드 국조인 키위, 드릴 등 희귀종도 만날 수 있다. 수중 투시 전시 풀이 있는 하마존, 사바나 초원 지대를 재현한 아프리카존이 대표적인 인기 구역. 모두 둘러보는 데 대략 1시간 30분 정도 소요. 성인 500엔. 입장마감 16:00 (404p C:2)

📍 덴노지동물원
#도심속동물원 #희귀동물 #100년역사

한카이 전기 궤도 (한카이 전차) 阪堺電気軌道 [추천]
"레트로 열차 타고 즐기는 오사카 도심 여행"

100년 넘은 역사를 지닌 레트로 노면 전차. 옛 감성의 좌석에 앉아 오사카 시내 풍경을 감상하며 여행하기 좋다. 에비스초~아비코미치 구간을 운행하는 기차와, 덴노지 에키마에~하마데라 에키마에 구간을 운행하는 기차까지 총 2개의 노선으로 운영. 자세한 노선 정보는 공식 홈페이지를 확인하길. 성인 1회 1구간 210엔

📍 덴노지에키마에   #전차 #여유로운여행 #풍경여행

덴노지 공원 天王寺公園 [추천]
"벚꽃 장식된 츠텐카쿠 사진 여기서 찍을 수 있어요"

벚꽃잎 배경의 아베노 하루카스와 츠텐카쿠 사진을 촬영할 수 있는 공원. 오사카 인기 벚꽃 명소 중 하나로, 예쁜 포토 스폿이 많아서 출사 명소로도 유명하다. 공원 안에는 희귀 동물들을 만날 수 있는 덴노지 동물원, 일본 국보와 중요 문화재가 전시된 오사카 시립미술관, 일본 전통식 정원 게이타쿠엔, 레스토랑 카페가 있어 다채로운 즐거움을 선사한다. (405p E:3)

📍 덴노지 공원   #벚꽃출사명소 #덴노지동물원 #시립미술관

슈퍼 타마데 에비스점
スーパー玉出 恵美須店
"도시락 이 가격에 팔아도 남는 게 있나!?"

도시락 및 조리식품의 가격이 상당히 저렴한 것으로 유명한 오사카 대표 슈퍼마켓. 유사한 타 브랜드와 비교해 보았을 때 2~30% 저렴한 편. 24시간 영업이라 언제든 방문할 수 있어 편리하다. 야키토리, 스시, 오니기리, 과일 등 간편식이 많고, 맥주 및 와인 등 주류도 판매하고 있다. 채소나 육류, 쌀은 꼭 원산지를 보고 구매하기를 권장. 24시간 운영

📍 타마데 에비스
#로컬슈퍼 #저렴한도시락 #24시간영업

메가돈키호테 신세카이점
MEGAドン・キホーテ 新世界店
"'메가' 사이즈로 통 크게 준비한 돈기호테 매장"

대형 건물 2층을 통으로 사용하는 면세 잡화점. 1층 파칭코를 지나 올라가야 하는 구조라 다소 불편할 수 있지만 오사카 시내 돈키호테보다 면세 줄이 적고 공간이 넓어서 쾌적하게 쇼핑을 즐길 수 있다. 10,000엔 이상 구매하면 5% 할인쿠폰 적용 + 10% 면세까지 받으면 꽤 저렴한 가격으로 쇼핑할 수 있다. 도부쓰엔마에역 5번 출구 앞 (404p C:2)

📍 돈키호테 신세카이
#도부쓰엔마에역앞 #대형잡화점 #저렴한

오사카
덴노지

오사카 시립 미술관
大阪市立美術館
"국보와 사찰 작품, 해외 유명 그림을 한 자리에"

국보와 중요 문화재로 지정된 작품 포함, 8,700건이 넘는 작품이 전시된 미술관. 일본·중국의 회화·조각·공예를 비롯해 사찰로부터 기탁된 작품도 진열하고 있다. 25년 3월에 리뉴얼 오픈하여 쾌적하게 관람할 수 있다는 점도 특징. 고흐 전시회, 요하네스 페르메이르 전시회 등 특별전도 열린다. 1층에 브런치 카페에서 카레, 샌드위치 등 식사 가능. 성인 약 500엔. 9:30-17:00 (405p D:2)

📍 오사카 시립 미술관
#동양회화 #리뉴얼 #사찰공예품

덴시바 てんしば
"12월, 크리스마스 기간이 하이라이트"

피크닉 하기 좋은 약 5,000m² 규모의 잔디 공원. 카페, 레스토랑, 어린이 놀이터(유료) 등 마련되어 있다. 특히 덴시바 크리스마스 마켓으로 인기다. 이벤트 기간에 화려한 트리 장식과 라이트 쇼를 감상할 수 있고 소시지, 뱅쇼, 추로스 등 다양한 메뉴도 맛볼 수 있다. (405p E:3)

📍 덴시바 #피크닉 #크리스마스마켓

시텐노지 四天王寺 [추천]
"오사카에서 느끼는 백제 건축의 감성"

백제 기술자에 의해 593년에 지어진 것으로 알려진 불교 사찰. 1,400년의 역사를 자랑하는 곳으로 독특한 가람배치를 지닌 고찰로 유명하다. 금당, 강당, 고주노코(오층탑), 나카몬(중문)까지 4개의 건축물이 남쪽에서 북쪽까지 일직선으로 배치되어 있다는 점이 특징이다. 매월 21일, 22일 시텐노지 일대에서 골동품 벼룩시장이 열린다. 약 500엔. 8:30-16:00 (405p F:1)

📍 시텐노지   #1400년된고찰 #골동품벼룩시장 #독특한가람배치

덴노지 미오 天王寺ミオ [추천]
"덴노지 여행하면서 쇼핑도 하고 싶다면?"

빔즈, GU 등 캐주얼 의류 브랜드가 다수 입점한 덴노지역 바로 위 쇼핑몰. 11층~12층 공간은 식당가와 푸드코트로 이루어져 있다. 양식 레스토랑, 뷔페, 이자카야 등 저렴한 가격에 맛있는 식사를 즐길 수 있는 곳이 많아서 인기. 본관 6층에선 별의 커피, 지브리, 산리오 등 캐릭터 매장이 있다. (405p E:3)

📍 덴노지 미오 #푸드코트 #캐릭터숍

베이 에어리어

환상과 낭만이 머무는 곳

짜릿한 어트랙션과 영화 속 세상이 눈앞에 펼쳐지는 마법 같은 하루, 유니버설 스튜디오 재팬(USJ)이 있는 베이 에어리어에서 만날 수 있어요. 게다가 낭만적인 항구에서 붉은 노을을 감상하고, 덴포잔까지 알차게 둘러보려면 하루로는 부족할걸요?

KEY WORD
- 유니버설 스튜디오
- 덴포잔 대관람차
- 항구

TO DO LIST
- USJ에서 해리포터 분장하기
- 페리 타고 USJ-덴포잔 이동하기
- 덴포잔 대관람차에서 오사카만 감상하기
- 가이유칸에서 고래상어 보기
- 덴포잔 마켓 플레이스에서 점심 식사하기
- 산타마리아 크루즈 탑승하기
- 코스모스퀘어에서 일몰 감상하기

사키시마청사 전망대

사키시마청사 전망대에서 본 낮풍경

사키시마청사 전망대에서 본 저녁풍경

덴포잔
유니버설스튜디오
유니버설스튜디오
가이유칸

베이에어리어

카미카타 온천 잇큐
(평일 기준) 성인 750엔
어린이 400엔 유아 무료

슈퍼 닌텐도 월드™
[スーパー・ニンテンドー・ワールド]
마리오 카트 등 닌텐도 게임을 소재로 한 테마파크

 유니버셜시티역
Universal City
ユニバーサルシティ駅

 사쿠라지마역
桜島駅

유니버셜 시티 워크
(유메리카 스타일의 쇼핑몰)

위즈덤 월드 오브 해리포터
해리포터 마니아라면 방문 필수. 유니버셜 스튜디오 해리포터 존

유니버셜 스튜디오 재팬
전 세계에 4곳밖에 없는 테마파크. 해리 포터, 미니언즈, 헬로키티 등을 활용한 다양한 놀이기구 운영. 익스프레스권을 끊으면 더 빨리 탑승할 수 있다. 더 콜라이 다이너소어 등의 우명. 익스프레스권도 스케줄로 다소 비싸 편. 해리포터 에어리어에서 판매하는 '버터 맥주'는 꼭 맛보자

덴포잔
[Mt. Tempozan, 天保山]
해안가의 인공산 '덴포잔'. 주변에 하베 빌리지, 카이유칸, 덴포잔 대관람차 등 일본이 꼽는 관광 명소들이 있다.

덴포잔 마켓플레이스
쇼핑과 식사를 함께할 수 있는 쇼핑몰

덴포잔 대관람차
[Tempozan Ferris Wheel]
17분간 오사카 해변과 주변 건물들을 조망할 수 있다. 맑은 날엔 고베와 아카시 해협 대교까지 한눈에 스케

오사카 헬리콥터 유람(오가와 항공)
[小川航空株式会社]
상공에서 오사카 시내를 약 6분간 돌아보는 헬기 체험

마이시마 소각장
[Maishima Incineration Plant]
오스트리아의 생태예술가이자 건축가인 훈데르트바서가 디자인한 쓰레기 소각장. 독특한 색감과 디자인으로 소각장에 대한 인식을 변화시킨 곳.

마이시마 스포츠 아일랜드
[舞洲スポーツアイランド]
축구장 등 다양한 스포츠 시설이 모여있는 인공 섬

Amazing Kart ISK
오사카 마이시마 점
(카트레이싱)

마이시마 아레나
아이돌 공연,
스포츠 경기가
열리는 다목적 홀

숲과 그릴의 BBQ 월드
[森とグリルのBBQフィールド]
오사카항을 바라보며 BBQ, 캠핑

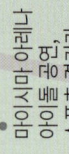

오사카코역
Osakako
大阪港駅

C11

지라이온 무지엄
전차하이스 클래식카
롤스로이스 벤텀2, 포르쉐 스파이더 등의 명차 전시.
매주 월요일 휴관(주유 패스 소지시 무료)

난코포트타운선
Nankang Port Tower Line
南港ポートタウン線

New Tram

오사카 국제 페리
터미널(부산, 상하이)

인텍스 오사카
(インテックス大阪)컨벤션 센터

P12 포트타운 니시역

P11 나카후토역

덴포잔 하버 빌리지
산타마리아 베이 크루즈
[キャプテンライン]
캡틴 라인 유람선을 타고 유니버셜 스튜디오로 이동(주유패스 무료)

레고랜드 디스커버리센터 오사카
[Legoland Discovery Center]
실내형 엔터테인먼트 시설

ATC 홀
[ATC홀은] 다양한 박람회, 전시회 열리는 홀

Chuo Line 중앙선

코스모 스퀘어역
Kosmoskuea
コスモスクエア駅

C10 **P09**

씨사이드 코스모 공원
(낚시 명당, 야경 명당)

트레이드센터마에역
P10

아시아태평양 트레이드센터
국제 박람회나 이벤트가 개최되는 대형 복합 쇼핑몰

오사카 난포 야생조류공원

카이유칸 아쿠아리움
[Osaka Aquarium Kaiyukan]
일본에서 2번째로 큰 8층 규모의 수족관
8층까지 엘리베이터로 이동하여 내려오면서 관람
어류 중에서 가장 크다는 고래상어를 볼 수 있는 굿
해양 동물들이 식사시간에 방문하면 상어도 등에볼 수 있다. 주유 패스 소지자 입장료 무료

2025 오사카 간사이 세계엑스포
인원을 수용할 수 있는 대형 야구장

오사카부 사키시마청사 전망대
코스모타워 별딩 최상층 55층에 있는 252m 높이의 전망대
360도 간사이 국제공항과 오사카항 등을 조망할 수 있다. ~22시까지
운영 (주유 패스 소지자 무료)

audio guide

421

MAP
베이에어리어에서 보내는 하루

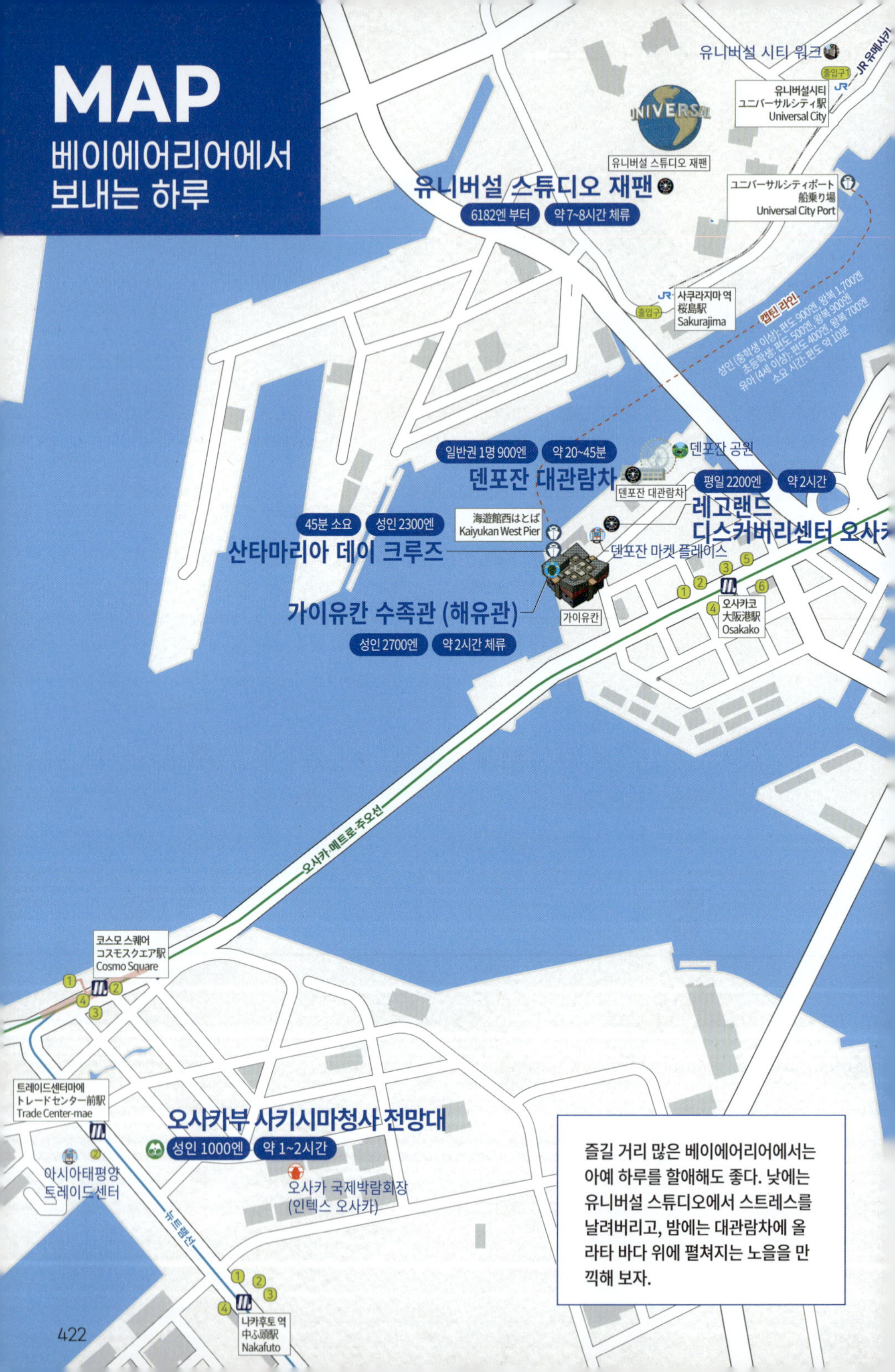

유니버설 시티 워크
JR 유메사키
출입구1
유니버설시티
ユニバーサルシティ駅
Universal City
UNIVERSAL
유니버설 스튜디오 재팬
ユニバーサルシティポート
船乗り場
Universal City Port
유니버설 스튜디오 재팬
6182엔 부터
약 7~8시간 체류
사쿠라지마 역
桜島駅
Sakurajima
출입구
캡틴 라인
성인 (중학생 이상): 편도 900엔, 왕복 1,700엔
초등학생: 편도 500엔, 왕복 900엔
유아 (4세 이상): 편도 400엔, 왕복 700엔
소요 시간: 편도 약 10분
덴포잔 공원
일반권 1명 900엔
약 20~45분
덴포잔 대관람차
덴포잔 대관람차
평일 2200엔
약 2시간
레고랜드
디스커버리센터 오사카
海遊館西はとば
Kaiyukan West Pier
45분 소요
성인 2300엔
산타마리아 데이 크루즈
덴포잔 마켓 플레이스
오사카코
大阪港駅
Osakako
가이유칸 수족관 (해유관)
가이유칸
성인 2700엔
약 2시간 체류
오사카 메트로 주오선
코스모 스퀘어
コスモスクエア駅
Cosmo Square
트레이드센터마에
トレードセンター前駅
Trade Center-mae
오사카부 사키시마청사 전망대
성인 1000엔
약 1~2시간
아시아태평양 트레이드센터
오사카 국제박람회장 (인텍스 오사카)
뉴트램선
나카후토 역
中ふ頭駅
Nakafuto

즐길 거리 많은 베이에어리어에서는 아예 하루를 할애해도 좋다. 낮에는 유니버설 스튜디오에서 스트레스를 날려버리고, 밤에는 대관람차에 올라타 바다 위에 펼쳐지는 노을을 만끽해 보자.

유니버설 스튜디오 재팬
📍 USJ

할리우드의 영화를 테마로 한 다양한 어트랙션과 인기 캐릭터 쇼를 볼 수 있는 대형 테마파크. '위저딩 월드 오브 해리포터' '슈퍼 닌텐도 월드'가 인기

- 운영시간 : 08:00~22:00 (일자에 따라 변경)
- 입장료 : 6182엔~

가이유칸 수족관
📍 해유관

일본 최대 규모 수족관. 다양한 해양을 재현한 수조에서 3만여 마리의 바다 생물 감상가능. 4~6층에 걸친 대형 원통 수조가 하이라이트

- 운영시간 : 평일 10:30~20:00 주말 09:30~20:00 (일자에 따라 변경)
- 입장료 : 성인 2,700엔, 어린이 700엔(일자에 따라 상이)

덴포잔 대관람차
📍 덴포잔 대관람차

높이 112.5m의 초대형 관람차. 밤의 조명 쇼가 아름답다. 60대의 관람차 중 8대는 투명한 시스루 관람차로 스릴을 느끼려는 여행자들에게 인기있다.

- 운영시간 : 평일 10:00~21:00, 주말 10:00~22:00 (일자에 따라 변경)
- 입장료 : 일반권 900엔

산타마리아 데이 크루즈
📍 산타마리아 크루즈

콜럼버스의 범선 산타마리아호를 모티브한 크루즈선. 오사카항에서 출발한다. 4월~10월에만 운영하는 '트와일라잇 크루즈'에서는 석양 감상가능

- 운영시간 : 일반 데이 11:00~16:00 정각 운행, 트와일라잇 17:15 출발
- 일반 데이 성인 1800엔, /트와일라잇 크루즈 성인 2300엔

레고랜드 디스커버리센터 오사카
📍 레고랜드 오사카

레고로 만든 오사카 명소들을 감상할 수 있는 체험관. 어트랙션, 4D 극장, 레고 만들기 등 여러 즐길거리가 있다.

- 운영시간 : 화~금 10:00~18:00, 토~월 10:00~19:00
- 입장료 : 3세 이상 주말 및 당일 티켓 2800엔, 홈페이지 사전 예매시 평일 2200엔, 주유패스 소지자 무료

오사카부 사키시마 청사 전망대
📍 사키시마청사 전망대

매년 봄과 겨울 니시노마루 정원에서 열리는 야간개장 행사. 봄에는 벚꽃과 함께 라이트업 행사를, 겨울에는 '일루미나주' 개최

- 운영시간 : 11:00~22:00 (마지막 입장 21:30, 월요 정기 휴무)
- 입장료 : 성인(고등학생 이상) 1000엔, 청소년(초등~중학생) 600엔, 노인(70세 이상) 900엔, 주유패스 소지자 무료

티켓 정보

	스튜디오 패스 (필수 구매)	익스프레스 패스 (유명 어트랙션 대기 시간 줄이려면 추가 구매)
설명	입장하려면 무조건 구매해야 하는 입장권	·인기 어트랙션을 빠르게 탑승할 수 있는 별도 특전 패스 (스튜디오 패스 구매 필수) ·'슈퍼 닌텐도 월드 입장 확약권' 포함
어트랙션	모든 어트랙션 이용 가능	패스에 따라 이용 가능한 어트랙션 수 다름(4가지, 7가지, 13가지)
종류 (요일별, 시기별 가격상이)	1일권 ·성인 8,600엔~ ·어린이(4~11세) 5,600엔~ ·노인(65세 이상) 7,700~ 1.5일권 ·성인 13,100엔~ ·어린이 8,600~ 2일권 ·성인 16,300엔~ ·어린이 10,600엔~	익스프레스 패스 4 ·7,800엔~ ·4개 어트랙션 우선 탑승 가능 익스프레스 패스 7 ·10,800엔~ ·7개 어트랙션 우선 탑승 가능 익스프레스 패스 프리미엄 ·14,700엔~ ·13개 어트랙션 우선 탑승 가능
비고		·내가 정한 시간 혹은 정해진 탑승 시간에 익스프레스 전용 입구로 바로 입장 가능 ·1일 판매 수량이 정해져 있으므로 미리 사는 것이 좋음 ·1인당 1매만 구매 가능

익스프레스 패스 탑승 어트랙션 정보

익스프레스 4
탈 수 있는 어트랙션 (택 4)
· 해리포터 앤 포비든 저니
· 플라이트 오브 더 히포그리프
· 할리우드 드림 더 라이드~백드롭~
· 더 플라잉 다이너소어
· 마리오카트: 쿠파의 도전
· 미니언 메이헴
· 죠스
· 동키콩의 크레이지 트램카
· 요시 어드벤처
· 명탐정 코난 4-D 라이브쇼 ~별하늘의 보석~
· 귀멸의 칼날 XR 라이드 ~도공 마을을 질주하라~
· 스페이스 판타지 더 라이드
· 도라에몽 4-D 아트 어드벤처: 진구의 그림 이야기

익스프레스 7
탈 수 있는 어트랙션 (택 4)
· 마리오카트: 쿠파의 도전장
· 요시 어드벤처
· 해리포터 앤 포비든 저니
· 플라이트 오브 더 히포그리프
· 미니언 메이헴
· 더 플라잉 디이너소이
· 할리우드 드림 더 라이드
· 죠스
· 동키콩의 크레이지 트램카
· 명탐정 코난 4-D 라이브쇼 ~별하늘의 보석~
· 스페이스 판타지 더 라이드

MAP 유니버설 스튜디오 재팬 완전 정복

유니버설 스튜디오 재팬 가는 법

출발지점	덴포잔	우메다	난바	간사이 국제공항
소요시간	약 10분 소요	약 11분 소요	약 15분 소요	약 65분 소요
경로	가이유칸 서쪽 부두에서 해상 셔틀선(캡틴라인) 탑승 ↓ 유니버설 시티 포트에서 하차	직행 JR오사카역에서 JR오사카칸죠선 사쿠라지마행 탑승 ↓ 유니버설시티역 하차 (12:00~15:00에는 운행하지 않음)	JR난바역에서 JR야마토지선 탑승 ↓ 이마미야역 하차 환승 JR오사카순환선 탑승 ↓ 니시쿠조역 하차 환승 JR유메사키선 사쿠라지마행 환승 ↓ 유니버설시티역 하차	JR간사이공항역에서 공항쾌속 탑승 ↓ JR니시쿠조역에서 하차 환승 JR유메사키선 사쿠라지마행 탑승 ↓ 유니버설시티역 하차
		환승 JR오사카역에서 JR오사카칸죠선 니시쿠조행 탑승 ↓ 니시쿠조역에서 하차 환승 JR유메사키선 사쿠라지마행 탑승 ↓ 유니버설시티역 하차	오사카난바역에서 한신 난바 보통 혹은 쾌속급행 탑승 ↓ 한신 니시쿠조역 하차 환승 개찰구를 나가 JR니시쿠조역에서 JR유메사키선 사쿠라지마행 탑승 ↓ 유니버설시티역 하차	

TIPS. 화제의 '슈퍼 닌텐도 월드'에 입장하려면 필독!

가장 최근 오픈한 슈퍼 닌텐도 월드는 워낙 인기인 만큼 안전상의 문제를 방지하기 위해 시간대별 입장 인원을 통제하고 있다. 일반 입장권(스튜디오 패스)을 구매했더라도 슈퍼 닌텐도 월드에 입장하려면 별도 방법이 필요하다.

1. 익스프레스 패스 (유료)
가장 쉽고 편리한 방법. 익스프레스 패스에는 '슈퍼 닌텐도 월드 입장 확약권'이 포함되어 있다. 판매 수량이 정해져 있어 빠르게 마감되므로 서둘러 구매해야 한다.

2. 입장 정리권(e정리권) (무료)
익스프레스 패스를 구매하지 못했을 때 차선책. 당일 유니버설 스튜디오에 입장하고 나서 공식 앱을 켜서 'e정리권 발권하기'를 누르고 시간대를 지정해 QR코드를 발급받으면 된다. 당일 입장 후에만 활성화되고 선착순 마감이므로 입장 전 미리 앱을 다운 받고 스튜디오 패스를 등록하는 것을 추천.

3. 추첨권 (무료)
입장 정리권 발급이 끝난 후 현장 혼잡 상태에 따라 추가 발행되는 티켓. 다만 추첨이기 때문에 확률이 낮다.

4. 오픈런
익스프레스 패스, 정리권, 추첨권 없이 입장할 수 있는 최후의 방법. 당일 개장 시간을 미리 확인하고 1시간 전쯤 미리 도착해 줄을 서면 된다. 정리권과 추첨권은 실패할 확률이 있다보니 익스프레스 패스를 구매하지 못한 사람들이 많이 사용하는 방법.

10개 구역별 테마와 대표 어트랙션

할리우드 에어리어
1930~40년대 화려한 할리우드 거리

[대표 어트랙션]
· 할리우드 드림 더 라이드
  `익스4` `익스7`
· 할리우드 드림 더 라이드 백드롭
  `익스4`
· 스페이스 판타지 더 라이드
  `익스4` `익스7`

쥬라기 공원
영화 <쥬라기 공원>을 옮겨놓은 구역

[대표 어트랙션]
· 더 플라잉 다이너소어
  `익스4` `익스7`
· 쥬라기 공원 더 라이드

워터월드
영화 <워터월드>의 배경을 재현. 수상 스턴트 쇼 '워터 월드' 관람 가능
* 어트랙션 없음

뉴욕 에어리어
<나 홀로 집에> <티파니에서 아침을> 등 유명 영화 속 건물을 볼 수 있는 1930년대 뉴욕 거리
* 어트랙션 없음

애머티 빌리지
영화 <죠스>의 배경인 해안 마을 애머티 재현

[대표 어트랙션]
· 죠스 `익스4` `익스7`

위저딩 월드 오브 해리포터
영화 <해리포터>의 호그와트성, 호그스미드 마을, 호그와트 급행열차 등을 재현

[대표 어트랙션]
· 해리포터 앤드 더 포비든 저니
  `익스4` `익스7`
· 플라이트 오브 더 히포그리프
  `익스4` `익스7`

미니언 파크
영화 <슈퍼배드> 속 저택과 미니언들을 볼 수 있는 지역

[대표 어트랙션]
· 미니언 메이헴
  `익스4` `익스7`
· 프리즈 레이 슬라이더

유니버설 원더랜드
스누피, 엘모, 헬로키티 등 세계적인 캐릭터들이 모여있는 곳. 아이들에게 특히 인기

[대표 어트랙션]
· 날아라 스누피
· 몹피의 벌룬 여행
· 세서미 빅 드라이브

슈퍼 닌텐도 월드
닌텐도 게임 <마리오 월드> 세상을 그대로 구현해 2021년에 오픈한 최신 인기 에어리어.

[대표 어트랙션]
· 마리오 카트 쿠퍼의 도전장
  `익스4` `익스7`
· 요시 어드벤처
  `익스4` `익스7`

샌프란시스코 에어리어
샌프란시스코 피셔먼즈 항, 차이나타운, 노면 전차 등을 재현
* 어트랙션 없음

유니버셜 스튜디오 재팬 ユニバーサル・スタジオ・ジャパン 추천
"해리포터, 슈퍼마리오, 미니언즈 어느 거부터 탈래?"

영화 속 한 장면을 직접 눈앞에서 체험할 수 있는 대형 테마 파크. 해리포터, 슈퍼마리오, 쥬라기, 미니언즈 등 인기 캐릭터를 테마로 한 놀이기구에 탑승할 수 있다. 특수효과가 매우 뛰어나서 단순한 놀이기구를 넘어 예술 작품 같다. 기본 대기 시간이 2~3시간이므로 익스프레스 패스를 구매하길 추천하며 인기 놀이 기구 리스트가 잘 정리되어 있으니 참고. 1day 스튜디오 패스 8,600엔부터. 8:00-21:30 (420p C:1)

📍 USJ 일본   #대형테마파크 #해리포터놀이기구 #인기캐릭터테마

슈퍼 닌텐도 월드 スーパー・ニンテンドー・ワールド
"슈퍼 마리오 세상에 놀러 갈래?"

스릴 넘치는 3D 라이딩 '마리오카트'가 있는 슈퍼 마리오 테마 공간. 슈퍼 마리오 주요 등장인물인 '마리오' '루이지' '피치공주'와 함께 다양한 어트랙션과 레스토랑을 경험할 수 있다. 특히 애플과 연동하여 사용하는 '파워 업 밴드'가 있어야 참여할 수 있는 놀이기구가 있으므로 꼭 미리 구매해 둘 걸 추천한다. (420p C:1)

📍 닌텐도 월드   #슈퍼마리오 #인터랙티브 체험 #마리오카트

요시 어드벤처 ヨッシー・アドベンチャー
"키노피오 대장을 따라가면 보물을 찾을 수 있을 거야!"

요시의 등에 올라타 키노피오 대장을 따라 보물찾기 모험을 떠나는 어트랙션. 놀이공원 곳곳에 숨겨진 3개의 달걀을 찾는 미션이 주어지며, 어린아이와 함께 즐기기에 좋다. 2인 1조로 탑승하며, 신장 제한은 122cm 이상, 보호자 동반 시 92cm까지 가능하다. 패스를 사용해서도 탈만큼 재미있는 놀이기구는 아니니 참고

📍 요시 어드벤처
#요시 #2인승 #트랙기차

마리오 카트 쿠파의 도전장
"슈퍼마리오랑 경주 대결하면 내가 이길 듯"
닌텐도 슈퍼 마리오 카트 세계관을 배경으로 한 VR 체험 어트랙션. 네 명이 한 카트에 탑승하여 직접 운전하며 경주를 즐길 수 있다. 특수 헬멧을 착용하면 눈앞에 3차원 영상이 펼쳐져 마리오와 함께 적을 물리치고 코스를 탐험하는 듯한 경험을 할 수 있다. 대기 시간이 긴 편이므로 익스프레스 패스 이용을 추천. 신장 제한은 122cm 이상, 보호자 동반 시 107cm 이상

📍 마리오 카트 쿠파의 도전장
#닌텐도게임 #VR체험 #마리오카트

1UP 팩토리
ワンナップ・ファクトリー
"닌텐도 덕후라면 텅장될 수 있는 굿즈숍"
마리오, 루이지, 피치 공주 등 닌텐도 캐릭터 상품을 다양하게 만날 수 있는 굿즈숍. 특히 마리오 루이지 모자의 인기가 높다. 스토어 내부에도 사진찍기 좋은 포토존이 많다.

📍 1UP 팩토리
#마리오굿즈 #슈퍼닌텐도월드 #마리오모자

위저딩 월드 오브 해리포터 "하루 동안 호그와트 마법사가 되어보는 순간" 추천

호그와트 성, 호그스미드 마을 등 해리포터 영화의 명장면을 생생하게 재현한 공간. 마치 주인공이 된 것처럼 직접 트롤, 드래곤 등과 싸우는 경험을 할 수 있어 이색적이다. 해리포터 세계관에서 등장하는 버터비어와 마법의 술도 판매. '올리밴더의 지팡이 가게'에서 지팡이를 구매하면 테마 거리 내 마법 장치를 사용할 수 있다. (420p C:1)

📍 위저딩 해리포터   #해리포터배경 #호그와트 #마법체험

글래드래그스 위자드웨어
ラドラグス魔法ファッション店
"나는 슬리데린이야, 너는 어디 기숙사야?"

해리포터 존 내 위치한 마법사 의상 가게. 호그와트 교복, 망토, 스카프, 양말, 모자 등 영화에 등장했던 옷들을 사기 좋은 곳이다. 영화 속 장면처럼 그리핀도르, 슬리데린, 래번클로, 후플푸프 4가지 기숙사 옷을 취향에 맞게 입어보길 추천. 부엉이 우체국 옆에 위치

📍 글래드래그스
#해리포터존 #해리포터망토 #호그와트교복

해리포터 앤 더 포비든 저니
"마법을 피하기 위해선 하늘을 나는 빗자루가 필요해"

360도로 펼쳐지는 해리포터의 세계를 빗자루를 타고 나는 듯한 기분으로 체험할 수 있는 인기 어트랙션. 3D 영상과 드래곤의 불꽃, 디멘터의 냉기 등 마법 효과를 더해 생생하게 재현했다. 호그와트 성 내부를 걷는 동안 '움직이는 초상화 복도'와 같은 영화 속 장면들을 감상할 수 있다. 인기가 매우 많아 대기 시간이 기므로 익스프레스 패스 이용을 추천

📍 해리포터 앤 더 포비든 저니   #해리포터 #어트렉션

허니듀크 ハニーデュークス
"개구리 초콜릿에 버터 맥주 한 잔 주세요~"

해리포터 덕후들에게 추천하는 디저트 기념품 가게. 영화 속에서만 보던 개구리 초콜릿, 버터 맥주, 젤리, 사탕 등을 구매할 수 있어 특별하다. 특히 개구리 초콜릿은 랜덤 카드가 들어 있어 인기가 많으며 선물용으로 구매하기에도 좋다. 웨이팅 있는 편. 해리포터존 내 위치

📍 허니듀크   #해리포터존 #해리포터과자 #개구리초콜릿

부엉이 우체국 & 부엉이 방
ふくろう便&ふくろう小屋
"호그와트에서 편지가 도착했습니다."

해리포터 영화 속 분위기를 느낄 수 있는 기념품샵. 구매한 엽서는 실제 발송 가능하며, 호그와트 마법학교 공식 소인이 찍혀있어서 인기다. 해리포터 지팡이, 부엉이 인형, 키링, 엽서 등 다양한 해리포터 굿즈도 만나볼 수 있다. 지팡이를 들고 인증 사진 남겨보길 추천

📍 부엉이 방 오사카
#해리포터굿즈샵 #부엉이우체국 #해리포터지팡이

오사카 베이에어리어 | 유니버설 스튜디오

미니언 파크 ミニオン・パーク
"미니언도 돌고~ 나도 돌고~ 온통 노란색 세상"

노란색 미니언즈 캐릭터로 가득한 놀이구역. 주요 어트랙션인 '미니언 메이헴'은 좌석이 회전하며 미니언들의 세계를 체험할 수 있는 인기 놀이기구다. 놀이기구 대기 시간은 약 30분 내외. 곳곳에 미니언즈 포토존이 많으며, 미니언즈 굿즈 구매, 간식을 맛보기에도 좋다

📍 미니언 파크   #미니언즈테마존 #아이와가기좋은 #미니언즈굿즈

미니언 메이헴
ミニオン・ハチャメチャ・ライド
"나 방금 미니언이랑 눈 마주쳤어"

착시 효과로 긴장감을 주는 4D 어트랙션. 어린이들과 미니언 팬에게 특히 인기가 많다. 3D 안경을 쓰고 미니언 영상을 감상하며 탑승, 압도적인 스케일은 미니언 세상에 온 듯한 기분을 선사한다. 영상 시청 시 영어 자막 제공. 단 움직이며 영상을 시청하기 때문에 멀미 난다는 이도 다수. 소요 시간은 약 25분. 신장 제한 122cm 이상, 보호자 동승 시 102cm까지 가능

📍 미니언 메이헴
#4D #미니언테마 #미니언영상

쥬라기 공원 더 라이드
ジュラシック・パーク・ザ・ライド
"쥬라기 공룡 피해 무작정 탑승한 보트, 나의 운명은,,?"

후룸라이더와 비슷한 워터 슬라이드로, 쥬라기 공원 테마의 정글을 보트를 타고 탐험하며 시원한 물벼락을 맞을 수 있다. 하이라이트는 25.9m 아래로 급강하는 순간. 대부분의 자리도 물이 튀므로 우의를 준비하는 것이 좋다. 익스프레스 패스 적용 가능. 신장 제한은 122cm 이상, 보호자 동승 시 107cm까지 탑승 가능

📍 쥬라기 공원 더 라이드
#워터슬라이드 #정글보트 #쥬라기공원

워터월드 ウォーターワールド
"유니버설에서 볼 수 있는 영화 '워터월드'"

액션과 스턴트를 결합한 대규모 수상 쇼. 영화 '워터월드'를 그대로 압축하여 20분 분량으로 연출했으며 각종 화약과 특수 장치를 사용해 폭발 장면까지 생생하게 재현한다. 몰입도가 높은 관람 어트랙션으로 배우들의 연기력과 수준 높은 특수효과에 대해 호평. 앞쪽에 놓인 파란색 자리에 앉으면 흠뻑 젖을 수 있기 때문에 우비를 챙기는 걸 추천

📍 워터월드 오사카
#영화워터월드 #수중스턴트 #특수효과

할리우드 에어리어 ハリウッド・エリア
"할리우드 스타, 너도 될 수 있어"

할리우드를 테마로 한 거리. 할리우드 영화 배경으로 꾸며진 포토존부터 유명 캐릭터까지 만날 수 있다. 매일 퍼레이드와 각종 페스티벌을 진행하여 볼거리 풍부. 특히 음악이 흘러나오는 롤러코스터 '할리우드 드림 더 라이드'가 있는 곳으로 유명하다.

📍 할리우드 오사카
#할리우드 #퍼레이드 #롤러코스터

뉴욕 에어리어 ニューヨーク・エリア
"1930년대 뉴요커가 되어보기"

1930년대 뉴욕 거리를 재현한 포토존. 뉴욕 배경의 영화를 재현해 낸 장소를 만나볼 수 있다. 겨울에 방문한다면 광장 앞 거대한 크리스마스트리부터, 일루미네이션으로 장식된 가로수 길을 감상할 수 있다. 가장 유명했던 스파이더맨 놀이기구는 2024년 1월 이후로 운영되지 않으니 참고

📍 New York Area 오사카
#뉴욕거리 #뉴욕포토존 #1930년대배경

할리우드 드림 - 더 라이드
ハリウッド・ドリーム・ザ・ライド
"신나는 음악 들으며 3분간 공중 부양"

약 3분 동안 할리우드 에어리어 하늘을 나는 듯한 경험을 선사하는 롤러코스터. 초보자도 부담 없이 즐길 수 있는 난이도이며, 5가지 트랙 리스트 중에서 원하는 음악을 선택하여 들으면서 탑승할 수 있다는 점이 매력적이다. 탑재되는 음악 트랙은 공식 홈페이지에서 미리 확인할 수 있다. 대기 시간이 매우 기므로 익스프레스 티켓 구매를 적극 추천. 132cm 이상 탑승 가능

📍 할리우드 드림 더 라이드
#롤러코스터 #음악과함께 #스릴

스페이스 판타지 더 라이드
スペース・ファンタジー・ザ・ライド
"우주비행사 나가신다 길을 비켜라~!"

우주선 모양의 놀이기구를 타고 지구와 우주 행성, 혜성, 그리고 소행성군을 헤쳐 나가며 질주하는 라이드 어트랙션. 태양을 구하기 위해 떠나는 모험이라는 테마를 지니고 있다. 롯데월드 혜성특급과 비슷하지만 속도가 더 빠르다. 시즌별로 테마가 바뀌므로 공식 홈페이지를 참고하길. 신장 제한은 122cm 이상이며, 보호자와 동승 시 102cm 이상 탑승 가능

📍 스페이스 판타지 더 라이드
#롤러코스터 #화려한볼거리 #우주테마

유니버설 원더랜드 ユニバーサル・ワンダーランド
"유니버설에도 키즈카페가 있다고?!"

키즈카페처럼 뛰놀기 좋은 어린이 놀이 공간. 꽃과 헬로키티, 스누피, 엘모 등으로 꾸며진 포토존이 있다. 어린이들이 탈 수 있는 회전목마, 미끄럼틀, 롤러코스터가 있어 인기. 키즈 전용 레스토랑과 기념품샵 등 볼거리가 많다. 인기 구역이라 오전 방문을 추천

📍 유니버설 원더랜드 #아이와 #어린이놀이기구 #헬로키티

오사카 베이에어리어 ㅣ 유니버설스튜디오

유니버설 시티 워크
ユニバーサルシティウォーク大阪

"USJ 가기 전에 한식 포기할 수 없다면 여기 가봐"

유니버설 스튜디오 재팬 입구에 위치한 복합 엔터테인먼트 공간. 기념품 상점, 레스토랑, 오락시설이 입점해 있어 유니버설 스튜디오 방문 전 둘러보기 좋다. 한식, 양식, 일식 등 레스토랑이 다양해서 식사 선택의 폭이 넓고, 저녁 식사 시간과 폐장 무렵에 가장 혼잡하다는 점 참고. 건물 곳곳에 유니버설 테마의 포토존이 마련되어 있으니 사진으로 남겨보자.

📍 유니버설 시티 워크
#유니버설스튜디오앞 #레스토랑

오사카 시티 신용금고 스타디움
大阪シティ信用金庫スタジアム

"코시엔 시즌에 방문하면 딱이겠다!"

오사카의 고등학교 야구 예선, 일본 전국 대회 클래스의 개회식, 프로야구의 경기 등, 큰 이벤트가 행해지는 경우가 많은 오사카 주요 구장 중 하나. 외야석엔 바비큐 존이 지정되어 있다. 사쿠라지마역에서 출발하는 버스 배차 간격이 큰 편이라 꼭 사전에 운행 정보를 조사하고 방문할 것. 지붕이 전혀 없는 경기장이라 햇빛이 강렬히 내리비친다는 점도 참고. 성인 2000엔 부터

📍 오사카 시티 신용금고 스타디움 #대형야구장 #고교야구대회 #바비큐존

덴포잔 (덴포 산) 天保山 `추천`

"여기는 산일까, 언덕일까,,?"

가볍게 산책 삼아 오를 수 있는 산. 해발 4m 53cm로 일본에서 두 번째로 낮은 산으로 알려져 있다. 산보다는 언덕에 가까운 느낌. 정상에 오르면 덴포잔 대관람차와 오사카만의 전경을 감상할 수 있으며, 가이유칸(해양박물관)을 방문할 예정이라면 잠시 다녀올 만하다. (421p D:1)

📍 Mount Tenpō   #낮은산 #덴포잔대관람차 #가이유칸

유니버설 시티 포트   ユニバーサルシティポート

"유니버설 야경을 즐기는 크루즈 여행"

유니버설 스튜디오 재팬 앞에 있는 유람선 승강장. 유니버설 시티 포트에서 카이유칸 서쪽 부두를 왕복하는 유람선이 탑승 시 10분 정도 소요된다. 단순한 이동 수단뿐 아니라 야경을 감상할 수 있는 크루즈로도 인기가 많다. 오사카 주유 패스 소지 시 무료. 성인 900엔. 09:30-20:00

📍 유니버설 시티 포트 배 탑승장   #유니버설스튜디오 #유람선 #부두

덴포잔 공원 天保山公園
"덴포잔 대교랑 항구 바라보면서 피크닉 즐기기"

산과 강을 모두 감상할 수 있는 덴포잔 하버빌리지와 인접한 도심 공원. 한가로운 분위기에 바다와 가까워 산책과 피크닉을 함께 즐기기에 좋은 장소다. 벚꽃이 만개하는 봄에 특히 많은 사람들이 찾는 명소로 덴포잔 대교와 항구에 정박한 배들을 매우 가까이서 바라볼 수 있다. 대관람차와 해유관 입장을 위해 잠시 기다릴 곳이 필요하다면 방문해 볼만하다.

📍 덴포잔 공원   #항구앞공원 #벚꽃명소 #피크닉하기좋은곳

덴포잔 대관람차 [추천]
天保山大観覧車
"15분 동안 즐기는 오사카 항구 뷰"

오사카 항구 지역에 위치한 높이 112.5미터의 대형 관람차. 유니버설 스튜디오부터 오사카 시내, 바다가 한눈에 보이며 야경이 아름답기로 유명하다. 약 15분가량 운행하며 투명한 유리 바닥 관람차로 탑승하면 더 아찔하게 시내 전망을 감상할 수 있다. 평일 일몰 시각 20분 전에 탑승할 걸 추천한다. 주유패스를 이용하면 무료 입장 가능. 성인 약 900엔. 10:00-21:00/22:00 (421p D:1)

📍 덴포잔 대관람차
#야경뷰 #통유리관람차 #주유패스무료

소라니와온천
空庭温泉 OSAKA BAY TOWER
"온천욕, 꽃구경, 바비큐까지 풀코스로~"

지하 1,000m에서 길어 올린 천연 온천수를 사용하는 대욕장. 약 1,000평의 거대한 일본식 정원에서 즐기는 족욕이 이색적이다. 유카타를 입고 꽃구경까지 함께 할 수 있어 매력적. 개인 탕이 총 10가지, 암반욕은 7가지 스타일로 준비되어 있다. 야외 테라스에서 BBQ와 코타츠 나베를 이용할 수 있다는 점도 참고. 오사카 베이 타워 내 위치. 성인 약 2310엔부터. 11:00-23:00

📍 소라니와온천
#대형온천장 #유카타체험 #야외바베큐

덴포잔 마켓 플레이스
天保山マーケットプレース
""이랏샤이마세~!" 먹거리 장터에서 식사하고 가세요~"

옛날 먹거리 장터를 연상케 하는 음식점 골목이 있는 복합 쇼핑센터. 레고랜드 디스커버리 센터가 입점해 있으며, 의류, 생활 잡화, 액세서리, 음식점 등 볼거리와 먹을거리가 다양해 인기가 높다. 해유관과 덴포잔 대관람차 사이에 위치해 있어 점심 식사를 위해 방문하는 이가 많은 곳. 덴포잔 대관람차는 2층 연결 통로를 통해 편하게 이동 가능하다는 점 참고 (421p D:1)

📍 덴포잔 마켓
#레고랜드디스커버리 #먹거리장터 #대관람차와연결

천연 노천온천 스파 스미노에
天然露天温泉 スパスミノエ
"온천욕, 멀리 가지 않아도 오사카 시내에서 가능해"

오사카 시내에서 자연 온천을 체험할 수 있는 곳. 사계절의 변화를 느낄 수 있는 숲속 노천탕, 미네랄 성분이 다수 함유된 아코염 사우나, 탄산 기포가 보글보글 올라오는 탄산천 등 종류가 매우 다양해서 하나씩 체험해 보는 재미가 있다. 그중에서도 유황 성분이 함유된 우윳빛 온천수는 피부 미용과 피로 해소에 효과적이라고 알려져 있다. 개인 수건 지참 필수. 성인 평일 약 750엔, 주말 약 850엔. 10:00-26:00

📍 스미노에 온천
#천연온천수 #일본감성노천탕 #피부미용

오사카 베이에어리어

오사카 베이에어리어

탄초 丹頂 `맛집`
"라멘을 더욱 특별하게 만들어주는 부드러움"

계란찜으로 만든 자왕무시라멘(약 1750엔)으로 유명한 라멘집. 부드러운 계란찜과 함께 제공되어 독특한 맛과 식감을 선사한다. 일반적인 돼지고기 라멘부터 매운 스페셜 라멘까지 선택의 폭이 넓어서 다양한 라멘을 즐길 수 있다. 긴 다찌 형태의 테이블이 준비되어 있으며, 주방이 오픈되어 있어 요리 과정을 볼 수 있다.

📍 탄초
#자왕무시라멘 #조용한 #계란찜라멘

레고랜드 디스커버리센터 오사카
レゴランド・ディスカバリー・センター大阪

"몇 시간 만에 오사카 랜드마크 다 둘러보기 쌉가능"

오사카의 랜드마크를 레고 미니어처로 재현해 전시해 둔 레고 테마파크. 4D 영화관, 레고 놀이 공간 등이 있어 어린이들에게 인기있다. 어트랙션 외에도 기념품 상점에서 한정판 레고 제품을 구매할 수 있으며 카페에서 간단한 식사도 가능하다. 덴포잔 마켓플레이스 3층에 위치. 16세 미만 어린이는 반드시 어른 동반 필수. 어른 단독 입장 불가. 약 2,200엔. 10:00-18:00 (421p D:1)

📍 레고랜드 오사카
#덴포잔마켓플레이스 #레고미니어처

오사카 부 사키시마청사 전망대 さきしまコスモタワー展望台
"USJ 야경은 여기서 가장 잘 보이네!"

지상 256M 높이를 자랑하는 전망대. 360도 파노라마 야경을 감상할 수 있는 데이트 명소로 오사카 시내부터 오사카만, 롯코, 시코쿠, 간사이 국제공항까지 바라볼 수 있다. 해유관과 USJ 일대가 라이트 업된 저녁 시간이 이곳의 골든타임. 52층에서 42m 길이의 긴 에스컬레이터를 타고 도착할 수 있다. 코스모 타워의 55층에 위치. 성인 약 1000엔. 입장 마감 21:30, 월요일 휴무 (421p E:2)

📍 사키시마청사 전망대 #256m #파노라마전망대 #야경명소

해유관 (가이유칸 수족관) 海遊館 `추천`
"고래상어가 이 정도로 큰 거였어?"

중앙에 자리한 거대한 수조에서 헤엄치는 두 마리의 대형 고래상어를 볼 수 있는 수족관. 가오리, 펭귄, 오리, 수달, 피라냐도 있다. 수평적으로 연결된 일반적인 수족관과 다르게 독특한 나선형 구조로 설계되어 동선에 따라 몰입감 있게 전시를 감상할 수 있다는 점이 특징. 1층과 3층에 기념품점 입점해 있으며 물품이 겹치지 않고 다양해서 둘러보기 좋다. 성인 2,700엔부터. 9:00-20:00 (요일별 상이) (421p D:1)

📍 해유관 #대형고래상어 #나선형구조 #기념품다양

산타마리아 데이 크루즈 サンタマリアのりば 추천
"콜럼버스가 된 기분 느끼며 오사카 만 항해하기"

오사카 만의 아름다움을 한눈에 담을 수 있는 크루즈. 콜럼버스의 배인 '산타마리아'를 재현한 여객선으로 <mark>원본 크기보다 두 배 더 큰 사이즈</mark>로 제작된 점이 특징이다. 오사카만을 약 45분간 항해하며 유니버설 스튜디오 재팬, 코스모 타워와 같은 상징적인 명소를 구경할 수 있다. <mark>내부에 레스토랑과 라운지가 마련</mark>되어 있어 간단한 식사와 음료 구매 가능. 성인 약 1800엔. 11:00-16:00 (주말은 17시까지)

📍 산타마리아 크루즈   #오사카만투어 #대형크루즈 #콜럼버스배

코스모스퀘어 コスモスクエア
"오사카항 크루즈선 야경 사진 여기가 맛집이라네~"

코스모스퀘어역에 인접한 해변 공원. 탁 트인 오사카만 전경을 감상할 수 있는 곳으로 오사카항에 입항하는 크루즈선을 비롯해 선박이 오가는 모습도 볼 수 있다. <mark>해돋이와 해 질 녘 풍경이 특히 아름다워</mark> 사진 촬영 장소로 인기. 낮에 방문하면 낚시를 즐기고 있는 사람들도 종종 발견할 수 있다.

📍 코스모스퀘어   #오사카만해변 #야경명소 #항구

Kuma Kafe 맛집
"피자와 디저트가 준비된 곰돌이 세상"

곰돌이 테마의 카페. 아기자기한 인테리어가 인상적이다. 내부에도 쿠션, 액자, 모든 소품들이 곰 캐릭터로 꾸며져 있어 SNS사진을 찍기에 적격인 장소. 피자와 디저트가 유명한데, 특히 <mark>페퍼로니 피자와 하와이안 피자가 인기</mark>가 많다. 귀여운 곰돌이 기념품도 판매하니 선물용으로 구매해 보길 추천. 피자 약 1700엔부터. 월요일 휴무

📍 Kuma Kafe
#곰돌이테마 #아기자기한카페 #피자맛집

칫코우멘코우보우 맛집
築港麺工房 本店
"통통한 면발이 쫄깃 쫄깃, 튀김우동 추천 현지인만 아는 맛집"

바삭한 튀김이 얹어진 우동으로 현지인 사이에서 소문난 맛집. 면발이 매우 통통하며 쫄깃하다는 점이 특징이다. <mark>점심특선메뉴는 오전 11시부터 오후 3시까지</mark> 이용가능하다. 메뉴가 빠르게 나오는 편으로, 유아의자도 구비되어 있고, 실내 테이블도 넉넉하여 아이와 동반하여 간다면 추천할만한 식당이다. 한국어 메뉴판 있음. 현금 결제만 가능. 유부우동 약 680엔. 토, 일 휴무

📍 칫코우멘코우보우
#바삭한튀김 #쫄깃통통면 #아이랑가기좋은

아시아태평양 트레이드센터 アジア太平洋トレードセンター（ＡＴＣ）
"리무진 버스에서 내려서 바다 보면서 면세 쇼핑하기!"

오사카 베이에어리어

오사카 남항 지역에 위치한 대규모 복합 시설로 전시장, 컨벤션, 쇼핑몰, 레스토랑 등이 한데 모여 있다. 2층에 위치한 면세점은 상품 구색이 풍부하고 가격도 합리적이다. 1층 뒤편으로 마련된 테라스에서는 탁트인 바다 전망을 감상할 수 있다. 간사이공항에서 리무진 버스로 한 번에 이동할 수 있으며, 난바역에서는 37분 정도면 도착할 수 있다. (421p E:2)

📍 아시아태평양 오사카　　#컨벤션겸복합쇼핑몰　#합리적인면세쇼핑　#오션뷰테라스

ATC HALL ATCホール
"아이돌 악수회는 몇 번 홀에서 진행된다고?"

콘서트, 아이돌 악수회, 박람회 등으로 이용되고 있는 대형 컨벤션 홀. 총 A부터 E까지 5개의 홀로 구성되어 있다. 같은 건물 내엔 해외 유명 아티스트 작품 또는 애니메이션 원화전 등 예술 전시회가 개최되는 ATC 갤러리가 있어 함께 둘러보기 좋다. 방문 전 공식 홈페이지에서 이벤트 일정 확인 필수. 아시아태평양 트레이드센터 내 위치 (421p E:2)

📍 ATC HALL　　#대형컨벤션홀　#아이돌콘서트　#예술작품전시회

나니와 쿠이신보 요코초 なにわ食いしんぼ横丁
"일본 1960년대로 타임슬립한 먹거리 장터"

1960년대 쇼와 시대의 오사카 거리 풍경을 재현한 푸드 테마 파크. 오사카 명물인 타코야키와 오코노미야키, 쿠시카츠 등을 맛볼 수 있다. 역사 깊은 유명점들이 20개 입점해 있으니 오사카 먹거리를 제대로 즐기고 싶다면 필히 방문할 것. 옛 향수를 자극하는 당대 유행의 장난감이나 포스터 등 레트로 소품도 전시하고 있다. 덴포잔 마켓 플레이스 안에 위치

📍 쿠이신보 요코초
#쇼와시대거리　#먹거리장터　#레트로소품

지라이언 뮤지엄 ジーライオンミュージアム
"영화에서 봤던 그 클래식 카!"

세계 각지에서 모은 클래식 자동차가 전시된 박물관. 4개의 부스로 이루어져 있으며 마차부터 시작해 보존 상태 훌륭한 여러 올드카를 시간순대로 전시해 두었다. 레트로 감성의 소품들과 붉은 벽돌 외관이 어우러져 1930년대의 분위기를 자아낸다는 점도 특징. 레스토랑도 운영되고 있으며 입구에서 미니카 굿즈를 구매할 수 있다. 오사카 주유패스로 입장 가능. 성인 약 1200엔. 월요일 휴무 (421p D:1)

📍 지라이언
#이색박물관　#레트로　#빈티지자동차

오사카 외곽

힐링을 위한 코스

푸른 자연과 예술이 어우러진 특별한 공간으로 여러분을 초대해요. 도심에서 벗어나 눈이 시원해지는 오사카 외곽지역에서 광활한 잔디밭과 아름다운 정원을 곳곳에서 만날 수 있답니다.
꽃과 일루미네이션, 박물관과 식물원 등 여유롭게 쉬어가기 좋은 곳들을 소개해 드릴 테니, 자전거를 타거나 피크닉을 즐기며 도심과는 또 다른 오사카의 매력을 탐구해 보세요!

TO DO LIST

- ☐ 만박기념공원 태양의 탑 아래서 인증 사진 찍기
- ☐ 아사히맥주 뮤지엄에서 아사히 맥주잔 얻기
- ☐ 쓰루미 녹지 튤립 정원 풍차 배경으로 사진 찍기
- ☐ 나가이식물원에서 단풍 피크닉 즐기기
- ☐ 팀랩 보태니컬 가든 관람하기
- ☐ 컵라면 박물관에서 나만의 커스텀 라면 만들기
- ☐ 스미요시 대사 붉은 아치 다리 감성 사진 찍기

KEY WORD

- 만박기념공원
- 나가이식물원
- 스미요시대사

오사카시립 나가이식물원 大阪市立長居植物園
"1,200종류의 식물로 둘러싸여 즐기는 꽃놀이"

컵라면 박물관 오사카 추천
カップヌードルミュージアム 大阪池田
"나만의 커스텀 컵라면 만들기 도전!"

약 1,200종류의 식물을 관리하는 식물원. 드넓은 호수와 숲이 어우러져 웅장한 규모를 자랑한다. 봄에는 벚꽃, 여름에는 연꽃, 가을에는 단풍, 겨울에는 동백꽃까지 사계절 내내 아름다운 꽃을 만날 수 있다. 야간엔 조명과 음악이 켜져 낮과는 또 다른 매력을 느낄 수 있다. 성인 약 300엔. 09:30-16:00 월요일 휴무

📍오사카 나가이 식물원　#1200종류 #넓은호수숲 #벚꽃명소

나만의 컵라면 또는 봉지라면을 만들어보는 '마이 컵누들 팩토리' 체험으로 인기인 체험형 박물관. 컵라면 표면에 원하는 그림을 그리고 재료까지 직접 선택할 수 있다. 인스턴트 라면을 개발한 닛신 식품의 역사도 함께 알아갈 수 있는 곳. 한국어 오디오 가이드를 지원하고 있어 일본어를 잘 몰라도 참여할 수 있다. 컵라면 체험은 선착순으로 진행되며, 봉지라면 체험은 예약 필수. 관람은 무료/라면 체험 500엔 부터. 9:00-16:30 (입장 15:30까지)

📍컵라면 박물관 오사카
#닛신식품체험관 #체험 #한국어오디오

팀랩 보태니컬 가든 오사카 チームラボ ボタニカルガーデン 大阪
"트로피컬 가든을 도화지로 삼은 빛의 전시"

나가이 식물원을 무대로 펼쳐지는 야외 일루미네이션 전시. 낮에는 식물원을, 밤엔 전시회를 관람할 수 있어 인기. 터치로 빛의 조절이 되는 달걀 모양 조형물, 연못을 활용해 만든 일루미네이션, 소용돌이치는 빛의 형상을 담은 거대한 예술 작품 '바람 속에 흩어지는 새 조각 군'이 대표적으로, 자연과 조화를 이루는 다양한 야외 전시물을 관람할 수 있다. 성인 약 1800엔. 18:30-21:30 (계절별 상이)

📍팀랩 오사카　#나가이식물원 #조명예술작품 #일루미네이션

린쿠 프리미엄 아울렛
りんくうプレミアム・アウトレット
"석양 해변 앞, 공항 가기 전 마지막 면세 쇼핑"

반파쿠가넨코엔(엑스포70기념공원) 万博記念公園
"어, 나 이거 짱구 극장판에서 봤는데,,?"

'짱구는 못말려 극장판'에서 나온 '태양의 탑'이 자리한 대규모 공원. 1970년 오사카 만국 박람회의 개최를 기념하여 조성된 공원으로 벚꽃 명소로 인기가 높다. 정원 내 위치한 국립민족학박물관에서 세계 각 나라의 민속 활동 관련 자료를 관람할 수 있다. 때때로 광장에서 라멘축제, 프리마켓 등 이벤트가 열리므로 공식 홈페이지 일정을 확인해 볼 걸 추천. 성인 약 260엔. 9:30-17:00 수요일 휴무

📍 반파쿠 공원
#태양의탑 #벚꽃명소 #광장이벤트

오사카 / 오사카 외곽

꽃박람회기념공원 쓰루미 녹지 花博記念公園 鶴見緑地 [추천]
"사계절 내내 꽃향기로 가득한 공원"

간사이 공항에서 지하철로 한 정거장 차이인 프리미엄 아울렛. 석양 명소 '마루루비치'가 붙어 있다는 점도 특징. 반스, 챔피온, 아식스, 아디다스 등 캐주얼 브랜드가 특히 다양한데 면세와 높은 할인율까지 적용되어 최대 20% 이상 저렴하게 구매할 수 있다. 공항과 아울렛을 오가는 직통 셔틀버스도 다녀서 편하다. 요금은 성인 300엔, 유아 150엔

📍 린쿠 아울렛
#공항근처아울렛 #공항셔틀버스 #캐주얼브랜드다양

벚꽃·튤립·해바라기 등 사계절 내내 꽃이 피어 있는 공원. 대표적 명소인 풍차의 언덕엔 튤립 꽃밭이 잘 조성되어 있다. 중앙 출구부터 이어지는 우뚝 솟은 메타세쿼이아 가로수 길도 인기 장소. 그 밖에도 일본식 정원과 온실, 체육 시설, 피크닉힐 만 한 잔디밭 중잉굉징까지 있어 다채롭게 이용할 수 있다. 쓰루미료쿠치역에서 내리면 공원 출구와 가깝게 연결

📍 쓰루미 녹지 공원   #풍차튤립꽃밭 #메타세쿼이아길 #피크닉명소

스미요시 대사 住吉大社
"행운을 가져다준다는 고양이와 토끼"

행운을 가져다 준다는 고양이와 토끼 부적을 판매하는 대형 신사. 경내에 고양이와 토끼 동상이 세워져 있고, 부적과 함께 인형도 함께 구매할 수 있다. 211년에 창건된 역사 깊은 곳으로, 휴일에는 입구부터 포장마차와 참배객들로 북적일 정도로 인기인 곳이다. 거대한 붉은 아치 다리가 이곳의 메인이니 사진으로 남겨보길 추천. 신사 앞에서 트램과 지하철 탑승 가능

📍 스미요시 대사   #211년창건 #붉은다리 #고양이토끼오마모리

KYOTO
교토

- 교토역 주변 507p
- 기온 525p
- 기요미즈데라 549p
- 후시미이나리 573p
- 은각사 주변 581p
- 금각사 주변 595p
- 니조성 교토교엔 주변 605p
- 아라시야마 621p
- 이치조지 기타야마 639p
- 근교 우지 647p
- 근교 오하라 651p
- 근교 비와코 655p

천년의 시간이 빚어낸 도시

세월을 담은 멋스러움

고요한 사찰과 정원에서 마음의 평화를 찾고, 정갈한 음식과 다도 체험으로 일본 전통문화를 온전히 느껴보세요. 기요미즈데라의 아늑한 정취, 금각사의 찬란한 자태, 계절마다 황홀하게 변하는 아라시야마 대나무 숲까지. 셔터를 누르는 순간 모든 풍경이 나만의 엽서가 되는 마법! 교토만의 특별한 프레임 챙기러 떠나볼까요?

교토 TO DO LIST

- ☐ 기요미즈데라에서 교토 전경 감상하기
- ☐ 아라시야마 대나무 숲길 산책
- ☐ 맑은 날에 금각사 방문하기
- ☐ 기온 거리에서 게이샤 발견하기
- ☐ 후시미 이나리 신사 붉은 도리이 지나기
- ☐ 니시키 시장에서 먹거리 쇼핑하기
- ☐ 도롯코 열차 탑승하기

기요미즈데라(청수사) 본당

기요미즈데라(청수사)

기요미즈데라(청수사) 가는 길

산넨자카

에이덴 전철길

토롯코 열차

아라시야마 치쿠린

아라시야마 치쿠린

교토역

교토타워

네네노미치

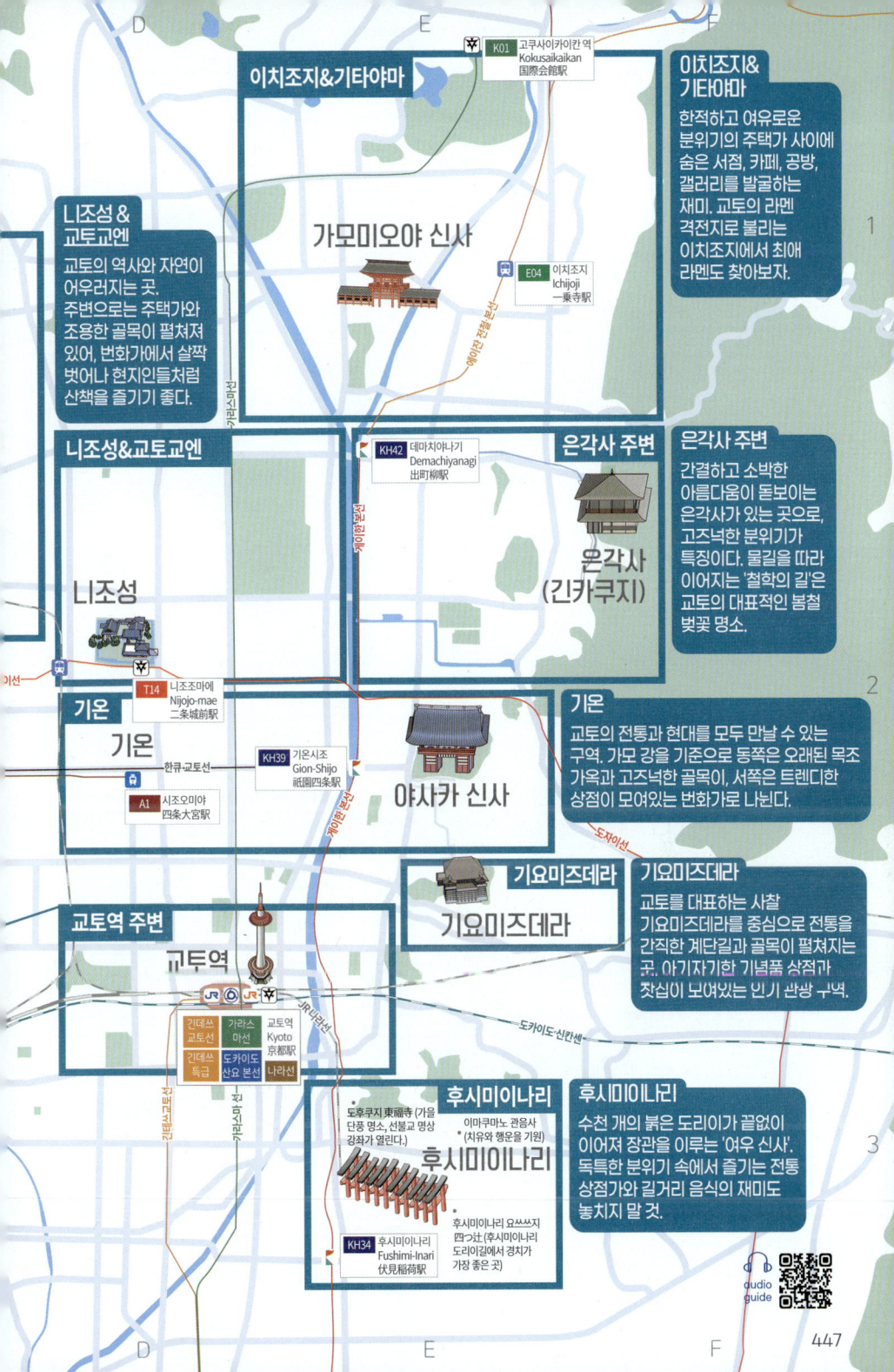

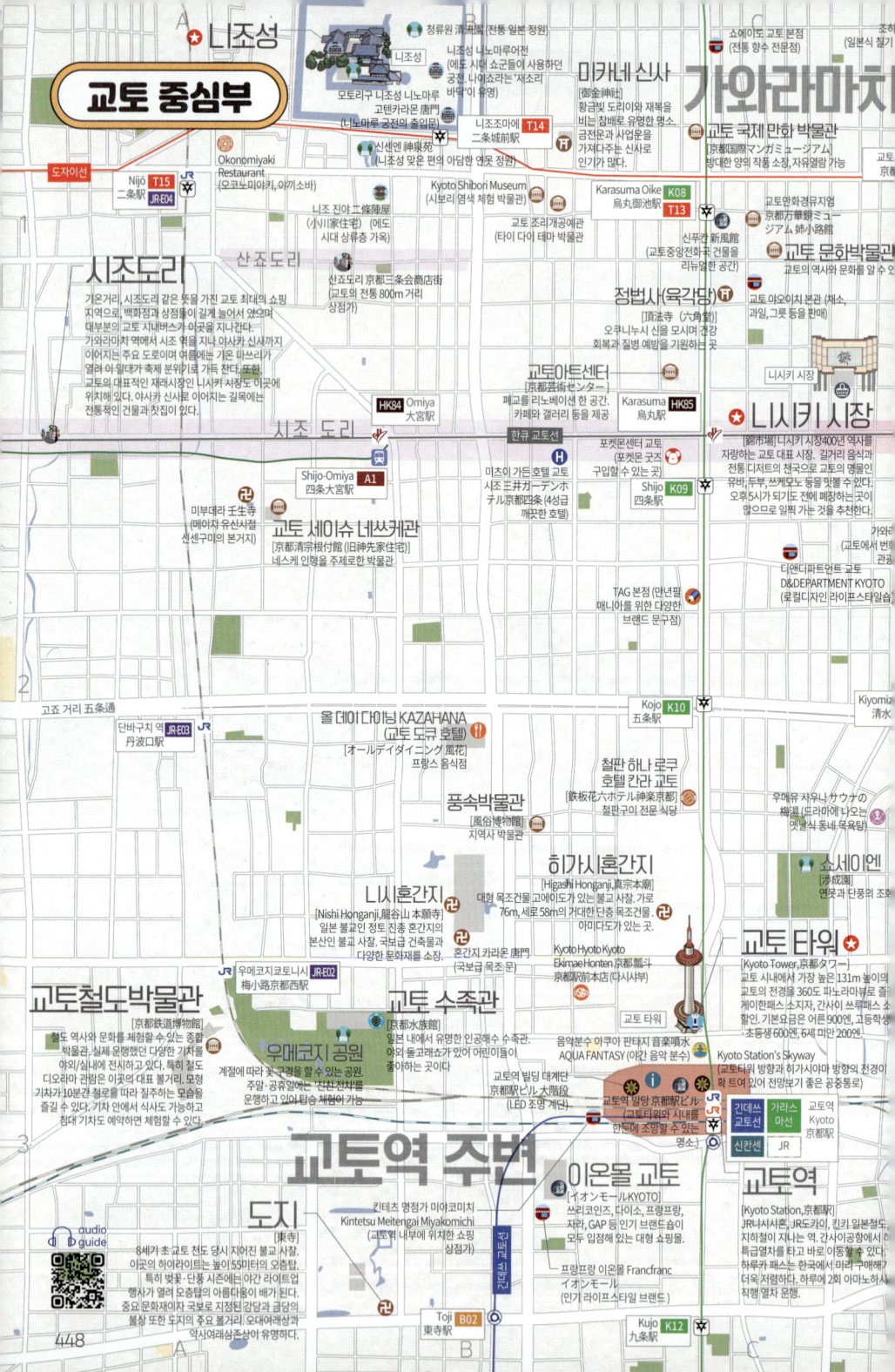

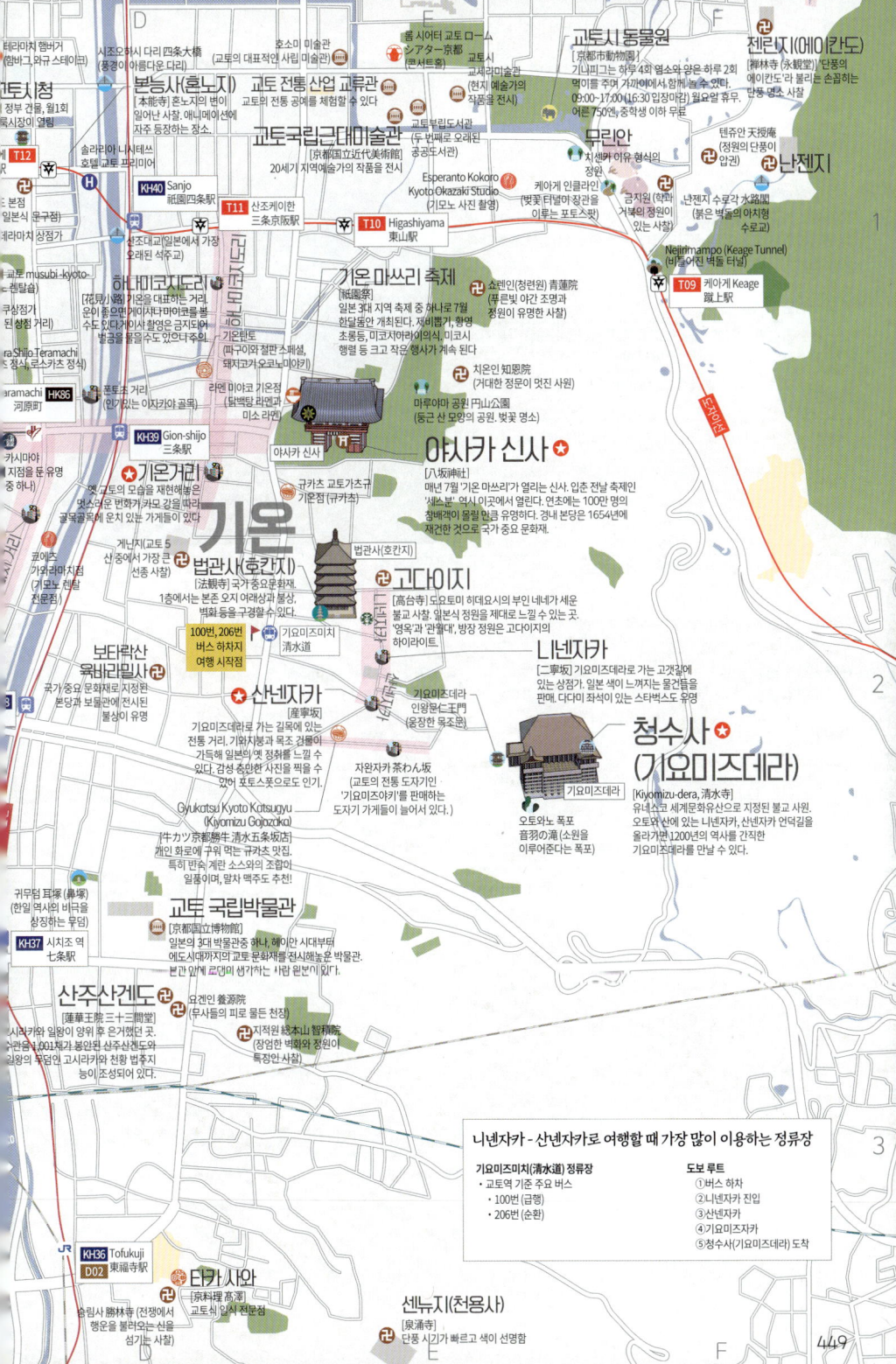

교토 시내 대중교통

시 버스 市バス City Bus

가장 흔하게 보이는 연초록색 버스로 교토시에서 운영한다. 고정요금 버스와 비고정요금 버스로 나뉘는데, 여행자가 주로 가는 시내 관광지들은 고정요금(균일요금)에 속하므로 크게 신경 쓰지 않아도 된다.

주요 노선별 명소

5번	교토역 - 시조가와라마치 - 헤이안신궁 - 난젠지 - 은각사 - 이치조지 - 슈가쿠인리큐
28번	교토역 - 시조호리카와 - 아라시야마, 텐류지 - 다이카쿠지
46번	기온 - 시조가와라마치 - 니조성 - 가미가모신사
50번	시조가와라마치 - 교토고쇼, 교토교엔 - 금각사, 료안지, 닌나지, 금각사
59번	시조가와라마치 - 교토고쇼, 교토교엔 - 금각사, 료안지, 닌나지
205번	교토역 - 시조가와라마치 - 시모가모신사 - 금각사 - 니시혼간지
206번	교토역 - 기요미즈데라 - 기온 - 헤이안신궁 - 니조성

운영 시간 노선별 상이
(5번 교토역 출발 은각사행 기준 06:27~23:00, 10분 간격 운행)

기본 요금
- 고정요금버스 성인 230엔
- 비고정요금버스는 거리에 따라 요금 추가

사용 가능 패스 교토 지하철 버스 1일권
버스는 처음 이용시에만 카드를 투입해 날짜를 인쇄하고, 그 다음 승차부터는 내릴 때 패스 뒷면의 날짜를 버스기사에게 보여주면 된다. 다만 첫번째 승차가 게이한버스, 서일본JR버스인 경우에는 앞면에 수기로 이용일을 적는다

구매 방법
- 이코카 사용 혹은 현금 지불

탑승 방법
- 뒷문으로 승차, 앞문으로 하차
- 요금은 하차할 때 이코카 카드 태그 혹은 현금 지불
- 승차시 카드 태그하지 않아도 됨
- 내릴 정류장이 다가오면 하차 버튼 누르기
- 버스가 완전히 정차 후 자리에서 일어나서 하차
- 대부분 만원버스인 경우가 많음
- 현금으로 지불하려면 동전으로 230엔 딱 맞춰야 함 (잔돈 거슬러주지 않음)
- 잔돈이 없을 경우 1,000엔(지폐) 혹은 500엔(동전)을 차내 동전교환기(앞문 요금내는 곳에 있음)에서 동전으로 교환한 다음 230엔 지불하기 (2,000엔, 5,000엔, 10,000엔은 교환 불가)
- 공식 홈페이지 https://www2.city.kyoto.lg.jp/kotsu/web-guide/ko/index.html

---

tip. 비고정요금 버스에서 요금 내는 법

1) 현금 : 뒷문으로 승차하며 뒷문 옆 정리권 기계에서 정리권 뽑기 (1인 1장) → 하차시 버스 내 모니터에서 정리권에 적힌 번호에 해당하는 요금을 확인하고 요금 지불

2) IC카드 : 뒷문으로 승차하며 뒷문 옆 기기에 교통카드 터치 (정리권 뽑지 않음) → 하차시 앞문 옆 기계에 교통카드 터치

3) 교토 지하철버스 1일권 패스
- 패스 첫 개시인 경우 : 뒷문으로 승차하며 뒷문 옆 기기에 카드를 아래 투입구에 넣고 위로 나오면 뽑기 → 하차시 앞문 옆 기계 아래 투입구에 넣고 위로 나오면 뽑기 (카드 뒷면에 날짜 입력됨)
- 패스 이미 개시한 경우 : 그냥 승차하고, 하차할 때만 기사에게 패스 뒷면 날짜 보여주면 됨

관광특급버스 (EX100번, EX101번)

2024년 6월 1일부터 신설. 토요일, 일요일, 공휴일에만 운행. 교토역에서 출발해 기요미즈데라, 기온, 헤이안신궁, 은각사 등의 유명 관광지 위주로만 정차하는 급행버스. EX100번과 EX101번 2개 노선 운행 중. (과거 '라쿠버스'라는 이름으로 운행되던 100, 101, 102번 급행 노선은 코로나 이후 운행 종료)

관광특급버스 EX100번 외관

상세 노선

EX100	교토역 앞(D1 승차장) - 고조자카(기요미즈데라) - 기온(기온 거리, 야사카 신사) - 오카자키공원 미술관·헤이안진구마에(헤이안신궁) - 긴카쿠지마에(은각사) - 긴카쿠지미치
EX101	교토역 앞(D1 승차장) - 고조자카(기요미즈데라)

운영 시간 (교토역 출발 기준)
- EX100 09:12~16:42, 15~30분 간격
- EX101 09:04~12:49, 15분 간격

기본 요금 성인 500엔

구매 방법 이코카 사용 혹은 현금 지불

사용 가능 패스 교토 지하철 버스 1일권

탑승 방법 시버스와 달리 앞문으로 승차, 뒷문으로 하차하며 요금은 승차할 때 낸다

공식 홈페이지 https://www2.city.kyoto.lg.jp/kotsu/web-guide/ko/index.html

그 외 버스

시 버스 외에는 각각 갈색, 빨간색, 파란색의 교토/케이한/JR버스가 있다. 이 버스들은 시 버스와 같은 정류장을 쓰기도 하는데, 내가 탈 버스가 무엇인지 헷갈린다면 버스정류장에서 로고를 확인하자.

	교토 버스	케이한 버스	JR 버스
버스 외관			
설명	주로 오하라나 아라시야마에 갈 때 탑승	후시미이나리, 다이고지 등 교토 동쪽 운행	교토역에서 출발해 교토 서북부 외곽까지 운행
주요 노선별 명소	17번, 特17번, : 교토역 - 오하라 73번, 76번 : 교토역 - 아라시야마	301번 : 지하철 구조역(오이시바시) - 후시미이나리 - 다이고지	타카오 케이호쿠선 : 교토역 - 니시혼간지 - 니조성 - 기타노텐만구 신사 - 료안지 - 닌나지
기본 요금	고정요금버스 230엔, 비고정요금버스는 거리에 따라 요금 추가		
구매 방법	이코카 사용 혹은 현금 지불		
사용 가능 패스	교토 지하철 버스 1일권	교토 지하철 버스 1일권	교토 지하철 버스 1일권, JR 간사이 패스

교토 시내 대중교통

교토시영 지하철 City Subway

시버스와 마찬가지로 교토시에서 운영하는 지하철. 시내 위주로 운행하며 노선은 남북 방향의 카라스마선, 동서 방향의 토자이선 단 2가지.

교토시영 지하철 외관

노선별 주요 정차역

카라스마선	교토(교토역) - 시조(시조가와라마치) - 이마데가와(교토고쇼, 교토교엔) - 고쿠사이카이칸(오하라로 가는 교토버스 탑승)
토자이선	게아게(난젠지, 철학의길) - 교토시야쿠쇼마에(가와라마치) 니조조마에(니조성) - 우즈마사텐진가와(아라시야마로 가는 란덴 탑승할 수 있는 란덴텐진가와역과 가까움)

운영 시간
카라스마선 시조방면 기준 05:27~23:47, 약 4~8분 간격
기본 요금 성인 기준 220~360엔 (노선별, 구간별 상이)
구매 방법 이코카 사용 혹은 지하철 역내 티켓 자동판매기에서 1회권 종이티켓 발권
사용 가능 패스 교토 지하철버스 1일, 교토시영 지하철 1일 이용권
공식 홈페이지 https://www2.city.kyoto.lg.jp/kotsu/web-guide/ko/tika/index_tika.htm

그 외 근교로 향하는 전철

	JR	한큐 전철	케이한 전철	킨테츠 전철
전철 외관				
설명	아라시야마, 후시미이나리, 우지로 갈 때	시내 중심부에서 아라시야마로 갈 때	우지, 후시미이나리, 도후쿠지로 갈 때	도지, 나라로 갈 때
주요 정차역	• 나라선 : 교토역 - 도후쿠지 - 이나리 - 우지 • 사가노선 : 교토역 - 니조 - 사가아라시야마	• 교토본선 : 가와라마치 - 가라스마 - 아라시야마	• 케이한본선 : 후시미이나리 - 도후쿠지 - 기요미즈고조 - 산조 - 데마치야나기 • 우지선 : 우지	• 교토선 : 교토역 - 도지 - 나라 (킨테츠 나라선과 직통운행)
기본 요금	150~240엔 (구간별 상이)	교토본선 기준 170엔	케이한본선 기준 180엔	교토선 기준 180엔
구매 방법	이코카 사용 혹은 현금 지불			
사용 가능 패스	JR 간사이 패스, JR 간사이 미니 패스	간사이 레일웨이 패스, 한큐 한신 1일 패스, 한큐 1일 패스	간사이 레일웨이 패스, 게이한 교토·오사카 관광 승차권, 게이한+오사카메트로 교토·오사카 관광 승차권, 게이한 교토 1일 관광 승차권	간사이 레일웨이 패스, 킨테츠 레일패스
홈페이지	https://www.westjr.co.jp/global/kr/	https://www.hankyu.co.jp/global/kr/	https://www.keihan.co.jp/travel/kr/	https://www.kintetsu.co.jp/foreign/korean/

이색 체험을 할 수 있는 전철·열차

	란덴 (케이후쿠 전철)	에이덴 (에이잔 전철)	사가노 토롯코 열차 (사가노 관광철도)
전철 외관			
설명	케이후쿠 전철에서 운영, 현재 교토에 남아있는 유일한 노면전차. 1910년에 개통해 100년 이상 됨. **아라시야마, 금각사, 닌나지, 료안지**로 갈 때 이용	케이한에서 운영, 교토 동북부를 지나며, 특히 쿠라마선은 에이덴을 타야만 볼 수 있는 '단풍 터널'을 지나가기 때문에 가을에 인기. **이치조지, 슈가쿠인리큐, 쿠라마데라, 키후네신사**로 갈 때 이용	아라시야마 서쪽의 **호즈강**을 따라 달리는 관광 열차. 옛 광산 열차를 개조한 빈티지한 디자인, 주로 벚꽃철 단풍철 풍경을 보기 위해 탑승, 5칸 중 5호차 '리치호'는 창문이 없고 천장이 투명해 인기.
주요 정차역	• 아라시야마 본선 : 시조오미야 - 란덴텐진가와 - 아라시야마 • 키타노선 : 카타비라노츠지 - 료안지	• 에이잔본선 : 데마치야나기 - 이치조지 - 슈가쿠인 • 쿠라마선 : 데마치야나기 - 다카라가이케 - 이치하라 - 니노세 - 쿠라마	• 토롯코 사가역 - 토롯코 아라시야마역 - 토롯코 호즈쿄역 - 토롯코 카메오카역
기본 요금	전 구간 250엔 균일	220엔~470엔	전 구간 880엔 균일
구매 방법	이코카 사용 혹은 현금 지불 (앞문으로 하차하며 지불)	이코카 사용 혹은 발매기에서 승차권 구매 (앞문으로 하차하며 지불)	현장예매 : 토롯코 역내 창구 (토롯코 호즈쿄역 제외) 사전예매 : 승차일 1개월전 00:00부터 홈페이지
사용 가능 패스	란덴 1일 프리티켓 (700엔 / 란덴 시조오미야역, 아라시야마역에서 구매) 교토 지하철·란덴 1일 티켓 (1,300엔 / 지하철역, 란덴역에서 구매)	에에킷푸 (에이잔전철 1일 승차권) (1,200엔 / 데마치야나기역, 슈가쿠인역, 쿠라마역에서 구매)	
홈페이지	https://www.keifuku.co.jp/	https://eizandensha.co.jp/kr/	https://www.sagano-kanko.co.jp/kr/

*에이잔 전철 : 단풍 라이트업 기간의 경우 단풍터널 구간인 이치하라역과 니노세역 사이를 지날 때 차내 조명을 모두 꺼줘서 몽환적인 경험 가능 (매년 11월 초~중순 16:30 이후)

탑승방법
• 데마치야나기역에서 출발
• 키라라와 히에이 2개 노선 운영
• 키라라 노선(구라마에역 방향)을 이용해야 단풍터널 구간을 지날 수 있다.

에이잔 전철에서 감상할 수 있는 단풍 터널 구간

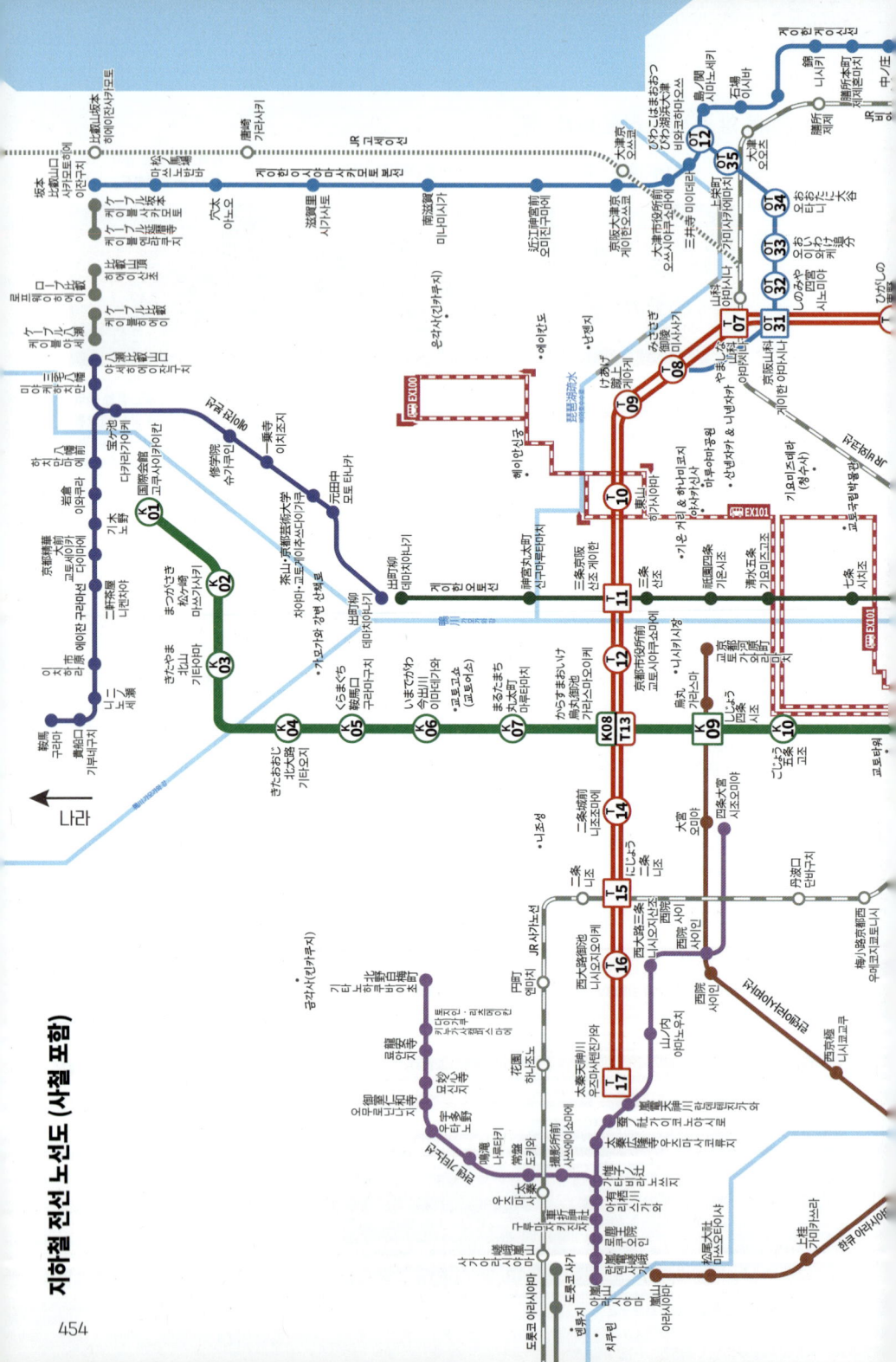

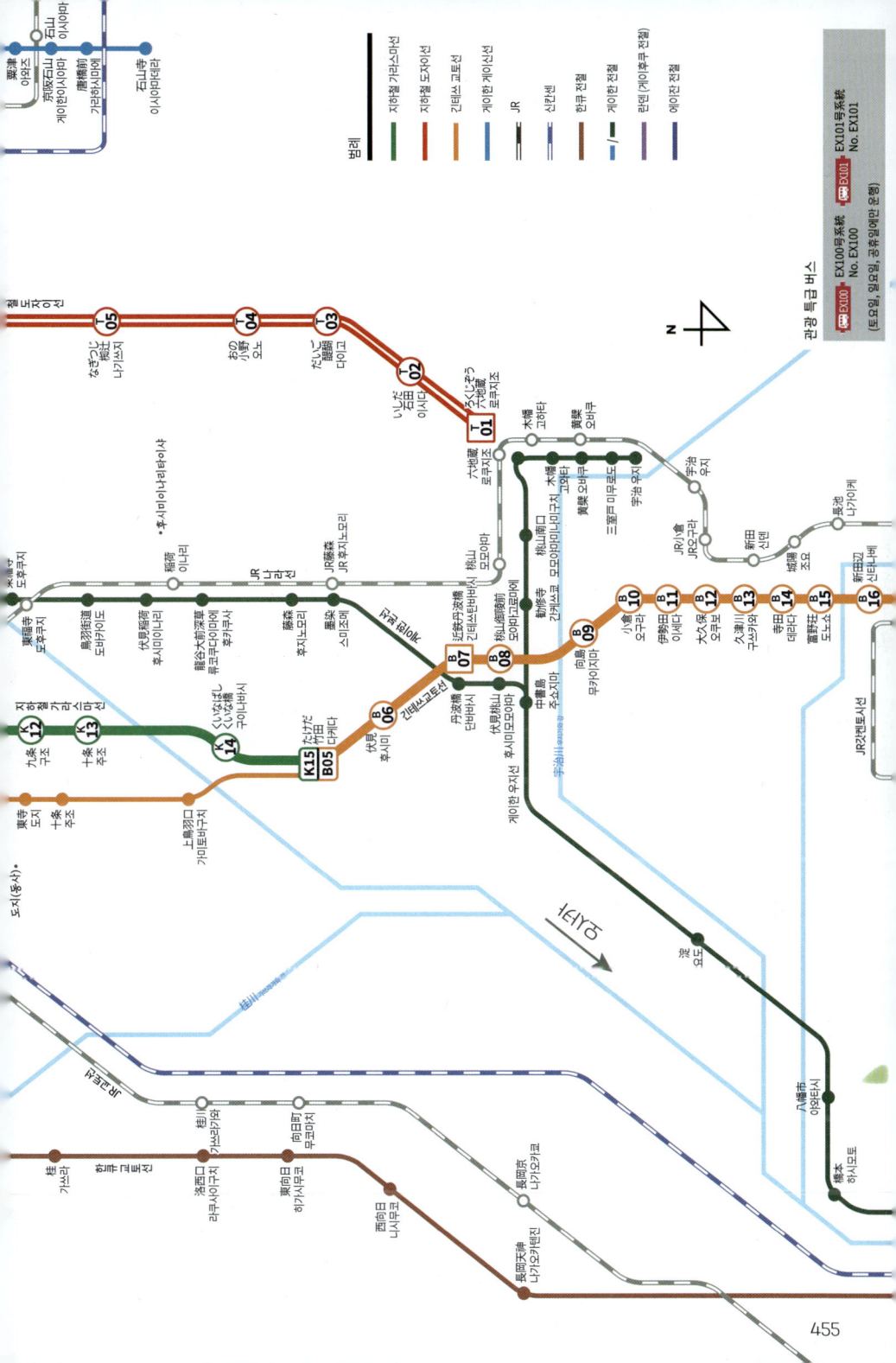

교토에서 우지로 이동하는 법

	출발역 정류장	환승역 정류장	도착역 정류장	전철	비용	소요 시간	사용 가능한 패스
교토역 → 우지	교토역	-	우지역	JR 나라선	240엔	22분	JR 간사이 패스, JR 간사이 미니 패스
기온 → 우지	기온시조역	주쇼지마역	우지역	게이한 본선 → 게이한 우지선	320엔	27분	간사이 레일웨이 패스, JR 간사이 패스, 게이한 교토 1일 관광 승차권, 게이한 교토·오사카 관광 승차권

게이한 우지역

JR 우지역

Tip. 교토에서 우지 갈 때

교토역이 출발지점일 경우 JR, 기온과 가와라마치 등 교토 시내가 출발지점인 경우는 게이한을 탑승하는 것이 편하다.

우지의 중심지는 JR우지역이 더 가깝다. JR우지역 남쪽출구로 나오면 뵤도인으로 가는 길까지 쭉 상점가가 펼쳐진다. 우지의 대표 찻집 '나카무라 토키치' 본점을 비롯한 카페와 식당이 모여있다.

JR을 타면 JR우지역, 게이한을 타면 게이한우지역에 하차하며 두 역은 '우지바시' 다리를 사이에 두고 약 800m 떨어져 있다.

게이한우지역에 하차하면 우지바시를 건너야 우지의 대표 관광지 '뵤도인'에 갈 수 있다. (게이한우지역에서 뵤도인까지 도보로 약 8분)

우지

교토에서 우지로 이동하는 법

출발역/정류장	도착역/정류장	환승역/정류장	전철/버스	비용	소요 시간	사용 가능한 패스
교토역 ↓ 우지	우지역	-	JR나라선	240엔	22분	JR간사이 패스, JR간사이 미니 패스, JR간사이 레일웨이 패스
기온 ↓ 우지	기온시조역	주소지역	게이한 본선 → 게이한 우지선	320엔	27분	게이한 교토 1일 관광 승차권, 게이한 관광 승차권

TIP.
- 우지역이 출발지점일 경우 JR, 기온과 가까워하는 교토 시내가 가까워지는 게이한을 탑승하는 것이 편하다.
- 게이한 우지역, 게이한 전철역에서 본격적인 하차하여 두 지역이 600m 떨어져 있다.
- 우지시 중심지는 JR우지역이 더 가깝다. JR우지역 하차 후 남쪽 출구로 나오면 오른쪽으로 뜰고, 내려가면 대표 관광지인 '뵤도인'과 '우지교'가 보인다. 게이한 우지역에서 하차하여 우지시를 건너야 한다. 대표 관광지인 뵤도인까지 도보로 이동.

알차디 알찬 즐기기

우지시는 오랜 역사를 자랑하는 전통 찻집들이 많다. 이곳에서 진한 우지의 정취를 함께 즐기는 파르페, 말차 빙수, 말차 전병 등 다양한 말차 디저트를 맛보는 것이 필수 코스다.

필수 코스 추천 베스트 4
1. 조우지, 우지 보기
   150년이 넘는 역사를 자랑하는 유명한 첫집으로, 정갈한 디저트와 진한 말차를 맛볼 수 있다.
2. 이토큐에몬, 이토큐에몬, JR 우지역 앞 지점
   독특한 말차 커피를 다양한 말차 메뉴가 있다.
3. 나카무라 토키치 본점
   전통적인 분위기에서 고풍스러운 말차를 즐길 수 있다.
4. 양!프 빵집 기온을 소멸
   우지 지역의 첫집이나 상점에서는 고품질의 우지 말차 가루,
   말차를 활용한 과자나 차 도구를 구매.

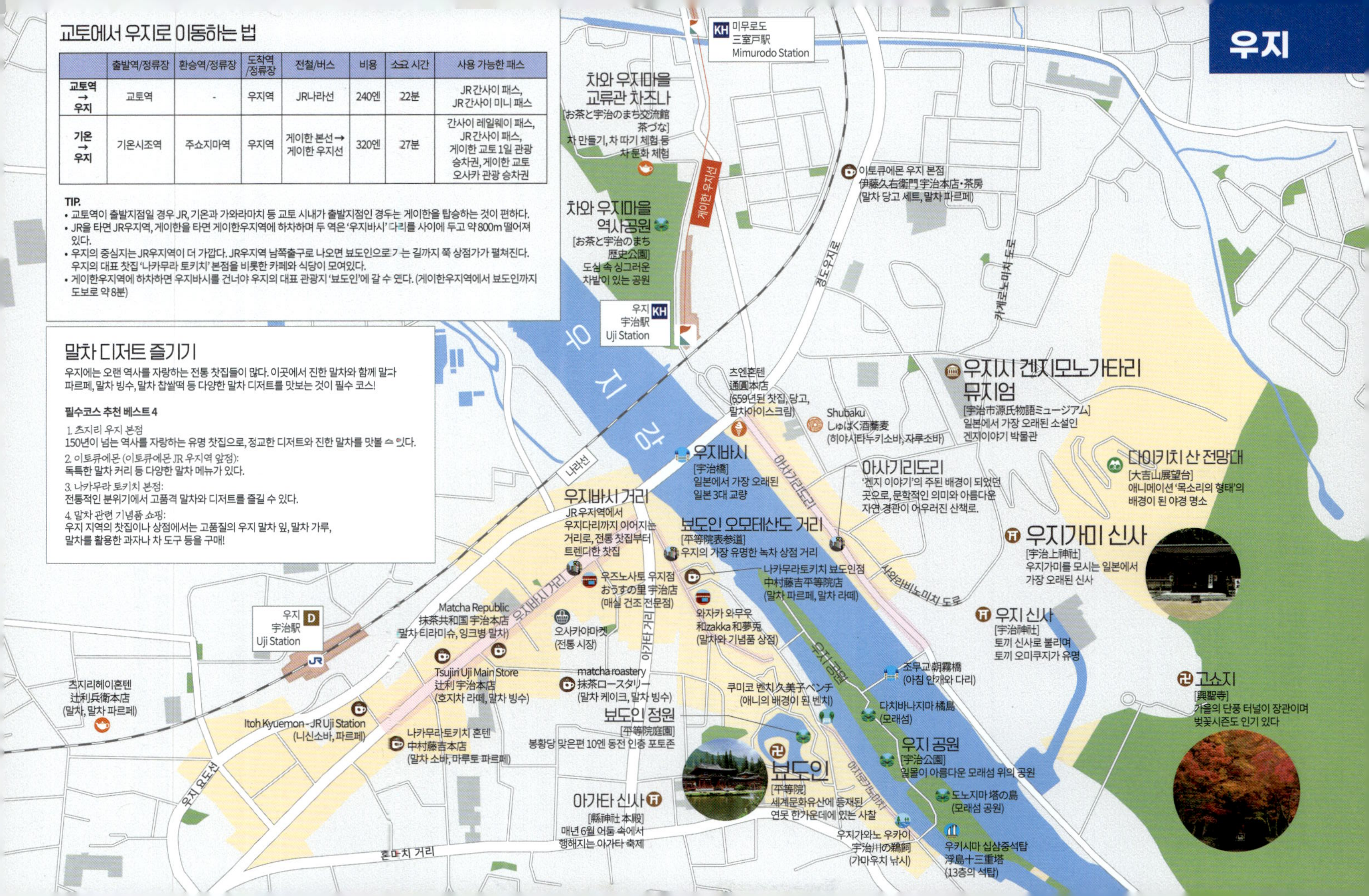

교토에서 오하라로 이동하는 법

	출발역 정류장	환승역 정류장	도착역 정류장	전철/버스	비용	소요시간	사용 가능한 패스
교토역 → 오하라	교토에키마에 정류장	-	오하라 정류장	교토버스 17번, 특 17번	630엔	1시간 7분	교토 지하철 버스 1일권
기온 → 오하라	시조역	고쿠사이카이칸역 → 고쿠사이카이칸에키마에	오하라 정류장	교토시영지하철 가라스마선 → 교토버스 19번	690엔	45분	교토 지하철 버스 1일권, 교토시영 지하철 1일 이용권

버스 (교토역 → 오하라 17번 버스)

교토 북부 산 속에 있는 오하라의 유일한 대중교통은 버스. 교토역이 출발 지점인 경우는 **교토역 앞 '교토에키마에' 정류장(C3)**에서 **17번 혹은 特17번 버스를 탑승**하면 한번에 갈 수 있어 편리하다.

17번 버스 정보

17번	교토에키마에 출발 기준 평일 07:45~17:55, 약 1시간 간격 / 주말 및 공휴일 07:20~16:55, 약 30분 간격
特 17번	교토에키마에 출발 기준 평일 07:10~18:57, 약 1시간 간격 운행 / 주말 및 공휴일 17:25~18:57, 약 30분 간격

- 교토에키마에 정류장에서 출발해 가라스마고조 - 시조가라스마 - 시조가와라마치 - 가와라마치산조 등 교토 시내를 지나 북쪽 오하라로 가는 노선.
- 교토역 앞 '교토에키마에 정류장'이 종점이므로 교토역에서 탄다면 앉아서 갈 확률이 높다.
- 당일 왕복 비용이 1,260엔이므로 '교토 지하철 버스 1일권(1,100엔)'을 구매하는 것이 이득
- 오하라행 17번 버스는 비고정요금 버스이므로 현금을 낼 경우 정리권을 뽑아야 한다.

시 지하철 + 버스 (기온 → 오하라 17번 버스)

기온, 가와라마치 등 교토 시내에서도 17번 버스를 탈 수 있지만 대부분의 여행자들이 교토역에서 탑승하므로 교토역에서부터 만원이 되는 경우가 잦다.
따라서 출발지점이 교토 시내라면 1시간 이상 서서 가야 하는 17번 버스보다는 지하철을 타고 '고쿠사이카이칸역'까지 가서 19번 버스로 환승하는 것을 추천.

교토시영지하철 가라스마선 탑승 → 고쿠사이카이칸역 하차 → 1번 출구로 나와서 '고쿠사이카이칸에키마에' 정류장에서 19번 버스 탑승

당일 왕복 비용이 1,380엔이므로 '교토 지하철 버스 1일권(1,100엔)'을 구매하는 것이 이득

Tip. 비고정요금 버스에서 요금 내는 법

1) **현금** : 뒷문으로 승차하며 뒷문 옆 정리권 기계에서 정리권 뽑기 (1인 1장) → 하차시 버스 내 모니터에서 정리권에 적힌 번호에 해당하는 요금을 확인하고 요금 지불

2) **IC카드** : 뒷문으로 승차하며 뒷문 옆 기기에 교통카드 터치 (정리권 뽑지 않음) → 하차시 앞문 옆 기계에 교통카드 터치

3) **교토 지하철버스 1일권 패스**
패스 첫 개시인 경우 : 뒷문으로 승차하며 뒷문 옆 기기에 카드를 아래 투입구에 넣고 위로 나오면 뽑기 → 하차시 앞문 옆 기계 아래 투입구에 넣고 위로 나오면 뽑기 (카드 뒷면에 날짜 입력됨)
패스 이미 개시한 경우 : 그냥 승차하고, 하차할 때만 기사에게 패스 뒷면 날짜 보여주면 됨

교토에서 비와코로 이동하는 법

JR

출발역 정류장	도착역 정류장	전철/버스	비용	소요 시간	사용 가능한 패스
교토역 → 오쓰역	교토역	오쓰역	JR 도카이도·산요 본선	200엔	10분	JR 간사이 패스, JR 간사이 미니 패스
교토역 → 시가역	교토역	시가역	JR 도카이도·산요 본선	590엔	40분	JR 간사이 패스, JR 간사이 미니 패스

교토의 북동부와 맞닿아있는 비와코(비와 호)는 일본 최대 호수로, 그 면적이 서울 전체 면적보다 크기 때문에 때문에 목적지에 따라 하차하는 역이 달라진다. 비와코 초입부터 둘러보고 싶다면 JR 오쓰역에서, 비와코테라스로 가고 싶다면 JR 시가역에서 하차하기를 추천.

Tip. 시가역에서 비와쿄헤라스 가는 법

시가역 맞은편 '시가에키' 버스정류장에서 '비와코밸리행 びわ湖バレイ前行' 버스 탑승 (15분) → 하차 후 비와코 밸리 로프웨이 탑승 → 비와코테라스 도착

비와코밸리행 びわ湖バレイ前行 버스

비와코밸리 로프웨이

1) 비와코밸리행 びわ湖バレイ前行 버스

운영 시간 시가에키 출발 기준 평일 09:00~15:29, 주말 및 공휴일 08:28~15:43, 30분~1시간 간격 운행 (시즌별 상이)

요금(편도)
성인(13세 이상) 410엔, 초등학생(6~12세) 210엔

참고사항
• 비와코밸리 운영 시간에만 운행
• 현금 지불시 거스름돈을 주지 않음
• IC교통카드 사용 가능
• 공식 홈페이지 https://www.biwako-valley.com/

2) 비와코밸리 로프웨이

운영 시간 09:00~17:00(상행 16:00, 하행 17:00 종료), 15분 간격 운행 (시즌별 상이)

요금(왕복) 성인 4,000엔, 초등학생(7~12세) 2,000엔, 유아(3~6세) 1,000엔

참고사항
• 비와코밸리 운영 시간에만 운행
• 사전에 온라인에서 구매시 할인된 가격에 구매 가능 (클룩, kkday 등)
• 현장 티켓 창구에서 구매시 신용카드, IC교통카드 사용 가능
• 공식 홈페이지 https://www.biwako-valley.com/

KYOTO
교토에서 꼭 가야 할 대표 랜드마크

 금각사

료안지 킨카쿠

치쿠린

텐류지

아라시야마

 아라시야마

도게츠교

교토 타워 ニデック京都タワー

교토역 맞은 편에 있는 100m 높이의 전망 타워. 전반적인 빌딩 높이가 낮은 교토에서 유일한 고층 구조물이다.

기요미즈데라 清水寺

교토의 대표 관광지이자 불교 사찰. 커다란 본당은 교토를 한눈에 담을 수 있는 전망 포인트.

산넨자카 産寧坂(三年坂), 니넨자카 二寧坂(二年坂)

기요미즈데라로 향하는 길에 조성된 보행자 전용 상점 거리. 전통 가옥이 오밀조밀하게 모여 있어 시간여행을 온 듯한 느낌이 든다.

기온 祇園

교토의 정취를 느끼기 가장 좋은 지역. 하나미코지도리, 기온 시라카와 등 골목마다 매력적인 기념품점과 오래된 음식점이 모여있다.

시조도리 四条通

교토를 동서로 가로지르는 1km 길이의 번화가. 가모 강을 기준으로 서쪽 시조도리에 대형 백화점과 쇼핑몰이 모여있다.

금각사(킨카쿠지) 金閣寺

화려한 금박 장식으로 유명한 사원. 세계문화유산으로 지정되어 있으며 정원이 아름답다.

KYOTO 교토에서 꼭 가야 할 대표 랜드마크

은각사(긴카쿠지) 東山慈照寺
본래 은으로 덮을 계획이었으나 완성되지 못해 목조로만 남은 사찰. 금각사와는 대비되는 수수한 분위기가 특징이다.

철학의 길 哲学の道
하천을 따라 이어진 고즈넉한 산책로. 특히 봄에 벚꽃이 아름답게 피기로 유명하다.

야사카 신사 八坂神社
656년 세워진 역사적인 신사. 매년 여름마다 교토의 대표 축제 '기온 마츠리'가 열린다.

헤이안 신궁 平安神宮
교토가 일본의 수도가 된 지 1100년이 된 것을 기념하며 세운 신사. 아름다운 정원과 거대한 도리이가 특징.

교토교엔 京都御苑
헤이안 시대부터 메이지 시대까지 천 년 넘게 천황이 거주했던 과거 궁궐. 현재는 공원으로 운영 중

니조성 元離宮二条城
도쿠가와 이에야스가 지은 웅장한 성으로, 벚꽃 시즌에는 라이트업 행사를 진행한다

료안지 龍安寺
물 대신 돌과 모래로 풍경을 표현하는 일본의 전통 정원인 '가레산스이 정원'으로 유명한 사찰

후시미 이나리 신사 伏見稲荷大社
수백 개의 빨간색 도리이가 끝없이 이어지는 교토 대표 포토 스팟

아라시야마 嵐山
대나무 숲 '치쿠린'과 탁 트인 카츠라 강이 있어 교토의 자연을 느끼기 좋은 명소

---

tip. 교토 숙소 어디에 잡을까?

교토 숙소를 잡기 가장 좋은 대표적인 구역은 기온과 교토역. 교토 시내 여행에 집중한다면 기온, 근교 도시로 편리한 이동이 중요하다면 교토역을 추천한다.

기온 교토의 대표적인 관광지가 밀집되어 있으며 교토 특유의 고즈넉한 분위기를 즐기기 좋다. 하지만 오사카, 고베, 나라 등 다른 도시로 이동하기는 불편하다.

교토역 대표 관광지와는 다소 떨어져 있고 현대적인 분위기라 교토 특유의 분위기를 즐기기는 어렵다. 다만 교통 중심지인 만큼 간사이 공항과 다른 도시로 이동하기 가장 편하며 대형 쇼핑몰, 호텔 등 편의시설이 집중되어 있다.

구석구석 걷는 재미, 교토 골목 들여다보기

세월을 머금은 목조 가옥과 단정한 돌길을 걷다 보면 교토가 왜 '천년고도'라 불리는지 알게 된다. 시간이 멈춘 듯한 특별한 경험을 할 수 있는 교토의 골목 다섯 곳을 소개한다.

기온 시라카와 〔기온〕
📍 Shirakawa Canal

기온 북쪽에 위치한 작은 실개천. 강가를 따라 전통 건물이 줄지어 있으며 분위기 좋은 식당과 카페가 많다. 좁은 강을 건너는 작은 다리가 곳곳에 놓여 있으며 봄에는 강을 따라 벚꽃이 가득 펴서 특히 봄에 인기 있다.

네네노미치 〔기요미즈데라〕
📍 Nene no michi

도요토미 히데요시의 부인 '네네'의 이름을 딴 골목. 전통 가옥과 작은 신사들이 이어져 있고, 돌바닥으로 된 넓고 평평한 길이라 고즈넉하게 걷기 좋은 산책로로 꼽는다. 전통복장을 입고 인력거를 끄는 사람들도 볼 수 있으며 밤에는 조명이 은은하게 켜져 더욱 운치 있다.

하나미코지도리 〔기온〕
📍 하나미코지도리

기온 일대에서 옛 정취를 느끼기 좋은 대표적인 골목. 교토의 대표적인 전통 거리이자 일본 게이샤 문화의 중심지로, 목조 전통 가옥이 줄지어 있어 고즈넉히 분위기가 흐른디, 찻집과 요릿집이 많아 운이 좋으면 게이샤나 마이코(견습 게이샤)가 이동하는 모습을 볼 수 있다.

이시베코지 〔기요미즈데라〕
📍 Ishibe koji road

네네노미치에서 이어지는 좁은 골목. 돌담과 전통 목조 건축물이 있는 골목으로, 교토 전통 식당과 고풍스러운 료칸이 많이 모여 있다. 사진을 찍으려는 관광객이 몰리면서 현재는 사진 촬영 금지. 조용히 눈으로만 감상하며 교토의 정취를 즐겨보자.

산넨자카&니넨자카 〔기요미즈데라〕
📍 산넨자카 니넨자카

기요미즈데라로 향하는 길에 자리한 골목길로, 기요미즈데라에 갈 때 꼭 방문하게 되는 대표 관광지. 언덕과 계단을 따라 100년 이상 된 목조 건물이 줄지어 있으며 유서 깊은 공예품점, 기념품점, 전통 과자점, 찻집 등이 많아 쇼핑과 구경을 함께 즐기기 좋다. 다양한 길거리 음식을 맛보는 재미도 있다.

MUSEUM 교토의 박물관 & 미술관 탐방

교토 국립박물관
京都国立博物館

📍 교토 국립박물관

교토의 문화재를 보호하고자 설립한 박물관. 생활사, 미술사, 고고학 유물 등을 볼 수 있으며 건물 자체가 일본 중요문화재로 지정.

교토역 주변

홈페이지
https://www.kyohaku.go.jp/ko/

입장료 (소장전 기준)
· 기획전은 전시별 상이
· 성인(만 18~69세) 700엔
· 대학생 350엔
· 고등학생 이하 및 만 70세 이상 무료

대표 전시품
교토 가미가모 신사 경마가 그려진 고소데, 명상하는 아미타불, 생각하는 사람 (오귀스트 로댕)

운영시간 (소장전 기준)
· 기획전은 전시별 상이
· 10:00~18:00 (입장은 17:30까지)
· 매주 금요일 10:00~20:00 (입장은 19:30까지)
· 매주 월요일 휴관

＊특별전 진행시 소장전은 열리지 않음. 자세한 전시별 입장료 및 운영시간은 홈페이지 확인 필수

박물관 안내
· 메이지 고도관 明治古都館 : 옛 제국교토박물관 건물. 현재 보수 중으로 전시 미진행
· 헤이세이 지신관 (평성지신관) 平成知新館 : 뉴욕 현대미술관 신관을 디자인한 세계적 건축가 다니구치 요시오가 설계한 건물. 3층짜리 전시관과 강당, 레스토랑, 뮤지엄샵이 있다

헤이세이 지신관 층별 안내
· 1층 : 조각, 고문서, 염색 직조 공예, 금속 공예, 칠공예, 뮤지엄샵
· 2층 : 에마키, 불교회화, 중세회화, 근대회화, 중국회화
· 3층 : 도자기, 고고학 유물
· 다실 (단안堪庵) : 동쪽 정원에 자리잡은 전통 방식의 다실
· 야외전시물 : 분수, 오귀스트 로댕의 생각하는 사람 조각상, 우마미치 십삼중석탑 등 전시

교토 국립 근대 미술관
京都国立近代美術館

📍 교토근대미술관 **긴카쿠지**

일본 국내외 근현대 미술 작품 1만 점 이상을 소장하고 있는 미술관. 기획전은 물론, 연 5회 정도 주제를 바꿔가며 소장전을 진행한다

홈페이지
https://www.momak.go.jp/otherlangs/korean.html

입장료 (소장전 기준)
· 기획전은 전시별 상이
· 일반 430엔
· 대학생 130엔
· 고등학생 이하 및 65세 이상 무료

운영시간
09:30~17:00
(입장 마감 16:30)
월요일 휴관

대표 전시품
Small Blue Dress before a Mirror (앙리 마티스), Composition No. 1 (피트 몬드리안), 봄 눈 (다케우치 세이호)

층별 안내
· 1층 : 입구, 티켓 판매, 뮤지엄숍, 카페, 로비, 강당
· 3층 : 기획전시관
· 4층 : 소장전시관 (컬렉션 갤러리)

도시의 존재 자체가 역사인 교토는 박물관과 미술관의 수준도 높다. 문화재부터 현대 예술까지, 여행 일정 중 하루를 투자해 둘러볼 만한 가치가 있다.

교토시 교세라 미술관
京都市京セラ美術館

📍 교세라미술관 **기온**

ㄴ 현존하는 일본 공립미술관 중 가장 오래된 곳. 근대 이후 교토의 미술 작품 4,400여점을 소장하고 있는 미술관.

ㄴ 근대부터 현대까지 다양한 미술 전시를 선보이며, 본관의 소장품으로 이루어지는 소장전(컬렉션룸)은 연 4회 계절별 주제가 달라진다.

홈페이지
https://kyotocity-kyocera.museum/kr/

입장료
(소장전(컬렉션룸) 기준)
· 기획전은 전시별 상이
· 성인 730엔
· 초중고등학생 300엔
· 만 7세 이하 무료

운영시간
10:00~18:00
(입장마감 17:30)
매주 월요일 휴관

대표 전시품
· 그림이 되기 위한 첫순간 (다케우치 세이호)
· 인생의 꽃 (우에무라 쇼엔)
· 2020년 교토 건축상과 굿디자인상을 수상했을 정도로 근대와 현대가 적절히 조화된 건축물이 아름다워, 전시 뿐만 아니라 건물을 구경하는 재미도 있다.

즐길만한 건축 포인트
· 히가시야마 큐브 : 옥상 정원이 있는 큐브 모양의 현대미술 전시실
· 빛의 공간 : 커다란 유리 지붕과 발코니로 이루어진 안뜰
· 교세라 스퀘어 : 기울어진 모양의 독특한 슬로프형 광장
· 글라스 리본 : 통유리로 된 유선형 전시장
· 일본 정원 : 한적한 정취를 느낄 수 있는 '일본 정원'

층별 안내
· 지하 1층 : 교세라 스퀘어, 티켓 판매, 카페, 뮤지엄 숍, 코인 락커
· 1층 : 중앙 홀, 하늘 안뜰, 빛의 공간, 히가시야마 큐브, 일본 정원
· 2층 : 남쪽 회랑, 북쪽 회랑

교토 철도 박물관
京都鉄道博物館

📍 교토철도박물관

증기기관차부터 신칸센까지 실제 기차가 전시되어 있으며, 종기기관차에 탑승하거나 직접 기차 운전 시뮬레이션을 해볼 수 있는 박물관 **교토역 주변**

홈페이지
https://www.kyotorailway-museum.jp/kr/

입장료
· 성인(18세 이상) 1500엔
· 고등학생~대학생 1300엔
· 초등학생~중학생 500엔
· 유아(3세 이상) 200엔

운영시간
10:00~17:00 (마지막 입장 16:30) 월별 휴무일 변경

운전 시뮬레이터 체험
· 실제 기차 기관사의 업무 체험
· 약 10분 소요
· 1인당 100엔

증기기관차
SL 스팀호 탑승 체험
· 실제 증기기관차가 끄는 승용 객차 탑승 체험
· 약 10분 소요, 시간당 1회 운행
· 3세 이상 100엔, 고등학생 이상 300엔

층별 안내
· 1층 : 실제 운행했던 기차 54량 전시
· 2층 : 철도 디오라마, 운전 시뮬레이터 등 체험전시, 레스토랑
· 3층 : 운행 중인 열차를 볼 수 있는 스카이 테라스

HOT SPOT
교토에서 인생샷 찍을 수 있는 SNS 핫스팟

철학의 길
긴카쿠지에서부터 에이칸도 근처까지 대략 1.5km 길이의 길

금각사(킨카쿠지) 배경
황금빛 금각을 품은 킨카쿠지 사찰을 배경으로 사진을 남겨보자

@jude_he2
@melody__0512

기요미즈데라(청수사) 앞
교토의 대표 관광지로 꼽히는 사찰인 청수사 앞에서 교토여행 인증샷을 남길 수 있다

산넨자카 니넨자카 거리
청수사 아래 자리한 골목 양쪽으로 옛 모습을 그대로 간직한 전통 가옥거리

@na.dew_ @jaihy_2 @u_1.0000000

아라시야마 치쿠린 대나무숲
아라시야마의 상징인 대나무 숲을 배경으로 몽환적인 느낌의 사진을 찍을 수 있다

호칸지(법관사) 앞
교토의 랜드마크로 청수사 언덕에 자리한 5층짜리 목탑뷰로 예쁜 사진을 찍을 수 있음

ZEN GARDEN
고즈넉한 힐링 스팟, 교토의 모래정원

료안지 龍安寺	금각사 주변	흰 모래 위에 15개의 돌이 배치되어 있어 신비한 분위기. 바다 위의 열도를 표현했다거나 구름 위로 솟은 산봉우리의 모양이라는 등 다양한 해석이 존재. 어떤 각도에서 봐도 항상 1개의 돌은 보이지 않게 절묘하게 설계되어 있음. 마루에 앉아 정원을 감상할 수 있다.
📍 료안지		**입장료** • 성인 600엔 • 고등학생 500엔, 초중등생 300엔 • 초등학생 미만 무료

겐닌지 建仁寺	기요미즈데라	교토 최초의 선종 사찰. 징검다리와 바위, 물결무늬가 아름다운 '대웅원'과, 우주의 세 가지 요소인 물, 불, 땅을 흰 모래와 자갈로 표현한 '○△□내원' 두 개의 모래 정원이 있다.
📍 겐닌지		**입장료** • 성인 800엔 • 초중고등학생 500엔 • 초등학생 미만 무료

교토 사찰은 거기서 거기라고? 모래정원의 진짜 묘미를 몰라서 하는 말이다. 모래를 도화지 삼아 거대한 자연을 압축해 담아낸 정원은 알고 보면 하나의 예술 작품이라는 사실!

도후쿠지 東福寺	후시미이나리	'방장'이라 불리는 건물의 동서남북이 모두 모래정원으로 둘러싸여 있다. 모래와 더불어 돌과 이끼가 다양하게 배치되어 있어 구경하는 재미가 있다.
📍 교토 도후쿠지		입장료 • 성인 통합권 1,000엔 • 초중학생 통합권 500엔 • 초등학생 미만 무료

모래 정원, 가레산스이 정원(枯山水)이란?

1. 물결 무늬: 잔잔한 바다를 의미 (파도의 크기에 따라 총 12가지의 무늬)

2. 소용돌이 무늬: 산 주위의 구름바다, 물의 잔물결, 물이 모이는 곳 의미

3. 기타 무늬: 특수 모래, 나무, 우물 등 질감에 따른 표현

 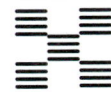 

물을 전혀 사용하지 않고 모래, 바위, 식물만을 이용해 자연을 표현하는 일본식 정원. 선종 불교의 영향을 받았으며, 흰 모래와 자갈을 넓게 깔고 표면에 문양을 그려서 물의 흐름을 표현하는 식

RYOKAN 옛스러운 매력, 교토 료칸 여행

@sue23383

나주나 교토 고쇼
📍 Nazuna Kyoto Gosho

교토 중심부에 위치한 전통적인 교토식 타운하우스인 '쿄마치야' 두 채를 개조하여 만든 럭셔리 료칸

영업시간
체크인 15시~21시,
체크아웃 11시까지

가격대
평균 약 900~1500달러
(약 138,000~231,000엔)

니조성·교토교엔

특징
└ 각 객실은 전통 일본 과자인 '와가시'를 테마로 독특하게 디자인되어 있으며, 중앙에는 사계절의 변화를 느낄 수 있는 아름다운 일본 정원이 자리하고 있음

└ 와가시 테마 객실: 각 객실은 '와가시'를 주제로 한 독특한 인테리어로 꾸며져 있어, 전통과 현대의 조화를 느낄 수 있습니다.

└ 프라이빗 욕조: 일부 객실에는 전용 노천탕이나 반노천탕이 마련되어 있어, 프라이빗한 휴식을 즐길 수 있습니다

@detail_drpark

사카노우에
📍 Sakanoue

히가시야마 지역에 위치해 교토의 역사적인 명소들과 가까운 거리에 있는 전통적인 료칸

영업시간
체크인 15시부터,
체크아웃 10시까지

가격
객실 유형과 시즌에 따라 다름

특징
└ 전통적인 일본식 건축 양식을 유지하고 있으며, 아름다운 정원을 갖추고 있어 교토의 고즈넉한 분위기를 느낄 수 있음

└ 난젠지, 쇼렌인, 기요미즈데라, 고다이지, 야사카 신사 등 교토의 주요 명소들과 가까워 관광에 편리

기요미즈데라

교코야도 무로마치 유토네
📍 교코야도 무로마치

교토 시내 중심부에 위치한 전통적인 일본식 료칸

영업시간
체크인 14시부터, 체크아웃 11시까지(어린이 무료 숙박 허용 안 됨)

가격대
인당 평일 기준 23,000엔부터 시작 (조식 및 석식 포함)

특징 기온

└ 2016년에 개장한 이 료칸은 전통적인 교토 마치야(옛 상가) 스타일을 현대적으로 재해석하여 현대적인 편안함과 전통적인 일본의 아름다움을 동시에 제공

└ 총 7개의 객실만을 보유하고 있어, 조용하고 아늑한 분위기에서 프라이빗한 숙박 경험을 제공

└ 일부 객실에서는 아름다운 정원을 감상할 수 있어, 사계절의 변화를 느낄 수 있음

세이코로 `기온`

📍 교토 세이코로

히가시야마구에 위치한 순수 일본식 건축물

영업시간
체크인 15시부터, 체크아웃 10시 30분까지

가격대
일반적으로 1박에 약 5만~10만 엔 사이

특징
- 1831년에 설립되어 약 190년의 역사를 자랑
- 400년의 금송나무로 만들어진 대욕탕에는 인공 온천을 도입하여 편안한 휴식을 제공

Seryo `오하라`

📍 교토 seryo

오하라 지역에 위치한 전통적인 온천 료칸

영업시간
체크인 15시부터, 체크아웃 10시까지

가격대
일반적으로 약 3만~6만 엔 (석식과 조식 포함)

특징
- 자연과 조화를 이루는 아름다운 일본식 정원과 미슐랭 가이드에 소개된 가이세키 요리로 유명
- 천연 온천을 이용한 대중탕과 일부 객실에는 개인 노천탕이 마련되어 있어 프라이빗한 온천 체험이 가능

호시노야 교토 `아리시야마`

📍 HOSHINOYA Kyoto

아라시야마 대오이강(大堰川) 강변에 자리잡고 있는 고급 료칸

영업시간
체크인 15시
체크아웃 12시

가격
1박당 124,654엔부터 시작

특실
- 전통적인 배를 이용해 숙소에 도착하는 독특한 경험을 제공
- 100년 이상의 역사를 가진 전통 일본 가옥을 현대적으로 리노베이션하여 전통과 현대적인 편의시설이 어우러져 독특한 숙박 경험을 제공
- 모든 객실에서 강의 아름다운 전망을 감상할 수 있으며, 전통적인 다다미 방과 현대적인 편의시설이 갖추어져 있음
- 교토의 전통 문화를 체험할 수 있는 다양한 프로그램이 마련

유즈야 료칸 `기요미즈데라`

📍 교토 유즈야

기온 지역에 위치한 전통적인 일본식 숙소로, 야사카 신사 바로 옆에 자리하고 있다.

영업시간
체크인 15시부터, 체크아웃 11시까지

가격대
일반적으로 1박에 약 5만 엔부터 시작

특징
- 교토의 중심부에 위치하여 주요 관광지와의 접근성이 뛰어남
- 다다미 바닥과 요이불 세트가 갖춰진 객실은 앤틱 가구와 제철 야생화로 꾸며져 있어 일본의 전통미를 느낄 수 있음
- 유자 향이 가득한 따뜻한 대중 목욕탕인 유자탕이 있음

SHOPPING 교토 주요 쇼핑몰 스팟

교토역 빌딩 📍 교토역 빌딩   교토역 주변
Kyoto Station Building

교토역의 상징적인 건물로 쇼핑, 레스토랑, 그리고 전망대까지 갖추고 있다.

■ 주요 매장
  Asty Road

■ 교토역(Kyoto Station Building) 에서 관광객들이 즐겨 찾는 인기 매장 및 브랜드
  · The Cube 교토 더 큐브
  · Isetan Department Store JR교토 이세탄백화점

■ JR교토 이세탄백화점 📍 JR교토 이세탄

교토역 건물 내 백화점으로, 고급 패션, 화장품, 가전제품 판매. 지하 푸드홀(Depachika)에서 전통 과자와 특산품도 구매할 수 있다.

추천 매장 & 기념품 가게
· 꼼데가르송, 셀린느, 비비안웨스트우드, 플리츠플리즈,
· 지하 2층 & 1층 (Depachika Food Hall)
· Toraya (とらや): 전통 일본 과자인 요칸 전문점으로 유명.
· Tsujiri (辻利): 녹차 아이스크림과 차를 즐길 수 있는 말차 전문점
· 1층 ~ 5층: 화장품 & 패션
· Gucci, Louis Vuitton: 명품 패션 브랜드 매장.
· 무인양품 (MUJI): 간결한 디자인의 생활용품과 의류 제공

교토 포르타 📍 교토 포르타   교토역 주변
Kyoto Porta

교토역 지하에 위치한 쇼핑몰로, 패션과 카페가 잘 조화를 이룬다.

■ 매장
  칼디, 자라, 프랑프랑, 3coins, 마켓가든, 프랑프랑, 무인양품, 갭, 반다이 남코

■ 맛집
  지하 1층: 가츠쿠라 교토 포르타점, 동양정 교토역점, 쿠시카츠 다루마 교토 포르타점, 잇푸도 라멘 교토 포르타점, 키네야 우동 교토 포르타점

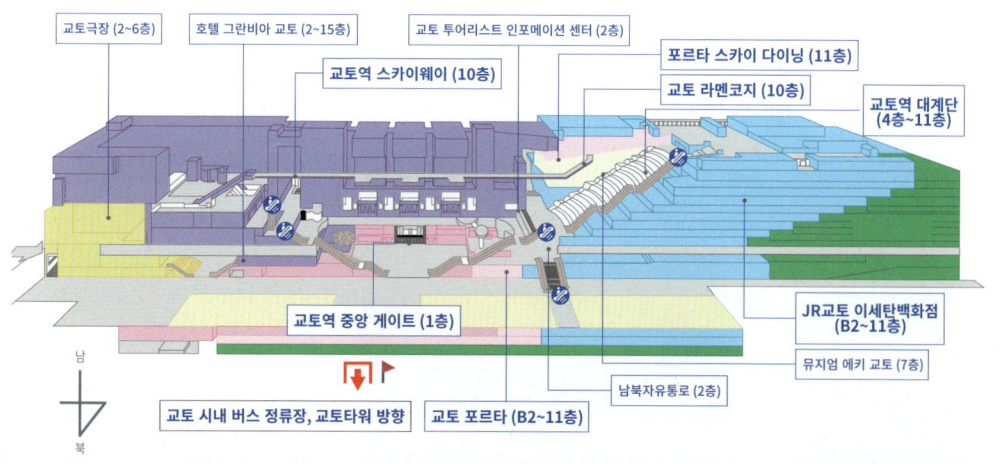

교토역 포르타 입구

교토역

교토역 표지판

SHOPPING

교토 다카시마야 ♀ 교코아도 무로마치
Kyoto Takashimaya

고급 브랜드와 다양한 기념품 상점이 있는 백화점. 가와라마치에 위치해 있다.

기온

- **추천 매장**
  - HERMÈS, LOEWE, CHANEL, Gucci, DIOR, BALENCIAGA, POLO RALPH LAUREN, Dance With Dragon, JILLSTUART, TOMORROWLAND

- **맛집**
  - 7층 다이닝 가든: 동양정(東洋亭), 우나기토쿠(うなぎ徳), 미시마테이(三嶋亭)

BAL ♀ 교토 bal

고급스러운 분위기의 쇼핑몰로, 일본식 서점과 라이프스타일 매장이 인상적.

기온

- **매장**
  - 1층: 마르니(MARNI), 질 샌더(JIL SANDER), 겐조(KENZO), 아코메야(AKOMEYA)
  - 4층: 투데이즈 스페셜(TODAY'S SPECIAL)
  - 5층: 무인양품(MUJI)

- **맛집**
  - 4층: 무지 카페(MUJI CAFE)
  - 3층: 스타벅스(Starbucks)

이온몰 교토 ♀ 이온몰 교토

고급 브랜드와 다양한 기념품 상점이 있는 백화점.카와라마치에 위치해 있다

교토역 주변

- **매장**
  유니클로, GAP, 자라, 무인양품, 다이소, 프랑프랑, KOHYO 등

- **맛집**
  타지마야(Tajimaya), 잇푸도(Ippudo), 마루가메 세이멘(Marugame Seimen).

다이마루 교토점 ♀ 다이마루 교토점 　기온
가라스마역 지하 출입구와 직결된 역세권 백화점

- 매장
  · 1~2층: 꼼데가르송 플레이
  · 셀린느, 디올, 마르니, 샤넬, 디올 뷰티, 말레브랑쉐, 코게츠, 센타로

- 맛집
  숯불 우나 후지 다이마루 교토 별장

교토 마루이 ♀ 교토 마루이 　기온
푸드코트와 음식점에 강점이 있는 쇼핑몰

- 매장
  비비안웨스트우드, 랑방, 라뒤레, 폴로, 버버리, CK

- 맛집
  8층: 모리모리 스시, 히츠마부시 전문점, 타지마야 스키야키

후지이 다이마루 ♀ 후지이 다이마루 　기온
최근 유행하는 트랜드를 따라가는 젊은 감성의 백화점

- 매장
  프랑프랑, 스튜디오스, 비비안웨스트우드 레드라벨, 꼼데가르송

- 맛집
  1층: % 아라비카 커피

교토 아반티 ♀ 교토 아반티 　교토역 주변
가성비 좋은 잡화점이 다양한 대형 쇼핑센터

- 매장
  돈키호테, 마쓰모토 키요시, 애니메이트, 아반티 북센터

- 맛집
  · 지하 1층: 초지로(CHOJIRO) 아반티점, P다이닝(P Dining), 코가네야(Koganeya)
  · 2층: 돈키호테 교토 아반티점

신푸칸 ♀ 신푸칸 교토 　기온
1926년의 교토중앙전화국 건물을 리뉴얼한 곳. 밤의 라이트업이 하이라이트

- 매장
  메종 키츠네, 르 라보, Pilgrim Surf+-Supply KYOTO, BEAMS JAPAN KYOTO

- 맛집
  1층: 카페 키츠네, 스텀프타운 커피 로스터스, SHIZEN, 타스키

MARKETS 교토 대표 시장과 상점가

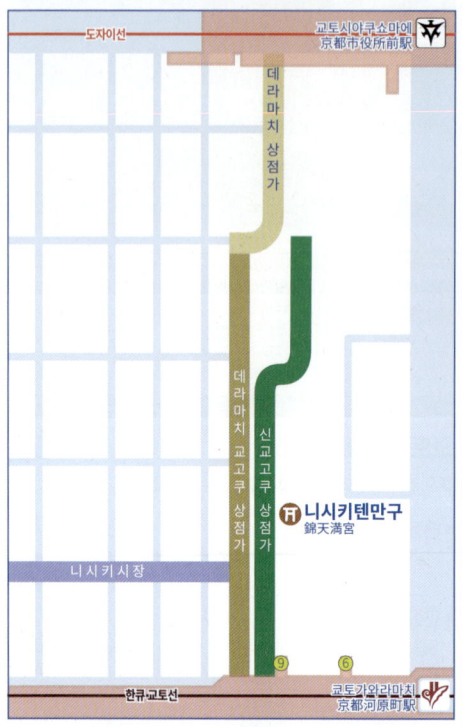

교토대표시장과상점가(니시키주변) 약도
- 니시키시장
- 신교고쿠상점가
- 데라마치 교고쿠 상점가
- 데라마치 상점가

니시키 시장 📍 니시키 시장

약 300m 길이, 5블록에 걸쳐 이어진 시장 골목에서 해산물, 전통 일식, 특산품까지 만날 수 있음(1시간 정도 소요). 특히 해산물 관련 상품이 다양함. 시식 가능한 곳이 많아 먹어보고 구매할 수 있음 (ex 1잔 100엔에 체험 가능한 사케 등).

- 영업시간 8:00~18:00
- 공식 홈페이지 https://www.kyoto-nishiki.or.jp/
- 니시키시장 추천 상품/ 구매 가능처

츠케모노

모리(もり)

마스고(桝伍)

우치다 절임 니시코지점
(打田漬物 錦小路店)

데라마치교고쿠 상점가
📍 Teramachi Kyogoku South Entrance

역사 있는 칼 전문점부터 빈티지의류점, 만화책방, 드럭스토어 등 최신 트렌드의 가게까지 폭넓은 장르의 점포가 공존. 규카츠로 유명한 규카츠 교토가츠규 테라마치점, 텐동으로 유명한 텐동 마키노 교토 데라마치점이 이 거리에 있음.

- 공식 홈페이지 https://www.kyoto-teramachi.or.jp/

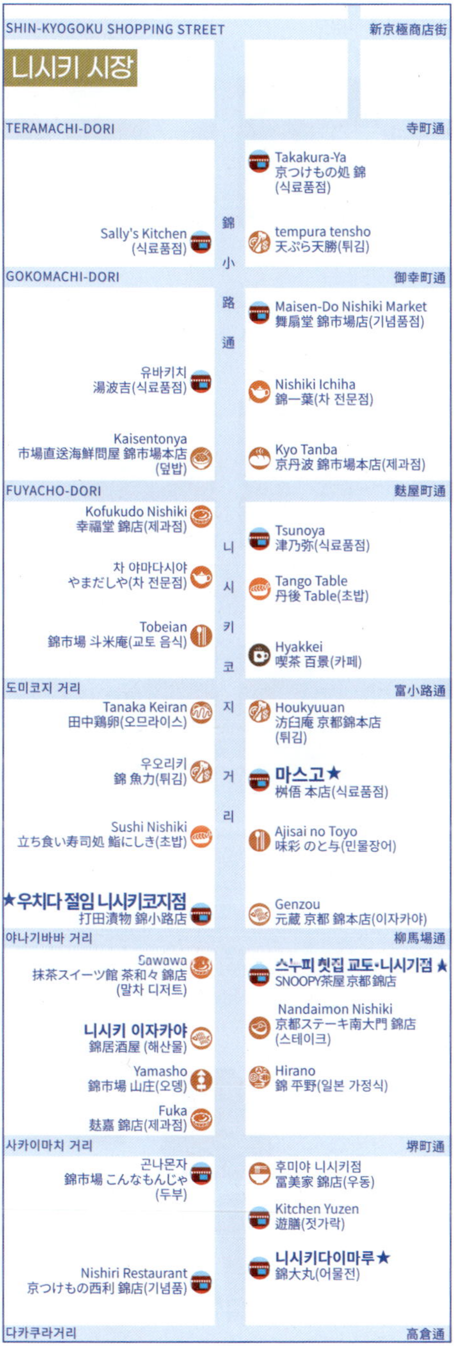

SHIN-KYOGOKU SHOPPING STREET
新京極商店街
니시키 시장
TERAMACHI-DORI
寺町通
Takakura-Ya
京つけもの処 錦
(식료품점)
Sally's Kitchen
(식료품점)
tempura tensho
天ぷら天勝(튀김)
錦小路通
GOKOMACHI-DORI
御幸町通
Maisen-Do Nishiki Market
舞扇堂 錦市場店(기념품점)
유바키치
湯波吉(식료품점)
Nishiki Ichiha
錦一葉(차 전문점)
Kaisentonya
市場直送海鮮問屋 錦市場本店
(덮밥)
Kyo Tanba
京丹波 錦市場本店(제과점)
FUYACHO-DORI
麩屋町通
Kofukudo Nishiki
幸福堂 錦店(제과점)
Tsunoya
津乃弥(식료품점)
니시키코지 거리
차 야마다시야
やまだしや(차 전문점)
Tango Table
丹後 Table(초밥)
Tobeian
錦市場 斗米庵(교토 음식)
Hyakkei
喫茶 百景(카페)
도미코지 거리
富小路通
Tanaka Keiran
田中鶏卵(오므라이스)
Houkyuuan
汸臼庵 京都錦本店
(튀김)
우오리키
錦 魚力(튀김)
마스고★
桝俉 本店(식료품점)
Sushi Nishiki
立ち食い寿司処 鮨にしき(초밥)
Ajisai no Toyo
味彩 のと与(민물장어)
★우치다 절임 니시키코지점
打田漬物 錦小路店
Genzou
元蔵 京都 錦本店(이자카야)
야나기바바 거리
柳馬場通
Sawawa
抹茶スイーツ館 茶和々 錦店
(말차 디저트)
스누피 찻집 교토·니시키점★
SNOOPY茶屋 京都錦店
Nandaimon Nishiki
京都ステーキ南大門 錦店
(스테이크)
니시키 이자카야
錦居酒屋 (해산물)
Yamasho
錦市場 山庄(오뎅)
Hirano
錦 平野(일본 가정식)
Fuka
麩嘉 錦店(제과점)
사카이마치 거리
堺町通
곤나몬자
錦市場 こんなもんじゃ
(두부)
후미야 니시키점
冨美家 錦店(우동)
Kitchen Yuzen
遊膳(젓가락)
니시키다이마루★
錦大丸(어물전)
Nishiri Restaurant
京つけもの西利 錦店(기념품)
다카쿠라거리
高倉通

煮干し

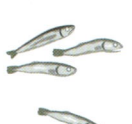

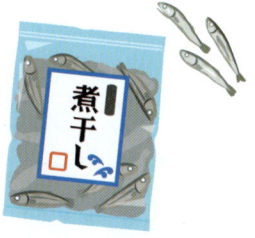

건어물

시마모토 노리 건어물
(島本海苔乾物)

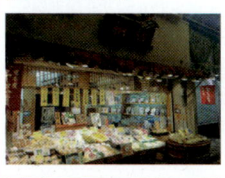

니시키다이토모
(錦 大友)

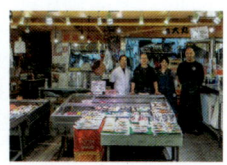

다나베야 상점
(田邊屋商店)

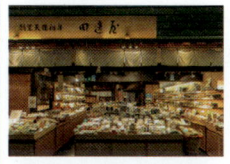

니시키다이마루
(錦大丸)

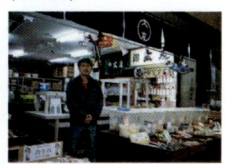

tip. · 니시키 시장 입구에서 무료 지도 제공.
· 카드 결제가 어려운 곳이 대부분 꼭 현금 준비.
· 폐점은 오후 6시로 되어 있지만 실제로는 오후 4~5시쯤 서서히 닫기 시작함(저녁 시간엔 일부 이자카야와 기념품 가게만 오픈. 최소 5시 전에는 도착할 것 추천)

■ 추천 상점

★마스고(桝俉)

★우치다 절임 니시키코지점(打田漬物 錦小路店)

★니시키다이마루(錦大丸)

★니시키 이자카야 (錦居酒屋)

★스누피 찻집 교토·니시키점
(SNOOPY茶屋 京都 錦店)

▶ 니시키 시장 약도

MARKETS 교토 대표 시장과 상점가

신쿄고쿠 상점가 신쿄고쿠상점가

저녁 10시 늦은 시간까지 운영되는 약 500m 길이의 아케이드 상가. 기념품이나 의류, 피규어 등 소품 다양 (빈티지 의류 쇼핑 가능). 주로 2~30대 이용객이 많은 편. 깨끗한 거리 환경 덕에 거닐기 좋은 곳이다. 점포의 1/3정도 카드 결제 가능. 상점가 내부엔 '니시키천만궁'이라는 학문의 신 모시는 신당 소재.

- 영업시간 10:00~22:00
- 공식 홈페이지 https://www.shinkyogoku.or.jp/
- 신쿄고쿠 상점가 추천 상품/ 구매 가능처
일본 전통 소품 (교인형, 금각사모형, 가면 등)

교토의 고향(京のふるさと)   변천당(辨天堂)

에치고야(越後屋)   교토의 사계절(京の四季)

오오사와 후쿠로모 (大澤袋物店)   교토메모리 (京都メモリー)

빈티지 의류
mash up Kyoto, Grizzly, 플라밍고 교토점(フラミンゴ 京都店), JAM / 빔즈, 그라니프 등 캐주얼 브랜드도 다수 입점

mash up Kyoto   Grizzly

플라밍고 교토점 (フラミンゴ 京都店)   JAM

tip.
- 상점가 내에서 저녁 식사를 할 경우 최소 오후 6시 30분 전까지 도착 추천 (좌석 수가 적은편이라 만석일 경우 대기 시간이 김).
- 24시간 wi-fi 제공.
- 일본 수학여행 시즌엔 학생 인파로 붐비는 편.

데라마치 상점가 Teramachi Shopping Street

오래된 가게와 신식 가게가 공존하는 1km 길이의 아케이드 상점가. 시즌에 따라 한정 소품 판매 (할로윈, 신년 등). 노포 감성의 식당이나 문구 관련 제품 다양.

■ 영업시간
24시간 개방 (상점별 운영시간 상이)

■ 공식 홈페이지
https://www.teramachi-senmontenkai.jp/

■ 데라마치 상점가 추천 상품/ 구매 가능처
문구류(미술도구, 다이어리, 엽서 등)
하토이도오(鳩居堂), 아트&프레임 야마시타(京都ぎょくろのごえん茶), 락스도(楽粋堂), 문구점 tag 데라마치 산조점(文具店tag 寺町三条店), 규쿄도 본점(京都鳩居堂 本店)

하토이도오　　　　　　 아트&프레임 야마시타
(鳩居堂)　　　　　　　 (京都ぎょくろのごえん茶)

규쿄도 본점
(京都鳩居堂 本店)

차(말차, 우지차 등 일본 전통 차)
교토 기쿠로의 고엔차 (京都ぎょくろのごえん茶 寺町店), 루피시아(ルピシア 京都寺町三条店), 이토큐에몬 산죠지초점 (伊藤久右衛門 三条寺町店)

교토 기쿠로의 고엔차　　　 루피시아
(京都ぎょくろのごえん茶　 (ルピシア 京都寺町三条店)
寺町店)

이토큐에몬 산죠지초점
(伊藤久右衛門 三条寺町店)

 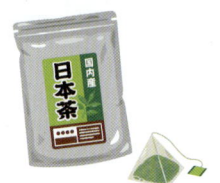

> **tip.**
> - 상점가는 24시간 개방이나, 오후 6시부터 영업종료 하는 곳 많음.
> - 상점 중간중간 구경하기 좋은 갤러리 많음 (갤러리 키무라, 게리에 야마시타, 갤러리 힐게이트, 옵트 갤러리 등)

LIFESTYLE 교토 로컬 라이프스타일샵

패션&라이프&리빙샵

디앤디파트먼트 교토
📍 디앤디파트먼트 교토 **기온**

인기 있는 이유
지역과 환경을 고려한 제품 구성을 통해 로컬의 고유한 매력을 강조. 교토의 전통과 현대 디자인을 경험할 수 있다.

추천 아이템
일본 전통 도자기와 교토 특유의 공예품, 지역 장인들이 만든 가구와 가정용품.

특징
↳ 오래된 사찰을 개조해 만든 라이프스타일 샵으로, 전통과 현대가 어우러진 교토의 감성을 느낄 수 있다. 현지 장인의 공예품과 다양한 수제 아이템이 있다.
↳ 전통 차향을 즐기면서 현대적인 소품들을 구경할 수 있는 곳.
↳ 교토 불광사 안에 있는 곳. 전통차를 느낄 수 있는 카페와 소품샵을 함께 운영한다.

SOU·SOU
📍 소우소우 이세모멘 **기온**

인기 있는 이유
교토의 전통적인 색감과 패턴이 녹아든 독창적인 디자인으로, 특히 젊은 층에게 인기가 많다

추천 아이템
숫자 패턴의 로고백, 독특한 패턴의 덧신과 양말, 전통 모양의 신발(타비).

특징
↳ 일본의 전통느낌 물씬 소품샵.
↳ 교토의 전통적인 무늬와 색감을 현대적으로 재해석한 패션 및 라이프스타일 브랜드. 일본 전통 옷을 현대적 스타일로 재구성하여 전통과 개성을 동시에 추구.

앙제스 **기온**
📍 ANGERS Kawaramachi

특징
옛 은행 건물을 개조한 라이프스타일 샵으로, 고풍스러운 인테리어와 함께 다양한 생활 소품과 인테리어 아이템을 판매.

인기 있는 이유
개성 넘치는 공간과 교토 현지의 감각적인 라이프스타일 아이템으로 인테리어를 꾸미고자 하는 사람들에게 인기가 높다.

추천 아이템
빈티지 소품, 고급스러운 식기류, 독특한 디자인의 가구 및 인테리어 장식품.

무모쿠테키
📍 mumokuteki goods kyoto
기온

특징
니시키 시장 근처에 위치한 라이프스타일과 카페가 결합된 복합공간으로, 자연친화적인 라이프스타일을 지향한다. 친환경 제품과 독창적인 패션, 주방용품을 제공.

인기 있는 이유
교토의 로컬 푸드를 사용한 음료와 디저트가 인기 있으며, 친환경 라이프스타일을 선호하는 사람들에게 사랑받고 있다.

추천 아이템
천연 소재로 만든 의류와 패브릭, 환경친화적인 주방용품, 비건 제품.

미나 페르호넨
📍 미나 페르호넨 교토
기온

특징
일본 디자이너 아키라 미나타가 창립한 브랜드로, 독특한 패턴과 색감을 자랑하는 패션과 라이프스타일 제품을 만날 수 있다.

인기 있는 이유
교토 특유의 예술적 감각을 잘 보여주는 패턴과 자연스러운 색감이 특징으로, 개성 있는 디자인을 좋아하는 이들에게 인기가 많다.

추천 아이템
독창적인 패턴이 담긴 의류, 가방, 쿠션 등 패브릭 소품.

모마 디자인 스토어
📍 모마 교토
기온

특징
뉴욕 현대미술관의 디자인 제품을 선보이는 편집샵으로, 혁신적인 디자인과 실용적인 소품들을 다양하게 만나볼 수 있다.

인기 있는 이유
창의적이고 독창적인 제품이 많아 예술과 실용성을 동시에 추구하는 사람들에게 인기가 높다.

추천 아이템
MoMA 로고 문구류, 독창적인 주방 도구와 소형 인테리어 아이템.

LIFESTYLE 교토 로컬 라이프스타일샵

마두
📍 madu kyoto
기온

특징
BAL 쇼핑몰 안에 위치한 라이프스타일 샵으로, 일본 전통과 현대의 융합을 보여주는 고급스러운 가정용품과 소품을 판매.

인기 있는 이유
일본의 전통 공예와 심플한 디자인이 잘 조화되어 있어 세련된 인테리어 소품을 찾는 사람들에게 인기가 있다.

추천 아이템
일본식 그릇과 차 도구, 간결하면서도 고급스러운 인테리어 소품.

교토 딘 앤 델루카
📍 딘앤델루카 교토
기온

특징
세계적인 식료품점이지만 교토에 맞춘 독창적인 제품 구성을 갖춘 매장. 고급 식재료와 음료, 디저트 등이 잘 구비되어 있다.

인기 있는 이유
교토 특유의 고급스러움과 현대적인 분위기가 어우러져, 품질 좋은 식재료와 디저트를 찾는 사람들에게 인기가 있다.

추천 아이템
교토 지역 한정 상품, 고급스러운 간식류와 음료.

TODAY'S SPECIAL
기온
📍 투데이즈스페셜 교토

특징
뉴욕 현대미술관의 디자인 제품을 선보이는 편집샵으로, 혁신적인 디자인과 실용적인 소품들을 다양하게 만나볼 수 있다.

인기 있는 이유
일상에서 사용하는 간단한 아이템도 독창적이고 세련되게 만들고자 한다

추천 아이템
에코백, 그릇과 컵 등 주방용품, 간단한 스낵류와 식재료.

서점&문구점

Tag 문구점
기온
📍 tag main store

특징
잉크와 필기구를 전문적으로 다루는 문구점으로, 다양한 색상의 잉크가 구비되어 있어 문구 애호가들 사이에서 유명.

인기 있는 이유
특별한 컬러와 품질을 자랑하는 잉크가 많아, 자신만의 필기구를 찾는 사람들에게 인기가 많다.

추천 아이템
교토 한정 잉크, 고급 만년필과 펜.

@pyoossu

케이분샤 서점
📍 케이분샤
이치조지·기타야마

특징
감성적인 분위기의 독립 서점으로, 다양한 아트북과 디자인 서적이 많이 구비되어 있다. 교토 예술가들의 작품도 볼 수 있다.

인기 있는 이유
교토 현지의 감성을 살린 도서와 공예품을 통해 교토 문화에 관심 있는 사람들이 많이 찾는다.

추천 아이템
예술 서적, 일본 전통과 현대 미술을 결합한 공예품.

벤리도
📍 kyoto benrido

특징
일본 특유의 느낌이 있는 엽서를 파는 곳. 일본 지역에서 찾기 힘든 엽서가 많다는 리뷰가 많다.

니조성·교토교엔

교토 츠타야 서점
📍 츠타야 서점 교토
은각사 주변

특징
단순한 서점을 넘어 문화와 예술을 체험할 수 있는 복합문화공간. 책뿐만 아니라 다양한 아트 소품과 문구류가 있다.

인기 있는 이유
독서와 카페 문화가 결합된 공간으로, 예술적인 분위기에서 시간을 보내고자 하는 사람들에게 인기가 많다.

추천 아이템
아트북, 디자인 문구류, 카페와 연계한 콜라보 제품.

FOOD
교토 먹거리별 대표 맛집

유도후 誘導後

다시마를 우린 맑은 국물에 두부를 넣어 먹는 요리로, 사찰의 스님들이 먹던 소박한 음식에서 유래했다. 교토 특유의 맑고 깨끗한 물로 만든 두부의 맛을 가장 잘 느낄 수 있는 음식.

준세이 🔵 준세이 교토
- 교토 난젠지 절 근처에 위치한 전통적인 유도후 전문점
- 식당으로 들어가는 길과 풍경이 아름다워 관광지에 온 듯한 느낌
- 코스 요리의 메인 전골로 유도후를 선택할 수 있으며, 가격대가 있는 편이나 구성과 분위기 등을 고려했을 때 아깝지 않음
- 위치: 난젠지 바로 옆
- 영업 시간: 월, 화, 수, 목, 금, 일, 오전 11시~19시 / 토요일 오전 11시~20시 (브레이크 타임 14:30~17:00)

렌게쓰차야 🔵 Rengetsu jaya
- 히가시야마 지역에 위치한 전통 두부 요리 전문점으로, 신선한 두부를 활용한 다양한 요리를 제공
- 일본식 다다미방에서 식사할 수 있어, 교토의 전통적인 분위기를 느낄 수 있음
- 식전주로 자두가 들어간 전통술이 제공
- 영업 시간: 런치 11:30~14:30, 디너 17시~19시 / 화요일 휴무

기온 우에모리 🔵 기온 우에모리
- 기온 지역에 위치한 전통적인 두부 요리 전문점으로, 교토의 명물인 유도후(湯豆腐)를 중심으로 한 가이세키 요리를 제공
- 신선한 두부를 다시마 국물에 데워 먹는 유도후를 메인으로, 다양한 두부 요리를 코스로 즐길 수 있음
- 기온의 고즈넉한 골목에 위치한 일본 전통 가옥의 분위기
- 인기가 많아 예약이 필수적
- 셰프들이 영어에 능통
- 가격대: 점심 코스는 약 3,500엔부터 시작하며, 저녁 코스는 4,000엔~8,000엔 사이
- 영업 시간: 매일 점심 12시~14시, 저녁 17시~21시

고등어 봉초밥 サバボンすし

'사바스시'라고도 부르는 교토의 대표적인 향토 음식. 주변에 바다가 없는 교토에서 고등어를 변질 없이 먹기 위해 식초와 소금에 절인 고등어를 초밥 위에 올리고 다시마로 감싸 숙성하는 방식이 지금까지 이어져 오고 있다.

이즈우 본점 🔵 이즈우 교토
- 1787년부터 250년의 전통을 자랑
- 사바 스시 중에서도 고등어에 소금을 살짝 뿌려 홋카이도산 다시마로 감싸 만든 '사바 스가타즈시'가 시그니처 메뉴
- 카스테라 같은 밥이 묵직하지 않고 고등어와 잘 어우러져 부드러워서 사르르 녹는 느낌을 줌
- 위치: 가와라마치역에 하차 후 도보 약 8분 거리
- 가격대: 4개 2200엔으로 가격대가 있는 편
- 영업 시간: 월, 수, 목, 금, 토 11시~22시 / 일, 공휴일 11시~21시 / 화요일 휴무

이즈쥬 🔵 이즈쥬 교토
- 기온 지역에 위치한 100년 이상의 전통을 가진 스시 전문점
- 교토 스타일의 누름초밥과 고등어 초밥으로 유명
- 영업 시간: 월, 화, 목, 금, 토, 일 10:30~19:00 / 수요일 휴무

청어소바 ニシンそば

처음엔 낯선 비주얼에 놀라지만, 먹다 보면 나도 모르게 중독된다는 소바계의 '평양냉면'과 같은 청어소바. 달콤 짭짤한 청어 조림과 구수한 소바 국물이 절묘하게 어울린다.

니신소바 마츠바 본점 🔗 니신소바 마츠바

- 1861년에 설립되어 160년의 역사를 지닌 전통 소바 맛집으로, 1882년에 청어소바를 처음으로 선보인 곳
- 청어가 들어갔음에도 비리지 않고 담백하며 가시가 불편하게 느껴지는 것도 없음
- 위치 : 청수사에서 도보 약 13분 거리
- 가격대 : 일반적인 가격대 1300엔 정도로 가성비 좋은 편
- 영업 시간 : 월, 화, 목, 금, 토, 일, 10:30~20:40 / 수요일 휴무

이와오 🔗 Iwawo

- 아라시야마에 위치한 전통 소바 전문점
- 청오 소바는 이와오의 대표 메뉴로, 달짝지근한 간장 소스에 절인 청어를 차가운 소바 위에 올려 제공하며, 비리지 않고 독특한 맛을 자랑
- 일본 전통의 인테리어와 깔끔한 실내 분위기
- 영업 시간 : 11시~15시 / 수요일 휴무

야구라 본점 🔗 야구라 교토

- 기온 거리에 위치한 110년 전통의 소바 전문점으로, 교토의 향토 음식인 니신소바(청어소바)로 유명
- 야구라 본점은 청어를 사용한 니신소바로 명성을 얻었고, 부드러운 소바 면과 달콤하게 조리된 청어의 조화로운 맛이 특징
- 위치 : 한큐 가와라마치역 6번 출구에서 시조 거리를 따라 야사카 신사 방향으로 도보 약 5분 거리
- 영업 시간 : 평일 11:30~20:30 / 주말 11:00~20:30

오반자이 おばんざい

소박한 밑반찬으로 이루어진 교토의 가정식 백반. 강한 양념은 피하고, 제철 식재료 본연의 맛을 살리는 담백한 조리법이 특징이다. 교토 로컬의 분위기를 느끼고 싶다면 한 끼 정도는 건강하고 정갈한 오반자이를 즐겨보자.

갸아테이 🔗 갸아테이

- 오반자이 전문점으로 치쿠린, 도게츠교, 텐류지 등 아라시야마 주요 명소와 멀지 않음
- 금액 대비 양이 적은 편
- 유바 교자와 같은 메뉴를 포함해 테이크아웃 가능
- 영업 시간: 월, 화, 목, 금, 토, 일 11:00~14:30 / 수요일 휴무

슌사이 이마리 🔗 슌사아 이마리

- 교토에 위치한 전통 일본 가정식인 오반자이(おばんざい)를 전문으로 하는 레스토랑
- 아침 식사와 저녁 식사 모두 예약제로 운영
- 영업 시간 : 아침 식사 7:30~9:30, 저녁 식사 17:30~22:30 / 화요일 휴무

FOOD 교토 먹거리별 대표 맛집

당고 団子

길거리 음식으로 오사카에는 타코야키가 있다면 교토에는 '미타라시 당고'가 있다! 꼬치에 꿰어 구운 떡에 간장과 설탕을 졸인 소스를 바른 간식으로, 교토에서 처음 유래됐다고 전해진다.

월하미인 ⓘ 월하미인 교토
- 미타라시 당고, 다른 곳보다 크기가 크고 쫀득함, 달달하고 짭쪼름한 맛
- 위치 : 교토 니넨자카 스타벅스 맞은편
- 가격대 : 개당 300엔으로 현금만 가능
- 영업 시간 : 매일 10시~17시

가모 미타라시차야 ⓘ 가모 미타라시차야
- 사쿄구에 위치한 전통적인 화과자 전문점
- 미타라시 당고를 처음으로 선보인 곳으로, 전통적인 맛을 유지하며 많은 사랑을 받고 있음
- 일본 전통 다과점의 분위기를 느낄 수 있으며, 교토 특유의 정취를 만끽할 수 있음
- 영업 시간 : 매일 9시~17시

후지나미 시미즈 코다이지점 ⓘ 후지나미 시미즈 코다이
- 히가시야마구에 위치한 전통 당고 전문점
- 신선한 재료로 만든 수제 당고와 말차 디저트로 유명. 인기가 많아 예약이 필수적
- 일본식 인테리어와 앉아서 먹을 수 있는 공간이 마련. 가게 내부에 화장실은 없으므로 근처 공용 화장실을 이용
- 현금 결제만 가능
- 위치 : 기요미즈데라(청수사)와 고다이지 근처에 자리. 수사에서 도보 약 10분, 니넨자카에서 도보 약 3분, 산넨자카에서 도보 약 8분 소요
- 영업 시간 : 10:30~17:00 / 월요일과 일요일은 문화의 날로 인해 영업시간이 다를 수 있으므로 방문 전에 확인이 필요

규카츠 牛かつ

소고기를 얇게 썰어 겉은 바삭하고 속은 부드럽게 튀긴 소고기 카츠. 개인 화로에 원하는 굽기로 구워먹으며 다양한 소스를 곁들이는 것이 특징! 2014년 교토에서 창업한 '교토 가츠규' 브랜드의 등장으로 대중화되었다.

규카츠 교토가츠규 교토역전점 ⓘ 가츠규 교토역전
- 미니 화로가 제공되어 익혀 먹는 방식
- 와규채끝등심, 채끝등심, 살치살, 안심, 우설규카츠 등 소고기 부위로 나뉘어져 있음
- 위치 : 교토역에서 도보 5분 거리
- 가격대 : 규카츠 정식이 1380엔으로 가격대가 높게 느껴질 수 있으나 그만큼 맛있고, 다른 음식의 가격대를 생각했을 땐 합리적
- 영업 시간 : 매일 11시~22시

규카츠 교토가츠규 기온점 ⓘ 교토가츠규 기온
- 기온 지역에 위치한 유명한 규카츠 전문점
- 신선한 소고기를 얇게 튀겨낸 후, 개인 화로에서 원하는 만큼 구워 먹는 독특한 방식으로 인기
- 다양한 소고기 부위를 선택할 수 있어 취향에 맞는 맛을 즐길 수 있음
- 한국어로 번역된 메뉴판과 먹는 방법 안내문 준비, 편리하게 이용할 수 있음
- 위치 : 기온거리와 야사카 신사 근처에 위치해 있어 관광 후 방문하기에 편리
- 영업 시간 : 매일 11시~22시

규카츠 교토가츠규 폰토쵸 본점 ⓘ 교토 가츠규 폰토쵸
- 폰토쵸 거리에 위치한 인기 있는 규카츠 전문점
- 채끝등심, 살치살, 안심, 우설 등 다양한 부위의 규카츠를 제공하여 고객의 취향에 맞는 선택이 가능
- 각 테이블에 작은 화로가 제공
- 현금 결제만 가능
- 영업 시간 : 매일 11시~22시

와라비모치 わらび餅

고사리 전분으로 만들어 젤리처럼 투명하고 쫀~득한 식감이 특징인 떡! 주로 콩가루나 흑설탕 시럽을 곁들여 먹으며, 교토 전통 찻집에서 말차와 함께 판다.

푸몬 차야 ❷ fumon chaya
- 쫀득한 식감과 말랑말랑한 젤리 느낌의 떡으로, 함께 나오는 말차 가루와 시럽도 맛있음
- 기념품 가게와 이어져 있음, 세트 메뉴가 다양함
- 위치 : 청수사로 가는 길에 있어 방문이 편리함
- 영업 시간 : 매일 12:00~17:30

기온 코모리 ❷ 기온 코모리
- 기온 지역에 위치한 전통적인 일본식 디저트 카페로, 와라비모치와 말차 디저트로 유명
- 1997년에 전통 가옥을 리노베이션하여 개업하였으며, 교토의 전통적인 분위기를 느낄 수 있는 공간
- 매일 아침 100% 고사리 전분을 사용하여 만든 와라비모치는 부드럽고 쫄깃한 식감이 특징
- 다다미 방과 일본식 정원이 어우러진 전통적인 분위기의 공간
- 현금 결제만 가능
- 영업 시간 : 화~토 11:00~18:30 / 월, 일 휴무

로쿠주안 ❷ 로쿠주안
- 교토 중심부에 위치한 전통적인 일본식 카페로, 100년 이상의 역사를 지닌 화가의 저택을 개조하여 운영
- 일본화가 이마오 케이넨(今尾景年)의 옛 저택을 활용한 카페로, 건물 자체가 문화재로 지정되어 있음
- 아름다운 정원과 고즈넉한 분위기 속에서 전통 디저트를 즐길 수 있는 곳으로 유명
- 꽃이 들어간 물방울 모찌인 '하나와라비'가 대표 메뉴로, 계절에 따라 다양한 꽃을 사용하여 시각과 미각을 동시에 만족시킴
- 예약제로 운영
- 영업 시간 : 평일 11시~14시, 17:30~19:00 / 주말 8시~14시, 17:30~20:00 / 화요일 휴무

가이세키 懐石

제철 식재료를 사용한 정갈한 음식을 순서대로 내놓는 일본의 전통 코스 요리. 특히 교토는 가이세키 요리가 발달한 것으로 유명해, 교토의 가이세키를 가리켜 '교가이세키京懷石'라고도 부른다.

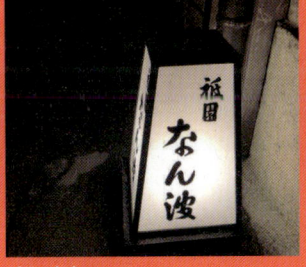

키쿠노이 본점 ❷ 키쿠노이 혼텐
- 1912년부터 이어져 온 오랜 역사를 자랑하는 미쉐린 3스타를 받은 교토 최고의 가이세키 레스토랑, 다도 문화와 계절의 아름다움을 담아내는 섬세한 요리로 유명
- 예약 필수, 가격대 높은 편, 만 10세 미만 어린이는 입장 제한될 수 있음
- 영업 시간 : 매일 11:30~13:00 / 17:00~20:00

기온 난바 ❷ gion namba
- 기온 지역에 위치한 미슐랭 1스타를 받은 가이세키 요리 전문점
- 전통적인 교토 가이세키 요리를 현대적으로 재해석하여 제공
- 영업 시간 : 점심 12시~14시(마지막 입장 13시), 저녁 17시~22시(마지막 입장 20시) / 첫째 주 셋째 주 목요일 휴무

하치다이메 기헤 ❷ 하치다이메 기헤
- 일본 교토와 도쿄 긴자에 위치한 쌀밥 전문점으로, 1787년에 설립되어 230년의 역사로 8대째 전통을 이어오고 있음
- 일본 전국의 쌀농가를 직접 방문하여 엄선한 쌀을 사용하며, 품종별로 최적의 불림 시간과 밥짓기 방법을 적용하여 최고의 밥맛을 제공
- 점심에는 정식 메뉴, 저녁에는 코스 요리
- 영업 시간 : 점심 11:00~14:30, 저녁 18시~22시 / 수요일 휴무

FOOD 교토 먹거리별 대표 맛집

교토 라멘 京都ラーメン

교토 스타일의 라멘은 돼지 뼈나 닭 뼈를 우려낸 진한 국물이 특징! 다른 지역에 비해 기름진 편이지만, 뒷맛이 깔끔하고 구수한 풍미가 있다.

혼케 다이이치아사히 본점
❓ 혼케 다이이치 아사히

- 현지인들이 많이 찾는 맛집으로 대기 줄 있음
- 실내 흡연이 가능한 곳으로 담배 냄새 있음
- 위치 : 교토역에서 도보로 6분 거리
- 가격대 : 일반 라멘 기준 700엔
- 영업 시간 : 월, 화, 수, 금, 토, 일 아침 6시~새벽 1시 / 목요일 휴무

라멘 센노카제 교토
❓ 센노카제 교토

- 가와라마치역 인근에 위치한 인기 라멘 전문점
- 돼지뼈를 우려낸 진한 국물과 다양한 토핑으로 구성된 라멘을 제공하며, 특히 '교노 시오라멘'이 대표 메뉴로 알려져 있음
- 아늑한 실내에서 편안하게 식사할 수 있으며, 혼자 방문해도 부담 없이 즐길 수 있음
- 영업 시간 : 11:30~21:00 / 화, 수 휴무

멘쇼 타마카츠 혼텐
❓ Menshou Takamatsu

- 교토 시내에 위치한 라멘 전문점으로, 특히 츠케멘과 돈코츠 라멘으로 유명
- 전형적인 일본 라멘집의 감성을 느낄 수 있는 아늑한 분위기
- 위치 : 가라스마역 및 교토 박물관 근처에 위치하여 접근성이 좋음
- 영업 시간 : 월~토 11시~00시 / 일요일 11시~23시

유바 湯葉

두부 요리가 유명한 교토에서는 '유바'도 훌륭한 요리가 된다! 유바는 두유를 끓일 때 표면에 생기는 얇은 막을 걷어낸 것으로, 맑은 국물에 넣어 촉촉하게 먹거나 튀기기도 한다. 이 역시 교토 사찰 음식에서 비롯된 역사를 지니고 있다.

카만자
❓ 카만자

- 유바, 나마후, 두부와 같은 교토 특산 재료를 사용한 다양한 요리를 선보이는 전통 일본식 레스토랑
- 일본식 면 요리, 덮밥 등과 함께 독특한 유바 사시미도 함께 맛볼 수 있어 좋음
- 위치 : 니넨자카 초입
- 대표 메뉴 : 유바 사시미 세트 780엔(얇은 두부 같은 고소하고 야들야들한 식감으로 와사비를 올린 후 간장에 찍어 먹으며, 쌈처럼 차갑게 내어 주어 식감이 좋은 회를 먹는 느낌이 들기도 함)
- 영업 시간 : 매일 11:00~15:30 / 휴무일 그때그때 약간씩 다름

유바 히가시야마 유즈
❓ 유바 히가시야마 유즈

- 히가시야마 지역에 위치한 유바(두부 껍질) 전문 레스토랑
- 유바를 활용한 다양한 정식 메뉴를 제공하여, 교토의 전통적인 맛을 느낄 수 있음
- 방문 전에 예약이 필요하며, 예약 시 메뉴 선택 / 예약 확정 후, 이메일로 메뉴 선택 안내를 받게 되며, 회신을 통해 메뉴를 선택
- 영업 시간 : 점심 11:30~14:30(라스트 오더 14시), 저녁 17:00~21:30 (라스트 오더 19:30) / 화요일 휴무

유반자이 코마메야 니시키점
❓ Yubanzai Nishikia

- 교토의 전통 음식인 '유바(湯葉)'를 전문으로 하는 레스토랑
- 일본산 콩으로 만든 두유를 사용
- 간단한 덮밥과 정식부터 교토만의 식재료를 사용한 고급 런치 세트까지 다양한 메뉴를 선보이며, 모든 요리에 유바, 오카라(비지), 두유가 사용
- 나무의 온기가 느껴지는 원목 테이블과 호리고타츠(掘りごたつ) 형식의 좌석으로, 일본풍의 공간에서 다리를 뻗고 편안하게 식사할 수 있음
- 영업 시간 : 점심 11:30~14:30, 저녁 17:30~23:00 (라스트 오더 22시) / 수요일 휴무

우나기동 ウナギドン

따뜻한 밥 위에 달콤짭짤한 간장 양념을 발라 구운 장어를 올려 먹는 덮밥 요리. 교토의 장어덮밥은 주로 찌지 않고 바로 구워내는 '간사이식'으로, 겉은 바삭 속은 부드러운 식감이 특징!

카네요 ❷ 카네요 교토

- 100년 이상의 역사를 지닌 전통 장어덮밥 전문점
- 장어덮밥의 독특한 변형인 킨시동으로 유명(장어 위에 얇게 채 썬 달걀 지단이 듬뿍 올려지는)
- 훈연향과 살짝 탄 향이 식욕을 돋우며, 밥에도 양념이 스며 있어 간이 잘 맞음
- 한글 메뉴판 있음, 술 종류 다양함
- 위치 : 교토역, 니시키 시장과 가까운 곳, 가격대 : 우나기동 소 3000엔, 중 4000엔 / 우나기 세트 4800엔
- 영업 시간 : 토, 일 11:30~20:00(브레이크 타임 15시~17시) / 수요일 휴무

쿄우나와 본점 ❷ 쿄우나와 교토

- 나카교구에 위치한 장어 요리 전문점으로, 히쓰마부시(장어 덮밥)와 우나쥬(장어 정식) 등 다양한 장어 요리를 제공
- 일본 전통적인 분위기와 현대적인 감각이 어우러진 인테리어
- 저녁 시간대에는 예약이 가능하며, 예약 시 현지 전화번호가 필요
- 영업 시간 : 매일 11시~21시

카네쇼 장어덮밥 ❷ 카네쇼 교토

- 기온 거리에 위치한 150년 전통의 장어덮밥 전문점으로, 신선한 장어와 정성스러운 조리법으로 유명
- 양념된 밥 위에 부드러운 장어와 얇게 채 썬 계란 지단을 올린 이 집의 대표 메뉴
- 가정집을 개조한 듯한 아늑한 분위기
- 특히 저녁 시간대는 예약이 필수이며, 예약 없이 방문 시 대기 시간이 길어질 수 있음
- 위치 : 기온시조역에서 도보 약 5분 거리에 있으며, '교토 기온 우체국'을 기준으로 찾아가시면 편리
- 영업 시간 : 점심 11:30~14:00, 저녁 17:30~21:00 / 목, 일 휴무

우동 うどん

일본 여행에 빠지면 아쉬운 음식, 우동. 어디서나 간편하게 맛볼 수 있지만, 교토답게 면 한 가닥에도 장인정신을 발휘하는 맛집들을 찾아볼 수 있다.

기온 우오케야 우 ❷ 우오케야 우

- 기온 거리에 위치한 140년 전통의 장어덮밥 전문점으로, 미슐랭 가이드에 소개된 맛집
- 장어 머리와 꼬리를 제거하고 찌는 옛 도쿄 방식을 사용하여 부드럽고 풍부한 맛을 자랑
- '우오케'라는 삼나무 통에 담긴 장어덮밥이 유명하며, 3인분부터 주문 가능
- 전화로만 예약이 가능하며, 일본어로만 응대 / 예약 없이 방문 시 대기 시간 길 수 있음
- 영업 시간 : 11:30~14:00, 저녁 17시~20시 / 월요일 휴무

야마모토멘조우 ❷ 야마모토멘조우

- 직접 제면한 수타면으로 굉장히 쫄깃하며 탱글한 식감을 가지고 있음
- 온우동, 냉우동, 붓카케 우동이 메인 메뉴로, 그중에서도 니쿠우동(고기)은 많은 사람들이 추천
- 닭가슴살 튀김 또는 야채모듬 튀김을 같이 주문할 것을 강력 추천
- 매장 취식은 예약 필수, 포장 가능 한국어 메뉴판 있음
- 위치 : 근처에 헤이안 신궁, 남젠지, 철학의 길 등이 있어 여행 일정에 넣기 좋음
- 영업 시간 : 월, 화, 금 10시~16시 / 수요일 10:00~15:30 / 토, 일 10시~17시 / 목요일 휴무

499

CAFE
교토를 대표하는 3대 커피숍

현지인들도 이른 아침부터 오픈런하는 '3대 카페'를 소개한다. 수십 년의 역사, 고집스러운 커피 철학, 먹음직스러운 조식 메뉴까지. 교토에서 아침을 시작하는 가장 완벽한 장소.

이노다 커피 본점
イノダコーヒ 本店

● 이노다 커피 본점   기온

1940년에 창업한 카페로 지역 주민과 관광객 모두에게 사랑 받는 곳. 2층 규모의 전통 가옥에 복고풍으로 꾸민 널찍한 실내가 멋스러움. 정원과 분수대가 있어 뷰도 근사함.

운영 시간
07:00~18:00(조식은 11:00까지)

＊전메뉴 부가세 8~10% 별도/ 실내 금연 / 테라스석 흡연 가능 / 흡연실 별도

커피
- 자체적으로 고수하는 로스팅/드립 방식이 있어 전체적으로 마일드하고 고소한 편. 신맛과 쓴맛이 적은 것이 특징.
- 라테가 없음. 대신 카페오레(690엔) 주문 가능. 커피잔 모양이 독특해서 인기.
- 드립커피는 아라비안 펄(750엔)과 콜롬비안 에메랄드(750엔)가 무난
- 빵, 케이크 등과 함께 주문해서 세트로 즐기면 경제적임

조식 '교토의 아침'
- 에그스크램블, 햄, 샐러드, 오렌지, 크로와상, 커피로 구성(1,680엔)
- 클래식한 비주얼과 기본에 충실한 맛으로 사랑받고 있음

에그마요 샌드위치
- 폭신한 식빵과 부드러운 에그마요가 조화로움 (780엔)
- 비리지 않고 고소한 맛. 오이가 느낌을 싹 잡아줌

프렌치 토스트
- 메두퉁한 사각 식빵 위에 흰 설탕이 눈 내린 듯 촘촘하게 박혀 있음 (680엔)
- 계란물이 골고루 잘 베어 있어 부들부들, 촉촉함. 커피와 찰떡궁합.

쇼핑 아이템
- 원두 200g (1,400~1,780엔)
- 드립백 5개(840~1,000엔)
- 이노다 로고가 새겨진 투명 유리컵(1,535엔)
- 커피잔 (1,250엔)

@plainflat_

스마트 커피
スマート珈琲店
📍 교토 스마트커피 **기온**

1932년에 오픈한 90년 역사의 카페. 분점을 내지 않고 본점만 있으며 1층은 카페, 2층은 식당으로 운영중. 과거의 모습을 온전히 보존하고 있어 레트로한 감성이 매력 포인트.

운영 시간
08:00~18:30
(런치는 14:30 주문마감)

✱ 전 좌석 금연

커피
- 이노다 커피와 달리 묵직하고 적당한 산미를 지님.
- 오리지널 블랜디드 (650엔), 아메리카노 (650엔), 카페오레(650엔), 비엔나(800엔)

프렌치 토스트
- 계란물 입힌 식빵이 앞뒤로 노릇노릇 잘 구워짐. 시럽을 직접 뿌려먹는 스타일 (800엔 / 음료 세트 1,400엔)

타마고 산도
- 통통하고 따끈한 계란말이가 들어간 샌드위치 (850엔)
- 일반은 겨자소스가 가미되어 살짝 매콤한 맛 / 야키는 빵을 구워 바삭하고 케찹이 가미된 맛

푸딩
- 시럽 깔린 유리잔에 서빙됨. 만화에서 봄 직한 비주얼로 인기만점 (800엔 / 음료 세트 1,400엔)
- 몽글몽글 부드럽고 진한 맛. 많이 달지 않아 끝까지 먹을 수 있음.

쇼핑 아이템
- 빨간통 원두 200g (1,500~2,100엔)
- 드립백 10개 (1,500엔)

@yj2070520

@chaeeun.oh

오가와커피 본점
小川珈琲 本店
📍 오가와커피 본점 **교토 외곽**

1952년에 오픈한 카페로 공간이 넓고 세련된 분위기. 공정무역 원두를 사용해서 직접 로스팅하고 있어 커피 가격대가 살짝 높은 편. 70주년을 기념하여 사카이마치 니시키점을 오픈했음.

운영 시간
07:00 - 19:00

✱ 전 좌석 금연

커피
- 진하고 쓴맛이 강조된 블렌딩이 많은 편. 드립 커피는 메뉴판에 향, 맛, 산미 등의 정보가 자세히 설명되어 있으므로 취향껏 주문 가능
- 아메리칸 블렌드 (600엔), 숯불커피 (600엔), 싱글 블루마운틴 (800엔), 유기농 아이스블렌드 (550엔), 에스프레소 (350~750엔)

모닝 세트
- 식빵 토스트, 샐러드, 요거트, 매쉬포테이토, 햄, 소시지, 계란 등으로 구성 (750~1,350엔)
- 다양한 조합이 있으므로 원하는 것을 골라 주문 가능)

애프터눈 세트
- 호텔식 2단 티어로 서빙. 생크림롤, 슈크림, 무스, 미니샌드위치, 쿠키, 샐러드로 구성 (1,528엔)
- 식사를 대신해도 좋을만큼 푸짐하게 잘 나와서 인기

쇼핑 아이템
- 원두 160g, 프리미엄 드립백
- 생크림롤 (1,400엔)
- 곰돌이 쿠키 5개 세트 (1,450엔)

CAFE 전통과 현대가 조화된 교토 감성 카페

기요미즈데라

스타벅스 교토 니넨자카 야사카차야점
📍 스타벅스 니넨자카
· 일본 전통 목조 건물에 자리하며, 다다미가 깔린 좌식 공간이 있다.
· 간판도 스타벅스 고유의 초록색을 배제하고 목조 건물과 조화되는 노란색 간판

아라시야마

%아라비카커피 아라시야마
📍 아라비카커피 아라시야마
· 아라시야마의 절경을 배경으로 한 카페로 라떼 아트를 만들어 준다.
· 테이크 아웃 전문, 내부 좌석 한 자리 있으나 30분에 이용료 1000엔

은각사 주변

블루보틀 교토 난젠지점
📍 블루보틀 교토
· 과거 찻집이었던 100년이 넘는 전통 가옥 그대로 사용
· 내부가 넓고 야외석도 있음, 애견 동반 가능

아라시야마

eX카페 교토 아라시야마점
📍 ex카페 아라시야마
· 전통 일본식 정원이 있는 고즈넉한 공간, 다다미 방과 일반 테이블 좌석
· 개인 연탄 화로 제공되며 당고를 직접 구워 먹을 수 있음

기온

프랑수아
📍 프랑수아 교토
· 1943년 문을 연 교토 최초의 프렌치 스타일 카페. 2003년엔 상업 시설 최초로 국가 등록 유형 문화재 지정
· 스테인글라서 창문과 벽에 걸린 명화 등 유럽풍 느낌

은각사 주변

모안
📍 모안 교토
· 숲속에 위치한 감성 카페로, 가는 길과 카페 내부에서 보이는 전망과 외부 풍경이 모두 자연에 둘러싸여 있어 아름답다.
· 웨이팅 존이 따로 있다.

아라시야마

사가노유
📍 Sagano yu
· 대중 목욕탕을 개조해 카페로 만든 곳
· 실내 공간 사진 촬영 금지, 본인 테이블의 음식과 음료 사진만 촬영 가능하다.

기온

이치카와야커피
📍 이치카와야 커피
· 오래된 고민가(목조 가옥)를 개조해서 운영 중인 카페
· 대기 줄이 길어 아침 식사로 방문하기를 추천, 인기메뉴 후르츠산도

MATCHA 말차 천국 교토

기온
말차하우스
📍 MACCHA HOUSE kawaramachi

말차 음료와 디저트 전문 카페로, 전통적인 말차의 깊은 풍미를 현대적 감각으로 재해석. 산넨자카에 2층 규모의 매장이 있으며 정원 느낌의 야외석도 있어 인기. 교토가와라마치점도 있음.

말차 티라미수 : 부드러우며 진한 말차 맛이 나지만 쓰지도 달지도 않아 적당함

기요미즈데라
시타키리차야
📍 시타키리차야

기요미즈데라 내부에 위치한 전통 찻집. 기요미즈데라를 둘러보고 일본 애니메이션에 나올 것 같은 평상에 앉아 잠시 휴식하며 말차 메뉴를 맛보기 좋다.

말차 : 진한 맛이 특징이며 말차를 주문하면 작은 화과자 두 조각이 함께 제공된다. 당고를 시켜 함께 먹는 것도 추천.

기요미즈데라
기요미즈 코아미
📍 기요미즈 코아미

기요미즈데라로 향하는 기요미즈자카에 위치한 디저트 카페. 내부가 깔끔하며 말차 슈, 말차 아이스크림 등 메뉴가 다양하다.

야츠하시 슈 : 교토 특산 과자인 '야츠하시'로 만든 커다란 슈. 안에는 달콤하고 씁쓰름한 말차 크림으로 가득 차 있다. 야츠하시 특유의 계피향이 특징.

아라시야마
eX 카페 교토 아라시야마점
📍 ex카페 아라시야마

일본 정원과 목조 건물을 배경으로 하며, 다다미 방과 마루가 있음. 치쿠린 대나무숲을 방문할 때 들르기 좋음

말차 빙수 : 크기가 크고 연유와 말차 시럽을 추가로 제공, 우유 얼음이 아니라 달지 않지만 말차의 진한 맛을 느낄 수 있어 더욱 좋음

우지
나카무라토키치 혼텐
📍 나카무라 토키치 혼텐

말차의 고장 교토 우지의 대표적인 말차 전문점. 1854년에 창업해 전통 깊은 곳으로 다양한 말차 디저트와 특산품을 판매한다. 교토역에서 열차로 30분이면 갈 수 있는 가까운 거리이지만 일정이 짧다면 교토역 지점도 있으니 추천.

말차 파르페 : 우지 본점 한정 메뉴인 '마루토 파르페'. 대나무통에 담겨 나오는 것이 특징으로, 말차 젤리, 아이스크림, 쉬폰 케이크, 말차 크림을 층층이 쌓아 진한 말차 맛을 느낄 수 있다

기요미즈데라
키요산포 kiyosanpo

산넨자카에 위치한 고급 전통 화과자 가게. 옛 구옥을 리모델링하여 크진 않지만 고즈넉한 분위기가 있음

말차 당고 : 특유의 단짠 소스와 말차 가루가 잘 어우러짐

은각사 주변
야마나카 카페 yamanaka cafe kyoto

한국인들에게 많이 알려지지 않은 한적한 카페로, 앤티크 가구와 골동품 등이 놓여 있어 고풍스러운 분위기가 특징.

말차와 경단 세트 : 담백한 팥이 올라간 일본식 떡과 진한 말차로 구성

BREAD
꼭 먹어야 할 디저트는? 교토 빵지순례

빵 덕후들에게 교토의 빵은 이미 유명하다. 오랜 역사를 가진 노포 빵집과 트렌디한 신상 베이커리가 공존하며, 한국보다 상대적으로 가격도 저렴한 편. 빵순이 빵돌이라면 지금 당장 지도에 이곳들을 저장하자.

마루키 베이커리
📍 마루키 베이커리

대표메뉴 : 햄롤 (햄, 양배추, 마요네즈만 들어간 단순한 구성이지만 인기), 에비카츠롤 (튀긴 새우 위에 생레몬 슬라이스를 넣어줘서 느끼하지 않음)

- 1947년 오픈한 오래된 노포 빵집.
- 일본에서 '코페빵コッペパン'이라 불리는 핫도그 번을 사용해 다양한 재료를 넣은 샌드위치를 판매한다.
- 작고 소박한 규모이지만 현지인들도 줄 서서 먹는 곳. 테이크아웃만 가능

신신도 산조카와라마치점
📍 신신도 산조카와라마치점

대표메뉴 : 크루아상 (신신도 대표 인기 빵), 바게트 프렌치 토스트 (바게트로 만든 프렌치 토스트), 모닝/런치세트 (스크램블, 햄, 샐러드, 수프 등 세트 메뉴를 주문하면 빵과 커피가 무제한 리필)

- 1913년 교토에서 창업한 프랑스식 베이커리 브랜드. 100년이 넘었지만 지금까지 교토 현지인들에게 사랑 받으며 교토 곳곳에 12개 지점이 있다.
- 프랑스식 빵부터 일본식 빵까지 다양한 종류를 맛볼 수 있다

르 프티 멕 이마데가와점
📍 르 프티 메크 이마데가와

대표메뉴 : 프렌치 크로와상 (버터향 가득한 정통 프랑스식 크루아상), 프렌치 토스트 (크림과 잼이 곁들여 나오며 아주 부드럽다), 타르트 (오렌지, 크림치즈, 사과, 배 등 매일 종류가 조금씩 바뀐다)

- 교토 본점을 둔 정통 프랑스 베이커리로, 오사카, 도쿄까지 지점을 확대하고 있는 곳.
- 식사빵부터 디저트빵까지 다양하며, 정통 프랑스 스타일을 추구하는 만큼 유럽인 여행객들의 발길이 끊이지 않는 곳.
- 매장에서 먹고 갈 수도 있다.

④ 그란디루 오이케점

📍 그란디루 오이케

대표 메뉴 : 소금빵 (150엔이라는 저렴한 가격 대비 훌륭한 맛), 베이글 (아주 쫄깃한 식감이 특징. 콩가루, 밤, 딸기크림치즈 등 다양한 맛), 황금멜론빵 (버터가 듬뿍 들어간 멜론빵)

- 교토에 문을 연지 30년 이상 된 빵집.
- 작은 동네 빵집 정도의 규모이지만 뛰어난 맛과 저렴한 가격으로 사랑 받고 있다.
- 대부분의 빵이 한화로 1~3천원 대로, 한국인 여행객들에게 저렴한 소금빵 맛집으로 소문난 곳.

니조성·교토교엔

⑤ 토라야 카료 교토이치조점

📍 Toraya Kyoto Ichijo

대표메뉴 : 안미츠 (미츠마메에 팥소, 떡, 꿀, 아이스크림을 얹은 일본식 여름 디저트), 요루노우메 ('밤의 매화'라는 이름의 토라야 대표 팥 양갱. 부드러운 식감과 달콤한 맛)

- 일본을 대표하는 고급 화과자 전문점. 무로마치 시대에 교토에 처음 문을 열었으며 400년이 넘은 오랜 역사를 자랑한다.
- 예전부터 지금까지 토라야의 양갱과 화과자는 황실에 납품될 정도로 명성이 높은 곳.
- 교토 내 주요 백화점마다 입점되어 있지만, 아름다운 정원을 바라보며 화과자를 즐기고 싶다면 토라야 카료 교토이치조점을 추천.

기온

⑥ 매쉬 교토

📍 매쉬 교토

대표메뉴 : 대파베이컨빵 (대파가 통째로 올라간 빵), 카레빵 (겉은 바삭하고 안에는 일본식 진한 카레가 듬뿍 들어있음), 크루아상 (1인 3개만 구매할 수 있을 정도로 인기)

- 대부분 200엔대의 가격으로 저렴해 현지인들에게 인기 있는 로컬 빵집.
- 카레빵 등 인기 있는 빵을 사려면 오전에 방문해야 한다.

기온

⑦ 시즈야 본점

📍 sizuya main shop

대표메뉴 : 카루네 (빵 사이에 햄과 양파를 넣은 시즈야의 대표 빵. 교토인들의 소울 푸드라고 할 정도로 인기), 비프가츠샌드 (비프카츠를 빵 사이에 끼운 샌드위치)

- 대전에 성심당이 있다면 교토에는 시즈야가 있다고 할 정도로 교토인들에게 친숙한 빵집.
- 1948년 교토에 처음 문을 연 이후로 교토역을 비롯해 20개 이상의 지점이 있을 정도로 대중성을 자랑한다.
- 시즈야는 일본을 통틀어 교토에만 지점이 있으므로 교토에 방문할 때 꼭 맛보는 것을 추천한다.

금각사 주변

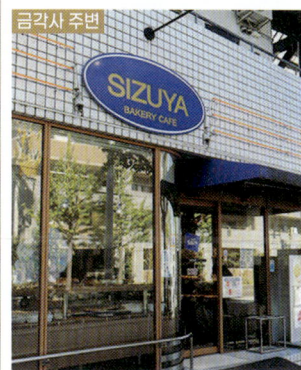

BREAD 꼭 먹어야 할 디저트는? 교토 빵지순례

교토역 주변

전통과 현대가 만나는 관문

교토 여행의 설렘 가득한 시작을 알리고, 마지막까지 배웅하는 곳, 교토역은 단순한 기차역을 넘어 그 자체로 하나의 거대한 랜드마크예요. 미래 도시를 연상케 하는 압도적인 스케일과 현대적인 건축미는 물론, 역 안팎을 가득 채운 힙한 상점가와 맛집이 '핫플'임을 증명하죠. 역 밖으로 나왔다면 교토 타워 위에서 다음 목적지까지 콕콕 짚어보자고요!

KEY WORD
- 교토역
- 교토타워
- 도지

TO DO LIST
- ☐ 교토역 대계단과 스카이웨이 거닐기
- ☐ 교토 타워 라이트업 포착하기
- ☐ 승림사 우산 옆에서 사진 찍기
- ☐ 도지 탑 앞에서 인증 사진 찍기
- ☐ 교토 국립박물관에서 '생각하는 사람' 찾기
- ☐ 교토 철도박물관 열차 체험하기
- ☐ 가모강 따라 자전거 타기

교토역 빌딩

교토역 빅스텝

음악분수 아쿠아 판타지

이세탄 백화점

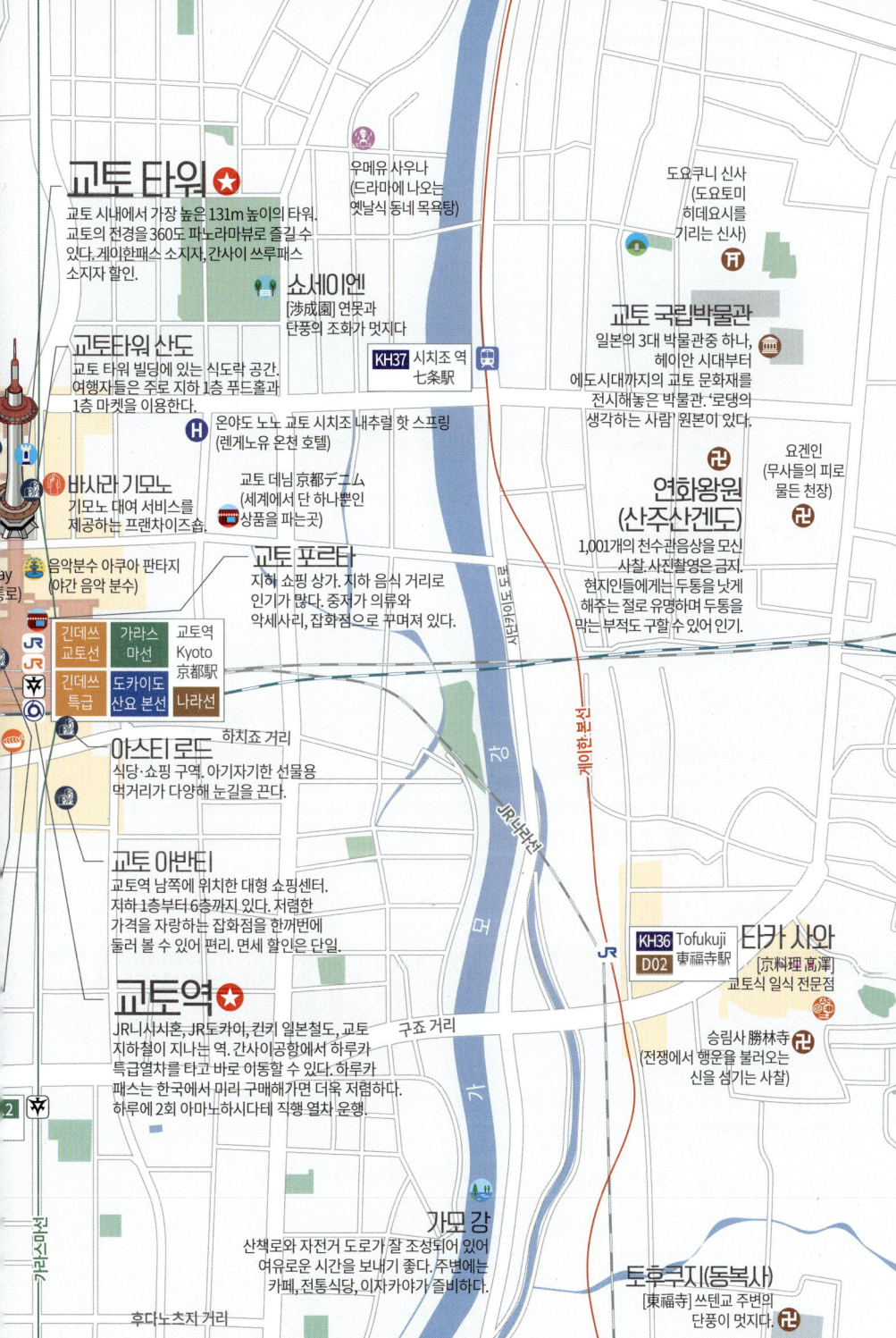

교토역 상세 약도

교토극장 (2~6층)
호텔 그란비아 교토 (2~15층)
교토 투어리스트 인포메이션 센터 (2층)
포르타 스카이 다이닝 (11층)
교토역 스카이웨이 (10층)
교토 라멘코지 (10층)
교토역 대계단 (4층~11층)
JR교토 이세탄백화점 (B2~11층)
교토역 중앙 게이트 (1층)
뮤지엄 에키 교토 (7층)
남북자유통로 (2층)
교토 시내 버스 정류장, 교토타워 방향
교토 포르타 (B2~11층)
남
북

아반티
하치조구치
(하치조 출구)
- 신칸센, 킨텐츠전철, 간사이공항 리무진버스를 탈 때
- 이온몰, 아반티, 아스티, 킨테츠 미야코미치, 도지
이온몰
간사이공항 리무진버스 타고 내리는 곳 (1층)
킨테츠 미야코미치(1층)
신칸센 타는 곳 (2층)
아스티(1~2층)
킨테츠전철 타는 곳 (2층)
(B2) 지하통로
교토 지하철 타는 곳 (B2층)
(2층) 남북자유통로
JR 전철 타는 곳 (1층)
교토 지하철 타는 곳 (B2층)
가라스마구치
(가라스마 출구)
- JR전철, JR하루카, 버스, 택시를 탈 때
- 포르타, 이세탄, 교토타워, 대부분의 교토 관광지
이세탄/포르타 (B2~11층)
JR 하루카 타는곳 (1층)
택시 타는 곳(1층)
교토역 버스 타는 곳(1층)
남
북
교토타워

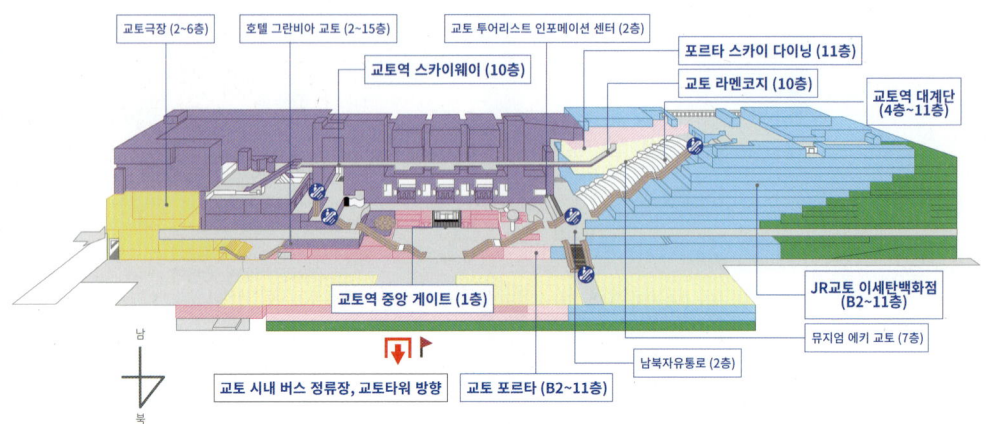

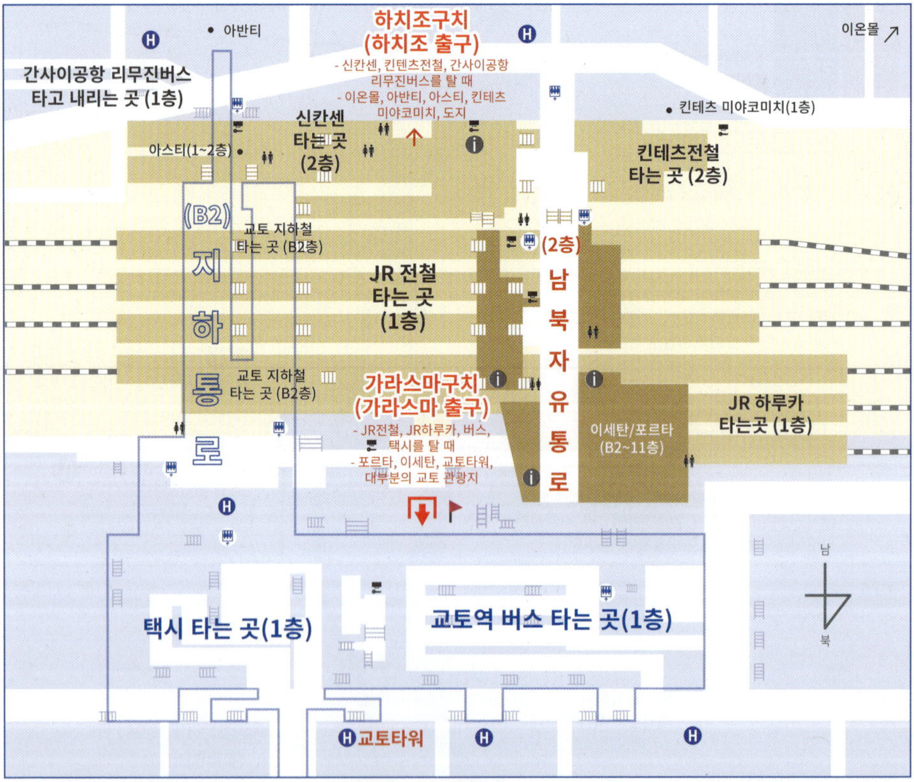

교토역 京都駅 "교토의 길은 모두 이곳으로 모인다" 추천

교토 **교토역 주변**

교토의 교통 허브 역할을 하는 기차역. <u>도카이도 신칸센, JR선, 지하철, 긴테쓰 4개의 철도</u>가 지나는 대형 터미널로, 15층 건물 안에 백화점, 음식점, 영화관, 호텔까지 있어 편리하다. 교토 역 앞 광장에는 <u>교토 곳곳을 연결하는 시내버스와 고속버스, 공항버스</u>가 출발해 늘 인파로 북적이는 곳. 건물을 이어주는 공중 통로인 스카이웨이에서 교토 타워를 바라보기 좋다. (511p D:2)

📍 교토 역 #교통허브 #교토기차

킨테츠 명점가 미야코미치
Kintetsu Meitengai Miyakomichi
"교토역에서 즐기는 달콤한 쇼핑"

아스티 로드 アスティ京都
"신칸센에서 먹을 도시락 사야겠다~"

말차 디저트, 교토 전통 과자 등 기념품 구매하기 좋은 상점가. 킨테츠 교토역 내부에 위치해 있다. 특히 <u>교토 특산품과 기념품 가게가</u> 많아 선물 사기에 편리하다. 고급 말차 브랜드 말브랑슈 카페를 비롯해 소바 전문점, 장어덮밥집, 중식당, 야키토리 이자카야 등 음식점도 다양. 식료품점, 화장품, 의류점에서 쇼핑도 즐길 수 있다.

교토역에서 <u>신칸센 타기 전 식사하기 좋은 쇼핑몰</u>. 1층은 식당가와 기념품숍, 2층은 테이크아웃하기 좋은 토산품점, 도시락 가게 등이 입점해 있다. 그중에서도 여행자를 위한 아기자기한 선물용 먹거리가 다양해 눈길을 끈다. 소량으로 예쁘게 포장한 야채절임, 대나무통에 넣은 말차 양갱, <u>교토 향신료로 양념한 견과류가 대표 인기</u> 아이템. (511p D:2)

📍 Kintetsu Meitengai
#상점가 #쇼핑센터 #교토역

📍 ASTY Kyoto
#교토쇼핑 #교토선물 #기념품

교토역 빌딩 京都駅ビル
"하이테크 건축 기술이 집결된 교토 교통의 중심"

스시노무사시 맛집
寿しのむさし 京都駅八条口店
"150엔부터 시작! 교토 특산물 '하코즈지'도 있지요~"

다양한 초밥을 합리적인 가격에 제공하는 인기 회전초밥 전문점. 가장 저렴한 접시는 약 150엔부터 시작한다. 하코즈시 같은 교토 특산물 초밥을 비롯해 참치나 연어 초밥도 가격에 따라 다양하게 즐길 수 있다. 단새우, 우니 등은 매진되기 쉽상이니 빨리 주문할 것. 무료로 내주는 교토 맛차가 맛있다. 점심시간이나 저녁시간에는 대기 인원이 많으므로 여유를 가지고 방문하는 것이 좋다. (511p D:2)

📍 스시노무사시

#저렴한회전초밥 #신선한 #다양한

수많은 트러스트 구조체와 4천여 장의 유리, 매끈한 콘크리트로 현대미를 강조한 빌딩. 교토역을 중심으로 이루어져 있으며, 하이테크 건축가로 불리는 '하라 히로시'가 디자인했다. 뻥 뚫린 계단식 공간과 높은 천장 또한 인상적. 야간엔 조명 쇼도 펼쳐진다. 빌딩과 연결된 카라스마 스퀘어와 스카이웨이는 교토 타워와 시내를 한눈에 조망할 수 있는 숨겨진 명소이니 참고. (511p D:2)

📍 교토역 빌딩   #교토랜드마크 #하라히로시 #전망명소

교토역 스카이웨이 京都駅ビル 空中径路 추천
"4천 장의 유리로 만들어 낸 교토 타워 뷰"

교토 타워가 또렷하게 보이는 무료 전망대. 교토 시내를 내려다볼 수 있는 야경 스폿 중 하나로 유명하다. 4천 장이 넘는 유리로 만든 터널길이라 일반적인 전망대와 또 다른 묘미가 있다. 교토타워 사진을 찍을 거라면 전망대로 올라가는 계단 초입, 건물 3층에서 촬영하는 걸 추천한다. (510p C:2)

📍 스카이웨이 교토   #교토역명소 #무료전망대 #야경스폿

교토 타워 ニデック京都タワー "교토 하늘을 찌르는 131m의 고층 타워" 추천

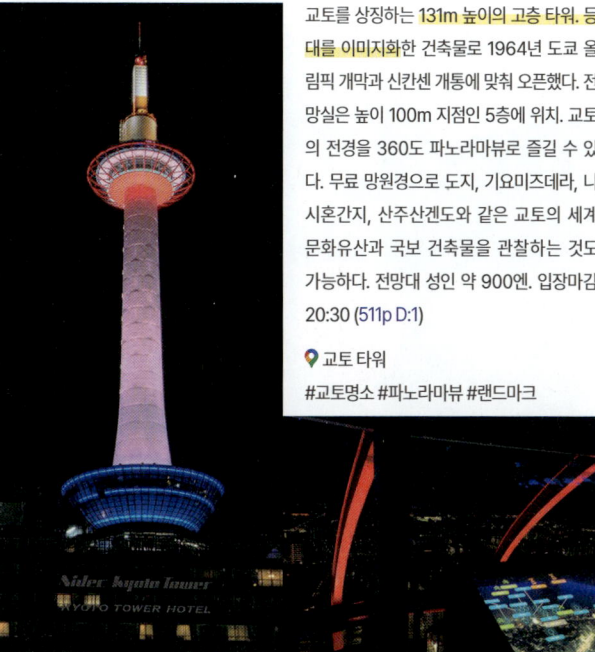

교토를 상징하는 131m 높이의 고층 타워. 등대를 이미지화한 건축물로 1964년 도쿄 올림픽 개막과 신칸센 개통에 맞춰 오픈했다. 전망실은 높이 100m 지점인 5층에 위치. 교토의 전경을 360도 파노라마뷰로 즐길 수 있다. 무료 망원경으로 도지, 기요미즈데라, 니시혼간지, 산주산겐도와 같은 교토의 세계문화유산과 국보 건축물을 관찰하는 것도 가능하다. 전망대 성인 약 900엔. 입장마감 20:30 (511p D:1)

📍 교토 타워
#교토명소 #파노라마뷰 #랜드마크

Kyo Chabana Kyoto Station
京ちゃばな 京都駅前店 맛집
"토마토와 아보카도가 핵심 이벤트"

평범한 오코노미야키가 아닌 이색적인 스타일로 맛보고 싶다면 추천하는 음식점. 토마토와 아보카도를 활용한 독창적인 메뉴를 선보인다. 특히 토마토 오코노미야키는 요리 마무리 단계에서 특제 소스를 듬뿍 뿌려주는 것이 특징. 짜지 않고 간이 잘 맞다. 약 1180엔

📍 Kyo Chabana 교토역
#오코노미야키 #아보카도 #철판요리

Kyo no Miyage 京のみやげ
"기차 시간 얼마 안 남았는데 기념품 사는 거 까먹었다,,,!"

교토역 내에 위치한 기념품 전문점. 전통적인 교토 명과부터 교토산 술, 공예품까지 다양한 제품이 갖춰져 있다. 전통 과자인 야츠하시와 와라비모치, 교토산 사케, 츠케모노, 치리멘을 비롯해 고급 녹차 초콜릿 브랜드인 '마루블랑슈'의 '차노카(茶の菓)' 도 판매한다. 신칸

센 타기 전 기념품 살 곳을 찾는다면 추천

📍 Kyo no Miyage
#교토기념품 #사케 #마루블랑슈

교토타워 산도 京都タワーサンド
"뭐 먹을지 고민되게 만드는 쇼핑몰"

푸드홀과 푸드 마켓이 크게 자리한 쇼핑몰. 지하 1층부터 지상 3층까지 공간으로, 지하 1층 식당가와 지상 1층 마켓으로 인기. 교토 식재료를 이용한 고급 식당들이 많다. 특히 양조장 사케, 일본 크래프트 맥주, 희귀 와인 등을 맛볼 수 있어 매력적이다. (511p D:2)

📍 Kyoto Tower Sando
#식도락공간 #푸드마켓 #교토음식

교토 기모노 렌탈 와르고 교토에키마에 교토타워샌드점
"다채로운 기모노의 변신, 나와 가장 잘 어울리는 건?"

교토 타워 내에 위치한 기모노 렌탈 전문점으로, 다양한 스타일의 기모노를 대여할 수 있다. 화려한 후리소데, 우아한 몬츠키 하오리, 가벼운 유카타 등 폭넓은 선택지가 마련되어 있다. 숙련된 직원의 기모노 착용과 헤어 스타일링 서비스도 제공된다. 사전 예약 시 할인된 가격에 대여할 수 있으며, 기본요금 세금 포함 3,300엔으로 저렴하다.

📍 Kyoto Kimono Rental wargo Kyoto Tower Shop
#교토타워 #기모노 #헤어

멘야 키요 교토에키마에텐
麵屋 聖~kiyo~京都駅前店 맛집
"깔끔한 간장 베이스에 조개 육수 투하!"

현지인에게 인기인 깔끔한 간장 베이스 라멘을 맛볼 수 있는 라멘집. 조개육수 라멘인 '아와타케 라멘(약 910 엔)'이 대표 인기 메뉴다. 쫄깃한 중간면에 조개 육수를 우려내 짭짤하고 시원한 감칠맛 국물이 특징. 잡내 없이 부드러운 차슈를 여러 장 추가하여 함께 먹는 이가 많다. 쌀밥으로 먹고 싶다면 차슈 덮밥을 주문해보길 추천

📍 kiyo 교토역
#조개육수 #아와타케라멘 #차슈덮밥

교토역 빌딩 대계단
京都駅ビル 大階段
"LED 옷 입은 171개의 계단"

171단 규모의 거대한 계단이 LED 조명으로 화려하게 장식된 교토역 랜드마크. 연말과 연초에는 크리스마스트리와 일루미네이션이 더해져 겨울밤의 분위기를 한층 고조시킨다. 계단 중앙에서 바라보는 대형 디지털 아트도 볼거리로, 교토 유명 관광지나 계절 특징을 지닌 다양한 패턴을 활용하여 조명 쇼로 연출된다. (510p C:2)

📍 Kyoto Station Daikaidan #야경

돈카츠 가츠쿠라 교토포르타점
名代とんかつかつくら京都ポルタ店
"부드러운 산겐 돼지를 사용했어요" 맛집

부드럽고 풍부한 맛의 산겐 돼지를 사용하는 돈카츠 전문점. 인기 메뉴는 왕새우 튀김이 함께 나오는 세트 메뉴다. 게살이 들어간 계란찜도 별미. 보통 일식집에서 나오는 계란찜의 3배 사이즈로 양이 많다. 식사 후에는 말차 티라미수 케이크로 마무리할 수 있다. 모든 정식에는 밥, 된장국, 양배추가 포함되며 무한 리필이 가능하다. 한국어 메뉴판 제공. 이세탄 백화점과 연결된 포르타 쇼핑몰 11층에 있다. 약 1740엔

📍 가츠쿠라 교토포르타
#돈카츠 #왕새우튀김 #게살계란찜

교토 라멘 골목 京都拉麺小路 추천
"라멘 천국 일본을 압축 버전으로 선보이는 곳"

후쿠오카부터 삿포로에 이르기까지 일본을 대표하는 향토 라멘이 한자리에 모여있는 곳. 교토역 빌딩 10층에 있다. 총 9개의 라멘집이 있어 메뉴에 따라 골라 맛볼 수 있다. 말차 디저트를 전문으로 하는 카페도 한 곳 입점. 가게 앞 자판기에서 주문한 다음 입장하면 된다. 점심·저녁시간에는 대기줄이 긴 편. 라멘집의 메뉴와 가격을 소개하는 한글 리플렛이 있다. (510p C:2)

📍 Kyoto Ramen Koji
#라멘맛집 #교토라멘 #지역별라멘

교토역 스카이가든 大空広場 (京都駅ビル)
"교토역 옥상도 올라갈 수 있는 거 알아?"

교토역 건물 옥상에 위치한 개방형 전망 공간. 에스컬레이터를 타고 최상층까지 올라가면 도착할 수 있다. 잘 알려지지 않은 숨은 스팟이라 사람도 적고, 탁 트인 교토 시내를 내려다볼 수 있어 한번쯤 방문해 보기 좋다. 잔디 정원과 대나무 조경, 벤치가 설치되어 있어 편안한 휴식도 즐길 수 있다. 교토 시내의 노을 진 풍경과 야경을 무료로 감상하고 싶다면 방문해 보길

📍 Sky Garden kyoto
#무료 #전망 #노을

돈카츠 KYK 교토 포르타점 `맛집`
とんかつＫＹＫ京都ポルタ店
"돈카츠만으로 아쉽다면 새우튀김 추가!"

가성비 좋은 돈카츠 전문 체인점. 등심과 안심 돈카츠 정식이 있으며, 밥, 된장국, 양배추 샐러드가 무한 리필로 제공된다. 테이블마다 다양한 드레싱과 소스가 비치되어 있어 개인 취향에 맞게 맛볼 수 있다. 새우 튀김은 서브 메뉴로 인기. 태블릿 주문 시스템에서 한국어 지원이 가능해 주문 편리. 포르타 다이닝 지하 1층에 위치. 약 1750엔

📍 KYK 포르타
#가성비돈카츠 #다양한드레싱 #밥무한리필

무인양품 교토 포르타점
無印良品 京都ポルタ
"환승 시간 활용한 쇼핑, 기차에서 먹을 간식 사기"

교토역 지하상가 포르타(Porta) 내에 위치한 생활용품 매장. 주로 의류, 식품, 생활소품, 여행용품 위주로 구성되어 있다. 교토역과 바로 연결되어 있어 접근성이 뛰어나고, 이동 중 간단한 쇼핑을 하기에 적합하다. 일본 한정으로 판매하는 간식이나 간단하게 끼니를 해결할 수 있는 간편식도 판매하고 있으니 참고. 5,500엔 이상 구매 시 면세 가능

📍 무인양품 kyoto porta
#생활용품 #간편식 #소품

음악분수 아쿠아 판타지 音楽噴水AQUA FANTASY
"음악에 맞춰 현란한 춤 솜씨를 보여주는 분수"

교토역 광장에서 펼쳐지는 음악과 조명 쇼. 교토타워를 배경으로 다양한 색의 조명이 음악에 맞춰 물줄기를 뿜어낸다. 계절별로 음악과 조명이 달라지며 계절에 맞는 분위기로 연출된다. 오후 7시부터 9시 45분까지 매시 정각에 15분 동안 운영하며, 마지막 타임은 오후 9시 30분부터 15분간 운영한다. (511p D:1)

📍 Musical Fountain Aqua Fantasy   #음악분수 #야경 #교토의밤

교토 포르타 京都ポルタ - Kyoto Porta - `추천`
"교토역 지난다면 지하 세계도 빼놓지 말 것"

의류 매장과 식당 등 220여개의 상점이 밀집한 교토역 지하 상가. 저렴하고 개성있는 선물용 간식과 '돈가츠 가츠쿠라' '잇푸도' 등 유명 맛집의 분점이 모여 있다. 점심, 저녁시간에 대기는 기본. 그 밖의 공간은 주로 중저가 의류와 악세사리, 잡화점으로 꾸며져 있다. 여성 브랜드가 압도적으로 많은 편. 면세 할인은 불가 (511p D:2)

📍 교토 포르타   #지하쇼핑몰 #중저가쇼핑 #맛집분점

Ippudo - Kyoto Porta 맛집
一風堂 京都ポルタ店
"자극적인 국물이 좋다면 카라카멘으로!"

일본의 유명 라멘 체인점. 진하고 부드러운 돈코츠 스프와 쫄깃한 면으로 믿고 먹을 수 있는 식당이다. 대표 메뉴로는 시로마루 모토아지, 아카마루 신미 등이 있으며, 매콤한 고추기름을 더한 카라카멘도 인기 있다. 마라탕처럼 자극적이고 칼칼한 맛을 좋아한다면 맛있게 먹을 수 있는 라멘이다. 테이블에는 매콤한 갓 절임이 제공되어 라멘과 함께 곁들이기 좋다. 교자도 사이드 메뉴로 제격. 약 1264엔

📍 잇푸도 교토포르타
#라면체인 #부드럽고진한육수 #매콤한라멘

Keyuca - Kyoto Porta
KEYUCA 京都ポルタ店
"스테인리스로 깔끔한 주방 완성시키고 싶다면"

교토역 지하상가 포르타에 위치한 라이프스타일 브랜드 매장. 심플하면서도 실용적인 디자인이 특징으로, 주방용품, 인테리어 소품, 욕실용품, 의류 등을 판매한다. 특히 주방용품은 깔끔한 디자인으로 스테인리스 제품이 인기 상품이며 젓가락을 사면각인 서비스를 해준다. 일본 특유의 미니멀하고 자연 친화적인 감성이 담겨 있어 선물이나 기념품으로도 인기가 많다.

📍 Keyuca - Kyoto Porta
#생활잡화 #인테리어 #미니멀

JR교토 이세탄백화점 ジェイアール京都伊勢丹
"교토에서 이름난 화과자와 사케 찾고 있나요?"

교토에서 유명한 화과자와 사케를 구매하기 좋은 백화점. 교토역과 직접 연결되어 있으며, 지하 2층부터 11층까지 명품숍, 유명 브랜드숍, 카페, 레스토랑 등이 입점해 있다. 특히 지하 1~2층 식품관으로 인기. 먹거리와 주류, 기념품까지 구입하기 좋은 장소다. 전망 좋은 레스토랑은 7~11층에 위치. 1일 총 구매 금액 5,000엔 이상이면 면세 가능. 면세 카운터 2층 (510p C:2)

📍 교토 이세탄
#교토백화점 #교토쇼핑 #면세

요도바시카메라 멀티미디어 교토 ヨドバシカメラ マルチメディア
"카메라만 파는 곳은 아니라고-"

카메라, 컴퓨터 등 최신 전자기기가 다양하고 교토역과 연결된 전자제품 쇼핑몰. 지하 1층은 휴대폰, PC, 게임기. 1층은 카메라, 가전, 자전거, 시계 등을 구입할 수 있다. 2층에서는 TV, 오디오, 악기, 장난감을, 3층에서는 세탁기, 에어컨 같은 생활 가전과 캠핑 용품을 판매한다. 5천엔 이상 구매 시 면세. 건물 내 슈퍼와 버거킹도 입점 (510p C:2)

📍 요도바시카메라 교토
#전자제품쇼핑 #교토쇼핑 #면세할인

NITORI Deco Home Kyoto-Yodobashi 京都ヨドバシ店
"보드라운 감촉의 쿠션 커버 찾고 있다면"

실용적이고 저렴한 홈데코 소품이 많은 매장. 침구, 주방용품, 인테리어 소품, 수납 아이템을 주로 취급하고 있다. 매장 규모가 크고 깔끔해서 쇼핑하기 좋다. 특히 부드러운 감촉의 쿠션과 커버, 커튼을 다양하게 판매한다. 가성비 좋은 인테리어 소품을 찾고 있다면 방문해 보길 추천. 요도바시 카메라 멀티미디어 교토 건물 내 위치

📍 NITORI Deco Home Yodobashi #생활용품 #러그 #쿠션

가모 강 鴨川
"1급수 청정하천이 흐르는 라이딩 명소"

산책로와 자전거 도로가 잘 조성된 23km의 강. 교토 시내를 가로지르며 흐르고, 1급수 청정하천이라 깨끗하다. 봄에는 벚꽃, 여름에는 녹음, 가을에는 단풍을 감상할 수 있는 곳이니 피크닉을 하거나 도시락을 먹는 것도 추천. 주변에는 카페, 전통식당, 이자카야가 즐비하다. 에도 시대에는 가부키의 기원인 '가부키 오도리'가 공연되던 곳 (511p E:3)

📍 가모 강 #교토명소 #산책로 #벚꽃명소

교토 효토 교토에키마에 본점
京都 瓢斗 京都駅前本店 맛집
"깔끔한 육수에 퐁당 빠진 돼지고기"

돼지고기 샤브샤브가 맛있는 일식당. 자극적이지 않고 깔끔한 육수에 부드럽고 단맛이 나는 돼지고기의 궁합이 훌륭하다. 돼지고기를 살짝 익혀 특제 다시에 담근 다음 파와 함께 먹으면 된다. 오미규 또는 대게를 반반씩 섞어서 주문할 수도 있다. 가격대는 다소 높으나 전채 요리부터 디저트까지 푸짐해서 만족스러운 식사를 할 수 있다. 사전 예약하면 좀 더 저렴한 가격으로 이용할 수 있다. 약 8000엔

📍 Kyoto Hyoto Honten
#오미규 #돼지고기샤브샤브 #대게

바사라 기모노
着物レンタルVASARA 京都駅前店
"머리부터 발끝까지 전통의상으로 변신할 수 있는 곳"

기모노를 대여할 수 있는 렌탈숍. 기모노, 오비(기모노 허리 장식 띠), 유카타, 가방의 종류가 월등히 많고 점원도 친절하다. 일본 전역에 있는 프랜차이즈 매장으로 헤어, 메이크업, 소품 대여까지 가능하다. 공식 홈페이지에서 전날 또는 당일 예약 가능. 결제는 현장에서 진행. 옵션마다 추가 요금이 발생해 일반 대여점보다 가격대는 높은 편. (511p D:2)

📍 VASARA 교토
#기모노대여 #당일예약가능 #다양한소품

로피아 교토 요도바시점
ロピア 京都ヨドバシ店
"간편하지만 고품격, 끼니 걱정 끝!"

초밥과 도시락 퀄리티가 훌륭하기로 유명한 식료품 마트. 저렴한 가격에 살 수 있다. 특히 골라 담는 초밥은 양도 푸짐하고 가격도 저렴해서 인기. 복숭아, 샤인머스캣 등 신선한 과일도 소량으로 구매할 수 있다. 피자, 라멘 같은 즉석식품도 다양. 현금 결제만 가능. 요도바시 카메라 쇼핑몰 지하 2층

📍 로피아 교토
#식료품마트 #가성비초밥 #교토쇼핑

교토 국립박물관 京都国立博物館 `추천`
"로댕의 '생각하는 사람'이 왜 여길?"

일본 조각상, 회화, 서예, 금속 공예품 등을 감상할 수 있는 박물관. 헤이안 시대부터 에도시대까지의 교토 문화재를 전시하고 있다. 앤티크한 붉은 벽돌 외관과 정원 내 연못도 아름다워 사진찍기 좋다. 본관 앞에 로댕의 <생각하는 사람> 작품이 있어 유명. 전시는 주로 신관에서 진행되며 1층은 생활사, 2층은 미술사, 3층은 고고학 유물로 꾸며져 있다. 성인 약 700엔. 화-목요일 09:30-17:00, 금요일 09:30-20:00 월요일 휴무 (511p F:1)

📍 교토 국립박물관 #박물관여행 #로댕 #건축명소

귀무덤 耳塚 (鼻塚)
"비극적인 역사를 지닌 애도의 공간"

도요토미 히데요시의 조선 침략(임진왜란, 정유재란) 당시 일본군이 조선인들의 귀와 코를 베어 전리품으로 봉헌한 무덤. 기존엔 '코 무덤'으로도 불리던 곳. 조용한 공터에 자리하며, 한일 역사의 비극을 상징하는 곳이라는 점에서 의미가 깊다. 한국어로 자세한 설명이 쓰여있어 역사에 대해 잘 알지 못하더라도 의미를 쉽게 이해할 수 있다. (511p F:1)

📍 귀무덤
#조선인 #귀와코 #전쟁

혼케 다이이치 아사히 본점
本家 第一旭 本店 `맛집`
"다들 안 자고 여기 라멘 먹으러 온 거야?!"

1974년 오픈한 전통 라멘집. 교토에서 손꼽히는 쇼유라멘 맛집. 밤 12시까지 늘 긴 줄이 이어져 1시간 웨이팅이 기본. 현지인들이 자주 찾는 곳으로 합리적인 가격에 푸짐한 라멘을 제공하고 있다. 소스가 잘 배어들고 식감 또한 뛰어나다 보통 사이즈도 배부를 정도로 충분하다. 일본 라멘치고는 짜지 않고 담백하다. 김치도 주문 가능(280엔). 차슈멘 약 1130엔 멘마라멘 약 1080엔

📍 혼케 다이이치 아사히 본점
#쇼유라멘 #새벽운영 #김치

승림사 勝林寺 `추천`
"화려함을 빼놓고 논할 수 없는 사찰"

컬러풀한 우산 장식과 꽃이 가득한 우물로 유명한 사찰. 가을엔 단풍이 아름답게 물들고, 꽃꽂이를 활용해 화려하게 꾸며진 공간이 많아서 사진 찍기 좋다. 전쟁의 신 비샤몬텐(다문천왕)을 섬기는 사찰로 본당에 비샤몬텐 본존이 자리하고 있다. 좌선 체험 프로그램이 잘 되어 있어 방문객이 많은 편. 삼각대 사용 금지. 성인 약 800엔. 10:00-16:00 (511p F:3)

📍 승림사 #꽃우물 #좌선체험 #단풍명소

연화왕원 (산주산겐도) 三十三間堂 `추천`
"두통 안녕~! 부적 하나로 고민 해결"

1,001개의 천수관음상을 모신 사찰. 본당 중앙의 천수관음좌상(국보)를 중심으로 좌우에 500개씩 이름이 각기 다른 천수관음상이 배치되어 있어 장관을 이룬다. 본당은 120미터 길이의 목조건축물로 33개의 기둥칸을 갖고 있어 산주산겐도라 불린다. 현지인들에게는 두통을 낫게 해주는 절로 유명하며, 두통을 막는 부적도 구할 수 있다. 사진촬영 금지. 성인 약 성인 600엔. (511p F:2)

📍 렌게오인 #국보사찰 #천수관음상 #두통부적

교토 아반티 京都アバンティ
"일본에서 유명한 드럭스토어는 다 모였네!"

가성비 좋은 잡화점이 다양한 대형 쇼핑센터. 돈키호테, 세리아, 쓰리코인즈, 다이소, 마쓰모토 키요시 등 유명 잡화점이 모여있어 한꺼번에 둘러볼 수 있다. 지하 1층부터 6층까지 규모로, 1~3층은 여성 의류, 4~5층은 남성 의류, 6층은 서점으로 꾸며져 있다. 면세 할인은 단일 매장에서 5,000엔 이상 구매했을 시 가능 (511p D:2)

📍 교토 아반티   #교토쇼핑   #돈키호테   #면세할인

유메미야 夢み家 `맛집`
"한국인이라면 김치 메뉴 하나 포함하는 걸 추천!"

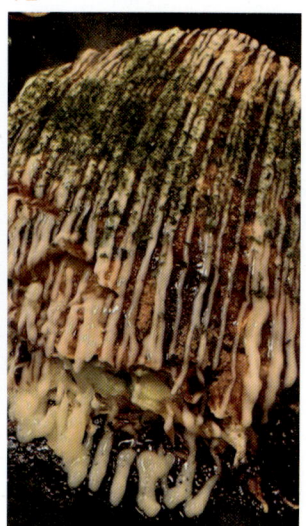

곱창 야키소바로 유명한 철판 요리 전문점. 돼지와 오징어가 토핑으로 들어간 오코노미야키와 닭 연골 구이도 간판 메뉴다. 소힘줄 김치 야키소바, 돼지 김치 야키소바 등 기름기를 잡아주는 김치가 들어간 메뉴를 하나 정도는 포함하여 주문하는 걸 추천한다. 전반적으로 간이 세지 않고 가격대도 저렴한 편. 실내 흡연 가능. 약 1000엔. 토, 일 휴무

📍 유메미야
#곱창야키소바 #철판요리 #김치메뉴

OMOFU Roastery cafe `맛집`
"유기농 플랫화이트가 대표 메뉴"

유기농 인증 받은 원두를 사용해 직접 로스팅까지 진행하는 스페셜티 카페. 플랫화이트가 맛있는 곳이지만 음료와 디저트의 비주얼이 독특해서 더 유명하다. 귀여운 붕어빵을 올린 말차 아이스크림과 앙버터는 SNS에 올리기 좋은 인기 메뉴다. 크림이 들어가는 음료는 잔이 넘치도록 장식해 주어 먹는 재미를 더한다. 미야코 호텔 지하에 위치. 좌석간 간격이 넓은 편이라 편안하게 머물 수 있다. 약 890엔

📍 OMOFU
#스페셜티카페 #말차와붕어빵 #디저트맛집

교토 교토역 주변

도지(교왕호국사) 東寺 추천
"55미터 높이까지 밝게 빛나는 봄·가을 밤"

벚꽃·단풍 시즌에 야간 라이트업 되는 높이 55미터의 오층탑으로 인기인 불교 사찰. 8세기 초 교토 천도 당시 지어진 건축물로, 나성문 기준으로 동쪽에 있어 도지(東寺,동사)라 불린다. 중요 문화재이자 국보로 지정된 강당과 금당의 불상 또한 이곳의 주요 볼거리. 특히 오대여래상과 약사여래삼존상이 유명하다. 매달 21일엔 벼룩시장이 열린다. 성인 500엔 (510p B:3)

📍도지
#오층탑 #세계문화유산 #야간라이트업

히가시 혼간지 東本願寺 추천
"1톤 무게의 머리카락 밧줄이면 사찰도 짓는다!"

무게 1톤짜리 머리카락 밧줄 케즈나(毛網)가 있는 사찰. 여성신도들이 바친 머리카락과 삼을 엮어 만든 것으로 본당(고에이도) 건축 당시 목재를 나르는데 쓰였다고 전해진다. 도쿠가와 이에야스(에도 막부를 세운 인물로 일본 통일의 기반마련)가 세운 곳으로 웅장한 정문과 운동장처럼 넓은 본당이 당시 불교의 위력을 짐작케 하는 문화재.(510p C:1)

📍히가시 혼간지
#국보사찰 #고에이도 #머리카랏밧줄

쇼세이엔 涉成園 (枳殼邸)
"탱자나무가 품은 고즈넉한 정원"

탱자나무를 울타리 삼고 있어 키코쿠테이(탱자저택)로도 불리는 히가시혼간지의 별채 정원. 인게쓰치라 불리는 넓은 연못 안에 섬을 만들고 예쁜 다리를 여럿 둔 것이 특징. 봄에는 벚꽃이, 가을에는 단풍이, 겨울에는 동백꽃이 아름다운 곳이다. 야간 라이트업도 볼거리. 과거에는 가모가와 강에 닿을 정도로 규모가 컸다고 한다. 1936년 국가 명승지로 지정되었다. 성인 약 700엔 (511p D:1)

📍쇼세이엔 #교토정원 #벚꽃단풍명소 #야간라이트업

교토철도박물관 京都鉄道博物館 "시간이 멈춘 기차 안에서 즐기는 여행" 추천

철도 역사와 문화를 체험할 수 있는 박물관. 기차 안에서 식사도 가능하고 침대 기차도 예약하면 체험할 수 있다. 실제 운행했던 다양한 기차를 야외/실내에 폭넓게 전시. 특히 철도 디오라마 관람은 이곳의 대표 볼거리로, 모형 기차가 10분간 철로를 따라 질주하는 모습을 즐길 수 있다. 박물관 입장권 및 체험 티켓 구매는 홈페이지 또는 예약 사이트에서 가능. 성인 약 1500엔. 입장마감 16:30. 수요일 휴관(공휴일은 제외) **(510p A:2)**

◎ 교토철도박물관   #기차체험 #가족나들이 #어린이명소

니시혼간지 西本願寺 "교토 3각이라 불리는 '비운각'과 연못"

금각사, 은각사와 함께 교토 3각이라 불리는 '비운각(飛雲閣)'이 자리한 사찰. 유네스코 세계문화유산으로 지정되었으며, 중앙에 15m가 넘는 거대한 은행나무가 있다. 연못 위에 세워진 3층 누각 비운각은 그 모양이 웅장하고 아름다워 명건축으로 인정받고 있다. 경내에 있는 미카케도, 아미타도, 서원, 노무대, 당문 등 대부분의 건축물도 중요문화유산이다. **(510p B:1)**

◎ 니시혼간지   #비운각 #세계문화유산 #국보사찰

규카츠 교토가츠규 교토역전점 牛カツ京都勝牛 京都駅前店 맛집
"겉은 바삭하게 속은 촉촉하게!"

미디엄 레어로 적절하게 구워진 규카츠를 맛볼 수 있는 체인점. 등심, 채끝, 살치 등 다양한 부위를 규카츠로 주문할 수 있고, 스키야키도 함께 준비되어 있다는 점이 특징이다. 7가지의 소스 중 원하는 맛을 골라 찍어 맛볼 수 있고, 논알콜 맥주도 있다. 규모는 약 30석 정도로, 각 자리마다 짐 보관 바구니를 마련해두어 편리하다. 약 3690엔

◎ 교토가츠규 교토역
#겉바속촉 #육즙가득 #규카츠

혼간지 카라몬 唐門
"비를 뚫고 빛나는 금빛과 정교한 조각"

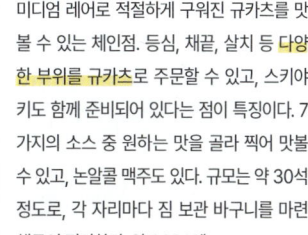

니시혼간지의 정문으로, 정교한 조각과 금박 장식이 돋보이는 국보급 목조 문. '비를 맞아도 빛나는 문'이라 불리며, 천장에는 용과 봉황이 조각되어 있고, 기둥과 들보에도 장수, 풍요 등 각각의 의미가 다른 화려한 문양이 새겨져 있다. 도쿠가와 시대 건축 양식을 보여주는 대표적 유산으로, 아침 햇살이 비칠 때 근사한 사진을 촬영할 수 있다. **(510p B:1)**

◎ 혼간지 카라몬 교토
#국보 #목조 #문양

우메코지 공원 梅小路公園
"전차 타고 둘러보는 겹벚꽃 공원"

돌고래가 있는 수족관, 대규모 철도 박물관, 어린이 전용 놀이터까지 있어 가족과 함께 방문하기 좋은 공원. 특히 풍성한 겹벚꽃이 피어나는 봄에 피크닉 하기 좋다. 주말·공휴일에는 오랜 역사를 자랑하는 '친친 전차를 운영하고 있어 탑승 체험이 가능하다. (편도 150엔, 1일 자유승차권 310엔, 초등학생 미만 무료) 교토역에서 도보 15분. (510p A:2)

📍 우메코지 공원   #수족관   #친친열차   #벚꽃

교토 수족관 京都水族館 [추천]
"시선 강탈 돌고래쇼! 귀여운 해양 생물도 총출동"

야외 돌고래쇼로 인기를 얻고 있는 인공해수 수족관. 해파리, 펭귄, 장수도롱뇽, 바다표범도 인기 만점. 그 밖에 일본 천연 기념물의 생태를 보여주는 다양한 전시실이 마련되어 있다. 카페와 기념품숍도 운영하고 있어 구경하다 잠시 쉬어가기 좋다. 수족관 운영시간은 매일 달라지므로 홈페이지에서 사전 체크 필요. 성인 약 2400엔. 입장마감 16:00 (510p A:2)

📍 교토 수족관   #돌고래쇼   #가족나들이   #어린이명소

이온몰 교토 [추천]
イオンモールKYOTO
"아이 손잡고 방문하기 좋은 쇼핑몰"

키즈카페, 토이저러스, 서점 등이 잘 갖추어져 있어 아이와 함께 방문하기 좋은 쇼핑몰. 이케아, 쓰리코인즈, 다이소, 프랑프랑, 자라, GAP 등 인기 브랜드숍이 모두 입점 (510p C:2)

📍 이온 교토   #대형쇼핑몰   #교토쇼핑

우메유 사우나 サウナの梅湯
"80년대에 멈춘듯한 레트로 목욕탕"

드라마 촬영지로도 활용되는 1980년대 감성 대중목욕탕. 시원한 물이 폭포수처럼 떨어지는 냉탕과, 저릿저릿한 느낌을 받을 수 있는 전기탕이 개성 있다. 성인 약 510엔. 목요일 휴무 (511p E:1)

📍 우메유   #옛날목욕탕   #교토이색명소

온야도 노노 교토 시치조 내추럴 핫 스프링
"온천에서 목욕하고 무료 야식 꼭 챙겨 먹기!"

일본식 료칸 스타일의 호텔. 다다미 바닥이 깔린 내부와 전통적인 분위기가 특징이다. 호텔 내에는 천연 온천 렌게노유가 마련되어 있다. 대욕장과 노천탕, 사우나 시설이 갖춰져 있다. 조식 뷔페는 교토 특유의 가정식 요리를 제공. 야식으로 온소바 무료 서비스 및 아침 요구르트, 저녁 아이스크림 무료 서비스도 운영된다. 교토역 7분 거리 (511p D:1)

📍 온야도 노노 교토 시치조 내추럴 핫 스프링   #다다미식   #무료야식   #천연온천

Yamamoto Mambo [맛집]
山本まんぼ
"교토에서 시작한 토종 오코노미야키"

교토에서 시작한 '만보야키(약 1200엔)'를 맛볼 수 있는 현지인 맛집. 얇게 구운 반죽 위에 양배추, 호르몬, 카츠 등을 올리고, 그 위에 소바나 우동 면을 추가한 오코노미야키로 계란을 얹어 마무리한다. 메뉴 선택 시 면 종류, 계란의 익힘 정도, 소스의 맛을 개인 취향에 맞게 선택할 수 있다. 양이 적어서 여러 메뉴를 시켜서 조금씩 맛보기 좋다. 현금 결제만 가능. 수요일 휴무

📍 Yamamoto Mambo
#만보야키   #교토식오코노미야키   #철판요리

기온

현지인처럼 즐기는 미식 탐험

기온에서 인생 맛집 찾기 도전! 감성 넘치는 선술집에서 사케 한 잔, 안주 한 입이면 어느새 현지인처럼 자연스럽게 녹아들 수 있어요. 1차, 2차 즐기다 보면 어느새 미식 지도는 걷는 족족 자동 완성! 배 든든하게 채웠다면 상점 거리에서 기념품도 골라보아요.

KEY WORD

- 폰토초 거리
- 니시키 시장
- 목조가옥

TO DO LIST

- ☐ 폰토초 거리에서 나만의 맛집 찾기
- ☐ 니시키 시장에서 식재료 구매하기
- ☐ 교토시조 미나미좌에서 가부키 공연 보기
- ☐ 사무라이 체험하기
- ☐ 케야게 인클라인에서 벚꽃 놀이하기
- ☐ 시라카와 돌다리 위에서 사진 찍기
- ☐ 가와라마치에서 야간 쇼핑하기

폰토초 거리

가와라마치 거리

이시베코지

기온시라카와

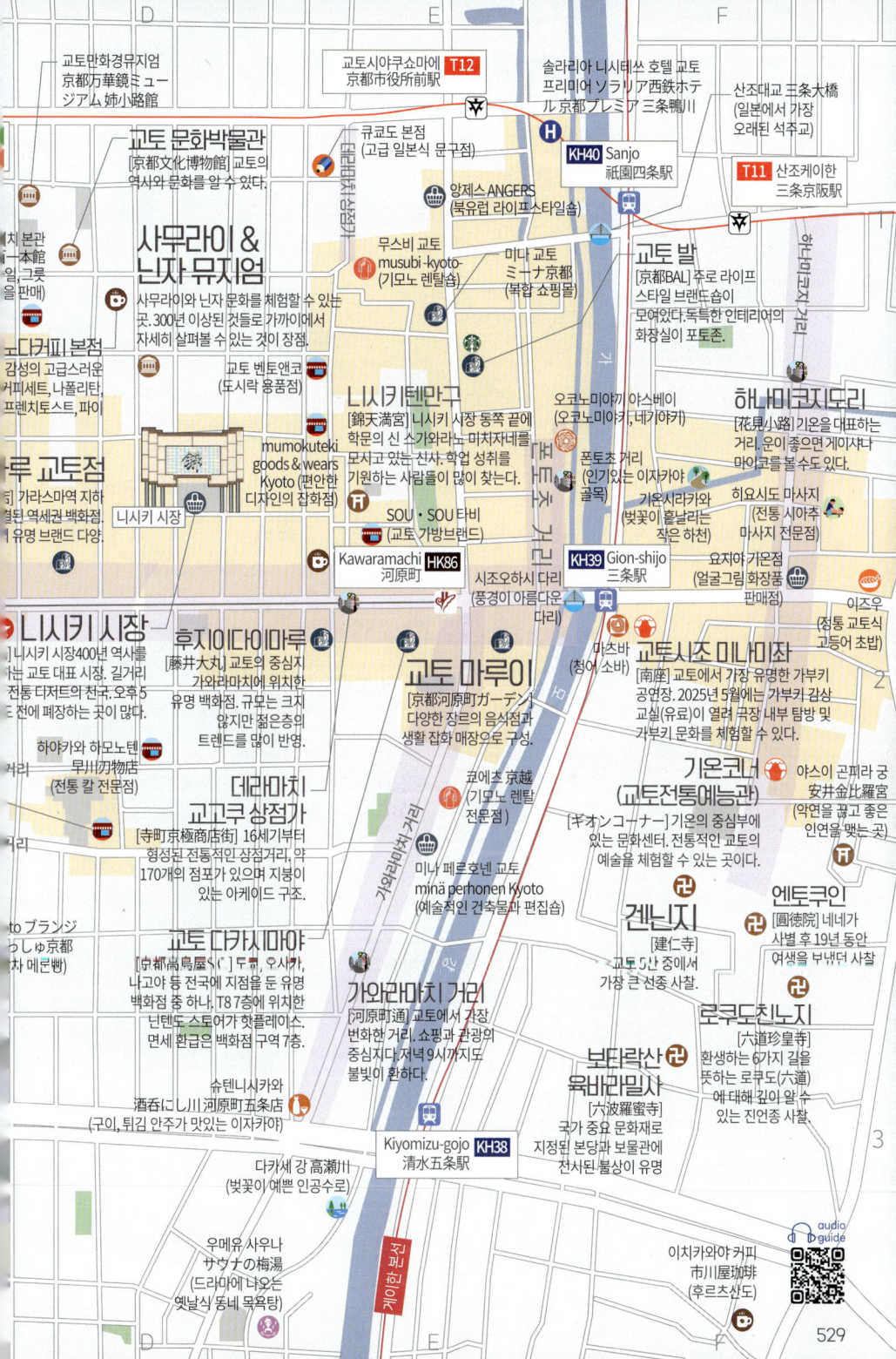

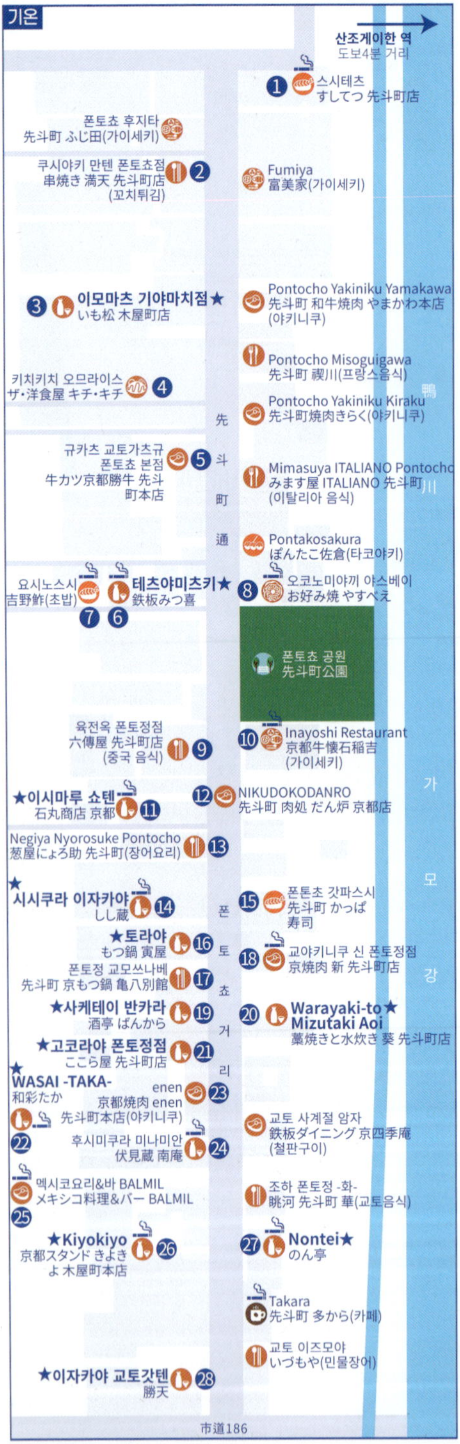

PONTOCHO

교토 감성 가득한
선술집 거리 폰토초

❶ 스시테츠
📍 스시테츠 교토

츠키지 시장 직송 재료로 만든 스시 맛집

❷ 폰토쵸 후지타
📍 Pontocho Fujita

가이세키 전문점. 정갈하고 깔끔. 강 뷰 테라스석과 개인실 보유. 가족모임에 적합.

❸ 이모마츠 기야마치점
📍 Imomatsu Kiyamachi

사시미, 스시, 나베 등 안주 무한리필, 주류 무제한 코스가 있는 이자카야.

❹ 키치키치 오므라이스
📍 키치키치 오므라이스

오므라이스 전문점. 주인장의 독특한 퍼포먼스와 중독성 있는 맛이 인기비결. 예약 필수

❺ 규카츠 교토가츠규 폰토쵸 본점
📍 규카츠 교토가츠규 폰토쵸 본점

규카츠 맛집. 채끝살, 살치살 추천. 미소된장국, 밥, 샐러드 리필 가능

❻ 테츠야미츠키
📍 35.006639, 135.770812

철판 요리 주점. 새우 오코노미야키, 돼지고기 오믈렛, 야키소바가 인기.

해 질 무렵 가모 강 옆, 등불이 펼쳐지는 골목을 만난다면 그곳이 바로 폰토초. 다닥다닥 붙은 가게 문틈으로 맛있는 냄새가 새어 나오는 거리. 교토의 밤을 한 잔의 술과 함께하고 싶다면 이곳으로 향하자. 실내 흡연이 허용되는 곳들도 있다.

요시노스시
📍 Yoshinosushi kyoto

오사카 상자초밥(하코즈시) 맛집. 연어, 장어가 포함된 8종 모둠세트 추천. 16:00부터 영업.

오코노미야키 야스베이
📍 오코노미야끼 야스베이

다양한 토핑 조합이 가능한 오코노미야키/야키소바 맛집. 가성비 굿. 현금 결제만 가능. 영어 소통 원활

육전옥 폰토정점
📍 육전옥 폰토정점

중화풍 이자카야. 탄탄면이 맛있기로 유명함. 현지인 추천 메뉴는 무조림과 소힘줄 조림(도테야키).

Inayoshi Restaurant
📍 Inayoshi Restaurant

교토규 가이세키 요리 전문점. 교토규가 포함된 다양한 구성의 코스 메뉴를 제공함. 점심 코스는 6,500엔부터.

이시마루 쇼텐
📍 이시마루 쇼텐

20석 가량의 작고 키치한 바. 현금결제만 가능

NIKUDOKODANRO
📍 NIKUDOKODANRO

평점 높은 야키니쿠집. 3가지 부위로 구성된 6,000엔 세트가 가성비 좋음. 한글 메뉴판 제공

Negiya Nyorosuke Pontocho
📍 Negiya Nyorosuke

간사이식 장어요리 전문점. 숯불 직화 구이로 바삭하고 풍미가 좋음. 점심 할인 있음

시시쿠라 이자카야
📍 시시쿠라 이자카야

사시미와 스키야키, 템푸라 요리가 메인.

폰토초 갓파스시
📍 폰토초 갓파스시

계절 일품 요리, 니기리 스시 세트

토라야
📍 토라야 교토

백된장으로 맛을 낸 모츠나베 전문점. 1인 냄비로도 주문, 혼술 가능

폰토정 교모쓰나베
📍 구글키워드

모츠나베 맛집. 남은 국물에 라면 사리/밥 추가 가능, 두부구이, 대창구이도 인기. 영어 메뉴판 제공.

교야키니쿠 신 폰토정점
📍 교야키니쿠 신 폰토정점

현지인이 추천하는 오미규(와규 3대 브랜드 중 하나) 야키니쿠집. 장어덮밥, 육회덮밥도 인기. 멋진 강 뷰는 덤.

MAP 교토 감성 가득한 선술집 거리 폰토초

사케테이 반카라
📍 주정 반카라
제철 재료로 만드는 안주와 엄선된 일본주 제공. 오뎅 요리도 일품.

Warayaki-to Mizutaki Aoi
📍 Warayaki Mizutaki Aoi
해산물·고기 짚불구이(와라야키), 닭고기 야채 전골(미즈타키)로 유명한 곳. 카드 결제 가능.

고코라야 폰토정점
📍 고코라야 폰토정점
매일 바뀌는 오반자이 안주와 사케

WASAI -TAKA-
📍 WASAI TAKA
당일 신선한 재료의 스시 세트가 대표적. 굴튀김, 가라아게도 추천.

enen
📍 enen
야키니쿠 전문점. 4가지 부위 모듬 세트와 파를 곁들인 우설, 하이볼, 크림브륄레. 예약 필수.

후시미쿠라 미나미안
📍 35.004932, 135.771040
회, 디저트가 포함된 오반자이 코스가 유명. 음료 무제한. 사케 샘플러(3잔) 주문도 가능.

멕시코요리&바 BALMIL
📍 멕시코요리&바 BALMIL
멕시칸 술집. 유쾌한 주인이 만들어주는 소고기 타코와 칵테일 추천. 채식 주문도 가능.

Kiyokiyo
📍 Kiyokiyo
교토의 가정요리(오반자이)를 부담 없이 즐기실 수 있는 스탠딩 주점.

Nontei のん亭
📍 Nontei 교토
80세 할머니의 손맛이 살아있는 6가지 오반자이 세트가 대표

이자카야 교토갓텐
📍 이자카야 교토갓텐
해산물, 튀김 전문 이자카야. 대표메뉴는 고기 텐푸라와 코보레 스시.

산조도리 京都三条会商店街 `추천`
"인생 빵집 여기서 찾을 수 있을까?"

다이쇼 시대부터 이어져 온 로컬 시장. 오랜 세월을 거쳐 현재는 800미터 가량의 거대한 아케이드 상점가가 되었다. 오래된 슈퍼, 미용실, 세탁소를 비롯해 교토 감성 충만한 베이커리, 젤라토숍, 카페, 찻집을 구경하는 재미가 있다. 특히 인생빵집이라 불리는 베이커리가 많은 것이 특징. 자전거가 많이 다니므로 주의가 필요하다. 토, 일 휴무 (528p A:1)

📍 Kyoto Sanjo Shopping Street   #전통상점가 #교토쇼핑 #자전거조심

산조대교(산조오하시)三条大橋
"거리 음악과 함께는 가모가와 강 뷰"

아름다운 가모가와 강 위에 놓인 역사적인 다리. 도쿄에서 교토까지 이어지는 도카이도에 설치된 53개의 역참 중 최종 지점으로 알려져 있다. 둥근 기둥의 다리 난간에는 청동으로 만들어진 기보슈가 있으며, 일본 최초의 석주 다리라는 의미를 담고 있다. 도요토미 히데요시의 이름도 새겨져 있다. 다리 주변에는 버스킹 예술가들이 많아, 거리 음악과 퍼포먼스를 감상하기 좋다. (529p E:1)

📍 Sanjo Ohashi Bridge   #가모가와강 #역사적다리 #일본최초

이노다커피 본점 `맛집`
イノダコーヒ 本店
"레트로 감성 야외 테이블에서 즐기는 브런치"

야외 테이블에서 정원을 만끽하며 브런치를 즐기기 좋은 카페. 레트로 감성의 인테리어가 특징. 커피세트부터 나폴리탄, 프렌치토스트, 파이 등 다양한 메뉴를 즐길 수 있는 것이 장점. 넉넉한 4인용 테이블이 마련되어 있어 편안하게 식사할 수 있으며, 오픈런 웨이팅 필수. 카페 로고가 새겨진 머그컵을 비롯하여 드립백과 다양한 굿즈 판매. 신용카드 결제 가능. 하우스 샌드 약 1850엔 (529p D:1)

📍 이노다커피 본점
#브런치 #레트로감성 #야외테이블

로쿠주안 麓寿庵 `맛집`
"계절의 아름다움을 품은 물방울 떡"

일본 화가 이마오 케이넨의 옛 저택을 개조한 전통 카페. 건물 전체가 문화재로, 100년이 넘는 역사를 지녔다. 대표 메뉴는 꽃이 들어간 물방울 떡 '하나와라비(약 1650엔)'로, 계절마다 다채로운 꽃을 사용하는 것이 특징. 저녁에는 제철 생선부터 최고급 와규까지 맛볼 수 있는 고급 단품 요리 코스도 이용 가능하다. 사전 예약제

📍 로쿠주안
#문화재지정 #하나와라비 #가이세키디너

Menshou Takamatsu Honten
たか松 本店 `맛집`

"단순한 소스가 아냐, 고기찜 같은데?"

츠케멘(약 890엔)과 깊은 맛의 돈코츠 라멘으로 유명한 라멘 전문점. 돼지 뼈 육수와 된장으로 맛을 낸 국물에 육즙 큐브가 듬뿍 들어간 츠케멘은 쫄깃한 면발을 자랑한다. 레귤러 사이즈로도 충분히 배부른 양이다. 츠케멘 국물은 데워달라 요청 가능하니 참고. 매장은 카운터석 13개와 테이블 2개로 이루어져 있으며, 키오스크를 통해 주문할 수 있다. (528p C:1)

📍 Menshou Takamatsu Honten
#츠케멘 #돈코츠라멘 #푸짐한양

슌사이 이마리 旬菜 いまり `맛집`

"예약 시간에 딱 맞춰서 따뜻하게 대접해 드려요"

일본 전통 가정식인 오반자이(소박한 가정식 반찬)를 전문으로 하는 식당. 예약 시간에 맞춰 30분 전 솥밥을 짓기 시작하여 따뜻하게 제공하는 것이 특징이다. 연어구이, 가지나물, 미소시루 등 제철 식재료를 활용한 정갈한 반찬들로 구성되어 있으며, 신선하고 자극적이지 않아 건강한 한 끼를 즐길 수 있다. 봄 벚꽃철이나 가을 단풍철 등 성수기에는 최소한 달 전 예약이 필수. 전화 예약만 가능. 모듬 3종 약 1000엔. (528p C:1)

📍 슌사이 이마리
#오반자이 #솥밥 #건강밥상

신푸칸 新風館

"라이트업 되는 저녁에 정원을 거닐어봐"

멋진 안뜰과 다양한 매장을 갖춘 쇼핑몰. 1926년에 지은 교토중앙전화국 건물을 리뉴얼한 곳이라 고풍스러운 외관이 그대로 남아 있다. 에이스 호텔, 스텀프 카페, 빔스, 메종 키츠네 등 20개 이상의 상점이 입점해 있어 숙박, 쇼핑, 식사, 문화 생활을 한 곳에서 즐길 수 있다. 중앙 정원은 라이트업 되는 저녁에 하이라이트. 지하철과 바로 연결되어 있어 접근성도 좋다. (528p C:1)

📍 신푸칸 #쇼핑몰 #중앙정원 #라이트업

니시키 시장 錦市場 `추천`

"교토 가정집 저녁 메뉴는 이곳에서 결정된다"

'교토의 부엌'이라 불리는 400년 역사의 전통 시장. 신선한 채소와 생선은 물론 과일, 양념, 조미료 등 다양한 식재료를 한자리에서 만날 수 있다. 길거리 음식과 전통 디저트도 다양. 교토의 명물인 유바, 두부, 쓰케모노(채소절임) 등을 맛볼 수 있다. 오후 5시가 되기도 전에 폐장하는 곳이 많으므로 일찍 가는 것을 추천한다. (529p D:2)

📍 니시키 시장 #전통시장구경 #먹거리천국 #교토명소

Uchida Tsukemono
打田漬物 錦小路店
"오이랑 무절임 좋아한다면"

1940년 개업한 츠케모노(채소절임) 전문점. 간판 상품은 오이 절임인 '쿄노사토'로 무 초절임인 '온부즈케'도 인기 상품 중 하나이다. 진열대엔 항상 50종류 이상의 반찬들이 나열되어 있으며, 계절에 따라 상품 구성이 달라지기도 한다. 츠케모노가 들어간 카레 빵은 이색적인 간식을 찾는 이에게 추천. 150엔을 추가하면 보냉백에 담아준다.

📍 Uchida Tsukemono
#츠케모노 #1940개업 #50종류

NISHIKIDAIMARU 錦大丸
"아침 6시부터 생선 손질하는 소리로 분주한 곳"

합리적인 가격에 건어물, 츠케모노, 초밥 등 여러 식품을 판매하는 곳이다. 매일 아침 6시부터 그날 판매할 생선을 손질한다. 가게 안에는 식사 공간이 마련되어 있어 갓 준비된 음식을 맛볼 수 있다. 특히 신선한 해산물을 듬뿍 담은 해산물 덮밥과 연어 덮밥, 가격 대비 만족도가 높은 모듬회가 인기 메뉴. 장어 구이와 다양한 생선 구이도 빼놓을 수 없다. 일요일 휴무

📍 NISHIKIDAIMARU
#신선한회 #식료품 #생선구이

라멘 센노카제 교토 〔맛집〕
らーめん 千の風 京都
"직화의 풍미를 더할 수 있는 차슈는 꼭 추가해 보기"

니시키텐만구 錦天満宮
"다음 학기에는 장학금 받게 해주세요,,!"

학업 성취를 기원하는 학생들이 자주 보이는 신사. 니시키 시장을 걷다 보면 만날 수 있는 작은 신사로 학문의 신 스가와라노 미치자네를 모시고 있다. 낮에도 등불로 환한 신사 입구에서 사진 찍는 이가 많다. 경내엔 행운을 가져다준다는 소 동상이 자리하고 있다. 춤추는 인형이 건네주는 오미쿠지(점괘종이)로 운세를 점칠 수 있다는 점도 특징 (529p E:2)

📍 니시키텐만구
#니시키시장근처 #학업성취기원 #작은신사

두툼한 차슈와 깊은 국물로 유명한 라멘 전문점. 푸짐한 토핑과 돼지 뼈를 오래 우려낸 사골 육수가 베이스인, '교노 시오라멘(약 1100엔)'이 대표 메뉴로 손꼽힌다. 좀 더 구수하고 순한 맛을 원한다면 미소라멘을 추천. 교자 세트 메뉴로 맛볼 수도 있다. 불에 직접 구워 풍미를 더한 차슈는 꼭 추가해서 맛보길. 회전율이 높지 않고 가게 내부가 협소하여 대기 시간이 길 수 있다. 가와라마치역 근처 위치.

📍 라멘 센노카제 교토
#시오라멘 #돈코츠베이스 #두툼한차슈

Yubanzai Komameya Nishiki
ゆばんざい こ豆や 錦店 〔맛집〕
"전통 유바 요리의 틀을 벗어나다"

유바를 전문으로 하는 식당으로, 유바 월남쌈, 유바 만두피자 등 독특한 단품 요리부터 런치 세트까지 다채로운 메뉴를 제공한다. 모든 요리에 유바, 오카라(비지), 두유를 사용하는 것이 특징이다. 평일 점심에 방문 추천. 유바밥상(런치) 약 2860엔. 수요일 휴무

📍 Yubanzai Komameya
#유바요리 #콩비지 #호리코타츠

Mori 京つけもの もり 錦市場店
"자체 재배한 싱싱한 채소가 반찬으로"

교토와 가메오카의 자사 농장에서 재배한 채소를 활용해 다양한 절임 반찬을 판매하는 곳. 샐러드처럼 가볍게 즐길 수 있는 유자 토마토부터 다시마와 간장으로 맛을 낸 순무 절임, 블루베리의 산미를 살린 무 장아찌 등 다채로운 절임류 반찬을 구매할 수 있다. 시식을 요청하면, 맛보고 구매할 수 있다.

📍 Kyoto Tsukemono Mori Nishiki Market
#츠케모노 #절임반찬 #식료품점

교토 | 니시키 시장 주변

교토 기온 · 니시키 시장 주변 · 시조역 주변

Tanabeya 田邊屋
"창업 이래 단 한 번도 이사 간 적 없어요"

1830년 창업 이래 니시키 시장에서 쭉 이어져 내려온 노포 건어물 가게. 시장 내에서는 여섯 번째로 오래된 가게다. 가쓰오부시, 다시마, 김 등의 건어물, 달걀을 비롯하여 주류까지 취급하고 있다. 특히 산초 된장, 간장, 유자 후추 등 일본식 조미료를 다양하게 구매할 수 있다는 점이 장점이다. 선물용으로 포장된 상품도 판매하고 있으니 참고. 수요일 또는 일요일 휴무.

📍 Tanabeya
#1830창업 #건어물 #조미료

포켓몬센터 교토
ポケモンセンターキョウト
"피카츄 기모노 입었어요. 어때요 예뻐요? 피카?"

교토 한정 상품인 기모노 피카츄를 구입할 수 있는 매장. 인형, 카드, 게임기, 문구 등 포켓몬스터 캐릭터 굿즈 상품이 다양하게 준비되어 있어 구석구석 구경하는 재미가 있다. 인증사진을 남기기 좋은 포토존도 다양. 입구엔 칠색조(호우오우)를 타고 있는 피카츄가 있고, 대형 피카츄 인형, 루기아 조형물 등이 있어 마음에 드는 곳에서 사진 촬영이 가능하다. (528p C:2)

📍 포켓몬센터 교토
#포켓몬 #굿즈쇼핑 #기모노피카츄

다이마루 교토점 大丸京都店
"1층과 2층에서 면세 쇼핑하고 꼼데도 꼭 들러봐!"

가라스마역 지하 출입구와 직결된 역세권 백화점. 1층 인포메이션 센터에서 5% 할인 쿠폰 증정. 대부분의 입점 매장에서 사용할 수 있으며 백화점 내 매장 합산 금액으로 한 번에 면세 제공. 1층과 2층에 크게 입점한 꼼데가르송 플레이를 대표로, 셀린느, 디올, 샤넬 등 해외 유명 브랜드 다양. 8층 '숯불 우나 후지 다이마루 교토 별장'은 맛집으로 인기. (529p D:2)

📍 다이마루 교토점 #5%할인쿠폰 #꼼데플레이 #역직결백화점

Mash Kyoto Boulangerie
MASH Kyoto 맛집
"멜론빵 먹다가 콩이 나와도 놀라지 마~"

카레빵(약 250엔)이 맛있기로 소문난 베이커리. 깊은 풍미의 카레가 겉바속촉의 식감과 어우러져 궁합이 좋다. 말차 멜론빵은 속 재료로 달콤한 콩조림이 들어간다는 점이 특징으로, 쌉싸름한 말차 소보루가 바삭한 식감을 더했다. 이 외에도 크루아상, 쪽파 토스트, 유자 콩 쿠키 등 추천. 인기 빵은 오픈 후 30분 후 거의 매진된다. 화, 수 휴무 (528p C:2)

📍 Mash Kyoto
#카레빵 #말차멜론빵 #인기제과점

쿄우나와 본점 맛집
京うな和本店 kyouunawa honte
"잔가시 없이 부드럽게 넘어가는 장어 요리"

가시가 없고 사르르 녹는 장어 맛집. 히츠마부시(장어 덮밥, 약 3300엔)와 우나쥬(장어 정식, 약 3800엔) 등 다채로운 장어 요리를 맛볼 수 있다. 일본 전통 분위기의 아늑한 다다미 룸으로 이루어져 있다. 잔가시 없이 부드러운 히츠마부시는 백김치와 비슷한 맛의 츠케모노와 곁들이면 느끼함을 잡을 수 있다. 다시마 국물이 더해진 푹신한 장어 계란말이도 추천 메뉴. 저녁 식사는 가이세키 코스로 예약 가능

📍 쿄우나와 본점
#히츠마부시 #우나쥬 #장어계란말이

디앤디파트먼트 교토
D&DEPARTMENT KYOTO
"붓코지가 선보이는 교토의 디자인"

붓코지 사찰 경내에 있는 교토 로컬 디자인 라이프 스타일숍. 공예품, 생활용품, 디자인 잡화를 판매하며, 현지 식료품과 의류, 서적도 있다. 식당도 함께 운영하며, 교토산 재료를 활용한 유바우동과 교토산 채소 정식이 대표 메뉴. 디저트로는 크림 앙미츠와 모나카 소프트크림이 인기다. 식당은 다다미방 스타일이며 일본 전통 창살 유리문 너머로 노란 은행나무를 감상할 수 있다. 수요일 휴무 (529p D:2)

📍 디앤디파트먼트 교토
#디자인 #리빙숍 #식당

TAG 본점
文具店TAG 本店 (株)竹田事務機
"고급 만년필은 얼마나 필기감이 좋은지 확인해 볼까?"

만년필 매니아를 위한 문구점. 다양한 브랜드의 만년필과 희소한 색상의 잉크를 두루 갖추고 있다. 특히 교토 잉크 시리즈는 자체 제작·판매하는 브랜드. 고가품인데도 불구하고 손님들이 자유롭게 시필해 볼 수 있는 것이 장점이다. 잉크마다 컬러, 번짐, 농담의 차이를 확실히 알 수 있어 구매하기 용이하다. 전문가의 상담을 통해 제품을 추천받을 수도 있다. 토, 일 휴무 (528p C:2)

📍 Stationery Shop TAG
#교토잉크 #만년필매니아 #이색문구점

미부데라 壬生寺
"애니메이션에 봤던 신센구미의 본거지"

메이지 유신 시절 신센구미(군사경찰)의 본거지였던 사찰. 매년 2월 세쓰분 축제로 많은 인파가 몰리는 곳이다. 신센구미의 대표적인 인물인 곤도 이사미를 비롯해 신센구미들이 잠들어 있는 묘(미부즈카)가 있다(유료). 신센구미와 관련한 기념품 판매. 애니메이션 배경으로 유명한 곳이라 성지순례 온 이들도 있다. (528p A:2)

📍 미부데라   #곤도이사미 #신센구미 #세쓰분

데라마치 교고쿠 상점가 寺町京極商店街 `추천`
"16세기부터 이곳이 메인 상권이었다네~"

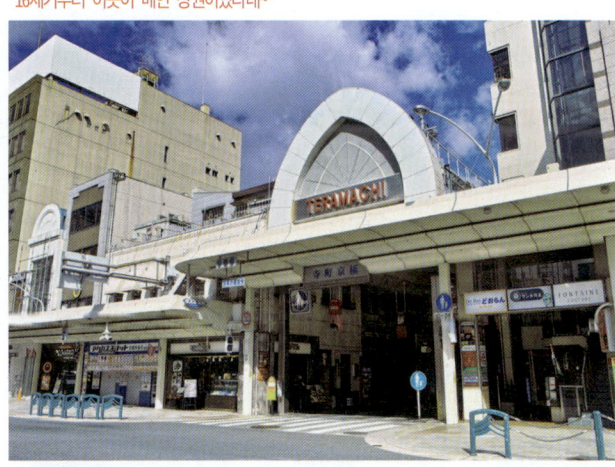

데라마치거리(寺町通)에 있는 산조(三条)와 시조(四条)를 잇는 전통적인 상점거리. 16세기부터 상권이 형성되었는데 지금도 교토 대표 쇼핑스폿 중 하나다. 약 170개의 점포가 있으며 지붕이 있는 아케이드 구조라 비가 와도 쇼핑할 수 있다. 교토다운 전통 공예품, 골동품, 고서, 화과자, 말차, 기모노, 악세사리 등 선물·기념품으로 안성맞춤인 아이템이 풍부하다. (529p E:2)

📍 Teramachi Kyogoku shopping street South Entrance
#전통쇼핑거리 #교토쇼핑 #아케이드

교토 | 기온 | 신쿄고쿠 상점가 주변

스마트커피 スマート珈琲店
"교토 3대 커피 중 하나, 본점 하나로 승부한다"

교토 3대 커피 중 하나로 90년 역사를 자랑하는 곳. 분점 없이 오직 본점만을 운영하며, 1층은 카페, 2층은 식당으로 구성되어 있다. 커피는 묵직하면서도 적절한 산미를 지닌 깊은 맛이 특징. 두껍고 촉촉한 **프렌치 토스트는 관광객, 현지인 모두에게 인기** 있다. 달지 않은 푸딩, 에그 샌드위치 등 메뉴가 풍부해서 브런치 즐기기 좋다. 오리지널 블렌드 약 650엔

📍 스마트커피 교토
#90년역사 #계란샌드위치 #프렌치토스트

Kyoto Kyukyodo Bekkan 京都鳩居堂 別館
"좋은 향이 번져나가는 300년 역사 문방구"

1663년에 창업하여 300년이 넘는 역사를 자랑하는 잡화점. 고급스러운 분위기 속에서 **일본풍의 문구용품을 다양하게 접할 수 있다.** 특히 연필, 편지지, 종이 등 아기자기한 제품들이 많다. 천연원료로 제작한 향을 다양하게 비치한 점도 특징. 서예가부터 기념품을 구매하는 관광객까지 폭넓게 방문하고 있으며 색종이 꽃, 부채 등 종이로 만든 공예품도 구경할 수 있다.

📍 Kyoto Kyukyodo Bekkan
#300년역사 #일본풍문구 #종이공예품

신쿄고쿠상점가 新京極商店街(新京極通) 〔추천〕
"아직 10시 안 됐으면 한 번 가보자!"

저녁 10시 늦은 시간까지 운영되는 약 500m 길이의 아케이드 상가. 기념품이나 의류, 피규어 등 소품을 다양하게 판매하고 있으며, 빈티지 의류 쇼핑도 가능하다. 주로 **2~30대 이용객이 많은** 편으로 깨끗한 거리 환경 덕에 거닐기 좋은 곳이다. 점포의 1/3 정도는 카드 결제 가능. 상점가 내부에 '니시키천만궁'이라는 학문의 신을 모시는 신당이 소재하고 있다. (449p D:1)

📍 신쿄고쿠상점가   #500m #아케이드상점가 #니시키천만궁

루피시아 교토지초산조점 ルピシア 京都寺町三条店
"매실과 유자가 섞이면 얼마나 상쾌할까!"

차 전문 브랜드 루피시아의 교토 지점. 일본차, 홍차, 허브티 등 다양한 차를 취급한다. **교토 한정 '카라코로' 블렌드**는 향긋한 매실과 상쾌한 유자의 향이 조화롭다. '양가 온 다이어리'는 교토 전통 과자에 사용되는 계피와 호지차의 부드러운 맛이 어우러져 밀크티로도 적합하다. 시향 후 차를 선택할 수 있으며, 선물용 패키지가 세련되어 기념품으로 인기가 많다.

📍 35.009025, 135.767140
#교토한정 #일본차 #기념품

라쿠스이도 楽粋堂
"1,000엔 미만 아기자기 기념품도 있어요~"

기념품이 반, 미술용품이 반인 문구점. 서예용품, 미술 공예품, 식기, 액세서리 등 다양한 제품을 폭넓게 갖추고 있다. **특히 회화용 캔버스, 종이접기용 종이, 필기 노트** 등 종이 제품이 다양한 편. 그 외에도 아기자기한 소품이나 잡화, 장식품 등 다채로운 상품을 갖추고 있다. 몇백 엔짜리 작은 기념품을 구매하기 좋다. 수요일, 넷째주 화요일 휴무

📍 덴쇼지마에초 522-6
#미술용품 #저렴한기념품 #서예도구

가와라마치 거리 河原町通 [추천]
"이곳의 밤은 낮에 지지 않을 만큼 환하다"

교토 메인 번화가라 할 수 있는 쇼핑과 관광의 중심지. 교토 중심부에 위치하고 있어 교통이 편리하고 유명 관광지와도 가까워 자주 오가게 된다. 마루이, 미나교토 같은 백화점과 쇼핑몰을 비롯해 디즈니 스토어 같은 대형 브랜드숍이 즐비하다. %아라비카 커피, 블루보틀 같은 카페 프랜차이즈도 가득. 해가 지면 조용해지는 교토의 다른 구역과 달리 저녁 9시까지도 불빛이 환하다. (529p E:3)

◎ 교토 가와라마치
#교토쇼핑1번지 #교토중심가 #쇼핑거리

후지이다이마루 藤井大丸
"면세 카운터 오후부터 여니까 점심 먹고 가자"

최근 유행하는 트랜드를 따라가는 젊은 감성의 백화점. 꼼데가르송, 빔스, 마리메꼬 같은 패션 브랜드가 다수 입점해 있다. 1층에는 교토에서 핫한 카페 % 아라비카 커피도 있다. 스시와 야채 등 신선 식품이 다양한 지하 식품관도 인기. 면세 환급은 꼼데가르송이 있는 7층에 위치하고 있으며 12:00에 오픈. (529p E:2)

◎ 후지이다이마루
#교토쇼핑 #꼼데가르송 #아라비카커피

교토 — 기온 — 가와라마치역 주변

변천당 (株)弁天堂
"메이지부터 전통 잡화를 전문적으로 취급했어요"

메이지 시대부터 이어져 온 잡화점으로, 교토풍 기념품을 직접 제작, 기획, 판매한다. 전통 수공예품의 섬세한 손길이 느껴지는 다양한 상품을 만나볼 수 있으며, 치카와 같은 인기 캐릭터 인형 등 트렌디한 소품도 판매한다. 전통 기모노나 그림과 같이 일본 특유의 감성을 담은 물건들을 구경하는 재미가 쏠쏠하다.
신용카드와 QR코드 결제 가능

◎ 35.00709, 135.76738
#교토기념품 #자체제작 #캐릭터인형태그

Kyo no Furusato 京のふるさと
"교토 감성 물씬나는 기념품 구경하세요"

교토와 일본 감성의 기념품을 다양하게 취급하고 있는 잡화점. 미디어에도 여러 번 등장할 정도로 인기인 가게다. 가격대도 전반적으로 낮은 편이라 부담 없이 쇼핑하기 좋다. 도자기 그릇부터 다루마상, 부채, 타누키 조각상 등 일본 전통 소품. 해외 경험이 풍부한 스태프가 상주하고 있어 영어로 소통할 수 있다.
신용카드 및 QR 코드 결제 가능

◎ Kyo no Furusato
#교토기념품 #일본전통소품 #가성비쇼핑

교토 다카시마야 京都高島屋S.C.
"나를 찾으러 옥상으로 올라와줘"

7층에 위치한 닌텐도 스토어와, 지하 식품관으로 인기인 백화점. 관광객으로 붐비는 닌텐도 스토어는 슈퍼 마리오, 젤다의 전설, 동물의 숲 등 유명 캐릭터 굿즈가 다양하다. 건물 1층과 옥상엔 거대한 슈퍼마리오 포토존도 마련되어 있어 인기 만점. 면세 환급은 7층에서 진행 (529p E:2)

◎ 교토 다카시마야
#교토쇼핑 #닌텐도스토어 #슈퍼마리오

교토 마루이 京都河原町ガーデン [추천]
"옷만 보기 아쉬운 미식 쇼핑몰"

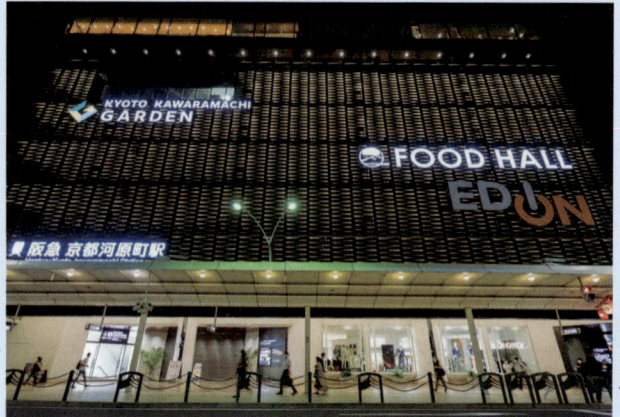

푸드코트와 음식점에 강점이 있는 쇼핑몰. 7층과 8층에 분위기 좋은 레스토랑이 입점해 있으며 BBQ, 일식, 한식, 파르페 등 다양한 장르의 음식을 맛볼 수 있다. 특히 타지마야 스키야키와 모리모리 스시 인기. 식품관을 제외하면 전반적으로 전자 상품 판매점, 장난감 가게 등 생활 잡화 매장으로 구성되어 있다. (529p E:2)

📍 교토 마루이 #맛집다양 #후기좋은레스토랑 #생활잡화

시조도리 四条通 [추천]
"교토에서 쇼핑은 '시조도리'로 통한다"

교토 최대의 쇼핑 지역으로, 백화점과 상점들이 길게 늘어서 있으며 대부분의 교토 시내버스가 이곳을 지나간다. 가와라마치 역에서 시조 역을 지나 야사카 신사까지 이어지는 주요 도로이며 여름에는 기온 마쓰리가 열려 이 일대가 축제 분위기로 가득 찬다. 또한, 교토의 대표적인 재래시장인 니시키 시장도 이곳에 위치해있다. 야사카 신사로 이어지는 길목에는 전통적인 건물과 찻집이 있다.(528p A:2)

📍 Shijo dori #쇼핑거리 #기온마츠리 #니시키시장

닌텐도 교토
Nintendo KYOTO
"닌텐도 본사가 교토에 있는 거 알아?"

닌텐도 본사가 위치한 교토의 첫 공식 매장으로 닌텐도 덕후들에게는 필수 방문지다. 스플래툰, 젤다의 전설, 마리오 시리즈 관련 제품이 인기 있으며 한정판 굿즈도 많다. 게임 체험 존도 마련되어 있으며, 게임 속 아바타와 똑같은 스타일을 재현할 수 있는 아이템도 판매한다. 대표적인 것으로 스플래툰의 잉클링 캐릭터의 의류와 신발, 젤다의 전설의 망토, 가방 등을 꼽을 수 있다.

📍 Nintendo KYOTO 오타비초
#한정판 #게임체험존 #닌텐도굿즈

SOU·SOU 타비
"현대로 타임슬립한 버선 '타비'"

일본식 버선인 타비를 현대적으로 해석한 부츠로 유명한 브랜드. 디자이너 카츠지 와키사카가 교토에서 론칭한 신발 매장이다. 발가락 엄지 부분이 나눠진 것이 특징인데 세계적인 명품 디자이너 마르지엘라가 신어서 화제가 된 바 있다. 부츠 외에도 구두, 옷, 잡화 등 다양한 아이템을 판매하고 있다. 귀엽고 개성넘치는 양말과 쪼리는 선물용으로 구매하기 좋다. 수요일 휴무

📍 SOU·SOU 타비
#교토쇼핑 #발가락부츠 #양말쇼핑

SOU·SOU 호테이
"센스를 마음껏 펼칠 수 있는 변신 가방"
SOU·SOU의 가방 전문 매장. 손잡이와 형태를 자유롭게 변형할 수 있는 보자기 가방으로 유명하다. 전통적인 일본 직물과 숫자 패턴, 화려한 색감이 특징이며 다용도로 활용할 수 있어 인기가 많다. 매장에서는 다양한 패턴과 색상의 에코백, 귀여운 디자인의 파우치, 보자기, 백팩, 지갑 등을 구경할 수 있다. 일부 제품은 방수 가공이 되어 있어 실용적이다. 수요일 휴무

📍 SOU·SOU hotei 가방판매점
#가방전문매장 #보자기가방 #독특한패턴

교토 발 京都BAL
"편집샵에서 쇼핑하고 나가기 전에 화장실 꼭 들리기"

실용적이고 감각적인 편집샵이 다양한 쇼핑몰. 론 허먼, 마두, 더 콘란샵, 투데이즈 스페셜, 마가렛 호웰, 투모로우랜드 등 인기 브랜드가 입점해 있다. 특히 6층은 편집샵 겸 카페로 운영되고 있는 론 허먼이 넓게 자리하고 있다. 이곳의 이색적인 공간으로 손꼽히는 화장실은 독특한 인테리어로 입소문을 타며 의외의 포토존으로 사랑받고 있다. (529p E:1)

📍 BAL
#고급진분위기 #라이프스타일 #편집숍

산리오 갤러리 교토
サンリオギャラリー 京都店
"산리오 교토 버전은 어떤 상품이 있을까?"

2층 규모의 산리오 공식 매장. 덕후들의 필수 방문지다. 헬로키티, 시나모롤, 마이멜로디 등 다양한 캐릭터 상품을 판매하는데 특히 교토 한정 상품과 시즌별로 출시되는 특별 아이템은 놓치지 말 것. 인기 아이템으로는 캐릭터 인형, 키링, 우산, 의류 등이 있으며, 안나수이와의 콜라보 제품도 판매 중이다. 그 밖에도 볼펜, 마그넷, 인형, 거울, 식기류, 가방 등 다양한 아이템이 준비되어 있다.

📍 산리오 갤러리 교토
#산리오 #시나모롤 #굿즈

오멘 [맛집]
名代おめん 四条先斗町店
"야채와 시치미로 입맛 따라 변형해 보기"

쫄깃한 자가제면 우동 면발로 유명한 맛집. 냉우동(약 800엔)이 메인이며, 우동 국물에 참깨와 함께 제공되는 다양한 고명을 취향에 따라 넣어 먹으면 풍부한 맛을 느낄 수 있다. 특히, 여러 종류의 야채를 하나씩 더할 때마다, 시치미를 첨가할 때마다 맛이 미묘하게 달라진다는 점이 특징. 사이드 메뉴로는 불고기덮밥, 튀김, 고등어 초밥 등이 준비되어 있다. 둘째 넷째 주 수, 목 휴무

📍 오멘 우동 교토
#쫄깃한우동면 #냉우동 #덮밥

폰토초 先斗町の石碑と駒札 [추천]
"자리가 없다면 포장해서 강가에서 즐겨보기"

청수사를 구경 후 방문하기 좋은 곳. 좁은 골목길에 전통 가옥들이 늘어선 곳으로, 옛 교토의 선술집 거리 분위기가 남아있다. 저녁에 상점 앞을 빛내는 호롱불로 인해 야경이 근사하다. 낮에는 문을 연 가게가 많지 않고, 가게들이 협소한 편이라 단체 손님은 예약 없이 식사하기 어려울 수 있다. 술과 음식을 포장해서 가모가와 강가에서 즐겨보길 추천 (529p E:2)

📍 폰토초 역사적 명소
#전통가옥 #이자카야길 #강변야경

교토 — 기온 — 가와라마치역 주변·폰토초 주변

키치키치 오므라이스 `맛집`
ザ・洋食屋 キチ・キチ

"키치키차~ 오므라이스 가사는 모르지만 신나"

교토 | 기온 — 폰토초 주변

@d.and.dd

넷플릭스에 나와 유명한 오므라이스 전문점. 가장 큰 매력은 사장님의 화려한 퍼포먼스로, 오므라이스가 완성되는 과정을 눈앞에서 생생하게 보여주며 설명까지 곁들여준다. 식사하며 흥겨운 '키치키치 오므라이스 테마송'과 함께 춤과 노래를 즐길 수 있다는 점도 특별. 한편의 공연을 보러 온 것 같다. 단 예약 시간에 조금이라도 늦으면 자동 예약 취소되므로 늦지 않도록 주의. 약 3000엔. 토, 일 휴무

📍 키치키치 오므라이스
#오므라이스 #퍼포먼스 #테마송과함께

enen `맛집`
京都焼肉 enen 先斗町本店

"'심장 구이'와 '특제 와규 초밥'이 이색적"

살살 녹는 A5 최고 등급 흑모와규를 먹을 수 있는 야키니쿠·스키야키 전문점. 그날 가장 좋은 부위를 엄선해서 제공하는 와규 4종 모듬과 흑모와규 4종 모둠이 인기. 구운 야채도 제공한다. 우설과 심장 구이도 별미 중 하나. 동그란 모양의 특제 와규 초밥은 이곳의 시그니처 메뉴. 디저트 크림뷔릴레, 에그 타르트도 놓치면 안된다. 점심에는 육회 덮밥 (약 1980엔)도 주문 가능.

📍 enen 야키니쿠
#흑모와규 #와규4종세트 #와규초밥

다카세 강 高瀬川 `추천`
"좁고 얕은 수로를 따라 늘어진 벚꽃"

에도 시대에 교토와 후시미를 잇는 인공 수로. 강폭이 좁고 수심이 얕아 작은 배가 다닐 수 있도록 설계되었다. 봄에는 강을 따라 늘어선 벚꽃으로 유명하다. 특히 기온과 가와라마치 부근이 인기 포인트. 밤에는 조명이 더해져 운치 있는 분위기를 자아낸다. 가을에는 단풍이 강변을 따라 물들어, 또 다른 아름다움을 선사한다. 강 옆의 기야초 거리를 걸으며 산책하기 좋다. (529p E:3)

📍 다카세 강
#벚꽃거리 #운하 #데이트

시조오하시 다리 四条大橋
"어디 보자,, 산조 방향이 어디지?"

기온과 가와라마치를 연결하는 다리. 가모가와 위에 자리하며, 기온과 산조 방향의 야경이 인상적이며 특히 해 질 무렵 강변의 정취가 아름다워 사진 촬영 명소로 인기다. 여름에는 가모가와 유카(納床)라 불리는 강변 노천 좌석에서 식사를 즐길 수 있다. 봄, 가을에는 벚꽃과 단풍 풍경을 감상하는 연인들이 일정한 간격을 두고 앉아 있는 모습이 인상적인 곳이다. (529p E:2)

📍 Shijo Bridge
#강변 #사진명소 #벚꽃과단풍

규카츠 교토가츠규 폰토쵸 본점
牛カツ京都勝牛 先斗町本店 `맛집`

"일본에 와야지만 먹을 수 있는 이색 규카츠"

한국에 없는 우설 규카츠로 유명한 전문점. 각 테이블마다 놓인 작은 화로에 채끝등심, 살치살, 안심, 우설 등 다양한 부위의 규카츠를 취향에 맞게 구워 먹을 수 있다. 다시 계란을 포함해 산초염, 간장 등 여러 가지 찍어 먹는 소스가 제공되어 풍부한 맛을 즐길 수 있다. 샐러드와 장국은 밥과 함께 리필이 가능. 한국어 메뉴판 비치. 회전율이 높은 편. 폰토쵸 거리에 위치. 규카츠 약 990엔부터

📍 규카츠 교토가츠규 폰토쵸
#우설규카츠 #개인화로 #딥핑소스다양

키야마치도리 木屋町通
"벚꽃 비 맞으면서 와인 한잔할까?"

교토의 대표적인 유흥가 중 하나다. 일본식 선술집뿐만 아니라 서양풍 바와 재즈바가 많아 밤이 되면 더욱 활기찬 분위기다. 봄에는 벚꽃 명소로 변신하는데 특히 가모가와 강변과 인접한 곳에서는 벚꽃이 강물과 어우러지는 아름다운 풍경을 감상할 수 있다. 강변 테라스를 운영하는 가게들도 많아, 시원한 강바람을 맞으며 술과 음식을 즐기기에 좋다.

📍 키야마치도리   #교토대표유흥가 #선술집 #벚꽃명소

하나미코지도리 花見小路 [추천]
"벚꽃길을 걷는 게이샤와 마주칠 수 있는 거리"

벚꽃이 만개한 봄의 풍경이 아름다운 전통 거리. 운이 좋으면 게이샤나 마이코를 볼 수도 있다. 골목으로 들어가면 아기자기한 전통 건물이 줄지어 있고 고급 음식점과 찻집이 많으며, 저녁이면 등불이 켜져 운치가 더해진다. 게이샤 촬영은 금지되어 있어 벌금을 물 수도 있으니 주의.
(529p F:1)

📍 하나미코지도리 #게이샤 #마이코 #벚꽃명소

Saryo Tsujiri Tea House
茶寮都路里 祇園本店 [맛집]
"우지 말차가 파르페와 만나면"

진한 말차의 맛을 찾는 이들에게 추천하는 디저트 카페. 우지 말차를 사용해 다양한 디저트를 선보인다. 대표 메뉴는 특선 츠지리 파르페, 젠자이, 호지차 파르페. 특히, 특선 츠지리 파르페는 신선한 생크림, 팥, 떡, 젤리 등이 층층이 쌓여, 말차 특유의 쌉싸름한 맛과 달콤한 재료들이 균형을 이루는 메뉴다. 여름엔 말차 빙수가 인기. 1인 1메뉴 주문 필수. 약 1694엔.

📍 츠지리
#말차파르페 #젠자이 #말차빙수

요지야 기온점
よーじや 祇園本店
"개기름 제거에 필수인 '아부라토리' 쟁여 두기"

100년이 넘는 역사를 가진 교토 화장품 브랜드 '요지야'의 본점이다. 대표 상품인 기름종이(아부라토리)는 얇고 부드러운 질감으로 여행 기념품으로도 인기가 높다. 유자향이 나는 스틱 립밤과 핸드 크림도 인기 아이템 중 하나. 이 외에도 스킨케어 제품 등 자연 친화적인 성분을 활용한 화장품이 구비되어 있다. 시즌에 따라 교토 한정템을 구매할 수 있다.
(529p F:2)

📍 요지야 기온점
#교토화장품 #기름종이 #자연친화성분

기온 신바시 祇園新橋 "석조 길을 따라 이어지는 교토의 정취" 추천

교토에서 가장 아름다운 거리 중 하나로, 전통적인 마치야(町家) 건물과 신바시 강(白川), 석조 길이 어우러진 곳이다. 특히 기온 신바시 전통적 건조물군 보존지구로 지정되어 있어 옛 정취가 그대로 남아 있다. 대표적인 명소는 벚꽃이 흐드러지게 핀 타츠미바시 다리와, 기모노와 예술을 보호하는 신을 모시는 타츠미 신사로, 마이코와 게이샤들도 자주 찾는다.

📍 기온 신바시   #전통거리 #목조가옥보존지구 #벚꽃

수타 우동&텐푸라 멘쿠이 킨야
麵喰金家 맛집
"믿고 먹는 쫄깃함, 수타 우동"

수타 우동 전문점. 직접 반죽한 면을 사용해 쫄깃하고 탄력 있는 식감을 자랑한다. 대표 메뉴는 냉 우동에 계란이 얹어 나오는 카마타마 우동과 기쓰네 우동이다. 수타 우동 특유의 쫄깃한 식감을 즐길 수 있다. 사이드 메뉴인 새우튀김과 야채 튀김을 곁들여 먹어보길 추천한다. 가격, 맛, 서비스 삼박자가 맞는 식당으로, 부담 없이 한 끼를 해결하기 좋은 곳. 우동 약 1000엔. 목, 금 휴무

📍 수타 우동&텐푸라 멘쿠이 킨야
#수타우동 #새우튀김 #야채튀김

이토 큐에몬 기온시조점 맛집
伊藤久右衛門 祇園四条店·茶房
"말차를 달콤하게 즐겨보세요-"

말차를 활용한 디저트와 차를 전문으로 하는 곳. 대표 메뉴는 말차 초콜릿 파르페와 이토 큐에몬 파르페다. 떡과 팥 등이 곁들여져 다양한 식감을 즐길 수 있다. 디저트 메뉴 외에도 청어 소바와 자루 소바도 인기 있으며, 가볍게 식사를 즐기기에 좋다. 차를 좋아하는 사람이라면 말차와 당고가 함께 제공되는 세트 메뉴를 추천한다. 카페는 2층에 위치하며, 1층에서는 차 관련 디저트와 기념품을 구매할 수 있다. 약 1390엔

📍 이토 큐에몬 기온시조점
#말차 #파르페 #청어소바

기온 우오케야 우 맛집
う桶や う
"훈연향이 더해져 깊은 풍미를 자랑하는 미슐랭 맛집"

전통적인 일본식 장어 요리를 맛볼 수 있는 곳. 미슐랭 맛집으로 우나기동이 대표 메뉴다. 숯불에 구운 장어는 훈연 향이 더해져 깊은 풍미가 있으며 겉은 바삭하면서도 속은 부드럽고 촉촉하다. 간장밥은 달지도 짜지도 않고 은은한 편이며 장어의 풍미를 돋워준다. 산초를 뿌려 먹으면 맛이 한층 깊어진다. 식사와 함께 제공되는 츠케모노를 곁들이면 깔끔한 맛을 더할 수 있다. 약 4000엔. 월요일 휴무

📍 기온 우오케야 우
#우나기동 #훈연향 #숯불구이

기온시라카와 祇園白川 `추천`
"교토 배경 영화에서 여기 본 거 같지 않아?"

하천을 따라 벚나무와 버드나무, 전통 건물이 늘어선 거리로 기온을 대표하는 명소다. 특히 봄에는 벚꽃이 만개해 더욱 아름다운 풍경을 연출하며, 밤에는 은은한 조명이 켜져 운치 있다. 영화와 드라마 촬영지로도 자주 등장하며, 기모노를 입고 산책하는 사람들이 많아 교토다운 분위기를 만끽할 수 있다. 하천 위의 돌다리에서 바라보는 풍경도 아름답다. (529p F:2)

📍 Shirakawa Canal   #마치야 #벚꽃 #운치

기온코너(교토전통예능관) ギオンコーナー
"딱 1시간으로 일본 전통 예능 족집게 설명 들어갑니다"

일본의 전통 예능을 짧은 시간에 효율적으로 관람할 수 있는 문화센터. 다도, 꽃꽂이, 게이샤 춤, 인형극 등 전통 예술을 60분간 공연으로 선보인다. 공연은 매일 저녁 18:00, 19:20에 시작. 게이샤와 마이코가 추는 전통 춤 파트가 하이라이트로 가장 호응이 좋다. 영어 설명 제공. 10:00-17:00 (529p F:2)

📍 기온코너   #전통예능공연 #게이샤춤 #교토예술

기온탄토 祇園 たんと `맛집`
"톡 쏘는 매운맛 청양고추도 준비 완료!"

오코노미야키와 야키소바를 메인으로 제공하는 철판 요리 전문점. 돼지고기, 생선 같은 기본 메뉴에 치즈, 스위트콘, 청양 고추 같은 토핑을 추가해서 먹으면 된다. 비건 메뉴로도 주문 가능하다. 소스도 다양하게 준비되어 있어 취향에 따라 뿌려 먹을 수 있다. 약 1900엔. 목요일 휴무 (449p D:1)

📍 기온탄토   #오코노미야키 #야키소바

카네쇼 장어덮밥 かね正 `맛집`
"바삭한 식감이라는 점이 포인트야"

대표 메뉴는 긴시덮밥으로, 장어 위에 달걀 지단을 듬뿍 올린 것이 특징이다. 일반적인 우나기동과 달리 바삭하게 튀긴 장어가 올라가는 스타일로 참깨 소스로 볶은 밥과 잘 어울린다. 맥주를 곁들이면 더욱 맛있다. 골목길 안쪽에 위치해 찾기 어렵지만 우체국 옆으로 난 사잇길로 들어가면 된다. 웨이팅이 긴 편이라 여유 있게 방문할 것. 약 2300엔. 목, 일요일 휴무

📍 카네쇼 장어덮밥
#바싹튀긴장어 #우나기동 #계란지단

모리야 기온 モーリヤ祇園 `맛집`
"마블링 좋은 고베규, 셰프가 직접 구워드려요"

고베규 전문 스테이크 레스토랑. 마블링이 뛰어난 고베규를 숙련된 셰프가 눈앞에서 구워준다. 고기와 제철 채소에 대해 설명도 해주기 때문에 조리 과정을 지켜보는 것 자체가 매력적이다. 진한 풍미를 지닌 고베규는 소금, 와사비, 특제 소스 등과 함께 제공되며, 사이드로 익힌 광어, 호박 수프, 샐러드, 디저트와 커피가 포함되어 있다. 1인당 약 25000엔

📍 모리야 기온
#스테이크 #뛰어난마블링 #최고급고베규

교토 기온—기온신바시 주변

신바시도리 Shinbashi-dori
"기온의 정취도 꽤 멋진데, 여기 한 번 걸어볼래요?"

기온 지역의 전통적인 거리로, 일본에서 가장 아름다운 거리 중 하나로 손꼽힌다. 돌길과 전통 목조 건물이 늘어서 있어 교토의 옛 정취를 그대로 간직하고 있으며, 특히 벚꽃이 피는 봄철에는 더욱 아름다운 풍경을 연출한다. 저녁에는 은은한 등불이 거리를 밝히며 운치를 더한다. 주변에는 전통찻집과 고급 가이세키 요리점, 전통 료칸이 많아 교토의 정취를 느끼기에 최적의 장소이다.

📍 Shinbashi-dori   #전통 #목조건물 #벚꽃

마츠바 본점 [맛집]
総本家にしんそば 松葉 本店
"청어소바 만든 지 벌써 160년이 넘었어요"

160년이 넘는 역사를 자랑하는 청어 소바 맛집. 1882년에 처음으로 선보인 청어소바(약 1870엔)는 청어가 들어갔음에도 불구하고 비리지 않고 담백하며, 가시로 인한 불편함도 없다. 감칠맛이 냉/온 선택 가능. 150엔으로 면 추가 가능. 수요일 휴무 (529p F:2)

📍 마츠바 본점 #160년전통 #풍부한감칠맛

이치카와야 커피 [맛집]
市川屋珈琲
"후르츠 산도와 고소한 커피의 조화"

마루키 베이커리 [맛집]
まるき製パン所
"새우카츠에 싱큼함 한 방울"

레몬이 들어간 새우카츠빵이 유명한 테이크아웃 전문 빵집. 현지인들도 자주 찾는 곳. 샐러드빵, 돈카츠빵, 크림빵 등 아침이나 간식으로 부담 없이 즐기기 좋은 빵들을 판매하며, 특히 일본 감성의 코페빵을 좋아한다면 꼭 방문해 볼 것을 추천한다. 가격도 저렴한 편. 돈카츠 샌드와 새우카츠 샌드가 인기 메뉴. 조용하고 한적한 골목에 위치. 약 260엔부터. 월요일 휴무 (528p B:3)

📍 마루키 베이커리
#레몬새우카츠빵 #테이크아웃전문 #코페빵

기온 코모리 [맛집]
甘味どころ ぎをん 小森
"매일 아침 만들어서 쫄깃쫄깃해"

70년 이상의 역사가 있는 디저트 카페. 전통 가옥을 개조한 다다미방과 일본식 정원이 고즈넉한 분위기를 자아낸다. 와라비모치(약 1200엔)와 말차 디저트가 대표 메뉴. 매일 아침 100% 고사리 전분으로 만드는 와라비모치는 입안에서 녹는 듯 부드럽고 쫄깃한 식감을 자랑한다. 가격대는 다소 높은 편이지만, 고급스러운 플레이팅이 사진 찍기 좋다. 기본 제공 차 무료 리필, 현금 결제만 가능. 월, 일요일 휴무

📍 기온 코모리   #전통가옥 #다다미룸

오래된 목조주택을 개조하여 운영하는 카페. 신선한 제철 과일을 듬뿍 넣은 후르츠산도가 대표 인기 메뉴이다. 계절과 시기에 따라 다양한 과일을 사용하여 매번 새로운 맛을 선사한다. 후르츠산도 외에도 에그샌드위치, 오므라이스 등 식사 대용 메뉴 다양. 이곳의 시그니처인 '이치카와야 커피(약 500엔)'는 신맛 없이 고소한 풍미를 자랑하니 함께 맛보길 추천. 웨이팅이 있어 아침 일찍 방문 추천. 화요일, 둘째 넷째 수요일 휴무 (529p F:3)

📍 이치카와야 커피
#목조주택 #후르츠산도 #에그샌드위치

기요미즈데라

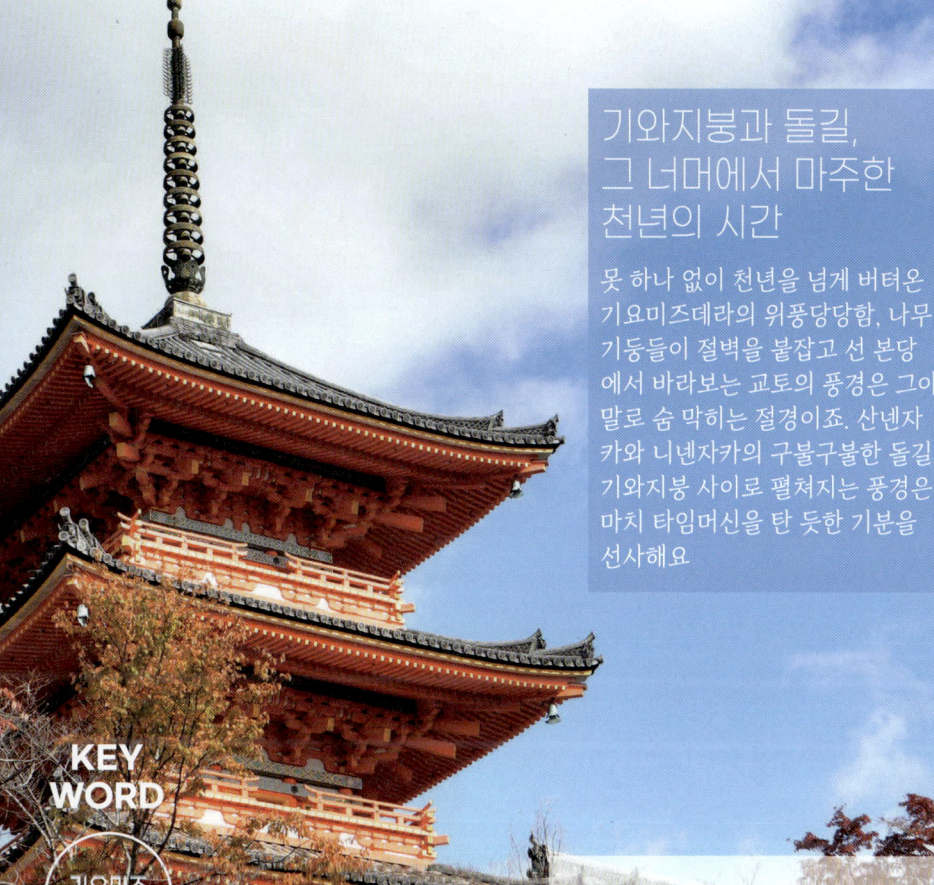

기와지붕과 돌길,
그 너머에서 마주한
천년의 시간

못 하나 없이 천년을 넘게 버텨온 기요미즈데라의 위풍당당함, 나무 기둥들이 절벽을 붙잡고 선 본당에서 바라보는 교토의 풍경은 그야말로 숨 막히는 절경이죠. 산넨자카와 니넨자카의 구불구불한 돌길, 기와지붕 사이로 펼쳐지는 풍경은 마치 타임머신을 탄 듯한 기분을 선사해요.

KEY WORD

- 기요미즈데라
- 산넨자카
- 니넨자카

TO DO LIST

- ☑ 산넨자카 거리에서 호칸지 배경으로 사진 찍기
- ☑ 기요미즈데라 무대에서 교토 시내 조망하기
- ☑ 기모노 입고 거닐기
- ☑ 오토와노타키 물 마시기
- ☑ 지슈신사에서 사랑점 보기
- ☑ 기요미즈자카에서 기념품 사기
- ☑ 지적원에서 벽화 찾기

기요미즈데라(청수사) 본당

기요미즈데라(청수사) 3층탑

산넨자카와 호칸지(법관사)

니넨자카

네네노미치

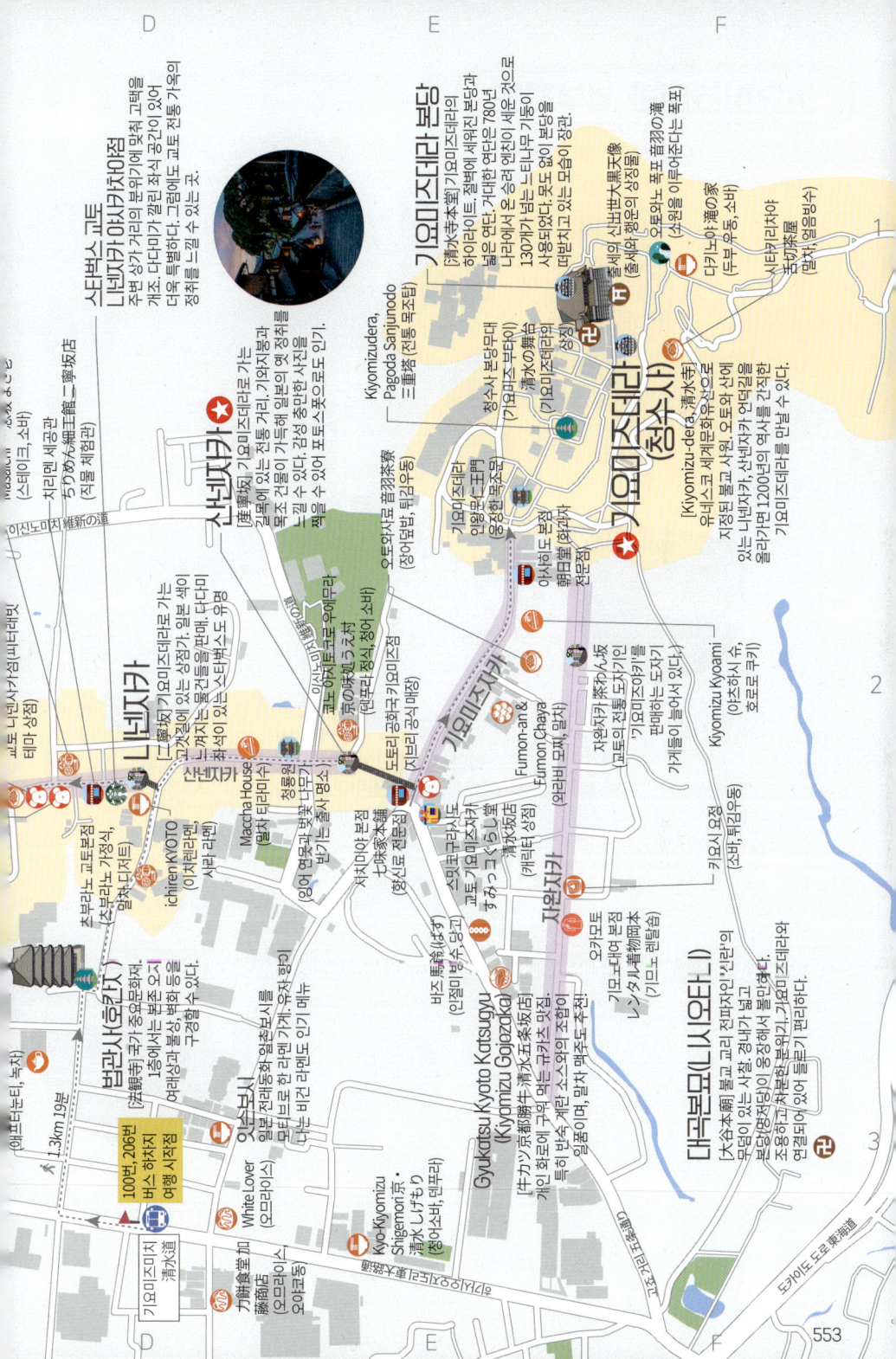

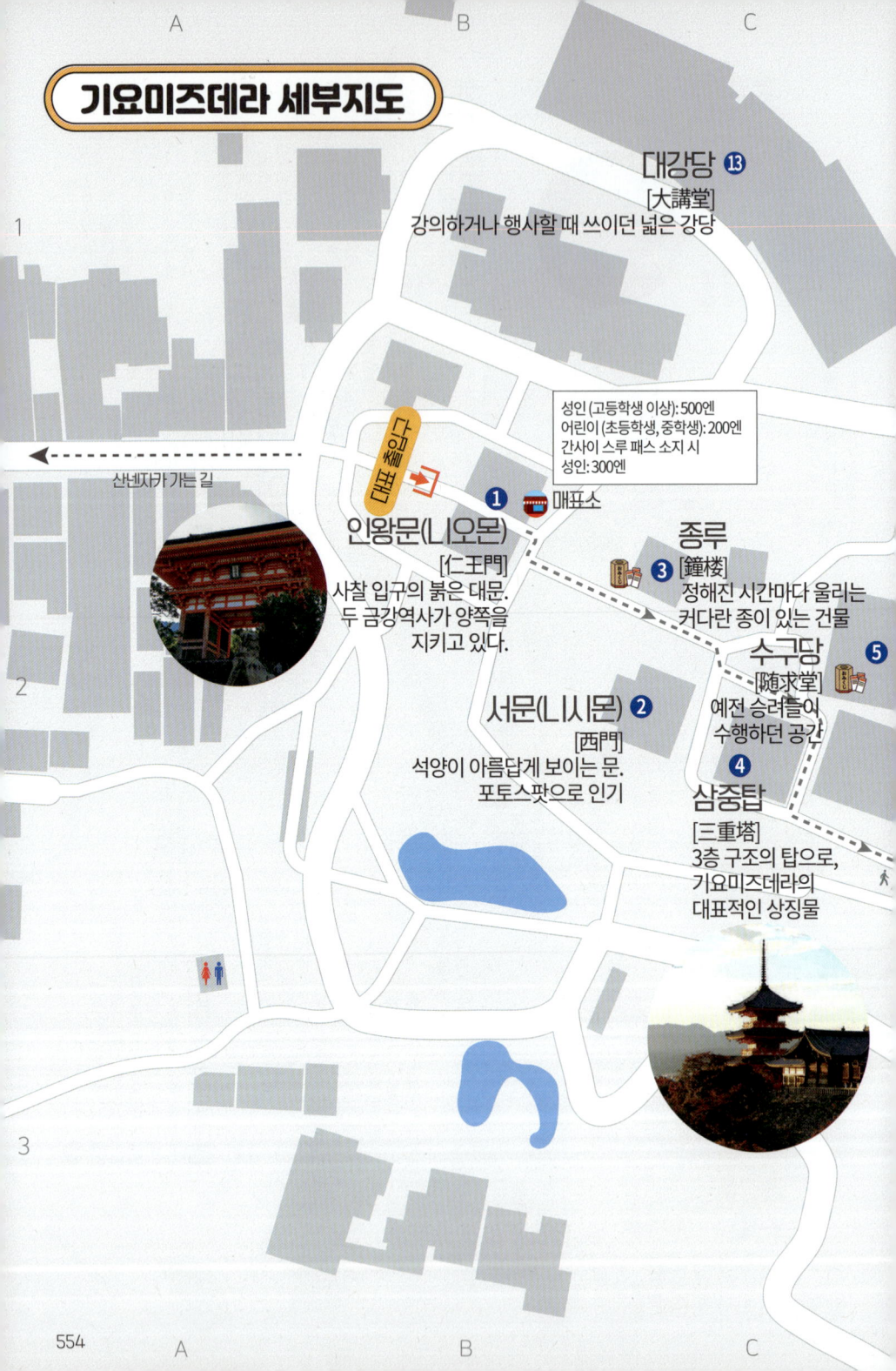

⑪ 성취원(죠주인)
[成就院]
고요한 정원이 아름다운 별당. 특별 공개 기간에만 개방

천체석불군(센타이석불군)
[千体石仏群]
다양한 형태의 작은 석불들이 모여 있는 독특한 공간
⑫

사랑점의 돌(恋占いの石)
지슈신사 경내에는 약 10m 간격으로 두 개의 돌. 사랑점의 돌이라고 불리는데, 눈을 감고 한쪽 돌에서 다른 쪽 돌까지 무사히 걸어가면 진실한 사랑이 이루어진다는 전설이 있다.

지슈 신사
[地主神社]
사랑과 인연을 맺어주는 신으로 아주 유명하며, 특히 젊은 사람들에게 인기가 많다.

경당
[経堂]
불경을 보관하고 낭송하던 곳으로, 조용한 분위기가 인상적

아미타당(아미다도)
阿弥陀堂
⑧

본당
本堂
⑦

오쿠노인
[奥の院]
본당 뒤쪽의 조용한 공간. 본당과 마주 보며 기도하는 장소
⑨ 본당 사진 포인트

다키노야
滝の家
(두부 우동, 소바)

오토와노타키
[音羽の滝]
건강·지혜·연애운을 비는 세 줄기 물줄기. 컵으로 떠서 마실 수 있다.
⑩

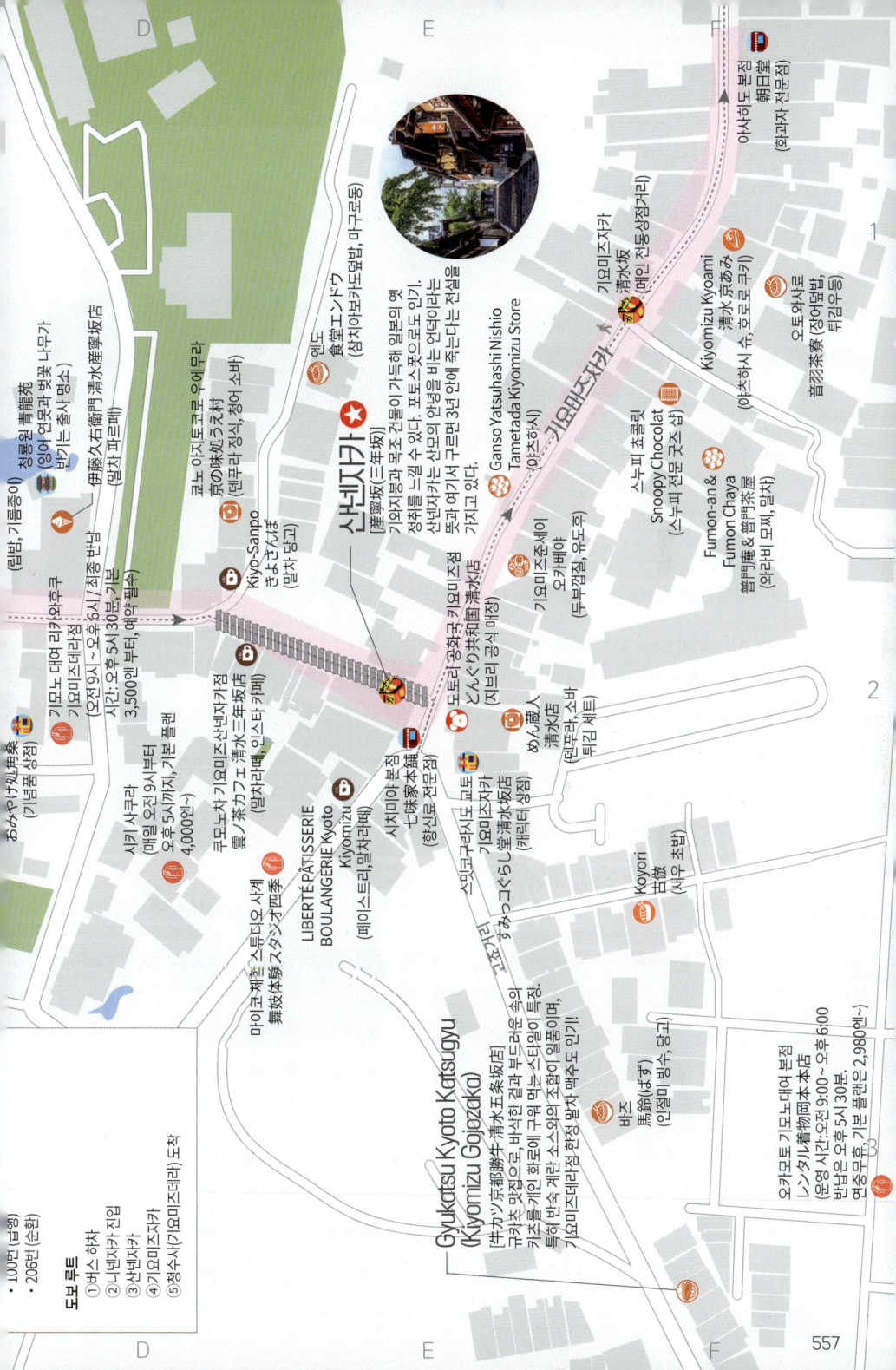

KIMONO
기요미즈데라 기모노 체험

기요미즈데라 풍경의 완성은 바로 기모노라고 해도 과언이 아니다. 고풍스러운 사찰과 어우러지는 화려한 기모노는 대충 찍어도 인생 사진이 된다.

기모노 체험 요점 정리

비용
기본 2,000엔, 평균 5,000엔, 고급플랜(헤어세팅, 악세서리 포함) 10,000~30,000엔

이용시간
대여는 하루 기준 대여하고 옷을 갈아입는 과정에 약 1시간 30분 정도 소요된다.

대여샵
기요미즈데라, 교토역 주변에 주로 위치한다. 후시미 이나리, 아라시야마 근처에도 대여샵을 찾아볼 수 있다.

이용시 주의
옷의 퀄리티, 악세서리 등 추가 옵션으로 비용이 올라가는 구조이다. 너무 저렴한 곳은 피할 것!

tip. 예약 및 이용 팁

1. 벚꽃, 단풍 시즌 극성수기에는 당일 대여 불가능하므로 <u>미리 예약 필수</u>
2. 대여 시간과 무관하게 1일 금액은 동일하고 빨리 가야 기모노 선택지가 많으므로 최대한 오픈 시간에 방문하기
3. 여행하다보면 시간이 부족한 경우가 많으므로 반납 시간을 꼭 미리 확인해 일정 계획하기 (보통 오후 4~6시)
4. 버선과 게다(나막신)도 대여 가능하지만, 기모노는 치마 폭이 좁아 걷기 불편하므로 <u>운동화를 준비하는 것을 추천</u>. 흰 양말과 흰색 운동화가 제일 무난하고 이질감 없다.
5. 게다를 신는 경우에는 최대한 낮은 굽, 발볼이 넓은 것을 선택해야 발이 덜 아프다.
6. 기모노에는 주머니가 없으므로 <u>손가방 필수</u>. 미리 가져가거나 매장에서 같이 대여하기 (대부분 무료 대여)
7. 기모노를 입을 때는 허리를 많이 조이기 때문에 불편할 수 있다. 허리를 조일 때 숨을 참지 말고 배를 최대한 내미는 것이 좋다.

대여 순서

1 기모노 고르기

2 기모노와 어울리는 오비(허리띠) 고르기

3 내의와 기모노 착용 (직원이 도와준다)

4 헤어 스타일링

5 소품 선택 (가방, 신발, 우산 등)

추천 렌탈샵

칸와 ◎ Kimono Rental Kanwa
- 위치 : 기온, 기요미즈데라
- 영업시간 : 매일 9~18시
- 예약 : klook 사이트
- 특징 (일반 플랜 기준)
  · 무료 기본 헤어 스타일 5가지. 손가방, 신발 무료. 짐 보관 무료. 다음날 반납 무료.

시키 사쿠라 ◎ 시키 사쿠라
- 위치 : 기요미즈데라
- 영업시간 : 매일 9~17시
- 예약 : kkday 사이트
- 특징 (일반 플랜 기준)
  · 헤어 유료 (1,650엔), 손가방, 신발 무료 짐 보관 무료. 다음날 반납 유료 (1,100엔 / 보증금 11,000엔)

미모사 MIMOSA ◎ 기모노 대여 미모사
- 위치 : 기요미즈데라, 교토역
- 영업시간 : 매일 8~18시 (교토역 지점은 9시부터 오픈)
- 예약 : 홈페이지
- 특징 (일반 플랜 기준)
  · 헤어 유료 (1500엔). 손가방, 신발 무료. 짐 보관 무료. 다음날 반납 유료 (1,000엔. 호텔에서 반납도 가능 (1,000엔)

VASARA ◎ VASARA Kimono Kyoto
- 위치 : 교토역
- 영업시간 : 매일 8~18시
- 예약 : 홈페이지
- 특징 (일반 플랜 기준)
  · 기본 헤어 무료. 손가방, 신발 무료. 제공하는 봉투에 들어가는 크기의 짐 보관은 무료, 그 외의 큰 짐은 유료 (1개당 1,100엔). 다음날 반납 유료 (2,200엔). 기모노 손상 및 오염에 대한 보험 가입 가능 (550엔)

오카모토 기모노 ◎ 오카모토 기모노
- 위치 : 기요미즈데라, 기온, 야사카 신사, 후시미이나리, 아라시야마
- 영업시간 : 9~18시
- 예약 : 홈페이지
- 특징 (일반 플랜 기준)
  · 헤어 유료 (500엔~). 손가방, 신발 무료. 짐 보관 무료. 다음날 반납 유료 (1,000엔 / 보증 10,000엔 내고 반납 후 보증금은 돌려줌) 호텔 반납 가능 (2,200엔) 타 지점 반납 가능 (1,000엔)

wargo ◎ wargo gion
- 위치 : 기요미즈데라, 교토역
- 영업시간 : 매일 10시~5시 30분
- 예약 : 홈페이지
- 특징 (일반 플랜 기준)
  · 기본 헤어 무료. 손가방, 신발 무료. 제공하는 가방에 들어가는 크기의 짐 보관은 무료, 그 외의 큰 짐은 유료 (1개당 550엔) 다음날 반납 유료 (2,200엔)

audio guide

마루야마 공원 (원산 공원)
円山公園
"800그루 중 확신의 센터, 수양벚꽃"

공원 중앙에 자리한 수양벚꽃을 보러 오는 이가 많은 공원. 교토 벚꽃 명소 중 하나로 매년 800그루가 넘는 벚꽃이 만개해 대규모 벚꽃 축제가 열린다. 축제 기간엔 야간 라이트업도 진행되며 노점상이 들어서 먹거리도 즐길 수 있다. 잉어가 서식하고 있는 연못 앞에 서서 사진으로 남겨보길 추천(552p A:2)

📍마루야마 공원
#벚꽃축제 #수양벚꽃 #포토스팟

이치자와 신자부로 한푸
一澤信三郎帆布
"다음 여행 가방은 너로 선택했디!"

내구성 좋고 튼튼한 에코백이 다양한 매장. 1905년에 설립된 교토 오리지널 브랜드로 캔버스백, 토트백, 백팩을 비롯해 모자, 필통, 앞치마 등 다양한 일상용품을 판매한다. 가방 소재는 배의 돛을 만드는 천으로 제작되어 내구성이 뛰어나다는 점이 특징. 가격대는 10~30만 원대로 높지만 솜씨 좋은 장인의 수제 상품이라는 점에서 기념으로 구매해 볼만 하다.

📍Shinzaburo 교토
#교토브랜드 #가방쇼핑 #교토쇼핑

규카츠 교토가츠규 기온점 [맛집]
牛カツ京都勝牛 祇園八坂店
"말차 생맥주가 이색적이야!"

와규, 살치, 안심, 등심까지 다양한 소고기를 규카츠로 맛볼 수 있는 유명 체인점. 채끝 살과 규가 인기가 높은 메뉴로, 기름기가 적절한

이시베코지 石塀小路 [추천]
"우리에겐 관광지, 누군가에겐 주택가인 곳"

일본식 료테이와 전통 숙소가 늘어선 골목길. 전통적인 목조 건물과 석담이 어우러져 교토의 옛 정취를 그대로 간직하고 있으며 조용하고 아늑한 분위기로 유명하다. 특히 야간 조명이 켜졌을 때 운치가 뛰어나며 기온의 번잡함과 달리 한적하게 산책하기 좋다. 지역 주민들의 삶을 위해 사진 촬영을 금지하고 있으니 주의가 필요하다.

📍Ishibe koji road   #돌담길 #목조건물 #운치있는

부드럽게 맛볼 수 있다. 거의 레어에 가깝게 겉만 살짝 튀겨서 나오기 때문에 개인 화로에 원하는 만큼 구워서 먹을 수 있다. 말차의 쌉싸름한 풍미와 맥주의 청량함이 어우러진 말차 생맥주는 이색 메뉴로 추천. 약 4890엔 (552p B:3)

📍규카츠 교토가츠규 기온점
#채끝살 #육즙가득 #말차나마비루

라멘 미야코 기온점 [맛집]
らぁ～めん京 祇園本店
"볶음밥과 잘 어울리는 담백한 국물"

담백하고 느끼하지 않은 라멘을 찾는 이들에게 추천하는 라멘집. 부드러운 차슈가 얹어진 차슈 라멘이 대표 인기 메뉴다. 닭 육수를 기반으로 하는 깔끔한 국물이라 볶음밥과 같은 기름진 밥과 먹어도 궁합이 좋다. 소고기 맛이 은은하게 밴 와규 라멘도 이색 메뉴. 라멘의 양과 국물의 농도도 선택 가능하다. 사이드 메뉴로 교자를 주문해 보길 추천. 약 990엔 (552p A:3)

📍라멘 미야코 기온
#담백한라멘 #차슈라멘 #와규라멘

히사고 祇園下河原 ひさご `맛집`
"잇몸으로 먹어도 될 거 같은데?"

보들보들하고 담백한 오야코동으로 유명한 노포. 살짝 익힌 반숙 계란이 얹어져 있어 부드러운 식감이 특징. 양이 푸짐하고 부담 없이 즐길 수 있어 현지인들이 자주 찾는 곳이다. 청어가 들어간 니신소바와, 촉촉한 유부가 들어간 기쓰네 우동도 판매하고 있다. 테이블에 놓인 작은 호리병 안에 산초가루가 들어 있으니 살짝 뿌려 맛보길 추천한다. 약 1010엔. 월, 금요일 휴무.

📍 히사고
#오야코동 #니신소바 #기쓰네우동

Tousuiro Gion `맛집`
豆水楼 祇園店
"다이쇼의 어느 날에 머물러 받아보는 두부 휘 식"

두부 가이세키를 맛볼 수 있는 고급 레스토랑. 다이쇼 시대(1910년)의 건물에 앉아 고즈넉한 분위기를 즐길 수 있다. 생선과 두부를 활용한 요리가 다양해서 교토 두부 요리인 유도후를 제대로 경험하고 싶다면 추천한다. 점심과 저녁 모두 코스 요리로 제공된다. 계절에 따라 메뉴가 달라져 사계절의 맛을 제대로 느낄 수 있다. 예약 추천, 일본어만 가능. 코스 1일 약 12000엔. (552p C:3)

📍 Tousuiro Gion
#두부요리 #가이세키요리 #채식

청련원 青蓮院 `추천`
"가을에만 나타난다는 푸른빛 반딧불"

푸른빛 반딧불 라이트업으로 인기인 사찰. 일왕의 임시 거소로 쓰였던 곳으로, 아름다운 일본식 정원과 대나무숲, 단풍나무 숲 등을 갖추고 있어 사진 찍기 좋다. 입구에 서 있는 거대한 녹나무는 불교 교리 전파자인 신란이 심은 것으로 쇼렌인의 상징으로 불린다. 가을밤에 열리는 야간 반딧불 라이트업은 밤 10시까지 진행. 성인 약 600엔 (585p F:2)

📍 쇼렌인 #가을명소 #반딧불라이트업 #녹나무

대곡본묘 (니시오타니) 大谷本廟
"엄숙한 분위기, 스님들의 영원한 안식처"

불교 교리 전파자인 '신란'의 무덤이 있는 사찰. 경내가 넓고 본당(명저당)이 웅장해서 볼만하다. 신란의 무덤은 본당 뒤편에 자리하고 있으며 신란의 딸 각신니를 기리는 비석, 신란의 초기 무덤인 석굴도 있다. 주변에는 현대식 납골당과 스님·신자들의 공동묘지가 마련되어 조용하고 차분한 분위기. 기요미즈데라와 연결되어 있어 오며 가며 들르기 편리하다. (553p F:3)

📍 오오타니혼뵤 #신란의무덤 #공동묘지 #기요미즈데라

기요미즈데라 (청수사) 清水寺 　추천
"천년의 역사를 자랑하는 교토 대표 사찰"

절경을 담아내는 절벽 옆 목조 건축물로 유명한 **교토 대표 사찰**. 천 년이 넘는 **역사**를 지니고 있으며, 유네스코 세계문화유산으로 지정되어 있다. 이곳의 맑은 물(淸水)을 마시면 건강과 길운을 얻는다고 하여 청수사로도 불린다. 특히 봄과 가을에는 벚꽃과 단풍이 가득해 절경을 이룬다. 경내에 있는 삼중탑과 오토와 폭포는 또 다른 볼거리. (553p F:2)

📍 기요미즈데라　#교토명소 #세계문화유산 #전망최고

기요미즈데라 본당 清水寺本堂 　추천
"130개 느티나무 기둥이 받쳐낸 교토의 장관"

기요미즈데라 인왕문 仁王門
"입구 주변에서도 교토시내 와~"

기요미즈데라의 **입구** 역할을 하는 건축물. 선명한 주홍색 외관이 주변 신록과 대비되어 아름다운 광경을 연출한다. 높이 14m의 거대한 규모라 상점 거리에서도 한눈에 찾을 수 있으며, 지대가 높은 곳에 자리하고 있어 **입구 주변까지만 올라가도 교토 시내가 내려다보인다**. 벚꽃과 단풍시즌에 방문하여 사진으로 남겨보길 추천. (554p B:2)

📍 니오몬
#붉은문 #포토존 #높이14m

기요미즈데라의 하이라이트. 절벽에 세워진 목조 건축물로, 넓은 **연단**에 서면 **주변 일대를 한눈에 조망**할 수 있다. 교토를 대표하는 포토스폿으로도 인기. 본당 맞은편 언덕에서 촬영하면 근사한 외관과 주변 풍광까지 함께 담아낼 수 있다. **130개가 넘는 느티나무 기둥이 사용되었으며, 못을 사용하지 않았다는 점이 특징**. 1994년 유네스코 세계문화유산에 등재되었다. 성인 약 500엔 (555p E:3)

📍 기요미즈데라 본당　#교토명소 #뷰맛집 #세계문화유산

기요미즈데라 삼중탑 三重塔
"붉은 탑이 선물한 베스트 포토존"

기요미즈데라 경내에 있는 붉은색 삼중탑. 포토존으로 유명한 장소 중 하나로, 강렬한 색감이 멀리서도 존재감을 드러내며 시선을 사로잡는다. 높이는 약 30m로, 본당과 함께 기요미즈데라의 대표적인 상징물로 각광받고 있다. 1632년에 재건되었으며 국가 중요문화재로 지정되어 있다. (554p C:2)

📍 Kiyomizudera, Pagoda Sanjunodo

#붉은색 #기요미즈데라포토존 #목조탑

출세의 신 出世大黒天像
"재물도, 행운도 줄 수 있는 건 다 주세요!"

기요미즈데라 본당에 자리한 대흑천상. 마하칼라라고도 부른다. 칠복신 중 하나로 부와 행운, 사업 번창을 가져다주는 신으로 여겨진다. 풍요를 상징하는 쌀자루 위에 서 있으며 재물을 의미하는 망치를 들고 있다는 점이 특징. 약간의 헌금을 지불하고 두 번 인사한 뒤 신을 부르는 의미로 박수를 두 번 치고 소원을 빌고 다시 인사하면 된다. (553p F:1)

📍 Shusse Daikokuten Statue
#출세의신 #행운 #재물

다키노야 滝の家 〔맛집〕
"청수사 본당, 숨은 명당이 여기 있네~!"

청수사 본당 무대가 내려다 보이는 야외 평상석을 갖춘 전통 일식 레스토랑. 울창한 숲과 시냇물 소리를 들으며 시원한 맥주와 함께 소바를 즐길 수 있어 매력적이다. 여름에는 냉소바와 빙수가 인기이며, 겨울에는 뜨끈한 국물에 두부가 함께 나오는 유도후가 대표 메뉴다. 약 1000엔. 목요일 휴무 (555p E:3)

📍 다키노야
#청수사무대뷰 #시냇물소리 #유도후

오토와사료 音羽茶寮 〔맛집〕
"역시 뷰가 좋아야 맛도 더 좋다니까?"

기요미즈데라가 보이는 테라스를 지닌 전망 좋은 카페 겸 식당. 장어덮밥, 튀김 덮밥, 장어튀김 차즈케, 튀김류 등 다양한 메뉴가 준비되어 있으며, 음식 맛도 훌륭하다. 특히 장어는 식감이 부드럽고 맛이 좋다. 청수사 방문 전 여유롭게 들르기 좋은 숨은 맛집. 약 2000엔 (557p F:1)

📍 오토와사료 #장어덮밥 #기요미즈데라뷰

오토와노 폭포 音羽の滝
"대나무 국자로 물을 마시며 소원빌자"

기요미즈데라 경내에 있는 폭포. 세 갈래 물줄기가 학업, 건강, 연애에 효험이 있다고 전해진다. 대나무 국자로 물을 떠 마시며 소원을 빌면 된다. 세 개 중 하나만 선택해야 효과가 있다고 알려져 있으며, 만약 세 물줄기를 다 마실 경우 오히려 불운이 찾아온다고 한다. 줄이 긴 편이나 기다림이 길진 않으니 재미 삼아 체험해 보길 추천 (555p F:3)

📍 오토와노타키
#학업 #건강 #연애

아사히도 본점 朝日堂
"교토 전통의 미를 맛보는 공간"

교토의 전통 도자기인 기요미즈야키를 판매하는 가게. 2층 건물로 찻집을 함께 운영하고 있어 이곳에서 만든 다기로 차를 마셔볼 수 있다. 정교한 문양과 섬세한 색감을 지닌 그릇과 다기가 풍부하고, 칠기나 수저, 수예품도 구매할 수 있다. 가격대는 다양한 편. 2층 찻집에 전시된 도자기 작품들도 구경하기 좋다. (557p F:1)

📍 Asahido Honten
#기요미즈야키 #찻집 #다기

야사카 신사 八坂神社
"매년 7월, 한 달간 축제의 열기가 가시지 않는 신사"

매년 7월 '기온 마츠리'가 열리는 신사. 벚꽃 명소이자, 입춘 전날 축제인 '세츠분' 이 열리기도 하는 곳이다. 연초엔 100만 명의 참배객이 몰릴 만큼 유명하다. 본전과 배전을 한 개의 지붕으로 덮어 만든 것이 특징. 중요 문화재로 지정된 본당 주변은 약 20개의 신사로 둘러싸여 있으며 근처에는 마루야마 공원이 있어 함께 둘러보기 좋다. (552p B:2)

📍 야사카 신사　　#기온마츠리 #국가문화재 #마루야마공원

키요시 요정 㐂與志料亭 〔맛집〕
"가성비와 아늑함까지 잡은 로컬 맛집"

오야코동, 카레, 덴푸라 우동, 자루 소바 등 다양한 요리를 합리적인 가격에 제공하는 아늑한 식당. 우동과 함께 나오는 바삭한 튀김이 특히 맛있으며, 고기가 듬뿍 들어간 카레 우동도 별미다. 덮밥에 대한 호평이 많은 편이니 주문 시 참고. 청수사 방문 전후에 로컬 감성의 밥집을 찾는다면 추천한다. 약 800엔 (553p E:2)

📍 키요시 요정
#카레우동 #바삭한튀김 #로컬감성

오카모토 기모노대여 본점
レンタル着物岡本 本店
"나에게 딱 맞는 패키지로 완성된 기모노 패션"

자완자카 근처에 위치한 기모노 대여점. 전통적 디자인부터 색과 무늬가 화려한 현대 스타일까지 다양하다. 헤어 세트 서비스도 제공되며 어린이용 유카타도 준비되어 있다. 패키지로 구성된 상품을 이용하면 기모노에 어울리는 액세서리를 함께 제공받을 수 있다. 패키지 종류가 다양하니 예산과 취향에 따라 선택해 보길 추천. 약 3980엔 부터 (557p F:3)

📍 오카모토 기모노
#기모노 #유카타 #자완자카근처

동구리 공화국 키요미즈점
どんぐり共和国 清水店
"나에게 있는 500엔, 기회는 한 번뿐,,!"

스튜디오 지브리 공식 굿즈 매장. 센과 치히로, 토토로 등 인기 캐릭터 상품을 판매하며, 인형, 문구, 주방용품 등 다양한 아이템이 있다. 500엔 가챠 기계도 있어 랜덤이지만 퀄리티 좋은 상품을 받을 수 있어 재미를 더한다. 물건 종류가 다양하고 지브리 애니메이션 속에 들어온 듯한 아늑한 분위기로 꾸며져 있어 인기. (557p E:2)

📍 동구리 공화국 키요미즈
#토토로 #지브리 #500엔가챠

스밋코구라시도 교토 기요미즈자카
すみっコぐらし堂 清水坂店
"교토에 살고 있는 스밋코구라시, 넌 좀 색다르구나!?"

캐릭터 스밋코구라시를 테마로 한 공식 굿즈 매장. 교토 한정 상품을 포함해 인형, 문구, 생활용품 등 다양한 캐릭터 굿즈를 판매하고 있다. 일본 전통 디자인이 가미된 굿즈도 많아서 선물용으로 구매하기 좋다. 특히 스밋코구라시 모양의 미니 카스텔라와 함께 음료를 판매

산넨자카 産寧坂(三年坂) `추천`
"5층 탑이 보이는 언덕길에서 기념사진은 필수!"

시치미야 본점 七味家本舗
"7가지 재료가 선사하는 톡 쏘는 매력"

교토 기요미즈데라

호칸지 5층탑을 배경으로 기념사진 촬영할 수 있는 전통 상점가. 돌계단으로 이루어진 운치 있는 비탈길이 특징. 기와지붕과 목조 건물, 고풍스러운 전등이 가득해 일본의 옛 정취를 느낄 수 있다. 이 언덕길에서 넘어지면 3년 안에 불운이 온다는 전설이 있다. 기요미즈데라로 가는 길목으로, 니넨자카까지 연결된다. (557p E:2)

📍산넨자카   #전통거리 #일본감성 #포토스팟

360년 전통의 시치미 전문점. 7가지 재료가 들어간 기본 시치미부터 나베 요리나 국물 요리에 잘 어울리는 유자 이치미, 톡 쏘는 맛이 일품인 산초 가루 등 다양한 향신료를 판매하고 있다. 편하게 시식 후 구매 가능하다. 일본 특유의 풍미가 살아 있는 전통 조미료를 구입하고 싶다면 방문해 보길. 선물용으로 포장된 상품도 구매할 수 있다. (557p E:2)

📍시치미야 본점

#시치미 #기념품 #향신료

하고 있다는 점이 이색적. 모양이 귀엽고 맛도 좋아서 인기 있다. (557p E:2)

📍스밋코구라시도 교토
#스밋코구라시 #미니카스텔라 #기념품

잇손보시 `맛집`
Japanese Noodle 一寸法師
"오전 10시 반까지는 미소와 무스비만 가능해요"

쫄깃한 면발과 간장, 해산물 육수가 어우러진 담백한 국물이 특징인 라멘집. 짜지 않고 깔끔한 맛으로 부담 없이 즐길 수 있으며 유자 향이 은은한 비건 라멘도 독특하다. 오전 10:30 이전에는 아침 메뉴로 비건식 미소 라멘과 무스비 라멘만 제공한다. 이후에는 본격적인 라멘 메뉴를 다양하게 먹을 수 있다. 기요미즈데라 관광 시 꼭 들러봐야할 맛집. 현금 결제만 가능. 약 500엔 부터 (553p D:3)

📍잇손보시

#비건라멘 #해산물베이스 #담백한

기요미즈자카 清水坂 `추천`
"기요미즈데라 700m 앞, 쇼핑 주의 구간입니다."

기요미즈데라로 이어지는 약 700m의 언덕길. 기요미즈데라 방문 시 자연스럽게 들르게 되는 곳으로, 길 양옆으로 기념품 가게와 유바 가게, 녹차 아이스크림과 전통 과자를 판매하는 음식점이 늘어서 있다. 기모노를 입은 관광객도 어렵지 않게 발견할 수 있는 곳. 교토 전통 분위기를 느끼며 쇼핑과 식사를 즐기기 좋은 곳이다. (557p F:1)

📍Kiyomizuzaka 2 Chome-255 Kiyomizu   #언덕길 #전통미 #간식

교토 기요미즈데라

니넨자카 二寧坂 (二年坂) 추천
"이곳에서 100년쯤은 역사도 아니라고~"

<u>100년 가옥을 개조해서 만든 가게들이 즐비한 전통 상점가</u>. 이 길에서 넘어지면 2년 안에 불운이 온다는 전설이 있다. 경단, 말차 등 디저트부터 후리카케, 절임류 등 식품까지 다양하다. 다이쇼 시대의 모습을 고스란히 간직하고 있다. 기모노를 빌려 입고 기념사진 남기는 이도 많다. <u>전통 가옥 형태의 스타벅스 2층</u>은 니넨자카의 낭만적인 풍경을 감상하기 좋은 장소로 추천 **(556p B:2)**

📍 니넨자카　　#전통거리 #100년가옥 #스타벅스

동구리 공화국 니넨자카점
どんぐり共和国 二寧坂店
"토토로 뱃지와 키링으로 가방 꾸미기 도전!"

토토로를 좋아한다면 방문해 볼만한 굿즈 매장. 가오나시, 쿠사카베 베이, 마녀 배달부 키키 등 지브리 인기 캐릭터 아이템들도 다양하게 판매하고 있다. 특히 <u>니넨자카점은 피규어, 랜덤뱃지, 카드, 키링 종류가 다른 지점에 비해 다양하고 풍성하다</u>. 기념사진 촬영하기 좋은 커다란 토토로 조형물과 토토로 버스 정류장도 설치되어 있다. **(556p A:2)**

📍 돈구리 공화국 니넨자카
#지브리 #토토로 #기념품선물

피터 래빗 샵 앤 베이크스 교토
Peter Rabbit™ SHOP & BAKES
京都・二寧坂店
"피터 래빗 아지트에서 즐기는 커피 한 잔"

Kyo-Kiyomizu Shigemori
京・清水 しげもり 맛집
"깊은 감칠맛, 청어 소바 아직 못 먹어봤다면"

<u>청어 소바(약 1300엔)</u>가 유명한 집. 덴푸라 우동, 야채 소바, 라멘 등 다양한 면 요리를 담백한 국물과 쫄깃한 면발로 담아내고 있다. 그 중에서도 양념 후 발효시킨 청어를 따뜻한 소바 국물에 올린 청어 소바는 깊은 감칠맛과 은은한 단맛이 어우러져 특별한 맛을 낸다. 비린맛을 잘 잡아내어 초심자도 무난하게 먹기 좋다. 고소하면서도 이색적인 라멘을 먹어보고 싶다면 추천한다. 기요미즈데라 관광 후 식사하기 좋다. 수요일 휴무 **(553p E:3)**

📍 기요미즈 Shigemori
#청어소바 #쫄깃한면발 #이색라멘

White Lover 맛집
カフェレストラン・ホワイトラバー
"일본 가정에서 인기인 메뉴 총출동"

오므라이스 비프스튜와 카츠 카레 라이스 등 <u>일본 가정식</u> 메뉴를 먹을 수 있는 일식당. 촉촉하고 부드러운 식감을 잘 살린 오므라이스가 대표 인기 메뉴로, 세트로 주문하면 샐러드와 수프 한 컵이 함께 제공된다. 할아버지 사장님이 혼자 주문부터 요리까지 운영하는 곳이라 시간이 다소 걸리는 편이다. 손님이 몰리면 가게를 닫으니 참고하자. 현금 결제만 가능. 약 880엔 **(553p D:3)**

📍 White Lover
#오므라이스 #일본가정식 #카츠카레

영국 동화 <u>피터 래빗을 테마로 한 카페 겸 굿즈 숍</u>. 입구부터 귀여운 토끼가 반겨주며, 곳곳에 아기자기한 피터 래빗 굿즈가 가득하다. 머그컵, 인형, 문구 등 다양한 상품 판매. 피터 래빗 테마로 꾸며진 작은 정원을 지니고 있다는 점도 매력적. 야외 테라스 자리에서 정원을 바라보며 버터 맛 컵케이크와 커피, 홍차를 즐길 수 있다. **(553p D:2)**

📍 Peter Rabbit 니넨자카
#카페 #정원 #피터래빗

법관사(호칸지, 야사카의 탑) 法観寺 `추천`
"교토에 왔다면 이곳은 꼭 올라가 봐야 해"

니넨자카와 산넨자카를 한눈에 내려다볼 수 있는 5층 목탑. 교토의 랜드마크 중 하나로 높이 46m에 달한다. 문화재로 일반인에게 공개하는 몇 안 되는 탑 중 하나. 1층에서는 본존 오지 여래상과 불상, 벽화 등을 구경할 수 있고 2층에서 옛 거리를 바라볼 수 있다. 낮고 오래된 가옥들 사이에 우뚝 솟아있어 거리 곳곳에서 사진 찍는 사람들로 붐빈다. 약 400엔. 10:00-15:00 (556p A:3)

📍 호칸지   #교토랜드마크 #5층목탑 #포토스폿

자완자카 茶わん坂
"교토 장인의 손길로 빚어낸 '기요미즈야키'"

교토의 전통 도자기인 '기요미즈야키'를 판매하는 도자기 가게들이 늘어서 있는 거리. 기요미즈데라로 향하는 오르막길로 다양한 디자인의 그릇과 찻잔, 귀여운 장식 도예품을 볼 수 있어 구경하는 재미가 있다. 비교적 인적이 적어 천천히 걸으며 여유롭게 걸을 수 있는 거리로 오래된 가옥과 건물이 어우러져 있어 고즈넉하다. (553p E:2)

📍 자완자카   #도자기 #찻잔 #언덕

Salon de KANBAYASHI `맛집`
"달콤하게 변신한 야사카 탑, 예쁜 정원 보며 먹어볼까?"

교토 기요미즈데라

울창한 정원을 바라보며 야사카 탑을 모티브로 한 애프터눈 티 세트를 맛볼 수 있는 카페. 사각 찬통 안에 크림뷔릴레, 말차무스, 당고, 샌드위치 등 다양한 메뉴를 정갈하게 담아서 내준다. 다이쇼 시대의 저택과 사계절 아름다운 정원을 배경으로 예쁜 음식 사진을 찍을 수 있어 인기. 단품 메뉴로는 말차 가토 쇼콜라와 로열 두유 말차 라테를 추천한다. 애프터눈 티 세트는 2일 전까지 예약 필수. 한국어 메뉴판 제공. 1인 약 4800엔. 화, 토, 일요일 휴무 (553p D:3)

📍 Salon de KANBAYASHI
#야사카탑모티브 #정원 #애프터눈티

엔도 食堂エンドウ `맛집`
"참치 맛을 극대화해 주는 특제 소스"

마구로동(참치 덮밥)으로 유명한 덮밥 전문점. 신선한 참치를 특제 간장 소스에 재워 밥 위에 올리고, 반숙 계란을 곁들여 고소한 맛을 더했다. 양념 자체가 맛있어서 밥과 잘 어울린다. 또한, 아보카도와 참치를 함께 즐길 수 있는 '마구로 아보카도 덮밥'도 인기 메뉴. 재료가 소진되면 조기 마감될 수 있으니 서둘러 방문하는 게 좋다. 영어 메뉴판 제공. 현금 결제만 가능. 약 1200엔 (557p E:1)

📍 엔도 기요미즈
#마구로동 #특제소스 #마구로아보카도덮밥

교토 기요미즈데라

이치란 ichiren KYOTO `맛집`
"육고기도 물고기도 선택할 수 있어"

돼지·닭 육수와 유자를 조합한 '이치렌라멘 (약 1200엔)'과 해산물 베이스의 '사라 라멘'이 대표 메뉴인 라멘집. 특히, 사라 라멘은 시원한 해산물 국물과 유자 향이 어우러진 깔끔한 맛이 한국인의 입맛에 잘 맞다. 두유 베이스의 진한 스프와 부드러운 식감의 면이 조화로운 두유 유자 라멘도 있다. 일본에서 깔끔하고 독특한 맛의 라멘을 찾는다면 추천하다.
(556p B:2)

📍 ichiren 교토
#시원한국물 #독특한라멘 #유자라멘

Masaichi 一念坂 まさ壱 `맛집`
"저녁에 방문해서 일본술과 함께 해 봐"

스테이크 정식과 사시미와 소바 정식 등 가이세키 코스 요리를 제공하는 음식점. 새우, 참치 등 제철 생선을 사용한 사시미 모둠부터 홋카이도산 소고기, 수제 두부 튀김 등 메뉴가 구성이 다양해서 골라먹는 재미가 있다. 특히 소바 면발이 쫄깃해서 맛있다. 일본술과 글라스 와인 등 주류 메뉴도 판매하니 함께 곁들여 보길 추천. 약 5500엔. 월요일 휴무
(556p A:2)

📍 Masaichi
#스테이크정식 #사시미 #소바정식

치리멘 세공관
ちりめん細工館 二寧坂店
"고급스러운 기모노 원단의 아기자기한 변신"

일본 전통 원단인 '치리멘'으로 만든 수제 액세서리와 장식품을 판매하는 곳. 기모노 원단 특유의 부드러운 촉감과 화려한 색감이 돋보이는 상품으로 인형, 복주머니, 머리 장식, 장식품 등 다양한 공예품이 많아 구경하는 재미가 있다. 아이들도 쉽게 따라 할 수 있는 공방 체험을 통해 직접 만들어 볼 수도 있다. 체험은 예약 필수 (556p B:2)

📍 치리멘 세공관
#치리멘 #핸드메이드 #공방체험

네네노미치 ねねの道 `추천`
"인력거 타고 즐기는 고즈넉한 거리"

지온인 知恩院
"총 108번 울립니다."

한 해의 마지막 날, 108번 울려 퍼지는 제야의 종소리로 유명한 사찰. 1234년에 창건된 곳으로 도쿠가와 이에야스의 후원으로 크게 발전했다. 사찰의 삼문은 압도적인 규모를 자랑하는 목조 관문으로 국보로 지정됐다. 70톤이 넘는 거대한 종 또한 국보. 경내에 있는 호조 정원은 국가명승지로 근사한 풍광을 감상할 수 있는 곳이다. 단풍 시즌에 열리는 라이트업 행사도 볼거리

📍 지온인
#제야의종 #도쿠가와이에야스 #호조정원

도요토미 히데요시의 부인 '네네'의 묘소가 있는 고다이지 앞의 길. 인산인해를 이루는 산넨자카, 니넨자카보다 훨씬 조용하게 산책하기 좋다. 약 200m 길이로, 양옆으로 노포와 전통 집들이 이어져서 교토다운 정취를 느낄 수 있다. 등불이 켜지는 밤은 운치까지 더해진다. 길목을 오가는 인력거를 타고 둘러보는 것도 추천하는 방법

📍 Nene-no-michi   #네네의길 #고다이지 #낭만

스타벅스 교토 니넨자카 야사카차야점 [추천]
"초록색을 감추니 한 번에 찾기 어렵지?"

2층 다다미 좌석으로 유명한 스타벅스. 주변 분위기에 맞춰 고택을 개조. 간판 또한 스타벅스 고유의 초록색 대신 목조 건물과 자연스럽게 어울리는 은은한 노란색을 사용한 것이 특징. 독특한 외관으로 인해 방문객이 워낙 많아 내부에서 음료를 즐기기는 쉽지 않을 수 있다. 그럼에도 교토 전통 가옥의 정취를 느끼며 스타벅스 음료를 맛보고 싶다면 충분히 방문해 볼만한 곳. 말차라떼 약 520엔 (556p B:2)

📍 스타벅스 야사카차야점
#고택개조 #다다미룸 #이색스타벅스

교토 하리오 카페
HARIO CAFE 京都店 [맛집]
"커피 마시러 갔다가 유리 소품 건지는 곳"

일본의 대표적인 내열 유리 및 커피 기구 제조사 HARIO의 직영 카페. 창밖으로 작은 아담한 정원이 보이는 분위기 좋은 공간이다. 특히 사이폰으로 내려주는 커피를 꼭 마셔볼 것을 추천한다. 점내에서 유리 주얼리나, 소품, 식기도 판매하고 있다. 약 1200엔 (552p C:3)

📍 HARIO 교토
#사이폰커피 #하리오 #내열유리세공

겐닌지 建仁寺 [추천]
"교토 5산 중에서 내가 가장 큰 형님!"

교토 5산(겐닌지, 텐류지, 쇼코쿠지, 도후쿠지, 만쥬지) 중에서 가장 큰 선종 사찰. 1202년에 창건하여 800년이 넘은 유서 깊은 사찰이기도 하다. 후진(바람의 신)과 라이진(천둥의 신)이 그려진 병풍과 본당 천장에 그려진 거대한 쌍룡도는 겐닌지를 대표하는 예술품. 그 밖에도 죽림칠현도, 금기서화, 수묵 공작도 등 아름다운 벽화가 인상적인 곳이다. 성인 약 600엔 (529p F:2)

📍 겐닌지   #교토5산 #800년넘은사찰 #쌍룡도

야스이 곤피라 궁 安井金比羅宮
"돌구멍 들어가실 분 부적 사고 가세요~!"

좁은 돌구멍을 통과하면서 소원을 비는 신사. 연애나 결혼을 기원하는 사람들이 많이 찾아와서 사랑의 신사라고 불린다. 구멍 안으로 들어가면 악연을 끊어주고 다시 나오면 좋은 인연을 불러온다는 의미가 있다. 종이 부적(카타시로) 을 구입한 다음 손에 쥐고 구멍 안으로 들어갔다가 나오면 된다. 나온 후에는 부적에 풀을 발라 돌에 붙인다. 부적 비용은 100엔

📍 야스이곤피라 궁   #사랑의신사 #소원빌기 #종이부적

츠부라노 교토본점 [맛집]
つぶら乃 京都本店
"코스는 교토 야채를, 디저트는 우지 차를 활용해서"

신선한 교토 야채를 사용한 가이세키 코스 요리와, 우지차를 활용한 디저트를 맛볼 수 있는 식당. 특히, 손수 만든 와라비모찌와 말차 빙수가 인기 메뉴로 손꼽힌다. 말차 본연의 맛을 제대로 갈아 넣었다. 다다미 방으로 이루어진 2층 좌석에서는 야사카 탑의 아름다운 경관을 감상할 수 있다. 예약 필수. 약 4000엔. 화, 수요일 휴무 (556p B:3)

📍 츠부라노 교토
#야사카탑뷰 #가이세키 #우지차디저트

고다이지 高台寺 [추천]
"히데요시와 네네의 위패가 있는 사찰"

일본식 정원과 대나무 숲, 라이트업이 진행되는 불교 사찰. 아름답게 가꾸어진 광활한 정원을 지니고 있어 산책하기 좋은 곳이다. 도요토미 히데요시(임진왜란의 주범)의 명복을 빌기 위해 부인 네네가 세운 사찰로, 히데요시와 네네가 잠들어 있는 집 '영옥'과 네네가 히데요시를 그리워하던 정자 '관월대', 모래 정원이 하이라이트. 성인 약 600엔. 입장마감 17:00 (552p C:2)

📍 고다이지
#도요토미히데요시 #일본식정원 #힐링스폿

Sakanoue  坂の上
"45분 정도면 가족들이랑 목욕하기 충분하자"

히가시야마 지역에 위치한 료칸(약 30000엔), 전통적인 스타일의 숙소이다. 일본식 건축 양식을 유지하고 있으며, 아름다운 정원을 갖추고 있다. 온천은 없지만, 예약제로 45분동안 이용가능한 가족탕이 있다.(숙박객 전용 무료) 난젠지, 쇼렌엔, 기요미즈데라, 고다이지, 야사카 신사 등 교토의 주요 명소들과 가깝다.(552p B:3)

📍 Sakanoue
#4성급료칸 #고즈넉함 #좋은위치

치카라모치 쇼쿠도 카토 쇼텐 [맛집]
力餅食堂 加藤商店
"은은한 생강 향이 포인트인 소 힘줄 우동"

소 힘줄 우동이 인기 메뉴인 로컬 식당. 우동 외에도 오야코동, 오므라이스(약 1200엔) 같은 든든한 식사 메뉴가 많다. 소 힘줄 우동(약 850엔)은 약간의 생강 향이 더해진 깊은 국물 맛의 우동이다. 차가운 기쓰네 우동은 육수 맛이 살아 있어 깔끔하면서도 감칠맛이 풍부하다. 간식으로 좋은 떡도 주먹밥도 있다. 손으로 쓴 메뉴판과 진열된 전통 과자들이 정겨운 느낌을 준다. 현금 결제만 가능. 일요일 휴무

📍 34.997669, 135.776393
#소힘줄우동 #오므라이스 #오야코동

Rengetsu-jaya [맛집]
豆富料理 蓮月茶や
"자두의 상큼함이 식욕을 돋워줄 거야"

1900년 문을 연 전통 두부 요리 전문점. 교토 각지의 엄선된 두부와 유바를 사용하여 정갈한 코스 요리를 제공한다. 정원 뷰의 다다미 방에서 식사하며 전통 분위기를 만끽할 수 있다. 식전주로는 자두가 들어간 전통술이 제공되며, 우롱차나 주스로 변경 가능하다. 3인 이상 개인실 이용 가능. 예약 필수. 코스 약 3740엔. 화, 수요일 휴무

📍 Rengetsu jaya
#두부전문 #코스요리 #다다미룸

카만자 [맛집]
二年坂 釜座 KAMANZA
"장어덮밥은 냉우동과 찰떡궁합이야"

유바, 생후, 두부를 활용한 다양한 요리를 선보이는 교토 요리 전문점. 텐푸라, 면류, 덮밥 등 폭넓은 메뉴가 준비되어 있다. 특히 장어덮밥이 인기 메뉴로, 꼭 냉 우동과 함께 먹어보기를 추천한다. 쫄깃한 식감의 소바와 우동, 바삭한 튀김, 그리고 부드러운 두부껍질도 먹어볼 만하다. 교토에서 유명한 이색 메뉴 청어 소바도 제공한다. 약 2200엔. 금요일 휴무 (556p A:2)

📍 카만자
#두부요리전문 #장어덮밥 #두부껍질

Hachidaime Gihey 맛집
京の米料亭 八代目儀兵衛
"8대까지 내려올 동안 최상의 쌀만을 고집해 왔어요"

1787년 창업 이래 230년 동안 8대째 전통을 이어오고 있는 쌀밥 전문점. 일본 전국의 쌀 농가를 직접 찾아 엄선한 쌀만을 사용하며, 특별히 제작한 냄비와 세 가지 품종의 쌀을 혼합하여 최상의 맛을 구현한다. 밥맛에 집중하고 싶다면 생선 정식을 추천한다. 쌀밥을 추가하면 누룽지를 모자처럼 밥에 얹어준다. 쌀 10품 코스 약 11000엔. (552p A:3)

📍 Hachidaime Gihey
#230년역사 #쌀밥전문 #누룽지

Yamanaka Cafe 맛집
"테라스에서 바라본 청룡원, 어디서 찍은지 모르겠지?"

한국인들에게는 아직 잘 알려지지 않은 한적한 카페로, 앤티크 가구와 골동품들이 놓여 있어 고풍스러운 분위기를 자아낸다. 카운터석이나 테라스석에 앉으면 정면으로 청룡원을 바라볼 수 있는 특별한 전망을 자랑한다. 대표 메뉴인 말차와 경단 세트는 담백한 팥이 올라간 일본식 떡과 진한 말차로 구성되어 있으며, 카레라이스와 같은 가벼운 식사 메뉴도 준비되어 있다. 말차 약 700엔. 화, 수요일 휴무

📍 Yamanaka Cafe
#앤티크 #청련원뷰 #말차와경단

청룡원 青龍苑 추천
"잉어 연못 앞에서 인증샷은 필수!"

연못이 아름다운 아담한 일본식 정원. 벚꽃 명소로도 유명한 곳으로 잉어 연못을 중심으로 사진 촬영하는 이가 많다. 기념품을 구매하기 좋은 작은 상점들이 다양하게 늘어서 있고, 일본 전통 다도 체험을 할 수 있는 시설도 운영하고 있다. 다도 체험은 오전 10시부터 오후 3시까지, 잡화점은 오전 9시부터 오후 6시까지 운영 중 (557p D:2)

📍 청룡원   #벚꽃명소 #다도체험 #상점가

지적원 総本山 智積院
"금빛 찬란한 벚꽃 그림이 숨겨져 있어요"

연못과 단풍이 어우러진 정원, 보물관, 회관으로 이루어져 있다. 5~6월에는 진달래가 피는 절경, 보물관에서는 금박을 입힌 벚꽃도, 카에도(단풍나무) 등을 감상할 수 있다. 회관에서는 템플스테이도 진행. 도요토미 히데요시의 전국 통일 전쟁 당시 주지스님 겐유가 제자들과 함께 지켜낸 곳으로 알려져 있다. 성인 약 500엔. 입장마감 16:00 (449p D:3)

📍 지적원 정원   #국보벽화 #단풍명소 #보물관

교토 기요미즈데라

유즈야 료칸 柚子屋旅館
"야사카 신사 바로 옆, 전통미 가득한 료칸"

기온 지역에 위치한 전통 스타일의 숙소. 야사카 신사 바로 옆에 위치한다. 교토의 중심부에 있어 주요 관광지와의 접근성이 뛰어나다. 다다미 바닥과 요이불 세트가 갖춰진 객실은 앤틱 가구와 제철 야생화로 꾸며져 있어 일본의 전통미를 느낄 수 있다. 유자 향이 가득한 따뜻한 대중 목욕탕을 갖춘 것이 특징. 예약하기 어려운 곳이므로 서두를 것. 조식, 석식 예약 가능 **(552p B:3)**

📍 유즈야 료칸
#럭셔리료칸 #위치좋은호텔 #유자향목욕탕

고대사 시우정 고다이지 다도 체험 高台寺茶道体験
"초가지붕 2층 다실에서의 여유"

초가지붕과 격자창을 지닌 고즈넉한 2층 건물. 모모야마 시대의 다실로 높은 지대에 자리하고 있어 경치가 좋다. 오래된 오두막과 같은 분위기로 다다미 좌석에 앉아 교토 시내를 바라보기 좋다. 다실인 '우산테이'는 창건 당시 모습을 그대로 유지. 약 900엔. 9:00-17:00 **(552p B:2)**

📍 고대사 시우정   #초가집 #다실 #다다미

엔토쿠인 圓徳院 [추천]
"도요토미 부인은 이 툇마루에 앉아 정원을 바라봤겠구나"

툇마루에 앉아 라이트업 된 정원을 바라보며 휴식하기 좋은 사찰. 명상·참선 공간은 물론 모래와 돌멩이로 정원을 만들어보는 선사(禅寺)체험, 맘에 드는 불경을 필사해 보는 프로그램도 준비되어 있다. 도요토미 히데요시의 부인 네네가 사별 후 19년 동안 여생을 보냈던 곳으로, 얼굴이 3개인 삼면 대흑천 불상이 있는 곳으로도 알려져 있다. 성인 약 500엔. 입장마감 17:00 **(552p B:3)**

📍 엔토쿠인   #조용한사찰 #네네 #힐링스폿

키쿠노이 혼텐 菊乃井 本店 [맛집]
"미슐랭 3스타에 빛나는 100년 역사 가이세키"

1912년부터 이어져 온 100년 역사의 가이세키 레스토랑. 미슐랭 3스타로 프라이빗 룸에서 정원을 감상하며 식사를 즐길 수 있다. 약 2시간 반에서 3시간 동안 이어지는 코스 요리는 복어, 사시미, 게, 푸아그라 등 고급 식재료를 다채롭게 선보인다. 예약 필수. 만 10세 미만 어린이는 입장이 제한. 코스 약 16500엔 부터. 첫째, 셋째 화요일 휴무 **(552p B:2)**

📍 키쿠노이 혼텐
#100년역사 #가이세키 #미슐랭3스타

이즈쥬 いづ重 [맛집]
"숙성 고등어의 고소한 감칠맛"

아름다운 정원이 있는 100년 이상 역사의 스시 전문점. 교토식 누름초밥(하코스시, 약 1188엔)과 고등어 초밥(약 3102엔)으로 인기. 특히 고등어 초밥은 고소한 감칠맛이 일품이다. 숙성한 고등어를 밥 위에 올리고 다시마로 감싸 부드러운 식감을 더했다. 다시마는 먹기 전 걷어내고 먹을 것. 수, 목요일 휴무 **(552p A:3)**

📍 이즈쥬 #100년역사 #하코스시 #고등어스시

후시미이나리

붉은 도리이 터널 속 신비로운 여정

사계절 내내 붉은 도리이가 물결치는 후시미이나리. 산 전체를 휘감은 수천 개의 붉은 문들이 영화 〈게이샤의 추억〉 한 장면처럼 펼쳐지죠. 기모노를 곱게 차려입고 걷는 동안 만나는 작은 신사들과, 교토 시내가 한눈에 들어오는 전망대가 여정의 즐거움을 더해줄 거예요.

KEY WORD

- 센본토리이
- 여우신사
- 도후쿠지

TO DO LIST

- ☐ 센본토리이 터널 걷기
- ☐ 후시미이나리 신사에서 숨은 여우 조각상 찾기
- ☐ 후시미이나리 정상 찍고 오기
- ☐ 운룡원 창문 너머로 단풍 사진 찍기
- ☐ 오모카루이시 소원 빌기
- ☐ 도후쿠지 단풍 구경하기
- ☐ 아라키 신사에서 여우 아이템 구매하기

후시미이나리 토리이

후시미이나리 신사

후시미이나리 여우상

후시미이나리 미쓰쓰지

후시미 이나리 신사 伏見稲荷大社 추천
"여우야 그거 입에 문 거 뭐야?"

후시미이나리 미쓰쓰지 三ツ辻
"선택의 기로, 동쪽 아니면 남쪽?"

교토 후시미이나리

1만여 개의 붉은 도리이(센본도리이)가 터널을 이루고 있는 신사. 신사의 이름인 이나리는 곡식의 신을 의미한다. 이나리신의 사자(명령이나 부탁을 받아 심부름하는 자)가 여우이기 때문에 여우 신사로도 불린다. 여우 동상이 입에 물고 있는 4가지 물건은 곡식, 편지, 옥, 열쇠. 풍요와 소원을 상징한다. 산정상까지 오르면 교토 시내를 한 눈에 내려다 볼 수 있다. (577p F:2)

📍 후시미 이나리 신사   #1만개도리이 #곡식의신 #여우신사

붉은 도리이 길이 양 갈래로 갈라지는 지점. 동쪽은 이나리 산 정상 방향, 남쪽은 후시미이나리 본당으로 돌아가는 방향이다. 본당에서 신이케까지는 약 20분, 신이케에서 미쓰쓰지까지는 약 5분이 소요 (577p F:1)

📍 후시미이나리 미쓰쓰지
#갈림길 #산책코스 #구마타카샤

센본토리이 千本鳥居   "1만 개의 도리이 터널로 빠져들 준비되셨나요?" 추천

신사를 유명하게 만든 1만 여개의 붉은 도리이 터널. 영화 '게이샤의 추억' 촬영지이기도 하다. 총 4km에 달하며 다 도는데 약 2시간이 소요된다. 목재 방부재 때문에 도리이 색깔이 붉은 색이다. 도리이에는 수많은 글자가 새겨져 있는데 이는 신사에 봉납한 개인명이거나 기업명이라고 한다. 조용하게 걷고 싶다면 이른 아침, 해질녘, 야간에 방문하는 것을 추천한다. (577p E:2)

📍 센본토리이   #붉은도리이터널 #게이샤의추억 #4km

이치노미네(상사신적)
一ノ峰(上之社神蹟·末広大神)
"1만 개 통과해야 만날 수 있는 정상"

후시미이나리 신사 명물인 1만 개 도리이길의 정상. 가볍게 등산하는 기분으로 올라가 볼만 하다. 산 위라 탁 트인 교토 시내를 감상할 수 있다는 점이 매력적. 주홍색 도리이길을 따라 올라가면서 여우와 관련된 조각이나 석상들을 볼 수 있으며 독특한 분위기 속에서 기념 사진 촬영하기 좋다.

📍 교토 상사신적
#산정상 #여우조각 #석상

스미야키 도이카츠만 후시미이나리 혼텐 `맛집`
"숯불 향이 은은하게 퍼지는 장어구이"

숯불에 구워내 불향이 은은하게 퍼지는 장어 요리 전문점. 대표 메뉴로는 히츠마부시 장어 덮밥과 우나기 조후시 정식 등이 있으며, 크기에 따라 보통, 상, 특상으로 나뉜다. 계란말이도 부드럽고 짜지 않아서 덮밥과 같이 먹기 좋다. 버섯과 파 고명을 넣은 오차즈케로 먹으면 차향이 장어의 기름기를 잡아줘 개운해진다. 약 5000엔. (576p A:1)

📍 스미야키 도이카츠만
#불향 #겉바속촉 #장어요리

Inari Myoudai Dohachi
いなり名代 道八 `맛집`
"우동에 있어 면만큼 고명도 중요하지!"

후시미이나리 요쓰쓰지 四つ辻 "가깝고 가파른 길 vs 멀지만 편한 길"

교토 시내가 한 눈에 보이는 뷰 포인트. 이나리 산 정상으로 가는 길의 중간 지점에 위치해 있다. 이곳에서 정상으로 가는 방법은 두 가지. 반시계 방향이 더 가깝고 빠른데 가파른 계단길이다. 완만한 길을 천천히 걷고 싶다면 시계방향을 추천한다. 요쓰쓰지에서 산 정상까지는 15~20분이 소요된다. 저녁에 올라 야경을 보는 것도 추천

📍 후시미이나리 요쓰쓰지 #뷰포인트 #야경

다양한 고명이 올라간 '이나리 우동'이 대표 메뉴인 우동 전문점. 반숙 계란, 어묵, 두툼한 유부, 파가 올려져 있으며, 쫄깃한 우동 면발과 깊은 국물이 특징이다. 직접 만든 와라비모치도 별미. 말랑말랑한 식감과 함께 말차 파우더 또는 콩가루 설탕을 곁들여 즐길 수 있다. 일본 가정집에 온듯한 숨은 맛집을 찾는다면 추천. 현금 결제만 가능. 약 750엔. 일요일 휴무 (576p B:2)

📍 Myoudai Dohachi
#이나리우동 #정감있는 #와라비모치

광명원(코묘인) 光明院
"무지개서림 친근한 색감을 지닌 시찰"

일본 유명 고산수 정원사 시게모리 산레이가 설계한 정원으로 유명한 사찰. 봄에는 벚꽃과 영산홍, 여름에는 녹음, 가을에는 붉은 단풍, 겨울에는 눈 덮인 풍경을 감상할 수 있다. 하얀 돌과 이끼, 돌의 배치가 절묘하게 조화를 이루고 있으며 계절마다 다른 풍경을 선사하여 '무지개의 이끼 절'로도 불린다. 다실의 다다미 위에 앉으면 정원을 편하게 감상할 수 있다. 성인 약 500엔

📍 코묘인 #무지개정원 #가레산스이

도후쿠지 東福寺 `추천`
"츠텐교가 연결해주는 단풍 절경"

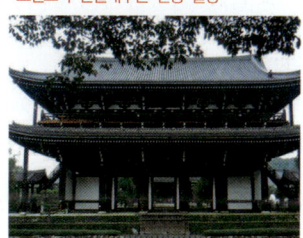

가을 단풍 명소로 츠텐쿄 다리에서 바라보는 풍경이 예술이라 소문난 사찰. 1236년에 지어졌으며, 교토의 5대 사원 중 하나로 크게 번성하였으나 대부분 소실되고 15세기에 재건되었다. 농서남북 4개의 성원은 사길, 바위, 이끼, 나무를 조합해 선종의 소박함을 표현했다. 명상 강좌도 운영중. 성인 약 500엔 부터

📍 도후쿠지
#동서남북정원 #단풍명소

교토 후시미이나리

치이카와 모구모구 혼포 후시미점
ちいかわもぐもぐ本舗 伏見店
"여우 옷 입고 있어도 치이카와 너인 거 다 티 나"

인기 캐릭터 치이카와의 다양한 굿즈를 판매하는 숍. 1층에서는 한정판 아이템을, 2층에서는 각종 소품을 판매한다. 가장 인기 있는 한정판 아이템은 여우 옷을 입은 치이카와. 1인당 1종류만 구입할 수 있다. 손님이 많은 경우 번호표를 받고 기다렸다가 입장해야 한다. (576p B:2)

📍 치이카와 후시미 #치이카와굿즈

Wagyu Sushi Roll 〔맛집〕
"고베 비프를 돌돌 말아서 한입에 쏙~"

고베 비프 스테이크 롤이 간판 메뉴인 롤 스시 전문점. 아보카도 롤, 갈릭 고베 비프 롤, 로스트비프 치즈 롤 등이 있으며, 채식주의자를 위한 야채 이나리 롤도 있다. 프라이드 치킨과 같은 사이드 메뉴도 있다. 후시미이나리 OICY 빌리지 푸드코트 내 위치. 약 1000엔. (576p B:2)

📍 Wagyu Sushi Roll
#비프스테이크롤 #아보카도롤 #채식메뉴

이마쿠마노 관음사 今熊野観音寺
"오로지 단풍만 찍고 싶다면 여기가 딱!"

숨은 단풍 명소로 주말에도 방문객이 적어 조용하게 단풍을 즐길 수 있는 사찰. 입구에 위치한 붉은 다리(토리이바시) 앞에서 단풍을 배경으로 사진 찍기 좋다. 이끼 정원도 아름답게 잘 가꿔져 있다. 11면 관음보살을 모시고 있는 곳으로도 유명하며, 경내엔 에도시대에 지어진 본당과 관음사를 개창한 인물인 홍법대사 동상이 세워져 있다.

📍 이마쿠마노 관음사
#토리이바시 #홍법대사 #단풍명소

운룡원 雲龍院   "4개의 네모 창 안에 담긴 정원"

4개의 네모난 창을 통해 바라보는 정원 경치로 유명한 사찰. 깨달음의 창으로 불리는 동그란 창도 대표적이다. 특색있는 창과 아름다운 정원, 계절마다 바뀌는 장식들이 있어 사진 애호가들에게 인기 있는 명소. 조용한 분위기 속에서 차분히 사색할 수 있는 장소로, 이곳을 더욱 깊게 즐길 수 있는 방법이 가이드북으로 제공된다. 배관료에 말차 한 잔이 포함된다. 약 400엔. 7:00-17:00 수요일 휴무

📍 운룡원   #4개의창 #깨달음 #아름다운정원

은각사 주변

잔잔한 아름다움을 선사하는 벚꽃 명소

금각사가 화려함을 자랑한다면, 은각사는 소박한 멋으로 마음을 사로잡죠. 은빛 모래로 빚은 긴샤단과 이끼로 가득한 정원을 걷다 보면 교토의 절제미를 엿볼 수 있어요. 고민이 있다면 철학의 길을 따라 벚꽃길 산책 꼭 하기! 머릿속 걱정도 꽃잎처럼 사르르 날아갈 거예요.

KEY WORD

- 은각사
- 철학의 길
- 헤이안 신궁

TO DO LIST

- ☐ 긴샤단이 빛나는 순간 포착하기
- ☐ 철학의 길 따라 사색의 시간 갖기
- ☐ 에이칸도 단풍 구경하기
- ☐ 긴카쿠지산도에서 기념품 사기
- ☐ 난젠지 벽돌 수로 앞에서 사진 찍기
- ☐ 헤이안 신궁에서 지다이 마츠리 구경하기
- ☐ 오카자키 공원 플리마켓 둘러보기

케아게 인클라인 蹴上インクライン `추천`

"진해엔 경화역이 있다면 교토엔 이곳이 있다!"

582m 길이의 경사로를 따라 벚꽃 장관이 펼쳐지는 옛 기찻길. 철길 위에서 꽃구경도 하고 산책도 즐길 수 있는 곳이다. 봄에는 벚꽃 터널이 장관을 이루며, 가을 단풍, 겨울 설경 또한 매력적이라 인기. 교토에서 유명한 포토 스팟이라서 기모노를 입은 관광객이나 출사를 나온 이들이 많다. 언덕 자갈길이라 편안한 신발로 방문길 추천 (585p E:2)

📍 케아게 인클라인   #철길명소 #벚꽃터널 #포토스팟

비와 호 소수기념관 琵琶湖疏水記念館
"비와호 소수선을 타고 운하 위를 통통~"

메이지 시대에 준공되어 현재까지 사용 중인 비와호 수로에 대한 정보를 얻을 수 있는 기념관. 비와호 수로 개통 100주년인 1989년에 문을 열었다. 비와호에서 끌어온 물로 운하를 건설하고 전기를 생산한 일본 근대 산업의 과정을 전시하고 있다. 운하 양옆은 벚꽃길로 조성되어 있으며, 작은 통통배인 '비와호 소수선'을 타고 관람할 수 있다. 월요일 휴무 (585p E:2)

📍 비와 소수기념관   #메이지건물 #일본근대사 #벚꽃수로

아카가키야 赤垣屋 `맛집`

"드라마 '심야식당' 감성 좋아하면 여기!"

오랜 전통을 지닌 레트로풍 이자카야. 일본드라마 심야식당의 분위기가 있다. 오리 로스구이와 고등어 초절임, 오뎅이 대표 메뉴. 특히 오뎅바에 있는 양배추말이는 이곳만의 독특한 별미. 메뉴판에 가격이 없는 것이 특징인데 안주 3~4가지에 맥주 1잔 포함해서 1인당 2,000~3,000엔을 예상하면 된다. 웨이팅이 심해 예약 방문 추천. 영어 메뉴판 제공. 현금 결제만 가능. 일요일 휴무.

📍 아카가키야 교토
#오리로스구이 #오뎅바 #레트로

진정극락사(진여당) 真正極楽寺(真如堂)
"천 년이 넘게 한자리를 지켜온 사찰"

삼중탑과 어우러진 단풍 및 눈 경관을 감상할 수 있는 사찰. 984년 창건되어 천 년이 넘는 역사를 지니고 있다. 아미타 여래상, 부동명왕상을 비롯해, 200여 점의 보물 등 볼거리가 풍부하다. 봄에는 벚꽃과 홍매화가 피어난다는 점도 매력적. 비교적 조용하고 붐비지 않게 산책할 수 있는 사찰을 찾는다면 추천한다. 입장 마감 15:45 (584p C:2)

📍 신뇨도
#아미타여래상 #천년역사 #벚꽃명소

준세이 南禅寺 順正 `맛집`
"단품도 가능하나 코스로 맛보는 걸 추천해"

120년 이상의 역사를 자랑하는 두부 요리 전문점. 정원이 있어 고즈넉한 분위기 속 다양한 두부 요리를 맛볼 수 있다. 코스 요리의 메인 전골로 담백한 유도후를 맛볼 수 있으며, 가격대는 다소 높지만 훌륭한 구성으로 인기

1928빌딩 1928ビル
"외부는 앤티크하게, 내부는 힙하게"

일본 패션브랜드 휴먼메이드와 글로벌 커피 체인 블루보틀이 자리하고 있는 역사적인 건축물. 1928년 오사카 마이니치 신문의 교토 지국으로 지어졌다. 연노랑색 외벽, 아치형 입구, 별 모양 발코니, 기둥식 램프 등 독특한 건축 디자인 덕분에 유명 브랜드숍이 입점하면서 지금은 젊은 이들이 많이 찾는 명소로 재탄생했다. 교토시 유형 문화재 중 하나

📍 1928 Building   #서양식 #블루보틀 #휴먼메이드

야마모토 멘조우 山元麵蔵 맛집
"쫀득함이 장난 아냐, 우동보단 떡에 가까워"

떡에 가까운 쫀득한 식감이 이색적인 수타 우동을 맛볼 수 있는 우동 전문점. 온우동, 냉우동, 카레 우동(약 850엔)이 대표 메뉴. 니쿠 우동(고기 우동)은 많은 이들이 즐겨 찾는다. 닭가슴살 튀김, 야채 모듬 튀김, 우엉 튀김을 함께 주문하여 맛보길 적극 추천. 예약은 전화로만 가능하며, 테이크아웃도 가능하다. 한국어 메뉴판 비치. (585p E:2)

📍 야마모토 멘조우
#수타면 #떡처럼쫀득한 #튀김

블루보틀커피 교토 맛집
ブルーボトルコーヒー 京都カフェ
"교토 색깔 입힌 블루보틀 매장"

교토 분위기가 물씬 풍기는 블루보틀 매장. 100년이 넘는 역사를 지닌 전통찻집 건물을 그대로 활용하여 고즈넉한 분위기를 자아낸다. 마당에는 야외 좌석도 마련되어 있어 애견 동반도 가능하다. 이색적인 메뉴인 커피 맥주는 부담 없는 수제 맥주의 맛과 향을 즐길 수 있다. 교토 말차 치즈케이크는 이곳의 인기 메뉴 중 하나로, 파르페를 주문하는 이도 많다. 난젠지 근처 위치. 아메리카노 약 577엔

📍 블루보틀커피 교토
#전통찻집건물 #야외좌석 #커피맥주

준세이 교토
#유도후전문 #난젠지근처 #코스요리

다. 예약 없이 방문 시 유도후, 유바 코스와 단품 메뉴 주문 가능. 사전 예약 시 순채 코스(점심 7,150엔, 저녁 7,700엔~)부터 이용할 수 있다.

모안 茂庵 맛집
"울창한 숲속에 자리한 동화 같은 공간"

지브리 분위기가 가득한 울창한 숲속에 자리 잡은 감성 카페. 찾아가는 길부터 카페 내부에서 감상할 수 있는 바깥 풍경까지 온통 자연으로 둘러싸여 있다. 요시다산 정상 부근에 위치하여 카페까지 걸어 올라가는 길이 다소 힘들 수 있지만 그만큼 탁 트인 경치를 감상할 수 있다. 메뉴는 커피를 비롯하여 주스, 샌드위치와 다양한 베이커리류, 와인과 생맥주 등 주류도 즐길 수 있다. 소프트 드링크 세트 1100엔. 월, 화 휴무

📍 모안 교토
#감성카페 #숲뷰 #요시다산정상

교토 대학 요시다 캠퍼스
京都大学 吉田キャンパス 本部構内
"교토에 유학 온 대학생이 된 기분"

1897년에 설립된 교토를 대표하는 대학교. 메이지 시대 건축 양식을 엿볼 수 있는 곳이다. 캠퍼스를 아우르는 가로수 산책길이 조성되어 있어 가볍게 거닐어 보기 좋다. 특히 이학연구과 6호관 앞, 의학부의 길 방면은 단풍나무가 풍부하게 심어진 길로 조성되어 있다. 기념홀 시계탑 앞 녹나무는 교토 대학을 대표하는 포토 스폿이니 놓치지 않고 꼭 방문해 보자. (584 B:2)

📍 교토 대학 요시다 캠퍼스
#메이지건축물 #단풍길 #대형시계탑

은각사 (지쇼지, 긴카쿠지) 東山慈照寺 "해 쨍쨍 날씨가 좋아야 찐 매력이 드러나!" `추천`

빛을 받으면 반짝이는 아름다운 모래 정원으로 유명한 사찰. 흰 모래를 굳혀 만든 긴샤단, 후지산을 본떠 만든 삼각 모래 정원 무카츠키다이가 대표적이다. 국보로 지정된 관음전과 동구당도 주요 볼거리. 15세기 무로마치 시대를 상징하는 건축물 중 하나로 쇼군의 저택으로 지어졌으나 오늘날 사찰로 바뀌게 되었다. 정식명칭은 지쇼지이지만 은각사라는 뜻의 긴카쿠지로 더 자주 불린다. 성인 500엔 (584p B:1)

📍 지쇼지   #국보 #흰모래정원 #무로마치시대건축

긴카쿠지산도 銀閣寺参道
"기념품과 먹거리가 풍성한 참배 길"

자조사 관음전 観音殿 銀閣
"검소함에서 느껴지는 절제된 미"

오멘 긴카쿠지 본점 `맛집`
名代おめん 銀閣寺本店
"쫄깃한 면발이 생명! 츠케멘 스타일로 즐겨봐"

긴카쿠지(銀閣寺)로 이어지는 참배 길로, 교토 특유의 전통적인 분위기를 느낄 수 있는 거리다. 길 양옆에는 유젠 염색 손수건, 도자기, 말차아이스크림, 와라비 상점, 유바 요리점 등 교토의 전통적인 기념품과 먹거리를 접할 수 있다. 특히 떡에 팥소를 넣어 즉석에서 만들어주는 야츠하시를 판매하는 가게들이 유명하다.

📍 Approach to Ginkaku-ji Temple
#야츠하시 #손수건 #긴카쿠지참배길

긴카쿠지(銀閣寺)의 중심 전각으로, 1489년 아시카가 요시마사가 지은 본당이다. 흔히 '은각'으로 불리며, 검소하면서도 정제된 와비사비 미학을 대표하는 건축물이다. 금박을 입힌 금각과 대비되는 소박한 목조 건축물로 내부에는 관세음보살을 모시고 있다. 전각 앞에는 파도 무늬 모래언덕과 원뿔형 모래언덕이 공간을 환하게 비춰 주는 정원을 감상할 수 있다. (584p B:1)

📍 자조사 관음전   #은각 #본당 #모래정원

쫄깃한 면발로 승부하는 수타 우동 전문점. 대표 메뉴는 오멘 우동(약 1350엔)이다. 육수에 깨와 야채를 넣고 우동면을 찍어 먹는 스타일. 따뜻한 육수나 차가운 육수 중 선택할 수 있다. 고등어 초밥과 사케를 곁이면 더 맛있게 먹을 수 있다. 교토 스타일의 부드럽고 깔끔한 우동을 맛보고 싶다면 추천할 만한 곳. 우동 외에도 다양한 일품 요리도 주문할 수 있다. (584p B:1)

📍 오멘 긴카쿠지 본점
#수타면 #오멘우동 #고등어초밥

후카 긴카쿠지 楓花 `맛집`
"투박한 모양에 숨겨진 녹을 듯한 부드러움"

할머니 손맛이 느껴지는 일본 가정식 전문점. 대표 메뉴는 오므라이스(약 1500엔)로 투박한 모양과 달리 입에서 녹는 부드러운 계란과 진한 버터향이 압권이다. 데미글라스 소스에도 정성이 담긴 따뜻한 맛을 느낄 수 있다. 하이라이스, 카레, 돈가스, 함박스테이크 등 정식 메뉴도 다양하게 준비되어 있다. 화, 수 휴무 (584p B:1)

📍후카 긴카쿠지
#할머니손맛 #오므라이스 #함박스테이크

에이칸도 禅林寺(永観堂) `추천`
"단풍이 얼마나 예쁜지 '단풍 사찰'이래"

교토에서 손꼽히는 단풍 명소. '단풍 사찰'이라는 애칭이 있을 정도로 많은 이들에게 사랑받는 곳이다. 매년 11월에는 야간 라이트업 행사가 열려 기모노를 입고 인생 사진을 찍으려는 사람들로 붐빈다. 고개를 옆으로 돌린 아미타여래 불상 '미카에리 아미다'와 호조 연못은 이곳의 대표적인 볼거리다. 특히 연못과 다리, 섬 안의 고풍스러운 신사가 아름답다. 도호토 탑에 오르면 시내 전망도 감상할 수 있다. 성인 약 600엔. 입장마감 16:00 (585p D:1)

📍젠린지
#단풍명소 #야간라이트업 #고개돌린불상

난젠지(남선사) 南禅寺 `추천`
"붉은 단풍과 잘 어울리는 붉은 벽돌 수로"

붉은 벽돌로 지어진 아치형 수로각이 인상적인 사찰. 특히 단풍 시즌에 더욱 사랑받는 포토 스팟이다. 국보로 지정된 모래 정원, 삼문과 칙사문은 중요 문화재로 지정되어 있다. 그중에서도 삼문은 경내를 내려다보며 휴식을 취할 수 있는 숨겨진 명소라는 점 참고. 경내 구경은 무료지만 방장(모래 정원), 삼문, 난젠인은 유료. 방장과 삼문 600엔, 난젠인 400엔 (585p E:1)

📍난젠지   #수로각 #단풍명소 #포토스폿

텐쥬안 天授庵 "밤에도 빛나는 가을, 연못 앞 절경이 베스트" `추천`

난젠지의 부속 사찰. 본당 앞 정원은 연못에 비친 단풍이 절경을 이루는 단풍명소로 회랑에서 바라보는 풍경이 압권이다. 또한 가을 내내 라이트업 이벤트가 열려 환상적인 분위기를 연출한다. 가레산스이 정원은 흰 사암과 돌을 가지런히 깔아둔 디자인으로 일본 선종 미학을 느낄 수 있다. 입장료(500엔)가 아깝지 않은 힐링 스폿이다. (531p F:3)

📍텐쥬안   #난젠지부속사찰 #단풍회랑

Brown ブラウン `맛집`

"식사 기다리는 동안 만화책 좀 볼까?"

일본 가정식 전문점으로, 정갈하고 따뜻한 한 끼를 제공한다. 대표 메뉴는 오므라이스(약 1000엔), 생선구이 정식, 돈카츠 정식, 가라아게 정식이며, 매일 바뀌는 오늘의 정식도 인기 있다. 미소시루와 두부가 함께 제공되며, 곁들임 야채도 다양하게 구성되어 있다. 담백하면서도 건강한 맛이 특징. 가게 내부에는 ㄷ자형 다찌석이 마련되어 있어 혼자 방문하기에도 부담 없다. (584p C:1)

📍 Brown kyoto sakyo
#오므라이스 #오늘의정식 #담백한

Miyoneshi Fumiya `맛집`
御米司ふみや

"군더더기 없는 정통 오니기리"

전통 스타일의 오니기리 전문점. 정식으로 주문하면 주먹밥 2개와 반찬, 미소시루가 포함된 한 상을 받을 수 있다. 가라아게 정식과 아지후라이 정식, 은어 튀김과 생맥주 세트도 인기 메뉴. 음료는 셀프서비스로 물과 호지차 중에서 선택할 수 있다. 가게 내부에 작은 정원과 연못이 있어 잉어가 헤엄치는 풍경을 볼 수 있다. 오니기리 약 900엔.

📍 Miyoneshi Fumiya
#오니기리 #일본정식 #아담한연못

Matsubatei `맛집`
松葉亭Matsubatei

"일본 가정에서 자주 먹는 메뉴는 여기 다 있어!"

일본 가정식 전문점. 오야코동, 니신소바, 장어덮밥, 카레카츠, 우동 같은 대중적인 음식을 제공한다. 니신소바는 부드럽게 조린 청어가 비리지 않고 풍미가 좋다. 카레카츠와 우동은 든든한 한 끼 식사로 제격인 메뉴로 추천. 단품 외에도 여러가지 메뉴를 혼합한 세트 메뉴가 다양하다. 은각사 방문 후 식사하기에 좋은 곳. 메뉴 약 950엔.

📍 Matsubatei 긴카쿠지마에초
#일본가정식 #오야코동 #니신소바

금계광명사 金戒光明寺

"신센조, 여기에서 시작되다"

구로다니상이라는 애칭으로 불리는 정토종 사찰. 막부의 장군을 경호하고 교토의 치안을 담당했던 신센조의 발상지로 알려져 있다. 경내 삼중탑은 도쿠가와 히데타다의 명복을 빌기 위해 지어진 것으로 중요 문화재다. 산월아미타도, 지옥극락도, 목조 천수관음 입상 같은 예술 작품들도 중요문화재다. 단풍 시즌에는 야간 라이트업과 함께 전통악기 고토 연주를 체험할 수 있다. (585p D:2)

📍 곤카이코묘지   #구로다니상 #신센조 #중요문화재

오카자키 신사 岡﨑神社 `추천`

"왼쪽 토끼 줄까~ 오른쪽 토끼 줄까~"

다산과 순산을 상징하는 토끼를 수호신으로 모시는 신사. 화강암으로 만들어진 검은 토끼 조각상은 자식복이 생긴다고 하여 많은 사람들이 쓰다듬고 간다. 귀여운 토끼 모양의 인형, 부적, 에마(소원패) 역시 인기. 특히 본당 앞에 손짓하는 토끼 조각상이 명물이다. 본당을 마주보고 오른쪽에는 결혼을 손짓하는 토끼, 왼쪽에는 재물을 손짓하는 토끼라고 한다. (585p D:2)

📍 오카자키 신사   #다산과순산 #토끼조각상 #결혼과재물

철학의 길 哲学の道
"철학자가 된 것처럼 사색에 잠겨봐"

450그루의 벚나무가 약 2km의 길을 따라 이어지는 산책로. 벚꽃을 배경으로 사진 촬영 하고 싶다면 꼭 방문해 봐야 하는 장소도. 은각사부터 난젠지까지 연결되는 거리로 일본의 저명한 철학자 니시다 키타로가 이곳을 걸으며 사색에 빠졌다고 하여 철학의 길이라는 이름이 붙었다. 주변에는 드문드문 벤치, 카페, 상점들이 있어 쉬었다가 갈 수 있다. (584p C:2)

📍 철학의 길   #힐링스폿 #산책로 #벚꽃명소

리버사이드 카페 그린 테라스
GREEN TERRACE 맛집

"벚꽃 명소인 철학의 길 위에 있어요"

철학의 길에 위치한 카페. 대표 메뉴는 다양한 반찬으로 구성된 오반자이 플레이트(약 1900엔)로, 바스크 치즈케이크(약 1150엔)도 유명하다. 치즈 케이크는 함께 제공되는 소금을 살짝 뿌려 먹으면 더 깊은 풍미를 느낄 수 있다. 넓은 테라스에서 그림처럼 펼쳐진 강변의 풍경을 감상할 수 있으며 벚꽃이 피는 봄이면 테라스 가득 분홍 꽃잎이 흩날려 더욱 운치 있는 분위기를 자아낸다. 일몰을 바라보며 애프터눈 티 한 잔을 즐기기에도 완벽하다. 수요일 휴무 (584p C:1)

📍 리버사이드 카페 그린 테라스
#오반자이 #애프터눈티 #치즈케이크

스시 이시마츠 鮨石松 맛집

"할아버지, 오늘 메뉴 벌써 다 팔렸어요?"

주인 할아버지의 열정과 솜씨에 감탄하게 되는 에도마에 스시 전문점. 대표 메뉴는 니기리 스시, 프리미엄 스시, 우나기동, 지라시 스시다. 특히 덮밥 형식의 지라시 스시는 재료의 조화가 뛰어나다. 제철 재료로 오마카세 형식으로 제공한다. 재료 소진 시 조기 마감되며, 오후 4시에도 문을 닫을 수 있어 방문 전에 확인필수. 약 3200엔. 수요일 휴무 (584p C:1)

📍 스시 이시마츠
#오마카세초밥 #지라시스시 #조기마감

츠타야 서점 교토 오카자키점
京都岡崎 蔦屋書店

"하루 정도는 독서 여행을 콘셉트로~"

조용하고 아늑한 독서 공간을 넓게 마련한 서점. '문화의 숲을 콘셉트로 한 복합 문화 공간'으로 서점을 넘어 예술과 문화를 향유하는 공간. 아트 갤러리가 별도로 꾸며져 있어 예술 작품 전시를 함께 선보인다. 예쁜 야외 테라스 자리가 있는 카페 겸 레스토랑도 함께 운영되고 있어 독서 후 식사까지 즐길 수 있다. (585p E:3)

📍 츠타야 오카자키
#문화의숲 #독서공간 #아트갤러리

헤이안 신궁 平安神宮 [추천]
"'지다이 마츠리' 이곳에서 출발합니다~"

교토 은각사 주변 | 헤이안 신궁

매년 10월 22일에 열리는 교토 3대 축제 중 하나, '지다이 마츠리'가 시작되는 곳. 거대한 붉은 도리이가 인상적으로 교토 천도 1,100주년을 기념하며 세워졌다. 일본식 정원이 아름답게 가꿔져 있어 벚꽃과 단풍 시즌에 특히 인기 있는 명소. 야간엔 라이트업. 여름에 붓꽃이 만개한다는 점도 참고. (헤이안시대 : 794년 교토 천도이후 400년간 일본 고대 귀족문화 전성기) 성인 약 600엔, 어린이 약 300엔 (585p D:3)

📍 헤이안 신궁   #교토천도기념 #지다이마츠리 #벚꽃과단풍

헤이안 신궁 동신원 東神苑
"다리에 올라 귀빈각을 향해 서볼 것"

헤이안 신궁 북신원 中神苑
"지금 용의 5번 척추쯤 걷고 있지 않을까?"

봉황이 머무는 연못이라는 뜻을 가진 세이호이케(栖鳳池)가 자리한 정원이다. 연못을 가로질러 동신원의 상징인 태평각이 자리하고 있으며, 봄이 되면 수양벚꽃이 연못을 둘러싸 환상적인 분위기를 연출한다. 특히 4월 초 만개한 벚꽃이 연못에 비치는 모습이 장관이다. 다리 누각에 올라서서 귀빈관 쪽을 바라보면 그림 같은 풍경이 펼쳐진다. (585p D:3)

📍 헤이안 신궁 동신원   #태평각 #봉황의연못 #수양벚꽃

헤이안신궁 북측에 위치한 정원. 도요토미 히데요시가 건설한 산조오하시와 고조오하시의 교각을 재활용해 만든 돌다리가 유명하다. 용이 누운 듯한 형상을 차용한 것으로 와룡교로 불린다. 마치 용의 등에 올라 연못에 비친 하늘을 나는 듯한 기분을 느낄 수 있도록 설계되었다. 다리를 건너다 발이 빠질 수 있으므로 주의. 여름철 연꽃 명소로도 인기가 많다. (585p D:3)

📍 헤이안 신궁 남신원
#용의다리 #연꽃 #돌다리

헤이안 신궁 서신원 西神苑
"토끼를 찾았더니 나타난 폭포 정원"

헤이안 신궁 남신원 南神苑
"헤이안 고전 소설과 함께하는 산책길"

교토 은각사 주변 | 헤이안 신궁

신원 내 유일하게 폭포가 있는 정원. 정원은 차분하고 고요한 분위기로 초여름부터 가을 초입까지 수련과 노란 개연꽃이 연못 위를 장식한다. 6월 초에는 일본 전통 꽃창포 200종이 피어나 연못을 보라색으로 물들인다. 또한 이곳에는 귀여운 토끼 조각상이 모여 있어 발길을 붙잡는다. 이나바의 흰 토끼 신화에서 온 작품으로 포토스폿으로 제격이다. (585p D:3)

📍 35.0169462, 135.7817118   #꽃창포 #6월 #신비로운

헤이안 시대의 정원. 좁고 구불구불한 길과 작은 개천이 여러 갈래로 흐르는 수로를 배치한 것이 특징이다. 헤이안 시대 귀족들의 정원 문화를 재현한 공간으로 수양 벚꽃이 하늘을 뒤덮을 듯 만개하는 4월이 가장 아름답다. 헤이안 시대 문학 작품인 이세 모노가타리, 겐지 모노가타리 등에 등장하는 200여 종의 식물이 작품의 명구절과 함께 심겨 있다. (585p D:3)

📍 35.016106, 135.781444
#헤이안정원 #수양벚꽃 #이세모노가타리

오카자키 공원 岡崎公園   "단순한 공원을 넘어선 문화 교류의 장"

만게츠 본점 [맛집]
阿闍梨餅本舗満月 本店
"쫀득한 찹쌀 빵에 달콤한 앙꼬가 가득"

수제 팥앙금 빵으로 유명한 전통 화과자 전문점. 1856년 창업하여 오랜 역사를 자랑한다. 대표 메뉴는 아자리 모찌. 찹쌀 베이스의 쫀득한 빵에 달콤한 팥소가 가득 들어간 디저트로, 경주 보리빵이나 도라에몽 빵과 비슷하게 생겼다. 차와 함께 먹으면 더욱 맛나다고 하니 참고. 모나카와 양갱은 선물용으로 추천한다. 유통기한은 5일. 현금결제만 가능. 10개 약 1523엔. 수요일 휴무 (584p A:3)

📍 만게츠 본점
#수제팥앙금빵 #화과자전문점 #아자리모찌

헤이안 신궁 남쪽에 있는 매월 정기적으로 마르쉐, 플리마켓 같은 이벤트가 진행되는 벚꽃 공원. 시립 미술관, 국립 근대 미술관 등이 자리하고 있어 교토를 대표하는 문화 공원으로 손꼽힌다. 3월에는 벚꽃이, 5월에는 등나무꽃이 만발해서 사랑받는 곳. 8월 첫번째 토요일에는 오카자키 불꽃 축제가 열린다. 공원 안에는 도쿠가와 이에야스가 태어난 오카자키 성이 보존되어 있어 역사적으로도 의미 있는 곳. (585p E:2)

📍 오카자키 공원
#꽃놀이명소 #불꽃축제 #플리마켓

교토 은각사 주변

법연원(호넨인) 法然院 추천
"아름다운 단풍과 향긋한 녹차와 함께하는 여유"

짚을 엮어 만든 초가 삼문과 모래 산수화(백사단), 700년 된 소나무가 있는 사찰. 이끼, 신록으로 둘러싸인 정원은 아름다운 풍경을 선사하며, 가을 단풍은 절경으로 유명하다. 정원을 바라보면서 녹차를 마실 수 있다는 점도 매력. 철학자의 길 근처에 위치한 정토종 사찰로, 호넨 스님을 기리기 위해 세워졌다. 본당은 1년에 2회만 일반에게 공개된다. (584p C:1)

📍 호넨인   #소나무 #단풍명소 #녹차마시기

요시다 신사 吉田神社
"소원 빌 게 있다면 이 신사에서 한방에 해결 가능!"

액막이의 신, 학문의 신, 요리의 신, 과자의 신 등 다양한 신을 모시고 있는 신사. 내부에 작은 사당이 여러 개 퍼져 있다. 특히 다이겐구는 전국의 신들이 다 모셔져 있는 사당. 이곳을 참배하면 전국의 신사를 참배한 것과 같다고 믿는다. (584p C:2)

📍 요시다 신사   #이색신사 #세츠분마츠리 #다이겐구

다이몬지산 大文字山
"땀 안 내고 완등할 수 있는 불꽃놀이 산"

교토 시내를 한눈에 조망할 수 있는 낮은 산. 특히 일몰 시간에는 붉게 물든 하늘과 교토 야경을 함께 감상할 수 있다. 매년 8월 16일 밤 8시, 교토의 다섯 개 산에서 불꽃이 점화되는 '오쿠리비' 행사로 유명하며 가모가와 강변, 데마치야나기 다리에서도 관람할 수 있을 정도로 큰 불이다. 사용된 장작의 재를 부적으로 간직하는 전통이 있다. 정상의 + 모양의 돌은 신성한 돌이므로 올라가지 않도록 주의

📍 Mount Daimonji   #교토시내전망 #오쿠리비 #불꽃놀이

금각사 주변

황금빛 영롱함 속으로

금빛으로 물든 누각이 연못 위에 반짝이는 금각사. 햇살을 머금은 순금 외벽과 사계절마다 달라지는 정원의 풍경이 어우러져 한 폭의 살아있는 동화를 보는 듯하죠. 고요함 속에서 화려함이 피어나는 이곳은 교토의 역사와 예술, 자연의 아름다움을 한 번에 만날 수 있는 특별한 여행지랍니다.

KEY WORD

- 금각사
- 료안지
- 묘신지

TO DO LIST

- ☐ 금각사 황금 누각과 거울 연못 앞에서 사진 찍기
- ☐ 녹원사 석가정에서 금각사 바라보기
- ☐ 류몬노타키에서 출세 기원하기
- ☐ 히라노 신사에서 처음 보는 벚꽃 찾기
- ☐ 료안지 정원 산책하기
- ☐ 리쿠슈노마쓰 자세 따라 하기
- ☐ 이마미야 신사 앞에서 파는 아부리모찌 먹기

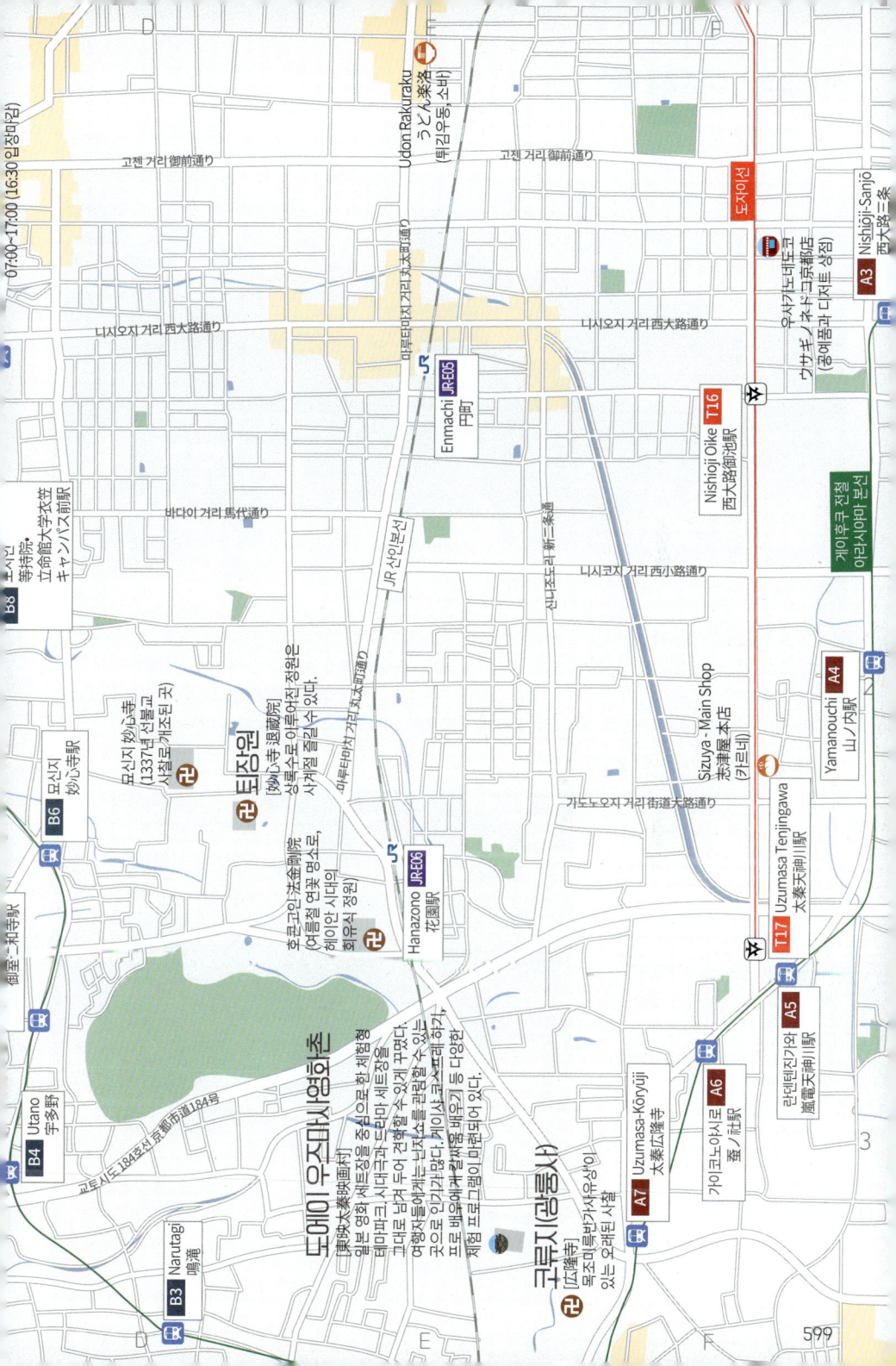

기타노텐만구 北野天満宮 추천
"시험 잘 보고 싶으면 머리부터 쓰다듬기"

학문의 신을 모시는 신사. 시험 합격을 기원하기 위해 찾는 곳이다. 머리를 쓰다듬으면 머리가 좋아진다는 나데우소 조각상은 학생들의 필수코스. 매년 1월 중순부터 3월 중순에는 꽃의 정원 축제가 열린다. 특히 50여종, 1,500여 그루의 매화 나무에서 차례로 꽃이 피는 모습이 장관. 겨울에 피는 한홍매, 희귀종인 흑매화가 인기다. 매월 25일에는 벼룩시장도 열린다. 07:00-17:00. 입장마감 16:30 (598p C:1)

📍 기타노텐만구 #학문의신 #나데우소 #매화명소

히라노 신사 平野神社
"60종 안에 하나쯤은 처음 보는 벚꽃이 있지 않을까?"

백제 성왕을 제신으로 모시는 신사. 교토를 대표하는 벚꽃 명소 중 하나로 60여종 400여 그루의 벚나무가 신사를 가득 채우고 있다. 꽃잎이 나비같은 코쵸, 진분홍색을 띤 츠쿠바네 같은 진귀한 벚나무도 구경할 수 있어 인기. 개화 시기에는 사쿠라 콘서트, 사쿠라 마츠리, 야간 라이트업 등 다양한 이벤트가 진행되어 방문객이 많다. 신사에서 모시는 주신 이마키신은 백제와도 관련이 많아 흥미롭다. (598p C:1)

📍 히라노 신사
#벚꽃명소 #야간라이트업 #이마키신

금각사(킨카쿠지) 金閣寺 추천
"금빛 사리전 말고도 볼 게 많아서 사람도 많아요~"

금빛으로 빛나는 사리전으로 유명한 사찰. 부처의 사리를 모시고 있는 교토의 대표적인 명승지다. 2~3층에 금박을 입힌 것이 특징. 무로마치 막부의 쇼군인 아시카가 요시미쓰가 세웠다. 사찰 내에는 유카테이 다실, 거울 연못, 은하천, 용문 폭포 등 볼거리가 풍부하다. 유네스코 세계문화유산이자 교토 대표 관광지라 1년 내내 방문객이 많고 혼잡하다. 성인 약 500엔. 09:00-17:00 (598p B:2)

📍 금각사 #무로마치막부 #금빛사리전 #세계문화유산

쿄코지 鏡湖池
"데칼코마니 연못의 신비로움"

잔잔한 물 위에 비친 금각사의 모습이 마치 거울처럼 선명하게 반사되어 이름이 붙여진 연못. 맑은 날 하늘과 금각이 선명하게 비칠 때 아름답다. 연못 안에는 여러 개의 작은 섬과 바위가 배치되어 있으며, 특히 '출세암'이라 불리는 바위가 유명하다. 계절마다 색다른 분위기를 연출하며, 늘 관광객으로 붐비는 편이다. (598p B:2)

📍 Kyoko-chi Pond
#금각사 #거울반영샷 #연못

곤타로 금각사점 `맛집`
権太呂 金閣寺店
"면 요리 전문점이지만 히트 메뉴는 '오야코동'"

면 요리가 풍부한 식당. 대표 메뉴인 소바와 우동도 맛있지만 **오야코동(약 2000엔)**이 숨은 인기메뉴다. 부드러운 달걀과 닭고기가 맛있다. 여름 한정 냉 우동은 탱탱한 면발과 닭고기, 표고버섯, 초 생강이 어우러져 깔끔한 맛을 낸다. **100년 이상의 오래된 민가를 개조한 공간으로 정원과 다다미방이 있어 운치 있다.** 수요일 휴무 (598p B:2)

📍 곤타로 금각사점
#오야코동 #여름한정냉우동 #참깨두부

Sabanji `맛집`
茶盤寺 金閣寺店・四川牛肉麵
"우리는 오직 '마라우육 라멘' 하나로 승부한다"

사천식 우육면을 전문으로 하는 라멘 가게. 메뉴는 마라우육 라멘(약 1000엔) 단 하나다. 보통과 곱빼기로 양을 선택할 수 있고 맵기 조절도 가능하다. 깊고 진한 육수에 매콤한 향신료가 더해져 강렬한 풍미를 자랑한다. 금각사 근처에 위치. 월, 화 휴무 (598p B:1)

📍 Sabanji #사천식 #마라우육 #단일메뉴

다이토쿠지 大德寺
"도요토미 스승이 이곳에서 다도를 연마했다네"

선종 불교의 중심지 중 하나. 다도 정립가이자 도요토미 히데요시의 스승인 센노 리큐가 다도를 연마했던 곳으로 알려져 있다. 제자들이 세운 실물 크기의 동상도 유명. 부속 사원에는 전국 시대 무장 '오다 노부나가'가 안장된 곳도 있고 **조선통신사의 숙소로 쓰였던 곳도 있다.** 20곳의 부속 사원 중 단풍명소 **고토인, 모래정원 다이센인을 비롯한 4곳만 정기적으로 개방한다.** 4곳 입장료 각 350~400엔. 16:00 입장마감 (530p A:1)

📍 다이토쿠지 #센노리큐 #고토인 #다이센인

대선원(다이센인) 大仙院
"단풍을 바라보며 잠시 명상하는 시간"

16세기 일본식 정원의 대표적인 명소. 사찰 내에는 가레산스이 정원이 있어 볼거리가 많다. 다양한 색의 수련이 핀 연못, 일본식 다리, 돌계단이 어우러진 정원은 단풍나무, 삼나무, 벚나무 등이 계절마다 다른 매력을 선사한다. 특별 좌선 체험 신청을 하면 다도와 명상을 하며 승려와 이야기 나눌 수 있다. 약 500엔. 9:00-16:00 (530p A:1)

📍 다이센인 #수련연못 #다도체험 #16세기

후나오카 온천 船岡温泉
"문화재로 지정된 료칸에서 만나는 히노키 향"

1933년부터 운영 중인 유서 깊은 **목욕탕 겸 료칸.** 국가 유형 문화재로 등록되어 있으며 히노키탕이 있는 것이 큰 장점이다. 노천탕은 온탕과 냉탕 2가지. 천장이 뚫려 있을 뿐 바깥 풍경은 보이지 않는다. 수건, 비누 등의 세면 도구는 자판기에서 구매하거나 별도로 챙겨가야 한다. **남탕(파란색 깃발), 여탕(빨간색 깃발)**의 위치를 하루씩 번갈아 바뀌니 참고. 성인 약 430엔 (530p A:1)

📍 후나오카 온천
#노천탕 #히노키탕 #료칸

이마미야 신사 今宮神社
"백년해로 기도는 이곳에서!"

묘신지 妙心寺
"교토에서 템플스테이 가능한 사찰 찾는다면"

법당 천장의 거대한 용 그림으로 유명한 사찰. 원래 왕실 사저였으나 1337년 선불교 사찰로 개조되었다. 40개가 넘는 부속 사찰로 이루어져 있다. <u>다이조인의 돌 정원, 게이슈인의 다실, 다이신인의 모란 정원</u> 등 아름다운 자연 경관을 지닌 공간이 마련되어 있어 인기다. 템플스테이와 아침 명상 프로그램도 체험할 수 있다. (599p D:2)

📍 묘신지   #거대한용그림 #중요문화재 #템플스테이

퇴장원 妙心寺 退蔵院
"돌 정원 위로 떨어지는 분홍꽃 비"

건강과 장수를 기원하는 신사. 과거 역병이 유행했을 때 이곳에서 기도를 드린 후 병이 나았다는 전설이 전해지면서 유명해졌다. 요즘은 결혼운을 주는 신사로 주목받고 있다. 경내는 비교적 조용하고 평화로운 분위기. 봄에는 벚꽃, 가을에는 단풍이 아름답다. 신사 옆에는 일본 전통 간식 아부리모찌를 파는 가게가 있다. 여행자를 위한 별미로 신사만큼 인기. (530p A:1)

📍 이마미야 신사
#건강장수기원 #결혼운 #아부리모찌

묘신지 경내에 있는 소속 사찰. 회유식 정원과 고산수 정원이 조성되어 있으며, <u>이끼 깔린 돌길과 연못</u>이 운치 있다. 모토노부의 마지막 작품으로 전해지는 모토노부의 정원은 돌과 모래만으로 자연을 표현한 규모 있는 정원이다. 특히 봄에 돌 정원 위로 핑크색 꽃잎을 떨어뜨리며 피어 있는 수양 벚꽃이 매력적이다. 본당에는 이케노 다이가의 걸작 "쇠귀도"가 소장되어 있다. 입장료 약 600엔 (599p D:2)

📍 퇴장원 여향원   #돌정원 #벚꽃 #이끼정원

하라다니원 原谷苑
"예쁜 벚꽃 나만 보기 아까워서 오픈합니다"

닌나지 仁和寺 추천
"여기 벚꽃은 아직 안 졌을 수도 있어,,,!"

벚나무가 가득해서 벚꽃 정글이라 불리는 개인 소유의 정원. 매화꽃, 벚꽃 시즌에만 일반인에게 공개한다. 입장료가 비싸고 현금결제만 가능하지만 돈이 아깝지 않을만큼 압도적인 아름다움을 자랑한다. 정원에서 먹을 수 있는 도시락도 예약, 주문할 수 있다. 정원과 가까운 우타노 역에서 란덴 열차를 타고 벚꽃 터널도 지날 수 있으니 여행 계시시 참고. (598p A:3)

황족이 주지를 맡았던 사찰로 유네스코 세계문화유산이다. 특히 '오무로 벚꽃'이라는 특별한 벚꽃으로 유명하다. 다른 벚꽃보다 늦게 피고, 키가 작은 것이 특징. 국보인 곤도, 중요문화재인 미에도, 니오몬, 오층탑도 볼만하다. 특히 오층탑은 야간 라이트업의 대표적인 포토존. 영보전은 880년대 아미타 삼존도의 벽화를 비롯해 10만점이 넘는 유물을 보유하고 있다. 성인 약 800엔 (598p C:3)

📍 하라다니원
#벚꽃명소 #개인정원 #포토스폿

📍 닌나지 #오무로벚꽃 #오층탑 #영보전

Hanamakiya 맛집
京のそば処 花巻屋
"메밀 함량 높은 메밀면이 선사하는 고소함과 풍미"

료안지 龍安寺 추천
"모래와 15개의 돌만으로도 우주를 표현할 수 있어"

전통 소바 전문점. 메밀 함량이 높은 고급진 메밀면을 맛볼 수 있다. 대표 메뉴는 청어가 들어간 니신 소바와 오리가 들어간 카모 소바다. 특히 니신 소바는 청어의 감칠맛과 촉촉한 식감, 고소함이 일품이다. 소바 대신 밥을 먹고 싶다면 장어 덮밥도 좋은 선택이다. 식사 후에는 고소한 풍미가 느껴지는 메밀 아이스크림과 깊은 향이 감도는 메밀차도 꼭 맛보길 추천한다. 소바 약 1500엔. 목요일 휴무 (598p B:1)

유네스코 세계문화유산으로 지정된 사찰. 가산스레이 정원의 백미로 손꼽힌다. 모래단과 15개의 돌로 소우주를 표현한 것이 일품. 어떤 각도에서 바라봐도 15개 돌을 한눈에 볼 수 없는 것이 특징이다. 이는 불완전한 인간을 의미하며 참선을 통해 진리에 다가가야한다는 선종의 가르침을 담고 있다. 엘리자베스 2세 여왕이 방문해 극찬하면서 세계적으로 유명해졌다. 성인 약 600엔 (598p B:2)

📍 Hanamakiya
#전통소바 #카모소바 #니신소바

📍 료안지 #세계문화유산 #15개바위 #엘리자베스2세

니조성
교토교엔
주변

권위를 담은 '성'과 '정원'

쇼군의 권세가 담긴 니조성에서 교토 여행을 시작해 보세요. 화려한 건축물과 '우구이스바리' 마루를 걸으며 역사의 한 장면을 상상할 수 있답니다. 성을 나와 드넓은 교토 교엔에 들어서면 고요한 자연이 반겨줄 거예요.

KEY WORD

- 황실정원
- 교토고쇼
- 센토고쇼

TO DO LIST

- ☐ 니노마루 어전 복도 조용히 지나가기 도전
- ☐ 교토교엔에서 벚꽃 피크닉 즐기기
- ☐ 도시샤 대학에서 윤동주, 정지용 시인 떠올리기
- ☐ 니조성 돌담길 따라 걷기
- ☐ 교토영빈관 투어 신청하기
- ☐ 센토고쇼 등나무 앞에서 사진 찍기
- ☐ 세이메이 신사에서 복숭아 동상 만지기

교토교엔

센토고쇼

도시샤 대학

데라마치 상점가

구 미쓰이가 시모가모 별채

니조성 혼마루어전

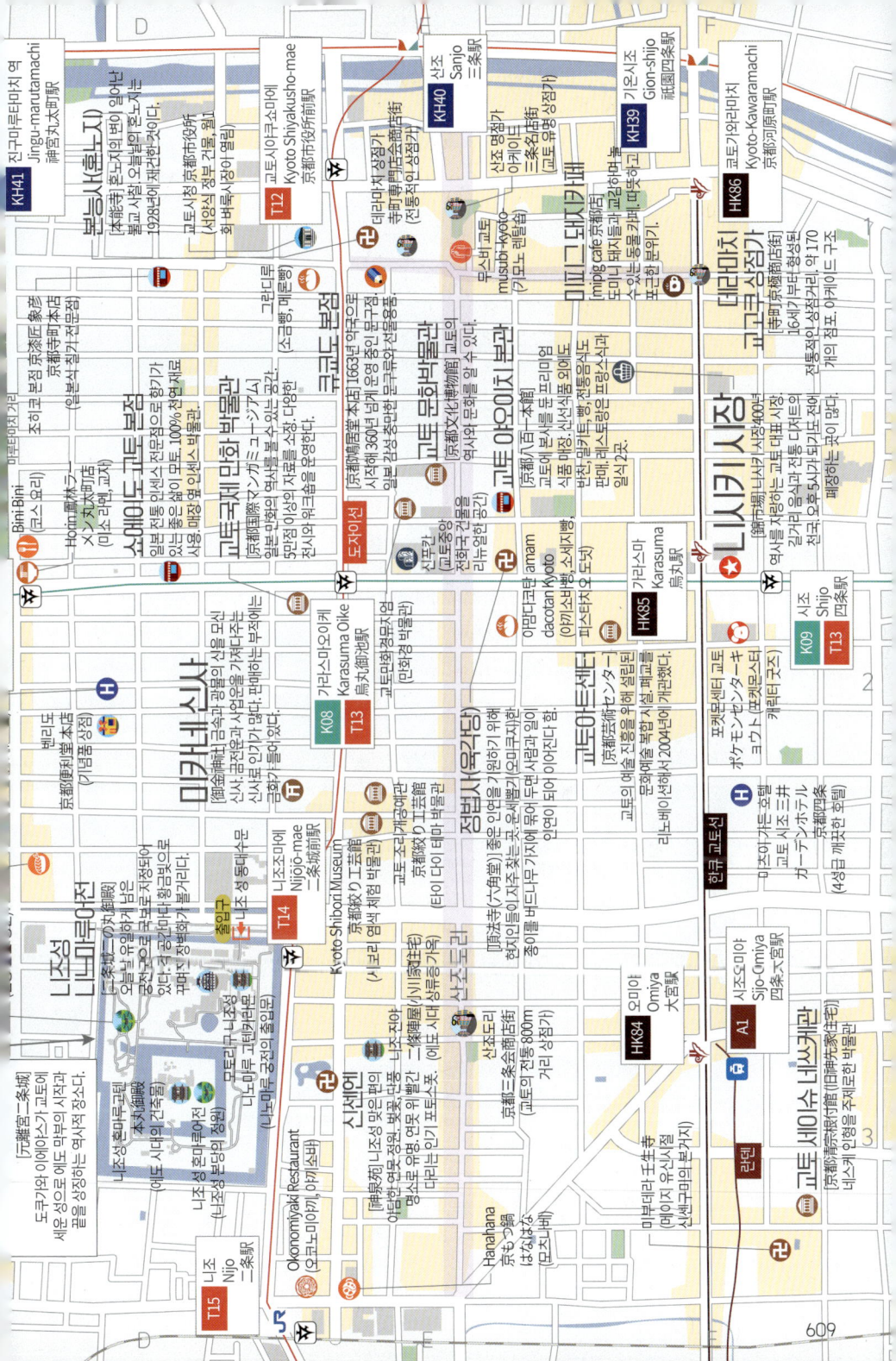

교토교엔 京都御苑 "550년 왕실 역사를 품은 고요한 쉼터" 추천

헤이안 시대부터 약 550년간 일왕의 거처였던 교토고쇼가 자리한 공원. 연못, 산책로, 정원으로 꾸며져 있다. 여유롭고 고요한 분위기라 인근 주민들의 피크닉 장소로 인기. 봄에는 수양벚나무와 산벚나무가 흐드러지게 피는 벚꽃 명소로, 가을에는 단풍나무와 은행나무가 물드는 단풍 명소로 유명하다. 동서남북 모든 방향에 출입구가 있으며 내부는 대부분 자갈길이다. (608p B:1)

📍 교토교엔
#교토국민공원 #벚꽃명소 #단풍명소

센토고쇼 京都仙洞 御所
"하루 딱 2번만 오픈되는 일왕의 산책로"

아름다운 산책로를 지닌 정원으로 인기인 궁. 에도 시대 이후 퇴위한 일왕이 머물던 궁으로 고미즈노오 일왕을 위해 1630년에 조성되었다. 사전 예약제로 운영되며, 홈페이지를 통해 최소 4일 전에 신청해야 한다. 11:00, 13:30 하루 2회만 관람 가능하다. 당일에는 11시부터 70명 한정으로 관람권을 배포한다. 월요일 휴무 (608p C:2)

📍 센토고쇼 #정원산책 #예약관람 #교토명소

Oryori Hayashi 맛집
御料理 はやし
"2025년 타베로그 실버 어워드 수상"

2025년 타베로그 실버 어워드를 수상한 가이세키 요리 전문점. 향긋한 차와 식전주로 시작하여 절임, 구이, 볶음, 튀김 등 메뉴가 차례로 펼쳐진다. 섬세한 맛과 정갈한 플레이팅이 매력 포인트. 가정집을 개조한 아늑한 공간으로, 7석 규모의 카운터와 2층의 개별 룸을 갖추고 있다. 어린이는 개별 룸에서만 동반 가능하고, 카운터에서는 사진 촬영이 금지된다. 사전 예약 필수. 1인 약 8000엔. 수요일 휴무 (608p B:1)

📍 Oryori Hayashi

#가이세키 #타베로그실버어워드 #개별룸

데마치 후타바 出町ふたば 맛집
"갓 만든 '마메모찌'라니, 완전 럭키비키!"

120년이 넘은 교토의 명물 떡집. 찹쌀떡에 짭짤한 콩과 달달한 팥소를 넣은 '마메모찌(약 240엔)'가 유명하다. 만들기 무섭게 팔려 나가기 때문에 갓 만든 떡을 맛볼 수 있다. 직원들이 일사분란하게 움직이는데도 불구하고 30분 이상 대기는 필수. 마메모찌가 솔드아웃이라면 단밤이 들어있는 쿠리모찌 추천. 일찍 품절되므로 오전에 방문하는 것이 좋다. 현금 결제만 가능. 화, 수 휴무 (608p A:1)

📍 데마치 후타바

#교토콩떡 #명물간식 #마메모찌

도시샤 대학 同志社大学 "윤동주의 청춘, 그가 거닐던 교정" 추천

교토의 명문 사립대학이자 윤동주 시인 유학 했던 대학교. 윤동주는 25세에 영문과에 편입했으며, 그의 대표작 '서시'가 새겨진 시비가 캠퍼스 내 해리스 이화학관 옆에 세워져 있다. 정지용 시인의 시비도 함께 자리하고 있어 두 시인의 문학적 발자취를 느낄 수 있는 곳. 중후한 느낌의 붉은 벽돌 건축물들을 감상하며 산책하기에도 좋은 장소다. (530p C:2)

📍 도시샤 대학 #명문대 #윤동주 #정지용

교토고쇼 京都御所
"1시간 만에 둘러보는 일왕의 거처"

1331년부터 1869년까지 역대 일왕이 살던 거처. 일왕의 즉위식이 거행된 곳이기도 하다. 부지 안은 일본 궁전 건축의 역사와 문화를 엿볼 수 있다. 소요 시간은 약 1시간 정도. 입구에서 가방 검사를 하고, 입장객 수를 알 수 있는 번호표를 목에 걸고 다녀야 한다. 일왕은 메이지유신 (1868) 이후 도쿄로 거처를 옮겼다. 월요일 휴무 (608p C:2)

📍 교토고쇼   #일왕거처 #벚꽃정원 #역사적건축물

벤리도 京都便利堂 本店
"일본 박물관이 엽서 속으로 쏙~!"

일본 감성 가득한 엽서와 미술용품이 다양한 상점. 인사말 카드, 편지봉투, 마스킹 테이프 등 종이류 문구가 다양한데, 그중에서도 일본 박물관에 소장된 작품들을 본떠 만든 그림엽서가 주를 이룬다. 독특한 디자인이 많아 기념품으로 구매하기 좋다. 일본 특유의 미감을 지닌 특별한 선물을 찾고 있다면 방문해 보길 추천. (609p D:2)

📍 benrido   #일본미술   #엽서   #기념품

그란디루 오이케점 [맛집]
グランディール 御池店

"대표메뉴 소금빵은 기본으로 담아보기!"

소금빵(약 160엔)과 멜론빵이 대표 메뉴로 손꼽히는 인기 베이커리. 이곳의 소금빵은 빵 속이 촉촉하게 채워진 형태로, 버터 풍미가 가득하고 적절히 짭짤해서 그 맛이 절묘하다. 쫀득한 식감에 아침 식사로 든든한 딸기·초코·소시지 베이글도 추천할 만하다. 인기 메뉴인 소금빵은 자주 구워져 나오므로 운이 좋으면 갓 구운 따뜻한 빵을 맛볼 수 있다. 재방문하는 관광객이 많은 편. (609p E:1)

📍 그란디루 오이케점
#소금빵 #멜론빵 #베이글

세이메이 신사 晴明神社 [추천]
"복숭아 만지고 나쁜 기운 싹 날리기"

교통안전에 큰 효험이 있다고 알려진 신사. 교토시 버스에도 신사의 마크가 붙어 있을 정도로 명성이 높다. (608p B:3)

📍 세이메이 신사   #교통안전   #복숭아동상

New Delhi Indian Restaurant
ニューデリーインディアンレストラン [맛집]

"교토에서 인도 향이 찐하게 나는 곳"

다양한 커리, 탄두리 치킨, 쉬림프 칠리 등을 합리적인 가격에 제공하는 인도 요리 전문점. 대표 인기 메뉴는 버터 치킨 커리와 티카 마살라 치킨이다. 커리의 매운맛은 5단계까지 조절 가능한데 최고 단계는 불닭 수준의 매운맛이다. 함께 곁들여 먹는 난은 크기가 매우 커서 하나만 시켜도 배부를 정도로 푸짐하다. 특히 갈릭난이 인기가 많다. 커리 약 2400엔 (608p C:3)

📍 뉴델리 레스토랑 교토
#매운맛조절 #버터치킨커리 #대왕난

교토 쇼코쿠지 相国寺
"용 그림 보고 놀란 마음, 손뼉 치면 더 놀라"

천장에 그려진 용그림(반룡도)으로 유명한 사찰. 그림 아래에서 손뼉을 치면 용 울음소리가 반향된다고 한다. 불교 미술과 고미술 작품이 많은 조텐카쿠 미술관도 볼거리. 금각사와 은각사를 관리하는 사찰로, 무로마치 막부 시기 쇼군이 창건한 것으로 알려져 있다. 법당과 방장은 특별 관람 기간에만 오픈. (608p A:2)

📍 쇼코쿠지   #조텐카쿠미술관   #반룡도   #무로마치막부

니조 성 元離宮二条城 [추천]
"프로젝션 매핑으로 수놓아진 성문과 벽"

벚꽃과 매화의 명소로도 알려진 성. 벚꽃 축제 기간에 성문과 벽을 메인 무대로 한 프로젝션 매핑이 진행된다. 쇼군 시대 권위의 상징이었던 <u>도쿠가와 이에야스가 세운 성</u>으로도 유명. 국보로 지정된 니노마루 고텐은 일본 성곽에서 현존하는 유일한 어전(왕의 거처)으로 알려져 있다. 휘황찬란한 금박 장식이 호화로움의 극치를 보여주는 '가노 탄유 장벽화'는 주요 볼거리. (609p D:3)

📍니조성 #니노마루고텐 #장벽화 #벚꽃명소

니조 성 혼마루어전 本丸庭園
"메이지 일왕이 걸었던 잔디밭 정원"

넓은 잔디밭과 그 사이에 이어진 산책로를 따라 천천히 걸으며 경치 감상하기 좋은 정원. 메이지 일왕의 방문을 위해 지어진 일본식 정원으로 매우 넓은 잔디밭을 지니고 있다는 점이 특징이다. 고목과 연못, 석등이 어우러져 푸르른 뷰를 선사하는 공간. 야간 라이트업도 진행한다. (610p C:2)

📍니조 성 혼마루어전
#넓은잔디밭 #산책로 #정원

Toraya Karyo Kyoto Ichijo
虎屋菓寮 京都一条店 [맛집]
"가을 한정판 '밤 화과자'를 추천해"

일본식 정원 풍경을 바라보며 차 마시기 좋은 화과자 전문점. 계절별 특색을 담은 다양한 화과자를 선보이며, 특히 달콤한 밤이 들어간 가을 화과자(약 1650엔)로 인기 있다. 팥앙금과 젤리, 과일 등을 곁들여 먹는 안미츠와 시원한 말차도 인기 메뉴. 좌석은 실내와 정원석 두 군데 마련. 정원석은 2인석만 있으니 참고. (608p B:2)

📍Toraya Karyo Kyoto Ichijo
#일본식정원 #화과자 #안미츠

니조성 니노마루어전 二条城二の丸御殿 `추천`
"살금살금 걸어도 다 들키지롱~"

나이쇼라는 '새소리 바닥'으로 유명한 궁. 에도 막부 시대 도쿠가와 쇼군이 사용했던 곳으로 자객이 오면 눈치챌 수 있도록 바닥을 삐걱거리게 만든 것이 특징이다. 오사카 내에서 유일하게 남은 궁전으로 국보로 지정되어 있다. 쇼군이 정치 실권을 일왕에게 넘긴 '대정봉환'이 일어났던 역사적인 장소. 건물은 총 6채. 공간마다 황금빛으로 꾸며진 장벽화도 볼거리다. 화요일 휴무 (611p E:2)

📍 니조성 니노마루어전   #쇼군의궁전 #대정봉환 #일본의국보

신센엔 神泉苑
"여기에선 '빨간 다리'를 꼭 찾아야 해"

기온 마츠리의 발상지이자 벚꽃, 단풍 명소로 유명한 수상 정원. 황금 잉어와 청둥오리도 서식하고 있다. 연못 위 빨간 다리가 인기 포토스폿으로, 이 다리를 건너 참배하면 소원이 이뤄진다는 속설이 있다. 과거 늪지를 개간하여 만든 거대한 왕실 정원으로 일왕과 고급 관리, 귀족들이 배를 띄워 꽃놀이 하고 각종 연회와 음악을 즐겼던 장소. (609p E:3)

📍 신센엔
#기온마츠리발상지 #빨간다리 #벚꽃단풍

키쿄스시 `맛집`
桔梗寿司 Kikyo sushi
"초밥과 어울리는 사케 3종 세트"

개성 있는 사케 테이스팅 3종 세트와 함께 신선한 초밥을 함께 맛볼 수 있는 스시 전문점. 식감이 뛰어난 참치 스시가 특히 맛있다. 가다랑어 타타키, 새우, 연어 스시도 신선하다. 튀김, 구이, 아이스크림 등 사이드 메뉴도 다양한 편. 가격대비 구성이 좋다. 영어 메뉴판을 제공하며, 영어 소통이 가능해 외국인 손님이 많다. 이메일 예약 추천. 초밥 1300~1500엔. 화, 수 휴무 (609p D:2)

📍 키쿄스시
#스시 #사케3종세트 #구성탄탄

교토만화경뮤지엄
京都万華鏡ミュージアム 姉小路館
"아담한 박물관 안 거대한 만화경 세상"

다양한 만화경 작품을 전시하는 작은 규모의 박물관. 빛을 이용한 만화경, 얼굴이 반사되는 만화경 등 흥미로운 작품이 많다. 전시된 만화경은 전부 실제로 작동시켜 볼 수 있다. 30분 정도 소요되는 만화경 만들기 체험도 있다. 내부 촬영 금지. 10:00-18:00 (609p E:2)

📍 교토만화경 #만화경 #빛 #체험

데라마치 상점가 寺町専門店会商店街
"전통과 현대가 어우러진 쇼핑 아케이드 탐방"

전통 상점과 현대 상점이 어우러진 활기찬 쇼핑 아케이드. 현지 공예품, 골동품, 패션 아이템부터 애니메이션 상품까지 다양한 매장을 둘러볼 수 있다. 상점 사이엔 카페와 레스토랑 신사가 자리하고 있다. 지붕이 덮인 아케이드 구조로 날씨에 상관없이 쇼핑하기 좋으며, 니시키 시장보다 붐비지 않아 편하게 다닐 수 있다. (529p E:1)

📍 35.009695,135.767146

#전통 #공예 #기념품

교토국제 만화 박물관
京都国際マンガミュージアム
"일본 만화 전체를 볼 수 있어!"

학교 건물을 개조해 오픈한 공간으로 1970년대부터 일본 만화 작품을 5만 점 이상 소장하고 있다. 3천 권 이상의 그림책이 진열되어 있는 도서관도 운영. 외국인을 위한 번역본도 구비하고 있다. 자유롭게 독서할 수 있는 야외 잔디밭, 간식 구입할 수 있는 카페도 있다. 온라인 예약 가능

📍 교토 만화 박물관 #추억의만화

데라마치 햄버거 맛집
寺町ハンバーグ極楽蜻蛉
"마블링이 이 정도인데 괜찮으세요?"

100% 와규를 사용한 함박스테이크 맛집. 데미글라스 소스 또는 폰즈 소스 중 하나를 선택해 맛볼 수 있으며, 밥 추가도 가능하다. 런치 메뉴로 믹스 플라이와 미니 햄버거가 인기 있으며 오후 4시 이후 제공되는 와규 스테이크는 굽기 전에 마블링을 확인할 수 있다. 오므라이스, 카레도 맛있어서 어린이를 동반한 가족들이 즐겨 찾는다. 약 1700엔. 화요일 휴무 (530p C:3)

📍 테라마치 햄버거

#함박스테이크 #와규스테이크 #런치메뉴

카니도라쿠 맛집
かに道楽 京都本店
"먹을 '게' 많은 코스 요리 레스토랑"

신선한 게 요리를 코스로 맛볼 수 있는 체인 레스토랑. 점심에는 '히메카' 코스, '에미카' 코스, 저녁에는 '히나타' 코스, '아카츠키' 코스 등 선택지가 다양하다. 세트 메뉴는 게 뿐만 아니라 전채, 튀김, 스키야키, 스시, 국까지 풍

아맘다코탄 교토점 맛집
amam dacotan Kyoto
"가게 이름 걸고 내세운 '다코탄 버거'"

가게 이름을 딴 메뉴 '다코탄 버거'와 120종류의 빵이 진열되어 있는 유명 베이커리. 프렌치 토스트, 샌드위치, 야키소바 빵 등 간단한 식사 메뉴도 판매하고 있어 아침을 먹기 위해 방문하는 이도 많다. 인기 많은 생도넛 종류는 11시경부터 나온다. 아침 7시 30분부터 번호표를 배부한다. QR 코드를 통해 현재 대기 상황을 실시간으로 확인할 수 있다.

📍 amam dacotan 교토

#120종류 #버거빵 #야키소바빵

르 프티 메크 이마데가와 맛집
Le Petit Mec 今出川店
"내부도 빵도 온통 프랑스 세상"

매장 전체가 프랑스 분위기로 가득한 유럽식 베이커리. 크루아상(약 240엔)부터 크로크 무슈, 타르트까지 다양한 빵을 맛볼 수 있어 현지인 사이에서 인기가 높다. 특히 프랑스 전통 방식으로 구워낸 크루아상은 풍부한 버터향에도 느끼함 없이 바삭하고 단단한 식감이 매력적. 아몬드 크루아상은 특제 소스와 아몬드 슬라이스를 더해 달거나 기름지지 않고 고소한 맛으로 꼭 먹어봐야 할 추천 메뉴다. (608p B:3)

📍 르 프티 메크 이마데가와

#프랑스풍 #크루아상 #현지인인기

성하게 구성되어 있다. 게를 많이 먹고 싶다면 코스 하나에 단품을 추가하는 것이 좋다. 실내는 넓고 쾌적해서 단체로 식사하기에도 무리가 없다. 약 2750~4400엔

📍 카니도라쿠 교토 #게요리 #코스요리

산죠 명점가 아케이드 三条名店街 추천
"교토의 맛과 멋을 담아 갈 수 있는 쇼핑 아케이드"

산죠 거리에 위치한 쇼핑 아케이드. 교토 특산물이나 기념품을 구입하기 좋은 장소로, 특히 현지 요리를 제공하는 아늑한 이자카야와 레스토랑이 다양하다. 돈카츠 맛집 '카츠쿠라 산조', 소바집 '혼케 다고토', '다이키 수산' 스시집이 대표적. 주방용품점 Kikuichimonji, 커피와 커피용품을 판매하는 칼디 커피도 있다. (609p E:1)

📍 Sanjo Meiten-gai Shopping Arcade   #간식 #선물 #상점가

교토 문화 박물관 京都文化博物館
"교토의 역사부터 문화까지 한자리에"

교토의 역사와 문화를 배울 수 있는 박물관. 전통 축제, 미술, 건축 분야의 전시를 통해 교토의 문화를 심도 있게 이해할 수 있다. 특별 전시관에서는 알폰스 무하, 골든 카무이 같은 유명 작가의 전시가 개최된다. 19세기 말에 지어진 일본 은행 교토 지점 건물을 그대로 사용하고 있는 별관은 레트로 감성이라 사진 스팟으로 인기. 홈페이지에 연간 전시 일정 업로드. 월요일 휴관 (609p E:2)

📍 교토 문화박물관
#특별전시 #교토역사문화 #구일본은행

Okonomiyaki Restaurant 맛집
お好み焼・鉄板焼居酒屋 中々
"밀가루 반죽은 거들 뿐, 교토식 베타야키"

교토식 베타야키(약 3500엔)를 맛볼 수 있는 철판요리 전문 이자카야. 크레페같이 얇은 밀가루 반죽 위에 양배추, 숙주, 고기, 해산물 등을 올리고 계란과 함께 굽는 방식이다. 오미규 호르몬과 흑모 와규 스지를 활용한 깊은 풍미의 요리가 특징이며, 쫄깃한 생면을 사용한 오미규 호르몬 야키소바도 추천 메뉴다. 가격도 물가대비 저렴한 편. 현금 결제만 가능. 월요일 휴무 (609p E:3)

우사기노네도코
ウサギノネドコ京都店
"이게 다 진짜 보석이면 얼마나 좋을까!"

광물, 곤충 표본, 식물 표본 등을 활용한 독특한 소품을 전시·판매하는 독특한 이색 카페. 주말 한정으로 판매하는 '광물 디저트 아소토'가 유명하며, 실제 광물과 흡사한 4종의 디저트가 시선을 사로잡는다. 크리스탈 파르페는 수정 모양의 젤리를 얹은 디저트로, 불빛을 비추면 색이 변하는 과학과 예술이 결합된 메뉴다. 시즌에 따라 메뉴가 변경되며 2층은 숙소로 운영. (599p F:1)

📍 우사기노네도코
#과학 #디저트 #광물

Hanahana 맛집
京もつ鍋 はなはな
"교토스타일에 특제 간장으로 감칠맛을 더했다"

다시마와 가쓰오부시로 우려낸 교토식 육수를 사용하는 모츠나베 전문점. 특제 간장을 더해 진한 국물을 만들어내고 신선한 와규 곱창을 듬뿍 넣어준다. 마무리로 밥이나 면을 추가할 수 있는데 치즈 계란 리조또로 주문하는 이가 많다. 제철 굴이 들어간 '카키 모츠나베'는 계절 한정 메뉴이니 기회가 된다면 맛보길 추천한다. (609p E:3)

📍 Hanahana 교토
#교토식육수 #모츠나베 #와규곱창

📍 35.011459, 135.740198
#얇은반죽 #베타야키스타일 #와규

Horin 맛집
鳳林ラーメン 丸太町店
"1,000엔으로 즐기는 맛있는 라멘"

1,000엔에 맛있는 라멘을 즐길 수 있는 음식점. 진한 돼지뼈 간장 베이스의 라멘으로 중간 굵기의 면발이 진한 국물과 잘 어우러져 깊은 맛을 낸다. 파슬파슬하고 부드러운 식감의 볶음밥과 가라아게, 차슈와 교자가 들어간 미소 라멘, 미소 야채 라멘도 인기 메뉴. 마루타마치역에서 도보 1분 거리. 영어 메뉴판 제공 일요일 휴무 (609p D:2)

📍 Horin 교토
#미소라멘 #돈코츠간장라멘 #가성비

큐쿄도 본점 京都鳩居堂 本店
"교토 감성 풀 충전한 문구와 향기템"

일본 전통 디자인에 기반을 둔 고급 문구류와 선물용품을 판매하는 문구점. 1663년 약국으로 시작해 360년 넘게 운영 중이다. 향낭, 인센스, 엽서, 부채는 스테디셀러 아이템. 교토를 상징하는 일러스트나 큐쿄토의 트레이드마크인 비둘기가 그려진 제품들은 기념품으로 손색이 없다. 일본 감성 충만한 문구템과 향기템에 관심이 많다면 꼭 들려봐야 할 곳이다. (609p E:1)

📍 큐쿄도 교토
#전통문구점 #일본디자인 #교토감성

미카네 신사 御金神社 추천
"이 은행나무 잎이 제일 큼지막하네!"

금전운과 사업운을 가져다준다는 금속 광물의 신을 모신 신사. 입구부터 금빛으로 치장되어 있어 화려한 분위기. 신사에서 판매하는 부적에는 금화가 들어 있어 이를 사려는 참배객들로 붐빈다. 특히 단풍잎이 떨어지는 가을에 인기. 부자가 될 기원하는 이들이 신사 뒤편 은행나무에 떨어진 황금빛 은행잎을 주워 지갑이나 가방에 넣는 진풍경이 벌어진다. (609p D:2)

📍 미카네 신사
#금전운 #은행나무 #금화부적

쇼에이도 교토 본점
香老舗 松栄堂 京都本店
"내 방을 찻집으로 변신시켜줄 인센스 스틱"

100% 천연 재료를 사용해 만든 인센스를 판매하는 상점. 은은한 향을 지니고 있어 부담없이 사용하기 좋다. 특히 홍차 향과 녹차 향이 나는 인센스 스틱이 이곳의 베스트셀러 아이템. 궁금한 향이 있다면 그 자리에서 피워준다. 매장 옆 인센스 박물관에서는 전통적인 향 제조 기법을 고수하며 장인들이 수작업으로 섬세하게 향을 만드는 과정을 엿볼 수 있다. (609p D:2)

📍 Shoyeido Kyoto Main Store
#인센스 #은은한향 #천연재료

Udon Rakuraku 맛집
うどん楽洛
"굵직하고 탄력 있어서 씹는 맛이 최고!"

쫄깃한 식감의 사누키 우동과 카레 우동, 바삭한 튀김이 맛있는 우동 전문점. 굵고 탄력 있는 면발이 인기 비결이다. 작은 사이즈가 200g, 보통이 250g인데 작은 사이즈도 양이 푸짐하다. 최대 600g까지 무료 면 추가도 가능하다. 우동과 돈까스를 한번에 맛볼 수 있는 가성비 좋은 세트 메뉴도 있다. 주문 즉시 면을 삶기 시작하여 조리 시간이 긴 편. 우동 약 900엔 (599p E:1)

📍 Udon Rakuraku
#사누키우동 #카레우동 #푸짐한양

교토
니조성·교토교엔

교토시청 京都市役所 추천
"첫주 일요일 벼룩시장"

교토시 행정을 담당하는 서양식 건축물. 교토시청 앞 광장에서는 매월 첫째 주 일요일에 '모노즈쿠리 ART town' 벼룩시장이 열린다. 광장과 옥상은 일반에 개방되어 있어 자유롭게 방문할 수 있다. (609p D:1)

📍 교토시청　#벼룩시장　#야경명소

도쿠라 교토 산조점 맛집
とくら 京都三条店
"12가지 다 맛보다 보니 스테이크가 없어졌네?"

퀄리티 좋은 고기와 양파의 배합이 절묘한 함박스테이크 맛집. 매일 날씨를 체크해 기온에 따라 화력을 조절할 정도로 세심하게 요리한다. 인기 메뉴는 명란맛과 치즈맛이다. 햄버그의 크기는 180g과 300g 중 선택할 수 있다. 밥은 따로 주문 가능. 한국어 메뉴판 제공. 약 990엔. 수요일 휴무

📍 도쿠라 교토　#함박스테이크　#육즙팡팡

교토아트센터 京都芸術センター
"이런 학교라면 맨날 오고 싶을 듯!"

90년 이상 된 폐교를 리노베이션하여 오픈한 문화 예술 시설. 1층 공간에서 카페, 레스토랑, 다실, 도서관, 갤러리까지 만날 수 있다. 무료부터 유료까지 다양한 전시회가 열리기도 하여 방문객에게 인기. 특히 교토 3대 커피 중 하나인 '마에다커피'가 입점해 있어 구경 후 들리기 좋다. (635p F:2)

📍 교토 아트센터
#폐교　#문화예술공간　#마에다커피

구 미쓰이 가 시모가모 별채　"부자 친구 별장에 놀러 온 기분"　추천

스시젠 (지라시 스시) 맛집
すし善
"계란 지단 아래 숨겨진 신선한 해산물"

부드러운 계란 지단 아래 신선한 해산물이 가득 담긴 '지라시 스시'로 유명한 스시집. 참치, 도미, 방어, 문어 등 다양한 재료가 사용되며, 약간의 단맛이 도는 특제 소스가 맛을 한층 돋워준다. 1939년에 창업하여 역사 깊은 곳으로 대기 줄이 길지만 회전율이 높아 기다렸다 먹을만하다. 약 1800엔. 토, 일 휴무

📍 스시젠 교토　#지라시스시

가옥과 정원의 보존 상태가 좋고 문화적으로도 가치가 있어 중요 문화재로 지정된 건축물. 일본의 대표적인 부동산 건설 회사 중 하나인 미쓰이 가에서 지은 별장이다. 목조건물로 지어진 별채의 1층에서는 커피나 차(500엔~)를 즐기며 정원의 아름다움을 감상할 수 있고 4면이 모두 유리로 되어 있는 3층 꼭대기에서는 탁 트인 전망을 만끽할 수 있다. 평일 성인 500엔, 주말 600엔. 수요일 휴무(608p A:1)

📍 시모가모 별채
#별채정원　#뷰맛집　#중요문화재

아라시야마

영화 속 한 장면이 현실에

대나무가 춤추며 연주하는 교향곡, 아라시야마에서 들어볼래요? 하늘을 찌를 듯 높이 솟아오른 치쿠린(대나무 숲)은 아라시야마를 대표하는 백미예요. 평화로운 명상에 자연스레 빠져든 이후엔 호즈강에서 유유히 뱃길을 따라가거나, 도게츠교(도월교) 위에 서서 단풍의 파도에 마음을 맡겨보세요!

KEY WORD
- 대나무숲
- 도게츠교
- 호즈강

TO DO LIST
- ☐ 대나무 숲을 배경으로 나만의 영화 촬영하기
- ☐ 도게츠교 위에서 사진 찍기
- ☐ 호즈강 뱃놀이 즐기기
- ☐ 도롯코 열차에서 단풍 구경하기
- ☐ 마쓰오 신사에서 사케 반잔 구매하기
- ☐ 몽키 파크에서 원숭이 먹이 주기
- ☐ 텐류지에서 용 그림 찾기

아라시야마 치쿠린

오타기 넨부쓰지

가쓰라강

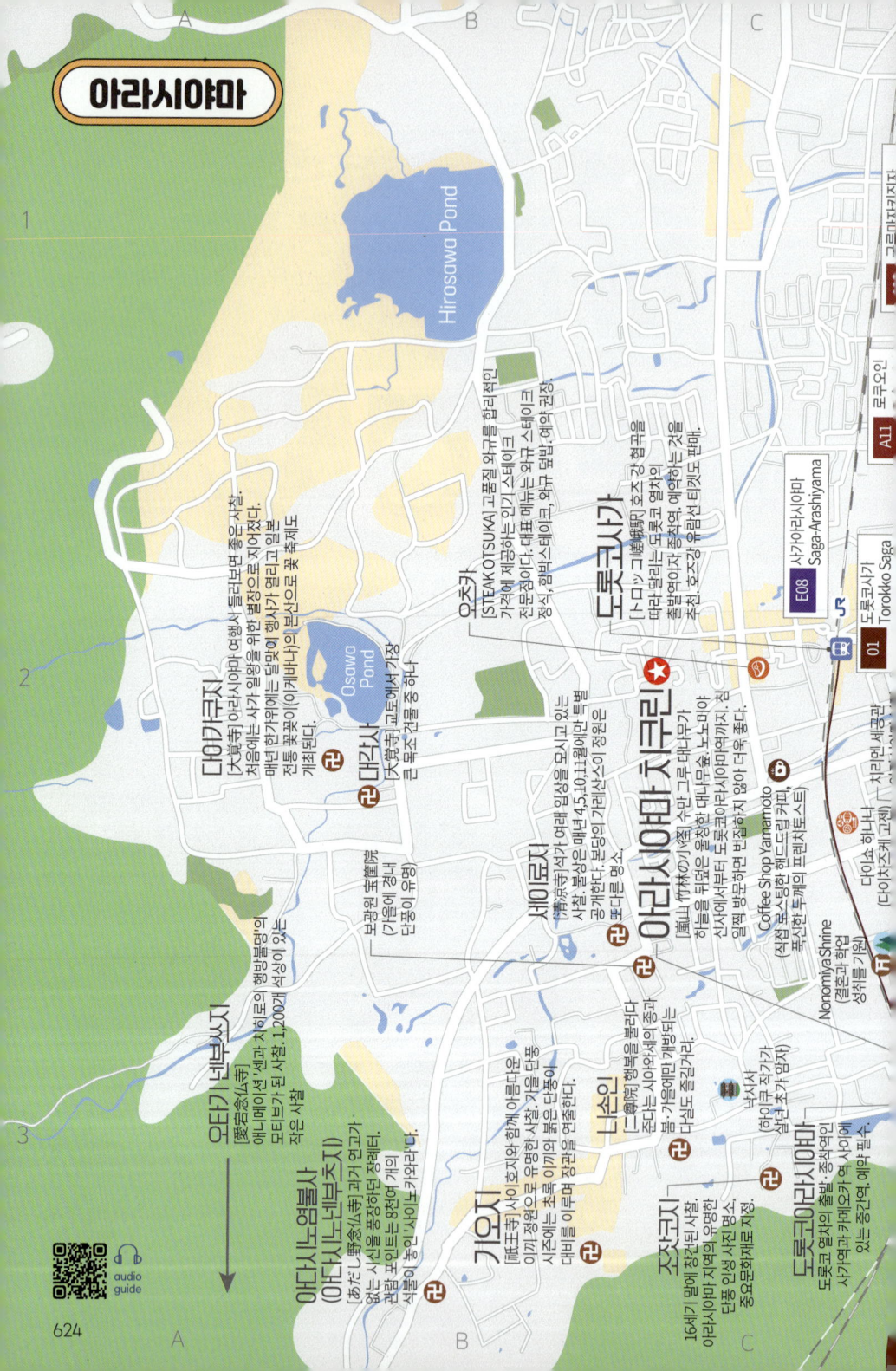

아라시야마 공원 나카노시마 지구
[嵐山公園 中之島地区]
아라시야마 공원 3지구 중 하나. 가쓰라강(桂川)강 가운데에 모래톱이 이루는 섬이다. 봄에는 수양벚꽃, 기을에는 단풍이 아름답다. 벚꽃 시즌에는 라이트업 진행.

마쓰오 대사
[松尾大社] 교토의 하타씨족이 701 년에 세운 신사. 술의 신을 모신다. 수제술 판매역소 지게미로 발효한 반찬을 판매한다. 신도 재미있다. 매년 4-5월에는 야마부키 축제가 열린다.

도게츠교
[渡月橋] 아라시야마를 상징하는 다리. 가쓰라강을 가로지르는 155m 길이의 다리, 사극 영화 촬영지로도 유명하며, 여름에는 가마우지 낚시도 할 수 있다.

호린지
[法輪寺] 소토쿠 태자가 이름을 딴 기원하는 절이며 세존 중의 절지를 전사하는 강당과 무시고를 기원하는 전기의 불거리, 안전, 무전을 기원하는 곳으로도 유명.

보엄원
[宝厳院] 천룡사 탑두의 암 단풍 명소로 유명하며 작은 목포를 일본인들 사이에 인기가 많은 사진 명소. 봄, 가을에는 룬문에서 가만 행사 진정. 특별 배란 아간 라이트업 행사 진행, 특정 기간에만 개방.

덴류지 Tenryuji Temple
[天竜寺] 정원과 정원으로 유명한 불교 사찰. 옛 일본 귀족들의 별장으로 사용한 적이 있었고, 운류조(운룡그림)이 어느 각도에서 보아도 감상자를 노려보는 듯하다.

기모노 숲
기모노 원단을 6000개의 기둥 안에 넣어 장식한 설치 작품 공간. 밤에는 조명이 커져 환상적인 분위기를 연출.

아라시야마 요시무라
대표 메뉴는 텐자루 소바 세트. 카모 난반 소바.
(메뉴 타고 난반 소바)

아라시야마 몽키파크
야생다카시는 원숭이 1200마리가 살고있는 곳. 가까이에서 관찰할 수 있다. 먹이를 구입해서 원숭이들에게 나눠줄 수 있다.

도게츠테이 해게세이카쿠
渡月亭 千鳥閣 온천 (유자유) 료칸

후후노유
[風風の湯] 규모는 크지 않지만 실내탐 2개, 노천탐 1개로 구분되어 있고 사우나와 휴게실도 갖추고 있다.

교토 아라시야마 온센 카이카소
교토 아라시야마 Arashiyama HK98

오코치산소 정원
[大河内山荘庭園]
오코치 덴지로가 30년간 조성한 산장과 정원. 임정료에 포함된 말차와 다과를 가지고 휴식을 취할 수 있다.

교 타텐노유
당일치기 대욕장으로 인기가 좋은 온천, 지하 1200m 에서 솟아나는 천연 온천수를 사용한다.

규마치카 신사
매년 1월 1일 유명 연예인과 팬들 이 첫발을 내딛는다. 팬들은 응원하는 연예인 이름 앞에서 굿즈와 사진을 찍는다.

교토 타테노유
당일치기 온천

우메노미야 타이샤
[梅宮大社] 아이를 잠지로 하는 신을 모시는 신사, 사가 일왕의 부인이 이곳에서 기도하고 황자가 출산했다는 이야기가 전해진다.

아리스가와 Arisugawa A09

란덴사가 Randen-Saga A12

아라시야마 Arashiyama A13

Katsura River

한큐 아라시야마선

마쓰오타이샤 Matsuo Taisha HK97

사가노 도롯코 열차 嵯峨野トロッコ列車 "기차 타고 시원하게 즐기는 호즈강 협곡" 추천

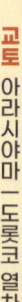
교토 아라시야마 – 도롯코 열차

호즈강 협곡을 따라 운행되는 관광 열차. 약 7.3km 구간을 25분 동안 달리며, 계절마다 색다른 풍경을 감상할 수 있다. 5호차 '리치호'는 유리창 없는 개방형 객차로, 자연을 직접 느낄 수 있다. 10월 중순부터 12월 말까지 단풍 라이트업과 일루미네이션이 진행되며, 열차 내 전등을 끄고 환상적인 경관을 감상할 수 있다. 추울 수 있으니 외투 필참. 사전 예약 필수. 성인 편도 약 880엔 (624p C:2)

📍도롯코카메오카   #클래식열차 #벚꽃풍경 #단풍라이트업

도롯코아라시야마 トロッコ嵐山駅
"대나무 숲을 지나 보이는 도롯코 열차의 중간역"

대나무 숲 터널을 지나면 나타나는 자그마한 기차역. 도롯코 열차의 중간역이다. 주말, 공휴일, 성수기에는 자리 잡기 어려워 예약 필수. 카메오카 역으로 갈 때는 오른쪽 창가석이, 사가역으로 갈 때는 왼쪽 창가석이 뷰가 좋다. 개방형 기차라 시원하지만 협곡 터널을 지나므로 소음이 다소 크다. 첫차는 09:05, 막차는 16:05로 1시간에 1대가 다닌다. (624p C:3)

📍도롯코아라시야마
#협곡열차 #도롯코기차역 #사전예약필수

도롯코사가 トロッコ嵯峨駅
"도롯코 열차 여기서 탑승하시면 돼요!"

호즈 강 협곡을 따라 달리는 도롯코 열차의 출발역이자 종착역. 카메오카 역까지는 편도 7.3km 거리로 약 25분이 걸린다. 첫차는 09:02, 막차는 16:02로 1시간에 1대가 다닌다. 뷰는 오른쪽 창가석이 좋다. 승차권은 현장 구매도 가능하지만 미리 예약하는 것을 추천. 현장 구매 시에는 현금, ICOCA 카드, Suica 만 결제 가능. 호즈강 유람선 티켓도 판매 (624p C:2)

📍도롯코사가
#도롯코열차 #호즈강여행 #사전예약

도롯코호즈쿄 トロッコ保津峡駅
"깊은 산속 간이역, 전망이 끝내주죠"

깊은 산과 강이 어우러진 절경을 감상할 수 있는 역. 사가노 로맨틱 트레인의 중간역으로, 호즈강 협곡 한가운데 위치한 무인 역이며 역 자체가 전망대 역할을 한다. 기차에서 내리지 않아도 창밖으로 아름다운 풍경이 펼쳐진다. 교토 일주 트레일 코스로도 유명해 하이킹을 즐기는 사람들에게 인기다. 특히 가을 단풍과 봄 벚꽃 시즌에는 더욱 아름다운 경관을 자랑한다.

📍도롯코호즈쿄　#무인역 #전망대 #하이킹

도롯코카메오카 トロッコ亀岡駅
"사가노 로맨틱 트레인의 종착역"

사가노 로맨틱 트레인의 종착역으로, 호즈강 협곡을 따라 아름다운 경관을 감상할 수 있다.

📍도롯코카메오카
#환상적인 #라이트업 #단풍

교토 아라시야마 - 도롯코 열차

호즈강 유람선 保津川下り `추천`
"유유자적 뱃놀이하며 바라보는 아라시야마"

아라시야마의 자연을 감상할 수 있는 뱃놀이. 뱃사공이 직접 노를 저어주기 때문에 편하게 경치를 즐길 수 있다. 16km에 달하는 강을 따라 펼쳐지는 절경 속엔 폭포, 낚시터, 책바위 같은 명소도 있어 지루하지 않다. 급류를 지날 때는 스릴 넘치는 경험도 할 수 있다. 간식을 파는 나룻배도 다닌다. 총 90~150분 정도 소요. 연간 30만명이 이용하는 인기 액티비티. 성인 6000엔

📍호즈강 유람선　#뱃놀이 #절경감상 #이색체험

Katsura River 桂川
"동쪽에 가모가와가 있다면 서쪽엔"

호즈 협곡을 지나 교토 시내의 아라시야마, 마츠오, 가쓰라를 거쳐 최종적으로 요도가에 합류. 협곡에서 뱃놀이를 즐길 수 있는 곳으로도 인기가 있으며, 도게쓰교를 배경으로 멋진 기념 사진 (625p E:1)

📍Katsura River　#협곡뱃놀이 #도게쓰교

아라시야마공원 가메야마지구 嵐山公園 亀山地区
"일단 공원 한 바퀴 둘러보고 전망대 올라갈까?"

아라시야마 지역의 자연을 만끽할 수 있는 공원. 호즈강을 따라 이어지는 길과 전망대가 있으며, 가을 단풍철에는 절경을 감상할 수 있는 명소다. 관광객이 많지 않아 조용히 교토의 자연을 즐기기에 적합하다. 특히 전망대에서는 숲과 강이 어우러진 단풍 절경을 감상할 수 있다. 아라시야마 치쿠린에서 공원까지 산책한 뒤 전망대까지 걸어가는 것을 추천한다. (625p D:3)

📍아라시야마공원 가메야마지구   #전망대 #호즈강 #단풍명소

아라시야마 공원 나카노시마 지구 嵐山公園 中之島地区
"도게츠교가 보이는 이 벤치가 명당이네!"

봄에는 수양벚꽃, 가을에는 단풍으로 아름다운 공원. 아라시야마와 강이 어우러진 풍경 사진을 찍을 수 있어 인기 있는 곳이다. 공원 내 벤치에 앉으면 도게츠교와 강을 편안하게 감상할 수 있다. 공원 주변으로 음식점이 다양해서 식사 해결도 가능. 특히 벚꽃 시즌엔 야간 라이트업과 함께 각종 야타이(포장마차) 행렬이 이어진다고 하니 참고. (625p D:2)

📍아라시야마공원 가메야마지구   #전망대 #호즈강 #단풍명소

Arashiyama Curry 맛집
嵐山カレー
"분위기는 소박하나 맛은 풍부하게!"

소박하고 아담한 수제 카레 전문점으로, 깊고 진한 풍미의 일본식 카레를 맛볼 수 있는 곳이다. 메뉴는 비프 카레, 포크 카레, 프라이드 치킨 카레, 가츠 카레다. 바삭하게 튀긴 고기와 밥, 카레가 한접시로 제공된다. 카레와 밥을 비비지 말고 조금씩 떠먹는 것이 맛있게 먹는 방법. 매운맛 조절과 토핑 추가가 가능하다. 생맥주와 흑맥주도 판매한다. 현금 결제만 가능. 약 1300엔

📍Arashiyama Curry
#수제카레 #매운맛조절 #생맥주

도게츠 교 渡月橋 추천
"사극 촬영지로 손색없는 '달이 건너는 다리'"

아라시야마를 상징하는 다리. 가쓰라강을 가로지르는 155m 길이의 다리로 벚꽃과 단풍 시즌에 특히 더 아름답기로 유명한 곳이다. 인력거를 타고 강을 건너거나 다리 양끝의 식당에서 식사하는 것이 여행 포인트. 사극 영화 촬영지로도 유명하며, 여름에는 가마우지 낚시도 할 수 있다. '도게츠'는 '달이 건넌다'는 뜻으로 836년에 만들어졌지만 1934년에 콘크리트로 재건되었다. (625p D:2)

📍도게츠 교
#아라시야마명소 #사극촬영지 #포토스폿

Sagano-yu 嵯峨野湯 맛집
"목욕하고 커피 마시는 기분이야"

대중 목욕탕이었던 건물을 개조해 만든 카페. 건물 외관과 내부는 물론 팬케이크 디저트에 이르기까지 곳곳에 목욕탕 흔적을 재미있게 표현해 두었다. 커피, 말차 라테, 호지차 라테, 말차빙수, 푸딩 같은 음료와 디저트부터 교토산 식재료를 활용한 덮밥, 치츠커리, 파스타 같은 식사 메뉴도 있다. 1, 2층 규모이며 야외에는 테라스 자리가 있어 날씨가 좋을 때 앉기 좋다. 약 680엔. (625p D:1)

📍 Sagano-yu
#대중목욕탕컨셉 #디저트카페 #간편식사

보광원 宝筐院
"아름다운 경치는 눈으로만 담아주세요"

규모는 비교적 작은 편이지만, 회유식 정원에는 단풍나무가 많아 가을이 되면 붉은 단풍 터널과 잘 정돈된 초록빛 이끼의 조화가 매우 아름답다. 조용하고 한적한 분위기 속에서 단풍과 사찰의 조화를 감상하기 좋은 곳이다. 삼각대와 대형 카메라는 반입 금지이므로, 정원의 아름다움을 눈으로 직접 감상하는 것을 추천한다. 성인 약 500엔 (624p B:2)

📍 호우쿄인   #단풍명소 #회유식정원 #사찰

교토 아라시야마

천룡사 조원지 曹源池庭園
"무로마치 시대를 대표하는 정원"

무로마치 시대를 대표하는 일본 정원으로, 명승지로 지정된 천룡사의 중심 정원이다. 연못을 중심으로 배치된 바위와 소나무가 조화를 이루는 전형적인 쇼인즈쿠리 양식의 정원이다. 사계절마다 다른 풍경을 자랑하며, 특히 가을 단풍과 봄 벚꽃 철에 절경을 이룬다. 천룡사의 정원이지만 본당과는 분리된 공간으로, 정원만 별도로 입장할 수 있으며 요금(약 500엔)을 따로 지불해야 한다. (625p D:3)

📍 천룡사 조원지   #무로마치시대 #명승지 #단풍놀이

Pizzeria LUGARA 맛집
"이탈리아계 일본인 부부가 만든 정통 나폴리 피자"

재료 본연의 깊은 맛과 고소한 풍미를 즐길 수 있는 마르게리타 피자와 콰트로 포르마지가 대표 메뉴인 피자집. 이탈리아계 일본인 부부가 운영하고 있는 곳으로 나폴리 전통 피자 스타일을 선보인다. 디아볼로, 까르보나라 등 다양한 메뉴가 준비되어 있고, 샐러드와 와인을 함께 곁들여 식사할 수 있다. 치쿠린 방문 후 들르기 좋은 위치. 1600엔. 일요일 휴무

📍 Pizzeria LUGARA
#나폴리피자 #바삭바삭 #풍미있는

아라시야마 치쿠린 嵐山 竹林の小径 추천
"게이샤의 추억"에 등장했던 그 대나무 숲"

% 아라비카 교토 아라시야마점   % ARABICA Kyoto Arashiyama
"말차가 엄청 많이 들어갔나 봐, 입자가 느껴지는데?" 추천

라떼 아트를 즐길 수 있는 교토 유명 프랜차이즈 커피 전문점. 아라시야마의 풍경을 배경 삼아 커피를 즐기기 좋다. 라떼(약 500엔) 메뉴가 대표적으로, 라떼 아트와 함께 과하게 달지 않으면서도 고소한 우유 맛이 특징. 특히 말차 라떼는 입자가 느껴질 정도로 진하고 깊은 말차의 풍미를 자랑한다. 내부에 4인용 테이블이 단 하나 마련되어 있으나 30분당 1,000엔의 이용료가 부과된다.

📍 % 아라비카 교토 아라시야마점
#라떼아트 #말차라떼 #아라시야마뷰

울창한 대나무 숲길로 아라시야마를 대표하는 관광명소. 영화 '게이샤의 추억' 촬영지로 유명하다. 기차가 다니는 철길은 감성 사진을 찍을 수 있는 인기 포토존. 인력거 체험도 가능하다. 노노미야 신사와 이끼 정원도 볼만하다. 신비롭고 평화로운 분위기가 매력이지만 연중 방문객이 많아 복잡하다. 호젓함을 즐기고 싶다면 이른 아침에 걷는 것을 추천한다. (624p C:2)

📍 아라시야마 치쿠린 #대나무숲길 #기찻길 #게이샤의추억

오츠카 STEAK OTSUKA 맛집
"품절이 잦으니 꼭 예약하고 갈 것!"

고품질 와규 스테이크 전문점. 부드럽고 육즙이 풍부한 맛있는 스테이크를 맛볼 수 있다. 대표 메뉴는 와규 스테이크 정식으로 미디엄 레어 상태로 제공된다. 이 외에도 함박스테이크, 와규 덮밥 등 다양한 소고기 요리를 즐길 수 있다. 대기 시간이 긴편이며 예약을 권장한다. 약 6820엔. 목, 일 휴무 (624p C:2)

📍 STEAK OTSUKA #고품질와규

이츠키차야 맛집
五木茶屋 嵐山本店
"교토식 덮밥 조금씩 맛보고 싶으면 여기가 딱!"

제철 재료를 활용해 가정식 요리를 제공하는 식당. 대표 메뉴는 교토식 덮밥 5종을 한번에 맛볼 수 있는 세트. 신선한 야채와 뜨끈한 국물, 생선구이, 생선회, 새우, 야채 튀김 등으로 구성되어 있다. 당일 예약은 거의 불가능. 사전 예약이 필수이며 정원뷰와 강뷰 중 선택할 수 있다. 식사 시간은 50분으로 제한되어 있다. 약 4000엔 (625p D:2)

📍 이츠키차야 #뷰가좋은 #덮밥5종세트

오코치산소 정원 大河内山荘庭園
"오코치 덴지로는 정원사 했어도 성공했을 듯"

시대극 배우였던 오코치 덴지로가 30년간 조성한 산장과 정원. 배우로 활동하며 시간, 돈, 열정을 쏟아부어 가꾸었다고 한다. 문화재로 등록되어 있으며 단풍 명소로 유명하다. 입장료에 포함된 말차와 다과를 가지고 편안한 곳에 앉아 휴식을 취할 수 있는 것이 장점. 아라시야마의 전경을 볼 수 있는 대승각과 다실도 들러보자. 성인 약 1000엔. 09:00-17:00 (16:30 입장마감) (625p D:3)

📍오코치 정원   #개인정원 #힐링스폿

다이카쿠지 大覚寺
"배를 타고 즐기는 달맞이 축제"

일본 전통 축제를 구경할 수 있는 사찰. 매년 한가위에는 달맞이 행사가 열리고, 일본 전통 꽃꽂이(이케바나)의 본산으로 꽃 축제도 개최된다. 벚꽃과 단풍 명소로도 유명하다. 사가 일왕을 위해 지어진 별장으로, 신덴(일왕의 일상 궁궐)과 오사와노이케 연못은 유적지로 보호받고 있는 곳이다. 중국 동팅호를 모티브로 배를 타고 풍경을 즐길 수 있게 설계한 것이 특징. 사찰 500엔, 정원 300엔. 09:00-17:00 (16:30 입장마감) (624p B:2)

📍다이카쿠지   #꽃꽂이의본산 #달맞이행사 #연못뱃놀이

스누피 초콜릿
Snoopy Chocolat
"녹차 맛 나는 스누피 초콜릿 먹어봤어?"

교토 아라시야마

스누피를 테마로 한 초콜릿 전문점으로, 교토 기요미즈와 아라시야마 대나무숲 입구에 위치한 인기 있는 기념품 숍이다. 스누피 모양의 귀여운 초콜릿과 콘 아이스크림이 인기있다. 녹차, 유자, 사케, 밤 등을 가미한 초콜릿은 스누피 그림으로 낱개 포장되어 있어 여러가지를 골라 구입할 수 있다. 스누피 타올, 머그컵, 캔버스 백, 동전 지갑, 인형 등 다양한 굿즈도 판매하며 선물용으로 좋다.

📍스누피 초콜렛 대나무숲입구
#스누피굿즈 #기념품 #귀여운

다이쇼 하나나 `맛집`
鯛匠 HANANA
"식사 후 와라비모찌와 차도 드시고 가세요"

도미 요리 전문점. 대표 메뉴는 도미회 정식(다이차즈케 고젠)과 다이사이쿄야키 고젠(도미구이 정식)이다. 밥이나 오차즈케로 즐기면 간이 적당하며, 오차즈케용 밥과 참깨소스가 따로 제공되어 양이 넉넉하다. 먹기 좋은 한입 크기의 도미살과 야채 절임이 조화롭다. 식사 후에는 와라비모찌와 차가 제공된다. 메뉴판에 한국어 표기가 되어 있어 편리하다. 약 2880엔 (624p C:2)

📍다이쇼 하나나
#정갈한한상 #도미요리 #차즈케

아라시야마 요시무라 [맛집]
嵐山よしむら
"도게츠교와 아라시야마가 반찬이 되어 주는 곳"

기모노 숲 キモノフォレスト
"이 기둥들은 겨울에도 따뜻할 거 같아"

도게츠교 바로 앞에 위치한 소바 전문점. 대표 메뉴로는 텐자루 소바 세트, 카모 난반 소바. 강을 바라보며 식사할 수 있는 탁 트인 전망이 매력적이며 2층의 창가 좌석에서는 도게츠교와 아라시야마의 풍경을 감상할 수 있다. 방문 전 예약을 추천. 1860엔 (625p D:2)

기모노 직물로 장식된 600개의 기둥이 있는 설치 예술 공간. 교토의 전통 염색 기법으로 만든 기모노 원단을 기둥 안에 넣어 장식 했다. 화려한 무늬의 기둥이 나무처럼 서 있어서 마치 숲을 따라 걷는 것 같다고 하여 기모노 숲이라는 이름이 붙었다. 밤에는 조명이 켜져 환상적인 분위기를 연출한다. 란덴 열차 아라시야마역과 바로 연결되어 접근성이 좋다. (625p D:2)

📍 아라시야마 요시무라
#도게츠교 #2층창가 #카모난반소바

📍 기모노 포레스트
#기모노설치미술 #산책로 #사진명소

오타기 넨부쓰지 愛宕念仏寺 "이쪽으로 '센'이 지나간 걸 분명 봤어!" [추천]

우나기 히로카와 [맛집]
うなぎ屋 廣川
"100년 전통을 자랑하는 특제 소스의 맛"

100년 이상의 전통을 이어온 유명 장어 요리 전문점. 미슐랭 1스타를 받았다. 대표 메뉴는 장어덮밥이며 주문 후 활장어를 바로 구워 제공하는 것이 특징이다. 간장 베이스의 특제 타레 소스를 사용해 짭조름하면서도 감칠맛이 뛰어나다. 한 달 전 사전 예약이 필수다. 특상 약 6700엔. 월요일 휴무

애니메이션 '센과 치히로의 행방불명'의 모티브가 된 사찰. 1,200개의 석상이 모여있는 곳으로 유명하다. 석상은 일반인들이 나한(석가모니의 제자들)의 얼굴을 조각한 것으로 모양과 표정이 모두 다른 것이 특징. 766년에 건립되었지만 1922년에 현재 위치로 옮겨졌다. 역에서 도보로 30분 거리라 다소 멀다. 버스가 있지만 배차 시간이 1시간으로 긴 편. 성인 약 500엔. 08:00-16:30 (16:15 입장마감)

📍 우나기 히로카와
#100년전통 #장어요리 #미슐랭

📍 Otagi Nenbutsuji Temple #센과치히로 #석상얼굴 #이색사찰

아다시노넨부츠지 あだし野念仏寺
"이름 없는 자, 영원히 잠들다."

과거 연고가 없는 시신을 풍장하던 장례터. 관람 포인트는 8천여 개의 석불이 놓인 '사이노카와라'. 무연고 영령을 기리는 수많은 석불들이 숙연한 분위기를 자아낸다. 석불 외에도 망자의 넋을 기리는 공동 묘지가 있으며 이 묘지를 지나면 자그마한 대나무 숲이 나온다. 이곳 역시 단풍 명소로 유명하다. (624p B:3)

📍 아다시노넨부츠지   #8천개의석불 #공동묘지 #단풍명소

화엄사 (스즈무시데라)
華厳寺 (鈴虫寺)
"여기 사는 방울벌레는 지치지도 않나 봐~"

사계절 내내 방울벌레(스즈무시)의 울음 소리를 들을 수 있는 독특한 사찰. 행운을 가져다준다는 방울벌레 소리를 듣기 위해 많은 이들이 찾는 곳이다. 또한 짚신을 신고 있는 모양새가 독특한 '소원 들어주는 지장보살'로도 유명하다. 성인 500엔. 09:00-17:00(16:30 입장마감)

📍 스즈무시데라   #방울벌레소리 #지장보살 #이색사찰

Ozuru 맛집
自家製麺 嵐山うどん おづる
"한국인에겐 자루 우동 또는 덴푸라 세트를 추천해"

직접 뽑은 신선한 면을 사용해 쫄깃한 식감이 특징인 수제 우동 전문점. 대표 메뉴는 오리고기가 들어간 우동이지만 한국인 사이선 자루 우동(약 1090엔) 또는 덴푸라 세트의 인기가 높다. 특히 튀김이 매우 바삭하고 식감이 좋아 우동과 함께 곁들이기에 좋다. 인기 있는 식당이라 항상 웨이팅이 있지만 회전율이 높아 조금만 기다리면 금방 자리로 안내받을 수 있다.

📍 오즈루 자가제면 아라시야마 우동
#수제우동 #오리고기우동 #덴푸라세트

아라시야마 키주로 맛집
嵐山 喜重郎
"이곳은 와규 스테이크 돈부리를 빼놓을 수 없어"

와규 스테이크 돈부리로 유명한 일본 가정식 전문점. 밥 위에 적당히 구워진 와규 스테이크를 올리고 소스를 더한 벤토 스타일이다. 우엉 볶음, 콩, 파채, 미소시루, 탕두부가 먹기 좋게 한상차림으로 나온다. 덮밥으로 즐겨도 좋고 따뜻한 육수를 부어 오차즈케로 먹어도 좋다. 이외에도 히츠마부시 등심 덮밥이 인기 있으며 고기를 다양한 방식으로 즐길 수 있도록 직원들이 친절하게 안내해 준다. 약 3300엔

📍 아라시야마 키주로
#돈부리 #와규 #오차즈케

호린지 法輪寺
"아이들 건강도 기원하고, 아라시야마 석양도 보고!"

아라시야마의 석양을 한눈에 조망할 수 있는 뷰 포인트를 지닌 사찰. 중요 문화재를 전시하는 강당과 웅장한 3층탑을 지닌 곳으로 쇼토쿠 태자의 아들이 부친의 쾌유를 기원하며 세웠다. 매년 4월 13일에는 13살이 되는 아이들의 건강과 행복을 염원하는 성인식 쥬산마이리가 열린다. 안전·무사고를 기원하는 전기의 신을 모시는 곳으로도 유명. 09:00-17:00 (16:30 입장마감) (625p E:2)

📍 호린지   #뷰맛집 #일몰명소 #쥬산마이리

몽키파크 嵐山モンキーパークいわたやま 추천
"쉿, 원숭이 지금 밥 먹고 있어."

야생 마카크 원숭이 120마리가 살고 있는 공원. 새끼를 돌보거나 털 고르기를 하는 모습을 가까이에서 관찰할 수 있다. 사과, 고구마, 땅콩 같은 원숭이가 좋아하는 먹이 판매 (약 100엔). 원숭이가 서식하고 있는 곳이 산 정상이라 20분 정도 가파른 계단 길을 올라가야 한다. 대신 탁 트인 전망도 함께 감상할 수 있다. 입장료는 현금만 가능. 성인 약 800엔. 09:00-16:00 (625p E:2)

📍 몽키파크 교토   #야생원숭이 #먹이주기 #전망포인트

기오지 祇王寺 추천
"쓸쓸한 비구니의 눈물 맺힌 이끼 정원"

사이호지와 함께 아름다운 이끼 정원으로 유명한 사찰. 가을 단풍 시즌에는 초록 이끼와 붉은 단풍이 대비를 이루며 장관을 연출한다. 헤이안 시대 기녀였던 '기오'라는 여성이 사랑하던 무사에게 버림받고 출가한 곳이라고 전해진다. 이러한 설화 배경을 지니고 있어 경내에 비구니 묘가 있다. 조잣코지에서 걸어서 약 10분 거리이니 함께 둘러보길 추천. 성인 약 300엔. 09:00-16:50(16:30 입장마감) (624p B:3)

📍 기오지
#이끼정원 #비구니묘 #단풍명소

사이호지 西芳寺(苔寺) 추천
"이끼라고 해서 다 같은 이끼가 아니란 사실!"

오랜 시간에 걸쳐 형성된 120여 종의 이끼가 신비로운 분위기를 연출하여 '이끼절(고케데라)'라 불리는 사찰. 이끼정원을 따라 이어진 자갈길에서 고즈넉하게 산책하기 좋다. 조용히 힐링할 수 있는 붓글씨 수행시간도 준비되

어 있다. 이끼 보존과 조용한 산책을 위해 사전 예약제로 운영된다. 방문 2주 전부터 홈페이지에서 예약할 수 있으며 한 번에 2명까지만 가능하다. 약 4000엔

📍 사이호지
#이끼절 #힐링스폿 #사전예약

미피 사쿠라 키친 아라시야마점
みっふぃー桜きっちん 嵐山店
"미피가 빵 안에 쏙 들어가 있네?"

미피를 테마로 한 베이커리 & 기념품 숍. 특히 미피 모양의 단팥빵은 이곳을 대표하는 메뉴다. 토스트와 페이스트리도 너무 귀여워서 그냥 지나칠 수 없다. 마요네즈가 들어가 부드러운 식감이 일품인 계란말이 샌드위치와 두부함박 스테이크가 들어간 짭짤한 샌드위치도 맛있다. 그 밖에도 귀여운 인형과 그릇, 동전지갑 같은 다양한 미피 굿즈를 구입할 수 있다. (625p D:2)

📍 미피 사쿠라 키친 아라시야마점
#미피굿즈 #미피단팥빵 #기념품

eX 카페 교토 아라시야마점
イクスカフェ 京都嵐山本店
"요쿠호쿠~ 붙어서 믹는 따끈히 덧고"

일본 전통 가옥을 개조한 정원 카페. 대표 메뉴는 호쿠호쿠 당고 콤보 세트로 다다미에 앉아 1인용 화로에 직접 구워 먹을 수 있다. 말차와 팥이 함께 제공되어 달콤하면서도 깊은 풍미를 즐길 수 있다. 그 밖에도 호지차 티라미수, 말차 롤케이크, 와라비모찌, 파르페 같은 일본식 디저트가 준비되어 있다. 가레산스이 정원이 있어 계절마다 운치 있는 풍경을 감상할 수 있다. 약 1850엔

📍 eX 카페 교토 아라시야마점
#다다미방 #1인화로 #당고구이

마쓰오 대사 松尾大社
"사케 맛이 참 좋습니다~ 술의 신이여!"

'술의 신사'로 알려진 곳. 수제 사케와 술지게미로 발효한 반찬을 판매하고 있다. 농업을 통해 부를 축적했던 신라계 인물 '하타'와 그의 가족이 701년에 세운 신사로, 하타 일족이 신에게 술을 바치던 풍습을 그대로 전해 내려와 술의 신을 모시는 신사가 되었다. 매년 4~5월에는 3천 그루의 황매화가 경내를 가득 채우는 야마부키 축제가 열린다. 성인 약 500엔 (625p F:2)

📍 마쓰오 대사 #신라인 #술의신 #황매화

세이료지 清凉寺
"다도 명장이 만든 차 맛 좋은 정원"

송나라에서 온 석가 여래 입상을 모시고 있는 사찰. 국보로 지정되어 있다. 아미타 삼존상을 비롯한 귀중한 불상은 본당에 안치되어 있으며 매년 4,5,10,11월에만 특별 공개한다. 본당의 가레산스이 정원은 또다른 명소. 일본 다도의 명인 코보리 엔슈의 작품이다. 매년 3월에는 농작물의 풍흉을 점치는 횃불 축제가, 4월에는 국가 중요 무형 문화재인 희극 공연이 열린다. 성인 약 400엔 (624p C:2)

📍 세이료지 #석가여래입상 #코보리엔슈정원 #지역축제

교토 아라시야마

유두부 사가노 `맛집`
湯豆腐 嵯峨野
"벚꽃철과 단풍철을 노려서 방문하길"

텐류지(천룡사) 天龍寺 `추천`
"벚꽃과 연못 정원이 어우러진 아라시야마 뷰"

전통 유도후 요리 전문점. 따뜻한 두부 요리를 중심으로 야채 절임, 계절 나물, 튀김, 두부찜, 밥, 된장국 등이 제공된다. 두부 본연의 깊은 맛을 살린 담백한 맛이 특징. 고즈넉한 일본 정원과 함께 교토의 정취를 느낄 수 있는 곳으로, 특히 가을 단풍철과 봄 벚꽃 철에 더욱 운치 있는 분위기를 느낄 수 있다. 약 4000엔

📍 유두부 사가노
#정원이예쁜 #유도후정식 #담백한

아라시야마를 배경으로 한 연못 정원을 감상할 수 있는 사찰. 정원 주변은 대나무 숲이라 함께 둘러보기 좋다. 특히 벚꽃이 피어나는 4월에 인기 절정인 곳. 고다이고 일왕을 폐위시킨 쇼군이 천왕의 명복을 빌기 위해 지은 사찰로, 법당 천장에 그려진 운룡도 (금룡과 은룡 그림)가 볼거리로 유명하다. 본당은 1900년대에 재건된 것으로 세계문화유산으로 지정된 건축물. 성인 500엔. 16:50 입장마감 (625p D:3)

📍 텐류지   #벚꽃명소 #아라시야마뷰 #운룡도

니손인 二尊院
"사후 세계 & 극락세계와 밀접한 위상 높은 사찰"

교토 텐잔노유
さがの温泉 天山の湯
"1,200M 깊이에서 솟아나는 피로회복제"

중요 문화재로 지정된 석가여래상과 아미타여래상이 자리한 헤이안 시대 사찰. 석가여래는 죽은 자를 사후 세계로 인도하고, 아미타여래는 죽은 자를 극락세계에서 맞는다고 한다. 높은 위상을 지니고 있던 사찰인 만큼 경내에 황궁 귀족들의 묘가 굉장히 많다는 점도 특징. 행복을 불러 준다는 시아와세의 종과 봄·가을에만 개방되는 다실도 볼거리로 추천한다.
09:00-17:00 (16:30 입장마감) (624p C:3)

📍 니손인   #석가여래 #아미타여래 #귀족의묘

시설이 다양하고 여행 피로 풀기 좋은 목욕탕. 지하 1,200m에서 솟아나는 천연 온천수를 사용하며, 노천 암반욕, 항아리탕, 실내탕, 사우나 등 다양한 시설을 즐길 수 있다. 찜질방처럼 매점, 식당, 만화방, 닥터피쉬 같은 부대시설도 잘 갖춰져 있어 온천 후 휴식을 취하기에도 좋다. 수건은 200엔, 실내복은 300엔에 대여 가능하고 세면도구도 유료로 구입할 수 있다. 셋째주 월요일 휴무 (625p D:1)

📍 텐잔노유
#천연온천 #피로회복 #노천탕

도에이 우즈마사영화촌
東映太秦映画村
"일본 시대극 속으로..."

일본 영화 세트장을 중심으로 한 체험형 테마파크. 시대극과 드라마 세트장을 그대로 남겨 두어 견학할 수 있게 꾸몄다. 여행자들에게는 닌자쇼를 관람할 수 있는 곳으로 인기가 많다. 게이샤 코스프레 하기, 프로 배우에게 칼싸움 배우기 등 다양한 체험 프로그램이 마련되어 있다. 15m 크기의 에반게리온 조형물, 가면 라이더, 파워 레인저, 퓨리큐어 등도 만나볼 수 있다. 성인 약 2800엔. 09:00-17:00 (16:30 입장마감) (599p E:3)

📍 도에이 영화촌
#영화세트장 #닌자쇼 #에반게리온

Yudofu Takemura 맛집
湯どうふ 竹むら
"다양한 두부 요리 중 별미는 '유자 두부'"

교토 전통 유도후 전문점. 탕두부, 참깨두부, 두부튀김 등 다양한 두부 요리를 코스로 맛볼 수 있다. 가격과 구성에 따라 대나무 코스, 소나무 코스 등으로 구분된다. 대표 코스는 모리카 코스로 고급 다시마와 가다랑어로 우려낸 육수 간장의 깊은 맛과 담백한 교토 두부의 진수를 느낄 수 있다. 은은한 향을 자랑하는 유자 위에 두부를 올린 유자 두부 역시 코스로 빼놓을 수 없는 별미. 약 2900엔. 목요일 휴무

📍 Yudofu Takemura
#두부코스요리 #유자두부 #다랑어육수

보엄원 宝厳院
"단풍 터널과 폭포 정원이 하이라이트"

교토 아라시야마

단풍 나무 터널로 인기가 많은 유명 사찰. 무로마치 시대에 창건되었으며 덴류지의 부속 사찰이다. 사자의 울음이라는 뜻의 시시쿠노이와는 호곤인을 대표하는 정원. 단풍과 이끼가 조화를 이룬다. 정원 안에 있는 작은 폭포 류몬바쿠도 사진 촬영 명소로 인기. 봄·가을에는 야간 라이트업 행사가 진행된다. 특별 배관 기간에만 일반인에게 개방된다. 09:00-17:00 (16:30 입장마감) (625p D:3)

📍 호곤인   #단풍터널 #야간라이트업 #정원과폭포

구루마자키 신사 車折神社
"1월 1일에 이곳을 방문하면 연예인을 볼지도 몰라"

예능의 신을 모시는 신사. 매년 1월 1일 유명 연예인과 팬들이 많이 찾는다. 헌금 하면 걸 수 있는 빨간 명판(타마가키)에 인기 연예인과 유튜버 이름이 가득해서 팬들의 인증 사진 스팟으로 유명. 예술과 연애 성취를 기원하는 이들에게도 인기 있다. 돌에 소원을 빌고 돌려놓는 풍습도 재미있는 볼거리. 벚꽃이 아름다운 곳이니 봄에 방문해 보길 추천. 09:30-17:00 (625p D:1)

📍 구루마자키 신사   #예능의신 #연애성취 #이색신사

교토 아라시야마

고산사 高山寺
"원효와 의상은 일본에서도 유명하지~"

원효 & 의상과 관련이 깊은 사찰. 두 스님의 생애와 사상을 그림으로 표현한 작품 <화엄종조사시회전>을 석수원에 소장하고 있어 뜻깊은 곳이다. 일본 최초로 차를 생산한 사찰로 오랜 역사를 지닌 차밭을 가지고 있다는 점도 특징. 원효대사, 의상대사가 잠시 머물렀다는 전설이 있으며 이는 한일 불교 교류를 상징적으로 보여주는 이야기다.

📍고산사 #불교명소 #화엄종 #국보

코류지(광륭사) 広隆寺 [추천]
"한국에도 비슷한 불상 있어!"

과거 한국과 일본의 문화 교류를 보여주는 사찰. 미륵보살반가사유상을 모시고 있어 유명하다. 불상은 603년에 신라계 인물인 하타씨 일족이 성덕태자로부터 받은 것으로 전해진다. 특히 한국 국립중앙박물관의 금동미륵보살반가사유상(국보 78호)과 매우 흡사하다는 점이 특징. 그밖에도 300m가 넘는 관음입상 등 시대별 국보와 중요 문화재 다수 보유. (599p F:3)

📍코류지 #미륵보살반가사유상 #국보 #불교명소

조잣코지 常寂光寺
"가을호 잡지 촬영은 니오몬 앞에서"

아라시야마 지역에서 손꼽히는 단풍 명소. 200그루가 넘는 빼곡한 단풍 숲을 감상할 수 있다. 교토 서쪽에 자리한 '고쿠라산' 산비탈에 위치해 있어 아라시야마와 교토 일대 경치를 조망할 수 있다는 점도 매력적. 입구에 있는 '니오몬(정문)'은 잡지와 포스터에 실릴 정도로 유명한 대표 포토 스팟이다. 불상과 불화가 소장되어 있는 높이 12m의 다보탑도 주요 볼거리. 09:00-17:00 (16:30 입장마감) (624p C:3)

📍조잣코지
#단풍명소 #인생사진스팟 #뷰맛집

Sushi Naritaya すし成田屋 [맛집]
"기름기 제대로 오른 숙성 참치 맛볼래?"

기름기 좔좔 흐르는 신선한 숙성 참치를 사용한 니기리즈시와 계절별 스시를 맛볼 수 있다. 8피스 초밥 세트에 미소 된장국, 단품 우니 초밥을 추가하고 맥주 한잔을 곁들이면 만족스러운 한 끼 식사가 된다. 여유가 된다면 장어 초밥, 가리비 구이도 추가해 보길 추천. 초밥집 굿즈와 티셔츠도 판매한다. 약 2800엔. 수요일 휴무

📍Sushi Naritaya
#초밥세트 #우니초밥 #굿즈

이치조지
기타야마

감성 충전과 미식 탐험을 동시에

잠시 스마트폰은 내려두고, 지도와 책을 챙겨 떠나기 좋은 여행지 이치조지와 기타야마는 감각적인 소품이 놓인 북카페가 매력적인 동네예요. 교토 시내에서 약 30분이면 도착하는 이곳은 나만 아는 비밀 아지트를 만들고 싶은 분들에게 제격인 스팟! 유독 라멘 맛집이 많다는 점이 꽤나 매력적으로 느껴지는 분들도 많을 거예요.

KEY WORD

- 케이분샤
- 북카페
- 힐링 산책

TO DO LIST

- ☐ 케이분샤에서 마음에 드는 책 한 권 구매하기
- ☐ 이치조지역 일대 자전거 타고 돌아보기
- ☐ 숨은 라멘 맛집 찾기
- ☐ 원광사에서 항아리 소리에 귀 기울이기
- ☐ 시선당 단풍 구경하기
- ☐ 다다스노모리 삼나무 터널 지나기
- ☐ 교토 부립 식물원에서 벚꽃 구경하기

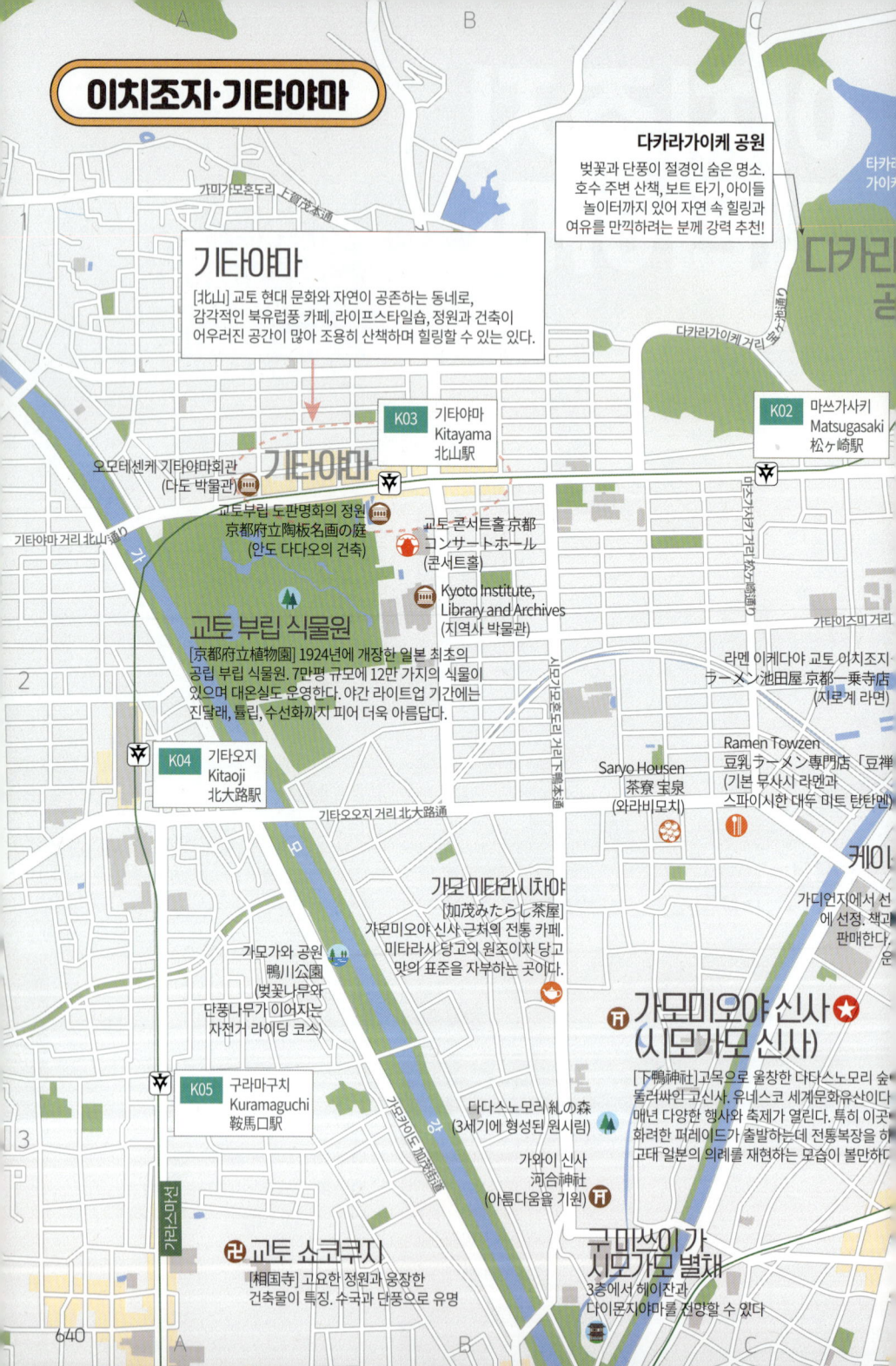

교토 이치조지·기타야마

이치조지 一乘寺 `추천`
"조용하고 아기자기한 마을 한 바퀴 산책"

세계에서 가장 아름다운 서점 중 하나로 손꼽히는 케이분샤가 있는 곳. 조용한 동네 안에 작은 카페, 상점, 기차역 등이 있어 한가로운 시간을 보내기에 좋다. 라멘집 20곳이 모여 있는 라멘거리도 여행자들에게 인기. 슈가쿠인 역에서 도보로 20분 정도 거리에 있다. 이치조지라는 지명은 과거 일승사라는 사찰에서 유래했다. 교토 시내에서 버스로 30분 (641p D:2)

📍 이치조지 역
#케이분샤 #동네산책 #라멘거리

가모가와 공원 鴨川公園
"자전거 타고 핑크빛 터널 시원하게 달려보자"

봄에는 벚꽃이 만개하여 핑크빛 터널을 이루고, 가을엔 단풍이 붉게 물드는 곳. 교토의 중심부를 지나는 가모가와 강을 따라 이어지는 강변 공원이다. 강둑을 따라 자전거 도로가 펼쳐져 있어, 교토에서 자전거 타기 좋은 길로도 통한다. 강에서 물고기를 잡거나 수영도 가능하며, 텐트를 치고 휴식하는 이도 많다. 유아용 놀이터도 설치되어 있다. (640p B:3)

📍 가모가와 공원   #벚꽃길 #자전거도로 #어린이놀이터

케이분샤 이치조지점 `추천`
惠文社 一乘寺店
"가디언지에서 인정받은 아름다운 서점"

@pyoossu

가디언지에서 발표한 '전세계 아름다운 서점 Top 10'에 선정되면서 유명해진 서점. 오래된 목조 건물과 나무 책장, 안목 높은 도서 큐레이션이 눈길을 사로잡는다. 책과 관련된 일러스트와 멋진 문구가 담긴 에코백, 엽서, 스티커 같은 잡화도 판매한다. 한켠에는 차와 요리와 관련된 용품도 진열되어 있다. 서점 뒷문으로 나가면 직접 운영하는 갤러리로 연결된다. (641p D:2)

📍 케이분샤 이치조지점
#아름다운서점 #교토감성 #교토쇼핑

Pan nochi Hare `맛집`
ぱんのちはれ
"'반숙 계란 카레빵'이랑 '피스타치오 크루아상' 기억해!"

이치조지를 방문한다면 놓칠 수 없는 인기 베이커리. 반숙 계란 카레 빵과 피스타치오 크루아상이 맛있기로 유명하다. 그 밖에도 통밀빵, 모찌식빵, 채썬 양배추 빵, 앙버터 등이 베스트셀러. 빵을 구매한 손님에게는 빵 테두리를 무료로 제공한다. 아담하면서도 아기자기하고 따뜻한 분위기. 약 324엔 부터 (641p D:2)

📍 Pan nochi Hare
#반숙계란카레빵 #피스타치오크루아상

시선당 (시센도) 詩仙堂 (丈山寺) "36명의 '시선'이 느껴지는 사찰" 추천

중국 시인 36명의 초상화가 걸려 있는 '시선지간'으로 유명한 사찰. 도쿠가와 이에야스의 무장이자 문인이었던 이시카와 조잔이 살았던 사택이다. 에도시대 대표 화가 가노탄유도 이곳에서 그림을 그렸다고 전해진다. 특히 다다미방에서 바라보는 정원이 백미로 손꼽히는 곳. 진달래꽃이 만개하고 단풍으로 붉게 물들어 봄과 가을에 특히 인기가 많다. (641p E:2)

📍 시센도 #이시카와조잔 #시선지간 #문인의정원

Ramen Jiro - Kyoto 맛집
ラーメン二郎 京都店
"정면은 나가실 때만 이용해 주세요~"

두툼한 돼지고기, 야채, 마늘 토핑을 풍부하게 올려 먹을 수 있는 라멘이 인기인 맛집. 면이 두껍고 양이 많은 편이라 대식가에게 추천하는 곳이다. 주문할 때 야채, 마늘, 기름(아부라), 간장(카라메)의 양을 취향에 맞게 조절할 수 있다. 가게 정면 왼쪽에 자동 판매기가 설치되어 있으며, 식권 구매 후 정면이 아닌 가게 왼쪽의 좁은 통로로 줄을 서야 한다. 정면의 문은 출구 전용. 현금 결제만 가능. 약 900엔. 수요일 휴무 (641p D:2)

📍 Ramen Jiro - Kyoto #양많은 #두툼

Saryo Housen 맛집
茶寮 宝泉
"주문 즉시 만들어지는 신선한 와라비모치"

주문 즉시 바로 만들어지는 '와라비모치(약 1400엔)'가 대표 메뉴인 전통 화과자점. 쫄깃하고 부드러운 떡을 콩가루와 흑설탕 시럽을 곁들여 먹는다. 선물용 디저트 중에서는 시보리 콩 쿠로 다이스가 잘나간다. 다다미방에 앉아 일본 전통 정원의 멋진 풍경을 감상할 수 있는 곳. 수. 목 휴무 (640p C:2)

📍 Saryo Housen #와라비모치 #말차

만수원 (만슈인) 曼殊院門跡
"에도시대 고급 사찰의 정수를 보여주지"

에도시대 건축 양식을 잘 보여주는 사찰. 일왕과 황족이 머물렀던 곳으로 중요 문화재로 지정되어 있다. 흰모래와 대형 나무, 이끼를 활용한 정원 '대서원'은 국가명승지. 산을 병풍 삼은 차경, 큰 바다에 떠 있는 섬과 같은 작은 정원, 바다로 흐르드는 물줄기를 형상화한 구조 등이 주요 볼거리다. 800엔 (641p F:2)

📍 만슈인
#대서원 #국가명승지 #국보사찰

원광사(엔코지) 圓光寺 추천
"쉿, 항아리 물 떨어지는 소리 들어야 해"

일본 정원 장식 중 하나인 **스이킨쿠쓰가 상징적인 사찰**. 바닥에 작은 구멍을 뚫은 항아리에 물이 똑똑 떨어지는 소리가 거문고 소리를 닮았다고 하여 유명하다. 그 밖에도 대나무숲, 주규노테이 연못 정원, 혼류테이 건식 조경 등이 볼거리. 가을엔 사전 예약이 필수일 정도로 단풍 구경을 위해 방문하는 이가 많은 곳이다. **사찰 뒤 언덕은 전망 명소로 추천.** 성인 800엔 (641p E:2)

📍엔코지
#스이킨쿠쓰 #소리의정원 #혼류테이정원

다카라가이케 공원 宝が池公園
"놀이동산 못지않게 신나는 어린이 놀이터"

사슴이 자주 나타나 사진찍기 좋은 공원. 규모가 넓으며, 운이 좋다면 원앙과 물총새도 볼 수 있다. 마쓰가사키 지역은 예로부터 명승지로 알려졌으며, 쇼와 시대에 방공 녹지로 도시 계획이 결정되면서 공원으로 조성되었다. 특히 대형 어린이 놀이터 '어린이의 낙원'이 있어 가족 단위 방문객이 많다. 벚꽃과 단풍명소이기도 하다. (640p C:1)

📍다카라가이케 공원 #사슴 #물총새 #놀이터

교토 부립 식물원 京都府立植物園
"7만 평 규모에 12만 개 식물, 운동화는 필수겠지?"

1924년에 개장한 일본 최초 공립 부립 식물원. **7만평 규모에 12만 가지의 식물**이 있다. 열대 식물과 희귀식물을 관찰할 수 있는 대온실도 운영. 봄에는 70여종, 500그루의 벚나무에서 분홍꽃이 만개해 장관을 이룬다. 밤 9시까지 열리는 야간 라이트업 기간에는 진달래, 튤립, 수선화까지 피어 더 아름답다. 여름에는 장미, 가을에는 단풍과 코스모스로 가득차는 곳. 성인 500엔. 16:00 입장마감(640p A:2)

📍교토부립식물원
#벚꽃명소 #대온실 #야간라이트업

가모미오야 신사 (시모가모 신사) 下鴨神社
"여름에 가장 바쁜 울창한 숲속 신사"

고목으로 울창한 다다스노모리 숲에 둘러싸인 고신사. 매년 5월 3일에는 야부사메 활쏘기 대회가, 5월 15일에는 아오이 마츠리가 열린다. 전통복장을 입고 고대 일본의 의례를 재현하는 화려한 퍼레이드를 구경할 수 있어 인기. 7월 마지막 주에는 미타라시 연못에 발을 담그고 무병무탈을 기원하는 미타라시 축제가 열린다. 유네스코 세계문화유산으로 지정 (640p C:3)

📍 가모미오야 신사 #아오이마츠리 #미타라시축제 #활쏘기대회

가와이 신사 河合神社
"거울아~거울아~ 아름다움을 주렴"

미의 여신 다마요리히메를 모신 곳이다. 특히 여성들에게 인기가 많으며, 아름다움을 기원하는 신사로 유명하다. 참배 방식은 얼굴이 그려진 손거울 모양의 나무판 '카가미 에마'에 화장품으로 꾸며 소원을 빈다. 아기자기하고 조용한 분위기이며, 미용 부적과 화장품을 활용한 기념품도 판매한다. 아름다움을 기원하는 신사답게 방문객들이 개성 있게 꾸민 에마를 전시해 놓은 인상적인 곳이다. (640p B:3)

📍 가와이 신사 #미의여신 #예뻐져라 #부적

다다스노모리 糺の森
"내 나이는 2300살이 좀 넘었어"

교토 이치조지·기타야마

기원전 3세기경부터 형성된 원시림. 삼나무와 떡갈나무가 빼곡히 자리 잡은 이곳은 숲을 관통하는 참배로와 여러 개의 신사가 있으며, 8월 중순에는 일본 최대 규모의 고서적 축제가 열려 간사이 일대에서 80만 권 이상의 책이 이곳으로 모인다. 문화재로 지정된 역사적 건축물이 포함되어 있으며, 유네스코 세계유산으로 등재된 곳이다. (640p B:3)

📍 다다스노모리
#원시림 #신사 #유네스코

멘야 곳케이 麵屋 極鶏 맛집
"이거 삼계탕 죽같은데,,? 연천 걸쭉해"

걸쭉하고 진한 닭육수 라멘으로 유명한 곳. 대표 메뉴는 곳케이토리다쿠. 삼계죽을 연상시키는 비주얼이 특징이다. 국물 라멘이 아닌 비빔 라멘을 먹는 느낌에 가깝다. 고춧가루를 가득 뿌린 아카다쿠도 인기 메뉴다. 호불호가 갈릴 수 있는 곳이라 독특한 라멘을 먹어보고 싶다면 도전해볼만하다. 손님이 많은 식당이라 번호표를 받으면 입장 시간을 알려준다. 현금 결제만 가능. 약 1000엔 (641p D:2)

📍 멘야 곳케이
#닭육수라멘 #진한육수 #삼계죽과유사

가모 미타라시차야 맛집
加茂みたらし茶屋
"미타라시 당고 우리 집이 원조야~"

미타라시 당고 원조집이자 **당고 근본의 맛을 느낄 수 있는 전통 카페**. 쫀득한 떡에 달콤 짭짤한 간장 소스를 발라 구워 준다. 꼬치 3개 500엔. 와라비 떡과 아이스크림, 팥, 한천 등으로 만든 디저트 안미츠(1,000엔)도 맛있다. 가볍게 커피(500엔)나 말차 (550엔)만 마실 수도 있다. 현금 결제만 가능. 가모미오야 신사 근처에 위치. 수요일 휴무 (640p B:2)

📍 가모 미타라시차야
#미타라시당고 #원조맛집 #안미츠

슈가쿠인 리큐 修学院離宮 추천
"이곳은 삼등분으로 나눠서 볼 필요가 있어"

에도시대 초기 **고미즈노오 상황이 지은 별장**. 상·중·하 세 구역으로 나뉜 정원이 아름답다. 특히 상 구역에 있는 요쿠류치 연못이 하이라이트. 관람은 사전 예약을 통해 투어로만 가능하다. (9:00, 10:00, 11:00, 13:30, 15:00). 당일에는 11시부터 관람권을 배포하는데 13:30, 15:00 투어만 가능하다. 각각 35명씩 한정. 여권 지참 필수. (641p F:1)

📍 슈가쿠인 리큐
#교토명소 #요쿠류치연못 #여권필수

텐카잇핀 총본점 맛집
天下一品 総本店
"교토식 돈코츠 명물 '텐카잇핀' 여기가 본점!"

진한 국물의 교토식 돈코츠 계열 라멘 전문점으로, 일본 전역에 체인점을 보유한 텐카잇핀의 본점이다. '라멘 요리왕' 만화에도 등장하는 곳. 대표 메뉴는 코떼리 라멘으로, 걸쭉하고 진한 사골 육수가 특징이며 토핑으로는 차슈, 파, 죽순 등이 올라간다. 달달한 고구마 고로케가 맛있는 고로케 정식과 소힘줄, 김치가 들어간 스지 김치라멘도 인기 메뉴 중 하나. 라멘 약 1100엔 (641p E:3)

📍 텐카잇핀 총본점
#돈코츠라멘 #진하고걸쭉한 #코떼리라멘

Ramen Towzen 맛집
豆乳ラーメン専門店「豆禅」
"두부로 유명한 교토다운 라멘이야"

교토에서 유명한 두유 라멘 전문점. 고소하고 부드러운 두유 국물을 베이스로 하는 독특한 라멘이다. 인기 메뉴는 기본 무사시 라멘과 스파이한 대두 미트 탄탄멘. 쫄깃한 면 위에 표고버섯 산초 조림, 미즈나, 유바, 매실 장아찌, 유자, 실김 등이 촘촘히 올라가 있다. 대두 미트 탄탄멘은 5단계의 맵기 조절이 가능하다. 세트로 주문하면 가지 초밥과 콩 크림 브륄레를 같이 맛볼 수 있다. (640p C:2)

📍 Towzen
#무사시라멘 #탄탄멘 #두유라멘

라멘 토우히치 맛집
らぁ麺とうひち
"여름 한정 메뉴인 '차가운 멕시코'가 이색적이야"

깔끔하면서도 깊은 맛을 자랑하는 교토 인기 라멘 전문점. 미슐랭 빕구르망에 선정된 바 있다. 기본 메뉴는 닭 간장 츠케멘. 다시마 육수에 담긴 면과 세 가지 양념으로 맛의 변화를 즐길 수 있는 메뉴다. 마지막에 다시마 물을 간장 츠케 소스에 섞어 먹으면 더욱 맛있다. 닭백탕과 특제 닭 간장 라멘도 인기 메뉴. 여름에는 **멕시코 스타일의 마제 소바**인 '차가운 멕시코'를 한정수량 제공한다. (641p D:2)

📍 라멘 토우히치
#깔끔한육수 #양념소스 #닭백탕

우지

진한 녹차 향기 따라, 고즈넉한 시간을 걷다

발걸음마다 깊은 차 향기가 묻어나는 매력적인 소도시예요. 일본 최고의 녹차 산지에서 맛보는 말차 디저트는 잊지 못할 달콤함을 선물합니다. 10엔 동전 속 뵤도인의 우아한 자태를 눈에 담고, 유서 깊은 우지강을 따라 산책하며 평화로운 시간을 가져보세요.

KEY WORD
- 뵤도인
- 말차
- 겐지모노가타리

TO DO LIST
- ☐ 직접 말차 만들어 보기
- ☐ 카페에서 말차 디저트 풀코스로 시키기
- ☐ 니신소바 먹어보기
- ☐ 뵤도인 앞에서 10엔 들고 인증샷 찍기
- ☐ 겐지모노가타리 알고 가기
- ☐ 우지신사에서 토끼 부적 사기
- ☐ 고쇼지 단풍 터널 아래에서 사진 찍기

교토에서 우지로 이동하는 법

	출발역/정류장	환승역/정류장	도착역/정류장	전철/버스	비용	소요 시간	사용 가능한 패스
교토역 → 우지	교토역	-	우지역	JR나라선	240엔	22분	JR간사이 패스, JR간사이 미니 패스
기온 → 우지	기온시조역	주쇼지마역	우지역	게이한 본선→게이한 우지선	320엔	27분	간사이 레일웨이 패스, JR 간사이 패스, 게이한 교토 1일 관광 승차권, 게이한 교토 오사카 관광 승차권

TIP.
- 교토역이 출발지점일 경우 JR, 기온과 가와라마치 등 교토 시내가 출발지점인 경우는 게이한을 탑승하는 것이 편하다.
- JR을 타면 JR우지역, 게이한을 타면 게이한우지역에 하차하며 두 역은 '우지바시' 다리를 사이에 두고 약 800m 떨어져 있다.
- 우지의 중심지는 JR우지역이 더 가깝다. JR우지역 남쪽출구로 나오면 뵤도인으로 가는 길까지 쭉 상점가가 펼쳐진다. 우지의 대표 찻집 '나카무라 토키치' 본점을 비롯해 카페와 식당이 모여있다.
- 게이한우지역에 하차하면 우지바시를 건너야 우지의 대표 관광지 '뵤도인'에 갈 수 있다. (게이한우지역에서 뵤도인까지 도보로 약 8분)

말차 디저트 즐기기

우지에는 오랜 역사를 자랑하는 전통 찻집들이 많다. 이곳에서 진한 말차와 함께 말차 파르페, 말차 빙수, 말차 찹쌀떡 등 다양한 말차 디저트를 맛보는 것이 필수 코스!

필수코스 추천 베스트 4
1. 츠지리 우지 본점
150년이 넘는 역사를 자랑하는 유명 찻집으로, 정교한 디저트와 진한 말차를 맛볼 수 있다.
2. 이토큐에몬 (이토큐에몬 JR 우지역 앞점):
독특한 말차 커리 등 다양한 말차 메뉴가 있다.
3. 나카무라 토키치 본점:
전통적인 분위기에서 고품격 말차와 디저트를 즐길 수 있다.
4. 말차 관련 기념품 쇼핑:
우지 지역의 찻집이나 상점에서는 고품질의 우지 말차 잎, 말차 가루, 말차를 활용한 과자나 차 도구 등을 구매할 수 있다.

미무로도
三室戸駅
Mimurodo Station

교토 근교 - 우지

미무로토지
[三室戸寺]
사찰 전체에 화려하게
피어 있는 수국이 아름다운 곳

이토큐에몬 우지 본점
伊藤久右衛門 宇治本店·茶房
(말차 당고 세트, 말차 파르페)

시작지점

츠엔혼텐
通圓本店
(659년된 찻집, 당고,
말차아이스크림)

Shubaku
しゅばく酒蕎麦
(히야시타누키소바, 자루소바)

우지바시
[宇治橋]
일본에서 가장 오래된
본 3대 교량

우지시 겐지모노가타리 뮤지엄
[宇治市源氏物語ミュージアム]
일본에서 가장 오래된 소설인
겐지이야기 박물관

아사기리도리
'겐지 이야기'의 주된 배경이 되었던
곳으로, 문학적인 의미와 아름다운
자연 경관이 어우러진 산책로.

인 오모테산도 거리
[院表参道]
가장 유명한 녹차 상점 거리

나카무라토키치 뵤도인점
中村藤吉平等院店
(말차 파르페, 말차 라떼)

자카 와무우
Izakka 和夢兎
(잡화와 기념품 상점)

다이키치 산 전망대
[大吉山展望台]
애니메이션 '목소리의 형태'의
배경이 된 야경 명소

우지가미 신사
[宇治上神社]
우지가미를 모시는 일본에서
가장 오래된 신사

우지 신사
[宇治神社]
토끼 신시로 불리며
토끼 오미쿠지가 유명

조무교 朝霧橋
(아침 안개와 다리)

다치바나지마 橘島
(모래섬)

고쇼지
[興聖寺]
가을의 단풍 터널이 장관이며
벚꽃시즌도 인기 있다

쿠미코 벤치久美子ベンチ
(애니의 배경이 된 벤치)

뵤도인
[平等院]
세계문화유산에 등재된
연못 한가운데에 있는 사찰

우지 공원
[宇治公園]
일몰이 아름다운 모래섬 위의 공원

도노지마 塔の島
(모래섬 공원)

우지가와노 우카이
宇治川の鵜飼
(가마우치 낚시)

우키시마 십삼중석탑
浮島十三重塔
(13층의 석탑)

HOT SPOT

뵤도인 平等院
유네스코 세계유산으로 등재된 일본 대표 문화재. 10엔 동전의 배경 그림으로 사용될 만큼 아름다운 건축 양식을 자랑한다
📍 뵤도인

뵤도인 오모테산도 거리 平等院表参道
우지 다리에서 뵤도인까지 이어지는 상점가. 전통 킷사텐에서 녹차 디저트를 맛보거나, 말차 모양 악세사리 등을 만날 수 있다.
📍 Byodoin Omotesando

우지가미 신사 宇治上神社
헤이안 후기에 건립된 것으로 알려진 본전은 일본에서 가장 오래된 신사 건축물로 국가 보물로 지정, 유네스코 세계유산
📍 우지가미 신사

우지시 겐지모노가타리 뮤지엄
고전 소설 '겐지 이야기'에 관한 디오라마, 인터랙티브 전시, 영화를 볼 수 있는 박물관. 말차라테가 인기인 카페도 운영 중
📍 겐지모노가타리 뮤지엄

우지 신사 宇治神社
학업 성취, 시험 합격의 신을 모시고 있어 학생들이 자주 찾는 곳. 신사 내에서 자주 출몰하는 토끼는 마스코트이자 신의 사자
📍 우지신사

미무로토지 三室戸寺
'꽃의 사찰'로 불릴 만큼 사계절 내내 아름다운 꽃을 감상할 수 있는 사찰. 봄 철쭉과 여름 수국, 가을 단풍과 겨울 설경이 장관
📍 미무로토지

쇼주인 風鈴寺
하트 모양의 창문으로 유명한 사찰. 계절에 따라 창 너머 풍경이 변하여 아름답다.
📍 정수원 또는 쇼주인

고쇼지 興聖寺
가을엔 단풍 터널이 아름다운 곳. 고산수 정원에서 고즈넉하게 산책하기 좋다.
📍 고쇼지

다이키치 산 전망대 大吉山展望台
해가 질 녘 노을과 야경이 아름답기로 소문난 전망대. '올려라! 유포니엄'에 등장
📍 다이키치 전망대

FOOD

나카무라토키치 혼텐 中村藤吉本店
대나무 통에 들어간 말차 파르페로 인기인 디저트 카페. 말차 소바로 식사도 가능
📍 나카무라토키치 혼텐 우지

이토큐에몬 우지 伊藤久右衛門 宇治本店
말차 소바 국수, 말차 카레, 말차 파르페, 말차 아이스크림, 말차 라테 등이 인기
📍 이토큐에몬 우지

츠엔혼텐 通圓本店
1160년부터 역사 깊은 찻집. 유명 인물들도 많이 방문한 곳이다. 우지강 뷰
📍 츠엔혼텐

오하라

자연으로 둘러싸인 힐링 스페이스

대자연 속에서 울려 퍼지는 새소리와 바람 소리, 맑은 공기까지 지닌 오하라는 힐링 여행지로 탁월한 선택지예요. 오하라의 상징과도 같은 산젠인(三千院)은 이끼 정원과 연못, 고목들이 어우러져 사계절 내내 아름다운 풍경을 자랑하고, 크고 작은 사찰들은 고요한 사색의 시간을 선물하죠. 실컷 걷고 난 후엔 따뜻한 온천에 몸을 담그고 휴식의 마침표를 찍어보세요!

KEY WORD

- 산젠인
- 호센인
- 쇼린인

TO DO LIST

- ☐ 산젠인의 이끼 정원 찾아가기
- ☐ 호센인 액자 정원 앞에서 다과 즐기기
- ☐ 쇼린인 불교 음악 듣기
- ☐ 료칸에서 숙박하기
- ☐ 와라베 지조랑 셀카 찍기
- ☐ 오토나시 폭포 소리 들으며 명상하기
- ☐ 전통 가이세키 맛보기

잣코인 ⭐
[寂光院]
천년 송과 단풍, 이끼 정원이
아름다운 비구니 사찰

유모토 온천
오하라산소우
(오하라산장)
[大原山荘]
아름다운 정원과 자연 속 노천온천

오하라 산소우 족욕 카페
大原山荘足湯カフェ
(족욕 카페)

왓파도 わっぱ堂
(일본가정식 코스요리)

오하라 버스정류장에서 잣코인까지
1.1km, 도보 약 15분

KULM
(런치 플레이트,
프로슈토 피자)

la bûche
(사슴 스테이크,

오하라 기린 来隣 (きりん)
(된장 피망, 마리네이드 토마토)

Somushi Kochaya
(순두부 정식, 비빔밥)

Ohara Sightseeing
Hoshokai
(관광안내소)

시작지점
오하라
大原

오하라 여행 리스트

1. 산젠인(三千院) 방문
- 오하라 여행의 핵심. 이끼 정원, 조용한 길, 오조조(와라베 지조)
  불상이 유명
- 사진 포인트도 많고 사계절 풍경이 아름답다.

2. 죠코인·랴쿠리키인 등 작은 절 탐방
- 산젠인 근처에 있는 절들로, 입장료가 저렴하고 조용히 산책하기
  좋다. 각각 정원이 독특해서 비교하며 보는 재미가 있음.

3. 온천 체험 (오하라노사토 온천 등)
- 걷고 난 뒤 족욕 또는 온천욕으로 피로를 푸는 일정. 일일 온천
  이용 가능.

4. 전통 채식 정식 (쇼진요리) 맛보기
- 사찰 요리나 유바(두부 껍질 요리)를 제공하는 식당에서 조용히
  식사하며 휴식. 오하라 식물의 고유한 맛 느껴보기.

5. 농산물 직판장 및 시골카페
- 오하라 야채(오하라산 노겐), 무공해 간식, 말차 디저트를
  판매하는 가게에서 쉬어가기.
- 직접 재배한 채소나 잼, 된장 등을 기념품 구매.

6. 계절별 자연 감상
- 봄에는 벚꽃, 여름은 푸른 이끼, 가을은 단풍, 겨울은 설경.
- 특히 단풍철(10월 말~11월 중순)이 인기 높음.

교토에서 오하라로 이동하는 법

	출발역/정류장	환승역/정류장	도착역/정류장	비용	소요 시간	사용 가능한 패스
교토역 → 오하라	교토에키마에 정류장	-	오하라 정류장	630엔	1시간 7분	교토 지하철 버스 1일권
기온 → 오하라	시조역	고쿠사이카이칸역 → 고쿠사이카이칸 에키마에	오하라 정류장	690엔	45분 (지하철 16분+ 하차 후 도보 5분 +버스 22분)	교토 지하철 버스 1일권, 교토시영 지하철 1일 이용권

교토 근교 - 오하라

국도 367호선 Nat'l Rte 367

시노쇼몬
志野松門
가라아게 정식

교토시로
もとしろ
잡화점

호센인 ★
[宝泉院]
액자식 정원에 앉아 단풍을 감상하며
다과를 즐길 수 있는 곳

짓코인 (실광원)
[実光院]
단풍이 물든 연못정원과 차 한 잔

쇼린인
[勝林院]
장엄하게 큰 지붕 아래 아미타여래 좌상

오하라 버스정류장에서
호세인을 지나서 산젠인까지
850m, 도보 약 15분

산젠인 ★
[三千院]
융단처럼 펼쳐진 이끼, 고요하고
평화로운 풍경의 사찰

도이 시바즈케 혼포
산젠인마에점
(시바즈케, 누카즈케 등의
쓰케모노 전문점)

유세이엔 三千院 有清園
(이끼 연못 정원)

이치요샤 베이스 카페
(야채찜 닭구이 정식,
유자생강차)

京都大原コーヒー
スタンド聖
(카페오레, 아카시소
젤라또 샌드)

슈헤키엔
三千院 聚碧園
(취경원)

산젠인 수국원
三千院 あじさい苑
(수국 정원)

오하라 마을 전망대
見渡す限り大原の里 展望所
(탁 트인 풍경이 이쁜 곳)

잇푸쿠 차야 一福茶屋
(전어소바 셋사, 오야시동)

오오조오고쿠라쿠인
三千院往生極楽院
(아미타 삼존불)

염불사
念佛寺

라이고인
[大原来迎院]
귓병을 낫게 한다는 귀의
약사여래불을 모신 곳

슛세이나리 신사
出世稲荷神社

산젠인

653

HOT SPOT

추천

산젠인 三千院
784년에 세워진 유서 깊은 불교 사원. 이끼들 사이에 숨어있는 귀여운 지장보살 석상 '와라베 지장'이 볼거리
📍 산젠인

추천

호센인 宝泉院
700년 된 소나무가 우뚝 솟아 있는 헤이안 시대 사찰. 대형 액자 창의 숲 전경이 펼쳐지는 '가쿠부치 정원'이 아름답다.
📍 호센인

추천

잣코인 寂光院
선명한 색감의 가을 단풍과 참배 길의 돌계단에 심어진 전나무가 아름답기로 소문나 인기인 곳.
📍 잣코인

라이고인 大原来迎院
숲으로 둘러싸인 고요한 분위기의 사찰. 미모토존·약사여래상, 석가여래상, 아미타여래상의 삼존상, 천녀도 등 볼거리
📍 라이고인

짓코인(실광원) 実光院
'헤이케 모미지'라고 불리는 단풍나무로 유명한 정원이 있는 곳. 거북이를 의미하는 돌과 학을 나타내는 소나무로 가꿔져 있다.
📍 실광원

쇼린인 勝林院
아담한 규모이나 본당에 자리한 황금빛 아미타불상이 웅장함을 전하는 곳. 개구리, 꽃 등 입체적인 조각을 수놓은 느티나무 소재 지붕
📍 쇼린인

유모토 온천 오하라산소우 大原山荘
40년 전통 료칸. 노천탕, 대욕장, 족욕탕 카페. 1시간에 2,000엔으로 프라이빗 이용
📍 오하라산소우

아지코보 시노 오하라카이도점
향토 요리 식료품점. 도시락부터 드레싱, 조미료 등 음식과 관련한 폭넓은 상품을 취급
📍 Ajikobo Shino Ohara Kaido store

도이 시바즈케 혼포 산젠인마에점
무, 오이 등을 소금에 절여 발효시킨 절인 음식 상점. 시바즈케, 누카즈케 등이 인기
📍 Doi Shibazuke Honpo Sanzenin

FOOD

오하라 기린 来隣 (きりん)
채소를 좋아한다면 강력 추천하는 채식 뷔페. 된장 피망, 마리네이드 토마토가 인기
📍 오하라 기린

세료 料理旅館 芹生
미슐랭에 9년 연속 등재된 인기 전통 료칸. 숙박과 함께 일본 가이세키 요리를 경험
📍 Seryo

KULM
매일 바뀌는 '오늘의 런치'로 유명한 카페. 신선한 야채가 듬뿍들은 런치 플레이트로 인기
📍 KULM

비와코

무한한 가능성을 품은 호수

전통 악기 '비파'처럼 유려한 곡선을 지닌 비와코는 일본 최대 담수호라는 명성답게 끝없이 펼쳐진 수평선을 지니고 있어요. 그 크기가 흡사 바다 같아서 카약, 윈드서핑 등 신나는 수상 레저를 마음껏 즐길 수 있다는 사실! 물 위에 떠 있는 듯한 시라히게 신사의 도리이와, 호수를 가로지르는 유람선도 찾을 수 있어요.

KEY WORD

- 비와코 테라스
- 시라히게 신사
- 온천

TO DO LIST

- 비와코 테라스에서 전경 감상하기
- 로프웨이로 산 정상까지 올라가기
- 오고토온센에서 온천욕 하기
- 비와호 소수 배경으로 벚꽃 사진 찍기
- 시라히게 신사 인증 사진 찍기
- 하치만 보리에서 관광 보트 타기
- 우키미도 낙조 감상하기

HOT SPOT

비와 호 (비와코) 琵琶湖
서울시 면적과 비슷한 일본에서 가장 큰 호수. 매우커서 파도가 칠 정도라 수상스포츠의 성지이기도 하다.
📍 비와 호

비와코 테라스 The Main テラスカフェ
비와호를 한눈에 내려다볼 수 있는 전망대. 바람이 많이 부는 편이니 외투를 챙겨 방문하길 추천. 시가역에서 셔틀버스 운행
📍 비와코 테라스

비와코 밸리 로프웨이
360도 통유리로 된 선실에서 비와호를 시작으로 교토와 오사카까지 파노라마로 조망할 수 있는 로프웨이. 5분이면 정상도착
📍 비와코 로프웨이

시라히게 신사 白鬚神社
비와호 안에 잠겨있는 도리이가 인상적인 신사. 포토스팟으로 유명하다. 역 내 관광 안내소에서 자전거 대여 후 이동하길 추천.
📍 Shirahige Shrine

우키미도(만게쓰지) 浮御堂
비와코 한편에 자리한 작고 조용한 사찰. 규모는 그리 크지 않지만 호수 풍경과 어우러진 절의 절경이 아름다운 것으로 유명하다
📍 만게쓰지

히코네성 彦根城
일본국보 5대성 중 하나. 돌담과 해자로 둘러싸인 아름다운 경관으로 인기. 3층 천수각에서는 비와호 조망 가능
📍 히코네 성

오고토온센 おごと温泉
1,200년 역사의 온천 마을. 비와호의 풍경을 감상하며 온천욕을 즐길 수 있다.
📍 Ogoto Onsen

엔랴쿠지 延曆寺
일본 3대 사찰 중 하나. 장보고 기념비가 있다. 에이잔 로프웨이로 이동 가능.
📍 엔랴쿠지

이시야마데라 石山寺
'겐지모노가타리'의 배경지. 비와호를 본뜬 회유식 정원 '무우원'
📍 이시야마데라

FOOD

라 코리나 오미하치만 ラ コリーナ近江八幡
지붕이 잔디와 나무로 덮여 있는 만화같은 카페. 바움쿠헨이 인기
📍 라 코리나 오미하치만

타네야 히무레노야 たねや日牟禮乃舍
전통적인 분위기의 화과자 카페. 츠부라모찌가 인기
📍 Taneya Himure-no-ya

센나리테이 캬라 近江肉 せんなり亭伽羅
히코네 성 근처 맛집. 일본 3대 와규 오미규를 샤브샤브 또는 스키야키로 맛볼 수 있다.
📍 센나리테이 캬라

비와코 전망대

히코네성

엔라쿠지

비와호 소수

KOBE

고베

- 산노미야 707p
- 모토마치 721p
- 하버랜드 메리켄파크 737p
- 포트아일랜드 롯코아일랜드 753p
- 기타노 761p
- 마야산 롯코산 777p
- 근교 히메지성 789p
- 근교 아리마온센 793p

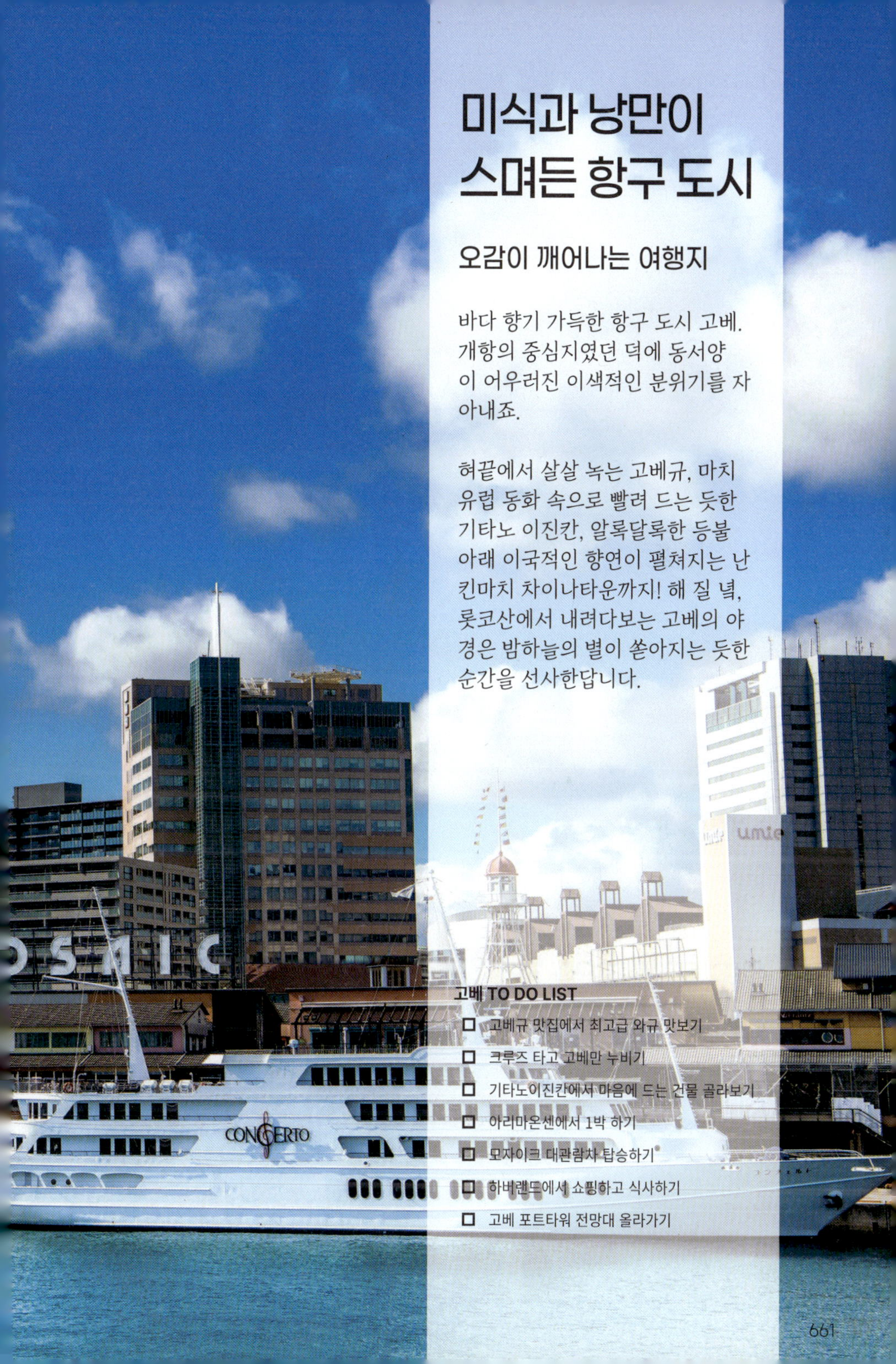

미식과 낭만이 스며든 항구 도시

오감이 깨어나는 여행지

바다 향기 가득한 항구 도시 고베. 개항의 중심지였던 덕에 동서양이 어우러진 이색적인 분위기를 자아내죠.

혀끝에서 살살 녹는 고베규, 마치 유럽 동화 속으로 빨려 드는 듯한 기타노 이진칸, 알록달록한 등불 아래 이국적인 향연이 펼쳐지는 난킨마치 차이나타운까지! 해 질 녘, 롯코산에서 내려다보는 고베의 야경은 밤하늘의 별이 쏟아지는 듯한 순간을 선사한답니다.

고베 TO DO LIST

- 고베규 맛집에서 최고급 와규 맛보기
- 크루즈 타고 고베만 누비기
- 기타노이진칸에서 마음에 드는 건물 골라보기
- 아리마온센에서 1박 하기
- 모자이크 대관람차 탑승하기
- 하버랜드에서 쇼핑하고 식사하기
- 고베 포트타워 전망대 올라가기

하버랜드

포트아일랜드 키타공원

포트타워

포아이 시오사이 공원

누노비키 허브정원 로프웨이

롯코산에서 본 야경

모자이크 대관람차

풍향계의 집

모에기노야카타

향기의 집 오란다관

이탈리아관

후르츠 플라워 바데하우스

어린이 책의 숲

커넬 프롬나드

고베 주요 구역

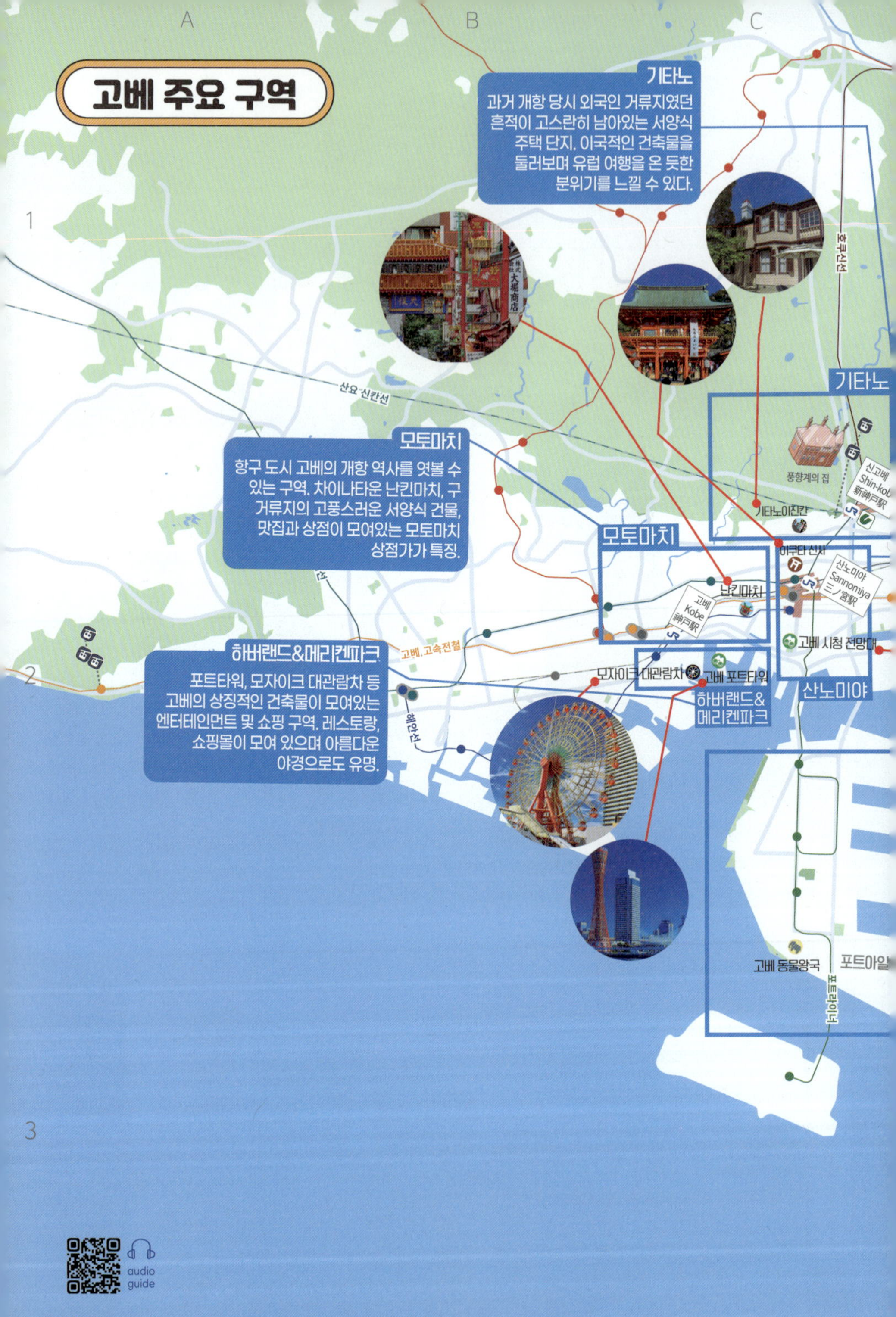

기타노
과거 개항 당시 외국인 거류지였던 흔적이 고스란히 남아있는 서양식 주택 단지. 이국적인 건축물을 둘러보며 유럽 여행을 온 듯한 분위기를 느낄 수 있다.

모토마치
항구 도시 고베의 개항 역사를 엿볼 수 있는 구역. 차이나타운 난킨마치, 구 거류지의 고풍스러운 서양식 건물, 맛집과 상점이 모여있는 모토마치 상점가가 특징.

하버랜드&메리켄파크
포트타워, 모자이크 대관람차 등 고베의 상징적인 건축물이 모여있는 엔터테인먼트 및 쇼핑 구역. 레스토랑, 쇼핑몰이 모여 있으며 아름다운 야경으로도 유명.

audio guide

마야산&롯코산
케이블카나 로프웨이를 타고 올라가 고베 시내와 바다를 한눈에 내려다볼 수 있는 곳. 자연 속 휴식을 즐기며 야경을 감상하기에도 제격이다.

산노미야
고베의 중심 번화가. 대형 백화점, 상점가, 식당이 모여있으며 오사카, 교토, 나라로 오가는 다양한 교통편이 연결되는 고베 여행의 거점.

포트아일랜드&롯코아일랜드
고베 앞바다에 조성된 인공섬으로 컨벤션 센터, 호텔, 병원 등이 들어서 있어 현대적인 경관이 특징. 특히 포트아일랜드는 고베 공항과 연결되어 접근성이 좋다.

간사이 내에서 고베로 이동하는 법

	출발역	도착역	전철	비용	소요 시간	사용 가능한 패스
교토↔고베	교토역	산노미야역	**JR** 교토선 혹은 고베선 신쾌속	1,110엔	51분	JR간사이 패스, JR간사이 미니 패스
	교토가와라마치역	고베산노미야역	**한큐** 교토선 특급 → 한큐 고베선 특급	640엔	65분	간사이 레일웨이 패스, 한큐 한신 1일 패스, 한큐 1일 패스
오사카↔고베	오사카역	산노미야역	**JR** 고베선 신쾌속	420엔	27분	JR간사이 패스, JR간사이 미니 패스
	오사카우메다역	고베산노미야역	**한큐** 고베 본선 특급	330엔	27분	간사이 레일웨이 패스, 한큐 한신 1일 패스, 한큐 1일 패스
	오사카 우메다역	고베산노미야역	**한신** 본선 특급	330엔	31분	간사이 레일웨이 패스, 한큐 한신 1일 패스, 한큐 1일 패스
	난바	고베산노미야역	**한신** 본선 쾌속급행	420엔	41분	간사이 레일웨이 패스, 한큐 한신 1일 패스, 한큐 1일 패스
고베↔나라	고베산노미야역	킨테츠나라역	**한신**본선→**한신** 난바선→**킨테츠** 나라선(자동환승)	1,100엔	76분	간사이 레일웨이 패스, 한큐 한신 1일 패스, 한큐 1일 패스

고베 시내 대중교통   루프버스

시티루프버스 City Loop
고베 시내를 중심으로 운행. 차내에 승무원이 있어 정류장마다 안내해준다. 일부 버스는 고베공항이 종점인 경우가 있으니 정류장에서 시간표를 확인하고 탑승하기.

요금	배차간격
300엔	15~20분

운행시간(산노미야 출발 북행 기준)
08:55~19:57

주요 정류장
카모메리아(고베베이크루즈터미널) - 하버랜드 - 미나토 모토마치역 - 난킨마치 - 구거류지 - 산노미야역 - 기타노이진칸 - 고베 누노비키 허브정원/로프웨이 - 신고베역 - 시청 - 메리켄파크 - 고베포트타워

포트루프버스 Port Loop
2량이 연결된 기다란 굴절버스. 고베 워터 프론트 지역을 중심으로 운행한다.

요금	배차간격
230엔	20분

운행시간(산노미야역 출발 기준)
09:25~19:45

주요 정류장
신고베역 - 산노미야역 - 시청 - 메리켄파크 - 고베포트타워 - 하버랜드 - 카모메리아(고베베이크루즈터미널)

사용 가능 패스
고베 1·2DAY 루프 버스 티켓

탑승 팁
- 앞문으로 승차, 뒷문으로 하차하며 승차시 요금 지불
- 이코카 사용, 현금 지불, 와이파이 로고 그려진 컨택리스 신용카드 (비자, 아멕스 등)

홈페이지 https://www.shinkibus.co.jp/bus/cityloop/

탑승 팁
- 뒷문으로 승차, 앞문으로 하차하며 하차시 요금 지불
- 각 선착장 현장 구매 혹은 국내 여행 사이트에서 예약 후 QR코드를 선착장 티켓 카운터에서 실물로 교환

홈페이지 https://www.shinkibus.co.jp/bus/portloop/

Tip.
고베의 주요 관광지를 중심으로 운행. 대부분의 관광객은 포트루프보다 시티루프를 탑승한다.

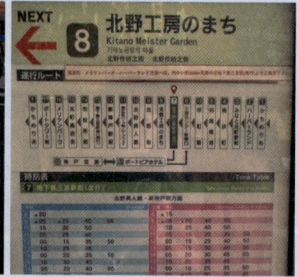

고베 시내 대중교통

시 버스 市バス

고베시에서 운영하는 시영 버스. 밝은 연두색 차량으로, 진한 초록색인 시티루프버스와 헷갈리지 말 것. 현지인이 주로 사용하며 여행객은 롯코산, 마야산을 갈 때 종종 이용하게 된다.

기본 요금 시내는 230엔 균일, 외곽은 거리에 따라 요금 추가

구매 방법 이코카 사용 혹은 현금으로 지불

사용 가능 패스 시버스·지하철 공통 1일 승차권

탑승 방법 뒷문으로 승차, 앞문으로 하차 / 현금은 하차시에 지불 / 이코카는 승차, 하차할 때 모두 찍기

고베 시 버스 외관

모노레일

	포트라이너	롯코라이너
외관		
설명	산노미야에서 포트아일랜드를 오가는 무인 모노레일. 고베공항과도 연결.	스미요시에서 롯코아일랜드를 오가는 무인 모노레일
주요 정류장	산노미야 - 게이산카가쿠센터(계산과학센터, 고베동물왕국 앞) - 고베공항	스미요시 - 아일랜드센터 - 마린파크
운영시간 (평일)	산노미야 출발 기준 05:40~00:15, 3~5분 간격	스미요시 출발 기준 05:57~00:26, 4~6분 간격
기본 요금	210~340엔 (구간별 상이)	
구매 방법	이코카 사용 혹은 현금 지불	
사용 가능 패스	간사이 레일웨이 패스 포트라이너 전용 1일 승차권 포트라이너·롯코라이너 공통 1일 승차권 고베마치메구리 1day 쿠폰	간사이 레일웨이 패스 롯코라이너 전용 1일 승차권 포트라이너·롯코라이너 공통 1일 승차권
홈페이지	https://www.knt-liner.co.jp/ko/	

시 지하철

고베시에서 운영하는 지하철로 총 3개의 노선이 있다. 사실 시내에서 여행객이 탈 일은 많지 않고, 산노미야에서 아리마 온센으로 갈 때 이용하기 좋다. ('산노미야' 지하철역에서 세이신·야마테선을 타고 '타니가미'역에서 하차해 고베전철 아리마선으로 환승)

기본 요금 210엔
구매 방법 이코카 사용 혹은 지하철 역내 티켓 자동판매기에서 1회권 종이티켓 발권
사용 가능 패스 간사이 레일웨이 패스, 고베마치메구리 1day 쿠폰, 시버스·지하철 공통 1일 승차권, 지하철 1일 승차권

Tip. 산노미야역 헷갈리지 말기

고베 시내의 중심인 '산노미야'에는 총 5개 철도 회사의 6개 역이 있다. 지도 상으로는 서로 떨어져 있지만 모두 지하도로 연결되어 있다. 역 이름이 비슷해 헷갈리므로 타려는 전철의 이름과 로고를 기억해 찾아가기.

정거장 이름	정거장 ID	철도회사	노선
산노미야 三宮駅	P01	포트라이너 (고베 신교통)	포트라이너 (포트아일랜드선)
산노미야 三宮駅	S03	시 지하철	세이신·야마테선
산노미야·하나도케이마에 三宮·花時計前駅	K01	시 지하철	카이간선(해안선)
산노미야 三ノ宮駅	JR-A61	JR	JR도카이도·산요 본선
고베산노미야 神戸三宮駅	HK16	한큐(阪急)전철	한큐 고베선
고베산노미야 神戸三宮駅	HS32	한신(阪神)전철	한신 본선

마야산 & 롯코산 가는 법

고베에서 이동하는 법

	출발역/정류장	환승역/정류장	도착역/정류장	전철/버스	비용	소요시간
산노미야 → 마야산	지하철 산노미야역 앞 정류장	마야케이블시타 정류장 → 니지노에키역	호시노역	고베 시버스 18번 → 마야 케이블카 → 도보 2분 → 마야 로프웨이	1,130엔 (버스 230엔 + 마야케이블카 + 마야로프웨이 900엔)	약 40~50분 (버스 26분 + 마야케이블카 5분 + 마야로프웨이 5분)
산노미야 → 롯코산	고베산노미야역	롯코역 → 롯코케이블시타역	롯코산조역	한큐 고베선 → 고베 시버스 16번 → 롯코케이블카	1,230엔 (전철 200엔 + 버스 230엔 + 롯코케이블카 800엔)	약 30~40분 (전철 7분 + 버스 14분 + 10분)

	마야 뷰 라인		롯코 케이블카
	마야 케이블카	마야 로프웨이	
외관			
운영시간	10:00~21:00 (일자별, 시즌별 상이)	10:10~20:50 (일자별, 시즌별 상이)	07:10~21:10 (일자별, 시즌별 상이)
운행간격	20분 간격	10~20분 간격	20~30분 간격
운행구간	마야케이블역 ~ 니지노역 (소요시간 5분)	니지노역~호시노역 (소요시간 5분)	롯코케이블시타역 ~ 롯코산조역
요금	각각 성인(12세 이상) 편도 450엔, 왕복 780엔 어린이 (6~11세) 편도 230엔, 왕복 390엔		성인 편도 800엔, 왕복 1,550엔 / 어린이 편도 400엔, 왕복 780엔

마야산 & 롯코산 내 대중교통

마야산~롯코산 사이는 '롯코산조버스六甲山上バス'로 오갈 수 있다. 방향에 따라 1번과 2번(1계통, 2계통)으로 나뉘니 주의해서 탑승할 것.

- '롯코케이블산조역' 정류장을 기준으로 동쪽의 '롯코 숲의 소리 박물관', '롯코 고산 식물원' '롯코 가든 테라스' '롯코 시다레'로 가려면 1번 탑승
- '롯코케이블산조역' 정류장을 기준으로 서쪽의 '고베 시립 롯코산 목장' '기쿠세이다이'로 가려면 2번 탑승

	롯코산조버스 1번	롯코산조버스 2번
운영시간	08:30~20:00 (일자별, 시즌별 상이)	10:05~17:05 (일자별, 시즌별 상이)
운행간격	30분 간격	주말 25~30분 간격, 평일 20분~1시간 간격
운행구간	롯코케이블산조역 ~ 로프웨이산초역	롯코케이블산조역 ~ 마야로프웨이산조역
요금	230~370엔	230~580엔

히메지성 가는 법

JR을 타면 히메지역, 한신을 타면 산요히메지역에 하차. 두 역은 서로 약 300m 떨어져있으며 모두 히메지성까지는 도보로 이동 가능하다 (도보 15~20분)

고베에서 이동하는 법

	출발역/정류장	도착역/정류장	전철/버스	비용	소요 시간	사용 가능한 패스
산노미야 → 히메지	산노미야역	히메지역	JR 도카이도·산요 본선	960엔	40분	JR 간사이 패스, JR 간사이 미니 패스
	고베산노미야역	산요히메지역	한신 본선 (산요전철과 직통운행)	1,020엔	1시간 4분	-

히메지성 내 대중교통

히메지성 루프 버스 외관

히메지성 루프버스

JR 히메지역 북쪽 출구 앞 6번 정류장에서 출발해 성 주변 명소 순회

핵심 노선 히메지성, 히메지 시립 미술관, 히메지 문학관 등

운행 시간 월~금 9:00~16:30 (30분 간격 운행) / 주말 공휴일: 9:00~17:00 (15~30분 간격 운행) / 12~2월은 운행하지 않음

기본 요금 승차시 현금 지불 혹은 IC교통카드 태그 혹은 신용카드 컨택리스 결제

성인	210엔
어린이 (6세~초등학생)	110엔

사용 가능한 패스 히메지성 루프버스를 하루 동안 자유롭게 승하차할 수 있는 '히메지성 루프버스 1일 승차권' 판매. 루프버스를 3회 이상 탈 경우 이득. (성인 600엔 어린이 300엔)/ JR히메지역 북쪽출구 맞은편 신키버스 인포메이션 센터에서 구매 가능)

시내버스 (신키버스)

신키버스에서 운영하는 주황색 시내버스. 꼭 루프버스가 아니더라도, JR 히메지역 북쪽 출구 앞 6번~10번 정류장에서 일반 시내버스를 타면 히메지성으로 쉽게 갈 수 있다.

이외의 팁

히메지성 루프버스 1일 승차권을 구매한 경우 히메지역, 오테몬마에, 히메지 우체국 앞, 미술관, 코코엔, 오테몬도리 정류장에서 시내버스를 자유롭게 탑승할 수 있다.

신키 버스 외관

아리마온센 가는 법

고베에서 이동하는 법

출발역 /정류장	환승역 /정류장	도착역 /정류장	전철/버스	비용	소요시간	사용 가능한 패스
산노미야 → 히메지성						
산노미야역	다니가미역 → 아리마구치역	아리마온센역	고베시지하철 세이신·야마테선 → 고베전철 아리마선	720엔	30분	고베마치메구리 1day 쿠폰, 시버스·지하철 공통 1일 승차권, 지하철 1일 승차권
산노미야 버스 터미널	-	아리마온센 (다이코바시) 정류장	신키버스 (고베 미타 프리미엄 아울렛행)	600엔	30분	-
산노미야 버스 터미널	-	아리마온센 정류장	JR버스 아리마 익스프레스 (아리마온센행)	780엔	30분	-

산노미야에서 아리마온센으로 가는 방법은 전철과 버스 크게 두 가지다. 고베시지하철과 고베전철을 타면 2번 환승해야 하지만 탑승 구간이 짧아 총 30분 정도면 도착할 수 있다. 환승을 하고 싶지 않다면 산노미야 버스터미널에서 신키버스 혹은 JR버스를 타는 것을 추천. 앉아서 한번에 갈 수 있으며 30~40분 정도면 아리마온센에 도착한다.

신키 버스 외관

JR 아리마 익스프레스 버스 외관

신키버스

운행 시간 산노미야 버스터미널 출발 기준 09:30~15:40, 30분 간격 운행

요금 600엔, 하차시 현금 지불 혹은 IC교통카드 태그.
별도 예약 불가능

https://www.shinkibus.co.jp/highway/category/route_guidance/shinkobe_arima_express.html

JR버스 (JR 아리마 익스프레스 버스)

운행 시간 산노미야 버스터미널 출발 기준 08:50~17:00, 30분~1시간 간격 운행

요금 780엔

티켓 구매 방법 전석 지정좌석제로 산노미야 버스터미널 티켓 카운터에서 현장구매, 혹은 JR 고속버스넷 홈페이지에서 사전 구매 가능 (승차일로부터 7일 전까지 미리 구입할 경우 할인된 가격 700엔으로 예매 가능)

https://www.shinkibus.co.jp/highway/category/route_guidance/shinkobe_arima_express.html

고베 내부에서 이동하는 법

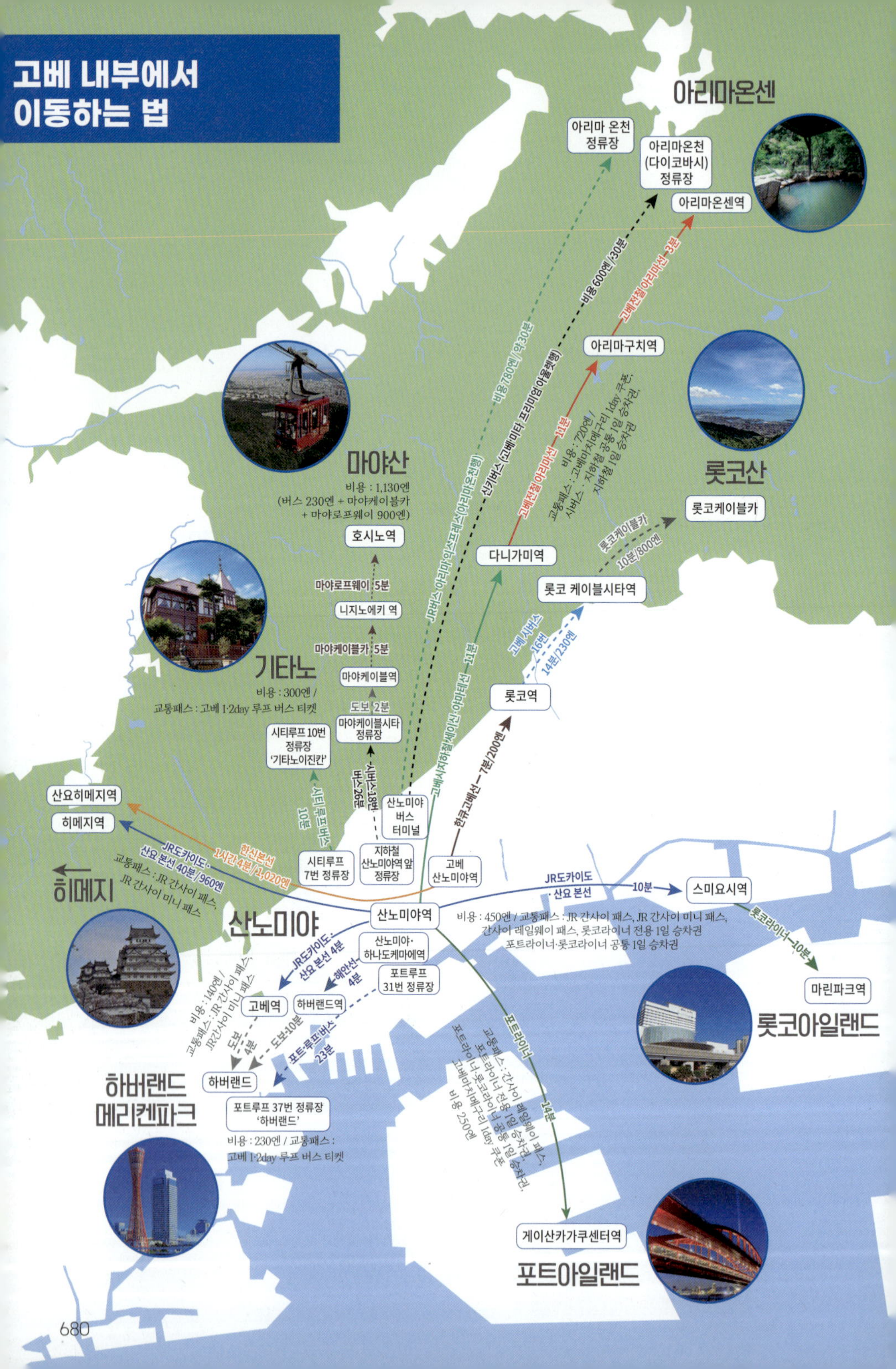

아리마온센
아리마 온천 정류장
아리마온천 (다이코바시) 정류장
아리마온센역
비용 600엔 / 30분
고베전철 아리마선 - 3분
비용 780엔 / 약 30분
아리마구치역
신키버스(고베마타 프리미엄 아울렛행)
고베전철 아리마선 - 11분
비용 : 720엔 /
교통패스 : 고베마치메구리 1day 쿠폰,
시버스 · 지하철 공통 1일 승차권,
지하철 1일 승차권
JR버스 아리마익스프레스(아리마온천행)
마야산
비용 : 1,130엔
(버스 230엔 + 마야케이블카 + 마야로프웨이 900엔)
호시노역
마야로프웨이 5분
니지노에키 역
마야케이블카 5분
마야케이블역
도보 2분
마야케이블시타 정류장
시버스 18번 버스 26분
롯코산
롯코케이블카
롯코케이블카 10분/800엔
다니가미역
롯코 케이블시타역
고베 시버스 16번 14분/230엔
고베시지하철세이신·야마테선 - 11분
롯코역
한큐고베선 - 7분/200엔
기타노
비용 : 300엔 /
교통패스 : 고베 1·2day 루프 버스 티켓
시티루프 10번 정류장 '기타노이진칸'
시티루프버스 10분
산요히메지역
히메지역
한신본선 1시간 4분 / 1,020엔
JR도카이도 · 산요 본선 40분 / 960엔
교통패스 : JR 간사이 패스, JR 간사이 미니 패스
히메지
시티루프 7번 정류장
지하철 산노미야역 앞 정류장
산노미야 버스 터미널
고베 산노미야역
JR도카이도 · 산요 본선 10분
스미요시역
비용 : 450엔 / 교통패스 : JR 간사이 패스, JR 간사이 미니 패스,
간사이 레일웨이 패스, 롯코라이너 전용 1일 승차권
포트라이너·롯코라이너 공통 1일 승차권
롯코라이너 - 10분
마린파크역
롯코아일랜드
산노미야
산노미야역
JR도카이도 · 산요 본선 4분
산노미야·하나도케마에역
해안선 - 4분
포트루프 31번 정류장
비용 : 140엔 /
교통패스 : JR 간사이 패스,
JR간사이 미니 패스
고베역
하버랜드역
도보 4분
도보 10분
포트루프버스 23분
하버랜드
포트루프 37번 정류장 '하버랜드'
비용 : 230엔 / 교통패스 :
고베 1·2day 루프 버스 티켓
하버랜드 메리켄파크
포트라이너 14분
교통패스 : 간사이 레일웨이 패스,
포트라이너 전용 1일 승차권,
포트라이너·롯코라이너 공통 1일 승차권,
고베마치메구리 1day 쿠폰
비용 250엔
게이산카가쿠센터역
포트아일랜드

THEME
고베 테마

KOBE
고베에서 꼭 가야 할 대표 랜드마크

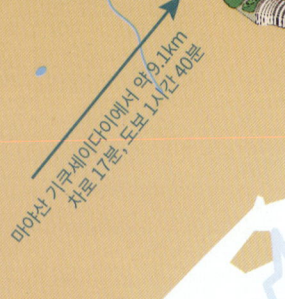

롯코 가든 테라스 ⑩

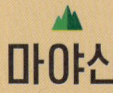

마야산 기쿠세이다이 ⑨

마야산 기쿠세이다이에서 약 9.1km
차로 17분, 도보 1시간 40분

▲ 마야산

오지코엔 역

기타노

⑧ 기타노이진칸

산노미야

모토마치

모토마치 상점가 ⑥   ⑦ 난킨마치

① 고베 포트 타워
③ 메리켄 파크
고베 하버랜드 ②   ④ 모자이크 대관람차

호빵맨 박물관 ⑤

하버랜드

포트아일랜드

고베
神戸

도쿄에 요코하마가 있다면 오사카에는 고베가 있다. 근대 항구 도시로서 외국 문물을 일찍이 받아들인 덕에 동서양이 혼합된 독특한 분위기를 지닌 곳. 낮에는 유럽에 온 듯한 이국적인 느낌을, 밤에는 화려한 불빛으로 빛나는 현대적인 야경을 즐길 수 있다.

고베 포트 타워
神戸ポートタワー

108m 높이의 붉은색 전망 타워. 고베의 전경을 360도로 볼 수 있으며 밤에는 타워 전체가 빛나서 그 자체로 포토 스팟이 된다.

고베 하버랜드
神戸ハーバーランド

과거 화물용 기차역이었던 곳을 오늘날 대형 엔터테인먼트 지구로 탈바꿈한 곳. 쇼핑몰, 수족관, 대관람차, 호텔까지 다양한 즐길거리가 한데 모여 있어 고베의 대표 관광 역할을 한다.

메리켄 파크
メリケンパーク

고베 포트 타워, 고베 해양 박물관 등 랜드마크가 모여 있는 해양 공원. 매년 겨울에는 루미나리에 축제가 크게 열려 장관을 이룬다.

모자이크 대관람차
モザイク大観覧車

고베의 바다와 야경을 감상하기 좋은 대형 관람차

호빵맨 박물관
神戸アンパンマンこどもミュージアム&モール

애니메이션 호빵맨을 주제로 전시와 체험을 즐길 수 있는 곳. 가족 여행지로 추천.

모토마치 상점가
元町商店街

모토마치역에서 니시모토마치역까지 이어진, 고베의 대표적인 아케이드 상점가.

난킨마치 南京町

고베에 위치한 차이나타운. 중국식 식당, 기념품 상점이 있어 즐길거리가 많다.

기타노이진칸
北野異人館街

1868년 개항 당시 고베에 온 외국인 무역상과 사절들이 모여서 살던 역사적인 주택단지. 서양식 주택이 줄지어 있어 유럽에 온 것 같은 낭만적인 느낌을 준다.

마야산 기쿠세이다이
掬星台

마야산 위에서 탁 트인 야경을 감상할 수 있는 공원. 케이블카와 로프웨이를 타고 올라갈 수 있다.

롯코 가든 테라스
六甲ガーデンテラス

고베의 야경을 한눈에 담을 수 있는 롯코산 위의 야경 명소. 레트로 스타일의 귀여운 '롯코 케이블카'를 타는 경험도 할 수 있다.

683

SEASONS
고베의 사계절 추천 스팟

앞으로는 바다, 뒤로는 산이 펼쳐지는 고베는 사계절 언제 방문해도 즐길거리로 풍성하다. 계절마다 새로운 옷을 입는 고베의 다채로운 풍경을 소개한다.

봄 벚꽃

아리마온센 천변에 핀 벚꽃

봄 벚꽃명소: 왕자 동물원, 아리마온센

아리마온센 벚꽃

매년 4월 상순에서 중순에 걸쳐 개화 매년 봄철 벚꽃이 절정을 이룰 때 '아리마 벚꽃 축제' 개최 (아리마가와 신스이 광장, 2024년 기준 3월 하순)

관람 포인트

- 선복사(善福寺)의 수양벚꽃: 약 270년 된 수양벚꽃이 유명
- 임계사(林溪寺)의 홍매화: 붉은 매화가 피어나는 이곳은 독특한 분위기를 자아내며, 벚꽃과 함께 감상하기 좋음
- 강변을 따라 늘어선 소메이요시노 벚꽃 나무들이 만개하여 장관을 이룸
- 저녁 시간에는 벚꽃에 조명이 비춰져 환상적인 야경을 감상할 수 있음
- 념불사에서 피는 사라쌍수의 꽃은 아침에 피고 저녁에 떨어져, 짧은 시간 동안만 그 아름다움을 감상할 수 있음

여름 하나비

메리켄파크에서 바라본 하나비

여름 불꽃축제 하나비 명소: 메리켄파크, 포트아일랜드, 고베 세키호지 여름 야시장

고베하나비

- 매년 여름, 고베 항구를 배경으로 펼쳐지는 대규모 불꽃놀이 행사로, 약 1만 발의 불꽃이 밤하늘을 수놓음
- 매년 8월 초에 열리며, 정확한 날짜는 해마다 변동될 수 있으므로 공식 웹사이트나 현지 관광 정보를 통해 확인 필요

관람 포인트

- 메리켄 파크(Meriken Park): 축제의 주요 관람 장소로, 넓은 공간에서 불꽃놀이를 감상할 수 있음
- 하버랜드(Harborland): 다양한 상점과 레스토랑이 위치한 지역으로, 불꽃놀이와 함께 식사를 즐기기에 좋음
- 포트 아일랜드(Port Island): 고베 항구를 한눈에 조망할 수 있는 장소로, 비교적 한적하게 관람할 수 있음

가을 단풍

누노비키 로프웨이에서 내려다본 고베시

가을 단풍 명소 : 누노비키 허브정원 일대

누노비키 허브정원&로프웨이

- 사계절 내내 다양한 꽃과 허브를 감상할 수 있는 일본 최대 규모의 허브 정원으로 로프웨이를 통해 고베 시내와 주변 경관을 한눈에 조망할 수 있음
- 단풍 축제 : 일반적으로 10월부터 11월 중순까지가 단풍의 절정기. 이 시기에는 정원 전체가 붉게 물들어 장관을 이루며, 다양한 가을 이벤트와 축제가 개최

관람 포인트

- 로프웨이 탑승: 로프웨이를 타고 약 10분 동안 고베 시내와 주변 자연 경관을 감상할 수 있음. 특히, 누노비키 폭포와 고혼마쓰엔테이(누노비키 고혼마쓰댐) 등의 명소를 조망할 수 있음
- 테마 정원: 정원 내에는 12개의 테마 정원이 조성되어 있어 계절마다 다양한 꽃과 허브를 즐길 수 있음. 약 200종, 75,000그루의 꽃과 허브가 자생하고 있음.
- 허브 뮤지엄: 허브의 역사와 활용법을 소개하는 전시관으로, 허브에 대한 다양한 정보를 얻을 수 있음.
- 글래스 하우스: 온실 내부에서 열대 식물과 허브를 관찰할 수 있으며, 따뜻한 온도로 인해 추운 날씨에도 쾌적하게 관람할 수 있음
- 운영 시간: 9:30~16:45 / 금, 토, 일은 20:15까지 연장 운영
- 로프웨이 왕복 티켓과 정원 입장료를 포함하여 성인 1,800엔 / 고베 시티 루프 버스 티켓을 소지한 경우 입장료의 20% 할인이 가능
- 지하철 신코베역에서 도보 5분 거리에 로프웨이 승강장이 위치하고 있어 접근성이 좋음

겨울 루미나리에

고베 메리켄파크 주변 루미나리에

겨울 루미나리에 명소
: 고베루미나리에, 고베 일루미나주, 겨울 롯코 스노우파크

고베루미나리에

- 일본 효고현 고베시에서 매년 개최되는 빛의 축제로, 한신·아와지 대지진의 희생자를 추모하고 부흥의 희망을 상징하기 위해 1995년부터 시작
- 일정 : 1월 말~2월에 이어 개최될 예정

관람 포인트

- 히가시 유엔치 공원: 메인 회장으로, 대규모의 빛의 아치와 다양한 조명 설치물이 전시
- 구 외국인 거류지: 유럽풍 건축물과 어우러진 조명 장식이 독특한 분위기를 연출
- 메리켄 파크: 항구를 배경으로 한 빛의 전시가 펼쳐지며, 바다와 조명의 조화
- 일부 구역은 유료로 운영되며, 사전 예매를 통해 입장권을 구매할 수 있음
- 행사 기간 동안 회장 내에서 모금 활동이 이루어짐

ACTIVITY
고베에서 뭐하고 놀까? 고베 즐길거리

고베를 여행해 본 사람들은 안다. 그저 오사카에서 가까운 당일치기 도시로만 치기에는 아쉽다는 것을! 알고 보면 하루가 모자란, 고베에서만 즐길 수 있는 특별한 경험들.

@maeng

즐길거리 하나, 온천마을에서 온천욕 하기

아리마온센 有馬温泉
📍 아리마온센역

ㄴ 효고현 고베시에 위치한 온천마을(오사카 교토에서 약 1시간 거리).
ㄴ 도고, 시라하마와 함께 일본 3대 온천으로 불리는 곳.
ㄴ 탄산의 맛과 바삭한 식감이 특징인 '5초 센베'(탄산 전병) 판매하는 것으로도 유명(2개 100엔).
ㄴ '온천하는 시바견 키링' 등 온천을 테마로 한 기념품 상점 다양.

참고사항
* 금탕·은탕 평일 통합권으로 구매시 좀 더 저렴 (1200엔)
* 고베 관광 스마트 패스포트로 이용 가능 (1일권/2일권)

아리마온센 대표 대욕장
킨노유 (금탕) 有馬本温泉「金の湯」
📍 킨노유

ㄴ 1880년에 지어진 건물에서 즐기는 미네랄 온천욕. 온천수가 금빛이라는 점이 특징 (철분과 염분 다량 함유).
ㄴ 대나무를 테마로한 '이치노유' 단풍이 테마인 '니노유'로 구성.
ㄴ 야외 무료 족욕탕 마련.

이용료(1시간)
· 성인 800엔 (평일 한정 650엔)
· 초중학생 350엔
· 유아 무료

운영시간
· 8:00~22:00 (최종접수 21시 30분까지)
· 매월 둘째, 넷째 주 화요일 휴무

공식 홈페이지
https://arimaspa-kingin.jp/

아리마온센 대표 대욕장
긴노유 (은탕) 有馬温泉 銀の湯
📍 긴노유

ㄴ 신진대사를 촉진하고 혈관 기능을 개선하는 효능이 있다는 무색의 탄산 온천.
ㄴ 금탕보다 비교적 덜 붐비는 편.
ㄴ 사우나실, 온천수 시음장 별도 마련.

이용료(1시간)
· 성인 700엔(평일 한정 550엔)
· 초중학생 300엔
· 유아 무료

운영시간
· 9:00~21:00
· 매월 첫째, 셋째 주 화요일 휴무

공식 홈페이지
https://arimaspa-kingin.jp/

예약 홈페이지
https://www.jalan.net/kankou/spt_guide000000224180/activity/l0000522FB/?ccnt=planList-in&rootCd=3&screenId=OUW2210&dateUndecided=1

즐길거리 둘, 대관람차 타기

모자이크 대관람차 モザイク大観覧車
📍 모자이크 대관람차

- 고베 하버랜드 모자이크에 위치한 대관람차.
- 고베항의 아름다운 전경을 한눈에 감상할 수 있는 명소.
- 한 바퀴 도는 데 약 12분 소요.
- 일반 곤돌라와 음식 섭취가 가능한 프리미엄 곤돌라로 구성.
- 1개의 곤돌라 당 최대 4명까지 탑승 가능. 야간 라이트 업 진행.

이용료
- 3세 이상 800엔 (프리미엄 900엔)
- 0~2세 무료 (단 6세 이하의 어린이는 보호자 동반 필요)
- 현금 결제만 가능

운영시간
10:00~22:00

참고사항
* 간사이 조이패스로 탑승 가능.
* 고베 시티루프 버스 1일권을 이용하면 할인 받을 수 있음.
* 냉방시설이 가동되지만 한낮엔 더운 편. (야경으로 유명한 곳이니 해질녘부터 야간에 이용할 걸 추천)

tip
* 간사이 조이패스로 탑승 가능.
* 고베 시티루프 버스 1일권을 이용하면 할인 받을 수 있음.
* 냉방시설이 가동되지만 한낮엔 더운 편. (야경으로 유명한 곳이니 해질녘부터 야간에 이용할 걸 추천)

- 공식 홈페이지
https://umie.jp/features/mosaickanransya

ACTIVITY 고베에서 뭐하고 놀까? 고베 즐길거리

즐길거리 셋, 크루즈 타고 항해하기

고베 베이 크루즈
Kobe Bay Cruise

📍 Kobe Bay Cruise

- 고베만을 항해하는 대형 유람선(정원 500명 규모)을 타고 고베 전경을 즐길 수 있는 투어.
- 일본 전통 배 형태인 고자부네 또는 대형 크루즈 로얄 프린세스 두 가지 타입 중 선택 가능.
- 라이브 연주를 들으며 간단하게 식사를 즐길 수 있음.

이용료
- 성인 1,600엔
- 중고등학생, 65세 이상 1,400엔
- 초등학생 800엔
- 6세 미만 어린이 무료.

운영시간
8주간 운항 시표 공식 홈페이지에 공지 (매주 상이)

tip
* 크루즈 운항 시간이 매번 달라지기 때문에 미리 운항 시간표 확인(날씨에 따라 운행 중단되기도 함).
* 티켓 교환은 카모메리아(나카돗테이 중앙터미널 카모메리아) 카운터에서 가능. 탑승 안내 출발 15분 전에 시작.

- 공식 홈페이지
  https://kobebayc.co.jp/
- 예약 홈페이지
  https://www.waug.com/ko/activities/129654

추천 크루즈 1
고자부네 아타케마루

- 일본 전통 배(고자후네) 모양을 본떠 만든 크루즈.
- 배의 내부에서 만다라, 칸살 무늬 등 일본풍의 인테리어를 감상할 수 있음.
- 전 좌석 자유제. 1층에 매점과 전통극 공연장 마련.
- 약 45분간 항해.

통상 운행 시간
- 10:15 / 11:15 / 12:15 / 14:15 / 15:15 / 16:15

추천 크루즈 2
로얄 프린세스

- 3층 규모의 대형 크루즈.
- 롯코산을 배경으로 고베의 거리를 360°로 조망할 수 있는 스카이 테라스 마련 (지붕 없는 야외 데크 공간).
- 고자부네와 달리 포트 아일랜드 다리 밑을 통과하는 경험을 즐길 수 있음.
- 약 40분간 항해.

통상 운행 시간
- 10:45 / 11:45 / 13:45 / 14:45 / 15:45 / 16:45

고베의 케이블카는 산에 깔린 레일을 케이블로 끌어올리는 전차식이고, 로프웨이는 공중 와 이어에 매달린 곤돌라식(우리나라에서는 이를 케이블카라 부른다)이다. 마야산은 케이블카와 로프웨이를 연계해 오르며, 신코베역의 누노비키 허브정원은 로프웨이만 운영한다.

즐길거리 넷, 로프웨이타기

고베 누노비키 허브정원/로프웨이
神戸布引ハーブ園／ロープウェイ ⦿ 고베 누노비키 허브

- 200여종의 꽃과 허브가 유럽식 건축물과 어우러져 이국적 정취를 선사하는 곳.
- 12가지의 테마 정원 마련. 약 10분 간 로프웨이를 타고 허브정원 정상까지 이동하면 누노비키 폭포를 조망할 수 있음.
- 야간엔 일루미네이션 이벤트 개최(시즌에 따라 컨셉 변화).

이용료	운영시간
• 9:30~17:00 낮+왕복 어른 2,000엔, 초·중학생 1,000엔. • 낮+편도 어른 1,400엔, 초·중학생 700엔 • 17:00~21:00 저녁+왕복 어른 1,500엔, 초·중학생 950엔 ＊저녁엔 왕복 티켓만 판매 ＊미취학 아동 무료.	• 로프웨이 평일 9:30~16:45, 주말 및 공휴일 10:00~20:15 • 허브원 평일 10:00~17:00, 주말 및 공휴일 10:00~20:30 ＊계절에 따라 상이, 홈페이지 정보 확인 필요

tip
- ＊로프웨이 중간역 '카제노오카역'에서 하차해 자유롭게 구경할 수 있음(중간역 인터벌 티켓 값 성인 1,200엔, 초중학생 600엔).
- ＊고베 시티 루프버스 티켓을 소지한 경우 입장료의 20% 할인 가능.
- ＊야간 개장 시간(오후 5시 이후)에는 최상층 전망대만 개방.

＊공식 홈페이지
https://www.kobeherb.com/en/hours-of-operation-and-fares/

＊예약 홈페이지
https://www.waug.com/ko/activities/122454

누노비키 허브정원 추천 공간 1
더 베란다
⦿ 누노비키 더 베란다

- 통유리로 이루어진 창가 테라스석에서 탁 트인 고베 풍경을 감상할 수 있음.
- 다양한 허브차 종류를 맛볼 수 있으며 샌드위치, 케이크, 아이스크림 등 함께 판매.
- 가격 1,000~2,000엔 정도.
- 허브정원 400m 높이에 마련된 카페.

누노비키 허브정원 추천 공간 2
Herbal Market

- 누노비키 허브정원 정상에 마련된 오리지널 브랜드숍.
- 허브와 관련한 다양한 상품을 구매할 수 있음 (블렌드 허브티, 룸 스프레이, 오일, 핸드 크림, 허브 향신료를 사용한 카레 등).
- 가격 1,000~2,000엔 정도.
- 전망 레스트 하우스 1층에 위치.

VIEW
항구도시 고베의 전망 & 야경 스팟

고베는 해가 지면 더욱 아름답다. 밤이 되면 바다 위로 색색의 불빛이 반사되며 반짝이기 때문. 낭만의 도시, 고베의 밤 풍경을 즐길 수 있는 6곳을 소개한다.

고베 포트타워
📍 고베 포트 타워

- 108m 높이의 타워. 고베항 개항 90주년 기념으로 1963년 완성되었으며, 모래시계 형태의 외관과 빨간색 파이프가 특징이다.
- 타워 5층에 고베항을 360도로 조망할 수 있는 전망 플로어가 있으며, 맨 꼭대기 옥상 데크도 전망대로 운영하고 있다. 특히 밤에 방문하면 하버랜드 모자이크와 모자이크 대관람차를 한눈에 내려다볼 수 있다.

입장료
- 전망 플로어+옥상데크 : 고등학생·성인 1,200엔 / 초·중학생 500엔
- 전망 플로어 : 고등학생·성인 1,000엔 / 초·중학생 400엔
- 미취학 어린이 무료
- 65세 이상·장애인 50% 할인
- 15인 이상 단체 할인 가능

모자이크 대관람차
📍 모자이크 대관람차

- 고베의 랜드마크. 본래 1995년 지어진 유원지 '모자이크 가든'의 일부였으나, 모자이크 가든 운영 종료 후 다 철거되고 이 관람차만 남아 지금까지 20년 가까이 운영되고 있다.
- 시시각각 조명 색깔이 바뀌는 화려한 외관을 자랑하며, 관람차에 타면 약 10분 동안 돌며 고베항의 전경을 감상할 수 있다. 특히 붉게 빛나는 고베 포트타워 야경을 감상하기 좋다.

입장료
- 관람차 1대 당 정원 4명
- 인당 800엔
- 0~2세 어린이 무료
- 6세 이하 어린이는 보호자 동반 필수
- 운행시간 : 10:00~22:00

하버워크
📍 고베 하버워크

- 고베 하버랜드 남쪽에 위치한 300m 길이의 해변 산책로.
- 고베 포트타워와 모자이크 대관람차를 한눈에 볼 수 있는 전망 스팟이기도 하다.
- 구 고베항 신호소(등대)에서 벽돌 창고(렌가 소코神戸煉瓦倉庫) 옆 도개교(하넷코 다리はねっこ)까지 이어지는 길로, 밤에는 신호소와 도개교에 조명이 켜져 낭만적인 분위기를 조성한다.

마야산 기쿠세이다이
📍 기쿠세이다이 　마야산

입장료
- 케이블카 + 로프웨이 요금
- 성인 기준 편도 900엔 (450+450엔)
- 왕복 구매시 1,560엔
- 전망대 무료.

- 일본에서도 손꼽히는 야경 명소. 해발 690m에 자리한 공원으로 고베항의 전경은 물론 멀리 오사카까지 한눈에 보인다.
- 산 속이라 주변에 가로등이 많지 않은 덕에 야경을 더욱 선명하게 볼 수 있다.
- 마야 케이블역에서 케이블카를 타고 니지노역에서 내린 다음, 니지노역에서 로프웨이로 갈아타고 호시노역에서 내리면 된다.

가스등거리
📍 Kobe Gas Light St 　하버랜드·메리켄파크

- JR고베역에서 모자이크 쇼핑몰까지 이어지는 거리.
- 주변 쇼핑몰에 방문할 때 함께 둘러보는 것을 추천.
- 1992년에 조성된 거리로 꽃잎 모양의 구식 가스등을 설치해 고풍스러운 분위기가 특징이며, 겨울이 되면 길 양옆의 가로수에도 전구를 둘러 더욱 아름답다.

고베 시청 전망대
📍 고베 시청 전망대 　산노미야

- 고베 시청 24층에 있는 무료 전망대. 누구나 입장할 수 있으며 고베 시청 1호관에서 '전망 로비'라고 적힌 엘리베이터를 탑승하면 된다.
- 남쪽으로는 포트 아일랜드의 전망을, 북쪽으로는 시내와 산을 볼 수 있다.
- 전망대 내에 한국어 설명도 잘 되어 있다.

HOT SPOT
고베에서 인생샷 찍을 수 있는 SNS 핫스팟

히메지성
'백조의 성'이라고도 불리며, 일본 최초의 세계문화유산이기도 한 아름다운 성

@2deepblueni 
@ji02_7

메리켄파크
고베 개항 120주년을 기념해 만들어진 공원으로, 고베 포트 타워 배경 포토스폿

@ssong_a.828

BE KOBE
메리켄파크 안에 있는 BE KOBE 포토스폿

MUSEUM 고베의 박물관 & 미술관 기행

고베 시립박물관
📍 고베시립박물관

- 1935년에 건축된 구 요코하마 정금은행 건물을 증개축하여 1982년 개관
- 국제 문화 교류라는 주제를 바탕으로 고대 그리스, 이집트 등 다양한 예술 작품 소장

모토마치

공식 홈페이지
https://www.kobecitymuseum.jp/

입장료 (소장전 기준)
- 성인 300엔
- 대학생 150엔
- 고등학생 이하 무료

운영시간(소장전 기준)
- 화, 수, 목, 일 9:30~17:30, 금, 토 20:00까지 (입장 마감 16:30)
- 월요일 휴무(공휴일인 경우 다음 날 휴관)
*매년 12월 28일 ~1월 4일 휴관

전시품
- 국보 '사쿠라가오카 출토 동탁/동과 꾸리'가 대표 전시품
- 고고학 및 역사, 남만 및 홍모 미술, 고지도, 유리 관련, 현대 미술

체험
미술 관련 교육 프로그램, 워크숍, 특별 강연, 큐레이터 투어 프로그램

효고 현립 미술관
📍 효고현립미술관

- 일본 대표 건축가 안도 다다오가 설계
- 건물 자체가 예술 작품처럼 구성되어 있으며, 바다와 어우러진 아름다운 풍경을 감상할 수 있어 미술 애호가들에게 인기

고베 외곽

공식 홈페이지
https://www.artm.pref.hyogo.jp/kr/

입장료(소장전 기준)
- 성인 500엔
- 70세 이상 250엔
- 대학생 400엔
- 고등학생 이하 무료
- 20명 이상 단체 시 일반 400엔, 70세 이상 200엔, 대학생 300엔

- 장애인 75% 할인 및 보호자 1인 무료(70세 이상일 경우 장애인이 아닌 일반 70세 이상으로 포함)

운영시간
화, 수, 목, 금, 토, 일 10시~18시(입장 마감 17시) / 월요일 휴무

체험
미술 교육 프로그램, 워크숍, 특별 강연, 큐레이터 투어 프로그램 (카페, 뮤지엄 숍 등 시설도 있음)

전시품
유명 화가 요코야마 다이칸과 우에무라 쇼엔의 작품, 근대 조각, 근대 판화, 효고 유카리 미술, 현대 미술 등 1만 점 이상의 작품

개항과 함께 발전해 온 고베의 문화와 예술은 모두 여기에! 안도 다다오가 설계한 효고 현립 미술관부터 고베항을 밝히는 선박 모양의 해양 박물관까지, 건축물 그 자체로도 훌륭한 볼거리를 놓치지 말자.

고베 해양 박물관
📍 고베해양박물관

- 효고현 고베시 주오구에 위치한 박물관으로, 1987년 고베항 개항 120주년을 기념하여 개관
- 범선의 돛과 파도를 모티브로 한 하얀 스페이스 프레임의 대형 지붕이 돋보이는 외관

`하버랜드·메리켄파크`

공식 홈페이지: https://kobe-maritime-museum.com/korea.html

입장료
- 성인 900엔
- 어린이 400엔

*고베 포트 타워와의 세트권 - 성인 800엔, 어린이 400엔

운영시간
10시~18시 / 월요일 휴무(공휴일인 경우 다음 날 휴관)

체험
- 고베항 조선 시뮬레이터: 고베항을 재현한 영상 속에서 배를 조종하는 시뮬레이터로, 정해진 포인트를 돌아보고 제한 시간 내에 목표 지점으로 향하는 체험. 날씨나 시점 등의 조건을 설정하여 항해사의 업무를 더욱 본격적으로 체험할 수 있음.
- 가와사키 월드: 고베 지역에서 탄생한 가와사키 중공업 그룹의 기업 박물관으로, 다양한 제품과 기술을 체험할 수 있는 공간

층별 안내
- 1층 전시실: 배의 구조와 크루즈 여객선의 매력, 고베항의 시설과 역할 등에 대한 전시 코너가 마련되어 있음
- 2층 전시실: 변천해 온 고베 항구와 거리를 소개하는 전시 코너가 있음
- 마이타임 시어터: 고베항의 역사, 바다, 배, 항구를 테마로 한 영상을 방영하는 전시 코너

고베 패션 미술관
📍 고베패션미술관

- 일본 최초의 패션 전문 공립 미술관으로, 패션의 역사와 문화를 다양한 각도에서 조명하는 전시와 프로그램 제공
- 2층에 위치한 도서관에서는 국내외 패션 관련 서적 약 45,000권과 패션 잡지, 영상 자료 등을 열람할 수 있음

`포트아일랜드·롯코아일랜드`

공식 홈페이지: https://www.fashionmuseum.jp/

입장료
- 특별 전시의 경우 내용에 따라 입장료 다름
- 컬렉션 전시는 일부 무료 관람 가능

운영시간
10시~18시(입장 17:30까지)

전시품
- 18세기부터 20세기까지의 서양 의상과 70개국 이상의 민족 의상 등 약 7,000점의 의상을 소장
- 약 2,000점의 패션 사진과 1,500점의 패션 판화를 보유
- 4,000점 이상의 영화 포스터를 통해 패션과 영화의 연관성을 탐구

체험
- 특별 전시 : 다양한 주제로 기획된 전시를 통해 패션의 다양한 측면을 소개
- 컬렉션 전시: 소장품을 활용한 전시로, 패션의 역사와 변천사를 살펴볼 수 있음

MAP
아이와 가기좋은 고베 스팟

아름다운 항구도시 고베는 상대적으로 아담한 도시 규모와 이동의 편리성이 높고, 아이들을 위한 특색있는 스팟들이 알차게 모여 있어 가족 여행객에게 최적화된 곳이다. 우주의 신비부터 호빵맨 박물관, 동물원에 캐릭터 쇼핑 스팟까지 아이도 어른도 같이 즐길 수 있는 고베 스팟에 대해 알아보자.

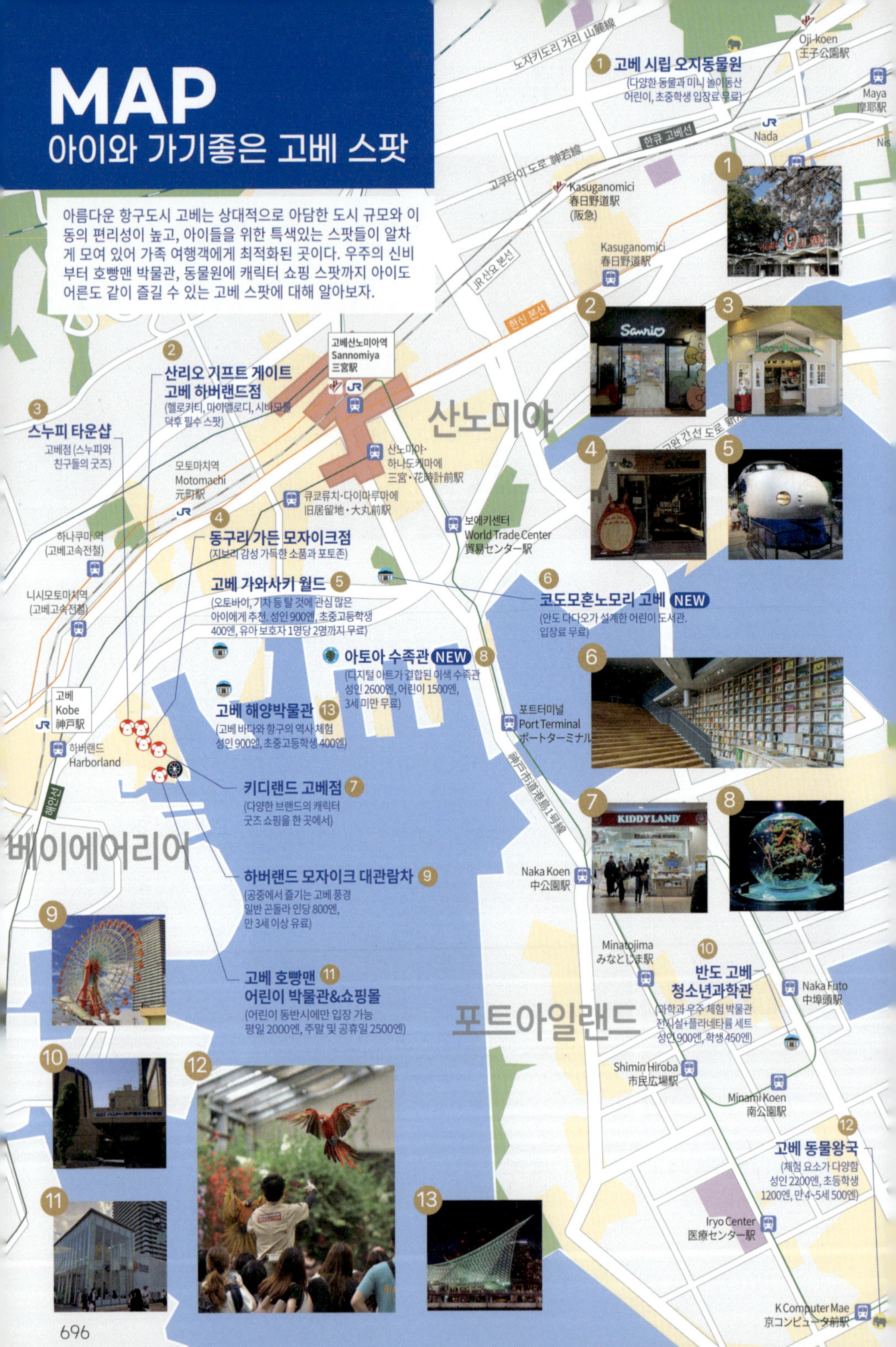

노지키도리 거리 山麓線
1 고베 시립 오지동물원
(다양한 동물과 미니 놀이동산 어린이, 초중학생 입장료 무료)
Oji-koen 王子公園駅
Maya 摩耶駅
Nada
한큐 고베선
고쿠타이 도로 神若線
Kasuganomichi 春日野道駅 (阪急)
Kasuganomichi 春日野道駅
JR 산요 본선
한신 본선
고베산노미야역 Sannomiya 三宮駅
산노미야
2 산리오 기프트 게이트 고베 하버랜드점
(헬로키티, 마이멜로디, 시나모롤 덕후 필수 스팟)
3 스누피 타운샵
고베점 (스누피와 친구들의 굿즈)
모토마치역 Motomachi 元町駅
산노미야·하나도케마에 三宮·花時計前駅
큐교류치·다이마루마에 旧居留地·大丸前駅
하나쿠마역 (고베고속전철)
니시모토마치역 (고베고속전철)
4 동구리 가든 모자이크점
(지브리 감성 가득한 소품과 포토존)
보에키센터 World Trade Center 貿易センター駅
5 고베 가와사키 월드
(오토바이, 기차 등 탈 것에 관심 많은 아이에게 추천. 성인 900엔, 초중고등학생 400엔, 유아 보호자 1명당 2명까지 무료)
6 코도모혼노모리 고베 NEW
(안도 다다오가 설계한 어린이 도서관. 입장료 무료)
8 아토아 수족관 NEW
(디지털 아트가 결합된 이색 수족관 성인 2600엔, 어린이 1500엔, 3세 미만 무료)
고베 Kobe 神戸駅
하버랜드 Harborland
13 고베 해양박물관
(고베 바다와 항구의 역사 체험 성인 900엔, 초중고등학생 400엔)
포트터미널 Port Terminal ポートターミナル駅
7 키디랜드 고베점
(다양한 브랜드의 캐릭터 굿즈 쇼핑을 한 곳에서)
베이에어리어
9 하버랜드 모자이크 대관람차
(공중에서 즐기는 고베 풍경 일반 곤돌라 인당 800엔, 만 3세 이상 유료)
11 고베 호빵맨 어린이 박물관&쇼핑몰
(어린이 동반시에만 입장 가능 평일 2000엔, 주말 및 공휴일 2500엔)
Naka Koen 中公園駅
Minatojima みなとじま駅
10 반도 고베 청소년과학관
(과학과 우주 체험 박물관 전시실+플라네타륨 세트 성인 900엔, 학생 450엔)
Naka Futo 中埠頭駅
포트아일랜드
Shimin Hiroba 市民広場駅
Minami Koen 南公園駅
12 고베 동물왕국
(체험 요소가 다양함 성인 2200엔, 초등학생 1200엔, 만 4~5세 500엔)
Iryo Center 医療センター駅
K Computer Mae 京コンピュータ前駅
Sanrio
KIDDYLAND

SHOPPING 고베 주요 쇼핑몰 스팟

고베하버랜드 umie
📍 고베 umie

고베 항구 인근의 대표적인 복합쇼핑몰. 대형 슈퍼마켓이 있는 '노스 몰', 다양한 패션 브랜드와 영화관이 있는 '사우스 몰', 다양한 맛집과 캐릭터 굿즈샵이 있는 유럽풍 공간 '모자이크' 총 세 동으로 이루어져 있다. 대관람차와 고베타워를 배경으로 야경을 찍을 수 있는 스팟으로도 유명하다. JR고베역부터 호빵맨 박물관, 대관람차, 포트타워까지 도보 5분 거리 이내에 함께 위치.

■ 영업시간
· 10:00~20:00
· AEONSTYLE umie 9:30~21:30

■ 면세 정보
우미에 1층 면세 카운터 (10:00~21:00) 운영하며, 일부 매장은 매장에서 직접 면세 수속 가능

■ 할인 쿠폰 정보
외국인 관광객 전용 500엔 쿠폰 : 이온몰 지정 장소(면세카운터)에서 QR코드를 제시하고 발급. (쿠폰 링크 https://kr.aeonmall.global/umie-coupon/)

	노스몰 (NORTH MALL)	센터 스트리트 (연결통로)	사우스몰 (SOUTH MALL)	모자이크 (MOSAIC)
9F	6층 스포츠·디지털		6층 영화관	
	5층 서점·패션		5층 영화관	
	4층 식당		4층 패션·잡화	
	3층 패션·생활잡화		3층 패션·잡화	3층 식당
3F	2층 패션		2층 패션·잡화	2층 패션·잡화·식당
	1층 생활잡화		1층 패션·잡화	1층 식당 🅿
	B1층 슈퍼마켓		B1층 디저트·잡화	
	B2층	🅿 umie		

노스몰 주요 매장
- 5층 GU / 오가키 서점
- 4층 푸드코트 / 토이저러스 베이비저러스
- 3층 유니클로
- 2층 H&M / 프랑프랑
- 1층 ZARA / 무인양품
- B1층 이온스타일몰

사우스몰 주요 매장
- 4층 ABC마트 / GiGO
- 2층 GAP
- 1층 카페 모로조프
- B1층 세리아

모자이크 주요 매장
- 2층 고베 프란츠 / 고베 모토마치 도리아 / 고시쿠라 고베 본점 / 키디랜드 / 스누피타운 샵 / 도토리공화국 / 스타벅스 / GiGO
- 1층 고베롯코목장 카페

우미에 노스몰 추천 매장

[4층] 나가타 혼죠겐 고베 하버랜드 우미에
야키소바, 소고기 힘줄이 들어간 '보카케' 메뉴가 대표적(보카케 츠케멘 690엔). 국수 양 선택 가능. 4층 푸드코트에 위치했다.

[4층] 토이저러스 베이비저러스
유아용품부터 장난감까지 구매할 수 있는 대형 매장. 특히 고가의 유모차를 저렴하게 판매해 인기.

[지하 1층] AEON Style umie
다 보려면 1시간은 잡아야 하는 대형 슈퍼마켓. 식료품, 미용용품 등 품목이 다양하며 양주도 저렴하게 구매 가능. 20시 전후로는 할인 행사를 하니 참고. 푸드코트도 운영 중.

SHOPPING 고베 주요 쇼핑몰 스팟

우미에 사우스몰 추천 매장

[4층] GiGO (기고) ギーゴ
가챠와 인형 뽑기 기계로 가득한 곳. 굿즈, 피규어도 판매한다. 모자이크 2층에도 위치.

[지하 1층] SERIA Seria
100엔샵, 주방, 인테리어, 잡화, 소품 등

우미에 모자이크 추천 매장

[2층] 고베프란츠
항아리푸딩. TV 방송 나온 유명한 곳. 진한 캐러멜 소스 + 커스터드 + 크림의 조화. 푸딩 이외에 초콜릿과 과자 등 다양한 제품이 있으며 선물용 포장 가능. 가격대 약 1,000엔. 모자이크 2층.

[2층] 코베모토마치도리아
화덕도리아 전문점, 꾸덕한 치즈퐁듀가 메인. 가격대 1,000~2,000엔. 모자이크 2층.

[2층] 고시쿠라 고베
고베규 스테이크 전문점. 한국어/영어 표시 메뉴판 비치. 고베규를 사용한 커틀릿, 고로케, 야키토리 메뉴 있음. 가격대 1,000~2,000엔으로 가성비 좋은 편. 모자이크 2층.

[2층] KIDDY LAND 고베점
리락쿠마, 치이카와, 미피, 디즈니 등 캐릭터 굿즈 전문 잡화점. 고베 한정판 제품 판매.

[2층] SNOOPY TOWN Shop
스누피와 콜라보한 고베 오리지널 굿즈 구매 가능(메모지, 타월, 스티커). 히트 상품 중심으로 판매. 모자이크 2층.

[1층] 고베 롯코 목장 카페 우미에 모자이크점
일본 전국 소프트아이스크림 랭킹 1위를 한 롯코산 목장 우유 소프트 아이스크림. 본점은 기타노에 있으며 모자이크에 분점이 있어 쇼핑 중 편하게 즐길 수 있다.

한큐백화점 고베점

📍 한큐백화점 고베

산노미야역 바로 앞에 위치. 럭셔리 명품 브랜드 위주의 '본관'과 꼼데 가르송, 아크네 스튜디오 등 디자이너 브랜드가 입점된 '신관', 레스토랑과 카페가 있는 '잉관'. 본관 지하 식품관과 신관의 로프트도 인기.

- 영업시간
  10:00 ~ 20:00

- 면세 정보
  본관 9층 면세카운터

- 할인 쿠폰 정보
  외국인 관광객 5% 할인 쿠폰 : 본관 지하 1층, 본관 9F 면세 수속 카운터, 인포메이션에서 발급. 여권 제시 필수

산노미야

한큐 백화점 추천 매장

[잉관 1층] The Alley Lujiaoxiang Sannomiya Shop

대만 요리 카페. 흑설탕 타피오카펄 밀크티 맛집으로 인기 있으며 두유탄탄멘, 덮밥 등 간단히 식사를 해결할 수 있는 요리도 판매한다. 가격대 1,000엔 내외.

[본관 지하 1층] 551 HORAI 551

오사카에 본점이 있는 유명 만두 맛집. 부타만(돼지고기 만두 개당 210엔), 에비슈마이(새우딤섬, 75엔), 야키교자(일본식 군만두, 360엔). 만두 외에도 경단, 라멘, 국수 판매.

[신관 5~6층] MUJI Kobe Hankyu

두개 층 규모의 대형 무인양품 매장. 5층은 식품과 소품, 6층은 의류 위주로 판매. 특히 식품 라인의 종류가 다양하다. 100엔 코너도 마련되어 있다.

다이마루 고베점

📍 다이마루 고베

10층 규모의 대형 백화점. 아르마니, 샤넬 등 럭셔리 브랜드부터 트렌디한 캐주얼 브랜드까지 폭 넓게 쇼핑할 수 있다.

- 영업시간
  10:00 ~ 20:00

- 면세 정보
  지하 2층 면세카운터

- 할인 쿠폰 정보
  외국인 관광객 한정 5% 할인 쿠폰 : 1층 인포메이션 데스크에서 발급. 여권 제시 필수

모토마치

다이마루 백화점 추천 매장

[1층] Caffera

클래식한 분위기의 카페. 테라스석 마련되어 있어 사진 찍기 좋은 장소. 대표메뉴는 라떼 아트가 들어간 카푸치노와 케이크로 가격대는 1,000엔 내외.

[9층 식당가] 군애반점 다이마루점

광동 요리 전문점으로 새우, 오징어, 가리비 등이 들어간 해물볶음면이 대표 메뉴. 전반적으로 양이 푸짐하며 코스 요리도 주문 가능. 가격대 1,000~2,000엔

[지하 1층 식품관] TSUMAGARI Daimaru Kobe

고급 버터 쿠키 전문 판매점. 개별 포장되어 있어 선물용으로 구매하기 좋은 쿠키 세트는 약 5,000엔. 쿠키 외에도 타르트, 마들렌, 케이크 등을 판매하며 웨이팅이 있는 편.

KOBE BEEF
고베규 스테이크 맛집 BEST 7

고베하면 최고급 소고기 '고베규'

고베는 셰프가 눈 앞에서 철판에 고기를 직접 구워주는 '철판구이 (테판야키) 스테이크'가 처음 태어난 곳이다. 그래서 철판구이 스테이크를 흔히 볼 수 있다. 보통 철판에 구운 편마늘, 채소, 스테이크, 밥, 장국(혹은 스프), 샐러드, 절임 채소가 한 상으로 제공되며, 가격대가 높은 고베규의 특성을 고려해 대부분의 식당에서 가성비 있는 런치 메뉴를 구성해 판매하고 있다.

1. 미소노 고베점 ⓠ 미소노 고베점

1945년 고베에 문을 열어 일본 최초의 철판구이 스테이크를 선보인 곳. 미소노 빌딩 7층과 8층에 위치해 고베 시내 야경을 보며 식사를 즐길 수 있다. 원조로 유명한 곳인만큼 예약은 필수. 고베규 가격이 너무 높아 부담스러운 경우에는 와규 A4등급 혹은 A5등급을 선택하면 된다.

- 운영 시간 : 매일 11:30~13:40, 17:00~22:00
- 대표 메뉴 : A 런치(A4 와규 필레 스테이크) 9,680엔, A4 특선 와규 런치 (12,100엔), 고베규 런치(21,000엔), 고베규 로스 오리지널 코스 33,000엔

2. 와코쿠 본점 ⓠ 와코쿠 본점

최고급 고베규를 취급하는 스테이크 전문점. 사전에 예약 필수이며, 금액대가 높은 편이지만 육질이 좋고 스테이크랜드보다 한결 아늑한 분위기가 특징. 원하는 고기 굽기 선택 가능하며 곁들여 먹을 소금, 후추, 머스타드, 와코쿠 특제 소스가 제공된다.

- 운영 시간 : 매일 12:00~15:00, 17:00~21:00
- 대표 메뉴 : 런치 와코쿠 코스 (7,950엔), 디너 와코쿠 코스 (18,450엔)

3. 스테이크 아오야마 ⓠ 스테이크 아오야마

1963년 문을 연 곳으로, 아담한 크기의 매장과 편안한 분위기. 고베규를 비롯한 좋은 품질의 와규 스테이크를 합리적인 가격에 맛볼 수 있다. 인스타그램으로 예약을 받으며, 가게가 작아 예약이 금방 차니 서둘러서 예약하는 것을 추천.

- 운영 시간 : 목~화 12:00~21:00, 수요일 휴무
- 대표 메뉴 : 특선 와규 런치 코스 5,610엔, 아오야마 스테이크 코스 (와규 스테이크) 7,150엔, 아오야마 특선 롯코 코스(특선 와규 스테이크) 13,200엔

4. 스테이크랜드 고베관 ❯ 스테이크랜드 고베관

비싼 고베규를 가성비 있게 맛볼 수 있는 스테이크 전문점. 런치와 디너 타임으로 나뉘며 런치는 고베규 스테이크 정식을 1인 3,500엔에 먹을 수 있다. 원하는 고기 굽기 선택 가능.

· 운영 시간 : 매일 11:00~14:00, 17:00~21:00
· 대표 메뉴 : 고베규 스테이크 런치 (3,500엔), 고베규 스테이크 디너 (7,480엔)

5. 다이치 ❯ 고베규 테판야키 다이치

고베 차이나타운인 난킨마치에 위치한 고베큐 스테이크 전문점. 엄선된 고베규와 와규를 사용해 육즙이 풍부하며 녹는 듯한 식감이 특징. 다른 스테이크 전문점보다 일찍 열어 부지런한 여행자에게 추천한다.

· 운영 시간 : 매일 10:30~21:30
· 대표 메뉴 : 프리미엄 고베규 설로인 스테이크 110g 기준 17,380엔

6. 고베규 스테이크 이시다 본점 ❯ 고베규 스테이크 이시다

고베 안에 여러 지점이 있는 고베규 스테이크 전문점. 런치코스부터 A5 등급 고베규로 엄선한 특선 코스까지 다양하며 고기 그램 수에 따라 가격이 조금씩 다르다. 예약 필수. 한국어 예약 페이지가 있어 편리하다.

· 운영 시간 : 수~월 11:30~14:00, 17:00~20:30 / 화요일 휴무
· 대표 메뉴 : 고베규 런치 (8,250엔), 특선 고베규 런치 (13,860엔), 특선 고베규 코스 (18,480엔)

8. 모리야 본점 ❯ 모리야 본점

1885년 성북선노로 시작해, 현재까지 140년 동안 고베규를 취급해 온 고베규 스테이크 전문점. 현지 목장과 계약을 맺어 품질 좋은 와규와 고베규를 사용한다.

· 운영 시간 : 매일 11:00~21:00 / 수요일 휴무
· 대표 메뉴 : 고베규 설로인 스테이크 런치 (21,780엔), 고베규 최고급 필레 스테이크 A세트 120g (28,300엔)

산노미야

모토마치

산노미야 @julie_zzu

산노미야

tip.
갈릭 라이스는 꼭 추가주문 하자!

대부분의 철판구이 스테이크 전문점에서 '갈릭 라이스'를 판매한다. 고기와 야채를 구운 철판에 마늘과 함께 밥을 볶아내는 '철판 마늘 볶음밥'으로 한국인 여행객 입맛에 잘 맞으며 일반 흰밥보다 고소하고 풍미가 좋아 추가 주문하는 것을 추천. 가격은 식당마다 다르지만 보통 900~1,200엔대 사이.

CAFE 오래된 전통의 독특한 매력, 고베 카페

기타노

프로인드리브 본점 📍프로인드리브 본점
フロインドリーブ 生田店

대표 메뉴 : 모닝 세트, 런치 세트, 프레쉬 케이크 (시즌별 과일을 사용한 케이크와 타르트)

독일인 창업자가 1924년 고베에 문을 열어 100년 역사를 지닌 독일식 베이커리 겸 카페. 1층은 테이크아웃 샵으로 운영 중이고, 2층이 카페이다. 본점은 교회를 개조해 만들었으며, 건물 자체가 유형 문화재로 지정되기도 했다.

산노미야

기타노

니시무라 나카야마테 본점 📍나카야마테 본점
にしむら珈琲店 中山手本店

대표 메뉴 : 니시무라 오리지널 블렌드 커피, 모닝 세트

독일풍 목조 건축물이 눈에 띄는 카페. 1948년에 문을 열어 70년 이상의 역사를 자랑하며 일본 최초로 자가 로스팅한 원두를 사용한 스트레이트 커피를 출시한 곳이다. 커피를 내릴 때도 효고현에서 나오는 '미야미즈'라는 고급 술을 빚을 때 사용하는 물을 사용할 정도로 커피의 퀄리티에 대한 철학이 뚜렷한 곳.

스타벅스 고베 기타노이진칸점 📍스타벅스 기타노
スターバックスコーヒー神戸北野異人館店

대표 메뉴 : 아메리카노, 시즌 한정 메뉴

1907년에 지어진 2층짜리 목조 건축물을 개조한 스타벅스 매장. 원래는 미국인의 소유였던 집으로, 그 역사적 가치를 인정받아 유형 문화재로 지정되었다. 내부에는 라운지, 다이닝룸, 게스트룸 등의 기존 공간의 테마를 살렸으며 고풍스러운 분위기가 특징. 이 매장을 위해 특별히 제작된 원목 스타벅스 간판 역시 볼거리이다.

고베와 커피는 떼려야 뗄 수 없는 사이. 1870년대에 문을 열어 일본에서 가장 오래된 카페로 알려진 '호코도 커피'를 시작으로, 발길 닿는 카페마다 백여 년의 역사는 기본이다. 클래식한 인테리어와 향긋한 커피 한 잔, 마치 타임머신이 있다면 이런 모습일지도!

호코도 커피 📍hokodo coffee kobe
放香堂加琲

대표 메뉴 : 린타로 (맷돌 커피)

1874년 고베 모토마치에 개점한 커피숍. 일본 내에서 가장 오래된 카페로 알려져 있다. 1870~1880년대 당시 일본 신문과 판화에 호코도가 기록됐을 정도로 역사가 긴 곳. 독특하게도 커피를 맷돌로 갈아서 제공한다.

하타 커피점 📍하타 커피 고베
はた珈琲店

대표 메뉴 : 하타 블렌드, 미나토마치 블렌드

직접 로스팅한 커피를 판매하는 46년 전통의 커피 전문점. 가게 내에 빼곡히 진열된 앤틱한 찻잔이 눈에 띈다. 이곳에서 판매하는 여덟 종류의 오리지널 블렌드 커피 모두 고베와 연관된 이름으로 지어져 있어 여행에 낭만을 더하는 곳.

에비앙 커피 📍에비앙 커피 고베
エビアンコーヒー

대표 메뉴 : 사이폰 커피, 쉬폰 케이크, 후르츠 산도

1952년 문을 열어 70년 넘게 '사이폰 커피'를 고집해오고 있는 오래된 카페. 샌드위치, 케이크 등의 식사 메뉴도 다양하다. 사이폰 커피는 증기의 압력을 이용해 물을 끌어올려 커피를 추출하는 방식으로, 특히 이곳은 전통 방식 그대로 알콜 램프를 사용한다.

BREAD
꼭 먹어야 할 디저트는? 고베 빵지순례

①
케니히스 크로네 쿠마포치테이
📍 케니히스 크로네 쿠마포치테이

대표메뉴 : 크로네 (고소한 파이 안에 달콤한 커스터드 크림 혹은 팥이 가득 들어 있는 시그니처 메뉴), 런치 세트 (비프스튜, 파스타, 그라탕 중 한 가지 메인 메뉴를 고르면 빵과 차가 무한 리필)

- 케니히스 크로네 호텔에서 직접 운영하는 독일식 디저트 브랜드. 일본 곳곳 고급 백화점에 입점되어 있을 만큼 인기이며 본점이 고베에 있다.
- 크루아상처럼 바삭한 반죽에 필링을 가득 채운 '크로네 파이'가 가장 유명하다.

모토마치

②
칸논야 모토마치혼텐
📍 칸논야 모토마치혼텐

대표메뉴 : 덴마크 치즈 케이크 (이색 치즈 케이크), 치즈 퐁듀 (채소, 소시지, 빵 등을 치즈에 찍어 먹는 요리)

- 고급 덴마크산 치즈를 사용한 메뉴들로 유명한 카페. 스펀지 케이크 위에 모짜렐라 치즈를 잔뜩 올려 오븐에 구워서 달달하면서도 짭짤한 맛이 특징. 포장도 가능하며, 따뜻하게 데워 먹는 것을 추천.
- 덴마크 치즈를 활용한 치즈 퐁듀, 치즈 그라탕 등 식사 메뉴도 다양하다.

모토마치

③
모로조프
📍 모로조프 본점

대표메뉴 : 커스터드 푸딩 (엄선된 우유로 만든 캐러멜 소스 푸딩), 덴마크 크림치즈케이크 (신선한 덴마크산 크림치즈에 레몬으로 풍미를 더한 케이크), 고베 본점 초콜릿 파르페 (고베 본점에서만 한정 판매. 초코 젤라토, 바닐라 젤라토, 초코 무스로 만든 파르페)

- 1931년 고베에 처음 문을 연 고베 대표 디저트 브랜드.
- 발렌타인데이에 초콜릿을 선물하자는 광고를 처음 내보내면서 현재 일본의 발렌타인데이 문화를 만든 곳으로 유명하다. 지금은 일본 전역은 물론 해외에도 매장이 있을 정도.
- 케이크, 쿠키, 초콜릿 등 다양한 디저트를 판매하며, 특히 60년 넘게 이어오고 있는 커스터드 푸딩은 지금까지 꾸준히 인기.

산노미야

④
유하임 ユーハイム 本店
📍 Juchheim's

대표 메뉴 : 럼주 바움쿠헨 (럼주를 넣은 고베 본점 한정 메뉴), 말차 바움쿠헨 (교토 우지 말차로 만든 고베 본점 한정 메뉴), 크란츠 (부드러운 버터 크림으로 덮여있는 흰색 케이크), 고베규 미트파이 (고베규로 속을 채운 소고기 미트파이. 고베 본점 한정 메뉴)

- 일본에 처음으로 독일식 케이크 '바움쿠헨'을 소개한 유명 베이커리.
- 본점이 고베에 위치해 있으며 100년이 넘는 역사를 자랑한다.
- 기본 바움쿠헨 외에도 초콜릿, 계절 한정 등 다양한 바움쿠헨을 판매한다.

모토마치

⑤
고베 후게츠도 (풍월당) 모토마치 본점
📍 후게츠도 모토마치

대표메뉴 : 고프레 (바삭바삭한 비스킷 사이에 바닐라, 딸기, 초코, 홍차, 말차, 커피 등 다양한 크림을 샌드), 고프나 (모토마치점 한정 메뉴. 와플 같은 모양이 특징)

- 1897년 고베에 문을 열어 120년 넘는 역사를 자랑하는 과자점.
- 프랑스의 양과자에서 영감을 받아, 일본 전통 과자인 센베와 비슷한 얇은 비스킷 사이에 크림을 샌드한 '고프레'를 만든 곳으로 유명하다.
- 고베 모토마치 본점에서는 기념품으로 구매하기 좋은 고프레 선물 세트는 물론 핫케이크, 파르페 등도 판매한다.

모토마치

❻ 혼타카사고야 本高砂屋

 Hontakasagoya kobe

대표메뉴 : 에코르세(얇게 구운 반죽을 다양한 모양으로 만든 과자), 타카사킨츠바(얇은 반죽으로 팥이나 고구마 앙금을 감싸 구운 화과자)

- 1877년에 문을 열어 140년이 넘은 역사적인 제과점.
- 양과자부터 화과자까지 고루 판매한다. 양과자로는 바삭바삭한 '에코르세', 화과자로는 전통 방식으로 만드는 '킨츠바'가 인기 있다.

모토마치

❼ 베이커리 리키

 베이커리 리키

대표메뉴 : 코르네(커스터드 크림이 들어간 소라빵), 크로와상

- 현지인들도 줄 서서 살 정도로 인기 있는 로컬 빵집.
- 매장 규모가 작아 한번에 최대 4명만 들어갈 수 있다. 작은 매장 대비 빵 종류가 다양하고 가격도 저렴한 편.

모토마치

❽ 이스즈베이커리

 이스즈 베이커리 모토마치

대표메뉴 : 스카치에그 카레빵 (반숙 계란과 카레가 들어있는 빵), 트레론 (긴 소시지를 반죽으로 감싼 바삭한 빵), 엔페라 (생크림, 버터, 요구르트가 들어가 촉촉하고 새콤한 식빵)

- 빵으로 유명한 고베에서 제빵 부문 최초로 '고베 마이스터' 인증을 받은 곳.
- 70년이 넘은 역사를 가지고 있으며 카레빵이 가장 유명하다.

모토마치

❾ 토미즈 우오자키본점

 토미즈 우오자키 본점

대표메뉴 : 팥식빵 (홋카이도산 팥으로 만든 팥소가 잔뜩 들어가는 부드러운 식빵)

- 1977년 고베에 창업해 일본 방송에 다수 소개된 빵집. 본점 외에도 고베에 4개의 지점이 더 있다.
- 가장 유명한 메뉴는 팥소가 들어간 팥 식빵. 현지인들에게 인기가 높아 웨이팅은 필수이다.

롯코 아일랜드

❿ 빠네 호 마레타

 Pane Ho Maretta

대표메뉴 : 크로크무슈 (베샤멜 소스와 토핑이 가득 올라간 프랑스식 빵), 트러플 소금빵 (겉은 바삭하고 안은 떡처럼 쫄깃한 소금빵)

- 고베 모토마치에 자리한 테이크아웃 전문 빵집. 2017년 문을 열어 매일 100종류 이상의 빵을 굽는다.
- 식사 대용으로 먹기 좋은 짭짤하거나 담백한 종류가 많다.

모토마치

⓫ 모토마치 케이크 元町ケーキ

 모토마치 케이크

대표메뉴 : 자쿠로 (폭신하고 부드러운 스펀지 케이크에 크림과 딸기가 올라간 케이크)

- 1946년부터 이어져 온 케이크 전문점. 다양한 케이크와 구움과자를 판매하며 조각 케이크 가격이 대부분 300~400엔대로 저렴한 편이라 인기.

모토마치

@kumeayako

⓬ DONQ

 DONQ

대표메뉴 : 갈릭 프랑스 (고소한 바게트에 마늘과 버터를 바른 마늘빵)

- 1951년 문을 연 고베 노포 베이커리. 프링스식 빵을 표방하며 다양한 종류의 바게트가 대표적이다.
- 현재 기존 건물의 재건축으로 인해 원래 위치에서 한 블럭 떨어진 곳에 임시 매장을 운영하고 있으니 참고. (2024년 5월 31일부터 약 2년 소요 예정).

산노미야

BREAD 꼭 먹어야 할 디저트는? 고베 빵지순례

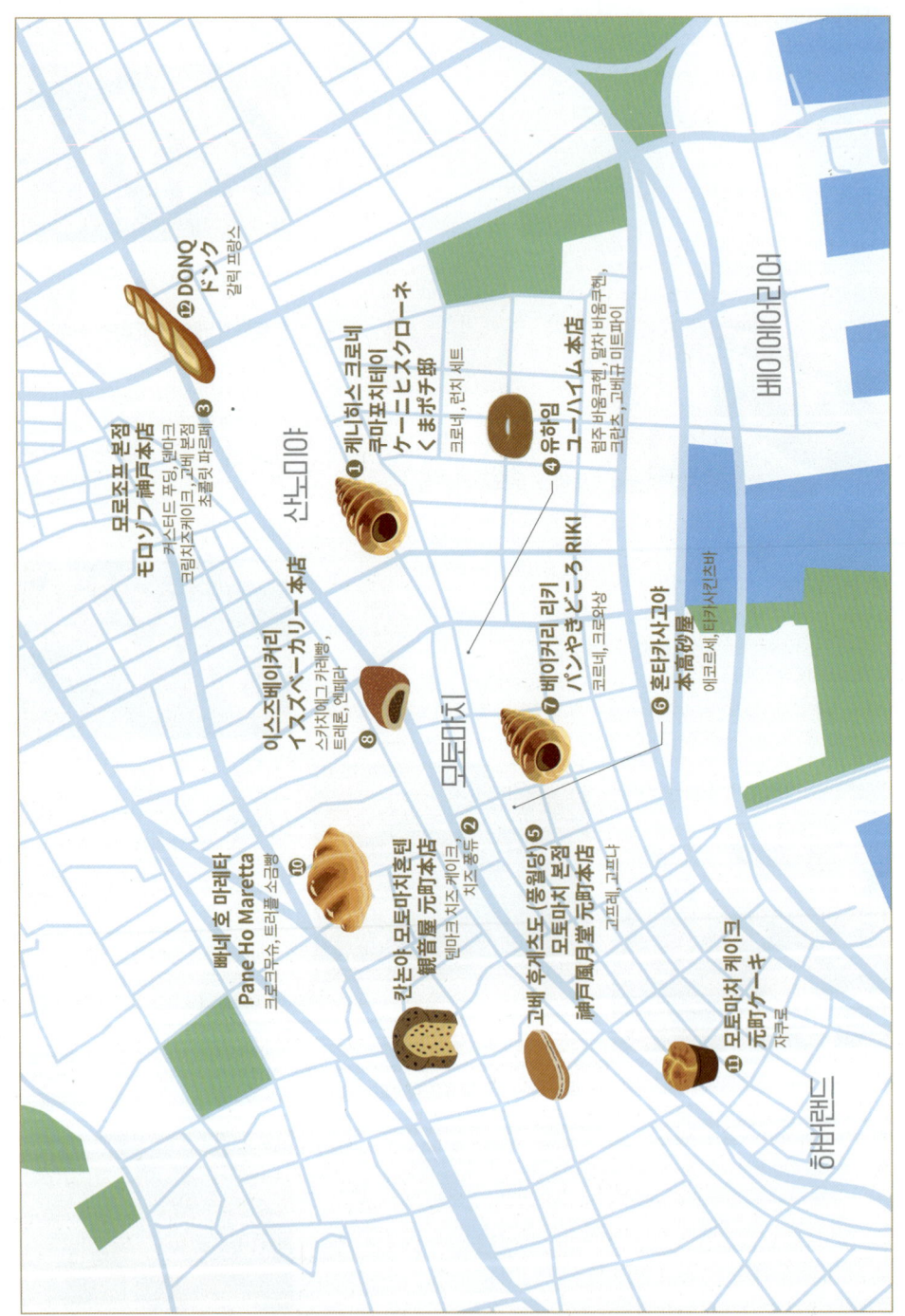

산노미야

미식과 쇼핑의 중심지

고베규의 진짜 매력을 알고 싶다면 산노미야로 직행! 고베의 심장부라 할 수 있는 이곳은 쇼핑백이 쉴 틈 없이 채워지고, 고베규 한 점에 미소가 번지는 쇼핑과 미식의 천국이에요. 활기찬 밤의 유흥은 덤! 튼튼한 가방과 편한 운동화까지 장착했다면 산노미야 훑어보기 본격적으로 시작해 볼까요?

KEY WORD

산노미야 센타가이

백화점

고베시청

TO DO LIST

- ☐ 이쿠타로드에서 고베규 스테이크 맛보기
- ☐ 고베 시청 전망대에서 무료 야경 보기
- ☐ 고베 빛 축제 구경하기
- ☐ 고베 모스크 건물 앞에서 인증샷 찍기
- ☐ 백화점 투어하기
- ☐ 이쿠타신사에서 커플점 보기
- ☐ 산노미야 센터가이 지나가기

포트라이너

고베 모스크

고베 시청 전망대

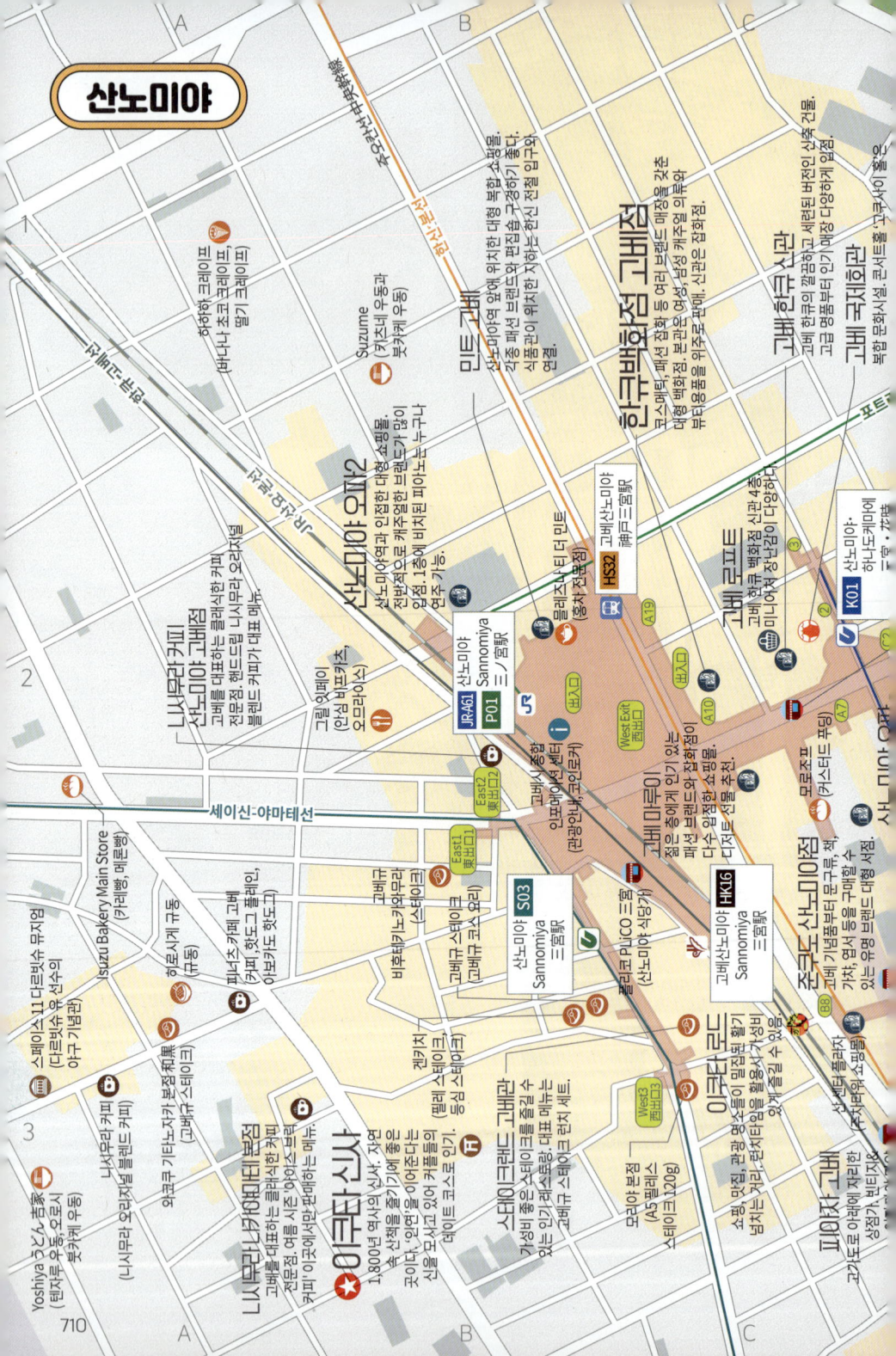

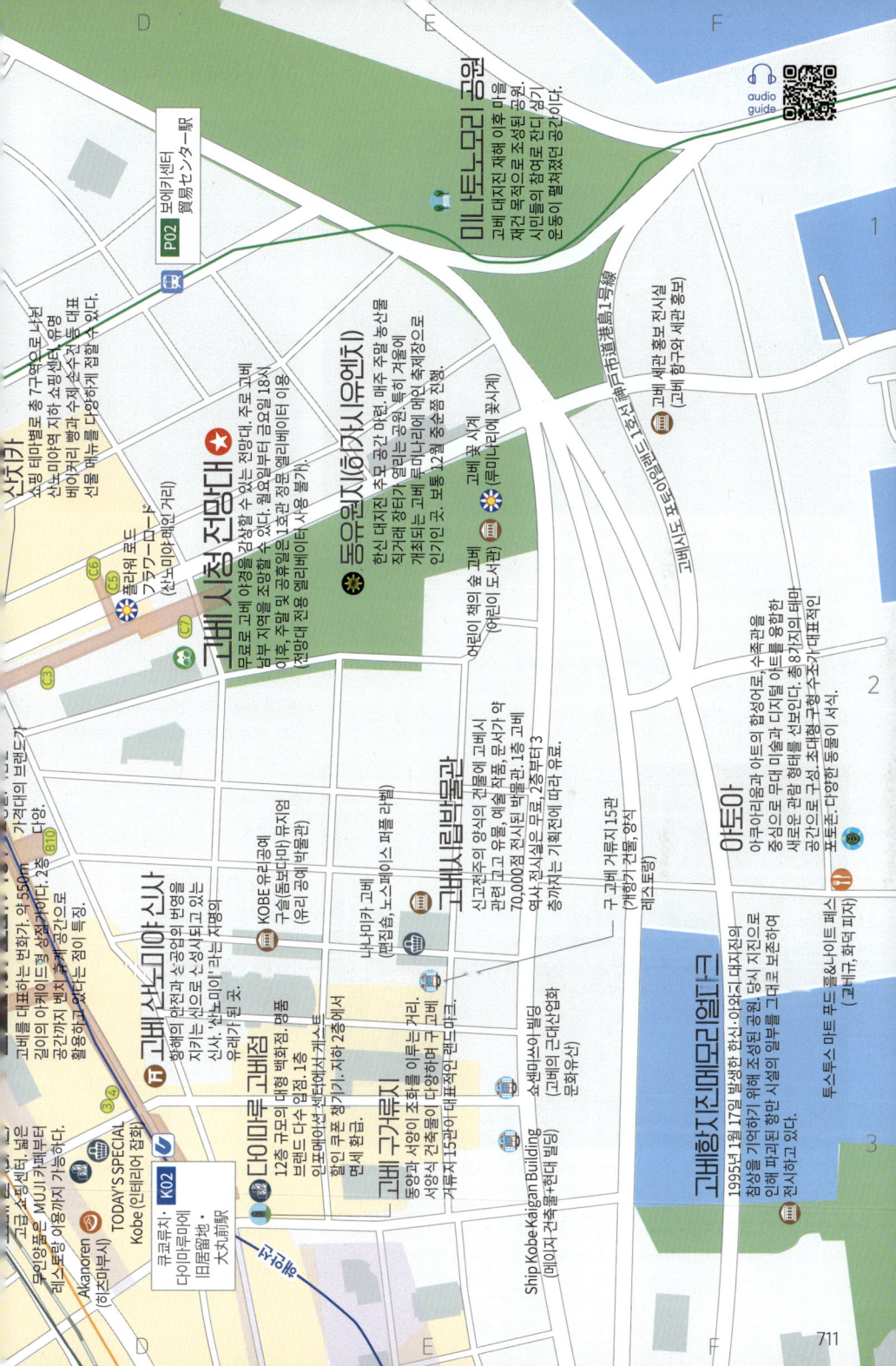

플라워 로드 フラワーロード `추천`
"메인거리라 눈에 잘 띄게 꾸며봤는데 어때?"

고베 시청 앞 산노미야 지역의 메인 스트리트다. 약 50m 거리에 '빛의 뮤지엄'을 테마로 화려한 라이트업이 펼쳐진다. 플라워 로드의 상징인 꽃이 도로를 따라 정렬되어 있으며 정원길도 꾸며져 있다. 일본 마라톤 발상지임을 알리는 기념 비석, 각종 청동 조각상 등으로 장식되어 있어 산책하기 좋다. (711p D:2)

📍 Flower Rd   #산노미야메인거리 #라이트업 #설치미술

이쿠타 로드 いくたロード `추천`
"이 거리는 맛있는 냄새가 진동하네!"

고베의 중심지인 산노미야에서 이쿠타 신사까지 이어지는 길로 쇼핑, 맛집, 관광 명소들이 밀집된 활기 넘치는 거리다. 먹거리 천국으로 소문난 곳에 한국어 간판을 내건 음식점들도 간혹 만날 수 있다. 특히 고베규 스테이크 식당이 많은 편. 철판에서 즉석에서 구워 낸 따끈한 고기를 맛볼 수 있다. 런치타임을 활용하면 더욱 가성비 있게 즐길 수 있다. (710p C:3)

📍 Ikuta Rd   #쇼핑거리 #고베규맛집 #산노미야~이쿠타신사

고베 국제회관 神戸国際会館
"옥상 정원에서 맛보는 맥주 참 시원하다~!"

비어가든 축제가 펼쳐지는 복합 문화 시설. 옥상에 녹음 진 나무들로 울창한 정원을 가지고 있어 비어가든이 열리는 여름에 특히 인기가 높다. 콘서트홀 '고쿠사이 홀'은 뮤지션들의 라이브 공연장으로 많이 이용되고 있으며, 고등학교와 대학교의 활동 발표회 장소로도 사용되고 있다. 부대시설로 카페, 꽃집 등 가게 입점. 산노미야역 지하상가와 연결되어 있다. (710p C:1)

📍 고베 국제회관
#콘서트홀 #비어가든 #옥상정원

레드락 본점 `맛집`
レッドロック 本店
"차곡차곡, 부드러우니 무너지지 않게 조심스럽게,,"

고베에서 유명한 로스트비프동 전문점. 부드럽게 익힌 로스트비프를 차곡차곡 가지런히 올려주는 비주얼이 인상적이다. 크리미한 소스와 반숙 계란이 조화를 이루는 대표 메뉴. 로스트비프 외에도 스테이크 덮밥, 흑모 와규 히쓰마부시, 함박스테이크 정식 등이 준비되어 있다. 푸짐한 양과 합리적인 가격으로 가성비가 뛰어나며, 고기 본연의 맛을 제대로 즐길 수 있는 곳. 약 1700엔

📍 레드락 본점
#로스트비프동 #가성비 #푸짐한

고베 꽃 시계 こうべ花時計
"플라워로드의 하이라이트는 시계탑에서 알 수 있어"

스테이크랜드 고베관 `맛집`
ステーキランド 神戸館
"화려한 불판 퍼포먼스로 구워지는 최상급 고베규"

고베 시청 앞에 있는 거대한 꽃시계로 동유원지 공원의 상징이다. 고베 여행 인증 사진을 찍는 스폿으로 유명하다. 해마다, 계절마다 꽃의 종류가 바뀌어 매번 색다른 경관을 선사한다. 특히 루미나리에 축제 기간에 방문하면 꽃 시계를 둘러싼 근사한 조명 작품을 감상할 수 있다. 산노미야 플라워 로드를 따라 남쪽으로 약 5분 정도 걸으면 보인다. (711p E:2)

📍 고베 꽃 시계 #고베기념물 #인증스폿 #루미나리에

최상급 고베규를 런치 한정 3~4만원에 즐길 수 있는 곳. 150g 정도의 고기양에 마늘플레이크와 숙주볶음, 샐러드, 장국, 밥까지 세트로 먹을 수 있다. 철판 퍼포먼스도 화려해서 기다리며 보는 재미가 있는 곳. 평소 미디엄레어를 즐기는 사람이라면 이곳은 레어로 주문해야 비슷한 정도의 굽기로 맛볼 수 있다. 고베규라 쓰여있는 메뉴가 아니라면 일반 고기라는 점 참고하여 주문. (710p B:3)

📍 스테이크랜드 고베관
#가성비런치 #고베규정식 #고베규스테이크

어린이 책의 숲 고베 こども本の森 神戸
"어린이들을 위한 안도 다다오의 선물"

그림책, 도감, 소설책 등으로 가득 찬 어린이 도서관. 건축가 안도 다다오가 기부하여 만들어졌으며 2022년에 개관했다. 높은 천장 가득 책장이 비치되어 있고 채광이 좋은 것이 특징이다. 계단이나 책상에 앉아서 자유롭게 독서를 즐길 수 있다. 어른들을 위한 책도 마련되어 있다. 주말 및 공휴일은 이용시간이 90분으로 제한된다. 홈페이지 예약 후 입장 가능. 09:30-17:00 월요일 휴관 (711p E:2)

📍 Kobe Children's Book Forest   #어린이도서관 #안도다다오건물 #독서공간

피아자 고베 ピアザkobe
"철도고가를 알뜰하게 이용하는 법"

산노미야역과 모토마치역을 연결하는 철도고가 아래를 활용한 상점가. 약 400m 길이 안에 200여 점포가 줄지어 있다. 이탈리아어로 '지붕 있는 회랑'을 의미하며 고가도로가 자연스레 지붕의 역할을 해주고 있다. 이자카야가 많은 편이라 밤에 더욱 활기 넘치는 곳. 일본 감성의 앤티크 소품을 판매하는 가게나 빈티지 숍, 보세 옷 가게도 다수 만날 수 있다.
(710p C:3)

📍 Piazza Kobe
#고가도로아래 #이자카야 #상점가

고베 시청 전망대 神戸市役所展望ロビー 추천
"24층에서 펼쳐지는 무료 야경"

무료로 고베 야경을 감상할 수 있는 전망대. 주로 고베 남부 지역을 조망할 수 있으며, 동유원지에서 포트 아일랜드, 롯코아일랜드, 하버랜드까지 보인다. 청사 1호관 빨간색 엘리베이터를 이용해서 24층으로 올라가면 도착할 수 있다. 월요일부터 금요일 18시 이후, 주말 및 공휴일은 1호관 정문 엘리베이터 이용 (전망대 전용 엘리베이터 사용 불가). 평일 9:00-22:00, 주말 및 공휴일 10:00-22:00 (711p D:1)

📍 고베 시청 전망대   #고베야경명소 #무료전망대 #고베남부전망

그릴 잇페이 산노미야점 `맛집`
グリル一平

"딱 한 접시 주문만 가능한 게 더 궁금하게 해"

안심 비프카츠와 오므라이스로 유명한 양식당. 1945년 창업 이후 오랜 세월 동안 사랑받아 온 곳으로 진한 버터 향과 깊은 풍미의 데미글라스 소스가 맛있기로 소문났다. 돈카츠, 함박스테이크, 새우튀김도 인기 메뉴로 양이 푸짐하다. 하야시라이스는 한 그릇당 1접시만 주문 가능한 메뉴이니 기회가 된다면 꼭 시켜보자. 약 1000엔. 수요일 휴무 (710p B:2)

📍 그릴 잇페이 산노미야점
#하야시라이스 #오므라이스 #버터향가득

겐키치 神戸牛 源吉 `맛집`

"25mm 철판 위에서 뜨겁게 익어가는 고베규"

고베규를 합리적인 가격에 즐길 수 있는 철판구이 전문점. A5 등급 고베규를 포함한 다양한 부위의 소고기를 제공하며, 필레 스테이크, 등심 스테이크, 고베규 초밥, 갈릭 라이스 등이 인기 메뉴. 세계에서 가장 엄격한 기준을 통과한 최상의 고베규를 숙련된 장인이 25mm 두께의 철판 위에서 구워 주는 퍼포먼스를 직접 경험할 수 있다. 혼자 가도 유쾌한 쉐프 덕분에 맛있게 즐기고 올 수 있는 것이 장점. 약 17800엔 (710p B:3)

📍 겐키치
#고베규 #A5 #고베규초밥

고베 모스크 神戸ムスリムモスク

"선통은 지키면서 일본 감성을 더했다"

1935년에 문을 연 역사 깊은 모스크. 이슬람 건축양식의 특징인 미너렛(높은 탑)과 돔이 인상적이다. 전통 모스크의 설계 방법에 일본적 요소가 가미된 점이 특징. 이슬람 여부를 불문하고 누구나 사원 내부를 견학할 수 있다. 단, 견학 시 반바지나 미니스커트와 같은 피부가 노출되는 옷은 삼가야 한다. 여성의 경우 리셉션에서 스카프를 대여해 준다. 고베 문화유산 중 하나다. (724p C:1)

📍 고베 모스크
#이슬람사원 #일본최초 #모스크양식

민트 고베 ミント神戸

"산노미야 역 앞, 9층으로 완성한 데이트 풀코스"

산노미야역 앞에 위치한 대형 복합 쇼핑몰. 9층은 영화관, 7층~8층은 레스토랑, 1층~6층은 각종 패션 브랜드가 입점해 있다. 비숍, 저널 스탠다드, 어반리서치, 유나이티드 애로우스 등이 있어 편집숍 구경하기 좋다. 식품관이 위치한 지하는 한신 전철 입구와 연결. 교토가츠규, 카츠쿠라와 처럼 가성비 좋은 돈가츠 전문점에서 식사도 가능하다. (710p B:2)

📍 민트 고베
#산노미야역연결 #편집숍 #쇼핑몰

산노미야 오파2
三宮オーパ2

"산노미야역에서 바로 찾을 수 있는 쇼핑몰"

산노미야역과 인접한 대형 쇼핑몰. 식품 매장부터 드럭스토어, 잡화점 등 모여있으며, 고층은 레스토랑 거리로 이루어져 있다. 전반적으로 캐주얼한 브랜드가 많이 입점. 1층에 비치된 피아노는 누구나 연주 가능 (10:00~20:00). 6층은 다이소 매장으로, 7층은 준쿠도 서점으로 운영되고 있다. 3,000엔 이상 구매 시 2시간 주차 무료 (710p B:2)

📍 오파2 고베
#산노미야쇼핑몰 #캐주얼 #대형다이소

고베 산노미야

KOBE 유리공예 구슬 뮤지엄
KOBEとんぼ玉ミュージアム
"유리 공예를 특별하게 해준 꽃과 곤충들"

램프워크(lampwork)라는 기술로 만들어진 유리 공예품을 전시하는 박물관. 고대부터 현대에 이르기까지 다양한 예술 작품 약 2,000점 보유하고 있다. 크고 작은 구슬 안에 꽃과 곤충, 다양한 모양의 조형물을 넣은 유리 공예 작품들이 흥미롭다. 고베의 전통 유리공예인 '돔보다마'를 배울 수 있는 체험 프로그램도 있다. 체험과 제작을 동시에 진행하며 1시간 정도 소요된다. 성인 약 400엔. 18:45 입장 마감 (711p D:2)

📍 Kobe Lampwork Glass Museum
#유리구슬 #유리공예체험 #고베전통기법

니시무라 나카야마테 본점 〔맛집〕
にしむら珈琲店 中山手本店
"커피, 온 더 록으로 한 잔"

고베를 대표하는 클래식 커피 전문점. 독일 전통 목조 건축물로 꾸며진 외관과 실내 인테리어로 유명하다. 니시무라 오리지널 블렌드 커피는 이곳의 대표 메뉴. 여름 시즌 한정인 아이스 브릭 커피는 커다란 얼음 중앙에 구멍을 뚫어 그 안에 커피를 넣어 주는 독특한 메뉴로 이곳만의 시그니처 메뉴다. 이른 아침부터 밤늦게까지 고베 사람들의 아침 식사와 야식을 책임지는 공간으로 사랑받고 있다. 약 1750엔 (710p A:3)

📍 니시무라 나카야마테 본점 #독일식건물 #아이스브릭 #모닝세트

히로시게 규동 神戸牛丼 広重 〔맛집〕
"온천 달걀이 키 포인트! 꼭 같이 먹어봐"

최고급 고베규를 부드럽게 조리한 규동이 대표 메뉴인 가게. 고기의 육즙과 달짝지근한 소스가 밥과 잘 어우러지는 것이 특징이다. 레귤러와 라지 사이즈 중에서 선택 가능. 온천달걀을 곁들이면 더 맛있게 즐길 수 있다. 사장님 혼자 운영하고 있어 대기가 길고 음식이 나오는데 시간이 걸리는 편. 시간 여유를 두고 방문하길 추천한다. 테이크아웃 가능. 약 2600엔. 수요일 휴무 (710p A:3)

📍 히로시게 규동
#고베규 #규동 #온천달걀

고베 로프트 神戸ロフト
"폐점 30분 전까지는 쇼핑을 마무리해야 해!"

고베 한큐 백화점 신관 4층에 자리한 로프트. 아기자기하고 키치한 미니어처 장난감이 특히 다양하다. 할로윈, 크리스마스 등 대형 이벤트 기간엔 테마 상품들로 진열. 화장품, 주방용품, 캐릭터 상품 등 다양한 품목 취급. 인기 애니메이션과의 콜라보 제품을 한정판매 진행하기도 한다. 자세한 사항은 홈페이지 이벤트란 참고. 면세 접수는 폐점 30분 전까지 가능. (710p C:2)

📍 Kobe LOFT
#대형잡화점 #키치한장난감 #애니콜라보

한큐백화점 고베점 神戸阪急 〔추천〕
"잡화 구매할 분은 신관을 방문해 보세요!"

코스메틱, 패션 잡화 등 여러 브랜드 매장을 갖춘 대형 백화점. 본관은 여성, 남성 캐주얼 의류와 뷰티용품을 위주로 판매하고, 신관은 '로프트', '무인양품' 등 잡화점이 크게 자리하고 있다. 도트 패턴 인테리어가 눈에 띄는 대형 꼼데가르송, 1층 외관에서 바로 접근 가능한 셀린느, 고급 사케를 저렴하게 구매할 수 있는 지하 식품관까지 폭넓게 마련. (710p C:1)

📍 고베 한큐 백화점   #명품쇼핑 #대형백화점 #캐주얼의류

산노미야 센터 가이 神戸三宮センター街 `추천`
"고베 대표 상점가는 이곳이라 할 수 있어"

고베를 대표하는 약 550m 길이의 아케이드형 상점가. 최신 유행하는 의류부터 저렴한 잡화, 전통 있는 노포의 과자까지 폭넓은 선택지를 제공한다. 1층만 운영되는 일반적인 아케이드 상점가들과 달리 2층 공간까지 활용하고 있다는 점이 특징. 준쿠도 서점에서 책을 구매했거나, 식당에서 테이크 아웃을 했다면 2층에 위치한 벤치 휴게 공간을 찾아보길 추천 (711p D:3)

📍 산노미야 센터 가이   #아케이드상점가 #2층규모 #벤치휴게공간

산치카 さんちか
"7가지 콘셉트로 준비한 지하 쇼핑 거리"

쇼핑 테마별로 총 7구역으로 나뉜 산노미야역 지하 쇼핑센터. 유명 베이커리 빵과 수제 손수건 등 대표 선물 메뉴를 다양하게 접할 수 있다. 특히 모로조프, 고베 커피 이야기, 쾨니히스 크로네, 곤차로프 등 고베에서 태어난 인기 카페 다수 입점. 실용적인 생활용품을 선물하고 싶다면 '에프터눈티 리빙' '러브라리 바이 페일러' '블루 블루에' 방문 추천 (711p D:1)

📍 Santica   #지하쇼핑센터 #선물구매 #고베유명카페

고베규 스테이크 이시다 산노미야점
ビスポーク神戸牛すてーき Ishida.
三宮店 `맛집`
"최상급 고베규 코스를 더욱 빛내주는 푸아그라"

최상급 A5 등급 고베규와 푸아그라를 함께 맛볼 수 있는 곳. 고베규 코스 요리 안에 푸아그라가 포함되어 있어 인기가 많다. 숙련된 셰프가 눈앞에서 최적의 굽기로 구워 접시에 하나씩 올려 준다. 코스는 샐러드, 구운 채소, 밥, 죽, 장국, 디저트와 커피까지 포함되어 있다. 와사비, 소금, 간장 소스, 마늘 플레이크 등 다양한 조합으로 즐길 수 있다. 와인과 사케도 주문 가능. 약 12600엔. 화요일 휴무

📍 고베규 스테이크 이시다 산노미야점
#고베규 #코스요리 #푸아그라

고베 산노미야

고베 세관 홍보 전시실 神戸税関 広報展示室
"영화에서나 보던 밀수품을 눈 앞에서 볼 기회"

고베 항구의 역사와 세관의 역할을 소개하는 전시 공간으로, 일본의 경제와 무역 역사에 대한 이해를 돕는다. 고베 세관 초대 건물의 디오라마와 자료부터, 세관의 주요 업무인 수출입 통관, 밀수 단속, 관세 징수 등에 대한 설명과 관련 자료들이 전시되어 있다. 마약 탐지견을 모델로 한 세관의 마스코트 '커스텀 군'이 반겨주고 있다. (711p F:1)

📍 Kobe Customs Display Corner   #세관자료전시 #디오라마 #고베항구역사

고베 마루이 神戸マルイ
"귀여운 디저트를 선물하고 싶을 때"

젤라또 피케, 사만사타바사, 판도라, 질바이질스튜어트 등 젊은 층에게 인기 있는 패션 브랜드와 잡화점이 다수 입점한 쇼핑몰. 디저트 선물을 준비하고 있다면 고급 스위스 초콜릿 제품으로 유명한 린트 초콜렛(Lindt Chocolate)', 동물 뚱카롱으로 인기인 '리코르누(Licorne)' 방문 추천. 1층 이벤트 홀에서 때때로 팝업 스토어 오픈 (710p C:2)

📍 고베 마루이
#캐주얼브랜드 #디저트선물 #쇼핑몰

산노미야 오파 三宮オーパ
"생필품 쇼핑이 주목적이라면 지하 1층으로"

지하 1층 전체를 차지하는 대형 돈키호테로 인기인 쇼핑몰. 지하 1층부터 지상 7층까지 규모로 드럭스토어(1F), 가성비 의류 매장 GU(2F), COCA(3F)가 자리 잡고 있다. 전반적으로 가성비 쇼핑하기 좋은 곳으로 추천한다. (710p C:3)

📍 Sannomiya OPA
#8층규모 #돈키호테 #가성비브랜드

준쿠도 산노미야점 ジュンク堂書店 三宮店
"고베에서 이 서점 모르는 사람 없을 껄?"

고베 기념품부터 문구류, 책, 가차, 엽서 등을 구매할 수 있는 2층~5층 규모 대형 서점. 고베에서 유명한 브랜드로, 산노미야 상점가에서 최초로 시작된 곳으로 알려져 있다. 3층에 내가사와 문구점이 입점해 문방 용품 구매도 가능하다. 5,000엔 이상 구매 시 30분 무료 주차권 제공 (710p C:3)

📍 준쿠도 산노미야점
#4층규모서점 #문구점 #고베브랜드

Graniph Sannomiya グラニフ 三宮
"포인트 주기 좋은 독특한 티셔츠 여긴네!"

개성적인 디자인의 티셔츠를 다양하게 만날 수 있는 곳. 티셔츠 전문점이나 재킷, 팬츠 등 의류를 전반적으로 판매하고 있다. 여성, 남성, 키즈 상품까지 취급. 비틀즈, 가면라이더, 맥도날드 콜라보 등 한정판 옷도 구매 가능하다. 티셔츠 기준 약 3,500엔~4,000엔 선으로, 인기 상품은 빠르게 매진되는 편. 가게는 아담하지만 방문객들로 붐빈다.

📍 Graniph 산노미야
#개성있는티 #콜라보한정판 #빈티지의류

Yoshiya うどん 吉家 `맛집`
"여름엔 얼음 위에 시원하게 얹어진 텐자루 우동이 인기!"

사누키 스타일의 자가 제면 우동집. 쫄깃한 면발에 저렴한 가격, 푸짐한 양이 인기 비결이다. 대표 메뉴로는 텐자루 우동(약 1250엔), 오로시 붓카케 우동, 고기 우동이 있다. 그중에서도 텐자루 우동은 얼음 위에 우동면이 올라가 있어 여름에 인기가 많다. 겨울 한정 메뉴인 굴 우동 계란덮밥과 산라탕 우동도 이곳만의 시그니처 우동. 한국어 메뉴판 제공. 화요일 휴무. (710p A:3)

📍 Yoshiya 우동 고베
#자가제면 #텐자루우동 #오로시붓카케우동

Akanoren 赤のれん
"와규 히츠마부시라는 점이 특별해"

바삭한 규카츠와 흑모 와규 히츠마부시를 맛볼 수 있는 전문점. 특히 인기 메뉴인 히츠마부시는 먼저 고기와 밥을 그대로 즐긴 후, 고명이나 간장, 와사비 등을 추가해 먹는 걸 추천한다. 마지막으로는 뜨거운 육수나 차를 부어 오차즈케로 먹으면 맛있다. 차는 계속 리필 가능하다. 한글 메뉴판은 요청 시 제공. 현금 결제만 가능. 약 1980엔. (711p D:1)

📍 아카노렌
#히츠마부시 #규카츠 #고베규

규카츠 교토가츠규 `맛집`
牛カツ京都勝牛 神戸三宮センタープラザ店
"소고기 반반 정식도 가능해요!"

바삭한 튀김옷과 육즙 가득한 소고기가 맛있는 규카츠 전문점. 대표 메뉴는 채끝 등심 규카츠 정식이다. 등심과 채끝살을 반반씩 주문할 수도 있다. 테이블에 준비된 불판에서 추가로 구워 먹을 수 있으며, 와사비, 간장, 소금, 카레 소스 등 다양한 양념과 곁들여 즐길 수 있다. 밥, 국, 반찬이 포함된 세트 메뉴로 푸짐하게 제공되며, 빠른 회전율과 깔끔한 내부 덕분에 혼밥하기에도 좋은 곳. 약 3169엔.

📍 규카츠 교토가츠규 산노미야
#규카츠 #다양한양념 #혼밥하기좋은곳

이쿠타 신사 生田神社 `추천`
"호수 산책은 핑계고, 커플전이 주목적"

'인연'을 이어준다는 신을 모시고 있어 커플들의 데이트 코스로 인기인 1,800년 역사의 신사. 사랑 점을 알려주는 '코이미쿠지'와 물에 닿으면 점괘를 알려주는 '미즈미쿠지'를 판매하고 있다. 산노미야역에서 도보로 이동 가능한 거리. 본당 뒤쪽에 숲속 공원이 조성되어 있고, 경내에 호수가 있어 자연 속 산책을 즐기기에도 좋은 곳이다. (710p B:3)

📍 이쿠타 신사 #인연을맺어주는곳 #미즈미쿠지 #사랑점괘

모리야 본점 `맛집`
神戸牛 ステーキ レストラン モーリヤ 本店
"부드럽고 진한 감칠맛, '필레스 스테이크'"

고베 산노미야

130년 이상의 전통을 자랑하는 고베규 전문 레스토랑. A5 등급 고베규와 다지마 규를 철판에서 셰프가 직접 조리해 최적의 굽기로 제공한다. 대표 메뉴는 A5 필레스 스테이크 120g으로, 부드러운 식감과 진한 감칠맛을 자랑한다. 프라임 립아이와 프라임 등심도 추천할만하다. 고기는 소금, 후추, 마늘플레이크에 찍어 먹을 수 있으며 폰즈나 미소 소스에 찍어 먹어도 맛있다. 약 23640엔. 주말만 영업 (710p C:3)

📍 모리야 본점
#A5등급 #고베규 #스테이크

니시무라 커피 北野坂にしむら珈琲店 `맛집`
"담쟁이덩굴이 감싸는 커피의 향"

건물 외벽을 덮은 담쟁이덩굴과 클래식한 인테리어가 돋보이는 우아한 분위기의 카페. 핸드드립으로 내린 니시무라 오리지널 블렌드 커피가 대표 메뉴로 꼽힌다. 아이스커피는 기본으로 설탕이 들어간 채로 나와서 단맛이 싫다면 미리 빼달라고 해야 한다. 타르트, 케이크, 크루아상 같은 디저트 메뉴도 갖추고 있다. 약 1550엔 (710p A:3)

📍 니시무라 커피   #핸드드립 #타르트 #레트로감성

모토마치

빈티지로드에서 아이템 찾기

최신 유행을 따라가기보단 빈티지한 감성을 좋아한다면 모토마치가 제격이에요. 노포 킷샤텐에서 브런치를 즐기고, 앤티크 샵과 빈티지 의류점에서 보물 찾기 하듯 쇼핑할 수 있거든요. 일본 3대 차이나타운으로 불리는 난킨마치와 개항기부터 이어온 모토마치 상점가는 이곳의 필수 코스! 곳곳에 숨은 맛집들 때문에 예정된 코스에서 이탈하게 될지도 몰라요.

KEY WORD
- 모토마치 상점가
- 난킨마치
- 구거류지

TO DO LIST
- ☐ 모토마치 상점가에서 빈티지 아이템 구하기
- ☐ 사카에마치 거리에서 힙한 액세서리 구매하기
- ☐ 토어로드 지나가기
- ☐ 소라쿠엔 500살 녹나무 찾기
- ☐ 구거류지에서 개항기 모습 상상하기
- ☐ 난킨마치에서 중화요리 먹기
- ☐ 호코도 커피에서 브런치 먹기

모토마치 상점가 입구 블루보틀 고베

난킨마치

혼간지 고베 별원

효고현 공관

고베 - 모토마치

해외 이주와 문화 교류 센터

❄ 비너스 브릿지
[ビーナスブリッジ]
산노미야 지역을 한눈에 볼 수 있는 나선형 모양의 전망대. 고베 대표 야경 명소 중 하나. 저녁에 방문 시 올라가는 길이 어두운 편이므로 역에서 택시 탑승 추천. 주차장 있음. 간혹 야생 멧돼지가 출몰하니 주의.

Tōtenkaku 東天閣
(베이징덕, 상어지느러미 수프)

Choueke Family Residence
(고베의 고풍스러운 저택)

고베 모스크
(이슬람 사원)

니시무라 나카야마테 본점
[にしむら珈琲店 中山手本店]
고베를 대표하는 클래식한 커피 전문점. 여름 시즌 '아이스 브릭 커피' 이곳에서만 판매하는 메뉴.

이쿠타 신사
[生田神社]
1,800년 역사의 신사. 자연 속 산책을 즐기기에 좋은 곳이다. '인연'을 이어준다는 신을 모시고 있어 커플들의 데이트 코스로 인기.

스테이크 아오야마
(고베규)

소라쿠엔
[相楽園]
약 2만 제곱미터 규모의 이케즈미 회유식 일본 정원. 원래 고다이 야스지로의 개인 정원으로 사용되던 곳이나 1941년 고베시에 기증되어 일반인에게 공개되었으다.

토어로드
[トアロード]
메이지 시대 유럽풍 건축물과 이국적인 상점들이 많은 거리. 개성 넘치는 편집숍, 수입 잡화점, 고급 레스토랑, 카페 등이 밀집.

산노미야 센터 가이
[神戸三宮センター街]
고베를 대표하는 번화가. 약 550m 길이의 아케이드형 상점가이다. 일반적인 아케이드 상점가들과 달리 2층 공간까지 활용하고 있다는 점이 특징. 2층에 위치한 벤치 휴게 공간을 찾아볼길 추천

스테이크랜드
[ステーキランド]
가성비 좋은 스테이크를 있는 인기 레스토랑. 대표 고베규 스테이크 런

세이신·야마테선
(A5 필레스 스테이...)

피아자 고베
[ピアザkobe] 산노미야역과 모토마치역을 연결하는 철도고가 아래를 활용한 상점가. 약 400m 길이 안에 200여 점포가 줄지어 있다. 이자카야와 빈티지 숍.

겐초마에 S04
Kenchōmae
県庁前駅

효고현 공관
(영빈관과 현의 행정 자료관)

레드 록
(로스트비프 동)

모토마치 상점가
[神戸元町商店街]
1870년대부터 형성되어 고베항 개항과 함께 발전한 이국적인 풍경의 상점가. 300여 개의 다양한 상점이 모여 있는 번화한 쇼핑 거리. 디저트 선물 구매하기 좋음. 유리 천장을 지녀 날씨와 상관없이 쇼핑 가능.

모리야쇼텐
[本神戸肉 森谷商店元町本店]
150년 역사를 자랑하는 고베 대표 정육점. 고베규를 사용한 고로케와 멘치카츠로 유명한 맛집. 가성비 좋게 구매할 수 있다.

Akanoren
(히츠마부시)

긴토키 식당
(일본 가정식)

모토마치 A57
Motomachi HS33
元町駅

난킨마치
[南京町]
일본 3대 차이나타운. 1868년 고베항 개항 이후 형성. 현재는 1000여 개의 중국 음식점, 상점 등이 밀집되어 있다. 춘절, 중추절 행사가 펼쳐짐.

투데이즈 스페셜 고베
(인테리어 잡화)

K02 큐모아
다이...
旧居...
大丸

사카에마치 거리
[栄町通] 고베에서 카페와 잡화점으로 유명한 힙한 동네. 개항 이후로 번성한 거리로서 문명의 흔적을 찾을 수 있다.

후게츠도 고베
(고베 고페르)

KOBE BEEF
5STAR(A5 등급
고베규 스테이크)

로쇼키
100년 넘는 역사를 자랑하는 부타만
(돼지고기 만두)

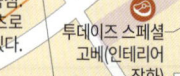
KOBE BEEF EiKiChi
(쇠고기 덮밥,
와규 초밥)

다이마루
12층 규모의 다수 입점. 1 게스트 할인 면세 환급.

HK17 하나쿠마
(고베고속전철)

돈카츠 타로
(로스카츠 정식
히레카츠 정식)

로타 Iotta
(북유럽 스타일
생활용품 잡화점)

비보 바 ViVO,VA
(생활용품 편집숍)

포레토코
POLETOKO
(천연 나무로 만든
수제 인기 잡화점)

Ship Kobe Kaigan Building
(메이지 건축물+현대 빌딩)

고베 구...
동양과 서양
서양식 건축
거리 15관

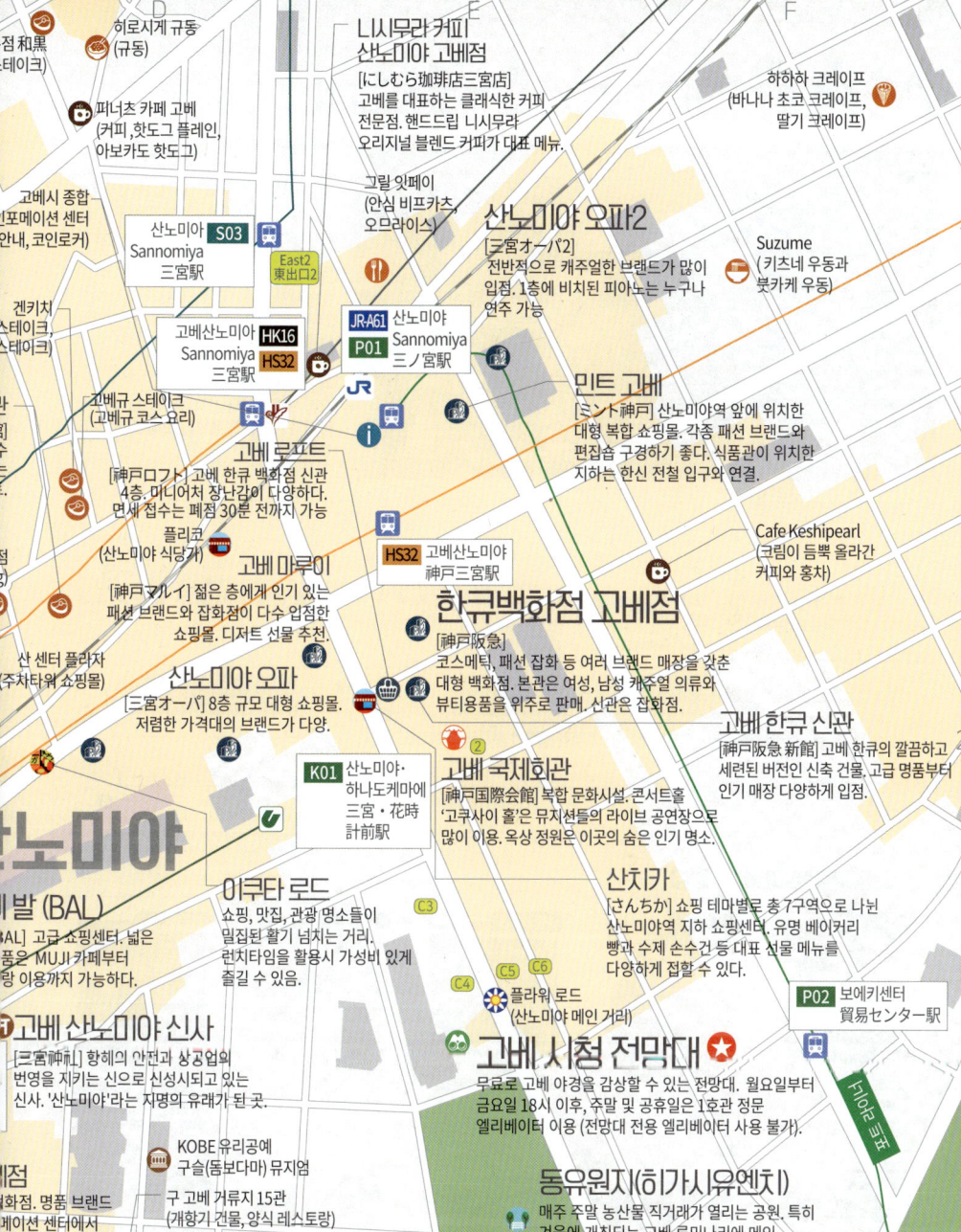

MAP 고베 대표 상점가 '모토마치'

그늘에서 산책하며 쇼핑을 즐길 수 있는 약 1km 길이의 상점가. 일직선으로 쭉 걸으면 20분 정도 소요된다. 1번가는 산노미야역과 맞닿아 있으며, 6초메 방향으로 갈수록 기념품이나 고서점, 희귀 아이템을 만날 수 있다. 평일엔 붐비지 않는 편

운영시간
24시간 영업 (월요일·성인의 날 / 영업시간 다를 수 있음)

추천 출발지점
상점가 중심부터 시작하려면 JR 한신 모토마치역 하차, 1초메부터 보려면 산노미야역 방향에서 진입

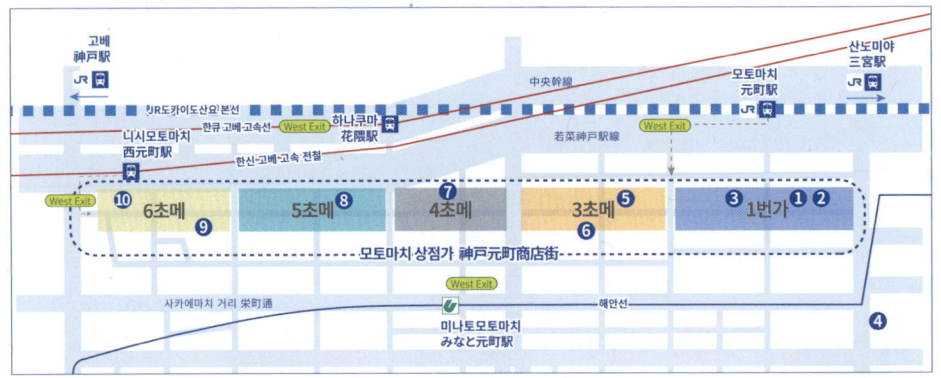

모토마치 상점가 추천 매장

1번가 / 1

교야 모토마치 본점
50년 넘은 노포. 수타면을 맛볼 수 있는 우동·소바 전문집

1번가 / 2

KOBE BEEF RED ONE
고베규 스테이크 전문점. 수플레 오무라이스도 인기

1번가 / 3

OIL & VINEGAR
엑스트라 버진 올리브 오일에 특화된 전문점. 레몬·바질·마늘향 등이 인기

1번가 / 4

Excelsior Caffé
대형 브런치 카페. 라떼와 토스트, 샌드위치 메뉴판매

3초메 / 5

Hokodo Coffee
일본에서 가장 오래된 카페(Since 1878). 맷돌로 갈아 만든 커피로 유명

3초메 / 6

고베 고구마 야시노
고구마 그랑프리 3번 우승을 한 유명 맛집. 다양한 종류의 군고구마 판매

4초메 / 7

Fuwarihime
높게 쌓아올린 천연 얼음을 사용한 빙수 맛집. 수플레 팬케이크도 추천

5초메 / 8

BRISK STAND
수제 버거 전문점. 수량 한정의 더블 패티 버거가 대표 인기 메뉴

6초메 / 9

Kameido Sohonten
메이지 6년(1873년)에 창업한 기와센베이 원조 가게. 버터샌드도 인기

6초메 / 10

Studio Kiichi
수제 가죽 소품 전문 고베 오리지널 브랜드. 지갑, 가방 등의 이색 소품 판매

고베 발 (BAL) 神戸BAL
"명품숍부터 유기농 화장품 부티크까지"

트렌디한 패션, 라이프스타일, 유기농 화장품 부티크, 카페가 있는 고급 쇼핑센터. 무인양품, 스타벅스, 르라보, 메종 마르지엘라 레플리카 등 입점. 트렌디한 패션, 라이프스타일, 유기농 화장품 부티크, 카페가 있는 고급 쇼핑센터. 무인양품, 스타벅스, 르라보, 메종 마르지엘라 레플리카 등 입점. 특히 무인양품이 4층부터 6층까지 넓게 구성되어 있어 MUJI 카페부터 레스토랑 이용까지 가능하다. (4F 의류 및 잡화, 5F 인테리어 소품, 6F 식료품과 카페). 별도 주차장 없다는 점 참고. (724p C:2)

📍 BAL 고베
#트렌디패션 #대형무인양품 #고베백화점

투데이즈 스페셜 고베
TODAY'S SPECIAL Kobe
"방 어떻게 꾸밀지 고민 중, 반가운 소식!"

인테리어 잡화, 세련된 생활용품, 주문 식재료를 중심으로 취급하는 잡화점. 고베 BAL 쇼핑몰 내에 입점해 있다. 매장 규모는 크지 않지만 인테리어 샘플링이 잘 되어있어 스타일링을 참고하기 좋다. DIY 워크숍이나 주말 마켓을 정기적으로 개최한다. 고급스러운 소재의 잡화가 다양해서 선물용으로 구매하기 좋다. 쿠키, 식빵, 타르트 등 베이커리 메뉴도 판매한다. (724p C:2)

📍 TODAY'S SPECIALKobe
#잡화점 #베이커리 #DIY상품

블루보틀커피 고베 [맛집]
ブルーボトルコーヒー 神戸カフェ
"허기짐을 달래줄 와플을 함께 곁들여봐"

핸드드립 방식으로 한 잔씩 정성스럽게 내린 뉴올리언스, 드립 커피, 라테가 대표 메뉴다. 커피와 잘 어울리는 와플은 적극 추천하는 메뉴. 그 밖에도 브라우니, 그라놀라 요거트, 파운드케이크, 샌드위치 같은 디저트도 판매한다. 블루 보틀이 그려진 드리퍼와 머그컵, 텀블러 등의 굿즈도 구입 가능. 657엔

📍 블루보틀커피 고베
#스페셜티 #핸드드립 #라테

사카에마치 거리 栄町通 [추천]
"고베 힙한 가게는 여기 다 모여있다!"

고베에서 카페와 잡화점으로 유명한 힙한 동네. 개항 이후로 번성한 거리로 건축물을 통해 서구 문명의 흔적을 찾을 수 있다. 액세서리, 신발, 기념품 등 종류에 얽매이지 않고 다양한 소품을 찾고 싶다면 'EIN SHOP' 북유럽 감성의 식기와 생활 잡화를 구매하고 싶다면 'LOTTA' 미국 빈티지 의류 구매가 목적이라면 'LIKE LIKE'를 방문해 보길. (724p B:3)

📍 Sakae-machi Dori   #힙한동네 #잡화쇼핑 #서구식건축물

Meriken Hatoba [맛집]
神戸メリケン・波止場
"고베규와 타코의 만남, 상상이 가?"

멕시코 마니아인 사장님이 운영하는 고베규 레스토랑. 최고급 와규인 A5 고베규 스테이크가 메인 메뉴로, 멕시칸 타코를 함께 먹을 수 있다는 점이 이색적이다. 스태프와 사장님이 매우 유쾌해서 재미있는 분위기 속에서 식사하기 좋은 곳이다. 타이거 마스크를 쓴 사장님과 기념사진을 남길 수도 있다. 200g 약 14200엔

📍 Meriken Hatoba
#고베규 #타코 #멕시칸요리

다이마루 고베점 大丸神戸店
"입장 후 1층에서 게스트할인 쿠폰부터 챙기기!"

저렴하게 구매 가능한 명품이 많은 대형 백화점. 지하 2층부터 지상 10층까지 규모로 이세이 미야케, 에르메스, 엠포리오아르마니, 크롬하츠, 꼼데가르송 등 명품 브랜드가 다수 입점해 있다. 1층 인포메이션 센터에서 여권 확인 후 게스트 할인 쿠폰 챙기기. 단 매장에 따라 5% 할인 할 수 없는 곳도 있으니 참고. 지하 2층에서 면세 환급 (724p C:3)

📍 다이마루 고베 #대형백화점 #명품쇼핑 #텍스리펀

토어로드 トアロード
"고베 유명 관광지를 향하는 중심 거리"

메이지 시대에 외국인 거류지로 조성된 역사적 배경으로 인해 유럽풍 건축물과 이국적인 상점들이 많은 거리. 토어로드의 이름은 과거 이 거리에 있던 서양식 호텔인 '토어 호텔'에서 유래되었다. 유명 맛집 '스테이크 아오야마' 등 개성 넘치는 편집숍, 수입 잡화점, 고급 레스토랑, 카페 등이 밀집. 북쪽으로는 키타노 이진칸, 남쪽으로는 구 거류지와 이어진다. (724p C:2)

📍 토어로드 #외국인거류지 #스테이크아오야마

군아이한텐 다이마루텐 맛집
群愛飯店 大丸店
"고베에서 즐기는 홍콩의 맛"

전통 광둥요리와 홍콩식 딤섬을 맛볼 수 있는 인기 노포점. 딤섬의 반죽부터 속재료까지 매장에서 직접 준비하여 만든다. 특히 가리비, 새우, 오징어 등이 푸짐하게 올라간 해물 야키소바 맛집으로 유명. 면발을 바삭하게 구워내 고소한 식감을 극대화했다. 디너엔 특선 요리로 구성된 코스요리 주문 가능. (4,400엔~). 다이마루 백화점 9층에 위치

📍 다이마루 고베점 9층
#광둥요리 #홍콩딤섬 #해물야키소바

민세이 民生 맛집
"존재감 확실! 오징어가 들어간 튀김"

난킨마치에 위치한 광둥요리 전문점. 1960년 창업 이후 오랫동안 사랑받아 온 전통 있는 중식당이다. 인기 메뉴는 이카 텐푸라로 쫄깃한 오징어와 바삭한 튀김옷이 일품이다. 모양도 어묵처럼 독특해서 눈길을 끈다. 다진 고기를 볶아 양상추에 싸 먹는 민치노 레타스 츠츠미와 소금과 마늘로 심플하게 양념한 공심채, 고소하고 부드러운 새우 마요도 추천 메뉴. 약 2300 엔. 월요일 휴무

📍 민세이
#광둥요리 #오징어튀김 #난킨마치

고베 구거류지 神戸外国人居留地跡の碑 추천
"고베 역사의 현장이 모여서 만들어낸 거리"

동양과 서양이 조화를 이루는 거리. 서양식 건축물이 다양하며 구 고베 거류지 15관이 대표적인 랜드마크. 고베 다이마루점에서 왼쪽으로 조금만 이동하면 이곳을 설명하는 비석이 놓여 있다. 산노미야 앞에서 일어난 고베 사건이나, 서양인과 통역관으로 방문한 중국인 거주하게 되면서 생겨난 난징초 등 개항하며 이루어진 다양한 상황들이 벌어졌던 현장 (724p C:3)

📍 Former Kobe Foreign Settlement   #개항거리 #서양식건축 #역사적명소

구거류지 38번관 旧居留地38番館
"1930년 대 모습을 상상하며 즐기는 식사"

구 거류지를 대표하는 서양식 건축물 중 하나. 마치 유럽에 와있는 듯한 느낌을 주어 SNS 포토 스폿으로 인기가 많다. 이 건물은 1930년대에 지어졌으며 우아한 외관과 섬세한 디테일이 돋보인다. 과거에는 외국인 거주지로 사용되었지만 현재는 상점과 레스토랑으로 꾸며져 있다. 건물의 아름다움을 즐기며 산책,식사, 쇼핑을 즐기기 좋다.

📍 구거류지 38번관   #서양식건축물 #상점 #레스토랑

Ship Kobe Kaigan Building シップ神戸海岸ビル
"4층을 기준으로 레트로와 현대로 나뉘는 곳"

고베항 야경을 감상할 수 있는 고층 빌딩. 메리켄 파크에 세워진 미쓰이 물산의 건축물. 메이지 시기에 세워진 석조의 레트로 빌딩이 현재까지 사용되고 있으며, 최상층에 레스토랑과 소방 센터 등이 있다. 고층 빌딩으로 재건축하기 전 4층까지는 고베 아와지 대지진 전의 모습으로 복원했다. 4층까지 올라간다면 왼쪽 엘리베이터를, 고층은 오른쪽 엘리베이터 이용하자. (724p C:3)

📍 Ship Kobe Kaigan Building
#메이지건축물 #고베항야경 #고층빌딩

고베규 테판야키 다이치 맛집
神戸牛 大地
"A5 고베규, 귀한 샤또브리앙도 준비완료"

A5 등급 최상급 고베규를 테판야키 스타일로 즐길 수 있는 레스토랑. 안심 중에서 가장 연한 부위인 샤토브리앙과 채끝 부위를 맛있게 먹을 수 있다. 고베규 스시, 갈릭 볶음밥, 랍스터, 가리비 구이 등 메뉴도 다양하다. 셰프가 눈앞에서 조리하여 알맞은 굽기로 내주며 먹는 방법도 친절하게 설명해 준다. 약 4800엔

📍 고베규 테판야키 다이치
#테판야키 #A5고베규 #샤토브리앙

고베시립박물관 神戸市立博物館
"70,000점으로 설명하는 고베 예술"

고베 모토마치

신고전주의 양식의 건물로, 고베시 관련 고고 유물, 예술 작품, 문서가 전시된 박물관. 개항 시대의 선박 모형, '성 프란시스 자비에르'의 초상화, '사쿠라가오카 동탁'부터 가나야마 헤이조, 고이소 료헤이 등 고베 관련 작가들의 작품을 약 70,000점 전시하고 있다. 1층 고베 역사 전시실은 무료, 2층부터 3층까지는 기획전에 따라 유료 (725p D:3)

📍고베시립박물관   #고베역사 #개항기선박모형 #회화전시

구 고베 거류지 15관 旧神戸居留地十五番館
"레스토랑으로 새롭게 탄생한 개항기 시절 사무실"

개항기 시절 외국 상사의 사무실로 사용되던 건축물. 1995년 대지진으로 무너졌다가 재건되었다. 외관은 2층 베란다를 가진 콜로니얼 스타일로, 석조 풍의 디자인이 특징이다. 아치형 문이나 철제 벽난로 등 서구식 인테리어도 볼거리. 현재는 양식 레스토랑 'TOOTH TOOTH maison 15th'로 운영 중. 홍차 티 세트, 파스타, 생선 요리 등을 제공한다. (725p D:3)

📍Old Kobe Residency 15th Hall   #개항기건물 #서양식인테리어 #양식레스토랑

Juchheim's
ユーハイム 本店
"일본 최초 '바움쿠헨'은 이곳에서 시작되었어"

일본 최초로 독일식 케이크 '바움쿠헨'(독일에서 유래한 나무 결 모양의 케이크)을 선보인 유명 베이커리. 본점은 고베에 있으며 100년이 넘는 오랜 역사를 자랑한다. 대표 메뉴로는 럼주를 넣어 특별함을 더한 고베 본점 한정 '럼주 바움쿠헨', 교토 우지 말차로 만든 역시 본점 한정 '말차 바움쿠헨'이 있다. 기념품 선물 추천. 수제 바움 약 1400엔

📍Juchheim's
#바움쿠헨 #100년역사 #본점한정메뉴

로쇼키 맛집
元祖豚饅頭 老祥記
"100년 역사의 돼지고기 만두 맛볼까?"

100년 전통의 원조 부타만(돼지고기 만두) 전문점. 1927년 창업 이후 한결같은 맛을 유지하고 있는 것이 인기 비결이다. 촉촉한 만두피 속에 육즙 가득한 돼지고기가 들어 있는데 가볍게 한입 크기로 즐길 수 있다. 고소한 풍미와 쫄깃한 식감 덕분에 긴 줄을 서야 한다. 고베 차이나타운을 대표하는 먹거리로 손꼽히는 곳. 5개약 600엔 (724p C:3)

📍로쇼키
#부타만 #고소한풍미 #쫄깃한식감

Evian Coffee `맛집`
エビアンコーヒー
"전통 방식 그대로 고집하는 사이폰 커피"

1952년에 문을 연 70년 역사의 카페. 사이폰 커피를 고집해 온 커피 장인이 운영한다. 전통 방식 그대로 알콜 램프를 사용하는 것이 특징. 로스팅하는 과정, 커피를 추출하는 과정이 모두 흥미롭다. 아침에는 모닝빵 샌드위치나 토스트를 주문할 수 있다. 신선한 롤케이크와 쉬폰 케이크는 인기 디저트 메뉴. 커피 400~600엔. 수요일 휴무

📍 Evian Coffee
#사이폰커피 #70년전통 #쉬폰케이크맛집

모리야쇼텐 `맛집`
本神戸肉 森谷商店 元町本店
"고로케 하나만으로도 고베를 주름잡는 숍"

150년 역사를 자랑하는 고베 대표 정육점. 고베규를 사용한 고로케와 멘치카츠로 유명하며 관광객뿐만 아니라 현지인들도 자주 찾는 맛집. 고로케 하나에 120엔으로 저렴한 가격. 구이용 고기도 비교적 가성비 좋게 구매할 수 있다. 고로케, 꼬치 등 튀김 메뉴를 주문하면 즉석에서 바로 튀겨준다. 아침부터 웨이팅이 있는 편. 카드 결제 가능. 고로케 약 110엔 (724p C:3)

📍 모리야쇼텐
#고베규 #고로케 #멘치카츠

혼간지 고베 별원   本願寺神戸別院(モダン寺)
"현대 건축의 모던함이 더해진 사찰"

독특한 건축 양식을 가진 불교 사원. 전통적인 불교 사찰의 이미지와는 달리, 현대적인 건축 디자인이 가미되어 '모던데라(モダン寺)'라는 별칭이 붙었다. 본당은 3층이며 아미타여래상을 안치한 다목적 홀은 최대 600석 수용할 수 있을 정도로 넓다. 주로 결혼식, 법요회, 전시회 등 다양한 목적으로 사용되고 있다. 야간 라이트업 진행 (740p A:3)

📍 혼간지 고베 별원   #모던데라 #현대적사찰 #야간라이트업

효고현 공관 兵庫県公館
"메이지 시대부터 효고 대형 행사는 이곳에서"

메이저 35년(1902년) 효고현 본청사로 건설된 역사적 문화 유산. 일본 효고현의 공식 행사나 회의가 열리는 장소로, 아름다운 건축 양식을 자랑한다. 이곳은 일본 근대사의 중요한 순간들을 엿볼 수 있는 곳이다. 건물의 아름다움과 함께 근대 일본의 역사를 느낄 수 있다. 잔디 광장에 있는 벤치에서 한가로이 쉴 수 있어 숨겨진 힐링 스폿이다. 토, 일 휴무 (724p B:2)

📍 Hyogo House   #문화유산 #효고현청사 #근대일본역사

고베 모토마치

고베 모토마치

모토마치 상점가 神戸元町商店街 `추천`
"개항기 모습이 여전히 남아있는 상점 거리"

1870년대부터 형성되어 고베항 개항과 함께 발전한 상점가. 300여 개의 다양한 상점이 모여 있는 번화한 쇼핑 거리. 기본 100년 이상 된 점포가 수두룩하며, 유럽풍 건물도 많아 이국적인 풍경을 자아낸다. 하나미야 센베이, 베이커리 리키 등 유명 가게가 다양하게 입점하여 디저트 선물 구매하기 좋다. 유리 천장을 지녀 날씨와 상관없이 쇼핑 가능 (724p B:3)

📍 모토마치 상점가   #150년역사 #오래된상점가 #유명베이커리

Hokodo Coffee `맛집`
放香堂加琲
"일본 내에서 가장 역사 깊은 카페"

1874년에 고베 모토마치에 개점한 커피숍. 일본 내에서 가장 오래된 카페로 알려져 있다. 1870~1880년대 당시 일본 신문과 판화에 호코도가 기록됐을 정도로 역사가 긴 곳. 독특하게도 커피를 맷돌로 갈아서 제공한다. 카페에서 추천하는 메뉴는 헤이즐넛맛이 가미된 고소한 카페 오레. 케이크와 토스트 디저트도 준비되어 있다. 흡연실 별도 마련. 맷돌 커피 550엔

📍 Hokodo Coffee
#맷돌커피 #카페오레 #빈티지카페

Nishimura Coffee `맛집`
にしむら珈琲店 元町店
"오리지널 블렌드 커피와 카푸치노가 대표"

1948년 창업한 전통 있는 카페. 격조 높은 유럽풍 인테리어와 차분한 분위기가 특징이다. 핸드드립으로 정성스럽게 내린 니시무라 오리지널 블렌드 커피와 카푸치노가 대표 메뉴. 특히 카푸치노는 부드러운 우유 크림 위에 시나몬 스틱이 함께 제공되어 향이 좋다. 모닝 세트, 크루아상 세트 등의 식사 메뉴도 제공되며 레트로풍 케이크와 파르페도 인기 있다. 약 900엔

📍 Nishimura Coffee 모토마치
#고급스런 #유럽풍 #오리지널블렌드

KOBE BEEF RED ONE `맛집`
"오후 5시까지 런치 타임, 여유롭게 가도 괜찮아"

A5 고베규를 맛볼 수 있는 스테이크 전문점. 스테이크뿐만 아니라 함바그, 스시로도 고베규를 즐길 수 있다. 고기 요리를 주문하면 샐러드, 수프, 튀김, 밥이 함께 제공되어 푸짐한 식사를 할 수 있다. 수플레 오므라이스 등 서브 메뉴도 맛있다. 런치는 오전 11시부터 오후 5시까지 이용할 수 있으며, 평일 한정 3,900엔으로 코스 요리를 제공한다. 단품 약 3190엔부터

📍 KOBE BEEF RED ONE   #고베규 #스테이크 #런치코스

후게츠도 고베 神戸風月堂 元町本店 〔맛집〕
"'고프레' 맛있었다면 턴케이스에 담아 선물해 보세요"

전통 과자 전문점으로, 대표 메뉴인 고베 '고프레'로 유명한 곳. 본점 한정 과자인 '고프레'는 기존의 바삭한 고프레와 달리 부드러운 와플 반죽에 설탕 크림을 넣었다는 점이 특징이다. 갓 구운 애플파이와 고구마파이도 인기 메뉴. 2층의 카페 테리아에서 딸기 파르페, 앙미츠, 핫케이크, 애프터눈 티도 즐길 수 있다. 턴케이스에 담긴 선물용 고프레도 인기. 약 1458엔 (724p B:3)

📍 후게츠도 고베   #고프레 #본점한정과자 #파르페

오쓰나카도리 乙仲通
"고베 주요 명소가 밀집한 800m의 거리"

고베 사카에쵸 도리와 카이간 도리의 사이를 동서로 지나고 있는 약 800m 길이의 거리. 옛 고베항의 정취가 남아있는 건물들이 늘어서 있다. 포트타워, 메리켄 파크, 고베 해양박물관 등과 약 270개의 상점이 어우러져 조화를 이루고 있다. 아기자기한 수제 천연나무 잡화가 다양한 '포레토코' 두부 티라미수가 대표 메뉴인 '카야 카페' 방문 추천 (740p B:2)

📍 Otsunakadori   #800m #상점거리 #쇼핑과식사

모토마치 케이크 元町ケーキ 〔맛집〕
"3,000원으로 케이크 사먹기 가능한 곳"

1946년부터 오랜 역사를 이어온 케이크 전문점. 다양한 종류의 케이크와 휘낭시에, 마들렌 등 구움과자를 판매하며, 조각 케이크 가격이 대부분 300~400엔대로 저렴하여 인기가 많다. 대표 메뉴는 폭신하고 부드러운 스펀지 케이크 위에 신선한 크림과 딸기가 듬뿍 올려진 '자쿠로 케이크'. 매장 내부 또는 야외 테라스 좌석에서 편안하게 티타임을 즐길 수 있다. 결제는 현금으로만 가능

📍 모토마치 케이크
#케이크전문 #자쿠로케이크 #테라스석

칸논야 모토마치혼텐 〔맛집〕
観音屋 元町本店
"덴마크산 치즈를 듬뿍 올려 구워낸 케이크"

덴마크산 치즈를 사용한 케이크로 유명한 카페. 일반 치즈 케이크와 달리 스펀지 케이크 위에 모짜렐라 치즈를 듬뿍 올려 구워 달콤하면서도 짭짤한 맛이 매력적이다. 따뜻하게 데워 먹으면 더욱 맛있다. 덴마크 치즈를 이용한 치즈 풍듀, 치즈 그라탕 등 식사 메뉴도 다양하게 즐길 수 있다. 테이크아웃 포장 가능. 치즈 케이크 약 408엔

📍 칸논야 모토마치혼텐
#덴마크치즈 #치즈케이크 #치즈풍듀

난킨마치 南京町 `추천`
"일본 3대 차이나타운으로 불리는 거리"

요코하마, 나가사키와 더불어 일본 3대 차이나타운으로 손꼽히는 곳. 1868년 고베항 개항 이후 중국인들이 모여 살기 시작하면서 형성되었으며, 현재는 100여 개의 중국 음식점, 상점, 기념품 가게 등이 밀집되어 있다. 중국 전통 건축 양식의 건물과 붉은 간판이 특징. 춘절, 중추절 행사가 펼쳐진다. 샤오롱바오, 고기만두, 베이징 덕 등 중화 먹거리 다양 (724p C:3)

📍 난킨마치　#3대차이나타운　#중화식건물　#중국음식

KOBE BEEF 5STAR `맛집`
"고베규 가장 맛있게 먹는 법 알려줄게"

고베규 전문 철판구이 레스토랑. A5 등급 고베규 스테이크를 제공하며, 친절한 설명과 함께 고베규를 가장 맛있게 먹는 법을 안내해 준다. 스테이크는 120g나 200g으로 선택할 수 있고 고베규 초밥과 함께 먹으면 금상첨화. 약 3850엔 (724p B:3)

📍 KOBE BEEF 5STAR
#고베규 #철판구이 #A5등급

KOBE BEEF EiKiChi `맛집`
神戸牛 栄吉
"7가지 매력을 지닌 고베규 스테이크 코스"

최상급 A5 등급 고베규를 즐길 수 있는 레스토랑. 고기를 고르는 법부터 굽는 과정까지 눈앞에서 볼 수 있다. 고베규 스테이크 코스는 초밥, 야채, 디저트를 포함한 7가지 요리로 구성되어 있다. 880엔을 추가하면 갈릭 볶음밥을 선택할 수 있는데 깊은 풍미와 바삭한 마늘 칩이 어우러져 별미다. 단품으로 쇠고기 덮밥, 와규 초밥을 주문하기에도 좋다. 110g 약 17380엔 (724p C:3)

📍 KOBE BEEF EiKiChi
#최상급 #고베규 #갈릭볶음밥

Hata Coffee `맛집`
はた珈琲店
"고베의 이름을 따 로스팅된 오리지널 커피"

46년 전통의 커피 전문점. 직접 로스팅한 커피를 판매한다. 하타, 미나토마치, 카자미 등 여덟 종류의 오리지널 블렌드 커피는 모두 고베와 연관된 이름으로 지어져 있다. 주문한 커피에 맞는 잔 제공. 1층과 2층으로 되어 있으며 레트로한 분위기. 벽면으로 빼곡히 진열된 앤틱 찻잔이 눈길을 끈다. 실내 흡연 가능. 블렌드 커피 약 600엔. 수요일 휴무

📍 Hata Coffee
#블렌드커피 #앤티크찻잔 #흡연가능

간테이뵤 (관제묘) 関帝廟 (中華会館)
"고베 차이나타운으로 이사 온 관우"

고베에 사는 화교들이 건립한 도교 사원. 고베 차이나타운인 난킨마치에 위치하고 있으며 관우를 모시고 있다. 화려한 중국 전통 장식이 눈길을 끈다. 요코하마 항구가 개항했을 당시, 한 중국인이 관우 조각상을 가지고 입국해서 관우를 숭배하는 사원을 세웠다고 한다. 매년 관우를 기리기 위한 다양한 제례가 이루어지며 재물운과 사업운을 빌기 위해 찾는다.

📍 Kuan Ti Miao Temple #차이나타운 #도교사원 #관우

소라쿠엔 相楽園 〔추천〕
"6,000평이 넘는 공간에 펼쳐진 심산유곡"

약 2만 제곱미터 규모의 회유식 일본 정원. 비석이나 돌다리를 건너며 꽃나무, 폭포 등 심산유곡의 풍경을 볼 수 있다. 500살이 넘는 대형 녹나무, 진달래꽃, 단풍나무가 대표적. 원래 고데라 야스지로의 개인 정원으로 사용되던 곳으로 1941년 고베시에 기증되어 일반인에게 공개되었다. 진달래 축제 기간 (매년 4월 하순~5월 초순)은 무휴. 성인 약 300엔. 목요일휴무 (724p A:2)

📍 소라쿠엔 #일본식정원 #진달래축제 #단풍명소

BRISK STAND 神戸本店 〔맛집〕
"장작으로 구워낸 천연 소금이 맛의 비결"

방송 매체에 자주 소개되어 유명해진 수제 버거 전문점. 육즙이 진한 와규 100% 패티와 통밀 번즈의 조화가 훌륭하며, 15시간 동안 장작으로 구운 천연 소금으로 맛을 냈다. 거기에 카멜라이징한 양파가 단맛을 더해주는 것이 특징. 수량 한정 판매하는 더블 패티 버거가 대표 메뉴이며, 치즈, 고르곤졸라, 베이컨 등 다양한 버거를 맛볼 수 있다. 재료 소진 시 조기 마감. 버거 약 2500엔

📍 BRISK STAND 고베
#수제버거 #더블패티버거 #통밀번즈

로타
北欧雑貨と暮らしの道具lotta
"파스타에 어울리는 앤틱 접시 찾아볼까?"

북유럽 스타일의 디자인 생활용품을 판매하는 작은 잡화점. 그릇, 찻잔, 인테리어 소품 등을 구경할 수 있다. 특히 요리를 좋아하는 분이라면 북유럽의 엔티크 식기를 구경하기 좋다. 가격대는 6,000-10,000엔 정도로 다소 높은 편. 특별한 기념품을 찾고 있다면 들러봄직하다. 내부 촬영 불가. 수요일 휴무 (724p B:3)

📍 Lotta #북유럽 #잡화점 #소품

베이커리 리키 〔맛집〕
パンやきどころ RIKI
"매장은 아담해도 빵 종류는 풍부해"

고베 모토마치

현지인들 사이에서 입소문이 자자하여 늘 줄이 길게 늘어선 인기 로컬 빵집. 작은 규모의 매장으로, 동시에 최대 6명까지만 입장할 수 있다. 좁은 공간임에도 불구하고 빵 종류가 다양하며 가격 또한 저렴한 편이다. 커스터드 크림이 듬뿍 들어간 코르네와 바삭한 크루아상을 비롯해 전반적으로 마른 과일로 식감을 더한 데니쉬, 바게트 빵 종류가 많다. 딸기 페스츄리, 멜론빵도 인기. 약 250엔~450엔대. 화, 수 휴무

📍 베이커리 리키
#인기로컬빵집 #코르네 #크루아상

Pane Ho Maretta
"매일 100가지 이상 준비 완료!"

쫄깃한 식감의 트러플 소금빵을 한정 판매하는 유명 빵집. 매일 100가지 이상의 다양한 빵을 선보인다. 식사 대용으로 좋은 짭짤하거나 담백한 빵 종류가 많다. 대표 메뉴는 베샤멜 소스와 풍성한 토핑이 어우러진 프랑스식 빵 '크로크무슈'와 겉은 바삭하고 속은 쫄깃한 식감의 '트러플 소금빵(약 280엔)'이다. 결제는 PayPay 또는 현금만 가능. 테이크아웃 전문. 월, 화 휴무

📍 Pane Ho Maretta
#트러플소금빵 #담백한빵 #테이크아웃전문

고베 산노미야 신사 三宮神社
"산노미야 이름 내가 지어줬어"

항해의 안전과 상공업의 번영을 지키는 신으로 신성시되고 있는 신사. '산노미야'라는 지명의 유래가 된 곳으로 알려져 있다. 고베를 대표하는 8개의 신사 중 하나(세 번째라 삼궁신사로 불림). 음력 1월 일주일간 진행되는 신년 축제를 시작으로 2월 초 매화 축제, 5월 12, 13 양일간 펼쳐지는 봄 축제, 10월 가을 축제 등 계절별 다양한 축제가 열린다. 일요일 휴무 **(725p D:3)**

📍 Sannomiya Shrine   #상공업번영신 #고베8대신사 #계절별축제

Gion Shrine 祇園神社
"7월, 단 일주일간 펼쳐지는 축제를 놓치지 말 것"

매년 7월 13일~20일 일주일간 여름 축제가 열리는 신사. 교토의 기온 축제와 거의 같은 시기에 축제가 열린다. 이 기간엔 200채 가까운 노점이 늘어서고, 주홍색 하카마를 입은 무당이 피리와 방울 소리를 울리며 축제를 진행한다. 악령을 쫓는 도구로 사용되고 있는 대형 방울 '스즈오' 신사 내 정좌할 때 사용하는 원형 방석 '와라후다'를 찾아보자. 입구의 계단이 매우 가파르므로 편한 신발을 착용할 것

📍 Gion Shrine   #고베기온신사 #여름축제 #전통신사

하버랜드 메리켄파크

바다 위에 펼쳐진 고베 파노라마

바다와 도시가 맞닿은 곳, 하버랜드와 메리켄파크는 고베의 매력이 파도처럼 밀려오는 곳이에요. 바닷바람을 벗 삼는 가벼운 산책만으로도 마음이 한층 가벼워지는 이곳은 시선을 사로잡는 포트 타워와 유람선이 오가는 풍경, 저녁이면 불빛이 물결 위에 반짝이며 여행자의 마음을 설레게 하죠. 특별한 날을 앞두고 있다면 바다 앞, 근사한 레스토랑 예약해 둬야겠죠?

KEY WORD
- 메모리얼 파크
- 포르타워
- 하버워크

TO DO LIST
- ☐ 모자이크 대관람차에서 야경 보기
- ☐ 포트타워 전망대 유리바닥으로 내려다보기
- ☐ 메리켄파크 스타벅스 창가에 앉기
- ☐ BE KOBE 앞에서 사진 찍기
- ☐ 메리켄 공원 한 바퀴 산책하기
- ☐ 고베 베이크루즈 탑승하기
- ☐ 하버랜드에서 반나절 구경하기

메리켄 파크 조형물

고베 가스등 거리

아토아

미나토 하나비

지진메모리얼파크

스타벅스 메리켄 파크점

포트타워 야경

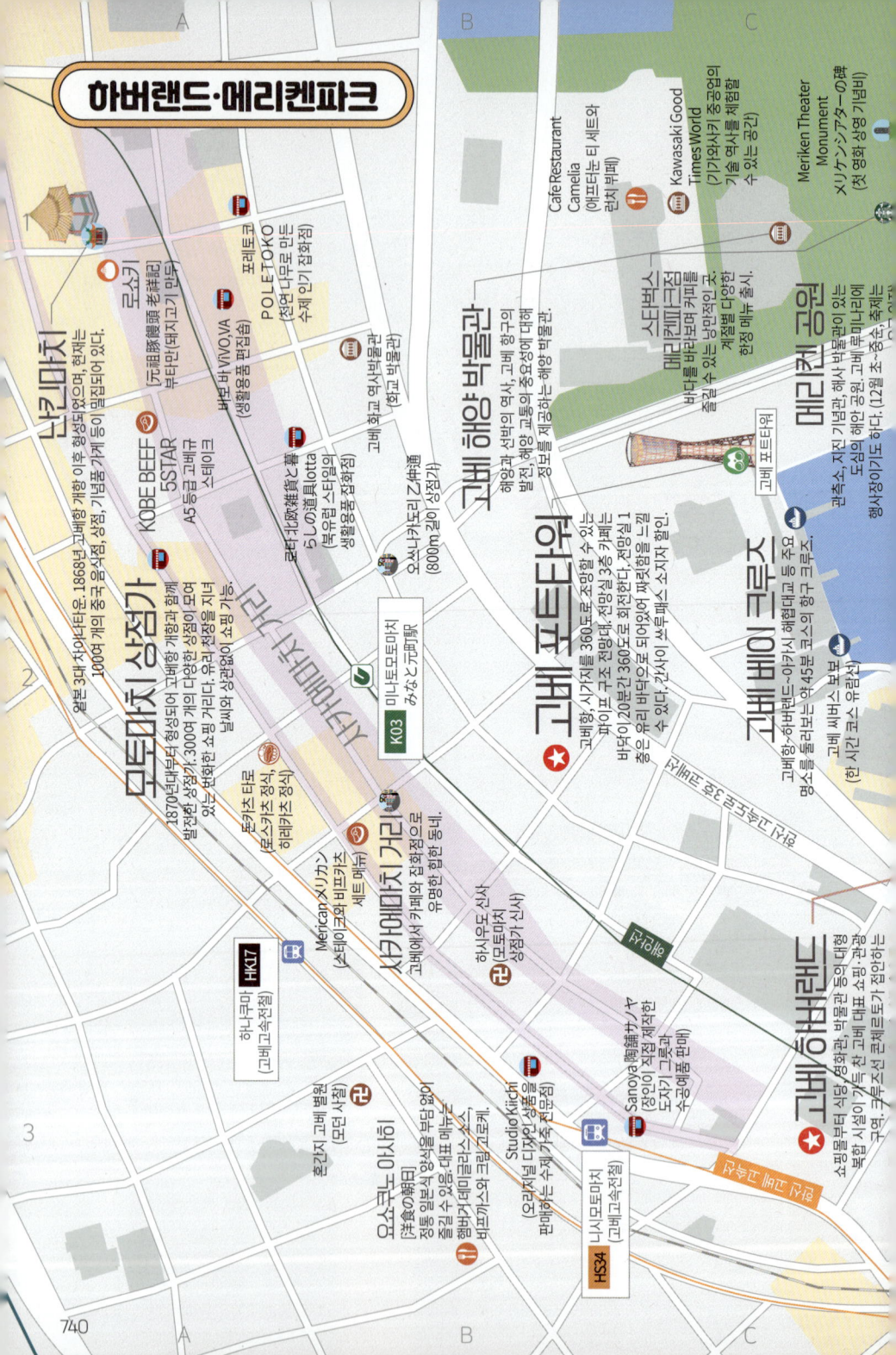

하버랜드 상세지도

돈카츠 타로
(로스카츠 정식)

Merican メリカン
(스테이크 & 비프카츠 세트 메뉴)

사카에마치 거리
[栄町通] 고베에서 카페와 잡화점으로 유명한 힙한 동네. 개항 이후로 번성한 거리로서구 문명의 흔적을 찾을 수 있다.

K03 미나토모토마치
みなと元町駅

로타 lotta
(북유럽 스타일의 생활용품 잡화점)

오쓰나카도리
(800m 길이

요쇼쿠노 아사히
[洋食の朝日]
햄버거 데미글라스 소스, 비프까스와 크림 고로케.

★ 고베 포트타워
[神戸ポートタワー]
고베항, 시가지를 360도로 조망할 수 있는 파이프 구조 전망대, 전망실 3층 카페는 바닥이 20분간 360도로 회전한다. 전망실 1층은 유리 바닥으로 되어있어 짜릿함을 느낄 수 있다. 간사이 쓰루패스 소지자 할인. 미나토모토마치역에서 도보 5분

HS34 니시모토마치
(고베고속전철)

고베 베이 크루즈
[神戸ベイクルーズ]
고베항~하버랜드~아카시 해협대교 등 주요 명소를 둘러보는 약 45분 코스의 항구 크루즈.

神戸 シーバス boh boh KOBE
(한 시간 코스 유람선)

고베 포트타워

플리코 고베
プリコ神戸
(JR고베역 연결 쇼핑몰)

우미에 모자이크
[umie モザイク] 쇼핑, 식사, 엔터테인먼트를 한곳에서 즐길 수 있는 복합 쇼핑몰. 야경을 감상하기 위해 저녁에 방문하는 이가 많은 편. 이국적인 식당이 인기

고베 브랜드
(고베 특산품 판매점)

듀오 고베
デュオこうべ
(지하쇼핑센터)

동구리 공화국
(지브리 공식 스토어)

한신 고베 고속선

이온 스타일 우미에
[イオンスタイル umie]
대형 슈퍼마켓. 푸드코트도 함께 운영하고 있다. 면세 가능
(단 오후 8시 반까지만 가능)

키디랜드 고베점
(캐릭터 장난감 숍)

고베 A58 JR

고베(고베역)

고베하버랜드 umie
[神戸ハーバーランド umie]
캐주얼하고 트렌디한 의류 매장 다양하게 입점. 외국인 전용 500엔 할인 쿠폰 제공. 고베항 야경 명소로 유명.

고베 가스등 거리
[Kobe Gas-Light St]
19세기 말 설치된 가스등과 LED 조명이 어우러져 고풍스러운 분위기를 자아내는 가로수 길. 라이트 업 시간은 매일 일몰부터 저녁 11시 30분까지.

K04 하버랜드
Harborland

하버워크
ハーバーウォーク
(랜드마크 야경 명소)

하버랜드 공원
ハーバーランド公園
(항구 근처 조용한 공원)

고베 호빵맨 어린이 박물관 & 쇼핑몰
[神戸アンパンマンこどもミュージアム&モール]
호빵맨 콘셉트에 맞춘 다양한 놀이시설을 갖췄다. 1층과 2층에서 호빵맨 굿즈 쇼핑 가능. 사진 스튜디오에서 기념사진도 촬영할 수 있다. 호빵맨과 친구들 캐릭터 빵도 인기 만점

고베 화교 역사박물관
神戸華僑歴史博物館

Ship Kobe Kaigan Building
(메이지 건축물+현대 빌딩)

쇼센미쓰이 빌딩
株式会社コンプラス
(고베의 근대산업화 문화유산)

고베 하버랜드
[神戸ハーバーランド]
영화관, 박물관 등의 대형 복합 쇼핑·관광 구역.
콘체르토가 접안하는 항구이며 산책하기 좋은 곳이다.
JR 고베역과 고베 시영 지하철 인접해 있어 접근성이 뛰어나다.

가와사키 월드
(기업 박물관)

Cafe Restaurant Camelia
(애프터눈 티 세트와 런치 뷔페)

고베항지진메모리얼파크
[神戸港震災メモリアルパーク]
1995년 1월 17일 발생한 한신·아와지 대지진의 참상을 기억하기 위해 조성된 공원.

아토아
[アトア]
수족관을 중심으로 무대 미술과 디지털 아트를 융합한, 8가지 테마의 신개념 몰입형 전시. 초대형 구형 수조가 대표적인 포토존.

투스투스 마트 푸드 홀&나이트 페스
(고베규, 화덕 피자)

고베 해양 박물관
[神戸海洋博物館]
해양 박물관. 파도와 범선의 돛 이미지를 가지고 있는 높이 45m의 외관이 눈에 띄는 곳.

고베 포트 뮤지엄(KPM)
[神戸ポートミュージアム(KPM)]
다각형 외관의 그레이색 외관이 독특한 박물관. 뮤지엄 숍에서 아토아 굿즈 구매 가능.

Bell of Hortensia
(메리켄파크 랜드마크)

메리켄 공원
소, 지진 기념관, 해사 이 있는 도심의 해안 원. 고베 루미나리에 장이기도 하다. (12월 순, 축제는 유료 입장)

BE KOBE 모뉴먼트
(메리켄파크)
[BE KOBE モニュメント]
메리켄파크 내에 자리한 'BE KOBE' 조형물. 고베항 개항 150주년을 기념하여 설치. 야간 라이트 업 진행.

크루즈 콘체르토
[クルーズ コンチェルト]
주가 열리는 크루즈를 타고 즐기는 승선 시간 1시간 30분~2시간.

루미너스 고베2
[神戸クルーズ ルミナス神戸2]
프랑스 여객선 SS 노르망디를 모티브로 하여 꾸며진 선상 레스토랑.

테라스 & 다이닝 올 플래그
(신선한 해산물과 고베규 요리)

대관람차

이크 대관람차
イク大観覧車]
와 롯코산, 고베 대교까지 한눈에 볼 수 있는 고베 대표 야경 명소로 손꼽히는 곳. 밤에는 개의 LED를 사용한 일루미네이션으로 밝게 빛난다.

고베 하버랜드 神戸ハーバーランド 추천
"빈손으로 갔다가 두 손 무겁게 돌아오는 거리"

쇼핑몰부터 식당, 영화관, 박물관 등의 대형 문화 시설이 가득 찬 고베 대표 쇼핑·관광 구역. 크루즈선 콘체르토가 접안하는 항구는 바닷바람을 맞으며 산책하기 좋은 곳이다. 우미에, 모자이크 대관람차, 고베 호빵맨 어린이 박물관 & 쇼핑몰, 아토아 등 볼거리 다양. JR 고베역과 고베 시영 지하철 하버랜드역과 인접해 있어 접근성이 뛰어나다. (744p B:2)

📍 고베 하버랜드   #관광지구 #쇼핑몰 #고베항

고베 해양 박물관 神戸海洋博物館 추천
"고대에서 현대까지 이르는 고베 항구 변천사"

해양과 선박의 역사, 고베 항구의 발전, 해양 교통의 중요성에 대해 정보를 제공하는 해양 박물관. 파도와 범선의 돛 이미지를 가지고 있는 높이 45m의 외관이 눈에 띄는 곳. 1층에서 고대에서 현대에 이르기까지 선박의 변천사를 모형 전시로 알아갈 수 있다. 2층은 고대에서 19세기까지의 고베 항구의 역사 자료와 함께 선박 체험 공간을 마련해 두었다. 성인 900엔 학생 400엔 (740p C:1)

📍 고베 해양 박물관   #고베항역사 #선박체험 #선박역사전시

Kawasaki Good Times World
"이 오토바이 근사한데, 얼마일까?"

모터사이클 팬이라면 방문해야 하는 곳. 가와사키 중공업의 테크놀로지를 체험할 수 있는 테마파크. 항구도시 고베와 메리켄 파크의 범선, 파도 등을 이미지화한 고베 해양박물관 내에 자리하고 있다. 산업용 로봇, 헬기, 열차, 선박, 오토바이 같은 수많은 전시품을 실물 크기로 전시하고 있다. 특히 비행기, 선박, 열차는 내부 체험이 가능해 아이들에게 인기. 성인 900엔. 17:30 입장마감. 월요일 휴무 (740p C:1)

📍 Kawasaki Good Times World
#중공업역사 #모터사이클 #실물크기

고베 포트 타워 추천
神戸ポートタワー
"108m 높이로 빛나는 붉은색 라이트업"

고베를 대표하는 랜드마크. 108m에 이르는 높이의 타워로 화려한 라이트 업으로 야경 명소로 손꼽히는 곳. 파이프 구조로 이루어진

스타벅스 메리켄파크점 `추천`
スターバックスコーヒー 神戸メリケンパーク店
"고베 바다, 이곳에서 커피와 함께 감상해 봐"

고베 메리켄파크에 위치한 스타벅스로, 바다를 바라보며 커피를 즐길 수 있는 낭만적인 곳. 건물 외관은 세련된 디자인으로, 대형 유리창을 통해 자연 채광이 가득 들어오며, 테라스석에서는 바닷바람을 맞으며 여유로운 시간을 보낼 수 있다. 계절별로 다양한 한정 메뉴도 출시된다. 특히 저녁에는 조명이 켜진 고베 타워와 메리켄파크의 야경을 감상할 수 있다. 약 500엔

📍 스타벅스 메리켄파크점   #바다뷰 #낭만적인 #야경맛집

붉은색 모래시계 형태의 독특한 외관이 눈에 띈다. 3층에 360도 회전하는 카페 겸 바를 운영하고 있다는 점이 독특하다. 고베 야경을 감상하며 탁 트인 전망을 바라보고 싶다면 방문 추천. 옥상 전망대 입장료 별도. 성인 1200엔. (744p C:2)

📍 고베 포트 타워
#전망대 #야경명소 #360도회전카페

BE KOBE 모뉴먼트 (메리켄파크)
BE KOBE モニュメント (メリケンパーク)
"KOBE 글자만으론 심심하다면 배까지 추가!"

고베 대표 인증샷 명소. 메리켄파크 내에 자리한 'BE KOBE' 글자 모양 조형물. 멀리서도 눈에 띄는 사이즈로 고베항 개항 150주년을 기념하여 설치되었다. 해안에 정박한 크루즈와 배 모양의 고베 메리켄파크 오리엔탈 호텔을 배경으로 인증 사진을 남길 수 있다는 점이 특징. 빨간색 포트타워와 모자이크 대관람차도 바라볼 수 있다. 야간 라이트 업 진행. (745p D:2)

📍 BE KOBE
#고베인증샷 #크루즈와함께 #포트타워뷰

메리켄 공원 メリケンパーク
"고베의 모든 것, 이곳 한 바퀴 돌아보면 알 수 있어"

Bell of Hortensia
オルタンシアの鐘
"대지진 이후 시간이 멈춘 거대 종"

메리켄 파크에 위치한 기다란 종탑 모양의 조형물. 스타벅스 메리켄파크점 바로 옆에 붙어 있어 창가석에서 편하게 바라볼 수 있다. 카페 건물 높이보다 더 크다. 1989년 11월에 메리켄 파크에서 실시된 「제1회 고베 패션 페스티벌」의 개최 기념으로 1990년 완성된 것으로, 기존에는 하루 4회 종이 울렸지만, 한신 아와지 대지진 이후로는 울리지 않고 있다. (745p D:2)

📍 Bell of Hortensia
#메리켄파크 #종탑 #랜드마크

관측소, 지진 기념관, 해사 박물관이 있는 도심 속 해안 공원. 고베항 개항 120주년을 기념하여 조성되었다. 고베의 랜드마크인 고베 포트 타워를 비롯해 고베 해양 박물관, 고베항 지진 메모리얼 파크, BE KOBE 모뉴먼트 등 다양한 볼거리 선사. 고베 루미나리에 행사장이기도 하다. (12월 초~중순, 축제는 유료 입장). 주차장 시설 완비(~840엔). (745p D:2)

📍 메리켄 공원
#해안공원 #루미나리에 #유료주차장

고베 베이 크루즈 `추천`
神戸ベイクルーズ 【ロイヤルプリンセス・御座船安宅丸】
"고베 여행 예습 복습으로 딱인 45분 크루즈"

고베 하버랜드·메리켄파크

고베항~하버랜드~아카시 해협대교 등 주요 명소를 둘러보는 약 45분 코스의 크루즈. 메리켄파크의 포트 타워와 고베대교 등 대표 포토 스폿을 지나기 때문에 사진 촬영하기 좋다. 일본 전통 배 고자부네를 재현한 '아타케마루 호', 2층 규모 스카이데크 마련된 '로얄 프린세스 호'로 구성. 기상 악화 시 고베 항 내만 운항(오사카만 나가지 않음). 성인 약 1700엔 중학생 및 65세 이상 약 1500엔 초등학생 약 800엔 (744p C:2)

📍 Kobe Bay Cruise   #크루즈 #일본전통배재현 #스카이데크유람선

테라스&다이닝 올 플래그 `맛집`
Terrace & Dining ALL FLAGS
"오리엔탈 호텔에서 즐기는 오션뷰 다이닝"

메리켄파크 오리엔탈 호텔 내에 위치한 뷔페 레스토랑. 바다 전망을 감상하며 식사할 수 있는 것이 장점이다. 조식부터 디너까지 다양한 메뉴가 제공되며, 신선한 해산물과 고베규 요리가 메인이다. 게 요리, 샐러드, 파스타, 스테이크 등 다채로운 요리를 맛볼 수 있다. 식사 시간은 90분으로 제한된다. 뷔페 식당이지만 공간이 넓고 동선이 편리해 여유롭다. 약 5000엔 (745p D:2)

📍 테라스 & 다이닝 올 플래그
#바다뷰 #뷔페레스토랑 #90분제한

고베 가스등 거리 Kobe Gas-Light St
"가스등 아래, 로맨틱한 밤 산책"

모자이크와 JR 고베역을 연결하는 가로수 길로 야경 명소 중 하나. 19세기 말 설치된 가스등과 LED 조명이 어우러져 고풍스러운 분위기를 자아낸다. 개항 당시 분위기를 느낄 수 있는 이국적인 감성으로, 저녁이 되면 가스등이 켜지며 따뜻한 빛으로 가득 차게 된다. 라이트 업 시간은 매일 일몰부터 저녁 11시 30분까지. 겨울 일루미네이션으로 더욱 인기. (744p B:3)

📍 Kobe Gas-Light St   #가로수길 #19세기가스등 #일루미네이션

고베 씨버스 보보
神戸シーバス boh boh KOBE
"비행기 뷰는 기본! 서비스로 이벤트까지"

유람선 위에서 고베 공항으로 착륙하는 비행기를 볼 수 있어 인기인 유람선. 메리켄 파크에서부터 고베의 시가지와 항구를 일주한다. 포트 아일랜드, 고베 공항, 아카시 해협, 하버랜드 등 차례로 항해한다. 카페 메뉴 판매 (커피 500엔), 전통 북 연주, 할로윈 디스코 파티, 오케스트라 연주회 등 특별 이벤트가 펼쳐지기도 한다. 이벤트 정보는 홈페이지 확인. 주말에도 예약없이 탑승 가능. 성인 약 1800엔. 수요일 휴무 (744p C:2)

📍 Kobe Seabus Fantasy
#유람선 #선상카페 #전통공연

고베(고베역) 神戸駅
"고베 여행의 시작점이자 종착지"

고베 특산품부터 가성비 좋은 식당까지 다양한 여행 필수 코스. 1874년 개업한 유서 깊은 철도역으로, JR 서일본의 주요 노선이 지난다. 도카이도 본선과 산요 본선이 교차하는 교통의 요지이며, 고베 여행의 시작점이다. 3면 5선의 승강장을 갖추고 있으며, 특급 하마카제도 정차한다. 고베시영지하철 세이신·야마테선과도 연결되어 편리한 이동이 가능하다. (741p D:3)

📍 고베역
#고베메인역 #5개의노선 #식사와쇼핑

GOCHIKURA Kobe Honten
GOCHIKURA 神戸本店 [맛집]
"오이 송아지 버블 수 있는 고베규 햄버거 커틀릿"

20년 넘는 역사의 고베규 스테이크 전문점. 고베규를 사용한 커틀릿, 고로케, 야키토리 등 다양한 메뉴를 맛볼 수 있으며, 고베규 100%로 만든 햄버거 커틀릿(약 1500엔)은 한정 판매된다. 어린이 고객을 위한 호빵맨 플레이트도 인기 있으며, 미취학 아동에게는 음료를 무료로 제공한다. 가격은 가성비가 좋은 편. 한국어 메뉴판 비치

📍 GOCHIKURA 고베 본점
#고베규 #스테이크 #커틀릿

고베항지진메모리얼파크 神戸港震災メモリアルパーク
"지진의 위험성을 잊지 않기 위해"

1995년 1월 17일 발생한 한신·아와지 대지진의 참상을 기억하고 교훈을 되새기기 위해 조성된 공원. 당시 지진으로 인해 파괴된 항만 시설(방파제, 도로 등)의 일부를 그대로 보존하여 전시하고 있다. 지진 당시의 사진과 영상 자료, 피해 상황을 설명하는 패널 등을 통해 지진의 위험성과 대비의 중요성을 학습할 수 있는 공간. 한국어 설명 제공 (745p E:1)

📍 지진메모리얼파크
#한신대지진장소 #지진교육 #지진피해전시

하버워크 ハーバーウォーク
"고베항 여기서 봐도 좋은데 왜 사람이 적지?"

고베항의 탁 트인 전망을 감상하며 휴식을 취할 수 있는 해변 산책로. 맞은편에 가와사키 중공업의 조선소와 잠수함을 볼 수 있는 경우도 있어 항구의 독특한 전망을 감상할 수 있다. 포트타워와 해양박물관이 보이는 방면은 고베만 야경 명소로 인기. 붐비지 않고 조용한 분위기에서 랜드마크 배경으로 사진 남기기 좋은 장소도. 산책로를 따라 구 고베항 신호소까지 다녀오길 추천 (744p C:3)

📍 하버워크
#고베항야경 #해변산책로 #조선소와잠수함

고베 하버랜드·메리켄파크

749

모자이크 대관람차 モザイク大観覧車 `추천`
"눈부셔서 못찾을 수가 없네,,!"

동구리 공화국 고베모자이크점
どんぐり共和国 神戸モザイク店
"토토로 포토존에서 인증샷 남기기!"

고베 거리와 롯코산, 고베 대교까지 한눈에 볼 수 있는 대관람차. 고베 대표 야경 명소로 손꼽히는 곳이니 일몰 이후 탑승하길 추천한다. 밤에는 약 12만 개의 LED를 사용한 일루미네이션으로 밝게 빛난다. 모든 곤돌라에 에어컨이 설치되어 있어 여름에도 시원하게 탑승할 수 있다. 음식물 섭취 금지. 6세 이하의 어린이는 보호자 동반 필요. 약 10분간 운행. 요금 약 800엔. 10:00-22:00 (744p C:3)

📍 모자이크 대관람차 #대관람차 #야경명소 #일루미네이션

스타벅스 고베 하버랜드 우미에 모자이크점 `추천`
"테라스에 앉으면 고베 유명 명소가 한눈에 들어와!"

▲ 고베 하버랜드 우미에 모자이크 내에 위치한

스타벅스. 바다를 바라보며 커피를 즐길 수 있는 최적의 장소로, 테라스석에서 메리켄파크, 고베 포트 타워, 고베 카와사키 월드(고베 해양 박물관) 등의 전망을 감상할 수 있다. 특히 야경이 아름답다. 관광객뿐만 아니라 현지인들에게도 인기 있는 매장으로, 한정 머그컵과 텀블러 등 기념품도 판매한다. 약 500엔

📍 스타벅스 고베 모자이크점
#전망좋은 #고베항뷰 #한정판굿즈

지브리의 팬이라면 반드시 방문해야 할 곳. 하버랜드 우미에 모자이크 2층에 위치한 지브리 캐릭터 상품 전문점. '이웃집 토토로', '센과 치히로의 행방불명', '마녀 배달부 키키' 등 인기 지브리 애니메이션의 캐릭터 상품을 다양하게 판매. 지브리 캐릭터와 콜라보 한 인형, 문구류, 생활용품, 인테리어 소품 구매가능. 토토로, 고양이버스 등 인기 캐릭터 포토존 마련. 면세 가능 (744p C:2)

📍 Donguri Garden Mosaic
#지브리 #모자이크2층 #캐릭터굿즈

Kobe Rokko Farm Cafe UMIE Mosaic branc `맛집`
"신선한 우유 맛, 다양한 디저트로 준비했어"

롯코 목장의 우유를 사용한 소프트 아이스크림으로 유명한 카페. 피스타치오 맛과 초콜릿 치즈 케이크맛이 가장 인기가 많다. 아이스크림 외에도 아포가토, 라떼, 밀크티, 밀크 푸딩, 밀크 도넛 등 우유를 활용한 다양한 메뉴를 주문할 수 있다. 신선한 우유의 깊은 풍미를 경험할 수 있으며, 부드럽고 진한 맛이 특징. 매장 앞에는 작은 시냇물이 흐르고 있어 운치 있다. 약 550엔

📍 Kobe Rokko Farm Cafe UMIE
#롯코목장 #신선한우유 #소프트아이스크림

고베하버랜드 umie 神戸ハーバーランドumie `추천`
"야간 쇼핑은 이곳에서 하는 게 어때?"

하버랜드에 자리한 해변 앞 3층 규모 쇼핑몰. 고베항 야경 명소로도 유명하며, 쇼핑부터 식사까지 해결할 수 있는 곳이다. 자라, H&M, 무인양품, GU 등 캐주얼하고 트랜디한 의류 매장 다양하게 입점. 텍스 프리 가능한 매장을 다수 보유하고 있어 관광객에게 인기. 니시무라 커피, 모로조프 등 고베 출신 카페도 찾을 수 있다. 외국인 전용 500엔 할인 쿠폰 제공 (744p C:2)

📍 고베 umie   #3층규모쇼핑몰 #캐주얼브랜드 #게스트할인

이온 스타일 우미에
イオンスタイルumie
"우미에 쇼핑몰에서 장 보기 좋은 매장"

하버랜드 umie 쇼핑몰 지하 1층에 위치한 대형 슈퍼마켓. 도시락과 같은 신선 식품, 가공식품, 주류, 음료 등 다양한 식료품을 판매한다. 화장품, 의약품, 기념품 등 구성 다양. 푸드코트도 함께 운영하고 있다. 저녁 8시 전후로 타임 세일 진행한다는 점 참고. 5% 게스트 할인 쿠폰 제공. 면세 가능 (744p B:2)

📍 AEON STYLE umie
#대형슈퍼마켓 #8시타임세일 #게스트할인

Gigo Umie South Mall
GiGO 神戸umieサウスモール
"우미에도 있는데 모자이크에도 있네?"

우미에와 모자이크 건물을 아우르는 3층 규모의 대형 갓챠 숍. 봉제 인형이 80%, 과자 15%, 피규어 5% 정도의 비율로 비치되어 있다. 크레인 게임기를 통해 짱구, 도라에몽, 치이카와 등 인기 캐릭터 인형을 획득할 수 있다. 단 인형을 뽑아내는 집게가 약한 편이라 쉽지 않다고 하니 참고. 리듬 게임의 일종인 태고의 달인 기계도 설치되어 있다. (741p D:2)

📍 Gigo Umie South Mall
#3층규모 #갓챠숍 #캐릭터인형

우미에 모자이크 umie モザイク
"저녁 식사만으로도 갈 이유가 충분!"

쇼핑, 식사, 엔터테인먼트를 한곳에서 즐길 수 있는 복합 쇼핑몰. 고베 항 근처에 자리

Sandaya `맛집`
"고베항 야경을 감상하며 와인 한잔하고 싶을 때"

피아노와 플루트 연주가 흘러나오는 고급 스테이크 전문 레스토랑. 추천 메뉴는 소고기 로스 스테이크. 양은 1인 140g 정도면 넉넉하다. 식전 햄, 어니언 드레싱 샐러드, 수프가 함께 제공된다. 퀄리티 좋은 생햄에 양파를 올려 먹는 것도 별미로 술안주로 궁합이 좋다. 창가 좌석에서 고베항의 야경을 감상하자. 점심 세트 약 3000엔 (741p D:2)

📍 Sandaya
#고베항뷰 #스테이크 #피아노연주

요쇼쿠노 아사히 洋食の朝日 `맛집`
"규카츠와 돈카츠로 소문난 맛집"

고베에서 오랫동안 사랑받아 온 일본 경양식 전문점. 규카츠와 돈카츠가 맛있어서 인기가 많다. 음식 위에 뿌려주는 데미그라스 소스가 새콤달콤 산미가 있어서 느끼한 튀김의 맛을 잡아준다. 정식에는 밥, 된장국, 샐러드가 함께 제공된다. 밥과 국은 무한 리필 가능. 점심 시간에는 대기줄이 길어서 일찍 방문하는 것이 좋다. 현금 결제만 가능. 약 1200엔. 주말 휴무 (744p A:1)

📍 요쇼쿠노 아사히
#규카츠 #돈카츠 #경양식

고 있어 야경을 감상하기 위해 저녁 시간 때에 방문하는 이가 많은 편. 쇼핑몰에 입점한 카페와 레스토랑을 이용하면 편하게 자리에 앉아 야경을 감상할 수 있다. 하와이 레스토랑 'Eggs'n Things', 브라질 레스토랑 등 이국적인 식당이 인기. (744p C:2)

📍 umie mosaic
#복합쇼핑몰 #고베항야경 #이국적인식당

아토아 アトア
"아쿠아리움을 넘어 아트 그 자체"

고베 하버랜드·메리켄파크

아쿠아리움과 아트 전시를 함께 관람할 수 있는 곳. 수족관을 중심으로 무대 미술과 디지털 아트를 융합한 새로운 관람 형태. 빛, 소리, 영상 등을 활용하여 환상적인 분위기를 연출했다는 점이 특징. 총 8가지의 테마 공간으로 구성. 초대형 구형 수조가 대표적인 포토존. 왈라비, 거북이, 카피바라, 펭귄, 뱀과 도마뱀 등 다양한 동물이 서식하고 있다. 약 2600엔
10:00-19:00 (745p F:1)

📍 아토아   #구형수조 #수족관 #디지털아트

고베 포트 뮤지엄(KPM) 추천
神戸ポートミュージアム(KPM)
"푸드코트 중앙에 떡하니 자리한 아쿠아리움"

다각형 외관의 그레이색 외관이 독특한 박물관. 아쿠아리움 '아토아'와 함께 타코야키, 함박스테이크, 마제소바 등 9개의 음식점이 모여 있는 푸드코트 'TOOTH MART'가 메인으로 자리하고 있다. 푸드코트 중앙 천장에서 아토아 원형 수조 아랫부분이 비치고 있다는 점이 매력적. 뮤지엄 숍에서 아토아에서 만난 동물들의 굿즈를 구매할 수 있다. 약 2600엔. 10:00-19:00 (745p F:1)

📍 고베 KPM
#수족관박물관 #푸드코트 #동물기념품숍

고베 호빵맨 어린이 박물관&쇼핑몰 추천
神戸アンパンマンこどもミュージアム&モール
"일일 한정 호빵맨이 되어 세균맨을 물리치자!"

호빵맨을 직접 만나고 싶은 아이들의 꿈을 이뤄주는 공간. 만화 주제가에 맞춰 춤을 추는 극장, 호빵맨 선박 포토존, 잼 할아버지의 집, 세균맨의 비밀기지 등 호빵맨 콘셉트에 맞춘 다양한 놀이시설을 갖췄다. 1층과 2층에서 호빵맨 굿즈 쇼핑 가능. 사진 스튜디오에서 기념사진도 촬영할 수 있다. 호빵맨과 친구들 얼굴이 그려진 캐릭터 빵도 인기 만점. 2000엔~2500엔. 입장마감 17:00 (744p C:3)

📍 고베 호빵맨 박물관   #호빵맨 #캐릭터박물관 #호빵맨굿즈

신카이치 新開地
"60살 정도면 이 거리에선 젊은이자~"

창업 60년이 넘는 노포가 가득한 거리. 쇼와 시대로 타임슬립 한 듯한 기분을 즐길 수 있다. 대대로 전해 내려오는 어묵맛을 선보이는 '다카다야쿄점', 1945년에 오픈한 전통 연극무대 '신카이치 극장' 레트로 감성 킷사텐 '에덴' 등 향수를 자극하는 명소가 곳곳에 숨어 있다. JR 고베역 지하공간을 개조하여 오픈한 '메트로 탁구장'도 이색 볼거리 중 하나

📍 신카이치
#노포거리 #80년된극장 #킷사텐

Tajimaya 맛집
炭火焼肉屋台 たじま屋
"고급부터 가성비까지, 가격대별로 고르는 부위"

고베에서 이름난 숯불 야키니쿠 전문점. 엄선된 다지마규와 고베규를 비장탄으로 구워 먹을 수 있다. 특선 갈비, 안창살, 하라미, 소 혀(탄), 곱창 모듬 등 메뉴가 풍성하고, 냉면, 하라미 스테이크도 먹을 수 있다. 고급 부위부터 가성비 좋은 부위까지 다양. 태블릿 PC로 주문 가능하다. 현금 결제만 가능. 약 1450엔. 월요일 휴무 (742p C:2)

📍 Tajimaya kobe
#숯불야키니쿠 #갈비 #냉면

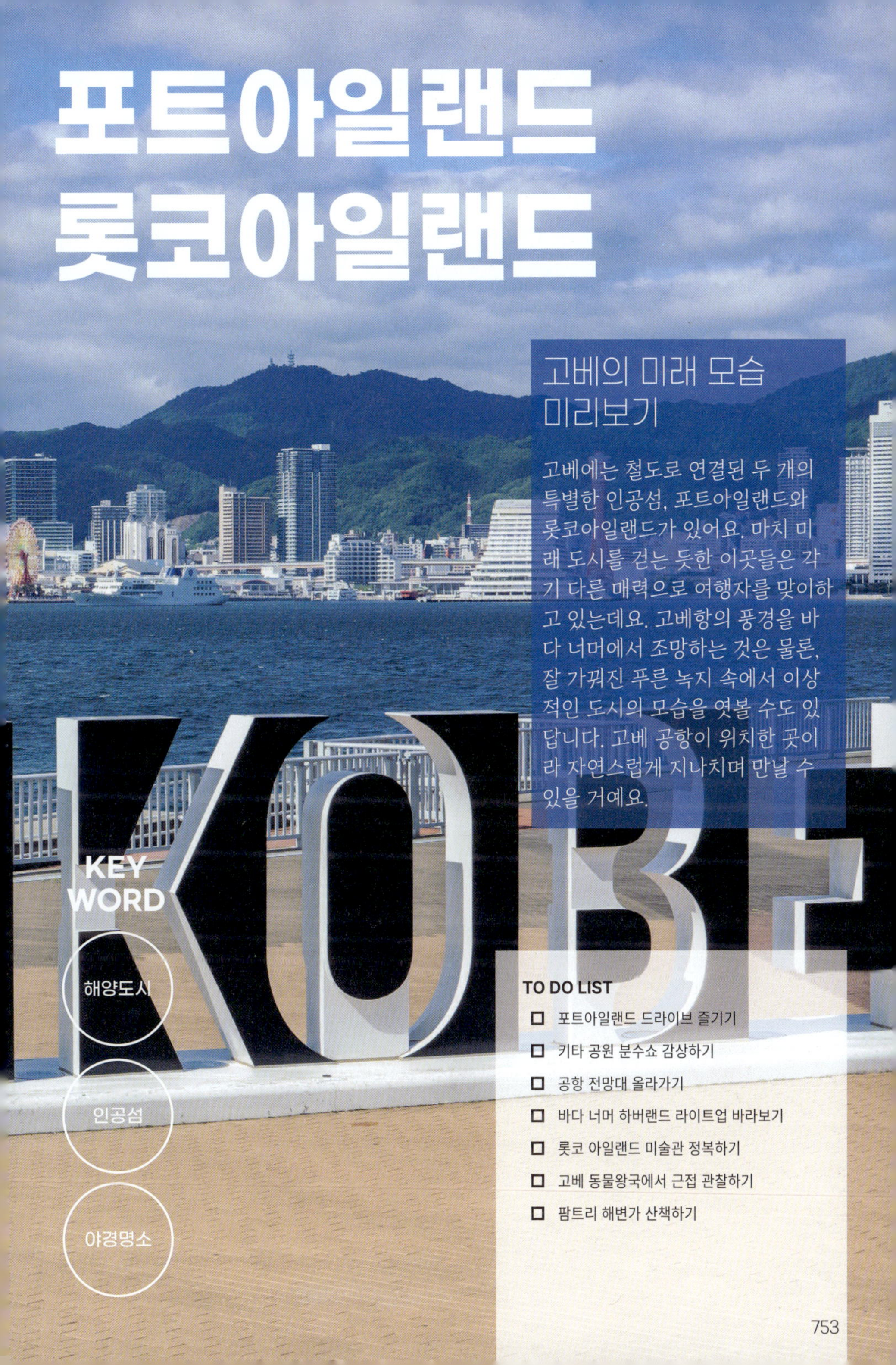

포트아일랜드
롯코아일랜드

고베의 미래 모습 미리보기

고베에는 철도로 연결된 두 개의 특별한 인공섬, 포트아일랜드와 롯코아일랜드가 있어요. 마치 미래 도시를 걷는 듯한 이곳들은 각기 다른 매력으로 여행자를 맞이하고 있는데요. 고베항의 풍경을 바다 너머에서 조망하는 것은 물론, 잘 가꿔진 푸른 녹지 속에서 이상적인 도시의 모습을 엿볼 수도 있답니다. 고베 공항이 위치한 곳이라 자연스럽게 지나치며 만날 수 있을 거예요.

KEY WORD
- 해양도시
- 인공섬
- 야경명소

TO DO LIST
- ☐ 포트아일랜드 드라이브 즐기기
- ☐ 키타 공원 분수쇼 감상하기
- ☐ 공항 전망대 올라가기
- ☐ 바다 너머 하버랜드 라이트업 바라보기
- ☐ 롯코 아일랜드 미술관 정복하기
- ☐ 고베 동물왕국에서 근접 관찰하기
- ☐ 팜트리 해변가 산책하기

고베 공항 전망대

포아이 시오사이 공원

고베 포트 터미널

포트아일랜드

고베 동물왕국

고베 유카리 미술관

월드 기념홀

포트아일랜드 키타 공원

고베 - 포트아일랜드·롯코아일랜드

효고현립미술관

고베산노미야
Sannomiya
三宮駅

보에키센터
貿易センター駅

포트터미널
ポートターミナル駅

해산물 식사 1932
Seafood Dining 1932
(그릴 해산물, 해산물 덮밥)

포트아일랜드 키타 공원
고베 대교 아래에 위치. 고베항과 시내를 있는 전망 명소. 강변을 따라 분수 쇼가 펼 애니메이션 '페이트(Fate)' 시리즈의 성지 코스로도 알려져 있다.

나카고엔
中公園駅

기타후토
北埠頭駅

미나토지마
みなとじま駅

나카후토
中埠頭駅

The Sheep Café
(핸드드립 커피와 크림이 듬뿍 올라간 카푸치노)

시민히로바
市民広場駅

미나미코엔
南公園駅

반도 고베 과학관
(플라네타리움 과학관)

이료센터
医療センター駅

이케아 고베점 IKEA神戸
(홈 퍼니싱 종합 스토어)

게이산카가쿠센터
京コンピュータ前駅

포트 아일랜

월드 기념홀
(고베 포트 아일랜드홀)
최대 8,000명까지 수용할 수 있는 대형 컨벤션 센터로 스포츠 행사와 콘서트, 전시회 등에 최적화되어 있다.

고베 동물왕국
동물을 가깝고 친밀하게 관찰할 수 있는 반나절 코스의 대형 동물원. 실외 공간은 체험학습장으로 이용되고 있다.

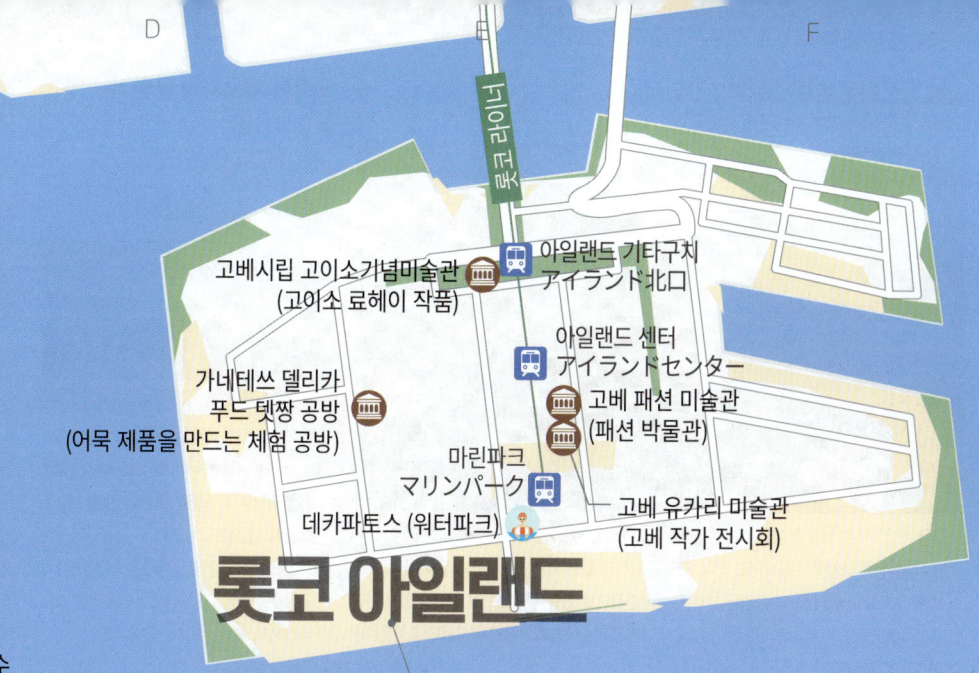

롯코 아일랜드

[六甲アイランド]
고베 시 히가시나다 구에 있는
인공섬으로 해양 문화 도시를 콘셉트로
조성되었다. 사계절 꽃과 나무로
컬러풀한 녹지를 이루고 있다. 롯코
라이너를 이용하면 고베 시내까지 연결.

포트 아일랜드

[ポートアイランド]
야경 명소로 유명한 인공 섬. 드라이브 데이트
코스로도 인기. 국제 회의장, 박람회장, 박물관,
콘서트장 등이 갖추어져 있다. 섬 북부에서 메리켄
파크의 라이트업과 고베 하버랜드의 불빛이 연출하는
장관을 볼 수 있다. 고베 베이 크루즈 탑승 추천.

고베 동물왕국 神戸どうぶつ王国 추천
"거대한 새장 안에 함께 사는 동물 친구들"

동물을 가깝고 친밀하게 관찰할 수 있는 반나절 코스의 대형 동물원. 실내외로 호랑이부터 원숭이, 알파카 등 다양하게 서식하고 있다. 분홍 펠리컨과 같은 새들은 자유롭게 날아다니고 있어 직접 교감할 수 있다. 실외 공간은 주로 체험학습장으로 이용되고 있으며 낙타 체험, 말 체험, 사슴 먹이 주기 등 가능하다. 인기가 많아서 대기 줄이 긴 편이다. 성인 약 2200엔. 입장 마감 16:30 (756p B:3)

📍 고베 동물왕국   #대형동물원 #동물과교감 #체험학습장

포트아일랜드 키타 공원 ポートアイランド 北公園
"분수쇼와 붉은빛이 어우러지는 순간을 포착하기 위해!"

고베 대교 아래에 위치하여 고베항과 시내를 한눈에 볼 수 있는 전망 공원. 강변을 따라 분수쇼도 펼쳐진다. 붉은빛으로 물드는 고베 대교 야경 사진을 촬영하기 위해 밤에 방문하는 이가 많다. 눈에 잘 띄지 않는 숨겨진 장소라 사람이 적고 조용한 분위기. 피크닉과 산책하기 좋다. 애니메이션 '페이트(Fate)' 시리즈의 성지 순례 코스로도 알려져 있다. (756p A:2)

📍 포트아일랜드 키타 공원
#고베대교야경 #분수쇼공원 #페이트성지순례

포아이 시오사이 공원 ポーイしおさい公園
"고베 불꽃놀이 명당은 이곳이라네!"

포트 아일랜드에 위치한 아름다운 해안 공원. 매년 열리는 고베 미나토 불꽃놀이를 구경할 수 있는 명당이다. 일몰과 야경이 아름다운 곳으로 출사 명소로도 유명하다. 관광객에게는 'BE KOBE' 조형물 앞에서 인증 사진을 남기는 곳으로 인기가 많다. 낚시는 금지되어 있으니 주의하자.

📍 Port Island Shiosai Park   #해안산책길 #미나토불꽃놀이 #포트아일랜드

고베 공항 神戸空港
"4층에서 만날 수 있는 공항 속의 공항"

인공섬 위에 자리한 국제 공항. 포트라이너로 고베 시내와 연결된다. 편의시설로는 3층의 전망대, 패밀리마트, 카페, 간사이 선물 가게, 레스토랑 등 마련. 터미널 4층을 방문하면 가상 비행 체험을 할 수 있는 비행 시뮬레이터가 비치되어 있다(200엔). 고베공항 배경으로 이착륙 시뮬레이션을 해볼 수 있으며 초급부터 최상급 코스까지 단계가 나뉘어져 있다. (743p D:3)

📍 고베 공항
#국제공항 #가상비행체험 #전망대

고베 공항 전망대
神戸空港 屋上展望デッキ
"점심 먹고 올라가면 딱이겠다!"

고베 공항 옥상(4층)에 위치한 야외 전망대. 고베 바다를 배경으로 활주로와 고베 시내를 한눈에 조망할 수 있다. 맑은 날엔 롯코 산맥과 오사카만까지 보인다. 비행기 이륙이 많은 시간대는 13시경이다. 카페와 식사 공간이 있는 3층에서도 비행기를 볼 수 있다. (743p D:3)

📍 Kobe Airport Rooftop Observation Deck
#고베공항 #전망대 #옥상

월드 기념홀(고베 포트 아일랜드홀)
ワールド記念ホール
"8,000석 안에 내 자리 하나쯤은 있겠지?"

다양한 공연이 개최되는 대형 컨벤션 센터. 최대 8,000명까지 수용할 수 있는 공간으로 스포츠 행사와 콘서트, 전시회 등에 최적화되어 있다. 일본 프로 레슬링과 고베 대학교 입학식부터 BTS, 빅뱅, 아이몽 등 유명 아이돌 공연도 자주 열리고 있다. 일반적인 콘서트 홀과 비교했을 때 좌석 수가 적은 편이라 무대를 더욱 가깝게 바라볼 수 있다는 장점이 있다. (756p B:2)

📍 월드 기념 홀
#콘서트홀 #무대와가까움 #대형컨벤션센터

The Sheep Café 맛집
ひつじ珈琲店
"담배 냄새 진하게 밴 레트로 카페"

80년대 레트로 분위기의 아늑한 카페. 핸드 드립 커피와 크림이 듬뿍 올라간 카푸치노를 마시며 수제 케이크를 즐기기에 좋다. 모닝 세트는 삶은 달걀과 토스트 또는 음료가 포함된 샌드위치로 제공된다. 포토피아 호텔 내에 위치. 실내 흡연이 가능한 곳이라 미성년자는 출입이 제한된다. 약 450엔 (756p B:2)

📍 The Sheep Café
#모닝세트 #80년대분위기 #핸드드립

포트아일랜드 ポートアイランド 추천
"내부 순환 드라이브 코스 vs 외부 순환 항해 코스"

야경 명소로 유명한 인공 섬. 드라이브 데이트 코스로도 인기. 국제 회의장, 박람회장, 박물관 등이 갖추어져 있고, 콘서트장에서는 해외 유명 아티스트들의 공연이 열린다. 섬 북부에서 고베 시내 방향을 바라보면 메리켄 파크의 라이트업과 고베 하버랜드의 불빛이 연출하는 장관을 볼 수 있다. 섬 외곽부터 찬찬히 둘러보고 싶다면 고베 베이 크루즈 탑승 추천 (756p C:3)

📍 포트아일랜드   #야경명소 #드라이브코스 #인공섬

고베 포트 터미널
神戸ポートターミナル
"초대형 크루즈를 한눈에 담을 수 있는 곳"

국내외 대형 크루즈와 화물선 등이 오가는 터미널이다. 각종 전시회, 이벤트 회장으로 사용할 수 있는 포트 터미널 홀도 붙어 있다. 건물 옥상에 올라가면 포트에 정박한 초대형 크루즈를 한눈에 담을 수 있다. 포트터미널 역과 직결되어 있어 접근성이 편리 하다. 역사 2층은 대합실, 3층은 승강장이다. 무료 와이파이 제공 (756p A:2)

📍 KOBE PORT TERMINAL
#선착장 #대형크루즈 #전망대

롯코 아일랜드 六甲アイランド
"롯코라이너를 타고 도착한 해양 신도시"

해양 문화 도시를 콘셉트로 조성된 인공섬. 도시를 둘러싼 약 5km의 그린벨트가 사계절 꽃과 나무로 컬러풀한 녹지를 이루고 있다. 거리 중심엔 1km 길이의 인공 하천을 따라 쇼핑몰과 호텔, 상점가가 이어지고, 남쪽으로 이동하면 휴양지 분위기의 팜트리 해변 산책길이 펼쳐진다. 롯코 라이너를 이용하면 고베 시내까지 한번에 도착할 수 있다. (757p E:2)

📍 롯코 아일랜드   #인공섬 #그린벨트 #해변산책길

사쿠라마사무네 기념관 -사쿠라엔
櫻正宗記念館『櫻宴』 **맛집**
"역사 깊은 양조장에서 맛보는 사케 맛"

1625년 창업한 유서 깊은 양조장. 사케 시음과 구매가 가능하다. 1층에서는 사케 제조 과정을 전시하며 사케를 판매한다. 기념관 내 레스토랑 '사쿠라엔'에서는 사카구라 고젠 코스를 제공하는데 전채 요리부터 일본주와 완벽하게 어울리는 메뉴 구성을 자랑한다. 사케로 만든 된장국인 가스지루와 사케 아이스크림까지 술을 활용한 다양한 요리를 맛볼 수 있어 의미 있다. 사케 애호가들에게 추천. 사카구라 고젠 약 1800엔. 화요일 휴무 (743p F:1)

📍 사쿠라마사무네 기념관 - 사쿠라엔
#양조장 #사케디저트 #사케요리

고베 유카리 미술관
神戸ゆかりの美術館
"고베와 연을 맺은 예술가들의 작품을 소개해요"

고베에서 태어났거나 활동하는 여러 작가들의 작품을 만날 수 있는 미술관. 대형 원반을 얹은 듯한 건축 디자인이 눈길을 끈다. 매월 첫째, 셋째 토요일에는 큐레이터가 작품을 해설하는 대화식 갤러리 투어를 진행한다. 설명회 등 일정은 홈페이지에서 확인 가능하다. 2층에는 고베 패션 미술관이 있어 함께 둘러보기 좋다. 성인 약 200엔. 10:00-17:00 월요일 휴무 (757p E:1)

📍 Kobe Artists Museum
#고베작가전 #미술관 #전시회

고베 패션 미술관
神戸ファッション美術館
"유럽 귀족들이 입던 거라 힘들게 가져왔어"

패션을 테마로 한 미술관. 세계 각국의 다양한 패션 관련 자료를 수집, 보존, 전시하고 있다. 특히 18세기 유럽 귀족들의 의상, 20세기 초반의 오트 쿠튀르 의상 등 희귀한 자료를 만날 수 있다. 또한 3층 라이브러리에는 패션 관련 도서가 약 45,000권이나 정리되어 있다. 숍에서는 패션 관련 굿즈를 살 수 있다. 특별 전시회 정보는 홈페이지 참고. 약 1000엔. 10:00-18:00 월요일 휴무 (757p E:1)

📍 고베 패션 미술관
#패션박물관 #유럽귀족의상 #특별전시회

데카파토스 デカパトス
"14m에서 시원하게 슬라이딩!"

롯코 아일랜드 마린파크 역 바로 앞에 위치한 대형 워터파크. 여름에만 개장하는 곳으로(7월~9월), 다양한 종류의 수영장과 워터 슬라이드, 스파 시설 등을 갖추고 있다. 특히 높이 14m의 스릴 만점 어트랙션 '리버라이드'가 인기다. 3세 미만 어린이만 이용할 수 있는 어린이 풀은 수심 25cm와 50cm 두 가지다. 테이블 이용 시 별도 이용료가 있다. 성인 약 1800엔 (757p E:1)

📍 데카파토스
#워터파크 #워터슬라이드 #키즈풀

기타노

테마가 살아있는 아기자기한 마을

유럽 감성 가득한 거리, 기타노 지구로 발걸음을 옮겨볼까요? 19세기 후반, 고베항 개항과 함께 지어진 '이진칸(異人館)'이라 불리는 서양식 저택들이 이곳에 오밀조밀 모여 있어요. 붉은 벽돌, 독특한 지붕, 화려한 스테인드글라스까지 집집마다 다른 건축 양식은 마치 유럽의 작은 마을을 옮겨 놓은 듯한 착각을 불러일으키죠. 로프웨이를 타면 만날 수 있는 향기로운 허브 마을도 꼭 찾아보세요!

KEY WORD

- 기타노이진칸
- 누노비키
- 외국인 거주자

TO DO LIST

- ☐ 오란다관에서 네덜란드 민족의상 체험하기
- ☐ 우로코노이에 전망갤러리에서 전시 관람
- ☐ 모차르트가 사용하던 물건 찾기
- ☐ 기타노 관광 안내소에서 의사 대여하기
- ☐ 야마테 8번관 새턴 의자 앉기
- ☐ 영국관에서 셜록홈즈 따라 하기
- ☐ 누노비키 허브정원에서 마음에 드는 허브 찾기

모에기노야카타

기타노이진칸 거리

향기의 집 오란다관

이탈리아관

누노비키 폭포

빈오스트리아의 집

우로코노이에

허브뮤지엄

누노비키 허브정원 로프웨이

기타노

빈 오스트리아의 집
오스트리아 궁정문화와 모차르트를 소개하는 곳. 비엔나 박물관 스타일의 원통형 건물. 잘츠부르크 모차르트 박물관에서 기증된 물품 관람 가능.

우로코노이에 전망갤러리
1982년에 개관된 갤러리. 유럽 근현대 회화의 명작을 폭넓게 수집하여 전시.

향기의집 오란다관 (네덜란드)
1918년에 지어져 네덜란드 영사관으로 사용되었던 2층 목조 건물. 네덜란드 민족의상을 체험 가능. 나만의 향수를 만들어주는 코너 인기.

덴마크관
해적, 안데르센 등 덴마크의 역사와 문화를 소개하는 곳.

기타노텐만 신사
학문의 신을 모시는 기타노이진칸 작은 신사. 지대가 높은 곳에 자리하고 있어 산노미야 일대 전망을 감상할 수 있다. 사진찍기 좋음.

★ 가자미도리노 야카타 (풍향계의 집)
1909년 지어진 독일 무역상 토마스 저택. 아르누보풍 가구와 장식품이 전시. 현재 일본 중요 문화재로 지정. 일본 TV 드라마의 배경으로 등장한 관광 명소.

풍향계의 집

모에기노야카타 (연두색의 외관이 아름다운 고택)

★ 기타노이진칸
19세기 말~20세기 초에 지어진 서양식 건물이 모여있는 거리. 당시에 세워진 서양식 건축물 34동을 구경할 수 있다. 풍향계의 집과 연두색 집이 유명.

기타노 北野

스타벅스커피 고베 기타노이진칸점
고베 개항 당시의 근대풍 건물에 자리. 스타벅스 로고가 달린 포치는 인기 포토존. 기타노점만의 굿즈 판매.

Choueke Family Residence (고베의 고풍스러운 저택)

비너스 브릿지
산노미야 지역을 한눈에 볼 수 있는 나선형 모양의 전망대. 고베 대표 야경 명소 중 하나. 저녁에 방문 시 올라가는 길이 어두운 편이므로 역에서 택시 탑승 추천. 주차장 있음. 간혹 야생 멧돼지가 출몰하니 주의.

해외 이주와 문화 교류 센터 (고베의 해외 이주 박물관)

기타노이진칸

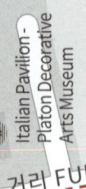
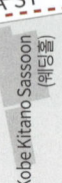
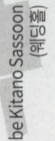
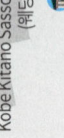

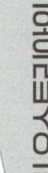

고베 누노비키 허브정원/로프웨이
75,000개의 허브와 꽃이 피어나는 대형 테마 정원.

기타노 외국인 클럽
개항 당시 외국인 사교클럽의 모습을 그대로 재현한 건물. 드레스 체험 가능.

언덕 위의 이진칸(구 중국 영사관)
기타노이진칸 내 유일한 동양풍 건물.

Italian Pavilion - Platon Decorative Arts Museum

부도자카 거리 FUDO-ZAKA ST

야마테 8번관
메이지 시대 말기에 건축된 독특한 둥근 창이 있는 저택. 소원이 이루어지는 '새턴 의자' 인기.

빈 오스트리아의 집
오스트리아 궁정문화와 모차르트를 소개하는 곳. 비엔나 박물관 스타일의 전통 깊은 건물 정취부터 모차르트 박물관에서 기증된 물품 관람 가능.

향기의집 오란다관(네덜란드)
네덜란드 영사관으로 사용되었던 2층 목조 건물. 네덜란드 민족의상을 체험 가능. 나만의 향수를 만들어주는 코너 인기.

Kobe Kitano Sassoon (예딩홈)

Kitanochohigashi Park

Hananoyakata Paradikitano Restaurant (스테이크)

神戸北野ハンター迎賓館 (예딩홈)

우로쿠노이에
유형문화유산과 효고현 주택 100선에 지정된 메이지 시대 양옥. 물고기 비늘 연상시키는 외관.

KITA NO.4
KITA NO.3
KITA NO.2
KITA NO.1

우로쿠노이에 전망갤러리
1982년에 개관한 갤러리. 유럽 근현대 화화의 명작들을 독점적으로 수집하여 전시 중.

옛마지막 동상
(곁을 만지면 행운이 따른다는 속설)

뎀마칸
해적, 안데르센 등 뎀마크의 역사와 문화를 소개하는 곳.

기타노텐만 신사
학문의 신을 모시는 기타노이진칸 작은 신사. 지대가 높은 곳에 자리 잡고 있어 산노미야 일대 전망을 감상.

기타노텐만 신사로 향하는 벚꽃 언덕 풍경에 잠긴 건물. 봄에 들르기 좋은 곳 배경으로 찍기 좋은 곳.

KITANO IJINKAN 일본에서 느끼는 유럽 감성

기타노이진칸

'일본 속 유럽'이라고 불리는 여행명소. 고베항구 개항 시절 일본인과 외국인이 함께 거주했던 구역으로 근사한 서양식 건축물(이진칸)이 볼거리. 거리 산책은 무료. 건물 내부 관람은 유료이다. 개별티켓을 구매하여 원하는 이진칸만 유료관람 할 수 있다.

* 건축물 내부 관람 운영 시간:
  4~9월 9:30~18:00
  / 10~3월 9:30~17:00

기타노이진칸 관람하기

패스 종류	사용 범위	요금
이진칸 순회 프리미엄 패스 (이진칸 7관+전망 갤러리)	우로코노이에 & 전망 갤러리 야마테 8번관 기타노 외국인 클럽 언덕 위의 이진칸 영국관 요칸 나가야(프랑스관) 벤노이에	성인 3,300엔 어린이 880엔
야마노테 4관 패스 (이진칸 4관+전망 갤러리)	우로코노이에 & 전망 갤러리 야마테 8번관 기타노 외국인 클럽 언덕 위의 이진칸	성인 2,200엔 어린이 550엔
기타노도리 3관 패스	영국관 요칸 나가야(프랑스관) 벤노이에	성인 1,540엔 어린이 330엔

개별 입장권	요금
우로코노이에 & 전망 갤러리	성인 1,100엔 어린이 220엔
영국관 고베 트릭아트 신기한 영사관	성인 880엔 어린이 220엔
야마테 8번관 기타노 외국인 클럽 언덕 위의 이진칸 요칸 나가야(프랑스관) 벤노이에	성인 550엔 어린이 110엔

* 패스 입장권은 고베 트릭아트 미술관 건물 아래의 티켓 플라자, 혹은 각 이진칸 입구 매표소에서 판매

* 유아는 무료입장

기타노이진칸 200% 즐기기

❶ 풍향계의 집
붉은 벽돌과 수탉 모양의 풍향계로 기타노이진칸의 상징 같은 건물. 1909년 독일 무역상 토마스의 저택이었던 곳이다. 내부는 당시 유행했던 아르누보풍 가구와 장식품들로 꾸며져 있으며, 현재 일본 중요 문화재로 지정되어 있습니다. 3층 전망실에 올라가면 고베항 구와 시내 모습을 조망가능하다..

❷ 우로코노이에 & 전망 갤러리
기타노이진칸의 건축물 중에서 가장 먼저 공개된 곳으로 외관이 물고기 비늘을 닮아서 '우로코'라 불린다. 특히 나란히 붙어 있는 갤러리 3층은 고베시를 한눈에 볼 수 있는 뷰 맛집. 19세기 유럽의 고풍스러운 가구, 소품을 비롯해 유럽·일본 근현대 미술 작품이 볼만하다.

❸ 야마테 8번관
메이지 시대 후기에 지어진 튜더 양식의 이진칸으로 3개의 볼록한 창문이 특징. 로댕, 부르델, 베르나르의 작품과 르누아르의 브론즈 상, 렘브란트의 고전 판화 등이 볼만하다. '새턴의 의자'는 소원을 빌면 이뤄진다는 전설이 있어 인기. 여성은 오른쪽, 남성은 왼쪽

❹ 기타노 외국인 클럽
외국인 거주자들의 회원제 사교 클럽으로 입구의 사자 석상 때문에 '라이온 하우스'라 불린다. 곧 파티가 벌어질 듯 화려한 테이블과 의상, 장식물이 눈길을 사로잡는다. 8관 공통할인권 구매자는 파티 드레스 대여 및 기념 촬영 무료

❻ 영국관
1909년에 지어진 콜로니얼 양식의 건축물이다. 하이라이트는 1층의 영국식 바와 2층의 셜록 홈즈의 방. 엘리자베스 여왕의 '다임러 리무진', 영국식 에프티눈티, 앨리스 정원도 인기있다. 한글 서비스 제공 (콜로니얼양식 : 식민지에 본국의 건축양식 적용)

❼ 요칸 나가야(프랑스관)
1902년 당시 모습이 그대로 보존된 이진칸으로 대칭을 이룬 모습이 독특하다. 특히 독일산 적벽돌은 고베시 문화재로 지정된 것. 킬러풀한 인테리어, 정교한 유리 공예품, 루이비통 초창기 트렁크가 볼만한 곳.

❽ 벤노이에
1902년 사냥가이자 무역상이었던 독일인 벤 씨가 살았던 저택. 내부는 동물 박제 컬렉션, 곤충 표본, 피규어, 불상, 그림 수집품들로 가득차 있다. 백곰, 호랑이, 순록 등이 박제된 빨간 방과 전망 좋은 2층 발코니는 SNS 사진 명당. 동물 박제가 너무 많아 호불호가 갈릴 수 있으니 유의하자.

❾ 고베 트릭아트 박물관
착시 효과를 이용한 트릭아트 박물관으로 옛 파나마 영사관 건물 내부를 개조하여 운영 중이다. 고베 소고기 작품처럼 고베에서만 볼 수 있는 오리지널 시리즈를 감상 가능하다. 어린이가 있는 가족 방문객에게 추천

기타노이진칸 北野異人館街 추천
"19세기 유럽으로 떠나는 여행"

19세기 말 고베항 개항 이후 외국인들이 거주했던 주택들이 밀집된 곳. 서양식 건축물이 그대로 남아 있어 마치 유럽에 온 듯한 분위기를 자아낸다. '가자미도리노 야카타(풍향계의 집)', '야마테 8번관', '우로코노이에'가 대표적. 거리 내 카페, 레스토랑, 기념품 가게 입점. 통합 입장권을 구매하면 여러 곳을 할인된 가격으로 관람 가능. 키타노 7관 프리미엄 패스 성인 약 3300엔, 소인 약 880엔 (764p C:3)

📍기타노이진칸   #19세기서양식주택 #유럽분위기 #레스

스타벅스커피 고베 기타노이진칸점 추천
スターバックスコーヒー 神戸北野異人館店
"근대 개항기의 모습을 그대로 담아내고 있는 스타벅스"

고베 개항 당시의 근대풍 건물에 자리한 스타벅스. 흰 건물에 초록 포인트가 더해진 아름다운 외관과 클래식한 인테리어가 특징이다. 스타벅스 로고가 달린 포치는 인기 포토존. 앤틱 가구와 빈티지한 분위기 속에서 커피를 즐길 수 있는 특별한 공간이다. 일반적인 스타벅스 메뉴 외에도 한정 머그컵과 텀블러 등 기타노점만의 굿즈가 판매되어 기념품으로도 인기. 약 500엔 (767p E:3)

📍스타벅스커피 고베 기타노이진칸점   #근대풍 #앤틱함 #한정판굿즈

이탈리아관 (플라톤 장식 미술관)
イタリア館 (プラトン装飾美術館)
"와, 이게 집이야 박물관이야?"

고베의 이진칸 중에서 유일하게 실제 살고 있는 공간을 공개하는 곳이다. 밀레나 장콕토의 그림을 비롯해 이탈리아의 다양한 예술 작품과 가구, 장식품 등을 전시한다. 특히 르네상스와 바로크 시대의 유럽 장식미술을 관람할 수 있다. 야외의 수영장, 정원, 지하 와인 셀러 등 포토 스팟이 많다. 입장료가 높지만 볼거리가 풍부하다. 약 800엔. 10:00-17:00 월, 화 휴무 (765p D:2)

📍Italian Pavilion kobe
#이탈리아작품 #바로크 #서양식건물

라인의 집
ラインの館(旧ドレウェル邸)
"무료니까 부담 없이 둘러보세요"

기타노이진칸 거리 내 유일한 무료입장 시설. 건물 외벽에 얇은 나무판을 덧대어 마감했는데 이에 따라 생긴 가로줄(라인)이 마치 독일의 라인강과 유사하다 하여 '라인의 집'으로 불리게 되었다. 방 내부를 고베 역사에 대해 배울 수 있는 공간, 포토존, 기념품 가게로 이

고베 트릭아트 신기한 영사관
神戸トリックアート不思議な領事館
"뭐야 어떻게 된 거지? 진짜 아니었어?"

착시효과와 3D 아트 작품을 이용한 트릭 아트 공간이다. 메이지 말기에 힐튼의 저택으로 건축되어 전후에는 파나마 영사관으로 사용되었던 흰 건물을 이용하여 운영중이다. 6가지의 테마가 있어 친구나 가족과 함께 재미있는 사진을 찍기 좋다. 사진 촬영이 주목적이므로 혼자 가는 것보다 여럿이 가는 것을 추천한다. 성인 약 880엔. 10:00-17:00 (767p D:2)

📍 Kobe Trick Art Museum
#트릭아트 #착시효과 #포토스팟

덴마크관
北野異人館街 デンマーク館
"상상의 나래를 마음껏 펼치게 되는 안데르센 동화 세상"

해적, 안데르센 등 덴마크의 역사와 문화를 소개하는 집. 북유럽풍의 현관문부터 원통형의 2층 외관이 코펜하겐 천문대와 닮아 있다. 1층은 바이킹의 역사를 소개하는 공간이며, 8~11세기 스칸디나비아에서 세계 바다를 항해했던 해적선의 대형 모형이 전시되어 있다. 2층은 안데르센 동화를 테마로 하여 꾸며져 있다. 메이드 인 덴마크 귀여운 굿즈도 판매 중. 성인 약 500엔. 10:00-17:00 (766p B:2)

📍 덴마크관
#안데르센 #바이킹전시 #덴마크박물관

향기의집 오란다관 (네덜란드) 香りの家オランダ館(旧ヴォルヒン邸)
"150년 된 피아노가 자동으로 연주되고 있어"

1918년에 지어져 네덜란드 영사관으로 사용되었던 2층 목조 건물. 1층에는 전 세계적으로 몇 대 없고, 만들어진 지 150년이나 된 네덜란드제 자동 연주 피아노가 놓여 있다. 네덜란드 민족의상을 입어볼 수 있는 코너도 마련되어 있다(2,500엔~). 연령이나 별자리, 좋아하는 꽃, 음악 등의 데이터에 맞춰 나만의 오리지널 향수를 만들어주는 체험 코너 인기. 성인 약 700엔. 10:00-17:00 (766p C:2)

📍 향기의집 고베
#옛네덜란드영사관 #네덜란드의상체험 #향수만들기체험

빈 오스트리아의 집
ウィーン・オーストリアの家
"음악의 천재로 불리던 그의 집무실"

오스트리아 궁정문화와 모차르트를 소개하는 집. 안뜰에 마련된 레스토랑에서 와인과 포도 주스를 맛볼 수 있다. 비엔나 박물관 스타일의 원통형 건물로 마리아 테레지아 황후의 초상화와 로코코 스타일의 의상을 전시. 모차르트가 작곡할 때 사용했던 피아노(레플리카와 포르테 피아노), 그가 직접 쓴 악보와 편지 등 잘츠부르크 모차르트 박물관에서 기증된 물품 관람 가능. 성인 약 500엔. 10:00-17:00 (766p B:2)

용 중. 미니 연주회, 전시회 등 이벤트가 열리기도 함. 화장실 이용 가능 (767p D:2)

📍 Rhine House 고베
#무료입장 #기념품가게 #미니연주회

📍 Vienna, Austria house kobe
#모차르트 #오스트리아궁정 #피아노

고베 기타노

언덕 위의 이진칸 (구 중국 영사관)
坂の上の異人館
"서양집들 사이 유일무이한 중국집"

기타노이진칸 내 유일한 동양풍 건물. 관내 인테리어는 명조(1368년~1615년)~청조(1616년~1911년)시대 중국 가구, 미술 작품으로 통일되어 있다. 청자와 항아리, 자개로 장식된 살롱 세트 등 중국 모더니즘 인테리어를 즐길 수 있다. 서주시대(BC 1050년~BC 770년)에 '백유문종'과 현대 중국 화단의 일인자 왕성희의 묵채화 등 다양. 성인 약 550엔. 10:00-17:00 (766p A:1)

📍언덕 위 이진칸
#중국풍 #명청시대 #중국예술품전시

우로코노 이에 うろこの家(旧ハリヤー邸) 추천
"물고기가 집으로 태어난다면 이런 모습일까?"

유형 문화유산과 효고현 주택 100선에 지정된 메이지 시대 양옥. 약 4,000장의 비늘 모양 슬레이트에 싸인 외관이 물고기 비늘을 연상시킨다. 2층 나선 계단으로 3층 전망대 옥탑 연결. 객실과 하인실, 선룸, 벽난로까지 거의 온전한 상태로 보존되어 있다. 서양 골동품, 보석함, 유리공예품부터 마티스, 유트릴로, 뷔페 등 근현대 인기 화가들의 가작 전시. 성인 약 1100엔. 10:00-18:00 (766p B:2)

📍우로코노 이에
#비늘모양외관 #3층전망대 #서양골동품전시

기타노 외국인 클럽 北野外国人倶楽部
"드레스로 변신 완료! 사교클럽 입장해 볼까?"

개관 당시 외국인 사교클럽의 모습을 그대로 재현한 건물. 입구에 사자 석상이 있어 '사자 하우스 3호관'이라고도 불린다. 귀족들이 사용했던 가구와 생필품을 전시. 구리 조리 기구부터 그레고리오 성가 악보, 안뜰에 있는 우물과 마차까지 19세기의 분위기를 더해준다. 부르봉 왕조의 귀족 가문에 있던 대형 나무 벽난로가 인상적. 드레스 체험도 가능하다. 성인 약 550엔. 10:00-17:00 (766p A:1)

📍Kitano Gaikokujin Club
#외국인사교클럽 #대형벽난로 #드레스체험

우로코노이에 전망갤러리
うろこの家 展望ギャラリー
"갤러리 구경하고 고베항 전망도 보자"

'비늘의 집'으로 불리는 '우로코노이에'의 자매 관으로 1982년에 개관된 갤러리. 유럽 근현대 회화의 명작을 폭넓게 수집하여 전시하고 있다. 특히 트로와이온(바르비종파)의 풍경화 대작과 마티스, 유트릴로, 뷔페 등 근현대 인기 화가들의 가작을 전시. 고베의 거리와 항구, 하루카 오사카항과 아와지섬까지 펼쳐지는 전망과 함께 즐길 수 있다. (766p B:2)

📍우로코노이에 전망갤러리
#유럽근현대작품 #회화전시 #고베전망대

요칸 나가야(프랑스관)
洋館長屋(仏蘭西館)
"나폴레옹 시대의 가구가 한가득"

두 채가 좌우 대칭으로 지어진 외국인 전용 아파트. 프랑스 영사의 저택으로도 사용된 적이 있어 '프랑스관'이라는 별칭을 가지고 있다. 흰색 오일 페인트칠을 한 외벽 위로 검은색 포인트 컬러를 사용했다. 아르누보의 거장 에밀 갈레와 돔 형제, 르네 라릭 등의 유리 공예품 전시. 나폴레옹 시대의 가구와 19세 말 프랑스 가구를 감상할 수 있다. 성인 550엔. 10:00-18:00 (767p D:2)

📍 요칸 나가야
#옛프랑스영사 #유리공예품 #19세기프랑스

벤의 집 ベンの家
"갑자기 호랑이가 튀어나와도 놀라지 마세요!"

1902년 독일 무역상 벤 앨리슨의 저택으로 지어진 고베 기타노 이진칸 거리의 건축물. 독일풍 건축 양식을 반영한 외관과 내부 장식이 특징이며, 현재는 동물 박제 박물관으로 사용되고 있다. 지금은 수출입이 불가능한 희귀한 동물 박제를 찾을 수 있다. 북극곰, 호랑이, 흰색 늑대 등. 일각돌고래의 2.5m 대형 송곳니도 관찰할 수 있다. 성인 약 550엔. 10:00-18:00 (767p D:1)

📍 벤의 집
#박제박물관 #북극곰 #일각돌고래송곳니

영국관 英国館(旧フデセック邸)
"홈즈, 게임이 시작됐어."

콜로니얼 양식이 돋보이는 양옥. 17세기 바로크에서 19세기 빅토리아 시대의 앤티크 가구들로 꾸며져 있다. 잉글리시 바 카운터, 에드워드 8세 대관식 기념 한정품, 100년 된 은행나무 '고백나무'가 대표적인 볼거리. 특히 영화 셜록홈즈의 방을 재현한 공간으로 인기. 홈즈의 의상ац 모자와 케이프를 대여받아 입고 본격적으로 즐길 것을 추천한다. 성인 약 880엔. 10:00-18:00 (767p D:2)

📍 영국관 #셜록홈즈테마방 #잉글리시바 #콜로니얼양식

가자미도리노 야카타(풍향계의 집) 風見鶏の館 `추천`
"독일 무역상 '토마스'의 집으로 초대합니다"

붉은 벽돌 외관과 나쁜 기운을 쫓아준다고 알려진 수탉 모양 풍향계가 인상적인 독일풍 저택. 응접실의 상들리에, 서재의 그림 등 내부에는 당시 사용되던 아르누보풍 가구와 장식품이 전시되어 있다. 1909년 독일 무역상 토마스 저택으로 지어졌으며, 현재 일본 중요 문화재로 지정. 일본 TV 드라마의 배경으로 등장해 관광 명소로 알려지게 되었다. 성인 약 500엔. 9:00-18:00 (766p C:3)

📍 풍향계의 집 #독일무역상의저택 #아르누보풍가구 #드라마배경지

고베 기타노

기타노 관광 안내소
北野観光案内所
"기타노 이진칸에 관한 건 다 물어보세요!"

기타노 이진칸 거리를 방문하는 관광객들에게 유용한 정보를 제공하는 안내소. 기타노 지역에 있는 19세기 외국인 거주지들의 위치와 특징을 설명해 준다. 이진칸 관광 티켓 정보 제공 (개별 티켓 또는 통합 패스 구입 가능). 주변 명소와 레스토랑, 카페 정보 안내 및 추천. 관광 지도 제공. 셜록 홈즈 코스프레 의상도 이곳에서 대여 가능하다는 점 참고 (766p C:3)

📍 Kitano Information Centre
#이진칸관광티켓소 #관광가이드북

기타노텐만 신사
北野天満神社
"기타노이진칸의 전망대로 이용해 봐"

기타노이진칸에 있는 작은 신사. 학문의 신 스가와라노 미치자네를 모시고 있다. 지대가 높은 곳에 자리하고 있어 산노미야 일대 전망을 감상할 수 있다는 점이 특징. 경내 뒤편으로 매화나무 동산을 조성하고 있다. 사람이 많지 않은 편이라 한적하게 산책하며 사진찍기 좋다. 산노미야역에서부터 언덕길과 계단

모에기노야카타 萌黄の館
"동서양의 조화, 연두색 고택의 매력"

연두색의 외관이 아름다운 고택. 메이지 시대 외국인 저택으로 사용되었다. 일본 전통 건축과 서양식 건축이 섞인 독특한 매력을 지닌 곳이다. 고택 내부는 고풍스러운 가구와 장식이 많아, 일본의 근대사를 느낄 수 있다. 사진 촬영이 가능하니, 멋진 장면을 담아 보자. 입장료는 500엔인데 풍향계의 집과 패키지로 구입하면 200엔 할인받을 수 있다. 09:30-18:00 (764p C:2)

📍 모에기노야카타 #고택 #외국인저택 #서양식건축

을 약 10분 정도 걸어야 도착한다는 점 참고. (766p C:3)

Chouek Family Residence
シュウエケ邸
"고베 상류층이라면 이 정도는 꾸며둬야지~"

일본 전통 건축 양식을 갖춘 고베의 고풍스러운 저택. 일본의 상류층 주택의 특징을 볼 여준다. 유럽식 가구, 벽난로 등 고전적인 인테리어가 특징. 벽면에는 메이지 시대의 회화 작품 200점이 전시되어 있다. 아름다운 정원이 있으며, 현재 웨딩 촬영 등의 대관 공간으로 운영된다. (764p C:3)

📍 Chouek Family Residence
#일본저택 #메이지 시대 #대관

Bistrot Café de Paris 맛집
ビストロ カフェ・ド・パリ
"캐주얼하게 즐기는 프랑스 요리와 디저트"

프랑스풍 비스트로 & 카페. 유럽 감성이 가득한 인테리어와 아늑한 분위기가 특징으로, 경치 좋은 야외 테라스석도 마련해 두었다. 인기 메뉴는 눈앞에서 즉석으로 만들어주는 크림 브륄레. 카눌레, 치즈케이크, 몽블랑 등 디저트 메뉴가 많다. 소고기 로스트 스테이크, 비스트로 런치 등 프랑스 요리를 캐주얼하게 즐기기 좋으며 와인도 곁들일 수 있다. 약 1200엔. 월, 화 휴무 (765p D:3)

📍 Cafe de Paris 고베
#프랑스요리 #크림브륄레 #와인과함께

프로인드리브 본점 [맛집]
フロインドリーブ 生田店
"빵 먹는데 성스러워지는 기분이야,,"

독일풍 베이커리 & 카페. 1924년 창업한 전통 깊은 가게로 유서 깊은 교회 건물을 개조한 것이 매력 포인트다. 대표 메뉴는 버터 풍미 가득한 페스트리. 모양과 종류가 다채롭다. 초코 파르페, 체리 타르트, 로스트비프 샐러드도 인기 메뉴 중 하나. 클래식한 분위기에서 여유로운 브런치를 즐기기에 제격이다. 선물하기 좋은 고급스러운 패키지의 구움 과자도 준비되어 있다. 약 110엔. 수요일 휴무 (765p E:2)

📍 프로인드리브 본점
#독일식건물 #디저트맛집 #브런치

스와야마 공원 諏訪山公園
"언덕 위 공원에서 만나는 별빛 도시"

산 중턱에서 고베 시내 전체가 보이는 공원. 고베의 아름다운 노을과 야경을 감상하기 좋은 최고의 장소 중 하나다. 시내에서 비교적 접근하기 좋으며 걸어서 올라가기 어렵지 않다. 전망 데크가 잘 꾸며져 있으며 그네, 미끄럼틀이 있는 자그마한 놀이터도 마련되어 있다. 밤에는 멧돼지가 출몰할 수 있으니 조심해야 한다. (742p C:1)

📍 Suwayama Park   #고베전망 #언덕공원 #야경명소

타케나카 목수 박물관
竹中大工道具館
"쉽게 볼 수 없는 목수 연장이 3만 점이나!"

사라져가는 목수 연장을 수집·보존하고, 나아가 연구·전시를 통해 후세에 전달해 나가는 것을 목적으로 설립된 목공 도구 박물관. 3만 점 이상에 달하는 수집품을 전시하고 있으며, 고대부터 현대까지의 다양한 목공 도구와 건축 모형을 통해 목공의 역사와 기술을 깊이 있게 이해할 수 있다. 절의 설계 도면, 아이와 참여하는 목조 체험 코너, 다다미 다실 마련. 성인 약 700엔. 입장 마감 16:00. 월요일 휴무 (765p F:1)

📍 타케나카 박물관
#목수도구전시 #다다미다실 #건축모형

코토노하코 고베
コトノハコ 神戸
"신고베역에서 쇼핑할 곳 찾는다면"

신고베역과 연결되어 있는 쇼핑몰. 지하 3층, 지상 3층으로 구성되어있다. 주로 돈가츠, 철판구이, 홍콩 음식 등을 파는 식당과 디저트와 커피를 파는 카페가 입점해 있다. 쇼핑을 위해서라면 지하 3층을 이용할 것. 구르메 시티 신고베 슈퍼마켓과 100엔숍 르 프리가 있다.

📍 Koto no Hako Kobe
#고베쇼핑몰 #3층규모 #신고베역

비너스 브릿지 ビーナスブリッジ
"어둠을 뚫고 올라가면 보이는 산노미야의 불빛"

산노미야 지역을 중심으로 늘어선 고층 빌딩

과 맨션, 메리켄 파크, 고베 하버 랜드의 불빛을 한눈에 볼 수 있는 나선형 모양의 전망대. 고베 대표 야경 명소 중 하나. 저녁에 방문 시 올라가는 길이 어두운 편이므로 역에서 택시 탑승 추천 (가장 가까운 시영 지하철 현청 앞 역에서 1,500엔 정도). 주차장 있음. 간혹 야생 멧돼지가 출몰하니 주의. (764p A:3)

📍 비너스 브릿지
#산노미야경치 #고베야경 #나선형전망대

허브 뮤지엄
ハーブミュージアム
"로프웨이를 타고 올라가면 펼쳐지는 허브 천국"

고베 누노비키 허브정원/로프웨이 神戸布引ハーブ園／ロープウェイ 추천
"허브 농장으로 유명한 유럽의 어느 마을"

약 75,000개의 허브와 꽃이 피는 대형 허브 정원. 200종의 꽃이 12개의 테마 정원 안에서 계절별로 다르게 피어난다. 고대 독일의 성 바르트부르크 성을 모티브로 디자인된 '웰컴 가든'부터 영국 장미가 가득한 '로즈 심포니 가든', 약 100가지 종류의 허브가 있는 '허브 박물관' 등. 이곳에서 키운 허브를 이용한 요리를 선보이는 레스토랑도 운영한다. 성인 약 2000엔 (765p D:1)

📍 고베 누노비키 허브   #75,000종허브 #12개정원 #허브레스토랑

계절별로 벚꽃, 장미, 해바라기, 라벤더, 민트 등이 가득한 산꼭대기 정원. 해먹에 누워 휴식하거나 라벤더 소프트 아이스크림을 먹으며 산책하기 좋다. 족욕도 가능. 올라갈 때는 걸어서, 내려올 때는 로프웨이를 타는 것을 추천한다. 단풍 시즌에는 풍광이 더욱 아름다워 비싼 요금이 아깝지 않다. 금,토,일요일은 저녁에도 탑승 가능하다. 성인 약 2000엔. 10:00-17:00(여름시즌 20:30까지)

📍 허브 뮤지엄
#허브원 #뮤지엄 #허브차

사루노카즈라 다리 猿のかずら橋
"덩굴 잡고 조심조심 건너가자"

하이킹 도중에 만날 수 있는 작은 다리. 다리 양끝과 다리 난간에 덩굴 식물을 감아 자연과 어우러지게 만들었다. 도쿠시마현 미요시에 있는 유명한 덩굴 다리인 '카즈라바시'를 모티브로 꾸몄다.

📍 Sarunokazura Bridge
#흔들다리 #하이킹 #등산

누노비키 폭포 布引の滝(雄滝)
"일본 3대 폭포, 43m 높이에서 쏟아지는 청량함"

일본 3대 폭포 중 하나로 손꼽히며, 일본 폭포 100선에도 선정될 만큼 뛰어난 자연경관을 자랑하는 곳. 오타키, 메타키, 메오토타키, 고노타키 총 4개의 폭포로 이루어져 있다. 특히 오타키는 높이가 43m에 달하는 웅장한 폭포로, 시원하게 쏟아지는 물줄기가 장관을 연출한다. 가을 단풍 명소로 인기. 약간 경사가 있는 지데라 로프웨이를 타고 올라가길 추천한다. (742p C:1)

📍 누노비키 폭포
#일본3대폭포 #43m폭포 #단풍명소

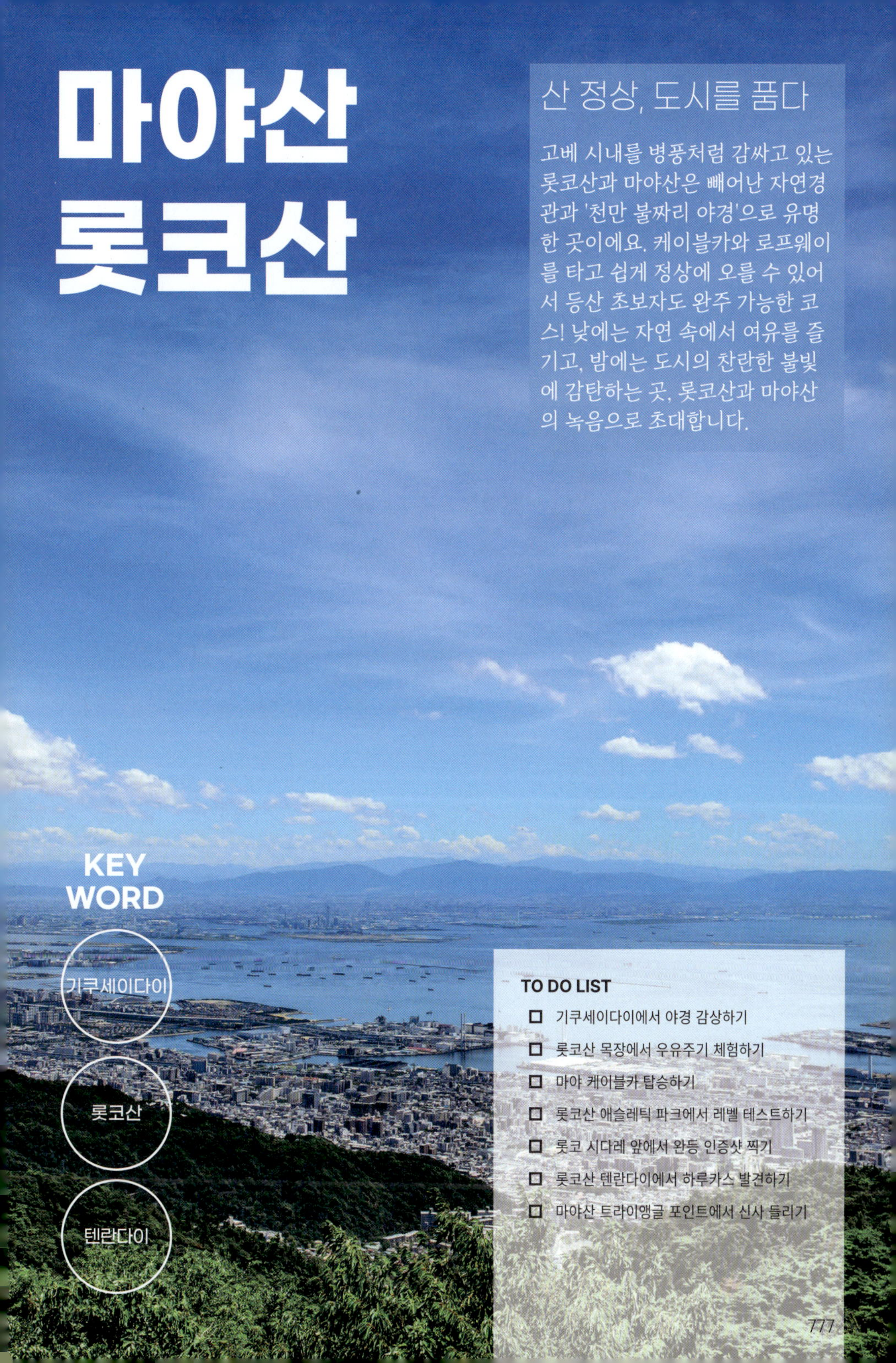

마야산
롯코산

산 정상, 도시를 품다

고베 시내를 병풍처럼 감싸고 있는 롯코산과 마야산은 빼어난 자연경관과 '천만 불짜리 야경'으로 유명한 곳이에요. 케이블카와 로프웨이를 타고 쉽게 정상에 오를 수 있어서 등산 초보자도 완주 가능한 코스! 낮에는 자연 속에서 여유를 즐기고, 밤에는 도시의 찬란한 불빛에 감탄하는 곳, 롯코산과 마야산의 녹음으로 초대합니다.

KEY WORD

- 기쿠세이다이
- 롯코산
- 텐란다이

TO DO LIST

- ☐ 기쿠세이다이에서 야경 감상하기
- ☐ 롯코산 목장에서 우유주기 체험하기
- ☐ 마야 케이블카 탑승하기
- ☐ 롯코산 애슬레틱 파크에서 레벨 테스트하기
- ☐ 롯코 시다레 앞에서 완등 인증샷 찍기
- ☐ 롯코산 텐란다이에서 하루카스 발견하기
- ☐ 마야산 트라이앵글 포인트에서 신사 들리기

롯코 케이블

고베 시립 롯코산 목장

롯코 고산 식물원

롯코산 애슬레틱 파크

롯코 시다레

롯코산 텐란다이

롯코 숲의 소리 박물관

마야산 기쿠세이다이

롯코산

아리마구치
有馬口駅

가라토다이
唐櫃台駅

신테쓰롯코
神鉄六甲駅

오이케
大池駅

추천 롯코 고산 식물원
[六甲高山植物園]
해발 865m. 고산 식물들을 관찰할 수 있다.
단풍 명소로 유명. 11시와 14시엔 무료
가이드 진행. 겨울철엔 휴무

추천 ROKKO 숲의 소리 뮤지엄
[六甲森の音ミュージアム]
19세기 말부터 20세기 초까지 제작된 오르골들을
전시한 박물관. 피크닉 정원 마련. 오르골 만들기
체험도 가능하다. 숲속 레스토랑, 오르골
기념품숍도 운영 중.

하나야마
花山駅

다니가미
谷上駅

한신 고속도로 7호 키타고베선 阪神高速道路7号北神戸線

효고 현립 롯코산 자연보호
센터·롯코산 가이드 하우스
六甲山ガイドハウス
(롯코산 해설 시설)

미노타니
箕谷駅

고베 시립 롯코산 목장
[神戸市立六甲山牧場]
양떼 목장으로 치즈, 송아지
우유주기 체험 등 가능

RokkoSan
Res
[六甲山サイレンス
성게 파스타, O

마야산
기쿠세

Kobe Cheese
Restaurant
レストラン 神戸チーズ
(치즈퐁듀, 치즈케이크)

마야산 덴조지
切利天上寺
(摩耶山天上寺)
(일본식 정원, 사찰)

[掬星台] 일본 3대
동쪽부터 오사카까
공원. 약 40m 길이
모티브로 조성. 가
케이블카 이용을 추
주차장이 없음. 주

**고베 시립
삼림식물원**
[神戸市立森林植物園]
나라별 수목을 관람할 수 있는 공간.
산림 전시관에서 숲의 생태계에
대해서 학습할 수 있다. 카페 '르 픽'
운영. 주차 요금 500엔

아리마 가이도온천
스즈란노유
(고베 유명 아리마 온천)

호시노에키
星の駅

Maya View
Terrace 702
(오므라이스,
바베큐)

【アドベンチャースポーツ】
天空×大冒険ソラカケル
(어드벤처 스포츠 체험장)
sorakakeru

마야 산 摩耶山
(일본 3대야경 명소)

마야 로프웨이
마야 로프웨이
니지노에키 역

마야 케이블
니지노에키 역

후타타비 산
再度山
(트레킹하기
아름다운 산)

마야 케이블
摩耶ケーブル

audio
guide

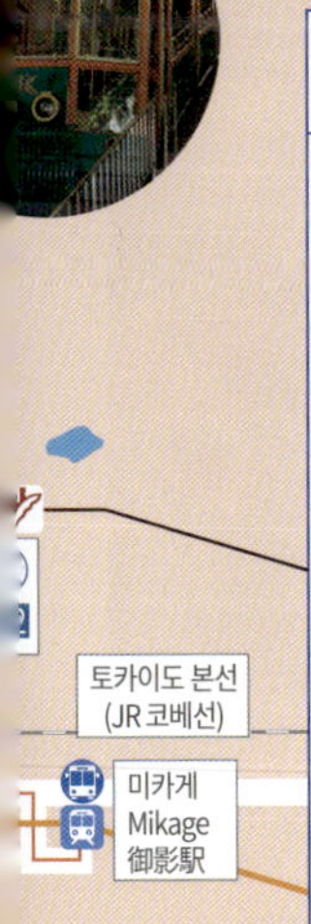

롯코산 200% 즐기기

1. 롯코 가든 테라스

유럽풍의 건축물과 정원이 어우러진 전망대. 사진 명소로도 꼽힌다. 건축가 산부이치 히로시가 만든 롯코 시다래 전망대는 유료

- 09:30~21:00 (목요일 휴무)
- 롯코산조역→1번 버스→롯코 가든 테라스 하차

2. 롯코 고산 식물원

1933년에 설립된 고산 식물 전문 정원으로, 바위 정원, 습지 식물 구역, 계절마다 다른 풍경은 이곳의 인기 볼거리이다.

- 10:00~17:00 (겨울시즌은 휴관)
- 중학생 이상 900엔 / 4세 이상~초등학생 450엔
- 롯코산조역→1번 버스→숲의 소리 박물관 또는 고산 식물원 하차

3. 롯코산 스노우 파크

겨울철에는 스키와 스노보드를, 여름에는 다양한 야외 레저 활동을 즐길 수 있는 곳

- 평일 10:00~17:00, 주말&공휴일 09:00~20:00
- 중학생 이상 2,500엔, 3세 이상~초등학생 1,300엔
- 롯코산조역→1번 버스→스노우 파크 하차

4. 롯코산 텐란다이

1981년 쇼와 천황이 들른 것을 기념하여 '텐란다이'라고 불리는 전망대. 1,000만불짜리 야경 포인트로 유명하다. 텐란 카페에서 식사와 전망을 동시에 즐겨보자.

- 07:00~21:00 / 무료
- 롯코산조역 앞

Tip. 롯코산 보다는 마야산?

마야산은 고베 시 중심부에 위치한 해발 약 702m 높이의 산으로. 별을 손으로 떼어낼 수 있을만큼 가깝다는 뜻을 가진 '키쿠세이다이' 전망대로 유명하다, 고베 사람들은 롯코산보다 마야산을 더 선호한다고 한다.

가는방법
산노미야역→18번 버스→케이블카 니지노역→마야 로프웨이→호시노역→키쿠세이다이 전망대 도착

마야 로프웨이
- 운행시간 : 월수목 10:10~17:30, 금토일 10:10~20:50
- 계절마다 운행시간이 달라지므로 사전 확인 필요
- 요금 : 12세 이상 편도 450엔, 왕복 780엔 / 6~11세 편도 230엔, 왕복 390엔

롯코 산 六甲山 "고베부터 오사카만까지, 두 팔로 감싸볼까?" 추천

고베시와 오사카만을 한눈에 내려다볼 수 있는 전망 명소. 고베시 북쪽에 위치한 해발 931.6m의 화강암 산으로 케이블카를 타고 편하게 오르고 내릴 수 있다. 봄에는 벚꽃, 가을엔 단풍, 일출과 일몰 야경까지 모두 감상할 수 있는 곳이라 인기. 산 안에는 가든 테라스, 식물원, 체육공원, 스키장 같은 부대시설도 잘 갖추어져 있다. 케이블카 성인 편도 약 600엔, 왕복 약 1100엔. 케이블카 운행 07:10-21:10 (781p D:2)

📍 롯코 산   #전망명소 #케이블카 #고베명소

롯코 시다레
自然体感展望台 六甲枝垂れ
"롯코산 등반을 완주한 당신에게 주어지는 근사한 전망"

고베의 롯코산 정상에 위치한 전망대. 888m 높이에서 아와지섬~간사이국제공항까지 바라볼 수 있다. 바람, 빛, 안개 등 자연을 테마로 건축. '시다레'는 '늘어진 가지'라는 뜻으로, 건축물의 외관이 마치 나무의 가지가 늘어진 듯한 모습을 하고 있다는 점이 특징이다. 체험형 아트 전시관 운영. 저녁 6시 이후(계절별 상이) 라이트업 진행. (781p E:2)

📍 롯코 시다레
#롯코산전망대 #야간라이트업 #나무모양

롯코 가든 테라스 六甲ガーデンテラス 추천
"스테이크 먹고 기운 내서 접시 던지기!"

롯코산의 전망 테라스. 스테이크 전문 레스토랑과 고베 특산물 기념품 가게를 함께 운영하고 있다. 흙으로 만든 접시를 던지며 행운을 비는 전통놀이를 행하기도 한다. 접시는 롯코 선물관에서 구입 가능(5장, 100엔). 왼쪽으로는 효고현과 오사카부의 경계가 보이고, 오른쪽으로는 간사이 공항까지 멀리 내려다보이는 계단식 테라스에 앉아 여유롭게 즐겨보자. (781p E:2)

📍 롯코 가든 테라스   #롯코산 #전망테라스 #레스토랑

롯코산 텐란다이 六甲山天覧台 추천
"오늘은 날씨 맑으니까 하루카스 보이겠다!"

해발 737.5m 높이에서 즐기는 전망대. 고베 시내와 오사카만, 아와지섬까지 한눈에 조망할 수 있는 곳. 날씨가 맑은 날은 오사카 하루카스 300까지도 보인다. 일본 야경 유산에 선정된 3대 야경 명소 중 하나. 케이블카로 정상까지 약 15분 소요. 야외 전망대라 바람이 매우 강하니 외투 한 벌 챙기는 걸 추천. 약 30대 정도 무료 주차 가능. (781p D:2)

📍 롯코 텐란다이 #전망대 #3대야경명소 #해발737.5m

전망의 탑 見晴らしの塔
"일본 '3대 야경'이라 불리는 곳"

일본 3대 야경이라고 불리는 고베 야경을 제대로 즐길 수 있는 전망대. 롯코산에서 고도가 가장 높은 해발 약 880m 지점이라 오사카부터 고베, 히메지까지 한 눈에 보인다. 전망대 외에 체험형 아트가 있는 뮤지엄, 비눗방울 광장도 있으니 함께 즐겨보자. (781p E:2)

📍 전망의 탑 #야경명소 #아트뮤지엄

고베 롯코산

롯코 케이블 시타역 六甲ケーブル下駅
"롯코산 등반 이제부터 시작!"

롯코산을 오르는 첫 관문. 대중교통으로 방문 시 한큐 롯코역, JR 롯코미치역, 한신 미카게역에서 16번 시내버스에 탑승하면 매표소 정문 앞에 도착. 매시간 20분 간격 운행. 평일 오전 시간대가 한적한 편. 매표소에서 티켓을 발권할 수 있으며, 현금만 가능 (781p D:3)

📍 롯코 케이블 시타 #케이블카

롯코 케이블 六甲ケーブル
"롯코산 첫 관문으로 향하는 여정"

첫차와 막차를 제외하면 20분 간격으로 운행. 맨 윗자리에 앉으면 내릴 때 가장 먼저 나갈 수 있다. 1,900엔 롯코산 투어리스 패스권을 구매하면 시내버스 왕복+케이블카 왕복+마운틴 버스 1일 무제한 (781p D:3)

📍 Rokko Cable Line #케이블카 #롯코산 #

롯코산 스노우 파크 六甲山スノーパーク
"겨울 고베 여행이라면 스키장 어때?"

롯코산 내에 위치한 스키장. 슬로프와 리프트는 물론 썰매 등 눈놀이를 즐길 수 있는 스노우랜드 공간도 별도로 마련되어 있다. 메인 슬로프는 경사가 완만한 편이라 초보자도 부담 없이 이용할 수 있다. 스키복과 스키용품 대여 가능. 입장권+스키복 대여+썰매장 패키지 티켓으로 구매하면 보다 저렴하다. 동절기에만 운영(11월 말~3월 초). (781p D:1)

📍 롯코 스노우 파크
#스키장 #눈썰매장 #롯코산

롯코 고산 식물원
六甲高山植物園
"날이 더울 땐 해발 865M를 찾아주세요"

해발 865m의 고지대에 자리한 식물원. 일반 평지에서는 보기 힘든 고산 식물들을 관찰할 수 있다. 단풍 명소로도 유명. 여름엔 8~10℃ 정도의 기온으로 시원하게 산책할 수 있는 규모. 성인 기준 30분 정도면 다 둘러볼 수 있는 규모. 11시와 14시에 무료 가이드 진행. 드라이 플라워, 꽃 수건, 꽃 핀을 판매하는 기념품 가게 운영. 겨울철엔 휴무 (781p D:2)

📍 롯코 식물원
#고산식물 #단풍명소 #겨울휴장

롯코 숲의 소리 박물관 ROKKO森の音ミュージアム
"매 정각마다 특별한 콘서트가 시작됩니다!"

19세기 말부터 20세기 초까지 제작된 오르골들을 전시한 박물관. 롯코 휴양림을 즐길 수 있는 피크닉 정원 마련. 정시마다 오르골 콘서트 진행(30분간). 오르골 만들기 체험도 가능하다. 전시된 오르골 옆 QR코드를 찍으면 직접 연주하는 영상을 감상할 수 있다. 고베규를 활용한 함바그 스테이크를 선보이는 숲속 레스토랑, 오르골 기념품숍도 운영 중. 성인 1500엔. 10:00-17:00 (781p D:2)

📍 롯코 오르골   #오르골박물관 #피크닉정원 #오르골콘서트

Rokkosan Genghis Khan Palace 맛집
"무제한으로 즐기는 양고기 바비큐"

칭기즈칸 요리(양고기 바비큐) 전문 레스토랑. 가성비 좋게 무제한 뷔페를 즐길 수 있다. 양고기부터 소고기, 돼지고기, 닭고기까지 구워 먹을 수 있으며 야채, 밥, 우동도 포함되어 있다. 처음에는 한 접시씩 기본으로 나오고 추가 주문은 태블릿 PC로 하면 된다. 점심과 저녁 모두 구성은 동일하고 가격 차이만 있다. 전망이 좋은 곳에 위치하고 있으니 창가쪽 자리를 추천한다. 런치 약 런치 2500엔. 10:30-17:00 목요일 휴무 (781p E:2)

📍 Rokkosan Genghis Khan Palace
#칭기즈칸 #양고기바비큐 #고기뷔페

Kobe Cheese Restaurant
レストラン 神戸チーズ 맛집
"시킨 거 다 치즈퐁듀로 찍어먹어보자"

치즈 요리를 전문으로 하는 레스토랑. 치즈퐁듀로 유명한 곳으로 소시지, 빵, 야채, 과일 등을 풍미 좋은 치즈에 찍어 먹을 수 있다. 필레 스테이크와 라클렛, 등심 스테이크 같은 다양한 서양식 요리도 제공한다. 치즈 케이크와 아이스 커피 등 디저트 메뉴도 마련. 마치 알프스에 온 듯한 탁 트인 전경을 자랑한다는 점도 매력적이다. 3300엔. 11:00-17:00 화요일 휴무 (780p C:2)

📍 Kobe Cheese Restaurant
#퐁듀세트 #치즈요리 #경치좋은

RokkoSan Silence Resort Grill
六甲山サイレンスリゾート 맛집
"호텔 감성 창가에서 즐기는 파스타 코스"

옛 롯코산 호텔에 위치한 레스토랑. 1층은 호텔 로비 같이 근사하게 꾸며져 있고 레스토랑은 2층에 있다. 전망 좋은 창가석에 앉기 위해서는 예약이 필수. 대표 요리는 파스타 코스로 전채, 샐러드, 메인 파스타, 빵, 음료, 디저트까지 이어진다. 특히 성게 파스타가 맛있으니 참고. 낮에는 애프터눈 티 세트도 즐길 수 있다. 약 13500엔. 월요일 휴무 (781p D:2)

📍 RokkoSan Silence Resort Grill
#분위기좋은 #코스요리 #애프터눈티

고베 시립 롯코산 목장 神戸市立六甲山牧場

"역시 동물은 자유롭게 뛰놀아야 해"

각종 초식동물을 보고 만지고 체험할 수 있는 목장. 방목형으로 풀어둔 양들을 쫓는 양치기견도 만날 수 있다. 양뿐만 아니라 염소, 소, 말, 기니피그 등 다양. 언덕이 꽤 가파른 편이라 운동화 추천. 목장 내 판매 중인 우유와 소프트 아이스크림은 빠르게 매진되는 편. 송아지 우유 먹이기, 버터와 치즈 만들기 체험 진행 (선착순, 요일에 따라 상이). 성인 약 600엔. 입장 마감 16:30 (780p C:2)

📍 롯코산 목장　 #양떼목장 #치즈만들기체험 #초식동물구경

효고 현립 롯코산 자연보호 센터 • 롯코산 가이드 하우스
六甲山ガイドハウス

"롯코산엔 어떤 동식물이 살고 있을까요?"

롯코산의 자연을 보호하고 알리기 위한 자연보호 센터. 롯코산의 식물과 동물에 대한 정보를 제공하며, 다양한 자연 관찰 프로그램도 운영된다. 특히 가이드 하우스에서는 롯코산을 제대로 즐기기 위한 정보와 지도도 제공하니 방문 전에 들르면 좋다. 하이킹이나 자연 체험을 좋아하는 사람에게 추천한다. 관람료 무료. 월요일 휴무

📍 Mount Rokko Guide House　 #롯코산 #자연 #하이킹

Granite Cafe 맛집

"테라스석에 앉는 걸 강력 추천해"

아름다운 경치를 감상할 수 있는 카페 겸 레스토랑. 대표 메뉴는 스프, 감자, 음료가 포함된 그라니트 버거세트. 고베규 민치카츠 카레, 크로크무슈, 하야시 라이스, 파스타 등 다양한 식사 메뉴를 즐길 수 있다. 디저트로는 크레페, 밀크셰, 핫케이크가 인기 있으며, 커피와 함께 여유로운 티타임을 즐기기에 좋다. 탁 트인 테라스석에서 고베 시내와 오사카만을 내려다볼 수 있다. 약 1980엔 (781p E:2)

📍 Granite Cafe #경치좋은 #버거세트

롯코산 애슬레틱 파크
六甲山アスレチックパーク

"액티비티 레벨 1부터, 한계는 어디까지?"

롯코산의 자연을 배경으로 다양한 액티비티를 즐길 수 있는 곳. 짚라인, 수상 장애물, 클라이밍 등 다양한 아웃도어 스포츠가 마련되어 있다. 난이도에 따라 여러 코스가 있어 체력에 맞게 선택할 수 있다. 꽃들로 가득한 잔디밭과 BBQ 파티 가능한 숲도 준비되어 있다. 성인 약 3000엔. 목요일 휴무 (781p E:2)

📍 Rokkosan Field Athletic
#자연속운동 #운동놀이터 #액티비티

롯코 아리마온센 스테이션
Arima Onsen Station

"아리마온센으로 로프웨이 타고 직통!"

롯코산 정상에서 로프웨이를 타고 바로 도착할 수 있는 역이다. 산 정상의 절경과 온천 마을을 한 번에 즐길 수 있는 인기 있는 교통·관광 거점 (781p D:1)

📍 Arima Onsen Station

마야 산 摩耶山   "고베를 대표하는 명산, 바로 나"

고베의 대표적인 명산. 정상에서 바라보는 고베 시내와 바다 전경이 아름답기로 유명하다. 산 정상까지 운행하는 케이블카를 탑승하거나 하이킹으로 올라갈 수 있다. 트라이앵글 포인트(삼각점) 근처에 여러 개의 도리이와 신사가 있으니 등산 시 참고. (780p C:3)

📍 마야 산   #고베 #대표명산 #하이킹

마야산 기쿠세이다이 掬星台   추천
"은하수 길이 펼쳐지는 일본 3대 야경 명소"

일본 3대 야경 명소 중 하나. 고베의 동쪽부터 오사카까지 한눈에 보이는 전망대 겸 공원. 약 40m 길이의 형광 길은 은하수를 모티브로 조성하여 별자리도 그려져 있다. 주말 저녁 이후에는 주차장 정체가 발생하므로 가급적 마야 로프웨이와 케이블카 이용을 추천. 로프웨이 역 앞에는 주차장이 없다는 점 참고. 화장실과 자판기 마련. 주차장 이용료 500엔. (780p C:3)

📍 기쿠세이다이   #일본3대야경명소 #은하수형광길 #마야산

마야 케이블 역 摩耶ケーブル駅
"마야산 정상은 이곳부터 시작이야"

고베 마야산의 정상으로 가는 케이블카의 출발지. 산노미야 역에서 2번 18번 버스를 타면 역에 도착한다. (780p C:3)

📍 마야 케이블 역
#마야산 #케이블카 #교통

호시노에키 역 星の駅
"마야산 웜홀의 끝에 마주한 고베 전경"

마야산 정상과 기슭을 연결하는 로프웨이의 종점. 마야 케이블역에서 중간기착지인 미지오에키역에서 하차하여 도보로 2분가면 로프웨이 미지오에키역이 나온다. 거기서 로프웨이를 타고 정상의 호시노에키역까지 가면 된다. (780p C:3)

📍 호시노에키 역
#마야산 #케이블카 #액티비티

고베 시립 삼림식물원
神戸市立森林植物園
"전 세계 숲의 생태계를 핵심만 요약해서!"

북아메리카, 유럽, 아시아 등 나라별 수목을 관람할 수 있는 식물원. 산림 전시관에서 숲의 생태계에 대해서 학습할 수 있다. 롯코 산지 재료로 만든 계절 수프 세트가 대표 메뉴인 카페 '르 픽' 운영. 약 25종 350품종의 수국을 즐길 수 있는 '숲의 수국 산책', 단풍 라이트업이 매력적인 '숲의 단풍 산책' 기간에는 휴일 없이 운영. 주차 요금 500엔. (780p B:3)

📍 고베 삼림식물원
#세계수목 #수국축제 #단풍라이트업

히메지성

일본 3대 성이 보여주는 흰색의 미학

하얀 성벽이 날개를 펼친 백로처럼 우아한 히메지성은 일본의 국보이자 세계문화유산이에요. 복잡한 미로 같은 길과 견고한 방어 시설이 사무라이의 지혜를 보여주고, 천수각은 고베 시내를 품 안에 담아내고 있죠. 성 주변으로는 정원과 박물관들이 자리해 있어 번잡함에서 벗어난 평화로움을 느낄 수 있답니다.

KEY WORD

- 일본3대성
- 천수각
- 산노마루 광장

TO DO LIST

- ☐ 히메지성 대천수 앞에서 인증사진 찍기
- ☐ 히메지성 국화우물 앞에서 귀 기울이기
- ☐ 산노마루 광장에서 일루미네이션 감상하기
- ☐ 히메지 시립미술관 붉은 벽돌 앞에서 사진 찍기
- ☐ 피오레 히메지에서 오미야게 구매하기
- ☐ 코코엔 추천 포토존 도장 깨기
- ☐ 효고 현립 역사박물관에서 전통 의상 체험하기

고베 근교 - 히메지성

히메지성 ⭐

[姬路城] 하얀 회벽의 전수각이 해오라기 (백로)가 날개를 펼친 듯한 우아한 모습에 백로성(白鷺城)이라는 별칭으로도 불리며, 1993년 유네스코 세계문화유산으로 등재되었다. 일본 내 자랑까지 아간 조명이 켜지며 외관이 더욱 돋보인다.

이용요금
히메지성 성인 1000엔, 초/중/고등학생 300엔, 히메지성 & 고코엔 성인 1,050엔, 초/중/고등학생 360엔

운영시간
매일 오전 9시부터 오후 4시까지

히메지성 대천수 ⭐

일본 성곽 건축의 정수를 보여주는 곳. 수벽 년동안 수많은 위기를 겪었지만, 기적적으로 원형을 유지하며 일본 대표 성곽 건축물을 남겼다.

히메지성 니시노마루터 ⭐

당시 생활상을 엿볼 수 있는 전시기가 마련되어 있으며, 히메지성의 아름다운 외관을 감상하기 좋은 영소이다. 특히 '하얀회랑(白壁廊下)'이라는 긴 복도가 유명.

효고현립 역사박물관

효고의 다양한 역사와 문화를 알리기 위해서 세워진 박물관

히메지시립미술관

붉은 벽돌 외관이 포토존으로 인기인 곳. 해외 근현대 미술 작품과 일본 향토 미술 작품을 전시하고 있다.

히메지야마 공원

히메지성 국화화원구 (히메지성 성이 설화)

산노마루 광장

히메지성 전수각을 비롯한 성 전체를 조망하기에 좋은 장소이다. 매년 겨울에 일루미네이션 행사를 통해 디지털 아트를 감상할 수 있는 공간이다.

고코엔

[好古園] 히메지시 승격 100주년을 기념하여 개원한 정원. 에도 시대의 저택 정원 양식을 바탕으로 조성되었으며, 대나무 숲 등 9개의 테마 정원이 연못과 폭포로 연결되고 있다. 성인 310엔

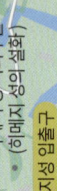

HOT SPOT

히메지성 姫路城
하얀 회벽의 천수각이 핵심인 일본 대표 건축물. 백로가 날개를 펼친 듯한 우아한 모습 때문에 '백로성(白鷺城)'이라는 별칭
📍 히메지성

히메지 성 대천수 姬路城大天守
일본 성곽 건축의 정수를 보여주는 건축물. 국보로 지정. 화재와 전쟁 등 수많은 위기를 겪었지만, 기적적으로 원형을 유지했다.
📍 히메지 대천수

히메지 성 니시노마루 터 西の丸跡
서쪽 성곽과 정원이 있는 니시노마루는 성의 방어 시설 중 하나였다. 현재는 히메지성의 경관을 감상할 수 있는 명소
📍 히메지 성 니시노마루 터

코코엔 好古園
히메지시 승격 100주년을 기념하여 1992년에 개원한 정원. 에도 시대의 저택 정원 양식을 바탕으로 조성
📍 코코엔

산노마루 광장 三の丸広場
히메지성의 정문인 오테몬을 지나면 나오는 넓은 광장. 히메지성 천수각을 비롯한 성 전체를 조망하기에 좋은 장소다.
📍 산노마루 광장

히메지 시립미술관 姫路市立美術館
벨기에 등 해외 근현대 미술 작품과 일본 향토 미술작품을 전시중. 13개 조각이 설치된 정원도 아름답다.
📍 히메지시립미술관

효고 현립 역사박물관 兵庫県立歴史博物館
히메지 성과 성 주변 마을의 역사. 갑옷과 전통 의상 착용 체험
📍 효고현립 역사박물관

피오레 히메지 ピオレ姫路
핸즈, 유니클로, 무인양품, 스타벅스 등 가성비 좋고 유명한 브랜드가 다수 입점
📍 피오레 히메지

산요 백화점 山陽百貨店
산요히메지역, JR 히메지역 인접한 백화점. 지하 식품관이 인기. 5층 대형 로프트
📍 Sanyo Department Store

FOOD

Cafe de Muche Himejiten
히메지의 명물 아몬드버터 토스트가 모닝 메뉴인 카페. 모닝 메뉴는 아침 11시까지
📍 Cafe de Muche Himejiten

고호세키(홍보석) 紅宝石
마파두부가 인기인 일본식 중식당. 강한 불향과 깊은 감칠맛으로 인기
📍 고호세키

타코피아(히메지 타코피) 姫路タコピィ
가쓰오부시 육수에 찍어먹는 히메지식 국물 타코야키. 더 부드럽고 계란맛이 강한 편
📍 타코피아

아리마온센

금탕으로 갈까, 은탕으로 갈까?

레트로 감성 가득한 붉은 기차를 타고 도착하는 아리마온센. 금빛·은빛 두 가지 온천수가 여행자를 반기는 이곳은 골목골목 숨어있는 감각적인 맛집과 산책이 저절로 길어지는 공원, 구경하는 재미가 쏠쏠한 상점가까지 어디서든 크고 작은 발견이 이어져요. 온전히 하루를 맡겨도 충분한 이곳에서 온천수로 빚은 바삭한 아리마 센베이도 찾아보세요!

KEY WORD

- 금탕
- 은탕
- 아리마 센베이

TO DO LIST

- ☐ 킨노유 무료 족욕탕 이용하기
- ☐ 긴노유 나 홀로 이용하기 도전
- ☐ 아리마 공방에서 도자기 만들기
- ☐ 황금 초콜릿 구매하기
- ☐ 아리마 센베이 맛보기
- ☐ 아리마 사이다와 텟포우 미즈 비교하기
- ☐ 유모토자카에서 기념품 사기

제이호지 공원
단풍시즌 붉은 단풍 카펫이 풍경의 절정

아리마핫스프링 료칸 하나유이 褰苹莊花結び (가이세키요리)

cafe the gilbee (토스트, 와플)

(스타치 소바, 카키이게)
아리마젤라테리아 스타지오네
(소프트 아이스크림, 아리마 사이다)

탄산센겐 공원
[炭酸泉源公園]
옛사이다의 원료였으며
탄산 온천수의 원천

도산진 아리마텐
(스다치 소바, 붓쇼 세우 튀김)
아리마온센 쿠만

탄산 원천

킨노유 (은탕)
[有馬溫泉 銀の湯]
탄산과 라돈 성분이 포함된 은색의
온천수로 알려진 은천

도큐 하베스트 클럽
(료칸 호텔)

킨노유 (은탕)
신진대사를 촉진하고 혈관 기능을 개선하는 효능이
있다는 무색의 탄산 온천. 금탕보다 비교적 덜 붐비는
편. 사우나실, 온천수 시음장 별도 마련.

이용료: 성인 700엔(평일 한정 550엔), 초중생 300
엔, 유아 무료, 이용시간: 1시간
운영시간: 9:00~21:00 매월 첫째·셋째 주 화요일 휴무

아리마 공방(有馬の工房)
(공예품 전시장)

온센지 溫泉寺
(옛 아리마 온천
역사에 관한 전시물)

롯코 아리마 로프웨이 (12분 소요)
롯코산과 아리마 온천을 연결하는 로프웨이
아리마온센역에서 롯코산조역까지 운행

이용료:
롯코산조에키가-아리마온센에키가: 편도 어른 1,010엔,
어린이 510엔 / 왕복 어른 1,820엔, 어린이 910엔
운행시간: 오전 9시 30분부터 오후 5시 10분까지 운행

Hacco restaurantenn
(유케무리고젠 단품)

타이코노유도노칸 (태합의 탕전관)
(도요토미 히데요시 온천 별장 전시관)

겟코엔코로칸
(가이세키요리)

아리마온센역
아리마온센에서 롯코산자연역까지 운행하며
약 12분 소요
세계적인 롯코산 정상에서는 롯코 가든 테라스, 롯코 고산
식물원, 롯코산 컨트리 하우스 등 다양한 레저
시설이 있다

Rokko Arima Ropeway-
Arima Onsen
六甲有馬ロー
プウェイ有馬温泉駅

킨노유 (금탕)
1880년대 지어진 건물에서 즐기는 미네랄 온천욕.
온천수가 금빛이라는 점이 특징(염분과 염분 다량
함유). 대나무를 테마로한 '이치노유 단용'과
테마인 '니노유'로 구성. 아쉬 무료 족욕탕 마련.

이용료: 성인 800엔(평일 한정 650엔),
초중학생 350엔, 유아 무료, 이용시간: 1시간
운영시간: 8:00~22:00 (최종접수 21시 30분까지),
매월 둘째·넷째 주 화요일 휴무

HOT SPOT

긴노유 (은탕) 有馬温泉 銀の湯
라듐과 탄산염이 함유된 투명한 탄산 온천 대욕장. 신진대사 촉진하고 혈관 기능을 개선하는 효과가 있다. 대중목욕탕 감성
📍 긴노유

킨노유 (금탕)有馬本温泉 金の湯
철분이 풍부해 황금빛을 띠는 탕. 1880년대 건축물의 레트로한 감성. 피부병과 근육통 완화에 효과적
📍 킨노유

다이코노유 太閤の湯
금탕과 은탕을 포함한 26가지 온천과 암반욕을 즐길 수 있는 료칸. 목욕탕외에 기념품숍, 가챠, 식당 등 한국 찜질방 같은 느낌
📍 다이코노유

유모토자카 有馬本街道(湯本坂)
기념품 가게로 가득한 아리마온센 내 골목. 좁은 길을 따라 전통 목조 가옥이 이어진다. 온천달걀과 탄산떡이 이곳 명물
📍 유모토자카

족탕 太閤の足湯(無料)
금빛 온천물에 발을 담그며 피로를 풀 수 있는 **무료 족욕탕**. 수건은 개인지참, 또는 200엔에 구매 가능
📍 Foot bath arimacho

탄산센겐 공원 炭酸泉源公園
원천에서 18.7도의 시원한 천연 탄산수가 솟아나는 곳. 온천수에 설탕을 넣어 만든 아리마온센의 명물 '탄산센베'의 탄생지
📍 탄산 원천 공원

즈이호지 공원 瑞宝寺公園
도요토미 히데요시가 사랑한 곳. 단풍 산책길이 아름다운 것으로도 유명하다.
📍 즈이호지공원

텐진 센겐 天神源
온천수의 증기가 끊임없이 뿜어져 나오는 아리마온센 대표 원천지
📍 텐진 센겐

아리마 완구박물관 有馬玩具博物館
세계 장난감 4천 점이 전시되어 있는 완구박물관. 미니어처 세상, 기념품숍 등
📍 아리마 완구

FOOD

쿠츠로기야 くつろぎ家
미슐랭에 소개된 솥밥 전문점. 해물 솥밥과 소고기 찜 솥밥이 인기. 웨이팅 필수
📍 쿠츠로기야

겟코엔코로칸 有馬温泉 月光園 鴻朧館
정통 가이세키 요리 고급 료칸. 숙박없이 식사가능. 고급 재료와 아름다운 플레이팅.
📍 겟코엔코로칸

유노하나 혼포 湯の花堂本舗 太閤通店
온천명물 생 탄산 센베이 "유통기한 5초"라는 독특한 캐치프레이즈로 인기. 2장에 100엔
📍 Yunohanado Honpo

아리마가와 천수공원

킨노유

즈이호지 공원 단풍

아리마온센

NARA
나라

나라마치 817p
나라공원 주변 833p
헤이조궁 주변 855p

사슴의, 사슴에 의한, 사슴을 위한

여행 가이드 '사슴'을 따라서

푸른 잔디밭 위를 유유히 노니는 사슴 떼, 고요히 자리한 고대 사찰의 풍경이 어우러져 신비로운 나라.
이곳의 사슴들은 예로부터 신의 사자로 추앙받아왔고, 덕분에 도시 곳곳에서 자유로이 뛰노는 모습을 쉽게 만날 수 있게 되었어요. 다른 어떤 곳에서도 경험하기 힘든 이 독특한 정경은 나라가 선사하는 깊고 잔잔한 감동의 한 조각이랍니다. 도다이지의 웅장한 대불상과 고후쿠지 오층탑이 빚어내는 아름다움 또한 나라의 매력을 완성하는 데 빼놓을 수 없는 요소예요.

나라 TO DO LIST

- [ ] 나라공원에서 사슴 먹이 주기
- [ ] 사슴이랑 셀카 찍기
- [ ] 도다이지 대불전 앞에서 사진 찍기
- [ ] 도다이지 대불전 앞에서 사진 찍기
- [ ] 만엽 식물원 등나무 앞에서 사진찍기
- [ ] 와카쿠사산 산불 축제 구경하기
- [ ] 헤이조궁 터 산책하기

와카쿠사산 산불축제

사슴센베

나라공원

카스가타이샤

카스가타이샤 석등

만엽식물원

나라마치

나라마치 역사지구

나라마치 니기와이노이에

타무케야마 하치만구 신사

사호가와 벚꽃

도다이지 카키미이케

가스가대사 이치노도리이

평성궁

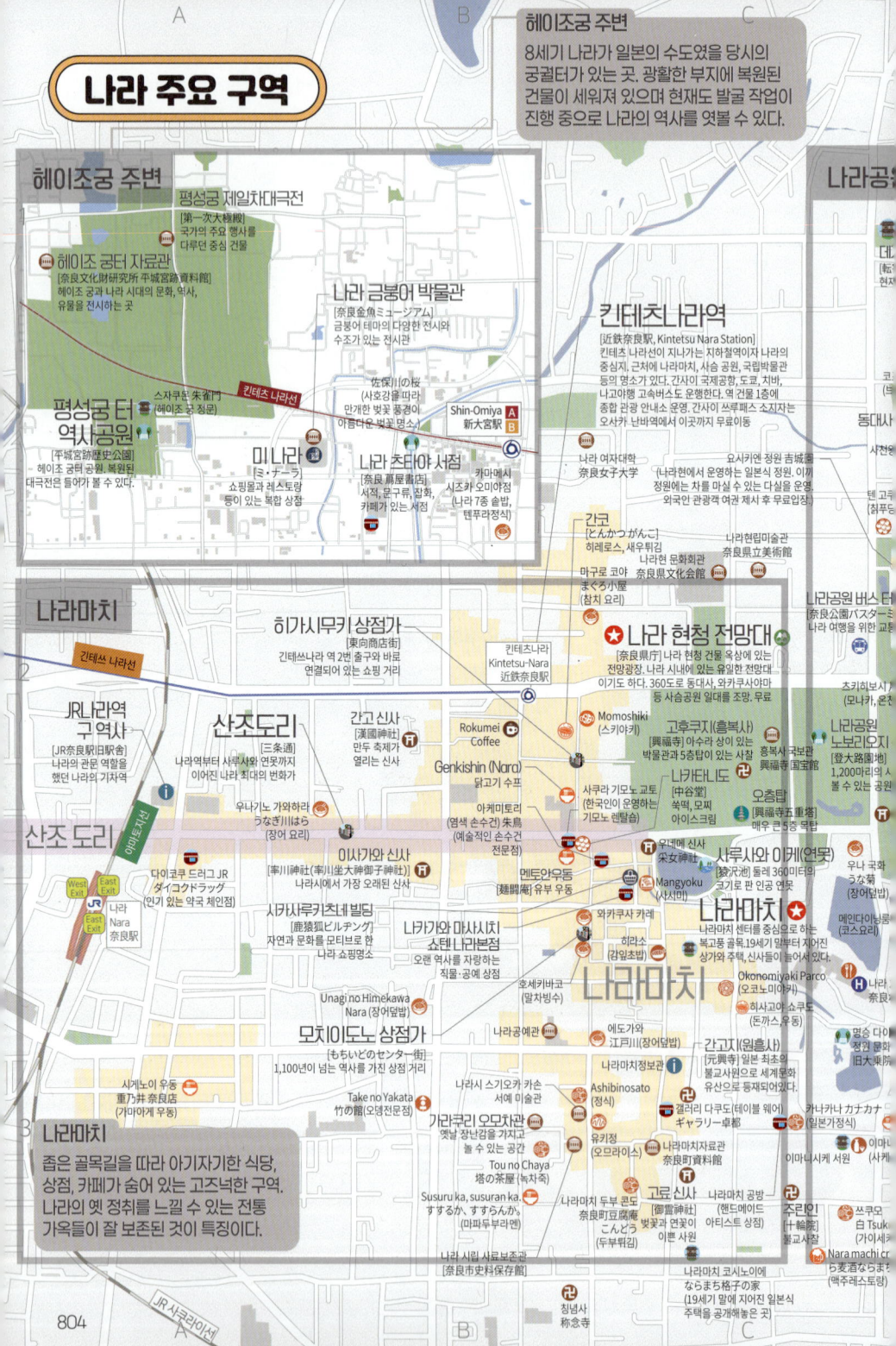

마구로 코야
(참치 요리)

나라공원 버스 터미널
[奈良公園バスターミナル]
나라 여행을 위한 교통 관문

요시키엔 정원
吉城園

★ 나라 현청 전망대
[奈良県庁] 나라 현청 건물 옥상에 있는 전망광장. 나라 시내에 있는 유일한 전망대이기도 하다. 360도로 동대사, 카쿠사야마 등 사슴공원 일대를 조망. 무료

Monsieur Pépé
(갈레트, 크레페)

shiki
키

고후쿠지(흥복사)
[興福寺] 아수라 상이 있는 박물관과 5층탑이 있는 사찰

흥복사 국보관

나라공원
노보리오지 원지
[登大路園地]
1,200마리의 사슴을
볼 수 있는 공원

기모노 교토
の京都
이 운영하는
렌탈숍

나카타니도
[中谷堂]
쑥떡, 모찌
아이스크림

고후쿠지

오층탑
[興福寺五重塔]
매우 큰 5층 목탑

우네메 신사
采女神社

가스가 대사
이치노도리이
[一之鳥居] 헤이안
시대에 창건된 오도리이

사루사와 이케(연못)
[猿沢池] 둘레 360미터의
크기로 판 인공 연못

Mangyoku
(사시미)

고후쿠지

나카가와 마사시치
쇼텐 나라본점

★ 나라마치
[ならまちセンター]
나라마치 센터를 중심으로 하는
복고풍 골목.19세기 말부터 지어진
상가와 주택, 신사들이 늘어서 있다.

메인다이닝룸미카사
メインダイニングル
ーム 三笠
(코스 요리)

Tekisui 滴翠
(야채 튀김
덮밥, 카레)

라소 平宗本館
(감잎초밥)

Okonomiyaki Parco
(오코노미야키)

히사고야 쇼쿠도
ヒサゴ屋食堂
(돈까스,우동)

나라 호텔
奈良ホテル

에도가와
江戸川(장어덮밥)

간고지(원흥사)
[元興寺]
일본 최초의 불교사원으로
세계문화유산으로 등재되어있다.

명승 다이조인
정원 문화관
旧大乗院庭園

유가 신사

라마치정보관
良町情報館

복지원

binosato

유키정
(오므라이스)

갤러리 다쿠도(테이블 웨어)
ギャラリー卓都

카나카나 カナカナ
(일본가정식)

udon & cafe 麺喰
(우동)

나라 시내 대중교통

	나라 시티 루프 버스	구룻토 버스(구루토 버스)	나라 교통 버스(고츠버스)
외관			
설명	나라공원 주변 명소를 한바퀴 도는 노란색 순환버스. 1번은 반시계방향(내순환), 2번은 시계방향(외순환).	기존 100엔 버스로 불리던 3가지 노선은 25년 3월을 끝으로 폐지. 25년 4월부터 1가지 노선으로 재편성하며 운임도 성인 250엔으로 올랐다.	현지인들이 주로 이용하는 초록색 일반 버스. 노선이 많고 복잡한 편이라 여행자는 헤이조궁터, 호류지, 아스카 등으로 가지 않는 이상 탈 일이 많지 않음. 비정규운임이라 탑승할 때 정리권 뽑아야 함.
주요 정류장	JR나라역 - 킨테츠나라역 - 도다이지 다이부츠덴 - 카스가타이샤 오모테산도 - 타나가초	킨테츠나라역 - 도다이지다이부츠덴 - 카스가타이샤 본전 - 우키미도 - 나라마치 - 킨테츠나라역을 순환	-
운행간격	10~15분 간격	20분 간격, 주말만 운행 (5월 골든위크 등 일부 관광 시즌은 평일에도 운행)	-
기본요금	250엔	250엔	230엔~
구매방법		이코카 사용 혹은 현금 지불	
사용가능 패스	나라공원·니시노쿄 세계유산 1-Day Pass (600엔)		킨테츠 레일패스
탑승방법	앞문으로 탑승, 탑승시 요금 지불		뒷문으로 탑승, 현금 지불시 탑승 시 정리권 뽑아야 함
홈페이지	https://www.narakotsu.co.jp/	https://www.nara-access-navi.com/route/	https://navi.narakotsu.co.jp/

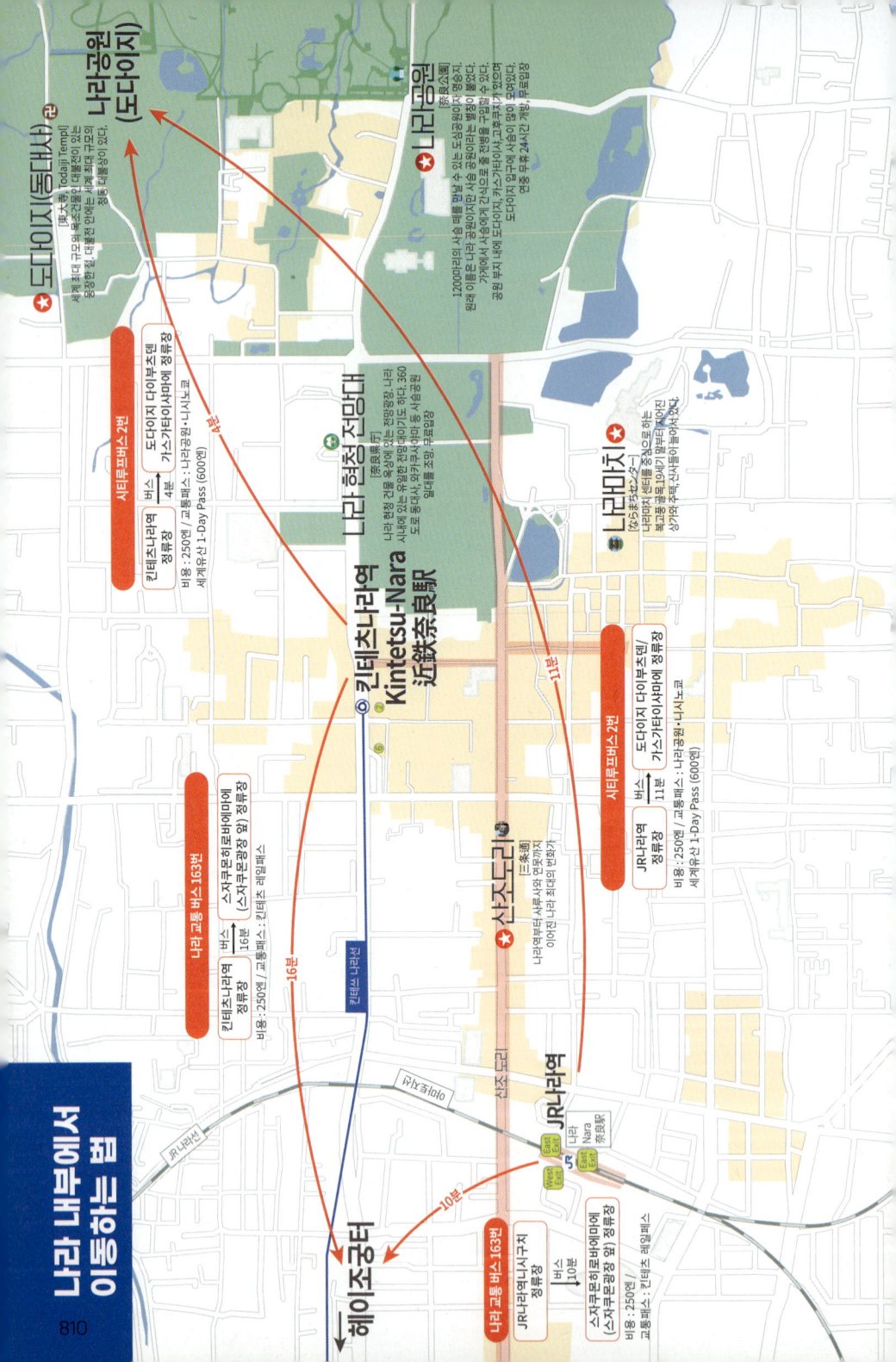

THEME
나라 테마

NARA
나라에서 꼭 가야 할 대표 랜드마크

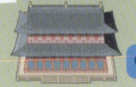 ⑨ 헤이조궁터
⑤ 도다이지
① 나라공원
③ 이스이엔
④ 요시키엔
고후쿠지 ②
⑦ 나라국립박물관
사루사와 연못 ⑩
나라마치 ⑥
가스가타이샤 ⑧

나라
奈良

과거 고대 일본의 수도였던 만큼 고즈넉한 사찰과 정원이 가득한 곳. 일본 불교가 발전하고 고대 문화가 꽃피웠던 당시의 유구한 역사가 지금까지 남아있다. 나라공원에서 자유롭게 노니는 야생 사슴들을 구경하는 독특하고 신비로운 경험도 할 수 있는 곳.

audio guide

① **나라공원 奈良公園**
넓은 공원으로 자유롭게 거니는 사슴과 아름다운 자연이 특징이다.

③ **이스이엔 依水園**
일본 정원의 전형적인 미를 보여주는 아름다운 연못식 정원.

⑤ **도다이지 東大寺**
거대한 대불이 있는 사찰로 나라의 대표 랜드마크이다.

⑦ **나라국립박물관 奈良国立博物館**
불교 미술과 고대 유물을 전시하는 박물관

⑨ **헤이조궁터 平城宮跡**
나라 시대의 황궁이었던 곳으로 넓은 역사 공원이 조성되어 있다.

② **고후쿠지 興福寺**
나라의 상징적인 사찰로 오층탑이 유명하며 세계문화유산이다.

④ **요시키엔 吉城園**
이스이엔 옆에 위치한 무료 입장의 고즈넉한 정원.

⑥ **나라마치 奈良町**
에도 시대 분위기를 간직한 상점과 카페가 밀집한 거리.

⑧ **카스가타이샤 春日大社**
신사와 수천 개의 석등으로 유명한 신토 사원.

⑩ **사루사와 연못 猿沢池**
코후쿠지와 인접한 연못. 저녁 노을이 아름답다.

FOOD

나라 대표맛집 BEST6

나라의 맛집들은 소박하지만 깊이가 있다. 나라의 향토 음식 감잎초밥부터 바삭한 돈카츠까지, 화려하진 않지만 한 끼를 든든히 책임져 줄 나라의 숨은 맛집 여섯 곳.

@io__ho
나라마치

1. 히라소 나라점 본관
📍 히라소 나라점

1861년에 창업해 오랜 역사를 자랑하는 감잎 초밥 전문점. 나라의 대표 향토 음식인 감잎초밥과 함께 국수, 가라아게 등을 곁들인 세트 메뉴를 판매하며, 감잎초밥 도시락만 포장할 수도 있다.
· 대표 메뉴: 감잎 초밥(카키노하즈시)
· 영업 시간: 화~일 11:30~14:30, 17:00~20:30 월요 휴무

@i_goat_eat
나라마치

2. 마구로 코야
📍 마구로 코야

일본 가정식 분위기의 참치 요리 전문 식당으로 다양한 참치 부위와 메뉴를 맛볼 수 있는 곳. 영어 메뉴판이 있으며 사진이 있어 주문하기 편리하다.
· 대표 메뉴: 참치 덮밥(네기토로동), 참치 사시미, 참치 가라아게 등
· 영업 시간: 토~수 11시~19시, 목금 휴무

@bbang_narong
나라마치

3. 카마이키 우동
📍 카마이키 우동

쫄깃한 식감의 굵은 면이 특징인 우동 전문점. 냉우동, 츠케멘, 카레우동 등 다양한 우동 메뉴가 있어 선택의 폭이 넓다. 튀김 역시 바삭하고 맛있어 튀김을 곁들인 메뉴를 주문하는 것을 추천한다.
· 대표 메뉴: 텐푸라 우동, 두유 츠케멘, 토리텐 카레 우동
· 영업 시간: 매일 11시~15시, 17시~21시

@yamyam_jjo
나라마치

4. 와카쿠사 카레 본점
📍 와카쿠사 카레 본점

다양한 맵기의 카레 메뉴가 있는 카레 전문점. 시금치, 와규, 양고기, 치킨 등 크게 네 종류의 카레가 대표적이며 모든 카레를 한 접시에 맛볼 수 있는 4 in 1 플레이트도 있어 가성비가 좋다. 특유의 진한 카레맛이 일품인 카레빵도 판매하니 참고.
· 대표 메뉴: 양고기 카레, 4 in 1 카레
· 영업 시간: 11:30~20:00 (수요일은 15:30까지, 토요일은 15~17 브레이크 타임), 목요 휴무

나라공원 주변

5. 소바 도코로 키타하라
📍 soba dokoro kitahara

홋카이도산 메밀을 매일 아침 맷돌로 갈아 자가 제분하는 소바 전문점. 가장 보편적인 자루 소바를 비롯해, 무즙이 가득 들어간 '오로시 소바', 유자 소스와 계란 스크램블이 올라간 '토지 소바' 등 다양한 소바를 맛볼 수 있다.
· 대표 메뉴: 텐자루 소바, 오로시 소바, 토지 소바, 청어 조림
· 영업 시간: 일 11:00~13:30 월, 수~토 11:00~15:00, 화요 휴무

나라공원 주변

6. 돈카츠 간코 나라섬
📍 돈카츠 간코 나라

히가시무키 상점가에 위치한 인기 있는 돈카스 전문 체인점. 늘 웨이팅이 있으며, 매장 내에 작은 정원이 있어 창가에 앉으면 정원을 보며 식사를 즐길 수 있다. 원하는 양에 따라 주문할 수 있다는 장점이 있다. 함께 나오는 밥, 양배추, 미소된장국, 샐러드 무한 리필 가능.
· 대표 메뉴: 흑돼지 로스카츠, 히레카츠, 새우튀김
· 영업 시간: 매일 11:00~21:30

813

BREAD
나라에서 꼭 맛봐야 할 디저트&카페

호세키바코
📍 호세키바코

대표메뉴 : 사슴 카키고오리(鹿かき氷, 시즌에 따라 없을 수 있음), 말차 DX 카키고오리, 파스텔 후루츠 카키고오리

- 일본식 빙수 '카키고오리' 전문점으로 1년 내내 빙수를 맛볼 수 있다. 다양한 과일 소스와 휘핑크림을 올리며 계절별 메뉴가 조금씩 다르다.
- 현지인에게도 인기가 많아 주말, 공휴일은 예약 필수. 가게를 방문하기 전날 21시부터 예약 사이트에서 예약 가능

나라마치

나카타니도
📍 나카타니도

대표메뉴 : 요모기 모찌 蓬餅

- 일본 전통 찹쌀떡을 맛볼 수 있는 곳.
- 실시간으로 떡을 만드는 모습을 볼 수 있으며 특히 빠른 떡 찧기

(모치쓰키) 퍼포먼스로 알려진 유명한 전통 떡집.
- 쫄깃한 쑥떡과 부드러운 팥소가 잘 어우러진다.

나라마치

카시야
📍 카시야 나라

대표메뉴 : 쿠즈야키(표면을 가볍게 구운 양갱 같은 화과자), 젠자이(일본식 단팥죽), 말차 카키고오리

- 에도 시대에 지어진 오래된 민가를 개조한 전통 과자점.
- 가파른 계단을 올라가면 2층에 작은 좌석이 있어 예스러운 분위기를 즐기며 차분하게 쉴 수 있다.
- 정성을 다해 수제로 만든 화과자와 일본식 단팥죽인 젠자이가 인기.

나라공원 주변

요시무네 나라 본점
📍 Senjuan Yoshimune 나라

대표메뉴 : 와라비모치 わらび餅, 녹차 카키고오리 抹茶かき氷

- 창업 80년이 넘은 일본 전통 과자점. 특히 와라비모치가 유명하며, 다양한 토핑과 시럽을 뿌린 카키고오리도 판매한다.
- 오래된 전통 가옥을 개조한 카페로 매장 안에 작은 정원이 있는 것도 특징.

나라공원 주변

카페 콘세
📍 카페 콘세 나라

대표메뉴 : 말차라떼, 원플레이트 런치

- 나라 공원과 가까운 곳에 위치한 2층짜리 카페.
- 카페 안에서 공원의 풍경과 사슴들이 돌아다니는 모습을 볼 수 있다.
- 커피와 디저트 뿐만 아니라 점심에는 식사 메뉴도 판매한다.

나라공원 주변

사슴들과 인사했다면 이제 달콤한 디저트로 감성도 당도 채울 차례. 전통 화과자, 시원한 카키고오리, 스페셜티 커피까지 취향대로 골라보자.

⑥
로쿠메이 커피
 로쿠메이 나라

대표 메뉴 : 오늘의 커피, 로쿠메이 블렌드 커피, 크로와상

- 1974년 나라에서 창업한 스페셜티 커피 전문점.
- 2018년 일본 커피 로스팅 대회 챔피언이 운영하고 있으며, 자체 블렌드 커피를 판매한다.
- 드립백 구매 가능.
- 커피 맛으로는 간사이지방 으뜸이라는 소문이 자자한 곳.

⑦
Cafe Zuccu
 zuccu 나라

대표 메뉴 : 모닝 세트 (토스트, 타마고 샌드 등), 런치 세트 (샌드위치, 파스타 등)

- 현지인들이 주로 가는 조용한 브런치 카페.
- 160년 이상 된 오래된 건물을 리노베이션한 곳으로, 가게 한쪽에 책이 꽂혀 있어 더욱 아늑한 분위기.

⑧
야나기차야
 Yanagi Matcha Cafe

대표 메뉴 : 와라미모찌, 말차, 파르페, 카키고오리

- 오래된 건물에 위치한 전통 찻집.
- 잘 알려져있지 않아 한적하지만 사루사와 연못이 바로 앞에 펼쳐져 있어 뷰가 아름답다.

⑨
텐표안 도다이지점
 텐표안 도다이지

대표 메뉴 : 야마토 미야마 미카사 누보 大和三山 (도라야키) 엔

- 도라야키, 찹쌀떡, 만주 등을 판매하는 일본식 과자점.
- 도라야키는 반죽이 푹신푹신하고 너무 달지 않아 인기가 많다. 하루 수량이 한정되어 있어 매진이 빠른 편.

⑩
다이부츠 이치고
 다이부츠 이치고

대표 메뉴 : 이치고 다이후쿠 (딸기 모찌), 이치고노나마소후토 (딸기 소프트 아이스크림)

- 딸기 아이스크림과 모찌를 파는 곳. 딸기 모찌와 아이스크림에 귀여운 사슴 모양 쿠키를 꽂아줘서 인증샷을 찍기 좋다.

BREAD 나라에서 꼭 맛봐야 할 디저트&카페

나라마치

에도시대
시간 여행 시작점

에도시대의 마을이 고스란히 남은 아늑한 골목길. 오랜 상점가에서는 섬세한 수공예품이 반짝이고, 아담한 찻집의 따스한 차 한 잔이 여유를 안겨줘요. 정갈히 보존된 전통 가옥들은 존재감만으로도 마을의 깊이를 더하죠. 나라에서 가장 오래된 마을로 불리며, 오랜 역사와 문화가 오롯이 담겨있는 박물관 같은 나라마치라면 여운이 남는 사진, 충분히 남길 수 있겠죠?

KEY WORD

- 에도시대거리
- 말차 디저트
- 고료 신사

TO DO LIST

- ☐ 부처 모양 쿠키 먹어보기
- ☐ 천연 염색 손수건 구매하기
- ☐ 사슴 캐릭터 소품 찾기
- ☐ 나라마치 역사지구 기모노 입고 걷기
- ☐ 카스가 대사에서 사슴이랑 사진 찍기
- ☐ 고료 신사에서 특별한 고슈인 받기
- ☐ 마음에 드는 카페에서 말차 마시기

나라마치

나라마치 자료관

나라마치

코시노이에

코시노이에 정원

산조도리

나라마치

여행시작 지점
킨테츠나라
Kintetsu-Nara
近鉄奈良駅

히가시무키 상점가
[東向商店街]
긴테쓰나라 역 2번 출구와 바로
연결되어 있는 쇼핑 거리

긴테쓰 나라선

JR나라역 구 역사
[JR奈良駅旧駅舎]
나라의 관문 역할을
했던 나라의 기차역

★ **산조도리**
[三条通]
나라역부터 사루사와 연못까지
이어진 나라 최대의 번화가

Rokumei Coffee

간고 신사
[漢國神社]
만두 축제가
열리는 신사

Genkishin

우나기노 가와하라
うなぎ川はら
(장어 요리)

아케미토리
(예술적인 손수건
전문점)

산조 거리

야마토지선

다이코쿠 드러그 JR
ダイコクドラッグ
(인기 있는 약국 체인점)

이사가와 신사
[率川神社(率川坐大神御子神社)]
나라시에서 가장 오래된 신사

麵鬪庵

West Exit
East Exit
JR
East Exit
나라
Nara
奈良駅

시카사루키츠네 빌딩
[鹿猿狐ビルヂング]
자연과 문화를 모티브로 한
나라 쇼핑명소

나카가와 마사시치
쇼텐 나라본점
[中川政七商店]
오랜 역사를 자랑하는
직물·공예 상점

나라역 주변

Unagi no
Himekawa Nara
(장어덮밥)

나라공
なら工

여행시작 지점

모치이도노 상점가
[もちいどのセンター街]
1,100년이 넘는 역사를 가진 상점 거리

나라시 스기오카
서예 미
[奈良市杉岡華
道美術

시계노이 우동
重乃井 奈良店
(가마아게 우동)

Take no Yakata
竹の館 (오뎅전문점)

가라쿠리 오모차관
[奈良町からくりおもちゃ館]
옛날 장난감을 가지고
놀 수 있는 공간

Tou no Chaya
塔の茶屋
(녹차죽)

Susuru ka, susuran ka.
すするか、すすらんか。
(마파두부라멘)

나라 시립 사료보존
[奈良市史料保存館

JR 사쿠라이선

audio guide

820

★ 나라 현청 전망대

[奈良県庁] 나라 현청 건물 옥상에 있는 전망광장. 나라 시내에 있는 유일한 전망대이기도 하다. 360도로 동대사, 와카쿠사야마 등 사슴공원 일대를 조망. 무료

간코
(히레로스, 새우튀김)

Momoshiki
(스키야키)

고후쿠지(흥복사)

[興福寺] 아수라 상이 있는 박물관과 5층탑이 있는 사찰

나카타니도
[中谷堂]
쑥떡, 모찌 아이스크림

요시키엔 정원
吉城園

Monsieur Pépé
(갈레트, 크레페)

가마메시 시즈카 공원점

나라공원 버스 터미널

흥복사 국보관
興福寺 国宝館

나라공원 노보리오지 원지
[登大路園地]
1,200마리의 사슴을 볼 수 있는 공원

츠키히보시 月日星
(모나카, 온천계란)

고후쿠지

오층탑
[興福寺五重塔]
매우 큰 5층 목탑

사쿠라 기모노 쿄토
(한국인이 운영하는 기모노 렌탈숍)

우네메 신사
采女神社

사루사와 이케(연못)
[猿沢池] 둘레 360미터의 크기로 판 인공 연못

Mangyoku
(사시미)

가스가 대사 이치노도리이
[一之鳥居] 헤이안 시대에 창건된 오도리이

나라마치 ★

[ならまちセンター]
나라마치 센터를 중심으로 하는 복고풍 골목.19세기 말부터 지어진 상가와 주택, 신사들이 늘어서 있다.

와카쿠사 카레
若草カレー本舗

히라소 平宗本館
(감잎초밥)

아라이케 연못
[荒池園地] 단풍과 벚꽃이 이쁜 연못

메인다이닝룸미카사
メインダイニングルーム 三笠
(코스요리)

Tekisui
(야채 튀김)

호세키바코
ほうせき箱
(말차빙수)

Okonomiyaki Parco
(오코노미야키)

히사고야 쇼쿠도
ヒサゴ屋食堂
(돈까스, 우동)

나라 호텔
奈良ホテル
덮밥, 카레

유가 신사
瑜伽神社
단풍이 아름다운 신사

에도가와
江戸川 (장어덮밥)

간고지(원흥사)
[元興寺]
일본 최초의 불교사원으로 세계문화유산으로 등재되어있다.

명승 다이조인 정원 문화관
旧大乗院庭園

복지원
[福智院]
지장 보살좌상이 있는 절

나라마치정보관
[奈良町情報館]

Ashibinosato
(정식)

갤러리 다쿠도
(테이블 웨어)

카나카나 カナカナ
(일본가정식)

udon & cafe 麺喰 (우동)

유키정
(오므라이스)

니리마치 니기와이노이에
(전통가옥 옛생활을 보여주는 곳)

이마니시케 서원
今西家書院

Harushika Sake Brewery store
今西清兵衛商店 (사케전문점, 사케 체험비 700엔)

나라마치자료관

고료 신사
御霊神社
벚꽃과 연꽃이 이쁜 사원

나라마치 공방
ならまち工房
(핸드메이드 아티스트 상점)

주린인
[十輪院]
불교사찰

쓰쿠모
白 Tsukumo
(가이세키요리)

나라마치 두부 콘도
奈良町豆腐庵 こんどう
(두부튀김)

나라마치 코시노이에
ならまち格子の家
(19세기 말에 지어진 일본식 주택을 공개해놓은 곳)

Nara machi craft beer
なら麦酒ならまち醸造所
(맥주레스토랑)

칭념사
称念寺

MAP
나라마치 걷기

활판공방 단
活版工房 丹

긴테쓰나라 역
近鉄奈良駅

Time's Place Nara
Time's Place奈良

고후쿠지

산죠거리 暗越奈良街道

Nakagawa Masashichi
Shoten - Nara Flagship Store
中川政七商店 奈良本店

OYATSUYA 323
おやつや みつみ

Ocasi
奈良御菓子製造所
ocasi

야스라기노미치 도로 やすらぎの道

NAT'l rte 169

Tsuruya Tokuman
Main Shop
鶴屋徳満 本店

Tamuraseihoen
Tea Stall
田村青芳園茶舗

NARAMACHI ODORI ST ならまち大通り

나라마치

요시다모키조우
吉田蚊帳

Harushika Sake
Brewery store
今西清兵衛商店

나라마치
주요 스팟

OYATSUYA 323

유명 호텔 출신 파티시에가 운영하는 디저트 카페. 부처 머리 모양의 쿠키(320엔)·붕어빵을 본뜬 버터 샌드 쿠키(300엔)가 대표 메뉴. 이 둘이 토핑으로 얹어진 아이스크림 컵도 인기. 선물용 쿠키세트 판매중.

- 영업시간 : 11:00~18:00 (화,수,목 휴무)
- 가격대 : ~1,000엔

OMIYA-DORI ST 大宮通り

나라공원

다 같이 돌자 동네 한 바퀴! 긴테쓰나라역에 도착해 남쪽 방향으로 걷다 보면 고즈넉한 골목이 펼쳐진다. '마치'는 일본어로 마을, 동네라는 뜻으로 실제로 나라마치는 현지인들이 거주하는 아담한 주택과 오래된 가옥을 개조한 작은 가게들이 오밀조밀 모여있다.

만월 앤티크
西洋骨董 満月
アンティーク

요시다모키조우

통기성과 흡습성이 뛰어난 천연 마 원단을 취급하는 가게. 천연 염색을 한 행주, 식탁보, 모기장 등 판매. 씻을수록 푹신푹신해지는 감촉의 행주가 대표 상품(370엔)
가격대: 1,000엔~2,000엔
• 영업시간 : 9:30~18:00 월요일 휴무
• 가격대 : 1,000엔~2,000엔

나 나라마치

Harushika Sake Brewery store

19세기에 설립된 사케 양조장. 시음 후 구입 가능(체험비 700엔, 5종류 시음 가능). 사슴이 새겨진 작은 사케잔 구매 가능
• 영업시간 : 10:00~17:00 화요일 휴무
• 가격대 : 500엔~

Tamuraseihoen Tea Stall

가게밖까지 차 향기로 가득한 곳. 센, 겐마이, 교쿠로 등 차 종류 다양. 달콤한 맛이 특징인 야마토호지차 200g(640엔)는 선물용으로 추천
• 영업시간 : 10:00~15:00 월, 목 일요일 휴무
• 가격대 : 500엔~1,000엔

Ocasi

나라현의 꿀이 들어간 도라야키 전문점. 치즈 케이크에 특산 귤 '야마토 타치바나'로 만든 잼이 들어간 것이 특징. 미니 도라야키 (미카사 도라야키 385엔), 야마토 타치바나 잼을 곁들인 화홍차 (330엔)
• 영업시간 : 11:00~18:00 화, 수요일 휴무
• 가격대 : ~1,000엔

Nakagawa Masashichi Shoten

나라문화를 테마로 한 잡화 공예품 가게(도자기, 의류, 가죽제품, 아기용품 등). 제비뽑기(550엔). 원숭이•여우 무늬의 카야 행주 (550엔)는 나라 본점에서만 한정으로 판매. 1층 공간에 '사루타히코' 카페 함께 운영.
• 영업시간 : 10:00~19:00
• 가격대 : 1,000~2,000엔

나라마치 奈良町 `추천`
"에도 시대로 떠나는 미식 여행"

일본 전통 가옥과 거리 풍경을 그대로 간직하고 있는 거리. 에도·메이지 시대 건축물을 개조한 카페, 식당, 잡화점, 전통상점 등이 모여 있어 데이트·여행 코스로 인기가 높다. 생딸기 샌드위치, 모찌, 버터 포테이토 같은 길거리 간식도 놓칠 수 없는 즐거움. 나라의 예술성을 볼 수 있는 공예 박물관, 정원에서 녹차를 즐길 수 있는 이마니시케 쇼인 주택도 볼만하다. (821p E:2)

📍 나라마치   #전통거리 #나라쇼핑 #맛집

나라마치 정보관 奈良町情報館
"나라마치, 알고 봐야 더 재미있어요!"

나라의 나라마치 지역에 위치한 관광 정보 센터. 이곳은 나라마치의 음식점과 기념품 상점, 체험 등 다양한 정보를 제공하며, 관광객들에게 유용한 지도와 추천 관광지를 안내한다. 나라지역의 특산물과 식료품, 야채와 과일 등도 판매하며 기념품도 판매하고 있어 나라를 방문하는 사람들에게 편리한 장소다. 이곳에서 나라마치에 대한 심층적인 이해와 여행 계획을 세울 수 있다. 목요일 휴무 (821p D:2)

📍 나라마치 정보관
#관광정보 #지도 #특산물

산조도리 三条通 `추천`
"나라역-사루사와 연못 거리 속 숨은 맛집 찾기"

JR 나라역부터 사루사와 연못까지 이어진 나라 최대의 번화가. 즉석에서 만들어주는 쑥인절미 나카타니, 일본식 솥밥 요리집 시즈카, 전통 철판요릿집 카메야는 소문난 유명 맛집. 사슴 캐릭터 인형과 굿즈를 살 수 있는 ROKU YOU, 나라 대표 양조장 하루시카의 준마이초가라구치(사케), 나라 콘훼이토(별사탕)는 여행 기념품으로 인기가 높다. (820p C:2)

📍 산조도리   #나라쇼핑거리 #나카타니 #사슴인형

멘토안우동 麵闘庵 `맛집`
"시원한 국물 품은 유부 주머니"

유부 주머니 우동(기쓰네 우동) 인아리, 약 1100엔)을 즐길 수 있는 우동집. 유부의 달콤한 맛과 시원한 국물에 쫄깃한 우동 면발이 조화를 이루며, 비주얼과 맛 모두 만족스러운 메뉴. 시치미(일본식 매콤한 조미료)가 준비되어 있으니 뿌려먹는 걸 추천. 차가운 소바 메뉴도 제공한다. 오픈런 맛집으로 오픈 시간보다 일찍 웨이팅 하는 것을 추천. 화, 수, 목 휴무 (821p D:1)

📍 멘토안우동
#유부우동 #소바 #오픈런웨이팅맛집

나라공예관 なら工藝館
"나라 칠기의 섬세함을 가까이서 볼 기회"

전통 일본 공예를 감상하고 구매할 수 있는 전시·판매 공간. 나라 칠기, 서예 붓, 아카하다 도자기, 나무 가면, 차 거품기, 손으로 짠 삼베 등 다양한 전통 공예품들이 전시되어 있으며, 섬세하게 조각된 사슴 모양의 작품들도 눈길을 끈다. 매월 다양한 아티스트의 공예 시연 이벤트가 열려 일본 공예를 가까이에서 체험할 수 있다. 전통 공예에 관심 있는 이들에게 추천 (820p C:2)

📍 나라공예관
#공예품체험 #아티스트공연 #기념품구매

간고지(원흥사) 元興寺
"가을에만 오픈되는 비밀, '지광 만다라'"

오층소탑, 선실, 본당까지 국보로 지정된 건축물이 다양한 사찰. 특히 본당의 중요문화재인 지광 만다라는 극락왕생을 묘사한 작품으로 10월 하순에서 11월 초순에만 특별 공개된다. 아미타여래 좌불상, 쇼토쿠 태자 조각상 등도 유명 볼거리. 3월 하순에는 동백꽃, 4월에는 벚꽃, 6월 중순에는 도라지꽃, 9~10월에는 싸

리꽃이 아름답게 핀다. 실내 촬영 금지. 성인 약 성인 500엔. 16:30 입장마감 (821p D:2)

📍 간고지
#지광만다라 #국보사찰 #꽃구경

시카사루키츠네 빌딩
鹿猿狐ビルヂング
"나라에서 보기 드문 깔끔하고 세련된 공간"

카시야 萬御菓子誂處 樫舎(かしや) [맛집]
"에도 시대에 초대된 손님처럼 화과자 맛보기"

에도 시대의 민가를 개조한 유서 깊은 전통 과자점. 수제 화과자와 따뜻한 일본식 단팥죽 젠자이가 인기 메뉴. 겉면을 살짝 구워 따뜻하게 즐기는 쿠즈야키(약 380엔), 시원한 말차 카키고오리가 유명. 계절과 절기에 따라 화과자의 종류가 바뀐다. 2층에 아늑한 좌석이 마련되어 있어, 예스러운 분위기 속에서 차분하게 휴식을 취할 수 있다. 결제는 현금만 가능. 한국인 직원이 있다.

📍 카시야 나라   #에도시대건축 #젠자이 #화과자

300년 역사의 '나카가와 마사시치 상점' 본점을 포함하여 나라현의 공예품, 특산품, 카페,

레스토랑 등을 만나볼 수 있는 쇼핑몰. 특히, 미슐랭 1스타 스키야키 레스토랑 'sio'가 대표 인기 식당으로 손꼽힌다. 2021년에 오픈한 신축 건물로 통유리로 된 외벽과 나라 감성의 인테리어 요소가 특징적이다. (821p D:1)

📍 시카사루키츠네
#나라쇼핑명소 #나라핫플 #미슐랭맛집

사쿠라 기모노 교토 桜きもの京都
"기쁨이 함께 이용히면 더 할인해 드려요"
산쇼 거리에 위치한 기모노 렌탈 전문점. 유카타, 기모노, 후리소데, 하카마까지 예쁜 디자인이 많아 선택하기 힘들 정도지만 직원들이 어울리는 색상으로 잘 골라 준다. 헤어와 액세서리 기모노 가방, 조리, 타비까지 풀세트 구성이다. 남성용 기모노와 어린이용 기모노도 있으며 커플 플랜은 조금 할인된 가격에 이용할 수 있다. 고후쿠지와 나라 공원에서 가깝고 한국인이 운영하는 곳이라 편리하다. (821p D:1)

📍 사쿠라 기모노 교토 나라
#기모노 #랜탈 #예쁜디자인

나카가와 마사시치 쇼텐 나라본점 中川政七商店 奈良本店
"소장 가치 충분한 '하나후킨'은 꼭 하나 챙겨봐"

1716년에 오픈하여 오랜 역사를 자랑하는 직물·공예 상점. 전통적인 일본 공예품을 현대적인 감각으로 재해석하여 선보이는 곳으로 유명하다. 일본 각지의 뛰어난 장인 800여명이 만든 생활용품과 선물용품을 구입할 수 있다. 모기장천으로 만든 하나후킨(꽃행주)이 이곳을 대표하는 아이템. 다실, 코워킹 스페이스도 갖추고 있다. (821p D:1)

📍 Nakagawa Masashichi Shoten   #일본공예품 #나라쇼핑 #하나후킨

나라마치 코시노이에 ならまち格子の家
"세금은 적게 낼 수록 좋으니까,,!"

에도시대 상공업에 종사하던 사람들이 살던 전통 가옥. 마치야라고 부르며 폭이 좁고 안이 깊은 구조가 특징이다. 집 정면의 폭에 따라 세금이 책정되었기 때문이라고 한다. 낮 동안 집 내부가 밖에서 보이지 않게 하기 위해 격자 무늬 창문 양식이 발달했다. 다다미방, 부엌, 정원 등을 둘러 보는 재미가 있다. 한국어 브로셔 제공. 월요일 휴무 (821p D:3)

📍 나라 Lattice House   #마치야 #전통가옥 #체험여행

Mangyoku [맛집]
"사루사와 연못 옆에서 즐기는 일본 전통주"

사루사와 연못 옆에 위치한 차분한 분위기의 전통 이자카야. 신선한 제철 사시미와 숯불구이가 메인 메뉴로 제공되고, 감칠맛 살린 튀김과 조림 요리가 사이드 메뉴도 탄탄하게 뒷받침해 준다. 전통 이자카야인 만큼 사케와 소주 종류가 다양한 편. 칵테일도 준비되어 있다. 조용한 분위기에서 일본 전통 술자리 문화를 경험하고 싶다면 방문해 보길 추천. 월요일 휴무 (821p D:2)

📍 Mangyoku
#이자카야 #사케 #제철사시미

아케미토리(염색 손수건) 朱鳥
"전통 염색 '주센'이 선사하는 100% 수제품"
예술 작품을 보는 듯한 멋진 전통 염색 손수건 전문점. 이곳에서는 전통 염색 기법인 "주센"을 사용해 만들어진 100% 수제 염색 제품들이 특징이다. 주센은 붓는다는 의미로 고유한 디자인과 아름다운 색감을 자랑한다. 완성된 수건은 액자에 담아도 될 정도로 예술성 있으며 실제로 액자로 사용할 수 있는 틀도 함께 판매한다. 손수건은 스카프, 장식품, 선물 포장 등으로 다양하게 활용된다. (821p D:1)

📍 34.681558, 135.829122
#손수건 #전통염색 #주센

나라마치 니기와이노이에 奈良町にぎわいの家 `추천`
"100년 전 사람들은 이렇게 살았답니다."

100년이 넘는 역사를 가진 마치야(전통가옥)을 보존하여 과거 생활 방식을 보여주는 곳. 별채, 다다미방, 창고, 다실 등 일본 가옥의 내부 구조와 소소한 생활 용품을 살펴볼 수 있다. 계절에 따라 다른 느낌을 주는 처마, 툇마루, 부뚜막, 정원 등이 볼거리. 근처에는 백제왕과 한국의 장인들의 손길이 묻어있는 간고지 사원도 있어 함께 돌아보기 좋다. 수요일 휴무

📍 나라마치 니기와이   #일본가옥체험 #전통거리 #간고지사원

나라마치 공방 ならまち工房
"아기자기하고 예쁜 수공예품이 2층 가득"

손으로 직접 만든 공예품을 구입하는 데 관심이 있다면 추천되는 곳. 나라마치 지역에 위치한 핸드메이드 공예품이 모여 있는 2층 규모의 상점이다. 귀엽고 예쁜 핸드메이드 공예품들을 구경하는 재미가 있어 인기가 많다. 일부 매장은 1인이 운영하므로, 다른매장과 다르게 영업시간이 짧으므로 일찍 방문하는 것을 추천 (821p E:3)

📍 나라마치 공방
#공방 #핸드메이드 #상점

카마이키 우동 うどん專門店 釜粋 `맛집`
"탱글 쫄깃한 면발이 생명! 자꾸자꾸 생각나는 맛이야"

미슐랭에 소개된 우동 전문점. 탱글쫄깃한 면발과 깊은 국물 맛의 조화로움으로 인기가 높다. 대표 메뉴는 붓가케 우동(약 1450엔)으로, 작작한 국물에 면을 비벼 먹는 스타일. 세트를 주문하면 바삭한 새우튀김도 함께 맛 볼 수 있다. 카레를 좋아한다면 카레우동으로 선택해 보길 추천. 현금 결제만 가능. 히가시무키 상점가에 위치

📍 카마이키 우동
#미슐랭 #붓가케우동 #카레우동

Genkishin (Nara) `맛집`
"삼계탕처럼 진한 맛이 일품인 백탕 라멘"

진한 삼계탕 맛의 백탕 라멘을 즐길 수 있는 라멘집. 닭뼈 육수를 사용하여 고소하고 녹진한 맛. 부드러운 차슈와 반숙 계란이 곁들여져 있다. 츠케멘을 먹는 방법이 한국어로 적혀 있어 현지인 방식대로 즐길 수 있다. 가라아게(튀김 닭고기)와 교자도 사이드 메뉴로 인기가 많으니 함께 즐기는 것도 추천. 영어 메뉴판 있음. 나라 긴테쓰역 근처에 위치. 약 1300엔 (821p D:1)

📍 Genkishin (Nara)
#백탕라멘 #닭육수 #가라아게

나라마치자료관 奈良町資料館
"옛 상가에서 즐기는 소소한 문화 산책"

나라의 전통과 삶이 살아 숨 쉬는 공간. 개조된 옛 상가 건물 안에는 불상, 민속 생활 도구, 그림 간판 등이 소박하게 전시되어 있으며, 누구나 무료로 관람할 수 있어 부담 없이 들르기 좋다. 입구에 매달려 있는 빨간 원숭이 인형인 미카와리사루는 재난을 대신 막아주는 수호부적으로, 나라마치 지역 특유의 풍습을 보여주는 상징이다. (821p D:3)

📍 나라마치자료관
#원숭이부적 #무료관람 #옛상가건물

나라 나라마치

히가시무키 상점가 東向商店街
"요모기모찌 어디 가면 맛볼 수 있을까나?"

긴테쓰나라 역 2번 출구와 바로 연결되어 있는 쇼핑 거리. 지붕으로 덮여 있는 아케이드형 구조라 사계절 내내 구경하기 좋다. 전통시장 분위기로 음식점, 옷가게, 잡화점, 서점, 중고품점, 기념품점, 수공예품점 등이 가득하다. 오므라이스, 라멘, 모찌 등 식사와 간식을 즐기기에도 좋다. 특히 쑥떡과 흡사한 '요모기모찌'가 유명하니 맛보길 추천. **(821p D:1)**

📍 **Higashimuki Shopping Street**
#아케이드상점가 #요모기모찌 #전통시장

캇판코보 탄 活版工房 丹
"사슴 학용품으로 책가방 꾸려볼까?"

일본 감성의 문양이나 **교토를 상징하는 사슴 그림이 그려진 디자인 문구**가 다양한 잡화점. 특히 엽서, 메시지 카드, 노트 등 문구 종류가 풍부하다. 전반적인 가격은 1,000엔 내외. 찻잔 코스터, 부채, 각 케이스 등 일본풍 소품도 판매하고 있다. 노트와 활판 인쇄 기술로 만든 개인 명함 등 직접 만들어 볼 수 있다는 점도 이색적 (체험은 사전 예약 필수)

📍 **6 Higashimuki Kitamachi**
#교토기념품 #수제노트 #문구

가라쿠리 오모차관 奈良町からくりおもちゃ館
"에도시대 아이들의 장난감으로 놀아보자!"

옛날 장난감을 가지고 놀 수 있는 체험 박물관. 에도시대 이후의 장난감 200여점을 상설 전시하고 있으며 장난감 놀이 공간도 별도로 마련되어 있다. 톱니바퀴, 실, 태엽 등으로 움직이는 가라쿠리 인형들이 인기. 일본 전통 장난감 제작 체험 강좌도 열린다. 영어 가능한 가이드가 상주하고 있으며 일본 전통 장난감의 원리와 역사에 대해 깊이 알아갈 수 있다. 수요일 휴무 **(820p C:2)**

📍 **가라쿠리 오모차관**
#전통장난감 #어린이동반 #가족명소

간코 [맛집]
とんかつ がんこ 奈良店
"여기서 도시락 사서 나라공원 피크닉 가자"

두툼하고 바삭한 흑돼지 돈카츠를 즐길 수 있는 카츠 전문점. 세트로 주문하면 흑돼지 등심 돈카츠와 새우튀김(세트 약 2508엔)을 함께 맛볼 수 있다. 밥과 된장국, 절임반찬은 기본으로 함께 제공된다. 치킨카츠 카레 또한 인기 메뉴 중 하나. 밥과 샐러드, 국은 리필 가능. 도시락으로 테이크아웃도 가능하다. 영어 메뉴판 있음. 나라 긴테쓰역과 나라 공원 사이에 위치. **(821p D:1)**

📍 **간코**
#돈카츠새우튀김세트 #현지인웨이팅

히라소 나라점 [맛집]
平宗 奈良店 本館
"새콤한 식초밥을 감잎향으로 감쌌어"

나라의 전통 향토 요리인 **감잎 초밥(가키노하즈시, 세트 약 1600엔)** 전문점. 신선한 생선과 밥을 감잎으로 감싸 김밥처럼 꾹꾹 눌러 만든 가키노하즈시와 고등어 초밥이 대표 메뉴다. 일반 초밥보다 식초맛이 조금 더 강하고, 감잎향이 솔솔 나서 개운한 맛이 있는 것이 특징이다. 세트를 시키면 오차츠케나 소면 중 선택하여 함께 즐길 수 있다. 특별한 전통 일본식 초밥을 경험해보고 싶다면 추천. 월요일 휴무 **(821p D:2)**

📍 **히라소 나라점**
#감잎초밥 #특이한초밥 #전통향토요리

모치이도노 상점가 もちいどのセンター街
"이곳의 메인은 '떡'과 '밥'이야"

1,100여 년이 넘는 역사를 가진 오래된 상점 거리. 떡과 밥이라는 뜻의 거리 이름답게 유명 쑥떡집 나카타니도를 비롯해 이탈리안 레스토랑 Caravel, 일본 카레 전문점 와카쿠사 카레 같은 맛집이 즐비하다. 트렌디한 의류, 잡화점도 있고 미용실, 전통공예점 등 서민들의 생활상을 엿볼 수 있는 작은 가게들도 많다. 일부 상점은 현금 결제만 가능 (821p D:2)

📍 모치이도 센터 타운   #전통거리 #기념품쇼핑 #나카다니도

주린인 十輪院
"화강암으로 만들어서 튼튼해요"

일본에서는 매우 희귀한 화강암으로 조각된 불상이 있는 사찰. 지장보살을 중심으로 한 불상들과 천상의 세계를 형상화한 상징적 이미지가 조각되어 있으며 석가여래, 미륵보살 등과 함께 극락왕생의 의미를 담고 있다. 사찰은 작지만, 잘 관리된 정원이 인상적이다. 메이지 시대에 불상들이 많이 훼손되었지만 본존 석불, 본당, 13층 석탑, 두 어린이 동상 등의 유물이 남아있다. 월요일 휴무 (821p E:3)

📍 나라 주린인   #희귀한 #화강암 #석불

호세키바코 맛집
kakigori ほうせき箱
"알록달록한 색깔이라 어떤 맛일지 궁금해"

나 / 나라마치

일본식 빙수 '카키고오리' 전문점으로, 사계절 내내 다채로운 빙수를 맛볼 수 있다. 신선한 과일소스와 부드러운 휘핑크림을 듬뿍 올려 제공하며, 계절마다 새로운 메뉴를 선보이는 것이 특징. 대표 메뉴로는 귀여운 비주얼의 사슴 카키고오리(시즌 한정, 약 13000엔), 진한 말차의 풍미를 느낄 수 있는 말차 DX 카키고오리, 그리고 알록달록한 파스텔 후루츠 카키고오리가 있다. 현금만 가능. 목요일 휴무 (821p D:2)

📍 호세키바코
#카키고오리 #시즌한정메뉴 #사계절내내

와카쿠사 카레 본점 맛집
若草カレー本舗
"골라 먹는 재미가 있는 4가지 맛 카레"

4가지 맛의 카레를 한번에 즐길 수 있는 이색 카레 전문점. 시금치, 치킨, 비프, 양고기의 맛이 한 접시에 나오며, 메뉴마다 매운 정도가 달라 취향껏 선택해 즐길 수 있다. 구운 카레덮밥(약 1000엔)은 모짜렐라 치즈를 얹어 오븐에 구워내 고소한 풍미가 일품인 메뉴. 여행 중 시원한 생맥주와 맛있는 현지인 카레를 즐기고 싶다면 추천한다. 수, 목 휴무 (821p D:2)

📍 와카쿠사 카레 본점
#이색카레 #카레덮밥 #4가지맛

이자사 도다이지몬젠 유메카제히로바점 맛집

"이곳의 감잎 초밥은 종류가 다양하네?"

나라의 명물인 카키노하즈시(감잎 초밥)을 맛볼 수 있는 전문점. 고등어, 연어, 도미 등 다양한 재료를 사용하며, 감잎으로 감싸 풍미를 더했다. 벚나무잎으로 싼 스시가 있다는 점도 특별하다. 테이크 아웃 가능한 곳. 도다이지 근처에 위치. 약 1350엔. 월요일 휴무 **(836p C:3)**

📍 이자사 도다이지몬젠 유메카제히로바점
#감잎초밥 #벚나무잎초밥 #테이크아웃

나카가와 마사시치 쇼텐 나라산조점
中川政七商店 分店 土産 奈良三条店

"여기도 사슴, 저기도 사슴"

300년 전통의 감성을 담은 나라 기념품 숍. 1716년에 창업한 일본의 대표적인 전통 생활 잡화 브랜드로 사랑받고 있다. 특히 나라 한정 상품을 다양하게 만나볼 수 있는 매장으로, 여행 선물을 찾기에 최적의 장소. 사슴 디자인의 수건, 대불상 장식품, 사슴 모양의 나무 조각, 사슴 젓가락 받침대 등 센스있는 상품들이 가득하여, 소장 가치 있는 아이템이 많다.

📍 Nakagawa Masashichi Shoten, Souvenirs Nara Sanjo Store
#사슴천국 #나라한정 #생활용품

에도가와 나라마치점 맛집
江戸川 ならまち店

"전통가옥에서 즐기는 부드러운 히츠마부시"

입안에서 녹는듯한 부드러운 식감, 절묘한 간이 입맛을 살리는 히츠마부시로 인기인 맛집. 장어 가이세키로 주문하면 장어구이를 메인으로, 볶음, 튀김 등 푸짐한 메뉴들을 코스로 함께 맛볼 수 있다. 장어구이는 간장 또는 소금으로 선택할 수 있다. 150년 된 전통가옥을 개조하여 운영하고 있는 곳이라 고즈넉한 분위기. 장어덮밥 약 4000엔 **(821p D:2)**

📍 에도가와 나라마치점
#장어덮밥 #전통가옥 #장어가이세키

로쿠메이 커피 맛집
ROKUMEI COFFEE CO. NARA

"로스팅 대회 챔피언의 손맛"

일본 커피 로스팅 대회 챔피언이 직접 운영하는 스페셜티 커피 전문점. 1974년 오픈한 전통있는 곳으로 에스프레소 기반 메뉴가 맛있기로 알려져 있다. 섬세한 향과 원두 본연의 특징을 잘 살린 자체 블렌드 커피(약 630엔)로 인기다. 운이 좋다면 싱글 스페셜티 커피를 오늘의 커피로 저렴하게 즐길 수 있다. 귀여운 사슴 그림이 그려진 컵과 드립백도 판매. 영어 메뉴판 비치

📍 로쿠메이 커피 나라
#스페셜티 #블렌드커피 #사슴굿즈

나라마치 역사지구 Naramachi Historic District 추천

"나라의 옛 거리는 이곳에서 압축해 두었어"

나라의 풍부한 역사와 개성으로 가득 차 있는 곳. 좁은 거리에 전통적인 마치야(타운하우스), 부티크 상점, 매력적인 카페가 늘어서 있어 일본의 에도 시대와 메이지 시대를 엿볼 수 있다. 나라마치를 걷다 보면 시간을 거슬러 올라가는 듯한 느낌이 든다. 유서 깊은 레스토랑, 작은 박물관, 장인의 공예품 상점을 둘러보고 현지 과자를 즐길 수 있다.

📍 Naramachi Historic District 5-2 #전통거리 #에도시대 #기념품상점

이사가와 신사
率川神社(率川坐大神御子神社)

"무녀들의 춤사위에 흩날리는 백합 향기"

나라에 위치한 신사로, 율가와 신사라고도 불린다. 일왕의 자손들이 이곳에서 중요한 의식을 치른 곳이며 예로부터 백합이 자생했건 곳이다. 매년 6월에는 나라 시내에서 시작해, 율가와 신사까지 백합을 들고 행진하는 백합 봉헌 행사가 열린다. 특히 백합 장식을 한 무녀들의 아름다운 춤 봉헌이 눈길 끌며 약 1시간 동안 80여 명의 인원이 행렬에 참가한다. **(820p C:1)**

📍 이사가와 신사
#백합 #봉헌축제 #무녀행렬

Yoshida mosquito net
吉田蚊帳(株)
"통풍 잘되고 흡수력 좋은 전통 원단"

메이지 시대 고택에서 운영하고 있는 생활용품점. 나라에서 생산된 전통 원단을 취급하고 있다. 통기성과 흡습성이 뛰어난 천연 마 원단을 사용하며, 알록달록 천연 염색을 한 천으로 행주, 식탁보, 노렌 등을 판매한다. 특히 씻을수록 푹신푹신해지는 감촉의 컬러풀한 행주가 대표 상품 (380엔). 점포 한정 컬러도 판매중이다. 가격대 1,000엔~2,000엔. 월요일 휴무

📍 Yoshida mosquito net
#천연염색 #천연마원단 #컬러풀행주

고료 신사 御霊神社
"고슈인 구매하려고 방문하는 이가 많다네~"

영혼을 달래고 보호하는 고료신을 모시는 신사. 이곳에서 살 수 있는 고슈인 (御朱印)은 매우 다양한데, 계절의 꽃이나 미코시, 도리이 등을 테마로 한 월별 고슈인과 종이 아트로 만든 알록달록한 고슈인을 구매 할 수 있다. 고료 신사의 방문을 기념하기에도 제격이다. 또한, 고료 신사에서는 수양벚꽃과 수국 등 계절마다 아름다운 꽃들도 감상할 수 있다. (821p D:3)

📍 나라 고료 신사   #고슈인 #수양벚꽃 #수국

JR나라역 구 역사
JR奈良駅旧駅舎
"2003년까지 나라의 수문장 역할을 했던 곳"

1934년부터 2003년까지 나라의 관문 역할을 했던 옛 기차역. 일본과 서양 스타일이 섞인 이국적 건축 양식이 특징으로, 건물 정면에는 역과 역사를 함께해온 레트로 시계가 붙어있다. 건물의 문화적 가치를 근거로 현시·JR 서일본의 3자 협의 끝에 보존이 결정되었다. 현재는 나라시 종합 관광 안내소로 운영, 스타벅스, 모스버거, 슈퍼 같은 편의시설도 입점해있다. (820p A:1)

📍 나라 구역사
#관광안내소 #옛기차역 #레트로

Senjuan Yoshimune Nara Main Branch 〔맛집〕
"80년 전통의 와라비모치 전문점"

80년 전통의 일본 과자점. 쫀득하고 부드러운 와라비모치(6개 약 800엔)로 유명하며, 시럽을 곁들인 시원한 카키고오리도 대표 메뉴다. 겨울에는 따뜻한 코타츠에 앉아 디저트를 맛볼 수 있다는 것이 특징. 오래된 전통 가옥을 개조하여 아늑한 분위기와 작은 정원의 운치 있는 뷰도 지녔다. 이용 시 1인 1메뉴 주문 필수이니 참고

📍 Senjuan Yoshimune 나라
#일본전통과자 #와라비모치 #카키고오리

마구로 코야 まぐろ小屋 〔맛집〕
"참치회 좋아하는 사람이라면 만족할 거야"

신선한 참치 요리를 전문으로 하는 레스토랑. 노부부가 운영하시는 곳으로 일본 특유의 가정식을 즐길 수 있다. 다양한 참치 요리를 합리적인 가격에 제공하여 인기가 많다. 대표 메뉴는 참치 덮밥인 마구로동으로, 신선한 참치회와 밥 위에 특제 간장 소스를 곁들여 제공한다. 참치 덮밥외에도 참치 사시미나 참치 타다키도 인기 있다. 일본식 참치덮밥을 경험해 보고싶다면 추천 (807p D:1)

📍 마구로 코야
#현지인맛집 #참치덮밥맛집 #참치요리전문

나라 나라마치

나카타니도 中谷堂 [맛집]
"입안 향긋한 쑥 향기로 가득해~"

떡 만드는 퍼포먼스를 볼 수 있는 유명 모찌 전문점. 갓 나온 쫀득쫀득한 모찌를 맛볼 수 있다. 특히 요모기 모찌(쑥 모찌)가 대표메뉴로, 부드러운 팥 앙금을 가득 채워 달콤하면서도 향긋하다. 많이 달지 않아 여러 개 먹기에도 부담 없으며, 떡 하나에 200엔 가량. 나라역과 가까운 위치로 접근성이 뛰어나다. 포장만 가능하다. 화요일 휴무 (821p D:1)

📍 나카타니도 #모찌전문점 #퍼포먼스 #쑥모찌

유가 신사 瑜伽神社
"도리이부터 풍경까지 온통 붉은 세상"

평화와 건강을 기원하는 작은 신사. 나라 호텔 옆에 위치하며, 단풍에 둘러싸인 풍경이 압도적으로 아름다운 신사이다. 붉은 도리이를 지나 신사로 이어지는 긴 돌계단 위로 아름다운 단풍이 펼쳐지며 돌계단 중간에는 '봄이 다시 꽃으로 피어날 때, 유가의 산에서 오늘의 단풍이 돌아가는 걸 아쉬워하며'라는 후지와라 요자이의 시비가 있다. (821p F:2)

📍 Yuga Shrine
#평화와건강 #단풍명소 #붉은도리이

나라 현청 옥상 전망대 [추천]
奈良県庁屋上展望台
"나라에서 가장 높은 건물의 꼭대기"

나라 시내와 주변 풍경을 한눈에 볼 수 있는 전망대. 나라에서 가장 높은 건물인 나라 현청의 옥상에 위치하고 있으며, 무료로 개방되어 있어 누구나 방문할 수 있다. 해 질 무렵에는 노을과 함께 멋진 풍경을 즐길 수 있어, 사진 촬영하기에도 좋은 장소이다. 단, 옥상에 작은 지붕이 있지만 여름에는 너무 뜨거워 여름은 피하는 것이 좋다. (821p D:1)

📍 나라 현청
#무료 #전망대 #나라전망

사쿠라 버거 [맛집]
さくらバーガー
"수제 패티와 신선한 채소를 듬뿍!"

일본 음식점 리뷰 사이트에서 높은 평점을 받은 인기 수제 버거 전문점. 신선한 재료를 사용해 만든 다양한 햄버거를 맛볼 수 있다. 대표 메뉴는 두툼한 패티와 상추, 토마토, 피클 등 신선한 채소가 들어간 사쿠라 버거(약 1300엔)로, 풍미 깊은 소스와 촉촉한 번이 조화를 이룬다. 치즈나 아보카도, 할라피뇨 등 다양한 토핑 메뉴도 취향껏 추가 가능. 나라 공원을 둘러본 후 식사하기 좋다. 화, 수, 목 휴무

📍 사쿠라 버거
#수제버거 #사쿠라버거 #토핑추가

시게노이 우동 [맛집]
重乃井 奈良店
"타베로그 단골 1등, 40년 전통 수타 맛 볼래?"

40년 전통을 자랑하는 수타 우동 전문점으로 타베로그에서도 자주 1등하는 맛집. 대표 메뉴는 가마아게 우동(약 730엔)이다. 따뜻한 면수를 곁들여 국물소스에 찍어 먹는 방식으로, 쫄깃한 면발과 깊은 국물 맛이 특징. 점심시간에는 유부초밥, 주먹밥, 지라시 중 선택하여 함께 맛볼 수 있는 세트를 제공한다. 카드 결제 가능. 화, 수 휴무 (820p A:2)

📍 시게노이 우동
#수타우동 #타베로그우동맛집 #40년전통

나라공원 주변

사슴이랑 눈치 싸움 시작!

어디서든 불쑥 나타나는 귀여운 사슴 친구들과 눈 마주칠 준비되셨나요? 나라 공원과 도다이지 일대는 그야말로 사슴들의 천국이거든요! 마치 제집 안방처럼 이곳저곳 누비는 사슴들을 보면서 여유로운 자태에 부러운 마음이 들지도 몰라요. 웅장한 도다이지 대불상을 배경으로 사슴과 함께 셀카 찍기 미션, 도전해 보세요!

KEY WORD

- 사슴
- 도다이지
- 고후쿠지

TO DO LIST

- ☐ 사슴 센베 먹이기 체험
- ☐ 나라 공원에서 피크닉 즐기기
- ☐ 도다이지 청동 대불상과 올려다보기
- ☐ 고후쿠지 5층 탑 앞에서 사진 찍기
- ☐ 금강역사상 조각 가까이서 관찰하기
- ☐ 사루사와 이케 산책
- ☐ 카스가타이샤 석등 배경으로 사진 찍기

도다이지

카스가타이샤

나라공원

기본정보

- 입장료
  무료(일부 공간은 입장료 별도)
- 운영시간 : 24시간 개방
- 홈페이지
  https://www3.pref.nara.jp/park/

나라공원의 역사이야기

- 1880년 메이지 시대에 설립된 일본 최초의 공공 공원 중 하나이다. 이 공원은 고대와 현대를 아우르는 다양한 역사적 유산을 포함하며, 약 660 헥타르에 걸쳐 넓게 펼쳐져 있다. 주요 명소로는 도다이지, 고후쿠지, 카스가타이샤 등 세계문화유산이 포함되어 있으며, 자연경관과 유구한 역사가 조화를 이루는 곳이다.
- 원래 이 지역은 고후쿠지와 카스가타이샤의 경내로 사용되었으나, 메이지 유신 이후 신불분리 정책으로 인해 공원으로 조성되었다. 나라공원 내에 서식하는 사슴들은 고대부터 카스가타이샤의 신성한 사자로 여겨졌고, 지금도 보호받으며 자유롭게 공원 일대를 돌아다닌다.
- 오늘날 나라공원은 역사적인 사찰과 신사 외에도 국립박물관과 다양한 정원, 산책로를 갖추고 있어 일본 전통과 자연을 경험할 수 있는 명소로 많은 관광객을 끌어들이고 있다.

나라공원의 사슴

- 나라공원에 서식하는 사슴들은 신성한 동물로 여겨져, 고대부터 카스가타이샤(春日大社)의 신의 사자로 보호받아 왔다. 이 전통은 710년 나라가 수도로 정해진 시기부터 이어졌으며, 사슴은 신의 메시지를 전달하는 매개체로 간주되었다.
- 현재 나라공원에는 약 1,325마리의 사슴이 서식하고 있다(2024년 기준). 이 사슴들은 국가의 천연기념물로 지정되어 보호받고 있으며, 공원 내를 자유롭게 돌아다니며 관광객과 상호작용한다. 사슴과의 특별한 경험 중 하나로 '사슴 센베이'를 주는 체험이 있으며, 이는 관광객에게 큰 인기를 끌고 있다.
- 또한 매년 가을에는 '사슴의 뿔 자르기 행사(鹿の角きり)'가 열린다. 이 행사는 사슴의 공격성을 줄이고 인간과의 안전한 공존을 도모하기 위해 마련된 전통 행사이다.

나라공원 추천 스팟

벚꽃 스팟 **단풍 스팟**

우키미도 (浮見堂)
사루사와 연못 위에 떠 있는 팔각형 목조 정자로, 아름다운 반영과 함께 사진 명소로 유명. 특히 봄의 벚꽃과 가을 단풍철에 인기가 많다.
입장료 : 없음
운영 시간 : 24시간

벚꽃 스팟

요시키엔 (吉城園)
조용한 연못과 이끼 정원으로 구성된 아름다운 일본식 정원. 이스이엔 인근에 위치하며, 관광객에게 무료로 개방
입장료 : 무료
운영 시간 : 9:00~17:00 (입장 마감 16:30).

벚꽃 스팟

사루사와 이케 (사루사와 연못) (猿沢池)
고후쿠지 오층탑이 반영된 물빛이 아름다워, 저녁 산책지로 유명. 신화와 전설로도 유명한 역사 깊은 장소.
입장료 : 없음
운영 시간 : 24시간

만엽 식물원(萬葉植物園)
일본의 고대 시가집 만엽집에 등장하는 식물들을 테마로 한 정원.
입장료 : 성인 500엔
운영 시간 : 9:00~16:30 (6~3월 화요일 휴무, 4~5월 휴무일 없음)
홈페이지 : https://www.kasugataisha.or.jp/

벚꽃 스팟

이스이엔
(依水園)(의수원・영락미술관
依水園・寧楽美術館)

연못과 정원이 조화된 곳으로, 배경에 도다이지를 품고 있어 인상적인 풍경을 자랑합니다. 옛 일본의 미학을 느낄 수 있는 고풍스러운 정원. 동아시아 고미술품을 소장한 영락미술관 (네이라쿠 미술관)이 함께 있다.

입장료(정원+미술관): 성인 1200엔, 고등~대학생 500엔, 초~중학생 300엔

운영 시간: 9:30~16:30
(입장 마감 16시, 화요일 휴무)

홈페이지: https://isuien.or.jp/

벚꽃 스팟 **단풍 스팟**

도다이지
(東大寺)

나라를 대표하는 사찰로, 대불전에는 일본 최대의 청동 불상이 있다. 유네스코 세계유산으로 지정된 역사적 장소. 한국어 오디오 가이드 유료 대여 가능 (500엔).

입장료: 성인 800엔, 13~18세 800엔, 6~12세 400엔 (현금만 가능)

운영 시간: 7:30~17:30 (4~10월),
8:00~17:00 (11~3월)

홈페이지: https://www.todaiji.or.jp/

나라국립박물관
(奈良国立博物館)

일본 불교 미술의 보물을 전시하는 박물관. 연중 다양한 전시와 행사로 방문객을 맞이한다.

입장료: 성인 700엔 (특별전 요금 별도)

운영 시간: 9:30~17:00 (입장 마감 16:30, 일정별 전시별 상이)

홈페이지: https://www.narahaku.go.jp/

단풍 스팟

고후쿠지
(興福寺)

나라 시대부터 이어져 온 사찰로, 오층탑과 국보관이 유명. 유네스코 세계유산에 등록된 명소.

입장료: 경내 무료, 국보관 성인 700엔, 중금당 500엔, 동금당 300엔, 공통권 (국보관과 동금당) 900엔

운영 시간: 9:30~17:00
(입장 마감 16:45)

홈페이지: https://www.kohfukuji.com/

단풍 스팟

카스가타이샤
(春日大社)

신사와 수천 개의 석등이 인상적인 곳으로, 가스가 신앙의 중심지이다.

입장료: 06:30~17:30 (3~10월),
07:00~17:00 (11~2월)

운영 시간: 9:00~16:30 (6~3월 화요일 휴무, 4~5월 휴무일 없음)

홈페이지: https://www.kasugataisha.or.jp/

와카쿠사 산
(若草山)

매년 새해에 벌어지는 산불 축제 (야마야키)로 유명하며, 정상에서는 나라의 전경을 한눈에 볼 수 있다.

입장료: 등산 시 성인 (중학생 이상) 150엔, 초등학생 80엔

운영 시간: 9:00~17:00 (3월 셋째 토요일 ~12월 둘째 일요일)

홈페이지: https://narashikanko.or.jp/ko/spot/nature/wakakusayama/

나라공원

나라공원의 행사&축제

와카쿠사 야마야키 (若草山焼き)
산의 마른 풀을 모두 태우는 전통행사. 겨울에 열리는 전통 행사로, 산 전체를 불태우는 장관을 연출한다. 이 축제는 새로운 해의 시작과 악령을 쫓는 의식으로 시작된 전통을 가지고 있다. 불꽃놀이 진행 후 점화 시작

시기 : 매년 1월 넷째 토요일
장소 : 와카쿠사산 정상
홈페이지 : https://www3.pref.nara.jp/yamayaki/

나라 유리회 (루리에) (しあわせ回廊 なら瑠璃絵)
나라의 겨울을 대표하는 일루미네이션 행사. 아름다운 빛의 회랑이 공원 곳곳을 장식하며, 유적과 자연을 배경으로 낭만적인 야경을 연출.

시기 : 매년 2월 중순 (25년 2/8~2/14 진행)
장소 : 나라공원 일대 (도다이지, 고후쿠지, 카스가타이샤 야간개창)
홈페이지 : https://rurie.jp/

라이트업 프롬나드 (ライトアッププロムナード)
매년 여름 밤, 나라 공원 내 사적 명소들에 조명을 비추는 야간 개장 행사.

시기 : 매년 7~9월 (24년의 경우 7/20~9/23 진행)
장소 : 나라공원 내 (고후쿠지, 도다이지, 나라국립박물관, 우키미도, 사루사와 연못, 카스가타이샤 등)
홈페이지 : https://www3.pref.nara.jp/lightup/

사슴의 뿔 자르기 행사 (鹿の角きり)
사슴의 공격성을 줄이기 위해 전통적으로 시행되는 행사. 관람료 성인 1000엔, 초등학생 500엔

시기 : 매년 10월 (24년의 경우 10/12~10/14 진행)
장소 : 카스가타이샤 경내 사슴 보호구역
홈페이지 : https://naradeer.com/event/tsunokiri.html

만토로 축제 (万燈籠祭り)
만토로 축제에서는 카스가타이샤 그 주변의 수천 개의 석등과 청동등이 모두 밝혀지며, 환상적인 야경을 선사한다. 이 행사는 천 년 이상 이어진 전통을 가지고 있으며, 신사 경내의 석등은 방문객의 소원을 담아 불을 밝힌다.

시기 : 매년 2월 3일(절분, 세츠분)과 8월 14~15일(오봉)
장소 : 카스가타이샤 (春日大社)
홈페이지 : https://www.kasugataisha.or.jp/calendar/

나라 등화회 (토카에) (なら燈花会)
약 1만 2천 개의 촛불이 나라공원 일대를 밝히며, 유적지와 자연이 어우러진 환상적인 분위기를 자아낸다.

시기 : 매년 8월 초~중순 열흘 간 (24년의 경우 8/5~8/14 진행)
장소 : 나라공원 전역 (우키미도, 사루사와 연못, 고후쿠지, 도다이지, 나라 국립 박물관, 카스가타이샤 등)
홈페이지 : https://www.toukae.jp/

우네메 마츠리 (采女祭)
궁녀였던 우네메가 황제의 사랑을 잃은 슬픔에 사루사와 연못에 몸을 던졌다는 이야기에서 유래. 그녀의 영혼을 위로하기 위해 시작되었다. 화려한 꽃부채를 든 퍼레이드가 JR 나라역에서부터 우네메 신사까지 이어지며, 이후 전통 배인 관현선(管絃船)이 사루사와 연못을 돌며 우아한 의식을 펼친다.

시기 : 매년 음력 8월 15일 (24년의 경우 9/16~9/17 진행)
장소 : 나라공원 내 사루사와 연못 및 우네메 신사
홈페이지 : https://narashi-kanko.or.jp/en/topics/unememtsuri/#a2

나라 크래프트 비어 페스티벌 (奈良クラフトビール祭り)
일본 내외의 다양한 크래프트 비어를 맛볼 수 있는 축제로, 먹거리와 함께 다양한 부대 행사도 진행.

시기 : 매년 9~10월 (24년 10/5~10/6 진행)
장소 : 나라공원 내 도다이지 주변
홈페이지 : https://nara-craftbeer-2024.glide.page/dl/de6ccd

나라공원에서 바라보는 와카쿠사 야마야키

나라공원에서 사슴 센베 체험하기

센베의 가격과 판매처
- **가격** : 약 200엔
- **판매처** : 나라공원 내 여러 곳에서 센베를 구입할 수 있다. 주요 판매 장소는 토다이지, 고후쿠지 주변, 카스가타이샤로 가는 길 등이며, 무인 판매기에서도 판매된다.

기타 정보
- 센베 판매 수익의 일부는 사슴 보호 활동에 사용된다.
- 센베의 재료는 쌀가루와 밀가루로 구성되어 있어 사슴에게 안전하지만, 사람에게는 적합하지 않다.

센베 주는 법과 사슴과의 상호작용
- 사슴은 센베를 받기 위해 종종 고개를 숙여 인사하는 행동을 보인다.
- 센베를 줄 때는 한 번에 한 장씩 주고, 천천히 후퇴하는 것이 좋다.
- 많은 사슴이 몰려들 경우 당황할 수 있으니 미리 계획적으로 센베를 나눠주는 것이 중요하다.
- 센베를 먹으려는 사슴들이 손에 든 물건을 물어가는 경우가 있으므로 작은 물건이나 귀중품은 꼭 가방에 넣고 주의해야 한다.
- 사슴에게 센베를 들고 약올리거나 너무 오래 들고 있으면 사슴이 신체나 옷을 무는 등 공격적으로 변할 수 있으므로, 즉시 주는 것이 안전하다.
- 센베가 모두 소진되면 양손을 들어 "없다"는 표시를 하면 사슴이 더 이상 따라오지 않는다.

tip. 나라공원에서 사슴을 관람할 때 주의할 점

사슴 돌발행동 주의
나라공원에 있는 사슴은 전부 야생 동물이다. 봄에는 새끼를 낳은 암컷이, 가을에는 세력 다툼을 하는 수컷이 공격적이기 때문에 이 시기에는 함부로 만지지 않는 것이 좋다. 특히 어린이 혼자서 사슴에게 다가가지 않도록 보호자의 각별한 유의가 필요하다.

사슴 괴롭히기 금지
사슴을 때리거나 쫓거나 올라타는 행위 절대 금지. 나라의 사슴은 국가의 천연기념물로 지정된 만큼 법에 따라 처벌을 받을 수 있다.

쓰레기 버리기 금지
무심코 버린 쓰레기를 사슴이 먹고 아프거나 죽는 경우가 있다. 실제로 사슴 공원 내에서 사망한 사슴의 위에서 플라스틱 쓰레기 덩어리가 나온 사례가 다수 있다. 이를 막기 위해 나라공원 내에는 쓰레기통이 없으므로, 모든 쓰레기는 방문자가 직접 수거해야 하며 길거리에 버려서는 안 된다.

센베 외의 먹이 금지
공원 내에서 공식적으로 판매하는 사슴용 센베 이외의 먹이는 절대 줘서는 안 된다.

사월당 四月堂
(니가츠도 옆에 있는 작은 법당)

도다이지 니가츠도
東大寺二月堂
오미즈토리 행사와 전망 명소로 유명

도다이지 산가츠도
法華堂
도다이지 초기 건물 중 하나

종루 Bell Tower
(시간을 알리거나 의식을
시작할때 종을 치는 곳)

관음원 観音院
(관세음보살을 모신 작은 사원)

도다이지
카가미이케
鏡池

남대문
大門

카가미이에케 비친 도다이지 (동대사) 대불전과 츄몬(중문)

도다이지(동대사) 東大寺

도다이지 東大寺

일본 고대 불교 역사의 건축물을 감상할 수 있는 곳. 8세기에 창건된 것으로 알려졌으며, 대불전 내 높이 약 15미터의 청동대불상이 유명. 웅장한 목조건물과 함께 박물관, 기념품숍 등이 함께 마련되어 있음. 나라 공원 내에 위치해 있어 자유롭게 뛰노는 사슴들도 발견 가능.

운영시간
• 7:30~17:30 (4~10월)
• 8:00~17:00 (11~3월)

소요 시간
약 3시간

오디오 가이드 대여료
1인당 500엔 (한국어 지원)

입장료
• 성인(13세 이상) 800엔
• 6~12세 400엔

• 도다이지+도다이지박물관 통합권
  성인 1200엔, 6~12세 600엔

✱ 현금만 가능

공식 홈페이지
https://www.todaiji.or.jp/

도다이지의 주요 건물과 볼거리

도다이지 대불전(다이부쓰덴)
東大寺大仏殿

세계에서도 손꼽히는 규모의 거대한 목조 건축물로, 높이 약 15m에 달하는 비로자나불(毘盧遮那佛)이 본존. 대불전 안 기둥에 난 구멍을 통과하면 행운이 온다는 설이 있음. (어린아이가 간신히 들어갈 만한 크기)

도다이지 남대문(난다이몬)
東大寺南大門

도다이지 정문에 위치하며, 생동감 넘치는 모양새로 유명한 금강역사상(阿吽像)이 자리한 곳. 경내를 지키고 있는 두 개의 거대한 목조상 앞 사진 촬영은 필수 코스.

도다이지 니가츠도
東大寺二月堂

매년 음력 2월에 종교 의식 '슈니에修二會'가 크게 열림(3월 12일 자정 물을 길어 올리는 의식 '오미즈토리(お水取り)'와 승려들이 대형 횃불을 들고 달리는 '오타이마츠(お松明)' 행사가 대표적). 높은 곳에 자리하고 있어 경치 감상하기 좋음.

도다이지 산가츠도
東大寺法華堂(三月堂)

산가츠도 내 마련된 16개의 불상들 중 14구가 일본의 국보로 지정될 정도로 역사적 가치가 높음. 다양한 불교 미술품 관람 가능. 음력 3월엔 '법화회'라는 부처님을 모시는 행사 열림.

도다이지뮤지엄
東大寺ミュージアム

도다이지 관련 불상, 조각, 회화, 공예품 등 국보와 문화재 전시. 청동 불상의 손을 실물 크기로 제작한 조각상 감상할 수 있음. 사슴 아멍, 일본 고대 디자인 먼지울을 비롯한 기념품 판매.

* 다이부쓰덴(大仏殿), 홋케도(法華堂), 가이단도(戒壇堂), 도다이지뮤지엄(東大寺ミュージアム)은 각각 입장료 별도/ 성인(13세 이상) 800엔, 6~12세 400엔

tip. 도다이지와 백제

*도래인 : 기원 전부터 7세기까지 한반도와 중국 등지로부터 일본 열도로 이주한 집단

1300여년 전 백제가 불교 문화를 일본에 전파했고, 이를 계기로 당시 일본의 수도였던 나라와 백제 사이에 문화적 교류가 다양하게 일어났다. 도다이지 역시 백제에서 전해진 건축 기술의 영향을 받았으며 실제로 백제 출신의 도래인*들이 도다이지 건축에 다수 참여한 것으로 전해진다. 특히 백제계 도래인의 후손인 '양변(良弁)' 스님이 도다이지 건립에 주도적인 역할을 맡았으며, 백제계 고승 '행기(行基)' 스님이 일본 곳곳을 돌아다니며 대불 제작 기금을 모았다는 기록이 남아있다. 그 공을 기리기 위해 <u>대불전 앞에는 양변 스님의 목상이, 킨테츠나라역 앞에는 행기 스님의 동상이 있으니 꼭 찾아볼 것.</u>

카스가타이샤 春日大社 추천
"꽃명 불명 둘 다 가능한 축제의 신사"

768년 쇼토쿠 황후의 명으로 세워진 사원. 가시마(사가현), 가토리(지바현), 히라오카(오사카) 지역의 신령을 포함해 총 4명의 신령을 모시고 있는 것이 특징. 신사는 밝은 주황색 도장과 백색 벽, 삼나무 지붕의 조화로 아름다운 풍경을 자랑한다. 4월 중순에서 5월 중순에는 등나무 꽃 축제가, 2월과 8월에는 대규모 등불 축제가 열려 관광객이 많이 찾는다. (837p F:3)

📍 카스가타이샤   #사원 #등나무꽃 #등불축제

카스가타이샤 신원·만엽식물원 萬葉植物園
"등나무 꽃 200그루가 만드는 환상의 숲"

7~8세기에 만들어진 일본 고대 시가집 만엽집을 테마로 한 식물원. 9천평 규모에 300여 종의 식물이 모여 있다. 4~5월에는 등나무 꽃이, 7~8월에는 연꽃이, 12~3월에는 동백꽃이 장관을 이룬다. 특히 등나무 꽃은 식물원의 상징. 20종, 200여 그루가 심어져 있어 벚꽃만큼 아름다운 모습을 자랑한다. 매년 5월 5일, 11월 3일에는 궁중음악제가 열린다. 성인 약 700엔. 화요일 휴무 (837p D:3)

📍 카스가 대사 신원   #식물명소 #등나무꽃명소 #궁중음악제

카스가타이샤 이치노도리이 一の鳥居
"나라가 사슴 공화국이 된 계기"

등나무와 벚꽃이 아름다운 카스가타이샤 신사의 첫 번째 도리이. 가스가 신사로 가는 입구를 상징하며, 나라에서 가장 유명한 도리이 중 하나이다. 나라 공원에 자리 잡고 있다. 가스가 신사는 사슴이 살게 된 계기가 된 신사이며 전설에 따르면 신사에서 모시는 신이 사슴을 신의 사자로 보내었다 하며 이를 보호하는 의미로 사슴들이 신사 주변에서 살아가게 되었다고 전해진다. (807p F:2)

📍 카스가 대사 이치노도리이
#등나무 #벚꽃 #도리이

Unagi no Himekawa Nara 맛집
"서포터 역할 톡톡히하는 '히노히카리 쌀'"

고품질 장어 요리를 맛볼 수 있는 식당. 대표 메뉴인 장어 덮밥(약 3630엔)은 양념 또는 소금으로 선택할 수 있고 소스는 입맛에 따라 조절하면 된다. 가격 대비 푸짐한 양도 인기 비결 중 하나. 다다미 바닥으로 이루어진 2층 규모. 나라역 도보 10분 거리 위치 (806p B:3)

📍 Unagi no Himekawa Nara
#장어덮밥 #다다미식당 #나라역근처

미즈야 차야 水谷茶屋 맛집
"사슴아 이리 온~ 이 당고 맛있어 보이지?"

나라 공원 내 사슴을 보며 야외 테이블에서 식사할 수 있는 전통 음식점. 일본식 디저트와 간단한 식사를 제공한다. 대표 메뉴는 미타라시 당고와 녹차 세트로, 달콤하고 쫀득한 당고와 쌉싸름한 녹차의 조화가 훌륭하다. 식

나라공원 奈良公園 [추천]
"나라=사슴, 여기 빼놓고 얘기할 수 없지!"

나라의 상징이자 대표적인 관광 명소. 와카쿠사산 기슭에 자리한 공원으로 사슴과 놀 수 있는 곳으로 유명하다. 사슴에게 먹이를 주며 가까이에서 볼 수 있는 노보리오지 원지가 이곳의 하이라이트. 사람들에게 길들여진 사슴이라 친근하게 잘 다가온다. 거북이와 잉어가 모여 있는 사루사와 연못도 인기만점. 연못에 비치는 고후쿠지 탑이 아름다워 SNS 포토존으로 유명하다. (837p D:2)

📍 나라 공원   #사슴공원 #나라명소 #고후쿠지탑포토존

사가 필요한 경우 온우동이나 냉우동의 다양한 옵션을 선택하여 즐길 수 있다. 주변 자연 경관을 감상하며 여유롭게 휴식을 취할 수 있는 장소로 추천. 우동 약 550엔

📍 미즈야 차야
#사슴뷰 #미타라시당고 #우동

우키미도 浮見堂
"육각형 정자의 반영, 대칭의 아름다움"

나라 공원 내 와시이케 연못에 떠 있는 듯한 육각형의 정자. 연못에 비치는 반영이 아름다워 사진 촬영 명소로 유명하다. 우키미도로 가는 호라이바시 다리도 아름다운데 8월 야간 라이트업 기간에는 촛불과 조명이 더해져 더욱 환상적이다. 보트를 타고 연못 안에서 바깥 풍경을 보는 것도 추천. 봄에는 벚꽃을, 가을에는 단풍을 즐길 수 있다. (805p D:2)

📍 우키미도
#육각형정자 #사진명소 #야간라이트업

사루사와 이케(연못) 猿沢池
"연못 속에도 오층탑이 하나 더 있네?"

물에 비친 고후쿠지의 오층탑을 촬영할 수 있는 연못. 749년에 둘레 360미터의 크기로 조성된 인공 연못이다. 야간에는 조명이 켜져 더욱 아름다운 장소로 바로 앞에 스타벅스가 있어 편하게 커피 한잔하며 경치를 감상할 수 있다. 연못 주변엔 벤치와 버드나무, 벚꽃도 자리하고 있다. 연못에서 헤엄치고 있는 거북이와 잉어도 찾아볼. (807p D:2)

📍 사루사와 이케
#오층탑반영 #인공연못 #야간명소

나라공원 노보리오지 원지
登大路園地
"200엔으로 사슴에게 예쁨 받기"

나 나라공원 주변

1,200마리의 사슴을 만날 수 있는 공원. 200엔을 내면 먹이를 구입해서 사슴에게 나눠줄 수 있다. 탁 트인 공간에서 피크닉을 즐기거나 휴식을 취하기에 제격. 저녁에는 라이트업도 진행한다. 주변에 도다이지, 고후쿠지 등 유명 사찰이 있어 함께 둘러보기 좋다. 봄에는 아기가슴과 함께 있는 암사슴을, 가을에는 발정기에 있는 사슴을 조심해야 한다. (836p A:3)

📍 노보리오지 나라
#사슴공원 #사슴과놀기 #피크닉명소

아사지가하라 원지
浅茅ヶ原園地
"연못 위 벚꽃엔딩, 보트 타고 즐길까?"

사계절 언제 방문해도 아름 나라 공원 내 정원. 공원 내 매화림이 조성된 지는 오래되었지만 키가 크지는 않다. 그러나 2월~3월 초에는 분홍 매화와 함께 사슴의 모습을 볼 수 있는 유일한 곳이다. 초원 위에는 사슴들이 자유로이 돌아다닌다. 바로 옆에 우키미도라 불리는 아름다운 정자가 있는 '사기 연못'이 있으며 보트를 타고 연못 위에서 벚꽃을 감상할 수도 있다. (805p D:2)

📍 아사지가하라 원지
#사슴 #매화 #초원

오쿠무라 기념관
奥村記念館
"일본 내진 설계 기술 엿보기"

2층에서 와카쿠사산을 조망할 수 있는 박물관. 오쿠무라 그룹의 역사와 건설 기술을 소개한다. 캐스트 콘크리트 기술과 지진 내진 설계에 관해 전시하고 있다. 또한, 일본 역사상 최대 규모의 지진을 시뮬레이션해 볼 수 있다. 무료입장이며 스낵과 차도 제공된다. 무료 화장실, 휴게소를 갖추고 있다. (836p C:3)

📍 오쿠무라기념관
#건축기술 #내진설계 #지진시뮬레이션

우키구모 원지 浮雲園地 **추천**
"라푼젤의 명장면이 떠오르는 공간"

나라 공원의 중심에 위치한 초원으로 단풍나무와 사슴을 볼 수 있는 곳이다. 초원 뒤로 와카쿠사산과 카스가산의 풍경이 펼쳐져 보이며 매년 1월 와카쿠사야마의 큰불을 감상하기 좋은 장소이다. 이때는 붉게 타오르는 산 위에 불꽃놀이까지 더해져 다른 곳에서는 볼 수 없는 환상적인 불꽃을 볼 수 있다. 8월에는 등불 축제가 열리며 잔디 위의 수많은 등불을 보면 라푼젤이 떠오를 것이다. (837p D:3)

📍 우키구모 원지　#사슴 #불꽃놀이 #등불

히무로 신사 氷室神社
"한여름 피서 장소로 딱인 신사"

얼음의 수호신을 모시는 신사. 과거 궁중용 얼음을 만드는 연못과 얼음 저장고에서 유래했다. 매년 5월 1일에는 헌빙 축제가 열리는데 제빙·판매업자들이 올해의 성취를 기원하며 참가한다. 매월 1일에는 얼음 등대에 불을 밝히는 공양도 드린다. 다양한 팥빙수를 모은 히무로 시라유키 마츠리도 인기. 경내에는 나라 제일이라고 불리는 수령 100년의 수양벚나무가 유명하다. (836p C:3)

📍 히무로 신사　#얼음의신 #빙수마츠리 #수양벚나무

나라국립박물관 奈良国立博物館
"6세기 후반부터 14세기 불상으로 가득한 공간"

추천
@iam._ka

불교 미술품을 전문적으로 전시하는 박물관. 나라 불상관은 6세기 후반부터 14세기 전반 불상들을 전시하며, 불교 미술자료 연구센터는 불교 미술 관련 자료가 풍부하다. 특히 지옥도와 약사여래좌상이 대표적인 볼거리. 그 밖에도 다양한 불교 회화, 조각상, 공예품 등을 전시한다. 특별 전시도 자주 열리므로 방문전 전시 정보를 확인하는 것이 좋다. 기념품숍과 카페도 있다. 성인 약 700엔. 월요일 휴관 (836p C:3)

📍 나라국립박물관
#지옥도 #약사여래좌상 #불교미술

고후쿠지(흥복사) 興福寺 추천
"나라를 상징하는 50m 오층탑"

50m가 넘는 오층탑으로 유명한 나라 대표 관광지. 정치적 영향력이 컸던 귀족 계층 후지와라 가문이 669년 건립한 사찰로 오층탑, 삼층탑, 호쿠엔도, 도콘도까지 총 4개의 국가 보물로 지정된 건축물이 자리하고 있다. 옛 일본의 수도였던 나라의 역사를 기록한 고문서와 얼굴이 3개, 손이 6개인 아수라 상과 같은 국보가 보관되어 있어 역사 명소로 가치가 높다. (807p D:2)

📍 고후쿠지
#오층탑 #아수라상 #역사명소

카나카나 カナカナ 맛집
"다다미방으로 내어온 정성스러운 백반"

전통 다다미식 공간에서 일본 가정식을 즐길 수 있는 카페 겸 레스토랑. 따뜻하고 정겨운 분위기가 특징이다. 대표 메뉴는 카나카나 정식으로 주 요리와 5가지 반찬, 밥과 된장국이 포함된 건강한 가정식을 제공한다. 디저트로는 치즈케이크가 인기있으니, 정식으로 배를 채운 후 후식으로 맛 보길 추천. 약 1683엔. 월요일 휴무 (807p E:3)

📍 카나카나
#카페겸레스토랑 #다다미방 #가정식

Harushika Sake Brewery store 今西清兵衛商店
"700엔으로 맛보는 5가지 사케"

19세기에 설립된 사케 양조장으로 시음 후 구입까지 가능한 곳이다. 사케 체험비는 700엔으로 총 5가지를 시음할 수 있다. 절임 안주는 기본으로 제공된다. 사케를 잘 몰라도 영어 가능한 직원이 취향에 따른 제품을 추천해 주기 때문에 가볍게 둘러보기 좋다. 사슴이 새겨진 작은 사케잔 구매 가능. 500엔부터 사케에 따라 가격대는 천차만별. 화요일 휴무

📍 Harushika Sake Brewery store
#19세기양조장 #사케시음 #사슴사케잔

가마메시 시즈카 공원점 맛집
志津香 公園店
"마무리는 구수한 누룽지로~"

사슴공원 방문 후 들리기 좋은 가마솥밥 전문점. 고소하면서도 깊고 풍부한 맛이 특징으로 마무리는 누룽지처럼 즐길 수 있다. 대표메뉴는 나라 7종 가마메시 솥밥(약 1250엔)으로 새우, 게, 장어, 닭고기, 우엉, 인삼 등이 들어가 있다. 취향에 따라 토핑 재료를 추가 선택할 수 있다. 여행 중 든든한 한끼를 원한다면 추천. 점심은 예약 불가능. 한국어 메뉴판 제공. 카드 결제 가능. 월, 화 휴무 (836p B:3)

📍 가마메시 시즈카 공원점
#사슴공원근처맛집 #웨이팅맛집 #가마솥밥

Momoshiki 맛집
"나라 명물 야마토 소고기를 사용해요"

나라 명물인 야마토 소고기를 스키야키로 먹을 수 있는 맛집. 부드럽고 풍미 깊은 A4 등급의 흑모와규를 활용해 조리된다. 합리적인 가격으로 즐기고 싶다면 점심에 방문하여 점심 세트(밥, 장국, 계란소스, 스키야키)를 즐길 것을 추천한다. QR코드로 주문 가능. 구글맵 예약가능. (806p C:1)

📍 Momoshiki
#스키야키 #야마토소고기 #예약가능

나라 나라공원 주변

도다이지(동대사) 東大寺 "백제에서 건너온 기술자들이 대불전 건립에 참여, 우리것 냄새 나지 않아?" 추천

나라를 대표하는 사찰로 당시 일본에는 백제에서 건너온 도래인 후손들이 건축·불상 제작·화불·조각·칠기 기술자 집단으로 활동했고, 대불전건립에도 참여한 기록이 있다. 14.98m에 달하는 대불상을 모시고 있는 57m 의 대불전이 최고 볼거리로 유네스코 세계유산으로 지정. 매년 3월 13일에 열리는 오미즈토리 축제에 밤이 되면 햇불을 밝혀 장관을 이룬다. 본당에 오르면 나라 시내를 한 눈에 내려다 볼 수 있다. 배관료는 현금만 가능. 성인 800엔 (836p C:1) 도다이지   #대불상 #오미즈토리축제 #전망좋은

도다이지 계단당 東大寺戒壇堂
"화려한 베일을 벗고 다시 태어난 새하얀 사천왕상"

도다이지의 중요한 건물 중 하나로, 불교의 계율을 배우고 스님들에게 계를 주는 장소다. 대불전 앞의 토단을 이곳으로 옮겨 계단당을 건립하였고 많은 승려들이 이곳에서 배운 후 사찰을 떠났다. 이곳의 중요한 유물 사천왕상은 원래 매우 화려한 색감을 가지고 있었지만, 시간이 지나면서 색이 많이 사라져 어두운 공간에서 하얗게 떠오르는 모습처럼 보인다. 내부 사진촬영 금지 (842p A:1)

 도다이지 계단당   #사천왕상 #토단 #촬영금지

도다이지 법화당(삼월당) 東大寺法華堂(三月堂)
"정기 법회를 주관하는 도다이지 최고 어른"

매년 3월 법화회가 열리는 곳. 도다이지에서 가장 오래된 건물로 법화당 또는 삼월당이라고도 불린다. 일본에서 처음으로 화엄경이 강의 되었던 곳으로 전해진다. 이곳엔 본존인 불공견색관음상을 중심으로 16개의 불상이 있는데 총 12개가 국보로 지정되어 있다. 동대사 내에서 비교적 한산한 곳이라 조용히 휴식하기 좋다. 매월 17일에 열리는 법요 시간에는 입장 불가. (843p F:1)

📍 도다이지 산가츠도   #법화회 #화엄경 #국보불상

도다이지 카가미이케 鏡池
"연못 속에 숨은 도다이지 대불전"

고요한 물속에 도다이지의 대불전과 주변의 풍경이 반사되는 아름다운 광경을 볼 수 있는 연못. '거울 연못'이라고도 불린다. 특히, 새벽이나 저녁 시간에 연못의 물결이 잔잔할 때 그 모습이 더욱 인상 깊다. 천천히 산책하면서 경치를 즐기다 보면, 사슴이 물을 마시는 모습도 감상할 수 있다. (843p D:2)

📍 도다이지 카가미이케   #거울연못 #사슴 #산책코스

쇼소인 正倉院正倉
"도다이지 후원에 가면 보물이 숨겨져 있어"

도다이지 후원에 있는 황실 보물 창고. 756년 일왕이 숨졌을 때 황후가 일왕의 소장품을 수장하기 위해 지어졌다고 한다. 일본 유물 외에도 당나라, 페르시아 등지에서 수집한 보물 9천여점이 소장되어 있다. 특히 백제 장인의 솜씨가 그대로 드러나는 바둑 용품 목화자단기국과 코발트 빛 유리잔이 대표적인 볼거리다. 관람시간이 15:00로 짧으니 일찍 방문하는 것이 좋다. (836p C:1)

📍 쇼소인
#황실보물창고 #백제장인 #목화자단기국

Todaiji Emado Chaya 맛집
"콩가루 묻혀서, 시럽 뿌려서 취향에 따라"

도다이지 삼월당 근처에 위치한 일본 가정식 밥집. 사슴과 절을 풍경으로 식사할 수 있는 곳이다. 우동 메뉴와 차 죽, 나라츠케, 텐동 등 정식 메뉴로 구성되어 있다. 음식이 빠르게 나오는 편이라 이동 중에 간편하게 식사하고 싶을 때 방문하기 좋은 곳. 디저트로 와라비모치 주문도 가능하다. (837p D:1)

📍 Todaiji Emado Chaya
#와라비모치 #도다이지점심맛집 #전통찻집

의수원·영락미술관
依水園・寧楽美術館
"에도와 메이지, 두 스타일이 공존하는 정원"

Soba-dokoro Kitahara 맛집
"정통 소바 따뜻하게 먹을래, 차게 먹을래?"

만월 앤티크
西洋骨董 満月アンティーク
"하나하나 발품 팔아 모아온 앤티크 컬렉션"

도다이지와 고후쿠지 사이에 위치한 조용한 일본 정원. 에도풍의 마에조노 정원과 메이지풍의 후조노 정원을 함께 감상할 수 있다. 정원 내 병설된 영락 미술관에서는 해운업을 한 나카무라 가문 3대가 수집한 컬렉션을 감상할 수 있다. 고대 중국, 고려시대, 조선시대 등 동아시아의 고미술품 전시. 다실도 있어 식사와 말차를 즐길 수 있다. (836p B:2)

📍 의수원·영락미술관
#일본정원 #다실 #고미술품전시

아기자기한 일본 분위기에서 정통 소바를 즐길 수 있는 맛집. 대표 메뉴는 따뜻한 국물과 함께 제공되는 아츠모리 소바(약 1050엔)로, 따뜻한 국물에 찍어 먹는 스타일의 소바다. 바삭한 텐푸라도 인기 있으며, 냉소바를 먹으면 소바유를 별도로 제공한다. 현지인들에게도 사랑받는 숨겨진 맛집. 도다이지 방문시 식사 장소로 추천. 현금 결제만 가능. 화요일 휴무
(836p B:2)

📍 Soba-dokoro Kitahara
#아츠모리소바 #소바맛집 #도다이지근처

사장이 직접 프랑스, 영국 등에서 발품 팔아 모아온 앤티크 수집품을 만날 수 있는 곳. 주얼리, 액세서리, 은그릇, 단추 등 정교한 디테일을 지닌 골동품을 구경하고 구매할 수 있다. 주로 19세기와 1950년대 주얼리와 레이스를 중심으로 판매. 공식 블로그를 참고하면 현재 판매 중인 상품에 대한 상세 정보를 확인할 수 있다. (https://mangetsua.exblog.jp) 화, 수 휴무

📍 mangetsu antique 나라
#골동품 #유럽빈티지 #19세기주얼리

요시키엔 정원 吉城園
"편하게 대관하여 즐기는 다실 정원 뷰"

연못 정원, 이끼 정원, 차꽃 정원까지 총 3가지 테마로 구분되어 있는 일본식 정원. 메이지 시대에 민간 저택으로 이용되었다가 1919년에 정원이 조성되면서 관광 명소로 유명해지게 되었다. 외국인은 여권 소지 시 무료로 입장 가능하다. 다실은 대관 예약제이며 오전에 이용 시 좀 더 저렴 (약 12,500엔). 나라공원과 도다이지에서 가까워 함께 둘러보기 좋다. (836p B:2)

📍 요시키엔 정원   #무료입장 #이끼정원 #나라명소

유메카제 히로바 東大寺門前 夢風ひろば
"나라 감성 물씬 나는 기념품 구경하세요~"

나라 특산품인 나라즈케, 사슴 모양 과자 등을 구매할 수 있는 상점가. 도다이지 정문 앞에 위치해 있으며 기념품 가게와 레스토랑이 모여 있어 둘러보기 좋다. 도다이지의 풍경을 감상하며 나라 향토 요리를 다양하게 맛볼 수 있다는 점에서 매력적. 다이부츠 푸딩, 감잎 스시가 대표적인 인기 메뉴. 2천엔 이상 구매 시 2시간 무료 주차. 16:00 입장마감. 월요일 휴무 (836p C:3)

📍 유메카제 히로바 #식당가 #기념품쇼핑 #휴식공간

츠키히보시 맛집
月日星 お漬物バイキングと茶粥、炊きたてご飯
"소화 잘되는 차죽에 절임 반찬 가득"

제철 채소로 만든 츠케모노 뷔페와 차죽 전문점. 다양한 야채 절임 반찬을 무제한으로 즐길 수 있다. 된장이 들어간 수제 모나카를 뜨거운 물을 부어 미소시루처럼 만들어 먹는다는 점이 이색적. 이곳을 찾는 단골손님들에게 인기인 메뉴이니 도전해 보길 추천한다. 온천계란은 1인 1개 한정 제공. 1인 1640엔. 화요일 휴무 (836p B:3)

📍 츠키히보시
#절임채소뷔페 #차죽전문점 #모나카된장국

나라현립미술관 奈良県立美術館
"에도시대 그림 열심히 수집했습니다"

에도시대의 일본화, 우키요에, 공예품 등의 컬렉션으로 꾸며져 있는 미술관. 나라 공원 입구에 위치해 있으며 풍속사 연구자이자 일본 화가인 요시카와 간포가 수집한 작품들로 구성되어 있다. 나라의 역사와 관련된 특별전이나 해외 교류 미술전도 진행. 뮤지엄샵에서는 전람회 도록과 사슴 모티브의 오리지널 아이템을 판매한다. 카페나 레스토랑은 없다. 여권 제시하면 무료 관람 가능. (804p C:2)

📍 나라현립미술관
#우키요에 #미술전시 #오리지널굿즈

Okonomiyaki Parco 맛집
"다양한 토핑 중 베스트는 '명란'"

명란 오코노미야키 맛집으로 소문난 철판요리 전문점. 토핑 추가로 맛의 변화를 줄 수 있고, 담백하게 베지테리언 버전으로 주문도 가능하다. 명란과 함께 해산물 치즈 오코노미야키도 인기 있는 메뉴. 오코노미야키만으로 부족하다면 교자를 추가해 보길 추천한다. 친절한 서비스와 합리적인 가격은 덤. 약 720엔부터. 월, 일 휴무 (807p D:3)

📍 Okonomiyaki Parco
#명란오코노미야키 #해산물 #채식가능

유키정 ゆき亭 `맛집`
"현지인도 엄지척! 올리고 간 오므라이스"

현지인도 인정하는 오므라이스 맛집. 데미글라스 소스를 곁들인 부드럽고 촉촉한 오므라이스를 맛볼 수 있다. 오므라이스 외에도 비프카레세트와 돈까스 세트도 인기 높은 메뉴. 기본으로 제공되는 버터 맛 수프는 리필 가능하다. 매장 앞에 한국어 지원되는 키오스크가 비치되어 있어 번호표를 뽑고 편하게 웨이팅 할 수 있다. 세트 약 1180엔. 수요일 휴무 (807p D:3)

📍 유키정 #오므라이스 #비프카레 #돈까스

오카루 `맛집`
お好み焼き・明石焼 おかる
"나라에서 찾은 오사카 스타일 오코노미야키"

나라에서 오사카 스타일 오코노미야키(약 3300엔 부터)가 생각난다면 방문하기 좋은 맛집. 오코노미야키, 야키소바는 물론이며 타코야키의 원형으로 불리는 '아카시야키'도 판매한다. 아카시야키는 소스를 뿌려먹는 것이 아닌 장국에 찍어먹는 형태로 담백하면서 폭신한 식감이 특징이다. 긴테쓰나라역 2번 출구로 나와 오른쪽에 있는 히가시무키 상점가로 들어서면 맥도날드 맞은편에 있다. 현금 결제만 가능. 수요일 휴무

📍 오카루 Nara
#오코노미야키 #아카시야키 #긴테쓰나라역

나라공원 버스 터미널 奈良公園バスターミナル
"버스 시간 좀 남았으면 옥상에 올라가 봐!"

건물 옥상에서 탁 트인 나라 시내 전경을 감상할 수 있는 곳. 나라 여행을 위한 교통 관문으로 나라 유명 관광지로 향하는 버스에 탑승할 수 있는 터미널이다. 1층에는 카페와 선물 가게가, 2층에는 스타벅스, 기모노 대여점이 입점해 있다. 시내 전망을 감상할 수 있는 3층 루프탑 가든은 7:30-22:00까지 운영. 깨끗하게 관리되고 있어 잠시 쉬어가기 좋다. (836p A:2)

📍 나라 공원 버스터미널 #버스터미널 #루프탑가든 #전망명소

타무케야마 하치만구 신사 手向山八幡宮
"도다이지 근처, 숨은 단풍 명소"

도다이지 주변 단풍 명소를 찾고 있다면 추천하는 신사. 아담한 규모로 조용히 산책하며 경치 감상하기 좋다. 와카쿠사산을 배경으로 하고 있다는 점도 근사하다. 전쟁의 신 '하치만'을 모시는 신사로 일본 내 하치만 신사 중에서도 이름난 곳. 도다이지를 세울 때 하치만 신이 신탁하여 무사히 완성될 수 있었다고 전해진다. 이월당과 삼월당 근처에 위치 (805p E:1)

📍 타무케야마 하치만 #전쟁의신 #하치만 #단풍명소

헤이조궁 주변

초록빛 대지 위, 옛 수도의 흔적

드넓은 평원에 자리해 시야가 탁 트이는 상쾌한 곳 헤이조궁. 굳건히 자리한 대극전은 한때 이곳을 물들였을 권위와 영화의 시간을 묵묵히 떠올리게 하고, 사방으로 이어지는 푸른 잔디밭은 유유히 산책하기 좋은 공간을 제공하죠. 먼 옛날 누군가의 일상과 삶을 엿볼 수 있는 전시관에서 나라를 뿌리 깊이 이해하는 시간을 가질 수도 있답니다.

KEY WORD

- 대극전
- 스자쿠몬
- 사호 강

TO DO LIST

- ☐ 헤이조 궁터 자료관에서 유물 감상하기
- ☐ 스자쿠몬 대로 앞에서 사진 찍기
- ☐ 사호 강 벚꽃길 산책
- ☐ 금붕어 박물관 미러볼 앞에서 사진 찍기
- ☐ 헤이조궁 역사공원에서 피크닉
- ☐ 스자쿠몬 라이트업 감상하기
- ☐ 미 나라에서 쇼핑하기

평성궁터 자료관 유구전시관
平城宮跡 遺構展示館
(고고학 박물관)

성궁 자부문 터
子部門跡

동원 정원
平城宮跡東院庭園
(일본식 정원)

나라 금붕어 박물관
[奈良金魚ミュージアム]
금붕어 테마의 다양한 전시와 수조가 있는 전시관

미 나라
[ミ・ナ・ラ]
쇼핑몰과 레스토랑 등이 있는 복합 상점

나라 츠타야 서점
[奈良 蔦屋書店]
서적, 문구류, 잡화, 카페가 있는 서점

헤이조궁 ⭐

유네스코 세계문화유산 등재: 1998년 12월, '고도 나라의 문화재'의 일부로서 도다이지등과 함께 유네스코 세계문화유산에 등록되었다. 고고 유적으로서는 일본 최초의 세계유산.

고대 일본의 수도 중심지: 710부터 784년까지 약 74년간 일본의 정치, 경제, 문화의 중심지였다.

복원된 주요 건축물: 광활한 유적지 내에 여러 건물이 복원되어 있다.
- 대극전(大極殿): 일왕의 즉위식 등 국가적 의식이 거행되던 궁궐의 정전으로, 가장 큰 규모의 건축물. 내부에는 일왕의 옥좌인 '다카미쿠라'도 복원되어 있다.
- 스자쿠몬(朱雀門): 헤이조궁의 정문으로, 당시 외국 사절을 영접하고 정월에는 일왕이 새해 축하를 했던 곳. 헤이조쿄의 중심 대로인 주작대로가 이 문에서 남쪽으로 곧게 뻗어 있다.
- 동원정원(東院庭園): 아름다운 연못과 정자가 있는 일본식 정원

Shin-Omiya
新大宮駅

South Exit
南口

시작지점

신오미야역에서 헤이조궁 출입구까지 도보 26분 1.9km

사호가와노 사쿠라
佐保川の桜
(사호강을 따라 만개한 벚꽃 풍경이 아름다운 벚꽃 명소)

카메메시 시즈카 오미야점
(나라 7종 솥밥, 텐푸라정식)

857

평성궁 제일차대극전 第一次大極殿 "헤이조 궁의 센터는 바로 나!" 추천

나라 시대 황궁인 헤이조 궁의 중심 건물. 국가 의식과 외국 사신 접견 등 중요한 행사가 열렸던 곳이다. 웅장하게 복원된 건물을 통해 당시 황궁의 위엄을 느낄 수 있다. 내부 전시 공간에서 헤이조 궁의 역사와 문화 소개. 한국어 설명도 있어 이해하기 편하다. 넓은 궁터 공원을 거닐며 역사 속 분위기를 만끽해 보길 추천. 야간 라이트업 진행. 관람료 무료. 09:00-16:30, 16:00 입장마감. 월요일 휴관 (856p B:1)

◎ 헤이조쿄 대극전   #헤이조궁 #역사명소 #야간라이트업

평성궁 터 역사공원
平城宮跡歴史公園
"한국어 브로슈어 들고 헤이조 궁 파헤치기"

역사 유적지를 살펴볼 수 있는 피크닉 공원. 유네스코 세계문화유산으로 지정된 곳으로 헤이조궁이 자리하고 있다. 국가적 차원의 대형 의식이 거행된 다이코쿠덴 정전, 연회가 열렸던 도인정원 등이 주요 볼거리. 한국어 브로셔도 비치되어 있다. 스자쿠몬 광장에 있는 덴표우마시에는 헤이조궁 유적 전망을 즐길 수 있는 데크, 카페, 레스토랑이 있다. (856p B:2)

◎ 헤이조 궁터 공원
#헤이조궁 #역사공원 #피크닉명소

헤이조 궁터 자료관
奈良文化財研究所 平城宮跡資料館
"일왕이 머물렀던 공간 보여줄게"

유네스코 세계문화유산에 등록되어 있는 헤이조 궁터의 유물을 살펴볼 수 있는 고고학 박물관. 자료관에는 헤이조 궁에 있었던 일왕의 침실, 서재, 거실, 관공서 등을 실물 대모형으로 재현하고 있으며 식기, 가마, 도기, 인형 등의 유물도 함께 전시하고 있다. 현재 진행되고 있는 발굴 조사에 관한 자료도 풍부. 무료 주차장 이용 가능 (856p A:1)

◎ Heijo Palace Site Museum
#헤이조궁 #고고학박물관 #유물전시

스테이크 씨엘 블루 맛집
Ciel Bleu
"특별한 날에 제격인 고급 철판구이"

기념일에 가기 좋은 예쁜 플레이트의 고급 철판구이 레스토랑. 일본식 철판 요리와 프랑스 요리를 결합한 독창적인 메뉴를 제공하고 있다. 고베 소고기, 신선한 해산물, 제철 채소 등 고품질 재료를 활용해 셰프가 눈앞에서 요리를 준비해주는 것이 특징. 총 12석의 좌석이 마련. 아늑하고 프라이빗한 식사를 즐기고 싶다면 추천. 월요일 휴무

◎ Ciel Bleu
#조용한 #고급철판구이 #스테이크맛집

스자쿠몬 朱雀門   "붉은색으로 표현하는 고대 일본 궁성의 미학"

일본 나라 시대의 수도였던 헤이조궁의 정문, 천 년의 시간을 간직한 역사적 명소. 나라시대의 도시에 건설된 주작문을 복원한 것이다. 웅장한 붉은 기둥과 정교한 처마 장식이 고대 일본 궁성 건축의 아름다움을 생생히 보여준다. 밤에는 라이트 업이 되어, 또다른 분위기에서 감상할 수 있다. (856p B:2)

📍 Suzakumon Gate   #역사명소 #라이트업 #고대건축

사호가와노 사쿠라 佐保川の桜
"5km 길이에 만개한 170살 벚나무"

5km에 달하는 사호강을 따라 만개한 벚꽃 풍경이 아름다운 봄철 벚꽃 명소. 특히 나라 현립 도서관과 정보 센터 주변에서 바라보는 전망이 훌륭하다. 벚꽃 터널을 이루는 작은 오솔길도 인기. 에도 시대 말기의 치안 판사였던 카와지 세이요에 의해 심어진 벚나무라 카와지 벚꽃이라 부른다. 수령이 170년 이상인 고목이다. 벚꽃 축제 기간에는 야간 라이트업이 진행된다. (857p E:3)

📍 사호 가와노 사쿠라   #카와지벚꽃 #벚꽃터널 #벚꽃명소

카마메시 시즈카 오미야점
志津香 大宮店   맛집
"여행 피로 싹 달아나게 해줄 건강 솥 밥"

60년 이상의 역사를 자랑하는 직화 가마솥밥 전문점. 정갈하고 슴슴한 건강식을 먹고 싶다면 추천하는 곳. 대표 메뉴는 칠종 가마솥밥으로, 닭, 게, 장어, 새우, 버섯 등 다양한 재료가 풍부하게 들어간 가마솥밥(약 2100엔)이다. 닭뼈와 다시마를 베이스로 한 국물이 사용되어 밥이 담백하면서도 깊은 맛을 자랑한다. 늘 웨이팅이 있는 현지인 맛집. 나라 JR역에서 도보 10분. 월, 화 휴무 (857p F:3)

📍 카마메시 시즈카 오미야점
#가마솥밥 #60년경력 #현지인맛집

카페 코지카 カフェ コジカ   맛집
"120년 고택에서 맛보는 따뜻하고 정겨운 밥상"

120년 된 민가를 개조한 식당 겸 카페. 함박스테이크와 돼지고기 로스트 등이 준비된 점심 특선으로 유명한 곳이다. 카라멜 푸딩은 디저트로 인기. 가볍게 커피와 두유 라떼로 티타임 가지는 것도 가능하다. 다다미방이었던 공간을 그대로 활용하여 따듯하고 아늑한 분위기. 규모가 아담해서 조용하게 식사에 집중하기 좋다. 점심 약 1670엔. 월요일 휴무

📍 카페 코지카
#레트로 #함박스테이크 #돼지고기로스트

나라 헤이조궁 주변

키키노모리 Kikinomori

"반찬만 먹어도 배부르겠어요,,!"

런치 세트로 유명한 카페. 표고버섯 튀김, 감자 샐러드 등 5가지 반찬에, 돼지고기, 햄버그 스테이크, 새우 크림 고로케 중 메인 요리를 선택하여 빵 또는 밥이랑 즐길 수 있다. 합리적인 가격으로 좋은 분위기에서 즐길 수 있는 곳이니 점심이 고민된다면 방문해볼 것 추천한다. 약 13000엔, 목요일 휴무

📍 키키노모리

#런치세트 #5가지반찬 #합리적인가격

수루가마치 오코노미야키 [맛집]
するがまちのお好み焼き屋

"친절한 사장님이 선보이는 전통 오코노미야키"

나라에서 꼭 가봐야할 전통 오코노미야키 맛집. 한국문화를 좋아하는 사장님의 친절한 서비스가 인상적. 대표 메뉴는 믹스 오코노미야키로 통통한 새우와 다양한 해산물 그리고 푸짐한 돼지고기가 들어있어 입맛을 돋구네. 철판에서 갓 구워낸 바삭한 식감과 진한 소스 맛이 조화를 환상적이니, 현지인 오코노미야키를 체험해보고 싶다면 방문해보자. 나라 JR역 도보 5분 거리 위치. 약 1300엔

📍 수루가마치 오코노미야키

#오코노미야키맛집 #친절한서비스 #현지인맛집

미 나라 ミ・ナーラ

"키즈파크를 쇼핑몰로 만들어봤어요"

아이들을 위한 시설이 풍부해서 가족이 함께 방문하기에 좋은 5층 규모 쇼핑몰. 2층의 닌자 체험 파크, 4층의 금붕어 박물관, 5층의 미술관이 인기. 1층에서는 빵과 푸딩, 크레페,

나라 츠타야 서점 奈良 蔦屋書店

"예술 작품 속에서 즐기는 독서 타임"

예술 작품을 감상하며 독서까지 가능한 서점. 일반적인 서점들과 달리 예술, 문화, 책을 복합적으로 즐길 수 있다는 점에서 특색있다. 총 2층 규모에 다양한 분야의 서적과 나라 지역 공예품, 예술 작품 등을 전시 및 판매한다. 내부엔 스타벅스가 입점. 세련된 인테리어와 차분한 분위기가 특징이며, 북토크, 워크숍 등 매월 문화 행사가 열린다. (857p E:3)

📍 나라 츠타야 서점

#유명서점 #예술작품감상 #독서휴식공간

라멘 같은 음식을 판매하여 간단하게 식사하기에도 좋다. 2~3층은 어린이 용품, 잡화, 의류 코너로 구성. 대중교통 접근성이 좋고 주차 공간도 넓어 편리하다. (857p D:3)

📍 Mi Nara

#닌자체험 #금붕어박물관 #나라쇼핑

나라 금붕어 박물관
奈良金魚ミュージアム

"금붕어가 예술과 만난 신비로운 세상"

2018년에 오픈한 금붕어 박물관을 2배로 확장한 엔터테인먼트 아쿠아리움. 40여 종류, 3천여 마리의 금붕어와 희귀한 파충류를 볼 수 있을 뿐만 아니라 빛과 사운드를 이용한 디지털 아트도 제공한다. 금붕어를 콘셉트로 프로젝션 맵핑, 스테인드글라스, 미러볼 등 7가지 예술공간에서 개성 넘치는 아티스트들의 작품을 즐길 수 있다. 미 나라 4층에 위치. 성인 약 1300엔 10:00-18:00, 17:30 입장마감 (857p D:3)

📍 NARA KINGYO MUSEUM

#이색명소 #디지털아트 #아쿠아리움

INDEX

123
1928빌딩 - 587
1UP 팩토리 - 428

ㄱ
가라쿠리 오모차관 - 828
가모 강 - 519
가모 미타라시차야 - 646
가모가와 공원 - 642
가모미오야 신사 (시모가모 신사) - 645
가스가 대사 신원·만엽식물원 - 846
가스가 대사 이치노도리이 - 846
가와라마치 거리 - 541
가와사키바시 - 306
가와이 신사 - 645
가자미도리노 야카타(풍향계의 집) - 773
각인석 광장 - 333
간고지(원흥사) - 825
간테이뵤(관제묘) - 735
게마 갑문 (게마 코쿠몬) - 306
게마사쿠라노미야 공원 - 305
겐닌지 - 569
고다이지 다도 체험 - 572
고다이지 - 570
고료 신사 - 831
고베 가스등 거리 - 748
고베 공항 전망대 - 759
고베 공항 - 758
고베 구거류지 - 729
고베 국제회관 - 712
고베 꽃 시계 - 713
고베 누노비키 허브정원/로프웨이 - 776
고베 동물왕국 - 758
고베 로프트 - 716
고베 마루이 - 718
고베 모스크 - 715
고베 발 (BAL) - 727
고베 베이 크루즈 - 748
고베 산노미야 신사 - 736
고베 세관 홍보 전시실 - 718
고베 시립 롯코산 목장 - 787
고베 시립 삼림식물원 - 784
고베 시청 전망대 - 714
고베 씨버스 보보 - 749
고베 아리마 기숙관 - 760
고베 트릭아트 신기한 영사관 - 771
고베 패션 미술관 - 760
고베 포트 뮤지엄(KPM) - 752
고베 포트 타워 - 746
고베 포트 터미널 - 759
고베 하버랜드 - 746
고베 해양 박물관 - 746
고베 호빗맨 어린이 박물관 & 쇼핑몰 - 752
고베(고베역) - 749
고베시립박물관 - 730
고베하버랜드 umie - 751
고베항지진메모리얼파크 - 749
고산사 - 638
고쇼지 - 650
고후쿠지(흥복사) - 849
과자백화점 요시야 신사이바시점 - 349

과자백화점 요시야 텐마 본점 - 302
광명원(코묘인) - 579
교토 국립박물관 - 520
교토 기모노 렌탈 와르고 교토에키마에 교토타워샌드점 - 515
교토 다카시마야 - 541
교토 대학 요시다 캠퍼스 - 587
교토 라멘 골목 - 516
교토 마루이 - 542
교토 문화 박물관 - 618
교토 발 - 543
교토 부립 식물원 - 644
교토 쇼쿠시 - 614
교토 수족관 - 524
교토 아반티 - 521
교토 타워 - 515
교토 텐진노유 - 636
교토 포르타 - 517
교토고쇼 - 614
교토교엔 - 612
교토국제 만화 박물관 - 617
교토만화경뮤지엄 - 616
교토시청 - 620
교토아트센터 - 620
교토역 빌딩 대계단 - 516
교토역 빌딩 - 514
교토역 스카이가든 - 516
교토역 스카이웨이 - 514
교토역 - 513
교토철도박물관 - 523
교토타워 산도 - 515
구 고니시가 주택 - 313
구 고베 거류지 15관 - 730
구 미쓰이 가 시모가모 별채 - 620
구 사쿠라노미야 공회당 - 303
구거류지 38번관 - 729
구로몬 나카가와 - 393
구루마자키 신사 - 637
국립국제미술관 - 322
국립문락극장 - 391
귀무덤 - 520
그라프 - 322
그랑 가루비 - 282
그랜드 프론트 오사카 - 280
그랜 베베 - 301
글래드래그스 위자드웨어 - 429
글리코사인 - 366
금각사 - 601
금계경명사 - 590
기누타니 고지 천공 미술관 - 276
기모노 숲 - 632
기오지 - 634
기온 신바시 - 546
기온시라카와 - 547
기온코너 (교토전통예능관) - 547
기요미즈데라 (청수사) - 562
기요미즈데라 본당 - 562
기요미즈데라 삼중탑 - 563
기요미즈데라 인왕문 - 562
기요미즈자카 - 565
기타노 관광 안내소 - 774
기타노 외국인 클럽 - 772

기타노이진칸 - 770
기타노텐만 신사 - 774
기타신치 - 290
기타하마 플라자 - 316
긴뉴유 (은탑) - 796
긴카쿠지산도 - 587
긴테쓰백화점 아베노 하루카스 - 407
꽃박람회기념공원 쓰루미 녹지 - 439

ㄴ
나니와 교회 - 317
나니와 쿠이신보 요코초 - 436
나니와궁 터 공원 - 336
나니와바시 - 319
나라 금붕어 박물관 - 860
나라 츠타야 서점 - 860
나라 현청 옥상 전망대 - 832
나라공예관 - 825
나라공원 노보리오지 원지 - 847
나라공원 버스 터미널 - 854
나라공원 - 847
나라국립박물관 - 849
나라마치 공방 - 827
나라마치 니기와이노이에 - 827
나라마치 역사지구 - 830
나라마치 정보관 - 824
나라마치 코시노이에 - 826
나라마치 - 824
나라마치자료관 - 827
나라현립미술관 - 853
나카가와 마사시치 쇼텐 나라본점 - 826
나카가와 마사시치 쇼텐 나라산조점 - 830
나카노시마 공원 - 318
나카노시마 리버 크루즈 - 318
나카노시마 페스티벌 홀 - 321
나카자키초 카페거리 - 299
난바 마루이 - 387
난바 야사카 신사 - 400
난바 워크 - 395
난바 파크스 - 397
난바 힙스 - 387
난바시티 - 397
난바신사 - 348
난킨마치(남십자) - 589
난킨마치 - 734
네네노미치 - 568
노스페이스 오사카 - 351
누 자야마치 - 277
누노비키 폭포 - 776
누차야마치 플러스 - 278
뉴욕 에어리어 - 431
니넨자카 - 566
니손인 - 636
니시노무라 정원 - 335
니시키 시장 - 536
니시키텐만구 - 731
니시혼간지 - 523
니조 성 혼마루어전 - 615
니조 성 - 615
니조성 니노마루어전 - 615
닌나지 - 604

닌텐도 교토 - 542
닌텐도 오사카 - 279

ㄷ
다고이시 - 333
다다스노모리 - 645
다이가쿠지 - 631
다이마루 고베점 - 728
다이마루 교토점 - 538
다이마루 백화점 신사이바시점 - 355
다이마루 백화점 우메다점 - 279
다이몬지산 - 594
다이센인(대선원) - 602
다이소 난바 에비스바시 - 386
다이코노유 - 796
다이코쿠 드럭스토어 울트라신사이바시점 - 359
다이키치 산 전망대 - 650
다이토쿠지 - 602
다카라가이케 공원 - 644
다케케 강 - 544
대곡본묘 (니시오타니) - 561
더 굿랜드 마켓 호리에점 - 352
데라마치 교고쿠 상점가 - 539
데라마치 상점가 - 617
데라치 후타바 - 613
데카파토스 - 760
덴노지 공원 - 415
덴노지 미오 - 416
덴노지동물원 - 414
덴덴타운 (덴덴타운 닛폰바시전기가) - 399
덴마크관 - 771
덴사바 - 416
덴포잔 (덴포 산) - 432
덴포잔 공원 - 433
덴포잔 대관람차 - 433
덴포잔 마켓 플레이스 - 433
도게츠 교 - 628
도다이지 계단당 - 850
도다이지 카가미이케 - 851
도다이지 - 850
도롯코사가 - 626
도롯코아라시야마 - 626
도롯코키메오카 - 626
도롯코호조쿠 - 627
도시샤 대학 - 613
도에이 우즈마사영화촌 - 637
도이 시바즈케 혼포 산젠인마에점 - 654
도지(교왕호국사) - 522
도지마 리버 포럼 - 319
도지마 아반자 - 291
도지마 지하 센터 - 292
도토리 공화국 (지브리 스토어) 니넨자카점 - 566
도토리 공화국 신사이바시점 - 356
도토리 공화국 키요미즈점 - 564
도톤보리 대관람차 에비스 타워 - 367
도톤보리 - 366
도호쿠지 - 579
돈키호테 에비센니치마에점 - 392
돈키호테 도톤보리점 - 367

돈키호테 우메다본점 - 288
동구리 공화국 고베모자이크점 - 750
동대사 법화당 (삼월당) - 851
디아모르 오사카 - 289
디앤디파트먼트 교토 - 539
디즈니 스토어 우메다 헵파이브점 - 286
디즈니스토어 아베노큐즈몰점 - 408

ㄹ

라이고인 - 654
라인의 집 - 770
라쿠스이도 - 540
레그랜드 디스커버리센터 오사카 - 434
로드 트레인 모리노미야역 - 335
로손 100엔샵 니시 신사이바시점 - 372
로타 - 735
로피아 교토 요도바시점 - 519
롯코 가든 테라스 - 785
롯코 고산 식물원 - 786
롯코 산 - 784
롯코 시다레 - 784
롯코 아리마 온센 스테이션 - 787
롯코 아일랜드 - 760
롯코 오르골 뮤지엄 - 786
롯코 케이블 시타역 - 786
롯코 케이블 - 784
롯코산 스노우 파크 - 785
롯코산 애슬레틱 파크 - 786
롯코산 텐란다이 - 785
료안지 - 604
루피시아 교토지초산조점 - 540
린쿠 프리미엄 아울렛 - 439

ㅁ

마루야마 공원 (원산 공원) - 560
마루젠&준쿠도 서점 - 278
마리오 카트 쿠파의 도전장 - 428
마쓰야마치 상점가 - 372
마쓰오 대사 - 635
마야 산 - 788
마야 케이블역 - 788
마야산 기쿠세이다이 - 788
마야산 덴조지 - 787
마쓰모토키요시 신사이바시점 - 360
만게츠 본점 - 593
만다라케 그랜드카오스점 - 399
만다라케 우메다점 - 287
만슈원(만슈인) - 643
만월 앤티크 - 852
메가돈키호테 신세카이점 - 415
메리켄 공원 - 747
모리노미야 큐즈몰 베이스 - 336
모리야쇼텐 - 731
모미 디자인 스토어 신사이바시 - 355
모에기노야카타 - 774
모자이크 대관람차 - 750
모치이도노 상점가 - 829
모토마치 상점가 - 732
몽키파크 - 634
묘신지 - 603
무민숍 오사카 - 281
무인양품 교토 포르타점 - 517
미 나라 - 860
미나미호리에 - 351
미나토 마치 리버 플레이스 - 370
미니언 메헴 - 430
미니언 파크 - 430

미도스지 - 357
미라이자 오사카성 - 334
미무로토지 - 650
미부데라 - 539
미쓰 공원 - 354
미카네 신사 - 619
미피 사쿠라 키친 아라시야마점 - 635
민트 고베 - 715

ㅂ

바사라 기모노 - 519
바오바오이세이미야케 파르코사이바시점 - 357
반파쿠기넨코엔 (엑스포'70 기념공원) - 439
법화사 (야사카의 탑) - 567
법연원 (호넨인) - 594
베이프 스토어 꼼데 가르송 오사카 - 348
벤리도 - 614
벤의 집 - 773
변천당 - 541
보광원 - 629
보엄원 - 637
뵤도인 오모테산도 거리 - 650
뵤도인 - 650
부엉이 우체국 & 부엉이 방 - 429
북오프 오사카 신사이바시점 - 349
북오프 플러스 - 388
브리제 브리제 - 290
비너스 브릿지 - 775
비 와 호 (비와코) - 658
비 와 호 소수기념관 - 586
비와코 밸리 로프웨이 탑승장 - 658
비와코 테라스 - 658
빅카메라 난바점 - 389
빈 오스트리아의 집 - 771
빌보드 라이브 오사카 - 288

ㅅ

사가노 도롯코 열차 - 626
사루노카즈라 다리 - 776
사루사와 이케(연못) - 847
사이호지 - 634
사카에마치 거리 - 727
사쿠라 기모노 교토 - 나라 기모노 렌탈 전문점 - 825
사호가와노 사쿠라 - 859
산넨자카 - 565
산노마루 광장 - 792
산노미야 센터가이 - 717
산노미야 오파 - 718
산노미야 오파2 - 715
산리오 갤러리 교토 - 543
산리오 기프트 게이트 난바 에비스바시점 - 387
산요 백화점 - 792
산젠인 - 654
산조대교(산조오하시) - 535
산조도리 - 824
산죠 명점가 아케이드 - 618
산죠도리 - 535
산치카 - 717
산타마리아 데이 크루즈 - 435
세이료지 - 635
세이메이 신사 - 613
세컨드 스트리트 호리에점 - 352
센니치마에 도구야스지 상점가 - 390

센다 유리 식기 - 392
센단노키 다리 - 319
센바 빌딩 - 312
센바 센터 빌딩(고가 밑) - 317
센본토리이 - 578
센토고쇼 - 612
센푸칸 - 304
소라니와온천 - 433
소라쿠엔 - 735
쇼린인 - 654
쇼세이엔 - 522
쇼소인 - 852
쇼에이도 교토 본점 - 619
쇼쥬인 (정수원) - 650
쇼핑몰 루쿠아 - 281
슈가부인 리큐 - 646
슈퍼 닌텐도 월드 - 428
슈퍼 타마데 에비스점 - 415
슈프림 오사카 - 350
스누피 쇼콜릿 - 631
스미요시 대사 - 439
스밋코구라시도 교토 기요미즈자카 - 564
스와야마 공원 - 775
스자쿠몬 - 858
스쿠나히코나 신사 - 313
스투시 미나미점 - 353
스페이스 판타지 더 라이드 - 431
승림사 - 520
시노바즈 오사카성점 - 335
시라히게 신사 - 658
시바카와 빌딩 - 314
시선당 (시센도) - 643
시조도리 - 542
시조오하시 다리 - 544
시치미야 본점 - 565
시카사루키츠네 빌딩 - 825
시텐노지 - 416
신바시도리 - 548
신사이바시 꼼데가르송 - 348
신사이바시 오파 - 353
신사이바시스지 상점가 - 358
신세카이 시장 - 412
신세카이 - 413
신센엔 - 616
신카이치 - 752
신쿄고쿠상점가 - 540
신푸칸 - 526
쓴탄카쿠 (츠텐카쿠) - 412

ㅇ

아다시노염불사(아다시노넨부츠지) - 633
아라시야마 공원 나카노시마 지구 - 628
아라시야마 치쿠린 - 628
아라시야마공원 가메야마지구 - 628
아라시야마온천 에키노아시유 - 627
아리마 완구박물관 - 796
아메리카무라 - 353
아베노 로프트 - 407
아베노 루시아스 - 408
아베노 앤드 - 406
아베노 큐즈몰 - 408
아베노 하루카스 미술관 - 406
아베노하루카스 - 406
아베치카 - 409
아사가하라 원지 - 848
아사히도 본점 - 563

아스티 로드 - 513
아시아태평양 트레이드센터 - 436
아오야몬 - 334
야지코로 시노 오하라카이도점 - 654
아카찬 혼포 오사카 혼마치 - 318
아케미도리(염색 손수건) - 826
아키바 카트 오사카 - 398
아토아 - 752
애니메이트 오사카 닛폰바시점 - 398
애니메이트 텐노지점 - 407
애플 신사이바시 - 352
야마카도자키 - 391
야사카 신사 - 564
야스이 곤파라 궁 - 569
어린이 책의 숲 고베 - 713
언덕 위의 이진칸 (구 중국 영사관) - 772
에디온 난바 본점 - 388
에비스 다리 (에비스바시) - 368
에비스바시스지 상점가 - 385
에카이도 - 589
에키 마르셰 오사카 - 282
엔랴쿠지 - 658
엔토쿠인 - 572
연화왕원 (산주산겐도) - 521
영국관 - 773
오가느 빌딩 - 348
오고토온센 - 658
오기마치 공원 - 302
오니츠카 타이거 신사이바시 - 359
오렌지 스트리트 - 350
오므 비루 - 336
오사카 과학 기술관 - 324
오사카 나카노시마 미술관 - 323
오사카 농림 회관 빌딩 - 349
오사카 다카무라 와인&커피 로스터스 - 323
오사카 다카시마야 - 396
오사카 부 사키시마청사 전망대 - 434
오사카 성 공원 - 334
오사카 성 곡륜교 - 332
오사카 성 미나미 소토보리(남즉 바깥 해자) - 335
오사카 성 사쿠라 몬 - 332
오사카 성 센간야구라 - 333
오사카 성 오오테몬 - 332
오사카 성 천수각 - 332
오사카 성 - 332
오사카 쇼치쿠좌 - 371
오사카 수상버스 아쿠아라이너 - 337
오사카 스테이션 시티 - 278
오사카 시립 미술관 - 416
오사카 시립 주택 박물관 - 303
오사카 시티 신용금고 스타디움 - 432
오사카 시티 에어 터미널 (OCAT) - 400
오사카 시티 어메니티 파크 타워 - 305
오사카 역 - 279
오사카 역사박물관 - 337
오사카 증권거래소 - 312
오사카 클럽 - 312
오사카성 고자부네 놀잇배 - 335
오사카시 중앙공회당 - 320
오사카시립 과학관 - 322
오사카시립 나가이식물원 - 438
오사카시립동양도자미술관 - 319
오사카역 앞 제1 빌딩 - 290
오사카역 앞 제2 빌딩 - 291
오사카텐만구 (오사카 천만궁) - 302

오쓰나카도리 - 733
오에바시 - 321
오츠키 노가쿠도 극장 - 340
오카모토 기모노대여 본점 - 564
오카자키 공원 - 593
오카자키 신사 - 590
오코치산소 정원 - 631
오쿠무라 기념관 - 848
오타기 넨부쓰지 - 632
오토와노 폭포 - 563
온리 플래닛 - 301
온야도 노노 교토 시치조 내추럴 핫 스프링 - 524
요도바시카메라 멀티미디어 교토 - 518
요도바시카메라 멀티미디어 우메다 - 279
요도야바시 (요도야바시) - 321
요도야바시 오도나 - 315
요시 어드벤처 - 428
요시다 신사 - 594
요시키엔 정원 - 852
요지야 기온점 - 545
요칸 나가야(프랑스관) - 773
우로코노 이에 - 772
우로코노이에 전망갤러리 - 772
우메다 공중정원 - 276
우메다 스카이빌딩 - 276
우메다 에스트 - 287
우메하 사우나 - 524
우메코지 공원 - 524
우미에 모자이크 - 751
우사기노네코 - 618
우지 신사 - 650
우지가미 신사 - 650
우지시 겐지모노가타리 뮤지엄 - 650
우츠보 공원 - 324
우치보리 - 333
우키구모 원지 - 848
우키미도 - 847
우키미도 (만게쓰지) - 658
운룡원 - 580
워터월드 - 430
원광사(엔코지) - 644
원더크루즈 도톤보리니혼바시선착장 - 366
월드 기념홀(고베 포트 아일랜드홀) - 759
위저딩 월드 오브 해리포터 - 429
유가 신사 - 832
유니버설 스튜디오 재팬 - 428
유니버설 시티 워크 - 432
유니버설 시티 포트 - 432
유니버설 원더랜드 - 431
유니클로 신사이바시점 - 358
유니클로 - 396
유람선 가모메 - 338
유메카제 히로바 - 853
유모토 온천 오하라산소우 (오하라산장) - 654
유모토자카 - 796
유즈야 료칸 - 572
유키 미술관 - 315
음악분수 아쿠아 판타지 - 517
의수원·영락미술관 - 851
이마미야 신사 - 603
이마바시 - 315
이마쿠마노 관음사 - 580
이사가와 신사 - 830
이시베코지 - 560

이시야마데라 - 658
이온 스타일 우미에 - 751
이온몰 교토 - 524
이즈미 홀 - 338
이치노미네(상사신정) - 578
이치자와 신자부로 한푸 - 560
이치조 - 642
이코마 빌딩 - 314
이쿠타 로드 - 712
이쿠타 신사 - 719
이쿠타마 신사 - 400
이탈리아관 (플라톤 장식 미술관) - 770
잇신지 - 409

ㅈ
자야마치 - 277
자완자키 - 567
자조사 관음전 - 589
잔잔요코초 (난요도리 상점가) - 414
잣코인 - 654
전망의 탑 - 784
점프 샵 오사카 우메다점 - 286
점프샵 오사카 신사이바시 - 356
정글 오사카 닛폰바시점 - 398
조잣코지 - 638
조폐 박물관 - 304
족탕 - 796
죠센 닛폰바시 스토어 - 399
주린인 - 829
준쿠도 산노미야점 - 718
쥬라기 공원 더 라이드 - 430
즈이호지 공원 - 796
지라이언 뮤지엄 - 436
지쇼지 - 588
지온인 - 668
지적원 - 571
진정극락사(진여당) - 586
짓코인 (실광원) - 654
짱구 스토어 - 286

ㅊ
천룡사 조원지 - 629
천연 노텐온천 스파 스미노에 - 433
천연온천 나니와노유 - 301
철학의 길 - 591
청련원 - 561
청룡원 - 571
출세의 신 - 563
츠유노텐 신사(오하츠텐진) - 291
츠타야 서점 교토 오자자키점 - 591
츠타야 에비스바시 - 385
츠텐카쿠 타워 슬라이더 - 412
치리멘 세공관 - 568
치치카와 모구모구 혼포 후시미점 - 580

ㅋ
카사 피코네 - 350
카스가타이샤 - 846
카이요도 피겨 뮤지엄 미라이자 오사카 성 - 334
칼 아저씨 간판 - 370
캇판코보 탄 - 828
컵라면 박물관 오사카 - 438
케이케 인쿠라인 - 586
케이분샤 이치조지점 - 642
코류지(광륭사) - 638
코스모스퀘어 - 435

코코엔 - 792
코토노하코 고베 - 775
쿄코지 - 601
쿠로몬 시장 - 393
쿠이다오레 - 371
큐교도 본점 - 619
크리스타 나가호리 - 358
키디랜드 신사이바시 파르코점 - 356
키디랜드 오사카우메다점 - 284
키야마치도리 - 545
키타노텐만구 - 600
키테오사카 - 282
킨노유 (금탕) - 796
킨달 신사이바시 아메리카무라점 - 354
킨에이 아폴로 빌딩 - 407
킨테츠 명점가 미야코미치 - 513

ㅌ
타마츠쿠리성당 - 338
타무케야마 하치만구 신사 - 854
타임리스 컴포트 미나미호리에점 - 351
타케나카 목수 박물관 - 775
탄산센겐 공원 - 796
텐노지 나나사카 - 409
텐류지 - 636
텐쥬안 - 589
텐진 센겐 - 796
텐진바시 - 302
텐진바시스지 상점가 - 303
토어로드 - 728
톤보리 리버 재즈 보트 - 369
톤보리 리버크루즈 - 369
퇴장원 - 603
투데이즈 스페셜 고베 - 727
팀랩 보태니컬 가든 오사카 - 438

ㅍ
파르코 신사이바시 - 355
평성궁 제일차대극전 - 859
평성궁터 역사공원 - 858
포아이 시오사이 공원 「BE KOBE」 - 758
포켓몬 센터 오사카 DX & 포켓몬 카페 - 356
포켓몬센터 교토 - 538
포켓몬센터 오사카 - 279
포트라일랜드 키타 공원 - 758
포트아일랜드 - 759
폰토초 - 543
푸라라 텐마 - 300
쓸라위 로느 - 712
피아자 고베 - 714
피오레 히메지 - 792
피터 래빗 샵 앤 베이커스 교토 니넨자카점 - 566

ㅎ
하나미코지도리 - 545
하라다노윈 - 604
하루카스 300 (전망대) - 406
하버워크 - 749
하비스 오사카 - 290
하비스 플라자 엔트 - 289
하치켄야하마 선착장 - 337
한신백화점 우메다 본점 - 284
한카이 전기 궤도 (한카이 전차) - 415
한큐 32번가 소라니와 다이닝 - 284
한큐 3번가 - 283

한큐 히가시도리 - 283
한큐멘즈 오사카 - 282
한큐백화점 고베점 - 716
한큐백화점 우메다 본점 - 282
할리우드 드림 - 더 라이드 - 431
할리우드 에어리어 - 430
해리포터 엔더 포비든 저니 - 429
해유관 (가이유칸 수족관) - 434
핸즈 신사이바시점 - 357
향기의집 오란다관 (네덜란드) - 771
허니듀크 - 429
허브 뮤지엄 - 776
헤이안 신궁 남신원 - 593
헤이안 신궁 동신원 - 592
헤이안 신궁 북신원 - 592
헤이안 신궁 서신원 - 593
헤이안 신궁 - 592
헤이조 궁터 자료관 - 858
헵 나비오 - 287
헵 파이브 - 285
헵페이브 란림차 - 285
호린지 - 634
호센인 - 654
호시노에키 역 - 788
호젠지 요코초 - 386
호젠지 - 385
호즈강 유람선 - 627
호코나가시바시 - 323
호코쿠 신사 - 333
혼간지 고베 별원 - 731
혼간지 카라몬 - 523
혼마치 다리 (혼마치바시) - 314
홋카이도 물산 면세점 - 394
화엄사 (스즈무시데라) - 633
화이타우메다 - 285
효고 현립 롯코산 자연보호 센터·롯코산 가이드 하우스 - 787
효고 현립 역사박물관 - 792
효고현 공관 - 731
후나오카 온천 - 602
후시미 이나리 신사 - 578
후시미이나리 미쓰쓰지 - 578
후시미이나리 요쓰쓰지 - 579
후지이다이마루 - 541
후지타 공원 - 339
후지타 미술관 - 339
휴먼 메이드 신사이바시 파르코 - 357
히가시 혼간지 - 522
히가시무키 상점가 - 828
히고바시(이코쿠) - 320
히라노 신사 - 600
히메지 성 니시노마루 터 - 792
히메지 성 대천수 - 792
히메지 시립미술관 - 792
히메지성 - 792
히무로 신사 - 848
히코네성 - 658
힐튼 플라자 웨스트 - 289
힐튼 플라자 이스트 - 289

ABC
ABC Craft - 408
American village freemarket B.B - 353
ATC HALL - 436
BE KOBE 모뉴먼트 (메리켄파크) - 747

863

Bell of Hortensia - 747
Choueke Family Residence - 774
Gigo Umie South Mall - 751
Gion Shrine - 736
Graniph Sannomiya - 718
GU 신사이바시 - 359
Harushika Sake Brewery store - 849
journal standard Furniture / ACME
Furniture Katen - 351
JR교토 이세탄백화점 - 518
JR나라역 구 역사 - 831
Katsura River - 627
Kawasaki Good Times World - 746
Keyuca - Kyoto Porta - 518
KOBE 유리공예 구슬(돔보다마) 뮤지엄 - 716
Kyo no Furusato - 541
Kyo no Miyage - 514
Kyoto Kyukyodo Bekkan - 540
LINKS UMEDA - 285
LUCUA 1100 - 281
Mori - 537
NISHIKIDAIMARU - 537
NITORI Deco Home - Kyoto-Yodobashi - 519
O River - 305
RINKAN MINAMIHORIE - 352
Sakanoue - 570
Sanrio Gift Gate - 280
Ship Kobe Kaigan Building - 729
SORA - 352
SOU·SOU 타비 - 542
SOU·SOU 호테이 - 543
TAG 본점 - 539
Tamade Supermarket - Tenjinbashi store - 306
Tanabeya - 538
Uchida Tsukemono - 537
Yoshida mosquito net - 831

에이든 간사이 오사카 가이드북에 사진을 제공해주신 63분의 인스타그래머들에게 특별한 감사의 인사를 전합니다.

@glow_n_bloom
@lee.60
@iam._.ka
@jesuissyj
@narae_1008
@love_._me_._now
@nyeunnn
@hey__bomi
@seoik74
@dydgus0691
@moss.studio.soha
@jang_yeojin83
@mikong_
@julysunshine0
@i_mina_0514
@kumeayako
@je___ong
@bbang_narong
@io__ho
@yamyam_jjo
@young_seo__02
@remem_ho
@nanbw_
@i_goat_eat
@lsjkevin14
@freefreekwon
@blooming_aj
@chefkimbang
@pyoossu
@maeng_____
@blueasam
@kittyyun55

@k_taehoony
@_se_i
@nani_v2
@do.onng
@revive9191
@gugeworld
@_adela_in
@idgaf_ji
@lee__mg
@chang_dol
@jaihy_2
@u_1.0000000
@melody__0512
@jude_he2
@jonghyun._.park
@danii__kim
@realsuzi
@1amyooon
@__ming93
@na.dew_
@su.sunhwa
@haneul3201
@triptrace__j
@heeny_da
@jji02_7
@sally_jelly
@ssong_a.828
@myoun_aroma
@anyeaheun12
@2deepbluenight
@starcandy11
@eat_nar2